1 MONTH OF
FREE
READING

at
www.ForgottenBooks.com

By purchasing this book you are eligible for one month membership to ForgottenBooks.com, giving you unlimited access to our entire collection of over 1,000,000 titles via our web site and mobile apps.

To claim your free month visit:
www.forgottenbooks.com/free766368

ISBN 978-0-666-82444-8
PIBN 10766368

CORPVS
SCRIPTORVM ECCLESIASTICORVM
LATINORVM

EDITVM CONSILIO ET IMPENSIS

ACADEMIAE LITTERARVM CAESAREAE

VINDOBONENSIS

VOL. LX.

SANCTI AVRELI AVGVSTINI

OPERA (SECT. VIII PARS I):

DE PECCATORVM MERITIS ET REMISSIONE ET DE BAPTISMO
PARVVLORVM AD MARCELLINVM LIBRI TRES, DE SPIRITV ET
LITTERA LIBER VNVS, DE NATVRA ET GRATIA LIBER VNVS,
DE NATVRA ET ORIGINE ANIMAE LIBRI QVATTVOR, CONTRA
DVAS EPISTVLAS PELAGIANORVM LIBRI QVATTVOR

EX RECENSIONE

CAROLI F. VRBA ET IOSEPHI ZYCHA

VINDOBONAE
F. TEMPSKY

LIPSIAE
G. FREYTAG (G. m. b. H.)

MDCCCCXIII

SANCTI
AVRELI AVGVSTINI

DE PECCATORVM MERITIS ET REMISSIONE ET DE BAPTISMO
PARVVLORUM AD MARCELLINVM LIBRI TRES, DE SPIRITV ET
LITTERA LIBER VNVS, DE NATVRA ET GRATIA LIBER VNVS,
DE NATVRA ET ORIGINE ANIMAE LIBRI QVATTVOR, CONTRA
DVAS EPISTVLAS PELAGIANORVM LIBRI QVATTVOR

RECENSVERVNT

CAROLVS F. VRBA ET IOSEPHVS ZYCHA

VINDOBONAE
F. TEMPSKY

LIPSIAE
G. FREYTAG (G. m. b. II.)

MDCCCCXIII

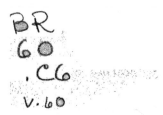
Typis expressit G. Freytag, Vindobonae.

PRAEFATIO.

Hoc uolumine quattuor Augustini opera continentur, quibus aetate iam prouectior haeresim a Pelagio exortam, a Caelestio propagatam, a Iuliano acerrime uindicatam inpugnare coactus est. his apte quattuor libri De natura et origine animae coniunguntur, quibus Augustinus non quidem Pelagianum stilum, sed Pelagianum uenenum reprimit.

I. De peccatorum meritis et remissione et de baptismo paruulorum ad Marcellinum libri tres.

'Ecce contra disputare atque scribere cogimur!' (pag. 139, 16). ad id enim tempus 'non scriptis, sed sermonibus et conlocutionibus agebamus, ut quisque nostrum poterat aut debebat', ait Augustinus in Retractatione. cum autem haeresi latius latiusque proserpente Marcellinus ei haereticorum quaestiones ad baptismum paruulorum potissimum spectantes proponeret eumque obsecraret, ut illas sibi solueret, multorum animos perturbari uidens et de fide catholica sollicitus amici rogatui obsecutus est et libros De peccatorum meritis et remissione Marcellino dedicatos emisit. opus anno 412 conscriptum est.

Libro primo demonstrat Augustinus mortem non necessitate naturae, sed merito peccati euenisse; Adae peccato omnes de eius stirpe uenturos obnoxios teneri. quare paruulos baptizari oportere, ut originali peccato soluantur. libro secundo exsequitur hominem in hac uita sine peccato esse posse dei gratia adiutum libero ipsius arbitrio neque tamen esse quemquam in hac uita sine ullo peccato causasque addit, cur id fieri non possit. duobus libris iam absolutis in manus eius Pelagii Expositiones breuissimae ad Pauli epistulas uenerunt, in quibus hic non ex sua, sed tamquam ex aliorum persona argumentationem quandam contra originale peccatum profert, quam Augustinus se non refellisse ait, quia sibi non in mentem uenisset talem a quoquam excogitari posse. sed quod duos libros iam

terminauerat, epistulam de hac re ad Marcellinum scribere statuit,
quam tertii libri instar duobus prioribus adiunxit. In titulo huius operis codices dissentiunt. itaque praenotationem de Retractationum libro retinuimus. Augustinus 242, 13.
252, 17 breuiter libros ad Marcellinum eos uocat.

dices. Inter plurimos libros manu scriptos qui supersunt eorum quos
iam describimus testimoniis in constituendis uerbis usi sumus.

L Codex L u g d u n e n s i s n. 603 (520) signatus membr. misc.
foll. 192 saec. VIII—IX exaratus libros de pece. mer. et rem.
foll. 98ᵇ—156ᵃ exhibet; opusculum de spiritu et littera foll.
167ᵃ—192ᵇ exstat. singulae codicis paginae uersibus uicenis octonis
implentur. illud opus a duobus librariis descriptum est, hoc ab uno
confectum esse uidetur. eae partes codicis quae his opusculis oc-
cupantur tribus maioribus lacunis hiscunt. post folia 135ᵇ (pag. 97,
5—99, 17), 180ᵇ (pag. 188, 15—191, 5), 186ᵇ (pag. 207, 21—210, 8)
singula folia perierunt. post fol. 119ᵇ unum folium intercidit; quae
eo continebantur in singulari folio expleta sunt. inter folia 187ᵇ
et 188ᵃ folium dextra parte resectum suo numero carens insertum
est (pag. 212, 27 *qua creditur — existimemus* 215, 19). liber de
spiritu et littera in fine mutilus est; desinit enim 228, 21 uocabulo
impossibilitas. correcturis manus primae et secundae — in libro de
sp. et litt. etiam tertia accedit—utrumque opus misere dilaceratum
est. atque m2 multos locos uitiose traditos sanauit, eadem alios
licet sanos correctura deprauauit, cf. 7, 10. 10, 20. 13, 7. orthographia prioris operis, si uniuersum genus orthographicum respicias,
ad certas leges redacta, alterius operis minus probanda est. notum
est genus mendorum latissime patens permutatione uocalium et
consonarum oriri. confunduntur autem *ae* et *e*: *questio ederitis
praecor, i* et *y*: *cybus paradysus cyrographa sinagoga misticus,* i et *e*:
itenera exestimo, o et *u*: *paruolus cūmisisse.* consonantium commutantur *d* et *t*: *inquid faciad inplead set aliquit, b* et *u* saepissime:
acerbatim siuimet al., *c* et *qu*: *quur quoheredes sequutus inquoinqui-
natum corum* al., *b* et *p*: *scribtura obtio babtismus, m* et *n* in uocibus
uolumtas idemtidem. aspiratio modo contra uulgarem usum admittitur, modo neglegitur: *scisma proibitio exortari orum hunum
habundare hausus crehentur macheria cathecumini*; *p* ponitur et
omittitur: *templator redemtor,* semper *absortus*; *s* omittitur: *extinguo
execrabilis expecto* al. praepositiones *in* et *con* cum nominibus et
uerbis compositae non solent assimilari; ceterae praepositiones

uariant: *adcelerare asserere quemammodum* et *quemadmodum*. contulit Vrba.

S   Codex S a l i s b u r g e n s i s S. P e t r i a. VIII. 29 membr. miso. foll. 239 saec. IX ex exemplari ad legendum difficili descriptus est. ita enim et multi errores explicantur et fol. 33ᵃ (pag. 34, 6) in mg. signo r̄ addito ad *bap* litteris minoribus in spatio uacuo relicto manus prima *tismo* adscripsit. de pece. mer. foll. 1ᵃ—142ᵃ praebetur, de spiritu et litt. foll. 171ᵃ—239ᵇ prostat. hae codicis partes a duobus librariis edolatae sunt. inter folia 108ᵇ et 109ᵃ duo (quaternionis) folia interciderunt; desiderantur igitur uerba: *in remissionem* 115, 1 — *peccati* 116, 27. omissiones ceterae fere omnes communes sunt huic toti classi. correcturas manus primae liber admodum multas expertus est, manu secunda pauci loci temptati sunt. in rebus ad orthographiam pertinentibus plerumque cum codice L conspirat. contulit Guil. Weinberger.

V   Codex V o s s i a n u s L a t i n u s L e i d e n s i s 98 membr. mise. in 4° foll. 157 saeo. IX scriptus libros de pece. meritis foll. 1—49, opusculum de natura et gratia foll. 90—117 exhibet. is qui codicem descripsit retractando multas maculas abstersit, plures locos corruptos manui secundae et tertiae emendandos reliquit. manus secunda in mg. saepius etiam lectiones uariantes apposuit uelut fol. 91 (234, 4. 21), 97ᵃ (249, 3) proba lectio tamquam uarians traditur, 97ᵇ (249, 26). in marginibus singularum paginarum passim glossae a m2 et m3 appictae sunt: fol. 90ᵃ *uide LXVIII capitulum retractationum ubi ex hoc libro loquitur*, fol. 96ᵃ *quid sit peccatum*, fol. 99ᵇ *Quomodo oculus uideat*, fol. 103ᵃ *de his qui desperant*, cf. pag. 291, 18. contulit S. Reiter.

P   Codex olim C o r b e i e n s i s (= Benedictinorum Corbeiensis 206) nunc P a r i s i n u s 12213 membr. miso. foll. 108 saec. X exaratus foll. 1—64 de pece. meritis, foll. 78ᵇ—108 de spiritu et littera complectitur. singulae paginae 28 lineas habent. librum Benedictinos in adornanda editione sua usurpasse et lineae rubrica ductae et quaedam adnotationes ostendunt. fol. 24ᵃ adscriptum est: *hic deē foliū unū*. manus saec. XII folium minoris formae inseruit, in quo omissa supplentur (pag. 57, 12). item fol. 37ᵇ in margine adnotatum est: *Et hic deē foliū unū*. m. sacc. XII quae omissa erant in folio minoris formae expleuit (pag. 89, 20 *quantns — cognoscendum cum* 92, 15). ceterae omissiones a Benedictinis notatae

aˣ

sunt. correctiones maximam partem ad librarium ipsum referendae
sunt. contulit Vrba.

G   Codex S a n g a l l e n s i s 171 sacc. X libros de pecc. meritis
pag. 231—333 exhibens multum manu prima, etiam plus manu
secunda correctus est. tractatus de spiritu et littera pag. 356—402
exstat, quae 32 ucrsuum sunt. haec pars codicis pauca ucstigia
manus castigantis ostendit. eius inscriptio pag. 155 omissa haec
est: *explic̄ lib̄ sc̄i agustini de unico baptismo. incipit de spū et littera*
(litt. mai.). subscriptione codex in fine mutilus caret; desinit enim
uoce *testimonia* pag. 228, 8.

K   Alterius familiae testis locupletissimus codex A u g i e n s i s
XCV membr. mise. fell. 116 saec. X conscriptus tres libros de pecc.
meritis foll. 1—41ᵇ, opusculum de spiritu et littera fol. 41ᵇ (*Incipit
liber de spū et littera augustini epī*) — fol. 62ᵇ praebet. in singulis
paginis 34 lineae incisae sunt. eae partes codicis quas haec opuscula
complent multas emendationes scribentium manibus expertae sunt;
manus secunda autem non solum innumeros locos sanauit sed etiam
et singulas uoculas et totas sententias omissas expleuit, cf. 3, 8.
6, 15. 16. 7, 1. 10. 9, 2. 3. 10, 2. 24. 11, 15. 14, 21. 16, 4. 18, 4. 23,
23. 24, 12. 25, 11. 36, 20. 59, 6 al. ex libro de spiritu et littera cf. 160,
22. 179, 27. sed ne hic quidem corrector omnia quae scriba omiserat
restituit, cf. 4, 2. 5, 5. 28, 26. 168, 4. 226, 18. sunt itidem loci quos
licet integros deprauauerit (cf. 4, 13. 16. 8, 21. 13, 7. 22, 6. 24, 16.
167, 18. 229, 6), corruptos corruptiores reddidcrit: 6, 9. 174, 16.
192, 7. 224, 4. 226, 15. 227, 18. 228, 4. manus tertia unum uocabulum
m2 emendatum mutauit 170, 4. iam si quaeratur alteriusne codicis
auxilio nisus corrector secundus negotium emendandi factitauerit,
eum lacunas quibus codex hiat nisi alio codice ad subsidium adscito
explere non potuisse certum est. ac duobus quidem locis alicuius
codicis lectiones profert, cf. 83, 15. 87, 1; sed plerisque aliis locis
correctorem alio codice non inspecto suis coniecturis emendasse
non est dubitandum. contulit Vrba.

A   Codex P a r i s i n u s 9546 membr. miso. foll. 103 sacc. XI
confectus Retractatione praemissa libros de pecc. mer. foll. 61ᵇ—103ᵇ
continet. fol. 1ᵃ infra legitur: *Sum ex libris Io̅i̅s à Nierken, qui
me emit à Magistratu Auriheniensi 2. Maii 1588.* liber ab uno
librario exaratus ab eodemque passim correctus est. praeter hunc
duo alii a tempore librarii non multum distantes libro perpurgando
operam nauarunt; de manu secunda cf. 24, 13. in margine etiam

scholia addita sunt: *Hic dicit de enoc et helia. expositio apostoli.*
hic dicit paruulos qui hinc exeunt sine baptismo n̄ tantū cruciari al.
codex duobus locis manifestae interpolationis speciem prae se fert:
3, 6. 42, 14. contulit Vrba.

C   Codex C a s i n e n s i s CLXIII membr. misc. saec. XI foll.
2—84 de peccatorum meritis, foll. 84 (*Incipit liber de s̄p̄u̅ et littera*)
— 127 de spiritu et littera praebet. manus prima correctrix nihil
fere nisi menda ad orthographiam pertinentia sustulit. latius
grassatur m2, quae praeterea etiam notas et glossas in mg. appinxit
ut fol. 40ᵇ. 61ᵇ. 75ᵇ al. liber etsi ex antiquo exemplari originem
ducere uidetur tamen omni uitiorum genere foedatus et 115, 8 inter-
polatus est. contulit Vrba.

M   Codex olim B o b i e n s i s nunc M e d i o l a n e n s i s A m-
b r o s. S. 55. sup. membr. misc. foll. 134 saec. XI—XII exaratus
est. libri de pecc. meritis foll. 1—63 occupant. codex multum correctus et uitiis multifariam deformatus aliquot ueras scripturas offert.

T   Codex V a t i c a n u s L a t i n u s 461 saec. XI ex. scriptus
libros de pecc. meritis et de spiritu et littera continens bis est
correctus, manu librarii et manu recentiore. codex ad emendationem
parui pretii dicendus est. contulit Vrba.

Omnes codices, quos ad constituenda uerba adhibuimus, in
duas familias discedunt, quarum unam codices *LSVPG* efficiunt,
alterius testes quamuis fide et auctoritate diuersi *KACMT* exstant.
atque illos artissima affinitate coniunctos esse cum multa alia decent
(cf. 17, 22. 18, 18. 22. 19, 2. 9. 20, 21. 22. 22, 7. 23, 10. 24, 19. 28,
7. 29, 20. 31, 10. 32, 9. 11. 37, 5. 17. 47, 23. 52, 8. 56, 3. 66, 9. 25.
76, 11 al.) tum duo glossemata, quibus eorum origo proditur: 75, 6
oratio breuis perfectaque, 150, 22 *deo gratias*. horum natiuitatis
communionem integritas orationis (cf. 56, 3. 74, 22. 78, 12) et
praestantia lectionum arguunt, cf. 7, 14. 83, 22. 118, 12 al. cum
autem omnes codices ex uno archetypo originem trahant, non est
mirum saepius libros manu scriptos eiusdem classis inter se dissentire, saepe lectiones eiusdem familiae cum scripturis alterius classis
conuenire, cf. 23, 25. 37, 17. 60, 2. 80, 18 al. inde erat consequens,
ut plerumque familiae *KACMT* auctoritatem pressius sequeremur,
aliis autem locis, quibus testimonia alterius classis maiorem ueritatis
speciem habere uiderentur, huic adstipulari non cunctaremur. id
maxime pertinet ad locos scripturae saerae. persaepe enim accidit,
ut *K* ceterum probabilis testis Vulgatae lectiones promat, cf. 40, 2.

104, 9. 146, 5. cum nero inter omnes constet Augustinum Italam
quae dicitur secutum esse, talibus locis memoria alterius familiae
praeferenda erat, quamquam minime contenderimus classem *LSVPG*
ubique Italam offerre. sed haec difficillima causa diligentiori
inquisitioni reseruanda est.

Praeterea eorum codicum qui sequuntur alios totos compara-
uimus, aliorum maximas partes excussimus neque eorum uarietatem
in adnotationem recepimus. eorum hi ad classem *LSVPG* referendi
sunt: codex Mus. Brit. (Libri bibl. Regiae) 5. B. II saec. XI. codex
Casalinus 83 (73) saec. XI—XII. codex Darmstadtensis 524 saec.
XI—XII. codex Lipsiensis Uniu. 252 saeo. XIV. codex Uniu.
Pragensis XIV. D. 22. 2530 saeo. XIII ex. codex Vindobonensis
838 (Rec. 3320) saec. XII. codex Parisinus (Nouv. Fonds) 11654
uariantes scripturas octo codicum continens (Apparatus Benedictinorum foll. 171ᵃ—185ᵃ sic praenotatus: [Tom. 7. Sti. Germani]
De baptismo paruulorum ad 5ᵉ Ms. 1ᵐ Tellerium olim Sᵗⁱ Amandi.
2ᵐ Beccense. 3ᵐ pratellense. 4ᵐ Sᵗⁱ Remigii. 5ᵐ Corbeiense 206.
6ᵐ laudunense. 7ᵐ Casalis Benedicti. 8ᵐ Cigiranni). codex Parisinus
(Nouv. Fonds) 11646 collationes codd. Vaticanorum Latinorum 461
saec. XI ex., 445 saec. XV, 501 saeo. XV continens, qui litteris *a, β, γ*
signati sunt

Alteri classi codicibus *KACMT* repraesentatae assignandi sunt:
codex Goerresianus 51 in 4° mai. foll. 190 sace. IX—X e monasterio
S. Maximini, nunc Monacensis. codex Scapbusiensis 28 sacc. XI ex.
codex Casinensis CLXVII saec. XII. codex Oxoniensis bibl.
Canonicae (Auct. eccles.) 171 saec. XII—XIII. codex Stuttgartensis
256 saec. XIII.

II. De spiritu et littera.

Liber de spiritu et littera anno 412 scriptus est. commemoratur
enim in opere De fide et operibus (CSEL XLI 62, 2) initio anni 413
condito. quid Augustinum commouerit, ut hunc tractatum elucu-
braret, ex ipsius initio comperimus. lectis opusculis, scilicet de
peccatorum meritis et remissione, sibi dedicatis Marcellinum
rescripsisse Augustino eo moueri se, quod in superiore opere legisset
fieri posse, ut sit homo in hac uita sine peccato, si uelit, adiutus
a deo, nec tamen ullum umquam in hominibus tam perfectae
iustitiae exemplum exstare. hinc Augustino occasio data est contra
Pelagianos disputandi, qui docebant sine dei adiutorio uim uoluntatis humanae per se ipsam iustitiam perficere posse, ostenditque

non lego nos diuinitus adiuuari ad operandam iustitiam, sed ipsam uoluntatem nostram, sine qua nihil boni operari possumus, spiritus gratiae auxilio egere. refutatis deinde haereticis Pelagianorum doctrinis ad quaestionem initio operis propositam recurrens probat perfectam in hominibus iustitiam sine exemplo esse, nec tamen esse inpossibilem.

Antequam codices percensere aggrediamur, liceat monere hunc librum in opere Augustini De fide et operibus (CSEL XLI 62, 6), cuius memoria codicibus uetustissimis et optimis nititur, praenotari: De littera et spiritu. cum autem nostri libri manu scripti usitatum titulum praeferant neque Retractationum editio non suffragetur, hunc retinendum esse censuimus.

Codices quibus in constituendo textu usi sumus omnes fere *Codi* iidem sunt quos in praecedenti opere descripsimus:

L Codex L u g d u n e n s i s 603 (520) saec. VIII—IX cf. pag. II.

S Codex S a l i s b u r g e n s i s S t i P e t r i a. VIII. 29 saec. IX cf. pag. III.

P Codex olim C o r b e i e n s i s nunc P a r i s i n u s 12213 saec. X cf. pag. III.

G Codex S a n g a l l e n s i s 171 saec. X cf. pag. IV.

K Codex A u g i e n s i s XCV saec. X cf. pag. IV.

C Codex C a s i n e n s i s CLXIII saec. XI cf. pag. V.

T Codex V a t i c a n u s L a t i n u s 461 saec. XI ex. cf. pag. V.

O Restat unus codex O x o n i e n s i s L a u d. M i. s c. (sic enim omissis uncinis pag. 154 et 422 scribendum erat) 134, qui saec. X in. confectus 110 foliis constat. liber de spiritu et littera fol. 15 Retractatione praemissa fol. 16ᵃ incipiens hac inscriptione inducitur: *Incipit de spiritu et littera ad marcellinum liber primus augustini aurelii opuscula*, desinit fol. 48ᵃ; libros contra duas epistulas Pelagianorum foll. 48ᵃ—108 exhibet. codex a compluribus librariis scriptus quattuor expertus est correctores. paucae correcturae ad m1, m3, m4 referendae, plurimae m2 tribuendae sunt. exemplar enim, ex quo descriptus est, difficile ad legendum fuisse uidetur. nam fol. 31ᵇ (pag. 189, 9) in margine adnotatur: *quere in aliis codicibus*; saepius in lineis uacuis relictis nerba litteris minoribus uel maioribus, certe ab aliis differentibus reposita sunt; cf. etiam fol. 36ᵇ notam in margine adscriptam. libri contra duas epistulas Pelagianorum maximam partem correctionibus m1 et m2 foedati sunt. post fol. 52ᵇ unum quaternionis folium periit; desiderantur uerba: 433,

20 *per legem — peccatum* 436, 8. fol. 55ᵃ (441, 12) post *operor illud* uerba lin. 7 *sed quod habitat — operor illud* alia manu repetita m2 delenda assignantur. eadem manu uersus sequentes (*Apertius — disputauimus*) exarati sunt. contulit Vrba.

Omnes codices quos enumerauimus in duas classes diuiduntur: unius sunt *LSPG*, ad alteram pertinent *KOOT*, cf. 155, 13. 156, 11. 158, 15. 160, 15. 24. 161, 10. 24. 164, 1. 166, 27. 169, 5. 25. 171, 12. 173, 9. 176, 24. 181, 10. 28. 183, 18. 185, 24. 194, 18. 201, 8. 202, 29. 205, 17. 23. 207, 23. 208, 14. huius auctoritatem secuti sumus. ubi uero deformem quandam lectionem praebere eam manifestum erat, ex altera classe probabiliores scripturas repetere non dubitauimus. ceterum quod in superiore opere cognouimus in singulis rebus codices utriusque classis coire, in aliis libros eiusdem familiae in diuersas partes abire neque hic rarum est, cf. e. gr. 188, 16. 189, 23. 190, 1. 202, 20. 203, 7 al.

Praeter hos codices priori classi (*LSPG*) addendi sunt alii quos conferendos curauimus: codex Musei Brit. 5. B. II saec. XI, codex Mus. Brit. (Add.) 10941 saec. XII, codex Darmstadtensis 524 saec. XI—XII, codex Uniu. Lipsiensis 252 saec. XIV, codex Oxoniensis Laud. Misc. 117 saeo. XI—XII (iudicio praesidis eius bibl.), codex Parisinus 12211 (Beccensis) saec. XII, codex Vindobonensis 1593 (Lun. Q. 15) saec. XIII.

Ad alteram familiam (*KOOT*) numerandi sunt: codex Scaphusiensis 28 saec. XI ex., codex Stuttgartensis 256 saec. XIII, codex Casinensis CLXVII saec. XII.

III. De natura et gratia.

Hoc opere Augustinus Pelagii tractatui 'De natura' respondet, quem Timasius et Iacobus, dilectores et aliquando Pelagii discipuli, ei tradiderunt petentes, ut se de ea quaestione doceret. Augustinus protinus intermissis aliis laboribus quibus tune ipsum occupatus erat defensionem gratiae contra Pelagii naturam aggressus rem ita egit, ut errorem redargueret, nomen errantis taceret; dicit enim in posteriore scriptione De gestis Pelagii XXIII 47 (CSEL XLII 101, 12): *nec sic tamen operi meo, quo eundem librum refelli, Pelagii nomen inserui facilius me existimans profuturum, si seruata amicitia adhuc eius uerecundiae parcerem, cuius litteris iam parcere non deberem.* librum anno 415 elaboratum esse ex Pauli Orosii Apologetico libro 3, 5 (CSEL V 607, 6) et ex Augustini epistula CLXIX (CSEL

XXXXIIII 621, 20) apparet. anno 417 in manibus Timasii et Iacobi fuit (cf. De gestis Pelagii XXIV 48 pag. 102, 7 sqq.). Augustino autem magna gratia habenda est, quod maiores partes Pelagii scripti nobis seruauit, ut non solum de eius doctrina, sed etiam de eius sermone iudicare possimus.

L   Codex Lugdunensis 608 (524) membr. miso. iudicio ^{Cod} Leopoldi Delisle qui in *Notices et Extraits des Manuscrits de la bibl. Nationale et autres bibliothèques* t. XXIX 388 sqq. eius descriptionem confecit saec. VIII ex. scriptus hunc librum foll. 20ᵃ—50ᵇ exhibet. codex madore corruptus (cf. foll. 26. 27. 28), hic illic membrana perforata est, ut non solum litterae sed etiam uocabula perierint. opusculum ab uno librario descriptum, qui ipse multis locis errores emendauit, alterius correctoris manum expertum est, a quo plurimae deprauationes sublatae, multa omissa uocabula et omissae sententiae s. l. aut in mg. reposita sunt (cf. 234, 13. 235, 6. 238, 3. 245, 5. 250, 18. 252, 24. 272, 7. 275, 4. 276, 18 al.); 238, 9 corruptionem intulit. ceterum codex a multiplici mendorum genere quibus codices foedati esse solent immunis est. de orthographia plerumque ad certas leges exacta haec fere memoratu digna uidentur: *pedagogi questio penitet precepta aegeo piae* (adu.) *mansuefactio; orreo ymno habundo; ammitto* (adm.) *ammoneo assit; freneticus triumfas; in* ante *l* et *r* non assimilatur; *inpossibilis impero; querella* (recte), *quur; extinguo* et *extingo expecto exulto; consumare suplico* al. contulit Vrba.

D   Codex Parisinus n. 2095 signatus membr. mise. saec. IX exaratus olim a Sichelmo quodam 'sancto Dionysio donatus' codicibus Colbertinis insertus et in bibl. Nationalem translatus est. hoc opus fell. 19—47 prostat. folium primum manu posteriore restitutum est, cetera folia ab uno scriba edolata atque passim correcta sunt; saepius manum correctricem alteram passus est, quae etiam sententias interpunctionibus distinxit. hunc codicem Benedictini in adornanda editione sua Colbertini nomine signauerunt. contulit Vrba.

P   Codex Parisinus 9544 membr. miso. foll. 214 saec. IX litteris pulcherrimis scriptus opusculum de natura et gratia foliis 25—65 exhibet. hic codex eosdem tractatus eodemque ordine decurrentes atque superior offert. pars codicis nostrum opusculum conseruans ab uno scriba confecta ab eodemque multis locis emendata est; correcturae m2 rariores sunt. in rebus orthographicis hic codex et superior cum *L* semper fere conspirant. contulit Vrba.

R   Codex R e m e n s i s 393 (E. 285) membr. mise. fell. 172
saec. IX confectus ab Hincmaro archiepiscopo sanctae Mariae
Remensi donatus librum foll. 13—34 praebet. ea opuscula, quae
duobus superioribus codicibus Parisinis continentur, etiam in hoc
codice eodem ordine se excipiunt. praeter librarii correcturas multis
locis manu secunda correctus est. codicem Maurinos adhibuisse ex
nota apparet pag. 260, 19 M = 252, 27. 28. contulit Vrba.

V   De codice V o s s i a n o L a t i n o L e i d e n s i 98 cf. pag. III.

B   Codex B e r n e n s i s 176 membr. mise. saec. XI exaratus hoc
opuş foll. 6—14 complectens ad emendationem parui pretii est.
contulerunt Vrba et Zycba.

C   Codex C a r n u t e n s i s 93 (48) membr. misc. foll. 128 saeo. X
scriptus eadem opera exhibet atque codices *DP* et praeterea *aliquot
authoritates ex libris $\overline{sci}$ augustini.* hic tractatus folia 16 ^{b}—40 ^{a}
occupat. Benedictinorum codex Carnotensis non hic est sed cod.
Carnutensis 60 (97) saec. XII eadem scripta atque ille praebens nisi
quod in fine mutilus est.

E   Codex olim C o r b e i e n s i s nunc P a r i s i n u s 12210
membr. miso. foll. 185 saec. X scriptus est. de natura et gratia
foll. 148 ^{b}—180 complectitur. quae opuscula praeterea contineat
cf. CSEL XLII pag. Vl. liber ab uno librario exaratus multis correcturis deformatus est, quarum maxima pars ad m1 referenda est,
pauciores ad m2 et m3. contulit Vrba.

      Praeter hos codices alios contulimus neque tamen eorum uarie-
tatem adnotationi criticae inseruimus. sunt autem hi: cod. Taurinensis I. V. 5. saec. XII ex. simillimus codici Carnutensi 93 (48),
cf. 274, 15; cod. Sessorianus 97 (1542) saeo. XIII (Bibl. Nazionale
Vittorio Emmanuele a Roma), qui codici Remensi 393 proxime
, accedit; codex Casalinus 83 (73) saec. XI—XII cum codice Ber-
nensi 176 conuenire solet. e codice Vaticano 4991 descripta sunt
folia 637 ^{b}—639 et fol. 690 (Auctarium), quibus uariantes codd.
Vaticanorum Lat. 458. 500. 501. 655. 656 ad hoc opus continentur
(cf. 274, 27); codex Uniu. Pragensis XIV. D. 22. 2530 saec. XIII
persaepe Lugdunensi 608 adstipulatur; codex Vindobonensis 1471
(Rec. 1990) saec. XIV cum codice *V* communes habet multas
lectiones; codex Metensis 232 saeo. XI, cuius uarietatem iam
receptam cum nihil ad recensionem ualere uideremus remouimus.
codicum bibl. cath. Sarisberiensis 117 saec. X, qui mediam quandam

uiam tenet modo *RE* modo *LPV* sectans, et Carnutensis (60) 97 insignes locos comparandos curauimus.

Quamquam non dubitandum est, quin aliquod archetypum fuerit ex quo omnes codices deriuati sunt, id quod lacunis corruptelisque multis omnibus codicibus communibus euincitur, tamen suas quisque proprietates prae se ferunt quae ut in certas classes distribuantur dissuadeant. codices *LP* tot locis suarum lectionum praestantiam probauerunt (cf. 239, 13. 242, 6. 250, 11. 282, 3. 286, 11. 287, 25. 297, 16), ut eis primas deferre non dubitauerimus; hic illic aemulum de principatu nacti sunt cod. *V.* hos codices pressius secuti sumus. ubi hi destituerunt (cf. 281, 28), ad aliorum codicum testimonia optima quaeque e singulis repetentes orationem refinximus.

IV. De natura et origine animae libri quattuor.

Quaestio quae est de natura et origine animae Augustinum non semel, sed per totam fere uitam exercuit. in opere quodam de origine animae hominum singulorum, utrum ex illa primi hominis ac deinde ex parentibus propagarentur an sicut illi uni sine ulla propagatione singulae singulis darentur, se nescire confessus est, uerum tamen se scire animam non corpus esse, sed spiritum. quae uerba Vincentio Victori, iuueni in Mauretania nato, qui sectator Rogatistarum fuerat, postea autem catholicae communicauit, non sunt probata. itaque duos libros ad Petrum presbyterum Hispanum, apud quem Augustini libros legerat, scripsit, in quibus Augustinum nominatim reprehendit, quod tractatus sui iudicium deuorasset neque se posse exhinc aliquid determinare professus esset (pag. 381, 5. 6). hos Vincentii Victoris libros Renatus monachus, homo quidem laicus, sed firmissima fide, diligenter descriptos Caesarea, ubi uersabatur, aestate anni 419 Hipponem transmisit, quos tamen Augustinus, quod longius absens fuerat, autumno illius anni accepit. is opusculis lectis librum primum ad Renatum scripsit. librum secundum epistulae forma confectum ad Petrum presbyterum direxit. iam in hoc libro (pag. 341, 9) aperuit se ad Vincentium Victorem ipsum scribere uelle. quod consilium aliquanto post, id est initio anni 420 eum exsecutum esse uerisimile est.

Hoc loco de titulo horum librorum pauca uerba addi oportet. in libro Retractationum (cf. pag. 420) eorum titulus scribitur: *De anima et eius origine libri quattuor* et pag. 125, 9 (ed. Knoell)

breuiter notatur: *ad Vincentium Victorem de animae origine scripsi-*
mus. cum autem nostri codices omnes praenotationem *De natura*
et origine animae libri quattuor praebeant, nostrum esse existimaui-
mus titulum codicibus traditum seruare.

· *A*   Codex P a r i s i n u s (S a n g e r m a n e n s i s = uetustis-
simus Germanensis Benedictinorum) 12207 membr. misc. foll. 144
saeo. IX scriptus praeter nostrum opus haec opuscula quae in
catalogo non commemorantur continet: *Sermo arianorum* foll.
56 b—59 b, *Contra sermonem arianorum* foll. 60 b—76 b, *De coniugiis*
adulterinis foll. 76 b—97 a, *Augustini epist. 36* foll. 97 a—106 b, *Contra*
aduersarium legis et proph. foll. 107 b—144 b. singulae paginae sunt
uersuum 28. quattuor libri de natura et origine animae foll. 1 a—56 a
occupant. codex multifariam corruptus est. hic illio uocabula
tradita sunt, quae barbare sonant. nullus autem error in eo fre-
quentior est quam singularum litterarum et syllabarum et in mediis
uoculis et in extremis omissio: 310, 15. 315, 9. 316, 22. 319, 3. 15.
328, 6. 333, 15. 335, 5. 338, 18. 340, 25. 342, 8. 16. 343, 2. 29. 345,
19 al. totae sententiae per homoeoteleuton exciderunt: 317, 17.
361, 3. 382, 24. 383, 4. 397, 7; aliae omissiones talem explicationem
respuunt: 331, 10. 347, 1. 383, 13. 386, 2. 394, 21. pauca quaedam
iam m1 emendauit. denique mendis quae ex uocalium et consonarum permutatione originem trahunt hic codex refertus est.
contulit Vrba.

B   Codex V a l e n t i n i a n u s 162 (154) membr. mise. in 4°
foll. 211 saeo. IX—X exaratus hos libros foll. 1—74 a offert. unde
originem ducat ex adnotatione fol. 1 a patescit: *liber ecclesie*
S. Amandi in pabula. codex ab uno librario confectus et m1 et m2
multum correctus est. contulit Vrba.

C   Codex V a l e n t i n i a n u s 163 (155) (Sti Amandi) membr.
mise. saeo. X scriptus est. hoc opus folia 58—137 b occupat. m1
multos locos corruptos emendauit, m2 plura quae omissa erant in
margine addidit. hic codex multas lectiones cum *B* communes
habet (cf. 304, 5. 6. 308, 3. 8. 9. 310, 24. 321, 18. 330, 19. 336, 21.
342, 11. 345, 19. 346, 15 al.), multas uero non solum ab hoc sed
etiam a ceteris codicibus prorsus alienas, cf. 305, 22. 306, 1. 312,
30. 316, 20. 25. 333, 12. 340, 18 al. contulit Vrba.

D   Codex T r e u e r i c u s 149 membr. mise. saec. X diligentissime
scriptus paucis locis correcturas m1 et m2 expertus est. lacunis

foedatus est 322, 18. 333, 5. 394, 26. 417, 19. codici in uniuersum princeps locus assignandus est. contulit Vrba.

E   Codex M o n a c e n s i s 13061 (R a t. c i u. 61) membr. misc. saeo. XII exaratus est. hic codex a ceteris quibus usi sumus primum ordine librorum discrepat; sequuntur enim librum I libri III et IV, liber II ultimum locum obtinet. tum unus maiore lacuna in libro III hiscit; desiderantur enim uerba: 363, 7 *sentire — uiuamus* 365, 7; unus glossemate 337, 12 insignis est. easdem proprietates ostendunt codex S a n c t a e C r u c i s 77 (Heiligenkreuz in Austria inferiore) saeo. XII—XIII, c o d e x Z w e t l e n s i s (Zwettl in Austria inferiore) 147 saeo. XII, cod. M e l l i c e n s i s 27 saeo. XIII, quos contulimus, sed in adnotationem non recepimus. hi 356, 26 *inseruerit* praebent. contulit A. Schreiber.

F   Codex P a r i s i n u s (C o r b e i e n s i s) 12208 membr. misc. foll. 84 saec. XI scriptus foll. 1—21 libros I et II de animae origine, foll. 21^b—41^b de coniugiis adulterinis, foll. 41^b—51^a Augustini epist. 36, foll. 51^a—84^b contra aduersarium legis et proph. exhibet. in margine summo fol. 1^a haec appicta sunt: *Ex libris Corbeiensis abbatiae et Sti Germani a Pratis N. 250. 2, olim 221.* codex ab uno scriba edolatus et m1 quae aut scribentis aut coaeui correctoris est et m2 multo posteriore emendatus est. hunc Benedictinos adhibuisse ex adnotationibus fol. 14 apparet. contulit Vrba.

G   Codex M e t e n s i s 226 membr. miso. saeo. X—XI confectus ex tribus codicibus uariis manibus conscriptis constat qui uno uolumine conglutinati sunt. liber neque paginarum neque foliorum numeris instructus est. pars media libros ad Renatum et ad Petrum (qui liber in catalogo desideratur) complectitur. in fine libri secundi subscribitur: *Explicit epla ad petrum presbiterum. Incipit ad uincentium uictorem de eadem re liber primus.* neque tamen liber ad Vincentium Victorem $_s$^{e}quitu^r sed Augustini epist. 166. ea pars codicis quae hos libros continet a pluribus librariis confecta est. correcta non est nisi manibus scribentium. ad emendationem non multum ualet. contulit Vrba.

H   Codex P a r i s i n u s 13369 membr. misc. saec. IX exaratus est. ad eius originem spectant quae fol. 1^a notantur: *N. 1283. ol. 220 Sti Germani a Pratis* et fol. 1^b: *Sti Petri Corbeiensis.* duo libri ad V. Victorem folia 80^a—115^a occupant. liber mendose descriptus a duobus contemporaneis correctoribus purgatus est qui terminis non anguste circumscriptis emendandi negotium factitauerunt neque non aliquid bonae frugis plenum ad perpoliendum codicem attulerunt corrigendo ea quae a librario mendose erant exarata. ceterum hic codex locis 387, 4. 11. 392, 25 suam bonitatem probauit. contulit Vrba.

I   Codex T r e u e r i c u s 160 membr. misc. foll. 91 saec. IX conscriptus foll. 1ª—33ᵇ duos libros ad V. Victorem exhibet. libri ab uno librario diligenter descripti sunt. idem opus relegit et retractauit et multos locos quos uitiose transcripserat emendauit, cum non solum litteras redundantes deleuit, omissas suppleuit, mendose scriptas litura correxit sed etiam omissas uoces et sententias loco debito superscripsit aut in margine apposuit. alterius correctoris manu aliquot lacunae expletae sunt. saepius accentus syllabis superscripti deprehenduntur: *miscêres uagîne* al. hic codex quanto Treuericum 149 uetustate superat tanto bonitate ei posthabendus est.

T   Codex T r e c e n s i s 1085 membr. mise. saeo. XI libros III et IV offerens quamquam saepius cum codicibus deterioribus conuenit tamen aliquoties aut solus aut optimis suffragantibus natiuas lectiones conseruauit aut tales quae nero proxime accedant, cf. 362, 23. 387, 11. 388, 23. contulit Zycha.

M   Codex M o n a c e n s i s 15826 (S a l. c a p. 26) membr. mise. in 2°, foll. 100 saeo. IX in catalogo scriptus esse dicitur. liber ad Renatum foll. 83ᵇ—91ᵇ exstat. codex ex archetypo quod ad legendum difficile fuisse uidetur ab uno librario litteris characterem langobardicum imitantibus descriptus est. correcturas manus scribentis expertus est. codici in uniuersum maior auctoritas tribuenda est. contulit Vrba.

Omnes codices quibus in textu constituendo usi sumus ex uno aliquo archetypo originem trahere cum uerborum consensu tum errorum communione confirmatur. discedunt autem, si tantummodo eos respicias qui quattuor libros offerunt in duas classes, quarum unam *DE* efficiunt, cf. 304, 5. 6. 8. 11. 305, 4. 13. 306, 19. 307, 22. 26. 308, 3. 310, 24. 328, 20. 330, 19. 346, 19. 348, 26. 349, 8. 9. 354, 5. 369, 2. 370, 18. 387, 4. 11. 390, 25. 393, 1. 395, 9. 396, 26. 401, 13 al. in libro primo *M* eis adstipulari solet. alteri familiae adnumerandi sunt *ABC*, cf. 360, 10. 370, 18 et locos ad *DE* notatos. hic illio et probas lectiones et corruptelas ex altera in alteram familiam inruere non mirum est, cf. 371, 5. 25. 381, 16. in libris III et IV codicibus *BC* saepe *IT* suffragantur.

Praeter codices quorum testimonia usurpauimus eos qui sequuntur ita examinauimus, ut certis quibusdam locis quantum scripturae cum nostris aut consentirent aut ab eis recederent inuestigaremus. atque quattuor libros complectuntur codex Dauensis 275 saec. X—XI, codex Paris. bibl. Armamentarii (de l'Arsenal) 841 (424) saec. X—XI, codices Oxonienses Bodleiani 804 saeo. XII et 387 saeo. XIII, codex Casinensis CLXI saec. XIII, codex Vaticanus Latinus 445 saec. XV. hi omnes ad classem *ABC* pertinent. codices Mellicensis, Sanctae Crucis, Zwetlensis, quos in descriptione codicis *E* commemorauimus, familiae *DE* coniungendi sunt. codex Scaphusiensis 36 saeo XI ex. libros duos ad Vincentium Victorem exhibens cum codice Parisino 13369 facere solet.

V. Contra duas epistulas Pelagianorum.

Fidelium fratrum cura et uigilantia duae Pelagianorum epistulae, quae per Italiam clam circumferebantur, detectae atque ad Bonifacium papam delatae sunt. alteram epistulam Iulianus, ut dicebatur, Romam miserat, alteram idem cum decem et octo quasi episcopis, qui epistulam tractoriam subscribere recusauerant, Thessalonicam ad Rufum episcopum direxerant, ut eum ad suas partes perducerent. Bonifacius ubi in epistulis Augustini nomen euidenter expressum legit, has per Alypium episcopum sub anni 419 finem ex Italia in Africam reuertentem Augustino mittendas curauit. is non cunctatus est quattuor libris contra epistulas Pelagianorum respondere. itaque uerisimile est hos libros anno 420 editos esse. Alypius ex Africa in Italiam reuersus papae Bonifacio hoc opus tradidit. libro primo Augustinus Iuliani epistulae respondet, in qua hic Augustini doctrinam inpugnat, suam commendat. in ceteris libris Pelagianorum erroribus doctrina catholica opponitur eorumque latentes insidiae aperiuntur.

O   De codice Oxoniensi Land. Misc. 134 saeo. X in. *Codi* quem Vrba contulit cf. pag. VII.

B   Codex Abrincensis 88 (Michaelinus Benedictinorum) membr. mise. saeo. XII scriptus foliis 34—89 hoc opus continet. liber maiore lacuna laborat, quam tamen non incuriae librarii tribuendam esse, sed iam archetypo inhaesisse inde conicias, quod fol. 66 linea 13 uocabulo *ista* finitur, lin. 14 uoce *gratia* incipit, ut inde a pag. 497, 2 *legis — sufficit tibi* 507, 16 omnia desiderentur.

codex quae peculiaria habeat, quem locum inter ceteros obtineat, infra disseretur. contulit E. Kalinka.

Codex Mediolanensis Ambros. H 99 sup. membr. misc. foll. 149 iudicio praesidis bibliothecae in qua asseruatur saeo. XI scriptus, cum in catalogo saec XIII esse dicatur, foll. 1—62ᵇ libros de quibus agimus exhibens praeterea haec opera Augustini continet: *de gratia et libero arbitrio ad ualentinum monachum, de correptione et gratia ad eundem ualentinum, de nuptiis et concupiscentia libri II, de natura boni, de diuinatione demonum.* in mg. sup. adnotatum est: *S. 102 comprato dal S. Dominici.*

D   Codex Gratianopolitanus 197 membr. misc. saec. XII confectus ordine uerborum secundi libri confuso a ceteris discrepat. cum iam in apparatu critico notatum sit, quid quoque loco turbate traditum sit, reliquum est, ut quae omissa sunt complectar. desiderantur autem haec: 463, 8 *emendare — hominem* 464, 5; 469, 24 *qui dixit — uidetur asserere* 470, 22; 472, 17 *quia dei — acceptio personarum* 473, 16; 475, 13 *gratiam — in gloriam* 476, 15; 481, 6 *responsio — tunc enim bonum* 483, 8. eandem confusionem prae se ferunt codex Paris. Armamentarii (Bibl. de l'Arsenal) 586 (434 T. L.) saeo. XII et codex Trecensis 40 (uol. IX) saeo. XII, quorum maximae partes collatae uerborum consensu et magna in erroribus concordia similem originem produnt.

EF   Lectiones codicum Vaticanorum Latinorum 500 et 501 saeo. XV Vrba non ex codicibus ipsis repetiuit, sed ex apparatu Benedictinorum excerpsit, qui in codice Parisino Nouv. Fonds 11646 continetur. hic codex sic incipit: *Contra duas epistolas Pelagii ad Bonifacium R. U. Epūm Libri 4. Quos contuli ad 2 codd. m. s. qui reperiuntur in Bibl. Vatic. in libris notatis numo 500 et 501 Eosque notaui inferius per a β.*

V   Codex Vindobonensis 873 (Theol. 733) membr. misc. saeo. IX scriptus foliis 216 fasciculis XXVII constat. numeri quaternionum in margine inferiore ultimae cuiusque paginae appicti sunt. codex ex archetypo descriptus est, in quo ordo Augustini uerborum nescio quo casu turbatus erat. nam fol. 54ᵇ medio oratio interrupta foliis 134ᵇ—143ᵇ continuatur; fol. 143ᵇ sequuntur folia 55ᵃ—134ᵃ. ea pars orationis, quae fol. 134ᵇ omissa erat, fol. 144ᵃ excipitur et foliis sequentibus ad finem perducitur. libri ab uno librario exarati sunt. correcturas autem et ab hoc passi sunt et manu alterius correctoris contemporanea. nihilominus sunt quae quamuis corrupte tradita intacta reliquerint. neque tamen omnia errata detegere, sed tantummodo grauissima quaeque perstringere et causas corruptelarum inquirere in animo est. qui codicis scripturas examinauerit, nullo uitio magis quam singularum syllabarum litterarumue omissione foedari inueniet; rarius tota uocabula interciderunt, cf. 425, 16. 432, 8. 444, 10. 517. 9. 530, 7. 535, 20. 537, 16. 548, 7. 550, 12 al. sed etiam totae sententiae desiderantur, quarum aliae ita sunt comparatae, ut omissio aberratione oculorum librum scribentis facile explicetur (cf. 437, 6. 438, 15. 439, 5. 455, 5. 463, 8. 500, 14. 510, 2. 512, 14 al.), aliae talem explicationem non admittant: 504, 19. 506, 12. 509, 10. 557, 27 al. huc etiam illi errores referendi sunt, qui ex archetypi scriptura uocabulorum continua orti litteris recte diremptis et coniunctis facile sanantur: 452, 8. 19. 465, 22. 468, 16. 497, 8. 512, 7. 543, 14. 550, 25. 552, 14. 561, 17. 570, 1. huic generi similia uitia inde proficiscuntur, ut antecedens uel consequens attributum quod dicitur grammatice praecedenti uel subsequenti nomini accommodetur: 471, 15. 497, 18. 510, 14. 521, 3. 552, 6. aliud genus inde natum est, ut littera *m* parasitice adderetur uelut 431, 7. 474, 12. 521, 22. 548, 5. latissime autem patent errores permutatione et confusione uocalium et consonarum nati. atque uocalium saepissime commutantur *e* et *i*: *turpessima delucidis antestites genetalium displicit habis discendat difinire* al.; *u* et *o*: *gressos natore laudatur* (*or*); *ae* et *e*: *fidaei speciae enigmatę preferatur* al. consonarum *d* et *t* confunduntur: *inquid ueniad cupiad aput aliquit* al. aspiratio neglegitur aut contra tritum usum ponitur: *hapostolus haeremo trait. u* cum *b* permutatur in perfecto et futuro uerborum. consonae duplicantur in *uellit, cottidie* et *cotidie* fluctuant. praepositionum exeuntes consonantes in nerbis compositis saepius non assimilantur. denique codex lectiones offert, quarum corruptelae minus liqueant, e. gr. 450, 2. 451, 10. 458, 21. 469, 11. 474, 18. 506, 18. 526, 6. 556, 7. 557, 5. contulit Zyoba.

G   Codex Coloniensis n. LXXX (D a r m s t. 2081) signatus membr. mise. in 4° foll. 148 saec. IX exaratus librum primum foll. 44^b—62^b exhibet. libellus ab uno librario conscriptus ab eodemque multum correctus est. praeterea manus alterius s. X castigantis uestigia deprehenduntur. contulit Vrba.

L   E simili fonte haustus est codex Oxoniensis Laud. Misc. 133 membr. saec. IX ex archetypo litteris semiuncialibus confecto descriptus foll. 22—33 librum primum praebens ita in

omnibus grauioribus rebus cum codice Coloniensi conspirat, ut
proprii testimonii auctoritatem habeat paene nullam. abbreuiatio
folii 24ᵃ $\overline{dmn}$ digna nobis memoratu uidetur. hi duo codices spem,
quam in eis posuimus, fefellerunt, quippe qui aliis ut uetustate prae-
stant ita bonitate posthabendi sint. ceterum quam arte cohaereant,
quantum a ceteris declinent, haec exempla doceant: 423, 4. 8.
424, 6. 8. 14. 16. 23. 425, 8. 11. 426, 2. 24. 427, 27. 428, 4. 6. 18.
21. 23. 25. 430, 5. 26. 431, 5. 13 al. contulit A. Souter.

H   Fragmentum c o d i c i s A u r e l i a n e n s i s 192 (169) saec.
VIII breuius est, quam ut de eius indole aliquid fidentius dicere
audeamus.

    Praeter codicem Paris. Armamentarii 586 (434) et codicem Tre-
censem 40 quos supra commemorauimus etiam codicis bibl. Lauren-
tianae plut. XII cod.VIII saeo. XV libros II et III conferri iussimus.
is multis quidem locis cum codd. Vaticanis 500 et 501 consentit neque tamen ex eodem exemplari atque illi descriptus est.

    Omnes codices quos enumerauimus ex eodem fonte etsi uariis
uiis manasse grauissimarum quarumque rerum consensu euincitur.
abeunt autem in classes duas, quarum unam D cum codice Armamentarii et Trecensi efficiunt confusione uerborum libri secundi
insignes, laterius ceteri sunt etsi non tam arta affinitate coniuncti
ut in aliis operibus uidimus. accidit enim cursu temporum, ut
contaminatione quadam ex alia in aliam familiam quiddam mendosi-
tatis aut bonitatis inferatur. nam quicumque e. gr. codices OB
examinauerit facile inueniet iis innumeros errores communes esse,
cf. 426, 18. 429, 19. 431, 15. 432, 7. 436, 18. 458, 28. 464, 1. 478,
18. 482, 11. 495, 27. 508, 21. 529, 5 al. iidem tamen in aliis differunt,
cf. 529, 27. 532, 18. 535, 10. 544, 1. 567, 3. 569, 16. OBV 479, 5
eundem errorem ostendunt. DEF in collocatione uerborum saepissime conueniunt. D 514, 11. 526, 22 solus genuinas scripturas
seruauit, idem 566, 14 cum O foedatus est. codicem V quamquam
aetate ceteros superat tamen peculiaria quaedam habere supra com-
monuimus. de codd. GL in eorum descriptione quae usui sunt
disputauimus. quae res cum ita essent, non unum aliquem codicem
pro fundamento criseos habuimus, sed singulis locis ad eos principatum deferre statuimus, quorum lectiones maximam ueritatis
probabilitatem prae se ferrent.

es.   b   Cum neque in editione quae B a s i l e a e a. 1506 a p u d I o.
A m e r b a c h i u m prodiit neque in uolumine, quod 's. l. et a'.

publicatum librum de spiritu et littera continet, codex uel codices
qui adhibiti sunt more tune ab editoribus usurpato signati sint,
tantum accurata uariarum lectionum examinatione coniectura assequimur, ad quorum codicum testimonia singulorum operum oratio
reficta sit. atque in editione Amerbachiana codices deteriores
ascitos esse e lectionibus apparet. in opere De peccatorum meritis
e. gr. cum classe *LSVPG* facere solent; hic illio cum altera classe
conueniunt (cf. pag. 56, 4), ut conicere liceat eos mixtae recensionis fuisse. in libris Contra duas epistulas Pelagianorum *b* locis •
insignibus saepissime cum *D* conspirat (cf. 499, 23. 502, 24. 25. 503,
22. 23. 28. 507, 4. 513, 2. 524, 25. 526, 4 al.). cum in hac editione
saepius in margine uariantes lectiones additae sint, quaeritur, utrum
editor ex alio codice scripturas petiuerit an sua figmenta protulerit.
atque multa additamenta marginalia eiusmodi sunt, ut coniecturae
suapte sponte nascantur uelut 31, 13. 49, 25. 81, 25. 90, 17. 321, 3
al., alia nisi codice alio inspecto oriri non potuerint e. gr. 39, 20.
48, 8. 71, 19. 339, 5. 510, 1. 537, 2 al. editio princeps opusculi De
spiritu et littera lectiones deterioris classis exhibet, plerumque
cum codice *P* illius classis consentit.

    d   Prorsus alia condicio est e d i t i o n i s   B e n e d i c t i n o-
r u m, qui ad singula scripta praeter Germanicos uetustissimos
optimosque plerumque libros manu scriptos inuestigauerunt eosque tam distincte signauerunt, ut catalogorum auxilio, si forte non
perierint, eos eruere possimus. praeterea eorum apparatus in codicibus Parisinis exstat, de cuius indole R. Kukula diligentissime
disputauit[1]), ita ut etiam eorum codicum qui postea perierunt editori lectionum uarietas praesto sit. in textu complurium huius
uoluminis operum constituendo mihi occasio data est institutionis
illius apparatus cognoscendae. de codice Parisino (Nouv. Fonds)
11654 haec addere liceat. in fronte notatum est (cf. pag. VI) *ad 5ᵉ*
Ms., cum octo afferantur. codicem octauum (Cigiranni) Vrba, qui
omnia folia accurate descripsit, adnotat postea ceteris adiunctum
nideri. quae suspicio eo uerisimilior fit, quod numerus codicis (8)
tribus locis aut supra aut infra lineam adscriptus est, aliis locis
nusquam legitur. neque codicum 6 et 7 ulla singularis lectio praebetur. collatio codicum Vaticanorum ad tractatum De natura et

---

[1]) *Die Mauriner Ausgabe des Augustinus.* Sitzungsberichte der kais.
Akademie der Wissenschaften. Band 138, 34 ff.

gratia (cf. pag. X), quam nostrum in usum A. Werkmann pulcher-
rime descripsit, cum Benedictinorum adnotationibus amicissime
conspirat. e d i t i o n o s t r a in opusculis De peccatorum meritis,
De spiritu et littera, De natura et origine animae a Maurina eo
differt, quod Benedictini codicibus in Germania natis uel asser-
uatis destituti memoriam deteriorum classium pro fundamento
criscos habuerunt. cetera scripta non tantum differunt, quia supel-
lex critica fere eadem fuit.

* In indice uerborum et elocutionum, ut etiam hanc partem
tangamus, id assequi studebamus, ut materiam quam largissimam
suppeditaremus.

Restat, ut grato animo memoremus omnes, qui in hoc Augustini
operum uolumine edendo nobis adfuerunt. ac multum multis nos
debere profitemur, Academiae litterarum Caesareae Vindobonensi,
multarum bibliothecarum praefectis commodissimis, iis uiris huma-
nissimis, qui munus codicum conferendorum subierunt, nemini plus
quam A u g u s t o E n g e l b r e c h t, qui non solum in plagulis
tam prolixi uoluminis corrigendis nos adiuuit, sed etiam multos
locos emendauit, de singulis lectionibus nos dubitantes saepe con-
firmauit, saepius correxit.

Dabamus Vindobonae mense Iunio a. MCMXIII.

Carolus F. Vrba.   **Iosephus Zycha.**

DE PECCATORVM MERITIS ET REMISSIONE ET DE BAPTISMO PARVVLORVM AD MARCELLINVM LIBRI TRES.

LX. August. VIII pars I, Vrba et Zycha.

CODICES

L = codex *Lugdunensis 603 (520) saec. VIII—IX.*
S = codex *Salisburgensis S. Petri a. VIII. 29 saec. IX.*
V = codex *Vossianus Latinus 98 saec. IX.*
P = codex *olim Corbeiensis nunc Parisinus 12213 saec. X.*
G = codex *Sangallensis 171 saec. X.*
K = codex *Augiensis XCV saec. X.*
A = codex *Parisinus 9546 saec. XI.*
C = codex *Casinensis CLXIII saec. XI.*
M = codex *olim Bobiensis nunc Mediolanensis S. 55. sup. saec.*
         XI—XII.
T = codex *Vaticanus Latinus 461 saec. XI ex.*
z = *consensus codicum LSVPG.*
r = *consensus codicum KACMT.*
b = *editio Amerbachiana.*
d = *editio Benedictinorum a S. Mauro 1690.*
Eug. = *Eugippii Excerpta ex operibus s. Augustini p. 1010, 24—1012,*
         8. 1072, 9—1075, 19 ed. P. Knoell (CSEL VIIII).

LIBER PRIMVS.

I. 1. Quamuis in mediis et magnis curarum aestibus atque taediorum, quae nos detinent a peccatoribus relinquentibus legem
dei—licet ea quoque ipsa nostrorum etiam peccatorum meritis inpu-
5 temus—, studio tamen tuo, Marcelline carissime, quo nobis es gratior
atque iucundior, diutius esse debitor nolui atque, ut uerum audias,
non potui. sic enim me conpulit uel ipsa caritas, qua in uno incommutabili unum sumus in melius commutandi, uel timor, ne in te offen-
derem deum, qui tibi desiderium tale donauit, cui seruiendo illi ser-
10 uiam qui donauit, sic, inquam, me conpulit, sic duxit et traxit ad
dissoluendas pro tantillis uiribus quaestiones, quas mihi scribendo
indixisti, ut ea causa in animo meo paulisper uinceret alias, donec
aliquid efficerem, quo me bonae tuae uoluntati et eorum quibus haec
curae sunt etsi non sufficienter, tamen oboedienter seruisse con-
15 staret.

II. 2. Qui dicunt 'Adam sic creatum, ut etiam sine peccati
merito moreretur non poena culpae, sed necessitate naturae', profecto illud, quod in lege dictum est: qua die ederitis, morte
moriemini, non ad mortem corporis, sed ad mortem animae, quae

7 cf. Rom. 12, 5. Gal. 3, 28   16 cf. De gestis Pelagii et De peccato originali
(CSEL XXXXII 76, 16. 174, 5)   De haeresibus c. 87 (XLII 48 M)
18 Gen. 2, 17

1 Incipit de baptismo paruulorū liber primus *LPG* Incpt lib prim' sci Aug
De baptismo paruulorum ad Marcellinū tribunum et notarium *S* Incipit liber
beati Augustini *(litt. mai.) et m. saec. XII add.* de baptismo paruulorū *V; in K*
inscr. abest, item in A (Retractatione praemissa); Incip̄ ad Marcellinū de
remissione peccatorum et baptismo paruulorum līb primus *M* Augustinus de
peccatorum meritis et de baptismo paruulorum ad Marcellinum liber primus
sequente Retractatione C; de codice T cf. Praef.   3 detinet *SVm1 G* detinebant *CT*
derelinquentibus *zbd*   5 es *om. M*   6 iocundior *Lm2PGKACTb* debitor esse *A*
atque iam ut *A*   andias] dicam *zbd* dicam ut nerum audias *A*   7 conpulit *ex* conpellit *L*   8 ut melius (in *s.* ut *m2)K*   9 tale∗ *LSV*   10 quo
Lm1SPm1G   11 ∗∗∗ tantillis *L* tantis *K*   12 ea *m2 ex* hac *K* cū *A* uiceret *Km1*
13 he∗ *A*   14 cure∗ (s *eras.) S*   sunt] erunt *M*   deseruisse *LVPGbd*
disseruisse *Sm2*   16 dicit *M*   si *Km1*   creatus est *M*   18 in *om. M*

in peccato fit, referre conantur. qua morte mortuos significauit
dominus infideles, de quibus ait: sine mortuos sepelire mortuos suos. quid ergo respondebunt, cum legitur hoc deum primo
bomini etiam post peccatum increpando et damnando dixisse:
terra es et in terram ibis? neque enim secundum animam, sed, 5
quod manifestum est, secundum corpus terra erat et morte eiusdem
corporis erat iturus in terram. quamuis enim secundum corpus
terra esset et corpus in quo creatus est animale gestaret, tamen, si
non peccasset, in corpus fuerat spiritale mutandus et in illam incorruptionem, quae fidelibus et sanctis promittitur, sine mortis suppli- 10
cio transiturus. cuius rei desiderium nos habere non solum ipsi
sentimus in nobis, uerum etiam monente apostolo agnoscimus, ubi
ait: etenim in hoc ingemescimus, habitaculum nostrum,
quod de caelo est, superindui cupientes, si tamen et induti
non nudi inueniamur. etenim qui sumus in hac habi- 15
tatione ingemescimus grauati, in quo nolumus expo-
liari, sed superuestiri, ut absorbeatur mortale a uita.
proinde si non peccasset Adam, non erat expoliandus corpore, sed
superuestiendus inmortalitate et incorruptione, ut absorberetur
mortale a uita, id est ab animali in spiritale transiret. 20

   III. 3. Neque enim metuendum fuit, ne forte, si diutius hic
uiueret in corpore animali, senectute grauaretur et paulatim ue-
terescendo perueniret ad mortem. si enim deus Israhelitarum uesti-
mentis et calciamentis praestitit, quod per tot anuos non sunt ob-

---

   1 fit] sit *b*   conatur *M*   qua morte mortuo *C*   significabit *A*   2 infideles
om. KCT   3 respondebant *M*   4 dixisset *Gm1A*   5 in terra *M*   8 et *om. LSVm1
Pm1G*   10 et] ac *b*   mortis (i *ex* u)*L*   periculo *LVPG*, (s.l.:m2 ul medio)*S bd*
11 nos *ex* non *L*   12 etiam] et *K*   ammonente (d *s. pr.* m) *Km2* admonente *AMd*
cognoscimus *CMd*   13 *et* 16 ingemiscimus *Pm2Km2ACMd*   14 et *om.*
z AMbd   15 inueniamur (m *in ras.* m2)*K*   hac *in mg. Lm1*   16 ingranati *M*
spoliari *KAM* exspoliari *Lm2Gd*   17 absurbeatur *Vm1* absorueatur *G*
mortalia uita *Lm1 Pm1G* mortali a uita *Vm1* mortali uita *Sa.c.* mortale auita *K*
18 spoliandus *r* exspoliandus *Lm2Gd*.   19 absorueretur *C*   20 mortali *Gm1*
a *om. Lm1Vm1GSs.l.m1*   est *s.l.m2V*   animale *M*   21 si forte (si *s.l.m2*)*L*
forte si (si *s.l.m2*)*VSm1 in mg.* forte (*om.* si)*PG* dum forte *b*   22 ueterascendo
Vm2Abd   23 israelitarum *ACbd*   24 calceamentis *d*   attrita *Gm1*

trita, quid mirum si oboedienti homini eiusdem potentia praestaretur,
ut animale, hoc est mortale, habens corpus haberet in eo quendam
statum, quo sine defectu esset annosus, tempore quo deus uellet
a mortalitate ad inmortalitatem sine media morte uenturus? sicut
5 enim haec ipsa caro quam nunc habemus non ideo non est uulnerabilis, quia non est necesse ut uulneretur, sic illa non ideo non fuit
mortalis, quia non erat necesse ut moreretur. talem puto habitudinem adhuc in corpore animali atque mortali etiam illis, qui sine
morte hinc translati sunt, fuisse concessam. neque enim Enoc et
10 Helias per tam longam aetatem senectute marcuerunt, nec tamen
eos credo iam in illam spiritalem qualitatem corporis commutatos,
qualis in resurrectione promittitur, quae in domino prima praecessit; nisi quia isti fortasse nec his cibis egent, qui sui consumptione
reficiunt, sed ex quo translati sunt ita uiuunt, ut similem habeant
15 satietatem illis quadraginta diebus, quibus Helias ex calice aquae et
collyride panis sine cibo uixit; aut, si et his sustentaculis opus est,
ita in paradiso fortasse pascuntur sicut Adam, priusquam propter
peccatum inde exire meruisset. habebat enim, quantum existimo,
et de lignorum fructibus refectionem contra defectionem et de ligno
20 uitae stabilitatem contra uetustatem.

    IV. 4. Praeter hoc autem quod puniens deus dixit: terra es
et in terram ibis, quod nisi de morte corporis quomodo intellegi
possit ignoro, sunt et alia testimonia, quibus euidentissime appareat non tantum spiritus, sed etiam corporis mortem propter pecca-
25 tum meruisse genus humanum. ad Romanos apostolus dicit: si

8 cf. Gen. 5, 24. IV Regn. 2, 11. Eccli. 44, 16. 48, 9. I Mach. 2, 58. Hebr. 11, 5.
Op. imp. c. Iul. VI 30   14 cf. III Regn. 19, 8. 6   19 cf. Gen. 2, 9   21 Gen. 3, 19
25 Rom. 8, 10. 11

    1 eadem A   2 hoc est] hoc LmlVmlSPG ac bd   3 quod C   annorum
(r m2s.s) L,PA annosus(s/in.m2s.m)Vannosum SGb   4 uenturū A   5 enim om. K
7 moriretur A   9 enoch SPMTbd henoc C   10 elias CTd   arcuerunt
LmlSmlVmlK   11 credo eos zbd   ante iam exp. iā V   12 primam C
13 nec isti fort. his M   in hiis A   egens T, om. Sml   15 ante illis add. s.l.
qua Vm2   quibus om. Lml VG in quibus s.l.Sm2 quo s.l.Pml   elias SCd
ex om. Lml   16 ex collyr. zbd   colliride VPGKTAml colluridae CM
aut (ut s. l. m2)G   hiis (sic saepissime) A   opus est] operū M   17 ita fort. in par. b
forte A   18 exinde zMbd   19 uerba et—refectionem bis leg. K
21 propter Lmlb   h•oc G   22 intelligi LGAbd   24 set Lml   corpori M

autem Christus in uobis est, corpus quidem mortuum
est propter peccatum, spiritus autem uita est propter
iustitiam. si ergo spiritus eius qui suscitauit Iesum a
mortuis habitat in uobis, qui suscitauit Christum Iesum
a mortuis uiuificabit et mortalia corpora uestra per in- 5
habitantem spiritum eius in uobis. puto quod non expositore, sed tantum lectore opus habet tam clara et aperta sententia. 'corpus', inquit, 'mortuum est' non propter fragilitatem terrenam, quia de terrae puluere factum est, sed 'propter peccatum'.
quid quaerimus amplius? et uigilantissime non ait 'mortale' sed 10
'mortuum'.

V. 5. Namque antequam inmutaretur in illam incorruptionem,
quae in sanctorum resurrectione promittitur, poterat esse mortale,
quamuis non moriturum, sicut hoc nostrum potest, ut ita dicam,
esse aegrotabile, quamuis non aegrotaturum. cuius enim caro est, 15
quae non aegrotare possit, etiamsi aliquo casu priusquam aegrotet
occumbat? sic et illud corpus iam erat mortale. quam mortalitatem
fuerat absumptura mutatio in aeternam incorruptionem, si in homine iustitia, id est oboedientia, permaneret; sed ipsum mortale non
est factum mortuum nisi propter peccatum. quia uero illa in resurrec- 20
tione futura mutatio non solum nullam mortem, quae facta est
propter peccatum, sed nec mortalitatem habitura est, quam corpus
animale habuit ante peccatum, non ait 'qui suscitauit Christum
Iesum a mortuis uiuificabit et mortua corpora uestra', cum supra
dixisset 'corpus mortuum', sed: uiuificabit, inquit, et mor- 25
talia corpora uestra, ut scilicet iam non solum non sint mortua,

---

12 cf. I Cor. 15, 52   25 Rom. 8, 11

1 nobis *K*   4 habitabit *K*   habitat — mortuis *om. T*   a mortuis
i͞hm uiuificauit *K*   5 uiuificauit *Lm1Vm1SPGKCMT*   6 in nobis *LSVm1P*
n̄ *s.l.Km2*   expositorem—lectorem *LSPGb*   relatore *cod. Casalinus 83 (73)*
8 inquid (*sic saepius m1*)*L*   terrae I n̄• *K* terr̨·nā *A*   9 quia *om. A*
terra et (t *alt. s.l.m2*) puluere *K*   10 amplius quaerimus *d*   12 mutetur *b*
14 non *add. m2V*   ita *om. Lm1*   15 ҽgrotabile• *LSV* egrotabilem *GCT*
egrotarum *Km1*   16 alico *Vm1*   aegrotat *Km1*   17 subcumbat *M*
18 fuera *Cm1, om. Gm1*   adsumptura *Lm1Vm1* c̄sumptura *A* absuptura *C*
19 ••oboedientia *LSV* ịnoboedientia (*exp. m. rec.*) *P*   20 in (*s.l.m2*) illa res. *V*
in *om.Lm1SPG*   23 i͞hm x͞p͞m *A*   24 uiuificauit *Lm1Vm1SPGCT*
mortalia *M*   25 uiuificauit *Lm1SVm1PGCT*   26 iam] etiam *CMT*   sunt *Gm1*

sed nec mortalia, cum animale resurget in spiritale et mortale hoc
induet inmortalitatem et absorbebitur mortale a uita.
VI. 6. Mirum si aliquid quaeritur hac manifestatione liquidius.
uisi forte audiendum est, quod huic perspicuitati contradicitur, ut
5 mortuum corpus secundum illum modum hic intellegamus, quo
dictum est: mortificate membra uestra quae sunt super
terram. sed hoc modo corpus propter iustitiam mortificatur, non
propter peccatum; ut enim operemur iustitiam, mortificamus membra nostra quae sunt super terram. aut si putant ideo additum
10 'propter peccatum', ut non intellegamus quia peccatum factum
est, sed ut peccatum non fiat — tamquam diceret: 'corpus quidem
mortuum est propter non faciendum peccatum' —, quid sibi ergo
uult, quod cum adiunxisset 'spiritus autem uita est', addidit 'propter
iustitiam'? suffecerat enim sic adiungere 'uitam spiritus', ut etiam
15 hic subaudiretur 'propter non faciendum peccatum', ut sic utrumque propter unam rem intellegeremus, et mortuum esse corpus et
uitam esse spiritum propter non faciendum peccatum. ita quippe,
etiamsi tantummodo uellet dicere 'propter iustitiam', hoc est 'propter
faciendam iustitiam', utrumque ad hoc posset referri: et mortuum esse
20 corpus et uitam esse spiritum propter faciendam iustitiam. nunc
uero et mortuum corpus dixit esse propter peccatum et spiritum esse
uitam propter iustitiam, diuersa merita diuersis rebus adtribuens:
morti quidem corporis meritum peccati, uitae autem spiritus meritum iustitiae. quocirca si, ut dubitari non potest, 'spiritus uita est
25 propter iustitiam', hoc est merito iustitiae, profecto 'corpus mortuum

1 cf. I Cor. 15, 44. 53. 54. II Cor. 5, 4   6 Col. 3, 5   13. 24 Rom. 8, 10

1 ne A   mortalia (talia add. m2)K   resurgit M   in om. M   2 induerit KCT induitur M   absoruebitur C   mortale uita Lm1 mortalia
uita Sm1Pm1 mortali a uita Va.c. mortali uita Gm1   3 aliquod M   4 ut]
cū A   5 illo A, om. T   intelligamus Lm2ACbd   quod SVm1PGACTb
7 iustitia Lm1   8 menbra Vm1   9 putant ideo (t et i s. eras. di)L   10 non
om. Km1   post quia add. s.l. propter Lm2   13 addit A   14 sufficerat (a add. m2)
L,Sm1Vm1ACT sufficeret KVm2b   si adiungeret zbd   uita Km2b   15 utrunque A   16 unā (n s. eras. i)   17 non] nos C   19 ad utrumque hoc posset ref. b
ad] ab K   pesset L   referre V   et om. z   20 et corpus M
21 pr. et om. z   ˙ dixit esse corpus bd   uitam esse b   22 diuersis
tribuens rebus b   atribuens Vm1 adtribuendis Gm1   24 quoṇcirca G quod-
circa M   poterit b   25 merito iustiae Km1 meritū iust. T

propter peccatum' quid aliud quam merito peccati intellegere debemus aut possumus, si apertissimum scripturae sensum non pro
arbitrio peruertere ac detorquere conamur? huic etiam uerborum
consequentium lumen accedit. cum enim praesentis temporis gratiam determinans diceret mortuum quidem esse corpus propter 5
peccatum, quia in eo nondum per resurrectionem renouato peccati
meritum manet, hoc est necessitas mortis, spiritum autem uitam
esse propter iustitiam, quia licet adhuc corpore mortis huius onere-
mur iam secundum interiorem hominem coepta renouatione in fidei
iustitiam respiramus, tamen, ne humana ignorantia de resurrectione 10
corporis nihil speraret, etiam ipsum, quod propter meritum peccati
in praesenti saeculo dixerat mortuum, in futuro propter iustitiae
meritum dicit uiuificandum nec sic, ut tantum ex mortuo uiuum
fiat, uerum etiam ex mortali inmortale.

VII. 7. Quamquam itaque uerear, ne res manifesta exponendo 15
potins obscuretur, apostolicae tamen sententiae lumen adtende.
si autem Christus, inquit, in uobis, corpus quidem mortuum est propter peccatum, spiritus autem uita est
propter iustitiam. hoc dictum est, ne ideo putarent homines
uel nullum uel paruum se habere beneficium de gratia Christi, quia 20
necessario morituri sunt corpore. adtendere quippe debent corpus
quidem adhuc peccati meritum gerere, quod condicioni mortis ob-
strictum est, sed iam spiritum coepisse uiuere propter iustitiam
fidei, qui et ipse in homine fuerat quadam morte infidelitatis ex-
stinctus. 'non igitur', inquit, 'parum nobis muneris putetis esse con- 25
latum per id quod Christus in uobis est, quod in corpore propter

---

8 cf. Rom. 7, 24. 22   17 Rom. 8, 10

2 aut *in ras. Gm2*   scribturae (*sic saepissime*)*LV*   3 hac *L*   quonamur
Sm1Vm1 ·   huic] huc *KAMbd* nunc *m2 ex* hunc *C*   4 accendit *T*
accenditur (*s.* attenditur *m2*)*C*   5 dicere *M*   propter *om. A*   6 eum *Gm1*
renouati *A*   7 merito *A*   uita *M*   8 onoremur *A* honeremur *T*
9 fide *Lm1Sm1Vm1PGA*   10 iustitiam (a *in* e *mut.*)*P* iustitia *coni. Be-*
nedictini   corporis resurrectione *KCT*   11 nil *KC*   12 meritum iusti-
tiao *d*   15 *post* res *eras.* ex *G*   17 *post* nobis *add.* est *bd*   19 *post* hoc *eras.*
ideo *G*   20 paruin *LSVP*   21 moritura *Km2*   corpora *K*   22 conditioni
codd.   23 spu̅ *GKAb*   iustiam (*sic saepius*) *Km1*   ⁚ 24 bone *Gm1*
quidam *Vm1*   mortis *Gm1*   extinctus *SVGKAb*   25 uobis parum *b*
parnum *M*   · 26 per id] perit *C*

peccatum mortuo iam propter iustitiam nester spiritus uiuit, nec
ideo de uita quoque ipsius corporis desperetis. s i enim s piritus
eius qui suscitauit Christum a mortuis habitat in uobis,
qui suscitauit Christum a mortuis uiuificabit et mor-
5 talia corpora uestra per inhabitantem spiritum eius
in uobis', quid adhuc tantae luci fumus contentionis offunditur?
clamat apostolus: 'corpus quidem mortuum est in uobis propter
peccatum, sed uiuificabuntur etiam mortalia corpora uestra propter
iustitiam, propter quam nunc spiritus iam uita est, quod totum
10 perficietur per gratiam Christi, hoc est per inhabitantem spiritum
eius in uobis', et adhuc reclamatur! dicit etiam quemadmodum fiat,
ut uita in se mortem mortificando conuertat. ergo, inquit, fratres, debitores sumus non carni, ut secundum carnem
uiuamus. si enim secundum carnem uixeritis, morie-
15 mini; si autem spiritu facta carnis mortificaueritis,
uiuetis. quid est aliud quam hoc: 'si secundum mortem uixeritis,
totum morietur; si autem secundum uitam uiuendo mortem mortificaueritis, totum uiuet'?

    VIII. 8. Item quod ait: per hominem mors et per ho-
20 minem resurrectio mortuorum, quid aliud quam de morte
corporis intellegi potest, quando ut hoc diceret de resurrectione
corporis loquebatur eamque instantissima et acerrima intentionc
suadebat? quid est ergo quod hic ait ad Corinthios: per hominem
mors et per hominem resurrectio mortuorum; sicut
25 enim in Adam omnes moriuntur, sic et in Christo omnes
uiuificabuntur, nisi quod ait etiam ad Romanos: per unum
hominem peccatum intrauit in mundum et per peccatum

    2 Rom. 8, 11   12 Rom. 8, 12. 13   19 I Cor. 15, 21   21 cf. I Cor. 15, 12—20
23 I Cor. 15, 21. 22   26 Rom. 5, 12

    1 uester] uestram V   2 quoque *s.l.m2G*   disperetis *Km1*   3 habitat —
mortuis *in mg.* *Vm3Km2*   4 x̄p̄m īh̄m *Vb*   uiuificauit *Lm1Vm1PAm1Gm2*
mortua *M*   6 contentiones *S*   7 propter *om.* *A*   9 iustitiam propter *om.* *M*
spiritus iam *L* (*sign. transpos. add.*)iam spir. *SGd*   11 in nobis *LSPKGm2M*
p̄clamatur *M*   12 uita *ex* uitāL uitam *SVPGb*   fratres inquit *bd*   15 morti-
ficaberitis *Lm1S in mg.*   17 uiuificaberitis *Lm1Vm1* uiuificaueritis *Lm2Vm2PG*
18 uiuit *M*   22 intantissima *Gm1* instantissime *M*   et *om.* *M*   24 et per hominem
in mg. *Vm3*   25 sic *ex* ita *G*   ōm *K*   26 quod ait etiam *in mg.* *Pm1*
27 intrauit *om.* *CTm1*

m o r s? hanc illi mortem non corporis, sed animae intellegi uolunt;
quasi aliud dictum sit ad Corinthios 'per hominem mors', ubi omnino animae mortem accipere non sinuntur, quia de resurrectione
corporis agebatur, quae morti corporis est contraria. ideo etiam
sola mors ibi per hominem facta commemorata est, non etiam pec- 5
catum, quia non agebatur de iustitia, quae contraria est peccato,
sed de corporis resurrectione, quae contraria est corporis morti.

IX. 9. Hoc autem apostolicum testimonium, in quo ait: per
u n u m h o m i n e m p e c c a t u m i n t r a u i t i n m u n d u m e t p e r p e c-
c a t u m m o r s, conari eos quidem in aliam nouam detorquere opinio- 10
nem tuis litteris intimasti, sed quidnam illud sit quod in his nerbis
opinentur tacuisti. quantum autem ex aliis comperi, hoc ibi sentiunt, 'quod et mors ista, quae illic commemorata est, non sit corporis,
quam nolunt Adam peccando meruisse, sed animae, quae in ipso
peccato fit, et ipsum peccatum non propagatione in alios homines 15
ex primo homine, sed imitatione transisse'. hinc enim etiam in par-
ñulis nolunt credere per baptismum solui originale peccatum quod
in nascentibus nullum esse omnino contendunt. sed si peccatum
apostolus illud commemorare uoluisset, quod in hunc mundum non
propagatione, sed imitatione intrauerit, eius principem non Adam, 20
sed diabolum diceret, de quo scriptum est: ab initio diabolus
p e c c a t, de quo etiam legitur in libro Sapientiae: i n u i d i a a u t e m
d i a b o l i m o r s i n t r a u i t i n o r h e m t e r r a r u m. nam quoniam
ista mors sic a diabolo uenit in homines, non quod ab illo fuerint propagati, sed quod eum fuerint imitati, continuo subiunxit: i m i t a n- 25
t u r a u t e m e u m q u i s u n t e x p a r t e i p s i u s. proinde apostolus

8 Rom. 5, 12   21 I Ioh. 3, 8   22 Sap. 2, 24   25 Sap. 2, 25

2 quiasi M   illud L   sit] est KmlA   corinthyos SV
corynthios G 4 aiebatur PG   agebatur — corporis om. CTml   morte corp. L a.c.
contraria est G   6 non s.l.Gm2   aiebatur PG   7 contrariae sunt CTml
contrariatur b   corpori Aml   9 intrauit peccatum b   12 opinetur M
13 ista] ita (illa s.m2)V   14 anima Migne   15 fit peccato G   sit b   16 paruolis
(u s. o)V   17 nulunt Lml   18 omnino s. exp. communio Vm2
apostolus peccatum zbd   19 cõmerare Gml commemorasse M   20 intrauerat Lm2
21 dicere b   de quo] quod M   diab. ab init. G   22 legimus KCT
sapientiae in ras. Km2   24 ista (s s.l.m2)K, om. b   pro prop. — fuerint s. imitati
add. m2 C nati sed quod illũ fuerint   25 imitatur Lml   26 ipsius] eius b
proinde G p.c.

cum illud peccatum ac mortem commemoraret, quae ab uno in
omnes propagatione transisset, eum principem posuit, a quo propagatio generis humani sumpsit exordium.

10. Imitantur quidem Adam, quotquot per inoboedientiam
5 transgrediuntur mandatum dei; sed aliud est quod exemplum est
uoluntate peccantibus, aliud quod origo est cum peccato uascen-
tibus. nam et Christum imitantur sancti eius ad sequendam iustitiam. unde et idem apostolus dicit: imitatores mei estote sicut
et ego Christi. sed praeter hanc imitationem gratia eius inlumi-
10 nationem iustificationemque nostram etiam intrinsecus operatur
illo opere, de quo idem praedicator eius dicit: neque qui plantat
est aliquid neque qui rigat, sed qui incrementum dat
deus. hac enim gratia baptizatos quoque paruulos suo inserit
corpori, qui certe imitari aliquem nondum ualent. sicut ergo ille,
15 in quo omnes uiu ficantur, praeter quod se ad iustitiam exemplum
imitantibus praebuit, dat etiam sui spiritus occultissimam fidelibus
gratiam, quam latenter infundit et paruulis, sic et ille, in quo omnes
moriuntur, praeter quod eis qui praeceptum domini uoluntate transgrediuntur imitationis exemplum est, occulta etiam tabe carnalis
20 concupiscentiae suae tabificauit in se omnes de sua stirpe uenturos.
hinc omnino nec aliunde apostolus dicit: per unum hominem
peccatum intrauit in mundum et per peccatum mors;
et ita in omnes homines pertransiuit, in quo omnes peccauerunt. hoc si ego dicerem, resisterent isti meque non recte
25 dicere, non recte sentire clamarent. nullam quippe in his uerbis
intellegerent sententiam cuiuslibet hominis, qui haec diceret, nisi
istam quam in apostolo intellegere nolunt. sed quia eius uerba

---

1 cf. Rom. 5, 12. 14   8 I Cor. 11, 1   11 I Cor. 3, 7   15 cf. I Cor. 15, 22
19 occulta—uenturos] cf. Contra Iulian. Pel. V 15, 54 (XLIV 814 M)   21 Rom. 5, 12

1 ac] ad *M*   3 et generis *M*   homani (u *s.* o)V 4 quodquod *L*
quodquod *SVml*   7 et *om. M*   8 dixit *b*   9 apls x̅p̅i̅ *S*   gratie *Lml*
gratiae *SVPGMb* et gratiae *CT*   11 in illo *M*   13 haec z̅ *ATb*   hae *M*   inseri *Gml*
15 uiuificabunt *Kml* uiuificabuntur *b*   propter *m. rec. exp. et in mg.* preter *add. P*
19 ḥocculta *S*   etiam *om. Contra Iul.*   carnalis *om. A*   20 uenturos]
uenientes *Tbd*   21 dixit *b*   23 et ita] etiā *Kml*   in] per *KC*   pertransiit *KAM*
24 e•go *LG*   ••ego *K*   26 intellegeret *Vml*   si (si *s.l.m2*) haec diceret *G* haec
diceret *LS* qui (qui *s.l.m2*) haec diceret *V* hęc dicere *P* qui haec dicere *M*
qui diceret haec *b*, *om. Td*

sunt, cuius auctoritati doctrinaeque succumbunt, nobis intellegendi
obiciunt tarditatem, cum ea quae perspicue dicta sunt in nescio
quid aliud detorquere conantur. per unum, inquit, hominem
peccatum intrauit in mundum et per peccatum mors:
hoc propagationis est, non imitationis; nam 'per diabolum' dice- 5
ret. quod autem nemo ambigit, istum primum hominem dicit, qui
est appellatus Adam. et ita, inquit, in omnes homines pertransiit.

X. 11. Deinde quod sequitur: in quo omnes peccauerunt,
quam circumspecte, quam proprie, quam sine ambiguitate dictum 10
est! si enim peccatum intellexeris, quod per unum hominem intrauit in mundum, in quo peccato omnes peccauerunt, certe manifestum
est alia esse propria cuique peccata, in quibus hi tantum peccant, quorum peccata sunt, aliud hoc unum, in quo omnes peccauerunt,
quando omnes ille unus homo fuerunt. si autem non peccatum, 15
sed ipse unus homo intellegitur, in quo uno homine omnes peccauerunt, quid etiam ista manifestatione manifestius? nempe legimus
iustificari in Christo qui credunt in eum propter occultam communicationem et inspirationem gratiae spiritalis, qua quisquis
haeret domino unus spiritus est, quamuis eum et imitentur sancti 20
eius. legatur mihi tale aliquid de his, qui sanctos eius imitati sunt,
utrum quisquam dictus sit iustificatus in Paulo aut in Petro aut
in quolibet eorum, quorum in populo dei magna excellit auctoritas;
nisi quod in Abraham dicimur benedici, sicut ei dictum est: benedicentur in te omnes gentes, propter Christum qui semen 25

3 Rom. 5, 12   11 cf. Aug. c. duas ep. Pelag. lib. IV 4, 7   14 cf. Op. imp. c.
Iul. II 178. IV 104 (XLV 1218. 1399 M)   17 cf. Rom. 4, 5. Gal. 2, 16   19 cf.
I Cor. 6, 17   24 Gen. 12, 3. Gal. 3, 8   25 cf. Gal. 3, 16

1 subcumbunt LS   obiiciunt intelligendi Cbd intelligendo obiciunt P   2 sunt
hinc nescio Gml   in s.l.m2K   3 hominem inquit A   5 post nam add. si imitationis
Pd; in cod. G post nam eras. si   6 quem appellat V   7 pertransit Lm1S Vm1 PG
9 quid(o s. i)P   11 enim] unū M   12 peccato om. zbd   certum manifestumque b
13 hii Lm2A hii• V hinc Lm1SG hinc P in M   15 fuerit K   16 ipse] ille d
homo unus V   17 post ista add. est d   nempe legimus] intelligimus A   18 propter bis
leg. K   19 gratia A   quam qui heret A   qua] quia V qu•a C   quisq; Gml
21 iis d   22 dictū M   aut fin.] a Gml   23 in om. zb   quodlibet M   horum zbd
excellet Sm1PGM   24 habraam G abraam A ·   est s.l.Km2

eius dictus est secundum carnem. quod manifestius dicitur, cum hoc
idem ita dicitur: benedicentur in semine tuo omnes gentes.
dictum autem quemquam diuinis eloquiis peccasse uel peccare in
diabolo, cum eum iniqui et impii omnes imitentur, nescio utrum
5 quisquam repperiat. quod tamen cum apostolus de primo homine
dixerit — in quo omnes peccauerunt —, adhuc de peccati
propagine disceptatur et nescio qua nebula imitationis obponitur.
12. Adtende etiam quae secuntur. cum enim dixisset: in quo
omnes peccauerunt, secutus adiunxit: usque enim ad legem
10 peccatum in mundo fuit, hoc est, quia nec lex potuit auferre
peccatum, quae subintrauit ut magis abundaret peccatum, sine naturalis lex, in qua quisque iam ratione utens incipit peccato originali addere et propria, siue ipsa quae scripta per Moysen populo
data est. si enim data esset lex, quae posset uiuificare,
15 omnino ex lege esset iustitia. sed conclusit scriptura
omnia sub peccato, ut promissio ex fide Iesu Christi
daretur credentibus. peccatum autem non deputabatur, cum lex non esset. quid est 'non deputabatur' nisi
'ignorabatur et peccatum esse non putabatur'? neque enim ab ipso
20 domino deo tamquam non esset habebatuɪ, cum scriptum sit:
quicumque sine lege peccauerunt sine lege peribunt.
XI. 13. Sed regnauit, inquit, mors ab Adam usque ad
Moysen, id est a primo homine usque ad ipsam etiam legem quae
diuinitus promulgata est, quia nec ipsa potuit regnum mortis auferre.
25 regnum enim mortis uult intellegi, quando ita dominatur in hominibus reatus peccati, ut eos ad uitam aeternam, quae uera uita est,

---

2 Gen. 22, 18   6 Rom. 5, 12   9 Rom. 5, 13   11 cf. Rom. 5, 20   13 cf. Ex. 34, 28
Ioh. 7, 19   14 Gal. 3, 21. 22   17 Rom. 5, 13   21 Rom. 2, 12   22 Rom. 5, 14

1 dictus *om.zAMbd* quod *om.Lm1* cum *KCT*   2 *ante* idem *eras.* qu *L*   3 peccas ∗
Gm1   4 eum (u *s.* n)*G* eo *A*   5 repereat *Pm1* reperiat *KACTbd*   6 di͞x *A*
peccauerunt *in mg. add. Lm2Vm2, om. SPG*   7 discepta∗tur *G*
et *om. LVPG*   quae *Lm2Pm2Km2bd*   8 sequuntur *Vm2CMTbd*   9 ad-
iuxit *Km1*   ad legem enim *d*   10 fuit in mundo *b*   11 quae subintrauit *om. A*
habundaret *GKA*   siue nat. lex *om. M*   12 in quo *M*   quisquam *b*   incipit]
inquit *A*   13 addere] adherere *M*   *post* populo *eras.* uid. di͞ *G*   14 lex *om. A*
possit *PGKm1 A*   15 cum conclusit *M*   18 lex non est *LSVm1PG*   22 ab *om. Vm1*
24 afferre (u *s. pr.* f m?)*L*   25 intellegere *Km1*   in] aḅ *V*   omnibus *A*   26 est *om. K*

uenire non sinat, sed ad secundam etiam, quae poenaliter aeterna est,
mortem trahat. hoc regnum mortis sola in quolibet homine gratia destruit saluatoris, quae operata est etiam in antiquis sanctis, quicumque,
antequam in carne Christus ueniret, ad eius tamen adiuuantem
gratiam, non ad legis litteram, quae iuhere tantum, non adiuuare 5
poterat, pertinebant. hoc namque occultabatur in uetere testamento
pro temporum dispensatione iustissima, quod nunc reuelatur in
nouo. ergo in omnibus regnauit mors ab Adam usque ad
Moysen, qui Christi gratia non adiuti sunt, ut in eis regnum mortis
destrueretur, ergo et in eis qui non peccauerunt in similitu- 10
dine praeuaricationis Adac, id est qui nondum sua et
propria uoluntate sicut ille peccauerunt, sed ab illo peccatum originale traxerunt, qui est forma futuri, quia in illo constituta est
forma condemnationis futuris posteris, qui eius propagine crearentur,
ut ex uno omnes in condemnationem nascerentur, ex qua non liberat 15
nisi gratia saluatoris. scio quidem plerosque latinos codices sic habere: regnauit mors ab Adam usque ad Moysen in eos qui
peccauerunt in similitudinem praeuaricationis Adac,
quod etiam ipsum qui ita legunt ad eundem referunt intellectum,
ut in similitudinem praeuaricationis Adae peccasse accipiant, qui 20
in illo peccauerunt, ut ei similes crearentur, sicut ex homine homines,
ita ex peccatore peccatores, ex morituro morituri damnatoque
damnati. graeci autem codices, unde in latinam lingnam interpretatio facta est, aut omnes aut paene omnes id quod a me primo
positum est habent.   25

---

1 cf. Apoc. 20, 14   4 cf. I Ioh. 4, 2. II Ioh. 7   8. 10. 13 Rom. 5, 14
15 cf. Rom. 5, 18   16 cf. Tit. 2, 11   cf. Aug. epist. 157, 19 (CSEL XLIV 468)
17 Rom. 5, 14   20 cf. Op. imp. c. Iul. IV 104 (XLV 1400 M)

1 sed secunda etiam M   3 etiam] iustitiam C   4 ueniret xp̄s A
5 iuberet P iuberet S   6 ueteri Lm2Pm2Km2AM   8 regnabit Am1
ab s.l.Vm2   9 gratiam S   10 destruetur A   et om. Vm1SPGA
etiam s. exp. ergo Lm2,d   in similitudinem Lm2 ATd; sed cf. u. 18. 20
11 idē (s.l.m2 add. saepius st)L   12 sicut illi KA   14 futurę (ę in ras.)V
crearetur Lm1SVm1Pm1G   15 in condempnatione SGM   ex quo Pm2
16 grati S   18 similitudine M   19 quid (o s. i̧)P   20 similitudine M
conspiciant T accipiunt b   21 simi Km1   22 ex peccato peccatum C
23 dama•ti L dampnati Vm1 damnandi cod. Remigianus   greci LSPGKA
24 aut pr.] Ut Gm1   quodā et primo M   25 positū (ū ex ā) K

14. Sed non, inquit, sicut delictum ita et donatio; si
enim ob unius delictum multi mortui sunt, multo magis
gratia dei et donum in gratia unius hominis Iesu Christi
in multos abundauit: non 'magis multos', id est multo plures
5 homines — neque enim plures iustificantur quam condemnantur —,
sed 'multo magis abundauit'. Adam quippe ex uno suo delicto reos
genuit; Christus autem etiam quae homines delicta propriae uoluntatis ad originale, in quo nati sunt, addiderunt gratia sua solnit
atque donauit, quod euidentius in consequentibus dicit.
10   XII. 15. Verum illud diligentius intuere, quod ait ob unius delictum multos mortuos. cur enim ob unius illins et non potins ob
delicta sua propria, si hoc loco intellegenda est imitatio, non propagatio? sed adtende quod sequitur: et non sicut per unum
peccantem ita est et donum; nam iudicium quidem ex
15 uno in condemnationem, gratia autem ex multis delictis
in iustificationem. nunc dicant, ubi locum habeat in his nerbis
illa imitatio. ex uno, inquit, in condemnationem: quo uno,
nisi delicto? hoc enim explanat, cum adiungit: gratia autem ex
multis delictis in iustificationem. cur ergo indicium ex uno
20 delicto in condemnationem, gratia uero ex multis delictis in iustificationem? nonne, si nullum est originale delictum, non solum ad
iustificationem gratia, sed etiam iudicium ad condemnationem
ex multis delictis homines ducit? neque enim gratia multa delicta
donat et non etiam indicium multa delicta condemnat. auṭ si propter-
25 ea ex uno delicto in condemnationem ducuntur, quia omnia delicta,
quae condemnantur, ex unius illius imitatione commissa sunt, eadem
causa est, cur ex uno delicto etiam ad iustificationem duci intelle-

1 Rom. 5, 15   6 multo magis abundauit] cf. Op. imp. c. Iul. II 85. 96
(XLV 1176. 1179 M)   13 Rom. 5, 16

3 in gratiam *LSVm1P*   4 abundabit *M*   plurimos *Gm1*   6 abun·
dahit *CM*   delicto suo *bd*   7 iṇ homines *P*   propriae (tatis *eras.*) *G*   8 originalē *A*
11 quur *semper* fere *L*   illins unius *z*   unius *m2 s. exp.* meritum *G*
illius *om. Cm1M*   13 quid *K*   sicut delictum (del. *s.l.m3*) per unum peccatorem *V*
16 dicant *s. ras. Lm1*   habea•t *K* habeant *C*   17 in quo *M*   18 subiungit *Gm1*
adiungit (ad *in ras.*) *S*   multis ex *K*   19 cur] quid *M*   ego *V*   20 nero *s. exp.*
antē *Gm2*   22 gratiam *C*   24 donat—delicta *om. V*   25 ducantur *M*
26 illius unius *z KAMbd*   27 est *s.l.m2K*   cur non *A*

gantur, quia omnia delicta, quae iustificatis remittuntur, ex illius
unius imitatione commissa sunt. sed hoc uidelicet non intellegebat
apostolus cum dicebat: iudicium quidem ex uno delicto in
condemnationem, gratia uero ex multis delictis in iustificationem! immo ucro nos intellegamus apostolum et uideamus 5
ideo dictum iudicium ex uno delicto in condemnationem, quia sufficeret ad condemnationem, etiamsi non esset in hominibus nisi originale peccatum. quamuis enim condemnatio grauior sit eorum,
qui originali delicto etiam propria coniunxerunt, et tanto singulis
grauior, quanto grauius quisque peccauit, tamen etiam illud solum, 10
quod originaliter tractum est, non tantum a regno dei separat, quo
paruulos sine accepta Christi gratia defunctos intrare non posse ipsi
etiam confitentur, uerum et a salute ac uita aeterna facit alienos,
quae nulla esse alia potest praeter regnum dei, quo sola Christi
societas introducit.   15

XIII. 16. Ac per hoc ab Adam, in quo omnes peccauimus, non
omnia nostra peccata, sed tantum originale traduximus; a Christo
uero, in quo omnes iustificamur, non illius tantum originalis sed
etiam ceterorum, quae ipsi addidimus, peccatorum remissionem
consequimur. ideo non sicut per unum peccantem ita est 20
et donum. nam iudicium quidem ex uno delicto, si non remittitur,
id est originali, in condemnationem iam potest ducere, gratia uero
ex multis delictis remissis, hoc est non solum illo originali, uerum etiam
omnibus ceteris, ad iustificationem perducit.

17. Si enim ob unius delictum mors regnauit per 25
unum, multo magis qui abundantiam gratiae et iustitiae accipiunt in uita regnabunt per unum Iesum Chri-

3 Rom. 5, 16   11 cf. Esai. 59,2   20 Rom. 5, 16   25 Rom. 5, 17

1 iustis *CT*   2 imitatione̅ *Lm1* iustificatione *M*   4 gratia—condemnationem *in mg. m2K*   uero *s. exp.* aute̅ *Gm2*   · iustificatione *M*
5 uidea *Vm1*   9 delicto] peccato *K*   10 gratior *M*   quisque] quis *zd*
illum *Lm1S* illu *Vm1*   11 trac••tum *K*   di separat *s.l.Gm2*   12 *inter*
defunctos *et* intrare *add. m3* in regnu̅ celorum *V*   ipse *Lm1P* illi ipsi *b*   13 uerum
etia̅ *Gm2*   et a *om. A*   14 alia *om. A*   societas xp̄i *A*   15 introduxit *S*
17 omnia *ex* nomina *Lm1*   peccata nostra *A*   18 iustificantur *V*   19 addimus *AM*   20 peccatum *KCTb*   22 ide̅• (m eras., uirg. add. m2)V*
dicere (u *s.* i)*S*   23 co̅missis (re *s.* co̅)G*   id̦ (*s.* hoc)G*   illo
om. zd   26 multo—unum *om. M* ·   habundantiam *A*   gratia *G*   27 accipiant *A*   unum *s.l.Gm2*

s t u m. cur *oh* unius delictum mors regnauit per unum, nisi quia mortis uinculo tenebantur in illo uno, in quo omnes peccauerunt, etiamsi propria peccata non adderent? alioquin non *oh* unius delictum mors per unum regnauit, sed *oh* delicta multa multorum per unumquem-
5 que peccantem. nam si proptcrea ceteri *oh* alterius hominis de-
· lictum mortui sunt, quia illum in delinquendo praecedentem subsequentes imitati sunt, ille quoque et multo magis *oh* alterius delictum mortuus est, quem diabolus delinquendo ita praecesserat, ut ci delictum etiam ipse suaderet. Adam uero nihil suasit imitatoribus
10 suis et multi, qui eius imitatores dicuntur, eum fuisse et tale aliquid commisisse uel non audierunt uel omnino non credunt. quanto ergo rectius, sicut iam dixi, diabolum piincipem conctituisset apostolus, a quo uno peccatum et mortem per omnes transisse diceret, si hoc loco non propagationem, sed imitationem docere uoluisset! multo
15 enim rationabilius Adam dicitur imitator diaboli, quem suasorem peccati habuit, si potest quisque imitari etiam illum, qui nihil ei tale suasit uel omnino quem nescit. quid est autem: qui abundantiam gratiae et iustitiae accipiunt, nisi quod non ei tantum peccato, in quo omnes peccauerunt, sed eis etiam, quae addiderunt,
20 gratia remissionis datur eisque hominibus tanta iustitia donatur. ut, cum Adam consenserit ad peccatum suadenti, non cedant isti etiam cogenti? et quid est: 'multo magis in uita regnabunt,' cum mortis regnum multo plures in aeternas poenas trahat, nisi intellegamus eos ipsos in utroque dici qui transeunt ab Adam ad Christum, id est

9 cf. Gen. 3, 1   13 cf. Rom. 5, 12   17. 22 Rom. 5, 17

2 tenebatur *M*   etiam pro peccato *CT*   3 adderet *M*   non solum *b*
per unum mors *G*   4 regnauit] intrauit *CT*   6 subsequen *Vm1*   7 imitanti *A*
8 dia*bolus om. A*   11 cummisisse *LS* cummississe *Vm1*   non *s.l.m2V*
omnino *om. T*   12 sīc etiam dixi *A*   13 morte *A*   transire *M* transiisse *Cd*
14 docere] dicere *LVp.c.Pbd* ducere *SVa.c.G*   15 enim *s. eras.* etiā *Gm2*   suasione *M*
16 habuit peccati *bd* peccanti habuit *Cm1*   quisquam *PCd*   ei *om. zATd*
17 autē iā *A*   qui (*in mg. m2*) *L* quod *Vm2KACb*   abundantia *S* (a *fin. in ras.*),*L*
18 eis *Vm1AM* et *C*   19 peccatū *Lm1SPm1Cm2* •••caro *M*   in qua (a *ex o m2*)*M*
eis *om. z*   qui *Km1 Cm1AM*   20 repromissionis *C*   hom.] omnibus *V*
21 conserit *Vm1* concesserit *M*   suadendi *Pa.c.*   c̄cedant *A*   22 quod *M*
regnabunt in uita *KC*   cum (*s. exp.* quo) *Lm2P* quo *SG*   23 multos *M*
aeternam poenam *zbd*   24 ab *ex* ad *Lm2*   usque ad x̄pm *K*

LX. August. VIII pars I. Vrba et Zycha.

a morte ad uitam, quia in uita aeterna sine fine regnabunt, magis
quam in eis mors temporaliter et cum fine regnauit?

18. Itaque sicut per unius delictum in omnes homines ad condemnationem itaet per unius iustificationem
in omnes homines ad iustificationem uitae. hoc unius 5
delictum, si imitationem adtendamus, non eiit nisi diaboli. sed
quia manifestum est de Adam, non de diabolo dici, restat intellegenda non imitatio, sed propagatio peccati.

XIV. Nam et quod ait de Christo: per unius iustificationem,
magis hoc expressit, quam si 'per unius iustitiam' diceret. eam quippe 10
iustificationem dicit, qua Christus iustificat impium, quam non
imitandam proposuit, sed solus hoc potest. nam potuit apostolus
recte dicere: imitatores mei estote, sicut et ego Christi,
numquam autem diceret: 'iustificamini a me, sicut et ego sum iustificatus a Christo', quoniam possunt esse et sunt et fuerunt multi 15
iusti homines et imitandi, iustus autem et iustificans nemo
nisi Christus. unde dicitur: credenti in eum qui iustificat
impium deputatur fides eius ad iustitiam. quisquis ergo
ausus fuerit dicere: 'iustifico te', consequens est, ut dicat etiam: 'crede
in me'. quod nemo sanctorum recte dicere potuit nisi sanctus sanctorum. 20
credite in deum et in me credite, ut, quia ipse iustificat impium,
credenti in eum qui iustificat impium deputetur fides ad iustitiam.

XV. 19. Nam si sola imitatio facit peccatores per Adam, cur
non etiam per Christum sola imitatio iustos facit? sieut enim,
inquit, per unius delictum in omnes homines ad condem- 25
nationem sic et per unius iustificationem in omnes homines ad iustificationem uitae. proinde isti 'unus' et 'unus'
non Adam et Christus, sed Adam et Abel constitui debuerunt, quoniam cum multi nos in huius uitae tempore praecesserint peccatores

3. 9 Rom. 5, 18   11 cf. Rom. 4, 5   13 I Cor. 11, 1   16 cf. Rom. 3, 26
17 Rom. 4, 5   20 cf. Dan. 9, 24   21 Ioh. 14, 1   24 Rom. 5, 18

2 regnabit GmlA regnet Mm2   4 ad condemnationem—homines in mg. Km2
et om. z   7 dicere ista M   8 propago M   9 iustificatione G   11 quia L
non] nobis Mm2   13 mei stote S   14 et om. M   iustificatus sum A
17 credendū (om. in eum) M   18 deputetur M   eius om. rb   ad iustitiam
in mg. Lm2Pm2, om. SVmlG   19 hausus La.c.   20 sanctorum] iustorum M
recto] forte M   posuit (t s. ş)V   22 credenti—impium om. LSP   24 enim
om. A   26 et om. z   27 proinde] sed V; cf. Praef.   unus et un•us L

eosque imitati fuerint qui posteriore tempore peccauerunt, ideo
tamen uolunt isti non nisi Adam dictum, in quo omnes imitatione
peccauerunt, quia primus hominum ipse peccauit. ac per hoc Abel
dici debuit, in quo uno similiter homines imitatione iustificentur,
5 quoniam ipse primus hominum iuste uixit. aut si propter quendam
articulum temporis ad noui testamenti exordium pertinentem Christus
est positus propter imitationem caput iustorum, Iudas eius traditor
caput poni debuit peccatorum. porro si propterea Christus unus est
in quo omnes iustificentur, quia non sola eius imitatio iustos facit,
10 sed per spiritum regenerans gratia, propterea et Adam unus est in
quo omnes peccauerunt, quia non sola eius imitatio peccatores facit,
sed per carnem generans poena. oh hoc etiam dictum est 'omnes'
et 'omnes'. neque enim qui generantur per Adam, idem ipsi omnes
per Christum regenerantur; sed hoc recte dictum est, quia sicut nullius
15 carnalis generatio nisi per Adam sic spiritalis nullius nisi per Christum.
nam si aliqui possent carne generari non per Adam et aliqui regenerari
spiritu non per Christum, non liquide 'omnes' sine hic sine ibi dice-
rentur. eosdem autem 'omnes' postea 'multos' dicit; possunt quippe in
aliqua re omnes esse qui pauci sunt. sed multos habet generatio car-
20 ualis, multos et spiritalis, quamuis non tam multos haec spiritalis
quam illa carnalis. uerum tamen quemadmodum illa omnes habet
homines sic ista omnes iustos homines, quia sicut nemo praeter
illam homo sic nemo praeter istam iustus homo et in utraque
multi. s i c u t   e n i m   p e r   i n o b o e d i e n t i a m   u n i u s   h o m i n i s

5 cf. Hebr. 11, 4   24 Rom. 5, 19

1 fuerunt *C*   posteriori *G*   2 nolunt *A*   iusti *C*   dicatum *C*   3 peccauerint *LSm2VPGm2MTd*   4 uno] *add.* omnes *d*   homines] omnes *b*
imitatio *C*   5 quoniam] quia *KCb*   8 debuit poni *P*   unus *s. eras.* iustus *Lm1*
9 iustificentur (a *s.* e *m2*)*V*   iustos—imitatio *in mg.Lm2Vm3*   10 spiritum]
x̄p̄m *CΓ*   regenerans gram iustificationis impertit propterea etiā adam *V*
11 peccauerunt] c̄d̄enantur *V*   solum *M*   12 poenā *La.c.* poenàm *S* poenàm *P*
poenàm c̄d̄enationis infligit *in mg. add. Vm3*   ab (o *s.* a)*Km̄2* ab *A*   hoc *s.l.Lm2*
est *om. M*   13 iidem *Mbd*   14 generantur *Sa.c.*   15 generatio nisi] generationis *SVm1G*   16 *alt.* generari *LSVm1PGATbd*   17 non liquide omnes]
non om̄s sed aliqui de omnes *V* (*cf. Praef. de hac cod. parte*)   diceretur *b*
20 quamuis enim *S*   21 illā omnes habent *CM*   omnes *om. K*   22 istā *M*
propter *Vm1*   23 illa—ista *M*   in *om. V*   24 multi (os *s.* i)*Vm2*

peccatores constituti sunt multi, ita per oboedientiam
unius hominis iusti constituentur multi.
. 20. Lex autem subintrauit, ut abundaret delictum.
hoc ad originale homines addiderunt iam propria uoluntate, non per
Adam; sed hoc quoque soluitur sanaturque per Christum, quia ubi 5
abundauit peccatum, superabundauit gratia, ut, quemadmodum regnauit peccatum in mortem, etiam quod
non ex Adam traxerunt homines, sed sua uoluntate addiderunt,
sic et gratia regnet per iustitiam in uitam aeternam.
non tamen aliqua iustitia praeter Christum, sicut aliqua peccata 10
praeter Adam. ideo cum dixisset: quemadmodum regnauit
peccatum in mortem, hic non addidit: 'per unum' aut 'per Adam,'
quia supra dixerat etiam de peccato illo, quod subintrante lege
abundauit, et hoc utique non est originis, sed iam propriae uoluntatis. cum autem dixisset: sic et gratia regnet per iustitiam 15
in uitam aeternam, addidit: per Iesum Christum dominum
nostrum, quia generante carne illud tantummodo trahitur, quod est
originale peccatum, regenerante autem spiritu non solum originalis,
sed etiam uoluntariorum fit remissio peccatorum.

XVI. 21. Potest proinde recte dici paruulos sine baptismo de 20
corpore exeuntes in damnatione omnium mitissima futuros. multum
autem fallit et fallitur, qui eos in damnatione praedicat non futuros,
dicente apostolo: iudicium ex uno delicto in condemnationem et paulo post: per unius delictum in omnes homines
ad condemnationem. quando ergo peccauit Adam non oboe- 25

---

3 Rom. 5, 20   5 Rom. 5, 20. 21   17 cf. August. Enchiridii cap. 46 (XL 254 M):
parentum quoque peccatis paruulos obligari non solum primorum hominum sed
etiam suorum, de quibus ipsi nati sunt, non inprobabiliter dicitur   23 Rom. 5, 16
24 Rom. 5, 18

1 •• oboedientia *LS* inobedientiam *K*   2 peccatores (iusti *s.*) constituti
sunt multi iusti *K*   3 autem] enim *S*   4 ad] ab *A*   originale *M*   homine
Gml   uoluntate iam propria *b*   5 ubi *s.l.Km2*   6 superabundabit *M*
et gratia *b*   ut] et *A*   7 regnabit *A*   in morte *AM*   9 in *s.l.m2V*
uita aeterna *KA*   12 morte *r, sed cf. lin. 7*   sicut per (per *s.l.m3*)*V*   aut (ut *s.l.m2*)*G*
13 insubtrante *A*   14 iam *s.l.m2G*   16. uita aeterna *K*   17 qui *Vml*
traitur *C*   18 a regenerante *Vm2*   21 damnatione *LmlSa.c.VPmlGMb*   mitissima *Vb* mitisma *M*   22 damnationem *LmlSVPGb*   24 delictum *om. M*
25 ad] in (at *s.* in) *Gm2*

diens deo, tune eius corpus, quamuis esset animale ac mortale, gratiam perdidit, qua eius animae omni ex parte oboediebat; tune ille extitit bestialis motus pudendus hominibus, quem in sua erubuit nuditate; tune etiam morbo quodam ex repentina et pestifera cor-
5 ruptione concepto factum in illis est, ut illa in qua creati sunt stabilitate aetatis amissa per mutabilitates aetatum irent in mortem. quamuis ergo annos multos postea uixerint, illo tamen die mori coeperunt, quo mortis legem, qua in senium ueterescerent, acceperunt. non enim stat uel temporis puncto. sed sine intermissione labitur quic-
10 quid continua mutatione sensim currit in finem non perficientem, sed consumentem. sic itaque impletum est quod dixerat deus: qua die ederitis, morte moriemini. ex hac igitur inoboedientia carnis, ex hac lege peccati et mortis quisquis carnaliter generatur regenerari spiritaliter opus habet, ut non solum ad regnum dei per-
15 ducatur, uerum etiam a peccati damnatione liberetur. simul itaque peccato et morti primi hominis obnoxii nascuntur in carne et simul iustitiae uitaeque aeternae secundi hominis sociati renascuntur in baptismo; sic et in Ecclesiastico scriptum est: a muliere initium factum est peccati et per illam omnes morimur. siue autem
20 a muliere siue ab Adam dicatur, utrumque ad primum hominem pertinet, quoniam, sicut nouimus, mulier ex niro est et utriusque una caro est. unde et illud quod scriptum est: et erunt duo in carne una. igitur iam non duo, inquit dominus, sed una caro.
XVII. 22. Quapropter qui dicunt paruulos ideo baptizari, ut
25 hoc eis remittatur quod in hac uita proprium contraxerunt, non quod ex Adam traduxerunt, non magno molimine refellendi sunt. quando enim secum ipsi paululum sine certandi studio cogitauerint. quam sit absurdum nec dignum disputatione quod dicunt, continuo

3 cf. Gen. 3, 7　　11 Gen. 2, 17　　18 Eccli. 25, 24　　22 Matth. 19, 5. 6

1 a *Vml* at *SG* atque *KAMb*　　2 anima• *M*　　•omni• *A*　　4 niditate *La.c.* tune (t *s. eras.* h)*L*　　repttina *Kml*　　5 est in illis *b*　　6 ammissa *V*　　7 uixerit *M* 8 legem qu•a *V*　　ueterascerent *Lm2 Vml Mm2 Abd*　　9 quidquid *Vm2 Km2 SCM* 10 perfacientem (i *s.* a)*S*　　11 perconsumentem *S* consumantem (e *s.* a)*Vm2* sicut *K*　　13 quisque *A*　　genera•tur *V*　　14 regenerati *Vml*　　15 liberatur *Kml*　　16 obnixi *Vml*　　noscuntur *LSVa.c.* nascuntur (o *s.* a)*G*　　17 instiao *S* uitaque *SVml*　　sociari (ti *s.* ri)*S*　　18 sic] sicut *PmlMd*　　in ecclesiastico libro *M*　　dictum (scriptū *s.*)*Gm2*　　19 est] esse *z*　　moriuntur *Cb*　　22 erant *z* 23 igitur] itaque *K*　　25 propria *S*　　contradixerunt *Vml*　　27 paululum *KM* cogitauerunt *VmlK*　　28 absordum *A*

sententiam commutabunt. quod si noluerint, non usque adeo de
humanis sensibus desperandum est, ut metuamus, ne hoc cuipiam
persuadeant. ipsi quippe, ut hoc dicerent, alicuius alterius sententiae suae praeiudicio, ni fallor, inpulsi sunt. ac propterea cum remitti
baptizato peccata necessario faterentur nec fateri uellent ex Adam 5
ductum esse peccatum, quod remitti fatebantur infantibus, ipsam
infantiam coacti sunt accusare; quasi accusator infantiae hoc secu-
rior fieret, quo accusatus ei respondere non posset. sed istos, ut dixi,
omittamus; neque enim sermone uel documentis opus est, quibus
innocentia probetur infantum, quantum ad eorum pertinet uitam, 10
quam recenti ortu in se ipsis agunt, si eam non agnoscit sensus humanus nullis amminiculis cuiusquam disputationis adiutus.

XVIII. 23. Sed illi mouent et aliquid consideratione ac dis-
cussione dignum uidentur afferre, qui dicunt paruulos recenti uita
editos uisceribus matrum non propter remittendum peccatum per- 15
cipere baptismum, sed ut spiritalem procreationem habentes creen-
tur in Christo et ipsius regni caelorum participes fiant eodem modo
filii et heredes dei, coheredes autem Christi. a quibus tamen cum
quaeritur, utrum non baptizati et non effecti coheredes Christi
regnique caelorum participes habeant saltem beneficium salutis 20
aeternae in resurrectione mortuorum, laborant uehementer nec
exitum inueniunt. quis enim Christianorum ferat, cum dicitur ad
aeternam salutem posse quemquam peruenire, si non renascatur in
Christo, quod per baptismum fieri uoluit eo iam tempore, quo tale

---

18 cf. Rom. 8, 17   23 cf. Ioh. 3, 5

1 quod etsi *M*   2 disperandum *Km1*   quipiā *SVm1* quippiā *Pm1GM*
3 prosuadeant *Pm1*   4 suae *om. zbd*   proiudicio *Vm1*   ni ii *zbd*
hac *G*   cum *om. C*   emittit *M*   5 fateretur *M*   ne *C*   6 dictum (u *s.* i) *Vm2G*
fatebuntur *M*   in infantibus (in *s.l.m2*)*K*   .7 quoacti *M*   accusator
(tor *m2 s.ras. 5litt.*)*L* accusaretor *S* accusaretur *PG* accusari (ri *s.l.;* tor—respondere
non *om.*)*V*   8 possit *Vm2M*   9 obmittamus *LG* ommittamus *A*
uel] a (ł *s.* a)*G*   documento *b*   10 infantium *b*   uita *C*   11 ipsi *C*
eam] enim *A*   12 adminiculis *Vm2AMbd*   14 uidetur *Lm1SPGVm1*
15 editos recentiua *A*   16 ut (*s.l.m2*)*VG*   non habentes *Vm2d*   crehentur *L*
creantur *Km1* recreantur *A*   17 et ipsi regi *M*   regno *A*   eo modo *KMb*
18 fili *LSVa.c.*   quoheredes *L a. c. V a. c.*   cum *s.l.L, om. SVm1PGK* dum *C*
19 affecti (e *s.* a)*G* quoheredes *L a.c.V a.c.*   20 habeat *Km1*   saltim *K* salutē *ACΓ*
23 salutem (u *in ras. m2*)*G*

sacramentum constituendum fuit regenerandis in spem salutis
aeternae? unde dicit apostolus: non ex operibus iustitiae,
quae nos fecimus, sed secundum suam misericordiam
salnos nos fecit per lauacrum regenerationis. quam
5 tamen salutem in spe dicit esse, cum hic uiuimus, ubi ait: spe
enim salui facti sumus.. spes autem quae uidetur non
est spes; quod enim uidet quis, quid sperat? si autem
quod non uidemus speramus, per patientiam expectamus. sine ista ergo regeneratione saluos in aeternum posse par-
10 nulos fieri quis audeat adfirmare, tamquam non pro eis mortuus sit
Christus? etenim Christus pro impiis mortuus est. isti autem,
qui, ut manifestum est, nihil in sua propria uita impie commiserunt,
si nec originaliter ullo impietatis uinculo detinentur, quomodo pro
eis mortuus est, qui pro impiis mortuus est? si nulla originalis pec-
15 cati aegritudine sauciati sunt, quomodo ad medicum Christum,
hoc est ad percipiendum sacramentum salutis aeternae, snorum
curantium pio timore portantur et non eis in ecclesia dicitur:
'auferte hinc innocentes istos; non est opus sanis medicus, sed male
habentibus; non uenit Christus uocare iustos, sed peccatores'?
20 numquam dictum est, numquam dicitur, numquam omnino dicetur
in ecclesia Christi tale commentum.

    XIX. 24. Ac ne quis existimet ideo paruulos ad baptismum
adferri oportere, quia, sicut peccatores non sunt, ita nec iusti sunt,
quomodo ergo quidam meritum huius aetatis a domino laudatum
25 esse commemorant, quando ait: sinite paruulos uenire ad me;
talium est enim regnum caelorum? si enim hoc non propter

---

2 Tit. 3, 5   5 Rom. 8, 24. 25   11 Rom. 5, 6   18 cf. Luc. 5, 31. 32
25 Matth. 19, 14 etc.

1 regenerando *M*   3 fecimus nos *K*   4 nos *om. LSVm1*   5 in spe⁎ *LV*
in spem *SPG*   6 antē *s. eras.* eni *G*   7 uidit *Vm1*   quis, quid] quid quis
Lm1SP quisquis *Vm1Gm1*   8 non *om. G*   10 audeat aụḍẹạṭ *S*   sit *s. eras.* ē *Lm1*
est *SVPG*   13 si nec] sine *A*   nullo *Am3*   14 qui—est *in mg. Km2*,
om. V   nullo *Am1*   originali *PAm1*   sunt *ante* pecc. *exp. P, pon. d*   peccata
K m1   17 curantium *Engelbrecht* currentium *codd.*   18 hinc *om. M*
20 est *s.l. V*   dicitur] dicatur *z*   dicetur] dicitur *Km1*   23 offerri *M*   oportet *Km1*
24 quidem *Lm1 SPG* quidā (ā *in ras.*)*V*   25 commemorat *C* commemorant *V*
quando] ubi *d*   paruulos] pueros *zMT*, b *in mg.*   26 talie (ū *s.* e)*G*

humilitatis similitudinem, quod humilitas paruulos faciat, sed propter puerorum uitam laudabilem dictum est, profecto et iusti sunt.
non enim recte aliter dici potuit: talium est regnum caelorum,
cum esse non possit nisi iustorum. sed forte hoc quidem non congruenter dicitur, quod paruulorum uitam laudauerit dominus dicens 5
talium esse regnum caelorum, cum uerax ille sit intellectus,
quod humilitatis similitudinem in parua aetate posuerit. uerum
tamen forsitan hoc tenendum est, quod dixi, propterea paruulos
baptizari debere, quia, sicut peccatores non sunt, ita nec iusti sunt.
sed cum dictum esset: non ueni uocare iustos, quasi ei respon- 10
deretur: 'quos ergo uocare uenisti'? continuo subiunxit: sed peccatores in paenitentiam. ac per hoc quomodo si iusti sunt, ita
etiam si peccatores non sunt, non eos uenit uocare qui dixit: non
neni uocare iustos, sed peccatores. et ideo baptismo·eius,
qui eos non uocat, non tantum frustra, uerum etiam inprobe niden- 15
tur inruere; quod absit ut sentiamus. uocat eos igitur medicus, qui
non est opus sanis, sed aegrotantibus, nec uenit uocare iustos, sed peccatores in paenitentiam.ʳ et idee quia suae uitae propriae peccatis
nullis adhuc tenentur obnoxii, originalis in eis aegritudo sanatur in
eius gratia, qui saluos facit per lauacrum regenerationis.   20
    25. Dicet aliquis: 'quomodo ergo et ipsi uocantur in paeniten-
tiam? numquid tantillos potest aliquid paenitere?' huic respondetur:
'si propterea paenitentes dicendi non sunt, quia sensum paenitendi
nondum habent, nec fideles dicendi sunt, quia similiter sensum credendi
nondum habent. si autem propterea recte fideles uocantur, quoniam 25

3.6 Matth. 19, 14 etc.   10.13 Luc. 5, 32   16 cf. Luc. 5, 31. 32   20 cf. Tit. 3, 5

    2 puerum *Vm1*   3 est enim regnum *K*   4 posset *M*   quidem hoc *b*
non *om. Km1*   5 dicetur *M*   6 regnum est *V*   esse] est *LPG d* est enim *S*
sit ille *bd*   7 posueri*t *V*   8 est *om. Km1*   dixit *C*   9 baptizare *A*
nec *om. Gm1*   10 cum dictum esset] cū dicit cụm ẹsṣẹṭ *L* cū dicit cū esset
SVm1P cum dicit *Vp.c. b*   uocari *Vm1Gm2*   12 in *s. eras.* ad *Gm2* ad *b*
inpạtięntiạ̄ (in penitentiam *s.*)*Km2* in paenitentia *M*   si iustī n sunt (n̄ *s.l.m2*)*LK*
sint *M*   ita—ueni uocare *in mg. Am2*   13 ut iam (*s. i add.* aḷ etiamsi)*A*   ueni
Km1M   16 qui] quia *Km2*   17 est *s.l.Lm2, om. SVm1PG*   opus est *Vm2*
18 sụẹ *ex* siue *S*   19 nullis] multis *Lm1P* uultis *S* non *in ras. V* nullis *s. exp.*
n̄ris multis *G*   tenentibus *Lm1SPG* tenentur *Km1*   21 dicit *Am2M*
ipse *Km1*   poenitentiam (e *pr. s.l.*)*G*   22 tantillus *zAMb*   hinc *A* huc *M*
23 si] sed *Am1M*   24 nondum] non *zATd*   25 uocantur] dicuntur *KC*

fidem per uerba gestantium quodam modo profitentur, cur non prius
etiam paenitentes habeantur, cum per eorundem uerba gestantium
diabolo et huic saeculo renuntiare monstrantur? totum hoc in spe
fit ui sacramenti et diuinae gratiae, quam dominus donauit eccle-
5 siae.' ceterum quis ignorat quod baptizatus paruulus, si ad rationales
anuos ueniens non crediderit nec se ab inlicitis concupiscentiis abs-
tinuerit, nihil ei prode erit quod paruus accepit? uerum tamen si
percepto baptismate de hac uita emigrauerit, soluto reatu, cui originaliter erat obnoxius, perficietur in illo lumine ueritatis, quod
10 incommutabiliter manens in aeternum iustificatos praesentia creatoris inluminat. peccata enim sola separant inter homines et deum,
quae soluuntur eius gratia, per quém mediatorem reconciliamur,
cum iustificat impium.

    XX. 26. Terrentur autem isti sententia domini dicentis: n i s i
15 q u i s n a t u s f u e r i t d e n u o, n o n u i d e b i t r e g n u m d e i —
quod cum exponeret, ait: n i s i q u i s r e n a t u s f u e r i t e x a q u a
et s p i r i t u, n o n i n t r a b i t i n r e g n u m c a e l o r u m — et propterea conantur paruulis non baptizatis innocentiae merito salutem
ac uitam aeternam tribuere, sed, quia baptizati non sunt, eos a regno
20 caelorum facere alienos noua quadam et mirabili praesumptione,
quasi salus aeternae uitae aeterna possit esse praeter Christi hereditatem, praeter regnum caelorum. habent enim uidelicet quo confugiant atque ubi delitiscant, quia non ait dominus: s i q u i s n o n
r e n a t u s f u e r i t e x a q u a e t s p i r i t u, 'non habebit uitam', sed
25 ait: n o n i n t r a b i t i n r e g n u m d e i. nam si illud dixisset, nulla
hinc dubitatio posset oboriri. auferatur ergo iam dubitatio, do-

---

11 cf. Esai. 59, 2   12 cf. Rom. 5, 10. I Tim. 2, 5   13 cf. Rom. 4, 5
14 Ioh. 3, 3   16. 23 Ioh. 3, 5

  2 habentur *LSVPbd* haben∗∗tur *G*   3 monstratur *C*   4 uis *Vm2*   uisa
crem̄ti *Km1* uisacram̄ti (ac *post add.*) *C*   5 et ceterum *S*   ignorat *ex*
igiturat *Pm1*   6 ab] ad *P*   7 prod∗erit *L* proderit *cet.*   8 praecepto *S*   solito
(u *s.* i *m2*)*V*   10 iustificatus *M*   11 separantur *LSVm1Pm1* sperant *Km1*
12 qui *A*   eius] Christi *zAbd*   14· Terrentur — 26, *1* mortalium *om. Am1*
15 renatus *A*   17 spu sco *Gm1A*   trabit *Km1*   in *om. C*   regna *M*
19 ac] et *A*   tribuere] permittere *A*   21 salutis *La.c.*   salus ęterna et uita
ęterna p. e. *A* salus aeterna et uita terrena p. e. *M* salus ac aeterna uita possit
esse *T d*   22 regni*Vm1*   23 delitescant *Vm2Km2ACbd*   25 dei] caelo
rum *K*   26 possit *A*   iam *post* dubitatio *pon. zd*

minum audiamus, non suspiciones coniecturasque mortalium, dominum audiamus,inquam, non quidem hoe de sacramento sancti lauacri
dicentem, sed de sacramento sanctae mensae suae, quo nemo rite
nisi baptizatus accedit: nisi manducaueritis carnem meam
et biberitis sanguinem meum, non habebitis uitam in 5
uobis. quid ultra quaerimus? quid ad hoc responderi potest, nisi
pertinacia pugnaces neruos aduersus constantiam perspicuae ueritatis intendat?

27. An uero quisquam etiam hoc dicere audebit, quod ad paruulos haec sententia non pertineat possintque sine participatione 10
corporis huins et sanguinis in se habere uitam, quia non ait 'qui non
manducauerit', sicut de baptismo: qui non renatus fuerit.
sed ait: si non manducaueritis, uelut eos alloquens qui audire
et intellegere poterant, quod utique non ualent paruuli? sed qui
hoc dicit, non adtendit, quia nisi omnes ista sententia teneat, ut 15
sine corpore et sanguine filii hominis uitam habere non possint, frustra
etiam aetas maior id curat. potest enim, si non uoluntatem, sed *nerba*
loquentis adtendas, eis solis uideri dictum, q*uibus* tune dominus
loquebatur, quia non ait 'qui non manducauerit', sed: si non manducaueritis. et ubi est quod eodem loco de hac ipsa re ait: panis, 20
quem ego dedero, caro mea est pro saeculi uita? secundum
hoc enim etiam ad nos pertinere illud sacramentum intellegimus,
qui tune nondum fuimus, quando ista dicebat, quia non possumus
dicere ad saeculum nos non pertinere, pro cuius uita Christus suam
carnem dedit. quis autem ambigat saeculi nomine homines signifi- 25
casse, qui nascendo in hoc saeculum ueniunt? na*m*, sicut al*ibi* ait,

4 Ioh. 6, 54   10 cf. August. Ep. 186 (*CSEL LVII* 67). 182 (*CSEL XXXXIV*
720). Contra duas ep. Pel. II 7. De pecc. mer. III 4, 7. Tract. in Io*h*. 26
(XXXV 1613 M)   12 Ioh. 3, 5   13 Ioh. 6, 54   20 Ioh. 6, 52

1 suscipiones *LmlSG*   conicetur absque *C*   2 quid*ae K*   sancti
om. *zbd*   3 quae *Sml*   rite] rectae *M*   4 manducaberitis *Gml*
5 biberetis *b*   6 ad huc *K* ad hoc (*in mg.* al adhuc) *b*   respondere *Kmlb*
poterunt *b*   9 audeuit *C*   10 possitque *M*   14 praeualent (*exp. m2*)*S*   15 nisi *s.l.Gm2*
teneant *P* tenea*t *A*   16 fili *LSVml*   17 etiam] enim *S*   maiori de
urat *C*   ad id *Lm2*   currat *LSP* cur*at *VG*   18 tunc (t *in ras.*)*V*   20 de
eodem loco *S*   ac *Gml*   21 saeculi] mundi *b*   22 illum *C*   23 quia] qui *z*
25 homines eū (eū *s. l. m2 add.*)*L*   significatos esse *d*

filii saeculi huius generant et generantur. ac per hoc
etiam pro paruulorum uita caro data est, quae data est pro saeculi
uita; et si non manducauerint carnem filii hominis, nec ipsi habebunt uitam.

5   28. Hinc est etiam illud: pater diligit filium et omnia
dedit in manu eius. qui credit in filium, habet uitam
aeternam; qui autem incredulus est filio, non habebit
uitam, sed ira dei manet super eum. in quo igitur horum
genere ponemus infantes? in corum qui credunt in filium, an in eorum
10 qui sunt increduli filio? 'in neutro', ait aliquis, 'quia cum adhuc credere non possunt, nec increduli deputandi sunt'. non hoc indicat
ecclesiastica regula, quae baptizatos infantes fidelium numero
adiungit. porro si isti, qui baptizantur, propter uirtutem celebra-
tionemque tanti sacramenti, quamuis suo corde atque ore non agant
15 quod ad credendum confitendumque pertineat, tamen in numero
credentium conputantur, profecto illi, quibus sacramentum defuerit,
in eis habendi sunt qui non credunt filio; atque ideo si huins inanes
gratiae corpore exierint, sequetur eos quod dictum est: non nide-
bunt uitam, sed ira dei manet super eos. et unde hoc, quando eos
20 clarum est peccata propria non habere, si nec originali peccato teneantur obnoxii?

XXI. 29. Bene autem non ait: ira dei 'ueniet super eum',
sed manet super eum. ab hac quippe ira, qua omnes sub peccato
sunt, de qua dicit apostolus: fuimus enim et nos aliquando
25 naturaliter filii irae sicut et ceteri, nulla res liberat nisi
gratia dei per Iesum Christum dominum nostrum. haec gratia
cur ad illum ueniat, ad illum non ueniat, occulta esse causa potest, iniusta non potest. numquid enim iniquitas apud deum? absit.
sed prius sanctarum scripturarum auctoritatibus colla subdenda

---

1 Luc. 20, 34   5 Ioh. 3, 35. 36   14 cf. Rom. 10, 10   18 Ioh. 3, 36   22 Ioh. 3, 36
24 Eph. 2, 3   26 Rom. 7, 25   28 Rom. 9, 14

1 ac—habebunt uitam om. Am1   2 etiam om. P   caro x̄p̄i A   quia A
6 in s.l.m2K   manū M manus b   9 ponimus M   in filium dei K
10 in filio L   11 putandi sunt VA   indicat (in mg. al dicat)b   13 porro
si s. ras. m2G   si s.l.m2L, om. SVPK   14 oro P   16 illa Va.c.   18 uide-
bunt (habe s. uide m2)L habebunt d   19 et om. z Td   inde M
20 tenentur KCb   23 hoc Vm1   24 enim om. KCMb   25 et om. S   29 subdanda A

sunt, ut ad intellectum pér fidem quisque perueniat. neque enim
frustra dictum est: iudicia tua sieut multa abyssus.
cuius abyssi altitudinem ueluti expauescens exclamat apostolus: o altitudo diuitiarum sapientiae et scientiae dei! praemiserat
quippe sententiam mirae profunditatis dicens: conclusit enim 5
deus omnes in incredulitate, ut omnibus misereatur.
cuius profunditatis ueluti horrore percussus; o altitudo, inquit,
diuitiarumsapientiaeetscientiaedei!quam inscrutabilia
sunt iudicia eius et inuestigabiles uiae eius! quis enim
cognouit sensum domini? aut quis consiliarius illius 10
fuit? aut quis prior dedit illi, et retribuetur ei? quoniam ex ipso et per ipsum et in ipso sunt omnia; ipsi
gloria in saecula saeculorum amen. ualde ergo parnum
sensum habemus ad discutiendam iustitiam iudiciorum dei, ad discutiendam gratiam gratuitam, nullis meritis praecedentibus non ini- 15
quam, quae non tam mouet, cum praestatur indignis quam cum
aeque indignis aliis denegatur.

30. Nam et hi, quibus uidetur iniustum, ut paruuli sine gratia
Christi de corpore exeuntes non solum regno dei, quo et ipsi fatentur
nisi per baptismum renatos intrare non posse, uerum etiam uita 20
aeterna et salute priuentur, quaerentes quomodo iustum sit, ut
alius ab originali impietate soluatur, alius non soluatur, cum eadem
sit utriusque conditio, ipsi respondeant secundum sententiam suam,
quomodo identidem iustum sit, ut huic praestetur baptismus,
quo intret in regnum dei, illi non praestetur, cum sit utriusque par 25
causa. si enim mouet, cur ex his duobus, cum ex aequo ambo sint

·

2 Ps. 35, 7   3 Rom. 11, 33   5 Rom. 11, 32   7 Rom. 11, 33—36

2 abyssus multa Abd   3 exclamans C   4 diuiciarū s.l.m1G   5 quippe]
enim b   enim om. V   6 ut omnium misereatur rb   7 perculsus A   o altitudinem z   8 incomprehensibilia C   9 sunt om. zd, sed cf. p. 29,15 ___10 illins]
illi KA eius Gm1CM   11 ut retribueretur LSVP ut retribuetur G   qnm s.l.m2G
13 ęt in scla V   paruulum M   14 iustitiam in m?. P   15 praecidentibus
(e s. i pr.)V   18 hii VA   post parnuli eras. uid. sine in V·
19 regni (o s. i)P   20 etiam s. eras. tam Gm?   21 querentes L   22 ab om. KCM
alius non saluatur Vm1A   23 secundam (u s. a)P   suam sententiam bd
24 hic Vm1   baptismū K   25 intraret S   pręstentur LSVm1   26 cum
—quod ex duobus om. K   aequo] eo quo Lm1SVm1PGA

originaliter peccatores, alius ab hoc uinculo soluitur, cui conceditur
baptismus, alius non soluitur, cui talis gratia non conceditur, cur
non taliter mouet, ꝗuod ex duobus originaliter innocentibus alius
accepit baptismum, quo in regnum dei possit intrare, alius non acce-
5 pit, ne ad regnum dei possit accedere? nempe in utraque causa ad
illam exclamationem reditur: o altitudo diuitiarum! ex ipsis
deinde baptizatis paruulis dicatur mihi, cur alius rapitur, ne
malitia mutet intellectum eius, et alius uiuit impius futurus?
nonne, si ambo raperentur, ambo in regnum caelorum ingrederentur?
10 et tamen non est iniquitas apud deum. quid? illud quem non moueat, quem non in tanta altitudine exclamare conpellat, quod alii
paruuli spiritu inmundo uexantur, alii nihil tale patiuntur, alii etiam
in uteris matrum, sicut Hieremias, sanctificantur, cum omnes, si est
originale peccatum, pariter rei sint, si non est, pariter innocentes
15 sint? unde ista tanta diuersitas, nisi quia inscrutabilia sunt
iudicia eius et inuestigabiles uiae eius?
    XXII. 31. An forte illud iam explosum repudiatumque sen-
tiendum est, quod animae prius in caelesti habitatione peccantes
gradatim atque paulatim ad suorum meritorum corpora ueniant
20 ac pro ante gesta uita magis minusue corporeis pestibus adfligantur?
cui opinioni quamuis sanctā scriptura apertissime contradicat, quae
cum gratiam commendaret, nondum natis, inquit, nec qui
aliquid egerint boni aut mali, ut secundum electionem
propositum dei maneret, non ex operibus, sed ex uocante
25 dictum est, quod maior seruiet minori, nec ipsi tamen
qui hoc sentiunt euadunt huius quaestionis angustias, sed in eis

6 Rom. 11, 33   7 Sap. 4, 11   10 cf. II Par. 19, 7. Rom. 9, 14   12 cf. Luc. 6, 18
13 cf. Hier. 1, 5   15 Rom. 11, 33   17 cf. Retract. I 1   22 Rom. 9, 11. 12

coartati et haerentes similiter 'o altitudo!' exclamare coguntur. unde
enim fit, ut homo ab ineunte pueritia modestior, ingeniosior, tempe-
rantior, ex magna parte libidinum uictor, qui oderit auaritiam,
luxuriam detestetur atque ad uirtutes ceteras prouectior aptiorque
consurgat, [et] tamen eo loco sit, ubi ei praedicari gratia christiana ₅
non possit — quomo'do enim inuocabunt, in quem non crediderunt? aut quomodo credent, quem non audierunt?
quomodo autem audient sine praedicante? — alius autem
tardus ingenio, libidinibus deditus, flagitiis et facinoribus coopertus
ita gubernetur, ut audiat, credat, baptizetur, rapiatur aut, si de- ₁₀
tentus hic fuerit, laudabiliter uiuat? ubi duo isti tam diuersa
merita contraxerunt, non dico, ut iste credat, ille non credat, quod est
propriae uoluntatis, sed ut iste audiat quod credat, ille non audiat —
hoc enim non est in hominis' potestate — ubi, inquam, haec tam
diuersa merita contraxerunt? si in caelo egerunt aliquam uitam, ₁₅
ut pro suis actibus propellerentur uel laberentur in terras congruis-
que suae ante actae uitae corporeis receptaculis tenerentur, ille
utique melius ante hoc mortale corpus uixisse credendus est, qui
eo non multum meruit praegrauari, ut et bonum haberet ingenium
et concupiscentiis eius mitioribus urgeretur, quas posset facile supe- ₂₀
rare, et tamen eam sibi gratiam praedicari non meruit, qua sola
posset a secundae mortis pernicie liberari; ille autem pro meritis
deterioribus, sicut putant, grauiori corpori inplicitus et ob hoc cordis obtunsi, cum carnis inlecebris ardentissima cupidine uinceretur
et per nequissimam uitam peccatis pristinis, quibus ad hoc uenire ₂₅

---

6 Rom. 10, 14   22 cf. Apoc. 20, 6 sqq.

1 coartiti *A* coarctati *d*   2 ineunti *zbd*   ingeniosi *Km1*   3 qui
in mg. m?L   4 luxoriam *Sm1*   detestatur (e *s.* ạ)*LVP m. rec.* detestatur
GA de‹testatur *S*   abtiorque *Km1* raptiorque *A*   5 et *inclusimus*   sint *A*
gratiam *P*   6 enī *s. eras.* ergo *G*   7 credent ei quem *Md*   9 libidinosus
LVPGAT libidinosis *S*   10 gubernatur *K*   11 hic *ante* uiuat
add. zd   iste *Lm1* ista (i s. ạ)*G*   14 *post* enim *eras.* ē *L*   potestatem *LSM*
15 merita] materia *P*   16 propellentur *V* propelleretur *M*   uel laberentur
om. V   laberetur *M*   17 actae *om. K*   18 credendū *P*   qui eo] quae *C*
19 multo *M*   20 concupiscentibus *M*   urgueretur *PGKAM* surgerētur *C*
22 a *om. Km1*   23 putant *s.l.Km2*   corpore *Lm2*   24 obtonsi *L* obtusi *PKCbd*
uinciretur *Vp.c.* uincerentur *M*   25 per *ex* pro *P*   quibus *bis a.c.V*

meruerat, adderet peiora terrena, aut in cruce tamen audiuit: h o d i e
m e c u m e r i s i n p a r a d i s o, aut alicui cohaesit apostolo, cuius
praedicatione mutatus et per lauacrum regenerationis saluus effectus
est, ut ubi abundauit peccatum, superabundaret gratia. quid hinc
5 respondeant omnino non uideo, qui uolentes humanis coniecturis
iustitiam dei defendere et ignorantes altitudinem gratiae fabulas
inprobabiles texuerunt.

32. Mu*l*ta enim dici possunt de miris uocationibus hominum,
siue quas legimus siue quas experti sumus, qu*i*bus eorum opinio subuer-
10 tatur, qui credunt ante ista corpora sua quasdam proprias uitas
gessisse animas hominum, quibus ad haec uenirent pro diuersitate
meritorum diuersa hic experturae uel b*o*na uel mala. sed terminandi
huius operis cura non sinit in his diutius inmorari. unum tamen,
quod inter multa mirabile comperi, non tacebo. quis non secundum
15 istos, qui ex meritis prioris uitae ante hoc corpus in caelestibus gestae
animas terrenis corporibus magis minusue grauari opinantur, adfirmet eos ante istam uitam sceleratius inmaniusque peccasse, qui
mentis lumen sic amittere meruerunt, ut sensu uicino pecoribus
nascerentur, non dico tardissimi ingenio — nam hoc de aliis dici solet —
20 sed ita excordes, ut etiam cirrati ad mouendum risum exhibeant
cordatis delicias fatuitatis, quorum nomen ex graeco deriuatum
moriones uulgus appellat? talium tamen quidam fuit ita christianus,
ut, cum esset omnium iniuriarum snarum mira fatuitate patientissimus, iniuriam tamen nominis Christi uel in se ipso religionis,

1 Luc. 23, 43   3 cf. Tit. 3, 5. I Petr. 3, 21   4 cf. Rom. 5, 20   16 cf. Sap. 9, 15

1 addere *SVGPa.c.rec.m.* adhaeret *M*   in *s.l.Gm2*   odie *V*   3 mutatur
(s *s.* ꞇ *m. rec.*)*P*   et] aut *P* est *SA* est et *M*   saluus est *A*   effectus est *om. Am1*
4 abunda *Gm1*   et gratia *b*   hic *V* huic *b*   5 humanis coniecturis uolentes *KC*
uolentis *Lm1*   8 multẹ *A*   de miris] demissis *M*   10 sua∗ *L* suas *KCM*
proprias uitas (*utrumque* s *s.l.*)*Lm1* pro̅p̅ria sua uitas *S* propria suauitas *G*
propria suauitate (te *s.l.m2*)*V*   12 merito∗∗rum *G*   diuersẹ (ae)*PG*
13 operọs (i *s.* ọ)*G* cura (*in mg.* al causa) *b*   hiis *A*   15 iustos *A*   ex] ob *KC*
merita *Km2*   16 magnis *K*   grauiori *M*   aftirme∗t *K*   18 uicini *A*
20 excordes sunt *M*   ut *om. M*   cirriti *Vm2* curati *b et cod. Vatic.* 445
āmouendum (*om.* ad)*K*   risu *C*   21 cordates *Vm1*   et nomen *M*   greco *z*
deribatum *SVm1* diribatum *Gm1*   22 moriones (e *s. pr.* o)*V*   uulcis
appellant *C*   ita *om. zb*   24 x̅p̅i nominis *zMTbd*   uel religionis *A*
post religionis *add.* reuerentia *b*

qůa inbutus erat, sic ferre non posset, ut blasphemantes uidelicet
cordatos, a quibus haec ut prouocaretur audiebat, insectari lapidibus non desisteret nec in ea causa uel dominis parceret. tales ergo
praedestinari et creari arbitror, ut qui possunt intellegant dei gratiam
et spiritum, qui ubi uult spirat, oh hoc omne ingenii genus in filiis 5
misericordiae non praeterire itemque omne ingenii genus in gehennae filiis praeterire, ut qui gloriatur in domino glorietur. illi autem qui pro meritis uitae superioris accipere quasque
animas diuersa terrena corpora adfirmant, quibus aliae magis,
aliae minus grauentur, et pro eisdem meritis humana ingenia uariari, 10
ut acutiora sint quaedam et alia obtunsiora, proque ipsius uitae
superioris meritis diuinam quoque gratiam liberandis hominibus
dispensari, quid de isto poterunt respondere? quomodo ei tribuent
et teterrimam uitam superiorem, ut ex hoc fatuus nasceretur, et
tam bene meritam, ut ex hoc in Christi gratia multis acutissimis 15
praeferretur?

33. Cedamus igitur et consentiamus auctoritati sanctae scripturae, quae nescit falli nec fallere, et, sicut nondum natos ad discernenda
merita eorum aliquid boni uel mali egisse non credimus, ita omnes
sub peccato esse, quod per unum hominem intrauit in mundum et 20
per omnes homines pertransiit, a quo non liberat nisi gratia dei per
dominum nostrum Iesum Christum, minime dubitemus.

XXIII. Cuius medicinalis aduentus non est opus sanis,
sed aegrotantibus, quia non uenit uocare iustos, sed peccatores, in
cuius regnum non intrabit nisi qui renatus fuerit ex aqua et spiritu 25

5 cf. Ioh. 3, 8   7 I Cor. 1, 31. II Cor. 10, 17   18 cf. Rom. 9, 11   20 cf. Rom. 5, 12
21 Rom. 7, 25   23 cf. Luc. 5, 31. 32   25 cf. Ioh. 3, 5

1 posse S   3 dominus Km1   ego M   4 praetistinari Km1 prae-
distinari Gm1   6 praeterisse zAT   ingenii (in s. l. m2) K
7 gloriantur M   glorientur M   8 uitae meritis b   quas Lm1
quasquas Lm2SVPGAb   9 terrena] in terra (in add. m2)L terra SP   10 ingenua Km1
uariant LSPG ueniant V   11 cautiora z   alii M   obtonsiora Lm1 obtusiora Pbd
12 superioribus PGm2   liberantis Km1   13 tribuant (e s. a)G   14 et] ex zA, om. b
teterrima uita Vm2   superiorem uitam KAM   15 ex hoc pon. ante tam KC
meritum P   in om. V   gratiam M   a*cutissimis K   16 p̄feretur Km1C
17 igitur ex ergo Gm2   auctoritati*VM   18 nec] uel M   nēcdum P necdum KC
22 nostrum om. LSG   Christum om. C   post Christum add. nasci b
23 sanis medicus M   24 non conuenit K   25 intrauit Lm1SVm1Gm1AM
quis Sp.c.CM quis GK

nec praeter regnum eius salutem ac uitam possidebit aeternam,
quoniam qui non manducauerit carnem eius et qui incredulus est
filio, non habebit uitam, sed ira dei manet super eum. ab hoc peccato,
ab hac aegritudine, ab hac ira dei, cuius naturaliter filii sunt, qui
5 etiam si per aetatem non habent proprium, trabunt tamen originale
peccatum, non liberat nisi ag n u s d e i q u i t o l l i t p e c c a t a m u n d i,
non nisi medicus qui non uenit propter sanos, sed propter aegrotos,
non nisi saluator, de quo dictum est generi humano: n a t u s e s t
u o b i s h o d i e s a l u a t o r, non nisi redemptor, cuius sanguine dele-
10 tur debitum nostrum. nam quis audeat dicere non esse Christum
infantium saluatorem nec redemptorem? unde autem salnos facit,
si nulla in eis est originalis aegritudo peccati? unde redimit, si non
sunt per originem primi hominis uenundati sub peccato? nulla
igitur ex nostro arbi*trio* praeter baptismum Christi salus aeterna
15 promittatur infantibus, quam non promittit scriptura diuina humanis *omnibus* ingeniis praeferenda.

XXIV. 34. Optime punici Christiani baptismum ipsum nihil
aliud quam salutem et sacramentum corporis Christi, nihil aliud
quam uitam uocant. unde, nisi ex antiqua, ut existimo, et apostolica
20 traditione, qua ecclesiae Christi insitum tenent praeter baptismum
et participationem mensae dominicae non solum ad regnum dei,
sed nec ad salutem et uitam aeternam posse quemquam hominum peruenire? hoc enim et scriptura testatur secundum ea quae supra diximus. nam quid aliud tenent qui baptismum nomine salutis appellant,
25 nisi quod dictum est: s a l u o s n o s f e c i t p e r l a u a c r u m r e g e n e-
r a t i o n i s et quod P*etrus* ait: s i c e t u o s s i m i l i f o r m a b a p-
t i s m a s a l u o s f a c i t? quid aliud etiam qui sacramentum mensae

2 cf. Ioh. 6, 54   cf. Ioh. 3, 36   4 cf. Eph. 2, 3   6 Ioh. 1, 29
8 Luc. 2, 11   13 cf. Rom. 7, 14   20 cf. Marc. 16, 16. I oh. 3, 5. I Cor. 10, 16
25 Tit. 3, 5   26 I Petr. 3, 21

1 hac *L*   2 est] fuerit *b*   3 nec (c *s.l.m* 2)*V*   habet *z*   manebit *M*
4 iram *S*   fili *S*   5 si per] super *V*   6 dei *om. K*   9 hodie uobis *A*
redemtor *V* saluator *KC*   deleretur *LSPG* deleretur *V*   11 infantum *K*
facit *s.l.Gm2*   12 redemit *LmlSV Pml* redimet *Kml*   13 uenumdati *bd*
15 promittitur infantibus *LmlSP*   16 proferenda *V*   18 saluam *SV*
19 extimo *SVml* estimo *AM*   et *om. A*   20 quae *SPG* qua* *VM*   tenet *M*
21 dom. mensae *b*   non solum non *b*   22 omiu *A*   23 et *om. GmlKA*
ante scriptura *eras.* ē *K*   26 quod] *add.* et *A*   similis *M*   baptismum *M*
saluos facit baptisma *KC*   27 faecit *V*   quid (d *s.l.m2*)*L*

dominicae uitam uocant, nisi quod dictum est: ego sum panis
uiuus, qui de caelo descendi, et: panis, quem ego dedero,
caro mea est pro saeculi uita, et: si non manducaueritis
carnem filii hominis et sanguinem biberitis, non habebitis uitam in uobis? si ergo, ut tot et tanta diuina testimonia 5
concinunt, nec salus nec uita aeterna sine baptismo et corpore et
sanguine domini cuiquam speranda est, frustra sine his promittitur
paruulis. porro si a salute ac uita aeterna hominem nisi peccata non
separant, per haec sacramenta non nisi peccati reatus in paruulis
soluitur, de quo reatu scriptum est neminem esse mundum, nec 10
si unius dici fuerit uita eius. unde est et illud in Psalmis:
ego enim in iniquitatibus conceptus sum et in peccatis
mater mea me in utero aluit; aut enim ex persona generali
ipsius hominis dicitur aut, si proprie Dauid hoc de se dicit, non utique de fornicatione, sed de legitimo conubio natus fuit. non itaque 15
dubitemus etiam pro infantibus baptizandis sanguinem fusum, qui
priusquam funderetur, sic in sacramento datus est et commendatus,
ut diceretur: hic est sanguis meus, qui pro multis effundetur in remissionem peccatorum. negant enim illos liberari,
qui sub peccato esse nolunt fateri. nam unde liberantur, si nulla 20
seruitute peccati tenentur obstricti?

    35. Ego, inquit, lux in saeculum ueni, ut omnis, qui
crediderit in me, non maneat in tenebris. hoc dicto quid
ostendit nisi in tenebris esse omnem qui non credit in eum et credendo efficere, ne maneat in tenebris? has tenebras quid nisi peccata 25
intellegimus? sed quodlibet aliud intellegantur hae tenebrae, profecto qui non credit in Christum manebit in eis, et utique poenales sunt,
non quasi nocturnae ad quietem animantium necessariae.

---

1 Ioh. 6, 51   2—5 Ioh. 6, 52. 54   8 cf. Esai. 59, 2   10 Iob 14, 5   12 Ps. 50, 7
18 Matth. 26, 28   22 Ioh. 12, 46

    2 uiuuus *V* uitae *b*   4 fili *LS*   5 ut *s.l.Gm2*   6 sine *om. Vml*
et corpore et corpore sanguine (*exp. ml*)*G*   7 hi∗s *A*   11 ei∗∗ *K*
12 *pr. in om. AC*   13 a∗luit *V*   aut] A̅ *G*   14 propriae *SV*
propria *K*   de se Dauid hoc *bd*   hoc *om. A*   15 conubio legitimo *A*
16 baptizatis (*in mg.* a!̷ baptizandis) *b*   17 fundaretur *LmISV*   est *post*
commendatus *KAMb*   cōmodatus *P*   19 remissione *VKCM*   20 fa-
tari (c *s.* a)*G*   22 ego enim *KC*   24 credidit *A*   25 post has *eras.* eni *K*
26 intellegamus *Kml*   he∗(c *eras.*)*L* he *V* haec *S*   27 in xpo *z* 28 quiete *Pml*

XXV. Proinde paruuli, si per sacramentum, quod ad hoc diuinitus institutum est, in credentium numerum non transeant, profecto in his tenebris remanebunt.

36. Quamuis eos nonnulli mox natos inluminari credant sic
5 intellegentes quod scriptum est: erat lumen uerum, quod inluminat omnem hominem uenientem in hunc mundum. quod si ita est, multum mirandum est, quomodo inluminati ab unico filio, quod erat in principio uerbum deus apud deum, non ammittantur ad regnum dei nec sint heredes dei, coheredes autem Christi. hoc
10 enim eis nisi per baptismum non praestari etiam qui hoc sentiunt confitentur. deinde iam inluminati, si ad consequendum regnum dei nondum sunt idonei, saltem ipsum baptismum, quo ad hoc idonei fiunt, laeti suscipere debuerunt; cui tamen eos uidemus cum magnis fletibus reluctari eamque ignorantiam in illa aetate contemnimus,
15 ut sacramenta, quae illis prodesse nouimus, in eis etiam reluctantibus compleamus. cur enim et apostolus dicit: nolite pneri esse mentibus, si iam lumine illo uero, quod uerbum dei est, eorum mentes inluminatae sunt?

37. Itaque illud, quod in euangelio positum est: erat lumen
20 uerum, quod inluminat omnem hominem uenientem in hunc mundum, ideo dictum est, quia nullus hominum inluminatur nisi illo lumine ueritatis, quod deus est, ne quisquam putaret ab eo se inluminari, a quo aliquid audit ut discat, non dico, si quemquam magnum hominem, sed nec si angelum ei contingat habere doctorem. adhibetur
25 enim sermo ueritatis extrinsecus uocis ministerio corporalis, uerum tamen neque qui plantat est aliquid neque qui rigat, sed qui incrementum dat deus. audit quippe homo dicentem uel hominem uel angelum; sed ut sentiat et cognoscat uerum esse quod dicitur, illo lumine intus mens eius aspergitur, quod aeternum

5 Ioh. 1, 9   8 cf. Ioh. 1, 1   9 cf. Rom. 8, 17   16 I Cor. 14, 20
17 cf. Ioh. 1, 9.1   19 Ioh. 1, 9   23 cf. Ioh. 6, 45   26 I Cor. 3, 7

1 adhuc *LmlSVPG*   2 numerorum *S*   4 natus *Lml*   credunt *Kml*
8 deus uerbum deus *AM*   admittantur *S* (d *s.* m), *VKm2AMT*   10 nisi
om. K non nisi *b*   n̄ *eras. K, om. b*   11 iam *om. C*   luminati *A* inluminatis (*om.* si)*M*
12 saltim *PGKmlA*   a quo *M*   13 uidimus *M*   16 nolite (te *s.l.ml*)*V*
17 illo lumino *b*   illi (o *s. alt.* i)*V*   illuminatae sunt eorum mentes *b*
22 nec *M*   23 aliquid *om. zd*   24 sed *om. z*   rec-
torem *(in mg. ml* doc)*P*   25 uoci *V*   misterio *Kml*   27 hominem *M*

3*

manet, quod etiam in tenebris lucet. sed sicut sol iste a caecis, quamuis eos suis radiis quodam modo uestiat, sic ab stultitiae tenebris
non conprehenditur.

38. Cur autem, cum dixisset: quod inluminat omnem hominem, addiderit: uenientem in hunc mundum — unde haec 5
opinio nata est, quod in exortu corporali ab utero matris recentissimo inluminet mentes nascentium paruulorum —, quamuis in graeco
ita sit positum, ut possit intellegi etiam ipsum lumen ueniens in hunc
mundum, tamen, si hominem uenientem in hunc mundum necesse est
accipi, aut simpliciter dictum arbitror, sicut multa in scripturis 10
repperiuntur, quibus etiam detractis nihil sententiae minuatur, aut,
si propter aliquam distinctionem additum esse credendum est,
fortasse hoc dictum est ad discernendam spiritalem inluminationem
ab ista corporali, quae siue per caeli luminaria siue quibusque ignibus
inluminat oculos carnis, ut hominem interiorem dixerit uenientem 15
in hunc mundum, quia exterior corporeus est, sicut hic mundus,
tamquam diceret: 'inluminat omnem hominem uenientem in
corpus' secundum illud quod scriptum est: sortitus sum animam
bonam et ueni in corpus incoinquinatum. aut ergo sic
dictum est, si distinctionis alicuius gratia dictum est, inluminat 20
omnem hominem uenientem in hunc mundum, tamquam
dictum esset: 'inluminat omnem interiorem hominem', quia homo
interior, cum ueraciter fit sapiens, non nisi ab illo inluminatur, quod
est lumen uerum; aut, si rationem ipsam, qua humana anima rationalis appellatur, quae ratio adhuc uelut quieta et quasi sopita, 25
tamen insita et quodam modo inseminata in paruulis latet, inluminationem uoluit appellare tamquam interioris oculi creationem, non
resistendum est tunc eam fieri, cum anima creatur, et non absurde hoc

1 cf. Ioh. 1, 5   4 Ioh. 1, 9   18 Sap. 8, 19. 20   20 Ioh. 1, 9   23 cf. Ioh. 1, 9

1 *post* caecis *add.* non uidetur *b*   2 quodam modo suis radiis *KC*   *ad* uestiat
in mg. m2 add. non uidetur *V*   sic (c *s.l.m2*)*V*   5 hec (e *ex* o)*V*   7 mentes *om. A*   nascentiū *in ras. m2G*   greco *zK*   8 etiam intelligi *d*
lumen ipsum *zbd*   10 accipiant (*om.* aut)*M*   11 reperiuntur *PGr*   14 ad
ista *Vm1*   quibus *A*   15 ut] et *A*   17 tamquam] *add.* hic (o *s.* i*m2*)*L*   19 in-
quoinquinatum *Lm1SV*   20 si—dictum est *in mg. Km2*   distinctiones *Vm1*
dictionis *M*   22 omnem *s.l.Km2*   hom. inter. *b*   23 qui *d*   24 quā
propter (propter *s.l.m2add.*)*L* quam *SG*   25 apellatur *saepius K*   uelut *om. KC*
26 et *om. V*   quod amodo *C* quod admodo *M*   27 creatione *C*   28 de hoc *b*

intellegi, cum homo uenit in mundum. uerum tamen etiam ipse
quamuis iam creatus oculus necesse est in tenebris maneat, si non
credat in eum qui dixit: ego lux in saeculum ueni, ut omnis
qui credit in me non maneat in tenebris. quod per sacra-
5 mentum in paruulis fieri non dubitat mater ecclesia, quae cor et os
maternum eis praestat, ut sacris mysteriis inbuantur,. quia nondum
possunt corde proprio credere ad iustitiam nec ore proprio confiteri ad salutem. nec ideo tamen eos quisquam fidelium fideles
appellare cunctatur, quod a credendo utique nomen est, quamuis
10 hoc non ipsi, sed alii pro eis inter sacramenta responderint.
   XXVI. 39. Nimis longum fiet, si ad singula testimonia similiter
disputemus. unde commodius esse arbitror aceruatim multa congerere,
quae occurrere potuerint uel quae sufficere uidebuntur, quibus appareat
dominum Iesum Christum non aliam ob causam in carne uenisse
15 ac forma serui accepta factum oboedientem usque ad mortem crucis,
nisi ut hac dispensatione misericordissimae gratiae omnes, quibus
tamquam membris in suo corpore constitutis caput est ad capessendum
regnum caelorum, uiuificaret, saluos faceret, liberaret, redimeret, inluminaret, qui prius fuissent in peccatorum morte, languoribus, seruitute,
20 captiuitate, tenebris constituti, sub potestate diaboli principis peccatorum, ac sic fieret mediator dei et hominum, per quem post inimicitias impietatis nostrae illius gratiae pace finitas reconciliare-
mur deo in aeternam uitam ab aeterna morte quae talibus inpendebat
erepti. hoc enim cum abundantius apparuerit, consequens erit, ut

---

3 Ioh. 12, 46   7 cf. Rom. 10, 10   14 cf. I Ioh. 4, 2. II Ioh. 7   15 cf. Phil. 2, 7. 8
17 cf. Col. 1, 18. Eph. 5, 23   21 cf. I Tim. 2, 5   22 cf. Rom. 5, 10

   1 homo] ho (*in mg. m2* hunc)*V*   2 necesse est ut *b*   ē *s.l.Gm2*   t∗enebris *G*
3 ego sum lux *S*   saeculum] mundum *M*   4 quod per sacr. non dub. in paruulis
(paruulos *C*) fieri mater *KC*   *post* sacr. *add.* baptismatis *bd*   5 dubitet *M*
cor et os] correctos *Lm1SVPGM*   et os *om. b*   8 filium *Km1*   9 cunctantur *S*
cuneta∗tur *K*   10 ipsis *M*   ipsis sed aliis *A* ipsi sed aliis *C*   11 si *add. m?K*
similiter] fideliter *A*   12 acerbatim *Lm1VGm1C* acerbatum *S*   multa
congerere] cogere *zbd*, *sed cf. p. 38, 17*   14 x̄p̄m̄ ı̄h̄m̄ *V*   in carnem *M*   15 ac *s. exp.*
et *Gm2*   16 haec *V*   misericordissima egregiẹ (*om.* gratiae)*A*   quibus
om. Gm1   17 suo *om. zb*   ad capescendum *Lm1SVm1PGAC*
19 langoribus *LGm1*   20 costituti *Gm1*   principes *M*   21 si *Km1*   22 gratia
et pace *KA* gratiae et pace *CM*   23 aeternū *Vm1*   aeterna uita ab ineterna *A*
impediebat (i *alt. s.l.m2*)*V*

ad istam Christi dispensationem, quae per hanc eius humilitatem facta
est, pertinere non possint, qui uita, salute, liberatione, redemptione,
inluminatione non indigent. ┌et quoniam ad hanc pertinet baptismus, quo Christo consepeliuntur, ut incorporentur illi membra
eius, hoc est fideles eius, profecto nec baptismus est necessarius eis,   5
qui illo remissionis et reconciliationis beneficio, quae fit per mediatorem, non opus habent.⌐porro quia paruulos baptizandos esse concedunt, qui contra auctoritatem uniuersae ecclesiae procul dubio
per dominum et apostolos traditam uenire non possunt, concedant
oportet eos egere illis beneficiis mediatoris,⌐ut abluti per sacramentum 10
caritatemque fidelium ac sic incorporati Christi corpori, quod est
ecclesia, reconcilientur deo, ut in illo uiui, ut salui, ut liberati, ut
redempti, ut inluminati fiant. unde, nisi a morte, uitiis, reatu, sub-
iectione, tenebris peccatorum? quae quoniam nulla in ea aetate per
suam uitam propriam commiserunt, restat originale peccatum.   15

XXVII. 40. Haec ratiocinatio tunc erit fortior, cum ea quae
promisi testimonia multa congessero. iam supra posuimus: n o n
u e n i u o c a r e i u s t o s, s e d p e c c a t o r e s. item cum ad Zaccheum
esset ingressus: h o d i e, inquit, s a l u s d o m u i b u i e f a c t a e s t,
q u o n i a m e t i s t e f i l i u s e s t A b r a h a e. u e n i t e n i m f i l i u s 20
h o m i n i s q u a e r e r e e t s a l u a r e q u o d p e r i e r a t. hoc et de oue
perdita et relictis nonaginta nouem quaesita et inuenta, hoc et de
dragma quae perierat ex decem. unde o p o r t e b a t, ut dicit, p r a e-
d i c a r i i n n o m i n e e i u s p a e n ï t e n t i a m e t r e m i s s i o n e m pecca-
t o r u m i n o m n e s g e n t e s i n c i p i e n t i b u s a b H i e r u s a l e m. 25
Marcus etiam in fine euangelii sui dominum dixisse testatur: e u n-
t e s i n m u n d u m u n i u e r s u m p r a e d i c a t e e u a n g e l i u m o m n i

4 cf. Rom. 6, 4. Col. 2, 12   11 cf. Eph. 1, 22. 23. 5, 23. 1 Cor. 12, 27   17 Luc. 5, 32
19 Luc 19, 9. 10. Matth. 18, 11   21 cf. Luc. 15, 3—10   23 Luc. 24, 46. 47
26 Marc. 16, 15. 16

1 hanc om. zbd   2 possunt Km1 possent M   quia M   3 baptismum z
per baptismum b   6 illa M   beneficia M   7 qui Km2   9 concedant** L
concedantur V   10 illis (o s. ¡m1)L   obliti Lm1SVG ablati Km1 oblati Km2 ACMb
11 incorporiti Vm1   13 redemti A   14 nulla in ea] in*illa A
15 propria V   restat—peccatum om. M   peccatorum V   17 promisi* LVG
promisit S ·   18 zacheum VKA zacchaeum CT   20 *abrahae G abraę A
uenit enī (t enī s.l.m2)K   21 saluum facere Km1   hęc A   22 derelictis G
23 drachma bd   decim PG   p̄dicare A   25 ierusalem CM ierlm A

creaturae. qui crediderit et baptizatus fuerit, saluus
erit; qui uero non crediderit, condemnabitur.ᵀquis autem
nesciat credere esse infantibus baptizari, non credere autem non
baptizari?⌐ex Iohannis autem euangelio quamuis iam nonnulla
5 posuerimus adtende etiam ista. Iohannes Baptista de illo: ecce
agnus dei, ecce qui tollit peccata mundi; et ipse de se ipso:
qui de ouibus meis sunt uocem meam audiunt, et ego
noui illas et secuntur me; et ego uitam aeternam do illis
et non peribunt in aeternum. quia ergo de ouibus eius non esse
10 incipiunt paruuli nisi per baptismum, profecto, si hoc non accipiunt,
peribunt; uitam enim aeternam, quam suis dabit ouibus, non habebunt. item alio loco: ego sum uia, ueritas et uita; nemo
uenit ad patrem nisi per me.

41. Hanc doctrinam suscipientes apostoli nide quanta con-
15 testatione declarent. Petrus in prima epistola: benedictus est,
inquit, deus, pater domini nostri Iesu Christi, secundum
multitudinem misericordiae suae qui regenerauit nos
in spem uitae aeternae per resurrectionem Iesu Christi,
in hereditatem inmortalem et intaminatam, florentem,
20 seruatam in caelis uobis, qui in ueritate dei conner-
samini per fidem in salutem paratam palam fieri in
tempore nouissimo. et paulo post: inueniamini, inquit,
in laudem et honorem Iesu Christi, quem ignorabatis,
in quem modo non uidentes creditis, quem cum uideritis
25 exultabitis gaudio inenarrabili et honorato gaudio
percipientes testamentum fidei, salutem animarum

5 Ioh. 1, 29　　7 Ioh. 10, 27. 28　　12 Ioh. 14, 6　　15 I Petr. 1, 3—5
22 I Petr. 1, 7—9

1 *ante* qui *add.* et *LSPG*　　2 damnabitur *K*　　autem] enim *KT*　　3 non
credere—baptizari *om. M*　　5 attendere *Sm1*　　iohannis *Sm2M*
baptistę *AM*　　Baptista inquit *b*　　7 audient *K*　　8 cognoui *M*
sequuntur *rbd*　　et *om. LVPGb*　　9 quoniam *b*　　esse non *b*
10 baptismate *K p.c.*　　11 enim *om. KA*　　suis] uis *V*　　12 sū (ū *s.l.m2*)*G*
et neritas *K*　　uita *ex* uera *V*　　13 ad (d *s.l.m2*) *L*　　15 epistula *SV*
est *om. SAbd*　　16 et pater *GKACbd*　　17 qui *om. M*　　18 in] per *KC*
spe *z*　　19 mortalem *Vm1*　　incontaminatam *Sm2Vm2ACbd*　　20 ueritate]
uirtute *d*, *b* (*in mg. al* ueritate)　　dei *in mg. m2G*　　conseruamini *Ad*, *b* (*in mg. al*
conuersamini)　　21 fieri item in temp. *M*　　23 in *s.l.m2K*　　25 exultabitis]
gaudebitis *b*　　gaudia *fin. M*

uestrarum. item alio loco: uos autem, inquit, genus electum,
regale sacerdotium, gens sancta, populus in adoptione,
ut uirtutes enuntietis eius qui uos de tenebris uocauit
in illud admirabile lumen suum. et iterum: Christus, inquit,
pro peccatis nostris passus est, iustus pro iniustis, ut 5
nos adducat ad deum. item cum commemorasset in arca Noe
octo homines saluos factos: sic et uos, inquit, simili forma
baptisma saluos facit. ab hac ergo salute et lumine alieni sunt
paruuli et in perditione ac tenebris remanebunt, nisi per adoptionem
populo dei fuerint sociati tenentes Christum passum iustum pro 10
iniustis, ut eos adducat ad deum.

42. Ex epistola etiam Iohannis haec mihi occurrerunt, quae
huic quaestioni necessaria uisa sunt. quodsi in lumine, inquit,
ambulauerimus, sicut et ipse est in lumine. societatem
habemus in inuicem et sanguis Iesu filii eius purgabit 15
nos ab omni delicto. item alio loco: si testimonium, inquit,
hominum accipimus, testimonium dei maius est, quia
hoc est testimonium dei. qui crediderit in filium dei,
habet testimonium in semet ipso. qui non crediderit
deo, mendacem facit eum, quia non credidit in testi- 20
monium, quod testificatus est de filio suo. et hoc est
testimonium, quia uitam aeternam dedit *nobis* deus,
et haec uita in filio eius est. qui habet filium, habet
uitam; qui non habet filium, non uitam habet. non
solum igitur regnum caelorum, sed nec uitam paruuli habebunt, si 25

---

1 I Petr. 2, 9   4 I Petr. 3, 18   6 cf. I Petr. 3, 20   7 I Petr. 3, 21   10 cf. I Petr. 3, 18
13 I Ioh. 1, 7   16 I Ioh. 5, 9—12

2 populus adquisitionis in adopt. *K*   adoptionem *M*   3 uirtute *Gm1*
enuntiemus *Lm1PmlSVGACM* adnuntiemus *K*   nos *KAM, om. C*   uocabit *A*
4 illud *om. z bd*   ammirabile *SVPGA*   inquit x̄p̄s̄   *K*
5 pro *om. A*   iustus] uirtus (*in mg.m2* iustus)*V*   pro iniustus *S*   6 ad
d̄n̄m *A* deo *M*   archa *K*   8 baptismi *Km2ACT*   ergo *in mg. P*   10 *post*
iustum *eras.* et *L*   12 epistula *Vml*   14 et *om. GmlAC*   in lumine est *K*
15 Iesu Christi *d*   fili *M*   purgauit *A* purgat *KC*   18 *post* dei *add.:* quod
maius est, quia iustificatus est de filio suo (suo *om. b*) *bd*   credit *S*   19 testimonium dei *K*   20 crediderit *S*   22 nobis dedit *KC*   24 non
habet uitam *Cbd*

filium non habebunt, quem nisi per baptismum eius habere non
possunt. item alio loco: in hoc, inquit, manifestatus est filius
dei, ut soluat opera diaboli. non ergo pertinebunt paruuli
ad gratiam manifestationis filii dei, si non in eis soluet opera diaboli.

5   43. Iam nunc adtende in hanc rem Pauli apostoli testimonia
tanto utique plura, quanto plures epistolas scripsit et quanto diligentius curauit commendare gratiam dei aduersus eos, qui operibus
gloriabantur atque ignorantes dei iustitiam et suam iustitiam nolentes constituere iustitiae dei non erant subditi. in epistola ad Ro-
10 manos: iustitia, inquit, dei in omnes qui credunt; non
enim est distinctio. omnes enim peccauerunt et egent
gloriam dei, iustificati gratis per gratiam ipsius per
redemptionem, quae est in Christo Iesu, quem proposuit
deus propitiatorium per fidem in sanguine ipsius ad
15 ostensionem iustitiae eius propter propositum praecedentium peccatorum in dei patientia, ad ostendendam iustitiam ipsius in hoc tempore, ut sit iustus et
iustificans eum, qui ex fide est Iesu. item alio loco: ei qui
operatur, inquit, merces non inputatur secundum gra-
20 tiam, sed secundum debitum; ei uero qui non operatur,
credit autem in eum qui iustificat impium, deputatur
fides ad iustitiam. sicut et Dauid dicit beatitudinem
hominis, cui deus accepto fert iustitiam sine operibus:
'beati quorum remissae sunt iniquitates et quorum
25 tecta sunt peccata. beatus uir, cui non inputauit dominus peccatum'. item paulo post: non est autem scriptum,

2 I Ioh. 3, 8   8 cf. Rom. 10, 3   10 Rom. 3, 22—26   18 Rom. 4, 4—8
24 Ps. 31, 1. 2   26 Rom. 4, 23—25

1 habent A   eius om. A   2 manifestus b   3 saluat Vm1Pm1 dissoluat b
di (in mg. m1 diaboli) A   4 soluat b   5 in] ad b   hac Cm1   paulo apostolo
Gm1   6 pluras A   epistolas (u s. o)SV   7 de (s.l.m2) operibus L,b
8 et om. Gm1   iustitiam om. d   9 iustitia Lm1Vm1 iustiam S
subiecti zbd   epistula Vm1 epystola K   10 omnes] homines (i s.l.)V
11 addistinctio V   eger A   12 gloriaLm2VKm2CMd gratia b
di G   13 quae] qui A   14 propitiatorem Lm2b   ipsius] istius in ras. V   15 iusti-
tiaei V   positum Vm1 remissionem b   16 patientiam zC   18 iustificatus A
19 putatur Km1   22 fides] add. eius Kd   24 iniquitates sunt K
25 inputabit KA

inquit, propter illum tantum, quia deputatum est illi,
sed et propter nos, quibus deputabitur credentibus
in eum, qui excitauit Iesum Christum dominum nostrum a mortuis, qui traditus est propter delicta nostra
et resurrexit propter iustificationem nostram. et paulo 5
post: si enim Christus, inquit, cum infirmi essemus adhuc,
iuxta tempus pro impiis mortuus est. et alibi: scimus,
inquit, quia lex spiritalis est; ego autem carnalis sum,
uenundatus sub peccato. quod enim operor, ignoro; non
enim quod uolo, hoc ago, sed quod odi, illud facio. si autem 10
quod nolo, hoc facio, consentio legi, quoniam bona. nunc
autem iam non ego operor illud, sed id quod in me habitat peccatum. scio enim quia non habitat in me, hoc
est in carne mea, bonum. uelle enim adiacet mihi, perficere autem bonum non inuenio. non enim quod uolo 15
facio bonum, sed quod nolo malum, hoc ago. si autem
quod nolo, ego hoc facio, iam non ego operor illud, sed
quod habitat in me peccatum. inuenio ergo legem mihi
uolenti facere bonum, quoniam mihi malum adiacet.
condelector enim legi dei secundum interiorem hominem, 20
uideo autem aliam legem in membris meis repugnantem legi mentis meae et captiuantem me in lege peccati,
quae est in membris meis. miser ego homo! quis me liberabit de corpore mortis huius? gratia dei per Iesum
Christum dominum nostrum. dicant qui possunt hominem 25
nasci nisi in corpore mortis huius, ut possint etiam dicere non ei
necessariam gratiam dei per Iesum Christum, qua liberetur de cor-

---

6 Rom. 5, 6   7 Rom. 7, 14—25

1 pro *Gml*   illi ad iustitiam *b*   2 quibus] quidem *b*
6 x͞p͞e *A*   7 mortuis *b*   9 uenumdatus *bd*   10 quod inquit uolo *A*   ∗odi *VK*
11 bona est *ACb*   12 non iam *d*   non *s.l.Vm2Km2*   13 qu͞o *A*
non *om. M*   hoc] id *bd*   14 nam uelle enim *A* nam bonum uelle *b* nam uelle *d*
15 inuenio *om. CMT*   non enim *s.l.Km2*   17 hoc *om. S*   18 ergo] igitur *bd*
uolenti mihi *A*   22 *pr.* leg͞e *Lm1SPG* lege *Vm1* legis *C*   captiuante *LS* *alt.*
legem *LV*   23 meis *om. b*   liberauit *SC*   24 nisi gratia *G*   25 dominum
nostrum *om. A*   homin͞es (*sic*)*L* homin͞es *V* homines *SPGbd*   26 nisi] non
nisi *b* non *d*   mortis *s. exp.* x͞p͞i *Vm2*   eis *bd*   27 necessaria gratia *A*
qui *Lml* quia *S* qu∗a *V*   liberet *A* liberentur *bd*

pore mortis huius. item paulo post: quod enim inpossibile
erat legis, in quo infirmabatur per carnem, deus filium
suum misit in similitudine carnis peccati et de peccato
damnauit peccatum in carne. dicant qui audent oportuisse
5 nasci Christum in similitudine carnis peccati, nisi nos nati essemus
in carne peccati.

44. Item ad Corinthios: tradidi enim uobis in primis,
inquit, quod et accepi, quia Christus mortuus est pro
peccatis nostris secundum scripturas. item ad eosdem
10 Corinthios in secunda: caritas enim Christi conpellit nos
iudicantes hoc, quoniam unus pro omnibus mortuus
est; ergo omnes mortui sunt et pro omnibus mortuus
est, ut qui uiuunt iam non sibi uiuant, sed ei, qui pro
ipsis mortuus est et resurrexit. itaque nos amodo ne-
15 minem nouimus secundum carnem et, si noueramus
secundum carnem Christum, sed nunc iam non nouimus.
si qua igitur in Christo, noua creatura; uetera trans-
ierunt, ecce facta sunt noua. omnia autem ex deo, qui
reconciliauit nos sibi per Christum et dedit nobis mini-
20 sterium reconciliationis. quemadmodum? quia deus
erat in Christo mundum reconcilians sibi, non reputans
illis delicta eorum et ponens in nobis uerbum reconciliationis. pro Christo ergo legatione fungimur tamquam deo exhortante per nos; obsecramus pro Christo
25 reconciliari deo. eum qui non nouerat peccatum pro
nobis peccatum fecit, ut nos simus iustitia dei in ipso.
cooperantes autem et rogamus, ne in uacuum gratiam
dei suscipiatis. dicit enim: tempore acceptabili exau-

---

1 Rom. 8, 3   7 I Cor. 15, 3   10 II Cor. 5, 14—6, 2

2 est *Gml*   legi *Ab*   3 similitudinē *AM*   4 audient *K* audient *A*
5 similitudinē *A*   8 inquit *om. M*   11 quoniam si *bd*   12 mortuus est
xps *PAd*   13 ut et *b*   15 nouissimus *Sml* noumus *Gml*   etsi *b*
nouerimus *LmlGa.c.*   16 nunt *Vml*   17 creatur *LmlS* creatur* *G*
18 sunt] *add.* omnia *d*   20 quemadmodum? quia] q̄mquidem *A*   21 reoon-
cilias *Kml*   23 pro—tamquam *in mī. Lm2*   per *Vml*   legationē *M*
24 exortante *SVmlPGKAM*   per xpo *V*   25 reconciliare *Kml*   26 ipso] illo *b*
27 et *om. Ab*   28 rescipiatis *A*   acceptabile *V* accepto *A*

diui te et in die salutis adiuui te. ecce nunc tempus
acceptabile, ecce nunc dies salutis. ad hanc reconciliationem
et salutem si non pertinent paruuli, quis eos quaerit ad baptismum
Christi? si autem pertinent, inter homines mortuos sunt, pro quibus
ille mortuus est, nec ab eo reconciliari et saluari possunt, nisi di- 5
missa non reputet delicta eorum.

45. Item ad Galatas: gratia uobis et pax a deo patre
et domino Iesu Christo, qui dedit semet ipsum pro peccatis nostris, ut eximeret nos de praesenti saeculo
maligno. et alio loco: lex transgressionis gratia propo- 10
sita est, donec ueniret semen cui promissum est, dis-
positum per angelos in manu mediatoris. mediator
autem unius non est;deus uero unus est. lex ergo aduersus promissa dei? absit! si enim data esset lex, quae
posset uiuificare, omnino ex lege esset iustitia. sed 15
conclusit scriptura omnia sub peccato, ut promissio
ex fide Iesu Christi daretur credentibus.

46. Ad Ephesios etiam: et uos, cum essetis mortui
delictis et peccatis uestris, in quibus aliquando ambulastis secundum saeculum mundi huius, secundum prin- 20
cipem potestatis aeris, spiritus eius, qui nunc operatur
in filiis diffidentiae, in quibus et nos omnes aliquando   ·
conuersati sumus in desideriis carnis nostrae, facientes
uoluntatem carnis et affectionum, et eramus naturaliter
filii irae sicut et ceteri; deus autem, qui diues est in 25
misericordia, propter multam dilectionem, qua dilexit
nos et, cum essemus mortui peccatis, conuiuificauit nos
Christo, cuius gratia sumus salui facti. et paulo post:

7 Gal. 1, 3. 4   10 Gal. 3, 19—22; cf. Retract. I 23. II 50 (Knoell)
18 Eph. 2, 1—5

2 ecce *s. exp.* en *Km2*   3 quid (d *s.l.m2*)*V*   eos *s.l.Km2*   queret *M*
4 homines (h *et* i *ras.*) *L* o̅m *K* o̅ms *ACM*   mortui *zb*   5 demissa *A*
remissa *b*   6 non *om. b*   7 galathas *VPGb*   8 d̅n̅o n̅r̅o *M*   9 exime-
tur *Vm1*   10 lex *s.l.m2K*   proposita (pro *ras.*) *V* posita *b*   11 disposita est *A*
disposita *b*   13 unus *Va.c.*   uero] autem *KC*   ergo] uero *Lm1SVPG*
15 possit *KC*   18 efesios *K* effesios *A*   20 hius *La.c.*   principes *Gm1*
21 aeris huius *A*   eius *om. A*   22 omnes et nos *A* omnes nos *V*   24 uoluntates *A*
affectionē *K*   25 fili *Lm1*   qui *om.K*   diuis *Lm1*   27 et *om. A*
conuificauit *G* uiuificauit *A*   28 salui facti sumus *b*

gratia, inquit, salui facti estis per fidem et hoc non ex
nobis, sed dei donum est, non ex operibus, ne forte quis
extollatur. ipsius enim sumus figmentum, creati in
Christo Iesu in operibus bonis, quae praeparauit deus,
5 ut in illis ambulemus. et paulo post: qui eratis, inquit, illo
tempore sine Christo, alienati a societate Israhel et peregrini testamentorum et promissionis, spem non
habentes et sine deo in hoc mundo, nunc autem in
Christo Iesu qui aliquando eratis longe facti estis
10 prope in sanguine Christi. ipse est enim pax nostra,
qui fecit utraque unum et medium parietem maceriae
soluens, inimicitias, in carne sua legem mandatorum
decretis euacuans, ut duos conderet in se in unum non um
hominem faciens pacem et commutaret utrosque in
15 uno corpore deo per crucem, interficiens inimicitias
in semet ipso. et ueniens euangelizauit pacem uobis,
qui eratis longe, et pacem his, qui prope, quia per
ipsum habemus accessum ambo in uno spiritu ad patrem.
item alibi: sicut est ueritas in Iesu, deponere uos secun-
20 dum priorem conuersationem ueterem hominem, eum qui
corrumpitur secundum concupiscentias deceptionis;
renouamini autem spiritu mentis uestrae et induite nouum hominem, eum qui secundum deum creatus est in
iustitia et sanctitate ueritatis. et alibi: nolite contristare
25 spiritum sanctum dei, in quo signati estis in diem
redemptionis.

47. Ad Colosenses etiam ita loquitur: gratias agentes
patri idoneos facienti nos in partem sortis sanctorum

---

1 Eph. 2, 8—10   5 Eph. 2, 12—18   19 Eph. 4, 21—24   24 Eph. 4, 30
27 Col. 1, 12—14

5 erat A   in illo VGm2Ab illo in KCM   6 isrl SG irl LP ierlm A
9 facti autem estis b   11 macheriae LVmlG macherie S   12 inimicitiam in mg.m2 A
13 in decretis AC   duo Gml   all. in om. LSVPb   14 et] ut M
commutans Vm2 cõmutas G commutasset LSVm1Pb   15 inimicitiā A   16 pace G
18 ambo s. l. K   spiritu] xpo (o s. l.) V   19 ueritas est V (est in mg.m2),bd
est om. LSPG   deponite A   21 concupiscentiis Gml   22 spiritū M   23 eum om. A
24 contristari PG   25 in diem (exp. m2)L   in die K   27 colosenses omnes codd.
ita non K   28 faciens A   in parem sortem b   parte KAC tempore M

in lumine, qui eruit nos de potestate tenebrarum
et transtulit in regnum filii caritatis suae, in quo habemus redemptionem in remissione peccatorum. et alio
loco: et estis, inquit, in illo repleti, qui est caput omnis principatus et potestatis, in quo etiam circumcisi estis cir- 5
cumcisione non manu facta, in expoliatione corporis
carnis, in circumcisione Christi, consepulti ei in baptismo, in quo et conresurrexistis per fidem operationis
dei, qui suscitauit illum a mortuis, et uos, cum essetis
mortui delictis et praeputio carnis uestrae, uiuificauit 10
cum illo, donans nobis omnia delicta, delens quod aduersus nos erat chirographum decretis, quod erat contrarium nobis, tollens illud de medio et adfigens illud
cruci, exuens se carnem principatus et potestates exem-
plauit fiducialiter triumphans eos in semet ipso.   15
    48. Et ad Timotheum: humanus, inquit, sermo et omni
acceptione dignus, quia Christus Iesus uenit in hunc mundum peccatores saluos facere, quorum primus sum
ego. sed ideo misericordiam consecutus sum, ut in me
primo ostenderet Christus Iesus omnem longanimitatem 20
ad informationem eorum qui credituri sunt illi in uitam
aeternam. item dicit: unus enim deus, unus et mediator
dei et hominum, homo Christus Iesus, qui dedit semet
ipsum redemptionem pro omnibus. in secunda etiam ad
eundem: noli ergo, inquit, erubescere testimonium domini 25
nostri neque me uinctum eius, sed conlabora euangelio
secundum uirtutem dei saluos nos facientis et uocantis

4 Col. 2, 10—15   16 I Tim. 1, 15. 16   22 I Tim. 2, 5. 6   25 II Tim. 1, 8—10

1 eripuit zbd   3 in] et M   remissione AM   4 et om. G   in om. z
ille Vml   5 in quo bis pos. semel exp. V   circuncisione A   6 exspoliatione CMd
expoliatione Lm2   7 sed in circumcisione Ab   Christi] carnis V   consepulti—dei in mg. A   ei] et C   baptisma M   8 consurrexistis SVPGKMbd
10 conuiuificauit bd   11 uobis VA   delicto Lm1SVm1Pm1G   12 cyro-
graphum LP cirografum SVC cyrografum GM cirographum A   decreti∗ (s eras.)L
decreti Vbd in decretis r   14 exuit M   carne Vp.c.   16 thimotheum V omni∗ V
17 inunc C   hunc om. zbd   18 ego sum bd   20 ostenderet primo LSVP primū ost. CM
ihs xps KC   22 unus est enim A   23 homo om. A   24 redēptione G   26 me s.l. Gm2
27 uocatis P

uocatione sua sancta non secundum opera nostra, sed
secundum suum propositum et gratiam, quae data est
nobis in Christo Iesu ante saecula aeterna, manifestata
autem nunc per aduentum domini nostri Iesu Christi,
5 euacuantis quidem mortem, inluminantis autem uitam
et incorruptionem per euangelium.

49. Ad Titum etiam: expectantes, inquit, illam beatam
spem et manifestationem gloriae magni dei et saluatoris nostri Iesu Christi, qui dedit semet ipsum pro
10 nobis, ut nos redimeret ab omni iniquitate et mundaret
nos sibi populum abundantem, aemulatorem honorum
operum. et alio loco: cum autem benignitas et humanitas
inluxit saluatoris dei nostri, non ex operibus iustitiae,
quae nos fecimus, sed secundum suam misericordiam
15 saluos nos fecit per lauacrum regenerationis et renouationis spiritus sancti, quem ditissime effudit super
nos per Iesum Christum saluatorem nostrum, ut iustificati ipsius gratia heredes efficiamur secundum spem
uitae aeternae.

20 50. Ad Hebreos quoque epistula, quamquam nonnullis incerta sit, tamen, quoniam legi quosdam huic nostrae de baptismo
paruulorum sententiae contraria sentientes etiam ipsam quibusdam opinionibus suis testem adhibere uoluisse magisque me mouet
auctoritas ecclesiarum orientalium, quae hanc etiam in canonicis
25 habent, quanta pro nobis testimonia contineat aduertendum est.
in ipso eius exordio legitur: multis partibus et multis modis
olim deus locutus est patribus in prophetis, postremo
in his diebus locutus est nobis in filio, quem constituit

---

7 Tit. 2, 13. 14   12 Tit. 3, 4—7   21 cf. De ciuit. dei XVI 22 (CSEL XXXX
p. II 164). De doctr. christ. II 8, 13 (XXXIV 41 M)   26 Hebr. 1, 1—3

2 propositum suum *b*   gratia *M*   3 nobis *om. S* nobis *M*   4 xpi ihu *KC*
5 inluminatis *Vm1*   7 ad Titum] additū *Km1M*   inquid *s. exp.* etiā *Gm2*   illam
om. b   be**atam *G*   9 xpi ihu *K*   11 sibi nos *b*   *abundantem *G*
15 lauachrum *PG* 16 effundit *Lm1SPG* 17 nos *in mg. add. Gm2* 20 hebraeos *VAGT*
epistola *SVm2PGKCT* apłs *A*   21 huic—quibusdam *om. Lm1*   22 etiam ipsam]
eā *s. exp.* etiā *Lm2Vm2* etiam *SPG* etiam ipsa *b* eam *d*   23 noluissent *Lm1Vm1SPG* uoluissemus *M*   me *s. ras. A*   24 ecclesiasticarum
(*exp. m2*)*V*   26 **multis *G*   27 est *om. KC*   28 ē *s. l. m2 G*

heredem uniuersorum, per quem fecit et saecula. qui
cum sit splendor gloriae et figura substantiae eius gerens quoque omnia uerbo uirtutis suae purgatione
peccatorum a se facta sedet ad dexteram maiestatis
in excelsis. et post pauca: si enim qui per angelos dictus 5
sermo factus est firmus et omnis praeuaricatio et inoboedientia iustam accepit mercedis retributionem, quo-
·modo nos effugiemus tantam neglegentes salutem?
et alio loco: propterea ergo pueri communicauerunt
sanguini et carni et ipse propemodum eorum partici- 10
pauit, ut per mortem euacuaret eum qui potestatem
habebat mortis, id est diabolum, et liberaret eos qui
timore mortis per totam uitam rei erant seruitutis.
et paulo post: unde debuit, inquit, secundum omnià fratribus similis esse, ut misericors fieret et fidelis prin- 15
ceps sacerdotum eorum, quae sunt ad deum propi-
tiandum pro delictis populi. et alibi: teneamus, inquit,
confessionem; non enim habemus sacerdotem, qui non
possit conpati infirmitatibus nostris; etenim expertus
est omnia secundum similitudinem sine peccato. et alio 20
loco: intransgressibile, inquit, habet sacerdotium. unde et
saluos perficere potest eos qui adueniunt per ipsum ad
deum, semper uiuens ad interpellandum pro ipsis.
talem enim decebat habere nos principem sacerdotum,
iustum, sine malitia, incontaminatum, separatum a 25
peccatoribus, altiorem a caelis factum, non habentem

5 Hebr. 2, 2. 3   9 Hebr. 2, 14. 15   14 Hebr. 2, 17   17 Hebr. 4, 14. 15
21 Hebr. 7, 24—27

1 et fecit *KM*   2 figura∗(e *eras.*)*G*   3 purgationē *LmlSVPGKA*   4 factam *LmlSVPG*   sedit *CM*   ad] in *M*   dextera *SM*   5 *post* angelos *add.*
inquit *M*   dictus] *add.* est *zbd*   6 firmus *om. LmlSVPG* et firmus *C*   7 accipit *G*
8 si tantam neglexerimus salutem *zd, b in textu*   9 loco *om. A*
post ergo *add.* quia *d*   pueri *om. A*   10 participauit] cōmunicaũ *Gml*
12 habeat *Vml*   15 *post* esse *exp.* perhibetur *K*   fieret] esset *KCb*   et princeps *V*
16 qui *A*   ad dnm *A*   17 peccatis *Gml*   populū *V*   18 habemus enim *b*
21 intransgressibilē *LmlSVPG*   22 potest perficere *KCb*   23 dnm *A*
24 nos habere *M*   25 sine macula *P*   26 et altiorem *M*   a *om. Kb*

cotidianam necessitatem sieut principes sacerdotum
primum pro suis peccatis sacrificium offerre, dehinc pro
populo; hoc enim semel fecit offerens se. et alio loco:
non enim in manu fabricata sancta introiit Christus,
5 quae sunt similia uerorum, sed in ipsum caelum, apparere
ante faciem dei pro nobis, non ut saepius offerat semet
ipsum, sicut princeps sacerdotum intrat in sancta in
anno semel cum sanguine alieno. ceterum oportebat
eum saepius pati a mundi constitutione, nunc autem
10 semel in extremitate saeculorum ad remissionem peccatorum per sacrificium suum manifestatus est. et sicut
constitutum est hominibus semel tantum mori et post
hoc iudicium, sic et Christus semel oblatus est, ut multorum peccata portaret, secundo sine peccatis appa-
15 rebit eis, qui eum sustinent ad salutem.

51. Apocalypsis etiam Iohannis has laudes Christo per canticum nouum testatur offerri: dignus es accipere librum et
aperire signacula eius, quoniam occisus es et redemisti
nos deo in sanguine tuo de omni gente et lingua et po-
20 pulo et natione.

52. Item in Actibus apostolorum inceptorem uitae Petrus
apostolus dixit esse dominum Iesum increpans Iudaeis, quod occi-
dissent eum, ita loquens: uos autem sanctum et iustum
onerastis et negastis et postulastis hominem homi-
25 eidam uiuere et donari uobis; nam inceptorem uitae
occidistis. et alio loco: hic est lapis reprobatus a nobis

---

4 Hebr. 9, 24—28   17 Apoc. 5, 9   23 Act. 3, 14. 15   26 Act. 4, 11. 12

1 quottidianam K quotidianam Gd   princips AM   2 dehinc] dein M   3 populi d
fecit* V   loco (co s.l.m2)G   4 introiuit Kbd introibit A   5 similia* G   uirorum
PGm1A ueterū Ka.c.   in om. z   appare Gml   6 offeret Vml   7 princes C
principes M   intrant M   8 an*no Gm2   9 *pati V   nunc Kp.c.
10 extrem.] consumatione M   11 et om. KCM   13 sic et] sicut M
14 appèrebit V   16 apocalipsis VGAC apocalipsys K   ioh̄ PG ioannis Md
18 apperire GK   redemisti] emisti M   20 nationeȿ S   21 incoeptorem
LSPG incceptorem A incoeptorē autc M   22 iude(ae)os KAbd iudeis G
24 onerastis Lm1SPGr, b (in mg. al occidistis), exonerastis Lm2 onorastis Vml
inhonorastis Vm2d   25 et inauceptorem S inauceptorem Lm1Vm1P incepta-
torē A auctorem M, b in mg.   26 occidisti S   ante a uobis exp. a deo S

aedificantibus, qui faetus est in caput anguli. non est
enim aliud nomen sub caelo datum hominibus, in quo
oportet saluos fieri nos. et alibi: deus patrum ⟨nostrorum⟩
suscitauit Iesum, quem uos interfecistis suspendentes
in ligno. hunc deus principem et saluatorem exaltauit 5
gloria sua, dare paenitentiam Israhel et remissionem
peccatorum in illo. item alio loco: huic omnes prophetae
testimonium perhibent remissionem peccatorum accipere per manum illius omnem credentem in eum. item
in eodem libro apostolus Paulus: notum ergo sit uobis, inquit, 10
uiri fratres, quoniam per hunc uobis remissio peccatorum annuntiatur; ab omnibus quibus non potuistis
in lege Moysi iustificari, in hoc omnis credens iustificatur.

53. Hoc tanto aggere testimoniorum cuius aduersus ueritatem 15
dei elatio non prematur? et multa quidem alia repperiri possunt,
sed et finiendi huius operis cura non neglegenter habenda est. de libris quoque ueteris testamenti multas contestationes diuinorum
eloquiorum adhibere in hanc sententiam superuacaneum putaui,
quando quidem illic quod occultatur sub uelamento uelut terrena- 20
rum promissionum, hoc in noui testamenti praedicatione reuelatur.
et ipse dominus librorum ueterum utilitatem breuiter demonstrauit
et definiuit dicens oportuisse inpleri, quae de illo scripta essent in
Lege et Prophetis et Psalmis, et haec ipsa esse, 'quod oportebat Christum pati et resurgere a mortuis tertia die et praedicari in nomine 25
eius paenitentiam et remissionem peccatorum per omnes gentes
incipientibus ab Hierusalem'. et Petrus dicit, quod paulo ante commemoraui, huic omnes prophetas testimonium perhibere 'remissionem
peccatorum accipere per manum eius omnem credentem in eum'.

---

3 Act. 5, 30. 31   7 Act. 10, 43   10 Act. 13, 38. 39   23 cf. Luc. 24, 44—47
27 cf. Act. 10, 43

    1 factis *Lm1*   3 oporteat *d*   nos saluos fieri *b*   nostrorum *addidimus*
5 salutare *M*   exultauit *V* exaltabit *A*   8 reddi perhibent *A*   10 paulos *Vm1*
uobis sit *b*   15 agere *Lm1Km1G*   testimoniū *Lm1*   16 multa] nulla *M*
possênt *V*   17 et *Lp.c.*   effiniendi (*om.* et)*M*   19 hac *SM*   sententia *M*
superuacuū *A*   potaui *Lm1*   20 in illis *L* (in *s.l.m2*), *d* illis *SVPG*   21 in hoc *M*
26 per omnes gentes *om. Gm1*   27 ierslm *A* ierlm *C* hyerusalem *M* hierosolymis *b*
paulo *s. l.Gm2*   28 prophetae *Km1Mb*   perhibent in remissionem *M*

54. Verum tamen commodius est, etiam ex ipso uetere testamento testimonia panca depromere, quae uel ad supplementum uel potins ad cumulum ualere debebunt. ipse dominus per prophetam in psalmo loquens ait: sanctis qui in terra sunt eius 5 mirificauit omnes uoluntates meas in illis, non 'merita eorum', sed uoluntates meas. nam illorum quid nisi quod sequitur? multiplicatae sunt infirmitates eorum, supra quod infirmi erant. ad hoc et lex subintrauit, ut abundaret delictum. sed quid adiungit? postea adcelerauerunt. multiplicatis infir-10 mitatibus, hoc est abundante delicto, alacrius medicum quaesierunt, ut, ubi abundauit peccatum, superabundaret gratia. denique: non congregabo, inquit, conuenticula eorum de sanguinibus, quoniam multis sacrificiorum sanguinibus, cum prius in tabernaculum uel in templum congregarentur, conuincebantur potins 15 peccatores quam mundabantur. 'non ergo iam', inquit, 'de sanguinibus congregabo conuenticula eorum'; unus enim sanguis pro multis datus est, quo ueraciter mundarentur. denique sequitur: nec memor ero nomina illorum per labia mea, tamquam mundatorum, tamquam innouatorum. nam nomina eorum erant 20 prius 'filii carnis, filii saeculi, filii irae, filii diaboli, inmundi, peccatores, inpii', postea uero 'filii dei', bomini nouo nomen nouum cantanti canticum nonum per testamentum nouum. non sint ingrati homines gratiae dei, pusilli cum magnis, a minore usque ad maiorem. totius ecclesiae uox est: erraui sicut

4 Ps. 15, 3   7 Ps. 15, 4   8 cf. Rom. 5, 20   9 Ps. 15, 4   11 cf. Rom. 5, 20
11. 17 Ps. 15, 4   20 cf. Rom. 9, 8. Luc. 20, 34   cf. Eph. 2, 3. I Ioh. 3, 10.
23 cf. Hier. 38, 34   cf. Hebr. 8, 11   24 Ps. 118, 176

1 ueteri *Km2*   2 supplimentum *LSVm1* suplementum *KAM*   3 debuit *A*   4 in psalmo *om. A*   sunt *post* qui *pon. bd*   5 in illis—meas *in mg. Lm2*   eis *P*   meriti *C, om. K*   6 illorum *d*   nā *ex* n̄ *Gm2*   7 illorum *P* supra] *add.* id *b*   9 quod *b*   accelerauerunt *SVm2PGm1K* accelauerunt *A* 10 est *om. V*   11 ut] et *Lm2*   abundabit *A*   delictum *M*   superabundauit *LSPG* superhabundauit *V*   non *s.l. Km2*   12 conuenticuli *Km1*   13 multi *A* primum *zbd* tabernaculo *A*   14 templo *A*   17 deinque *A*   18 nominum *Gm2KCMTbd* eorum *LP*   tamquam mundotorum (mandatorū *A*)*KA, om. zbd*   19 nouatorū *A* 20 fili irae *L* filii irae *s.l. m2K*   21 nomen nouum *om. KCT*   22 cant. nonum cantanti (cantanti *s.l. m2K*) cant. nouum *KCT*   cantanti] cantate *A, om. z* per test. nouū *s. ras. Gm2*   23 pusillis *A*   24 eraui *Km1*

4*

ouis perdita, omnium membrorûm Christi uox est: omnes ut
oues errauimus et ipse traditus est pro peccatis nostris.
qui totus prophetiae locus apud Esaiam, quo per Philippum sibi
exposito spado ille Candacis reginae in eum credidit, uide quotiens
hoc ipsum commendet et tamquam superbis nescio quibus uel con- 5
tentiosis idéntidem inculcet. homo, inquit, in plaga et qui sciat
ferre infirmitates, propter quod et auertit se facies eius,
iniuriata est nec magni aestimata est. hic infirmitates
nostras portat et pro nobis in doloribus est. et nos exi-
stimauimus illum in doloribus esse et in plaga et in 10
poena. ipse autem uulneratus est propter peccata nostra
et infirmátus est propter iniquitates nostras. eruditio
pacis nostrae in eum, liuore eius sanati sumus. omnes
ut oues errauimus et dominus tradidit illum pro peccatis nostris. et ipse, quoniam male tractatus est, non 15
aperuit os; ut ouis ad immolandum ductus est et ut
agnus ante eum, qui se tonderet, fuit sine uoce, sic non
aperuit os suum. in humilitate sublatum est iudicium·
eius. generationem eius quis enarrabit? quoniam tolle-
tur de terra uita eius. ab iniquitatibus populi mei duc- 20
tus est ad mortem. dabo ergo malos propter sepulturam
eius et diuites propter mortem eius, ob hoc quod iniquitatem non fecerit nec dolum ore suo. dominus uult
purgare illum de plaga. si dederitis uos ob delicta uestra
animam uestram, uidebitis semen longissimae uitae. 25
et uult dominus auferre a doloribus animam eius,

---

1 Esai. 53, 6   3 cf. Act. 8, 27—39   6 Esai. 53, 3—12

2 est *om.* A   3 totius A   prophetiçę Pm1   *post* Esaiam *add.* est d
quoque Lm1SVP quod M   phylippum S filippum M   4 expositum C   pado
VmlGml   regnę La.c.   quoties d   6 conculcet KC   8 magnis Lm1SVPG
magna K   aestimatus M   9 exęstimabimus Lm1 exęstimauimus Lm2
existimabimus SPGC estimabimus Vm1A   10 esse et in plaga *om.* z
11 propter—est *in mg.* K   12 et *om.* zbd   infirmitatus S   13 in eum *om.* zbd
super eum bd   in liuore zbd   nos sanati Km2C   16 apperuit K
os suum M   17 ante—tonderet] corâ tondente se M   si Vml
19 eius *ex* ẽ Gm2   generationes A   enarrauit SVC   21 pro KCTb
sepulchra T sepultura b   22 ob Vp.c.   23 uult dominus z   25 uestram
om. KC   longae uitae uestrae KCb longae uitae d   26 a *om.* z

ostendere illi lucem et figurare per sensum, iustificare
iustum bene seruientem pluribus, et peccata illorum
ipse sustinebit. propterea ipse hereditabit conplures
et fortium partietur spolia, propter quod tradita est
5 ad mortem anima eius et inter iniquos acstimatus est
et ipse peccata multorum sustinuit et propter iniquitates eorum traditus est. adtende etiam illud eiusdem prophetae, quod de se completum lectoris etiam functus officio in synagoga ipse recitauit: spiritus domini super me, propter quod
10 unxit me euangelizare humilibus, misit me, ut refrige-
rent qui in pressura cordis sunt, praedicare captiuis
remissionem et caecis uisum. omnes ergo agnoscamus nec
ullus exceptus sit eorum, qui uolumus corpori eius haerere, per
eum in ouile eius intrare, ad uitam et salutem, quam suis promisit,
15 perpetuam pertinere, omnes, inquam, agnoscamus eum, qui peccatum non fecit et peccata nostra pertulit corpore suo
super lignum, ut a peccatis separati cum iustitia uiuamus, cuius cicatricibus sanati sumus, infirmi cum essemus
tamquam pecora errantia.
20   XXVIII. 55. Quae cum ita sint, neminem umquam eorum,
qui ad Christum accesserunt per baptismum, sana fides et sana
doctrina putauit exceptum a gratia remissionis peccatorum nec
esse posse alicui praeter regnum eius aeternam salutem. haec enim
parata est reuelari in tempore nouissimo, hoc est in resurrectione
25 mortuorum pertinentium non ad mortem aeternam, quae secunda
mors appellatur, sed ad uitam aeternam, quam promisit non mendax

9 Esai. 61, 1. Luc. 4, 18. 19   15 I Petr. 2, 22. 24. 25   18 cf.· Rom. 5, 6
24 cf. I Petr. 1, 5   25 cf. Apoc. 2, 11. 20, 6. 19

1 fugare P   2 et ante pluribus pon. V   3 hereditauit LmlVmlSPG
4 patietur Sb   trad. est an. eius bd   5 in s. ad Vm2   morte Lml   aestimata KA
8 de se Kp.c. esse T   funtus Gml   officiū Gml   sinagogà LSGKA
9 recitabit A   spiritus] super A   10 humilibus] hominibus V pauperibus d
refrigerem Vd refrigentur K   11 hi qui KCT   12 indulgentiam (in mg. temis-
sionem) b   13 exceptus om. M   adhaerere b   et per Lm2   14 ad]
ac M   15 pertinire V peruenire bd   inquā s. exp. ergo Gm2   16 in corpore SPd
suo om. A   17 a om. A   liberati M   18 cicatricibus] uulnere plagarum
Ambrosius de spir. 1, 9   post essemus Maurinis aliquid deesse uidetur   20 ista M
21 fide A   22 putabit M   23 posse esse A   25 q: V   26 promittit zd   mtax A

deus sanctis et fidelibus suis, cuius uitae participes omnes non
uiuificabuntur nisi in Christo, sicut in Adam omnes moriuntur.
quemadmodum enim omnes omnino pertinentes ad generationem
uoluntatis carnis non moriuntur nisi in Adam, in quo omnes peccauerunt, sic ex his omnes omnino pertinentes ad regenerationem 5
uoluntatis spiritus non uiuificantur nisi in Christo, in quo omnes
iustificantur, quia sicut per unum omnes ad condemnationem sic
per unum omnes ad iustificationem. nec est ullus ulli medius locus,
ut possit esse nisi cum diabolo, qui non est cum Christo. hinc et
ipse dominus uolens auferre de cordibus male credentium istam 10
nescio quam medietatem, quam conantur quidam paruulis non baptizatis tribuere, ut quasi merito innocentiae sint in uita aeterna,
sed, quia non sunt baptizati, non sint cum Christo in regno eius,
definitiuam protulit ad haec ora obstruenda sententiam, ubi ait:
qui mecum non est, aduersum me est. constitue igitur 15
quemlibet paruulum: si iam cum Christo est, ut quid baptizatur?
si autem, quod habet ueritas, ideo baptizatur, ut sit cum Christo,
profecto non baptizatus non est cum Christo et, quia non est cum
Christo, aduersus Christum est; neque enim eius tam manifestam
debemus aut possumus infirmare uel inmutare sententiam. unde 20
igitur aduersus Christum, si non ex peccato? neque enim ex corpore
et anima, quae utraque dei creatura est. porro si ex peccato, quod
in illa aetate nisi originale et antiqūum? una est quippe caro peccati,
in qua omnes ad damnationem nascuntur, et una est caro in similitudine carnis peccati, per quam omnes a damnatione liberantur. nec 25
ita dictum est omnes, uelut quicumque nascuntur in carne peccati,
idem ipsi omnes mundari intellegantur per carnem similem carni
peccati—non enim omnium est fides—sed omnes pertinentes

2 cf. I Cor. 15, 22   4 cf. Ioh. 1, 13. Eph. 2, 3   7 cf. Rom. 5, 18
11 cf. De animae origine I 9, 11   De haeresibus c. 88 (XLII 48 M)   14 cf. Rom. 3, 19
15 Matth. 12, 30   24 cf. Rom. 8, 3   28 II Thess. 3, 2

    1 uita M   3 non pertinentes S   4 in ante quo om. M   7 omnes
om. M   8 ullus] ullins V   9 hic VPG   11 baptizantis P
14 proculit Vm1,om.Gm1   15 aduersus SG p. c.   18 et—Christo
om. C   20 aut] ā G   21 si non] nisi KCb   pecto Lm1SVm1Gm1   ex om. C
22 porro—peccato s.l.m2G   peccato ē A   quid Km2   23 anticum Lm1SG
antium V   24 adamnationem Lm1Gm1   adamnatione SM   27 iidem Cbd
idem—carni peccati om. M   intelligatur Cb   similem carnis d   28 est om. Sm1V

ad generationem conubii carnalis non nascuntur nisi in carne peccati
et omnes pertinentes ad generationem conubii spiritalis non mundantur nisi per carnem similem carni peccati; hoc est: illi per Adam
ad condemnationem, isti per Christum ad iustificationem. tamquam
5 si dicamus uerbi gratia: 'una est obstetrix in hac ciuitate, quae
omnes excipit, et unus est hic litterarum magister, qui omnes docet',
neque ibi possunt intellegi omnes, nisi qui nascuntur, neque hic
omnes, nisi qui discunt; non tamen omnes qui nascuntur litteras
discunt, sed cuiuis claret, quod et illic recte dictum est: 'omnes ex-
10 cipit, praeter cuius manus nemo nascitur', et hic recte dictum est:
'omnes docet, praeter cuius magisterium nemo discit'.

56. Consideratis autem omnibus diuinis testimoniis, quae commemoraui siue singillatim de unoquoque disputans siue aceruatim
multa congestans, uel quaecumque similia non commemoraui,
15 nihil inuenitur nisi, quod uniuersa ecclesia tenet, quae aduersus
omnes profanas nouitates uigilare debet, omnem hominem separari
a deo, nisi qui per mediatorem Christum reconciliatur deo, nec
separari quemquam nisi peccatis intercludentibus posse, non ergo
reconciliari nisi peccatorum remissione per unam gratiam misericor-
20 dissimi saluatoris, per unam uictimam uerissimi sacerdotis ac sic
omnes filios mulieris, quae serpenti credidit, ut libidine corrum-
peretur, non liberari a corpore mortis huius nisi per filium uirginis,
quae angelo credidit, ut sine libidine fetaretur.

16 cf. I Tim. 6, 20   17 cf. Rom. 5, 10   18 cf. Esai. 59, 2   19 cf. Tit. 2, 11
21 filios—fetaretur] cf. Contra Iul. Pelag. VI 22, 68 (XLIV 864 M) Gen.
3, 1—6   22 cf. Rom. 7, 24   23 cf. Luc. 1, 26—38

1 ad s. et *Gm2*   conubii—generationem *om. Am1*   2 mundatur *G*
renascuntur *A*   3 similetudinem *S*   carnis *Lm1SVPGd*   peccati *om.Lm1SVG*
5 est *om. A*   obsetrix *V*   6 excepit *M*   hi *S*   quo *Lm1SVm1Gm2*
7 int. poss. *bd*   quia *LSGm1* quo *Va.c.*   9 discant *V*   cuius
Lm1SVPGA cui uix *T*   claret] *add.* ingenium *b*   excepit *M*   11 cuiuis *Lm2*
discet *Lm1SVm1PG*   12 testimoniū *Vm1*   13 singilatim *A*   unaqq̄ *Gm1*
acerbatim *Lm1SVG*   15 *in L uerba* quod uniuersa—56, 22 altero, *quae*
fol. 119 ᵇ exciderunt, postea in singulari fol. 120 a m1 suppleta sunt   16 nati-
uitates *Lm1*   separare *A*   17 qui *om. Gm1* quia *M*   18 nec errogare
conciliari *T*   19 conciliari *C*   peccatore *Vm1*   20 uerissimā *KCT*   si *V*
21 omnis *M*   filio *Gm1* filius *M*   serpentis *V*   23 ut *om. Lm1SVPGm1*
fateretur *V*

XXIX. 57. Bonum ergo coniugii non est feruor concupiscentiae, sed quidam licitus et honestus illo feruore utendi modus propagandae proli, non explendae libidini accommodatus. uoluntas ista,
non uoluptas illa nuptialis est. quod igitur in membris corporis
mortis huius inoboedienter mouetur totumque animum in se de- 5
iectum conatur adtrahere et neque cum mens uoluerit exsurgit neque cum mens uoluerit conquiescit, hoc est malum peccati, cum quo
nascitur omnis homo. cum autem ab inlicitis corruptionibus refrenatur et ad sola generis humani supplementa ordinate propaganda
permittitur, hoc est bonum coniugii, per quod ordinata societate 10
nascitur homo. sed nemo renascitur in Christi corpore, nisi prius
nascatur in peccati corpore. sicut autem bono male uti malum est,
sic malo bene uti bonum est. duo igitur haec, bonum et malum,
et alia duo, usus bonus et usus malus, sibimet adiuncta quattuor
differentias faciunt. bene utitur bono continentiam dedicans deo, 15
male utitur bono continentiam dedicans idolo; male utitur malo
concupiscentiam relaxans adulterio, bene utitur malo concupiscentiam restringens conubio. sicut ergo melius est bone uti bono quam
bene uti malo, cum sit utrumque bonum, ita qui dat uirginem suam
bene facit et qui non dat nuptum melius facit.. de qua quaestione 20
multo uberius et multo sufficientius in duobus libris, uno De bono
coniugali, altero De sancta uirginitate, quantum dominus dedit,
pro mearum uirium exiguitate disserui. non itaque per nuptiarum
bonum defendant concupiscentiae malum, qui carnem et sanguinem
praeuaricatoris aduersus carnem et sanguinem redemptoris ex- 25

19 cf. I Cor. 7, 38

1 n̄ add. m. rec. A   2 quidem P   feruore* G   utendis M   3 prole Sm1, om. A
acōmodatus K   uoluntas—est om. z,. uncis incluserunt Benedictini
4 non uoluptas, illa n. est b   uoluntate A uoluntas M   quid (o s. i) P
menbris S   5 mortis om. M   tantumque A   6 exurgit V Ab   7 noluerit b
adquiescit Gm1K   cum] in zbd   9 ad] a M   supplimenta Lm1G
suplementa S   ordinat M   10 p̄mittitur V dimittitur C   quem M
12 si autē (in mg. m2 l sicut)V   uti male bd   13 male V   bene om. Cm1
14 quatuor GCd   16 malo] male VT   17 concupiscentiae SVP   relaxans] uel T
concupiscentia S   18 ergo om.Gm1   19 sit] si LSVGm1   post sit eras. ut K
dat Vp.c.   post suam inserit nuptum d nuptui b   20 nuptum om. b   21 uherius] nerins K   22 in altero Ga.c.   24 concupiscentia Vm1   25 praeuaricatores Lm1SVPGM

tollunt, non erigantur in superbia erroris alieni, de quorum paruula
aetate nobis dedit dominus humilitatis exemplum. solus sine peccato
natus est, quem sine uirili complexu non concupiscentia carnis, sed
oboedientia mentis uirgo concepit; sola nostro uulneri medicinam
5 parere potuit, quae non ex peccati uulnere germen piae prolis emisit.
• XXX. 58. Iam nunc scrutemur diligentius, quantum adiuuat
dominus, etiam ipsum euangelii capitulum ubi ait: nisi. quis renatus fuerit ex aqua et spiritu, non intrabit in regnum
dei. qua isti sententia nisi mouerentur, omnino paruulos nec bapti-
10 zandos esse censerent. *sed quia non ait,* inquiunt: '*nisi quis renatus
fuerit ex aqua et spiritu, non habebit salutem uel uitam aeternam*', *tantummodo autem dixit: non intrabit in regnum dei, ad hoc
paruuli baptizandi sunt, ut sint etiam cum Christo in regno dei, ubi
non erunt, si baptizati non fuerint, quamuis et sine baptismo si par-
15 uuli moriantur salutem uitamque aeternam habituri sint, quoniam
nullo peccati uinculo obstricti sunt.* haec dicentes primo numquam
explicant isti, qua iustitia nullum peccatum habens imago dei sepa-
retur a regno dei. deinde uideamus utrum dominus Iesus, unus et
solus magister bonus, in hac ipsa euangelica lectione non signifi-
20 cauerit et ostenderit non nisi per remissionem peccatorum fieri, ut
ad regnum dei perueniant baptizati, quamuis recte intellegentibus
sufficere debuerit, quod dictum est: nisi quis natus fuerit
denuo, non potest uidere regnum dei et: nisi quis
renatus fuerit ex aqua et spiritu, non potest introire
25 in regnum dei. cur enim nascatur denuo nisi renouandus?

2 cf. II Cor. 5, 21   7 Ioh. 3, 5   10 Pelagiani   18 cf. Matth. 23, 10
22 Ioh. 3, 3 ·   23 Ioh. 3, 5

1 superbiam *KCbd*   2 humilitate *P*   3 niri *M*   4 medicina *GM*
5 parare *AC*   prolixe misit *P* proli semisit *K*   6 scretemur *Gm1*   7 uti *Gm1*
9 quia *Sm1Km1*   nisi *om.* V   omnino nec *V*   baptizatos *V*
10 ee *s.l.P*   concenserent *V* censeret *M*   qui *A*   11 habit *Km1*
12 *in* P *post fol. 24 excidit fol. uerba:* non intrabit—60, 2 regeneratio *continens;
lacuna m. saec. XII, quam siglo* m3 *notaui, expleta est folio formae minoris
dei*] caelorū *Km1*   13 baptizadi *A*   15 sunt *KM* ·   16 nullius *Vm2b* nulli
LSVm1   17 qui *Lm1SVG* quia *b*   iustitiā *SVG* per iustitiam *b*   imago *s. exp.*
magno *Km2*   do *Gm1*   separaretur *Lm1VG* separatur *KAb*   18 et] ē *SVG, om. b*
20 et] ac (c *add.* m2)M   ut *s.l.L*   22 debuerat *Mm2*   renatus *LSVPm1G*
23 denuo—fuerit *om. VG*   regnum *om.* P   24 spu sco *AMm2* ·   intraire *A*
25 renouandus *Gm1 bis*

unde renouandus nisi a uetustate? qua uetustate, nisi in qua uetus
homo noster simul confixus est cum illo, ut euacuetur corpus
peccati? aut unde imago dei non intrat in regnum dei nisi im-
pedimento prohibente peccati? uerum tamen, ut proposuimus,
totam ipsam circumstantiam euangelicae lectionis ad rem de qua 5
agitur pertinentem intente, quantùm possumus, diligenterque
uideamus.

59. Erat autem homo, inquit, ex pharisaeis, Nicodemus nomine, princeps Iudaeorum. hic uenit ad eum
nocte et dixit ei: rabbi, scimus, quia a deo uenisti ma- 10
gister; nemo enim potest haec signa facere quae tu facis,
nisi fuerit deus cum eo. respondit Iesus et dixit ei:
amen, amen dico tibi, nisi quis natus fuerit denuo, non
potest uidere regnum dei. dicit ad eum Nicodemus:
quomodo potest homo nasci, cum senex sit? numquid 15
potest in utero matris suae iterum introire et nasci?
respondit Iesus: amen, amen dico tibi, nisi quis renatus fuerit·ex aqua et spiritu, non potest introire in
regnum dei. quod natum est de carne, caro est, et quod
natum est ex spiritu, spiritus est. non mireris, quia dixi 20
tibi: oportet uos nasci denuo. spiritus ubi uult spirat et
uocem eius audis; sed non scis unde ueniat et quo uadat. sic est omnis, qui natus est ex spiritu. respondit
Nicodemus et dixit ei: quomodo possunt haec fieri?
respondit Iesus et dixit ei: tu es magister in Israhel 25

---

2 cf. Rom. 6, 6   8 Ioh. 3, 1—21

1 qua uetustate *om.* M   quia V   nisi *om.* V   in qua] quia P
2 ur V   crucifixus P crucifixus est cruci KAC confixus est cruci M   3 *pr.* di
*s.l.*Km2   di *s.l.*Gm2   5 ipsam] pacis M   circunstantiā A substantiā
Km1   rem de qua querimus *in ras.* G   qua de Km1   8 phariseis
SVGKA fariseis M   nichodimus VG nichodemus PAM   9 iudeorum GCM
eum] Iesum d   10 ei *om.* VP   rapbi K   13 *alt.* amen *om.* M   tibi]
uobis M   renatus A   14 potest *s.l.*P   uide Sm1   nichodimus VG
nichodemus PA   15 sit senex KCbd   16 uterum VPKCTbd
introire iterum Km2C   renasci K   17 *alt.* amen *om.* M   nisi *s.l.*Gm2
18 spiritu sancto zb   introire *s.l.*P intrare M   19 de *s.exp.* ex Gm2   20 de Kbd e C
22 et] aut Kbd   23 *pr.* est] et M   ex spū ē K   24 nichodimus V nichodemus PA nicodimus G   25 in *om.* Am1M   isrł GA

et haec ignoras? amen, amen dico tibi, quia quod scimus
loquimur et quod uidemus testificamur, et testimonium
nostrum non accipitis. si terrena dixi nobis et non cre-
didistis, quomodo, si dixero nobis caelestia, credetis?
5 nemo ascendit in caelum, nisi qui de caelo descendit,
filius hominis, qui est in caelo. et sicut Moyses exaltauit serpentem in deserto, ita exaltari oportet filium
hominis, ut omnis, qui credit in eum, non pereat, sed habeat uitam aeternam. sic enim dilexit deus mundum, ut
10 filium suum unigenitum daret, ut omnis, qui credit in
eum, non pereat, sed habeat uitam aeternam. non enim
misit deus filium suum in mundum, ut iudicet mundum, sed ut saluetur mundus per ipsum. qui credit in
eum, non iudicatur; qui autem non credit, iam iudica-
15 tus est, quia non credit in nomine unigeniti filii dei.
hoc est autem iudicium, quia lux uenit in mundum et
dilexerunt homines magis tenebras quam lucem; erant
enim eorum mala opera. omnis enim qui male agit odit
lucem et non uenit ad lucem, ut non arguantur opera
20 eius; qui autem facit ueritatem, uenit ad lucem, ut ma-
nifestentur eius opera, quia in deo sunt facta. huc usque
est ad rem, de qua quaerimus, pertinens totus sermo ille contextus;
deinceps in aliud narrator abscedit.

XXXI. 60. Cum ergo Nicodemus quae dicebantur non intelle-
25 geret, quaesiuit a domino, quomodo possent ista fieri. uideamus
quid dominus ad hoc respondeat. profecto enim si ad interrogata

1 *all.* amen *om. M*   2 uidimus *PGKm2AMb*   testamur *Pbd*   3 accipistis *V*
accipietis *M*   crediditis *P* creditis *KAC*   5 et nemo *Cd*   ascendit *bis m1P*
6 fi∗lius *G*   qui—hominis *s.l.Km2*   in caelo est *bd*   et *om. A*   exaltauit
moyses *G*   7 desertum *LmlSG* deserto ($\overline{v}$ *s.* o)*V*   8 crediderit *M*
sed habeat *om. P*   habea *Gml*   9 deus dilexit *P*   10 unigenitum *s.l.S*
$\overline{oms}$ *K*   14 iam—credit *om. LmlSVG*   15 credidit *KCM*   16 autem *s. ras. Gm2*
17 tenebras magis *KAC*   18 $\overline{oms}$ *Kml*   mala *Gml*   ait *P*   19 ut non]
ne *KCb*   20 manifestetur *M*   21 opera eius *M* $\overline{dm}$ *M*   hoc *Lml*
SVGKmlC   22 est *om. SmlA*   pertinente̊s *Kml*   totos *M*   sermones
LmlM sermonis *KA*   nisi ille *C*   23 narratur *M*   24 nichodimus *V* nichodemus *P* nicodimus *G*   ea quae *d*   25 quae $\overline{s}$ dicta *ex* quaes *Km2*   possint *K*
26 si *om. z*

respondere dignabitur: 'quomodo possunt ista fieri?', hoc dicturus
est, quomodo possint fieri regeneratio spiritalis uenientes homines
ex generatione carnali. notata itaque paululum eius inperitia, qui
se ceteris de magisterio praeferebat, et omnium talium incredulitate reprehensa, quod testimonium non acciperent ueritatis, addidit 5
etiam se illis terrena dixisse nec eos credidisse, quaerens uel am-
mirans, quomodo essent caelestia credituri. sequitur tamen
et respondet, quod alii credant, si illi non credunt, ad illud
quod interrogatus est, quomodo possint ista fieri: nemo, inquit,
ascendit in caelum, nisi qui de caelo descendit, filius 10
hominis, qui est in caelo. 'sic', inquit, 'fiet generatio spiritalis,
ut sint caelestes homines ex terrenis, quod adipisci non poterunt,
nisi membra mea efficiantur, ut ipse ascendat qui descendit, quia
nemo ascendit nisi qui descendit'. nisi ergo in unitatem Christi
omnes mutandi leuandique concurrant, ut Christus, qui descendit, 15
ipse ascendat, non aliud deputans corpus suum, id est ecclesiam
suam, quam se ipsum — quia de Christo et ecclesia uerius intellegitur: erunt duo in carne una, de qua re ipse dixit: igitur
iam non duo, sed una caro—, ascendere omnino non poterunt,
quia nemo ascendit in caelum, nisi qui de caelo descen- 20
dit, filius hominis, qui est in caelo. quamuis enim in terra
factus sit filius hominis, diuinitatem tamen suam, qua in caelo manens descendit ad terram, non indignam censuit nomine filii hominis,
sicut carnem suam dignatus est nomine filii dei, ne quasi duo Christi

---

1 Ioh. 3, 9   9 Ioh. 3, 13. cf. Eugippii Exc. ed. Knoell (CSEL VIIII 1010—1012)
16 cf. Eph. 5, 23   18 Gen. 2, 24. Matth. 19, 5. Marc. 10, 8   20 Ioh. 3, 13

1 ista] hec P   2 possit codd. *praeter L*   generatione *Lm2* generatio *Lm1SVPG*
spiritales *Lm2*   uenientis *Sm1KACTbd*   hominis *SKACTbd*   3 et *Km1*
natata *Gm1*   paululum *SGK*   inpertia *Km1A*   4 proferebat V   5 testimon∗um V
6 terrena illis P   et nec M   nec—quaerens *om. KC*   admirans *ACMbd*
7 *ante* essent *exp.* possint G   sequitur *om. A*   et tamen A   8 respondit z
credant] credunt *Sm1* credent *Am1bd* ad illud] et aliud V ad aliud *Gm1* 9 quomo V
possunt KAC   10 ascendet *Lm2*   12 caelestis S   potuerunt V   13 mea
membra AM   ut *om. A*   ascend∗t V ascendit A   quia—descendit
om. Sm1   14 unitate A   15 mutandi] *add.* omnes M   lauan-
dique (*in mg. al.* leuandi)*b*   16 ipse ē qui ascendat K   ascendit *Sm1*   17 et
s.l.Km2.   ecclesiam *SVm1*   18 ipsa *Eugippii cod.* V   igitur] ergo A itaque *bd*
20 ascendet *Lm2*   22 sit] est *Eug. Pm2V*   quam SV   23 indigne∗ V
fili *LS; sic etiam l.* 24   24 Christi] *add.* ista zd

accipiantur, unus deus et alter homo, sed unus atque idem
deus et homo: deus, quia in principio erat uerbum et deus
erat uerbum, homo, quia uerbum caro factum est et habitauit in nobis. ac per hoc per distantiam diuinitatis et infir-
5 mitatis filius dei manebat in caelo, filius hominis ambulabat in terra;
per unitatem uero personae, qua utraque substantia unus Christus
est, et filius dei ambulabat in terra et idem ipse filius hominis manebat in caelo. fit ergo credibiliorum fides ex incredibilioribus creditis. si enim diuina substantia longe distantior atque incomparabili
10 diuersitate sublimior potuit propter nos ita suscipere humanam
substantiam, ut una persona fieret ac sic filius hominis, qui erat in
terra per carnis infirmitatem, idem ipse esset in caelo per partici-
patam carni diuinitatem, quanto credibilius alii homines sancti et
fideles eius fiunt cum homine Christo unus Christus, ut omnibus
15 per eius hanc gratiam societatemque ascendentibus ipse unus Christus ascendat in caelum, qui de caelo descendit! sic et apostolus ait:
sicut in uno corpore multa membra habemus, omnia
autem membra corporis, cum sint multa, unum est
corpus, ita et Christus. non dixit: 'ita et Christi', id est corpus
20 Christi uel membra Christi, sed: ita et Christus, unum Christum
appellans caput et corpus.

XXXII. 61. Magna haec et mira dignatio! quae quoniam
fieri non potest nisi per remissionem peccatorum, sequitur et
dicit: et sicut Moyses exaltauit serpentem in deserto,
25 ita exaltari oportet filium hominis, ut omnis, qui
crediderit in eum, non pereat, sed habeat uitam
aeternam. quid tunc in deserto factum sit nouimus: serpentum morsibus multi moriebantur. tunc populus peccata
sua confitens per Moysen deprecatus est dominum, ut hoc

---

2 Ioh. 1, 1. 14　　17 I Cor. 12, 12　　24 Ioh. 3, 14. 15　　27 cf. Num. 21, 6—9

1 accipi dicatur *A*　　et *om. A*　　2 deus homo et homo deus *A*
post uerbum *add. d* et uerbum erat apud deum　　3 habitabit *CM*　　5 ambulabat]
manehat *A*　　6 quia *Km2*　　est x͞p͞s *LS*　　8 credibilior fides *b*　　ex *s. ras. Gm2*
12 est *A*　　participatā (ā *in ras.*)*G*　　13 carnis *Eug.*　　16 ascendit *PKm1*
in caelo *z*　　18 est *om. Eugippii V*　　20 et *om. z*　　21 appellat *A*
22 et *s. exp.* hęc *Lm2, om. SVG* miraque *Pd*　　24 moses *Eugippii V*
25 ita] sic *A*　　26 credit *SM* cre**diderit *A*　　uitiā *G*　　27 serpentis *Gml Mml*
29 mosen *Eugippii V*　　d͞m *Kb*

ab eis uirus auferret. ac sic Moyses ex praecepto domini exaltauit in deserto aeneum serpentem ammonuitque populum, ut illum
exaltatum quisquis a serpente morderetur adtenderet; hoc facientes
continuo sanabantur. quid est exaltatus serpens nisi mors Christi
eo significandi modo, quo per efficientem id quod efficitur sigui- 5
ficatur? a serpente quippe mors uenit, qui peccatum, quo mori mereretur, homini persuasit. dominus autem in carnem suam non
peccatum transtulit tamquam uenenum serpentis, sed tamen transtulit mortem, ut esset in similitudine carnis peccati poena sine culpa,
unde in carne peccati et culpa solueretur et poena. sicut ergo tune 10
qui conspiciebat exaltatum serpentem, et a ueneno sanabatur et
a morte liberabatur, sic nunc qui conformatur similitudini mortis
Christi per fidem baptismumque eius, et a peccato per iustificationem
et a morte per resurrectionem liberatur. hoc est enim quod ait: ut
omnis, qui credit in eum, non pereat, sed habeat uitam 15
aeternam. quid igitur opus est, ut Christi morti per baptismum
conformetur paruulus, si morsu serpentis non est omnino uenenatus?
XXXIII. 62. Deinde si—quod consequenter dicit—deus sic
dilexit mundum, ut filium suum unigenitum daret, ut
omnis, qui credit in eum, non pereat, sed habeat uitam 20
aeternam. periturus erat paruulus nec habiturus uitam aeternam,
si per sacramentum baptismi non crederet in unigenitum dei filium,
dum interim sic uenit, ut non iudicet mundum, sed ut saluetur mundus per ipsum, praesertim quia sequitur et dicit: qui credit in

---

9 cf. Rom. 8, 3   14 Ioh. 3, 15   18 Ioh. 3 16   23 cf. Ioh. 3, 17   24 Ioh. 3, 18

1 uiros *Lm1SVm1PGm1*   si *Km1*   moses *Eug.*   cepto *Sm1*   2 eneū *PG*
ammouitque (d *s.* m *et s.* uit *m2*] nuit)*K*   4 sanabantur continuo *KCb*   serpens *bis*
Sm1   5 ego *Pm1* eo* *C*   id] et *M*   significatur *s.l.m2G*   6 quippe]
quidem *Eugippii V*   quo *ex* cō *Gm2*   mori mereretur] mori moreretur *V*
moreretur *Eug.*   7 carne sua *A*   8 tantū *s.exp.* tamen *Lm2*   9 esset
s. exp. et nae *Gm2*   similitudinē *M*   sine] sic¯ *A*   10 peccati—poena *om. Sm1*
siour *S*   11 conspiciebant *LSVm1Gm1*   sanabantur *Lm2Gm1*
12 liberatur *Km1*   similitudine *Lm1SVm1PGm1*   13 per iustitiam *K*
14 liberantur *Lm2*   15 in *s.l.m2V*   16 morte *Gm1K*   17 paruulis *Lm1*
uenatus *S*   18 si quod consequenter] si quod sequenter *LSVG* sic cons. *d*
sic deus *A*   19 dilexit deus *S*   21 periturus—aeternam *om. V*   erat *om. LSPG*
erat] *add.* ergo *z*   22 non *exp. V*   creditur *Vm2*   in *om. Gm1b*   filium
dei *b*   24 sequatur (i *s.* a)*V*

eum, non iudicatur; qui autem non credit, iam iudicatus est, quia non credit in nomine unigeniti filii dei.
ubi ergo paruulos ponimus baptizatos nisi inter fideles, sicut uniuersae ubique ecclesiae clamat auctoritas? ergo inter eos qui credi-
5 derunt — hoc enim eis adquiritur per uirtutem sacramenti et offerentium responsionem — ac per hoc eos, qui baptizati non sunt, inter eos
qui non crediderunt. porro si illi, qui baptizati sunt, non iudicantur, isti, quia carent baptismo, iudicantur. quod uero adiungit:
hoc est autem iudicium, quia lux uenit in mundum et dile-
10 xerunt homines tenebras magis quam lucem, unde lux
uenit in mundum, nisi de suo dicit aduentu? sine cuius aduentus
sacramento quomodo paruuli esse dicuntur in luce? aut quomodo
non et hoc in dilectione tenebrarum habent, qui quemadmodum
ipsi non credunt, sic nec baptizandos suos paruulos arbitrantur,
15 quando eis mortem corporis timent? in deo autem facta dicit
opera eius, qui uenit ad lucem, quia intellegit iustificationem
suam non ad sua merita, sed ad dei gratiam pertinere. deus est
enim, inquit apostolus, qui operatur in nobis et nelle et
operari pro bona uoluntate. hoc modo ergo fit omnium ex
20 carnali generatione ad Christum uenientium regeneratio spiritalis.
ipse hoc aperuit, ipse monstrauit, cum ab eo quaereretur quomodo
possent ista fieri, nemini humanam argumentationem in hac causa
liberam fecit. non alienentur paruuli a gratia remissionis peccatorum;
non aliter transitur ad Christum, nemo aliter potest deo reconciliari
25 et ad deum uenire nisi per Christum.

    XXXIV. 63. Quid de ipsa forma sacramenti loquar? uellem
aliquis istorum, qui contraria sapiunt, mihi baptizandum paruulum
afferret. quid in illo agit exorcismus meus, si in familia diaboli non

---

9 Ioh. 3, 19   15 cf. Ioh. 3, 21   17 Phil. 2, 13

1 iudica*tur *G*   credidit *Lm1Vm1*   4 eos] $\overline{oms}$ *V*   5 offerentium *in ras. m2G*
6 eos *om. V*   eos *s.l.m2V*   9 autem *om. z*   10 magis tenebras *M*
11 dicit *in mg. m2A*   aduentu et sacramento *A*   13 delictione (i *pr.*
m2 in ras.) A   14 si nec *Lm1SVm1Pm1*   15 dicit facta *bd*   17 gratia *S*
18 enim *om. KC*   uobis *ACMTd*   et *om. V*   uellet (*om.* et)*A*   et *om.*
Lm1SVm1PGm1   20 generatione *La.c.*   22 possint *Km1* opus $\overline{s}$ *A*   ista *s.* haec *G*
humana *S*   23 ut non *b*   a *s.l.m2L*   25 dnm *A*   peruenire *M*   nisi *om. KAM*
26 quid (d *s.l.)V*   de** *G*   28 exorcismus *VG*   nisi *V, om. M*

tenetur? ipse certe mihi fuerat responsurus pro eodem paruulo, quem gestaret, quia pro se ille respondere non posset. quomodo ergo dicturus erat eum renuntiare diabolo, cuius in eo nihil esset? quomodo conuerti ad deum, a quo non esset auersus? credere inter cetera in remissionem peccatorum, quae illi nulla tribueretur? ego 5 quidem, si contra haec eum sentire existimarem, nec ad sacramenta cum paruulo intrare permitterem, ipse autem in hoc qua fronte ad homines, qua mente ad deum se ferret ignoro nec uolo aliquid grauius dicere. falsam igitur uel fallacem tradi paruulis baptismatis formam, in qua sonare atque agi uideretur et tamen nulla 10 fieret remissio peccatorum, uiderunt aliqui eorum nihil execrabilius ac detestabilius posse dici atque sentiri. proinde quod adtinet ad baptismum paruulorum, ut eis sit necessarius, redemptionem etiam ipsis opus esse concedunt, sicut cuiusdam eorum libello breuissimo continetur, qui tamen ibi remissionem alicuius peccati aper- 15 tius exprimere noluit. sicut autem mihi ipse litteris intimasti, fatentur iam, ut dicis, etiam in paruulis per baptismum remissionem fieri peccatorum. nec mirum; non enim redemptio alio modo posset intellegi. *non tamen originaliter*, inquiunt, *sed in uita iam propria, posteaquam nati sunt, peccatum habere coeperunt.* 20

64. Quamobrem uides quantum iam distet inter eos, contra quos in hoc opere diu iam multumque disserui, quorum etiam unius legi librum ea continentem, quae ut potui refutaui. inter istos ergo, ut dicere coeperam, qui omnino paruulos ab omni peccato, et originali et proprio, puros et liberos esse defendunt, et istos, qui eos 25 iam natos propria putant contraxisse peccata, a quibus eos credunt per baptismum oportere purgari, quantum intersit uides. proinde

19 Pelagiani

1 mihi certe *A*   edem *Vm1*   2 ille pro se *KAMb*   possit *Km1*
3 renuntiasse *M*   4 conuertit *A*   a *Lm1SGm1*   dnm *A*   5 in *ras. L, exp.G, om.SP*
remissione *S*   ulla *Lm1SVm1G*   6 exęstimarem *L* exestimarem *S*
8 ferre *A*   9 paruulis tradi *KCb*   tradit *M*   10 quo *SM*   sonaret
quod utique agi uid. *b*   sonare] *add.* utique *z*   atque *om. z*
11 exsecrabilius *PCMd*   12 dici posse *zbd*   13 baptismom *Sa.c.*   redemptione
Lp.c.Mbd   14 ipsis etiam *zd*   15 peccati*G*   16 nolunt *Lm1SVPGb* uoluit *T*
ipse mihi *A*   19 possit *K* posse *A*   20 habe *A*   21 distat *KA*   22 diserui *Vm1*
desserui *M*   23 librum legi *P*   refugitaui *V*   istos *in ras. Gm2*   24 ut dicere
ex uidere *S*   dicere *om. K*   26 notos *Va. c.*   27 per baptismum *om. A*

isti posteriores intuendo scripturas et auctoritatem totius ecclesiae et formam ipsius sacramenti bene uiderunt per baptismum in parnulis peccatorum fieri remissionem, sed originale esse quicquid illud in eis est uel nolunt dicere uel uidere non possunt. illi autem priores 5 in ipsa natura humana, quae ab omnibus ut consideretur in promptu est, bene uiderunt—quod facile fuit—aetatem illam in sua iam uita propria nihil peccati potuisse contrahere, sed, ne peccatum originale fateantur, nullum esse omnino peccatum in paruulis dicunt. in his ergo, quae singula uera dicunt, prius inter se ipsi consentiant, 10 et consequenter fiet, ut a nobis nulla ex parte dissentiant. nam si paruulis baptizatis remissionem fieri peccatorum concedant illi istis, paruulos autem, ut ipsa natura in tacitis infantibus clamat, suae uitae propriae nullum adhuc contraxisse peccatum concedant isti illis, concedant utrique nobis nullum nisi originale restare, quod per 15 baptismum soluatur in paruulis.

XXXV. 65. An nero et hoc quaesituri et de hoc disputaturi et tempus ad hoc inpensuri sumus, ut probemus atque doceamus, quomodo per propriam uoluntatem, sine qua nullum uitae propriae potest esse peccatum, nihil mali commiserint infantes, qui propter hoc 20 uocantur ab omnibus innocentes? nonne tanta infirmitas animi et corporis, tanta rerum ignorantia, tam nulla omnino praecepti capacitas, nullus uel naturalis uel conscriptae legis sensus aut motus, nullus in alterutram partem rationis usus hoc multo testatiore silentio quam sermo noster proclamat atque indicat? ualeat aliquid 25 ad se ipsam persuadendam ipsa euidentia; nam nusquam sic non inuenio quod dicam, quam ubi res, de qua dicitur, manifestior est quam omne quod dicitur.

---

3 *post* sed *exp.* ut *L, add. SVPGb* esset *b* quidquid *SGm1KCMbd*
4 esse *V* *alt.* uel *om. Lm1SVG* uidere *om. zd* 5 promtu
LSVm1G 8 peccatum *in mg. m2 A* 9 singuli *Lm2A* ipsi] ipse
ipsi *LSVm1G* 10 consequentur *V* 11 in paruulis *Lm2Vm2* concedunt *Lm2* 12 isti *L* autem *om. z* 13 proprium *z* proprie *A,*
cf. lin. 7. 18 contraxisse (*in mg.* al habuisse) *b* 14 concedent *Vm2KACbd*
concedentur *M* 16 quaeritur *zd* de *om. z* disputari *Lm1SVm1Gm1*
18 uoluptatem *A* si *Km1* · 19 male *A* 20 uocatur *Vm1*
22 aut] ac *A* 23 nullus *om. V* orationis *A* testatiori *M* 24 ueleat *V*
26 quid dicam *b* manifestatior *z* 27 ome (e *in ras. m2*)*L* omne (e *in ras.*)*V* oms *SP*

66. Vellem tamen quisquis hoc sapit diceret, quod peccatum
uiderit uel putarit infantis recentis ab utero, cui redimendo fatetur
iam baptismum necessarium, quid mali in hac propria sua uita
per animum proprium corpusue commiserit. si forte quod plorat
taedioque est maioribus, mirum si hoc iniquitati, non infelicitati ⁵
potius deputandum est. an quod ab ipso fletu nulla sua ratione, nulla
cuiusquam prohibitione conpescitur? at hoc ignorantiae est, in qua
profundissima iacet, qua etiam matrem, cum post exiguum tempus
ualuerit, percutiet iratus et saepe ipsas eius mammas, quas, dum
esurit, exigit. haec non modo feruntur, uerum etiam diliguntur in 10
paruulis, et hoc quo affectu nisi carnali, quo etiam risus iocusque
delectat, acutorum quoque hominum ipsa quasi absurditate conditus? qui si eo modo sentiretur, ut dicitur, non iam illi tamquam
faceti, sed tamquam fatui riderentur. ipsos quoque fatuos uidemus,
quos uulgo moriones uocant, ad cordatorum delicias adhiberi et in 15
mancipiorum aestimatione pretiosiores esse cordatis: tantum ualet
carnalis affectus etiam minime fatuorum in delectatione alieni mali.
nam cum homini iucunda sit aliena fatuitas, nec ipse tamen talis
esse uoluisset; et si suum paruulum filium, a quo garriente talia
pater laetus expectat et prouocat, talem praesciret futurum esse 20
cum creuerit, nullo modo dubitaret miserabilius lugendum esse quam
mortuum. sed dum spes subest incrementorum et ingenii lumen
accessurum creditur aetatis accessu, fit ut conuicia paruulorum
etiam in parentes non solum iniuriosa non sint, uerum etiam grata
atque iucunda sint. quod quidem prudentium nemo probauerit, ut a 25
dictis uel factis huiusmodi non tantum non prohibeantur, cum prohiberi

2 putaret Vm1   infantes recentes M   cui] sui M   3 uitam Lm1   5 iniquitatę
(i s. ę m2) K   6 deputantum Vm1   7 proibitione K   compescitur Vm2 conpescitis P
c̄pescitis (en s. į m2)G   at om. A   adhoc Lm1Vm1GCm1M adhuc SP
8 quae M   9 percutiet] percutienti et Lm1SVm1PG percutit Lm2Cbd   ipsas
eius] ipse (om. V) eius z ipsas etiam b   mannas V   quas om. A   10 exegit M
exsugit d exugit b   12 absorditate A   13 se Lm1   14 tamquam]
tam M   redirentur Gm1   fatuos (in mg. al cirratos)b   16 prę-
tiosior Lm1   tantįū K   17 malo Gm1   18 iocunda Lm2Vm2PGKA
19 uolutse (t in ras.)L   e talia (e m2 ins.)L et alia SPG   20 prouocarę
(t s. rę m2)K   si talem P   21 creberit SGm1 cre*uerit V   23 conuitiata S
conuitia cet.   25 iocunda Lm2PGKAM   siṇt V   ut] et Pm1   addictis
Lm1SVm1Gm1Pm1M   26 non tantum om. z   prohibere V

iam possunt, uerum in haec etiam concitentur studio ridendi et
uanitate maiorum. nam plerumque illa aetas iam patrem matrem-
que agnoscens neutri eorum audet maledicere nisi ab altero eorum
aut ab utroque uel permissa uel iussa. uerum haec eorum sunt par-
5 uulorum, qui iam in uerba prorumpunt et animi sui motus qualibuscumque linguae signis promptare iam possunt. illam potins recentium
natorum profundissimam ignorantiam uideamus, ex qua ad istam non
permansuram balbutientem fatuitatem tamquam ad scientiam
locutionemque tendentes proficiendo uenerunt.

10 XXXVI. 67. Illas, inquam, consideremus tenebras mentis utique rationalis, in quibus et deum prorsus ignorant, cuius sacramentis etiam cum baptizantur obsistunt; in has quaero unde et
quando summersi sint. itane uero eas hic contraxerunt et in hac
uita sua iam propria per nimiam neglegentiam obliti sunt deum,
15 prudentes uero et religiosi uixerunt uel in uteris matrum? dicant
ista qui ausi fuerint, audiant qui uoluerint, credant qui potuerint;
ego autem puto, quod omnes, quorum mentem non obnubilat defeu-
dendae suae sententiae peruicacia, haec sentire non possunt. an
nullum est ignorantiae malum et ideo nec purgandum? et quid agit
20 illa uox: delicta iuuentutis et ignorantiae meae ne memineris? etsi enim damnabiliora peccata sunt, quae ab scientibus
committuntur, tamen, si ignorantiae peccata nulla essent, hoc non
legeremus quod commemoraui: delicta iuuentutis meae et
ignorantiae meae ne memineris. in illas igitur ignorantiae
25 densissimas tenebras, ubi anima infantis recentis ab utero, utique
anima hominis, utique anima rationalis, non solum indocta, uerum

                                                          ^

20. 23 Ps. 24, 7

1 concitantur *VGm2*   2 uanitate] uarietate *M*   matrem *Sm1*
4 aut *om. A*   ue permissa *A*   5 motos *Lm1SVPm1Gm1*   6 lingua *Gm2*
signis *om. zd* indiciis *b in mg.*   promtare *SG* promitare *V* promere *A*
promptitare *b*   11 rationabilis *M*   et *add. m2C*   13 sumersi *P* sūmisi
Km1 submersi *CMbd*   sunt *C*   ea sic *M*   contra-
xerunt hic *K*   15 et] uel *P*   16 fuerunt *Sm1*   17 mentes *zbd*   18 proui-
cacia *A*   haec *in ras. V*   non *in ras. V*   19 nec oppugnandum *C*
ait *Lm2P*   21 peccata (ta *s.l.m2)V*   22 committạntur (u *s. a m2)VG*
23 mea *SVm1, om. KCMbd*   24 agitur *Vm1*   ignorantia *A*   25 recentes *Km1*
26 hominis utique anima *om. A*

etiam indocilis iacet, quare aut quando aut unde contrusa est? si naturae
est hominis sic incipere et non iam uitiosa est ista natura, cur non
talis creatus est Adam? cur ille capax praecepti et ualens uxori et
omnibus animalibus nomina inponere? nam et de illa dixit: h a e c
u o c a b i t u r m u l i e r, et: q u o d c u m q u e u o c a u i t Adam a n i m a m 5
u i u a m, h o c est n o m e n e i u s. iste autem nesciens ubi sit, quid
sit, a quo creatus, ex quibus genitus sit, iam reus delicti, nondum
capax praecepti, tam profunda ignorantiae caligine inuolutus et
pressus, ut neque tamquam de somno excitari possit, ut haec saltem
demonstrata cognoscat, sed expectetur tempus, quo hanc nescio 10
quam uelut ebrietatem non per unam noctem, sicut quaelibet grauissima solet, sed per aliquot menses atque annos paulatim digerat —
quod donec fiat, tam multa, quae in maioribus punimus, toleramus
in paruulis, ut numerari omnino non possint — hoc tam magnum
ignorantiae atque infirmitatis malum si in hac uita iam nati par- 15
uuli contraxerunt, ubi, quando, quomodo magna aliqua impietate
commissa repente tantis tenebris inuoluti sunt?

XXXVII. 68. Dicet aliquis: 'si haec naturae purae non sunt, sed
uitiosae primordia, quia talis non est creatus Adam, cur Christus longe
excellentior et certe sine ullo peccato natus ex uirgine in hac tamen 20
infirmitate atque aetate procreatus apparuit?' huic propositioni
respondemus Adam propterea non talem creatum, quia nullius
parentis praecedente peccato non est creatus in carne peccati,
nos ideo tales, quia illius praecedente peccato nati sumus in carne
peccati. Christus ideo talis, quia, ut de peccato condemnaret pecca- 25
tum, natus est in similitudine carnis peccati. non enim hoc agitur
de Adam, quod pertinet ad corporis quantitatem, quia non paruulus
factus est, sed perfecta mole membrorum — potest enim dici etiam

---

4 Gen. 2, 23. 19   25 cf. Rom. 8, 3

1 iacet et *LSVPA*   *pr.* aut *om.LSVm1PG*   natura *zd*   2 quur
Lm1SG; sic saepius, sed cf. Praef.   5 uocabit *AM*   7 ex] a *zMTbd*   necdum *Kb*
8 tam *om. A*   9 saltim *PKM*   10 quod *V* quod *LSPG*
12 aliquod *Lm1SGm1* aliquos *V*   paruulatim *T*   15 ut si (ut *exp. m2*)*KC*
iam] non *P*   16 alia qua (qua *s.l.m2*)*K*   pietate *A*   18 natura *zbd*   pura *zKCMPbd*
19 uitiose *A* uitiosa *zCMTb* uiciosa *K*   longe *PGm2*   20 excellentiae
Lm1SPG excellentius (us *s. ae*)*V*   21 apparuit *in ras. m. rec. L*   22 respondeamus *L*
nullus *Vm1Gm1*   24 natus est *Vm2*   25 x͞p͞i ideo *in ras. G*   26 hic *bd*
28 more *Vm1*

pecora sic creata, nec tamen eorum peccato factum esse, ut ex eis pulli paruuli nascerentur, quod quale sit nunc non quaerimus — sed agitur de illius mentis quadam ualentia usuque rationis, quo praeceptum dei legemque mandati et docilis Adam caperet et facile posset
5 custodire, si uellet. nunc autem homo sic nascitur, ut hoc omnino non possit propter horrendam ignorantiam atque infirmitatem non carnis, sed mentis, cum omnes fateamur in paruulo non alterius, sed eiusdem substantiae, cuius in primo homine fuit, hoc est rationalem animam degere. quamquam etiam ipsa tanta carnis infirmitas
10 nescio quid, quantum arbitror, poenale demonstrat. mouet enim, si illi primi homines non peccassent, utrum tales essent filios habituri, qui nec lingua nec manibus nec pedibus uterentur. nam propter uteri capacitatem fortasse necesse fuerit paruulos nasci, quamuis, cum exigua sit pars corporis costa, non tamen propter hoc deus par-
15 uulam uiro coniugem fecit, quam aedificauit in mulierem. unde et eius filios poterat omnipotentia creatoris mox editos grandes protinus facere.

XXXVIII. 69. Sed, ut hoc omittam, poterat certe, quod multis etiam pecoribus praestitit, quorum pulli, quamuis sint par-
20 uuli neque accedentibus corporis incrementis etiam mente proficiant, quoniam rationalem animam non habent, tamen etiam minutissimi et currunt et matres agnoscunt nec sugendis uberibus cura et ope admouentur aliena, sed ea ipsi in materni corporis loco abdito posita mirabili facilitate nouerunt. contra homini
25 nato nec ad incessum pedes idonei nec manus saltem ad scalpendum habiles et, nisi opere nutrientis inmotis labris papilla uberis ingeratur, nec ubi sint sentiunt et iuxta se iacentibus mammis

15 cf. Gen. 2, 22

1 peccatum A   3 ualenti ausuque LSG ualentia ausuque V   4 possit Kml
5 custodiret Kml   si s.l.m2A   hoc om.zbd   6 posset M   carni
Lm1G   9 degeret LSVm1   10 quid om. A   demonstrant (e s. an m2)L
demonstrant SVm1   mohet Vm1Gm1   11 primi illi zbd   illius Lm1VPml
G, om. S   homines illius S   14 cum] enim ACm2, om. K   15 uero M
16 omnino potentia V omnipotenti Cm1   18 obmittam L mittam Cm1
22 matris S   sugendi LSVm1PG   operibus LSVm1G   23 ammouentur Kml
maternis corporibus zAbd   24 possit amirabili S possita mir. VG   25 nec—idonei
om. M   saltim Kml AM   26 habilis Vm1   ope CT   immotis rb admotis d
papillae Cd   27 ingerantur Lm1SPGC ingenerantur V

magis possint esurientes flere quam sugere. proinde infirmitati
mentis congruit haec omnino infirmitas corporis. nec fuisset caro
Christi in similitudine carnis peccati, nisi caro esset ista peccati,
cuius pondere rationalis anima sic grauatur, siue et ipsa ex parentibus tracta sit siue ibidem creata siue desuper inspirata, quod 5
nunc quaerere differo.

XXXIX. 70. In paruulis certe gratia dei per baptismum eius,
qui uenit in similitudine carnis peccati, id agitur, ut euacuetur caro
peccati. euacuatur autem, non ut in ipsa uiuente carne concupiscentia conspersa et innata repente absumatur et non sit, sed ne obsit 10
mortuo, quae inerat nato. nam si post baptismum uixerit atque ad
aetatem capacem praecepti peruenire potuerit, ibi habet cum qua
pugnet eamque adiuuante deo superet, si non in uacuum gratiam
eius suscepit, si reprobus esse noluerit. nam nec grandibus hoc
praestatur in baptismo, nisi forte miraculo ineffabili omnipoten- 15
tissimi creatoris, ut lex peccati, quae inest in membris repugnans
legi mentis, penitus extinguatur et non sit, sed ut quicquid
mali ab homine factum, dictum, cogitatum est, cum eidem concupiscentiae subiecta mente seruiret, totum aboleatur ac uelut factum
non fuerit habeatur, ipsa uero soluto reatus uinculo, quo per illam 20
diabolus animam retinebat, et interclusione destructa, qua hominem a
suo creatore separabat, maneat in certamine, quo corpus nostrum casti-
gamus et seruituti subicimus, uel ad usus licitos et necessarios rela-
xanda uel continentia cohibenda. sed quoniam diuino spiritu, qui multo
melius quam nos omnia generis humani nouit, uel praeterita uel prae- 25
sentia uel futura, talis uita humana praecognita atque praedicta est, ut

---

4 cf. Sap. 9, 15   8 cf. Rom. 8, 3. 6, 6   16 cf. Rom. 7, 23   22 cf. I Cor. 9, 27

1 possunt *KAM*   suggere *LAm1*   infirmis nutrimentis *M*   2 fuisse *M*
3 similitudinem *LSVm1PG*   nisi—peccati *in mg. P*   4 pondera *A*
et *om. M*   8 similitudinē *M*   agitur] igitur *M*   et *Vm1*   9 euacuetur *A*   10 recente *M* ˙ assumatur *A*   oberat *M*   11 inerant *M*
12 percepti *P*   13 dno *Am1*   gratia *M*   14 eius *om. A*   suscipit *KC* susceperit *Tbd*   reprobatus *zbd*   15 omnipotentis simili *P*   16 ut lex] uel ex *M*
17 *ante* pen. *add.* prorsus *zd*   penitis *P*   exstinguatur *K* estinguatur *Cm1*
quidquid *Vm1KMTbd*   18 idem *z*   19 oboleatur *Vm1* abole-
tur *K* ableatur *M*   20 ipso *P* is *A*   solute *Vm1* soluta *C*   per
quod illam *A*   per *om. b*   21 et *om. M*   distructa *Lm1SVm1G*   quam
Lm1SP   22 seperabat *K*   quo *om. A*   26 praedicata *T*

non iustificetur in conspectu dei omnis uiuens, fit ut per ignorantiam
uel infirmitatem non exertis aduersus eam totis uiribus uoluntatis
eidem ad inlicita etiam nonnulla cedamus, tanto magis et crebrius
quanto deteriores, tanto minus et rarius quanto meliores sumus.
5 sed quoniam de hac quaestione, in qua quaeritur, utrum possit uel
utrum sit, fuerit futurusue sit homo sine peccato in hac uita excepto
illo qui dixit: ecce uenit princeps mundi et in me nihil
inueniet, aliquanto diligentius disserendum est, iste sit huius uoluminis modus, ut illud ab alio quaeramus exordio.

10   LIBER SECVNDVS.

I. 1. De baptismo paruulorum, Marcelline carissime, quod non
solum eis ad regnum dei, uerum etiam ad salutem uitamque aeternam adipiscendam detur, quam sine dei regno et sine Christi saluatoris societate, in quam nos suo sanguine redemit, habere nullus 6
15 potest, priore libro satis, ut arbitror, disputauimus. in hoc autem
uiuatne aliquis in hoc saeculo uel uixerit uicturusue sit sine ullo
omnino peccato excepto uno mediatore dei et hominum homine
Christo Iesu, qui dedit semet ipsum redemptionem pro omnibus, quanta ipse donat diligentia uel facultate disserendum enodan-

1 cf. Ps. 142, 2   7 Ioh. 14, 30   14 cf. Apoc. 5, 9   17 cf. I Tim. 2, 5
18 I Tim. 2, 6

2 exercitis *A* exsertis *Md* 6 futurusue* *L* 8 inueniit *V p.c.* habet *K* aliquando
Gml 9 Expl liber primus ad Marcellinū de baptismo paruulorum. Incipit eiusdē ad
eundē pro eadē causa liber secundus *L* EXPLIC̄ LIB̄ PRIMVS SC̄I AVḠ
DE BAPTISMO PARVVLORVM INCIPIT LIB̄ SEC̄D̄S S EXPLICIT
LIBER ·I· SECVNDVS INCIPIT DE EADĒ CAVSA *P* EXPLICIT *V* Explicit liber prim' de baptismo paruulorum. Incip̄ liber secundus de perfectione
iustitiae *K; a cod. G subscr. abest;* Explicit de baptismo paruulorum sc̄i Augustini
liber primus. Incip̄ de homine sine peccato ēē non posse eiusdem liber secundus *A*
Finit liber ·I· Incipit lib̄. ·II· *M* In nomine domini contuli ut potui. Explicit
liber primus. Incipit liber II (*litt. mai.*) *C*   11 marcellinae carissimae *S*
karissime *C*   13 adiciscendum *Gml*   14 qua *PKmlA*   nullius *Vml*
15 oc *Lml*   aūm *L*   16 uiuad ne *Lml* uiuat ne *SP*   18 semed *Lml*
redeptionem *A*   19 ips *Lml*   diligentia (*in mg.* al intelligentia)*b*   discernendum *CT*   eno*dandumque *G* enotandumque *A*

dumque suscepi. cui disputationi si se identidem aliqua necessitate
uel oportunitate inseruerit quaestio de peccato uel baptismo paruulorum, mirandum non erit nec defugiendum, ut eis locis ad omnia, quae
responsionem nostram flagitant, sicut ualemus respondeamus.

II. 2. Huius autem quaestionis solutio de hominis uita sine 5
ulla subreptione uel praeoccupatione peccati propter cotidianas
etiam nostras orationes maxime necessaria est. sunt enim quidam
tantum praesumentes de libero humanae uoluntatis arbitrio, ut ad
non peccandum nec adiuuandos nos diuinitus opinentur semel ipsi
naturae nostrae concesso liberae uoluntatis arbitrio. unde fit 10
consequens, ut nec orare debeamus, ne intremus in temptationem,
hoc est ne temptatione uincamur, uel cum fallit et praeoccupat
nescientes uel cum premit atque urguet infirmos. quam sit autem
noxium et saluti nostrae, quae in Christo est, perniciosum atque
contrarium ipsique religioni, qua inbuti sumus, et pietati, qua deum 15
colimus, quam uehementer aduersum, ut pro tali accipiendo beneficio dominum non rogemus atque in ipsa oratione dominica: ne
nos inferas in temptationem frustra positum existimemus,
uerbis explicare non possumus.

III. 3. Acute autem sibi uidentur dicere, quasi nostrum hoc 20
ullus ignoret, quod 'si nolumus, non peccamus, nec praeciperet deus
homini, quod esset humanae inpossibile uoluntati'. sed hoc minus uident, quod ad nonnulla superanda, uel quae male cupiuntur uel
quae male metuuntur, magnis aliquando et totis uiribus opus est

---

11 cf. Matth. 26, 41 etc.   17 Matth. 6, 13   21 Pelagiani

1 cui] aut V si se] sis ($s.l.m2$ si se)K sese A se* V
idemtidem V ˙ nessitate $Lm1$ nescitate $SVm1$ necessitate *in ras.* $m2G$ 2 inseruit A
de baptismo uel peccato bd 3 quae $s.l.Lm2Vm2,om.SPG$ 4 resposionem $Lm1$
6 supreptione $Lm1$ surreptione A quotidianas $Lm2GC$ cottidianas K
7 maxima A 10 libero AM uolumtatis $Lm1$ fit (t *in ras.m2*)L
12 ne] in V temptatione̅ V uel—nescientes *sequuntur post* infirmos *in* A
et cum S p̅ocupat L 13 prematquae S p̅mitat quae G urget $SPGKC$
infirmus $Lm1$ quam *om.* A 14 salutis AC adque (*sic saepius*)L
15 religiori $Lm1$ 16 tali accipiendo] aḍi accipiendo (*in mg. m2* adipiscendo)V
adipiscendo b 18 inferat $Sm2A$ temptatione VGM exestimmus $Pm1$
estimemus A 22 set $Lm1$ (*ita saepius*)   minus] non zbd 23 ad $s.l.Km2Gm2$ a M
nulla $Sm1$ mala $Sm1$ cupiuntur (cupi *s. eras.* metu)$Lm2$ uel—metuuntur
$s.l.m2L$ 24 meteuntur $Vm1$ mutuantur M

uoluntatis, quas nos non perfecte in omnibus adhibituros praeuidit,
qui per prophetam ueridice dici uoluit: non iustificabitur in
conspectu tuo omnis uiuens. tales itaque nos futuros dominus
praesciens quaedam salubria remedia contra reatum et uincula
5 peccatorum etiam post baptismum dare ac ualere dignatus est,
opera scilicet misericordiae, cum ait: dimittite et dimittetur
nobis; date et dabitur nobis. quis enim cum aliqua spe adipi-
scendae salutis aeternae de hac uita emigraret manente illa sententia,
quod quicumque totam legem seruauerit, offendat autem
10 in uno, factus est omnium reus, nisi post paululum sequeretur:
sic loquimini et sic facite tamquam per legem libertatis
incipientes iudicari. iudicium enim sine misericordia
illi, qui non facit misericordiam; superexultat autem
misericordia iudicio?
15   IV. 4. Concupiscentia igitur tamquam lex peccati manens in
membris corporis mortis huius cum paruulis nascitur, in paruulis
baptizatis a reatu soluitur, ad agonem relinquitur, ante agonem
mortuos nulla damnatione persequitur; paruulos non baptizatos
reos innectit et tamquam irae filios, etiamsi paruuli moriantur,
20 ad condemnationem trahit. in grandibus autem baptizatis, in
quibus iam ratione utentibus quicquid eidem concupiscentiae mens
ad peccandum consensit, propriae uoluntatis est; deletis peccatis
omnibus, soluto etiam reatu, quo uinctos originaliter detinebat, ad

2 Ps. 142, 2   6 Luc. 6, 37. 38   9 Iac. 2, 10   11 Iac. 2, 12. 13
15 cf. Rom. 7, 23. 24   19 cf. Eph. 2, 3

1 uoluntates A   adhibiturus Lm1 adhabituros Gm2   2 ueridici (om. dici)A
3 too Vm1   Tale sit tanquam A   nos dns futuros b   4 praeuidens zbd
5 habtismum (sic saepe) L   7 s**pe V   8 migraret b   9 of-
fendit Sm1KA   10 ni Lm1   paululum SK   loqueretur z, b
(in mg. al sequeretur)   11 liberatis L   12 iudicare A   13 fecit KAM
superexaltat PGKACbd   14 misericordiā (sic)S   iudiciū M   16 uius Lm1
in paruulis (i s. ras.)L   17 baptizatis s.l.m2K   reatu (u s. ras.m2)L   18 paruulos
uero (uero s.l.m1)S   19 paruoli Lm1   20 condamnationem Gb   trahit
in ras. m2L   grandibus (in mg. m2 grandi) L   autē s.l.Gm2   21 quidquid
Lm1SVG quicquic Km2 quidquod M   22 consentit zbd   uolumtatis
(m pro n saepius) L   dele*tis L deletis uero (uero s.l.m1)S deleti* (s s. *)G
23 uinctos (i s. os)Sm1 uictos Vm1 uinctus M   oriēnaliter (gi s. ẹ m2)K
detinebant (n fin. s.l.)Sm1 detenebat A

agonem interim manet non sibi ad inlicita consentientibus nihil
omnino nocitura, donec absorbeatur mors in uictoriam et pace perfecta nihil quod uincatur existat. consentientes autem sibi ad inlicita reos tenet et, nisi per medicinam paenitentiae et opera misericordiae per caelestem sacerdotem pro nobis interpellantem sanen-   5
tur, ad secundam mortem damnationemque perducit. propter hoc
et dominus orare nos docens inter cetera monuit, ut dicamus: dimitte nobis debita nostra, sicut et nos dimittimus debitoribus nostris. ne nos inferas in temptationem, sed
libera nos a malo. manet enim malum in carne nostra non natura,   10
in qua diuinitus creatus est homo, sed uitio, quo uoluntate prolapsus
est, ubi amissis uiribus non ea qua uulneratus est uoluntatis facilitate
sanatur. de hoc malo dicit apostolus: scio, $_{quia}$ non habitat
in carne mea bonum. cui malo nos non oboedire praecepit, cum
dicit: non ergo regnet peccatum in uestro mortali cor-   15
pore ad oboediendum desideriis eius. si ergo his desideriis
concupiscentiae carnis inlicita uoluntatis inclinatione consensimus,
ad hoc sanandum dicimus: dimitte nobis debita nostra,
adhibentes remedium ex opere misericordiae in eo quod addimus:
sicut et nos dimittimus debitoribus nostris. ut autem non   20
ei consentiamus, deprecamur adiutorium dicentes: et ne nos
inferas in temptationem —uel, sicut nonnulli codices habent:
ne nos inducas in temptationem—, non quod ipse deus tali
temptatione aliquem temptet—nam deus intemptator malorum est, ipse autem neminem temptat—sed ut, si forte   25

2 cf. I Cor. 15, 54   5 cf. Rom. 8, 34   Hebr. 7, 25   6 Apoc. 2, 11 etc.
7 Matth. 6, 12. 13   13 Rom. 7, 18   15 Rom. 6, 12   18 Matth. 6, 12
21 Matth. 6, 13   24 Iac. 1, 13

1 interi *Lm1*   manent (n *alt.s.l.*)*Sm1*   sibi (bi *m2 s. ras.*)*L*   2 obsorbeatur *G*
uictoria *Ab*   3 exsistat *K*   autēm (ēm *s.l.m2*)*G*   4 reos (re *s.l.m2*)*L*   opere *Lm1*
5 per *om. C*   interpellatem *Lm1*   7 nobis *P*   dimitte nobis *s.l.m2L*
8 deuitoribus *Lm1*   9 *ante* ne *add.* et *s.l.m2L,Abd*   11 *ante* prolabsus *exp.* facultate *L*
12 qua∗ *K*   13 quod (d *s.l.m2*)*V* quoniam *LSPGbd*   14 ma *Lm1*   nos *om. Pd*
praecipit *Lm2Cbd*   15 regnat *Vm2*   17 concupiscentia *Lm1SVm2PG*
consensimus *Lp.c.m2* consentimus *A* consenserimus *b*   19 opera *M*   20 deuitoribus
Lm1   21 deprecemur *LSVm1PG*   et *om. A*   22 temtatio *Lm1*   uel—temptationem
om. z ·   24 temtet *A* tentet *GKC*   intentator *GCM*   25 eni *s.* aum *Lm2b*
tentat *Gr*   ut] et *A*

temptari coeperimus a concupiscentia nostra, adiutorio eius non
deseramur, ut in eo possimus uincere, ne abstrahamur inlecti.
deinde addimus quod perficietur in fine, cum absorbebitur mortale
a uita: sed libera nos a malo. tunc enim nulla erit talis con-
5 cupiscentia, cum qua certare et cui non consentire iubeamur. sic
ergo totum hoc in tribus beneficiis positum breuiter peti potest:
'ignosce nobis ea, in quibus sumus abstracti a concupiscentia, ad-
iuua, ne abstrahamur a concupiscentia, aufer a nobis concupiscentiam'.
10 V. 5. Ad peccandum namque non adiuuamur a deo; iusta
autem agere uel iustitiae praeceptum omni ex parte implere non
possumus, nisi adiuuemur a deo. sicut enim corporis oculus non adiuuatur a luce, ut ab eadem luce clausus auersusue discedat, ut autem
uideat adiuuatur ab ea neque hoc omnino, nisi illa adiuuerit, potest,
15 ita deus, qui lux est hominis interioris, adiunat nostrae mentis ob-
tutum, ut non secundum nostram, sed secundum eius iustitiam
boni aliquid operemur. si autem ab illo auertimur, nostrum est et
tunc secundum carnem sapimus, tunc concupiscentiae carnis ad
inlicita consentimus. conuersos ergo deus adiuuat, auersos deserit.
20 sed etiam ut conuertamur, ipse adiuuat, quod certe oculis corporis
lux ista non praestat. cum ergo nobis iubet dicens: conuertimini
ad me, et conuertar ad uos nosque illi dicimus: conuerte
nos, deus sanitatium nostrarum, et: deus uirtutum, conuerte nos, quid aliud dicimus quam: da quod iubes? cum iubet
25 dicendo: intellegite ergo, qui insipientes estis in populo,
nosque illi dicimus: da mihi intellectum, ut discam mandata
tua, quid aliud dicimus quam: da quod iubes? cum iubet dicendo:

1 cf. Iac. 1, 14   3 cf. II Cor. 5, 4   4 Matth. 6, 13   18 cf. Rom. 8, 5
21 Zach. 1, 3. Mal. 3, 5   22 Ps. 84, 5   23 Ps. 79, 8   25 Ps. 93, 8   26 Ps. 118, 73

1 a∗ G   2 deseramur (e alt. s. ras.)V   uincire G   abstramur Lm1   3 absoruebitur Lm1Sm1M   4 pr. a s.l.m2L   6 post potest sequitur: oratio breuis perfectaque in z, quae sententia del. in LV, in oratione breui perfectaque mut. in S
7 simus Lm1   a s.l.Km2   8 abstramur Lm1   concupcentiam Lm1   10 non] nos A
iuste Vm2KAM   12 adiuuamur Km1   oculis Lm1 oculos Gm1Km1   aduuatur Lm1
13 ut] si ut A   auersussuae Lm1 auersus Gm1   15 nremtis Lm2   ura Vm1
19 couersos P conuersus Vm1A   aduersos Lm1C auersus Vm1   auersus—
adiuuat in mg. A   20 certe om. V   23 sanitatum Sm2Km2CMbd   salutariū
nostrorum A   24 aliū Lm1   cum—quod iubes in m?. A   26 et nos bd

post concupiscentias tuas non eas nosque dicimus: scimus
quoniam nemo esse potest continens, nisi deus det, quid aliud dicimus
quam: da quod iubes? cum iubet dicendo: facite iustitiam
itemque dicit: beati qui esuriunt et sitiunt iustitiam,
quoniam ipsi saturabuntur, a quo debemus petere cibum 5
potumque iustitiae nisi ab illo, qui esurientibus eam et sitientibus
promittit eius saturitatem?

6. Repellamus itaque ab auribus et mentibus nostris eos, qui
dicunt accepto semel liberae uoluntatis arbitrio nec orare nos debere,
ut deus nos adiuuet, ne peccemus. talibus enim tenebris nec phari- 10
saeus ille caecabatur, qui quamuis in hoc erraret, quod sibi addendum
ad iustitiam nihil putabat seque arbitrabatur eius plenitudine sa-
turatum, deo tamen gratias agebat, quod non esset sicut ceteri homines, iniusti, raptores, adulteri, sicut ille publicanus, quod bis in
sabbato ieiunaret, quod omnium quae possidebat decimas daret. 15
nihil sibi addi ad iustitiam iam petebat, sed tamen ex his quae habebat
gratias deo agendo ab illo se accepisse omnia fatebatur. et tamen inpro-
batus est, et quia ueluti saturatus nihil de alimentis iustitiae iam rogabat
accipere et quod eam publicano esurienti ac sitienti se uelut insultans
praeferre gestiebat. quid ergo illis fiet, qui, etsi fateantur se non 20
habere uel non plenam habere iustitiam, tamen a se ipsis habendam,
non a suo creatore, ubi horreum eius et fons eius est, deprecandam
esse praesumunt? nec ideo tamen solis de hac re uotis agendum est,

---

1 Eccli. 18, 30   2 cf. Sap. 8, 21   3 Es. 56, 1   4 Matth. 5, 6
10 cf. Luc. 18, 10—14

1 concupiscensias L   nosque] nos quoque b   2 quoniam] quia zbd   ne*mo L
potest esse d   3 iubetur V   iustitiam] nosque dicimus: doce me iustificationes tuas
(Ps.118,12), quid aliud dicimus quam: da quod iubes? add.bd   4 idemque T
item cum d   sitiunt (pr. t s. ras. m2)L   6 ea C, om. Km1A   8 itaque
(e s. ras. m2)L   *ab L   eos s.l. Km2   9 uoluptatis Lm1   nos om. z   10 adiuet Lm1
fariseus L phariseus VPKA   11 errore Lm1SVPG   quos V   sibi om. C si A
14 puplicanus L   16 addi] ad VG, om. LSP   iam om. z   eis A iis G   17 agens A
se om. z   iprobat L a. c.   18 saturitas Pm1   iam om. z
19 eam] in SG in (illi s. ŋ) V** L, om. P   puplicano L   ac] et z   sicienti
V a. c.   ueluti A   20 proferre M   faterentur Lm1SVm1PG   semet A
22 suo* Lp.c.   orreum Lm1GKm1   23 p̄sumunt (p̄ s. ras.)K   de hac re
solis KCb   de hac s.l.m2L   uotis—nostrae in mj. m2G   ē s.l.m2K

ut non subinferatur ad bene uiuendum etiam nostrae efficacia uoluntatis. adiutor enim noster deus dicitur nec adiuuari potest, nisi qui aliquid
etiam sponte conatur, quia non sicut in lapidibus insensatis aut sicut
in eis, in quorum natura rationem uoluntatemque non condidit,
5 salutem nostram deus operatur in nobis. cur autem illum adiuuet,
illum non adiuuet, illum tantum, illum autem tantum, istum illo,
illum isto modo, penes ipsum est et aequitatis tam secretae ratio et
excellentia potestatis.

VI. 7. Nam qui dicunt esse posse in hac uita hominem sine peccato,
10 non est eis continuo incauta temeritate obsistendum. si enim esse
posse negauerimus, et hominis libero arbitrio, qui hoc uolendo
appetit, et dei uirtuti uel misericordiae, qui hoc adiuuando efficit, derogabimus. sed alia quaestio est, utrum esse possit, alia utrum
sit; alia, si non est, cum possit esse, cur non sit; alia, utrum qui om-
15 nino numquam ullum peccatum habuerit, non solum quisquam sit,
uerum etiam poterit aliquando esse uel possit. in hac quadripertita
propositione quaestionum si a me quaeratur, utrum homo sine peccato possit esse in hac uita, confitebor posse per dei gratiam et liberum eius arbitrium, ipsum quoque liberum arbitrium ad dei gratiam,
20 hoc est ad dei dona, pertinere non ambigens, nec tantum ut sit, uerum
etiam ut bonum sit, id est ad facienda mandata domini conuertatur
atque ita dei gratia non solum ostendat quid faciendum sit, sed adiuuet etiam, ut possit fieri quod ostenderit. quid enim habemus quod
non accepimus? unde et Hieremias dicit: scio, domine, quia
25 non est in homine uia eius nec uiri est, ut ambulet et

---

2 cf. Ps. 61, 9   23 cf. I Cor. 4, 7   24 Hier. 10, 23

1 ad bene uiuendum] ad uiuendum *zb*   adnitendo *cod. Mus. Brit. et d*
ut etiam *A*   uolutatis *Lm1*   2 n̄rt *V*   deus *om. K*   quia *V*   etiam aliquid *d*
3 etiam *om. b*   co••netur *Lm2*   4 corum *Lm1*   natura rationem (ra ra *s.l.m2*)*L*
5 illam *SVm1G*   6 tantū(tū *in ras. m2*)*L*   non tantum *bd*   *ante*
istum *s.l.m. post. add.* il *V, eras. G*   7 iu isto *SP* in *eras. LG, exp. V*   pene si
G penest *S* penese *V*   equitas *S*   rationis *S p. c.*   8 excellentiam *La.c.SVa.c.G*
9 posse *om. z*   ac *Lm1*   hominū *Km1*   10 si• *L*   12 uirtute *Lm1Km1*
15 umquā nullū(n *in mg. add.*) *L* umquam illum *S* umquā ullū *P* numquam illum *V*
unquam illud *G*   16 potuerit *MT'd*   quadripartita *d*   17 propositione• *L*   q:ratur
Lm1V   18 potest *KC*   ac *Lm1*   19 *pr.* arbitrio *Lm1*   21 ut]et *K*   bonus *G*
si• idem (*om.* est)*V*   22 quod *KC*   23 posit *Lm1*   24 accipimus *A*
ieremi *Lm1* hyeremias *M* ieremias *Ad*

dirigat gressus suos. hinc et in Psalmis cum quidam dixisset
deo: tu praecepisti mandata tua custodiri nimis, continuo
non de se praesumpsit, sed optauit, ut faceret: utinam, inquit, dirigantur uiae meae ad custodiendas iustificationes tuas!
tunc non confundar, dum inspicio in omnia mandata tua. 5
quis autem optat, quod in potestate sic habet, ut ad faciendum
nullo indigeat adiumento? a quo autem id optet, quia non a fortuna
uel a fato uel a quolibet alio praeter deum, in consequentibus satis
ostendens: itinera, inquit, mea dirige secundum uerbum
tuum, et ne dominetur mihi omnis iniquitas. ab huins 10
execrandae   dominae   seruitute   liberantur,   quibus   dominus
Iesus eum recipientibus dedit potestatem filios dei fieri. ab ista
horrenda dominatione liberandi fuerant, quibus dicit: si uos
filius liberauerit, tunc uere liberi eritis. his atque huins-
modi aliis innumerabilibus testimoniis dubitare non possum nec 15
deum aliquid inpossibile homini praecepisse nec deo ad opitulandum
et adiuuandum, quo fiat quod iubet, inpossibile aliquid esse. ac
per hoc potest homo, si uelit, esse sine peccato adiutus a deo.

VII. 8. Si autem, quod secundo loco posueram, quaeratur
utrum sit, esse non credo. magis enim scripturae credo dicenti: ne 20
intres in iudicium cum seruo tuo, quoniam non iustificabitur in conspectu tuo omnis uiuens. et ideo misericordia
dei opus est, quae superexultat iudicio, quae illi non erit, qui non
facit misericordiam. et quod propheta, cum diceret: dixi: pronun-

2 Ps. 118, 4   3 Ps. 118, 5. 6   9 Ps. 118, 133   11 cf. Ioh. 1, 12
13 Ioh. 8, 36   20 Ps. 142, 2   23 cf. Iac. 2, 13   24 Ps. 31, 5. 6

1 dirigad *Lm1; cf. Praef.*   2 custodire *PKA*   3 optabit *A,*
om. z   5 spicio *Lm1* respicio *A*   6 obtat *Lm1*   7 aiumento *Lm1*
autem id *in ras. Lm2*   optat *VA*   8 *pr.* uel] sed *P*   aliquo alio *V* aliquo *LSPG*
9 mea inquit *zbd*   diriges *K*   10 ut non *P* et non *Sbd*   uius *Lm1*
11 execandę *Lm1* exsecrandę *PMd*   domus *Lm1SVPG* dominationis *Lm2bd*
12 eum recipientibus *om.z, incl.d; cf. II 23, 37*   ista (ta *s. l. m2*)*L*
13 orrenda *Lm2KCM*   dampnatione *A*   nos *C*   14 filis *Lm1* filios *V*
lib. uierit *A* liberauit *b*   uero *Vm1*   adq: *L*   uiusmodi *Lm1*   15 possumus *M*
16 opitulen *Lm1*   17 fiet *A*   aliqui *Lm1*   18 uellit *V* d*o *K*
20 credo scripturae *bd*   ne] non *K*   21 iudicio *Lm1AM*   quia
KA   22 tuo (u *s.l.m2*)*L*   et *s.l.Km2* sed *A*   ido *Gml*   23 q: *bis Lm1*   superexaltat *PKAbd*   24 *post* misericordiam *repetuntur:* dei opus est—misericordiam *sed del. sunt in L*   propefa *Lm 1*

tiaboaduersus me delictum meum domino, ettudimisisti
impietatem cordis mei, continuo subiunxit: pro hac orabit
ad te omnis sanctus in tempore oportuno, non ergo omnis
peccator, sed omnis sanctus; uox enim sanctorum est: si dixeri-
5 mus, quia peccatum non habemus, nos ipsos decipimus
et ueritas in nobis non est. unde in eiusdem apostoli Apocalypsi
illa centum quadraginta et quattuor milia sanctorum, qui etiam cum
mulieribus se non coinquinauerunt — uirgines enim permanserunt —
et non est inuentum in ore eorum mendacium, quia inreprehensibiles
10 sunt, profecto ideo sunt inreprehensibiles, quia se ipsos ueraciter re-
prehenderunt; et ideo non est inuentum in ore eorum mendacium,
quia, si dicerent se peccatum non habere, se ipsos deciperent et
ueritas in eis non esset et utique mendacium esset, ubi ueritas
non esset, quoniam iustus, cum in sermonis exordio accusator sui est,
15 non utique mentitur.

9. Ac per hoc eo, quod scriptum est: qui natus est ex deo,
non peccat et non potest peccare, quia semen eius in
ipso manet, et si quid aliud eo modo dictum est, multum falluntur
minus considerando scripturas. non enim aduertunt eo quosque
20 fieri filios dei, quo esse incipiunt in nouitate spiritus et renouari in interiore homine secundum imaginem eius, qui creauit eos. non enim
ex qua hora quisque baptizatur, omnis uetus infirmitas eius ab-
sumitur; sed renouatio incipit a remissione omnium peccatorum et

---

4 I Ioh. 1, 8   6 cf. Apoc. 14, 4. 5   14 cf. Prou. 18, 17   16 I Ioh. 3, 9
20 cf. Rom. 7, 6. II Cor. 4, 16   cf. Col. 3, 10

1 aduersum *KA*   remisisti *Km1* demisisti *A*   2 impietates *A*   m̄i *Lm1*
orauit *Lm1CM*   5 decepimus *Sm2Gm1* seducimus *Mb*   6 apocalypsiᵤ *LSP*
apocalipsym *V* apocalipsi *KA* apocalypsis *Gm1M*   7 CXL ᵃ ᵒʳ IIII *A* quatuor *LGK*
millia *CM*   qui se cum mulieribus non coinquin. (*om.* etiam) *zbd*   8 se∗ *G*
quoinquinauerunt *Lm1VGm1*   *post* enim eras. n̄ *G*   9 os *LSm1VPG*   10 profecto—inrepreh. *om. T*   irreprehensibiles sunt *bd*   11 ido *Gm1*   12 dicerent (c in ras.) *L*
13 et — non esset *in mg. Gm2, om. T*   14 exordoo *Gm1*   15 mentitus *G*   16 quo
Lm1SVPG   17 *post* non peccat *exp.* et n̄ dictū ē multū *L*   18 eo s.l.m2L multi *A*
19 auertunt eos *V*   20 renouare *Lm1SVPG*   interiore∗ homine∗ *L* in interiorem hominem *GAbd*   21 creuit *Lm1*   illos *A*   22 ora *LGm1K*
omnis] *add.* enim *PGm1*   uetus omnis eius infirmitas adsumitur (b s. d
m2 *K* assumitur *A*) *KA*

in quantum quisque spiritalia sapit, qui iam sapit, cetera uero in spe
facta sunt, donec etiam in re fiant, usque ad ipsius corporis renouationem in meliorem statum inmortalitatis et incorruptionis, qua
induemur in resurrectione mortuorum. nam et ipsam dominus regenerationem uocat, non utique talem, qualis fit per baptismum, sed in 5
qua etiam corpore perficietur quod nunc spiritu incoatur: in
regeneratione, inquit, cum sederit filius hominis in sede
maiestatis suae, sedebitis et uos super duodecim sedes
iudicantes duodecim tribus Israhel. nam in baptismo quamuis tota et plena fiat remissio peccatorum, tamen, si continuo tota 10
et plena etiam hominis in aeternam nouitatem mutatio fieret—non
dico et in corpore, quod certe manifestum est adhuc in ueterem corruptionem atque in mortem tendere in fine postea renouandum,
quando uere tota nouitas erit, sed excepto corpore si in ipso animo,
qui est homo interior, perfecta in baptismo nouitas fieret—, non dice- 15
ret apostolus: etsi exterior homo noster corrumpitur, sed
interior renouatur de die in diem. profecto enim qui de die
in diem adhuc renouatur, nondum totus est renouatus; et in quantum
nondum est renouatus, in tantum adhuc in uetustate est. proinde ex
hoc, quod adhuc in uetustate sunt, quamuis iam baptizati, ex hoc 20
etiam adhuc sunt filii saeculi; ex hoc autem, quod in nouitate sunt,
hoc est ex plena et perfecta remissione peccatorum, et quantumcumque illud est quod spiritaliter sapiunt eique congruos mores
agunt, filii dei sunt. intrinsecus enim exuimus ueterem hominem

6 Matth. 19, 28   16 II Cor. 4, 16   21 cf. Luc. 20, 34   24 cf. Eph. 4, 22—25

1 quatum *Vm1Km1*   iam *in mg.Lm2*   iam sapit, in tantum renouatur *b*
3 incorruptione *Lm1*   4 resurrectionem *La.c.SCm1*   regiore (*in mg.m2*
regenerationem)*K*   5 sed in *in ras.Lm2*   6 quo *M*   in corpore *zbd*   perficiatur
SVPG perficitur *CT*   inquoatur *Lm1* inuocatur *V* incohatur *Sp.c.* inchoatur
PKm2ACMbd   7 generatione *Pa.c.* generatione *K*   cum uenerit filius
hominis in regnum suum *KAC*   8 et uos *om. KAC*   9 srḇ *L* irl *S* israel *A*
10 fit *Sm1Gm1 C*   si] si non *CT* n̄ *A*   11 in *s.l.Lm2*   12 et *om.A*   aduc *Lm1*
13 adque *Lm1*   in *pr. s.l.m2S*   finem *LC*   14 tota] tanta *M*   si] sed *V se M*
15 interior homo *A*   iterior *Lm1*   perfecta—exterior *in mg.m2G*   dicet
SVm1   16 noster homo *K*   17 renouat *Lm1*   de—renouatur *in mg.m2K*
18 et in quantum—renouatus *om.zCM*   19 uetustatem *SG*   20 oc *Lm1*
in *om. Vm1*   uetustate *L p.c.*   sunt *in ras. m2L*   21 quo *r*   innouate *P*
nuuitate *Lm1*   sunt *bis S*   23 illut *Lm1*   24 agunt *ex* habent *Km2*

et induimus nouum, quoniam ibi deponimus mendacium et loquimur
ueritatem, et cetera, quibus apostolus explicat quid sit exui ueterem
hominem et indui nouo, qui secundum deum creatus est in
iustitia et sanctitate ueritatis. et hoc ut faciant, iam baptizatos
5 fidelesque adhortatur; quod adhuc monendi non essent, si hoc in baptismo iam perfecte factum esset. et tamen factum est, sicut et salui facti
sumus; saluos enim nos fecit per lauacrum regenerationis.
sed alio loco dicit quemadmodum hoc factum sit: non solum,
inquit, sed etiam nos ipsi primitias habentes spiritus
10 et ipsi in nobismet ipsis ingemescimus adoptionem
expectantes, redemptionem corporis nostri. spe enim
salui facti sumus; spes autem, quae uidetur, non est
spes; quod enim uidet quis, quid et sperat? si autem quod
non uidemus speramus, per patientiam expectamus.
15 VIII. 10. Adoptio ergo plena filiorum in redemptione fiet
etiam corporis nostri. primitias itaque spiritus nunc habemus, unde
iam filii dei re ipsa facti sumus; in ceteris uero spe sicut salui, sicut
innouati ita et filii dei, re autem ipsa $_{quia}$ nondum salui, ideo nondum
plene innouati, nondum etiam filii dei, sed filii saeculi. proficimus
20 ergo in renouationem iustamque uitam per quod filii dei sumus
et per hoc peccare omnino non possumus, donec totum in hoc
transmutetur, etiam illud, quo adhuc filii saeculi sumus; per hoc
enim et peccare adhuc possumus. ita fit ut et qui natus est ex deo
non peccet et, si dixerimus, quia peccatum non habemus, nos ipsos
25 decipiamus et ueritas non sit in nobis. consumetur ergo, quod filii

---

3 Eph. 4, 24   7 Tit. 3, 5   8 Rom. 8, 23—25   19 cf. Rom. 9, 8. Luc. 20, 34
23 cf. I Ioh. 3, 9   24 cf. I Ioh. 1, 8

2 ueterē (ritatē *s.m3*)*V*   ue*terem *L*   3 nouum *Vm2Md*   in *s.l.m2G*
5 adortatur *LmlK* hortatur *A*   monendi ēē *Kml*   7 saluo *Lml*   enim *om.K*
8 factum est hoc *V* hoc sit factum *b*   sit] est *zbd*   10 nobismed *Lml*
ingemiscimus *Pm*. rec.*ACbd*   11 redemtionem *L*   13 enim] autem *KC*
uidet quid (s *s*. d̥ *m2*)*V*   et *om.zATbd*   14 speramus *s.l.m2L*   15 ergo] enim *A*
redemptio*ne *L* redemptionem *PM*   fiat *K*   17 in spe *Lm2* ipse *LmlS*
ipsę (spe *s.m3*)*V*   alt. sicut *La. c.* sicut (et *s.* u̥t *m3*)*V*   18 et] ut *ImlVmlS, om.C*
ipsa *om. A*   20 ergo (go *s.l.m2*)*L*   iustamque uitam (que uitam *s.l.m2*)*L*
fili *A*   su*mus *L*   22 transmutemur *A*   quod *codd. prael. K*   23 posumus *Lml*
25 decepimus *LmlVml* decipimus *SPG* seducimus (*in mg.* al decipimus)*b*
in nobis non est *b*   hęc ergo *L*

carnis et saeculi sumus, et perficietur quod filii dei et spiritu renati sumus. unde idem Iohannes: dilectissimi, inquit, filii dei
sumus, et nondum apparuit quod erimus. quid est hoc
'sumus' et 'erimus', nisi quia sumus in spe, erimus in re? nam
sequitur et dicit: scimus, quia, cum apparuerit, similes ei 5
erimus, quoniam uidebimus eum sicuti est. nunc ergo et
similes ei esse iam coepimus primitias habentes spiritus et adhuc
dissimiles sumus per reliquias uetustatis. proinde in quantum
similes, in tantum regenerante spiritu filii dei, in quantum autem
dissimiles, in tantum filii carnis et saeculi. illinc ergo peccare 10
non possumus; hinc uero, si dixerimus, quia peccatum non habemus,
nos ipsos decipimus, donec totum transeat in adoptionem et non
sit peccator et quaeras locum eius et non inuenias.

IX. 11. Frustra itaque nonnulli etiam illud argumentantur,
ut dicant: *si peccator genuit peccatorem, ut paruulo eius reatus ori-* 15
ginalis peccati in baptismi acceptione soluatur, etiam iustum gignere
debuit. quasi ex hoc quisque carnaliter gignat, quod iustus est, et non
ex hoc potius, quod in membris eius concupiscentialiter mouetur et ad
usum propagandi lex peccati mentis lege conuertitur. ex hoc ergo
gignit, quod adhuc uetustum trahit inter filios saeculi, non ex hoc, 20
quod in nouitatem promouit inter filios dei; filii enim saeculi
huius generant et generantur. inde et quod nascitur tale est,
quia quod nascitur de carne, caro est. iusti autem non
sunt nisi filii dei. in quantum autem sunt filii dei, carne non gignunt,
quia spiritu et ipsi, non carne nati sunt. sed ex hoc carne gignunt, 25
quicumque eorum gignunt, ex quo nondum in nouitatem perfectam

1 cf. Ioh. 3, 5   2 I Ioh. 3, 2   11 cf. I Ioh. 1, 8   12 cf. Ps. 36, 10
15 Pelagiani   19 cf. Rom. 7, 23   21 Luc. 20, 34   23 cf. Ioh. 3, 6

1 sumus (su *s.l.m2*)*L*   sps *Lm1SPGA*   renouati *zd, b in textu*
2 ioannes *Gd*   dilectissimi *Lm1*   *post* inquit *add.* nunc *d*   3 apparuid *Lm1*
quod] quid *Lm1Vm2Gd*   ho *Lm1*   4 re *corr.m1 ex* spe *A*   6 uidemus *S*
ei et similes *b* ei similes *d*   7 cepimus *LS*   8 disimiles *Lm1*   9 regenerantes *AM*
fili *A*   10 disimili *Lm1*   11 quia *om. r*   12 decepimus *Vm1* seducimus *M*
13 q: res *Lm1*   inuenies *K*   15 se *Km1*   paruulọ (us *s.* ọ m2)*K*
reatus *K*   originali *Gm1*   17 ho *Lm1*   iustū *Km1Gm1AC*   18 potius
om. z d   quo *Kb*   19 peccati (ti *s.l.m2*)*L*   21 nouitate *V*   promisit *Gm1*
fili *Lm1Vm1*   22 **generant *L*   23 quia] *add. et zbd*   24 fili *A*
carnē *A*   gignit *Ga.c.*   25 **spiritu *V*   et *om. b*   set (t *m1 saepe*) *L*

totas uetustatis reliquias commutarunt. unde quisquis filius de hac
parte nascitur uetusta et infirma, necesse est ut etiam ipse uetustus
sit et infirmus; idcirco oportet ut etiam ipse in aliam generationem
per remissionem peccati spiritu renouetur. quod si in eo non fit,
5 nihil ei proderit pater iustus; spiritu enim iustus est, quo eum non
genuit. si autem fit, nihil ei oberit etiam pater iniustus; iste enim
gratia spiritali in spem nouitatis aeternae transitum fecit, ille autem
mente carnali totus in uetustate permansit.

X. 12. Non igitur contrarium testimonium est illud, quo dictum
10 est: qui natus est ex deo, non peccat, ei testimonio, quo iam
natis ex deo dicitur: si dixerimus, quia peccatum non habemus, nos ipsos decipimus et ueritas in nobis non est. quamdiu enim homo quamuis totus in spe iam et iam in re ex parte regeneratione spiritali renouatus adhuc tamen portat corpus, quod cor-
15 rumpitur et adgrauat animam, quid quo pertineat et quid unde dicatur, etiam in uno homine distinguendum est. nam, ut ego arbitror, non facile cuiquam scriptura dei tam magnum iustitiae perhibet testimonium quam tribus famulis eius, Noe, Danihel et Iob,
quos Hiezechiel propheta dicit ab inminente quadam iracundia dei
20 solos posse liberari, in tribus utique illis uiris tria quaedam hominum liberanda genera praefigurans: in Noe, quantum arbitror,
iustos plebium praepositos propter arcae tamquam ecclesiae gubernationem, in Danihele iustos continentes, in Iob iustos coniugatos

---

10 I Ioh. 3, 9   11 I Ioh. 1, 8   14 cf. Sap. 9, 15   18 cf. Hiez. 14, 14

1 totius *ex* totus *V*   uetustatis *s.l.m2L*   ***mutarunt *V* cōmotarent *Km1*
2 uetustate infirma *L* uetustate infirmat *SG* uetustate infirmatur *P*   et *in ras. V*
esse *G*   ut *om. A*   uetus *A*   3 sit *s.l.m2S*   iccirco *A*
etiam ut *b*   4 sps̄ (u *s.* §)*V*   sit *Sm1*   5 ei *cm. A*   proderit
— est *s. ras. m2L*   7 spē *Lp.c.* spe *SVPG*   9 illud]—est *om. zd*   quo *Engelbrecht*
quod *rb*   10 eo *A*   quod *z A*   11 natus S nati *C*   12 decepimus
Lm1Vm1   13 in *ante* spe *om. b*   in spe iam et iam] ipse iam etiam *LSPG* ipse
iam et iam (p *s.* s *m1*)*V*   in re] in spe *ex* ire *Lm?*   parte] *add.* in *LSVPb*
14 renouatū *GA*   15 quo] quod *A*   et (*s. m2* ei) *K*   16 distingendum *KA*   e*go *V*
17 cuiqua* sptura *Lm1*   18 daniel *CMd*   19 iezehihel *L* iezechiel *SVG* hiezehiel *P*
inezechihel *K* hyezechiel *M* ezechiel *A* in ezechiel *b*   20 itaque *SP*
21 uoae *L*   22 pleuium *Lm1Vm1Gm1* praeuium *Sm1*   praepositum *C* pro-
positos *b*   arcae tamquam] aquā et arcā *LSPG* aquā et arcae ecc!e *V*;
cf. Enarr. in psalm. 132, n. 5 (XXXVII 173 M)   archae *Km1*   23 daniele
LGCd danihel *A*   *all.* iusto *Lm1*   coniugales *z*

6*

et si quis est forte alius intellectus, de quo nunc non est necesse disquirere. uerum tamen quanta isti iustitia praeeminuerint, et hoc
prophetico et aliis diuinis testimoniis satis apparet. nec ideo quisquam sobrius dixerit ebrietatem non esse peccatum, quae tamen
subrepsit tanto uiro; nam Noe, sicut legimus, fuit aliquando ebrius, 5
quamuis absit, ut fuerit ebriosus.

13. Danihel uero post orationem, quam fudit deo, de se ipse
dicit: cum orarem et confiterer peccata mea et peccata
populi mei domino deo meo. propterea, nisi fallor, per supra
memoratum Hiezechielem cuidam superbissimo dicitur: numquid 10
tu sapientior quam Danihel? neque hic dici potest, quod
quidam contra orationem dominicam argumentantur, quia *etsi
orabant eam*, inquiunt, *sancti et perfecti iam apostoli nullum omnino habentes peccatum, non tamen pro se ipsis, sed pro inperfectis
et adhuc peccatoribus dicebant: dimitte nobis debita nostra,* 15
sicut et nos dimittimus debitoribus nostris, ut per hoc,
inquiunt, *quod dicerent 'nostra', in uno esse corpore demonstrarent*
et illos adhuc habentes peccata et se ipsos, qui iam carebant omni ex
parte peccato. in Danihele certe hoc non potest dici, qui, ut credo,
tamquam propheta praeuidens hanc aliquando praesumptionem fu- 20
turam, cum in oratione saepe dixisset 'peccauimus', non ita nobis
exposuit, cur hoc dixerit, ut ab illo audiremus: 'cum orarem et
confiterer peccata populi mei domino deo meo', nec adhuc distinctione
confusa, ut esset incertum propter unius corporis societatem, si
diceret: 'cum peccata nostra confiterer domino deo meo', sed omnino 25

2 cf. Gen. 6, 9. Eccli. 44, 17. II Petr. 2, 5. Dan. 6, 22. Iob 1, 8   5 cf. Gen. 9, 21
8 Dan. 9, 20   10 Hiez. 28, 3   12 Pelagiani(?)   15 Matth. 6, 12   21 cf. Dan. 9, 5. 6. 10
22 cf. Dan. 9, 20

1 disserere *A* exquirere *M*   2 ista *Lm1SVm1PG* iusti *M*   praeminuerint
LVm1b pminuerit *SPG*   *post* hoc *eras.* prophetico *bis scr.* L   3 et aliis—sobrius
in mg. m2 G   4 so**brius *L*   5 subrepserit *K* surrepsit *A* suprexit *C*   noae *L*
*ebrius *A*   7 daniel *CMbd*   ipso *Ab*   8 dicit *s.l.m2K*   9 meo *s.l.m2G*
10 iezehihelem *L* hezechielem *K* iezechielem *G* hiezechielum *C*   11 daniel *GMbd*
13 orabat *Km1*   ea *Lm2*   inqui ut *Lm1* iniqui ut *SPG* ut (*s.l.*) iniqui ut *V*   habentes omnino *K*   14 se *s.l.G*   15 demitte *Gm1*   17 demonstraret *Km1*   19 danihel *V* Daniele *d*   potes *Lm1*   20 propcta *Lm1*
aliquando *semel eras.* L   praesumptionem *L*   21 orationes *K*
22 cur] cū *P* 23 peccata] *add.* mea et *Kb*   ne *AC* 24 confusa—nostra *in mg.m2 A*
corpris *Lm1*

tam distincte,tamquam de se ipsa distinctione satagens eamque maxime
uehementerque commendans: peccata, inquit, mea et peccata
populi mei. quis huic euidentiae contradicit, nisi quem plus delectat defensare quod sentit quam quid sentiendum sit inuenire?
5   14. Iob autem post tam magnum de illo iustitiae testimonium dei quid dicat ipse uideamus. in ueritate, inquit, scio,
quia ita est. quemadmodum enim iustus erit ante
dominum? si enim uelit contendere cum eo, non poterit oboedire ei. et paulo post: quis, inquit, iudicio eius
10 aduersabitur? quodsi fuero iustus, os meum impie loquetur. iterum paulo post: scio, inquit, quia inpunitum me
non dimittit. quia sum impius, quare non sum mortuus?
quodsi purificatus niue et mundatus fuero mundis
manibus, sufficienter in sordibus me tinxisti. item in
15 alio suo sermone: quia conscripsisti, inquit, aduersus me
mala et induisti me iuuentutis meae peccata et posuisti
pedem meum in prohibitione, seruasti omnia opera mea
et in radices pedum meorum inspexisti, qui ueterescunt
sicut uter uel sicut uestimentum a tinea comestum.
20 homo enim natus ex muliere parui est temporis et plenus iracundia et, sicut flos cum floruit et decidit, discessit, sicut umbra non manet. nonne et huius curam fecisti uenire in iudicium tuum? quis enim erit mundus a
sordibus? nemo, nec si unius diei fuerit uita eius. et paulo

---

2 Dan. 9, 20   6 Iob 9, 2. 3   9 Iob 9, 19. 20. 28—31   15 Iob 13, 26—14, 5

1 distincti *Vm1*   sc om. *z CMTbd* distinctionem *Lm1*   2 commendens
Vm1K   3 mei om. *VPM d*   quis—delectat *in mg.m2K*   hic *S* uic*Lm1Km1*
contradicat *Lm2*   quā *Gm1*   4 quid] quis *C*   5 postam *Lm1Vm1*
iustitiae om. *r, sed cf. p. 86, 8*   6 dīs.*l.m2K*   7 enim om. *LSVPb*   erit] add.
homo *zbd, sed cf. p. 86, 11*   8 dm*Gm1*   enim] autem *z CMTbd*   9 inquit quis *Kb*
12 dimittet *Lm2* dimittis *M, cf. ἐάσεις LXX*   13 mundandis manibus *A*
14 uinexisti *Vm1*   15 sermone (mono *s.l.m2*)*G*   consripsisti
Lm1   aduersum *A*   16 iuu. meae pecc. *s.l.m2L*   17 proibitione *L* pro-
hibicionē *K*   opera] peccata *V* opera (*in mg. al* peccata) *b*   18 conspexisti
KACb   ueterascunt *Vm2Abd*   19 cōmestum *LK*   20 enim om.*K*   parui
(par *in ras.*)*LS* praui *Vm1Gm1* pauci *KCT, cf. p. 87, 1*   ēē *s. exp.* ē*A*
21 iracundiae *Lm2*   floruerit *LSVPb* descessit *b*   22 uius *Lm1*   cura *AC*
23 in *s.l.m2G* mundus erit *K* inmundus erit *C*   mundus (n *s.l.m2*)*V*   24 uitae *K*

post: dinumerasti, inquit, necessitudines meas et nihil
te latuit de peccatis meis; signasti peccata mea in folliculo et adnotasti si quid inuitus commisi. ecce et Iob
confitetur peccata sua et in ueritate se dicit scire, quia non est
iustus quisquam ante dominum. et ideo iste hoc in ueritate scit, 5
quia, si nos dixerimus non habere peccatum, ipsa ueritas in nobis
non est. proinde secundum modum conuersationis humanae perhibet
ei deus tam magnum iustitiae testimonium; ipse autem se metiens
ex regula illa iustitiae, quam sicut potest conspicit apud deum,
in ueritate scit, quia ita est, et adiungit: quemadmodum enim 10
iustus erit ante dominum? si enim uelit contendere cum
eo, non poterit oboedire ei, id est: 'si iudicandus ostendere uoluerit non in se inueniri posse quod damnet, non poterit oboedire ei';
amittit enim etiam illam oboedientiam, qua oboedire posset prae-
cipienti confitenda esse peccata. unde quosdam increpat dicens: 15
quid uultis mecum iudicio contendere? quod ille praeca-
uens: ne, inquit, intres in iudicium cum seruo tuo, quoniam non iustificabitur in conspectu tuo omnis uiuens.
ideo etiam dicit Iob: quis enim iudicio eius aduersabitur?
quodsi fuero iustus, os meum impie loquetur; hoc est 20
enim: 'si me iustum dixero contra iudicium eius, ubi perfecta illa
iustitiae regula me conuincit iniustum, profecto impie loquetur os
meum, quia contra dei ueritatem loquetur'.

15. Fragilitatem quoque ipsam uel potius damnationem carnalis generationis ostendens ex originalis transgressione peccati, 25
cum de peccatis suis ageret, uelut eorum causas reddens dixit hominem

---

1 Iob 14, 16. 17   6 cf. I Ioh. 1, 8   10 Iob 9, 2. 3   16 Hier. 2, 29
17 Ps. 142, 2   19 Iob 9, 19. 20   26 cf. Iob 14, 1

1 denumerasti A   omnes necess. d   meas s.l.m2L   et s. ut Vm2   3 com-
misiṭ V   4 confitetur G p. c.   dicit se b   5 deum Cb
iste s.l.m2K   . 6 nos s. l. post dixerimus L   habemus A   7 humanae s.l.m2L   8 ei] et Lm1SPG ei (i in ras.)V   mentiens P metuens M
9 iustitiae—scit in mg.m2G   qua Pm2   concupiscit Lm1SVPG   10 ueritatem S
11 erit] add. homo bd   deum Ab   12 no Vm1   id est—oboedire ei om. ?T
13 in s.l.m2K   inuenire AM   14 obaudientiam M   quae A quā M
obaudire M   possit Kbd   praecipiente Km1C   15 unde bis K
17 intres inquit KCbd   iudicio AM   19 de iob dic A   iudio S
21 illa s.l.m2K   22 conuincit (con in ras., uincit s.l.m2)L conuincet A   hos L
26 uel ut b   eorů eorum V   causans Lm1

natum ex muliere parui esse temporis et plenum iracundia.
qua iracundia, nisi qua sunt omnes, sicut dicit apostolus, naturaliter, hoc est originaliter, irae filii, quoniam filii sunt concupiscentiae carnis et saeculi? ad ipsam iram pertinere etiam mortem ho-
5 minis consequenter ostendit. cum enim dixisset: parui est temporis et plenus iracundia, addidit etiam: et, sicut flos cum
floruit et decidit, discessit, sicut umbra non manet. cum
autem subiungit: nonne et huins curam fecisti uenire in
iudicium tuum? quis enim erit mundus a sordibus?
10 nemo, nec si unius diei fuerit uita eius, hoc utique dicit:
'curam hominis breuis uitae fecisti uenire in iudicium tuum. quantumlibet enim breuis fuerit uita eius, etiamsi unius diei esset, mundus a sordibus esse non posset et ideo iustissime in iudicium tuum
ueniet'. illud uero quod ait: dinumerasti omnes necessitudines
15 meas et nihil te latuit de peccatis meis; signasti
peccata mea in folliculo et ad notasti si quid in uitus commisi, nonne satis aperuit etiam illa peccata iuste inputari, quae non
delectationis inlecebra committuntur, sed causa deuitandae molestiae
alicuius aut doloris aut mortis? nam et haec dicuntur quadam neces-
20 sitate committi, cum omnia superanda sint amore et delectatione　•
iustitiae. potest etiam quod dixit: et ad notasti si quid in uitus
commisi, ad illam uocem uideri pertinere, qua dictum est: non
enim quod uolo ago, sed quod odi, hoc facio.
　16. Quid quod ipse dominus, qui ei perhibuerat testimonium,
25 cum etiam scriptura, hoc est dei spiritus, dixerit in omnibus, quae

2 Eph. 2, 3　6 Iob 14, 1—5　14 Iob 14, 16. 17　21 Iob 14, 17　22 Rom. 7, 15
25 cf. Iob 1, 22

　1 plenā (in mg. al plenū)K　iracundiā Kml　2 quia Va.c.　qua irac. s.l.m2L
iracudia K　3 concupiscentiaę L concupiscentia P　4 irā in mg.m2G　5 et
sequenter Pml　ostendens L(dens s. ras.m2), SV PGbd　ēē LmlSV PGA
6 plenum P　iracundiae Lm2　addit Cb　si∗cut L　com Gml　7 floruerit (ruerit
m2s.ras.)L　8 et om. M　10 nemmo L　unus LVml　fuit L　11 coram Kml
hominibus Kml　uitae s.l.m2G　12 unus Vml　esset om. A
13 potest Gb posso A　14 ueniret KAC　dinumerasti∗ V　ōm K　necessitates A
16 peccata mea om. A　in om. S　quit Lml quidē M　commissi L　17 apparuit LSPGbd
apparuit (es.alt.a)Vm3 apperuit (e ex a) A　18 delectationes LmlKml　inlebra Lml
deuitanda A　19 quidam LmlM　20 sunt Gml　dilectione A
21 quod (d in ras.)V　et—uideri in mg.m2K　si om. M　23 hoc ago M
24 quod] quo A　peribuerat LVC perhibuit K　25 q: Lml

contigerunt ei, non eum peccasse labiis suis ante dominum, postea
tamen cum ei loqueretur increpans locutus est, sicut ipse Iob testis
est dicens: quid adhuc ego iudicor monitus et increpati-
ones domini audiens? nemo autem iuste increpatur, nisi in
quo est aliquid, quod increpatione sit dignum.   5
XI. Et ipsa increpatio qual_{is} est, quae ex domini Christi
persona intellegitur? enumerat illi diuina opera potestatis suae sub
hac sententia increpans, ut eum dicere appareat: 'numquid potes
haec tanta quae possum?' quo autem pertinet, nisi ut intellegat Iob—
etiam hoc ei diuinitus credimus inspiratum, ut praesciret Christum ad 10
passionem esse uenturum—intellegat ergo, quam debeat aequo animo
tolerare quae pertulit, si Christus, in quo peccatum, cum propter nos
homo factus esset, omnino nullum fuit et in quo deo tanta potentia est,
nequaquam tamen passionis oboedientiam recusauit? quod puriore
cordis intentione Iob intellegens responsioni suae addidit: auris 15
auditu audiebam te prius et nunc ecce oculus meus
uidet te. ideo uituperaui me ipsum et distabui et aesti-
maui me ipsum terram et cinerem. qua_{re} sibi ita in hoc tam
magno intellectu displicuit? neque enim opus dei, quo erat homo,
recte illi poterat displicere, cum etiam ipsi deo dicatur: opera 20
mauuum tuarum ne despexeris. sed profecto secundum illam
iustitiam, qua se nouerat iustum, se uituperauit atque distabuit
aestimauitque se terram et cinerem mente conspiciens Christi
iustitiam, in cuius non tantum diuinitate, sed nec in anima nec in
carne ullum potuit esse peccatum, secundum quam iustitiam, quae 25
ex deo est, etiam Paulus apostolus illud suum, quod secundum iusti-

3 Iob 39, 34   7 cf. Iob cap. 38—39   12 cf. Ioh. 8, 46 etc.   15 Iob 42, 5. 6
20 Ps. 137, 8   22 cf. Iob. 42, 6   25 cf. Phil. 3, 9   26 cf. Phil. 3, 6—8

1 ei ex eū G   labius Vm1   deum b   2 loqueretur s. ras. m2L   loquutus S
3 quid—audiens in mg. m2K   udicor Lm1   4 nemnio Lm1   6 q: Lm1
8 hanc C 9 haec s.l.m2G   10 pro etiam suspic. Maurini nam   credimus om.zd
11 pationem Lm1   · debet zd   13 in quo] cū in A   14 recusabit A
15 responsione Vm1Km1   sua Km2   16 auditum C   audiebam] intellegebam
z, b in mg.   ecce om. Sb   · 17 uide Vm1   distibui Lm1   18 ita om. z
19 quod A   erat s. ras. Lm2   21 despexirit Lm1Cm1 dispexeris Lm2SKA
22 iniustū Vm3   se] sic A   uituperabit A   23 aestimabitque A   mentem Lm1
24 diuinitate (ni s. l. m2)G   25 illum G   potuisse (om. esse)A
26 ititiam Lm1

tiam, quae ex lege est, fuit sine querella, non solum damna,
uerum etiam stercora existimauit.

XII. 17. Non igitur praeclarum illud testimonium dei, quo
laudatus est Iob, contrarium est ei testimonio, quo dictum est:
5 non iustificabitur in conspectu tuo omnis uiuens, quia
non id persuadet prorsus in illo nihil fuisse, quod uel ab ipso ueraciter uel a domino deo recte reprehenderetur, quamuis iam iustus
et uerax dei cultor et ab omni malo opere se abstinens non mendaciter diceretur. haec enim de illo uerba sunt dei: animo aduer-
10 tisti in puerum meum Iob? non enim est illi homo ṣi-
milis super terram, sine querella, iustus, dei cultor, abstinens ab omni opere malo. primis uerbis ex hominum
qui sunt in terra comparatione laudatur; proinde omnibus qui tunc
in terra iusti esse poterant excellebat. non ergo ipse propterea nullum
15 peccatum omnino habebat, quia in profectu iustitiae ceteros anteibat. deinde adiungitur 'sine querella', de cuius uita . nemo iuste
quereretur; 'iustus', qui tanta morum probitate profecerat, ut nullus
ei esset aequandus; 'uerus dei cultor', quippe etiam suorum peccatorum uerax humilisque confessor; 'abstinens se ab omni opere
20 malo', mirum si ab omni etiam uerbo et cogitatu malo. quantus
quidem Iob fuerit ignoramus; sed nouimus iustum, nouimus etiam
in perferendis horrendis tribulationum temptationibus magnum;
nouimus non propter peccata, sed propter eius demonstrandam
iustitiam illa omnia fuisse perpessum. uerum tamen haec uerba,

---

5 Ps. 142, 2   9 Iob 1, 8

1 fuerit *z*   querela *Lm?Vm?KAM* quaerella *S* quẹrela *P*   damnauit *Lm?*
Vm?   2 extimauit *SG* ẹstimabit *A*   3 illud p̄clarum *P*   d̄i *s.l.m?G*   quod *L*
4 ei] et *C*   testimonium *CM*   quod *LVm1CM*   6 persuadens *A*   fuisset *Lm1*
8 hab *Lm1*   opere malo *bd*   9 d̄i sunt *A*   animaduertisti *r* An non
aduertisti *b*   10 similis *s.l.G*   11 *et* 16 querela *Lm2Vm?PGKm?AMTbd* quaerella *S* quaerela *Km1*   *post* iustus *add. s.l.* uerus *Lm?bd*, fort. *recte; cf.lin. 18 et 8*
12 abstinens se *Md*   ominum *Lm1*   13 qui] *add.* tunc *S*
conparatioue—terra *om. S*   14 potuerunt *zd*   ipsi *Lm1*   15 hab*ebat *L* habebant *A*   antehibat *Sm1* iustitia anteibịt (a *s.* ị *m2*)*V*   16 adiungatur *Km1*
post quere*la *add. s.l.* id est *Lm?*   nemmo *L*   17 quaereretur *SKm1*   tantū more (ū *s.e*)*Am1*   prouitate *Lm1Sm1Vm1G*   profectus erat *Lm2* proficerat *A*   aut *Km1*   nullus ei] nulli rei *Lm1SVPG*
19 abtinens *G*   20 nimirum *P*   malo (m *s. l. m3*) *V*; *cf. in Praef. descr.* cod. *P*
22 ini *A*   orrendis *Lm1* horredis *Km1*

quibus a domino laudatur, possent etiam de illo dici, qui condelectatur legi dei secundum interiorem hominem, uidet autem aliam
legem in membris suis repugnantem legi mentis suae, praesertim
quia dicit: non quod uolo facio bonum, sed quod odi malum,
hoc ago. si autem quod odi malum, hoc facio, iam non 5
ego operor illud, sed quod habitat in me peccatum.
ecce et iste secundum interiorem hominem alienus est ab omni opere
malo, quia illud non operatur ipse, sed quod in carne eius habitat
malum; et tamen cum illud ipsum, quo condelectatur legi dei, non
habeat nisi ex gratia dei, adhuc liberationis indigens clamat: miser 10
ego homo! quis me liberabit de corpore mortis huius?
gratia dei per Iesum Christum dominum nostrum.

XIII. 18. Sunt ergo in terra iusti, sunt magni, fortes, prudentes,
continentes, patientes, pii, misericordes, temporalia mala omnia
propter iustitiam aequo animo tolerantes; sed si uerum est, quia et 15
uerum est: si dixerimus, quia peccatum non habemus,
nos ipsos decipimus et: non iustificabitur in conspectu
tuo omnis uiuens, non sunt sine peccato nec quisquam eorum
tam arroganter insanit, ut non sibi pro suis qualibuscumque peccatis dominica oratione opus esse arbitretur. ·   20

19. Nam de Zacharia et Elisabeth, qui nobis saepe in huius
quaestionis disputationibus obiciuntur, quid dicamus, nisi quod
euidenter scriptura testatur eminenti iustitia fuisse Zachariam in
principibus sacerdotum ad offerenda ueteris testamenti sacrificia
pertinentium? legimus autem in epistola, quae ad Hebreos scribitur, 25

1 cf. Rom. 7, 22. 23   4 Rom. 7, 19. 20   9 cf. Rom. 7, 22   10 Rom. 7, 24. 25
16 I Ioh. 1, 8   17 Ps. 142, 2   23 cf. Luc. 1, 6 sqq.   25 cf. pag. 47—49

1 possunt b   possent etiam] post sententiam M   2 uidit b   3 menbris V   meis M
logo Vm1   sui Lm1   4 quia] que Lm1   all. quod om. A   odii Am2Mm1   5 odii A
hoc—ego s.l.m2K   6 habitabat G   7 ipste Lm1   ante interiorem
cxp. ordinē K   8 habitabat G   9 quod LPGd   lege Gm1   11 ergo
Lm1   liberauit Lm1SVm1C   14 continentes patientes om. z   15 quia
et uerum] immo quia uerum (immo s.l.m3)V, PTd, in G imio eras.   quia—est om. A,
16 abemus Lm1   17 dec.] seducinus PM, b in mg.   18 ne Vm1   19 ut om. A
non om. z   si S   pro suis] prorsus S   20 dominicā orationē A   operatione Km1b
n̄ opus esse P opus n̄ ēē Vm2 opus esse non Lm2   21 zacharias Lm2   elysabeth V
helisabeth K helisabet b   in s.l.m2L   23 eminente A   24 aferenda Lm1
25 pertinentia b   epistula Vm1   ebreos LA hebraeos MTbd   inscribitur KACb

quod testimonium in libro priore iam posui, solum Christum esse
principem sacerdotum, qui non haberet necessitatem sicut illi,
qui sacerdotum principes dicebantur, sacrificium pro suis primum
offerre peccatis cotidie, deinde pro populo. talem enim decebat,
5 inquit, habere nos principem sacerdotum, iustum, sine
malitia, incontaminatum, separatum a peccatoribus,
altiorem a caelis factum, non habentem cotidianam necessitatem sicut principes sacerdotum primum pro
suis peccatis sacrificium offerre. in hoc sacerdotum numero
10 Zacharias, in hoc Finees, in hoc ipse Aaron, a quo iste ordo exorsus
est, fuit et quicumque alii in illo sacerdotio laudabiliter iusteque
uixerunt, qui tamen habebant necessitatem sacrificium primitus
pro suis offerre peccatis solo Christo existente, cuius uenturi figuram
gestabant, qui hanc necessitatem sacerdos incontaminabilis non
15 haberet.

20. Quid autem de Zacharia et Elisabeth laudabile dictum est,
quod non in eo comprehendatur, quod de se apostolus, cum in
Christum nondum credidisset, professus est? dixit enim se secundum
iustitiam, quae in lege est, fuisse sine querella. hoc et de illis ita
20 legitur: erant autem ambo iusti ante deum, incedentes
in omnibus mandatis et iustificationibus domini sine
querella. quia ergo quicquid in eis erat iustitiae non erat ad ·
homines simulatum, ideo dictum est: ante deum. quod autem de

2 cf. Hebr. 6, 20   4 Hebr. 7, 26. 27   12 cf. Hebr. 5, 1—3   18 cf. Phil. 3, 6
20 Luc. 1, 6

1 priore] superiore zd   3 principis Sm1   4 cotidiae L quotidie Lm2Vm3G
populi PGd   talem inquit decebat T   dicebat Lm1SVGm1A   6 malitia] macula z,
b in mg.   incotaminatum K   7 a s. l. G, om. C   quotidianam
Lm2Vm3G cottidianam K   8 post sacerdotum del. iustum sine macula L   10 finies
Vm1 Phinees bd   ipse s.l.m2S   iste] ipse z   11 quicum Sm1   12 positus
(in mg.m2 primitus)V   13 exsistente Gm2K   uentur Lm1   14 gestebat SG
gerebant KAC,b (in mg. gestabant) gestabat Vm1M   16 helisabeth LK helisabet b
17 quod—comprehendatur om. z   de s.l.Vm3, om.Lm1SM   in om.P
18 xpo Lm1SVPGK   credidisset. et A   se om. z.   19 in] ex z, sed cf. p. 92, 2
fuisse se Vm2 fuisse est b   post quere⋆la ras. 8 litt. in L   illa Lm1   20 erant
s.l.Vm3K   incedentibus Lm1   22 quia ergo s.l.m2L   quidquid Lm1SVm1Gm1
CT quid M   in om. Pd   inerat PCMd   23 omines Lm1   similatum K
ideo dictum om. LSVG   erat ex e Vm3, om. S   dnm z

Zacharia et eius coniuge scriptum est: in omnibus mandatis
et iustificationibus domini, hoc ille breuiter dixit: in lege.
non enim alia lex illis, alia isti fuit ante euangelium, sed una atque
eadem, quam legimus per Moysen datam patribus eorum, secundum
quam etiam sacerdos erat Zacharias et uice sua sacrificabat. et 5
tamen apostolus, qui simili tunc iustitia praeditus fuit, sequitur et
dicit: quae mihi lucra fuerunt, haec propter Christum
damna esse duxi. uerum tamen et arbitror omnia damnum esse propter eminentem scientiam Christi Iesu
domini nostri, propter quem omnia non solum detrimenta 10
credidi, uerum etiam stercora existimaui esse, ut Christum lucrifaciam et inueniar in illo non habens meam
iustitiam, quae ex lege est, sed eam, quae est per fidem
Christi, quae est ex deo iustitia in fide, ad cognoscendum eum et uirtutem resurrectionis eius et commu- 15
nicationem passionis eius, conformatus morti ipsius, si
quo modo occurram in resurrectionem mortuorum. tantum ergo longe est, ut propter illa uerba Zachariam et Elisabeth
credamus sine ullo peccato perfectam habuisse iustitiam, ut nec
ipsum apostolum eiusdem regulae summitate arbitremur fuisse per- 20
fectum non solum in illa legis iustitia, quam similem istis habuit,
quam inter damna et stercora deputat in conparatione eminentis-
simae iustitiae, quae in fide Christi est uerum etiam in ipso quoque
euangelio, ubi et tanti apostolatus meruit principatum, quod dicere
non auderem, nisi ei non credere nefas ducerem. ubi enim sequitur 25
et adiungit: non quia iam acceperim aut iam perfectus

---

7 Phil. 3, 7—11   26 Phil. 3, 12—14

3 enim *om. V P*   illi *PGd,om. S*   alia *om. A*   istis *Lm1b* *isti* *V*   4 eadaem
(a *s.l.*)*L*   mosen *S*   5 zaccharias *V*   fin. et] Qui *P*   8 damna esse:nōsolūduxi, uerum
etiam et *sqq. b*   tamen] etiam *z*   9 eminentem scientiam] eminentiam *z*
domini n. I. Chr. *KCbd*   10 tetrimenta *Km1*   11 x̄p̄i *Vm1*
13 sed—est *om. A*   q: *V* qui *M*   14 iustitiam *LPMTd*   in fidem *Lm1Sb*
ad *om. C*   agnoscendum *KAC*   15 resurrectiones *Vm1*   cōmutationem *P* com-
municationū *M*   16 passionum *M*   confirmatus *Gm1* conformatos *M*
17 resurrectione *LSVCMb*   18 zacchariam *S* zacharię *A*   helisabeth *LC*
19 sine ullo pecc. credamus *b*   peccato *om. A*   ' habuere *Km1*   20 summi-
tatem *Lm1SVm1PG*   ' perfectum *s.* peccatū *Km2*   21 iustitiam *Lm1Km1,om.C*
similis *Lm1* simile *SPG*   25 audirem *Lm1*   ibi *Vm2r*   enim] etiam *bd*
26 adiungi *G*   qua *Gm1* quod *b*   perfectos *Lm1Gm1* perfectum *A*

sim, sequor autem si conprehendam, in quo et adprehen-
sus sum a Christo Iesu. fratres, ego me ipsum non arbitror adprehendisse; unum autem, quae retro oblitus
in ea quae ante sunt extentus, secundum intentionem
5 sequor ad palmam supernae uocationis dei in Christo
Iesu, ipse se confitetur nondum accepisse, nondum esse perfectum
in plenitudine iustitiae, quam adipisci dilexit in Christo, sed adhuc secundum intentionem sequi et praeterita obliuiscentem in ea
quae ante sunt extendi, ut nouerimus etiam ad ipsum pertinere illud
10 quod ait: et si exterior homo noster corrumpitur, sed interior renouatur de die in diem, quamuis iam esset perfectus
uiator, etsi nondum erat ipsius itineris perfectione peruentor. denique
tales uult secum in isto cursu comites rapere, quibus continuo subiungit et dicit: quotquot ergo perfecti, hoc sapiamus; et si
15 quid aliter sapitis, hoc quoque deus uobis reuelabit;
uerum tamen in quod peruenimus, in eo ambulemus.
ambulatio ista non corporis pedibus, sed mentis affectibus et uitae
moribus geritur, ut possint esse perfecti iustitiae possessores, qui recto
itinere fidei de die in diem sua renouatione proficientes iam perfecti
20 facti sunt eiusdem iustitiae uiatores.

XIV. 21. Sic itaque omnes, quicumque in hac uita diuinarum
scripturarum testimoniis in bona uoluntate atque actibus iustitiae
praedicati sunt et quicumque tales uel post eos fuerunt quamuis
non eisdem testimoniis praedicati atque laudati uel nunc usque
25 etiam sunt uel postea quoque futuri sunt, omnes magni, omnes
iusti, omnes ueraciter laudabiles sunt, sed sine peccato aliquo non
sunt, quoniam scripturarum testimoniis, quibus de illorum laudibus credimus, hoc etiam credimus non iustificari in conspectu dei

---

10 II Cor. 4, 16　　14 Phil. 3, 15. 16　　19 cf. II Cor. 4, 16　　28 cf. Ps. 142, 2

1 si] add. quo modo b　　adprehensos LmlVmlGml　　2 a] in bd, om. C
4 extensus b　　6 se om. LSVmlPGM　　ēē s. eras. ŭ L est SG　　7 in]
ea d　　iustiae K　　11 renouatus K　　12 perfectione＊L　　deinque A
13 comites bis K　　14 quodquod SVmlGMml quot A　　15 alter Kml　　reuelauit
LmlPACM　　16 quo P　　17 n̄ ex in V　　18 q: A　　19 fidei om. z
de die] deinde M　　in sua LPd　　21 qui M　　22 iustititiae L
23 tales cū eis (cū eis s.l.m2)L　　post] pro S　　eis LmlSVmlPG　　24 in
eisdem L in eisdem SP　　praedicti LmlSPG praedicti V　　25 alt. sunt] add. ut
LmlSPGM　　27 illarum Kml　　28 dei] eius A

omnem uiuentem et ideo rogari, ne intret in iudicium cum seruis suis,
et non tantum uniuersaliter fidelibus omnibus, uerum etiam singulis
esse orationem dominicam necessariam, quam tradidit discipulis suis.

XV. 22. *At enim ait dominus: estote perfecti, sicut* 5
pater uester caelestis perfectus est; quod non praeciperet,
inquiunt, *si sciret fieri non posse quod praecipit.* non nunc quaeritur
utrum fieri possit, si istam perfectionem ad hoc accipiunt, ut sine
ullo sit quisque peccato, cum hanc agit uitam — iam enim supra
respondimus posse fieri —, sed utrum aliquis faciat, hoc nunc quae- 10
rimus. neminem autem esse, qui tantum uelit, quantum res exigit,
ante praecognitum est, sicut scripturarum quae supra commemoraui testimonia tanta declarant. et tamen cum dicitur cuiusque
perfectio, qua in re dicatur uidendum est. nam ex apostolo testimonium paulo ante posui, ubi se fatetur in acceptione iustitiae, quam 15
desiderat, nondum esse perfectum et tamen continuo dicit: q uot-
quot ergo perfecti, hoc sapiamus; quod utrumque non diceret,
nisi in alia re perfectus esset, in alia non esset. uelut si iam sit quisquam sapientiae perfectus auditor — quod nondum erant illi, quibus
dicebat: lac uobis potum dedi, non escam; nondum enim 20
poteratis, sed nec adhuc quidem potestis; eis quippe et
illud ait: sapientiam loquimur inter perfectos, utique
perfectos auditores uolens intellegi —, potest ergo fieri, sicut dixi,
ut iam sit aliquis sapientiae perfectus auditor, cuius nondum sit perfectus et doctor; potest perfectus esse iustitiae cognitor, nondum 25

5 Pelagiani   Matth. 5, 48   15 cf. pag. 93, 14   16 cf. Phil. 3, 12   Phil. 3, 15
20 I Cor. 3, 2   22 I Cor. 2, 6

1 et *om. zd*   iudicio *Lm1*   cū (c *s.l.m2*)*L*   2 fidebus *Vm1*   3 operationem *Km1*
5 At—dom.] ait enim dominus *zAM* at enim dominus ait *bd*   sicut *s.l.m2A*
6 et pater *GAd*   7 praecepit *Lm2AM*   non *om. A*   8 possit *s.l.m2L*   9 quique
LSVm1 PG   anc *Lm1* hac *Km1*   10 faciat (*in mg.* al fiat)*b*   12 scripturā *Vm2G*
supra scripturarum (*exp. m2*)*K*   qui *Lm1*   commemorauit *K*   14 in
s.l.m2G   digatur *Lm1Vm1Gm1*   uiuendum *Vm1*   testimonium *s.l.m2G*
testimonio *A*   16 quodquod *Lm1SVGM*   18 uelut] uerum *zM*
si iam] suā *M*   19 adiutor *Lm1Gm1*   erat *Lm1*   21 quidem *om. KA*
22 interfectos (*om* perfectos)*A*   utique perfectos *in mg. m2G* utique perfectiores *b*
23 dix̄ *Lm1*   .24 adiutor *Gm1*   perfector *A*   25 esse perfectus *A*
cognitor (or *s.l.*)*K*

perfectus effector; potest perfectus esse, ut diligat inimicos, qui
nondum est perfectus ut sufferat. et qui perfectus est in eo, quod
omnes hommes diligit, quippe qui etiam ad inimicorum dilectionem
peruenerit, quaeritur utrum iam sit in ipsa quoque dilectione perfectus.
5 id est utrum quos diligit, tantum diligat, quantum illa inconmutabilis
regula ucritatis diligendos esse praescribit. cum ergo legitur in
scripturis cuiusque perfectio, qua in re dicatur, non neglegenter intuendum est, quoniam non ideo quisque prorsus sine peccato esse
intellegitur, quia in aliqua re dicitur esse perfectus. quamquam et in hoc
10 possit ita dici, ut non quia iam non est quo proficiat, sed quia ex
maxima parte profecit, hoc nomine dignus habeatur, sicut in doctrina legis dici potest quisque perfectus, etiamsi eum aliquid
adhuc latet; sicut perfectos dicebat apostolus, quibus tamen ait:
et si quid aliter sapitis, id quoque uobis deus reuelabit;
15 uerum tamen in quod peruenimus, in eo ambulemus.
   XVI. 23. Neque negandum est hoc deum iubere ita nos in facienda iustitia esse debere perfectos, ut nullum habeamus omnino
peccatum. nam neque peccatum erit, si quid erit, ei non diuinitus iubetur ut non sit. cur ergo iubet, inquiunt, quod scit nullum hominum
20 esse facturum? hoc modo etiam dici potest, cur primis illis hominibus
iusserit, qui duo soli erant, quod sciebat eos non esse facturos. neque
enim dicendum est ideo iussisse, ut nostrum aliquis id faceret, si
illi non facerent; hoc enim, ne de illa scilicet arbore cibum sumerent,
non nisi illis solis deus iussit, quia, sicut sciebat quid iustitiae facturi non
25 erant, ita etiam sciebat quid iustitiae de illis erat ipse facturus. eo

---

14 Phil. 3, 15. 16   19 Pelagiani   23 cf. Gen. 2, 17

2 perfectus *in mg. m2 A*   3 homines *om. A*   qui *om. M*   imicorū *A*
dilectione *S*   4 ista *d*   quoque *om. zbd*   6 praescripsit *KCb* praesciuit *M*   7 perfecti *A*   digatur *Kml*   8 quia *A*   prorsus *om. K*   9 quia] etiamsi *A*
et *om. z*   10 posset *Kml* posse *b*   dici* *V*   ēē *A*   11 proficit
GmlKACb abeatur *Lml*   12 quisquam *zMTbd*   14 id] hoc *A*   deus uobis *V*
reuelauit *SVm2PGCM*   15 quo *LmlVPM*   17 iustia *Kml*   ęę̄ omnino
habeamus (ēē *exp. m2*)*K*   18 namque (*om.* neque)*M*   nec *zTd*   pr. si] sed *A*
iubeatur *Kb* iuuetur *Cml*   19 inquiunt iubet *P*   sit *A*   hominem *Gml*
20 futurū *Kmlb*   illis *s.l.L*   22 aliqui *K* aliquid *C, om.Gml*   facerent *K*
23 arbore] arte *LmlSPG,V(in mg.m2* | arbore)   ciuum *LmlSVml*
summerent *L* sumeret *A*   24 sicut *bis K*   facturi—iustitiae *in mg.m2K*
25 quod *A*   ipse erat *b*   eo] et *KC* quo *A*

modo ergo iubet omnibus hominibus ut non faciant ullum peccatum,
quamuis sit praescius neminem hoc inpleturum, ut, quicumque
impie ac damnabiliter eius praecepta contempserint, ipse faciat
eorum damnatione quod iustum est, quicumque autem in eius praeceptis oboedienter et pie proficientes nec tamen omnia quae prae- 5
cepit inplentes, sicut sibi dimitti uolunt, sic aliis peccata dimiserint,
ipse faciat in eorum mundatione quod bonum est. quomodo enim
dimittenti dimittitur per dei misericordiam, si peccatum non est?
aut quomodo non uetatur per dei iustitiam, si peccatum est?

24. *Sed ecce*, inquiunt, *apostolus dicit: bonum certamen* 10
certaui, cursum consummaui, fidem seruaui; superest
mihi corona iustitiae; quod non diceret, si haberet ullum pecca-
tum. immo uero respondeant, quomodo potuit haec dicere, cui adhuc
restabat ipsius passionis, quam sibi iam inpendere dixerat, tam
magna conflictatio, tam molestum et grande certamen. an ad eius 15
consummandum cursum parum adhuc deerat, quando illud deerat,
ubi erat futurus acrior et crudelior inimicus? quodsi ideo
talibus uerbis certus securusque gaudebat, quia de uictoria futuri
tanti certaminis certum eum securumque iam fecerat, qui eandem
passionem iam illi reuelauerat inminere, non re plenissima, sed spe 20
firmissima haec dixit et quod futurum esse praesumpsit tamquam
factum fuerit indicauit. si ergo his uerbis etiam hoc adderet, ut diceret:
'nullum habeo iam peccatum', hoc quoque illum intellegeremus non
de rei factae, sed de rei futurae perfectione dixisse. sic enim ad ipsius cursus consummationem pertinebat nullum habere peccatum, 25
quod isti putant, cum haec diceret, iam in illo fuisse conpletum,

10 Pelagiani   II Tim. 4, 7. 8

1 hominibus *om.* A   2 quamiussit *Vm1*   sit *om.S*   3 hac *Lm1* ad *Vm1*
pceptū *A*   contempscrit *VKm2A*   4 in eorum *Pd*   damnationē *VA*   eis *z*
6 ibi *A*   si *A*   7 faciant *Lm1*   enim *om.V*   8 dimittendi *Vm1*   si* *L*   9 aut—est
in mg.L   non est *SPG, in L ras. 3 litt.*   11 fidem seru., cursum cons. *d*
12 aberet *L*   14 tam *Lm1*   15 conflictio *Ka.c.ACb*   et] ac *zd*   grandem *Lm1* crande
SGm1   16 consumandū *A*   18 secuturusque *P*   gaudebat *bis V*
futuri *om. A*   19 tanti *om. zd*   securumquem *Lm1*   eandem] tandem *T*   21 praesumsit *L*   22 fuerat *SPa.c.*   adderet]
attenderet *A*   23 abeo *Vm1*   hoc peccato iā *Km1*   24 fnterae *Lm1*
25 c̄sūptionem *A*   26 in *ex il G*

quemadmodum ad ipsius cursus consummationem pertinebat
etiam in certamine passionis aduersarium superare, quod etiam
ipsi necesse est fateantur, cum haec diceret, adhuc in illo fuisse conplendum. hoc ergo totum nos dicimus tunc fuisse adhuc perficiendum,
5 quando iam de dei promissione praefidens totum ita dicebat, tamquam
fuisset effectum. ad ipsius quippe cursus consummationem pertinebat
etiam quod peccata dimittebat debitoribus suis atque ita sibi ut
dimitterentur orabat; qua domini pollicitatione certissimus erat
in illo fine, quem adhuc futurum iam fidendo dicebat inpletum,
10 nullum se habiturum esse peccatum. nam, ut alia omittam, miror
si, cum uerba illa dicebat, per quae istis uisus est nullum habuisse
peccatum, iam fuerat ab illo ablatus ille stimulus carnis, de quo a se
auferendo dominum ter rogauerat responsumque acceperat: sufficit
tibi gratia mea; uirtus in infirmitate perficitur. huic
15 tanto uiro perficiendo necessarium fuit, ut ab illo angelus satanae
non auferretur, a quo propterea colaphizabatur, ne magnitudine
reuelationum extolleretur, et audet quisquam quemquam uel putare
uel dicere positum sub onere uitae huins ab omni omnino mundum
esse peccato?
20   25. Sint licet homines tanta excellentes iustitia, ut ad eos de
columna nubis loquatur deus, qualis Moyses et Aaron in sacerdotibus eius et Samuhel in his qui inuocant nomen eius;
cuius magnae laudes pietatis et innocentiae scriptura ueridica

---

7 cf. Matth. 6,12   12.15 cf. II Cor. 12,7. 8   13 II Cor. 12,9   21 cf. Ps. 98,7   Ps. 98,6

1 quemammodum $SVK, om. A$ ad ips. cursus consummationem (*in mg.* al
cursum passionis)*b*   passionem (c̄sūmatione̅ *s.m2*)*L* passionem $SVPG$ 2 in
om.A   3 ipsis *Lm1* ipse S adhuc diceret A dicerent $Lm1SVm1PG$
f. L conplendum—fuisse *in mg.m2K*   4 ergo] quoque K 5 iam de — *99, 17* superbire
unde *om. L* (*unum fol. interc.*)   passione A praefides $Cm1$ p̄uidens MT, b
(*in mg.* al presidens)   7 quod] *add.* ipse *b*   8 dimitteretur *z̀d*   quia $Gm1$ quā M
dn̄s A 9 fine $*G$ adhuc futurum] affuturū A confitendo (con *s.l.m2*)V im-
pletū (nd *s. t m3*)V 11 si *om.S*   uiuus $Sm1$ 13 ter *om.A*   14 nam
uirtus $Vm2PAd$ 15 anglos $Am2$ satanee $Vm1$ satanae̦ G 16 n̄ *exp.m2K*
auferetur $SVm1Gm1Km1$ colafizabantur V colaphizebatur $Km1$ 17 uisi-
onūm *z̀d; b in mg.*   extolletur $Vm1$ audent V quenquam A
18 honore $Vm1$ unere $Km1$ onore $Gm1$ huius uitae *bd*   19 peccatū
$Vm1Km1$ 21 nobis $Migne$ 22 samuel $SPCM$ 23 magna $Gm1$ laudis
$Gm1AM$ innoc.] *add.* in *z̀d*   scriptura$*$ V

LX. August. VIII pars I. Vrba et Zycha.

praedicantur ab ineunte pueritia, ex quo eum mater notum soluens
in templo dei constituit et seruum domino dedicauit, etiam de talibus tamen scriptum est: tu propitius eras illis et uindicans in
omnes affectiones eorum. in filios quippe damnationis uindicat
iratus, in filios autem gratiae uindicat propitius, dum quem diligit ₅
corripit et flagellat omnem filium quem recipit. nulla autem uindicta,
nulla correptio, nullum dei flagellum debetur nisi peccato excepto
illo, qui in flagella paratus est, ut experiretur omnia secundum
similitudinem sine peccato, ut esset sanctus sanctorum sacerdos
interpellans etiam pro sanctis, qui non mendaciter etiam de se quis- ₁₀
que dicunt: dimitte nobis debita nostra, sicut et nos dimittimus debitoribus nostris. unde et ipsi qui contra haec disputant, cum sint casta uita moribusque laudabiles nec dubitent facere, quod illi diuiti pro consequenda uita aeterna consilium requi-
renti, cum se respondisset iam omnia legis inpleuisse mandata, prae- ₁₅
cepit dominus, si uellet esse perfectus, uenderet omnia quae habebat
et daret pauperibus thesaurumque transferret in caelum, nemo tamen
eorum audet dicere se esse sine peccato. quod, sicut credimus, non
fallaci animo dicunt; si autem mentiunter, eo ipso incipiunt uel
augere uel habere peccatum.   ₂₀
    XVII. 26. Iam ergo quod loco tertio posui uideamus. cum
uoluntatem humanam gratia adiuuante diuina sine peccato in hac
uita possit homo esse, cur non sit, possem facillime ac ueracissime
respondere: 'quia homines nolunt'. sed si ex me quaeritur, quare
nolint, imus in longum; uerum tamen etiam hoc sine praeiudicio ₂₅
diligentioris inquisitionis breuiter dicam. nolunt homines facere
quod iustum est, siue quia latet an iustum sit siue quia non delectat.

·   3 Ps. 98, 8   5 cf. Prou. 3, 12. Hebr. 12, 6   8 cf. Ps. 37, 18   cf. Hebr. 4, 15
9 cf. Hebr. 7, 25   11 Matth. 6, 12   14 cf. Matth. 19, 20. 21

ʃ. L   1 praedicamur *Sm1* praedicatur *AM*   2 dedicabit *A*   3 tamen *om. SVPGd*
4 om *s. exp.* eos *Km2*   6 et *om SVPG*   8 illo *s.l.G*   10 maudaciter *Pm1*
mendatiter *Km1*   quisque de se *Km2CTb*   13 sic *SP* sit *Vm1M*   dubitant *Sm1*
15 impleuisset *SVm1Gm1*   16 perfectus *s.l.m3V*   haberet *KCMb*   18 esse se *K*
21 tertio loco *b*   22 uoluntate humana *KACb*   gratiā *Gm1*   siue peccato
in hac uita si (si *om. P*)sine peccato in hac uita *SP; in cod. V20 litt. erasae* peccatis *A*
23 possē *s.l.m2S* posse *MT*   24 uolunt *SVm1Gm1*   25 nolunt *CMd*   nolint—
longum] nolimus in longum (*in mg.* longiori tractatu indiget)*P*   nolimus (*om.*
imus) *G*   longo (ū *s.* o *m2*)*V*   26 uolunt *SVm1Gm1*   27 delectant *S*

tanto enim quidque uehementius uolumus, quanto certius quam
bonum sit nouimus eoque delectamur ardentius. ignorantia igitur
et infirmitas uitia sunt, quae inpediunt uoluntatem, ne moueatur
ad faciendum opus bonum uel ab opere malo abstinendum. ut
5 autem innotescat quod latebat et suaue fiat quod non delectabat,
gratiae dei est, qua hominum adiuuat uoluntates; qua ut non adiuuentur, in ipsis itidem causa est, non in deo, siue damnandi praedestinati sunt propter iniquitatem superbiae siue contra ipsam suam
superbiam iudicandi et erudiendi, si filii sunt misericordiae. unde Hie-
10 remias cum dixisset: scio, domine, quia non est in homine
uia eius nec uiri est ut ambulet et dirigat gressus suos,
continuo subiunxit: corripe me, domine, uerum tamen in
iudicio et non in furore tuo, tamquam diceret: 'scio ad correp-
tionem meam pertinere, quod minus abs te adiuuor, ut perfecte
15 dirigantur gressus mei; uerum tamen hoc ipsum noli sic mecum
agere, tamquam in furore, quo iniquos damnare statuisti, sed tamquam in iudicio, quo doces tuos non superbire'. unde alibi dicitur:
et iudicia tua adiuuabunt me.
27. Nullius proinde culpae humanae in deum referas causam.
20 uitiorum namque omnium humanorum causa superbia est. ad hanc
conuincendam atque auferendam talis medicina caelitus uenit: ad
elatum hominem per superbiam deus humilis descendit per misericordiam gratiam claram manifestamque commendans in ipso homine,
quem tanta $_{pr}$a$_{e}$ participibus suis caritate suscepit. neque enim et
25 ipse ita uerbo dei coniunctus, ut ea coniunctione unus filius dei et

---

2 ignorantia — 20 superbia est] cf. Fulgentii ad Mon. I 28 (LXV I 76.
177M)   10 Hier. 10, 23. 24   18 Ps. 118,175   24 cf. Ps. 44, 8. Hebr. 1, 9. 3, 14

f. L   1 quique *P* quisque *M*   2eo∗∗∗ *V* eoquod *AMT*   4 ab *om. A*   5 ignote-
scat *Vm1*   lateuat *Sm1Gm1*   6 gratia *SVPG*   *pr.* quae *Cbd*   7 in ipsis it
idem *SPm2* in ipsissit itidem *Pm1* in ipsis sịṭ item *V* in ipsi sit (sit *s.l.m2*) idem *G*
io ipsis *A* in ipsis idem *M*   in *om. K*   praedistinati *K*   8 sunt (*in mg.*
al sint) *A*, sint *SPCbd* 9 et erudiendi, si] ut eruditi *SVPGT* sint filii *T* sint *VPp.c.bd*
11 uia] uita *SVPm1G* 12 subiungit *VPG* 13 in *om. V* 14 adiuor *Km1* adituor *Gm1*
15 mecum sic agere *b* 16 fatuisti *A* 17 *a uoce* alibi *inc. fol. 136ª L* 19 causam
uitiorum: namque *b*   21 conuicendā *Km1*   23 glaram *Lm1SGm1*
manifestum quae *S* manifestaque *Am1*   commendens *S*   *in cras. P*   ipsi
homini *Pm. rec.*   hominẹ *L*   24 quẽ (ẽ *in ras.*)*V* quẹ *Pm1M* quae *S*   tantā *P*
particibus *V*   tuis *Km1*   caritatem *Lm1PC* claritate *K*   25 coniunctos
Lm1SVm1Gm1   ca] ipsa *zbd*   coniutione *Lm1*   dei—filius *in mg.m2L*

idem ipse unus filius hominis fieret, praecedentibus suae uoluntatis
meritis fecit. unum quippe illum esse oportebat; essent autem et
duo et tres et plures, si hoc fieri posset non per dei proprium donum,
sed per hominis liberum arbitrium. hoc ergo praecipue commendatur, hoc in sapientiae atque scientiae thesauris in Christo abscon- 5
ditis, quantum existimare audeo, praecipue docetur et discitur.
ideo quisque nostrum bonum opus suscipere, agere, inplere nunc
scit, nunc nescit, nunc delectatur, nunc non delectatur, ut nouerit
non suae facultatis, sed diuini muneris esse uel quod scit uel quod
delectatur, ac sic ab elationis uanitate sanetur et sciat quam uere 10
non de terra ista, sed spiritaliter dictum sit: dominus dabit
suauitatem et terra nostra dabit fructum suum. tanto
autem magis delectat opus bonum, quanto magis diligitur deus, summum atque incommutabile bonum et auctor qualiumcumque bonorum omnium. ut autem diligatur deus, caritas eius diffusa 15
est in cordibus nostris non per nos, sed per spiritum sanctum, qui datus est nobis.

XVIII. 28. Sed laborant homines inuenire in nostra uoluntate
quid boni sit nostrum, quod nobis non sit ex deo, et quomodo inueniri possit ignoro. excepto enim, quod apostolus ait, cum de bonis 20
hominum loqueretur: quid enim habes quod non accepisti?
si autem accepisti, quid gloriaris, quasi non acceperis?,
ipsa etiam ratio, quae de his rebus a talibus quales sumus iniri
potest, quemlibet nostrum quaerentem uehementer angustat, ne
sic defendamus gratiam, ut liberum arbitrium auferre uideamur, 25
rursus, ne liberum sic asseramus arbitrium, ut superba impietate
ingrati dei gratiae iudicemur.

---

5 cf. Col. 2, 3   11 Ps. 84, 13   15 Rom. 5, 5   20 cf. I Cor. 4, 1—6   21 l Cor. 4, 7

1 unius *A*   siue *A*   2 opportebat *Lm1*   3 propriam (u s. a)*V*   5 te-
sauris *L*   6 estimare *A*   7 aggere *A*   8 nunc nescit *in mg. m2G*   9 nume·
ris *KA*   10 e∗lationis *Km2* ellationis *Lm1*   11 ita set *Lm1*   dau *L*
12 suauitatem (*in mg.* al benignitatem) *b* benignitatem *T*   17 *ante*
nobis *eras.* pro *L*   19 quod *A*   bonū *KM*   quōmodo *L*   inuenire (i s.
fin. c)*K*   21 hominibus *r*   22 si—accep. *om. A*   autem] *add.* et *Kbd*
groriaris *L*   23 iis *d*   a *om. SVm1PG*   iniri (qui s. j m2)*V* inuenire *A*
inueniri *CM*   24 ne∗ *V*   25 *post* arbitrium *eras. uid.* arbitrium *in L*   26 asc-
remus *Lm1*   ut *s. exp₁* in *Vm2*   superbia *A*

29. Namque illud apostoli quod commemoraui sic defendere
quidam uoluerunt, ut dicerent 'ideo quicquid etiam bonae uoluntatis
habet homo, deo tribuendum esse, quia et hoc in illo esse non posset,
si homo ipse non esset; cum uero, ut sit aliquid atque ut homo sit,
5 non habeat nisi a deo, cur non auctori deo tribuatur etiam quicquid
in illo est bonae uoluntatis, quod non esset, nisi esset in quo esset?'
sed hoc modo etiam illud dici potest malam quoque uoluntatem deo
auctori esse tribuendam, quia nec ipsa esse posset in homine, nisi homo
esset in quo esset. ut autem homo sit, deus auctor est; ita et eius
10 malae uoluntatis, quae nisi hominem haberet ubi esset esse omnino
non posset, ad auctorem deum esse referendum. quod nefas est
dicere.
ı   30. Quapropter nisi obtineamus non solum uoluntatis arbitrium, quod huc atque illuc liberum flectitur atque in eis naturalibus
15 bonis est, quibus et male uti malus potest, sed etiam uoluntatem
bonam, quae iam in eis bonis est, quorum esse usus non potest malus,
nisi ex deo nobis esse non posse, nescio quemadmodum defendamus
quod dictum est: quid enim habes quod non accepisti?
nam si nobis libera quaedam uoluntas ex deo est, quae adhuc potest
20 esse uel bona uel mala, bona uero uoluntas ex nobis est, melius
est id quod a nobis quam quod ab illo est. quod si absurdissime dicitur,
oportet fateamur etiam bonam uoluntatem nos diuinitus adipisci.
quamquam uoluntas mirum si potest in medio quodam ita con-

2 Pelagiani (?)   18 I Cor. 4, 7

•

1 nanque *A*   defendere—quicquid *in mg.m2K*   2 uoluerint *A*   quidquid
LmlSVml, ita etiam lin. 5   3 possit *Kml*   4 *fin.* ut om.*K*   5 habet *z*
auctori] ut priori *A* auertor *M*   7 oc *Lml*   8 actori *Lml*   pr. esse
om z ATd   possit *KM*   homines *Kml*   9 in *s. exp.* ex *G*   et
om. A   10 malae uoluntatis (*est gen. partit., cf. lin.* 2 *et* 5)] malam uoluntem *Km2*
malae   uoluntatis   causā   (causā   *in   mg.   m3*)*V*   malę   uoluntates   *M*
qua *A*   si *P*   homo n̄ *A* homine *C*   ubi] in quo *Kb*   esse *om. A*   11 ad
auctoritatem *A* ad ad auctorem *C, om. d*   deum esse *om. d*   referendam
KCVp.c. referenda *M, om. d*   13 optineamus (*s.l.m2* ı teneamus)*K*
14 hoc atque illud *A*   adhuc *Kml*   illud *Vml*   ḍeflectitur *G*   15 malae *K*
16 bonus *Kml*   et quorum *SV*   18 quit *Lml*   abes *Lml*   19 quidem *KA*
quidam *C*   adhuc—est *in mg.A*   20 ex] si ex *A*   est] ęt *Km2*   21 an nobis *Lml*
absordissime *A*   22 fateamur (ur *s. add.*)*L* fateā *S* fateantur *Abd*   23 quam-
quam] quę *A*   miror *CT*   quod iā *A*

sistere, ut nec bona nec mala sit. aut enim iustitiam diligimus et
bona est et, si magis diligimus, magis bona, si minus, minus bona est,
aut si omnino non diligimus, non est bona. quis uero dubitet dicere
uoluntatem nullo modo iustitiam diligentem non modo esse malam,
sed etiam pessimam uoluntatem? si ergo uoluntas aut bona est 5
aut mala et utique malam non habemus ex deo, restat ut bonam uoluntatem habeamus ex deo; alioquin nescio, cum ab eo iustificamur,
quo alio munere ipsius gaudere debeamus. et hinc scriptum arbitror:
paratur uoluntas a domino et in Psalmis: a domino gressus
hominis diriguntur et uiam eius uolet et quod apostolus 10
ait: deus est enim qui operatur in uobis et uelle et operari pro bona uoluntate.

    31. Quocirca quoniam quod a deo nos auertimus, nostrum est —
et haec est uoluntas mala — quod uero ad deum nos conuertimus, nisi
ipso excitante atque adiuuante non possumus — et haec est uoluntas 15
bona — quid habemus quod non accepimus? si autem accepimus,
quid gloriamur, quasi non acceperimus? ac per hoc ut qui gloriatur, in domino glorietur, quibus hoc deus donare uoluerit,
eius misericordiae est, non meriti illorum, quibus autem noluerit,
ueritatis est. iusta namque peccatoribus poena debetur, quo- 20
niam misericordiam et ueritatem diligit dominus deus
et: misericordia et ueritas occurrerunt sibi et: uniuersae
uiae domini misericordia et ueritas. et quis explicet quam
crebro haec duo coniuncta diuina scriptura commemoret? aliquando

9 Prou. 8, 35   Ps. 36, 23   11 Phil. 2, 13   16 cf. I Cor. 4, 7   17 I Cor. 1, 31.
II Cor. 10, 17   20 Ps. 83, 12   22 Ps. 84, 11   Ps. 24, 10

    1 *alt.* nec] uel *b*   *post* diligimus *eras. uid.* est bona *in* L   2 *alt.*
bona est *A*   si minus] si *K* si minus diligimus *A*   minus *s.l.m2L*   3 *pr.* non
s.l.G   bona est *d*   dicens *KC*   4 est *Km1*   5 uolunta-
tem *exp.* L   6 et] set *Lm1* sed *Lm2SVm1PG*   malū *Lm2SVGA*
habeamus *Gm1*   stat *A*   7 aliqui *L*   hab eo *Lm1Gm1*   8 quod *Lm1*
scriptum est *A*   9 psalmo *A*   10 dirigetur *PG* dirigentur *LSVATbd*   uia *SV*
et *om.* A   quod *om.* KC   11 enim est *KM*   ē *s.l.G*   13 quod *s.l.m2L*
uertimus *A*   14 est *om. LSVP*   15 in ipso *V*   excitande *Ga.c.*   17 accepimus *Lm1*   hac *L*   18 in domino** gloriatur *G*   dns *KCb*   donare
uoluerit (are uol. *in ras. m2)L*; *post* uoluerit *eras.* eius misericordia *L*   19 misericordia
Lm1SVPG   merito *SKb* meritorum *A*   20 quoniam—deus *in mg. m2L*
21 diligit me *V*   22 et *s. ras. Lm2*   misericordiam *Lm1*   uniuersi *Gm1*
24 crebro *Lm1* cebro *Vm1*   coniunctos *Lm1* coniuncta *M*

etiam mutatis nominibus, ut gratia pro misericordia ponatur—unde
est: et uidimus gloriam eius, gloriamtamquam unigeniti
apatre, plenum gratia et ueritate—aliquando pro ueritate iudicium, sicut est: misericordiam et indicium cantabo tibi,
5 domine.

32. Quare autem illos uelit conuertere, illos pro auersione punire, cum et in beneficio tribuendo nemo iuste reprehendat
misericordem et in uindicta exercenda nemo iuste reprehendat
ueracem, sicut in illis euangelicis operariis aliis placitam merce-
10 dem reddentem, aliis etiam non placitam largientem nullus iuste
culpauerit, consilium tamen occultioris iustitiae penes ipsum est.

XIX. Nos, quantum concessum est, sapiamus et intellegamus, si possumus, dominum deum bonum ideo etiam sanctis suis
alicuius operis iusti aliquando non tribuere uel certam scientiam
15 uel uictricem delectationem, ut cognoscant non a se ipsis, sed ab illo
sibi esse lucem, qua inluminentur tenebrae eorum, et suauitatem,
qua det fructum suum terra eorum.

33. Cum autem ab illo illius adiutorium deprecamur ad faciendam perficiendamque iustitiam, quid aliud deprecamur, quam ut
20 aperiat quod latebat et suaue faciat quod non delectabat? quia et
hoc ab illo esse deprecandum eius gratia didicimus, dum antea lateret,
eius gratia dileximus, dum antea non delectaret, ut qui gloriatur non
in se, sed in domino glorietur. extolli quippe in superbiam propriae
uoluntatis est hominum, non operis dei; neque enim ad hoc eos con-

---

2 Ioh. 1, 14   4 Ps. 100, 1   9 cf. Matth. 20, 9. 10   16 cf. Luc. 1, 79
cf. Ps. 84, 13 22 cf. I Cor. 1, 31 23 extolli—adiuuat deus] cf. Fulgentii ad Mon. I 28

2 tamquam] quasi z   3 patrem Lm1   plen' A   ueritatem Lm1
6 quarei P   aduersione A   punire s. ras. m2L   7 cum] tum M quamuis
(uis s.l.m2)L quamLm1 SVPG quamquam bd cum codd. quibusdam deterioribus
et eras. L   in om. LSPG,s.l.Vm4   beneficia Lm2   rephendit Lm1Sm1
8 misericordiam Lm1SKm1   et—reprehendat in mg.m2K   in s.l.eras.L   uindictam Lm2   exercendo Lm2 exerenda SVKCm2M   10 redentem Lm1
11 tam K   ocultiores Lm1 occultiores A   sunt A   12 uos autem b   13 si
possumus om. z   14 iusti etiam Lm2 iustitiā Lm1SVPGM, b in mg.
no*(s eras.)L   15 illos Vm1Gm1 16 iluminentur L luminentur b   suauitate SPGC
17 in terra V   18 illius] alius V   ad s. exp. et Lm2   20 latebat s. exp.
delectat Vm3   21 gratiā Lm1   laterat Lm1S lateret s. exp. lectaret m3V
23 gloriatur G   ettolli Vm1 extolli* K   24 conpellat Sm1

pellit aut adiuuat deus. praecedit ergo in uoluntate hominis adpetitus quidam propriae potestatis, ut fiat inoboediens per superbiam. hic autem adpetitus etiam si non esset, nihil molestum esset,
et cum hoc uoluit homo, sine difficultate noluisset; secutum est autem
ex debita iusta poena tale uitium, ut iam molestum esset oboedire   5
iustitiae. quod uitium nisi adiuuante gratia superetur, ad iustitiam
nemo conuertitur, nisi operante gratia sanetur, iustitiae pace
nemo perfruitur. cuius autem gratia uincitur et sanatur, nisi illius
cui dicitur: conuerte nos, deus sanitantium nostrarum, et
auerte iram tuam a nobis? quo et si facit, misericordia facit,   10
ut dicatur: non secundum peccata nostra fecit nobis nec
secundum iniquitates nostras retribuit nobis. et quibus
non facit, iudicio non facit. et quis dicet illi: 'quid fecisti, cui misericordia et iudicium _pia_ sanctorum mente cantatur'? idcirco etiam
sanctos et fideles suos in aliquibus uitiis tardius sanat, ut in his eos   15
minus, quam inplendae ex omni parte iustitiae sufficit, delectet bonum, siue cum latet siue cum etiam manifestum est, ut, quantum
pertinet ad integerrimam regulam ueritatis eius, non iustificetur
in conspectu eius omnis uiuens. nec in eo ipso uult nos damnabiles
esse, sed humiles commendans nobis eandem gratiam suam, ne   20
facilitatem in omnibus adsecuti nostrum putemus esse quod eius est;
qui error multum est religioni pietatique contrarius. nec ideo tamen
in eisdem uitiis nobis permanendum esse existimemus, sed aduersus ipsam maxime superbiam, propter quam in eis humilamur, et
nos uigilanter conemur et ipsum deprecemur ardenter simul intelle-   25

---

9 Ps. 84,5   11 Ps. 102,10   13 cf. Ps. 100,1   18 cf. Ps. 142,2

1 aut adiuuat _in mg. m. rec._ V   2 quidam—adpetitus _in mg._ m2L   faciat Gm1
3 _alt._ esset _in ras._ Lm2   4 uoluisset T   5 debito Am2C   iusta — uitium _om._ A
ēē S Vm1G   7 pacem Lm1SVm1PGM   9 sanitatum Vm2A salutatium P sanitatium
Gm2CM salutaris K   n̄r K   10 an nobis Lm1   11 ut (t s.l.m2)L   peccata]
merita M   neque Gm1Ad   13 cui s.l.m2S cum Gm1A cuius M
miam A   14 iudiciā Vm1   pie L piu Vm1   canatur Lm1 cantantur K
icciro A   15 cū s. exp. ut Km2   16 delectat K   18 pertineat
Lm1SVm1PG   iustifecetur Vm1   21 facultatem Sm1 felicitatem K
adsequuti S   esset V   22 religioni LS religionis C   pietatisque C
contrariis A   nec—existimemus _om._ M   23 çstimemus A   24 humiliamur
Lm2SVPGKACbd humiliatur M   25 ardentes A

gentes et quod sic conamur et quod sic precamur dono illius nos
habere, ut in omnibus non ad nos respicientes, sed sursum cor habentes domino deo nostro gratias agamus et, cum gloriamur, in illo
gloriemur.

5   XX. 34. Quartum iam illud restat, quo explicato, quantum
adiuuat dominus, sermo quoque iste tam prolixus tandem terminum
sumat, utrum qui omnino numquam ullum peccatum habuerit habi-
turusue sit, non solum quisquam natorum hominum sit, uerum etiam
potuerit aliquando esse uel possit. hunc prorsus nisi unum mediatorem
10 dei et hominum hominem Christum Iesum nullum uel esse uel fuisse uel
futurum esse certissimum est. unde iam multa diximus de baptismo
paruulorum, qui si nullum peccatum habent, non solum sunt homines
innumerabiles sine peccato, uerum etiam fuerunt et erunt. porro si
ueraciter illud constitit, unde secundo loco egimus, neminem esse sine
15 peccato, profecto nec paruuli sine peccato sunt. ex quo conficitur,
etsi quisquam in hac uita esse potuisset, qui uirtute ita perficeretur,
ut ad tantam plenitudinem iustitiae perueniret, qua nullum haberet
omnino peccatum, fuisse tamen eum antea peccatorem, unde in
istam nouitatem uitae conuerteretur, non esse dubitandum. etenim se-
20 cundo illo loco aliud quaerebatur, aliud in hoc quarto propositum
est. nam in illo, utrum aliquis in hac uita ad perfectam, quae prorsus sine ullo peccato est, uitam perueniret per gratiam dei studio
uoluntatis, hoc requirebatur; in hoc autem quarto, utrum esset in
filiis hominum uel esse potuisset aut posset, qui non ex peccato ad
25 iustitiam perfectissimam perueniret, sed nullo omnino umquam
peccato esset obstrictus, hoc quaeritur. ideo si illa uera sunt, quae

---

3 cf. I Cor. 1, 31   9 cf. I Tim· 1, 8   14 cf. pag. 78 sqq.·

1 pr. si KmlM   alt. si M   deprecamur bd   non (s s. n) Vm2   2 non ad
om. A   rursum Mml   corbentes Lml   5 quātum LmlSVmlGKml
Quartum] add. autem z   quod LmlSVmlPG   explicito zd   6 tam in mg. G
7 sūmat Lml   quis Gm2   umquam P, om. M   nullū Pm. rec. M illu
(u s. i et d s. u)A   8 naturam L naturum SVmlG   hominum om z
9 nisi] preter K, b   (in mg. al nisi), om. C   11 post unde cras.
et G   multum KC   14 legimus A   15 nec om. K   paruulis A   n̄ sunt
Km2   16 utsi K   17 iustitia Lml   quam LmlA   omnino haberet A
18 peccatum s.l.m2L   ante A   19 uitae om. z   in secundo Kbd
20 illo om. A   22 est ē L   23 requirabatur A   esse Vml ō et A
24 aut posset om. z   possit Km2   25 ✱et L   26 esse VmlA

tam multa de paruulis diximus, nec est iste in filiis hominum quisquam
nec fuit nec erit excepto uno mediatore, in quo nobis propitiatio et
iustificatio posita est, per quam finitis inimicitiis peccatorum recon-
ciliemur deo. non itaque ab re est, quantum praesenti causae sufficere uidetur, ab ipso exordio generis humani pauca repetere, quibus 5
aduersus quaedam, quae mouere possent, legentis animus informetur.
XXI. 35. Posteaquam illi primi homines, uir unus Adam et ex
illo Eua uxor eius, accepto dei praecepto seruare oboedientiam
noluerunt, iusta eos poena ac debita consecuta est. sic enim comminatus fuerat dominus, quod ea die, qua uetitum cibum ederent, 10
morte morerentur. proinde quia utendi ad escam omni ligno, quod
in paradiso erat, acceperant potestatem, in quo etiam lignum uitae
plantauerat deus, ab illo autem solo eos prohibuerat, quod appellauit scientiae boni et mali, quo nomine significaretur experientiae
consequentia, et quid boni custodita et quid mali essent transgressa 15
prohibitione sensuri, recte profecto intelleguntur ante malignam
diaboli persuasionem abstinuisse cibo uetito atque usi fuisse con-
cessis ac per hoc et ceteris et praecipue ligno uitae. quid enim absurdius, quam ut credantur ex aliis arboribus alimenta sumpsisse, non
autem etiam ex illo, quod et similiter permissum fuerat et utilitate 20
praecipua per aetatum labem mutari quamuis animalia corpora
atque in mortem ueterescere non sinebat, tribuens hoc corpori humano de suo corpore beneficium et mystica significatione demonstrans quid per sapientiam, cuius figuram gestabat, conferretur
animae rationali, ut alimento eius uiuificata nequaquam in labem 25
mortemque nequitiae uerteretur? merito enim de illa dicitur: li-

2 cf. Rom. 3, 25   3 cf. Rom. 5, 10   10 cf. Gen. 2, 17   14 cf. Gen. 2, 9. 16. 17
26 Prou. 3, 18

1 iste *om.* z MTbd   3 infinitis A   reconciliamur zbd   5 uident Lm1 uidens
SVG uideo P ualent Lm2   6 possunt Vm2Pbd possint K   7 hominis Km1
8 serbare Lm1   9 iuxta SGm1   hac Lm1   secuta P   10 fin. quo Sm1Vm1
11 morirentur A   perinde V   qui audendi Vm1 qui autendi Km1 etendi (*om.* quia) A
id Am2   13 ante d̅s exp. et eras. autē L   14 scientiā Km2   15 consequentie (ę)
Lm1P   alt. qui Vm1   16 prohibitionem Lm1   sensuri—persuasionem *in mg.*
m2L   profecto Vm1   17 atque usi f. bis Lm1   concensis Lm1SGm1
18 hac Lm1   absordius Vm1A   19 ut *om.* KC   credatur LSVG
sumsisse L   20 fuerit K   21 praecipue K   lauem SVm1Gm1 labe M
non mutari A   22 atque *om.* A   morte Kb   ueterascere Vm2Abd   23 beneficio V
24 huius V   25 lauem SVm1Gm1 habem Am1   26 uertetur L   illo Gm1

gnum uitae est amplectentibus eam. sicut haec arbor in
corporali sic illa in spiritali paradiso, ista exterioris, illa interioris
hominis sensibus praebens uigorem sine ulla in deterius temporis
commutatione uitalem. seruiebant igitur deo uehementer sibi com-
5 mendata pietate oboedientiae, qua una colitur deus. quae per se ipsam
quanta sit quamque sola sufficiat ad tuendam rationalem sub creatore creaturam, non potuit excellentius intimari, quam ut a ligno
prohiberentur non malo. absit enim ut bonorum creator, qui fecit
omnia et ecce bona ualde, mali aliquid in illius etiam corporalis
10 paradisi fertilitate plantaret. sed ut ostenderetur homini, cui esset
sub tali domino utilissima seruitus, quantum esset solius oboedientiae
bonum, quam solam de famulo exegerat, cui oboedire non propter
ipsius dominatum, sed propter seruientis utilitatem potius expediret,
ab eo ligno sunt prohibiti, quo si uterentur non prohibiti, nihil mali
15 omnino paterentur, ut quod illo post prohibitionem utentes passi
sunt satis ostenderetur quod eis hoc non intulerit arbor cibo noxio
perniciosa, sed tantum oboedientia uiolata.
     XXII. 36. Hanc ergo priusquam uiolassent, placebant deo et
placebat eis deus et, quamuis corpus animale gestarent, nihil ino-
20 boediens in illo aduersum se moueri sentiebant. faciebat quippe hoc
ordo iustitiae, ut, quia eorum anima famulum corpus a domino
acceperat, sicut ipsa eidem domino suo ita illi corpus eius oboediret
atque exhiberet uitae illi congruum sine ulla resistentia famulatum.
hinc et nudi erant et non confundebantur. animam quippe ratio-
25 nalem naturali uerecundia nunc pudet, quod in carne, in cuius seruitutem ius potestatis accepit, nescio qua infirmitate efficere non

9 Gen. 1, 31   24 cf. Gen. 2, 25

1 arboris necorporali C   2 sic—spiritali s. l. L   paradyso LSP
3 in terius Lm1   5 ipsa SVGm1ACMbd   6 quamquae V   8 quae K   9 illis
SPG,V(in mg. 1 illius)   10 plantare Vm1   11 esse Vm1   oboedientia
bona V   12 sola V   exigerat SVGb exigeret ACM exiret (ge s. i m1)K   13 lu-
entis z, b in mg. fruentis Gm2   expoediret K   14 brohibiti Sm1
15 pateretur Km1   illud V   proibitionem L   putentes V   16 intellegeretur z d,
b in mg.   18 s. hanc m2 oboedientiam add. G   19 obedientes A
20 illū V   aduersū∗L   moueris Km1Am1   21 cordo Lm1   famulū
A (in mg. famulatū)   22 ipse K   idem A   23 exiberet L   25 nunc
ex nec P   26 ius] eius A   perficere KC

potest, ut se nolente non moueantur membra et se uolente moueantur. quae propter hoc in quouis casto merito appellantur pudenda,
quod aduersus dominam mentem, quasi suae sint potestatis, sieut
libitum est, excitantur idque solum iuris in his habent frena uirtutis,
ut ad inmundas et inlicitas corruptiones ea peruenire non sinant. 5
haec igitur carnis inoboedientia, quae in ipso motu est, etiamsi habere
non permittatur effectum, non erat in illis tunc primis hominibus, quando nudi erant et non confundebantur. nondum quippe anima rationalis
domina carnis inoboediens extiterat domino suo, ut poena reciproca
inoboedientem experiretur carnem famulam suam cum sensu, quo- 10
dam confusionis et molestiae suae, quem sensum certe ipsa per inoboedientiam suam non intulit deo. neque enim deo pudendum est aut
molestum, si nos ei non oboedimus, cuius in nos summam potestatem
nullo modo minuere ualemus, sed nobis pudendum est, quod imperio
nostro caro non seruit, quia hoc fit per infirmitatem, quam peccando 15
meruimus, uocaturque peccatum habitans in membris nostris. sic
est autem hoc peccatum, ut sit poena peccati. denique posteaquam
est illa facta transgressio et anima inoboediens a lege sui domini
auersa est, habere coepit contra eam seruus eius, hoc est corpus
eius, legem inoboedientiae et puduit illos homines nuditatis suae 20
animaduerso in se motu, quem ante non senserant, quae animaduersio apertio dicta est oculorum; neque enim oculis clausis inter
illas arbores oberrabant. sic et de Agar scriptum est: aperti sunt
oculi eius et uidit puteum. tunc illi homines pudenda texerunt,
quae deus illis membra, ipsi uero pudenda fecerunt.   25

---

16 cf. Rom. 7, 17. 23   21 cf. Gen. 3, 7   23 Gen. 21, 19   24 cf. Gen. 3, 7

1 *pr.* uolēte *L alt.* nolente *L*   2 putenda (*t prod m1 saepius*) *Vm1*   3 suae *bis K*
4 liuitum *Lm1SVm1Gm1*   excitant *Lm1*   5 ad *in ras. Vm2*   inmundus *Vm1*
et] *add.* ad *z*   6 inoboedientiae *SVm1Gm1K*   non habere *A*
7 tunc *om. zd*   9 extitat *Lm1* exstiterat *GKA*   10 famula sua *V*
11 certa *Lm1M*   per] et *V*   13 molestum] *eras.* est *L*   15 caro *s.l.m2L*   quia
bohoc *Lm1* qui obhoc *Lm2SP* quod *V* quę hoc *A* quod hoc *Gm2*
16 uocanturque *V*   18 est *eras. V, om. C*   facta est *V*   anima *om. z*
19 aduersa *V* aduersa *C*   20 pudiuit *Vm1Gm1*   nuditati *ex* nudati *Vm2*
21 animoaduerso *SVm1G*   senser *K*   anima•duersio *V* animoaduersio *Gm1*
23 aberrabant *Vm2*   ager *Lm1*   aperti sunt *in mg.m2V*   24 pudenda—
uero *in mg. A*

XXIII. 37. De hac lege peccati nascitur caro peccati expianda
per illius sacramentum, qui uenit in similitudine carnis peccati, ut
euacuetur corpus peccati, quod et corpus mortis huius appellat, unde
miserum hominem non liberat nisi gratia dei per Iesum Christum
5 dominum nostrum. sic enim ab eis transitum fecit in posteros ista
lex initium mortis, quemadmodum labor quo cuncti homines laborant
in terra, quemadmodum in feminas parturitio cum doloribus. haec
enim, cum de peccato arguerentur, dei sententia meruerunt, quae
non in eis solis, sed etiam in successoribus eorum, in aliis magis, in
10 aliis minus, tamen in omnibus uidemus inpleri. cum itaque primorum illorum hominum fuerit prima iustitia oboedire deo et hanc
in membris aduersus legem mentis suae legem concupiscentiae non
habere, nunc post eorum peccatum nata ex eis nostra carne peccati
pro magno obtinetur ab his qui oboediunt deo desideriis eiusdem
15 concupiscentiae non oboedire et crucifigere in se carnem cum passionibus et concupiscentiis, ut sint Iesu Christi, qui hoc in sua cruce
figurauit, quibus per gratiam suam dedit potestatem filios dei
fieri. non enim omnibus hominibus dedit, sed quotquot receperunt
eum, ut deo renascerentur spiritu, qui saeculo nati erant carne.
20 sic enim de his dictum est: quotquot autem receperunt eum,
dedit eis potestatem filios dei fieri, qui non ex carne,
non ex sanguine, non ex uoluntate uiri nec ex uoluntate
carnis, sed ex deo nati sunt.

XXIV. 38. Secutus autem addidit: et uerbum caro fac-
25 tum est et habitauit in nobis, tamquam dicens: 'magnum

2 cf. Rom. 8, 3. 6, 6   3 cf. Rom. 7, 24. 25   7 cf. Gen. 3, 16   12 cf. Rom. 7, 23
14 cf. Rom. 6, 12   19 cf. Ioh. 3, 5   20 Ioh. 1, 12. 13   24 Ioh. 1, 14

1 nascito *Vm1*   expienda *Vm1A*   2 similitudinē *Ab*   3 morti *Lm1*
appellatur *Md*   5 habeis *L*   6 labor—quemadmodum *om. A*   quo *m3*
s. exp. hoc *V*   7 paritio *Km1*   8 eruerunt *Vm1Gm1*   10 priorum *r*
12 mentis *in mg. K*   13 haberet *Lm1VPG* haberent *b*   nunc] nec *b*
posterorum (*om.* eorum)*K*   peccato *Km2*   caro *z*   14 magna *Gm1*
ha̱b *L*   is *Lm1* hiis *A*   15 in se *exp. V*   16 in ih̄u *LSVm1G,om.M*
xpo (o *m1 ex* i)*L*   cruce] carne *z*   17 figurabit *A*   18 quodquod
(t *m1 s.* d)*L*   19 ut *om. K*   slo *m1 ex* dō *L* dō *P*   20 dictum est de his *G*
quodquod (*utrumque* d *corr. m1 in* t)*L*   22 nec] non *z* neque *A*   uoluptate *Lm1*
SVG   24 sequutus *S*   adidit (i *pr. s.l.*)*L*   factum *s.l.m2V*   25 habitabit
LGm1Km1A

quidem hoc in his factum est, ut deo nascerentur ex deo, qui prius
nati fuerant ex carne saeculo quamuis creati ab ipso deo; sed longe
mirabilius factum est, quod, cum istis naturae fuerit nasci de carne,
beneficii uero nasci ex deo, propter hoc inpertiendum beneficium ille,
qui de deo naturaliter natus est, nasci etiam misericorditer de carne ₅
dignatus est'; hoc est enim: et uerbum caro factum est et habitauit in nobis. per hoc, inquit, factum est, ut nati de carne caro postea
nascendo de spiritu spiritus essemus et habitaremus in deo, quia et
deus natus de deo postea de carne nascendo caro factus est et habitauit in nobis. uerbum enim, quod caro factum est, in principio erat ₁₀
et apud deum deus erat. uerum tamen ipsa participatio illius in inferiora nostra, ut nostra esset in superiora illius, tenuit quandam et
in carnis natiuitate medietatem, ut nos quidem nati essemus in carne
peccati, ille autem in similitudine carnis peccati, nos non solum ex
carne et sanguine, uerum etiam ex uoluntate uiri et uoluntate carnis; ₁₅
ille autem tantum ex carne et sanguine, non ex uoluntate uiri neque
ex uoluntate carnis, sed ex deo natus est. et ideo nos in mortem propter
peccatum, ille propter nos in mortem sine peccato. sicut autem inferiora eius, quibus ad nos descendit, non omni modo coaequata sunt
inferioribus nostris, in quibus nos hic inuenit, sic et superiora nostra, ₂₀
quibus ad eum ascendimus, non coaequabuntur superioribus eius, in
quibus eum illic inuenturi sumus. nos enim ipsius gratia facti erimus
filii dei, ille semper natura erat filius dei; nos aliquando conuersi adhae-
rebimus inpares deo, ille numquam auersus manet aequalis deo; nos
participes uitae aeternae, ille uita aeterna. solus ergo ille etiam homo ₂₅

6 Ioh. 1, 14   10 cf. Ioh. 1, 14. 1   14 cf. Rom. 8, 3   cf. Ioh. 1, 13   18 cf. Rom.
5, 6. 9. I Cor. 15, 3. II Cor. 5, 15   23 cf. Matth. 3, 17. Luc. 3 ,22   24 cf. Phil. 2, 6

1 prinu *Gm1*   2 fuerūt *L*   3 isti *V*   fieri *Lm1* fuerint *Gm1*   5 quod
Vm1   de∗ *G*   misericorditer *om. z*   6 habitabit *LGm1Km1AC*
8 de spiritu nascendo *A*   inhabitaremus *P*   dno̅ *A*   9 factū *VC*   habitabit *Km1*
12 ut *s.l.m2L*   nostra *in mg. m2L*   essent *Vm2A*   in] et *AM*   13 natiuitatem *Lm1S*
14 similitudinem *AMb*   15 *jin.* et] *add.* ex *LSP*   uoluptate *SVPG, L* (n *s.* p)
16 et ex sanguine *V*   uoluptate *SPG, L* (n *s.* p)   17 sed—est *om. r*
morte *Lm2*   18 ille] *add.* autem *A*   morte *Lm2M*   in inferiora *K*
19 decendit *Lm1*   quoęquata *Lm1VGm1*   20 inferioribus n̅r̅s *in mg. m2L*
hoc *Vm1*   sit *Gm1*   21 quoęquabuntur *Lm1* quoequabuntur *V*   22 nos—
filius dei *in mg. A*   23 aderebimus *Lm1*   25 uitae *in ras. V*   *pr.* illa *Gm1*

factus manens deus peccatum nullum umquam habuit nec sumpsit
carnem peccati quamuis de materna carne peccati. quod enim carnis
inde suscepit, id profecto aut suscipiendum mundauit aut suscipiendo
mundauit. ideo uirginem matrem non lege carnis peccati, id est non
5 concupiscentiae carnalis motu concipientem, sed pia fide sanctum
germen in se fieri promerentem quam eligeret creauit, de qua crearetur
elegit. quanto magis ergo caro peccati baptizanda est propter eua-
dendum indicium, si baptizata est caro sine peccato propter imitationis exemplum!
10   XXV. 39. Quod autem supra respondimus aduersus eos qui dicunt:
si peccator genuit peccatorem, iustus quoque iustum gignere debuit,
hoc etiam his respondemus, qui dicunt de homine baptizato natum
iam uelut baptizatum haberi debuisse. *cur enim non,* inquiunt, *in
lumbis patris sui potuerit baptizari, si secundum epistolam, quae ad
15 Hebreos scripta est, in lumbis Abrahae Leui potuit decimari?* hoc qui
dicunt adtendant non propterea Leui postea non fuisse decimatum,
quia iam fuerat decimatus in lumbis Abrahae, sed quia sic ordinatus
est honore sacerdotii, ut acciperet decimas, non praeberet; alioquin nec
ceteri fratres eius, qui ei praebebant, decimarentur, quia et ipsi in
20 lumbis Abrahae a Melchisedech iam fuerant decimati.
    40. Sed ne quis dicat propterea recte potuisse Abrahae filios
decimari, quamuis iam fuissent in lumbis patris sui decimati, quia

---

10 cf. pag. 82   11. 13 Pelagiani   15 cf. Hebr. 7, 9   19 cf. Hebr. 7, 10

1 d̄s *in ras. GK*   peccatum nunquam habuit carnem peccati *sqq. CT*
habuit unquam *bd*   nec sumpsit carnem] nec cum carne *z*
2 de natura carnis peccati *b*   3 *pr.* aut *om. A* et *Mm1* ut *T*   mundabit *A*
aut—mundauit *om. A*   ait *Lm1*   suscipiendum *Lm1*   4 mandauit *Ka.c.*
peccatum *Lm1*   id est] item *V*   5 pia] ipsa *z*   fides *Lm1*
sancta *z*   6 eligerent *Lm1* eligere *SV* elegerat *b*   7 baptizandū *Vm1*
propter—est *in mg. m2K*   8 babtizanta (b *pro* p *in hac parte m1*
semper fere) Lm1 baptizanda *S* baptizanta *PG*   immitationes *Lm1*
10 super *Km1*   12 baptizati *Vm1*   nato *Lm1M*   13 debuisset *SVm1PGm1*
cuur *GA*   illūuis *Lm1VGm1* illum uiis *S*   14 poterit *V* potuit *KACbd*
15 ebreos *L* haebraeos *S*   scripta sunt *V*   habrahę *LK* abraae *A*
16 *fin.* non *om. A*   17 habrahe *L* abrahę *S*   18 est *om. L*   sacerdoti
SVm1Gm1 sacerdotio *PGm2*   preueret *Sm1* creueret *V*   19 ceteris *Lm1SVm1*
decima *Lm1*   20 habrahę *L* abraheae *S* abraae *A, ita etiam l. 21*   melcisedec
Lm1 melchisedec *C*   fueręnt *Lm1* fuerat *Vm1Km1*   21 filius *Vm1*

decimatio talis res erat, quae in unoquoque homine saepe fuerat facienda, sicut Israhelitae annis omnibus, immo ex fructibus omnibus decimas
tota uita sua crebras solent praebere Leuitis, baptismum autem tale
sacramentum esse, quod semel datur et, si iam hoc acceperat quisque,
cum in patre suo esset, non nisi baptizatum fuisse deputandum, cum 5
de illo qui baptizatus fuerat gigneretur: qui hoc dicit, ne diu dispu-
tem, circumcisionem respiciat, quae semel fiebat et tamen in singulis
singulatim fiebat. sicut ergo tempore illius sacramenti de circumciso
qui nasceretur circumcidendus fuit, sic nunc de baptizato qui natus
fuerit baptizandus est.   10

41. *At enim ait apostolus: filii uestri inmundi essent,*
nunc autem sancti sunt; et ideo, inquiunt, *fidelium filii iam*
baptizari minime debuerunt. miror hoc dicere qui negant peccatum
ex Adam originaliter trahi. si enim hanc apostoli sententiam sic accipiunt, ut credant de fidelibus sanctificatos filios nasci, cur eos etiam 15
ipsi baptizari oportere non dubitant? cur denique nolunt fateri de parente peccatore aliquod peccatum originaliter trahi, si de sancto
aliqua sanctitas trahitur? et contra nostram quidem non est adsertionem, etiamsi ex fidelibus sancti propagantur, quod eos dicimus,
si non baptizantur, pergere in damnationem, quibus et ipsi regnum 20
caelorum intercludunt, quamuis eos dicant non habere ullum uel
proprium uel originale peccatum. aut si eis indignum uidetur, ut
sancti damnentur, quomodo erit dignum, ut a regno dei sancti separentur? illud potius adtendant, quomodo non de peccatoribus parentibus trahatur aliquod peccatum, si de sanctis aliqua sanctitas trahi- 25
tur et inmunditia de inmundis. utrumque enim dixit qui dixit: a l i o-
q u i n f i l i i u e s t r i i n m u n d i e s s e n t, n u n c a u t e m s a n c t i s u n t:

---

11 Pelagiani   I Cor. 7, 14   26 I Cor. 7, 14

1 reserat *b*   saepe *om. z*   fuerit *Gm1*   2 israelitę *L*   frugibus *z*
3 crebra *L*   tali *Vm1*   4 datum∗ *L*   5 esse *Vm1C*   6 *pr.* qui *s.l.*
LVG, om. PS   7 recipiat *LSVPGm1*   8 singillatim *Gm2KCbd*   tem-
porae *V* in tempore *A*   circumcisio *Vm1*   9 nascetur *A*   11 ait eni c̄ apłs *L*
at enim c̄ apłs *S* at enim c̄ amplius *V* at enim apłs *P* ait (i *s.l.m2*) enim ∗∗∗ apostolus *G* ait apłs inquit *A* At enim ap. ait *d*   apostolus] *add.* alioquin *s.l.LG, in mg. A*
16 n̄ baptizari *Gm2*   dubitabant *K*   17 aliquot *Km1*   trahii *SV*   23 dapentur *A*
erit] est *zCTd*   ut *s.l.m2 S* aut *V*   24 et illud *b*   adtendunt *SV*
trahentur parentibus *Vm1*   26 non immundicia *b* inmundia *Vm1*
utramque *Lm1*

explicent etiam quomodo iustum sit, ut sancti ex fidelibus et inmundi ex infidelibus nati pariter tamen, si baptizati non fuerint,
regnum dei non permittantur intrare. quid ergo illis ista sanctitas
prodest? nam si damnari faterentur inmundos ex infidelibus natos,
5 sanctos autem filios fidelium in dei quidem regnum intrare non posse,
nisi fuerint baptizati, non tamen damnari, quia sancti sunt, esset
qualiscumque distinctio; nunc uero natos de sanctis sanctos et de
inmundis inmundos aequaliter dicunt et, quia peccatum non habent,
non damnari et, quia baptismum non habent, a dei regno separari.
10 hanc absurditatem talia ingenia non uidere quis credat?
42. Nostrae autem, immo ipsius apostoli sententiae qui dixit:
ex uno omnes ad condemnationem et: ex uno omnes ad
iustificationem uitae, quam non sit contrarium hoc quod ait,
cum de alia re ageret: alioquin filii uestri inmundi essent,
15 nunc autem sancti sunt, paululum adtende.
XXVI. Non unius modi est sanctificatio; nam et catechumenos
secundum quendam modum suum per signum Christi et orationem
manus inpositionis puto sanctificari et, quod accipiunt quamuis non sit
corpus Christi, sanctum est tamen et sanctius quam cibi quibus ali
20 mur, quoniam sacramentum est. uerum et ipsos cibos, quibus ad necessitatem sustentandae uitae huius utimur, sanctificari idem apostolus dixit per uerbum dei et orationem, qua oramus utique nostra
corpuscula refecturi. sicut ergo ista ciborum sanctificatio non efficit, ut quod in os intrauerit non in uentrem uadat et in secessum
25 emittatur per corruptionem, qua omnia terrena soluuntur, unde et

12 Rom. 5, 16. 13   14 I Cor. 7, 14   19 cf. Aug. De catech. rudibus 26, 50
(XL 344, 51 sqq. M) et Confess. I 11 (CSEL XXXIII p. I 15, 14)   21 cf. I
Tim. 4, 5   24 cf. Matth. 15, 17

1 iustum] dictum A   3 permittuntur A   4 damnari quia scisunt** faterentur V
ex infidelibus natos om. z   6 esse Vm1   7 distincto Vm1   natos] add. et Kb
9 baptismo Vm1   post habent repet. damnari—habent K   10 absorditatem A
12 et om. V13 hoc om. KC   15 paululum Km1   16 nam—xpi in mg. m2L   nam
in ras. V quā M   caticuminos LP   catecumenos SVm1   catecuminos Vm2GAM
catechuminos K   cathecuminos Cb   17 secundum in ras. Vm2   18 cod.
Remigianus Maurinorum: et manus impositionem   21 sustentan*de̦ V   huius
uitae d   alimur zbd   23 refectu Vm1   sed sicut in ras. Vm3   ergo] et
LSPG, om. V autem b   non efficit] n̄ ad hoc ualet s.l. m3V   24 inos K
in nos C   intrauit Km1   non s.l. m2K   uadit GKm1   25 et om. KCb

ad aliam escam, quae non corrumpitur, nos dominus exhortatur,
ita sanctificatio catechumeni, si non fuerit baptizatus, non ei ualet
ad intrandum regnum caelorum aut ad peccatorum remissionem.
ac per hoc et illa sanctificatio, cuiuscumque modi sit, quam in filiis
fidelium esse dixit apostolus, ad istam de baptismo et de peccati 5
origine uel remissione quaestionem omnino non pertinet. nam et
coniuges infideles in coniugibus fidelibus sanctificari dicit eo ipso
loco ita loquens: sanctificatur enim uir infidelis in uxore
et sanctificatur mulier infidelis in fratre; alioquin filii
uestri inmundi essent, nunc autem sancti sunt. non, 10
opinor, quisquam tam infideliter intellegit, quodlibet in his uerbis
intellegat, ut ob hoc existimet etiam maritum non christianum, quia
christiana fuerit uxor eius, neque iam baptizari oportere et ad peccatorum remissionem iam peruenisse et in regnum caelorum esse intraturum. quia sanctificatus dictus est in uxore.   15

XXVII. 43. Quisquis uero adhuc mouetur, quare baptizentur
qui iam de baptizatis nascuntur, hoc breuiter accipiat. sicut generatio
carnis peccati per unum Adam ad condemnationem trahit omnes
qui eo modo generantur, sic regeneratio spiritus gratiae per unum
Iesum Christum ad iustificationem uitae aeternae ducit omnes qui 20
eo modo praedestinati regenerantur. sacramentum autem baptismi
profecto sacramentum regenerationis est. quocirca sicut homo, qui
non uixerit, mori non potest et qui mortuus non fuerit resurgere non
potest, ita qui natus non fuerit renasci non potest. ex quo conficitur
neminem in suo parente renasci potuisse non natum. oportet autem 25
ut, si natus fuerit, renascatur, quia nisi quis natus fuerit
denuo, non potest uidere regnum dei. oportet igitur, ut
sacramento regenerationis, ne sine illo male de hac uita exeat, etiam

1 cf. Ioh. 6, 27   8 I Cor. 7, 14   18 cf. Rom. 5, 18   22 cf. Tit. 3, 5
26 Ioh. 3, 3

1 exortatur *LVGK*   2 cathecumeni *Lm1S* caticumini *P* catecumeni *V* cate-
cumini *GK* catecumiuis *A* cathecumini *CMb* cathicumini *Lm2*   3 in regnum *d*
ad] a *Lm1SVm1Gm1*   6 originale *Gm1* originē *M*   remissionem *CM*
8 infideles (i *s. fin.* e)*S*   in uxore fideli (fideli *s.l.m2*)*V*   9 in fratre] in
uiro fideli *s.l.m2V*   11 quotlibet *Km1*   12 non *exp. L*   13 neque enim *S*
14 iam] n̄ *SPG, exp. LV, om. b*   15 ductus *Vm1* datus *Gm1*   16 moue∗tur *L*
baptizetur *Lm1SVCm1*   18 ad] in *b*   in omnes *L* ut omnes *SGm1* ∗∗omnis
(e *s.* i *m2*)*V* homines *C*   19 generatio *zAMd*   20 dicit *Gm1*   21 praedestinati *VK*   generantur *Lm1*   26 renatus *z*   28 sine ullo *AC*

paruulus inbuatur; quod non fit nisi in remissionem peccatorum.
quod etiam ipso loco Christus ostendit, cum interrogatus quomodo
possent ista fieri commemorauit quid Moyses fecerit in exaltatione
serpentis. cum itaque per baptismi sacramentum morti Christi con-
5 formantur infantes, eos a serpentis morsu fatendum est liberari, si
a christianae fidei regula nolumus aberrare. quem tamen morsum
non in sua uita propria, sed in illo cui primitus inflictus est acceperunt.

44. Neque illud fallat, quod nec parenti post conuersionem
obsunt propria peccata; *quanto enim magis,* inquiunt, *filio eius obesse*
10 *non possunt!* sed qui hoc sentiunt non adtendunt, quia, sicut parenti
per hoc quod spiritu renatus est propria peccata non obsunt, ita qui
de illo natus est, nisi eo modo renascatur, quae a parente tracta sunt
oberunt, quia et innouati parentes non ex primitiis nouitatis, sed
ex reliquiis uetustatis carnaliter gignunt et filii ex parentum reliqua
15 uetustate toti uetusti in peccati carne propagati damnationem ueteri
homini debitam sacramento spiritalis regenerationis et renouationis
euadunt. illud namque praecipue propter quaestiones, quae de hac
re motae sunt uel moueri adhuc possunt, adtendere ac meminisse
debemus tantummodo peccatorum omnium plenam· perfectamque
20 remissionem baptismo fieri, hominis uero ipsius qualitatem non
totam continuo commutari, sed spiritales primitias in bene proficientibus de die in diem nouitate crescente commutare in se quod
carnaliter uetus est, donec totum ita renouetur, ut animalis etiam
infirmitas corporis ad firmitatem spiritalem incorruptionemque
25 perueniat.

---

1 cf. Marc. 1, 4. Act. 2, 33   3 cf. Ioh. 3, 14   9 Pelagiani   11 cf. Ioh. 3, 5
16 cf. Tit. 3, 5   19 cf. Col. 2, 13   22 cf. II Cor. 4, 16

l S   1 in remiss.—*116, 27* peccati *om. S; cf. Praef.*   remissionem *ACd* remissione *cet.*   3 moyse *Lm1*   exaltationem *Vm1* exaltationem *A*   4 confor-
mentur *d*   7 in suauitate *Lm1Vm1PG*   8 quod] *add.* si *b*   post con-
uersionē post confessionē *C*   confessionem *KT*   9 absunt *Vm1*   quanta *Ka.c.*
11 propria—est *in mg. m2 K*   quide*L*   14 *fin* ex] et *V*   parentum
(*in mg.* l parentes) *V*   15 uetusti] uetustati *Km1* uetustate *M*   15 et in peccati *d*
in *om. A*   peccati (o *s.* i *m2*) *V*   in carne *A* carnis (s *s.* i *m2*) *V*   propeccati
(propagati *s. m2*) *K*   ueteris hominis *P*   16 deuitam *Lm1Vm1* deuita *P*   spiritali *z*   generationis *Vm1*   18 remotae *C*   mota *M*   20 in baptismo *Vm2*
21 commutare (i *s.* e *m1*)*K*   24 ad infirmitatem *Vm1*

8*

XXVIII. 45. Haec autem lex peccati, quod etiam peccatum
appellat apostolus, cum dicit: non ergo regnet peccatum
in uestro mortali corpore ad oboediendum desideriis
eius, non sic manet in membris eorum, qui ex aqua et spiritu renati
sunt, tamquam non sit eius facta remissio, ubi omnino plena et per- 5
fecta fit remissio peccatorum omnibus inimicitiis interfectis, quibus
separabamur a deo, sed manet in uetustate carnis tamquam supera-
tum et peremptum, si non inlicitis consensionibus quodammodo reuiuescat et in regnum proprium dominationemque reuocetur. ab hac
autem uetustate carnis, in qua est lex ista peccati uel peccatum iam 10
remissum, usque adeo spiritus uita discernitur, in cuius nouitate
baptizati per dei gratiam renascuntur, ut parum fuerit apostolo dicere tales non esse in peccato, nisi etiam diceret in ipsa carne illos
non esse, antequam ex hac mortali uita emigrarent; qui enim in
carne sunt, inquit, deo placere non possunt; uos autem 15
non estis in carne, sed in spiritu, si tamen spiritus dei
habitat in uobis. uerum tamen sicut ipsa carne quamuis corruptibili bene utuntur qui membra eius ad opera bona conuertunt, in qua
carne non sunt, quia non secundum eam sapiunt neque uiuunt, sicut
denique etiam morte, quae primi peccati poena est, bene utuntur 20
qui eam pro fratribus, pro fide, pro quacumque uera et sancta iustitia
fortiter et patienter inpendunt, sic illa etiam lege peccati, quod iam
remissum in uetustate carnis manet, bene utuntur coniugati fideles,
qui ex eo quod sunt in Christi nouitate dominari sibi libidinem minime
patiuntur, ex eo autem quod adhuc trahunt Adae uetustatem rege- 25
nerandos inmortaliter filios mortaliter generant cum ea propagine
peccati, qua illi qui renati sunt obnoxii non tenentur et qua illi qui

2 Rom. 6, 12   4 cf. Rom 7, 23. Ioh. 3, 5   6 cf. Eph. 2, 16   cf. Esai. 59, 2
11 cf. Rom. 7, 6   14 Rom. 8, 8. 9

/. S   2 apostolus *in ras. m2V*   regnat *Vm1*   3 uero *Km1*   6 inimicis *A*
7 separatum *K*   8 et *in ras. V*   peremtum *L*   inliciis *Vm1*   reuiuiscat
Vm2Pm. rec. KAbd   9 dominationemquae *Lm1* dominationemqui *Vm1*   uocetur
VPG   ac *L* hanc *C*   11 spu*Kb*   nouitatem *z*   12 renasc *A*   fuerit *om. A*
dicere] esset dicere *A*   13 illos *om. KCb*   14 uitę *Am1*   migrarent *zATbd*
15 inquit sunt *b*   16 *alt.* in *om. V*   dī *s.l. m2K*   17 in ipsa *A*   18 cor-
uertunt *V* conuertunt (uert. *s.l.*) *Km2*   20 morte* *L*   mortem *VP*   23 utantur
Lm1V   qui coniugati *K*   24 qui *om. K*   minime *s.l. Km2* minus *M*   25 Adae
uetustatem] ad uetustatē *Kb*   regenerando *A*   27 a uoce qua (*pr.*) *inc. S*
quia *Km2*   **nati *V*   qua] quia *Lm1SVm1GKm1*

nascuntur renascendo soluuntur. quamdiu ergo manet lex concu-
piscentialis in membris, manente ipsa reatus eius soluitur; sed ei
soluitur, qui sacramentum regenerationis accepit renouarique iam
coepit. ex illa autem manente concupiscentiae uetustate quod nasci-
5 tur renasci indiget, ut sanetur, quia parentes fideles et nati carnaliter
et renati spiritaliter filios carnaliter genuerunt, filii uero antequam
nascerentur, renasci quomodo potuerunt?

46. Nec mireris, quod dixi manente concupiscentialiter lege peccati reatum eius solui per gratiam sacramenti. sicut enim facta et
10 dicta et cogitata iniqua, quantum ad ipsos motus animi et corporis
pertinet, iam praeterierunt et non sunt, eis tamen praeteritis et
non iam existentibus reatus eorum manet, nisi peccatorum
remissione soluatur, sic contra in hac non iam praeterita, sed adhuc
manente lege concupiscentiae reatus eius soluitur et non erit, cum
15 fit in baptismo plena remissio peccatorum. denique si continuo consequatur ab hac uita emigratio, non erit omnino, quod obnoxium
hominem teneat solutis omnibus quae tenebant. sicut ergo non est
mirum praeteritorum factorum, cogitatorum atque dictorum reatum
manere ante peccatorum remissionem, sic contra non debet esse
20 mirum manentis concupiscentiae reatum praeterire post peccatorum
remissionem.

XXIX. 47. Quae cum ita sint, ex quo per unum hominem peccatum intrauit in hunc mundum et per peccatum mors et ita in
omnes homines pertransiit usque in finem carnalis huius generationis
25 et corruptibilis saeculi, cuius filii generant et generantur, nullo existente homine, de quo in hac uita constituto ueraciter dici possit, quod
nullum habeat omnino peccatum excepto uno mediatore, qui

1 cf. Rom. 7, 23   22 cf. Rom. 5, 12   25 cf. Luc. 20, 34   27 cf. I Tim. 2, 5.
Rom. 5, 10

1 renascendos *SGm1*   concupiscentialiter *Pd*   2 manente in *S* manete *Km1*
manente et *C*   sed ei soluitur *om. V*   4 illo *SVPG*   manentē *Lm1* concupiscentia *AM*   5 qua *Vm1*   6 filios carn. gen. *om. M*   carnale *Sm1*
9 dieta et facta *A*   11 pertinet et *Lm1SVP*   preteriuerunt *Lm1* praeteritierunt
(*in mg.* l pterier)*V*   12 non••*V* nondum *LSPG* iam non *M* non tum *d*   13 prae-
teritas *Km1*   14 eius *om. A*   non erit cum *om. A*   16 uite(ae) migratio *LSG*
uitae migr. *V* uite emigratio *C* uitae migratione *M* uita migratio *b*   17 solutis—
tenebant *om. z*   est *om. Kb*   18 factorum atque dictorum (*om.* cogit.) *rb* dict.
fact. atque cog. *d*   22 ita *om. V*   24 usque *s.l. Am2*   25 exsistente *P*
27 mediatori *A*

nos creatori nostro per remissionem reconciliat peccatorum, idem ipse
dominus noster hanc suam medellam nullis generis humani temporibus ante ultimum futurum adhuc iudicium denegauit eis, quos per
certissimam praescientiam et iustissimam beneficentiam secum regna-
turos in uitam praedestinauit aeternam. namque ante natiuitatem 5
carnis infirmitatemque passionis et uirtutem resurrectionis suae
earum rerum futurarum fide eos qui tunc fuerant informabat ad hereditatem salutis aeternae, quarum rerum praesentium fide informauit
eos, qui cum gererentur aderant atque inpleri praedicta cernebant,
quarum etiam praeteritarum fide qui postea fuerunt et nos ipsos et 10
qui deinde futuri sunt informare non cessat. una ergo fides est, quae
omnes saluos facit, qui ex carnali generatione in spiritalem renascendo saluantur, terminata in eo, qui uenit pro nobis iudicari et
mori, iudex uiuorum et mortuorum. sed huius unius fidei pro sigui-
ficationis oportunitate per uaria tempora sacramenta uariata sunt. 15

48. Idem ipse itaque saluator est paruulorum atque maiorum,
de quo dixerunt angeli: natus est uobis hodie saluator et de
quo dictum est ad uirginem Mariam: uocabis nomen eius Iesum;
ipse enim saluum faciet populum suum a peccatis eorum,
ubi aperte demonstratum est eum hoc nomine, quo appellatus est 20
Iesus, propter salutem quam nobis tribuit nominari; Iesus quippe
latine saluator est. quis est igitur qui audeat dicere dominum Christum tantum maioribus. non etiam paruulis esse Iesum? qui uenit in
similitudine carnis peccati, ut euacuaret corpus peccati, in quo in-

11 cf. Luc. 8, 48   12 cf. Ioh. 3, 5   17 Luc. 2, 11   18 Matth. 1, 21
23 cf. Rom. 8, 3   24 cf. Rom. 6, 6

1 rec. per rem. b   2 medelam Lm2Vm2PKA   nullius generis b
4 praesentiam KA   iustissimam] futuram zd   beneficientiam z   regenera-
turos A   5 ita ante V   7 fidem Lm1SVm1 fides Vm2   in eos G   in-
formaba∗t A   8 quarum]tāquā (tā s.l.m2)V   fidem P uitae V   9 gene-
rerentur Lm1 adderant Vm1   10 praeterit.] add. rerum KCb   fidem P, om. Kb
qui s.l.m2V   fuerunt exp. V   12 regeneratione K   in spirituali A spiritaliter z
spiritualiter M   renascendo saluantur] renascuntur zd, b in mg.   13 iudicare Km1A
14 significationibus Vm1   15 oportunetate Lm1   17 nobis Km1   18 est om. A
Iesum] emmanuhel M   20 quod apellatur K quod (quo A) appellatus (om. est)AC
quo appellatur Mb   22 quis] qui z   igitur] quippe z   22 audet G a.c.
dicere om. K   23 paruolis L   24 similitudinem A

firmissimo nulli usui congruis uel idoneis infantilibus membris anima
rationalis miserabili ignorantia praegrauatur. quam plane ignorantiam nullo modo crediderim fuisse in infante illo, in quo uerbum caro
factum est, ut habitaret in nobis, nec illam ipsius animi infirmitatem
5 in Christo paruulo fuerim suspicatus, quam uidemus in paruulis. per
hanc enim etiam, cum motibus inrationabilibus perturbantur, nulla
ratione, nullo imperio, sed dolore aliquando uel doloris terrore cohi-
bentur, ut omnino uideas illius inoboedientiae filios, quae mouetur
in membris repugnans legi mentis nec, cum uult ratio, conquiescit
10 uerum et ipsa saepe uel dolore corporis tamquam uapulando coupe-
scitur uel pauescendo uel tali aliquo animi motu non tamen uoluntate
praecipiente conprimitur. sed quia erat in eo similitudo carnis peccati,
mutationes aetatum perpeti uoluit ab ipsa exorsus infantia, ut ad
mortem uideatur etiam senescendo illa caro peruenire potuisse, nisi
15 iuuenis fuisset occisus. quae tamen mors in carne peccati inoboedientiae debita redditur, in similitudine autem carnis peccati oboedientiae
uoluntate suscepta est. ad eam quippe iturus eamque passurus hoc
ait: ecce uenit princeps mundi huius et in me nihil inueniet; sed ut sciant omnes, quia uoluntatem patris
20 mei facio, surgite, eamus hinc. his dictis perrexit ad indebitam
mortem factus oboediens usque ad mortem.
XXX. 49. Quapropter illi qui dicunt: *si primi hominis peccato
factum est, ut moreremur, Christi aduentu fieret, ut credentes in eum
non moreremur*, et addunt quasi rationem dicentes: *neque enim prae-
25 uaricatoris transgressio plus nobis nocuit, quam incarnatio uel redemptio*

3 cf. Ioh. 1, 14   9 cf. Rom. 7, 23   18 Ioh. 14, 30. 31   21 cf. Phil. 2, 8
22 Pelagiani

1 nulli (s.l.m2lo)V   infantibus Lm1SVm1PGm1AC   2 pregrabatur SVm1Gm1
praegrauiatur Km1   3 pr. in s.l.L, om.SVm1PGm1   4 ut] et Km1   inhabi-
taret KCb   ne SVm1PG   5 suspicatos Lm1SVm1Gm1   paruolis Lm1
6 cōmotibus (om. cum)A   mortibus Lm1 monitibus M   irrōnalibus b   9 nec om.V
11 motū A   12 quaerat Km1   in eo erat bd   13 uolunt (i s. n)A   14 uideatur
(uideat C) etiam KACbd et. uid. cet.   senescente (te in ras.m2)V   15 non inoboedientiae Lm1SVm1PG   inoboeditiae Km1   16 dedita Vm1Km1 de uita A
17 hoc eras. V   18 ait] erat V   19 uoluntate LS   21 factus—mortem om. A
23 moriremur Vm2   aduentum Lm1Cm1   24 moremur Lm1 moriremur
Vm2Pm1 morerentur Km1   p̄uaricatores Vm1   25 redemtio L

profuit saluatoris, cur non potius hoc adtendunt, hoc audiunt, hoc
sine disceptatione credunt, quod apostolus sine ambiguitate locutus
est: quia per hominem mors et per hominem resurrectio
mortuorum. sicut enim in Adam omnes moriuntur, sic
et in Christo omnes uiuificabuntur? neque enim aliunde 5
quam de corporis resurrectione dicebat. omnium ergo corporis mortem factam per unum hominem dixit et omnium corporis resurrectionem in uitam aeternam per unum Christum futuram esse
promisit. quomodo ergo 'plus nobis nocuit ille peccando, quam iste
profuit redimendo', cum per illius peccatum temporaliter moriamur, 10
per istius autem redemptionem non ad temporalem uitam, sed ad perpetuam resurgamus? nostrum ergo corpus mortuum est propter peccatum, Christi autem corpus solum mortuum est sine peccato, ut fuso
sanguine sine culpa omnium culparum chirographa delerentur, quibus
debitores, qui in eum credunt, a diabolo antea tenebantur. ideo: 15
hic est sanguis meus, qui pro multis effundetur
in remissionem peccatorum.

XXXI. 50. Poterat autem etiam hoc donare credentibus, ut nec
istius experirentur corporis mortem; sed si hoc fecisset, carni quaedam felicitas adderetur, minueretur autem fidei fortitudo. sic enim 20
homines mortem istam timent, ut non ob aliud felices dicerent esse
Christianos, nisi quod mori omnino non possent, ac per hoc nemo
propter illam uitam, quae post istam mortem beata futura est, per
uirtutem etiam contemnendae ipsius mortis ad Christi gratiam festi-
naret, sed propter remouendam mortis molestiam delicatius crede- 25
retur in Christum. plus ergo gratiae praestitit, plus fidelibus suis
sine dubitatione donauit. quid enim magnum erat uidendo non mori
eos, qui crederent, credere se non moriturum? quanto est maius,

3 I Cor. 15, 21. 22   14 cf. Col. 2, 14   16 Matth. 26, 28

1 fuit *La.c.SVG*   attendunt hoc *A*   2 sine dubitatione *KCbd*   n̄ credunt *A*
loquutus *SV* 6 resurrectionem *Lm1C* 8 in *s.l.m2K* aeternam *om. A* 9 ergo *om. A*
nobis *om. A*   11 autem] tam̄ *A*   redemtionem *L*   12 est] *add.* et *Kb*
13 est] *add.* et *Kb*   effuso *A* 14 cyrographa *L* cirografa *SVM* cyrografa *PAC*
cirographa *K* chyrografa *G*   15 a *om. AM*   ideo] et ideo *zd* et ideo ait *b*   16 est]
add. inquit *s.l.m2L* ait *Vd*   effudetur *V*   17 remissione *LVAM*   18 etiam
in ras. Am2   20 felicitas *Gp.c.*   munueretur *Km1*   si *Km1*   21 esse
dicerent *K*   24 mortis molestiam *L* mortis—remouendam *in mg.m2A*   25 reno-
uendā *Km1* semouendā *M*   27 erit *V*   28 credere *om. A*   morituros *Gm2A*
moriturus *M*   quoant *Lm1*   maior *V*

quanto fortius, quanto laudabilius ita credere, ut se speret moriturus
sine fine uicturum! denique hoc quibusdam in fine largietur, ut mortem istam repentina commutatione non sentiant, sed simul cum
resurgentibus rapiantur in nubibus in obuiam Christo in aera et sic
5 semper cum domino uiuant. et recte illis, quia non erunt iam posteri,
qui propter hoc credunt non sperando quod non uident, sed amando
quod uident. quae fides est eneruis et debilis nec fides omnino dicenda, quando quidem fides ita definita est: fides est sperantium
substantia, conuictio rerum quae non uidentur. unde
10 etiam in eadem, ubi et hoc scriptum est, ad Hebreos epistola, cum
consequenter enumerasset quosdam, qui deo fide placuerunt: secundum fidem, inquit, mortui sunt hi omnes, cum
non accepissent promissiones, sed longe eas uidentes et
salutantes et confitentes, quia hospites et peregrini sunt
15 super terram. et paulo post eandem fidei laudem ita conclusit:
et omnes, inquit, testimonium consecuti per fidem non
tulerunt promissiones dei; pro nobis enim meliora prouiderunt, ne sine nobis perfecti perficerentur. haec laus
fidei non esset nec omnino, ut iam dixi, fides esset, si homines in cre-
20 dendo praemia uisibilia sequerentur, hoc est, si fidelibus merces
inmortalitatis in hoc saeculo redderetur.

    51. Hinc et ipse dominus mori uoluit, ut, quemadmodum de
illo scriptum est, per mortem euacuaret eum qui potestatem
habebat mortis, id est diabolum, et liberaret eos
25 qui timore mortis per totam uitam rei erant seruitutis.
hoc testimonio satis etiam illud monstratur et mortem istam corporis
principe atque auctore diabolo, hoc est ex peccato, accidisse, quod

2 cf. Retract. et Epist. ad Mercatorem (193) CSEL LVII   3 cf. I Thess. 4, 16
8 Hebr. 11, 1   11 Hebr. 11, 13   16 Hebr. 11, 39. 40   22 Hebr. 2, 14. 15

1 moriturū A   3 repentinā Km1C   4 in med.om.LS PGm1Km2 ACM Tbd
6 credant Lm2   7 deuilis Vm1Gm1 debiles Km1   omnino om. A   8 sperantium
(in mg. al sperandarum)b   9 conuinctio Lm1SP coniunctio V et conuictio A
uidetur ACm1M   10 scribtum Lm1   haebreos S ebreos K hebraeos Abd
epistula S aepistola K   cum om. V   11 sequenter A   quodam Vm1
sec. fidem dū fidem inquid V   12 hi s.l.m2L hii GK   homines Lm1S
homnes G mortui s V   13 promissione Km1   14 ospites VKm1Cm1   15 ita
om. K   16 testomonium Vm1   consequuti SVG   17 pro nobis] per fidem K
22 noluit Lm1SVm1Gm1   25 timorē A

ille persuasit; neque enim ob aliud potestatem habere mortis ucris-
sime diceretur. unde ille qui sine ullo peccato uel originali uel proprio
moriebatur dixit, quod paulo ante commemoraui: ecce ueniet
princeps mundi, — id est diabolus, qui potestatem habet mortis —
et in me nihil inueniet, id est peccati, propter quod homines 5
mori fecit. et quasi diceretur ei: 'quare ergo moreris?' sed ut sciant
omnes, inquit, quia uoluntatem patris mei facio, surgite,
eamus hinc, id est, 'ut moriar non habens mortis causam de peccato
sub auctore peccati, sed de oboedientiae iustitia factus oboediens
usque ad mortem'. et hoc ergo illo testimonio demonstratum est et, 10
quod timorem mortis fideles uincunt, ad agonem ipsius fidei pertinere,
qui profecto defuisset, si mox esset credentes inmortalitas consecuta.

XXXII. 52. Quamuis itaque multa dominus uisibilia miracula
fecerit, unde ipsa fides uelut quibusdam primordiis lactescentibus
germinaret et in suum robur ex illa teneritudine coalesceret — tanto 15
est enim fortior, quanto magis iam ista non quaerit —, tamen illud,
quod promissum speramus, inuisibiliter uoluit expectari, ut iustus
ex fide uiueret, in tantum ut nec ipse qui die tertio resurrexit inter
homines esse uoluerit, sed eis demonstrato in sua carne resurrectionis
exemplo, quos huius rei testes habere dignatus est, in caelum ascen- 20
derit illorum quoque se oculis auferens nihilque tale cuiusquam
eorum carni iam tribuens, quale in carne propria demonstrauerat, ut
et ipsi ex fide uiuerent eiusque ustitiae, in qua ex fide uiuitur, praemium, quod post erit uisibile, nunc interim per patientiam inuisibiliter expectarent. ad hunc intellectum credo etiam illud esse re- 25
ferendum, quod ait de sancto spiritu: non potest ipse uenire,
nisi ego abiero. hoc enim erat dicere: 'non poteritis iuste uiuere
ex fide, quod de meo dono, id est de sancto spiritu, habebitis, nisi

---

3 Ioh. 14, 30. 31   9 cf. Phil. 2, 8   17 cf. Rom. 1, 17   20 cf. Marc. 16, 7.
Luc. 24, 48   26 Ioh. 16, 7

3 morieba∗tur L   4 diabolos Vm1   habebat zd   5 quod om. V
7 inquit om. z   9 actore K   oboedientia et iust. zMTbd   10 fin. et eras. L
11 timore Lm1SVGm1   12 inmortalitatis Km1   consequuta SVG   13 multa
om. S   14 ipse Lm1   quisbusdam Lm1   lactantibus KAM latescentibus C
lactentibus b   15 conualesceret T   16 eni in mg. add. Km2   17 expectare Lm1
19 suo SVm1PGm1   21 auferans Lm1SGm1   cuiusque P   22 quale∗ V
24 post erit] poterit Km1 poterant (s.l. 1 n̄)Km2 postea erit zTbd   25 esset A
26 sco de spiritu KG de spū sco PAbd

a uestris oculis hoc quod intuemini abstulero, ut spiritaliter cor uestrum inuisibilia credendo proficiat'. hanc ex fide iustitiam identidem
loquens de spiritu sanoto ita commendat: ille, inquit, arguet mundum de peccato, de iustitia, de iudicio: de peccato qui-
5 dem, quia non crediderunt in me, de iustitia, quia ad
patrem uado etiam non uidebitis me. quae est ista iustitia, qua
eum non uiderent, nisi ut iustus ex fide uiueret et non respicientes
quae uidentur, sed quae non uidentur spiritu ex fide spem iustitiae
expectaremus?

10   XXXIII. 53. Qui autem dicunt: *si peccato mors ista corporis*
accidisset, non utique post remissionem peccatorum, quam redemptor
nobis tribuit, moreremur, non intellegunt quomodo res, quarum reatum, ne post hanc uitam obsint, deus soluit, tamen eas ad certamen
fidei sinit manere, ut per illas erudiantur et exerceantur proficientes
15 in agone iustitiae. posset enim et alius hoc non intellegens dicere:
'si propter peccatum dixit deus homini: in sudore uultus tui
edes panem tuum, et spinas et tribulos pariet tibi terra,
quare et post remissionem peccatorum labor hic permanet et haec
dura et aspera parit etiam terra fidelium? item si propter peccatum
20 mulieri dictum est: in gemitu paries, cur etiam post peccatorum
remissionem feminae fideles eosdem dolores in parturiendo patiuntur?' et tamen constat propter peccatum, quod admiserant, illos
a deo primos homines haec audisse atque meruisse nec resistit his uerbis
diuini libri, quae posui de labore hominis et de parturitione mulieris,
25 nisi qui prorsus alienus a fide catholica eisdem litteris aduersatur.

XXXIV. 54. Verum quia et tales non desunt, quemadmodum
eis hac quaestione proposita respondemus dicentes ante remissionem
esse illa supplicia peccatorum, post remissionem autem certamina

---

2 cf. Phil. 3, 9   3 Ioh. 16, 8—10   7 cf. Rom. 1, 17. Gal. 3, 11
10 Pelagiani   16 Gen. 3, 19. 18   20 Gen. 3, 16

1 a *om.z*   2 idemtidem *LmlV*   4 et de iustitia *A*   et de iudicio *AMbd*
5 credunt *Lml* crederint (ri *s.l.*)*Am2*   6 nouidebitis *K*   *fin.* qu*a *S*   7 uiderunt *z*
10 ita *LmlSVmlPGml*   11 accedisset *A*   redemtor *LC*   12 quorum *Kml*
13 eos *LmlSVmlPGKml*   14 sinit *Gp.c.*   17 terra pariet tibi *zA*   18 peccatorum *om.zATd*   hic *om. A*   19 paret *A*   20 dic. est mul. *KCbd*   mulieris *A*
21 femineae *LmlKm2s.l.*   22 et] nec *LmlSVPG*   amiserant *Kml* ammiserant
LmlC   25 nisi—litteris *om.z*   27 hanc *S* hęc *C*   28 certamini *Kml*

exercitationesque iustorum, ita et illis, quos de morte corporis similiter monet, respondere debemus, ut eam et peccato accidisse fateamur et post peccatorum remissionem, ut magnus timor eius a proficientibus superetur, ad certamen nobis relictam esse non dedignemur.
si enim parua uirtus esset fidei, quae per dilectionem operatur, mortis 5
metum uincere non esset tanta martyrum gloria nec dominus diceret:
maiorem hac caritatem nemo habet, quam ut animam
suam ponat pro amicis suis. quod in epistola sua Iohannes ita
dicit: sicut ille animam suam pro nobis posuit, sic et
nos debemus animam pro fratribus ponere. nequaquam 10
igitur in morte pro iustitia subeunda uel contemnenda laudaretur
praecipua patientia, si mortis non esset magna multumque dura
molestia. cuius timorem qui uincit ex fide, magnam ipsius fidei conparat gloriam iustamque mercedem. unde mirandum non est et mortem corporis non fuisse euenturam bomini, nisi praecessisset pecca- 15
tum, cuius etiam talis poena consequeretur, et post remissionem
peccatorum eam fidelibus euenire, ut in eius timore uincendo exerceatur fortitudo iustitiae.

55. Caro enim, quae primo facta est, non erat caro peccati, in qua
noluit homo inter delicias paradisi seruare iustitiam. unde statuit 20
deus, ut post eius peccatum propagata caro peccati ad recipiendam
iustitiam laboribus et molestiis niteretur. propter hoc etiam de
paradiso dimissus Adam contra Edem habitauit, id est contra sedem
deliciarum, ut significaret quod in laboribus, qui sunt deliciis contrarii,
erudienda esset caro peccati, quae in deliciis oboedientiam non 25

5 cf. Gal. 5, 6   7 Ioh. 15, 13   9 I Ioh. 3, 16   10 cf. Eugippii Exc.
CSEL IX 1072—1075   23 cf. Gen. 3, 23

2 peccata Km1b de peccato T   accedisse V   3 a] ac T   4 denegemus Gm2
5 erat V   operatur mortis : metum sqq.b   6 esset] posse Lm1SVPGm1 posset Gm2
dicere Km1   7 maiore S maiora Vm1   caritate LSG   8 ponat quis (quis
s.l.m3) G   9 ille pro nobis an. suam posuit PM   sicut Lm1   10 animas bd
a uoc. nequaquam inc.Euq.   11 morte P   subeunde Lm1   13 timor est P
uicit Lm1   15 uenturam LSVPM   praecepisset Lm1Sm1   16 et]ut VA
17 peccatore Km1   eam] etiam T   cum fidelious K   exercetur Lm1SVm1G
exerceretur Pd   18 iustiae V   19 in—caro peccati om.z   22 iustitia V   laboris
Lm1SVPG   modestiis V   eniteretur d   23 eiectus KCb demissus A   eden*LP
eden SVGKbd aede MA   habitabit Lm1   id est qui S   24 contrari Km1
25 peccato Vm1   quae—peccati in mg.Lm2A   delicis Vm1 dilicis A

seruauit, antequam esset caro peccati. sicut ergo illi primi homines
postea inste uiuendo—unde merito creduntur per domini sanguinem ab extremo supplicio liberati—non tamen in illa uita meruerunt ad paradisum reuocari, sic et caro peccati, etiamsi remissis pec-
5 catis homo in ea iuste uixerit, non continuo meretur eam mortem non
perpeti, quam traxit de propagine peccati.

56. Tale aliquid nobis insinuatum est de patriarcha Dauid in
libro Regnorum, ad quem propheta cum missus esset eiqne propter
peccatum, quod admiserat, euentura mala ex iracundia dei com-
10 minaretur, confessione peccati ueniam meruit respondente propheta,
quod illud ei flagitium facinusque remissum sit; et tamen consecuta
sunt quae deus fuerat comminatus, ut sic humiliaretur a filio. quare
et hic non dicitur: 'si deus propter peccatum illud fuerat comminatus,
cur dimisso peccato quod erat minatus inpleuit?' nisi quia rectissime,
15 si dictum fuerit, respondebitur remissionem illam peccati factam,
ne homo a percipienda uita inpediretur aeterna, subsecutum uero
illius comminationis effectum, ut pietas hominis in illa humilitate
exerceretur atque probaretur? sic et mortem corporis et propter
peccatum deus homini inflixit et post peccatorum remissionem propter
20 exercendam iustitiam non ademit.

XXXV. 57. Teneamus ergo indeclinabilem fidei confessionem.
solus unus est qui sine peccato natus est in similitudine carnis peccati,
sine peccato uixit inter aliena peccata, sine peccato mortuus est propter
nostra peccata. non declinemus in dexteram aut sinistram; in
25 dexteram enim declinare est se ipsum decipere dicendo se esse sine
peccato, in sinistram autem per nescio quam peruersam et prauam

---

10 cf. II Regn. 12, 13   24 cf. Prou. 4, 27

1 seruabit *A*   3 liberari *AM*   in om.*Eug.*   4 ad] id *A*   para-
dysum *VG*   etiamsi (si *in mg.*)*P*   5 iuste *Kp.c.*   meremur *Eugippii V*
7 no∗bis peccatum insinuatū (t *ex* nd)*Lm2*   8 cōmissus (om.cum)*A*   9 amiserat *Km1* ammiserat *C* commiserat *b*   11 illud om.*zd*   sit] est *K*
Eugippii V   12 ut—comminatus om. *V*   ut—filio om. *T*   humiliatur *Km1*
13 non om. *A*   14 quur *LSV* qur *G*   demisso *Gm1*   *fin.* qui *Km1*   15 sic *Lm1SV*,
om. *AEug.V*   16 subsequutum *S* subsecutā *A*   17 effectā *A* cxemplum *Eug.*
impietas *A*   18 prouaretur *SV*   et *all. om. Ab*   21 fidei indeclinabilem confessionem *Eug.*   23 uixit in carne inter aliena peccata *Eug.*   peccāto] peccata *V*
24 dextram *LSm1PGMd* dexatram *V*   aut] add. in *LSVGbd*   25 dextra *SVG*
dextram *LPM* dextera *C*   26 in sinistrā *SV PGCEug.V*   et] atque *KCb*

securitatem se tamquam inpune dare peccatis. nias enim, quae
a dextris sunt, nouit dominus, qui solus sine peccato est et
nostra potest delere peccata; peruersae autem sunt, quae a
sinistris, amicitiae cum peccatis. tales etiam illi uiginti annorum
adulescentuli figuram noui populi praemiserunt, qui in terram pro- 5
missionis intrarunt, qui nec in dextram nec in sinistram dioti sunt
declinasse. non enim et uiginti annorum aetas conparanda est innocentiae paruulorum, sed, ni fallor, hic numerus mysticum aliquid
adumbrat et resonat. uetus enim testamentum in quinque Moysi
libris excellit, nouum autem quattuor euangeliorum auctoritate prae- 10
fulget. qui numeri per se multiplicati ad uicenarium perueniunt; qua-
ter enim quini uel quinquiens quaterni uiginti sunt. talis populus,
ut praedixi, eruditus in regno caelorum per duo testamenta, uetus et
nonum, non declinans in dextram superba praesumptione iustitiae neque in sinistram secura dilectione peccati in terram illius promissionis 15
intrabit, ubi iam peccata ulterius nec *nobis* donanda optemus nec in
nobis punienda timeamus ab illo redemptore liberati, qui non uenundatus sub peccato redemit Israhel ab omnibus iniquitatibus eius siue
propria cuiusquam uita commissis siue originaliter tractis.

XXXVI 58. Non enim parum scripturarum diuinarum aucto- 20
ritati ueritatique cesserunt, qui, etsi noluerunt litteris suis aperte
exprimere paruulis remissionem necessariam peccatorum, redemptionem tamen eis opus esse confessi sunt. alio quippe uerho, etiam

---

1 Prou. 4, 27   4 cf. Num. 14, 29 sqq.   6 cf. Ios. 23, 6   17 cf. Rom. 7, 14

1 securitate *A*   tamquam *m3 s.exp.* nãq: *V*   inpone *Lm1Sm1Vm1Gm1*
2 ad *K*   qui∗solus *Lm2*   3 peruersa *Vm1*   4 sinistris] *add.* sunt *b*   5 ado-
lescentuli *Pm1Gm2r*   6 dexteram *Gm1ACdEug.*   7 enim et] enim e *Lm1*
SVm1Gm1 enim hec *Lm2Vm2* enim *PGm2d* enim ea *b*   8 nisi *Lm1PGm2A*
numerum *Lm1*   misticum *zA*   10 quatuor *VCM*   euangeliorum
(*in mg.* al euangelistarum) *b*   11 uicenarium *AMbEug.* uicena *K* uicenum *cet.*
peruenerunt *z*   12 quinquies *Vm2Gm2r Eug.*   13 in regno eruditus *P*   14 in] ad *A*
dexteram *Gm1KCbd*   15 delectatione *Pbd*   in terra *V* inter *M*   illius *om.* zCTd
promissiones *M*   16 intrant *z* intrauit *AMEug.V*   ibi *Gm1*   optamus *Eug.*
17 teneamus *A* timemus *Eug.*   redemtore *L* uenumdatus *AM*   18 peccatore *A*
redimit *LSVG* demittit *A*   20 scripturarum *om.* z paginarum *Td*, *b in mg.*
post diuin. *add.* m2s.l. litterarū *L*   21 c̄sensr̄ *s.* cessor̄ *m3G*   noluerint *AM*
22 paruulis suis *K*   redemtione *LEug.*   23 eis *s.l.m2V*   necesse esse
(*in mg.* al opus) *b*

ipso de christiana eruditione deprompto, nihil aliud omnino dixerunt.
nec dubitandum est eis qui diuina scripta fideliter legunt, fideliter
audiunt, fideliter tenent, quod ab illa carne, quae prius uoluntate
peccati facta est caro peccati, deinceps per successionem transeunte
5 in omnes transcriptione iniquitatis et mortis caro sit propagata peccati
excepta una similitudine carnis peccati, quae tamen non esset, nisi
esset caro peccati.

59. De anima uero, utrum et ipsa eodem modo propagata reatu,
qui ei dimittatur, obstricta sit—neque enim possumus dicere solam
10 carnem paruuli, non etiam animam indigere saluatoris et redemptoris
auxilio alienamque ab ea esse gratiarum actione, quae in Psalmis
est, ubi legimus et dicimus: benedic, anima mea, dominum et
noli obliuisci omnes retributiones eius, qui propitius
fit omnibus iniquitatibus tuis, qui sanat omnes languo-
15 res tuos, qui redimit de corruptione uitam tuam —, an
etiam non propagata eo ipso, quo carni peccati aggrauanda miscetur,
iam ipsius peccati remissione et sua redemptione opus habeat, deo per
summam praescientiam iudicante, qui paruulorum ab isto reatu non
mereantur absolui, etiam qui nondum nati nihil alicubi propria sua
20 uita egerunt uel boni uel mali, et quomodo deus, etiamsi non de traduce animas creat, non sit tamen auctor reatus eiusdem, propter
quem redemptio sacramenti necessaria est animae parnuli, magna
quaestio est aliamque disputationem desiderat, eo tamen, quantum

---

12 Ps. 102, 2—4   19 cf. Rom. 9, 11

1 ipsi $Vm2$ christianae K deprom*tto(i $cras.$) L depromto $SVGC$
2 dibitandum V esse zb his $zMTbd$ diuinā scripturā VA diuina
scriptura M diuinas scripturas b 3 illo $SVm1Pm1G$ uoluptate z,b ($in\ mg.$ ai
uoluntate)   5 transscriptione*K transscriptiones A proscriptione zbd iniquitatis ($in\ mg.$ al peccati) b 6 excepto KC 7 et caro $Lm2d$ 8 eodem
modo et ipsa KC 9 carnem solam A 10 paruoli $Lm1$ redemptris
(ris $in\ ras.\ m2;\ in\ mg.\ m2$ ⅼ redētoris) V redemtoris $LEug.$ 11 esse ab ea zAT
actionē $Km1C$ 12 dnō V 13 retributionis $Gm1$ 14 fit] fuit b langores
$L\ Eug.$ 15 redemit $VPGm1Km1Ab$ redimat $Eug.$ 16 quod $Eug.$ 17 redemtione
(p $s.$ m $m1)L$ 18 p̄sent̄iā̄ (scientiā $s.m2)K$ praesentiā A paruoli $Lm1$ parnuli
$SVPGd$ 19 nihil $in\ ras.\ m2V$ 20 *egerunt L peregerunt Cb traduci $Vm1$
21 reatus auctor KC actor $Lm1$ reatur $Vm1$ 22 redemtio (p $s.$ m)L
arūnę $Lm1$ arum ę S anmę V ęrunnę P harum. e (h $s.\ l.)G$ et animae d paruoli
$Lm1$ paruulis K 23 est $om.\ K$

arbitror, moderamine temperatam, ut magis inquisitio cauta laude-
tur quam praecipitata reprehendatur assertio. ubi enim de re obscu-
rissima disputatur non adiuuantibus diuinarum auctoritatum certis
clarisque documentis, cohibere se debet humana praesumptio nihil
faciens in partem alteram declinando. etsi enim quodlibet horum, 5
quemadmodum demonstrari et explicari possit, ignorem, illud tamen
credo, quod etiam hinc diuinorum eloquiorum clarissima auctoritas
esset, si homo id sine dispendio promissae salutis ignorare non posset.
habes elaboratum — utinam tam commodum quam prolixum! — pro
meis uiribus opus, cuius prolixitatem fortasse defenderem, nisi id uere- 10
rer facere defendendo prolixius.

LIBER TERTIVS.

Carissimo filio Marcellino Augustinus episcopus,
seruus Christi seruorumque Christi, in domino salutem.

I. 1. De quaestionibus, quas mihi proposueras ut ad te aliquid 15
scriberem aduersus eos qui dicunt Adam, etiamsi non peccasset,
fuisse moriturum nec ex eius peccato quicquam ad eius posteros pro-
pagando transisse maxime propter baptismum paruulorum, quem
more piissimo atque materno uniuersa frequentat ecclesia, et quod
in hac uita sint, fuerint futurique sint filii hominum nullum haben- 20
tes omnino peccatum, iam duos prolixos absolueram libros. quibus

---

1 temperatū *Pm1* temperata *V*   2 quā (ā *s. ras.*) *Lm2*   assertia *Vm1*   3 auc-
toritatu *C* scripturarum *zd,b in mg.*   4 debat *Km1*   praesumtio *V*   7 hunc*Gm1*
hic *C*   8 id] illud *b*   possit *K*   9 habere laboratum (elab. *V*) *Lm1SVm1PG*
habet se laboratū *Km1*   plixum *V*   10 uiribus meis *K*   illud *b*   11 prolixus
Vm1Gm1 prolixitate *M*   Explicit liber secundus s̄cī augustini episcopi ad mar-
cellinūm. Incip̄ tertius *LSG* Explicit lib̄ II Incipit liber tercius (*litt. unc.*)*V* Finit
liber secundus de perfectione iustitiae. Incip̄ epystola de causa baptismi paruulorum *K* Explicit lib̄ scds s̄cī augustini de bapt paruulorum. Incipit liber tertius
eiusdem *A* Explicit lib̄ II s̄cī agustini epī ad marcellinū. Incipit liber tertius
(*litt. mai.*) *P* Finit lib̄ ·II· Incip̄ lib̄ III *M* Per Leo ·I· Per Finum. liber ·II·
Incipit epistola de causa baptismi paruulorum (*litt. unc.*) *C*
    13 karissimo *V*   agustinus *VP*   16 discriberem *A*   17 ne *Km1*
peccato (o *ex* ū) *V*   qquā*Gm1* quidquam *Md*   18 transisset *A*   baptismos
Lm1SGm1 baptismū (ū *in ras.*)*V*   19 frequentet *Lm1SPG* frequentat (tat
in ras.) *V*   quid *b*   20 *pr.* sint *om. z; cf. pag. 71, 16*   futuri quae *S*   nullū *s.l.m2G*
21 lib∗ros *K*

mihi uisus sum non quidem omnibus omnium occurrisse in hac
causa motibus animorum, quod uel a me uel a quoquam utrum fieri
possit ignoro, immo fieri non posse non dubito, sed tamen egisse aliquid, quo de his *rebus* a maioribus traditae fidei defensores contra
5 nouitates eorum qui aliter sentiunt non inermes usquequaque consisterent. uerum post paucissimos dies legi Pelagii quaedam scripta,
sancti uiri, ut audio, et non paruo prouectu Christiani, quae in Pauli
apostoli epistolas expositiones breuissimas continerent, atque ibi
conperi, cum ad illum uenisset locum, ubi dicit apostolus per unum
10 hominem peccatum intrasse in mundum et per peccatum mortem
atque ita in omnes homines pertransisse, quandam eorum argumentationem qui negant paruulos peccatum originale gestare, quam, fateor, in illis tam longis uoluminibus meis non refelli, quia in mentem
mihi omnino non uenerat quemquam posse talia cogitare uel dicere.
15 quapropter quoniam illi operi, quod iam certo fine concluseram, nihil
addere uolui, et ipsam eisdem uerbis quibus eam legi et quid mihi
contra uideatur huic epistolae inserendum putaui.

II. 2. Sic ergo illa argumentatio posita est: *hi autem*, inquit,
qui contra traducem peccati sunt, ita illam impugnare nituntur: si Adae,
20 *inquiunt, peccatum etiam non peccantibus nocuit, ergo et Christi iustitia*
etiam non credentibus prodest, quia similiter, immo et magis dicit per
unum saluari, quam per unum ante perierunt. huic ergo, ut dixi, ar-
gumento in illis duobus libris, quos ad te scripsi, nihil respondi neque

9 cf. Rom. 5, 12   18 Pelagius   cf. De peccato originali 21, 24 (*CSEL* XLII
183, 13). Operis imperf. I 56 (XLV 1078 M). Hieron. opera XXX 695. 696 M.
Mercatoris Comm. super nom. Cael. (*XLVIII* 86 M). Zimmer, Pelagius in Irland
p. 296. Souter, The Commentary of Pelagius (Proceedings of the British
Academy II) p. 3 sqq.

1 hominibus *Pm1*   2 quod *s.l.m2L,om. SVm1G*   *pr.* uel *om. P*   4 quod
z ACM   tradita *z*   5 qui aliter (i *pr. s.l.*)*Lm1 Vm1Km2* qualiter *SGA*
consisteret *Km1*   6 paucos *A*   ulagii *Lm1* pelagi *SVm1*   7 uiri ut audio
sancti *bd*   parui *Km2* pro paruo *M*   profectu (u ɔ. f *m1*)*L,A* prouectum *C*
prouectus *K*   in eras. *V*   8 apostoli *om. A*   epistolā *LC* epistola *SPM*
aepystolas *K,om. V*   preuissimas *Km1*   11 quadam *Km1*   12 gestare *om. S*
quam *om. V*   13 non refelli] n̄ respondiq: *V*   qua *Sm1* quia *in mg. m2 V*
14 uenerat] nouerant *S*   posset alia *Gm1CM* possit alia *Km1*   15 quapter *Km1*
quō illic opem *Km1* quo *Lm1SG*   certe *Vm1*   16 uolui•*G* eidem *Km1M* quibus
s.l.m3V,om.M   mihi (hi *s.l.m2*) *L*   18 hii *SA* hi•*G*   19 qui *om. A*   peccati•*V*
illa *M*   aede *S* a•dae *VG*   20 inquit *V*   22 perier̄ (er *s.l.m1*) *G*   et(u *s.* e)*V*   dixi•*V*

id mihi prorsus redarguendum proposui. nunc ergo prius illud adtende quemadmodum, cum dicunt: *si Adae peccatum etiam non pec-*
cantibus nocet, ergo et Christi iustitia etiam non credentibus prodest,
absurdissimum utique et falsissimum iudicant, ut Christi iustitia
etiam non credentibus prosit. unde putant confici nec primi hominis 5
peccatum paruulis non peccantibus nocere potuisse, sicut Christi
iustitia prodesse ullis non credentibus non potest. dicant itaque,
iustitia Christi quid baptizatis paruulis prosit, dicant omnino quod
uolunt. profecto enim, si se Christianos esse meminerunt, aliquid
prodesse non ambigunt. quodlibet igitur prosit, prodesse, sicut etiam 10
ipsi adserunt, non credentibus non potest. unde coguntur paruulos
baptizatos in credentium numero deputare et auctoritati sanctae ubique ecclesiae consentire, quae fidelium eos nomine non censet indignos,
quibus iustitia Christi etiam secundum istos prodesse non nisi credentibus posset. sicut ergo eorum per quos renascuntur iustitiae spiritus re- 15
sponsione sua traicit in eos fidem, quam uoluntate propria nondum
habere potuerunt, sic eorum per quos nascuntur caro peccati traicit
in eos noxam, quam nondum uita propria contraxerunt. et sicut eos
uitae spiritus in Christo regenerat fideles, sic eos corpus mortis in
Adam generauerat peccatores; illa enim carnalis generatio est, haec 20
spiritalis; illa facit filios carnis, haec spiritus; illa filios mortis, haec
filios resurrectionis; illa filios sacculi, haec filios dei; illa filios irae,
haec filios misericordiae; ac per hoc illa peccato originali obligatos,
ista omnis peccati uinculo liberatos.

    3. *Postremo* ad id quod intellectu perspicacissimo adsequi non 25
ualemus, auctoritate diuina consentire cogamur. bene, quod ipsi nos

2 Pelagius

1 proposui*V   2 cum] eu̯ V   non *ex* nunc *Lm2Vm1* nunc *S*   3 ergo *om.bd*
4 absordissimum *Lm1*   absurdissimum—prosit *om.A*   utique *ex* atque *P*
6 paruolis *Lm1passim*   potuisse *om.b*   sicut] *add. et zbd*   7 nullis
(n *s.l.m2) V* illis *Mb*   *fin.* non *om.z*   dicant *om.A*   8 Christi iustitia *bd*
9 x̄p̄ianus *Lm1*   meminerint *VM*   10 prodeēē (*bis*)*S*   11 ipsi *s.l.m2G*
12 et *s.l.m1L,om.SVPG*   auctoritatis *Km2, om.z*   13 fid. nomine eos censet
ind. *b*   non censet] nocens et *Lm1Vm1PG* non cesset *Km1AC*   dignos *A*
14 secundum] scm (d *s.l.m2 add.*)*V*   15 possit *K*   expositio qu̯estionis *add.A*
ante sicut   16 traiecit *KACT*   20 **generauerat *G* generat *b*   enim *s.l.m2G*
regeneratio *G*   21 carnalis *SVm1*   *pr.* haec] *add.* filios *bd*   23 * ac *G*
24 liberatus *A*   25 asequi *Lm1*   26 ualuimus *A*   cogimur *Km2*

admonent, iustitiam Christi nisi credentibus prodesse non posse et
prodesse aliquid paruulis confitentur. unde, ut diximus, necesse est
eos baptizatos in credentium numero sine ulla tergiuersatione con-
stituant. consequenter igitur, si non baptizentur, inter eos qui non
5 credunt erunt ac per hoc nec uitam habebunt, sed ira dei manet super eos, quoniam qui non credit filio, non habebit uitam,
sed ira dei manet super eum, et iudicati sunt, quoniam qui
non credit, iam iudicatus est, et condemnabuntur, quoniam
qui crediderit et baptizatus fuerit, saluus erit, qui autem
10 non crediderit, condemnabitur. iam nunc uideant isti, qua
iustitia temptent uel conentur adserere non ad uitam aeternam, sed
ad iram dei pertinere et iudicari diuinitus atque damnari homines,
qui sine peccato sunt, si quemadmodum proprium ita nullum in eis
est etiam originale peccatum.

15   4. Iam ceteris, quae Pelagius insinuat eos dicere, qui contra
originale peccatum disputant, in illis duobus prolixi mei operis libris
satis, quantum arbitror, dilucideque respondi. quod etsi quibusdam
uel parum uel obscurum uidebitur, dent ueniam et conponant cum eis,
qui fortasse illud non quia parum est, sed quia nimium reprehendunt;
20 et qui ea, quae pro natura quaestionum dilucide dicta existimo, adhuc non intellegunt, non mihi calumnientur pro neglegentia uel pro
meae facultatis indigentia, sed deum potius pro accipienda intellegentia deprecentur.

      III. 5. Verum tamen nos non neglegenter oportet aduertere
25 istum, sicut eum qui nouerunt loquuntur, bonum ac praedicandum
nirum hanc argumentationem contra peccati propaginem non ex
propria intulisse persona, sed quid illi dicant qui eam non adprobant

6 Ioh. 3, 36   7 Ioh. 3, 18   9 Marc. 16, 16

1 prode ēē S prod*esse V   ut A   3 numeros Km2 numerū A   illa S
constituere (ere in ras.m2) V   5 nec om. V   non habebunt (non in ras.s.l.m2) V
6 per eos et iudicati sunt (eos m2 ex eu) K   11 iusti a temnent Km1   12 ad
s.l.m2K   diuinitus iudicari bd   diuinatus Km1   14 eet etiā (etiā in mg.m2) K
15 Iam—peccatum om. V m1; in mg.m3 add. sed eis qui talia   18 componunt Km1
20 qui*ea *quç L   quia aequae (aeque PG) SVm1PG quia ea quae (quae om. A) KA
pro natura] ponatur a LSVm1PG   extimo A   21 intelligunt (in s.l.m2) G
22 indientia Km1   24 ueruntamen A   negligenter Km2   aduertere] ad tendere Pd   25 iustū (u pr.s.l.) L   locuntur PK   bonum om.z   ac] ad V
26 propaginem peccati V   27 intulisse] posuisse in ras.m3V   eū A

intimasse nec solum hoc quod modo proposui eique respondi, uerum
etiam cetera quibus me in illis libris iam respondisse recolui. nam cum
dixisset: *si Adae, inquiunt, peccatum etiam non peccantibus nocuit,
ergo et Christi iustitia etiam non credentibus prodest —* quod in his quae
respondi cernis quam non solum non expugnet quod dicimus, sed 5
etiam nos admoneat quid dicamus —, secutus adiunxit: *deinde aiunt:
si baptismus mundat antiquum illud delictum, qui de duobus baptizatis
nati fuerint debent hoc carere peccato; non enim potuerunt ad posteros
transmittere quod ipsi minime habuerunt. illud quoque accedit,* inquit,
quia, si anima non est ex traduce, sed sola caro, ipsa tantum habet tra- 10
*ducem peccati et ipsa sola poenam meretur, iniustum esse dicentes, ut
hodie nata anima non ex massa Adae tam antiquum peccatum portet
alienum. dicunt etiam,* inquit, *nulla ratione concedi, ut deus qui propria
peccata remittit imputet aliena.*

6. Videsne, obsecro, quemadmodum hoc totum Pelagius non 15
ex sua, sed ex aliorum persona indiderit scriptis suis usque adeo
sciens hanc nescio quam esse nouitatem, quae contra antiquam
et ecclesiae insitam opinionem sonare nunc coeperit, ut eam ipse confiteri aut uerecundatus aut ueritus fuerit. et forte hoc ipse non sentit,
quod sine peccato nascatur homo, cui fatetur necessarium esse bap- 20
tismum, in quo fit remissio peccatorum; quod sine peccato damnetur homo, quem necesse est non baptizatum in non credentibus deputari, quia utique scriptura euangelica fallere non potest, in qua
apertissime legitur: qui non crediderit, condemnabitur;
postremo quod sine peccato imago dei non admittatur ad regnum 25
dei, quoniam nisi quis renatus fuerit ex aqua et spiritu,

3.6 Pelagius   8 cf. Contra Iulianum Pel. VI 7, 18 (XLIV 843 M)
24 Marc. 16, 16   26 Ioh. 3, 5

2 iam] et iam V   respodisse *Km1*   3 si *m1 ex* sed *L* sed *SVG*   adeae *S*
adę**G*   inquiunt] equi dicunt V   4 et *eras.V*   eis K hiis A iis d
5 *alt.* non *om.A*   expugne*t L* expugnent *SVPG*   6 admonea*t L* admoneant
SVPG ammoneat *K*   sequutus *LSVG*   7 baptissimus *Pm2*   munda
tanti** (*s.l.m1* quū) L munda tanticum *SG*   anticū *Vm1*   illū A   8 poterunt *K*
9 accidit *Lm1SVPGA*   10 quia si] quasi *Lm1SVm1G*   11 esset V   12 Adae
tam] adętiā V adae etąm K adae**tā (e *et* t *s.l.m2*) G   14 remittat *Vm1PG*
15 hoc totum *om.P*   17 esset V   18 et *om.zMTbd*   19 iaut G   uerucundatus G
20 baptissimum *Pm2*   21 et quod *bd*   peccato] baptismo *b*   22 quem] cū A
23 fellere *LS* fallere (a *in ras.*) V   inąqua *Pm2*   25 posttremo V   peccato]
baptismo *b*   āmittatur (d *s. ā m2*) K amittatur *C* amittatur *M* committatur *T*

non potest introire in regnum dei, atque ita uel in aeternam
mortem sine peccato praecipitetur aut, quod est absurdius, extra
regnum dei habeat uitam aeternam, cum dominus praedicens quid
suis in fine dicturus sit: uenite, benedicti patris mei, per-
5 cipite regnum quod uobis paratum est ab initio mundi,
manifestauerit etiam quid sit ipsum regnum quod dicebat ita concludens: sic ibnut illi in ambustionem aeternam, insti
autem in uitam aeternam. haec ergo et alia, quae hunc sequuntur errorem, nimium peruersa et christianae repugnantia ueritati
10 credo quod uir ille tam egregie christianus omnino non sentiat. sed
fieri potest, ut etiam istorum argumentis, qui contra peccati traducem
sentiunt, adhuc fortasse ita moueatur, ut audire uel nosse quid contra
eos dicatur expectet; et ideo quid illi dicant qui contra peccati traducem sentiunt nec tacere uoluit; ut quaestio discutienda insinuaretur,
15 et a persona sua remouit, ne hoc etiam ipse sentire iudicaretur,
    IV. 7. Ego autem etsi refellere istorum argumenta non ualeam,
uideo tamen inhaerendum esse his quae in scripturis sunt apertissima,
ut ex his reuelentur obscura aut, si mens nondum est idonea, quae
possit ea uel demonstrata cernere uel abstrusa uestigare, sine ulla
20 haesitatione credantur. quid autem apertius tot tantisque testimoniis diuinorum eloquiorum, quibus dilucidissime apparet nec praeter
Christi societatem ad uitam salutemque aeternam posse quemquam
hominum peruenire nec diuino iudicio iniuste aliquem posse damnari,
hoc est ab illa uita et salute separari? unde fit consequens, ut, quoniam
25 nihil agitur aliud, cum paruuli baptizantur, nisi ut incorporentur
ecclesiae, id est Christi corpori membrisque socientur, manifestum
sit eos ad damnationem, nisi hoc eis conlatum fuerit, pertinere.
non autem damnari possent, si peccatum utique non haberent. hoc

---

4 Matth. 25, 34   7 Matth. 25, 46   26 cf. Eph. 1, 23

2 aut] uel *zbd*   absordius *A*   3 praedicaens *V*   qui *AM*   6 sit ipsum] sit
etiă suum (u *alt. s.l.m2*) *V*   7 ambustionem (co *s. a m2*) *V*   8 hunc] istum *zd*
secuntur *z*   9 peruerse *Lm1SVPG*   repugnantia∗ *L* repugnantiae *SVm1PG*
12 quid (d *s.l.m. rec.*)*P*   13 eos] nos *V*   15 ne∗ *L* nec *Km2*   16 refelle *Vm1*
18 hiis *A* iis *d*   aut] ut *A*   ē∗∗*G*   19 obstrusa *A*   inuestigare *zbd*   21 dilici-
dissime *Km1* lucidissime *A*   22 aeternam (a *fin. ex* u) *V*   possit *Vm1*
quenquam *Lm2A*   23 iniuste *post* aliquem *praeb.* *Kb*   posse aliquem *KMbd*
24 et] ac *Kb*   saparari *G*   25 quă (cū *s.m2*)*L* quam *SVG*   baptizantur (e *s.a*)*V*
26 xpi id est *V*   27 hoc *om.* *z*   28 possint *Km1*

quia illa aetas nullum in uita propria contrahere potuit, restat intellegere uel, si hoc nondum possumus, saltim credere trahere par-
nulos originale peccatum.

8. Ac per hoc si ambigui aliquid habent uerba apostolica, quibus
dicit: per unum hominem peccatum intrauit in mundum 5
et per peccatum mors et ita in omnes homines pertransiit,
possuntque in aliam duci transferrique sententiam, numquid et illud
ambiguum est: nisi quis renatus fuerit ex aqua et spiritu,
non potest introire in regnum dei? numquid et illud: uocabis
nomen eius Iesus; ipse enim saluum faciet populum 10
suum a peccatis eorum? numquid etiam illud, quia non
est opus sanis medicus, sed aegrotantibus, hoc est quia non
est necessarius Iesus eis qui non habent peccatum, sed eis qui sal-
uandi sunt a peccato? numquid etiam illud, quia nisi manducauerint
homines carnem eius, hoc est participes facti fuerint corporis eius, 15
non habebunt uitam? his atque huiusmodi aliis, quae nunc praetereo,
testimoniis diuina luce clarissimis, diuina auctoritate certissimis
nonne ueritas sine ulla ambiguitate proclamat non solum in regnum
dei non baptizatos paruulos intrare non posse, sed nec uitam aeternam
posse habere praeter Christi corpus, cui ut incorporentur sacramento 20
baptismatis inbuuntur? nonne neritas sine ulla dubitatione testatur
eos non ob aliud ad Iesum, hoc est ad saluatorem et ad medicum Christum, piis gestantium manibus ferri, nisi ut per medicinam sacramentorum eius possint a peccati peste sanari? quid ergo cunctamur apostoli uerba, de quibus forte dubitabamus, etiam ipsa sic intellegere, 25
ut his congruant testimoniis, de quibus dubitare non possumus?

9. Quamquam toto ipso loco, ubi per unius peccatum multorum
condemnationem et per unius iustitiam multorum iustificationem

---

5 Rom. 5, 12   8 Ioh. 3, 5   9 Matth. 1, 21   11 Matth. 9, 12   14 cf.
Ioh. 6, 54   27 cf. Rom. 5, 18

1 nulla (ū s. ạ m2) L nulla SVPGd   restet V   2 saltem CMbd   4 hac LSV
6 edita exp. et in mg.add. et ita Km2   7 in] et (in mg. m2 ! ad) V   et om.z
9 intrare zd   10 ihm Kbd hiesum M   11 etiam] add. et LSPG   13 Iesus om.z
14 sint GmI etiam bis K   17 pr. diuinẹ P   19 paru. non bapt. KC   20 praeter]
propter LmISVP   22 eos om.z   24 peste m2 ex perte V   uoce quid
noui capituli init. sumil b   25 forte] uerba V.   dubitamus Gm1ACM depu-
tamus V   27 quānquā (n s.l.m2) L

apostolus loquitur, nihil mihi uideatur ambigui, nisi quod ait 'Adam
formam futuri'. hoc enim reuera non solum huic sententiae conuenit, qua intellegitur futuros eius posteros ex eadem forma cum
peccato esse generatos, sed etiam in alios et alios intellectus possunt
5 haec nerba deduci. nam et nos aliud inde aliquando diximus
et aliud fortasse dicemus, quod tamen buie intellectui non sit
aduersum, et ipse Pelagius non uno modo id exposuit. cetera uero
quae ibi dicuntur, si diligenter aduertantur atque tractentur, sieut
in primo duorum illorum libro utcumque conatus sum, etiamsi
10 subobscurum pariunt rerum ipsarum necessitate sermonem, non
tamen poterunt alium sensum habere, nisi per quem factum est. ut
antiquitus uniuersa ecclesia retineret fideles paruulos originalis
peccati remissionem per Christi baptismum consecutos.

V. 10. Vnde non inmerito beatus Cyprianus satis ostendit, quam
15 hoc ab initio creditum et intellectum seruet ecclesia. qui cum paruulos a materno utero recentissimos iam idoneos ad percipiendum
Christi baptismum adsereret, quoniam consultus fuerat, utrum hoc
ante octauum diem fieri deberet, quantum potuit, conatus est eos
demonstrare perfectos, ne quis ipso numero dierum, quo octauo
20 antea circumcidebantur infantes, eos adhuc perficiendos existimaret.
sed cum magnum eis defensionis patrocinium praestitisset, ab originali tamen peccato eos inmunes non esse confessus est, quia, si
hoc negaret, ipsius baptismi causam, propter quem percipiendum
eos defendebat, auferret. potes ipsam epistolam memorati martyris

---

1 cf. Rom. 5, 14   5 cf. Epist. 157 (CSEL XXXXIV 469). pag. 14, 13.
De nuptiis et conc. II 46 (CSEL XLII 300). Contra Iulianum VI 9 (XLIV 826 M)
7 cf. Hieron. opera XXX 694 M   14 cf. Cypriani epist. 64 ad Fidum
(CSEL III pars I 362).

1 uidetur *Lm1SVGA*   3 qu•a *L* quia *SVPG*   ex] et *b*   5 diu duci *K*
diduci *C*   9 quodcunque *A*   10 suboscurum *Lm1*   ipsorum *S*   12 tenet *m2s.*
*exp.*pertineret *K, b*   fidelis *Km1*   13 peccati (cati *in ras. m2*) *V*   14 ciprianus *KA*   15 hoc *in mg.*P ob *S*   16 ideneos *Lm1* id non eos *M*   a *Gm1*
17 asseret *Lm1SG*, (i *s. fin.* e *m2*) *V*   consul•tus *K*   19 ne qui si pro numero
Lm1SPG nequi• pro num. *V* ne quis quasi numero *bd*   quia (a *s.l.m1*) *L,bd*
qui *SVG*   20 circuncidebantur *A*   estimare *A* existimarent *M*   22 non
immunes *b*   confisus (i *ex* u *corr.*) *V*   quasi *SV*   23 quā *P*   24 auferro *Km1*
postes (*pr.* s *paene eras.*) *P*   epistulam *LS*

De baptizandis paruulis legere, si uolueris; neque enim potest deesse
Karthagini. uerum in hanc etiam nostram, quantum praesenti
quaestioni satis uisum est, pauca inde transferenda arbitratus sum,
quae prudenter adtende: quantum uero, inquit, ad causam
infantium pertinet, quos dixisti intra secundum uelter- 5
tium diem quo nati sunt constitutos baptizari non oportere et considerandam esse legem circumcisionis antiquae, ut intra octauum diem eum qui natus est baptizandum et sanctificandum non putares, longe aliud in
concilio nostro uisum est. in hoc enim, quod tu putabas 10
esse faciendum, nemo consensit; sed uniuersi potius
iudicauimus nulli hominum nato misericordiam dei et
gratiam denegandam. nam cum dominus in euangelio
suo dicat: 'filius hominis non uenit animas hominum
perdere, sed saluare', quantum in nobis est, si fieri po- 15
tuerit, nulla anima perdenda est. aduertisne quid dicat, quemadmodum sentiat non tantum carni, sed animae quoque infantis
exitiabile e᷑se atque mortiferum sine illo salutari sacramento exire
de hac uita? unde, si iam nihil aliud diceret, intellegere nostrum fuit
sine peccato animam perire non posse. sed uide paulo post defendens 20
innocentiam paruulorum quid tamen de illis apertissime fateatur:
ceterum si homines, inquit, inpedire aliquid ad consecuti-
onem gratiae posset, magis adultos et prouectos et maiores
natu possent inpedire peccata grauiora. porro autem si
etiam grauissimis delictoribus et in deum multum ante 25
peccantibus, cum postea crediderint, remissa pecca-

4 cf. CSEL III pars II 718, 1—11   14 Luc. 9, 56   22 cf. CSEL III p. II
720, 14 sqq.   .

2 kartagini LVPG cartagini KM carthagine A carthagini Cb   hac etiam n̄ra z
hunc n̄rm M   5 tercium L   6 quam Cypr.   sint Cypr.   7 et sic A, om. M
considerando Lm2   esse exp. L   antiq: LSP   8 ut om. z   10 nostro] suo V
nostro (in mg. al sanoto) b   tu om. M   11 consentit M   13 gratiā di negan-
dam (negandum S)LS gratiā di ēē (esse om. VG) negandā VPG   14 suo om. b
15 poterit KM potest Cypr.   16 quod SV   17 carni∗ L carnis SVPGACM
18 ullo zAM; sed cf. 137,21   19 dicere A   20 animę A   uide] inde b
22 impedire (im s.l.m2) G   aliquod K   ad s.l.m2S   23 possit G possent M
profectos V   26 remissa (in mg. l a remiss parte folii resc.) V remissio C   ˙

torum datur et a baptismo atque gratia nemo prohibetur,
quanto magis prohiberi non debet infans, qui recens
natus nihil peccauit, nisi quod secundum Adam carnaliter natus contagium mortis antiquae prima natiuitate
5 contraxit! qui ad remissam peccatorum accipiendam
hoc ipso facilius accedit, quod illi remittuntur non propria, sed aliena peccata.

11. Vides quanta fiducia ex antiqua et indubitata fidei regula
uir tantus ista loquatur. qui haec documenta certissima ideo protulit,
10 ut illud quod erat incertum, unde consuluerat ille cui rescribit et unde
concilii decretum constitutum esse commemorat, ut scilicet etiam
ante octauum diem, ex quo die natus esset infans, eum, si afferretur,
baptizare nemo dubitaret, per haec firmamenta probaretur. neque
enim hoc tune quasi nouum aut quasi aliqua cuiusquam contradic-
15 tione pulsatum concilio statuebatur seu firmabatur, quod obstricti
originali peccato tenerentur infantes, sed cum illic illa consultatio
uersaretur et disceptaretur, propter legem carnalis circumcisionis
utrum eos et ante octauum diem baptizari oporteret, ideo ei qui hoc
negabat nemo consensit, quia iam non consulendum nec disceptandum,
20 sed firmum certumque habebatur animam saluti aeternae perituram,
si hanc uitam sine illins sacramenti consecutione finiret, quamuis
ab utero recentissimi paruuli solo reatu essent peccati originalis obstricti; quare illis etsi multo facilior, quod alienorum, sed tamen esset
necessaria remissio peccatorum. his certis illa incerta de octauo die
25 quaestio dissoluta est atque in concilio iudicatum homini nato, ne in

1 datur *om.* z dantur *A*   a *om.* zd   prohibere uocatur corr. *m2 in* prohibetur nec uocatur *K* prohibere uocatur *b*   3 pecc.] peccatum *P*   4 antiq: *LSP*
5 ad remissa peccatorum accipienda *SVPGKm1ACM*   6 in hoc ipso *codd.* b
7 peccata *s.l.m2S*   9 iste (*in ras.* m2)*K,ACMb*   quia *L* quia *SVGKCMb*
10 consulerit S consulerat *Vm1G*   describit (*sic*) *V*   11 ̄cciliis *A*   con-
sentitum esse z   12 octauom *Vm1*   offerretur *A*   13 dubitaret m1ex baptizaret S
15 conciliū *A*   16 illa] alia *zd*   17 conuersaretur *Sm2*   circuncisionis *A*
18 baptizare *zATd*   ei *om.* P   19 nagabat *Gm1* negat *K*   consentit *Km1A*
20 habeatur *Kb*   saluti∗*L* salutis *VPGM*   21 ullius *VA*   consequutione *Lm1*
e̯t quāuis *L* Et quāuis *SVPM*   22 paruulis oloreatu *Km1*   23 quare] quia et
ex corr. *Km2* qui *A* quae *CKm1T*   facilior] *add.* quam *A*   sed tamen etiam
nec. (*om.* esset) *b*   25 desoluta *A*   iudicatur *V*

aeternum pereat, omni die licere succurrere, cum etiam de ipsa carnali circumcisione ratio redderetur, quod umbra esset futuri, non quo intellegeremus etiam baptismum octauo ex quo natus est homo die dari oportere, sed nos in Christi resurrectione spiritaliter circumcidi, qui tertio quidem post diem passionis, in diebus tamen ebdomadum, 5 quibus tempora prouoluuntur, octauo, hoc est post sabbatum primo die, a mortuis resurrexit.

VI. 12. Et nunc nescio cuius nouae disputationis audacia quidam *nobis* facere conantur incertum, quod maiores nostri ad dissoluenda quaedam, quae nonnullis uidebantur incerta, tamquam 10 certissimum proferebant. quando enim primitus hoc disputari coeperit nescio; illud tamen scio quod etiam sanctus Hieronymus, qui hodieque in litteris ecclesiasticis tam excellentis doctrinae fama ac labore uersatur, ad quasdam soluendas in suis libris quaestiones etiam hoc certissimum adhibet sine ulla disceptatione 15 documentum. nam in eo quod in Ionam prophetam scripsit, cum ad eum uenisset locum, ubi commemorantur etiam parnuli ieiunio castigati: maior, inquit, aetas incipit, usque ad minorem peruenit. nullus enim absque peccato nec si unius quidem diei fuerit uita eius et numerabiles anni uitae 20 illius. si enim stellae non sunt mundae in conspectu dei, quanto magis uermis et putredo et hi qui peccato offendentis Adam tenentur obnoxii! hunc doctissimum uirum si facile interrogare possemus, quam multos utriusque linguae diuinarum scripturarum tractatores et christianarum 25

18 cf. Hier. Comm. in Ionam proph. c. III (XXV 1195 M)   19 cf. Iob 14, 4. 5   21 cf. Iob 25, 5. 6

1 licere] debere *zd*, *b in mg.*   subcurrere *V* succedere *M* succurri *d cum deterioribus* codd.__ 2 non quo∗ *L* non quod *VPGb* non qua *Km1ACM*   3 octauū *A* 4 dare *A*   in xpo resurrectionem *V*   5 tamen *om. z*   ebdomadarum *zKm2T* 6 et tempora *M*   pos *V*   8 noua *Lm1SPG* nona *ex* nona *V*   10 uidebantur *Lm1* 11 hic *in mg. m1P*   12 tamen *s.l.m2K*   etiam *om. b*   hieronimus *LSPKAC* hyeronymus *M*   13 hodieq: inter litteris ecclesiasticis *L* hodieq: inter litteris ecclesiasticis *SVm1Pm1G* hodieque (quae *V*) inter litteras ecclesiasticas *Vm2Pm2* 14 fama *in mg.m2 A*   elabore (*om.* ac) *C*   15 quaestionis *A*   disputatione (cep *s.* pu)*A*   18 inc.] *add. et Mbd*   20 quidem] inquid (in *m2 in mg.*, d *s.l.*) *V* die *Vm1*   innumerabiles *Ab*   21 mundae n̄ s̄ *zbd*   munda *Lm1SVm1* 22 hii *VAM*   23 offundentis *Vm1*   24 possimus *K*   25 christianorum *A*

disputationum scriptores commemoraret, qui non aliud, ex quo
Christi ecclesia est constituta, senserunt, non aliud a maioribus acceperunt, non aliud posteris tradiderunt! ego quidem quamuis longe
pauciora legerim, non memini me aliud audisse a Christiani.., qui
5 utrumque accipiunt testamentum, non solum in catholica ecclesia,
nerum etiam in qualibet beresi uel schismate constitutis, non memini me aliud legisse apud eos, quos de his rebus aliquid scribentes
legere potui qui scriptura. canonicas sequerentur uel sequi se crederent
crediue uoluissent. unde nobis hoc negotium repente emerserit nescio.
10 nam ante paruum tempus a quibusdam transitorie conloquentibus
cursim mihi aures perstrictae sunt, cum illic apud Carthaginem
essemus, 'non ideo paruulos baptizari, ut remissionem accipiant peccatorum, sed ut sanctificentur in Christo.' qua nouitate permotus et
quia oportunum non fuit, ut contra aliquid dicerem, et non tales
15 homines erant, de quorum essem auctoritate sollicitus, facile hoc in
transactis atque abolitis hahui. et ecce iam studio flammante defenditur, ecce scribendo etiam memoriae commendatur, ecce res in
hoc discrimen adducitur, ut hinc etiam a fratribus consulamur, ecco
contra disputare atque scribere cogimur!
20   VII. 13. Ante paucos anuos Romae quidam extitit Iouinianus,
qui sanctimonialibus etiam aetate iam prouectioribus nuptias persuasisse dicatur non inliciendo, quo earum aliquam ducere uellet
uxorem, sed disputando uirgines sanctimonio dicatas nihil amplius
fidelibus coniugatis apud deum habere meritorum. numquam tamen
25 hoc ei commentum uenit in mentem, ut asserere conaretur sine originali peccato nasci hominum filios. et utique si hoc astrueret, multo

---

10 cf. De gestis Pelagii 22, 46 (CSEL XLII 100, 17)   12 Pelagius (?)

1 disputatione A disputatio C   2 alio Vm1   a s.l.m2K   4 memini
me] me minime SPGCM   audiuisse d   a om. K   5 utrunque A   6 haeresi GC
scismate LPGA scismatę SK   . constitutos KAC constituti* V   me minime
SPM   8 potuiṭ V   9 credil A   negotio V   10 paruuli V   transitoriae SGKM
11 cartaginem zKA carthagine M   12 uideo K   post ideo eras. apud L   13 qua
in mg. K   16 oblitis K   et om. K   ecce iam] ecclam Vm1   post ecce add
contra ecclesiam bd   18 discriminis zTbd discrimēn A   a om. LSVPMT
consulamus Lm2Vm2   20 existit Km1   iuuinianus Lm1   22 dicitur CMd
23 uirginibus sanctimonio dicatis A   24 fidebus Km1   coniugatis in mg. m2L
meritorem Lm1   25 ei hoc bd   commenta Vm1

procliuius uellent feminae nubere fetus mundissimos pariturae. huius
sane scripta — nam et scribere ausus est — cum fratres ad Hieronymum
refellenda misissent, non solum in eis nihil tale conperit, uerum etiam
ad quaedam eius uana refutanda hoc tamquam certissimum de hominis originali peccato, unde utique nec ipsum dubitare credebat, 5
inter multa sua documenta deprompsit. id agentis haec uerba sunt:
'qui dicit se', inquit, 'in Christo manere, debet sieut ille am-
bulauit et ipse ambulare'. eligat aduersarius e duobus
quod uult; optionem ei damus. manet in Christo an
non manet? si manet, ita ergo ambulet ut Christus. si 10
autem temerarium est similitudinem uirtutum domini
polliceri, non manet in Christo, quia non ingreditur ut
Christus. ille peccatum non fecit neque inuentus est.
dolus in ore eius; qui cum malediceretur, non remale-
dixit et tamquam agnus coram tondente sic non ape- 15
ruit os suum; ad quem uenit princeps mundi istius et
inuenit in eo nihil; qui cum peccatum non fecisset, pro
nobis peccatum eum fecit deus. nos autem iuxta epistolam Iacobi 'multa peccamus omnes' et 'nemo mundus a
peccatis, nec si unius quidem diei fuerit uita eius'. 'quis 20
enim gloriabitur castum se habere cor? aut quis
confidet mundum se esse a peccatis?' tenemurque rei
in similitudine praeuaricationis Adam. unde et
Dauid: 'ecce', inquit, 'in iniquitatibus conceptus sum et
in delictis concepit me mater mea.' 25

2 cf. Hieron. adu. Iouinianum II (XXIII 296 M) 7 I Ioh. 2, 6   13 cf.
Esai. 53, 9. 7. I Petr. 2, 22. 23   16 cf. Ioh. 14, 30   17 cf. II Cor. 5, 21   18 Iac. 3, 2
19 Iob 14, 4. 5   20 Prou. 20, 9   23 cf. Rom. 5, 14   24 Ps. 50, 7

1 fetos *Lm1SVm1PGM*   parturire *A*   2 nam et si *sqq. b*   *ausus *G*   hiero-
nimum *LSPKC* hieronimā *V* gieronimum *G* hyronymum *M*   3 conpedit (*in mg.*
ǐr) *V*   5 peccato unum utique quod nec *sqq. b*   itaque *V*   6 depromsit *LSV*
agendis *Lm1SVm1PG*   7 in Christo] in ipso *Hier.*   debere *A*   8 eligata *K*
10 ambulat *KCM*   11 autem errarium *L* autem erarium *SG* autem aerarium *V*
14 non maledixit *VK*   15 condente *Vm1* apperuit *G*   16 at *Sm1*   18 epistulam
LSV   19 multa peccata (*om.* peccamus) *V*   20 un' *V*   21 se castum habere *A*
post aut era⸱. ē *V*   22 confidit *M*   se *om. PG*   teneamurque *K*   rei (r *s.l.m2*) *S*
23 similitudinem *Ad*   adae *K*   et *om. M*   24 ecce, inquit] dicit ecce *zd*
ecce ait *AM*   25 concoepit *A* peperit *C*

14. Haec non ideo commemoraui, quod disputatorum quorumlibet sententiis tamquam cano'nica auctoritate nitamur, sed ut appareat ab initio usque ad praesens tempus, quo ista nouitas orta est, hoc
de originali peccato apud ecclesiae fidem tanta constantia custoditum,
5 ut ab eis, qui dominica tractarent eloquia, magis certissimum pro-
ferretur ad alia falsa refutanda quam id tamquam falsum refutari
ab aliquo temptaretur. ceterum in sanctis canonicis libris uiget
huius sententiae clarissima et plenissima auctoritas. clamat apostolus:
per unum hominem peccatum intrauit in mundum et
10 per peccatum mors et ita in omnes homines pertransiit,
in quo omnes peccauerunt. unde nec illud liquide dici potest,
quod peccatum Adae etiam non peccantibus nocuit, cum scriptura
dicat: in quo omnes peccauerunt. nec sic dicuntur ista aliena
peccata, tamquam omnino ad paruulos non pertineant — si quidem
15 in Adam omnes tune peccauerunt, quando in eius natura illa insita
ui, qua eos giguere poterat, adhuc omnes ille unus fuerunt —, sed
dicuntur aliena, quia nondum ipsi agebant uitas proprias, sed quicquid
erat in futura propagine uita unius hominis continebat.

VIII. 15. *Nulla, inquiunt, ratione conceditur, ut deus, qui propria*
20 *peccata remittit, inputet aliena.* remittit, sed spiritu regeneratis, non
carne generatis; inputat nero non iam aliena, sed propria. aliena
quippe erant, quando hi qui ea propagata portarent nondum erant;
nunc uero carnali generatione iam eorum sunt, quibus nondum spiritali regeneratione dimissa sunt.

25 16. Sed *si baptismus, inquiunt, mundat antiquum illud delictum,*
qui de duobus baptizatis nati fuerint debent hoc carere peccato. non enim
potuerunt ad posteros transmittere, quod ipsi minime habuerunt. ecce

9 Rom. 5, 12   19 Pelagius, cf. p. 132, 13   25 Pelagius, cf. p. 132, 7
26 cf. Contra Iulianum Pel. VI 7, 18 (XLIV 833 M)

3 quod A   horta LSGm1   5 proferetur S   6 talia L talia SVPG aliä M
falsaṣ P causä M   refutandä M   7 alico Vm1   temtaretur LS   9 hunü L
11 liquidē L quidem M   12 adeae V   13 dicit Lm1   sic (c s.l.) LP
15 tunc omnes A   insitaui quaos Lm1Gm1 insita ui qua os SV insitaui quae
eos M insita ui in qua eos Pm1 uis insita fuit qua eos A insita ē uis in qua eos (sic
corr. m. rec.) P insita in qua eos b   16 illi omnes A   illi Km2   17 quidquid
Lm1SGCM 18 insitura Sm1   uita∗K uitä A 19 traditione Km1   20 dimittit A
aliena om. Vm1   remittit eras. V   regenerationis M   22 hii VA   post ea exp. qui
pro K   propagati Lm2   25 Sed] Si A   26 fueŕ K

unde plerumque conualescit error, cum homines idonei sunt his rebus
interrogandis, quibus intellegendis non sunt idonei. cui enim audi-
tori uel quibus explicem uerbis, quomodo mortalia uitiosa
primordia non obsint eis, qui aliis primordiis inmortalibus inchoati
sunt, et tamen obsint eis, quos idem ipsi, quibus iam non obsunt, ex 5
eisdem uitiosis primordiis generauerint? quomodo id intellegat
homo, cuius tardiusculam mentem inpedit etiam suae sententiae praeiudicium et peruicaciae grauissimum uinculum? uerum tamen si aduersus eos mihi esset causa ista suscepta, qui omnino paruulos baptizari prohiberent aut superfluo baptizari contenderent dicentes eos 10
ex fidelibus natos parentum meritum necessario consequi, tunc deberem ad hanc opinionem conuincendam laboriosius fortassis et
operosius excitari, tunc, si mihi apud obtunsos et contentiosos
propter rerum naturae obscuritatem difficultas refellendi falsa et
persuadendi uera resisteret, ad haec forte quae in usu atque in 15
promptu essent exempla confugerem uicissimque interrogarem, ut,
quia eos moueret quomodo peccatum quod mundatur per baptismum maneat in eis quos genuerint baptizati, ipsi explicarent
quomodo praeputium quod per circumcisionem aufertur maneat in
eis quos genuerint circumcisi, quomodo etiam palea quae opere 20
humano tanta diligentia separatur maneat in fructu qui de purgato
tritico nascitur.

IX. 17. His et talibus forsitan utcumque conarer exemplis persuadere hominibus, qui mundationis sacramenta superfluo filiis mundatorum crederent adhiberi, quam recto consilio baptizatorum par- 25
uuli baptizentur quamque fieri possit, ut homini habenti utrumque
semen, et mortis in carne et inmortalitatis in spiritu, non obsit rege-
nerato per spiritum, quod obest eius filio generato per carnem, sitque
in isto remissione mundatum, quod sit etiam in illo simili remissione

1 error om. Km1   sint Km2A   2 cui (i s.l.m2) V   4 primordis Vm1
incoati Pa.c.   5 iam] etiam V   6 id om. Km1M   7 tardiunculā M
etiam] et sic b et d   8 grauissimae zbd   uincula Vm1   10 prohibent L prohibent cet.d   superfluuio L   contendunt d   11 neces*ario Lm1   12 connin-
cendā Sp.c. conuincenda C   13 obtunsos L obtusos PKCbd   14 rererum G
16 proptu LSm1 promtu V promptum C   coniugerem Lm1 cūfugerem A   17 qui
Lm1   moueret et S   19 auferetur K   20 quae om. M   opera Gm1   23 conare
Km1   24 superfluuio Lm1V   mandatorum Pm1   26 baptizantur VM
quāquā Lm2b quamquae M   posse PG posset M   29 remissionem Vm1G
mundato Vm1Km1   illo*G

uelut circumcisione uelut trituratione ac uentilatione mundandum.
nunc uero, quando quidem cum eis agimus, qui confitentur baptizatorum filios baptizandos, quanto melius sic agimus, ut dicamus:
'uos, qui asseritis de hominibus a peccati labe mundatis sine peccato
5 nasci filios debuisse, cur non adtenditis eo modo nobis posse dici de
christianis parentibus christianos nasci filios debuisse? cur ergo eos
Christianos fieri debere censetis? numquid in eorum parentibus corpus
christianum non erat, quibus dictum est: nescitis quia corpora
uestra membra sunt Christi? an forte corpus quidem christia-
10 num de christianis parentibus natum est, sed non christianam
animam accepit? hoc uero multo est mirabilius; namque utrumlibet
de anima sentiatis, quia profecto cum apostolo non eam creditis, antequam nasceretur, aliquid egisse boni aut mali, aut de traduce adtracta
est et similiter ut corpus de Christianis christianum anima etiam chri-
15 stiana esse debuit aut a Christo creata, uel in christiano corpore uel
propter christianum corpus, christiana debuit seu creari seu mitti.
nisi forte dicetis christianos homines christianum corpus giguere
potuisse et ipsum Christum animam christianam non potuisse pro-
creare. cedite itaque ueritati et uidete, sicut fieri potuit, quod et uos
20 fatemini, ut de Christianis non Christianus, de membris Christi non
membrum Christi atque — ut occurramus etiam omnibus, qui licet
falso, tamen quocumque religionis nomine detinentur — de consecratis
non consecratus, ita etiam fieri, ut de mundatis non mundatus nascatur. quid respondebitis, quare de Christianis non Christianus
25 nascatur, nisi quia non facit generatio, sed regeneratio Christianos?
hanc igitur uobis reddite rationem, quia similiter a peccatis nemo
nascendo, sed omnes renascendo mundantur. ac per hoc de hominibus
ideo mundatis, quoniam renatis, homo qui nascitur renascatur, ut

---

8 I Cor. 6, 15   12 cf. Rom. 9, 11

1 *pr.* uel *K*   uentiliatione *K*   mundatum *Lm1A*   2 cogimus *Sm1*   4 mundatus *Vm1*   5. 6 quur *LSV* qur *G*   7 consentis *Lm1*   in *om. G*   eorum] neutrum
Lm1SVPG   9 sunt *om. Km1*   10 de] ex *z*   non] *add.* et *LGm1*   13 abstracta *A*
14 christianum] *add.* sic *b*   animā *Lm1SVGm1C*   17 diceretis *Lm1SVPG*
19 credite *PA*   uidete] *add.* quia *Pd*   21 menbrum *K*   succurramus *Lm1*
22 relegionis *A*   23 mundatis (mun *in ras. m2*)*V*   24 quid—nascatur *om. Km1*
25 nascitur *Lm1*   fecit *K*   christianus *Vm1*   27 hac *L*   28 renati sunt *P*
de renatis *M*

etiam ipse mundetur. potuerunt enim parentes ad posteros transmittere, quod ipsi minime habuerunt, non solum sicut frumenta
paleam et praeputium circumcisus, sed etiam, quod et uos dicitis,
fideles infidelitatem in posteros traiciunt; quod non est iam illorum
per spiritum regeneratorum, sed, quo in carne generati sunt, mortalis 5
seminis uitium. nam utique quos paruulos per sacramentum fidelium
fideles faciendos esse iudicatis, infideles natos ex parentibus fidelibus
non negatis'.

X. 18. At enim: *si anima non est ex traduce, sed sola caro, ipsa
tantum habet traducem peccati et ipsa sola poenam meretur* — hoc enim 10
sentiunt — *iniustum esse dicentes, ut hodie nata anima non ex massa
Adae tam antiquum peccatum portet alienum.* adtende, obsecro te,
quemadmodum uir circumspectus Pelagius — nam ex eius libro haec
quae modo posui uerba transcripsi — sensit quam in difficili de anima
quaestione uersetur. non enim ait, quia anima non est ex traduce, 15
sed 'si anima non est ex traduce', rectissime faciens de re tam
obscura, de qua nulla in scripturis sanctis certa et aperta testimonia
possumus inuenire aut difficillime possumus, cunctanter loqui potins
quam fidenter. quapropter ego quoque huie propositioni non prae-
cipiti assertione respondeo: 'si anima non est ex traduce, ergo quae 20
ista iustitia est, ut recens creata et ab omni delicto prorsus inmunis, ab
omni peccati contagione penitus libera, passiones carnis diuersosque
cruciatus et, quod est horribilius, etiam daemonum incursus in parnulis sustinere cogatur? neque enim aliquid horum caro sic patitur,
ut non·ibi anima potius, quae uiuit ac sentit, poenas luat. hoc enim 25
si iustum ostenditur, sic etiam ostendi potest qua iustitia in carne
quoque peccati subeat originale peccatum baptismatis sacramento

9 Pelagius, cf. p. 132, 10

2 quod ipsi] quod si *Lm1SVm1PG*   3 paleū *A* palea *CM*   4 trahiciunt *KM*
5 quot *G* quod *Lm2SVPAM*   regenerati *L*   mortale *P* mortales *M*   8 negatos
Sa.c.   10 habeat *L* habeat *SVPG*   solam poenam *b*   11 odie *Gm1*   12 anti-
qum *G*   13 circumspectus uir *bd*   haec *om. K*   14 sentit *KACb, om. M*
15 non enim] nonne anima *A*   est *om. K*   16 sed—traduce *om. z*   18 inuenire—
possumus *om. V*   19 quipropter *L a.c.*   quoque] opto *V*   prepositioni
Lm1Sm1P   20 est *om. LVPGM, post* traduce *add. Sm2*   22 contagione peccati *z*
carnes *Sm1* carnales *M*   diuersusque *G*   23 orribilius *G*   doemonum *A*   24 cogi-
tatur *Sm1*   aliquid aliqua eorum *A*   orū *Lm1*   25 uidit *Lm1*   26 si] sic *Sm2*
quia *VPA*   27 originali *Vm1*

et gratiae miseratione mundandum. si autem illud ostendi non potest,
neque hoc posse arbitror. aut ergo utrumque occultum feramus et
nos homines esse meminerimus aut alias aliud de anima opus, si
necesse uidebitur, cautela sobria disputando moliamur'.

5   XI. 19. Nunc tamen illud, quod ait apostolus: per unum
hominem peccatum intrauit in mundum et per peccatum mors et ita in omnes homines pertransiit, in quo
omnes peccauerunt, sic accipiamus, ne tot tantisque apertissimis diuinarum scripturarum testimoniis, quibus docemur praeter
10 Christi societatem, quae in illo et cum illo fit, cum sacramentis eius
inbuimur et eius membris incorporamur, uitam salutemque aeternam
adipisci neminem posse, nimis insipienter atque infeliciter repugnare
iudicemur. neque enim alio sensu dictum est ad Romanos: per
unum hominem peccatum intrauit in mundum et per
15 peccatum mors atque ita in omnes homines pertransiit,
quam illo quo dictum est ad Corinthios: per hominem mors et per
hominem resurrectio mortuorum; sicut enim in Adam
omnes moriuntur, sic et in Christo omnes uiuificabuntur. nemo quippe ambigit hoc ibi de morte corporis dictum, quo-
20 niam de resurrectione corporis magna apostoli intentione quaestio
uersabatur. et ideo uidetur ibi de peccato tacuisse, quia non erat
quaestio de iustitia; hic autem ad Romanos utrumque posuit et
utrumque diutissime commendauit, peccatum in Adam, iustitiam in
Christo et mortem in Adam, uitam in Christo; quae omnia uerba
25 sermonis apostolici, quantum potni satisque uisum est, in primo, ut
iam dixi, duorum illorum libro perscrutatus aperui.

5 Rom. 5, 12   13 Rom. 5, 12   16 I Cor. 15, 21. 22

2 hoc—memine- *om.* V   4 neccesse S   caute V   disputandi M   5 apls
add. m2 S   8 tantis V   9 docemus Sm1V   12 hominem (ho *in ras.*) V
14 u•num L   in mundum intrauit d   15 ita *om.* Lm1SVPG   quā•illud *ex* quam
illo L quam alio b   16 quod (d *s.l.*) L, Gm1KA   chorintios V   *pr.* per] *add.*
unum A   18 uiuicabuntur K uiuificantur M   19 hoc *ex* ac L   hac Sm1 ac VG
de corpore mortis z de corporis morte bd   20 apostoli] amplius V   21 ibi]
tibi V   22 posuit (exposuit Lm2) et utrumque posuit LV et utrumque posuit
exp. S   et *om.* KA   23 diutissime] iustissime K   iustitiam—Adam *in mg.* G
24 et mortem *bis* K   et uitam P et uitam d   25 posui V   ut iam dixi] etiam P

20. Quamquam etiam ibi ad Corinthios locum ipsum de resurrectione diu tractatum sic in fine concluserit, ut nos dubitare non
sineret mortem quoque corporis merito accidisse peccati. cum
enim dixisset: oportet corruptibile hoc induere incorruptionem et mortale hoc induere inmortalitatem. cum 5
autem corruptibile hoc indutum fuerit incorruptionem
et mortale hoc inmortalitatem, tune fiet, inquit, sermo
qui scriptus est: absorta est mors in uictoriam. ubi est,
mors, uictoria tua? ubi est, mors, aculeus tuus? deinde
subiecit: aculeus autem mortis est peccatum, uirtus uero 10
peccati lex. quia ergo, sicut apostoli apertissima uerba declarant,
εο absorbebitur mors in uictoriam, quo corruptibile et mortale hoc
induet incorruptionem et inmortalitatem, id est quo uiuificabit
deus et mortalia corpora nostra propter inhabitantem spiritum eius
in nobis, manifestum est et huius mortis corporis, quae resurrectioni 15
corporis contraria est, aculeum fuisse peccatum, aculeum autem,
quo mors facta est, non quem mors fecit; peccato enim morimur, non
morte peccamus. sic itaque dictum est 'aculeus mortis', quomodo
lignum uitae, non quod hominis uita faceret, sed quo uita hominis
fieret, et quomodo lignum scientiae, per quod scientia fieret hominis, 20
non quod per suam scientiam fecerit homo. sic ergo et aculeus mortis,
quo mors facta est, non quem mors fecit. sic enim dicimus et pocu-

---

4 I Cor. 15, 53—56   13 cf. Rom. 8, 11   19 cf. Gen. 2, 9

1 quanquam *Lm2*   ibi etiam *b*   chorintios *V*   2 diu] dn̄i *b*   tractum *V*
4 opportet *L*   5 induere *om. m1 G*   mortalitatem *Lm1SV*   cum autem—
inmortalitatem] cū aū mortale hoc inquit induct inmortalitatem *KAC, om. Gm1M*
7 hoc] *add.* induct *b*   inquid *GV, om. A, exp. L*   8 absorpta *A*   uictoria
LSVGm2PAMb; post uictoria *eras.* tua *G*   9 uictoria] contentio *z, b in mg.*
aculus *L*   10 est *om. L*   autem nero *Lm1S* autem uẹrọ *V* autẽ•ũ
(ũ *in ras.*) *G* autem *P*   11 declarant uerba *K*   12 obsorbebitur *Pm1* absor-
betur *A* uictoria *zCb* curriptibile *V*   13 mortalitatem *Lm1* idem (*in mg.* ȴ ẽ) *V*
quod *z* qui *Km1*   uiuificabit (bi *s.l.*) *L* uiuificauit *CM*   14 habitantem *ACMb*
15 et *om. A*   resurrectione *Lm1Sm1Vm1 PGKm1* resurrectionis *C*   16 corporis]
carnis *b*   17 quem] quā *Lm1* quae *G* quãe *S p.c.*   peccatu *Vm1*   18 mortis]
mors *A*   19 dignum *Lm1Sm1Pm1G*   quo *Lm1SVm1PG*   uitã *Sp.c.A*
quod *KAM*   hominis uita *P* hominis *om. A*   20 et *om. PGKAM* dignum *Vm1*
quo *Sm1Vm1Gm1*   21 si *Gm1*   et *om. A*   22 fecerit *Km2AMb*

lum mortis, quo aliquis mortuus sit uel mori possit, non quod moriens
mortuusue confecerit. aculeus itaque mortis peccatum est, peccato
punctum mortificatum est genus humanum. quid adhuc quaerimus
cuius mortis, utrum animae an corporis? utrum primae, qua nunc
5 omnes morimur, an secundae, qua tune impii morientur? nulla causa
est exagitandi quaestionem, nullus tergiuersandi locus; apostoli uerba,
quibus id agebat, interrogata respondent. cum mortale hoc, inquit,
induerit inmortalitatem, tune fiet sermo qui scriptus
est: absorta est mors in uictoriam. ubi est, mors, uictoria
10 tua? ubi est, mors, aculeus tuus? aculeus autem mortis
peccatum, uirtus uero peccati lex. de resurrectione corporis
agebat, quod absorbebitur mors in uictoriam, cum mortale hoc induerit
inmortalitatem. tune ipsi morti insultabitur, quae in uictoriam resurrectione corporis absorbebitur. tune ei dicetur: ubi est, mors,
15 uictoria tua? ubi est, mors, aculeus tuus? morti ergo corporis hoc dicetur. hanc enim absorbebit uictoriosa inmortalitas,
cum mortale hoc inmortalitate induetur. morti, inquam, corporis tune
dicetur:' ubi est, mors, uictoria tua, qua hic omnes sic uiceras, ut
etiam dei filius tecum confligeret teque non uitando, sed suscipiendo
20 superaret? uicisti in morientibus, uicta es in resurgentibus. uictoria
tua, qua absorbueras corpora morientium, temporalis fuit, uictoria
nostra, qua in corporibus absorta es resurgentium, aeterna constabit.
ubi est aculeus tuus? hoc est peccatum, quo puncti et uenenati
sumus, ut etiam in nostris corporibus fieres et ea tam longo saeculo

---

5 cf. Apoc. 2, 11 etc.   7 I Cor. 15, 54—56

1 quod] quem KA que C 2 peccato] peccati $Vm2Pm2bd$ 3 punctu Vbd
puncto $Pm2$ 5 morientur L p.c.   6 apostoli] amplius V 7 interroganti $m2$ ex
interroga S quū $Lm1$ mor∗tale L 8 induitur C 9 absorpta A
mors om. $Gm1$ uictoria zAb 10 mortis] add. est d 1̂̂qua $Lm2Sm2bd$
absoluebitur S uictoria zMb quū $Lm1V$ quā G induerit om. $Gm1$
13 uictoria $Sm2b$ resurrectionis b 14 dicitur $SVm1$ 15 uictoria] contentio z
tua om. M 16 hoc om. S dicitur M, om. S absorbebitur V absoruebit M
17 mortalitate A hoc—induetur om. A immortalitatem Md induitur M
tunc] hoc zd 18 ubi est om. V mors om. zd hic om. $zMTd$ uieras $Sm1$
19 uitando] uitam donando $LSVm1PG$ 20 uictes (om. es) V 22 nestra V
constauit $Sm1Vm1C$ constitit $Sm2$ 23 benenati $Lm1Sm1Vm1Gm1$ uenerati M
24 figeres P, d addito te ante etiam   saeculo] tempore zbd

possideres? aculeus autem mortis est peccatum, uirtus
uero peccati lex. peccauimus in uno omnes, ut moreremur in uno
omnes; accepimus legem, non ut emendatione finiremus peccatum,
sed ut transgressione augeremus. lex enim subintrauit, ut abundaret peccatum, et: conclusit scriptura omnia sub pec- 5
cato. sed deo gratias, qui dedit nobis uictoriam per dominum nostrum Iesum Christum, ut, ubi abundauit peccatum,
superabundaret gratia atque ut promissio ex fide Iesu Christi
daretur credentibus et uinceremus mortem per inmortalem resurrectionem et aculeum eius peccatum per gratuitam iustificationem'. 10
    XII. 21. Nemo itaque de hac re fallatur et fallat. omnes adimit
atque aufert iste sanctae scripturae sensus manifestus ambages.
quemadmodum ab origine trahitur mors in corpore mortis huius, sic
ab origine tractum est et peccatum in hac carne peccati; propter quod
sanandum et propagine adtractum et uoluntate auctum atque 15
ipsam carnem resuscitandam medicus uenit in similitudine carnis
peccati, qui non est opus sanis. sed aegrotantibus, nec uenit uocare
iustos, sed peccatores. proinde quod ait apostolus, cum fideles moneret, ut se ab infidelibus coniugibus non disiungerent: sanctificatus est enim uir infidelis in uxore et sanctificata 20
est mulier infidelis in fratre; alioquin filii uestri inmundi
essent, nunc autem sancti sunt, aut sic est accipiendum,
quemadmodum et nos alibi et Pelagius cum eandem ad Corinthios
epistolam tractaret exposuit, quod exempla iam praecesserant et
uirorum quos uxores et feminarum quas mariti lucrifecerant Christo 25

---

1 I Cor. 15, 56   4 Rom. 5, 20   5. 8 Gal. 3, 22   6 I Cor. 15, 57
7 cf. Rom. 5, 20   13 cf. Rom. 7, 24   17 cf. Marc. 2, 17   19 Cor. 7, 14
23 cf. De serm. dom. in monte I 45 (XXXIV 1252 M) et Pelagii Comm.
(XXX 766.767 M)

1 mortuus *Vm1*   peccati *Lm1*   2 moriremur *V*   3 ut non *V*   emundatione *Lm1*   4 habundaret *VPM*   5 coconclusit *V*   6 quiḍ *V*   iꞣm xpm dnm
nrm *P*   7 nostrum *om. A*   ubi *s.l.m1V*   *post* abundauit *exp.*ibi *V*   peccatum
(*in mg.* aḷ delictum) *b*   8 et gratia *b*   promisso *Pm1* promisio *G*   9 per *s. exp.*
et *G*   10 gratiam *V*   11 refellatur *Km1*   et fallat *om. A*   12 istẹ *M, om. KAC*
scae *bis K, om. M*   13 originale *Lm1*   traitur *PC;* trahitur—origine *in mg. Km2*
14 et *om.zd*   hac *om. A*   15 atque *om. A*   atque] *add.* ad *zbd*   16 similitudinē *A*   22 quia *Sm2A*   18 quod *om. A*   scificati *A*   23 chorintios *V*
24 epistulā *S* apistolā *G, om. P*   quod] cū *A*   25 *alt.* quos *A*   lucrifaecerent *Gm1*
lucrifacerent *K*   Christo *om. V*

et paruulorum ad quos faciendos Christianos uoluntas christiana
etiam unius parentis euicerat, aut si, quod magis uerba apostoli uidentur sonare et quodam modo cogere, aliqua illic intellegenda est
sanctificatio, qua sanctificabantur uir uel mulier infidelis in coniuge
5 fideli et qua sancti nascebantur filii fidelium, siue quia in menstruo
cruore mulieris a concubitu continebat, quicumque uir uel femina id
in lege didicerat — nam hoc Hiezechiel inter illa praecepta ponit,
quae non figurate accipienda sunt — siue propter aliam quamlibet,
quae ibi aperte posita non est, ex ipsa necessitudine coniugiorum
10 atque filiorum sanctitatis asperginem, illud tamen sine dubitatione
tenendum est, quaecumque illa sanctificatio sit, non ualere ad Christianos faciendos atque ad dimittenda peccata, nisi christiana et
ecclesiastica institutione et sacramentis efficiantur fideles. nam nec
coniuges infideles, quamlibet sanctis et iustis coniugibus haereant,
15 ab iniquitate mundantur, quae a regno dei separatos in damnationem
uenire conpellit, nec paruuli de quibuslibet sanctis iustisque procreati
originalis peccati reatu absoluuntur, nisi in Christo fuerint baptizati,
pro quibus tanto inpensius loqui debemus quanto pro se ipsi minus
possunt.

20   XIII. 22. Id enim agit illa disputatio, contra cuius nouitatem
antiqua ueritate nitendum est, ut infantes omnino superfluo baptizari uideantur. sed aperte hoc non dicitur. ne tam firmata salubriter
ecclesiae consuetudo uiolatores suos ferre non possit. sed si pupillis
opem ferre praecipimur, quanto magis pro istis laborare debemus,
25 qui destitutiores et miseriores pupillis etiam sub parentibus remanebunt, si eis Christi gratia denegabitur, quam per se ipsi flagitare non
possunt!

7 cf. Hiez. 18, 6

2 si *om. A*   apostoli] amplius *V*   3 sanare *V*   aliqua] illa *A*   4 uir—
filii *in mg. A*   uel] ulla *V* et *PCMd*   5 quia cū (cū *s.l.m1*) *L*   in *om. Km1*
7 dicerat *V*   hiezechihel *VK* hiezechil *C* hyzechiel *M* ezechiel *A*   9 proposita *LSVPb*   10 sanctitas *Km1*   asparginem *A*   13 ecclesiasti *G* ecclesiastici
Vm1   et *om. zd*   15 mundarentur *V*   damnatione *PM*   17 absol-
uantur *Sm1* absolbuntur *C*   19 possint *A*   20 cogit *Sm1* ait *A*   illa] ista *zM*
22 uideantur *in mg. m1L*   firmatae *K* firma *z*   23 eccla *A*   pupullis *V*
24 praecipim' *V*   25 destituores *Sm1*   26 gratia xpi *A*   se *s.l.G*

23. Illud autem quod dicunt sine ullo peccato aliquos homines iam ratione propriae uoluntatis utentes in hoc saeculo uixisse uel uiuere optandum est ut fiat, conandum est ut fiat, supplicandum est ut fiat, non tamen quasi factum fuerit confidendum. hoc enim optantibus et conantibus et digna supplicatione deprecantibus, quidquid remanserit 5 peccatorum, per hoc cotidie soluitur, quod ueraciter in oratione dicimus: dimitte nobis debita nostra, sicut et nos dimittimus debitoribus nostris. quam orationem quisquis cuilibet, etiam homini sanoto et dei uoluntatem scienti atque facienti, praeter unum sanctum sanctorum dicit in hac uita necessariam non fuisse, multum 10 errat nec potest omnino illi ipsi placere quem laudat; si autem se ipsum talem putat, ipse se decipit et ueritas in eo non est, non ob aliud, nisi quia falsum putat. nouit ergo ille medicus, qui non est opus sanis, sed aegrotantibus, quemadmodum nos curando perficiat in aeternam salutem, qui et ipsam mortem, quamuis peccati merito inflicta sit, 15 non aufert in hoc saeculo eis quibus peccata dimittit, ut etiam cum eius timore superando suscipiant pro fidei sinceritate certamen, et in quibusdam etiam iustos suos, quoniam adhuc extolli possunt, non adiuuat ad perficiendam iustitiam, ut, dum non iustificatur in conspectu eius omnis uiuens, actionem gratiarum semper indulgentiae 20 ipsius debeamus et sic ab illa prima causa omnium uitiorum, hoc est a tumore superbiae, sancta humilitate sanemur. hanc epistolam dum

---

7 Matth. 6, 12   12 cf. I Ioh. 1, 8   13 cf. Matth. 9, 12   19 cf. Ps. 142, 2

2 propriae uoluntatis *om. zd*   3 obtandum *Lm1SG* obtantum *Vm1*   fiat— *alt.* fiat *in mg.* P   conandum (c *ex* qu) *L*   conandum est ut fiat *s.l.m2G* conandum—suppl. est ut fiat *in mg.* Km2   *alt.* ut *s.l.m2S*   4 n̄ *s. exp.* ut *K*   factum *ex* fructū *G*   confitendum *VAM* confidendum est *b*   5 conantibus (c *ex* qu) *L* digni *Gm1*   quicquid *Lm2PGm2Km2Am2b* quodquid *M*   6 cottidie *K*   in illa oratione *b*   8 ort̄ *V*   etiam *om. zd*   9 faciendi *Lm1*   prae *Lm1Sm1V* per *PG*   10 *post* sanctorum *add. s.l.m2* ·i·xp̄m *S*   necessaria *GC*   11 erat *Vm1* si autem] sic cū *PGm2*   12 se decipit] seducit *m2s.exp.* sed accipit *K*   13 que facsum *Lm1*   quia *A*   14 proficiat *A* perficiant *C*   15 quia *A*   peccanti *V* inflicto *Lm1*   16 auferret *A* confert *V*   cum eius] cuius *P*   17 ei *V*   18 quibusdam]quibus dicit *V*   19 n̄ dū *A*   20 agnitionem *Lm1SVPGm1*   ingulgentiae *LVGm1, S in mg.*   21 ipsius *in mg.* P   tutiorum *V*   22 tumoreṣ *V* sanemur deo gratias *z*   epistulam *S* epystolam *K*   dum *om. A*

dispositio mea breuem parturit, liber prolixus est natus, utinam tam
perfectus quam tandem aliquando finitus!

1 disputatio *zb*   mea] magna *b*   2 EXPL *LIBER* TERTIVS $\overline{SCI}$
AVGVSTINI $\overline{EPI}$ RECTE FIDEI AD MARCELLIN$\overline{V}$ TRIBVN$\overline{V}$ ET
NOTARIVM DE BAPTISMO PARVVLORVM AMEN. INCI$\overline{P}$ *LIBER* DE
VNICO BAPTISMO FELICITER *SP* EXPLICIT LI$\overline{B}$ TERTIVS $\overline{SCI}$
AGVSTINI $\overline{EPI}$ RECTE FIDEI AD MARCELLIN$\overline{V}$ TRIBVN$\overline{V}$ ET
NOTARIVM DE BAPTISMO PARVVLORVM *V* FINIT LI$\overline{B}$ III
DE BAPTISMO P$\overline{AR}$ †. IN$\overline{C}$ AD PINIAN$\overline{V}$ LI$\overline{B}$·I·*M* Explicit liber
III^{us}. Incipit liber de sp$\overline{u}$ et littera Augustini e$\overline{pi}$ *K* Expl. lib III sci
A$\overline{ug}$ e$\overline{pi}$ rectae fidei ad Marcellin$\overline{u}$ tribun$\overline{u}$ et notari$\overline{u}$ de baptismo paruulor$\overline{u}$
amen *G* Explicit l$\overline{ib}$ tertius sci Augustini de baptismo paruulorum *A* Explicit
l$\overline{ib}$ ·III· *C ; a cod. L subscriptio abest;* Explicit liber ·III· *(litt. unc.) C* Sancti
augustini e$\overline{pi}$ epistola siue liber tertius de peccatorum meritis et remissione
et de baptismo paruulorum explicit *b*

AVGVSTINI RETRACTATIONVM LIB. II CAP. LIX (XXXIII)
(PAG. 170, 6 ED. KNOELL).
DE PECCATORVM MERITIS ET REMISSIONE ET DE BA-
PTISMO PARVVLORVM AD MARCELLINVM LIBRI TRES.

1. Venit etiam necessitas, quae me cogeret aduersus Pelagianam 5
heresem scribere, contra quam, cum opus erat, non scriptis, sed sermonibus et conlocutionibus agebamu., ut quisque nostrum poterat
aut debebat. missis ergo mihi a Carthagine quaestionibus eorum,
quas rescribendo dissoluerem, scripsi primum tres libros, quorum
titulus est De peccatorum meritis et remissione. 10
2. Vbi maxime disputatur de baptismate paruulorum propter
originale peccatum et de gratia, qua iustificamur, hoc est iusti efficimur, quamuis in hac uita nemo ita seruat mandata iustitiae,
ut non sit ei necessarium pro suis peccatis orando dicere: dimitte
nobis debita nostra. contra quae omnia sentientes illi nouam 15
heresem condiderunt. in his autem libris tangenda adhuc arbitratus
sum nomina eorum sic eos facilius posse corrigi sperans, immo etiam
in tertio libro, quae est epistula, sed in libris habita propter duos,
quibus eam conectendam putaui, Pelagi ipsius nomen non sine aliqua
laude posui, quia uita eius a multis praedicabatur, et eius illa redar- 20
gui, quae in suis scriptis non ex persona sua posuit, sed quid ab aliis
diceretur exposuit, quae tamen postea iam hereticus pertinacissima
animositate defendit. Caelestius uero discipulus eius iam propter
tales assertiones apud Carthaginem in episcopali iudicio, ubi ego
non interfui, excommunicationem meruerat. 25
3. In secundo libro quodam loco: hoc quibusdam, inquam,
etiam in fine largietur, ut mortem repentina commutatione non sentiant, seruans locum diligentiori de hac re inquisitioni. aut enim non morientur aut de ista uita in mortem et de
morte in aeternam uitam celerrima commutatione tamquam in ictu 30
oculi transeundo mortem non sentient.
4. Hoc opus sic incipit: Quamuis in mediis et magnis
curarum aestibus.

6 Aug. Serm. 26. 27. 30. 131. 153. 155. 156. 158. 165. 169. 174. 176. 181
12 Rom. 3, 24. Tit. 3, 7   13 I Ioh. 3, 24   14 Matth. 6, 12   17 Aug.
De gest. Pel. 23, 47   19 De pecc. mer. et rem. III 3, 5   21 Aug. De gest.
Pel. 22, 46   23 Aug. De heres. 88   26 De pecc. mer. et rem. II 31, 50   30 I Cor. 15, 52

II.

DE SPIRITV ET LITTERA LIBER VNVS.

CODICES:

L = codex Lugdunensis 603 (520) saec. VIII—IX.
S = codex Salisburgensis S. Petri a. VIII. 29 saec. IX.
P = codex olim Corbeiensis nunc Parisinus 12213 saec. X.
G = codex Sangallensis 171 saec. X.
O = codex Oxoniensis (Laud. Misc.) 134 saec. X in.
K = codex Augiensis XCV saec. X.
C = codex Casinensis CLXIII saec. XI.
T = codex Vaticanus Latinus 461 saec. XIex.
z = consensus codicum LSPG.
r = consensus codicum OKCT.
b = editio princeps s.l. et a. (1473?).
d = editio Benedictinorum a S. Mauro 1690.

I. 1. Lect*is* opusculis, quae ad te nuper elaboraui, fili carissime Marcelline, de baptismo paruulorum et de perfectiɔne iustitiae hominis, quod eam nemo in hac uita uel adsecutus uel adsecuturus uideatur excepto uno mediatore, qui humana perpessus est in similitudine
5 carnis peccati sine ullo omnino peccato, rescripsisti te moueri eo, quod in posteriore duorum libro fieri posse dixi, ut sit homo sine peccato, si uoluntas eius non desit ope diuina adiuuante, sed tamen praeter unum, in quo omnes uiuificabuntur, neminem fuisse uel fore, in quo hic uiuente esset ista perfectio. absurdum enim tibi uidetur
10 dici aliquid fieri posse, cuius desit exemplum, cum, sicut credo, non dubites numquam esse factum, ut per foramen acus camelus transiret, et tamen ille hoc quoque dixit deo esse possibile; legas etiam duodecim milia legionum angelorum pro Christo, ne pateretur, pugnare potuisse nec tamen factum; legas fieri potuisse, ut semel géntes exter-
15 minarentur a terra, quae dabatur filiis Israhel, deum tamen id paulatim fieri uoluisse; et alia sexcenta possunt occurrere, quae fieri uel potuisse uel posse fateamur et eorum tamen exempla quod facta sint proferre nequeamus. unde non ideo negare debemus fieri posse, ut homo sine peccato sit, quia nullus est hominum praeter illum, qui non tantum
20 homo, sed etiam natura deus est, in quo id esse perfectum demonstrare possimus.

II. 2. Hic fortasse respondeas ista, quae commemoraui facta non esse et fieri potuisse, opera esse diuina, ut autem sit homo sine peccato ad opus ipsius hominis pertinere idque opus esse optimum, quo

8 cf. I Cor. 15, 22   11 cf. Matth. 19, 24. 26   12 cf. Matth. 26, 53   14 cf. Deut. 31, 3   15 cf. Iud. 2, 3

De inscriptionibus codd. *cf. Praef.* 1 karissime O   3 nemo eam *zb*   ac *Cm1*
4 similitudine*O   5 te moneri *om.S*   6 posteriore parte P (parte *s.l.m2*), *b*
librorū P (rū *s.* o *m2*), *b*   7 uoluntati *LSG*   ope adiuuante diuina *zOb*   sed] et *zbd*
10 dicit T   12 hoc *om. KCT*   deo dixit *b*   etiam] set iam *Lm1Om1*   13 milia
exp. LC millia *G; cf. c.* XXXV 62   legiones *zCm2bd*   14 ut] *add.* si *b*   15 dabantur *S*debetur K   isrl *SO*   israel *SGCTd*   id *om. zbd*   16 fieri *om. b*
seçcenta (x *s.* § *m2*)L sescenta S   uel *o.n. Pb*   18 debe*mus O   19 nullum *Cm1*
nullius *b*   quiaL quia S   20 perfectum esse K   24 *post* idque *exp.* quae L
idque est opus (*om.* esse) *b*   est P

fiat plena et perfecta et ex omni prorsus parte absoluta iustitia, et
ideo non esse credendum neminem uel fuisse uel esse uel fore in hac
uita, qui hoc opus inpleuerit, si ab homine inpleri potest. sed cogitare
debes, quamuis ad hominem id agere pertineat, hoc quoque munus
esse diuinum atque ideo non dubitare opus esse diuinum; d e u s e s t 5
e n i m q u i o p e r a t u r i n n o b i s, ait apostolus, e t u e l l e e t o p e r a r i
pro b o n a u o l u n t a t e.

   3. Proinde non multum molesti sunt et instandum est eis, ut, si
possunt, ostendant ita esse qui dicunt ninere hic hominem siue uixisse sine ullo omnino peccato. nam si testimonia scripturarum, qui- 10
bus existimo definitum nullum hominum hic uiuentem, quamuis
utatur libero arbitrio, inueniri sine peccato, sicuti est: ne i n t r e s
i n i n d i c i u m c u m s e r u o t u o, q u o n i a m n o n i u s t i f i c a b i t u r
i n c o n s p e c t u t u o o m n i s u i u e n s, et cetera talia quisquam docere
potuerit aliter esse accipienda quam sonant et demonstrauerit aliquem 15
uel aliquos sine ullo hic uixisse peccato, qui non ei non solum minime
aduersatus, uerum etiam plurimum gratulatus fuerit, non mediocribus
inuidentiae stimulis agitatur. quin etiam si nemo est aut fuit aut erit,
quod magis credo, tali puritate perfectus et tamen esse aut fuisse
aut fore defenditur et putatur, quantum ego iudicare possum, 20
non multum erratur nec perniciose cum quadam quisque beniuolentia
fallitur, si tamen qui hoc putat se ipsum talem esse non putet, nisi
reuera ac liquido talem se esse perspexerit.

   4. Sed illis acerrime ac uehementissime resistendum est, qui
putant sine adiutorio dei per se ipsam uim uoluntatis humanae uel 25
iustitiam posse perficere uel ad eam tendendo proficere et, cum ur-
gueri coeperint, quomodo id praesumant asserere fieri sine ope

---

5 Phil. 2, 13		12 Ps. 142, 2

1 plana *Lml*		ex *om. b*		5 adeo *O* .		dubitaret *T*		est *om. zb*
6 ut ait *O*		8 sint *Cm2*		9 esse ita *b*		hic ninere *b*		10 scribturarum *L passim*
11 hominem *zbd*		12 libero (e *s. l.*) *L*		sicut *O*		13 iudicio *z*		serbo *C*
14 caetera *L*		alia *CT*		quisque *b*		15 poterit *KCmlT*		esse *om. zbd*
16 eis *C*		17 aduersatur *K*		18 inuidenciae *ml ex* inuidenda *L* inuidenda *SG*
agitatus *Cml*		20 defenditur *s. ras. m2 O*		possem *b*		21 ueniuolentia *Cml*
23 ac liquido] aliquando *Pb*		aliquid dotalē se ēē *T*		24 illi *Cml*		25 per *om.CT*
26 tendenda̧ (o *s.* a̧ *m2*) *L* tentenda *SG*		tendendā *Pb*		temdendo *K* tenendo *CTd*
urgeri *PGCT*		27 praesummant *L*

diuina, reprimunt se nec hanc uocem audent emittere, quoniam uident
quam sit impia et non ferenda. sed aiunt ideo ista sine ope diuina non
fieri, quia et hominem deus creauit cum libero uoluntatis arbitrio et
dando praecepta ipse docet quemadmodum homini sit uiuendum
5 et in eo utique adiuuat, quod docendo aufert ignorantiam, ut seiat
homo in operibus suis quid euitare et quid adpetere debeat, quo per
liberum arbitrium naturaliter insitum uiam demonstratam ingrediens
continenter et iuste et pie uiuendo ad beatam eandemque aeternam
uitam peruenire mereatur.

10   III. 5. Nos autem dicimus humanam uoluntatem sic diuinitus
adiuuari ad faciendam iustitiam, ut praeter quod creatus est homo
cum libero arbitrio praeterque doctrinam qua ei praecipitur
quemadmodum uinere debeat accipiat spiritum sanctum, quo
fiat in animo eius delectatio dilectioque summi illius atque incom-
15 mutabilis boni, quod deus est, etiam nunc cum per fidem ambulatur, nondum per speciem, ut hac sibi uelut arra data gratuiti
muneris inardescat inhaerere creatori atque inflammetur accedere
ad participationem illius ueri luminis, ut ex illo ei bene sit, a quo
habet ut sit. nam neque liberum arbitrium quicquam nisi ad peccan-
20 dum ualet, si lateat ueritatis uia; et cum id quod agendum et quo
nitendum est coeperit non latere, nisi etiam delectet et ametur, non
agitur, non suscipitur, non bene uiuitur. ut autem diligatur, caritas
dei diffunditur in cordibus nostris non per arbitrium liberum, quod
surgit ex nobis, sed per spiritum sanctum, qui datus est nobis.

25   IV. 6. Doctrina quippe illa, qua mandatum accipimus contineu-
ter recteque uiuendi, littera est occidens, nisi adsit uiuificans spiritus.

---

15 cf. II Cor. 5, 7   18 cf. Ioh. 1, 9   22 cf. Rom. 5, 5

1 se (e *ex* i *m2*)*L*   uocem hanc *b*   hanc] habent *C*   audente mittere *Lm1*
2 referenda *S* uerenda *b*   3 creabit *C*   4 damdo *T*   praecepto *Km1*   quomodo *b*   hominis *G*   5 in eo] ideo *b*   6 quid (d *s.l.m2*) deuitare *K* quod
euitare *Tb*   *alt.* quod *b*   per *om. T*   7 uitā demonstrata *T*   8 pia *G*
9 mereamur (t *s.* ᶬ) *POT*   10 si *Km1*   diuinitatis (u *s.* i̯) *P*   12 libero] *add.* nolun-
tatis *zb*   arb. uol. *d*   14 dilectio quę *T*   15 cum] *add.* adhuc *zd*, *b* adhuc *post*
fidem *pon.*   16 ha•c *O*   arrha *d*   gratuiti *Lm1Pm1* gratuita *Cm1*
17 ardescat *T*   18 sita quo *K* a̱.c.   19 quidquam *GT*   20 et quo•*S* et
quod *Kb*   21 delectetur *O*   22 nisi suscipitur *b*   23 lib. arb. *b*   24 uobis *Km1*
qui *m2 ex* quo *L*   25 accepimus *T*   26 uiuicans *Km1*

neque enim solo illo modo intellegendum est quod legimus: littera
occidit, spiritus autem uiuificat, ut aliquid figurate scriptum,
cuius est absurda proprietas, non accipiamus sicut littera sonat, sed
aliud quod significat intuentes interiorem hominem spiritali intellegentia nutriamus, quoniam sapere secundum carnem mors 5
est, sapere autem secundum spiritum uita et pax; uelut
si quisquam multa quae scripta sunt in Cantico canticorum carnaliter accipiat non ad luminosae caritatis fructum, sed ad libidinosae
cupiditatis adfectum. non ergo isto solo modo intellegendum est
quod ait apostolus: littera occidit, spiritus autem uiuificat, 10
sed etiam illo eoque uel maxime, quod apertissime alio loco dicit:
concupiscentiam nesciebam, nisi lex diceret: non concupisces; et paulo post ait: occasione accepta peccatum
per mandatum fefellit me et per illud occidit. ecce quod est
littera o ccidit. et utique non figurate aliquid dicitur, quod acci- 15
piendum non sit secundum litterae sonum, cum dicitur: non concupisces, sed apertissimum saluberrimumque praeceptum est, quod si
quis inpleuerit nullum habebit omnino peccatum. nam hoc ideo elegit
apostolus generale quiddam, quo cuncta conplexus est, tamquam
haec esset uox legis ab omni peccato prohibentis, quod ait: non 20
concupisces; neque enim ullum peccatum nisi concupiscendo committitur. proinde quae hoc praecipit bona et laudabilis lex est. sed ubi
sanctus non adiuuat spiritus inspirans pro concupiscentia mala concupiscentiam bonam, hoc est caritatem diffundens in cordibus nostris,
profecto illa lex quamuis bona auget prohibendo desiderium malum, 25
sicut aquae impetus, si in eam partem non cesset influere, uehementior
fit obice obposito, cuius molem cum euicerit maiore cumulo praeci-

---

1. 10 II Cor. 3, 6   5 Rom. 8, 6   12 Rom. 7, 7. 11   16 Rom. 7, 7

1 illo (ū s. o m1)G   2 figuratae Lm1   3 sed] secundum b   4 hominum G
intelligentia Lm2O   7 quisque b   in cantica LSG   conticorum G   9 hoc
(s.l.m2) solo modo L solo modo SPG isto solum modo CTb solo illo modo codd.
Mus. Brit. 10941 et Reg. 5. B. 11 et d   11 eoq. quae (q. s.l.m2) K   quo Lm2d
12 post ne•sciebam eras. nessciebam O   14 pr. per om. T   quid b   15 non
om. Km1   figurata Km1   aliquid dicitur om. zb   16 somnum G   17 apert.]
perfectissimum K   18 nam] non G   19 quidam Om1   21 •ullum L nullum K
conmittetur (e in i corr. m1)L committetur S   22 qui Lm1   praecepit O
27 opposita O   praecipitatius Lm2

pitatus uiolentius per prona prouoluitur. nescio quo enim modo hoc
ipsum, quod concupiscitur, fit iocundius, dum uetatur. et hoc est
quod fallit peccatum per mandatum et per illud occidit, cum accedit
etiam praeuaricatio, quae nulla est ubi lex non est.

5   V. 7. Sed totum ipsum apostolicae epistolae locum, si placet,
consideremus et sicut dominus adiuuerit pertractemus. nolo enim,
si potuero, demonstrare illud, quod ait apostolus: l i t t e r a   o c c i -
d i t,   s p i r i t u s   a u t e m   u i u i f i c a t, non de figuratis locutionibus
dictum, quamuis et illic congruenter accipiatur, sed potins de
10 lege aperte quod malum est prohibente. quod cum ostendero,
profecto manifestius apparebit bene ninere donum esse diuinum
non tantum quia bomini deus dedit liberum arbitrium, sine
quo nec male nec bene uiuitur, nec tantum quia praeceptum
dedit, quo doceat quemadmodum sit uiuendum, sed quia per
15 spiritum sanctum diffundit caritatem in cordibus corum quos
praesciuit ut praedestinaret, praedestinauit ut uocaret, uocauit
ut iustificaret, iustificauit ut glorificaret. hoc autem cum
apparuerit, uidebis, ut existimo, frustra dici illa tantum esse possibilia sine exemplo, quae dei opera sunt — sicut de cameli transitu
20 per foramen acus commemorauimus et quaecumque alia sunt apud
nos inpossibilia, apud deum autem facilia — et ideo non inter haec
humanam deputandam esse iustitiam, quod non ad dei, sed ad hominis opus pertinere debeat, cuius perfectio, si est in hac uita possibilis,
nullam esse causam cur sine exemplo esse credatur. hoc ergo frustra
25 dici satis elucebit, cum et ipsam humanam iustitiam operationi dei
tribuendam esse claruerit, quamuis non fiat sine hominis uoluntate.
et ideo eius perfectionem etiam in hac uita esse possibilem negare non

---

3 cf. Rom. 7, 11   4 cf. Rom. 4, 15   7 II Cor. 3, 6   14 cf. Rom. 5, 5
15 cf. Rom. 8, 29. 30

1 persolbitur *C*   2 iucundius *Sm1Td*   uertatur *K*   3 falli*Om1*
accidit *O*   5 epistule *SO* aepystolae *K*   8 loquutionibus *S*   9 illinc *Td*
12 arbitrium *om. Km1*   13 ninere *Km1*   14 uidendum *Lm1SPm1Gm1*   16 prae-
distinaret *K*   praedistinauit *K*   uocauit ut iust. *in mg.m1O*   17 *post* glor.
eras. glorificauit *K*   18 uidebitis *Km1*   exestimo *O* estio *b*   21 autem *om. S*
facilia] possibilia *b*   intra *b*   22 humani *O*   *alt.* ad *om. O*   24 nulam *Om1*
qur *Lm1* quur *SP*   25 dici *s.l.m1S*   sati selucaepit *Lm1*   iusticiam *L*
operacioni *L*   26 syne *L*   uolūtate *L*   27 eius] cuius *CT*   fectionē *G*

possumus quia omnia possibilia sunt deo, sine quae facit sola sua
uoluntate siue quae cooperantibus creaturae suae uoluntatibus a se
fieri posse constituit. ac per hoc quicquid corum non facit, sine exemplo
est quidem in operibus factis, sed apud deum et in eius uirtute habet
causam qua fieri possit et in eius sapientia quare non factum sit; 5
quae causa etiamsi lateat hominem, non se obliuiscatur esse hominem
nec proptera deo det insipientiam, quia non plene capit eius sapientiam.

8. Adtende igitur apostolum ad Romanos explicantem satisque
monstrantem quod scripsit ad Corinthios: littera occidit, spiri- 10
tus autem uiuificat, sic magis accipiendum quemadmodum
supra diximus, quoniam legis littera quae docet non esse peccandum,
si spiritus uiuificans desit, occidit; sciri enim facit peccatum potius
quam caueri et ideo magis augeri quam minui, quia malae concupiscentiae etiam praeuaricatio legis accedit. 15

VI. 9. Volens ergo apostolus commendare gratiam, quae per
Iesum Christum omnibus gentibus uenit, ne Iudaei aduersus ceteras
gentes de accepta lege se extollerent, posteaquam dixit peccatum
et mortem per unum hominem intrasse in genus humanum et per
unum hominem iustitiam et uitam aeternam, illum Adam, hunc Chri- 20
stum apertissime insinuans ait: lex autem subintrauit, ut
abundaret delictum; ubi autem abundauit delictum,
superabundauit gratia, ut quemadmodum regnauit peccatum in mortem sic et gratia regnet per iustitiam in

---

1 cf. Matth. 19, 26 etc.   10 II Cor. 3, 6   12 legis littera—accedit] cf.
Prosperi Aquitani sent. ex Augustino delib. (LI 434. 463 M)   18 cf. Rom.
5, 12. 21   21 Rom. 5, 20. 21

2 uolumtate L saepius   que operantibus Lm1   3 quidquid SGOm1
4 quide*m O quide Cm1   in om.O   set L   5 possit fieri b   sit s. exp. ē K
6 bomini G p.c.   obliuiscatur se esse b   9 attende L (pr. t s.l.m1), P   10 scriptum sit G   corintios L   11 magis ex mauis Lm2   quemamodum L
13 uiuifican**s O, om. b   scire Km1   fecit K   14 mali G   concupiscentia Lm1
15 accidit z, i pr. in ras. Om1   17 cetoros Lm1   18 extollerunt Lm1   dixit m2
ex diligit L; post dix. cc. 6 litt. eras.   19 hunum C   intruse Lm1   intr.—
hominem in mg. O   20 hunum C   apertissime xpm Pb   21 insunuans T
22 habundaret Lm1 Pb   ubi—delictum om. Km1   habundauit Pb   24 in
morte O, om. zb

· uitam aeternam per IesumChristum dominum nostrum.
deinde opponens sibi ipse quaestionem: quid ergo dicemus? inquit,
permanebimus in peccato, ut gratia abundet? absit. uidit
enim a peruersis peruerse posse accipi quod dixerat: lex subintra-
5 uit, ut abundaret delictum; ubi autem abundauit delictum, superabundauit gratia, tamquam dixerit ·propter abundantiam gratiae prodesse peccatum. hoc diluons respondit: absit
atque subiecit: qui mortui sumus peccato, quomodo niue-
mus in eo? hoc est: 'cum id praestiterit gratia, ut moreremur peccato
10 quid aliud faciemus, si uiuemus in eo, nisi ut gratiae simus ingrati?
neque enim qui laudat beneficium medicinae prodesse morbos dicit
et uulnera, a quibus illa hominem sanat, sed quanto maioribus medicina laudibus praedicatur, tanto magis uituperantur et horrentur
uulnera et morbi, a quibus liberat quae ita laudatur. sic laus et prae-
15 dicatio gratiae uituperatio et damnatio est delictorum. demonstranda
enim fuerat homini foeditas languoris eius, cui contra iniquitatem
suam nec praeceptum sanctum et bonum profuit, quo magis aucta
est iniquitas quam minuta, quando quidem lex subintrauit, ut abundaret delictum, ut eo modo conuictus atque confusus uideret non
20 tantum doctorem sibi esse necessarium, uerum etiam adiutorem
deum, a quo eius itinera dirigantur, ne dominetur ei omnis iniquitas
et confugiendo ad opem misericordiae sanetur atque ita ubi
abundauit delictum superabundet gratia non peccantis merito, sed
subuenientis auxilio.
25   10. Consequenter candem medicinam in passione et resurrectione Christi mystice demonstratam ostendit apostolus dicens:

2 Rom. 6, 1. 2   4 Rom. 5, 20   7 Rom. 6, 2   21 cf. Ps. 118, 133

     2 denique *b* siui *S* siue *Gml*   ipsi *Gm2*   quod *S*   inquid *Lm1SGm1C passim*
3 habundet *Pb*   4 a *om. T*   peruersŭ (ū *ex* ae)*O* peruersae *G*   5 ut *ex*
et *Sml*   6 superabundabit *Om2*   grām *T*   dixerat *Km1*   7 habsit *C*
8 sumus] *add.* x̄po *LSPGm1Tb*   9 prestiţiterit *Gm1*   10 faciamus *L* faciamus *SPG*   uiuimus *z*   11 morbos dicit; Dīc̄ eni et uul. (Dīc̄ *s.l.m2*) *K*
12 illo *Lm1*   13 uituperantur uulnera et horrentur morbi *b*   horrentur
(h *m2s.eras.litt.*)*O*   14 et laus *Pb*   16 langoris *Pml*   17 fuit *T*   19 conuinctus
Lm1Km1   confusus *s. ras. Om2*   20 siui *S*   21 itenera *L* onera *S*   22 confugienda
Lm1SG   opem] *add.* diuinae *zObd*   ita *om. b*   23 delictum *s. eras.* peccatum *Om2*
superabundaret *Sml*   gratia *in ras. S*   24 medentis *s. exp.* uenientis *Lm2*
uenientis *SPG*   25 eadem *S*

an ignoratis, quoniam quicumque baptizati sumus in
Christo Iesu in mortem ipsius baptizati sumus? consepulti ergo sumus illi per baptismum in mortem, ut
quemadmodum surrexit Christus a mortuis per gloriam
patris, ita et nos in nouitate uitae ambulemus. si enim 5
conplantati sumus similitudini mortis eius, sed et resurrectionis erimus hoc scientes, quia uetus homo
noster simul crucifixus est, ut euacuetur corpus peccati, ut ultra non seruiamus peccato. qui enim mortuus
est, iustificatus est a peccato. si autem mortui sumus 10
cum Christo, credimus, quia simul uiuemus cum illo,
scientes, quia Christus surgens ex mortuis iam non mori-
tur et mors ei ultra non dominabitur. quod enim
mortuus est peccato, mortuus est semel; quod autem
uiuit, uiuit deo. ita et uos existimate uos mortuos esse 15
peccato, uiuere autem deo in Christo Iesu. nempe satis elucet
mysterio dominicae mortis et resurrectionis figuratum uitae nostrae
ueteris occasum et exortum nonae demonstratamque iniquitatis
abolitionem renouationemque iustitiae. unde igitur hoc tantum
beneficium bomini per litteram legis nisi per fidem Iesu Christi?   20

VII. 11. Haec cogitatio sancta seruat filios hominum in protectione alarum dei sperantes, ut inebrientur ab ubertate domus eius
et torrentem uoluptatis eius potent, quoniam apud ipsum est fous uitae
et in lumine eius uidebimus lumen, qui praetendit misericordiam ·
suam scientibus eum et iustitiam suam his qui recto sunt corde. neque 25
enim quia sciunt, sed etiam ut sciant eum praetendit misericordiam

---

1 Rom. 6, 3—11   21 cf. Ps. 35, 8. 9—11

1 babtizati *L saepius*   2 iĥm *T*   morte *lib. praet. L*   3 ılli sumus *b*
cum illo *O*   morte *CT*   6 sumus] fuimus *zOd* fuerimus *b*   similitudine *C*
7 quia] quoniam *zb*   8 crifixus *K*   destruatur *O* euacuaretur *zb*   9 serbi-
amus *C*   11 illo] x̄po *O*   12 ex] a *zObd*   13 et om. *O*   mors illi non dom. ultra *b*
ultra] *add.* iam *zb*   14 est *ante* semel om. *T*   15 uos *all. om. Lm1*   esse mortuos *b*
16 Iesu dn̄o n̄ro *K*   satiscilicet *Lm1*   18 demonstrataque *T*   19 abolitione *T*
igitur] ergo *b*   20 littera *T*   n̄ sed per (*in mg.* 1 nisi) *O*   21 serhat *Om1C*
22 abuuertate *C*   23 torrente *OKd*   uoluntatis *C*   eius om. *LSPb*   potentur
GOm1Km2d   25 suam *utroque loco om. b*   26 misericordiam—praetendit *om. Lm1*

suam; nec quia recti sunt corde, sed etiam ut recti sint corde praetendit iustitiam suam, qua iustificat impium. haec cogitatio non
aufert in superbiam, quod uitium oritur, cum sibi quisque praefidit
seque sibi ad uiuendum caput facit. quo motu receditur ab illo fonte
5 uitae, cuius solius haustu iustitia bibitur, bona scilicet uita, et ab illo
incommutabili lumine, cuius participatione anima rationalis quodammodo accenditur, ut sit etiam ipsa factum creatumque lumen,
sicut erat Iohannes lucerna ardens et lucens, qui tamen unde
luceret agnoscens: nos, inquit, de plenitudine eius accepimus:
10 cuius, nisi illius utique in cuius conparatione Iohannes non erat
lumen? illud enim erat uerum lumen quod inluminat
omnem hominem uenientem in hunc mundum. proinde
cum dixisset in eodem psalmo: praetende misericordiam
tuam scientibus te et iustitiam tuam his qui recto sunt
15 corde: non ueniat, inquit, mihi pes superbiae et manus
peccatorum non moueat me. ibi ceciderunt omnes qui
operantur iniquitatem, expulsi sunt nec potuerunt stare.
hac quippe impietate, qua tribuit sibi quisque quod dei est, pellitur
in tenebras suas, quae sunt opera iniquitatis. haec enim plane ipse
20 facit et ad haec implenda sibi est idoneus. opera uero iustitiae non
facit, nisi quantum ex illo fonte atque ex illo lumine percipit, ubi
nullius indigens uita est et ubi non est conmutatio nec momenti
obumbratio.

　　12. Ideo Paulus apostolus — qui cum Saulus prius uocaretur
25 non ob aliud, quantum mihi uidetur, hoc nomen elegit, nisi ut se osten

2 cf. Rom. 4, 5   8 Ioh. 5, 35   9 Ioh. 1, 16   11 Ioh. 1, 9   13 Ps. 35,
11—13   22 cf. Iac. 1, 17   24 cf. Act. 13, 9

1 ne *Km1*   rectiṣ *K*   ut *ex* qui *Qm2*   sunt *Om1b*   2 qu*a *L*   3 effert
L (ef *in ras. m2*), *d* affert *Cm2*   in *om. b*   praeuidit (*in mg.* l praefidit) *O*   4 quo
modo tu recedis *corr. ex* quo mo tu receditur *C*   reciditur *LG, ex* creditur *Sm1*
5 uitae *om. b*   austu (h *s.l.m1*) *L* haustu *S*   6 incōmutabili* *O*   lumen *Om1*
quodadmodo *S Lm1* quodādmodo *G*   9 cognoscens *T*   10 *alt.* cuius *om. Lm1*
non erat lumen iohannes *zb*   11 uerum] uerbum *S*   13 dixisse *Lm1S PG*
14 recti *SG*   15 *ad uocem* corde *m2 in mg. add.:* mox addidit *L* subiecit *b*   inquit
om. zb, post mihi *pon. O*   superbia *Lm1*   16 peccatoris *b*   mobeant *Lm1*
moueat *POCTbd*   omnes *om. OK*   18 haec *S*   deus *G*   22 et *om. O*
monenti *Tm1*   24 apostolus *om. b*   25 se *om. Pb*

deret parnum tamquam minimum apostolorum — multum contra
superbos et arrogantes et de suis operibus praesumentes pro còmmen-
danda ista dei gratia fortiter atque acriter dimicat, quia reuera in illo
euidentior et clarior apparuit, qui cum talia operaretur uehementer
ecclesiam dei persequens, pro quibus summo supplicio dignus fuit, 5
misericordiam pro damnatione suscepit et pro poena consecutus est
gratiam, merito pro eius defensione praecipue clamat atque concertat
nec in re profunda et nimis abdita non intellegent‡um et u*er*ba sua sana
in peruersum sensum detorquentium curat inuidiam, dum tamen incunctanter praedicet donum dei, quo uno salui fiunt filii promissionis, 10
filii beneficii diuini, filii gratiae et misericordiae, filii testamenti noui.
primo, quod omnis eius salutatio sic se habet: gratia uobis et
pax a deo patre et domino Iesu Christo; deinde ad Romanos
paene ipsa quaestio sola uersatur tam pugnaciter, tam multipliciter,
ut fatiget quidem legentis intentionem, sed tamen fatigatione utili 15
ac salubri, ut interioris hominis magis exerceat membra quam frangat.

VIII. 13. Inde sunt illa, quae supra commemoraui, inde est quod
Iudaeum arguit eumque dicit Iudaeum cognominari et nequaquam id
quod profitetur implere. s i a u t e m t u, inquit, I u d a e u s c o g n o m i-
n a r i s e t r e q u i e s c i s ;i n l e g e e t g l o r i a r i s i n d e o e t n o s t i u o- 20
l u n t a t e m e t p r o b a s d i s t a n t i a i n s t r u c t u s e x l e g e, c o n f i d i s
t e i p's u m d u c e m e s s e c a e c o r u m, l u m e n e o r u m, q u i i n t e n e-
b r i s s u n t, e r u d i t o r e m i n s i p i e n t i u m, m a g i s t r u m i n f a n t i u m,
h a b e n t e m f o r m a m s c i e n t i a e e t u e r i t a t i s i n l e g e, q u i e r g o
a l i u m d o c e s, t e i p s u m n o n d o c e s? q u i p r a e d i c a s n o n f u- 25
r a n d u m, f u r a r i s? q u i d i o i s n o n a d u l t e r a n d u m, a d u l t e r a s?
q u i a b o m i n a r i s i d o l a, s a c r i l e g i u m f a c i s? q u i i n l e g e g l o-
r i a r i s, p e r p r a e u a r i c a t i o n e m l e g i s d e u m i n h o n o r a s?

1 cf. I Cor. 15, 9   12 Rom. 1, 7, etc.   19 Rom. 2, 17—29

1 parhum C   minimus zb   2 operibus] meritis b   3 dimicans d dimicare b
6 consequutus SP   7 .praecipue om. zbd . .conferat T   8 re om. Pb   9 inni-
diand' (om. dum)b   10 dei ex deo L   12 primum zCbd   salutatio eius b
uouis Cm1   13 pater T   14 pene ex bene L poene OK   16 ac (c ex d m2) L
frangit b   17 illa om. zbd   18 iudeum C   et om. C   19 inquit tu Pb   iudeus S
21 distantiā Ob   ex] in KT   22 tē S   23 sunt om. Lm1 SPGm2 d   24 forma LS
25 predica*s CT   26 non om. Km1   27 abhominaris Tb   idola m2 ex dolum O
quiạ K   gloriaris in ras. G   28 inhonoras (h s.l.)G

nomen enim dei per uos blasphematur in gentibus, sicut
scriptum est. circumcisio quidem prodest, si legem custodias; si autem praeuaricator legis sis, circumcisio
tua praeputium facta est. si igitur praeputium iustitias
5 legis custodiat, nonne praeputium eius in circumcisionem reputabitur? et iudicabit quod ex natura est praeputium legem perficiens te qui per litteram et circumcisionem praeuaricator legis es. non enim qui in manifesto, Iudaeus est neque quae in manifesto in carne, est
10 circumcisio, sed qui in abscondito, Iudaeus est et circumcisione cordis, qui spiritu, non littera, cuius laus non ex
hominibus, sed ex deo. hic manifestauit quemadmodum dixerit:
gloriaris in deo. nam utique si uere talis Iudaeus gloriaretur in
deo eo modo, quo postulat gratia, quae non operum meritis, sed gratu-
15 ito datur, ex deo esset laus eius, non ex hominibus. sed ita gloriabantur
in deo, uelut qui soli meruissent legem eius accipere, secundum illam
uocem psalmi, qua dictum est: non fecit sic ulli genti et iudicia sua non manifestauit eis. quam tamen dei legem sua iustitia se arbitrabantur implere, cum magis eius praeuaricatores essent.
20 unde illis iram operabatur abundante peccato, quod ab scientibus
perpetrabatur, quia et quicumque faciebant quod lex iubebat non
adiuuante spiritu gratiae, timore poenae faciebant, non amore insti-
tiae. ac per hoc coram deo non erat in uoluntate, quod coram hominibus apparebat in opere, potiusque ex illo rei tenebantur, quod eos
25 nouerat deus malle, si fieri posset inpune, committere. circumcisio-

1 cf. Esai. 52, 5. Hiez. 36, 20   14 cf. Rom. 3, 24   17 Ps. 147, 20
20 cf. Rom. 4, 15

1 enim *om. b*   inter gentes *zb*   2 prod+est *C*   3 si autē *in mg. s. ras. Lm3*
si *om. SG*   autem *om. SPGb*   praeuaritator (tor *s.l.m3*) *L*   4 in praeputio
(ū *s.* o) *K*   factum *O*   iustitiam *zb*   5 custodias *Km1* custodia *Cm1T*   6 iudicat
s. ras. Om1 iudicauit *GT*   7 perfitiens *S*   littera *T*   8 prauaricator *K*
et non enim *LSG* Non et enim *P*   9 iudeus *SK*   10 et circumcisio cordis in
spiritu *Km2d*   11 spm *T*   latus *T*   12 ante hom. exp. o *G*   deo] *add.* est *bd*
dixit *zb*   13 glorietur *Km1*   14 qui *G*   postolat *L*   gratiam *K*   gratuita
SPGCb gratuito (o *ex u m2*) *K*   15 esse *G*   ex *om. Km1*   17 quod *P*
quo *Lm1SPG*   ullę (ę *ex i m1*) *L*   gente *Km1*   18 manifestabit *P*   20 ira *b*
ab] a *Cb*   21 perpetrabantur *K*   iuuehat *SOm1*   22 spm *T*   poene *Lm1SP*
poena *Om1*   23 hac *L*   era+t *O*   25 male *Lm1SPG*   possit *SPG*   inpone *Lm1S*

nem autem cordis dicit, puram scilicet ab omni inlicita concupiscentia uoluntatem; quod non fit littera docente et minante, sed spiritu adiuuante atque sanante. ideo laus talium non ex hominibus,
sed ex deo est, qui per suam gratiam praestat unde laudentur, de quo
dicitur: in domino laudabitur anima mea et cui dicitur: 5
apud te laus mea, non quales illi sunt qui deum laudari uolunt
quod homines sunt, se autem quod iusti sunt.

14. *Sed laudamus*, inquiunt, *et deum nostrae iustificationis auctorem in eo quod legem dedit, cuius intuitu nouerimus quemadmodum
uiuere debeamus*, nec audiunt quod legunt: quia non iustifica- 10
bitur ex lege omnis caro coram deo. potest enim fieri coram
hominibus, non autem coram illo qui cordis ipsius et intimae uoluntatis inspector est, ubi uidet, etiamsi aliud faciat qui legem timet, quid
tamen mallet facere, si liceret. ac ne quisquam putaret hic apostolum
ea lege dixisse neminem iustificari, quae in sacramentis ueteribus 15
multa continet figurata praecepta, unde etiam ipsa est circumcisio
carnis, quam die octauo accipere paruuli iussi sunt, continuo subiunxit quam legem dixerit et ait: per legem enim cognitio
peccati. illa igitur lex est, de qua postea dicit: peccatum non
cognoui nisi per legem. nam concupiscentiam nescie- 20
bam, nisi lex diceret: non concupisces. nam quid est aliud
per legem enim cognitio peccati?

IX. 15. Hic forte dicat humana illa praesumptio ignorans dei
iustitiam et suam uolens constituere merito dixisse apostolum: quia
ex lege nemo iustificabitur; ostendit enim tantummodo lex 25
quid faciendum quidue cauendum sit, ut quod illa ostenderit uoluntas
impleat ac sic homo iustificetur non per legis imperium, sed per

5 Ps. 33, 3   6 Ps. 21, 26   8 Pelagiani   10. 18 Rom. 3, 20   12 cf.
Prou. 24, 12   16 cf. Leu. 12, 3   19 Rom. 7, 7   23 cf. Rom. 10, 3
24 Rom. 3, 20

1 autem] tā *ex* tū *Tm2*   ab *om. b*   concupiscentiae *K*   2 fit] fuit *K*
minante] monente *b*   3 sonante *K*   4 ptat *Om1*   laudatur *b*   5 dictum est *b*
cui] cum *T*   8 et *om. O*   9 intuitum *T*   13 uide *K*   illud *Km2*   14 ac] an *b*
nec *K*   ne quisquam *ex* nequissimam *Lm1* nequaquam *b*   hoc *b*   15 ea] ex *CT*
16 figura *Om1*   est *s. ras. m2 O*   17 octabo *C*   paruoli *LSGm1* paruulis *T*
18 diceret *b*   . 21 concupiscis *S* concupisceṇs *C*   quidē *Km1*   23 illa
humana *d*   24 iustiam *O*   25 ex *om. C*   26 ostendit *S*   27 iustificatur *O*
non—arbitrium *om. zb*

liberum arbitrium. sed, o homo, adtende quid sequituɹ. nunc
autem, inquit, sine lege iustitia dei manifestata est, testificata per legem et prophetas. parumne insonat surdis?
iustitia, inquit, dei manifestata est. hanc ignorant qui suam
5 uolunt constituere, huic nolunt esse subiecti. iustitia, inquit, dei
manifestata est — non dixit: 'iustitia hominis uel iustitia pro-
priao uoluntatis' — iustitia dei, non qua deus iustus est, sed qua
induit hominem, cum iustificat impium. haec testificatur per legem et
prophetas; huic quippe testimonium perhibent lex et prophetae:
10 lex quidem hoc ipso, quod iubendo et minando et neminem iusti-
ficando satis indicat dono dei iustificari hominem per adiutorium
spiritus, prophetae autem. quia id quod praedixerunt Christi imple-
uit aduentus. nam hinc sequitur et adiungit dicens: iustitia autem
dei per fidem Iesu Christi, hoc est per fidem, qua creditur in
15 Christum. sicut autem ista fides Christi dicta est non qua credit Christus, sic illa iustitia dei non qua iustus est deus. utrumque enim
nostrum est; sed ideo dei et Christi dicitur, quod eius nobis largitate
donatur. iustitia ergo dei sine lege non sine lege manifestata. quomodo
enim per legem testificata, si sine lege manifestata? sed iustitia dei
20 sine lege est, quam deus per spiritum gratiae credenti confert sine
adiutorio legis, hoc est non adiutus a lege, quando quidem per legem
ostendit homini infirmitatem suam, ut ad eius misericordiam per
fidem confugiens sanaretur. de sapientia quippe eius dictum est,
quod legem et misericordiam in lingua portet, legem scilicet, qua reos
25 faciat superbos, misericordiam uero, qua iustificet humilatos. iustitia ergo dei per fidem IesuChristi in omnes qui credunt;
non enim est distinctio. omnes enim peccauerunt et

---

1 Rom. 3, 21   4 cf. Rom. 10, 3   13 Rom. 3, 22   18 cf. De gratia Christi
8, 9 (CSEL XLII p. II 133, 2—7)   24 cf. Prou. 3, 16   25 Rom. 3, 22. 23

1 quod OKmlbd   3 sordis LmlSG   4 iustia (sic saepius)O   dei inquit O
manifesta P   5 et buie OK   7 ulunta tis] add. sed d   iustus est deus zCTb
quia P   8 cum] qui O   9 hii Lm1   qu ippe] add. et O   11 iudicat G   dono
dono P   13 hic Om1   adiungens Lml   et dicit O   16 sic] add. et d   17 ei Om1
18 dei om. zb   manifestata (testificata s. m2)K manifestata est d   20 spm
spm L   21 adiuto d   23 con fugen**s (i s. g)O   sanetur b   eius quippe
zCTb   24 quo Om1   portat O   quare*os L   25 humiliatos codd.
praeter Lml

egent gloria dei, non gloria sua. quid enim habent, quod non
acceperunt? si autem acceperunt, quid gloriantur, quasi non acceperint? egerit itaque gloria dei et uide quid sequatur: iustificati
gratis per gratiam ipsius. non itaque iustificati per legem,
non iustificati per propriam uoluntatem, sed iustificati gratis 5
per gratiam ipsius; non quod sine uoluntate nostra fiat, sed
uoluntas nostra ostenditur infirma per legem, ut sanet gratia uoluntatem et sana uoluntas impleat legem non constituta sub lege nec
indigen⸗ lege.

X. 16. Iusto enim lex non est posita; quae tamen 10
bona est, si quis ea legitime utatur. haec duo apostolus
uelut inter se contraria conectens monet mouetque lectorem
ad perscrutandam quaestionem atque soluendam. quomodo enim bona
est lex, si quis ea legitime utatur, si etiam quod sequitur
uerum est: sciens hoc, quia insto lex non est posita? nam 15
quis legitime utitur lege nisi iustus? at ei non est posita, sed iniusto. an
et iniustus, ut iustificetur, id est ut iustus fiat, legitime lege uti debet,
qua tamquam paedagogo perducatur ad gratiam, per quam solam
quod lex iuhet possit implere? per ipsam quippe iustificatur gratis,
id est nullis suorum operum praecedentibus meritis — alioquin 20
gratia iam non est gratia —, quando quidem ideo datur, non
quia bona opera fecimus, sed ut ea facere ualeamus, id est non quia
legem impleuimus, sed ut legem implere possimus. ille enim
dixit: non ueni legem soluere, sed implere, de
quo dictum est: uidimus gloriam eius, gloriam tam- 25
quam unigeniti a patre, plenum gratia et ueritate.
haec est gloria, de qua dictum est: omnes enim peccaue-

---

1 cf. I Cor. 4, 7   3 Rom. 3, 24   10 cf. I Tim. 1, 9. 8   15 I Tim. 1, 9
18 cf. Gal. 3, 24   20 Rom. 11, 6   24 Matth. 5, 17   25 Ioh. 1, 14   27 Rom. 3, 23

1 pr. gloria*O   ahent L   3 quod sequitur b   4 gratis om. b   gratia SG   non—
ipsius om. K   utique b   per—iustificati in mg. m2 O   6 nostra om. OK   8 sanata d
sub lege m2 ex per lege O   net Lm1   10 non est lex b   11 legime S   postolos
Lm1 apostolos S   12 contrario Lm1   moret Om1   14 lex om. b   ea* L
eam S   15 scians Lm1   iusto (s s. ras. m2) L   non est lex b   17 iustificetur]
scificetur Pb   18 qua ex qui m1 O   pedagogo SPCK   19 ipsum Lm1
23 implebimus (a s. i) L   24 soluere legem d   set (sic saepius) L   adinpleret Lm1
adimplere SPGCTb   25 qd Lm1   uidimus (alt. i s. eras. ebi)O

runt et egent gloria dei, et haec est gratia, de qua
continuo dicit: iustificati gratis per gratiam ipsius.
iniustus ergo legitime lege utitur, ut iustus fiat; quod cum
factus fuerit, ea iam non utatur tamquam uehiculo cum
5 peruenerit uel potius, ut supra dicta similitudine apostoli utar, tamquam paedagogo cum eruditus fuerit. quomodo enim iusto lex non
est posita, si et insto est necessaria, non qua iniustus ad iustificantem
gratiam perducatur, sed qua legitime iam iustus utatur? an forte,
immo nero non forte, sed certe sic legitime utitur lege iam iustus,
10 cum eam terrendis inponit iniustis, ut cum et in ipsis coeperit inolitae
concupiscentiae morbus incentiuo prohibitionis et cumulo praeuaricationis augeri, confugiant per fidem ad iustificantem gratiam et
per donum spiritus suauitate iustitiae delectati poenam litterae minantis euadant? ita non erunt contraria neque inter se duo ista pu-
15 gnabunt, ut etiam iustus bona lege legitime utatur et tamen iusto
lex posita non sit; non enim ex ea iustificatus est, sed ex lege fidei,
qua credidit nullo modo posse suae infirmitati ad inplenda ea, quae
lex factorum iuberet, nisi diuina gratia subueniri.

17. Ideo dicit: ubi est ergo gloriatio tua? exclusa est.
20 per quam legem? factorum? non, sed per legem fidei. sine
gloriationem dixerit laudabilem, quae in domino est, eamque exclusam, id est non ut abscederet pulsam, sed ut emineret expressam —
unde et exclusores dicuntur quidam artifices argentarii; hinc est et
illud in Psalmis: ut excludantur hi qui probati sunt ar-
25 gento. hoc est ut emineant qui probati sunt eloquio domini. nam et
alibi dicitur: eloquia domini eloquia casta, argentum igne
examinatum — siue gloriationem uitiosam de superbia uenientem

---

2 Rom. 3, 24   5 cf. Gal. 3, 24   8 cf. I Tim. 1, 8   19 Rom. 3, 27   24 Ps.
67, 31   26 Ps. 11, 7

1 gloria∗ *O* gracia *b*   dei *om. P*   3 lege *om. G*   4 utitur *Lm2*   ueiculo *L*
5 potus *Lm1*   ut *om. zb*   utatur *b*   6 pedagogo *LSPO*   non est lex *b*   7 quo *b*
8 quo *zd*   9 sic certe *b*   10 ut *m2 ex et O*   in *om. Ob*   nolitae *Om1*   11 mor∗
bus *L* moribus *SPG*   probitionis *L*   13 delectari *b*   inanis litterae
(*om.* minantis) *b*   14 se *ex* sa *L*   ista (i *m3 add.*) *L*   pugnabant *Lm1*
15 legitima *G*   16 ex *alt. om. O*   17 ea *om. b*   18 factorum *om. b*   19 dici *Lm1*
gloria *Pb*   tua *om. Km1*   22 expulsam *K*   ut *s.l.m2 O*   23 *pr. et om. O*   24 in
(n *add. m2)O*   hi∗ *O* hii *Kb*   25 hoc est *om. z*   eloquia *Lm1SPGb*   26 dicit *b*

commemorare uoluerit, eorum scilicet, qui cum sibi iuste uidentur
uiuere, ita gloriantur, quasi non acceperint, eamque non per legem
factorum, sed per legem fidei dicit exclusam, id est eiectam et ab-
iectam, quia per legem fidei quisque cognoscit, si quid bene uiuit, dei
gratia se habere et, ut perficiatur in dilectione iustitiae, non se aliunde 5
consecuturum.

XI. 18. Quae cogitatio pium facit, quia pietas est uera sapientia — pietatem dico quam Graeci ϑεοσέβειαν uocant—; ipsa quippe
commendata est, cum dictum est homini, quod in libro Iob legitur:
ecce pietas est sapientia. ϑεοσέβεια porro, si ad uerbi originem 10
latine expressam interpretaretur, dei cultus dici poterat, qui in hoc
maxime constitutus est, ut anima ei non sit ingrata; unde et in ipso
uerissimo et singulari sacrificio, domino deo nostro, agere gratias admonemur. erit autem ingrata, si quod illi ex deo est, sibi tribuerit
praecipueque iustitiam, cuius operibus uelut propriis et uelut a 15
semet ipsa sibimet partis non uulgariter tamquam ex diuitiis aut
membrorum forma aut eloquentia ceterisque siue externis
siue corporis siue animi bonis, quae habere etiam scelerati
solent, sed tamquam de his quae proprie sunt bona honorum quasi
sapienter inflatur. quo uitio repulsi a diuinae stabilitate substantiae 20
etiam magni quidam uiri ad idololatriae dedecus defluxerunt. unde
idem apostolus in eadem epistola, in qua uehemens defensor est gratiae,
cum se dixisset esse Graecis ac barbaris, sapientibus et insipien-
tibus debitorem et ideo quod ad ipsum pertineret, promptum esse et his
qui Romae essent euangelizare: non enim confundor, inquit, 25

---

2 cf. I Cor. 4, 7   10 Iob 28, 28   23 cf. Rom. 1, 14   25 Rom. 1, 16. 17

1 siui S   iusti G iust*e O   2 uiueret Km1   eam quae (q: s. eam, n̄ s.
quae) Km2   4 legē s.l.m2K   uiuerit (m2s.l. it, m3 mut. in uixerit)K   6 consequu-
turum S   7 sapientiam K   8 greci z O   THEOSEBIAM (s.l.m2 te osebiam L)z
theosebian (e alt. in ras., b ex u m2)O theosebiān Km2 theosebiam b   10 theo-
sebia z OKb   12 ipso m2 ex pu O   13 in singulari OK   14 ingratum LmlSPGb
ille K   15 propris Oml probriis G   et om. O   16 semetipso O   siuimet LmlSG
p̄paratis O   17 eloquia S   externis] add. siue internis d   18 habere solent
scel. b   sceleratis K   19 iis d   quasi sapienter om. b   20 diuina ē Ka.c.
substantia LmlSPmlG   21 idolatriae Gb   22 aepystola*K   23 se post
dixisset pon. m3 O   esse om. z Omlb   grecis LSPO   24 pertinet Oml
prumptum Sml promptu Kml   in his Kml   25 confundar K

de euangelio; uirtus enim dei est in salutem omni credenti, Iudaeo primum et Graeco. iustitia enim dei in eo
reuelatur ex fide in fidem, sicut scriptum est: iustus
autem ex fide uiuit. haec est iustitia dei, quae in testamento uetere
5 uelata in nono reuelatur; quae ideo iustitia dei dicitur, quod
inpertiendo eam iustos facit, sicut domini est salus, qua salnos
facit. et haec est fides, ex qua et in quam reuelatur, ex fide scilicet
annuntiantium in fidem oboedientium. qua fide Iesu Christi, id est
quam nobis contulit Christus, credimus ex deo nobis esse pleniusque
10 futurum esse quod inste uiuimus. unde illi ea pietate, qua solus co-
lendus est, gratias agimus.

XII. 19. Nec inmerito se apostolus ex hoc articulo conuertit ad eos
cum detestatione commemorandos, qui uitio illo, quod superius memoraui, leues et inflati ac per se ipsos uelut per inane sublati, ubi
15 non requiescerent, sed fracti dissilirent, in figmenta idolorum tamquam in lapides deciderunt. quia enim commendauerat pietatem
fidei, qua deo iustificati grati esse debemus, uelut contrarium quod
detestaremur subinferens: reuelatur enim, inquit, ira dei de
caelo super omnem impietatem et iniustitiam hominum
20 eorum qui ueritatem in iniquitate detinent, quia quod
notum est dei manifestum est in illis; deus enim illis manifestauit. inuisibilia enim eius a creatura mundi per ea
quae facta sunt intellecta conspiciuntur, sempiterna
quoque uirtus eius ac diuinitas, ut sint inexcusabiles.
25 quia cognoscentes deum non ut deum glorificauerunt
aut gratias egerunt, sed euanuerunt in cogitationibus
suis. et obscuratum est insipiens cor eorum; dicentes se

---

3 Hab. 2, 4   6 Ps. 3, 9   18 Rom. 1, 18—23

1 in s. ras. m3L   salute LmlSPG   credenti (t ex d)S   2 iudeo POml
greco LSPOK   4 ueteri Obd   7 in quäm] in qua Pb   10 ea] et a b
12 se om.zb   ex hoc om. Lml   articulū P   eos ex eius Lm3   13 memorabi
Lml   15 disilirent O   ficmenta O fracmenta b   16 fidei pietatem b   17 qu•a S
quā P   18 subinfer•ens (r eras. et n fin. s.l.m2)O   inquit om. Pb   19 et
iniustitiam om. O   20 iniustitiam hominum Lml iniustitiā SPG iniustitia d,
cf. p. 172, 5   quia] et b   quo LmlG,S (o s. eras. i)   21 in om. b   manif.]
reuelauit b   22 enim om. Kml   23 intellecta bis L   24 ac ex ad S   25 ut] sicut O
26 aut gr. eger. om. Oml   27 obscuratū• Lm2

esse sapientes stulti facti sunt et mutauerunt gloriam in-
corruptibilis dei in similitudinem imaginis corruptibilis
hominis et uolucrum et quadrupedum et serpentium.
uide quemadmodum non eos dixerit ueritatis ignaros, sed quod neri-
tatem in iniquitate detinuerint. et quia occurrebat animo, ut quaerere- ₅
tur, unde illis esse potuerit cognitio ueritatis, quibus deus legem non
dederat, neque hoc tacuit unde habere potuerint; per uisibilia
namque creaturae peruenisse eos dixit ad intellegentiam inuisibilium
creatoris, quoniam reuera sic magna ingenia quaerere perstiterunt, sic
inuenire potuerunt. ubi ergo impietas? quia uidelicet cum cogno- ₁₀
uissent deum, non sicut deum glorificauerunt aut gratias
egerunt, sed euanuerunt in cogitationibus suis. eorum
proprie uanitas morbus est, qui se ipsos seducunt, dum uidentur
sibi aliquid esse, cum nihil sint. denique hoc tumore superbiae sese
obumbrantes, cuius pedem sibi non uenire deprecatur sanctus ille ₁₅
cantator qui dixit: in lumine tuo uidebimus lumen, ab ipso
lumine incommutabilis ueritatis auersi sunt et obscuratum est
insipiens cor eorum. non enim sapiens cor, quamuis cognouissent
deum, sed insipiens potius, quia non sicut deum glorificauerunt aut
gratias egerunt. dixit enim homini: ecce pietas est sapientia. ₂₀
ac per hoc dicentes se esse sapientes, quod non aliter intellegendum est nisi 'hoc ipsum sibi tribuentes,' stulti facti sunt.

20. Iam quae sequuntur quid opus est dicere? per hanc quippe impietatem illi homines — illi, inquam, homines, qui per creaturam creatorem cognoscere potuerunt — quo prolapsi, cum deus superbis resi- ₂₅
stit, atque ubi demersi sint, melius ipsius epistolae consequentia docent,

---

10 Rom. 1, 21   13 cf. Gal. 6, 3   15 cf. Ps. 35, 12   16 Ps. 35, 10
20 Iob 28, 28   21 Rom. 1, 22   25 cf. Rom. 1, 26. 27   cf. Iac. 4, 6.
I Petr. 5, 5

1 inmutauerunt O   post gloriam exp. suā L, eras. P   incorrubti-
bilis L incorruptiuilis O   4 ignoros Km1   5 detenuerint (n fin. s.l.m3) L
detinuerit SG detinerent OK   et s.l.m3L, om.SPGCTbd   quia nero d   8 diçit
(x s. c)P   intellegentia Lm1SP   inuisiuilium Om1   9 sicut Km2d
ingentia O   praestiterunt Lm1SPG   10 qua Lm1PGb quia S   11 sicut] ut b
13 uanitatis P   14 superbia Lm1SPm1G   15 deprecabatur b   16 cantor d
17 incommutabiles Km1   19 quā quia P   21 hac L   22 tribuentis S
23 iamq: Om1   25 resistit (a s. i)O   26 sunt KTa.c.b, om.LSP

quam hic commemoratur a nobis. neque enim isto opere hanc epistolam exponendam suscepimus, sed eius maxime testimonio demonstrare, quantum possumus, nitimur non in eo nos diuinitus adiuuari
ad operandam iustitiam, quod legem deus dedit plenam bonis sanctis-
5 que praeceptis, sed quod ipsa uoluntas nostra, sine qua operari bonum
non possumus, adiuuetur et erigatur inpertito spiritu gratiae, sine
quo adiutorio doctrina illa littera est occidens, quia reos potius praeuaricationis tenet quam iustificat impios. nam sieut illis per creaturam
cognitoribus creatoris ea ipsa cognitio nihil profuit ad salutem, q u i a
10 c o g n o s c e n t e s d e u m n o n s i c u t d e u m g l o r i f i c a u e r u n t a u t
g r a t i a s e g e r u n t d i c e n t e s s e e s s e s a p i e n t e s, ita eos, qui per
legem dei cognoscunt quemadmodum sit homini uiuendum, non iusti-
ficat ipsa cognitio, q u i a s u a m i u s t i t i a m u o l e n t e s c o n-
s t i t u e r e i u s t i t i a e d e i n o n s u n t s u b i e c t i.
15   XIII. 21. Lex ergo factorum, id est operum, per quam non excluditur illa gloriatio, et lex·fidei, per quam excluditur, quo inter
se differant operae pretium est considerare, si tamen ualemus aduer-
tere·atque discernere. cito enim quisque dixerit legem operum esse
in Iudaismo, legem autem fidei in Christianismo, propterea quia
20 circumcisio ceteraque opera talia legis sunt, quae christiana iam
disciplina non seruat. sed quantum fallat ista discretio, iam
diu quidem est ut molimur estendere et acutis ad dinoscendum
tibique potissimum ac talibus fortasse iam ostendimus; uerum
tamen, quoniam res magna est, non incongruenter in ea
25 manifestanda pluribus etiam atque etiam testimoniis inmoramur.
ipsam enim dicit legem, ex qua nemo iustificatur, quam
dicit subintrasse ut abundaret delictum, quam tamen ne
quisquam ob hoc imperitus argueret et sacrilegus accusaret, defendit

---

9 Rom. 1, 21   13 Rom. 10, 3   26 cf. Rom. 3, 20. 5, 20

1 commemorantur zb   epistulam S   2 quantum possumus demonst. b
3 non] nos Lm1 G   in eo] ideo O   adiuuari diuinitus b   5 nostra sine qua s.l.O
6 inpertitu Lm1SP impartitu G impartito d   gratiae spiritu L   8 iustificet b
9 creatoris om.zb   10 cognoscemtes Lm1   12 dei om.zbd   13 qui z qua b
uolentes suam iustitiam (iust. suam C) KCd suam uol. iust. T   iustitiam om.zb
16 qui Om1 quid ex quod Km2   17 different (a s. alt. e) Om2 differunt z   opere
LSPr   uele• mus (a s. pr. e)O   18 cito] recte zb   20 talia opera b   21 seruant K
uallat Lm1   22 dignoscendum Td   23 hac L   26 qua om. Om1   27 abun-
daret] add. et G

eam dicens: quid ergo dicemus? lex peccatum est? absit;
sed peccatum non cognoui nisi per legem; nam concupiscentiam nesci e bam nisi lex diceret: non concupisces.
occasione itaque accepta peccatum per mandatum operatum est in me omnem concupiscentiam. dicit etiam: lex ṣ
quidem sancta et mandatum sanctum et iustum et bonum; sed. peccatum ut appareat peccatum, per bonum
mihi operatum est mortem. ipsa est ergo littera occidens,
quae dicit: non concupisces. de qua item dicit quod paulo ante
commemoraui: per legem enim cognitio peccati. nunc 10
autem sine lege iustitia dei manifestata est, testificata
per legem et prophetas, iustitia autem dei per fidem Iesu
Christi in omnes qui credunt; non enim est distinctio.
omnes enim peccauerunt et egent gloria dei iustificati gratis per gratiam ipsius, per redemptionem quae 15
est in Christo Iesu, quem proposuit deus propitiatorium
per fidem in sanguine ipsius ad ostensionem iustitiae
eius propter propositum praecedentium peccatorum in
dei patientia, ad ostendendam iustitiam ipsius in hoc
tempore, ut sit iustus et iustificans eum, qui ex fide est 20
Iesu. deinde subinfert unde nunc agimus: ubi est ergo gloriatio
tua? exclusa est. per quam legem? factorum? non, sed per
legem fidei. lex ergo ista factorum ipsa est quae dicit: non concupisces, quia per illam cognitio peccati est. uolo igitur scire, si quis
mihi dicere audeat, utrum lex fidei non dicat: non concupisces. 25
si enim non dicit, quid causae est, cur non in ea positi securi atque
inpune peccemus? hoc enim et illi putauerunt apostolum dicere, de

---

1 Rom. 7, 7.8   5 Rom. 7, 12. 13   8 cf. II Cor. 3, 6   9 Rom. 7, 7
10 Rom. 3, 20—26   21 Rom. 3, 27   23 Rom. 7, 7

3 nesciebam] non cognoui *b*   5 lex *om. Om1*   7 peccatum *post* appareat
om. zb   8 mihi *om. zb*   9 que *Om1*   12 iustitias *K*   13 non enim] Ṅ *P*
14 egen *Om1*   gloriam *LGO*   iustificati* *L*   15 redemtionem *L*   16 iħu *om.zb*
praeposuit *z*   propitiatorum *Km1G* propitiatorem *Km2b*   17 sanguinem *L*
sanguinē *SPG*   ostentationem *zb*   18 peccatorum] delictorum *zb, cf. p. 41, 16*
19 patientiā *P*   ostendandam *z*   ipsius *om. zb*   20 est *om.z*   21 infert *Lm1*
ergo est *b*   22 tua *om. OCT*   24 illa *SG*   igitur] ergo *b*   qui *Lm1S*
26 causa *Lm1SPG*   qur *Om1*   securi *s.l.m2L*   27 et *om. O*

quibus ait: et sicut dicunt nos quidam dicere, faciamus
mala, ut ueniant bona, quorum indicium iustum est. si an-
tem dicit etiam ipsa: non concupisces, sicut tam multa praecepta
euangelica et apostolica testificari et clamare non cessant, quare lex
5 factorum etiam ipsa non dicitur? neque enim quia non habet opera
ueterum sacramentorum, circumcisionis uidelicet atque ceterorum,
ideo non sunt opera quae habet in sacramentis suis huic iam tempori
congruis. aut nero de operibus sacramentorum quaestio fuit, quando
mentio legis ob hoc fiebat, quia per ipsam cognitio peccati est et ideo
10 ex ea nemo iustificatur? unde non per illam exclusa est gloriatio, sed
per legem fidei, ex qua iustus uiuit. sed numquid et per istam non
fit cognitio peccati, cum et ipsa dicat: non concupisces?
     22. Quid igitur interest? breuiter dicam. quod operum lex minando
imperat, hoc fidei lex credendo impetrat. illa dicit: non concu-
15 pisces, ista dicit: cum scirem quia nemo esse potest continens, nisi deus det, et hoc ipsum erat sapientiae, scire
cuius esset hoc donum, adii dominum et deprecatus sum.
ipsa est illa sapientia, quae pietas uocatur, qua colitur pater
luminum, a quo est omne datum optimum et omne donum
20 perfectum. colitur autem sacrificio landis actionisque gratiarum,
ut cultor eius non in se ipso, sed in illo glorietur. ac per hoc
lege operum dicit deus: 'fac quod iubeo', lege fidei dicitur deo:
'da quod iubes'. ideo enim iuhet lex, ut admoneat quod faciat fides,
id est ut cui iubetur, si nondum potest, seiat quid petat; si autem
25°continuo potest et oboedienter facit, debet etiam scire quo donante
possit. non enim spiritum huius mundi accepimus, ait
idem ipse constantissimus gratiae praedicator, sed spiritum qui
ex deo est, ut sciamus quae a deo donata sunt

     1 Rom. 3, 8   9 cf. Rom. 3, 20   10 cf. Rom. 3, 27. 1, 17   11 cf.
Hab. 2, 4 etc.   12 Rom. 7, 7   14 Ex. 20, 17   15 Sap. 8, 21   19 cf. Iac. 1, 17
21 cf. II Cor. 10, 17   26 I Cor. 2, 12

     1 quidē b   dicere om. Lm1SPG   2 indicium iustum] damnatio iusta zb
3 tam] iam O, om. zb   4 et apostolica om. zb   5 habe•t O   7 iam om. zd
9 ideo nemo extra iustificatur b   11 nun quid S   12 ipse Om1   13 quid
ergo b   interest] est zb   minando] mundo b   14 impetrat (t pr. s.l.)O
15 potest esse zb   16 et] ei G   17 adii (ii s.l.m2)K   et om. Om1   deprecatu• O
20 lau•dis O   actionibusque zb   23 da• P   alt. quod] quid z   24 iube•tur O
25 quoḍ K   27 ipse om. zb   28 sunt donata O

nobis. quis est autem spiritus mundi huius nisi superbiae
spiritus, quo cor insipiens obscuratum est eorum, qui cognitum
deum non ut deum gratias agendo glorificauerunt? nec alio spiritu
decipiuntur etiam illi, qui ignorantes dei iustitiam et
suam iustitiam uolentes constituere iustitiae dei 5
non sunt subiecti. unde mihi uidetur magis ·e, se fidei
filius, qui nouit· a quo speret quod nondum habet, quam qui sibi
tribuit id quod habet. quamuis utrique horum praeferendus sit qui
et habet et nouit a quo habeat, si tamen non se credat iam esse quod
nondum est, ne incidat in uitium illius pharisaei, qui quamquam 10
deo gratias ageret ex his quae habebat, nihil tamen petebat dari sibi,
tamquam nihilo indigeret ad augendam perficiendamue iustitiam.
his igitur consideratis pertractatisque pro uiribus, quas dominus
donare· dignatur, colligimus non iustificari hominem praeceptis
bonae uitae nisi per fidem Iesu Christi, hoc est non lege operum, 15
sed lege fidei, non littera, sed spiritu, non factorum meritis,
sed gratuita gratia.

     XIV. 23. Quamuis itaque illos, quibus circumcisio persuadebatur,
ita corripere atque corrigere uideatur apostolus, ut legis nomine eandem circumcisionem appellet ceterasque eiusmodi legis obseruationes, 20
quas tamquam umbras futuri iam nunc respuunt Christiani id tenentes quod per illas umbras figurate promittebatur, tamen legem, ex
qua neminem dicit iustificari, non tantum in illis sacramentis, quae
habuerunt promissiuas figuras, uerum etiam in illis operibus
uult intellegi, quae quisquis fecerit iuste uiuit; ubi est et illud: non 25
concupisces. atque ut hoc quod dicimus fiat planius, ipsum Decalogum uideamus. certe enim legem Moyses ministrandam populo
accepit in monte, scriptam in lapideis tabulis digito dei. haec decem
praeceptis constringitur, ubi nihil de circumcisione mandatum est,

  . 2 cf. Róm. 1, 2¹   4 Rom. 10, 3   10 cf. Luc. 18, 11. 12   18 cf. Rom.
2, 17—29   21 cf. Col. 2, 17   25 Ex. 20, 17   27 cf. Ex. 31, 18. Deut. 9, 10
28 cf. Ex. cap. 20

    1 qui *Lm1*   5 iustitiam *om. zb*   6 magis uidetur *zb*   8 atribuit *C*
quamuis—habeat *in mg. m2 O*   9 *all.* habet *zC Pbd*   iam *om. zd*   10 nec *K*
11 egeret *Om1*   iis *d*   12 nihil *PGb*   perfitiendamue* *P* perficiendamuera *C*
13 his ergo *b*   14 donare] dare *z*   dignetur *Om1*   16 lege *om. zbd*
18 persuadebetur *Lm1*   19 atque corrigere *in mg. Om3* .   21 christ. resp. *b*
23 nemino *O*   tantum(tan *add. m2*) *O*   24 uerum] ueterum sed *zb*   25 quisquis
s.l.Om2 quisque *C*   26 concupiscis *SG*   28 scrip*tam *O*

nihil de uictimus pecorum, quae nunc a Christianis non immolantur.
in illis igitur decem praeceptis excepta sabbati obseruatione dicatur
mihi quid non sit obseruandum a Christiano sine de non faciendis
colendisque idolis aliisque ullis diis praeter unum uerum deum siue
5 de non accipiendo nomine dei in uanum siue de honore parentibus
deferendo siue de cauendis fornicationibus, homicidiis, furtis, falsis
testimoniis, adulteriis, re aliena concupiscenda. quid horum quisquam
dixerit Christianum non debere seruare? an forte non istam legem,
quae in illis duabus tabulis scripta est, litteram occidentem appellat
10 apostolus, sed illam circumcisionis aliorumque ueterum iamque abolitorum sacramentorum? sed quomodo id putabimus, cum in ea sit 'non
concupisces', 'per' quod 'mandatum' quamuis 'sanctum et iustum
et bonum fefellit me', inquit, 'peccatum et per illud occidit'? quid
enim aliud est littera occidit?
15   24. Quamuis euidentius eo ipso loco ad Corinthios, ubi ait: littera occidit, spiritus autem uiuificat, non aliam uelit intellegi litteram quam ipsum Decalogum in illis duabus tabulis scriptum.
sic enim dicit: quoniam estis epistola Christi ministrata
per nos, scripta non atramento, sed spiritu dei uiui, non
20 in tabulis lapideis, sed in tabulis cordis carnalibus. confidentiam autem talem habemus per Christum ad deum,
non quia idonei sumus cogitare aliquid quasi ex nobis-
metipsis, sed sufficientia nostra ex deo est, qui et idoneos
nos fecit ministros noui testamenti non litterae, sed spi-
25 ritus; littera enim occidit, spiritus autem uiuificat. si
autem ministratio mortis in litteris figurata lapideis
facta est in gloria, ita ut non possent intendere filii Is-

11 Rom. 7, 7   12 cf. Rom. 7, 12. 11   14. 15 II Cor. 3, 6   18 II Cor. 3, 3—9

3 a om. O   sine] super b, item l. 4. 5   4 aliisque] atque (at s.l.)O   pullis K
dis Lm1Om1   deum uerum zb   6 deferendum O   homicidii Om1   7 adulteris P
quid] quis S   8 obseruare b   9 scribta (sic fere semper)Lm1   10 abolitorum
(a ex o)O   11 sacramentorum s.l.Om2   id om. zOTbd   putabimus (b ex u m2) K
imputabimus T   15 chorintios L   18 xpi epistola zb   epistulae T epistula SO
19 non atramento scripte b   20 pr. in om. K   22 simus zOm2Tbd   aliquid a
nobis Km2d   23 et om. zbd   24 littera SOKCm1Tb   spu OKCm1b spm T, cf. 184,
5 . 189, 3   25 autem] nero T   26 fugurata G   lapideis] in lapidibus zbd,
cf. 178, 8   27 factata est O fuit zbd   gloriam z   possint (i ex e) S, PKm1
filii ir] intendere K

rahel in faciem Moysi propter gloriam uultus eius quae
euacuatur, quare non magis ministratio spiritus erit in
gloria? si enim ministratio damnationis gloria est, multo
magis abundabit ministratio iustitiae in gloria. dici de
his uerbis multa possunt, sed postea fortasse oportunius. nunc autem 5
aduerte quam dicat litteram quae occidit, cui uelut e contrario uiuificantem ingerit spiritum. ea certe est ministratio mortis in litteris
figurata lapideis et ministratio damnationis, quia lex subintrauit, ut
abundaret delictum. porro autem praecepta ipsa tam sunt utilia
facienti atque salubria, ut nisi quis ea fecerit uitam habere non possit. 10
an uero propter unum praeceptum, quod ibi de sabbato positum est,
dictus est Decalogus littera occidens, quoniam quisquis illum diem,
sicut littera sonat, nunc usque obseruat, carnaliter sapit — sapere
autem secundum carnem mors est — et illa nonem praecepta quae sic
recte obseruantur, ut scripta sunt, non ad legem operum, ex qua 15
nemo iustificatur, sed ad legem fidei, ex qua iustus uiuit, pertinere
putanda sunt? quis tam absurde sentiat ministrationem mortis in
litteris lapideis figuratam non dici ex omnibus decem praeceptis, sed
ex uno solo quod ad sabbatum pertinet? ubi ergo ponimus: lex iram
operatur; ubi enim non est lex, nec praeuaricatio et: us- 20
que ad legem peccatum in mundo fuit; peccatum autom
non deputabatur, cum lex non esset, et illud, quod iam totiens
commemorauimus: per legem cognitio peccati, maximeque
illud, ubi euidentius expressit unde agitur: concupiscentiam
nesciebam, nisi lex diceret: non concupisces?   25

6 cf. II Cor. 3, 6   7 cf. II Cor. 3, 7. 9   8 cf. Rom. 5, 20   13 cf. Rom. 8, 6
15 cf. Rom. 3, 20   16 cf. Rom. 1, 17. Gal. 3, 11. Hebr. 10, 38. Habac. 2, 4
19 Rom. 4, 15   20 Rom. 5, 13   23 Rom. 3, 20   24 Rom. 7, 7

1 facie S   2 euacuetur K   3 si enim] Ideo b   4 abundauit L   ministerium
zCbd, cf. 184, 12   5 uerba Lm1SPG   postea s.l.Om2   6 aduerte om. Lm1
ad litteram P littera SG   7 spiritum ingerit Td   certa P   est om. O   8 in
lapideis (in s.l.m2; ibus s. eis m3) L in lapideis ST   subintrabit C   9 pcepto
Om1   11 est positum zTd   positu S   12 diem nunc usque obseruat, sicut
littera sonat d   14 autem] enim zb   si Pb   17 tam O   sentia*t P
motis Lm1   18 figuratam lapideis zbd   lapideis (ibus m2 s. eis) L   decem
om. b   19 ex hoc uno K   21 mundum T   22 deputatur LSGK, cf. pag. 13, 17
totie*s L toties GOTd   24 euidentius (ius in ras. m3) L   post euidentius exp.
peccati O   25 nes*ciebam O

25. Quem totum locum adtende et uide utrum quicquam propter
circumcisionem uel sabbatum uel quid aliud umbratilis sacramenti,
ac non totum propter hoc dicat, quod littera prohibens peccatum non
uiuificat hominem, sed potins occidit augendo concupiscentiam et
5 iniquitatem praeuaricatione cumulando, nisi liberet gratia per legem
fidei quae est in Christo Iesu, cum diffunditur caritas in cordibus
nostris per spiritum sanctum, qui datus est nobis. cum enim dixisset:
ut seruiamus in nouitate spiritus et non in uetustate
litterae, quid ergo dicemus? inquit. lex peccatum est? absit.
10 sed peccatum non cognoui nisi per legem. nam concupiscentiam nesciebam, nisi lex diceret: non concupisces.
occasione autem accepta peccatum per mandatum operatum est in me omnem concupiscentiam; sine lege enim
peccatum mortuum est. ego autem uiuebam aliquando
15 sine lege, adueniente autem mandato peccatum reuixit.
ego autem mortuus sum et inuentum est mihi mandatum,
quod erat in uitam, hoc esse in mortem. peccatum enim
occasione accepta per mandatum fefellit me et per
illud occidit. itaque lex quidem sancta et mandatum
20 sanctum et iustum et bonum. quod ergo bonum est, mihi
factum est mors? absit. sed peccatum ut appareat peccatum, per bonum mihi operatum est mortem,
ut fiat super modum peccans peccatum per
mandatum. scimus enim, quia lex spiritalis
25 est: ego autem carnalis sum uenundatus sub
peccato. quod enim operor, ignoro; non enim
quod uolo, hoc ago, sed quod odi, illud facio.
si autem quod nolo, hoc facio, consentio legi,
quoniam bona. nunc autem iam non ego operor

---

5 cf. Rom. 7, 25   6 cf. Rom. 5, 5   8 Rom. 7, 6—25

1 quidquam *GOTd*   2 umbrat illis *Kml*   sacramenti∗*T*   5 praeuaricatione *G*   6 funditur *b*   caritas *s. ras. Sml, om. Pb*   10 cognoui (cogno
s. ras. m3) L   *post* cognoui *4 /ere litt. eras. P*   12 autem *om. zb*   14 est]
erat*Gd*   17 uita *LmlSPOb*   esse∗*O*   morte *LmlSPGb*   20 factum
est mihi *Td*   22 operatum est mihi *b*   23 fiat (a *in ras. m2) L*   supra *Ob*
26 peccata *SG*   27 ago] facio *K*   sed—*l.* 28 facio *in mg. Km2*   28 hoc *om. b*
consentia *SG*   29 bona est-*CTb*   non iam *d*

.12*

illud, sed quod habitat in me peccatum. scio
enim, quia non habitat in me, hoc est in carne
mea, bonum. uelle enim adiacet mihi, perficere autem bonum non. non enim quod uolo
facio bonum, sed quod nolo malum, hoc ago. ;
si autem quod nolo ego hoc facio, iam non ego
operor illud, sed quod habitat in me peccatum.
inuenio ergo legem uolenti mihi facere bonum,
quoniam mihi malum adiacet. condelector
enim legi dei secundum interiorem hominem, 10
uideo autem aliam legem in membris meis
repugnantem legi mentis meae et captiuantem me in lege peccati, quae est in membris
meis. miser ego homo! quis me liberabit de
corpore mortis huius? gratia dei per Iesum 15
Christum dominum nostrum. igitur ego ipse
mente scruio legi dei, carne autem legi peccati.

26. Apparet igitur litterae uetustatem, si desit nouitas spiritus,
reos facere potius cognitione peccati quam liberare a peccato. unde
et alibi scriptum est: qui apponit scientiam, apponit 20
dolorem, non quia ipsa lex malum est, sed quia mandatum
bonum habet in littera demonstrante, non in adiuuante spiritu. quod
mandatum si fit timore poenae, non amore iustitiae, seruiliter fit,
non liberaliter et ideo nec fit. non enim fructus est bonus, qui de
caritatis radice non surgit. porro autem si adsit fides, quae per 25
dilectionem operatur, incipit condelectari legi dei secundum interiorem hominem, quae delectatio non litterae, sed spiritus donum

20 Eccle. 1, 18   23 mandatum—radice non surgit] cf. Prosperi Aquitani
sent. ex Aug. delib. (LI 463 M)   25 cf. Gal. 5, 6   26 cf. Rom. 7, 22

1 sed] add. id OKC   in me habitat OKC   3 enim] autem O   4 post pr.
non s.l.m2 inuenio K   5 malum—nolo om. T   8 inuenio∗ L inuenior SPGb   ego G
mihi legem uolenti O legem mihi uolenti KCT   mihi om. L   12 repun-
gnantem O   13 menbris O   14 liberauit LmISGOm1   16 ipse ego KC   17 alt.
lege b   20 scientiam apponit om. C   21 et dolorem Td   lex ipsa b   22 habet
om. b   in alt. om. PKCb   23 mandatum dei Prosper   24 liberaliter (eraliter
in mg.) G   est fructus b   25 surgit] procedit Prosper   26 secumdum O

est, etiamsi alia lex in membris adhuc repugnat legi mentis, donec
in nouitatem, quae de die in diem in interiore homine augetur,
tota uetustas mutata pertranseat liberante nos de corpore mortis
huius gratia dei per Iesum Christum dominum nostrum.
5   XV. 27. Haec gratia in testamento uetere uelata latitabat,
quae in Christi euangelio reuelata est dispensatione temporum
ordinatissima, sicut deus nouit cuncta disponere. et fortasse ad illud
ipsum eius latibulum pertinet, quod in eo Decalogo, qui datus
est in monte Sina, hoc solum praecepto figurato occultatum est,
10 quod ad sabbatum pertinet. sabbatum autem dies sanctificationis
est. nec uacat, quod inter omnia opera, quae fecit deus, illic primo
sanctificatio sonuit, ubi ab omnibus operibus requieuit, unde
nunc non est disserendi locus. uerum tamen, quod rei de qua agitur
satis esse arbitror, non frustra illo die populus ab omni opere seruili
15 abstinere praeceptus est, quo significatur peccatum, nisi quia non
peccare sanctificationis est, hoc est muneris dei per spiritum sanctum.
quod in lege, quae duabus lapideis tabulis conscripta est, solum
inter cetera in umbra figurae positum est, in qua Iudaei sabbatum
obseruant, ut hoc ipso significaretur tempus tune fuisse occultandae
20 gratiae, quae nono testamento fuerat per Christi passionem tamquam scissione ueli reuelanda; c u m   e n i m   t r a n s i e r i s,
inquit, a d C h r i s t u m, a u f e r e t u r u e l a m e n.
    XVI. 28. D o m i n u s   a u t e m   s p i r i t u s   e s t; u b i
a u t e m   s p i r i t u s   d o m i n i, i b i   l i b e r t a s. hic
25 autem   spiritus   dei, cuius   dono   iustificamur, quo   fit   in
nobis ut   non peccare delectet, ubi libertas est, sicut   praeter
hunc   spiritum   peccare   delectat, ubi   seruitus, a   cuius
operibus abstinendum, id est spiritaliter sabbatizandum, est, hic

1 cf. Rom. 7, 23   2 cf. II Cor. 4, 16   3 cf. Rom. 7, 25   8 cf. Ex. 24, 12
10 cf. Ex. 20, 11   12 cf. Gen. 2, 3   14 cf. Ex. 20, 10   17 cf. Ex. 24, 12
20 cf. Matth. 27, 51   21 II Cor. 3, 16   23 II Cor. 3, 17

1 adhuc om. S   2 in fin. om. O   3 mutata ex mutatur O   5 post gratia
eras. quę O   ueteri O   6 xpo LmlG   8 eo om. KC   decalago G   9 syna LSP
fugurato Pml   10 dies om. zb   12 ibi T   13 diserendi Lml deserendi Pml
differendi G   ueruntamen O   14 esse (e fin. s.l.)P   17 tabulis lapideis b
18 in quo L   19 tunc tempus b   20 quo b   21 scissionem PTbd   uel
ireuelanda SOml   reuelata b   cum enim inquit (post. inquit om.) Pb
transierit (s s. ţ ml)L transierit SPGTbd   24 ibi om. C   27 delectet Kml
28 id est spiritaliter sabbatizandum om. zbd

spiritus sanctus, per quem diffunditur caritas in cordibus nostris,
quae plenitudo legis est, etiam digitus dei in euangelio dicitur.
unde quia et illae tabulae digito dei conscriptae sunt et digitus
dei est spiritus dei, per quem sanctificamur, ut ex fide uiuentes
per dilectionem bene operemur, quem non moueat ista congruentia 5
ibidemque distantia? dies enim quinquaginta conputantur a cele-
bratione Paschae, quae figurate occisione ouis per Moysen fieri
praecepta est in significationem utique futurae dominicae passionis,
usque ad diem, quo Moyses legem accepit in tabulis digito dei
conscriptis; similiter ab occisione et resurrectione illius, qui s i c u t 10
o u i s   a d   i m m o l a n d u m   d u c t u s   e s t, quinquaginta
diebus conpletis congregatos in unum fideles digitus dei, hoc est
spiritus sanctus, inpleuit.

XVII. 29. In hac mirabili congruentia illud certe plurimum
distat, quod ibi populus accedere ad locum, ubi lex dabatur, hor- 15
rendo terrore prohibetur, hic autem in eos superuenit spiritus
sanctus, qui eum promissum expectantes in unum fuerant con-
gregati; ibi in tabulis lapideis digitus dei operatus est, hic in cordibus hominum. ibi ergo lex extrinsecus posita est, qua iniusti
terrerentur, hic intrinsecus data est, qua iustificarentur. n a m: n o n 20
a d u l t e r a b i s,   n o n   h o m i c i d i u m   f a c i e s,   n o n   c o n-
c u p i s c e s   e t   s i   q u o d   e s t   a l i u d   m a n d a t u m —
quod utique in illis tabulis scriptum est — i n h o c, inquit, s e r-
m o n e recapitulatur, in eo q u o d d i l i g e s p r o x i-
m u m   t u u m   t a m q u a m   t e   i p s u m. d i l e c t i o p r o- 25
x i m i   m a l u m   n o n   o p e r a t u r.   p l e n i t u d o   a u t e m
l e g i s   c a r i t a s. haec non in tabulis conscripta lapideis,

1 cf. Rom. 5, 5   2 cf. Rom. 13, 10   Luc. 11, 20   3 cf. Deut. 9, 10
5 cf. Gal. 5, 6   7 cf. Ex. c. 12   10 Esai. 53, 7   12 cf. Act. 2, 1—4
15 cf. Ex. c. 19   17 Act. 2, 1   20 Rom. 13, 9. 10

3 et *om.* O   conscribtae (con *s.l.m2*) K   digito (us *s.* o) P, Lm1SG   4 *pr.*
dei *om.* Pb   5 dilectione T   6 ibidemque (ea *s.* ibi *m2*) K eademq. C idemque T
quinqua+ginta L   7 occisione (occasione Lm1 Sm1 Cm1) figuratae ouis zbd
figuratae Km1T   8 in significatione zKOCb   9 qua zTbd   13 implebit C
14 illius T   17 eum] cum O   fuerunt b   18 digito O   19 iusti T   20 terrentur O
datata O   nam *om.* K   22 si *om.* C   23 quod (d *s. ras. m2*) O   24 diligis Lm2
diligens C   25 sicut (*in mg.* tāquā) P sicut K   proximo SG   27 legis] *add.*
est zTbd   caritas] dilectio b

sed **diffusa est in cordibus nostris per spiritum sanctum, qui datus est nobis.** lex ergo dei est caritas. *huic* prudentia carnis non est subiecta; neque enim potest. sed ad hanc prudentiam carnis terrendam cum in tabulis scribuntur
5 opera caritatis, lex est operum et littera occidens praeuaricatorem; cum autem ipsa caritas diffunditur in corde credentium, lex est fidei et spiritus uiuificans dilectorem.

30. Vide nunc quemadmodum consonet ista discretio illis apostolicis uerbis, quae paulo ante ob aliud commemorata et dili-
10 gentius pertractanda distuleram. **manifestati, inquit, quoniam estis epistola Christi ministrata per nos, scripta non atramento, sed spiritu dei uiui, non in tabulis lapideis, sed in tabulis cordis carnalibus.** ecce quemadmodum ostendit, quia
15 illud extra hominem scribitur, ut eum forinsecus terrificet, hoc in ipso homine, ut eum intrinsecus iustificet. carnales autem tabulas cordis dixit non carnalis prudentiae, sed tamquam uiuentes sensumque habentes in conparatione lapidis, qui sine sensu est. et quod paulo post dicit, quod non poterant intendere filii Israhel usque
20 in finem uultus Moysi et ideo eis per uelum loquebatur, hoc significat, quia littera legis iustificat neminem, sed uelamen positum est in lectione ueteris testamenti, donec ad Christum transeatur et auferatur uelamen, id est transeatur ad gratiam et intellegatur ab ipso nobis esse iustificationem, qua faciamus quod iubet. qui
25 propterea iubet, ut in nobis deficientes ad illum confugiamus. ideo uigilantissime cum dixisset: **confidentiam talem habemus per Christum ad deum,** ne nostris hoc uiribus

---

1 Rom. 5, 5   3 cf. Rom. 8, 7   6 cf. Rom. 5, 5   10 II Cor. 3, 3
19 cf. II Cor. 3, 7. 13   22 cf. II Cor. 3, 16   26 II Cor. 3, 4—6

1 est *om. S*   4 prudentia *T*   carni *O*   quū *O*   7 et in spiritus *T*
10 manifestata *Km1*   11 epistula *SPm1O*   epistole—ministrate—scripte *b*
12 scripta *om. K*   15 hominum (e *s.* u) *P*   17 carnales *O*   uiuentis
Lm2SPGTəd   18 habentis *zbd*   sensu*L*   19 filii*K*   irl *LSPK*   21 qua *Lm1*
quod *b*   littera* (*alt.* t *s.l.m2*) *L* littera a *SG*   neminem iustificat *bd*   22 in
lectionem *LSPm1*   23 et—transeatur *om. T*   auferetur *O*   24 nouis *Lm1*
faciamus] iustificatur *b*   25 in *s.l.L, om. SPGb*   nouis *Lm1* nos *b*   26 talem
om.b   habeamus *C* habeamus *T*   27 ihm xpm *P*

tribueretur, continuo commendauit unde agitur dicens
non quia idonei sumus cogitare aliquid
quasi ex nobismet ipsis, sed sufficientia
nostra ex deo est, qui et idoneos nos fecit
ministros noui testamenti non litterae, sed 5
spiritus; littera enim occidit, spiritus autem
uiuificat.

XVIII. 31. Proinde quia lex, sicut alibi dicit, praeuaricationis gratia posita est, id est littera ista extra
hominem scripta, propterea eam et ministrationem mortis et mini- 10
strationem damnationis appellat; hanc autem, id est noui testamenti,
ministrationem spiritus et ministrationem iustitiae dicit, quia per
donum spiritus operamur iustitiam et a praeuaricationis damnatione liberamur. ideo illud euacuatur, hoc manet, quoniam terrens
paedagogus auferetur, cum timori successerit caritas; ubi enim 15
spiritus domini, ibi libertas. hanc autem ministrationem non ex meritis nostris, sed ex misericordia esse sic dicit:
propter quod habentes ministrationem hanc
sicut misericordiam consecuti non infir-
memur, sed abiciamus occulta confusionis 20
non ambulantes in astutia neque dolo adul-
terantes uerbum dei. hanc astutiam et dolum hypo-
crisin uult intellegi, qua uolunt iusti uideri superbi. unde et in illo
psalmo, quem ad huius ipsius gratiae testificationem commemorat
idem apostolus: beatus, inquit, cui non inputauit 25
dominus peccatum neque est in ore eius
dolus. haec est humilium sanctorum confessio, non se iactantium
esse quod non sunt. et paulo post: non enim nosmet ipsos,

---

8 Gal. 3, 19   10 cf. II Cor. 3, 7. 9   15 cf. Gal. 3, 24   II Cor. 3, 17
18 II Cor. 4, 1. 2   25 Rom. 4, 8. Ps. 31, 2   28 II Cor. 4, 5. 6

2 quia] quod zbd   simus LSGb   aliquid] add. a nobis zTbd, cf. 177, 22
3 nobis (om. met ipsis) K   5 non littera sed spu O, cf. 177, 24   6 autem] uero
KCT   8 qui C   sicut lex alibi dicit CT   10 eam om. K   12 pr. mini-
tratione T   15 pedagogus Sr   timore Lm1 timoris Cm1T   16 ibi om. T   17 dicit
esse sic b   22 astutiam et ex astutia mea Lm2   adstutiam Cm1T   ypocrisin
SPGKb hypocrisim Td   23 quia Pb qu*a O   superbi iusti b   superbi
nideri zd   24 quę ex quē O   post gratiae ɛras. et O   27 iactantium se b

inquit, p r a e d i c a m u s, s e d I e s u m C h r i s t u m d o m i-
n u m, n o s a u t e m s e r u o s u e s t r o s p e r I e s u m.
q u i a d e u s, q u i d i x i t d e t e n e b r i s l u m e n c l a-
r e s c e r e, c l a r u i t i n c o r d i b u s n o s t r i s a d i n l u m i-
5 n a t i o n e m s c i e n t i a e g l o r i a e e i u s i n f a c i e m
C h r i s t i I e s u. haec est scientia gloriae eius, qua scimus ipsum
esse lumen, quo tenebrae nostrae inluminantur. et id ipsum adtende
quemadmodum inculcet: h a b e m u s a u t e m, inquit, t h e s a u-
r u m i s t u m i n u a s i s f i c t i l i b u s, u t e m i n e n t i a u i r-
10 t u t i s s i t d e i e t n o n e x n o b i s. et paulo post, cum eandem
gratiam uberius in domino Iesu Christo commendans usque ad
illud ueniret indumentum iustitiae fidei, quo induti non nudi
inueniamur et propter hoc ingemescimus mortalitate praegrauati
habitaculum nostrum quod de caelo est superindui cupientes, ut
15 absorbeatur mortale a uita, uide quid adiungat: q u i a u t e m
o p e r a t u s e s t n o s, inquit, i n h o c i p s u m d e u s q u i
d e d i t n o b i s p i g n u s s p i r i t u s. et post pauca intulit:
u t n o s s i m u s i u s t i t i a d e i i n i p s o. haec est illa
iustitia dei, non qua ipse iustus est, sed qua nos ab eo facti.

20   XIX. 32. Nemo ergo Christianorum aberret ab hac fide, quae
sola christiana est, neque quisquam, cum uerecundatus fuerit dicere
per nos ipsos fieri nos iustos non hoc in *nobis* operante gratia dei,
quia uidet hoc a fidelibus et piis ferri non posse cum dicitur, ad
hoc se conuertat, ut dicat ideo sine operatione gratiae dei nos
25 iustos esse non posse, quia legem dedit, quia doctrinam instituit,
quia bona praecepta mandauit. illa enim sine adiuuante spiritu
procul dubio est littera occidens; cum uero adest uiuificans spiritus,

---

7 cf. Ioh. 1, 5   8 II Cor. 4, 7   12 cf. II Cor. 5, 2—4   15 II Cor. 5, 5
18 II Cor. 5, 21

1 inquit *om. b*   p̄dicamus *m2 ex* iudicamus L   sed *s.l.Om2*   xpm *s.l.Lm2*
dnm nrm *Tb*   2 nos autem *om. T*   4 et claruit *O*   5 in—eius *in mg. O m?*
6 scientia*L   gloria *S*   qu*a *O*   7 nulluminatur *Om1* illuminentur *d*   id *om. b*
8 inquit *om. zbd*   9 ementiae *Om1*   uirtus *T*   10 dei *om. zb*   11 uberibus *K*
commendens *Km1*   12 quod *LSPm1G*   indu*ti *O*   13 ingemiscimus
GKm2Cm2Td   mortaliter *LSPb*   17 sp̄m *O*   18 iustia *O*   19 *pr.* quia *SG*
alt. qu*a *O*   facit *O*   20 aberet *Om1*   22 nos fieri *zb*   23 quiasidet *Lm1*
uidelicet *K*   piis ferri] plus fieri credi *b*   ferre (i *s. e m1*)*S* ferre *K*   posset *K*
24 conuertit *S*   dei gratia *b*   gratia *z*   25 esse iustos *L*

hoc ipsum intus conscriptum facit diligi, quod foris scriptum lex
faciebat timeri.

33. Inspice hoc paululum et in eo testimonio quod per prophetam de hac re praeclarissimum editum est: e c c e d i e s
u e n i e n t, d i c i t d o m i n u s, e t c o n s u m m a b o s u p e r 5
d o m u m I s r a h e l e t s u p e r d o m u m I u d a t e s t a-
m e n t u m n o u u m n o n s e c u n d u m t e s t a m e n t u m,
q u o d f e c i p a t r i b u s e o r u m i n d i e, q u a a d p r e-
h e n d i m a n u m e o r u m, u t e i c e r e m e o s d e t e r r a
A e g y p t i, q u i a i p s i n o n p e r s e u e r a u e r u n t i n 10
t e s t a m e n t o m e o, e t e g o n e g l e x i e o s, d i c i t
d o m i n u s. q u i a h o c t e s t a m e n t u m e s t q u o d
o r d i n a b o d o m u i I s r a h e l: p o s t d i e s i l l o s, d i c i t
d o m i n u s, d a b o l e g e s m e a s i n c o r i l l o r u m e t
i n m e n t e e o r u m s c r i b a m e a s; e t e r o e i s i n 15
d e u m e t i p s i e r u n t m i h i i n p o p u l u m. e t n o n
d o c e b i t u n u s q u i s q u e e i n e m s u u m e t u n u s-
q u i s q u e f r a t r e m s u u m d i c e n s: c o g n o s c e d o m i-
n u m, q u i a o m n e s c o g n o s c e n t m e a m i n o r e
u s q u e a d m a i o r e m e o r u m, q u i a p r o p i t i u s e r o 20
i n i q u i t a t i e o r u m e t p e c c a t a e o r u m n o n m e m o-
r a b o r u l t r a. quid ad haec dicemus? nempe in ueteribus libris
aut nusquam aut difficile praeter hunc propheticum locum legitur
facta commemoratio testamenti noui, ut omnino ipso nomine
appellaretur. nam multis locis hoc significatur et praenuntiatur 25
futurum, sed non ita, ut etiam nomen legatur expressum. considera igitur diligenter quam differentiam inter duo testamenta,
id est uetus et nouum, deus esse testatus sit.

34. Cum dixisset: n o n s e c u n d u m t e s t a m e n t u m,
q u o d f e c i p a t r i b u s e o r u m i n d i e, q u a a d p r e- 30

---

4 Hier. 38 (31), 31—34   29 Hier. 38 (31), 32

2 timori *O* timere *Gm1*   3 quo *SG*   4 ac *T*   edi*tum *C* edictum *zTbd*
5 ueniunt *PGTd*   6 isrl *LSP*   7 non sec. test. *om. Oml*   8 feci*K*   9 eicerem]
educerem *zd. cf. 187, 1. 188, 10*   13 isrl *L*   illos dies *d*   14 meas *om. Kml*
15 eos *Lml T*   illis *b*   16 mihi erunt *zb*   18 dm *Lml*   22 dicemus *m2 ex*
dicentum *O* dicimus *zTbd*   24 facta*O   25 apell**etur (*in mg. m2* appellaretur) *O*   hoc *om. b*   30 perfeci *Pb*

hendi manum eorum, ut eicerem eos de terra
Aegypti, uide quid adiunxit: quia ipsi non perseuerauerunt in testamento meo. uitio eorum deputat,
quod in testamento dei non permanserunt, ne lex, quam tunc acce
5 perunt, culpanda uideatur. ipsa est enim, quam non uenit Christus
soluere, sed inplere, non tamen per eandem legem iustificatis impiis,
sed per gratiam; hoc quippe agit uiuificans spiritus, sine quo littera
occidit. si enim data esset lex, quae posset uiuificare, omnino ex lege esset iustitia. sed
10 conclusit scriptura omnia sub peccato, ut
promissio ex fide Iesu Christi daretur credentibus. ex hac promissione, hoc est ex dei beneficio, ipsa
lex inpletur, sine qua promissio praeuaricatores facit uel usque
ad effectum mali 'operis, si etiam repagula timoris concupiscentiae
15 flamma transcenderit, uel certe in sola uoluntate, si timor poenae
suauitatem libidinis uicerit. quod enim ait: conclusit scriptura omnia sub peccato, ut promissio ex fide
Iesu Christi daretur credentibus, ipsius conclusionis utilitas dicta est. nam 'conclusit' ad quos usus, nisi quem
20 admodum alibi dicit: prius autem quam ueniret fides,
sub lege custodiebamur conclusi in eam fidem
quae postea reuelata est? lex ergo data est, ut
gratia quaereretur, gratia data est, ut lex inpleretur. neque enim
suo uitio non inplebatur lex, sed uitio prudentiae carnis. quod
25 uitium per legem demonstrandum, per gratiam sanandum fuit;
quod enim inpossibile erat legis, in quo infirmabatur per carnem, misit deus filium

5 cf. Matth. 5, 17   8 Gal. 3, 21. 22   16 Gal. 3, 22   20 Gal. 3, 23
22 lex—sanandum fuit] cf. Prosperi Aquitani sent. ex Aug. delib. (LI 434 M)
26 Rom. 8, 3.4

1 educerem d   4 perseuerauerunt b   nec O   5 ipsa enim est L
6 implerem C   7 gratia SG   agit (g s.l.) P   8 est C   possit LK   10 conclusit
omnia scriptura SPG b   scriptura—fide in mg. Lm1   11 ex fide om. SG, s.l. P
12 pr. ex] et T   13 impleretur T   sina Om1   14 ante ad eras. ad S
timoris et concup. b   15 transcenderet b   uel**O   17 omnes O
19 ad quod C   20 priusquam autem d   21 conclusione a fidē Om1
eandem b   22 ergo om. Prosper   23 gratia autem data est O   24 prudentia Lm1   26 inpossiuile (n s.l.) O   logi b

s u u m   i n   s i m i l i t u d i n e   c a r n i s   p e c c a t i   e t   d e
p e c c a t o   d a m n a u i t   p e c c a t u m   i n   c a r n e, u t   i u-
s t i t i a l e g i s i n p l e r e t u r i n n o b i s, q u i n o n s e c u n-
d u m   c a r n e m   a m b u l a m u s, s e d   s e c u n d u m   s p i r i-
t u m. unde et in isto prophetico testimonio: c o n s u m m a b o, 5
inquit, s u p e r   d o m u m   I s r a h e l   e t   s u p e r   d o m u m
I u d a t e s t a m e n t u m n o u u m. quid est c o n s u m m a b o
nisi 'inplebo' n o n   s e c u n d u m   t e s t a m e n t u m, q u o d
f e c i   p a t r i b u s   e o r u m   i n   d i e, q u a   a d p r e h e n d i
m a n u m e o r u m, u t e i c e r e m e o s d e t e r r a A e g y p t i? 10

XX. 35. Ergo illud uetus erat, quia hoc nouum est. unde igitur
illud uetus, hoc nouum, cum lex eadem inpleatur per testamentum
nouum, quae dixit in uetere: n o n   c o n c u p i s c e s?   q u i a
i p s i, inquit, n o n p e r s e u e r a u e r u n t i n' t e s t a m e n t o
m e o, e t   e g o   n e g l e x i   e o s, d i c i t   d o m i n u s. ergo 15
propter ueteris hominis noxam, quae per litteram iubentem et
minantem minime sanabatur, dicitur illud testamentum uetus,
hoc autem nouum propter nouitatem spiritus, quae hominem nouum
sanat a uitio uetustatis. denique adtende quod sequitur et uide
quanta luce fiat perspicuum, quod *sibi* fidentes nolunt homines 20
intueri. q u i a   h o c   t e s t a m e n t u m   e s t, inquit, q u o d
o r d i n a b o d o m u i I s r a h e l: p o s t d i e s i l l o s, d i c i t
d o m i n u s, d a b o   l e g e s   m e a s   i n   c o r   i l l o r u m   e t
i n m e n t e e o r u m s c r i b a m e a s. ecce est unde apostolus
ait, quod supra commemorauimus: n o n   i n   t a b u l i s   l a- 25
p i d e i s, s e d   i n   t a b u l i s   c o r d i s, .quia   n o n   a t r a-
m e n t o, s e d   s p i r i t u   d e i   u i u i. nec *oh* aliud arbitror

---

5 Hier. 38 (31), 31. 32   13 Ex. 20, 17   *Hier.* 38 (31), 32   21 Hier.
38 (31), 33   25 II Cor. 3, 3

1 similitudinē *b*   2 damnabit *T*   in carne *om. Om1*   *post* carne *ras.*
9 fere litt. in L   iustitiae *P*   8 secudum *O*   10 educerem *d*   11 Et ergo *b*
.L 13 ueteri *b*   14 inquit ipsi *Pb*   perserauunt *Om1*   15 uocabulo meo *fin.*
fol. 180ᵇ L (cf. Praef.)   et *om. b*   16 nox＊am *SK* noxa *T*   iuuentem *SG*
18 quae] atque *Om2*   hominum *Om1*   19 sanatū ＊＊＊ a uitio uet. (ū *et sqq.* m2
in uacuo spatio) O   21 intueri (int *in ras.) Om2*   inquid (*sic semper*) S
24 mentem illorum *O*   eos *O*   est *om. b*   26 qui *Om1*   27 niri *T*

in eo loco apostolum uoluisse commemorare testamentum nouum
— ibi quippe ait: q u i e t i d o n e o s n o s f e c i t m i n i-
s t r o s n o u i t e s t a m e n t i n o n l i t t e r a e, s e d s p i-
r i t u s —, nisi quia istam intuebatur prophetiam, cum diceret:
5 n o n i n t a b u l *i s* l a p i d e i s, s e d i n t a b u l *i s* c o r d i s
c a r n a l i b u s, quoniam hic dictum est: i n c o r d i b u s
e o r u m s c r i b o e a s, ubi nominatim promissum est testamentum nouum.

XXI. 36. Quid sunt ergo leges dei ab ipso deo scriptae in
10 cordibus nisi ipsa praesentia spiritus sancti, qui est digitus dei,
quo praesente diffunditur caritas in cordibus nostris, quae plenitudo legis est et finis praecepti? nam quia ueteris testamenti promissa terrena sunt, licet — exceptis sacramentis, quae umbrae
erant futurorum, sicut est circumcisio et sabbatum et aliae dierum
15 obseruationes et quarundam escarum cerimoniae et multiplex
sacrificiorum sacrorumque ritus, quae uetustati carnali lege ingo-
que seruili congruebant — talia contineat praecepta iustitiae,
qualia nunc quoque obseruare praecipimur, quae maxime duabus
illis tab*u*lis sine figura adumbratae significationis expressa sunt,
20 sicuti est: n o n a d u l t e r a b i s, n o n h o m i c i d i u m
f a c i e s, n o n c o n c u p i s c e s e t s i q u o d e s t a l i u d
m a n d a t u m, q u o d i n h o c s e r m o n e r e c a p i t u-
l a t u r: d i l i g e s p r o x i m u m t u u m t a m q u a m t e
i p s u m, tamen, quia in eo, sicut dixi, promissa terrena et tem-
25 poralia recitantur, quae bona sunt huius corruptibilis carnis, quamuis eis sempiterna atque caelestia ad nouum scilicet testamentum

2 II Cor. 3, 6   5 II Cor. 3, 3   6 Hier. 38 (31), 33   10 cf. Luc. 11, 20
11 cf. Rom. 5, 5   cf. Rom. 13, 10   12 cf. I Tim. I, 5   13 cf. Col. 2, 17
15 cf. Retract.   20 Rom. 13, 9

. L   3 littera O   spiritu GO   4 ipsā K ista T   prophetia T   7 eorum *om. b*
scribam OT b   9 quid] quae *in mg.* Om3   ergo sunt b   scriptae—testamenti
in lin. uac. m4 add. O (cf. Praef.)   10 ipsa *om.* O   sancti] dei b   11 plen. est
legis O   12 praecepti finis d   ueteris *in ras.* G   13 umbra zT b d   15 caeri-
moniae S   16 sacrorum b   uetustate T   carnalis legis T d   lege *om.* OKC
17 congruebant—obseruare *om.* Om1   19 figura (i *ex* u) P   ad l umbra S
20 homicium K   21 aliud est d   22 sermo G   23 diligens C   tamquam]
sicut KCbd, cf. 182, 25   24 promissa—figurentur *in lin. uac. m4 add.* O   pro-
missi (a *s.* i) P   25 sint K   26 caelestia *in mg.* O

pertinentia figurentur, nunc ipsius cordis *bonum* promittitur, mentis
bonum, spiritus bonum, hoc est intellegibile bonum, cum dicitur:
d a n s l e g e s m e a s i n m e n t e e o r u m e t i n c o r d i-
b u s e o r u m s c r i b a m e a s. unde significauit eos non
forinsecus terrentem legem formidaturos, sed intrinsecus habi- 5
tantem ipsam legis iustitiam dilecturos.

XXII. 37. Deinde addidit et mercedem: e t e r o e i s i n
d e u m e t i p s i e r u n t m i h i i n p o p u l u m. hoc est
illud, quod deo ait ille: m i h i a u t e m a d h a e r e r e d e o
b o *n u* m e s t. e r o, inquit, i l l i s i n d e u m e t i p s i e r u n t 10
m i h i p o p u l u s. quid hoc *bono* melius, quid hac felicitate
felicius uiuere deo, uiuere de deo, apud quem est fons uitae et in
cuius lumine uidebimus lumen? de hac uita dicit ipse dominus:
h a e c e s t a u t e m u i t a a e t e r n a, u t c o g n o s c a n t
t e u n u m u e r u m d e u m e t q u e m m i s i s t i I e s u m 15
C h r i s t u m, id est te et quem misisti Iesum Christum unum
uerum deum. hoc enim et ipse promittit dilectoribus suis dicens:
q u i d i l i g i t m e, m a n d a t a m e a c u s t o d i t; e t q u i
d i l i g i t m e, d i l i g i t u r a p a t r e m e o. et e g o d i l i-
g a m e u m e t o s t e n d a m m e i p s u m i l l i, utique in 20
forma dei, in qua aequalis est patri, non in forma serui, in qua se
et impiis ostendebat. tune enim fiet quod scriptum est: t o l l a t u r
i m p i u s, u t n o n u i d e a t c l a r i t a t e m d o m i n i, quando
ibunt sinistri in ignem aeternum, insti autem in uitam aeternam.
quae uita aeterna, sieut commemoraui, definita est ea esse, ut 25
cognoscant unum uerum deum. hinc dicit et Iohannes: d i l e c-
t i s s i m i, f i l i i d e i s u m u s, e t n o n d u m a p p a r u i t
q u o d e r i m u s. soimus, q u i a c u m a p p a r u e r i t,
s i m i l e s e i e r i m u s, q u o n i a m u i d e b i m u s e u m

---

3 Hier. 38 (31), 33   7 Hier. 38 (31), 33   9 Ps. 72, 28   10 Hier. 38 (31), 33
12 cf. Rom. 6, 11   cf. Ps. 35, 10   14 Ioh. 17, 3   18 Ioh. 14, 21   21 cf. Phil. 2, 6.7
22 Esai. 26, 10   24 cf. Matth. 25, 46   25 cf. Ioh. 17, 3   26 I Ioh. 3, 2

.L   1 bonum cordis *CTd*   2 intelligentie *b*   3 dabo *Cd*   5 terrendum *Oml*
formidatur*os (h *eras.*) *O*   6 dilectorus *Kml*   7 ad l addidit *K* atdidit *C*
eis] illis *O*   9 de deo ait *Ob*   10 illis inquid (t) *SP*   in *om. S*   11 in populum *T*
14 aū *s. l. P*   17 norum deum] dñm uerum *P* deum uerū *b*   d*m *O*   et *om. O*
19 diligetur *POTbd*   22 ostendet *PTd*   23 ut] et *LSPb*   claritatem]
gloriam *zbd*   di *O*   26 et *om. Kml*   iohannis *S* ioh̄ *P*   28 quid erimus *PGTd*

s i c u t i e s t. haec similitudo nunc incipit reformari, quamdiu
homo interius renouatur de die in diem secundum.imaginem eius,
qui creauit eum.

XXIII. 38. Sed ad illius eminentiae perfectionem, quae tune
5 futura est, quid hoc aut quantum est? si quidem apostolus ad illa
ineffabilia qualecumque adhibens de notis *rebus* exemplum par-
uulam aetatem uirili conparauit aetati: c u m e s s e m, inquit,
p a r u u l u s, q u a s i p a r u u l u s l o q u e b a r, q u a s i p a r-
u u l u s s a p i e b a m, q u a s i p a r u u l u s c o g i t a b a m;
10 c u m a u t e m f a c t u s s u m u i r, q u a e p a r u u l i e r a n t
d e p o s u i. cur autem hoc dixerit consequenter ostendens: u i d e-
m u s, inquit, n u n c p e r s p e c u l u m i n e n i g m a t e,
t u n e a u t e m f a c i e a d f a c i e m; n u n c s c i o e x
p a r t e, t u n c a u t e m c o g n o s c a m s i c u t e t c o-
15 g n i t u s s u m.

XXIV. 39. Proinde etiam per hunc prophetam, cuius testimonium pertractamus, hoc additur, ut in eo merces, in eo finis, in
eo perfectio felicitatis, in eo beatae aeternaeque uitae summa
consistat. cum enim dixisset: e t e r o i l l i s i n d e u m e t
20 i p s i e r u n t m i h i p o p u l u s, continuo addidit: e t n o n
d o c e b u n t u n u s q u i s q u e c i u e m s u u m e t u n u s-
q u i s q u e f r a t r e m s u u m d i c e n s: c o g n o s c e d o-
m i n u m, q u i a o m n e s c o g n o s c e n t m e a m i n o r e
u s q u e a d m a i o r e m e o r u m. nunc certe iam tempus
25 est testamenti noui, cuius per prophetam est facta promissio per
haec uerba, quae ex illa prophetia commemorauimus. cur ergo
adhuc dicit unusquisque ciui suo et fratri suo: c o g n o s c e

2 cf. II Cor. 4, 16   cf. Col. 3, 10   7. 11 I Cor. 13, 11. 12   19. 20 Hier.
38 (31), 33. 34   27 Hier. 38 (31), 34

2 imagine *S* i*maginem *O*   5 *a uoce* si quidem *inc. fol. 181ª L*   6 effabilia *P*
inefabilia *OK*   rebus notis *b*   7 comparaui *Tml*   8 paruolus *L bis*
quasi paruulus loquebar *om.* T   loquebar quasi paruulus *om.* O   9 cogitauam
Oml   10 euacuaui ea quae parnuli erant *O* euac. quae erant paru. *K* eu. ea
quae p. e. *CT* deposui ea quae p. e. *d*   12 nunc iquit (iquit *s. l.*) *L*   aenigmate
SGCT   18 aeternaque *Oml*   summę (e)*CmlT*   19 *pr.* et *om.* O   20 mihi crunt *z*
in populo *O*   21 docebit*Grbd, cf. 186, 17. 192, 9*   22 dm̄ *O*   23 a maiore—
minorem *K*   24 *eorum *K, om. b*   25 per *s. l. Om2*   facta est *bd*   26 prophetiam *G*   commemorabimus *Oml*   quur *LO*

d o m i n u m? an forte non dicitur, cum euangelium praedicetur et
eius ipsa sit praedicatio, ut hoc ubique dicatur? nam unde se
apostolus gentium dicit esse doctorem, nisi quia hoc fit quod ipse
ait: q u o m o d o i n u o c a b u n t i n q u e m n o n c r e d i-
d e r u n t? a u t q u o m o d o c r e d u n t q u e m n o n a u d i- 5
e r u n t? q u o m o d o a u t e m a u d i e n t s i n e p r a e d i-
c a n t e? cum ergo nunc ista praedicatio usquequaque crebrescat,
quomodo tempus est testamenti noui, de quo propheta dixit: e t
n o n d o c e b i t u n u s q u i s q u e c i u e m s u u m e t u n u s-
q u i s q u e f r a t r e m s u u m d i c e n s: c o g n o s c e d o- 10
m i n u m, q u i a o m n e s c o g n o s c e n t m e a m i n o r e
u s q u e a d m a i o r e m e o r u m, nisi quia eiusdem testamenti noui aeternam mercedem, id est ipsius dei beatissimam
contemplationem, promittendo coniunxit?

40. Quid ergo est 'omnes a minore usque ad maiorem eorum' 15
nisi omnes pertinentes spiritaliter ad domum Israhel et ad domum
Iuda, hoc est ad filios Isaac, ad semen Abrahae? ipsa est enim
promissio, qua ei dictum est: i n I s a a c u o c a b i t u r t i b i
s e m e n. n o n e n i m q u i f i l i i c a r n i s, h i f i l i i d e i,
s e d f i l i i p r o m i s s i o n i s d e p u t a n t u r i n s e m e n. 20
p r o m i s s i o n i s a u t e m u e r b u m h o c e s t: a d h o c
t e m p u s u e n i a m e t e r i t S a r r a e f i l i u s. n o n
s o l u m a u t e m, s e d e t R e b e c c a e x u n o c o n c u-
b i t u h a b e n s I s a a c p a t r i s n o s t r i. d e n o n d u m
e n i m n a t i s n e q u e q u i a l i q u i d o p e r a t i f u e r i n t 25
b o n i a u t m a l i, u t s e c u n d u m e l e c t i o n e m p r o-
p o s i t u m d e i m a n e r e t, n o n e x o p e r i b u s, s e d
e x u o c a n t e d i c t u m e s t e i q u i a m a i o r s e r u i e t
m i n o r i. haec est domus Israhel uel domus Iuda propter Christum,
qui uenit ex tribu Iuda, domus filiorum promissionis, hoc est non 30

---

3 cf. I Tim. 2, 7　　4 Rom. 10, 14　　8 Hier. 38 (31), 34　　18 Rom. 9, 7—13

1 dm *O*　　2 utique *O*　　5 credent *GTbd*　　6 audiant *O*　　7 usqu∗equaque *O*
crebrescat *S* crescebat (*exp. m2*)*K*　　8 de qua *b*　　13 nobi *C*　　15 est ergo *b*
16 Israhel—domum *in mg. Km2*　　17 sem *Om1*　　habrahae *LK*　　ipso *Om1*
19 hi∗*LO* hii *SK*　　23 rebeccae *K*　　25 nec quia *O* nequi *K*　　fuerint]
sint *zTbd* sūt *b* fuerant *d*　　28 ei *om. K*　　29 uel] et *b*　　30 domus *om. O*
haec *zbd*

operum propriorum, sed beneficii dei. hoc enim deus promittit,
quod ipse facit; non enim ipse promittit et alius facit, quod iam
non est promittere, sed praedicere. ideo: n o n e x o p e r i b u s,
s e d e x u o c a n t e, ne ipsorum sit, non dei, ne merces
5 non inputetur secundum gratiam, sed secundum *debitum* atque
ita gratia iam non sit gratia, cuius uehemens defensor est atque
adsertor minimus apostolorum, qui plus *omnibus* illis laborauit,
non ipse autem, sed gratia dei cum illo. o m n e s e n i m, inquit,
a g n o s c e n t m e, 'omnes': domus Israhel et domus Iuda.
10 neque enim omnes qui ex Israhel, hi sunt Israhel, sed omnes *quibus*
dicitur in psalmo P r o s u s c e p t i o n e m a t u t i n a, hoc est
pro luce noua, testamenti scilicet noui: u n i u e r s u m s e m e n
I a c o b, m a g n i f i c a t e e u m; t i m e a t e u m o m n e
s e m e n I s r a h e l. uniuersum omnino semen, prorsus omne
15 semen promissorum atque uocatorum, sed eorum, qui secundum
propositum uocati sunt. q u o s enim p r a e d e s t i n a u i t, i l l o s
e t u o c a u i t; q u o s a u t e m u o c a u i t, i l l o s e t i u s t i-
f i c a u i t; q u o s a u t e m i u s t i f i c a u i t, i l l o s e t
g l o r i f i c a u i t. i d e o e x f i d e, u t s e c u n d u m g r a-
20 t i a m f i r m a s i t p r o m i s s i o o m n i s e m i n i, n o n
e i t a n t u m q u o d e x l e g e e s t — id est quod ex uetere
testamento uenit ad nouum —, s e d e t e i q u o d e x f i d e
e s t — non *sibi* praemissa lege, ex fide autem Abraham, id est imitatores fidei A b r a h a m —, q u i e s t p a t e r o m n i u m n o-
25 s t r u m, s i c u t s c r i p t u m e s t, q u i a p a t r e m m u l t a-
r u m g e n t i u m p o s u i t e. omnes ergo hi praedestinati,

---

1 hoc enim—iam non sit gratia] cf. Prosperi Aquitani sent. ex Aug.
delib. (*LI* 434 M)   3 Rom. 9, 12   4 cf. Rom. 4, 4   6 cf. Rom. 11, 6
7 cf. I Cor. 15, 9. 10   8 *Hier.* 38 (31), 34   11 Ps. 21, 1. 24   15 cf. Rom. 8, 28
16 Rom. 8, 30   19 Rom. 4, 16   24 Rom. 4, 17

2 enim *om.* K *Prosper ante* quod *uerba:* n̄ eni ipse promittit *repet. m2 del.* O
3 praemittere S   4 ne] et non *Prosper*   5 gratia SG   6 iam *om.* K; iam—
gratia *om.* C   7 illi C   8 non autem ipse b   illo *om.* Om1   9 omnis domus Iuda b
10 hii LSG hi·O   quibus (bus *s. l. m2*)L   13 timeant P timeant LS   oms LGm1
14 oms Gm1   15 eorum *m2 ex* etrum K   16 p̄distinauit Om2Km1   17 all.
uocabit K   iustificabit SPGCKm1 *sic etiam l.* 18   19 glorificabit SPKm1C
20 omni semini] omnis eni G   21 ueteri Ob   22 et *om.* LSPb   fide] lege b
23 promissa Om1   imitatores *in ras.* Om2 mutatores b   26 hii LS   praedistinati K

uocati, iustificati, glorificati cognoscent deum gratia testamenti
noui a minore usque ad maiorem eorum.

41. Sicut ergo lex factorum scripta in tabulis lapideis mercces-
que eius terra illa promissionis, quam carnalis domus Israhel, cum
ex Aegypto liberata esset, accepit, pertinet ad testamentum uctus, 5
ita lex fidei scripta in cordibus mercesque eius species contem-
plationis, quam spiritalis domus Israhel ab hoc mundo liberata
percipiet, pertinet ad testamentum nouum. tunc fiet quod apostolus
dicit: s i u e   p r o p h e t i a e,   e u a c u a b u n t u r,   s i u e   l i n-
g u a e,   c e s s a b u n t,   s i u e   s c i e n t i a,   e u a c u a b i t u r, 10
illa scilicet paruulorum scientia, in qua hic uiuitur, quae ex parte
est per speculum in enigmate. propter hanc enim necessaria est
prophetia, cum adhuc praeteritis futura succedunt; propter hanc
linguae, id est multiplicitas significationum, cum ex alio atque alio
aliud atque aliud admonetur, qui nondum aeternam lucem per- 15
spicuae ueritatis mente purgatissima contemplatur. c u m   a u t e m
u e n e r i t   q u o d   p e r f e c t u m   e s t   et   totum   hoc   quod
ex parte est fuerit euacuatum, tunc uerbum, quod adsumpta carne
carni apparuit, ostendet se ipsum dilectoribus suis; tunc erit uita
aeterna, ut cognoscamus unum uerum deum; tunc similes ei erimus, 20
quoniam tunc cognoscemus sicut et cogniti sumus; tunc
n o n   d o c e b i t   u n u s q u i s q u e   e i n e m   s u u m   a u t
f r a t r e m   s u u m   d i c e n s: c o g n o s c e   d o m i n u m;
o m n e s   e n i m   c o g n o s c e n t   e u m   a   m i n o r e   u s q u e   a d
m a i o r e m   e o r u m. quod multis modis intellegi potest: siue 25
quia et illic quisque sanctorum tamquam stella ab stella
differt in gloria — nec ad rem quicquam interest, utrum

9 I Cor. 13, 8   11 cf. I Cor. 13, 9. 12   16 I Cor. 13, 10   20 cf. Ioh. 17, 3
cf. I Ioh. 3, 2   21 cf. I Cor. 13, 12   Hier. 38 (31), 34, cf. Hebr. 8, 11
26 cf. I Cor. 15, 41

4 promissionis (ionis in mg. m3) O   7 ab] ad S   8 perciperet b   dicit
apostolus d   9 prophetae Km1   prophetiae—siue om. O   10 scientiae euacua-
buntur K   11 hic om. K   12 aenigmate SG   necessarie sunt b   13 prophetiae Pb
14 multiplicatas G   15 atque aliud om. Om1   ammonetur OC ammoneatur K
16 purgatissime Om1   18 uerbum om. zbd   quod (q m2 ex a) L qui Pm2 quid b
adsumta L   19 ostendit Lm1SG   ei erit b   20 similices S   21 pr. tunc s. l. Om2
22 ciue G   23 dicente Km1   dm O   26 stella s. l. Om2   ab stella in mg.
Lm2 a stella b   27 quidquam GOC

a minore usque ad maiorem, sicut dictum est, an si
a maiore usque ad minorem diceretur; quod similiter nihil interest,
etiamsi minores intellexerimus, qui tantummodo credere, maiores
autem, qui etiam intellegere, quantum in hac uita potest, lumen
5 incorporeum atque incommutabile ualuerunt —, siue minores tempore posteriores, maiores autem tempore priores intellegi uoluit
—simul enim promissam dei contemplationem accepturi sunt omnes,
quia et illi pro nobis meliora prouiderunt, ne sine nobis perfecti
perficerentur, et ideo uelut priores repperiuntur minores, quia minus
10 dilati sunt, sicut in illo euangelico denario per similitudinem dicitur,
quem prius accipiunt qui posterius uenerunt ad uineam —, siue
quolibet alio modo, qui me in praesentia forsitan fugit, minores
maioresque accipiendi sunt.

XXV. 42. Illud tamen, quantum potes, diligenter adtende,
15 quod tanto molimine conor ostendere, cum testamentum nouum
propheta promitteret non secundum testamentum quod prius
factum est populo Israbel ex Aegypto liberato, nihil eum de sacrificiorum uel quorumque sacramentorum commutatione dixisse,
quamuis et ipsa sine dubio fuerat secutura, sicut secutam uidemus,
20 quod multis aliis locis eadem prophetica scriptura testatur, sed
tantummodo istam commendasse distantiam, quod leges suas
daturus esset deus in mentem eorum, qui pertinerent ad hoc testamentum, et eorum scripturus in cordibus — unde apostolus sumpsit
non atramento, sed spiritu dei uiui, non in
25 tabulis lapideis, sed in tabulis cordis carnalibus — sempiternamque mercedem iustificationis huius non
terram de qua pulsi sunt Amorrei et Cethei et aliae gentes, quae ibi

8 cf. Hebr. 11, 40   10 cf. Matth. 20, 8—12   24 II Cor. 3, 3   27 cf. Ios. 12

1 a maiore—minorem *Pb*   2 a minore—maiorem *Pb*   nihil inter *s. l. Om2*
3 intelleximus *Lm1*   4 lumen *om. C*   5 incōmutauile *Om1*   6 maiores—priores
in mg. Km2   priores tempore *b*   intellegi uoluit] intelligunt *b*   7 promissa *G*
8 puiderunt *O*   nouis *Om1*   9 reperiuntur *GO*   minores] maiores *b*   10 euangelico
illo *b*   euangelio *G*   11 quem] que in *L*   12 quodlibet *K*   p̄sentia∗*L*
fortitan *Lm1*   14 potest *SG*   15 honor *Km1*   20 quod] cum *zb*
scr. prophetica *zb*   testatur (e *s.* a *ml*) *L*   21 commenda∗sse (n *eras.*) *L*
distantiā *in mg. Om3*   22 mente *S*   pertinent *Om1 b*   23 et *om. K*
scripturas *Lm1 PGCb*   sūsit *Om1C*   25 tabolis *Om1 bis*   27 amorrei *codd.*
omnes   cetthei *O* cettei *G*   quas *K*

13*

commemorantur, sed ipsum deum, cui adhaerere bonum est, ut
bonum dei, quod diligunt, deus sit ipse quem diligunt, inter quem
et homines nisi peccata non separant, quae non nisi per candem
gratiam dimittuntur. unde cum dixisset: o m n e s   e n i m   c o-
g n o s c e n t   m e   a m i n o r e u s q u e a d m a i o r e m e o r u m, 5
mox addidit: q u i a   p r o p i t i u s   e r o   i n i q u i t a t i   e o r u m
et   p e c c a t a   e o r u m   n o n   m e m o r a b o r   u l t r a. per
legem ergo factorum dicit dominus: n o n   c o n c u p i s c e s,
per legem fidei dicit dominus: s i n e   m e   n i h i l   p o t e s t i s
f a c e r e; agebat enim de bonis operibus, hoc est de palmitum 10
fructibus. cum igitur haec appareat distantia ueteris et noui testamenti, quod lex ibi in tabulis, hic in cordibus scribitur, ut quod
ibi forinsecus terret, hic delectet intrinsecus, ibique fiat praeuaricator per occidentem litteram, hic dilector per uiuificantem spiritum, non ideo dicendum est, quod deus adiuuet nos ad operandam 15
iustitiam atque operetur in nobis et uelle et operari pro bona noluntate, quia praeceptis iustitiae forinsecus insonat sensibus nostris,
sed quia intrinsecus incrementum dat diffundendo caritatem in
cordibus nostris per spiritum sanctum, qui datus est nobis.

XXVI. 43. Videndum est autem quomodo dicat apostolus: 20
c u m   e n i m   g e n t e s,   q u a e   l e g e m   n o n   h a b e n t,
n a t u r a l i t e r q u a e l e g i s s u n t f a c i u n t, h i l e g e m
n o n   h a b e n t e s   i p s i   s i b i   s u n t   l e x,   q u i   o s t e n-
d u n t   o p u s   l e g i s   s c r i p t u m   i n   c o r d i b u s   s u i s,
ne uideatur non esse certa distantia noui testamenti, quod leges 25
suas dominus in cordibus populi sui se scripturum esse promisit,

---

1 cf. Ps. 72, 28   2 cf. Esai. 59, 2   4 Hier. 38 (31), 34   8 Ex. 20, 17
9 Ioh. 15, 5   10 cf. Ioh. 15, 1—5   16 cf. Phil. 2, 13   18 cf. I Cor. 3, 7
cf. Rom. 5, 5   21 Rom. 2, 14. 15

1 dnm *zb*   cui adherere deo *b*   2 deus—diligunt *in mg. Om2*   sit *om. G*
3 non nisi] nisi *b*   4 dimittantur *z*   cognosc**ent *L* cognoscet *Om1*   6 iniquitates
Lm1   7 peccatorū *Lm2*   8 ergo *s. del.* enim *Om2*   10 aiebat (i *in ras.*) *O*   11 ergo *b*
apparent *O*   apparet *C*   distantiae *K*   13 extrinsecus *b*   *ibique (c *eras.*) *S*
14 delector *Lm1Km1* delecātor *b*   uiuifantem *O*   15 adiubet *C*   18 diffundo *L*
22 quae (ae *in ras. m2*) *O*   leges *G* legis (l *add. m2*) *O*   23 non *s. l. Lm2*   25 ne *om. G*
certam non esse distantiam *L* non esse certam distantia (distantiā *G*) *SG*
substantia *C*   26 se *om. zb*   scribturū*(b *ex* bi *m2*) *O*

quando quidem hoc gentes naturaliter habeant. pertractanda igitur
haec quaestio, quae non mediocris exorta est. dicot enim aliquis: 'si
deus hinc discernit a uetere testamento nouum, quod in uetere
legem suam scripsit in tabulis, in nouo autem scripsit in cordibus,
5 fideles noui testamenti unde discernuntur a gentibus, quae habent
opus legis scriptum in cordibus suis, quo naturaliter quae legis sunt
faciunt, quasi iam illo populo uetere potiores, qui legem accepit in
tabulis, et nouo populo priores, cui hoc praestatur per testamentum
nouum, quod his natura iam praestitit?'

10 44. An forte eas gentes commemorauit apostolus scriptam
habere in cordibus legem, quae ad nonum pertinent testamentum?
ad hoc enim unde uenerit, intuendum est. primo euangelium commendans ait: u i r t u s e n i m d e i e s t i n s a l u t e m o m n i
c r e d e n t i, I u d a e o p r i m u m e t G r a e c o. i u s t i t i a
15 e n i m d e i i n e o r e u e l a t u r e x f i d e i n f i d e m,
s i e u t s c r i p t u m e s t: i u s t u s a u t e m e x f i d e u i u i t.
deinde loquitur de illis impiis, quibus propter superbiam nec cognitio dei profuit, quia non sieut deum glorificauerunt aut gratias
egerunt. inde transit ad eos, qui iudicant et agunt talia, qualia
20 condemnant, nimirum propter Iudaeos, qui de lege dei gloriabantur,
quamuis adhuc eos nominatim non exprimat, et in eo dicit: i r a
e t i n d i g n a t i o, t r i b u l a t i o e t a n g u s t i a i n o m -
n e m a n i m a m h o m i n i s o p e r a n t i s m a l u m, I u d a e i
p r i m u m e t G r a e c i; g l o r i a a u t e m e t h o n o r e t
25 p a x o m n i o p e r a n t i b o n u m, I u d a e o p r i m u m
e t G r a e c o. n o n e s t e n i m p e r s o n a r u m a c c e p t i o

---

13 Rom. 1, 16. 17   18 cf. Rom. 1, 21   19 cf. Rom. 2, 2   21 Rom. 2, 8—13

1 pertractanda (n *s. l.*, da *in mg.*) *P*   2 dicit *KC*   3 aue∗tere *P* auertere *G*
ueteri *OCb*   nouo (ū *s. fin.* o) *P*   netori *Ob*   4 lege *Om1*   nona *Lm1SG*
6 q̄m *m2 ex* quo *L*   7 faciant *b*   quasi iam] quasdā *LPG* quosdā *Sb*   illa *b*
netori *b semper*   p∗otiores *O*   accipit *Om 1*   8 priores cui]
potiores quibus (bus *s. l.*) *P*, *b*   9 iam *om.* *C*   10 ∗∗gentes *L* legentes *SG*
11 in cordibus habere *zbd*   pertinet *C*   12 comm. euang. *b*   13 salute *SPG*
14 iudeo *PGOC*   greco *codd.*   17 nec (c *s. l. m2*)*C*   18 aut (a *s. ras.*)*P* ut *SG*
20 iudeos *P*   de *om. b*   dei *om. b*   gloriabuntur *Lm1*   21 eos adhuc *b*
in eo] ideo *Cd*   23 animā (ā *s.* is) *P*   operantē∗(e *fin. ex* i *m2*)*O*   24 greci
(*sic semper fere*) *LSPOK*   26 enim est *zb*   acceptio pers. *b*

a p u d   d e u m.   q u i c u m q u e   e n i m   s i n e   l e g e   p e c c a-
u e r u n t,   s i n e   l e g e   p e r i b u n t;   e t q u i c u m q u e   i n
l e g e   p e c c a u e r u n t,   p e r   l e g e m   i u d i c a b u n t u r.
n o n   e n i m   a u d i t o r e s   l e g i s   i u s t i   s u n t   a p u d
d e u m,   s e d   f a c t o r e s   l e g i s   i u s t i f i c a b u n t u r. 5
his uerbis hoc unde agitur subiungit et dicit: c u m   e n i m
g e n t e s,   q u a e   l e g e m   n o n   h a b e n t,   n a t u r a l i t e r
q u a e   l e g i s   s u n t   f a c i u n t   et cetera quae iam supra
commemoraui. proinde   non   uidetur   alios   hic   significasse
sub nomine gentium quam eos, quos nomine Graeci supra 10
significabat, cum diceret: I u d a e o   p r i m u m   e t   G r a e c o.
porro si euangelium   u i r t u s   d e i   e s t   i n   s a l u t e m
o m n i   c r e d e n t i,   I u d a e o   p r i m u m   e t   G r a e c o,
e t   i r a   e t   i n d i g n a t i o,   t r i b u l a t i o   e t   a n g u s t i a
i n   o m n e m   a n i m a m   h o m i n i s   o p e r a n t i s   m a l u m, 15
I u d a e i   p r i m u m   e t   G r a e c i,   g l o r i a   a u t e m   e t
h o n o r   e t   p a x   o m n i   o p e r a n t i   b o n u m,   I u d a e o
p r i m u m   e t   G r a e c o, iste autem Graecus nomine gentium
significatus est naturaliter quae legis sunt facientium et quae scriptum
habent opus legis in cordibus suis, profecto ad euangelium pertinent 20
gentes, quibus lex in cordibus scripta est; eis quippe credentibus
uirtus dei est in salutem. quibus autem gentibus bene operantibus
gloriam, honorem pacemque promitteret extra euangelii gratiam
constitutis? quia enim personarum acceptio non est apud deum
et non auditores legis, sed factores iustificantur, ideo siue Iudaeus 25
siue Graecus, hoc est quilibet ex gentibus crediderit, salutem in
euangelio pariter habebit; n o n   e n i m   e s t   d i s t i n c t i o,
sicut postea dicit. o m n e s   e n i m   p e c c a u e r u n t   e t
e g e n t   g l o r i a   d e i   i u s t i f i c a t i   g r a t i s   p e r   g r a-
t i a m   i p s i u s. unde autem factorem legis Graecum iustificari 30
diceret sine gratia saluatoris?

6 Rom. 2, 14   12 Rom. 1, 16   14 Rom. 2, 8—10   27 Rom. 3, 22—24

1 sine lege pece. *in mg.* C   2 et *post* lege *add.* Cd   3 iustificabuntur *Om1*
6 enim *om. d*   11 significabant *C*   12 dei uirtus *b*   salute *SK*   14 et *ante*
trib. *add.* zCT*bd, cf. 197, 22*   19 faciunt *Om1*   22 salute *b*   23 gloriam]
add. et zbd   euangelium *Km1*   25 legis sed factores *s. l. Om2*   iustificabuntur *K*
29 gloriã∗ *LP* gloriam (*ex* m m2 d̄i *finx.*) *O*   30 fa.torē∗ *P* factores *O*

45. Neque enim contra se ipsum diceret, quod ait: f a c t o r e s
l e g i s   i u s t i f i c a b u n t u r, tamquam per opera, non per
gratiam iustificentur, cum dicat gratis iustificari hominem per
fidem sine operibus legis nihilque aliud uelit intellegi in eo quod
5 dicit 'gratis', nisi quia iustificationem opera non praecedunt. aperte
quippe alibi dicit: s i   g r a t i a,   n o n   e x   o p e r i b u s;   a l i o-
q u i n   g r a t i a   i a m   n o n   e s t   g r a t i a. sed sic intellegendum
est f a c t o r e s   l e g i s   i u s t i f i c a b u n t u r, ut sciamus aliter
eos non esse factores legis, nisi iustificentur, ut non iustificatio
10 factoribus accedat, sed ut factores iustificatio praecedat. quid est
enim aliud 'iustificati' quam 'iusti facti', ab illo scilicet qui iustificat
impium, ut ex impio fiat iustus? si enim ita loqueremur, ut diceremus 'homines liberabuntur', hoc utique intellegeretur eis, qui iam
homines essent, accedere liberationem; si autem diceremus 'homines
15 creabuntur', non utique intellegeretur eos creari qui iam homines
erant, sed ipsa creatione homines fieri. ita si dictum esset
'factores legis honorabuntur', recte non acciperemus nisi honorem illis
qui iam essent factores legis accedere; cum uero dictum est f a c t o r e s
l e g i s   i u s t i f i c a b u n t u r, quid aliud dictum est quam
20 'iusti iustificabuntur'? factores enim legis utique iusti sunt. ac per
hoc tantundem est, ac si diceretur 'factores legis creabuntur', non
quia erant, sed ut sint, ut sic intellegerent etiam Iudaei legis auditores indigere se gratia iustificatoris, ut possint esse factores. aut
certe ita dictum est 'iustificabuntur', ac si diceretur 'iusti habebuntur,'
25 'iusti deputabuntur', sicut dictum est de quodam: i l l e   a u t e m
u o l e n s   s e   i u s t i f i c a r e, id est ut iustus haberetur et
deputaretur. unde aliter dicimus 'deus sanctificat sanctos suos',

1. 8. 18 Rom. 2, 13   3 cf. Rom. 3, 24. 28   6 Rom. 11, 6   11 cf. Rom.
3, 24   cf. Rom. 4, 5   25 Luc. 10, 29

1 enim *s. l. Km2*   3 gratia *SG*   4 nihil *Lm1 SPGbd*   intellegi uelit *O*
uelid *SG* uolens *d*   6 ex gloria *b*   iam *ante* non *add. bd*   8 eos aliter *zbd*
11 quam iustificati *Lm1 SGOKm1C*   13 qui *bis K*   hom. iam *b*   15 iam homines
om. zbd   17 non recte *d*   acceperemus *Pm1*   18 esset *C*   leges *Gm2*
19 quam] qua *O*   20 iusti *om. PO*   iustificabuntur (ent *s.*) *P* fient *b*   *post*
iustif. *s. l.* quã *O*   enim *om. K*   hac *L* 21 tandundem *C*   no *Km1*   22 qui *Pd*
intelligeretur *b*   24 hac *L*   26 se*(s *s. l.*) *L, om. PGb*   iustificari *b*   27 sancto
suos *G*

aliter autem s a n c t i f i c e t u r n o m e n t u u m; nam illud ideo,
quia ipse illos facit esse sanctos, qui non erant sancti, hoc autem
ideo, ut quod semper apud se sanctum est sanctum etiam ab hominibus habeatur, id est sancte timeatur.   ·

46. Si ergo gentes commemorans naturaliter quae legis sunt 5
facientes et scriptum habentes opus legis in cordibus illos intellegi
uoluit, qui credunt in Christum, quia non sicut Iudaei praemissa
sibi lege ueniunt ad fidem, non est cur eos conemur discernere ab
his quibus dominus per prophetam promittens testamentum nouum
dixit leges suas se scripturum in cordibus eorum, quia et ipsi per 10
insertionem, quam oleastro praestitam dicit, ad eandem oleam, hoc
est ad eundem dei populum, pertinent, potiusque concordat prophetico etiam hoc apostolicum testimonium, ut hoc sit pertinere
ad testamentum nouum legem dei habere non in tabulis, sed in
cordibus scriptam, hoc est intimo affectu iustitiam legis amplecti, 15
ubi fides per dilectionem operatur, quia ex fide iustificat
gentes deus, quod scriptura praeuidens praenuntiauit Abrahae
dicens: i n s e m i n e t u o b e n e d i c e n t u r o m n e s
g e n t e s, ut per hanc promissionis gratiam oliuae insereretur
oleaster et fierent fideles gentes filii Abrahae in semine Abrahae, 20
quod est Christus, sectantes eius fidem, qui non accepta in
tabulis lege nondumque habens ipsam circumcisionem c r e d i d i t
d e o e t d e p u t a t u m e s t i l l i a d i u s t i t i a m. ac sic
tale erit hoc quod de eiusmodi gentibus dixit apostolus,
quod opus legis scriptum habeant in cordibus suis, quale 25
est illud ad Corinthios: n o n i n t a b u l i s l a p i d e i s,
s e d i n t a b u l i s c o r d i s c a r n a l i b u s. ita enim finnt

---

1 Matth. 6, 9   5 cf. Rom. 2, 14. 15   10 cf. Hier. 38 (31), 33   11. 19 cf. Rom.
11, 24   16 cf. Gal. 5, 6   cf. Gal. 3, 8   18 Gen. 22, 18 etc.   20 cf. Gal. 3, 16
22 Gen. 15, 6. Rom. 4, 3   25 cf. Rom. 2, 15   26 II Cor. 3, 3

1 alter *Km1*   aliter—sanctos *in mg. Om2*   autem *om. b*   nam *om. LSPb*
2 illos *ex* ille *G*   fecit *Lm1SPG*   sanctos esse *zb*   3 etiam sanctum *O*
4 haberetur *C*   8 quur *LO*   ab his *s. l. Km2* ab iis *d*   9 dominus *om. KC*   per
prophetam *om. S*   12 populum dei *K*   pertinet *S*   14 se *Km1*   15 est] *add.* in *zbd*
17 praenuntiabit *SG* pronuntiauit *Pb*   19 oleae piae *m2 ex* olipiae *K*   insereretur
Lm1SGOm1   20 *pr.* habrahae *C* abraham *P*   21 acceptam in tab. legem *C*
23 illi] ei *b*   iustiam *Km1*   24 hac *L*   de *s. l. Om2*   25 habeant scriptum *zb*
habent *C*   26 illud est *b*   chorinthios *L*   27 ista *Lm1*

de domo Israhel, cum praeputium eorum in circumcisionem deputatur, eo quod iustitiam legis non praecisione carnis ostendunt, sed
cordis caritate custodiunt, quoniam s i p r a e p u t i u m i u s t i-
t i a s l e g i s c u s t o d i a t, n o n n e p r a e p u t i u m e i u s,
5 inquit, i n c i r c u m c i s i o n e m d e p u t a b i t u r? et propterea in domo ueri Israhel, in quo dolus non est, participes sunt
testamenti noui, quia dat deus leges in mentem ipsorum et in cordibus
eorum scribit eas digito suo, spiritu sancto, quo ibi diffunditur
caritas, quae legis est plenitudo.

10   XXVII. 47. Nec moueat, quod naturaliter eos dixit quae legis
sunt facere, non spiritu dei, non fide, non gratia. hoc enim agit
spiritus gratiae, ut imaginem dei, in qua naturaliter facti sumus,
instauret in nobis. uitium quippe contra naturam est, quod utique
sanat gratia, propter quam deo dicitur: m i s e r e r e m e i, s a n a
15 a n i m a m m e a m, q u o n i a m p e c c a u i t i b i. proinde
naturaliter homines quae legis sunt faciunt; qui enim hoc non
faciunt, uitio suo non faciunt. quo uitio lex dei est deleta de cordibus ac per hoc uitio sanato, cum illic scribitur, fiunt quae legis
sunt naturaliter, non quod per naturam negata sit gratia, sed potius
20 per gratiam reparata natura. p e r u n u m quippe h o m i n e m
p e c c a t u m i n t r a u i t i n m u n d u m e t p e r p e c c a-
t u m m o r s e t i t a i n o m n e s h o m i n e s p e r t r a n s i i t,
i n q u o o m n e s p e c c a u e r u n t. et ideo quia non est
distinctio, egent gloria dei iustificati gratis per gratiam ipsius.
25 qua gratia in interiore homine renouato iustitia scribitur, quam culpa
deleuerat, et haec misericordia super genus humanum per Iesum

---

3 Rom. 2, 26   6 cf. Ioh. 1, 47   7 cf. Hier. 38 (31), 33. Hebr. 10, 16
8 cf. Rom. 5, 5   9 cf. Rom. 13, 10   14 Ps. 40, 5   20 Rom. 5, 12
23 cf. Rom. 3, 22—24

1 circumcisione *SPG*   2 *ṅ (i *eras.*)*L*   precisione (cis *in ras. m2*) *L*
pretiosione *S* p̄tiosione *P* praecisione*O*   5 circumcisione *SPGb*   6 niri
PGm2   non est *in mg. S* m2   7 *post* leges *s. l.* suas *Lm2*   mente (*uirg. s. e fin.*
eras.) *L*   ipsorum] eorum *zb*   8 ipsorum *zb*   scribit eas] scriptas *zb*   quod
Lm1SPG   11 ait *Km1*   13 instaret *Om1*   15 quia *O*   proinde iamnatur aliter
Km1   17 uitio—faciunt *om. O*   uitio suo] uitiose *zKm1Cb*   non *om. b*
dele*ta *L*   18 *ac *L*   illuc *P*   19 *post* non *eras. per O*   quod *om. S*   per *s. l. Om2*
22 et—pertransiit *om. C*   pertransiuit *LPOm1*   24 gloriā* *L*   25 in *om. zOKm2b*
interiorē hominem renouata *C*   26 deleberat *Om1*   xp̄m ih̄m *KCd*

Christum dominum nostrum. u n u s e n i m d e u s, u n u s
et m e d i a t o r d e i e t h o m i n u m h o m o C h r i s t u s
I e s u s.

48. Si autem hi, qui naturaliter quae legis sunt faciunt, nondum
sunt habendi in numero eorum, quos Christi iustificat gratia, sed 5
in eorum potius, quorum etiam impiorum nec deum uerum ueraciter iusteque colentium quaedam tamen facta uel legimus uel
nouimus uel audiuimus, quae secundum iustitiae regulam non solum
uituperare non possumus, uerum etiam merito recteque laudamus
— quamquam si discutiatur, quo fine fiant, uix inueniuntur quae 10
iustitiae debitam laudem defensionemue mereantur.

XXVIII. Verum tamen quia non usque adeo in anima humana
imago dei terrenorum affectuum labe detrita est, ut nulla in ea
uelut liniamenta extrema remanserint — unde merito dici possit
etiam in ipsa impietate uitae suae facere aliqua legis uel sapere, si 15
hoc est quod dictum est, quia gentes quae legem non habent, hoc
est legem dei, naturaliter quae legis sunt faciunt et quia huiusmodi
homines ipsi sibi sunt lex et scriptum opus legis habent in cordibus
suis, id est non omni modo deletum est, quod ibi per imaginem dei
cum crearentur inpressum est —, etiam sic illa differentia non per- 20
turbabitur, qua distat a uetere testamentum nouum, eo quod per
nouum scribitur lex dei in corde fidelium, quae per uetus in tabulis
scripta est. hoc enim illic scribitur per renouationem, quod non
omni modo deletum est per uetustatem. nam sicut ipsa imago dei
renouatur in mente credentium per testamentum nouum, quam 25
non penitus impietas aboleuerat — nam remanserat utique id quod
anima hominis nisi rationalis esse non potest — ita etiam ibi lex
dei non ex omni parte deleta per iniustitiam profecto scribitur
renouata per gratiam. nec istam scriptionem, quae iustificatio est,

---

1 I Tim. 2, 5   16 cf. Rom. 2, 14. 15

2 pr. et s. l. Om2   4 hi*L hii SG   hi qui] inquit C   7 iuste b   colentium
(i s. l.) L   8 audimus LPGCd   et regulam Km2   10 discutiantur zbd   quā
(ā in ras. m2) C   12 ado LmlS adeo (e s. l.) P   13 affectū Lml affectuum (alt.
u s. l.)S   14 lineamenta zbd   15 ipsa s.l.Om2   17 eiusmodi Pb   19 omni modo] oino b
i* maginem O   20 crearemur KC   21 distaτ *a (τ s. l.) L   quo SG
23 illa LmlG   non omni modo] omnino b   25 mentem C   26 paenitus LP
29 inscriptionem zbd   iustificatio* ē* Om2

poterat efficere in Iudaeis lex in tabulis scripta, sed solam praeuaricationem. nam et ipsi homines erant et uis illa naturae inerat
eis, qua legitimum aliquid animal rationale et sentit et facit; sed
pietas, quae in aliam uitam transfert beatam et aeternam, legem
5 habet inmaculatam, conuertentem animas, ut ex illo lumine reno-
uentur fiatque in eis: s i g n a t u m   e s t   s u p e r   n o s
l u m e n   u u l t u s   t u i,   d o m i n e. unde auersi obsolescere
meruerunt; renouari autem nisi gratia christiana, hoc est nisi mediatoris intercessione, non possunt. u n u s   e n i m   d e u s,   u n u s
10 e t   m e d i a t o r   d e i   e t   h o m i n u m   h o m o   C h r i s t u s
I e s u s,   q u i   d e d i t   s e m e t   i p s u m   r e d e m p t i o n e m
p r o   o m n i b u s. a cuius gratia si alieni sunt illi de quibus agimus,
qui secundum illum modum, de quo superius satis diximus, naturaliter quae legis sunt faciunt, quid eis proderunt excusantes cogi-
15 tationes in die, qua iudicabit deus occulta hominum, nisi forte ut
mitius puniantur? sicut enim non inpediunt a uita aeterna iustum
quaedam peccata uenialia, sine quibus haec uita non ducitur, sic
ad salutem aeternam nihil prosunt impio aliqua bona opera, sine
quibus difficillime uita cuiuslibet pessimi hominis inuenitur. uerum
20 tamen sicut in regno dei uelut stella ab stella in gloria differunt
sancti, sic et in damnatione poenae sempiternae tolerabilius erit
Sodomae quam alteri ciuitati et erunt quidam duplo amplius quibusdam gehennae filii. ita nec illud in iudicio dei uacabit, quod in
ipsa impietate damnabili magis alius alio minusue peccauerit.

---

4 cf. Ps. 18, 8   6 Ps. 4, 7   9 I Tim. 2, 5   13 cf. Rom. 2, 14—16
15 cf. Rom. 2, 16   16 sicut—inuenitur] cf. Prosperi Aquitani sent. ex Aug.
delib. (Ll 434 M)   20 cf.I Cor. 15, 41   21 cf. Luc. 10, 12   22 cf.
Matth. 23, 15

1 iudeis P iudaeos O   solum zbd   2 uis] ius b   illa om. b   3 legi*timum L
anima rationalis rd   4 qua Om1   et om. G   5 ex s. l. Om2   7 domine om. Sm1
unde uniuersi absolescere K undeaduersi absolescere (a s.*) C   9 et unus med. b
10 et ins. m2O   et s. l. Om2   11 dedit—redemptionem om. Oml ; s. l. m2 add.
mortuus ē   redemtionem L. om. b   13 mundum Lm1   14 eis m2 ex enim O
15 diae K   iudicauit Lm1SGKm1   16 poniantur SG pugnatur Oml   enim
om. Prosper   ad uitā aeternā Pb auitā aeternā C   uit*a G   17 uenalia Oml
20 uelud S uel O   * C a b   gła* L gloriam SPG   21 damnationem SPG
benę G poene Oml   sempiterna Oml eterne b   22 ciu. alt. b   quidem Oml
23 filiis b   dei om. Kb   uacauit Lm1 Cm1 uocabit Gml

49. Quid ergo hinc apostolus efficere uoluit, quod iactantiam
cohibens Iudaeorum, cum dixisset: n o n a u d i t o r e s l e g i s
i u s t i s u n t a p u d d e u m , s e d f a c t o r e s l e g i s i u s t i -
f i c a b u n t u r, continuo subiecit de his, qui legem non habentes
naturaliter quae legis sunt faciunt, si non illi sunt intellegendi, qui 5
pertinent ad gratiam mediatoris, sed illi potius, qui cum deum uerum
uera pietate non colant, habent tamen quaedam opera bona in uita
impia? an forte hoc ipso probandum credidit, quod supra dixerat,
quia non est personarum acceptio apud deum, et quod postea dixit,
quia non Iudaeorum deus est tantum, sed etiam gentium, quod quan- 10
tulacumque legis opera naturaliter insita non inuenirentur in eis,
qui legem non acceperunt, nisi ex reliquiis imaginis dei, quam non
contemnit, cum in eum credunt, apud quem non est acceptio personarum? sed quodlibet horum accipiatur, constat gratiam dei
promissam esse testamento nouo etiam per prophetam eandemque 15
gratiam in eo definitam, ut scribantur leges dei in cordibus hominum perueniantque ad eam cognitionem dei, ubi n o n d o c e b i t
u n u s q u i s q u e c i u e m s u u m u e l f r a t r e m s u u m
d i c e n s : c o g n o s c e d e u m , q u i a o m n e s c o g n o s c e n t
e u m a m i n o r e u s q u e a d m a i o r e m e o r u m. hoc 20
donum spiritus sancti est, quo diffunditur caritas in cordibus nostris,
caritas non quaelibet, sed caritas dei de corde puro et conscientia
bona et fide non ficta, ex qua iustus in hac peregrinatione uiuens
ad speciem quoque perducitur post speculum et enigma et quicquid erat ex parte, ut facie ad faciem cognoscat, sicut et cognitus 25
est. unam enim petit a domino et hanc requirit, ut habitet in domo

2 Rom. 2, 13   4 cf. Rom. 2, 14   9 cf. Rom. 2, 11   10 cf. Rom. 3, 29
13 cf. Col. 3, 25   16 cf. Hier. 38 (31), 33   17 Hier. 38 (31), 34   21 cf. Rom. 5, 5
22 cf. I Tim. 1, 5   24 cf. I Cor. 13, 12   26 cf. Ps. 26, 4

6 pertinet S   sed—habent in mg. Lm3   uerum deum O   7 ante
tam eras. sed L   quaedam om. b   8 ipse b   10 est deus zObd   etiam] et zbd
quantulacumqua Om1   12 pr. non s. l. Om2   13 cam O   credit b   15 prophetiam b
16 legis b   17 perueniat que dam Om1   ad eam] eadē G, P in ras.   agnitionem b
ibi Lm1   ubi m2 s. exp. et O   19 dnm r   quia omnes] omnes enim b   20 eum] me O
21 quod Lm1 C   quo∗ O   effunditur O   infunditur C   caritas] gra C
22 quolibet G   23 fi∗cta C   24 aenigma S PCC   quidquid SGOC
25 faciem a faciem (a faciem s. l.) K   26 petiit OCbd   et om. z   inhabitet
Sm1 POCbd

domini per omnes dies uitae suae ad hoc, ut contempletur delectationem domini.

XXIX. 50. Nemo itaque glorietur ex eo quod uidetur habere,
tamquam non acceperit, aut ideo se putet accepisse, quia littera
5 extrinsecus uel ut legeretur apparuit uel ut audiretur insonuit.
nam si per legem iustitia, ergo Christus gratis
mortuus est. porro autem si non gratis mortuus est, ascendit
in altum, captiuauit captiuitatem et dedit dona
hominibus. inde habet quicumque habet; quisquis autem inde se
10 habere negat aut non habet aut id quod habet auferetur ab eo. unus
enim deus qui iustificat circumcisionem ex fide
et praeputium per fidem; quod non ad aliquam
differentiam dictum est, tamquam aliud sit 'ex fide' et aliud 'per
fidem', sed ad uarietatem locutionis. alio quippe loco cum de
15 gentibus diceret, hoc est de praeputio: praeuidens, inquit,
scriptura, quia ex fide iustificat gentes deus.
itemque cum de circumcisione loqueretur, unde erat ipse, nos,
inquit, natura Iudaei et non ex gentibus peccatores scientes quia non iustificatur homo ex
20 operibus legis nisi per fidem Iesu Christi, et
nos in Christo Iesu credimus. ecce et praeputium
dixit iustificari ex fide et circumcisionem per fidem, si tamen
circumcisio iustitiam fidei teneat. sic enim gentes, quae
non sectabantur iustitiam, adprehenderunt
25 iustitiam, iustitiam autem quae ex fide est —

3 Nemo—auferetur ab eo] cf. Prosperi Aquitani sent. ex Aug. delib.
(LI 463 M)   4 cf. I Cor. 4, 7   6 Gal. 2, 21   7 Eph. 4, 8. cf. Ps. 67, 19
10 cf. Luc. 8, 18. 19, 26   Rom. 3, 30   15 Gal. 3, 8   17 Gal. 2, 15. 16
23 Rom. 9, 30—32

3 nomo *Om1*   4 putet se *b*   5 apparuit—audiretur *om. Om1*   apperuit *b*
uelud *S*   7 porro—est *om. Om1*   est *om. K*   ascendens *Prosper*   8 captiuauit]
captiuam duxit *zbd*   captiuitatem *in mg. K*   et *om. Prosper*   9 in hominibus
LSG   habe *SG*   quisque *C*   10 negat habere *zb*   13 sit *om. Km1*   et] ipse *L*
ipse *SG*   14 uariet.] ueritatem *b*   loquutionis *LS*   17 ipse *om. zb*
18 gentib; (b; *s. ras. m2*) *L*   19 scientes aū (aū *s.l.m2*) *K*   iustificabitur *LPm1*
20 legis *om. O*   21 in xpm ihu *LPd*   credidimus *OK*   22 circumcisione *Om1*
si tam *m2 ex ut O*   23 iustitiāe *Km2*   fidaei *K* dei *zb*   sic• *O*

inpetrando eam ex deo, non ex se ipsis praesumendo —; I s r a h e l
u e r o p e r s e q u e n s l e g e m i u s t i t i a e i n l e g e m n o n
p e r u e n i t. q u a r e? q u i a n o n e x f i d e, s e d t a m-
q u a m e x o p e r i b u s, id est tamquam eam per semet
ipsos operantes, non in se credentes operari deum. d e u s · e s t 5
e n i m q u i o p e r a t u r i n n o b i s e t u e l l e e t o p e r a r i
p r o b o n a u o l u n t a t e. ac per hoc o f f e n d e r u n t i n
l a p i d e m o f f e n s i o n i s. nam quid dixerit: q u i a n o n
e x f i d e, s e d t a m q u a m e x o p e r i b u s, apertissime
exposuit dicens: i g n o r a n t e s e n i m d e i i u s t i t i a m 10
e t s u a m u o l e n t e s c o n s t i t u e r e i u s t i t i a e d e i
n o n s u n t s u b i e c t i. f i n i s e n i m l e g i s C h r i s t u s
a d i u s t i t i a m o m n i c r e d e n t i. et adhuc dubitamus,
quae sint opera legis, quibus homo non iustificatur, si ea tamquam sua crediderit sine adiutorio et dono dei, quod est ex 15
fide Iesu Christi? et circumcisionem ceteraque talia suspicamur,
quia etiam de his sacramentis aliis in locis talia quaedam
leguntur? sed hic utique non circumcisionem tamquam suam
iustitiam uolebant constituere, quia et ipsam deus praecipiendo
constituit. nec de illis operibus hoc intellegi potest, de quibus 20
dominus eis dicit: r e i c i t i s m a n d a t u m d e i, u t t r a d i-
t i o n e s u e s t r a s s t a t u a t i s, quia p e r s e q u e n s, inquit,
l e g e m i u s t i t i a e i n l e g e m n o n p e r u e n i t I s-
r a h e l; non dixit 'persequens traditiones suas', id est 'consectans'.
haec ergo sola distantia est, quia ipsum n o n c o n c u p i s c e s 25
et cetera mandata sancta et iusta sibi tribuebant. quae
ut possit homo facere, deus operatur in homine per fidem Iesu
Christi, qui finis est ad iustitiam omni credenti, id est cui per
spiritum incorporatus factusque membrum eius potest quisque

---

5 Phil. 2, 13   7. 8 Rom. 9, 32   10 Rom. 10, 3. 4   21 Marc. 7, 9
22 Rom. 9, 31   25 Ex. 20, 17   26 cf. Rom. 7, 12

1 inperando *LS* semetipsis *bd*   2 in legem] *add.* iustitiae *GOm2d*   3 tamquam]
quasi *zb*   6 nobis *LS*   8 quod *b*   10 enim *om. Pb*   11 iustitie
(ę *s. ras. m2) L*   14 sunt *Sb*   15 adiutori *Om1*   17 in *om. b*   18 hic
(i *ex* u) *L*   23 in legem] *add.* iustitiae *d*   24 dicit *b*   25 *de* cod. *O* hoc loco *cf. Praef.*
26 cetera] *add.* eius *L, quod G eras., S P d post* mand. *pon.*   iusta] bona *zCbd*   sibi
s. l. m2O   tribue∗bant *L*   27 homo possit *b*

illo incrementum intrinsecus dante operari iustitiam. de cuius operibus etiam ipse dixit, quia s i n e m e n i h i l p o t e s t i s f a c e r e.

51. Ideo quippe proponitur iustitia legis, quod qui fecerit
5 eam, uiuet in illa, ut cum quisque infirmitatem suam cognouerit, non per suas nires neque per litteram ipsius legis, quod fieri non potest, sed per fidem concilians iustificatorem perueniat et faciat et niuat in ea. opus enim, quod qui fecerit uiuet in eo, non fit nisi a iustificato. iustificatio autem ex fide inpetratur, de
10 qua scriptum est: n e d i x e r i s i n c o r d e t u o: q u i s a s c e n d i t i n c a e l u m? h o c e s t C h r i s t u m d e d u- c e r e, a u t: q u i s d e s c e n d i t i n a b y s s u m? h o c e s t C h r i s t u m a m o r t u i s r e d u c e r e. s e d q u i d d i c i t? p r o p e t e e s t u e r b u m, i n o r e t u o e t i n c o r d e
15 t u o. h o c e s t, inquit, u e r b u m f i d e i q u o d p r a e d i- c a m u s, q u i a s i c o n f i t e a r i s i n o r e t u o, q u i a d o m i n u s e s t I e s u s, e t c r e d i d e r i s i n c o r d e t u o, q u i a d e u s i l l u m s u s c i t a u i t a m o r t u i s, s a l u u s e r i s. in tantum iustus, in quantum saluus. per hanc enim
20 fidem credimus, quod etiam nos deus a mortuis excitet: interim spiritu, ut in nouitate eius gratiae temperanter et iuste et pie uiuamus in hoc saeculo, post etiam carne nostra ad inmor- talitatem resurrectura, quod ei meritum spiritus facit, qui eam in resurrectione sibi congrua, hoc est in iustificatione, praecedit.
25 c o n s e p u l t i e n i m s u m u s C h r i s t o p e r b a p t i s m u m i n m o r t e m, u t q u e m a d m o d u m C h r i s t u s r e s u r- r e x i t a m o r t u i s p e r g l o r i a m p a t r i s, s i c e t n o s i n n o u i t a t e u i t a e a m b u l e m u s. fide igitur Iesu Christi inpetramus salutem et quantulum nobis inchoatur in re et

1 cf. I Cor. 3, 7   2 Ioh. 15, 5   4 cf. Leu. 18, 5. Rom. 10, 5   10 Rom. 10, 6—9   21 cf. Tit. 2, 12   25 Rom. 6, 4

5 uiuet (a *s.* e *m*2) *L*   8 qui *om. b*   9 a *om. b*   imperatur *G*   12 aut (a *s. l. m2*) *L*   discendit *O*   16 qua *Km1*   siç *G*   17 tuo *om. C*   18 suscitauit *l. L*   illum *L*   20 credimus fidem *b*   21 ut *om. b*   *uoce* nouitate /*in. fol. 186ᵇ L* (*cf. Praef.*)   *post* gratiae eras. et *O*   et pie et iuste *b*   22 potest *Om1*   carnē nostrā *POb*   23 resurrecturam *Ob*   ei] est *d*   facit *om. zbd.*   24 resurrectionem *PCb* sibi—iustificatione *s. l. Om2*   congruā *PCb*   in *om. K*   iustificationem *Cb* 25 per baptis *G*   27 sic] ita *zb*   29 et *om. O*   quantum *zbd*

quantum perficienda expectatur in spe. o m n i s e n i m q u i
i n u o c a u e r i t n o m e n d o m i n i, s a l u u s e r i t.
q u a m
m u l t a m u l t i t u d o, ait psalmus, d u l c e d i n i s t u a e,
d o m i n e, q u a m a b s c o n d i s t i t i m e n t i b u s t e, p e r-
f e c i s t i a u t e m s p e r a n t i b u s i n t e! ex lege timemus ;
deum, ex fide speramus in deum; sed timentibus poenam absconditur gratia. sub quo timore anima laborans, quando concupiscentiam malam non uicerit nec timor ille quasi custos seucrus
abscesserit, per fidem confugiat ad misericordiam dei, ut det
quod inhet atque inspirata gratiae suauitate per spiritum sanctum 10
faciat plus delectare quod praecipit quam delectat quod inpedit.
ita multa multitudo dulcedinis eius, hoc est lex fidei, caritas
eius conscripta in cordibus atque diffusa perficitur sperantibus
in eum, ut anima sanata non timore poenae, sed amore iustitiae
operetur bonum.   15

XXX. 52. *Liberum* ergo arbitrium euacuamus per gratiam?
absit, sed magis liberum arbitrium statuimus. sicut enim lex
per fidem, sic liberum arbitrium per gratiam non euacuatur, sed
statuitur. neque enim lex inpletur nisi libero arbitrio. sed per
legem cognitio peccati, per fidem inpetratio gratiae contra 20
peccatum, per gratiam sanatio animae a uitio peccati, per
animae sanitatem libertas arbitrii, per liberum arbitrium iustitiae
dilectio, per iustitiae dilectionem legis operatio. ac per hoc, sieut
lex non euacuatur, sed statuitur per fidem, quia fides inpetrat
gratiam, qua lex inpleatur, ita liberum arbitrium non euacuatur 25
per gratiam, sed statuitur, quia gratia sanat uoluntatem, qua
iustitia libere diligatur. omnia haec, quae uclut catenatim conexui,

---

1 Ioel 2, 32. Act. 2, 21. Rom. 10, 13   2 Ps. 30, 20   12 cf. Rom. 5, 5
17 cf. Rom, 3, 31   19 cf. Rom. 3, 20

f. L   1 quicumque *b*   3 multa] magna *S*   multitudo] magnitudo *b*   psal-
mista *Pbd*   4 perfecisti—te *om. b*   6 dn̄m *O*   in eū *Om1*   8 non uicerit]
conuicerit *K*   ui∗cerit *O*   custoss aeuerus *O a. c.*   9 confuiat *Om1*   ut (t *ex* i) *O*
10 iube∗t *O*   inspirate (ae) *SPGb* spirata *O*   gratia *S* gratie *b*   11 precepit *SGb*
delectet *K*   impendit *Om1*   ·14 in eam *z*   16 gratia *S*   17 statuamus (i *s*. ạ) *P*
19 enim *om. O*   nisi] sine *b*   libro *SG*   20 imperatio *G*   21 a uitio] abitio
SGOm1∗uitio *Om2*   23 dilectatio (i *pr. in e mut. m2*) *Km1*   25 qu∗a *O*
26 constituitur *b*   sonat *Om1*   uoluntate *S*   27 cetenatim (a *s.* e) *P*
catenatim (i *ex* u) *S*   conexui∗ *O* conexi *C*

habent uoces suas in scripturis sanctis. lex dicit: n o n c o n-
c u p i s c e s; fides dicit: s a n a a n i m a m m e a m, q u o-
n i a m p e c c a u i t i b i; gratia dicit: e c c e s a n u s f a c t u s
e s; i a m n o l i p e c c a r e, n e q u i d t i b i d e t e r i u s
5 c o n t i n g a t; sanitas dicit: d o m i n o d e u s m e u s, e x-
c l a m a u i a d t e e t s a n a s t i m e; liberum *arbitrium* dicit:
u o l u n t a r i e s a c r i f i c a b o t i b i; dilectio iustitiae dicit:
n a r r a u e r u n t m i h i i n i u s t i d e l e c t a t i o n e s, s e d
n o n s i c u t l e x t u a, d o m i n e. ut quid ergo miseri
10 homines aut de libero arbitrio audent superbire, antequam
liberentur, aut de suis uiribus, si iam liberati sunt? nec adtendunt in ipso nomine liberi arbitrii utique libertatem sonare;
u b i a u t e m s p i r i t u s d o m i n i, i b i l i b e r t a s. si ergo
serui sunt peccati, quid se iactant de libero arbitrio? a q u o
15 e n i m q u i s d e u i c t u s e s t, h u i c e t s e r u u s a d-
d i c t u s e s t. si autem liberati sunt, quid se iactant uelut
de opere proprio et gloriantur, quasi non acceperint? an ita sunt
liberi, ut nec illum uelint habere dominum, qui eis dicit: s i n e
m e n i h i l p o t e s t i s f a c e r e, e t: s i u o s f i l i u s
20 l i b e r a u e r i t, t u n e u e r e l i b e r i e r i t i s?

XXXI. 53. Quaeret aliquis, utrum fides ipsa, in qua salutis
uel ad salutem conexionis huius, quam commemoraui, esse
uidetur exordium, in nostra constituta sit potestate. quod facilius
uidebimus, si prius quid sit potestas aliquanto diligentius per-
25 spexerimus. cum enim duo quaedam sint uelle et posse — unde
nec qui uult continuo potest nec qui potest continuo uult, quia
sicut uolumus aliquando quod non possumus, sic etiam possumus
aliquando quod nolumus —, satis elucet et ipsis etiam uocabulis

---

1 Ex. 20, 17   2 Ps. 40, 5   3 Ioh. 5, 14   5 Ps. 29, 3   7 Ps. 53, 8
8 Ps. 118, 85   13 II Cor. 3, 17   14 cf. Ioh. 8, 34 II Petr. 2, 19   17 cf.
I Cor. 4, 7   18 Ioh. 15, 5   19 Ioh. 8, 36

.L   2 meam *om. C*   4 iam *s. l. Om2*   deterius tibi *b*   5 clamaui *b*
8 delect.] *add.* tuas *LSG*   11 liberarentur *Om1*   13 igitur *b*   14 qui *S*
de lib. arb. iactant *b*   arbitrio *s.l.Km2*   a *om.O*   19 filius *om.S*   20 liberi
eritis] filius liberauerit *b*   21 ipsa *om.b*   23 quid (o *s.* i) *P*   facile *b*
24 uidebimus (bi *s.l.*) *S*   quod *Om1*   aliquando *C*   26 contino *C*   nec—uult
om.b   28 elucet (*om.* et) *S PGOm1b* euolutis *d*

resonat, quod ab eo quod est uelle uoluntas, ab eo autem
quod est posse potestas nomen accepit. quapropter sicut
qui uult habet uoluntatem, ita potestatem qui potest. sed
ut potestate aliquid fiat, uoluntas aderit. neque enim dici solet
quispiam potestate fecisse, si quid fecit inuitus. quamquam, 5
si subtilius aduertamus, etiam quod quisque inuitus facere
cogitur, si facit, uoluntate facit; sed quia mallet aliud, ideo
inuitus, hoc est nolens facere dicitur. malo quippe aliquo facere
conpellitur, quod uolens euitare uel a se remouere facit quod
cogitur. nam si tanta uoluntas sit, ut malit hoc non facere 10
quam illud non pati, cogenti procul dubio resistit nec facit. ac
per hoc, si facit, non quidem plena et libera uoluntate, sed
tamen non facit nisi uoluntate; quam uoluntatem quia effectus
consequitur, non possumus dicere potestatem defuisse facienti.
si enim cogenti cedens uellet facere nec posset, ei uoluntatem 15
affuisse licet extortam, sed potestatem defuisse diceremus. cum
uero ideo non faciebat, quia nolebat, erat utique potestas, sed
uoluntas deerat, quamdiu cogenti reluctando non fecit. hinc est,
quod etiam illi, qui cogunt uel qui súadent, solent dicere: 'quod
habes in potestate, quare non facis, ut hoc malo careas?' et qui 20
omnino facere non possunt, quod ideo coguntur ut faciant, quia
posse creduntur, solent excusando respondere et dicere: 'facerem'
si esset in potestate'. quid igitur ultra quaerimus, quando quidem
hanc dicimus potestatem, ubi uoluntati adiacet facultas faciendi?
unde hoc quisque in potestate habere dicitur, quod, si uult, 25
facit, si non uult, non facit.

54. Adtende iam illud quod excutiendum posuimus, utrum
fides in potestate sit. de hac enim fide nunc loquimur, quam
adhibemus, cum aliquid credimus, non quam damus, cum aliquid

---

4 faciat *O* uoluntas—fecisse *om.b* dici∗*C* 5 potestatē *K* 6 si *s.l.Km2*
quisquis *b* 7 aliud mallet *b* mallit *SG* malle et *Om1* 8 *uoce* malo *inc.*
fol. 187ª L malum *Pb* aliquod *Pb* 9 nolens se uitare *b* ∗euitare *L*
seuitare *SPG* 10 ma∗lit *L* mallit *SPG* 11 non (ec *s.* on *m2*) *K* hac *L*
12 et] nec *K* 14 potestatem—facere *om.O* 15 nec] et non (et *s. l.*) *L, Pb*
non *SG* 16 licet adfuisse *Pb* sed—*l. 17* potestas *in mg.Lm3* potestate *S*
19 cogent (u *s.* ę) *P* ue *Lm1* quis uadent *Om1* quis ualent *Km1*
20 potestate ∗ *P* potestatem *C* et] ut *G* 22 possunt *C* 23 utra *Om1*
25 undo *G* 27 iam] etiam *Pb* 28 fidem *C*

pollicemur; nam et ipsa dicitur fides. sed aliter dicimus: 'non mihi
habuit fidem', aliter autem: 'non mihi seruauit fidem'. nam illud est
'non credidit quod dixi', illud 'non fecit quod dixit'. secundum hanc
fidem, qua credimus, fideles sumus deo; secundum illam uero, qua
5 fit quod promittitur, etiam deus ipse fidelis est nobis. hoc enim
dicit apostolus: f i d e l i s   d e u s,   q u i   n o n   u o s   p e r-
m i t t a t   t e m p t a r i   s u p e r   i d   q u o d   p o t e s t i s. de
illa itaque fide quaerimus, utrum in potestate sit, qua credimus
deo uel credimus in deum. hinc enim scriptum est: c r e d i d i t
10 A b r a h a m   d e o   e t   d e p u t a t u m   e s t   i l l i   a d   i u s t i-
t i a m, et: c r e d e n t i   i n   e u m   q u i   i u s t i f i c a t   i m-
p i u m   d e p u t a t u r   f i d e s   e i u s   a d   i u s t i t i a m. uide
nunc utrum quisque credat, si noluerit, aut non credat, si
uoluerit. quod si absurdum est — quid est enim credere nisi
15 consentire uerum esse quod dicitur? consensio autem utique
uolentis est —, profecto fides in potestate est. sed, sicut apostolus
dicit, n o n   e s t   p o t e s t a s   n i s i   a   d e o. quid igitur causae
est cur non et de ista nobis dicatur: q u i d   e n i m   h a b e s
q u o d   n o n   a c c e p i s t i? nam et ut credamus, deus dedit.
20 nusquam autem legimus in sanctis scripturis: 'non est
uoluntas nisi a deo'. et recte non scriptum est, quia uerum non
est; alioquin etiam peccatorum — quod absit! — auctor est deus,
si non est uoluntas nisi ab illo, quoniam mala uoluntas iam sola
peccatum est, etiam si desit effectus, id est si non habeat pote-
25 statem. porro cum uoluntas mala potestatem accipit inplere quo
intenditur, ex iudicio dei uenit, apud quem non est iniquitas.

---

6 I Cor. 10, 13   10 Gen. 15, 6. Rom. 4, 3 etc.   11 Rom. 4, 5
17 Rom. 13, 1   18 I Cor. 4, 7   25 cum uoluntas—perpetrauit uolens]
cf. Prosperi Aquitani sent. ex Aug. delib. (LI 434 M)   26 cf. Rom. 9, 14

1 pollicetur b   2 autem om.zbd   3 feci Gml   dixi Gml   5 fit] facit K
ipse deus O   6 permittit SO   7 tentari GOC   8 utique LS Pb   9 credit G
10 ad] in b   12 eius om.r   nide] unde P   13 quisquis b   uoluerit Pb
aut—uoluerit om.K   14 noluerit Pb   enim om.C   15 consentio Lml Oml
17 potestas est K   igitur m2 ex ait L   causa PG cause O   18 quur L
de om. K   istud Km2   19 ut et O   20 in scr. sanctis d   21 dnoO
24 affectus Oml   si om.O   25 accepit Pb   inplere quo int.] ut efficiat
quod cupit Prosper   quod zbd   26 intendit Lm2d   dei om.S

punit enim etiam isto modo nec ideo iniuste, quia occulte. ceterum
iniquus puniri se ignorat, nisi cum manifesto supplicio senserit
nolens, quantum mali sit quod perpetrauit uolens. hoc est quod
de quibusdam apostolus ait: t r a d i d i t   i l l o s   d e u s   i n
c o n c u p i s c e n t i a s   c o r d i s   i l l o r u m,   u t   f a c i a n t 5
q u a e   n o n   c o n u e n i u n t. hine et dominus Pilato: n o n
h a b e r e s, inquit, i n   m e   p o t e s t a t e m, n i s i   d a t a   t i b i
e s s e t   d e s u p e r. sed cum potestas datur, non necessitas
utique inponitur. unde cum Dauid Saulis occidendi potestatem
accepisset, maluit parcere quam ferire. unde intellegimus malos 10
accipere potestatem ad damnationem malae uoluntatis suae, bonos
autem ad probationem bonae uoluntatis suae.

XXXII. 55. Cum ergo fides in potestate sit, quoniam cum
uult quisque credit et, cum credit, uolens credit, deinde quaerendum est, immo recolendum, quam fidem tanta conflictatione 15
commendet apostolus. non enim quodlibet credere bonum est; nam
unde est illud: f r a t r e s,   n o l i t e   o m n i   s p i r i t u i   c r e-
d e r e, s e d   p r o b a t e   s p i r i t u m   q u i   e x   d e o   e s t? nec
in laudibus caritatis quod dictum est: o m n i a   c r e d i t, sic accipiendum est, ut caritati cuiuspiam derogemus, si non quod 20
audierit statim crediderit. quid quod eadem caritas admonet
non facile de fratre mali aliquid esse credendum et, cum tale
aliquid dicitur, hoc ad se magis iudicat pertinere ne credat?
postremo ipsa caritas, quae omnia credit, non omni spiritui credit
ac per hoc omnia quidem credit, sed deo, quia non dictum est: 25
'omnibus credit'. nulli itaque dubium est eam fidem ab apostolo
commendari, qua creditur deo.

4 Rom. 1, 24. 28   6 Ioh. 19, 11   9 cf. I Regn. 24. 26   17 I Ioh. 4, 1
19 I Cor. 13, 7

1 ponit *LmlSG*   2 iniquus (n *s.ras.m2*) *L*   se puniri *b*   punire *S*
ignora∗t*O*   3 perpetraui *G*   5 concupiscentia *C*   faciant *ex* fiant *P*
6 hinc∗et (n *s.l.m2*)*O*   7 in me inquit *KCd*   inquit *om.O*   esset tibi *Obd*
8 fuisset *K*   quum *O*   utique necessitas *b*   9 ponitur *Oml*   unde et *S*   saul *O*
occidenti *Lml*   11 bonus *S*   13 quoniam *om.b*   14 et *om.O*   15 conflictione *PGK*
conflictationem *C*   16 commendat *LSPb*   est *om.K*   17 est *om.zb*
18 spiritus qui—sunt *b*   21 quicquid *Pb*   22 de fratre non facile *K*   mali *om.KC*
23 aliquid *om.b*   dicitur *in ras.L*   iudicet *b*   nec *K*   24 qua *LGd*   oma (a *s.l.*
m2) *K*   25 hac *L* ac *in mg.Om2*   omnia quidem *om.Pb*

56. Sed adhuc est aliquid discernendum, quoniam et illi
qui sub lege sunt et timore poenae iustitiam suam facere conantur
et ideo non faciunt dei iustitiam, quia caritas eam facit, quam
non libet nisi quod licet, non timor, qui cogitur in opere habere
5 quod licet, cum aliud habeat in uoluntate qua mallet, si fieri
posset, licere quod non licet. et illi ergo credunt deo; nam si
omnino non crederent, nec poenam legis utique formidarent. sed
non hanc fidem commendat apostolus, qui dicit: n o n   e n i m
a c c e p i s t i s   s p i r i t u m   s e r u i t u t i s   i t e r u m   i n
10 t i m o r e m,   s e d   a c c e p i s t i s   s p i r i t u m   a d o p t i o n i s
f i l i o r u m,   i n   q u o   c l a m a m u s: a b b a   p a t e r. timor
ergo ille seruilis est et ideo in illo quamuis domino credatur,
non tamen iustitia diligitur, sed damnatio timetur. filii uero
clamant: a b b a   p a t e r, quarum duarum nocum una est ex
15 circumcisione, altera ex praeputio, Iudaei primum et Graeci,
q u o n i a m   u n u s   e s t   d e u s,   q u i   i u s t i f i c a t   c i r c u m-
c i s i o n e m   e x   f i d e   e t   p r a e p u t i u m   p e r   f i d e m.
cum autem clamant, aliquid petunt et quid petunt nisi quod
esuriunt et sitiunt? et hoc quid est, nisi quod de illis dictum
20 est: b e a t i   q u i   e s u r i u n t   i u s t i t i a m,   q u o n i a m
i p s i   s a t u r a b u n t u r? huc ergo transeant qui sub lege
sunt, ut ex seruis filii fiant, nec sic tamen, ut serui esse desistant,
sed ut tamquam filii domino et patri liberaliter seruiant, quia
et hoc acceperunt; d e d i t   e n i m   p o t e s t a t e m   ille unicus
25 f i l i o s   d e i   f i e r i   c r e d e n t i b u s   i n   n o m i n e   e i u s
eosque admonuit petere, quaerere, pulsare, ut accipiant et inne-
niant et aperiatur eis, addens increpationem et dicens: s i   u o s,
c u m   s i t i s   m a l i,   n o s t i s   b o n a   d a t a   d a r e   f i l i i s
u e s t r i s,   q u a n t o   m a g i s   p a t e r   u e s t e r,   q u i   e s t   i n

---

2. 21 cf. Rom. 6, 14   8 Rom. 8, 15   16 Rom. 3, 30   20 Matth. 5, 6
24 Ioh. 1, 12   26 cf. Matth. 7, 7   27 Matth. 7, 11

1 aliquid discernendū est *zbd*   3 eam non facit *b*   4 libet *S* non licet *K*
cogitur *Km2*   5 quā *Lm1SPb*   malet *Lm1*   6 posset (i *s.* e *m1*) *L*
possit *SPGb*   9 seruitutis—spiritum *om.Lm1*   10 timore *C*   12 quamuis
in illo *d*   15 iudei *P*   greci *LS*   21 hu∗c *O*   transeunt *b*   23 filii
liberaliter domino seru. *b*   deseruiant *K*   25 filius *KC*   27 aperiantur
Km2   ei *S*   increpatione *C*   29 qui in caelis est *KCd*   qui est in caelis]
de caelis *PGb*

c a e l i s ,   d a b i t   b o n a   p e t e n t i b u s   s e! cum ergo
uirtus peccati lex inflammauerit aculeum mortis, ut occasione
accepta peccatum per mandatum operetur omnem concupiscentiam,
a quo petenda est continentia nisi ab illo, qui nouit bona data
dare filiis suis? an forte nescit insipiens, quod nemo esse possit 5
continens, nisi deus det? hoc ergo ut sciat, ipsa indiget sapientia.
cur itaque non audit patris sui spiritum dicentem per apostolum
Christi uel ipsum Christum, qui dicit in euangelio suo: p e t i t e,
e t   a c c i p i e t i s? loquentem etiam in apostolo suo et dicentem:
s i   q u i s   u e s t r u m   i n d i g e t   s a p i e n t i a,   p o s t u l e t   a 10
d e o,   q u i   d a t   o m n i b u s   a f l u e n t e r   e t   n o n   i n p r o-
p e r a t,   e t   d a b i t u r   i l l i,   p o s t u l e t   a u t e m   i n   f i d e
n i h i l   h a e s i t a n s? haec est fides, ex qua iustus uiuit; haec
est fides, qua creditur in eum qui iustificat impium; haec est
fides, per quam excluditur gloriatio, siue ut abscedat qua in 15
nobis inflamur siue ut emineat qua in domino gloriamur; haec
est fides, qua inpetratur largitas spiritus, de quo dicitur: n o s
e n i m   s p i r i t u   e x   f i d e   s p e m   i u s t i t i a e   e x p e c-
t a m u s. ubi quidem quaeri adhuc potest, utrum spem iustitiae
dixerit, quam sperat iustitia an qua speratur ipsa iustitia, 20
quoniam iustus ex fide uiuens sperat utique uitam aeternam
itemque fides esuriens sitiensque iustitiam renouatione de die in
diem interioris hominis proficit in ea et sperat in ea satiari in
uita aeterna, ubi fiet quod in psalmo de deo dicitur: q u i
s a t i a t   i n   b o n i s   d e s i d e r i u m   t u u m. haec est fides, 25
qua salui fiunt, quibus dicitur: g r a t i a   s a l u i   f a c t i   e s t i s
p e r   f i d e m   e t   h o c   n o n   e x   u o b i s,   s e d   d e i   d o n u m
e s t,   n o n   e x   o p e r i b u s,   n e   f o r t e   q u i s   e x t o l l a t u r;

---

2 cf. J Cor. 15, 56   cf. Rom. 7, 8   4 cf. Matth. 7, 11   5 cf. Sap. 8, 21
8 Matth. 7, 7. Luc. 11, 9   10 Iac. 1, 5. 6   13 cf. Rom. 1, 17   14 cf. Rom. 4, 5
15 cf. Rom. 3, 27   16 cf. I Cor. 1, 31   17 Gal. 5, 5   21 cf.Rom. 1, 17
22 cf. Matth. 5, 6   cf. II Cor. 4, 16   24 Ps. 102, 5   26 Eph. 2, 8—10

3 operatur *Om1*   4 a *om. O*   6 sapientiā *K*   8 suo *om. b*   9 loquentem
suo etiam in ap. *b*   10 sapientiam *OK*   11 qui—inproperat *om. K*   affluenter
PGrbd   13 hesitans *L* sitans *K*   15 a*bscedat *O*   16 inflāmamur *P*
18 exspectemus *Km1*   20 qua *d*   quo *Lm1SPGb*   22 iustitiae *Pb*   reno-
· uationem *PKm1Cb*   in die *C*   23 in eam *K*   sperate ase satiari *Km1O*
24 uitā *C*   fiet] *add.* id *d*

ipsius enim sumus figmentum creati in
Christo Iesu in operibus bonis, quae praeparauit deus ut in illis ambulemus. postremo haec
est fides, quae per dilectionem operatur, non per timorem, non
5 formidando poenam, sed amando iustitiam. unde ergo ista
dilectio, id est caritas, per quam fides operatur, nisi unde illam
fides ipsa inpetrauit? neque enim esset in nobis, quantacumque
sit in nobis, nisi diffunderetur in cordibus nostris per spiritum
sanctum, qui datus est nobis. caritas quippe dei dicta est dif-
10 fundi in cordibus nostris, non qua nos ipse diligit, sed qua nos
facit dilectores suos, sicut iustitia dei, qua iusti eius munere
efficimur, et domini salus, qua nos saluos facit, et fides Iesu
Christi, qua nos fideles facit. haec est iustitia dei, quam non
solum docet per legis praeceptum, uerum etiam dat per spiritus
15 donum.

XXXIII. 57. Sed consequens est paululum quaerere, utrum
uoluntas illa qua credimus etiam ipsa dei donum sit an ex illo
naturaliter insito libero adhibeatur arbitrio. si enim dixerimus
eam non esse donum dei, metuendum est ne existimemus inue-
20 nisse nos aliquid, quod apostolo increpanti et dicenti: quid
enim habes quod non accepisti? si autem et
accepisti, quid gloriaris quasi non acce-
peris? respondere possimus: ecce habemus uoluntatem credendi,
quam non accepimus, ecce ubi gloriamur, quod non accepéri-
25 mus. si autem dixerimus etiam huiusmodi uoluntatem non esse
nisi donum dei, rursus metuendum est, ne infideles atque impii
non inmerito se ueluti inste excusare uideantur ideo non cre-

4 cf. Gal. 5, 6   8 cf. Rom. 5, 5   11 cf. Rom. 3, 24   12 cf. Ps. 3, 9
cf. Gal. 2, 16   20 I Cor. 4, 7

4 non per timorem *bis* K   7 fidem (s *s.* m *ml*) L   ipsā petrauit *Kml*
10 non *om. Oml*   ipse nos *b*   11 dilectures *G*   d̄i iustitia *S*   12 dn̄s
(*in mg. m2* dn̄i) K   fecit *Pb*   fide *SG*   13 facit *om.* K fecit *b*   qua *b*
14 donat *b*   spiritum *C*   16 est] et *K*   17 an] si tam̄ (si *s.l. m2*) O
18 adhiberetur *b*   19 ne * *P*   20 aliquid *s.l. Om2*   21 *s. eras.* eni *m2* tu K
et *s.l. Om3*   23 possimus (i *ex* u *ml*) *LPO* possumus *SG*   habemus
(mu *s.l.ml*) *P* habes *LSG*   24 ecce (ce *s.l. ml*) L   gloriemur *OKml*
26 metuendum est rursus *b*   rursū *O*   27 se* *LO* sed *b*   ueluti (i *s.l.m2*)O
uideatur *S*

didisse, quod dare illis deus istam noluit uoluntatem. nam illud,
quod dictum est: d e u s   e s t   e n i m   q u i   o p e r a t u r   i n
n o b i ṣ e t u e l l e   e t   o p e r a r i   p r o   b o n a   u o l u n t a t e,
iam gratiae est, quam fides inpetrat, ut possint esse hominis
opera bona, quae operatur fides per dilectionem, quae diffunditur 5
in corde per spiritum sanctum qui datus est nobis. sed credimus,
ut inpetremus hanc gratiam, et utique uoluntate credimus: de
hac quaeritur unde sit nobis. si natura, quare non omnibus, cum
sit idem deus omnium creator? si dono dei, etiam hoc quare
non omnibus, cum omnes homines uelit saluos fieri et in agni- 10
tionem ueritatis uenire?

58. Prius igitur illud dicamus et uideamus utrum huic satis-
faciat quaestioni, quod liberum arbitrium naturaliter adtributum
a creatore animae rationali illa media uis est, quae uel intendi
ad fidem uel inclinari ad infidelitatem potest et ideo nec istam 15
uoluntatem, qua credit deo, dici potest homo habere quam non
acceperit, quando quidem uocante deo surgit de libero arbitrio,
quod naturaliter cum crearetur accepit. uult autem deus omnes
homines saluos fieri et in agnitionem ueritatis uenire, non sic
tamen, ut eis adimat liberum arbitrium, quo uel bene uel male 20
utentes iustissime iudicentur. quod cum fit, infideles quidem
contra uoluntatem dei faciunt, cum eius euangelio non credunt,
nec ideo tamen eam uincunt, uerum se ipsos fraudant magno
et summo bono malisque poenalibus implicant experturi in
suppliciis potestatem eius, cuius in donis misericordiam contem- 25
pserunt. ita uoluntas dei semper inuicta est; uinceretur autem,
si non inueniret quid de contemptoribus faceret aut ullo modo
possent euadere quod de talibus ille constituit. qui enim dicit

---

2 Phil. 2, 13   5 cf. Gal. 5, 6   cf. Rom. 5, 5   10 cf. I Tim. 2, 4
18 cf. I Tim. 2, 4

    2 enim est *b*   3 nobis *LC*   boluntate *C*   4 quam] quod *zb*   imperat *LSG*
impetra *Km1*   possent *Om2*   6 sed] si *d*   8 nobis *om.b*   omnibus] oms *LSGO*
ōm *Km1*   10 non om*nibus *O*   cognitionem *O*   12 ergo *b*   dica**mus *O*
satisfacit *Km1*   14 * a * creatore *O* , creature *Gm1*   16 uoluntate *C*   cre**dit *O*
credidit *C*   18 deus *om.S*   19 sal*uos *O*   20 quo *ex* quod *Lm1* quot *G* quo* *O*
21 utententes *K*   22 dei uol. *b*   24 experituri *K*   25 supplicis *Om1*
condempserunt *Km1*   27 contemtoribus *LC*   28 qui] quid *d*

uerbi gratia: 'uolo ut hi omnes serui mei operentur in uinea et
post laborem requiescentes epulentur, ita ut quisquis eorum hoc
noluerit, in pistrino semper molat', uidetur quidem quicumque
contempserit contra uoluntatem domini sui facere, sed tunc eam
5 uincet, si et pistrinum contemnens effugerit, quod nullo modo
fieri potest sub dei potestate. unde scriptum est: s e m e l
l o c u t u s   e s t   d e u s, hoc est incommutabiliter, quamquam
et de unico uerbo possit intellegi. deinde subiungens quid incommutabiliter sit locutus: d u o   h a e c, inquit, a u d i u i,
10 q u o n i a m   p o t e s t a s   d e i   e s t,   e t   t i b i,   d o m i n e,
m i s e r i c o r d i a, q u i r e d d e s u n i c u i q u e s e c u n d u m
o p e r a s u a. ille igitur reus erit ad damnationem sub potestate
eius, qui contempserit ad credendum misericordiam eius. quisquis
autem crediderit eique se a peccatis omnibus absoluendum et
15 ab omnibus uitiis sanandum et calore ac lumine eius accenden-
dum inluminandumque commiserit, habebit ex eius gratia
opera bona, ex quibus etiam secundum corpus a mortis
corruptione redimatur, coronetur bonisque satietur non temporalibus, sed aeternis, supra quam petimus et intellegimus.

20   59. Hunc ordinem tenuit psalmus, ubi dicitur: b e n e d i c,
a n i m a   m e a,   d o m i n u m   e t n o l i   o b l i u i s c i   o m n e s
r e t r i b u t i o n e s   e i u s,   q u i   p r o p i t i u s   f i t   o m n i-
b u s   i n i q u i t a t i b u s   t u i s,   q u i   s a n a t   o m n e s
l a n g u o r e s   t u o s,   q u i   r e d i m i t   d e   c o r r u p t i o n e
25 u i t a m   t u a m,   q u i   c o r o n a t   t e   i n   m i s e r a t i o n e
e t   m i s e r i c o r d i a,   q u i   s a t i a t   i n   b o n i s   d o s i-
d e r i u m   t u u m. et ne forte haec tanta bona huius uetustatis,

6 . 9 Ps. 61, 12. 13   15 cf. Ps. 35, 10   19 cf. Eph. 3, 20   20 Ps. 102, 2—5

    1 hii *LS*   uineã *Lm1SP*   2 aepulentur *L*   3 p*istrino *L* pristrino
(r *s.l.*) *S*   4 condempserit *Km1*   5 pristrinum (r *s.l.*) *S*   contempnes *Om1*
condempnens *Km1*   7 est pr.om.*O*   8 subiugens *K*   quod *b*   9 loquutus *S*
locus *Km1*   11 qui reddes] quia reddes *OKm2* quia tu reddes d   reddis *C*
secundum] iuxta *b*   12 sua] eius *OC*   igitur] ergo *b*   demnationem *Om1*
potesta**tate *O*   13 quiqui *K*   condempserint *Km1*   14 ei qui se *LGKm1b*
15 accedendum *K*   16 commiserit] non contempserit *zb*   17 bona opera *b*
18 corruptione*O*   redimetur (a *s.alt.* e *m1*) *S*   24 langores *P*   redemit *Km1*
redimet *z, cf. 127, 15*   correptione *Om1*   26 satiat] sanat *PG*

hoc est mortalitatis, deformitas desperaret: r e n o u a b i t u r,
inquit,   s i c u t   a q u i l a e   i u u e n t u s   t u a,   tamquam
diceret: 'haec' quae audisti, ad nouum hominem et ad nouum
pertinent testamentum'. recole mecum eadem ipsa paululum,
obsecro te, et inspice delectabiliter laudem misericordiae, hoc 5
est gratiae dei. b e n e d i c, inquit, a n i m a   m e a,   d o m i n u m
e t   n o l i   o b l i u i s c i   o m n e s   r e t r i b u t i o n e s   e i u s:
non 'adtributiones', sed r e t r i b u t i o n e s,   quia retribuit bona pro malis. q u i   p r o p i t i u s   f i t   o m n i b u s
i n i q u i t a t i b u s   t u i s: hoc agitur in baptismatis sacra- 10
mento. q u i   s a n a t   o m n e s   l a n g u o r e s   t u o s: hoc
agitur in hac uita fidelis hominis, dum caro concupiscit aduersus
spiritum et spiritus aduersus carnem, ut non quae uolumus
faciamus, dum alia lex in membris repugnat legi mentis, dum
uelle adiacet, perficere autem bonum non; qui languores 15
uetustatis, si perseuerante intentione proficimus, de die in diem
crescente nouitate sanantur ex fide, quae per dilectionem operatur. q u i   r e d i m i t   d e   c o r r u p t i o n e   u i t a m   t u a m:
hoc fit in ultima resurrectione mortuorum. q u i   c o r o n a t   t e
i n   m i s e r a t i o n e   e t   m i s e r i c o r d i a: hoc fit in iudicio, 20
ubi cum rex iustus sederit in throno redditurus unicuique
secundum opera eius, quis gloriabitur castum se habere cor?
aut quis gloriabitur mundum se esse a peccato? ideo illic neces-
saìium fuit commemorare miserationem et misericordiam domini,
ubi iam exigi debita et reddi merita sic possint uideri, ut nullus 25
esset misericordiae locus. coronat ergo in miseratione et misericordia, sed etiam sic secundum opera. segregabitur enim ad

1 Ps. 102, 5   6 Ps. 102, 2   9 Ps. 102, 3   12 cf. Gal. 5, 17   .14 cf.
Rom. 7, 23. 18   17 cf. Gal. 5, 6   18. 19 Ps. 102, 4   21 cf. Prou. 20, 8. 9
Matth. 16, 27   27 cf. Ps. 61, 13

1 des*peraret (de *in ras.*)*O*   3 quae *om.C*   4 pa*ulolum *OK*   5 et *om.Om1*
inpice *Lm1*   delectauiliter *Om1*   6 dño *O*   8 non—retrib. *om.K*   adtributiones]
attributiones eius *b* ait tributiones *d*   retributiones eius *d*   quia] quạ (i *s.* ạ
m1) *K*   9 fit *s.l.Km2*   10 sacramenta *Lm1SG*   11 langores *P*   12 conpiscit *O*
13 non *s.l.Om2*   quaecumque (uolumus *exp.*) *K*   14 lex repugnat in mēbris
repugnat legi *P*   15 autem *om. Pb*   qui*L* quia *O*   languor *O*   17 sanatur *O*
sanat *Km2Cm2*   18 redimet codd. *praeter K*   19 hoc—misericordia *bis exh.K*
20 miseratione *del. C*   21 cum *om.b*   25 deuita *Om1*   possent *O d* possit *K*
posset *C* possunt *b*   27 segregauitur *Om1*

dexteram, cui dicatur:·e s u r i u i c t d e d i s t i s m i h i m a n-
d u c a r e, quoniam i n d i c i u m s i n e m i s e r i c o r d i a,
sed i l l i q u i n o n f e c i t m i s e r i c o r d i a m, b e a t i
autem m i s e r i c o r d e s, q u i a i p s o r u m m i s e r e b i t u r.
5 iam uero cum sinistri ierint in ambustionem aeternam, iusti
autem in uitam aeternam, quia h a e c e s t, inquit, u i t a
a e t e r n a, u t c o g n o s c a n t t e u n u m u e r u m d e u m
e t q u e m m i s i s t i I e s u m C h r i s t u m, illa cognitione,
illa uisione, illa contemplatione satiabitur in bonis animae
10 desiderium. hoc enim solum ei sat est, ultra non habet quod
adpetat, quod inhiet, quod requirat. nam desiderio buius satietatis
ardebat, qui domino Christo ait: o s t e n d e n o b i s p a t r e m
e t s u f f i c i t n o b i s. cui responsum est: q u i m e u i d i t,
u i d i t e t p a t r e m, quia i p s a e s t u i t a a e t e r n a,
15 u t c o g n o s c a n t u n u m u e r u m d e u m e t q u e m
m i s i s t i I e s u m C h r i s t u m. sed si ille, qui uidit filium,
uidit et patrem, profecto qui uidet patrem et filium, uidet et
spiritum sanctum patris et filii. ita nec arbitrium liberum tollimus
et benedicit anima nostra dominum non obliuiscens omnes
20 retributiones eius nec ignorans dei iustitiam suam uolet constituere. sed credit in eum qui iustificat impium et uiuit ex
fide, donec ad speciem perducatur, fide scilicet quae per dilectionem operatur. quae dilectio diffunditur in cordibus nostris
nec per sufficientiam propriae uoluntatis nec per litteram legis,
25 sed per spiritum sanctum qui datus est nobis.

1 Matth. 25, 35   2 Iac. 2, 13   3 Matth. 5, 7   5 cf. Matth. 25, 46
6. 14 Ioh. 17, 3   9 cf. Ps. 102, 5   12 Ioh. 14, 8. 9   19 cf. Ps. 102, 2
20 cf. Rom. 10, 3   21 cf. Rom. 4, 5   cf. Rom. 1, 17   22 cf. Gal. 5, 6
23 cf. Rom. 5, 5

1 dicetur *b*   dedisti*LC* dedisti*OTd*   3 sed] erit *b*   4 quoniam *bd* misere-
bitur] *add.* deus *bd*   5 erint *SG* eunt *O*   in tambustionem (t *s.l.*) *S*   6 in uitam
ter pon. S   quoniam inquit haec est *b*   7 d*m *L* dnm *SPG*   8 et *s.l. O m*2
9 contemplane *Lm1*   desid. anime *b*   10 ei sat est] ei ad est *Lm1* eis atest *S*
ei adest *Pb* eis adest *G*   11 quo*L* quo *SGPKb*   inhiet (h *s.l.*) *L* hiniet *SG*
quo *Lm1SG*   nam] et *z* ex *b*   desiderio (o *ex* i) *P*   12 xpo dno *b*   13 uidet
Lm1Kb   14 uidet *Kb*   et *om. O*   15 *post* cogn. *add. s.l.* m2*L* te, *quod d post*
deum *pon.*   16 misi *K*   sed *om. P*   si *om. GC*   17 qui uidet *Engelbrecht* qui uidit
codd.   18 ne *K*   liberum arbitrium *O*   20 uolens *zCb*   uult *d*   21 et uiuit] uiuens *b*
22 speciam *Lm1*   fidei *Pb* per fidem (per *s.l.*m2) *C*   24 sufficientia (ā *ex* ū *m*2) *L*

XXXIV. 60. Haec disputatio, si quaestioni illi soluendae sufficit,
sufficiat. si autem respondetur cauendum esse, ne quisquam deo
tribuendum putet peccatum, quod admittitur per liberum arbitrium,
si in eo, quod dicitur: q u i d   h a b e s   q u o d   n o n   a c c e p i s ti?
propterea etiam uoluntas, qua credimus, dono dei tribuitur, quia 5
de libero existit arbitrio, quod cum crearemur accepimus, adtendat
et uideat non ideo tantum istam uoluntatem diuino muneri tribuendam, quia ex libero arbitrio est, quod nobis naturaliter
concreatum est, uerum etiam   quod   uisorum suasionibus agit
deus, ut uelimus et ut credamus, siue extrinsecus per euangelicas 10
exhortationes, ubi et mandata legis aliquid agunt, si ad hoc
admonent hominem infirmitatis suae, ut ad gratiam iustificantem
credendo confugiat, siue intrinsecus, ubi nemo habet in potestate
quid ei ueniat in mentem, sed consentire uel dissentire propriae
uoluntatis est. his ergo modis quando deus agit cum anima 15
rationali, ut ei credat — neque enim credere potest quodlibet
libero arbitrio, si nulla sit suasio uel uocatio cui credat —, profecto et ipsum uelle credere deus operatur in homine et in
omnibus misericordia eius praeuenit nos, consentire autem uocationi
dei uel ab ea dissentire, sicut dixi, propriae uoluntatis est. quae 20
res non solum non infirmat quod dictum est: q u i d   e n i m
h a b e s   q u o d   n o n   a c c e p i s t i? uerum etiam confirmat.
accipere quippe et habere anima non potest dona, de quibus
hoc audit, nisi consentiendo ac per hoc quid habeat et quid
accipiat dei est, accipere autem et habere utique accipientis et 25
habentis est. iam si ad illam profunditatem scrutandam quisquam
nos coartet, cur illi ita suadeatur ut persuadeatur, illi autem non

---

4 I Cor. 4, 7   18 cf. Phil. 2, 13   19 cf. Ps. 58, 11   21 I Cor. 4, 7

1 Ḥaec (N s. Ḥ m2) K   soluenda KC   suf*ficit C   2 responde*tur O
quaquā Km2   3 putet] esse KC   ammittitur PO amittitur Lm1SGKm1
5 quia—tribuendam om. b   6 exsistit K   7 et uideat om. G   uideo Km2
9 concre*tum P   uerum] sed b   11 exortationes zOm1K   12 infirmitate
sua K   13 confugi*at (g s.l.) O   habeat b   potestatem P   14 quod b
mente C   15 ē ins. m2O   16 creda*t O   potens (st s. ns) K potest s.l.Om2
quolibet KC   18 all. et ex ut Om2   20 ab ea O p. c. m2   sicut dixi add. m2O
21 quid enim habes s.l.Om2   24 hac L   quod (bis) b   25 ds K   26 est iam rd
etiam zb   27 nos s.l. Om2   coarctet Gd   quur LS   itaque C   suadeat P
suadetur K   ut persuadatur om.PG   persuadetur Lm1

ita, duo sola occurrunt interim quae respondere mihi placeat:
o altitudo diuitiarum! et: numquid iniquitas
apud deum? cui responsio ista displicet quaerat doctiores,
sed caueat, ne inueniat praesumptores.

5 XXXV. 61. Concludamus igitur librum aliquando, cuius
tanta prolixitate utrum aliquid egerimus nescio; non apud te,
cuius fidem scio, sed apud animos eorum, propter quos me
scribere uoluisti, qui non contra nostram, sed — ut mitius loquar
et non dicam illius qui in suis apostolis est locutus — certe
10 contra tanti apostoli Pauli non unam sententiam, sed tam
uehementem, tam intentam uigilemque conflictationem malunt
suam defensitare sententiam quam eum audire obsecrantem per
miserationem dei et dicentem per gratiam dei quae data est illi:
non plus sapere praeter quam oportet sapere,
15 sed sapere ad temperantiam, unicuique sicut
deus partitus est mensuram fidei.

62. Tu autem quid mihi proposueris et quid tam longo
disputationis huius opere effecerimus aduerte. mouit te certe,
quemadmodum dictum fuerit fieri posse, ut sit homo sine peccato,
20 si uoluntas eius non desit ope adiuuante diuina, quamuis nemo
tam perfectae iustitiae in hac uita fuerit uel sit uel futurus sit.
sic enim hoc ipsum in illis prius ad te conscriptis libris proposui:
'si a me quaeratur', inquam, 'utrum homo sine peccato possit
esse in hac uita, confitebor posse per dei gratiam et liberum
25 eius arbitrium, ipsum quoque liberum arbitrium ad dei gratiam,
hoc est ad dei dona, pertinere non ambigens, nec tantum ut

2 Rom. 11, 33   Rom. 9, 14   12 cf. Rom. 12, 1. 3   14 Rom. 12, 3
23 si a me—ostenderit] cf. De pecc. mer. II 6, 7, pag. 77, 17—23

1 duo*O   2 o alt. diu. sapie et scie di b   4 caueat (a pr. s. ras. m2) L
inueniatur K   praesumptiores Pb   5 cludamus Om1   ergo b   7 animas zb
scribere me O   8 loqueretur (amur s.eretur) K   9 et om. Kb   10 tanti
(i ex ū) G tantā P, b post Pauli pon.   11 uehementer C   conflictionē K
12 defendere Pb defensare LS   audire eum K   obsecrantē*O   14 *pter (pro
eras.) L   sapere oportet O   15 temperantiam] sobrietatem K   16 partitus est
in ras. Om2   18 efficerimus G   monuit K mouet b   19 et fieri possit b   poss**
(s.l. e) L possit SPG   21 iustitia S   futurū G   22 sic (c s.l.m2) K   in om. Om1
proposui*G   23 esse possit b   24 et—gratiam om. PGb   26 est] autem Pb
donum b

sit, uerum ut bonum sit, id est ad facienda mandata domini
conuertatur atque ita dei gratia non solum ostendat quid faciendum sit, sed adiuuet etiam, ut possit fieri quod ostenderit'. tibi autem
absurdum uisum est sine exemplo esse rem, quae fieri potest.
hinc exorta est huius libri quaestio ac per hoc ad nos pertinebat 5
ostendere fieri posse aliquid quamuis desit exemplum. hinc ex
euangelio et ex lege quaedam posuimus in sermonis huius exordio, sicut de cameli transitu per foramen acus et de duodecim
milibus legionum angelorum, qui potuerunt, si uellet, pugnare
pro Christo, et de illis gentibus, quas deus dicit potuisse se a 10
facie populi sui semel exterminare, quae omnia facta non sunt.
his addi possunt etiam illa quae leguntur in libro Sapientiae,
quam multa posset noua tormenta deus exerere in impios ad
nutum sibi seruiente creatura, quae tamen non exeruit; potest
et de monte illo, quem fides in mare transferret, quod tamen 15
nusquam factum uel legimus uel audiuimus. quisquis enim horum
aliquid deo dixerit esse inpossibile, uides quam desipiat quamque aduersus fidem scripturae eius loquatur. multa alia huiusmodi possunt occurrere uel legenti uel cogitanti, quae possibilia
deo negare non possumus, quamuis eorum desit exemplum.   20

63. Sed quia dici potest illa opera esse diuina, iuste autem
uiuere ad nostra opera pertinere, suscepi ostendere etiam hoc
opus esse diuinum et hoc 'egi libro isto loquacius forte quam sat
est. sed contra inimicos gratiæ dei etiam parum mihi dixisse
uideor nihilque me tam multum dicere delectat quam ubi mihi 25
et scriptura eius plurimum suffragatur et id agitur, ut qui

.

8 cf. Matth. 19, 24   cf. Matth. 26, 53   10 cf. Deut. 31, 3. Iud. 2, 3
13 cf. Sap. 16, 24   15 cf. Marc. 11, 23   26 cf. II Cor. 10, 17

1 uerum etiam *bd et codd. pag. 77, 20*   ut bonum *om. b*   2 ostentat *S*
extendat *Om1*   3 fuuet *Pb*   fieri possit *zbd*   5 ad nos *om. PGb*   6 hinc
om. S   7 quaedā *in mg.* P quidam *P*   po∗suimus *O*   8 camelimeli *K*
de *om. C*   9 millibus *Gd*   10 potuis se∗sea *L*   se *s.l.Om2*   a *om. K*
13 ex∗erere *L* exserere *in mg. O* exercere *Cm2bd*   14 seruiente sibi *b*   exseruit
OKm1 exercuit *Cd* exercet *b*   15 transferet *Om1* transfert *b*   16 nosquam *Lm1*
17 uidens *C*   disipiat *Om1*   18 aduersum *O*   huiusmodi *om. b*   20 possum
(us *s. m eras.*) *K*   22 ad nr̄am operam *Om2K*   23 loquatus *Lm1* loquatius
SPGOK   fortasse *d, om. b*   sat esset *Pb*   26 *pr.* et] ex *Pb*

gloriatur in domino glorietur et in omnibus gratias agamus
domino deo nostro sursum cor habentes, unde a patre luminum
omne datum optimum et omne donum perfectum est. nam si
propterea non est opus dei, quia per nos agitur uel quia illo
5 donante nos agimus, nec illud est opus dei, ut mons transferatur
in mare, quia per fidem hominum fieri posse dominus dixit et
hoc ipsorum operi adtribuit dicens: s i h a b u e r i t i s i n
u o b i s f i d e m t a m q u a m g r a n u m s i n a p i s, d i c e t i s
m o n t i b u i c: t o l l e r e e t m i t t e r e i n m a r e, e t f i e t
10 e t n i h i l i n p o s s i b i l e e r i t u o b i s. certe 'uobis' dixit,
non 'mihi' aut 'patri'; et tamen hoc nullo modo facit homo nisi
illo donante et operante. ecce quemadmodum sine exemplo est
in hominibus perfecta iustitia et tamen inpossibilis non est. fieret
enim, si tanta uoluntas adhiberetur, quanta sufficit tantae rei.
15 esset autem tanta, si et nihil eorum quae pertinent ad iustitiam nos
lateret et ea sic delectarent animum, ut quicquid aliud uoluptatis
dolorisue inpedit, delectatio illa superaret: quod ut non sit,
non ad inpossibilitatem, sed ad indicium dei pertinet. quis enim
nesciat non esse in hominis potestate quid sciat nec esse conse-
20 quens ut quod adpetendum cognitum fuerit adpetatur, nisi
tantum delectet quantum diligendum est? hoc autem sanitatis est
animae.

XXXVI. 64. Sed fortasse quispiam putauerit nihil nobis
deesse ad cognitionem iustitiae, quod dominus uerbum consum-
25 mans et breuians super terram dixit in duobus praeceptis
totam legem prophetasque pendere nec ea tacuit, sed uerbis

2 cf. Iac. 1, 17   7 Matth. 17, 19. Luc. 17, 6. Marc. 11, 23 -   24 cf. Esai.
10, 23. Rom. 9, 28

1 agimus *PGb*   4 qua*Oml*   cogitur *T*   in illo *PGb*   5 monstrans
feratur *G*   transferetur *Kml*   6 fide (*om.* per) *P*   8 synapis *L* sinaphis *S*
dicetis (e *ex* i *ml*) *L* dicitis *SP*   9 huic monti *b*   10 *pr.*uobis *in mg. Km2*
dixerit *P*   11 et non *b*   12 et] aut *b*   13 inpossiuili*Oml*   14 tantae] tanta *Kml*
15 si *om.O*   16 ea•*O* eam *Km2*   si *Lml*   delectaret*OmlKT*   quidquid*GOCT*
uoluntatis *LmlSPGCb*   17 doloris suę (ae) *LSPmlG* dolorisu•e*O* dolorisue
suaę (s *s.l., corr. m2*) *K* dolori suę (*del.* suę *in mg. add.* sue) *C*   superare *Oml*
19 homines*Gml*   quid *K* ut *b*   necesse *SKC*   21 diligendum] delectādū *b*
24 consumans *SCO*   25 brebians *C*   26 prophetasqu•e*O*   nec ea] nec.
e. ā. *P* nec eā *b*

apertissimis prompsit. d i l i g e s, inquit, d o m i n u m d e u m
t u u m e x t o t o c o r d e t u o e t e x t o t a a n i m a t u a
e t e x t o t a m e n t e t u a, et: d i l i g e s p r o x i m u m
t u u m t a m q u a m t e i p s u m. quid uerius his inpletis
inpleri omnino iustitiam? uerum tamen qui hoc adtendit, etiam 5
illud adtendat, quam in multis offendamus omnes, dum putamus
deo quem diligimus placere uel non displicere quod facimus et
postea per scripturam eius siue certa et perspicua ratione
commoniti, cum didicerimus quod ei non placeat, paenitendo deprecamur, ut ignoscat. plena humana uita est documentis talibus. 10
unde autem minus nouimus quid ei placeat, nisi quia et ipse
minus notus est nobis? u i d e m u s e n i m n u n c p e r s p e-
c u l u m i n e n i g m a t e, t u n c a u t e m f a c i e a d
f a c i e m. quis uero existimare audeat, cum eo uentum fuerit,
quod ait: u t c o g n o s c a m s i c u t e t c o g n i t u s s u m, 15
tantam dei dilectionem fore contemplatoribus eius, quanta fidelibus nunc est, aut ullo modo hanc illi tamquam de proximo
conparandam? porro si quanto maior notitia tanto erit maior
dilectio, profecto nunc quantum deest dilectioni tantum per-
ficiendae iustitiae deesse credendum est. sciri enim aliquid uel credi 20
et tamen non diligi potest; diligi autem quod neque scitur neque
creditur non potest. at si credendo ad tantam dilectionem sancti
peruenire potuerunt, qua certe maiorem in hac uita esse non posse
dominus ipse testatus est, ut animam suam pro fide uel pro
fratribus ponerent, cum ab hac peregrinatione, in qua per fidem 25
nunc ambulatur, peruentum erit ad speciem, quam nondum

---

1 Matth. 22, 37. 39   6 cf. Iac. 3, 2   12 I Cor. 13, 12   23 cf. Ioh. 15, 13
25 cf. II Cor. 5, 6. 7

1 prom•sit (i eras.) L promisit (pr. i s.l.m2) S, OCT p̄romisit K diligis S PG
diligens C   3 diligis S   4 quibus uerbis m2 ex quidurius K   implendis Om1
5 omnino iustitiam] oem b   iustiam O   6 offendimus b   7 do (o in ras.) L dm S
8 certa et (a in ras., et s.l.m2) O   perspicue Km1   9 ei om. T   praenitendo K
poenitende G   precamur PGCTbd   10 ut add. in mg. P, Km2T, cet. om.   agnoscat
Lm1 documentibus G   12 post minus exp. nouimus L   13 ad] a T   14 exestimare
Om1   eo] et b   uenturum G   fuerint K   16 dei om. Pb   lectionem G   17 ullo]
illo Km1C   18 tanta KC   maior erit b   19 post perf. ras. 2 litt. O   20 sciri
(i pr. s.l.) LK   scire Om1   uel credi aliquid b   21 quod (o s.l.m2) O   pr. neque]
nemo S   22 non om. b   at] ad Lm1   aut O ac b   24 all. pro om. b   25 poneret
S Pm1Gb   ab[ad T   26 erit] fuerit O

uisam speramus et per patientiam expectamus, procul dubio
et ipsa dilectio non solum supra quam hic habemus, sed longe
supra quam petimus et intellegimus erit, nec ideo tamen plus
esse poterit quam ex toto corde, ex tota anima, ex tota mente.
5 neque enim restat in nobis aliquid quod addi possit ad totum,
quia si restabit aliquid, illud non erit totum. proinde hoc
primum praeceptum iustitiae, quo iubemur diligere deum ex toto
corde et ex tota anima et ex tota mente, cui est de proximo
diligendo alterum consequens, in illa uita inplebimus, cum
10 uidebimus facie ad faciem. sed ideo nobis hoc etiam nunc
praeceptum est, ut admoneremur, quid fide exposcere, quo spem
praemittere et obliuiscendo quae retro sunt in quae anteriora nos
extendere debeamus. ac per hoc, quantum mihi uidetur, in ea
quae perficienda est iustitia multum in hac uita ille profecit,
15 qui quam longe sit a perfectione iustitiae proficiendo cognouit.

65. Sed si dici potest quaedam iustitia minor huic uitae con-
petens, qua iustus ex fide uiuit, quamuis peregrinus a domino
et ideo per fidem ambulans, nondum per speciem, non absurde
dicitur etiam ad istam pertinere ne peccet. neque enim si esse
20 nondum potest tanta dilectio dei, quanta illi cognitioni plenae
perfectaeque debetur, iam culpae deputandum est. aliud est enim
totam nondum adsequi caritatem, aliud nullam sequi cupiditatem.
quamobrem debet homo, quamuis longe minus amet deum quam
cum potest amare conspectum, nihil tamen appetere inlicitum,

1 cf. Rom. 8, 25   2 cf. Eph. 3, 20   4. 7 cf. Matth. 22, 37. 39   10 cf. I Cor.
13, 12   12 cf. Phil. 3, 13   17 cf. Rom. 1, 17. Gal. 3, 11   cf. II Cor. 5, 6. 7

2 abemus *Om1*   3 quam *om. C*   ido *Om1*   4 corde et ex toto animo
et ex tota mente *O*   5 addidi *G*   6 restauit *Om1 T*   7 eius iustitiae *K*
quod *Om1*   dnm *LSPGb*   8 pr. et om. *KO*   ex tota anima et om. *Gb*   anima—tota
om. *LSP*   et om. *O*   menta *G*   9 impleuimus *Lm1Om1*   cum] ucl *b*
10 uideuimus *Om1*   hic *ex* hac *m2L* hac *SPG*   11 āmoneremur *Km1* admonemur *b*   quid] quod *Om1*   quod*spe*(d *ex* u) *C*   12 oliuiscendo *Km1*
obliuiscenda *b*   post obl. ras. 5—6 litt. in *O*   inq. *Km1*   anteriora] inante *O*
13 hac *L*   14 est s. exp. et *m2K,om.b*   multa *b*   proficit *POKb*   15 qui*quam
(c eras.) *K*   16 si om. *O*   17 qu*a *O*   uitiit *G*   19 non (c s. on *m2*) *K*   20 cognitio
Om1   22 tota *T*   adsequi] ee qui *SG* exsequi *Pb* ase qui *Om1*   nullam (n *s.l.*) *P*
ullam *LSGOC*   24 eum om. *K* enim *G*   post *Om1*   conspectu*m *O*   expetere *G*
appetet *O*

sicut etiam in his quae adiacent sensibus corporis potest oculus
nullis tenebris delectari, quamuis non possit in fulgentissima luce
defigi. uerum ecce iam talem constituamus animam humanam
in hoc corruptibili corpore, qu^a_e etsi nondum illa supereminen-
tissima perfectione caritatis dei omnes motus terrenae libidinis 5
absorbuerit atque consumpserit, tamen in ista minore iustitia
ad inlicitum aliquid operandum eidem libidini nulla inclinatione
consentiat, ut ad illam uitam iam inmortalem pertineat:
d i l i g e s d o m i n u m d e u m t u u m ex t o t o c o r d e t u o
e t ex t o t a a n i m a t u a e t ex t o t a u i r t u t e t u a, ad 10
hanc autem: n o n r e g n e t p e c c a t u m i n u e s t r o m o r-
t a l i c o r p o r e a d o b o e d i e n d u m d e s i d e r i i s e i u s,
ad illam: n o n c o n c u p i s c e s, ad istam: p o s t c o n c u p i-
s c e n t i a s t u a s n o n e a s, ad illam nihil amplius quaerere
quam in ea perfectione persistere, ad istam hoc quod agit in 15
opere habere et illius perfectionem pro mercede sperare, ut per
illam iustus sine fine uiuat in specie, quam in ista desiderauit,
per hanc autem iustus uiuat ex fide, in 'qua illam certo fine
desiderat. his constitutis peccatum erit ex fide uiuentis
aliquando alicui delectationi inlicitae consentire non tantum in 20
illis horrendis facinoribus et flagitiis perpetrandis, uerum etiam
in istis leuioribus, ut uel aurem alicui uoci, quae audienda non esset,

---

5 cf. I Ioh. 4, 16   9 Deut. 6, 5   11 Rom. 6, 12   13 Ex. 20, 17   Eccli. 18, 30
18 cf. Rom. 1, 17

1 adiacet *Km1*   2 possint *CT* potest *z*   3 uerum etiam iam ecce *T*
ecce iam] etiam *O*   animum humanum *KOC*   humanam] rōnalē *b*   4 qui *GOT*
illa *in my. m2 O*   illā supereminentissimā perfectionē *S*   5 omnes (e *ex* i *m2*)
montes (tes *s. ras.*) *L* omnis mons *SG*   *post* motus *ras. 1—2 litt. in O*   6 attamen
zCbd   in *s.l.m2 O*   9 diligis *Lm1Sm1* dilige*s *C*   10 uirtute] mente *b*
11 non *om. Cm1*   nr̄o *b*   13 concupiscis *SG* concupiscens *CTm2*   15 agit
(*s.* l audit *m2*) *K* ait *Pb*   16 perfectione *SC*   17 uiuat—*l. 19* erit *in my.m3L*
specie*L speciem *SG* speciem *P*   in ista] iusta *G*   desiderabit *SG*   18 autem
om.K in qua—ex fide *om. K*   illa *T*   19 uerba his constitutis—*p. 227, 4* poena
terreret *tamquam non apte cum uerbis sequentibus cohaerentia Benedictini
in parenthesi ponunt putantes aptiorem iis locum esse ante uerba lin. 3* uerum
ecce *sqq.*   fide] *add.* hominis *CTd*   uiuentes (e *fin. ex* i) *L* uentis (*s.* uerens
m2) *K*   20 consentire illicite *b*   21 orrendis *Km1*   22 in *om.b*   istis *om.zbd*
lebioribus *G*   esse*t *O*

uel linguam alicui, quae dicenda non esset, accommodet uel in
ipso corde aliquid ita cogitet, ut mallet licitum quod malo
delectat et per praeceptum scitur inlicitum; etiam ista quippe
consensio est ad peccatum, quae utique fieret, nisi poena terreret.
5 tales iusti ex fide uiuentes non opus habent dicere: d i m i t t e
n o b i s d e b i t a n o s t r a, s i c u t e t n o s d i m i t t i m u s
d e b i t o r i b u s n o s t r i s? falsumque esse conuincunt, quod
scriptum est: n o n i u s t i f i c a b i t u r i n c o n s p e c t u t u o
o m n i s u i u e n s? et illud: s i d i x e r i m u s q u i a p e c-
10 c a t u m n o n h a b e m u s, n o s i p s o s d e c i p i m u s e t
u e r i t a s i n n o b i s n o n e s t? et illud: q u i a n o n e s t
h o m o q u i n o n p e c c a b i t? et illud: q u i a n o n e s t
i u s t u s i n t e r r a q u i f a c i e t b o n u m e t n o n p e c c a-
b i t — utrumque enim hoc testimonium non de praeterito
15 dicit, id est 'peccauit', sed de futuro, id est 'peccabit' — et
si qua alia in hanc sententiam sancta scriptura commemorat?
sed quoniam haec falsa esse non possunt, illud esse consequens
uideo, ut qualemlibet uel quantamlibet in hac uita potuerimus
definire iustitiam, nullus in ea sit hominum qui nullum habeat
20 omnino peccatum omnique homini sit necessarium dare ut detur
illi, dimittere ut dimittatur illi et, si quid habet iustitiæ, non
de suo sibi esse praesumere, sed de gratia iustificantis dei et
adhuc tamen ab illo esurire et sitire iustitiam, qui est panis
uiuus et apud quem fons uitae, qui sic operatur iustificationem
25 in sanctis suis in huius uitae temptatione laborantibus, ut tamen

---

5 Matth. 6, 12   8 Ps. 142, 2   9 I Ioh. 1, 8   11 III Regn. 8, 46
12 Ecele . 7, 21   20 cf. Luc. 6, 38. 37   23 cf. Matth. 5, 6   cf. Ioh. 6, 51
24 cf. Ps. 35, 10

1 uel—non esset *s.l.m2O,om.b*   lingua *C*   accommode∗t *O* accommodare *b*
2 mallet *Op.c.*   3 delectet *GPb*   4 quae] si *KOm1C* sed *Om2*   poenae (*exp. m?*) *K*
poena∗*O*   terret*Om1*   5 iustitiac (*s.* l iusti *m2*) *K*   7 esse *add. m2O*   9 quoniam
si *b*   10 nosmet ipsos *Td*   seducimus *L*   11 uerita *Cm1*   illuq] id *K*   12 peccauit *KC* peccet *b*   quia *om.Td*   13 faciat *b*   peccauit *Om1Cm1*   14 non de praeterito *in mg.m2O*   15 dicit—peccauit-*om.O*   peccabit *SG*   sed de futuro dicit *O*
id est *om.b*   peccauit *Lm1Om1*   16 in] in se *C*   hac sententia *O*   17 illud *s. eras.*
id *L*   nonsequens (*c s.* ŋ) *L*   18 qualemlibet] quamlibet *b*   putauerimus (a *s.l.m?*) *K*
19 difinire *O*   20 detur] datur *Km1*   21 *pr.* illis *C*   22 suos ibi *S*   iustificatis *Lm1*
23 et sitire *s.l.m2O*   24 *ante* fons *add.* est *Td*   iustitiam *O*   25 uius *C*

15*

sit et quod petentibus largiter adiciat et quod confitentibus clementer ignoscat.

66. Sed inueniant isti, si possunt, aliquem sub onere cor-
ruptionis huius uiuentem, cui iam non habeat quod ignoscat:
nisi tamen eum fateantur non doctrina legis data, sed etiam 5
infuso spiritu gratiae, ut talis esset, adiutum, non cuiuscemodi
peccati crimen, sed ipsius impietatis incurrent. sane quamquam
talem, si testimonia illa diuina conpetenter accipiant, prorsus
inuenire non possunt, nullo modo tamen dicendum est deo deesse
possibilitatem, qua uoluntas sic adiuuetur humana, ut non solum 10
iustitia ista, quae ex fide est, omni ex parte modo perficiatur
in homine, uerum etiam illa, secundum quam postea in aeternum
in ipsa eius contemplatione uiuendum est. quando quidem si nunc
uelit in quoquam etiam hoc corruptibile induere incorruptionem
atque hic inter homines morituros eum iubere uiuere minime 15
moriturum, ut tota penitus uetustate consumpta nulla lex in
membris eius repugnet legi mentis deumque ubique praesentem
ita cognoscat, sicut sancti postea cognituri sunt, quis demens
audeat adfirmare non posse? sed quare non faciat, quaerunt
homines nec qui quaerunt se adtendunt esse homines. scio quod 20
sicut inpossibilitas ita et iniquitas non est apud deum; et scio
quod superbis resistit, humilibus autem dat gratiam; et scio
quod illi, cui ne extolleretur datus erat stimulus carnis, angelus

---

11 cf. Rom. 10, 6   14 cf. I Cor. 15, 53   16 cf. Rom. 7, 23   21 cf.
Rom. 9, 14   22 cf. Iac. 4, 6   23 cf. II Cor. 12, 7

1 *pr.* et *om.b*   *all.* et *m2 add.O*   quod *om. PCb*   3 sed *ex* si *m2L*   honore *LSC*
honere (e *pr. ex* o *P*) onore *G* ✱onere *O*   4 qui *Km2*   habeat] *add.* deus *zTbd*
5 *post* legis 7—8 *litt. eras.* O   datum *POm1b* datae *Om2CTbd*   6 ut
?f. G talis esset *m2 ex* utilis ee *O*   huiuscemodi *b*   8 *uoce* testimonia *fin. G*   diuina illa *b*
accipiat *b*   9 possint (i *ex* u) *O*, *Lm2S*   tamen modo *b*   est *om.zTbd*
11 ista (i *s.l.m2*) *O*   quae (ae *ex* a *m1*) *L* qua *SPm1*   12 illam *C*   secundum
qua *b*   13 in *om.O*   14 quoquam (quo *s.l.m2*) *O*   ✱✱ corruptibile
(b *ex* u *m2*) *O*   indu✱ere *L* induçere (c *exp. m. rec.*) *P* inducri *Om1*   incorruptione *LSPT*   15 hic *om.b*   16 *post* consumpta *ras. 2 litt. in* L   consummat
aut *S* consūpta aut *P*   17 eis *Om1*   18 sci] *add.* qui *K*   19 faciant *K*
20 nec--homines *in mg. Pm1*   attendunt se *b*   se✱*O*   21 sicut *in mg.Om2*
f. L   *uoce* inpossibilitas *fin. L*   ita *m2 ex* ut *O*   23 cui✱ne *P*   neç *K*   carnis *om.K*

satanae, qui eum colaphizaret, semel et iterum et tertio deprecanti
dictum est: s u f f i c i t t i b i g r a t i a m e a; n a m u i r t u s
i n i n f i r m i t a t e p e r f i c i t u r. aliquid ergo est in abdito
et profundo iudiciorum dei, ut etiam iustorum omne os obstruatur
5 in laude sua et non aperiatur nisi in laudem dei. hoc autem
aliquid quis possit scrutari, quis uestigare, quis nosse? tam s u n t
i n s c r u t a b i l i a i u d i c i a e i u s e t i n u e s t i g a b i l e s
u i a e e i u s! q u i s e n i m c o g n o u i t s e n s u m d o m i n i?
a u t q u i s c o n s i l i a r i u s i l l i f u i t? a u t q u i s p r i o r
10 d e d i t i l l i, e t r e t r i b u e t u r e i? q u o n i a m e x
i p s o e t p e r i p s u m e t i n i p s o s u n t o m n i a, i p s i
g l o r i a i n s a e c u l a s a e c u l o r u m. a m e n.

2 II Cor. 12, 9   4 cf. Rom. 3, 19   6 Rom. 11, 33—36

1 satanae *om.K*   *all.* et] atque *O*   2 est] *add.* ei *S*   4 in profundo *O*
obstruatur (a *in ras. m2*) *O*   5 lade *O*   operiatur *SKm1*   dei] eius *b*   6 uestigare
(e *fin. m2 ex* i) *O* inuestigare *LPGCTbd*   *s.* tam *add.m2* quā *K*   7 inuestigauiles
Om1   9 illi] eius *b*   11 sunt *om.LSP*   12 Explicit de spū et littera deo grátiás *S*
Explicit de spū et littera d̄o gratias amen (*litt. mai.*) *P* Explicit de spu et littera
feliciter *O* In nomine domini contuli ut potui. Explicit liber de spiritu et littera *CT*
Explīc līb de spū et littera *K*

AVGVSTINI RETRACTATIONVM LIB. II. CAP. LXIII (XXXVII)
(PAG. 175, 13 ED. KNOELL).
DE SPIRITV ET LITTERA AD MARCELLINVM LIBER
VNVS.

1. Ad quem scripseram tres libros, quorum titulus est De
peccatorum meritis et remissione, ubi diligenter disputatur etiam
de baptismo paruulorum, rescripsit mihi se fuisse permotum, quod
dixerim fieri posse, ut sit homo sine peccato, si uoluntas eius non desit
ope adiuuante diuina, quamuis nemo tam perfectae iustitiae in hac
uita uel fuerit uel sit uel futurus sit. quaesiuit enim, quomodo dixerim posse fieri, cuius rei desit exemplum. propter hanc eius
inquisitionem scripsi librum, cuius est titulus De spiritu et littera,
pertractans apostolicam sententiam, ubi ait: *littera occidit, spiritus
autem uiuificat.*

2. In quo libro, quantum deus adiuuit, atrociter disputaui contra
inimicos gratiae dei, qua iustificatur inpius. cum autem agerem de
obseruationibus Iudaeorum a quibusdam escis secundum ueterem
legem abstinentium, dixi: *q u a r u n d a m   e s c a r u m   c e r e -
m o n i a e.* quod nomen non est in usu sanctarum litterarum, ideo
tamen mihi congruens uisum est, quod a carendo appellatas cere-
monias quasi carimonias memoria tenebam eo, quod obseruantes
careant his rebus, a quibus se abstinent. quod si est origo huius
nominis, quae abhorret a uera religione, secundum hanc ego non
sum locutus, sed secundum istam, quam supra memoraui.

3. Hic liber sic incipit: *Lectis opusculis, quae ad te nuper
elaboraui, fili carissime Marcelline.*

13 II Cor. 3, 6   16 cf. Rom. 4, 5   18 De spir. et litt. 21, 36   Aug. ep.
82, 18   20 cf. Gell. Noct. Att. IV 9, 8

III.

DE NATVRA ET GRATIA LIBER VNVS.

CODICES:

L = codex *Lugdunensis 608 (524) saec. VIII ex.*
D = codex *S. Dionysii, postea Colb., nunc Parisinus 2095 saec. IX.*
P = codex *Parisinus 9544 saec. IX.*
R = codex *Remensis 393 (E. 285) saec. IX.*
V = codex *Vossianus Latinus 98 saec. IX.*
B = codex *Bernensis 176 saec. XI.*
C = codex *Carnutensis 93 (48) saec. X.*
E = codex *olim Corbeiensis nunc Parisinus 12210 saec. X.*
b = editio *Amerbachiana.*
d = editio *Benedictinorum a S. Mauro 1690.*
Oros. = *Pauli Orosii Excerpta CSEL V 673—680. 665—672 ed.*
C. Zangemeister.
Eug. = *Eugippii Excerpta ex opp. s. Augustini p. 958, 10—17.*
958, 18—959, 17 ed. P. Knoell (CSEL VIIII).

I. 1. Librum quem misistis, carissimi filii Timasi et Iacobe, intermissis paululum, quae in manibus erant, cursim quidem, sed non mediocri intentione perlegi et uidi hominem zelo ardentissimo accensum aduersus eos, qui cum in suis peccatis humanam uolun-
5 tatem debeant accusare, naturam potius accusantes hominum per illam se excusare conantur. nimis exarsit aduersus hanc pestilentiam, quam etiam litterarum saecularium auctores grauiter arguerunt exclamantes: f a l s o q u e r i t u r d e n a t u r a s u a g e n u s h u m a n u m. hanc prorsus etiam iste sententiam quantis
10 potuit ingenii uiribus aggerauit. uerum tamen timeo ne illis potius suffragetur, qui z e l u m d e i h a b e n t, s e d n o n s e c u n d u m s c i e n t i a m; i g n o r a n t e s e n i m d e i i u s t i t i a m e t s u a m u o l e n t e s c o n s t i t u e r e i u s t i t i a e d e i n o n s u n t s u b i e c t i. quae sit autem iustitia dei de qua hic loquitur
15 consequenter aperit adiungens: f i n i s e n i m l e g i s C h r i s t u s a d i u s t i t i a m o m n i c r e d e n t i. hanc itaque iustitiam dei non in praecepto legis, quo timor incutitur, sed in adiutorio gratiae Christi, ad quam solam utiliter legis uelut paedagogi timor ducit, constitutam esse qui intellegit, ipse intellegit quare sit
20 Christianus. n a m s i p e r l e g e m i u s t i t i a, e r g o C h r i-s t u s g r a t i s m o r t u u s e s t. si autem non gratis mortuus est, in illo solo iustificatur impius, cui c r e d e n t i i n e u m q u i i u s t i f i c a t i m p i u m d e p u t a t u r f i d e s a d

8 Sallusti Bell. Iug. 1   11. 15 Rom. 10, 2—4   18 cf. Gal. 3, 24   20 Gal.
2, 21   22 Rom. 4, 5

Explc x̄p̄o d̄n̄o īh̄u gratias ad ēp̄o̅s eutropium et paulum (*litt. mai.*) Incipit lib sci augustini ad timasiñ et iacobū de natura et gratia D Explicit: x̄p̄o d̄n̄o īh̄u gratias ad episcopos eutropium et paulum. Incipit (*cetera desunt spatio uacuo relicto*) P,E (Inc. *om.*) Explicit x̄p̄o d̄n̄o īh̄u gratias ad ēp̄o̅s eutropium et paulum. Incipit liber sci augustini de natura et gratia LRC Incipit ad timasium et iacobum de natura et gratia feliciter VB   1 karissimi B   filii] f.V
2 paulum Vm1   3 ut zelo (ut in mg. m2) R ut̞ zelo E   7 quę L   arguere V
arguêre E   8 qu⋆eritur DPC quęritur R   9 iste (c ex i) D   10 ueruntamen VB
12 ante enim eras. d R   14 iustitia (a exę m2) L   17 post praecepto ras. 1—2 litt. R
18 pedagogi Vm1 cet.   19 ipse intellegit in mg. D   21 si—est in mg. Em1

iustitiam. omnes enim peccauerunt et egent
gloria dei iustificati gratis per sanguinem
ipsius. quicumque aut m non putantur pertinere ad hos omnes,
qui peccauerunt et egent gloria dei, profecto nullam necessitat m
habent ut Christiani fiant, quia non est opus sanis medicus, sed 5
aegrotantibus; unde non uenit ille uocare iustos, sed peccatores.
II. 2. Ac per hoc natura humani generis ex illius unius praeuaricatoris carne procreata, si potest sibi sufficere ad inplendam
legem perficiendamque iustitiam, de praemio debet esse secura,
hoc est de uita aeterna, etiamsi in aliqua gente aut aliquo superiore 10
tempore fides eam latuit sanguinis Christi. non enim iniustus
deus, qui iustos fraudet mercede iustitiae, si eis non est annuntiatum
sacramentum diuinitatis et humanitatis Christi, quod manifesta-
tum est in carne. quomodo enim crederent quod non audierunt?
aut quomodo audirent sine praedicante? fides enim ex au- 15
ditu, sicut scriptum est, auditus autem per uerbum
Christi. sed dico, inquit: numquid non audierunt?
in omnem terram exiit sonus eorum et in fines
orbis terrae uerba eorum. sed antequam hoc inciperet
fieri, antequam denique usque ad fines totius orbis terrae prae- 20
dicatio ipsa perueniat — quoniam non desunt adhuc ultimae gentes,
licet ut perhibetur paucissimae, quibus hoc nondum fuerit prae-
dicatum — quid faciat humana natura uel quid fecit, quae uel ante non
audierat hoc futurum uel adhuc non comperit factum nisi credendo in deum, qui fecit caelum et terram, a quo et se factam 25
naturaliter sentit et recte uiuendo eius inpleat uoluntatem nulla
fide passionis Christi et resurrectionis imbuta? quod si fieri potuit
aut potest, hoc et ego dico, quod de lege dixit apostolus: ergo

1 Rom. 3, 23. 24   5 cf. Matth. 9, 12. 13   13 cf. I Tim. 3, 16   14 cf.
Rom. 10, 14   15 Rom. 10, 17. 18   18 Ps. 18, 5   25 cf. Act. 4, 24
28 Gal. 2, 21

1 aegent L*egent D egent P   2 gloria*R   4 aegent LP*egent D gloriam R
gloria* C   profecto (in mg. perfecto) V   5 medicis D   7 preuaricatoris
(i fin. m2 ex e) R   8 implendum Rm1   9 premio m2 ex primo D   11 iustus
VEm1   13 manifestum Lm1Dm1VB   14 est om.VEm1   16 est s.l.R   18 exiuit
RCEd   19 orbis (i ex e m1) L   inciperet in mg.Em1   21 peruenit Lm1Dm1
perueniret ER in mg. perueniret (in mg.m2 perueniet) V   ad hoc b   22 fuerat (a ex
i m1) R   23 faciet Dm2VCbd   25 factum Dm1

C h r i s t u s g r a t i s m o r t u u s e s t. si enim hoc ille dixit de
lege quam accepit gens una Iudaeorum, quanto iustius dicitur de
lege naturae, quam accepit uniuersum genus humanum: 'si per
naturam iustitia, ergo Christus gratis mortuus est'! si autem Chri-
5 stus non gratis mortuus est, ergo omnis humana natura iustificari
et redimi ab ira dei iustissima, hoc est a uindicta, nullo modo
potest nisi per fidem et sacramentum sanguinis Christi.

   III. 3. Natura quippe hominis primitus inculpata et sine
ullo uitio creata est; natura uero ista hominis, qua unusquisque ex
10 Adam nascitur, iam medico indiget, quia sana non est. omnia quidem bona, _{quae} habet in formatione, uita, sensibus, mente, a summo
deo habet creatore et artifice suo. uitium uero, quod ista naturalia
bona contenebrat et infirmat, ut inluminatione et curatione opus
habeat, non ab inculpabili artifice contractum est, sed ex originali
15 peccato, quod commissum est libero arbitrio. ac per hoc natura
poenalis ad uindictam iustissimam pertinet. si enim iam sumus in
Christo noua creatura, tamen e r a m u s n a t u r a f i l i i i r a e
s i c u t e t c e t e r i; d e u s a u t e m, q u i d i u e s e s t i n mi-
s e r i c o r d i a, p r o p t e r m u l t a m d i l e c t i o n e m, q u a
20 d i l e x i t n o s, e t c u m e s s e m u s m o r t u i d e l i c t i s,
c o n u i u i f i c a u i t n o s C h r i s t o, c u i u s g r a t i a s u-
m u s s a l u i f a c t i.

   IV. 4. Haec igitur Christi gratia, sine qua nec infantes nec
aetate grandes salui fieri possunt, non meritis redditur, sed gratis
25 datur, propter quod gratia nominatur. i u s t i f i c a t i, inquit,
g r a t i s p e r s a n g u i n e m i p s i u s. unde hi qui non per illam
liberantur, siue quia audire nondum potuerunt siue _{quia} oboedire

10 medico indiget—241, 1 didicimus] cf. Orosii Excerpta 3—13 (CSEL V
673—680) 16 cf. II Cor. 5, 17   17 Eph. 2, 3—5   25 Rom. 3, 24   27 cf. Rom. 10, 14

   2 iudeorum V   4 iustitia (*in mg.* l iustus) R   si—est *om.Dm1 B*   siçut E
si autem *ex* sicut V m2   non gratis Christus d   5 est *om.E*   6 redemi Dm1
est *om.Lm1*   a *om.*Vm1b   9 qu*a R   10 indiget *om.*Vm1   11 refor-
matione (re *s.l.m2*) R conformatione *Oros.*   uitam sensus mentem *Oros.*
12 habet *in mg.Dm1, s.l.*Vm2   14 inculpabili*D   16 poenis Dm1Bm1   etsi
coni. Ben.   non sumus E simus b   17 creatura tamen *repet.* Vm1   18 in misericordia est V   19 qu*a V quia Em1   20 dilectis Pm1 peccatis *Oros.*   23 igitur]
autem d   gratia Christi*Oros.*   Christi *om.* Vm1   25 quod *om.* Vm1   et gratia
Cd Oros.   26 hii VE   illum V   27 qui b   ndū audire V

noluerunt siue etiam, cum per aetatem audire non possent, lauacrum regenerationis quod accipere possent, per quod salui fierent,
non acceperunt, iuste utique damnantur, quia sine peccato non sunt,
uel quod originaliter traxerunt uel quod malis moribus addiderunt;
o m n e s e n i m p e c c a u e r u n t — siue in Adam siue in se ipsis 5
— e t e g e n t g l o r i a d e i.

V. 5. Vniuersa igitur massa poenas debet et, si omnibus
debitum damnationis supplicium redderetur, non iniuste procul
dubio redderetur. qui ergo inde per gratiam liberantur, non uasa
meritorum suorum, sed uasa misericordiae nominantur. cuius 10
misericordiae nisi illius, qui Christum Iesum misit in hunc mundum
peccatores saluos facere, quos praesciuit et praedestinauit et uocauit
et iustificauit et glorificauit? quis igitur usque adeo dementissime
insaniat, ut non agat ineffabiles gratias misericordiae quos uoluit
liberantis, qui recte nullo modo posset culpare iustitiam uniuersos 15
omnino damnantis?

VI. 6. Hoc si secundum scripturas sapiamus, non cogimur
contra christianam gratiam disputare et ea dicere, quibus demonstrare conemur naturam humanam neque in paruulis medico
indigere, quia sana est, et in maioribus sibi ipsam ad iustitiam, si 20
uelit, posse sufficere. acute quippe uidentur haec dici, sed in sapientia uerbi, qua euacuatur crux Christi, n o n e s t i s t a s a p i e n-
t i a d e s u r s u m d e s c e n d e n s. nolo quod sequitur dicere, ne
amicis nostris, quorum fortissima et celerrima ingenia non in peruersum, sed in directum currere uolumus, facere existimemur iniuriam. 25

VII. 7. Quanto igitur zelo accensus est libri huius, quem misistis, conditor aduersus eos qui peccatis suis patrocinium de naturae

---

1 cf. Tit. 3, 5   5 Rom. 3, 23   10 cf. Rom. 9, 23   11 cf. I Tim. 1, 15
12 cf. Rom. 8, 29. 30   21 cf. I Cor. 1, 17   22 Iac. 3, 15

1 non possent audire V   5 se *s.l.* Vm2 semet b   6 aegent L   gloriam R
gloriam (m *s.ras.*) C   8 non—redderetur *in mg.* Dm1   10 cui**R   11 misericordia VE   12 et *om.* Vm1   p̄distinauit ELm2   13 gloriauit Rm1   14 in insaniat L   deo gratias V   15 liberanti*P   possent (n *s.l.m2*) C   uniuersis E
17 scripturam b   19 humanamque (*om.* neque) B   medico in paruulis V
20 ad *om.* Vm1   22 quae (a *s.l.*) uacuatur L   uacuatur Vm1Em1   crux
om. Vm1   ista] ipsa V   desursum sapientia bd   23 nolo *ex* nullo Cm1
24 quorum *om.* Vm1   fort.] certissima B   25 existimemur (*pr.* i *ex* e) D   27 de
natura humanae infirmitatis Oros.

humanae infirmitate perquiruut, tanto et multo ardentiore zelo
nos oportet accendi, ne euacuetur crux Christi. euacuatur autem,
si aliquo modo praeter illius sacramentum ad iustitiam uitamque
aeternam peruenire posse dicatur. quod in libro isto agitur, nolo
5 dicere ab sciente. ne illum qui eum scripsit ne Christianum quidem
habendum iudicem, sed, quod magis credo, a nesciente, magnis
sane uiribus; sed eas sanas uolo, non quales frenetici habere
consuerunt.

8. Nam prius distinguit 'aliud esse quaerere an possit aliquid
10 esse, quod ad solam possibilitatem pertinet, aliud, utrumne sit'. hanc
distinctionem ueram esse nemo ambigit; consequens enim est, ut quod
est esse potuerit, non est autem consequens, ut quod esse potest
etiam sit. quia enim dominus Lazarum suscitauit, sine dubio
potuit; quia uero Iudam non suscitauit, numquid dicendum est:
15 'non potuit'? potuit ergo, sed noluit. nam si uoluisset, eadem etiam
hoc potestate fecisset, quia et filius quos uult uiuificat. sed hac
distinctione uera atque manifesta quo tendat et quid efficere
conetur aduertite. *nos, inquit, de sola possibilitate tractamus; de
qua nisi quid certum constiterit, transgredi ad aliud grauissimum esse*
20 *atque extra ordinem ducimus.* hoc uersat multis modis et sermone
diuturno, ne quis eum aliud quam de non peccandi possibilitate
quaerere existimet. unde inter multa quibus id agit etiam hoc
dicit: *idem iterum repeto: ego dico posse esse hominem sine peccato.*
tu quid dicis? non posse esse hominem sine peccato. neque ego dico,
25 inquit, *hominem esse sine peccato neque tu dicis non esse hominem*
sine peccato; de posse et non posse, non de esse et non esse contendimus.
deinde nonnulla eorum quae aduersus eos de scripturis proferri solent
ad istam quaestionem non pertinere, in qua quaeritur possitne an

---

2 cf. I Cor. 1, 17   9 Pelagius   13 cf. Ioh. 11, 43. 44   16 cf. Ioh. 5, 21
18. 23 Pelagius

2 nos *om.* V m1   ne euacuetur *ex* nec uacuetur L   Christi *om.* V m1
3 si aliquo *semel exp.* V   4 perueniri L m2 d   dicatur *ex* dicamus E   nolo (o *fin.*
m2 ex e) D   5 quide D m1   6 sed *om.* R m1   7 frenetici *codd. omnes, in mg.* V m2
11 est *s.l.* V m2 R m1   12 *all.* est *om.* D m1 V m1   15 etiam hoc eadem potestate *Oros.*
16 et *om.* V   quo R m1   ha•c D   hanc B   13 conaetur V   inquid V (*passim*)
19 alium (*in mg.* m2 ł aliud) R   20 dicimus C ros.   21 possibitate V m1
22 exestimet D m1 B   23 item (d *s.* t) R   iterũnt V   posse *om.* B   24 posse *s. ras.*
D m2   esse *om.* R   25 sine *om.* V m1   26 et non esse *in mg.* R m2

non possit homo esse sine peccato, ita commemorat: *nam nullus*,
inquit, *mundus est a sorde, et: n o n   e s t   h o m o   q u i   n o n
p e c c e t, et: n o n   e s t   i u s t u s   i n   t e r r a, et: n o n   e s t
q u i   f a c i a t   b o n u m, et cetera his similia*, inquit, *ad non esse,
non ad non posse proficiunt. huiusmodi enim exemplis ostenditur,* 5
*quales homines quidam tempore aliquo fuerint, non quod aliud esse
non potuerint; unde et iure inueniuntur esse culpabiles. nam si idcirco
tales fuerunt, quia aliud esse non potuerunt, culpa carent.*

VIII. 9. Videte quid dixerit. ego autem dico paruulum natum
in eo loco, ubi ei non potuit per Christi baptismum subueniri, 10
morte praeuentum idcirco talem fuisse, id est sine lauacro regenerationis exisse, quia esse aliud non potuit. absoluat ergo eum et
aperiat ei contra sententiam domini regnum caelorum; sed non eum
absoluit apostolus qui ait: p e r   u n u m   h o m i n e m   p e c c a-
t u m   i n t r a u i t   i n   m u n d u m   e t   p e r   p e c c a t u m 15
m o r s   e t   i t a   i n   o m n e s   h o m i n e s   p e r t r a n s i i t, i n
q u o   o m n e s   p e c c a u e r u n t. recte ergo ea damnatione,
quae per uniuersam massam currit, non admittitur in regnum
caelorum, quamuis Christianus non solum non fuerit, sed nec esse
potuerit. 20

IX. 10. Sed: *non damnatur*, inquiunt, *quia in Adam peccasse
omnes non propter peccatum nascendi origine adtractum, sed propter
imitationem dictum est.* si ergo ideo dicitur Adam auctor omnium
qui subsecuti sunt peccatorum, quia primus peccator in hominibus
fuit, cur non potius Abel quam Christus ponitur caput omnium 25
iustorum, quia primus in hominibus iustus fuit? sed de infante non
loquor; iuuenis uel senex in ea regione defunctus est, ubi non potuit
Christi nomen audire. potuit fieri iustus per naturam et liberum

---

1 Pelagius cf. Iob 14, 4   2 III Regn. 8, 46   3 Eccle. 7, 21   Ps. 13, 3
13 cf. Ioh. 3, 5   14 Rom. 5, 12   21 Pelagius

1 ita *om.* V   3 *pr.* est *om.*Lm1   4 faciet Vm1   es*se R   5 exşemplis E
6 quidã*E   es*se R   9 dixerim Lm2   uocc ego *inc. c.* VIII b   10 ei *om.*Vm1
per *om.*Vm1   subuenire V   13 apperiat E   ei *om.*Vm1   17 demnatione Vm1
18 amnittitur (d *s. pr.* m m1) L, Dm1PVm1BE   regno Vm1   19 non solum
*om.*Vm1   21 inquid hic V   23 ideo] in eo V   omnium] hominum Oros.
24 subsecuti *ex* subiecti Dm2   prius LPVB   in hominibus *om.*V   25 quur
DPRBC   ponitur P   26 in omnibus iustus Cros.   28 audiri (i *fin. ex* e) P
per naturam iustus V

arbitrium an non potuit? si potuisse dicunt, ecce quod est crucem
Christi euacuare 'sine illa quemquam per naturalem legem et
uoluntatis arbitrium iustificari posse contendere'. dicamus et hic:
ergo Christus gratis mortuus est; hoc enim omnes
5 possent, etiamsi mortuus ille non esset; et si iniusti essent, quia
uellent, essent, non quia iusti esse non possent. si autem sine Christi
gratia iustificari omnino non potuit, etiam istum, si audet, absoluat
secundum uerba sua, quia 'si idcirco talis fuit, quod aliud esse
non potuit, culpa caruit'.

10   X. 11. Sed obiecit sibi quasi ab alio dictum et ait: *potest quidem esse, sed per dei gratiam, inquies.* deinde uelut respondendo
subiungit: *ago humanitati tuae gratias, quod assertionem meam,
quam dudum oppugnabas, non modo non oppugnare aut non confiteri solum contentus non es, uerum etiam non refugis conprobare.*
15 *nam dicere: potest quidem, sed per illud aut illud, quid aliud est quam
non solum consentire quod possit esse, uerum etiam quomodo uel qualiter possit ostendere? nullus itaque magis alicuius rei possibilitatem
probat quam qui eius etiam qualitatem fatetur, quia nec absque re esse
qualitas potest.* his dictis iterum sibi obicit: *sed tu, inquies, hoc in*
20 *loco dei gratiam, quando quidem eam non commemoras, uideris abnuere.* deinde respondit: *egone abnuo, qui rem confitendo confitear
necesse est et per quod effici res potest, an tu, qui rem negando et quicquid illud est per quod res efficitur procul dubio negas?* oblitus est
iam se illi respondere, qui rem non negat, cuius obiectionem paulo
25 ante proposuerat dicentis: *potest quidem esse, sed per dei gratiam.*

---

1 cf. I Cor. 1, 17   4 Gal. 2, 21   8. 10 Pelagius   25 Pelagius

1 potuisse**L   2 sine ulla*R   natura Vm1   3 iustificari (i fin. ex e)RV
1 Christus om.Vm1   5 iniusti*L iniusti (in s.l.)D iusti B   6 iusti om.Vm1
9 ante non add. omnino d   caret Oros.   10 obiicit d   sibi om.V   dictum
(c s. eras. litt.)R   quide Dm1   11 esses E   gratiam dei bd   uelud (passim)
DVBE   12 adsertionem VE   13 obpugnabas PRVC   non ante confiteri
om.DVBC'd Oros.   15 nā s. exp. et Vm2   sed per illum aut per illud Oros.
16 consentire] non sentire DBC   posset Oros.   17 posset LDm1B Oros.
18 adprobat Oros.   neque bd   19 dictis (i fin. ex u) R   iterum om. Vm1
20 commoras LD conmemorans V   21 respondet bd Oros.   egonon (in mg.m2
ne) V egon̄*R ergone (r s.l.)P   non abnuo E   22 res effici DRBbd   an] at
(in mg. an)V, Rm2Em1   quidquid LPCm1   23 illud om.Vm1   post effic.
add. potest B   25 pposuerat V   potes Vm1   gratiam dei bd

quomodo ergo illam pro qua iste multum laborat possibilitatem
negat, qui ei iam dicit: 'potest esse, sed per dei gratiam'? uerum
tamen qui a isto dimisso qui rem iam confitetur agit adhuc aduersus
eos qui negant esse possibile hominem esse sine peccato, quid ad
nos? contra quos uult agat, dum tamen hoc confiteatur, quod 5
impietate sceleratissima negatur, sine gratia dei hominem sine
peccato esse non posse. dicit ergo: *siue per gratiam siue per adiutorium siue per misericordiam et quicquid illud est per quod esse
homo absque peccato potest, confitetur quisquis rem ipsam fatetur.*

XI. 12. Fateor dilectioni uestrae, cum ista legerem, laetitia 10
repente perfusus sum, quod dei gratiam non negaret, per quam
solam homo iustificari potest; hoc enim in disputationibus talium
maxime detestor et horreo. sed pergens legere cetera primo ex
datis similitudinibus coepi habere suspectum. ait enim: *nunc si
dixero: homo disputare potest, auis uolare, lepus currere, et non etiam* 15
per quae haec effici possint commemorauero, id est linguam, alas,
pedes, num ego officiorum qualitates negaui, qui officia ipsa confessus
sum? uidetur certe haec cum commemorasse, quae natura ualent;
creata sunt enim haec membra huiusmodi naturis, lingua, alae,
pedes. non tale aliquid posuit, quale de gratia intellegi uolumus, 20
sine qua homo non iustificatur, ubi de sanandis, non de instituendis
naturis agitur. hinc iam ergo sollicitus coepi legere cetera et me
non falso comperi suspicatum.

XII. 13. Quo priusquam ueniam, uidete quid dixerit. cum
tractaret quaestionem de differentia peccatorum et obiceret sibi, 25
quod quidam dicunt leuia quaedam peccata ipsa multitudine,
quod saepe inruant, non posse cuncta uitari, negauit 'debere
argui ne leuia quidem correctione, si uitari omnino non possunt',

7. 14. 27 Pelagius

2 qui etiam ei *b*   dici *V*   esse *om. Vm1*   ueruntamen *V*   3 ait *Vm1E*
4 *pr.* esse] este *R,om.C*   7 non *eras.V*   8 quidquid *PBEm1*   9 *post*
absque *exp.* siue *B*   potest] peccat *d*   11 repetente *B*   perfusus (us *fin. s.l.m2) D*
13 maxime *om.Vm1*   orreo *L*orreo E*   primo *ex* promo *R*   14 nunc] num
Dm2RCEm1 nam *d*   si *s.l.Dm2Rm1*   15 lupus *RB*   16 possunt *VBEbdOros.*
lingua malas *L*   18 eñ *V*   natura ualent (ra *et* u *s.l.) D*   20 uolu*mus *R*
22 ego *Oros.*   25 de *s.l.Lm2*   et obiceret sibi quod quaedam saepe inruant *Oros.*
26 quaedā *s.l.Vm2*   28 leui *Bbd* leui*C*   quide (m *s.l. m2 semper fere) D*
correptione *d Oros.*

scripturas utique non aduertens noui testamenti, ubi didicimus
hanc esse intentionem legis arguentis, ut propter illa quae perperam fiunt confugiatur ad gratiam domini miserantis uelut paedagogo concludente in eadem fide, quae postea reuelata est, ubi et
5 remittantur quae male fiunt et eadem gratia iuuante non fiant.
proficientium est enim uia, quamuis bene proficientes dicantur
perfecti uiatores. illa est autem summa perfectio; cui nihil addatur,
cum id quo tenditur coeperit possideri.

XIII. 14. Iam uero illud quod eis dicitur: 'ipse tu sine pec-
10 cato es?' reuera non pertinet ad eam rem de qua uertitur quaestio.
sed quod dicit 'neglegentiae suae potius inputari, quod non est sine
peccato', bene quidem dicit, sed dignetur inde et orare dominum,
ne illi haec iniqua neglegentia dominetur, quem rogabat quidam,
quando dicebat: itinera mea dirige secundum
15 uerbum tuum et non dominetur mihi omnis
iniquitas, ne, dum suae diligentiae quasi propriis uiribus
fidit, neque hic ad ueram iustitiam neque illic, ubi sine dubio perfecta desideranda est et speranda, perueniat.

XIV. 15. Et illud quod a quibusdam eis dicitur nusquam esse
20 scriptum his omnino uerbis posse esse hominem sine peccato', facile
refellit, quia non ibi est quaestio, quibus uerbis dicatur quaecumque sententia. non tamen fortasse sine causa, cum aliquotiens
in scripturis inueniatur homines dictos esse sine querella.
nemo inuenitur, qui sit dictus sine peccato nisi unus solus
25 de quo aperte dictum est: eum qui non nouerat pec-

---

2 hanc esse—247, 9 caret] cf. Orosii Excerpta 13—21 (CSEL V 665—672)
3 cf. Gal. 3, 24. 23   9. 11 Pelagius   14 Ps. 118, 133   19. 21 Pelagius
23 cf. Iob 1, 8. Luc. 1, 6. Phil. 3, 6   25 II Cor. 5, 21

1 didicimus Oros. dicimus codd. discimus coni. Ben.   2 propter illa quae]
quia per illam Oros.   illam C   3 pedagogo LDPRVE   4 eadem om. Cros.
5 remittuntur B   alt. fiunt Oros.   6 uia om. V   7 perfecti (i s. eras. litt.) L
ille Dm1   autem] enim B   8 quod R   9 ei d   .12 et orare] exorare (x in ras.) V
deum bd   13 inqua L   Quā b   15 non] ne PVE Oros.   omnes Rm1
17 iustiam E   sine dubio ubi V a. c.   18 perueniet VE   19 quod
eis (ei d) a quib. dic. bd ·   a —dicitur] quidā dicit** (qui s. eras. 2 litt.) V
20 uerbis] uel L   21 est ibi DRBCbd   quaeque b   22 aliquoties Vm1BE
23 esse s. l. Vm2   querella PV quaerela C   24 nemo] non bd   dictus sit Oros.

c a t u m, et eo loco, ubi de sacerdotibus sanctis agebatur:
e t e n i m   e x p e r t u s   e s t   o m n i a   s e c u n d u m   s i m i l i-
t u d i n e m   s i n e   p e c c a t o: in illa scilicet carne, quae
habebat similitudinem carnis peccati, quamuis non esset caro
peccati; quam tamen similitudinem non haberet, nisi cetera omnis 5
hominis esset caro peccati. iam illud quomodo accipiendum sit:
o m n i s   q u i   n a t u s   e s t   e x   d e o   n o n   p e c c a t   e t   n o n
p o t e s t   p e c c a r e,   q u i a   s e m e n   e i u s   i n   i p s o   m a n e t,
cum ipse apostolus Iohannes, quasi non sit natus ex deo aut eis loqueretur qui nondum essent nati ex deo, aperte posuerit: s i 10
d i x e r i m u s   q u i a   p e c c a t u m   n o n   h a b e m u s,   n o s
i p s o s   s e d u c i m u s   e t   u e r i t a s   i n   n o b i s   n o n   e s t,
in libris, quos de hac re ad Marcellinum scripsi, sicut potui, explicare
curaui. et illud, quod dictum est: n o n   p o t e s t   p e c c a r e,
pro eo dictum esse, acsi diceretur 'non debet peccare', non in- 15
probanda mihi uidetur huius assertio. quis enim insanus dicat
debere peccari, cum ideo sit peccatum, quia non debet fieri?

XV. 16. Sane quod apostolus Iacobus ait: l i n g u a m
a u t e m   n u l l u s   h o m i n u m   d o m a r e   p o t e s t,   non
mihi uidetur ita intellegendum, ut exponere uoluit, *quasi per* 20
exprobrationem° dictum, tamquam diceretur: ergone linguam nullus
hominum domare potest? tamquam obiurgans et dicens: domare
feras potestis, linguam non potestis? quasi facilius sit lingnam domare
quam feras. non puto quod iste sit sensus hoc loco. si enim hoc
sentiri uellet de facilitate domandae linguae, cetera sequerentur 25
in bestiarum conparatione. nunc uero sequitur: i n q u i e t u m
m a l u m,   p l e n a   u e n e n o   m o r t i f e r o, utique nocentiore
quam bestiarum est atque serpentium; nam illud carnem interficit,

2 Hebr. 4, 15   4 cf. Rom. 8, 3   7 I Ioh. 3, 9   10 I Ioh. 1, 8   13 cf.
De pecc. mer. II 7, 9—8, 10 pag. 79—82   15 Pelagius   18 Iac. 3, 8   20 Pelagius
26 Iac. 3, 8

   1 sanctis *om.bd*   2 est *om.L*   3 sine] absque *bd*   4 quamuis—peccati
in mg. D   6 hominis *om. DRm1BCbd*   9 iohns *V*   eis (i *ex* u) *R*
10 nati essent *Cbd*   11 quia] quoniam *b*   nosmet *b*   13 ad Marcellinum
de hac re *Oros.*   ac re *L*   marcellū *B*   15 pro eo quod dictum est acsi
dic. *Oros.*   16 insanus *om.V*   17 debere] habeie *B*   19 non *om.Vm1*   20 ut] quod
s.l.Cm2,b   21 exprobationem *R*   22 et] eis *Oros.*   24 *alt.* hoc (c *s.l.m2) R* id *Oros.*
25 sentire *D* (i *s.fin.* e *m1),Rm1B*   domari *b*   28 est *om.Vm1EOros.*   atque]
et (*in mg.* atq.) *V,E*   serpentum *PVEbdOros.*

hoc uero animam; o s enim q u o d m e n t i t u r, o c c i d i t a n i-
m a m. non ergo quasi id esset facilius quam mansuefactio bestiarum,
sanctus Iacobus illam sententiam pronuntiauit aut ea uoce uoluit
pronuntiari, sed potius ostendens quantum sit in homine linguae
5 malum, ut a nullo homine domari possit, cum ab hominibus domentur
et bestiae. neque hoc ideo dixit, ut huius in nos mali dominationem
per neglegentiam permanere patiamur, sed ut ad domandam linguam
diuinae gratiae poscamus auxilium. non enim ait: lingnam 'nullus'
domare potest, sed 'nullus hominum', ut, cum domatur, dei
10 misericordia, dei adiutorio, dei gratia fieri fateamur. conetur
ergo anima domare linguam et, dum conatur, poscat auxilium;
et oret lingua. ut dometur lingua donante illo qui dixit ad suos:
n o n e n i m u o s e s t i s q u i l o q u i m i n i, s e d s p i r i-
t u s p a t r i s u e s t r i q u i l o q u i t u r i n u o b i s. itaque
15 praecepto facere commonemur, quod conantes et nostris uiribus
non ualentes adiutorium diuinum precemur.

    XVI. 17. Proinde et ipse, cum exaggerasset linguae malum
inter haec dicens: n o n o p o r t e t, f r a t r e s m e i, h a e c i t a
f i e r i, continuo monuit consummatis his quae hinc dicebat, quo
20 adiutorio ista non fierent, quae dixit fieri non oportere: q u i s
e n i m s a p i e n s e t d i s c i p l i n a t u s i n t e r u o s? o s t e n-
d a t e x b o n a c o n u e r s a t i o n e o p e r a t i o n e m
s u a m i n m a n s u e t u d i n e s a p i e n t i a e. q u o d s i
z e l u m a m a r u m h a b e t i s e t c o n t e n t i o n e s i n
25 c o r d i b u s u e s t r i s, n o l i t e g l o r i a r i e t m e n d a c e s
e s s e a d u e r s u s u e r i t a t e m. non e s t i s t a s a p i e n t i a
d e s u r s u m d e s c e n d e n s, s e d t e r r e n a, a n i m a l i s,
d i a b o l i c a. u b i e n i m z e l u s e t c o n t e n t i o, i b i
i n c o n s t a n t i a e t o m n e o p u s p r a u u m. q u a e

---

1 Sap. 1, 11   13 Matth. 10, 20   17 cf. Iac. 3, 6   18 Iac. 3, 10
20 Iac. 3, 13—17

    2 facilius *s.l.D*   mansuę factio *L* mansuae factio *VE*   5 ab omnibus *VEml*
6 dominatione *V*   7 damandam *Eml*   10 misericordiam *E*   conetur
(n *s.l.*) *R*   11 ergo *s.l.Vm2*   12 domante *Rml BCEbd*   15 praeceptum *B*   17 mala
VmlE   18 inter cetera (cetera *in mg.m2*) *V*   19 consumatis *L*   20 iste *Vml*
ut quae (ut *ex* et) *P*   21 enim *om. Oros.*   23 sapientiae *om.VmlE*   25 cordibus (di *s.l.*) *R*   26 aduersum *Oros.*   *post* sap. *exp.* a *V*   27 terrenę *R*

16*

a u t e m d e s u r s u m e s t s a p i e n t i a, p r i m u m q u i d e m
p u d i c a e s t, d e i n d e p a c i f i c a, m o d e s t a, s u a d i-
b i l i s, p l e n a m i s e r i c o r d i a e t f r u c t i b u s b o n i s,
i n a e s t i m a b i l i s, s i n e s i m u l a t i o n e. haec est sapientia,
quae linguam domat, desursum descendens, non ab humano corde 5
prosiliens. an et istam quisque abrogare audet gratiae dei et eam
superbissima uanitate ponit in hominis potestate? cur ergo oratur
ut accipiatur, si ab homine est ut habeatur? an et huic orationi
contradicitur, ne fiat iniuria libero arbitrio, quod sibi sufficit
possibilitate naturae ad inplenda omnia praecepta iustitiae? contra- 10
dicatur ergo eidem ipsi apostolo Iacobo ammonenti et dicenti: s i
q u i s a u t e m u e s t r u m i n d i g e t s a p i e n t i a, p o s t u-
l e t a d e o, q u i d a t o m n i b u s a f l u e n t e r e t n o n
i n p r o p e r a t, e t d a b i t u r e i; p o s t u l e t a u t e m
i n f i d e n i h i l h a e s i t a n s. haec est fides, ad quam praecepta 15
conpellunt, ut lex imperet, fides impetret. per linguam enim, quam
nullus hominum domare potest, sed sapientia desursum descendens,
i n m u l t i s o f f e n d i m u s o m n e s. non enim et hoc iste
apostolus alio modo pronuntiauit sicut illud quod ait: l i n g u a m
n u l l u s h o m i n u m d o m a r e p o t e s t.   20

XVII. 18. Nec illud quisquam istis pro inpossibilitate non
peccandi similiter obiecerit, quod dictum est: s a p i e n t i a c a r n i s
i n i m i c a e s t i n d e u m; l e g i e n i m d e i n o n e s t
s u b i e c t a, n e c e n i m p o t e s t. q u i a u t e m i n c a r n e
s u n t, d e o p l a c e r e n o n p o s s u n t. sapientiam quippe 25
carnis dixit, non sapientiam desursum descendentem et in carne

11 Iac. 1, 5 ·   16. 17 cf. Iac. 3, 8. 15   18 Iac. 3, 2   19 Iac. 3, 8
22 Rom. 8, 7. 8

2 modest*a R   sua debilis Em1   3 misericordiae codd.   4 inaestimabilis]
non iudicans Oros.   6. quisquam bd   autet Lm1 au*det R   gratia b
·7 superbissima*R   banitate Em1   ponet Oros.   9 ne—contradicatur
in mg.E   quodsi sibi Oros.   11 eidem] et idem Oros.   ipsi s.l. Vm2   ipso B
iacobo aplo V   12 sapientiam R sapientiam C sapientie B   13 *om*nibus R
affluenter DRVBCE affluanter b   ˙ 15 haec est fides ut ad quem (a s. e m2)
fides V   praecepta in mg. Vm2   16 ante fides add. et DPCEbd   inpetret
(t pr. s.l.) DP   per—descendens om. Oros.   17 descens Rm1   19 agit R a.c.
22 est om. Vm1   23 in deum est E   in deum] deo Oros.   ante legi eras. leg P
26 derursum P

esse non eos, qui nondum de corpore exierunt, sed eos, qui secundum
carnem uiuunt, significatos esse manifestum est. non autem ibi est
quaestio quae uersatur. illud est quod expecto ab isto audire, si
possim, eos qui secundum spiritum uiuunt et ob hoc etiam hic adhuc
5 uiuentes iam quodam modo in carne non sunt, utrum gratia dei
uiuant secundum spiritum an sibi sufficiant iam data cum creantur
possibilitate naturae et sua propria uoluntate, cum plenitudo legis
non sit nisi caritas et caritas dei diffusa sit in cordibus nostris non
per nos ipsos, sed per spiritum sanctum qui datus est nobis.

10   19. Tractat etiam iste de peccatis ignorantiae et dicit 'hominem
praeuigilare debere, ne ignoret, ideoque esse culpandam ignorantiam,
quia id homo nescit neglegentia sua, quod adhibita diligentia scire
debuisset', dum tamen omnia potius disputet quam ut oret et dicat:
da mihi intellectum et discam mandata tua.
15 aliud est enim non curasse scire, quae neglegentiae peccata
etiam per sacrificia quaedam legis uidebantur expiari, aliud
intellegere uelle nec posse et facere contra legem non intellegendo
quid fieri uelit. unde ammonemur petere a deo sapientiam, qui
dat omnibus affluenter, utique his omnibus qui sic
20 petunt et tantum petunt quomodo et quantum res tanta petenda est.

XVIII. 20. 'Diuinitus tamen expianda esse peccata commissa
et pro eis dominum exorandum' fatetur, propter ueniam scilicet
promerendam, *quia id quod factum est facere infectum* multum ab
isto · laudata *potentia* illa *naturae et uoluntas hominis* etiam ipso
25 fatente *non potest.* quare hac necessitate restat, ut oret ignosci. ut
autem adiuuetur, ne peccet, nusquam dixit, non hic logi, mirum
de hac re omnino silentium, cum oratio dominica utrumque petendum
esse commoneat, et ut dimittantur nobis debita nostra et ut non

---

1 cf. Rom. 8, 12   7 cf. Rom. 13, 10   8 cf. Rom. 5, 5   10 Pelagius
14 Ps. 118, 73   15 cf. Leu. 4, 2. 3.   18 Iac. 1, 5   21 Pelagius   28 cf.
Matth. 6, 12. 13

2 ubi *Vm2*   4 ob] ab *LDm1*   5 dei gratia *V*   grati *Lm1*   6 sufficientiam (*om.* iam) *V*   datam *E*   crearentur *Oros.*   7 et] in *Oros.*   9 in nobis *V*
11 culpandam esse *V*   13 omnia *om.b*   14 et] ut *DRVm2BCbd*   15 enim est *Oros.*
18 a deo petere *Vbd*   quid *B*   19 affluenter *DRVBCE*   20 et quantum
prestanda (restanda *Vm1E*) et (*om.E*) petenda est *Vm2E*   21 esse expianda *bd*
22 exorandum esse *b*   23 et quia *E*   24 ista *B*   illa *om.b*   natura *Oros.*
26 legit *Oros.*   27 hac (h *s.l.*) *L*   oratione *b*   28 nobis *om. Vm1B*   ut *om.B*

inferamur in temptationem, illud, ut praeterita expientur, hoc, ut
futura uitentur. quod licet non fiat, nisi uoluntas adsit, tamen ut
fiat, uoluntas sola non sufficit; ideo pro hac re nec superflua nec
inpudens domino immolatur oratio. nam quid stultius quam orare
ut facias quod in postestate habeas?　　　　　　　　　　　　　5

XIX. 21. Iam nunc uidete, quod ad rem maxime pertinet,
quomodo humanam naturam, tamquam omnino sine uitio ullo
sit, conetur ostendere et contra apertissimas scripturas dei delectetur sapientia uerbi, qua euacuetur crux Christi. sed plane illa
non euacuabitur, ista potius sapientia subuertetur. nam cum hoc 10
ostenderimus, aderit fortasse misericordia dei, ut et ipsum haec
dixisse paeniteat. *primo*, inquit, *de eo disputandum est, quod per
peccatum debilitata dicitur et inmutata natura. unde ante omnia
quaerendum puto*, inquit, *quid sit peccatum: substantia aliqua an
omnino substantia carens nomen, quo non res, non existentia, non* 15
corpus aliquod, sed perperam facti actus exprimitur. deinde adiungit:
credo, ita est. et si ita est, inquit, *quomodo potuit humanam debilitare
uel mutare naturam, quod substantia caret?* uidete, quaeso, quomodo
nesciens nitatur euertere medicinalium eloquiorum saluberrimas
uoces: e g o   d i x i: d o m i n e, m i s e r e r e m e i, s a n a a n i- 20
m a m m e a m, q u o n i a m p e c c a u i t i b i. quid sanatur, si nihil
est uulneratum, nihil sauciatum, nihil debilitatum atque
uitiatum? porro si est quod sanetur, unde uitiatum est? audis
confitentem, quid desideras disputantem? s a n a, inquit, a n i-
m a m m e a m. ab illo quaere, unde uitiatum sit, quod sanari 25
rogat, et audi quod sequitur: q u o n i a m p e c c a u i t i b i. hunc
iste interroget, ab isto quaerat quod quaerendum putat et

---

9 cf. I Cor. 1, 17　　12 Pelagius　primo—substantia caret] cf. Eug. Exc.
(CSEL IX 958)　　20 Ps. 40, 5

1 inducamur *D* (in *s.l.*),*PRVBCOros.* ducamur *E*　　ut *s. exp.* in *D,s.l.Lm2*
expi*entur *R*　　2 tamen (t *s.l.m2*) *V*　　5 haues *Pm1*　　7 ullo uitio *bd*
8 delectetur] deletur *b* luctetur *d*　　9 euacuatur *Oros.*　　11 haec (*in mg.*
hoc) *R*　　12 inquit *ex* quid *D*　　quo *Dm1PBEug.*　　per peccatum] peccato
Oros.　　13 debilitata *ex* debilacta *E*　　14 an (n *s.l. m2*) *E*　　15 omni *ex* omino *Vm2*,
Oros.　　quo*L*　　16 aliquid *Rm1*　　18 quomodo—medicinalium *in mg.Vm2*
19 natur *Em1*　　uoces saluberrimas *bd*　　21 quoniam] quia *Lbd*　　nil *V*
23 audi *Dm1*　　24 deseras *R*　　26 hinc *Vm1Rm1*　　27 *ante* ab *add. s.l.* et *Lm1*

dicat: 'o tu qui clamas: s a n a   a n i m a m   m e a m,   q u o-
n i a m   p e c c a u i   t i b i. quid est peccatum? *substantia aliqua*
an omni substantia carens nomen, quo non res, non existentia,
non corpus aliquod, sed tantum perperam facti actus exprimitur?'
5 respondet ille: 'ita est ut dicis; non est peccatum aliqua substantia,
sed tantum hoc nomino perperam facti actus exprimitur'. et contra
iste: 'quid ergo clamas: s a n a   a n i m a m   m e a m, q u o n i a m
p e c c a u i   t i b i? quomodo potuit uitiare animam tuam quod
substantia caret?' nonne ille maerore confectus uulneris sui,
10 ne disputatione ab oratione auerteretur, breuiter responderet et
diceret: 'recede a me, obsecro? cum illo potius disputa, si potes, qui
dixit: n o n   e s t   o p u s   s a n i s   m e d i c u s,   s e d   a e g r o-
t a n t i b u s.   n o n   u e n i   u o c a r e   i u s t o s,   s e d   p e c-
c a t o r e s, ubi iustos utique sanos, peccatores autem appellauit
15 aegrotos'

XX. 22. Cernitisne quo tendat et quo manus porrigat haec
disputatio? ut omnino frustra dictum putetur: u o c a b i s n o m e n
e i u s   I e s u m; i p s e   e n i m   s a l u u m   f a c i e t   p o p u l u m
s u u m   a   p e c c a t i s   e o r u m. quomodo enim saluum faciet,
20 ubi nulla est aegritudo? peccata quippe, a quibus dicit euangelium
saluum faciendum populum Christi, substantiae non sunt et secundum istum uitiare non possunt. o frater, bonum est ut memineris
te esse Christianum. credere ista fortasse suffecerit; sed tamen
quia disputare uis nec obest, immo etiam prodest, si firmissima
25 praecedat fides nec existimemus peccato humanam naturam
non posse uitiari, sed diuinis credentes scripturis peccato eam esse
uitiatam quomodo id fieri potuerit inquiramus. quoniam peccatum
iam didicimus non esse substantiam, nonne adtenditur, ut alia

---

1. 7 Ps. 40, 5   2 Pelagius   12 Matth. 9, 12. 13   16 Cernitisne—panem
meum] cf. Eug. Exc. (CSEL IX 958—959)   17 Matth. 1, 21

1 qui•*L* quiḍ *V*   2 subsatantia *L*   3 omni] omnino *Cm2bd*   5 respondit *B*
Oros.   7 istae *E*   quoniam] quomodo *b*   8 uitiari anima tua *Cros.*   9 confectus sui merore uulneris *V*   10 uerteretur *VEm1*   15 aegros *b*   20 est
om.Vm1   21 faciendum (um *s.l.m2*) *V*   22 est *om.Vm1*   23 sufficerit *LDm1*
sufficerit (*s.l.m2*) *V* sufficeret *Dm2RCEd*   tamen *om. Eugippii GP*   25 pro-
cedat *B*   exestimemus *Dm1*   naturam humanam *Eug.GP*   26 *post* eam
exp. eam *P*   27 id *Eug.Pm2*   28 dicimus *VCm1Em1*   nonne—non *s. ras. R*

omittam, etiam non manducare non esse. substantiam? a substantia
quippe receditur, quoniam cibus substantia est. sed abstinere
a cibo non est substantia et tamen substantia corporis, si omnino
abstinetur a cibo, ita languescit, ita ualitudinis inaequalitate corrumpitur, ita exhauritur uiribus, ità lassitudine debilitatur et 5
frangitur, ut, si aliquo modo perdüret in uita, uix possit ad eum cibum
reuocari, unde abstinendo uitiata est. sic non est substantia
peccatum, sed substantia est deus summaque substantia et solus
uerus rationalis creaturae cibus. a quo per inoboedientiam re-
cedendo et per infirmitatem non ualendo capero, quo debuit 10
et gaudere, audis quemadmodum dicat: p e r c u s s u m   e s t
s i c u t   f a e n u m   e t   a r u i t   c o r   m e u m, q u o n,i a m
o b l i t u s   s u m   m a n d.u c a r e   p a n e m   m e u m?
XXI. 23. Adtendite autem quomodo se adhuc urgueat uerisi-
milibus rationibus contra scripturae sanctae ueritatem. dominus 15
Iesus dicit, qui propterea Iesus uocatur, quia ipse saluum facit
populum suum a peccatis eorum, dicit ergo dominus Iesus: n o n
e s t   o p u s   s a n i s   m e d i c u s, s e d   a e g r o t a n t i b u s.
n o n   n e n i   u o c a r e   i u.s t o s, s e d   p e c c a t,o r e s. unde
dicit et apostolus: f i d e l i s   s e r m o   e t   o m n i   a c c e p t i o n e 20
d i g n u s, q u i a   C h r i s t u s   I e s u s   u e n i t   i n   m u n d u m
p e c c a t o r e s   s a l u o s   f a c e r e. et iste contra fidelem
sermonem et omni acceptione dignum dicit 'non debuisse hanc
aegritudinem contrahi peccatis, ne ad hoc esset ista poena peccati,
ut committerentur plura peccata'. quaeritur etiam paruulis tantus 25
medicus opitulator et iste dicit: *quid quaeritis? sani sunt propter
quos medicum quaeritis. nec ipse primus homo ideo morte damnatus
est; nam postea non peccauit.* quasi aliquid postea de perfectione
iustitiae eius audierit, nisi quod commendat ecclesia et ipsum domini

---

· ′ 11 Ps. 101, 5   16 cf. Matth. 1, 21   17 Matth. 9, 12. 13   20 I Tim.
1, 15   23 Pelagius ·   26 Pęlagius

. 1 a subst.—est *om. B* ·   3 esse *B*   *pr.* substantia∗*R*   4 abstineatur *Eug.*
ualetudinis *Lm2Dm1BE* · ·5 exhauriatur *R*   6 cybum *P* (*semper*)   7 si sic *VE*
8 *alt.* substantia est (est *s.l.m2*) *V*   ·10 quod *LDm1PVm2LCb Eug. P* quod *R*
11 percussus sum *b*   13 manducare] comedere *b*   14 adhuc se *Vbd*   urgueat
(a *s.l.*) *L* urguat (e *s.* ụ) *D* ·   16 faciat *R*   21 Iesus Christus *bd*   hanc mundum *bd* ·.   25 cõmitterentur (tte *s.l.m2*) *D*   etiam] ergo *b*   26 opitulatur
(tu *pr. s.l.m2*) *D*. opitulator (or,*ex* ur) *V*.

Christi misericordia liberatum. 'eius quoque posteros' iste dicit
'non solum illo non esse infirmiores, sed etiam plura inpleuisse
praecepta, cum ille unum inplere neglexerit'. quos posteros uidet
ita nasci, quomodo certe ille factus non est, non solum praecepti
5 incapaces, quod omnino non sentiunt, sed uix capaces papillae cum
esuriunt, eos tamen in matris ecclesiae gremio cum saluos gratia
sua facere uelit, qui saluum facit populum suum a peccatis eorum,
contradicunt homines et, quasi creaturam, quae per illum condita
est, melius ilio inspicere nouerint, uoce non sana sanos esse pro-
10 nuntiant.

     XXII. 24. 'Materiam peccati' dicit 'esso uindictam, si ad hoc
peccator infirmatus est, ut plura peccaret', nec cogitat praeuaricatorem legis quam digne lux deserat ueritatis; qua desertus
utique caecus et plus necesse est offendat et cadendo uexetur
15 uexatusque non surgat, ut ideo tantum audiat uocem legis, quo
ammoneatur implorare gratiam saluatoris. an nulla poena est eorum,
de quibus dicit apostolus: q u i a   c u m   c o g n o u i s s e n t
d e u m,   n o n   s i c u t   d e u m   g l o r i f i c a u e r u n t   a u t
g r a t i a s   e g e r u n t,   s e d   e u a n u e r u n t   i n   c o g i t a-
20 t i o n i b u s   s u i s   e t   o b s c u r a t u m   e s t   i n s i p i e n s   c o r
e o r u m? utique ista obscuratio uindicta et poena iam fuit; et
tamen per hanc poenam, id est per cordis caecitatem, quae fit
deserente luce sapientiae, in plura et grauia peccata conlapsi sunt;
d i c e n t e s   e n i m   e s s e   s e   s a p i e n t e s   s t u l t i   f a c t i
25 s u n t. granis haec poena est, si quis intellegat, et ex hac poena
nido quo ierunt: e t   i n m u t a u e r u n t, inquit, g l o r i a m
i n c o r r u p t i b i l i s   d e i   i n   s i m i l i t u d i n e m   i m a g i n i s
c o r r u p t i b i l i s   h o m i n i s   e t   u o l u c r u m   e t   q u a d r u-
p e d u m   e t   s e r p e n t i u m. ista fecerunt ex peccati poena, qua

1. 11 Pelagius   7 cf. Matth. 1, 21   17 Rom. 1, 21·   24 Rom. 1, ·22
26 Rom. 1, 23

    1 dicit *om.L*   3 unum *s.l.V m2*   quos] qui suos (*in mg.m2* quos posteros
uidet) *V* qui•suos (i *et* o, suos *s.l.m2*ı *R*   4 ille] iste *b*   6 gremio *R* gemio
Vm1Em1   7 faciet *P* facit *s.l.V m2*   12 p̄uaricatore *Dm1* :   13 digna *b*
14 utique] *add.* fit *Dm2 RCbd*   16 ammonetur *Vm1* ·   17 apostolos *Em1*
23 sapientia *Vm1*   24 se (*s.l.Dm2*) esse *DRBCbd*   et stulti *VE*   25 grauis
enim *VE*·   est poena *VE*   et *om.Vm1*   26 uide• (*in mg.* uideo) *V*   27 d̄i *ex* d̄m *E*
29 qu•ꜳ *C* ·

o b s c u r a t u m e s t i n s i p i e n s c o r o o r u m. et propter
hacc tamen, quia licet poenalia etiam ipsa peccata sunt, adiungit
et dicit: p r o p t e r e a t r a d i d i t i l l o s d e u s i n d e s i-
d e r i a c o r d i s i l l o r u m, i n i n m u n d i t i a m. ecce quemadmodum deus grauius condemnauit tradens illos in desideria 5
cordis illorum, in inmunditiam. uidete etiam ex hac poena quae
faciant: u t c o n t u m e l i i s, inquit, a f f i c i a n t c o r p o r a
s u a i n s e m e t i p s i s. et quia poena est ista iniquitatis, cum sit
et iniquitas, euidentius commendat dicens: q u i t r a n s m u t a-
u e r u n t u e r i t a t e m d e i i n m e n d a c i u m e t c o - 10
l u e r u n t e t s e r u i e r u n t c r e a t u r a e q u a m c r e a-
t o r i, q u i e s t b e n e d i c t u s i n s a e c u l a a m e n.
p r o p t e r h o c, inquit, t r a d i d i t i l l o s d e u s i n p a s-
s i o n e s i g n o m i n i a e. ecce quotiens uindicat deus et ex
eadem uindicta plura et grauiora peccata consurgunt: n a m 15
f e m i n a e e o r u m m u t a u e r u n t n a t u r a l e m u s u m
i n e u m u s u m q u i e s t c o n t r a n a t u r a m. s i m i l i t e r
a u t e m e t m a s c u l i r e l i c t o n a t u r a l i u s u
f e m i n a e e x a r s e r u n t i n a p p e t i t u m s u u m i n.
i n u i c e m, m a s c u l i i n m a s c u l o s d e f o r m i t a t e m 20
o p e r a n t e s. atque ut ostenderet sic esse ista peccata, ut etiam
poenae sint peccatorum, etiam his adiunxit: e t m e r c e d e m
m u t u a m, q u a m o p o r t u i t. e r r o r i s s u i i n s e m e t
i p s i s r e c i p i e n t e s. uide quotiens uindicet eademque
uindicta quae pariat pulluletque peccata. adhuc adtendite: e t 25
s i c u t n o n p r o b a u e r u n t, inquit, d e u m *h a b e r e* i n
n o t i t i a m, t r a d i d i t i l l o s d e u s i n r e p r o b a m

---

1 Rom. 1, 23   3. 7 Rom. 1, 24   9 Rom. 1, 25   13 Rom. 1, 26
15. 22 Rem. 1, 26. 27   25 Rom. 1, 28—31

4 illorum] eorum *R*   in *om.Vm1*   5 desideriis *VEm1*   6 in *om.Vm1*
hac (a *ex* o) *V*   quid *b*   7 faciant (a *fin. ex* u) *V*   ut] et *L*   8 ista *om.L*,
s.l.Dm1Vm2   iniquitas *Vm1*   9 trasmutauerunt *D* transmutauerit *B*   11 crea-
turae] *add.* potius *Dm2RV BCEbd*   13 deus illos *bd*   14 quoties *Dm1VBEd*
15 adem *Vm1*   grauia *Dm1B*   16 eorum] *add.* inquit *C*   immutauerunt *Cd*
18 et—naturali *in m̃j.l.m2Vm2Cm1, om.DPRBE* ·   usum *L* usu•*D* usum *PB*
20 doformitatem *B*   22 peccatori *B*   23 mutuam] uacuã *B*   24 uidete *Dm2*
RBCEm2bd   quoties *Dm1*   25 pariet *Vm1*   26 innocentiã *B* in notitia *bd*

mentem, ut faciant quae non conueniunt, re-
pletos omni iniquitate, cum circumuentione,
malitia, auaritia, plenos inuidia, homicidio,
contentione, dolo, malignitate, susurrones,
5 detractores, deo odibiles, contumeliosos, superbos, elatos, inuentores malorum, parentibus non oboedientes, insipientes, incompo-
sitos, sine affectu, sine misericordia. hic nunc
iste dicat: *non debuit sic uindicari peccatum, ut peccator per uin-*
10 *dictam plura committeret.*

XXIII. 25. Fortasse respondeat deum ad ista non cogere, sed
dignos deseri tantum deserere. si hoc dicit, uerissime dicit; deserti
quippe, ut dixi, luce iustitiae et per hoc contenebrati quid pariant
aliud quam haec omnia quae commemoraui opera tenebrarum,
15 donec dicatur eis, si dicto obaudiant: surge qui dormis et
exsurge a mortuis, et inluminabit te Christus?
mortuos ueritas dicit — unde est et illud: sine mortuos sepelire mortuos suos —, mortuos ergo ueritas dicit, quos
iste dicit laedi et uitiari non potuisse peccato, quia uidelicet didicit
20 peccatum non esse substantiam. nemo dicit sic hominem factum,
ut de iustitia quidem possit in peccatum ire et de peccato ad iustitiam redire non posset; sed ut in peccatum iret, sufficit liberum
arbitrium, quo se ipso uitiauit; ut autem redeat ad iustitiam, opus
habet medico, quoniam sanus non est, opus habet uiuificatore, quia
25 mortuus est. de qua gratia omnino iste nihil dicit, quasi sola sua
uoluntate se possit sanare, quia eum potuit sola uitiare. non ei

9 Pelagius   15 Eph. 5, 14   17 Matth. 8, 22. Luc. 9, 60

1 fiant *B*   2 omni**LR   iniquitate*L   cum cum *R*   3 malatia *Dm1*
homicidia *Cm1*   5 odibilis *Dm1*   contumeliosos (o *fin. ex* u) *V*   8 hinc *V*
nunc *ex* non *V*   9 peccator *om.Vm1*   13 ut dixi *om.Vm1*   dixit *E* dixit *b*
tenebrati *B*   15 obaudiunt *Dm1*   16 exurge *C*   17 mortuus *Dm1*   mortuus *Em1*
18 mortuus *Dm1Em1*   suus *Dm1*   mortuus *Dm1*   19 uitiari (i *fin. ex* e) *V*
non potuisse *om.B*   qui *B*   dicit *VEm1*   20 nemo] *add.* ei codd. *praet. LDm1*
sic *om.Rm1* si sic *E*   21 posset *Dm2RCEd*   22 posset (*in mg.m2* n̄ posset) *V*
suffecit *Vd*   *post* sufficit *add.* ei *Lm2Dm2PRVCEbd*   23 ueruntamen ut
(*in mg.* ut autem) *V, E*   24 uiuicatore *V*   25 iste omnino nihil *V*   nihil iste *bd*
quiasi *VEm1* qu*asi *R*   26 quia (i *s.l.*) *V*   non enim ei *b*

dicimus mortem corporis ad peccatum ualere, ubi sola uindicta
est — nemo enim peccat corpore moriendo —, sed ad peccatum 'ualet
mors animae, quam deseruit uita sua, hoc est deus eius, quae necesse
est mortua opera faciat, donec Christi gratia reuiuescat. famem
et sitim et ceteras molestias corporales absit ut dicamus necessi- 5
tatem habere peccandi, quibus molestiis exercitata uita iustorum
splendidius enituit et eas per patientiam superando maiorem gloriam
conparauit, sed adiuta gratia dei, adiuta spiritu dei, adiuta misericordia dei, non superba uoluntate se extollens, sed humili confessione
fortitudinem promerens. nouerat enim deo dicere: q u o n i a m t u 10
e s p a t i e n t i a m e a. de qua gratia et adiutorio et misericordia,
sine qua bene non possumus ninere, nescio quare omnino iste nihil
dicit; immo etiam uelut sibi ad iustitiam sufficientem, si sola uoluntas adsit, defendendo naturam gratiae Christi, qua iustificamur,
apertissime contradicit. cur autem soluto per gratiam peccati reatu 15
ad exercitationem fidei mors corporis maneat, quamuis uenerit de
peccato, iam et hoc in illis ad sanctae memoriae Marcellinum libris,
ut ualui, disserui.

     XXIV. 26. Quod uero 'dominum' dicit 'sine peccato mori
potuisse', illi etiam nasci potestas misericordiae, non condicio 20
naturae fuit; sic etiam mortuus est potestate et hoc est pretium nostrum, quo nos a morte redimeret. et hoc istorum disputatio cua-
cuare contendit, cum ab eis ita natura humana defenditur, ut possit
liberum arbitrium isto pretio non egere, ut a potestate tenebrarum
et praepositi mortis in regnum Christi domini transferantur. et 25
tamen quando dominus ad passionem perrexit: e c c e, inquit,
u e n i e t p r i n c e p s h u i u s m u n d i e t i n m e n i h i l
i n u e n i e t — [et] utique nihil peccati, unde praepositus mortis

10 Ps. 70, 5   17 cf. De pece. mer. II .30, 49—34, 56 pag. 119—125 et
Hieronymi Contra Pelagianos III 19 (XXIII 616 M)   19 Pelagius   26 Ioh. 14, 30

   2. nomo *Rm1*   enim] autem *LDm1P,V in mg. m2*   4 reuiuiscat
Cm2Em2   6 uita *om.Lm1Dm1*   8 dei gratia *V*   9 sed *L*   11 qua *om.B*
12 possis (i *ex* u) *L* possumus (u *ex* i) *Dm1*   iste omnino *bd*   13 uoluntas sola *b*
sola *om.Vm1*   14 assit *LP*   15 quur *codd.*   16 corporū (*in mg.m2* 1 corporis) *V*
17 ad] et *LDm1*   18 ualidis serui *Dm1*   20 conditio *DVBCEbd*   21 natura *V*
23 ista *P*   24 per liberum arb. *PVm2*   postate *Lm1* po*testate *R*   25 tran-
ferantur *R*   26 ad (d *s.l.m2*) *L*   et ecce *VE*   27 uenit *RVEm1*   28 inuenit
RVm1Em1   et *inclusimus*

iure suo ageret, ut perimeret —, s e d u t s c i a n t o m n e s, inquit, q u i a u o l u n t a t e m p a t r i s m e i f a c i o, s u r-g i t e, e a m u s h i n c, id est quia non morior necessitate peccati, sed oboedientiae uoluntate.

5 27. Dicit 'nullum malum boni alicuius esse causam', quasi poena bonum sit, qua tamen multi emendati sunt; sunt ergo mala quae prosunt mirabili misericordia dei. numquid ille boni aliquid passus est, qui dixit: a u e r t i s t i f a c i e m t u a m a m e e t f a c t u s s u m c o n t u r b a t u s? non utique; et tamen haec

10 ei conturbatio contra superbiam fuit medicinalis quodammodo. dixerat enim in abundantia sua: n o n m o u e b o r i n a e t e r-n u m et sibi tribuebat quod a domino habebat. quid enim habebat quod non acceperat? quare ostendendum ei fuerat unde haberet, ut reciperet humilis, quod superbus amiserat. ideo: 'd o m i n e',

15 inquit, 'i n u o l u n t a t e t u a p r a e s t i t i s t i d e c o r i m e o u i r t u t e m. in qua ego abundantia mea dicebam: n o n m o-u e b o r, cum hoc mihi esset abs te, non a me. denique a u e r t i s t i f a c i e m t u a m e t f a c t u s s u m c o n t u r b a t u s'.

XXV. 28. Hoc superbus amicus omnino non sapit; sed magnus

20 est dominus, qui id persuadeat quomodo ipse nouit. nam procli-uiores sumus quaerere potius quid contra ea respondeamus, quae nostro obiciuntur errori, quam intendere quam sint salubria, ut careamus errore. unde cum istis non tam disputationibus quam pro eis sieut pro nobis orationibus est agendum. non enim hoc eis

25 dicimus, quod sibi iste opposuit, 'ut esset causa misericordiae dei, necessarium fuisse peccatum' — utinam non fuisset miseria, ne ista esset misericordia necessaria!— , sed iniquitatem peccati tanto grauio-rem. quanto facilius homo non peccaret, quem nulla adhuc tenebat

1 Ioh. 14, 31   5. 25 Pelagius   8 Ps. 29, 8   11. 16 Ps. 29, 7   12 cf. I Cor. 4, 7   14. 17 Ps. 29, 8

1 omnes gentes B   2 uoluntatē∗L   3 qua C   5 nulli RC   bonia lucius Em1 6 poena n̄ (n̄ s.l.m3) E   n̄ sit (n̄ s.l.m2) V   11 sua] moa b   12 tribuebat (ebat s. ras.m2) R   ad̤ L   abebat E   14 acciperet Vm1E   inquid domine V   15 uolunta L   16 habundantia LRm1C   18 post tuam add. a me d 19 amicus] animus V s. l. m2, Lm2 P B Em2 bd, cf. infra cap. 62, 73: buie amico nostro merito placet   sapis Lm1   20 qui id (alt. i s.l.) DVE quid V˙ id om.b   persuadeat (alt. a s.l.) V   procliuiores (cli s. ras. m2) R   22 sint (t s.l.m2) V   24 agendum est V   25 ante opposuit exp. opus RC   26 miseria (a s. eras. litt.) R   27 grauiore Dm1

infirmitas. poena iustissima subsecuta est, ut mercedem mutuam
peccati sui in semet ipso reciperet amittens sub se positam sui corporis quodammodo oboedientiam, quam praecipuam sub domino
suo ipse contempserat. et quod nunc cum eadem lege peccati
nascimur, quae in *membris* nostris repugnat legi mentis, neque ad-　5
uersus deum murmurare neque contra rem manifestissimam disputare, sed pro poena nostra illins misericordiam quaerere et orare
debemus.

XXVI. 29. Adtendite sane uigilanter quomodo dixerit: *adhibet*
quidem etiam huic parti, si quando necessarium fuerit, misericordiam　10
suam deus, quia homini post peccatum ita subuenire necesse est,
non quia deus causam huius necessitatis optauerit. uidetisne quemadmodum non dicat necessariam misericordiam dei ut non peccemus,
sed quia peccauimus? deinde subiungit: *sed et medicus ad curandum*
iam uulneratum paratus esse debet; non debet autem ut sanus uulne-　15
retur optare. si ista similitudo *rebus* de *quibus* agimus congruit,
certe uulnerari non potest natura humana peccato, quoniam
peccatum nulla substantia est. sicut ergo uulnere *nerbi* gratia claudicans ideo curatur, ut sanato malo praeterito futurus dirigatur
incessus, sic mala nostra non ad hoc solum supernus medicus sanat,　20
ut illa iam non sint, sed ut de cetero recte ambu*lare* possimus; quod
quidem etiam sani non nisi illo adiuuante poterimus. nam medicus homo cum sanauerit hominem, iam de cetero sustentandum elementis et
alimentis corporalibus, ut eadem sanitas apto *subsidio* conualescat
atque persistat, deo dimittit, qui praebet ista in carne uiuentibus.　25
cuius erant etiam illa quae, dum curaret, adhibebat. non enim quemquam medicus ex his rebus, quas ipse creauerit, sanat, sed ex illius
opibus, qui creat omnia necessaria sanis atque uitiosis. ipse autem
deus, cum per mediatorem dei et hominum hominem Christum Iesum

---

5 cf. Rom. 7, 23　　9. 14 Pelagius　　29 cf. I Tim. 2, 5

1 subsequta *P*　2 semetipsos *L*　4 contemserat (p *s.* m *m1*) *LD, P*　10 huic
etiam *Ebd*　11 subueniri (i *s. fin.* e) *V, bd*　necessum *d*　12 huiusce *Dm2PRVCEd*
huiuscemodi *b*　13 necessarium *LDm1C*　15 paratus esse uulneratum *b*
16 opta⁕re *L*　18 uulnere *om. Vm1*　21 possimus (i *ex* u) *L* possemus *Dm1*
22 ab illo *L* ab illo *VB*　23 ceteros *L*　elimentis *Dm1E*　26 etiam *om. Vm1*
27 creauerit (i *ex* a) *L*　28 operibus *b*　*post* uitiosis *add.* administrat *B*
29 hominū (ū *s.* e *m3*) *E*　hominem *om. VEm1*　Iesum Christum *LBbd*

spiritaliter sanat aegrum uel uiuificat mortuum, id est iustificat inpium, et cum ad perfectam sanitatem, hoc est ad perfectam uitam iustitiamque, perduxerit, non deserit, si non deseratur, ut pie semper iusteque uiuatur. sicut enim oculus corporis etiam plenissime sanus
5 nisi candore lucis adiutus non potest cernere, sic homo etiam perfectissime iustificatus, nisi aeterna luce iustitiae diuinitus adiuuetur, recte non potest uiuere. sanat ergo deus non solum ut deleat quod peccauimus, sed ut praestet etiam ne peccemus.

XXVII. 30. Acute sane tractat et uersat et, quantum *sibi* ui-
10 detur, redarguit atque conuincit quod eis dicitur 'etiam necessarium fuisse homini ad auferendam superbiae uel gloriae occasionem, ut abs*que* peccato esse non posset. absurdissimum quippe et stultissimum' putat 'peccatum fuisse ne peccatum esset, quoniam et ipsa superbia utique peccatum est'; quasi non et ulcus in dolore
15 est et sectio dolorem operatur, ut dolor dolore tollatur. hoc si experti non essemus et in aliquibus terris, ubi ista numquam contigerant, audiremus, sine d*ubio* utique derident*e*s fortassis etiam *nerbis* huius uteremur et diceremus: 'absurdissimum est dolorem necessarium fuisse, ne ulceris dolor esset.'

20 31. *Sed deus*, inquiunt, *potest omnia sanare*. hoc utique agit, ut sanet omnia, sed agit iudicio suo nec ordinem sanandi accipit ab aegroto. procul d*ubio* quippe firmissimum apostolum uolebat efficere, cui tamen dicit: u i r t u s i n i n f i r m i t a t e p e r-
f i c i t u r et non ei totiens oranti aufert nescio quem stimulum
25 carnis, quem *sibi* dicit datum, ne in magnitudine reuelationum extolleretur. cetera enim uitia tantum in male factis ualent, sola autem superbia etiam in recte factis cauenda est. unde ammonentur illi, ne dona dei suae potestati *tribuendo* seseque extollendo grauius

---

1 cf. Rom. 4, 5   10. 20 Pelagius   23 II Cor. 12, 9   24 cf. II Cor. 12, 8. 7   26 cf. Prosperi Aquitani sent. ex Aug. delib. (LI 434 M)

5 et homo *DRBCEd*   etiam *s.l.Vm2Em1*   6 aeternae *V* aeternę *B*   lu∗ce *R* lucae *V*   8 etiam] iam *Dm1PB,Vin mg.*   ne∗*R* n̄ n̄ *B*   9 sanet *E*   10 coniungit *C* eis *ex* de his *R*   11 offerendam *V*   occansionem *C*   12 absordissimum *Vm1*
13 peccati *Vm1*   *ante* ne *exp.* si *C* nec *B*   14 superbia (per *s.l.m2*) *L*   16 *post* non *eras.* es *R*   18 uteremur] titiremur *B*   20 ait (a *s.l.*) *E*   21 ait *E*
22 procul—efficere *in mg.Rm1*   firmum *L* firmissimum (missi *s.l.*) *D*   23 dixit *bd* in *om.Cm1*   24 eis *B*   toties *BC*   oranti (t *m1 ex* d) *R*   25 ue∗*D*   in *om.d* extolletur *Cm1*   27 superbia (per *s.l.m2*) *L*   etiam *om.Vm1*

pereant quam si nihil operarentur boni, qu*i*bus dicitur: c u m
t i m o r e e t t r e m o r e u e s t r a m i p s o r u m s a l u t e m
o p e r a m i n i; ˙d e u s e n i m e s t q u i o p e r a t u r˙ i n
n o b i s e t u e l l e e t o p e r a r i p r o b o *n a* u o l u n t a t e.
quare ergo cum timore et tremore et non potius cum securitate, 5
si deus operatur, nisi quia propter uoluntatem nostram, sine
qua *bene* non possumus operari, cito potest subrepere animo
humano, ut quod *bene* operatur suum tantummodo existimet
et dicat in ab*u*ndantia sua: n o n m o u e b o r i n a e t e r n u m?
ideo qui uoluntate sua praestiterat decori eius uirtutem, auertit 10
paululum faciem suam, ut qui hoc dixerat fieret conturbatus.
quoniam ipse est ille tumor sanandus doloribus.

XXVIII. 32. Non itaque dicitur homini: 'necesse est peccare, ne
peeces', sed dicitur homini: 'deserit aliquantum deus, unde superbis,
ut scias non tuum, sed eius esse et discas superbus non esse'. nam illud 15
etiam apostoli quale est! nonne ita mirabile, ut nisi quia ipse dicit,
cui uera dicenti contradicere nefas est, sit credibile? quis enim nesciat
fidelium a satana uenisse primam peccati suasionem et quod ille
primus auctor sit omnium peccatorum? et tamen quidam traduntur
satanae, ut discant non blasphemare. quomodo igitur opus satanae 20
excluditur opere satanae? haec atque huiusmodi intueatur, ne
uideantur ei nimis acuta, quae acutule sonant et discussa inueniuntur
obtunsa. quid quod etiam similitudines adhibet, qu*i*bus magis ammoneat quid ei debeat responderi? *quid amplius dicam,* inquit,
nisi quia credi potest quod ignes ignibus extinguntur, si credi potest 25
quod peccatis peccata curentur? quid si ignes quisquam extinguere
non potest ignibus, sed tamen possunt, ut docui, dolores curari
doloribus? possunt etiam, si quaerat et discat, uenenis uenena de-

1 Phil. 2, 12. 13   9 Ps. 29, 7   10 cf. Ps. 29, 8   13. 24 Pelagius
18 cf. Gen. 3, 1—6   19 cf. I Tim. 1·, 20

1 qua∗*R*   nil *BCbd*   dicitur (*in mg.* dicit) *V*   2 uestrum *LPml*
4 operari et nelle *V*   7 potes *Vml*   subripere codd. *praeter Cm2,b*   8 exestimet *D*
9 habundantia *LmlDRCml* mea (*in mg.* sua) *V*   10 in noluntate *Dm2PRVBCEbd*
11 qui∗*R*   12 ipsis *Rm2VEbd*   es *Rml*   13 utique *B*   15 et—esse *in mg. Rml*
17 sit] u*t* sit *L* non sit *D* (non *m2 s. exp.* ut), *PRVBCEbd*   incredibile (in
s.l.m2) *L*   19 quidam tamen *DRBC*   21 eiusmodi *P*   nec *D* (*o s.l.*), *RCE*
22 ei *om.Vml*   25 nisi (*in mg. m2* n̄ habet nisi) *V*   potest credi *bd*   si] sic *LPb*
26 peccatis (i *ex* a) *V*   quod *Dml*   exstinguere quisquam *bd*   27 possunt]
posse *V* posse *E*   28 uenis *B*

pelli. nam si et aduertit aliquando calores febrium quibusdam caloribus medicinalibus frangi, etiam ignes ignibus fortasse concedet extingui.

XXIX. 33. *Quonam modo*, inquit, *superbiam ipsam a peccato*
5 *separabimus?* quid enim hoc urget, cum manifestum sit etiam ipsam esse peccatum? *tam peccare*, inquit, *superbire est quam superbire peccare. nam quaere quid sit quodcumque peccatum et uide, si inuenies aliquod sine superbiae appellatione peccatum.* hanc autem sententiam sic exsequitur et sic probare conatur: *omne,*
10 inquit, *peccatum, nisi fallor, dei contemptus est et omnis dei contemptus superbia est. quid enim tam superbum quam deum contemnere? omnino ergo peccatum et superbia est etiam scriptura dicente:*
·*i n i t i u m   o m n i s   p e c c a t i   s u p e r b i a   e s t.* quaerat diligenter, et inueniet in lege multum discretum esse a ceteris
15 peccatis peccatum superbiae. multa enim peccata per superbiam committuntur, sed neque omnia superbe fiunt. quae perperam fiunt — certe a nescientibus, certe ab infirmis, certe plerumque a flentibus et gementibus — et quaedam superbia, cum magnum sit ipsa peccatum, ita sine aliis per se ipsa est, ut etiam plerumque,
20 ut dixi, non in peccatis, sed in ipsis recte factis pede celeriore superueniat et obrepat. sed ideo uerissime dictum est, quod iste aliter intellexit: i n i t i u m   o m n i s   p e c c a t i   s u p e r b i a, quoniam diabolum, a quo extitit origo peccati, ipsa deiecit et subsequente inuidentia hominem stantem unde ipse cecidit inde sub-
25 uertit. nam utique iactantiae ianuam, qua intraret, serpens ille quaesiuit, quando ait: e r i t i s   s i c u t   d i i. ideo dictum est: i n i t i u m   o m n i s   p e c c a t i   s u p e r b i a, et: i n i t i u m s u p e r b i a e   h o m i n i s   a p o s t a t a r e   a   d e o.

4. 6. 9 Pelagius   13. 22 Eccli. 10, 15   20 cf. pag. 255, 26
26 Gen. 3, 5   27 Eccli. 10, 15. 14

1 auertit *LDm1Vm1B*   4 quodam *LD*   5 separauimus *Dm1B* super-
abimus *Cm1*   urg*et *C*   7 querere *VE*   8 aliquid *VEm1b*   hanc *ex* hoc *D*
9 si *Vm1*   exequitur *VE*   ex*equitur *C*   10 contemtus *PE*   *all.* contemtus *PV* contemptor *B*   12 omneno (e *ex* i) *V* omne *Bbd*   subia *Lm1*
13 ini*tium *R* quaeret *Vm1E* 18 fl*entibus *R* quidem *Dm2RVCbd* quidam *B*
quedam *E* superbię *B*   19 *all.* ipsā *B*   20 *pr.* in *s.l.Vm2Em1* celeriore (i *s.*
fin. e *m2*) *V*   21 superueniet *VE*   obrepet *Vm1*   23 exstitit *PV* deiecit
(*all.* e *s.l.*) *Rm2Vm2*   25 iactantia *B*   per quā (per *et uirg. m1 postea add. uid.*) *V*

XXX. 34. Quid autem *sibi* uult quod dicit: *deinde quomodo
deo pro illius peccati reatu subditus esse poterit, quod suum non esse
cognouerit? suum enim non est,* inquit, *si necessarium est. aut si suum
est, uoluntarium est; et si uoluntarium est, uitari potest.* nos respondemus: 'suum est omnino, sed uitium quo committitur nondum 5
omni ex parte sanatum est; quod quidem ut inolesceret, de non
recte usa sanitate descendit; ex quo uitio iam male ualens uel infirmitate uel caecitate plura committit pro quo supplicandum est,
ut sanetur et deinceps in perpetua sanitate uiuatur, non superbien-
dum, quasi homo eadem potestate sanetur qua potestate uitiatus est'. 10
    XXXI. 35. Et haec quidem ita dixerim, ut altius dei indicium
me fatear ignorare cur etiam ipsam superbiam, quae et in recte factis
animo insidiatur humano, non cito deus sanet; pro qua sauanda·
illi piae animae cum lacrimis et magnis gemitibus supplicant, ut ad
eam superandam et quodammodo calcandam et obterendam dexte- 15
ram conantibus porrigat. ubi enim laetatus homo fuerit in aliquo
bono opere se etiam superasse superbiam, ex ipsa laetitia caput
erigit et dicit: 'ecce ego niuo, quid triumphas? et ideo uiuo, quia
triumphas'. ante tempus enim fortasse de illa quasi uicta triumphare
delectat, cum extrema eius umbra illo meridie, quantum arbitror, 20
absorbebitur, qui meridies scriptura dicente promittitur: e t
e d u c e t   s i c u t   l u m e n   i u s t i t i a m   t u a m   e t
i u d i c i u m   t u u m   s i c u t   m e r i d i e m, si fiat quod supra
scriptum est: r e u e l a   a d   d o m i n u m   u i a m   t u a m   e t
s p e r a   i n   e u m,   e t   i p s e   f a c i e t, non, sicut quidam 25
putant, quod ipsi faciant. nullos enim uidetur adtendisse,
cum dixit:· e t   i p s e   f a c i e t, nisi eos qui dicunt: nos
facimus, id est nos ipsi nos ipsos iustificamus. ubi quidem

---

1 Pelagius·   21 Ps. 36, 6   24 Ps. 36, 5

2 esse non *V*   3 *pr.* est] esse *B*   aut] aųt *D* at *RCE*   4 ē *prim. s.l.Dm1*
5 sed uitium est *RV*   quo *ex* eo *Lm2* quod *E* quod (*in mg.m2* quo) *V*
6. 11 quide *Dm1*   7 quo✱✱*D*   8 suplicantum *Lm1* suplicandum *DP*
9 uitatur *Lm1P* uitaͅetur *V*   11 dixerim✱✱*L* dixerimus *B*   iuditium·*VB*
consilium *b* (*in mg.* al indicium), *d*   12 fatcat (a *fin. s. ras. m1*) *R*   quur *codd.*
14 suplicant *LP*   15 opterendam *LDPm1Rm1C*   17 se✱*R* sed *B*   18 triumfas *LP*   et—triumphas *in mg.D*   19 triumfas *P*   triumphari *RV*   21 obsorbebitur *Dm1*   24 reueļļa *E*   ad dom.] domino *DPm2RBCb*   25 eo *RCb*
26 *inc. c. 32 in b*   nullos (o *ex* u) *V*   28 id est *om.*V*m1*

operamur et nos, sed illo operante cooperamur, quia misericordia eius praeuenit nos. praeuenit autem, ut sanemur,
quia et subsequetur ut etiam sanati uegetemur; praeuenit, ut uo-
cemur, subsequetur ut glorificemur; praeuenit, ut pie uiuamus,
5 subsequetur ut cum illo semper uiuamus, quia sine illo nihil facere
possumus. utrumque enim scriptum est et: d e u s   m e u s,
m i s e r i c o r d i a   e i u s   p r a e u e n i e t   m e, et: m i s e r i-
c o r d i a   t u a   s u b s e q u e t u r   m e   p e r   o m n e s   d i e s
u i t a e   m e a e. reuelemus ergo ad eum uiam nostram confessione,
10 non defensione laudemus. si enim non est ipsius uia, sed nostra,
procul dubio non est recta. reuelemus eam confitendo, quia non
eum latet, etiamsi operire conemur. b o n u m   e s t autem   c o n-
f i t e r i   d o m i n o.

    XXXII. 36. Ita enim quod ei placet dahit nobis, si quod ei
15 displicet in nobis, displiceat et nobis. auertet, sieut scriptum est,
semitas nostras a uia sua et nostram faciet esse quae sua est, quoniam
ab ipso praebetur credentibus in eum et sperantibus in eum ut
ipse faciat. ipsa est enim uia insta, quam ignorantes qui
z e l u m d e i   h a b e n t,   s e d   n o n   s e c u n d u m   s c i e n-
20 t i a m,   e t   s u a m   u o l e n t e s   c o n s t i t u e r e   i u s t i t i a e
d e i   n o n   s u n t   s u b i e c t i.   f i n i s   e n i m   l e g i s
C h r i s t u s   a d   i u s t i t i a m   o m n i   c r e d e n t i, qui dixit:
e g o   s u m   u i a.   in qua iam ambulantes tamen terruit
nox diuina, ne quasi de propriis in ea uiribus extollantur. nam
25 quibus propter hoc ait apostolus: c u m   t i m o r e   e t   t r e m o r e
u e s t r a m   i p s o r u m   s a l u t e m   o p e r a m i n i;   d e u s
e n i m   e s t   q u i   o p e r a t u r   i n   n o b i s   e t   n e l l e   e t
o p e r a r i   p r o   b o n a   u o l u n t a t e. eis propter hoc ipsum

    1 cf. Ps. 58, 11   5 cf. Ioh. 15, 5   6 Ps. 58, 11   7 Ps. 22, 6   9 cf.
Ps. 36, 5   12 Ps. 91, 2   15 cf. Ps. 43, 19   17 cf. Ps. 36, 3   18 Rom.
10, 2—4   23 Ioh. 14, 6   25 Phil. 2, 12. 13

    1 ante illo exp. in E   3 quiae C, om.b   et exp.V, om.b   subsequetur
(i s. fin. e m2) D subsequentur VE   ut—subsequetur om.b   post praeuenit
exp. autem Dm2, add.B   5 possumus facere Cbd   8 tua] eius V   me om.B
per om.V   omnibus diebus (diebus s.l.m2; in mg. per omnes dies) V   11 rene-
lamus (e s. a) VE   eū Dm1   12 operire (i ex a) R   autem om.Vm1   14 inc. e.
33 in b   enim m2 ex eum D   15 auertet que (que in mg.m2) P   auertit Vm1Em1
17 all. eo b   18 faciet Lm1Vm1   ipsa (a s. e m2)V   20 constituere] add. iustitiam d
21 non om.Vm1   26 ūrm LPm1VEm1   oper. sal. bd

                                                        17*

dicit etiam psalmus: s c r u i t e d o m i n o in t i m o r e et
c x u l t a t e c u m t r e m o r e. a d p r c h c n d i t e d i s c i p l i-
n a m, n e q u a n d o i r a s c a t u r d o m i n u s c t p e r e a t i s
d e u i a i n s t a, c u m e x a r s e r i t in b*reui* ira eius
s u p e r u o s. non ait 'ne quando irascatur dominus' et non 'uob*is* 5
ostendat uiam iustam' aut 'non uos introducat in uiam iustam',
sed iam illic ambula*ntes* sic terrere potuit, ut diceret: n e p e r e a-
t.i s d c u i a i u s t a. unde, nisi quia superbia, quod totiens
dixi ct saepe dicendum est, etiam in ipsis recte factis cauenda est,
id est in ipsa uia insta, ne homo, dum quod dei est deputat suum, 10
amittat quod dei est et rcdeat ad suum? ideo quo psalmus ipse
concluditur faciamus: b e a t *i* o m n e s q u i c o n f i d u n t i n
e u m, utique ut ipse faciat, ipse ostcndat uiam suam, cui dicitur:
o s t e n d e n o b i s, d o m i n e, m i s e r i c o r d i a m t u a m;
ipse det salutem, ut ambulare possimus, cui dicitur: e t s a l u t a r e 15
t u u m, d o m i n e, d a n o b i s; ipse in cadem uia deducat,
cui dicitur: d e d u c m e, d o m i n e, i n u i a t u a e t a m-
b*u*l a b *o* i n u c r i t a t e t u a; ipse ad illa, quo uia ducit,
promissa perducat, cui dicitur: e t c n i m i l l u c m a n u s t u a
d c d u c e t m e e t p e r d u c e t m e d e x t e r a t u a; ipse 20
ibi pascat recumbentes cum Abraham, Isaac et Iacob, de quo
dictum est: f a c i c t e o s r e c u m b e r e e t t r a n s i b i t e t
m i n i s t r a b i t e i s. non enim, cum ista commemoramus, arbitrium uoluntatis tollimus, sed dei gratiam praedicamus. cui enim
prosunt ista nisi uolenti, sed humiliter uolenti, non se de uoluntatis 25
uiribus, tamquam ad perfectionem iustitiae sola sufficiat, cxtollenti?

　　XXXIII. 37. Abs*it* autem ut ei dicamus, quod a quibusdam
contra se dici ait, 'conparari hominem deo, si abs*que* peccato esse

---

1 Ps. 2, 11—13　　7 Ps. 2, 12　　12 Ps. 2, 13　　14. 15 Ps. 84, 8　　17 Ps. 85, 11
19 Ps. 138, 10　　22 Luc. 12, 37　　28 cf. Hieronymi epist. 133, 8 (XXII 1156 M)

　　2 exultate] *add.* ei V*Em3bd*　　cū (*s.l.m2* in) V　　6 uos *om.Rm1*　　11 amit∗tat L
ipse] iste *bd*　　13 eo *bd*　　ostendi̲t (a *s.* i̲ *m1*) R　　14 ostende *om.V m1*　　tuam
(t *ex* s) L　　15 et ipse D (et *in mg.*), PRVCE*bd*　　det (e *ex* a) D　　16 domine
om. d　　ipsi L*m1*　　20 deducet (u *ex* e) R　　23 ministrabat V　　commemorauimus C　　24 uolumtatis V　　25 prosunt (*in mg. m2* p̄s) V　　26 sufficiet
(a *s.* e) V　　27 c. 34 b　　quibusdā (dā *s.l.m2*) C　　28 agit E　　esse—peccato
*in mg.*V*m2*

asseratur'; quasi uero angelus, qui absque peccato est, conparetur
deo. ego quidem hoc sentio, quia etiam cum fuerit in nobis tanta
iustitia, ut ei addi omnino nihil possit, non aequabitur creatura
creatori. si autem aliqui putant tantum nostrum futurum esse pro-
5 uectum, ut in dei substantiam conuertamur et hoc efficiamur prorsus
quod ille est, uiderint quemadmodum astruant sententiam suam;
mihi hoc fateor non esse persuasum.

XXXIV. 38. Iam sane hoc multum faueo libri huius auctori,
quod aduersus eos qui dicunt: 'rationabile quidem uidetur esse
10 quod asseris, sed superbum est dici hominem absque peccato esse
posse' ita respondet, ut omnino, si uerum est, nullo modo superbum
esse dicendum est. ait enim acutissime atque uerissime: *in qua
magis parte humilitas collocanda est? sine dubio falsitatis, si in ea quae
ueritatis probatur esse superbia est.* ac per hoc placet illi et recte
15 placet, ut in parte ueritatis, non in parte falsitatis magis humilitas
collocetur. ex quo est consequens, ut ille, qui dixit: s i d i x e r i-
m u s q u i a p e c c a t u m n o n h a b e m u s, n o s i p s o s
d e c i p i m u s e t u e r i t a s i n *n o b i s* n o n e s t, uerum
dixisse minime dubitetur, ne causa humilitatis hoc falsum dixisse
20 uideatur. propterea enim addidit: e t u e r i t a s i n n o b i s n o n
e s t, cum forte sufficeret dicere: n o s i p s o s d e c i p i m u s,
nisi adtenderet quosdam putare posse ideo dictum 'nos ipsos decipimus', quia etiam de uero bono qui se laudat extollitur. addendo
itaque 'et ueritas in *nobis* non est' manifeste ostendit, sicut etiam
25 huic rectissime placet, hoc omnino uerum non esse: s i d i x e r i-
m u s q u i a p e c c a t u m n o n h a b e m u s, ne humilitas constituta in parte falsitatis perdat praemium ueritatis.

39. Porro autem quod dei causam sibi agere uidetur defendendo
naturam, non adtendit, quod eandem naturam sanam esse dicendo
30 medici repellit misericordiam. ipse est autem creator eius qui

12 Pelagius   16. 20. 21. 25 I Ioh. 1, 8

1 nero (e *ex* i) *R*   quia *bd*   5 pror*sus *R*   6 astruant (*in mg. m2* struant) *V*
asstruant *PE*   9 uideatur *b*   11 modū *B*   12 est] sit *bd, in ras. V, s.* est *Cm2*
14 hac *LB*   15 non] non ut *b*   *in om. VEm1*   16 qui *om. B*   dixerit *V*
dixerįt *E*   18 *ante* decipimus *litt.* s *eras. L*   decipimus] seducimus *RC*   19 neo
LDCBb ne*R*   20 propteree*a *L*   addit *Vm1*   21 decipiamus *VEm1*   22 nisi—
decipimus *in mg. Vm2*   posse ideo *om. b*   27 perdet *L*, a *s.* e *D*   29 non—
naturam *om. Vm1*   sanū *B*   30 est *om. Cm1*

saluator eius. non ergo debemus sic laudare creatorem, ut cogamur,
immo uere conuincamur dicere superfluum saluatorem. naturam
itaque hominis dignis laudibus honoremus easque laudes ad creatoris gloriam referamus; sed quia nos creauit, ita simus grati, ut
non simus, quia sanat, ingrati. uitia sane nostra, quae sanat, non ₅
diuino operi, sed humanae uoluntati iustaeque illius uindictae tri-
buamus; sed ut in nostra potestate fuisse ne acciderent confitemur,
ita ut sanentur in illius magis esse misericordia quam in nostra
potestate fateamur. hanc iste misericordiam et medicinale saluatoris
auxilium tantum in hoc ponit, 'ut ignoscat commissa praeterita, 10
non ut adiuuet ad futura uitanda'. hic perniciosissime fallitur;
hic etsi nesciens prohibet nos uigilare et orare ne intremus in temptationem, cum hoc ne *nobis* accidat in nostra tantum potestate esse
contendit.

XXXV. 40. 'Quorundam' sane 'exempla, quos peccasse legimus', 15
non 'ideo scripta' dicit, qui sanum sapit, 'ut ad desperationem
non peccandi ualeant et securitatem peccandi *nobis* quodammodo
praebere uideantur', sed ut disceremus uel paenitendi humilitatem
uel etiam in talibus lapsibus non desperandam salutem. quidam
enim in peccata prolapsi desperatione plus pereunt nec solum paeni- 20
tendi neglegunt medicinam, sed ad explenda inhonesta et nefaria
desideria serui libidinum et sceleratarum cupiditatum fiunt; quasi
perdant, si non fecerint quod instigat libido, cum eos iam maneat
certa damnatio. aduersus hunc morbum nimium periculosum et
exitiabilem ualet commemoratio peccatorum etiam in quae insti 25
sanctique prolapsi sunt.

41. Sed acute uidetur interrogare, 'quomodo istos sanctos de
hac uita ab*isse* credendum sit, cum peccato an sine peccato', ut,

10 Pelagius   12 cf. Mare. 14, 38   15. 27 Pelagius

1 *post* cogamur *add.* dicere PB,V (*s. l. m2*), eras. *uid.* D   2 natura *b*
6 operi (i *ex* e) V, i s. e E   uoluntati (i *ex* e) E   7 accederent Dm1V⁻m1E
accenderent P   8 ita *om.* L   misericordia *om.* DB   10 innoscat Cm1
11 fallitur (i *ex* a) D   12 hic (o *s.* i *m2*) V   et sine sciens L *a. c.*   et (*in mg. m2* ǀ ē)
si R ē sine V est si E   temtationem P   16 scriptura B   ad]*dD   17 nobis
quodam nobis R   18 uideant *b*   21 neglegunt V⁻m1   *post* nefaria *exp.* et L
22 libinum L   sceleratorum (a *s.* ọ) E   23 eo*R eos (s *s.l.*) E   25 exitiabile L
exsitiabilem V ex * itiabilem C   qua (a *ex* ę) D, PREm1   28 abiisse *bd*

si responsum fuerit 'cum peccato', putetur eos secuta damnatio, quod nefas est credere; si autem sine peccato dictum fuerit eos exisse de hac uita, probet hominem saltem propinquante morte fuisse sine peccato in hac uita. ubi parum adtendit, cum sit acutissimus,

5 non frustra etiam iustos in oratione dicere: **dimitte nobis debita nostra, sicut et nos dimittimus debitoribus nostris,** dominumque Christum, cum eandem orationem docendo explicuisset, ueracissime subdidisse: **si enim dimiseritis peccata hominibus, dimittet**

10 **nobis pater uester peccata uestra.** per hoc enim cotidianum spiritale quodammodo incensum, quod ante deum in altare cordis, quod sursum *habere* admonemur, infertur, etiamsi non hic uiuatur sine peccato, licet mori sine peccato, dum subinde uenia deletur, quod subinde ignorantia uel infirmitate committitur.

15   XXXVI. 42. Deinde commemorat eos, 'qui non modo non peccasse, uerum etiam iuste uixisse referuntur: Abel, Enoch, Melchisedech, Abraham, Isaac, Iacob, Ioseph, Iesu Nane, Finees, Samuhel, Nathan, Helias, Heliseus, Micheas, Danihel, Ananias, Azarias, Misael, Ezechiel, Mardocheus, Simeon, Ioseph, cui desponsata erat

20 uirgo Maria, Iohannes'. adiungit etiam feminas: 'Debboram, Annam Samuhelis matrem, Iudith, Hester, alteram Annam filiam Fannel, Elisabeth', ipsam etiam domini ac saluatoris nostri matrem, 'quam' dicit 'sine peccato confiteri necesse esse pietati'. excepta itaque sancta uirgine Maria, de qua propter honorem domini nullam prorsus,

5 Matth. 6, 12   8 Matth. 6, 14   15. 20. Pelagius

1 sequuta L (s *ex* c *m2*), *Dm1P* sequi ita B   2 credere] dicere (*s. exp.* credere *m2*) D, *RVCE*   3 exhisse B   prohibet B   saltim *DRBCE*   5 dimitte (*pr.* i *ex* e) D   6 debite *Rm1*   10 uester] u̅r̅t̅ V̇   11 quotidianum *Lm2*   modo (do *s.l.m2*) V   12 altari *b*   14 nenia del. quod *m2 in dextro,* subinde *m3 in sin. mg.* V̇   16 referuntur P feruntur V   melcisedech E   17 Ioseph *post* Helias *pon. d* icsu*L iesus *PE*   samuel *Pbd*   18 natan V   Elias *bd*   helisseus *LC* helissaeus P heliseus (h *s.l.m2*) *DVE* helisaeus R   daniel *PCEbd*   annanias *LDPV* ananias E   19 misahel *LVCE*   ezechihel *LV*   mardacheus *LBEm1* mardachaeus (o *s.* a̧) D   mardacheus (o *s.* a̧) P   symeon *PVE* simonē B   disponsata *LDm1*   20 ioannes *VCEbd*   deboram *VE* Delboram *b* 21 samuelis *REbd*   iudit *LP* ludit V   Esther *bd*   phanuhelis *DC* fanuhel P phanuhel *VE* panuelis R   22 isabeth L helisabeth *RBCb*   dni nostri B

cum de peccatis agitur, *haberi* uolo quaestionem — unde enim scimus
quid ei plus gratiae conlatum fuerit ad uincendum omni ex parte
peccatum, quae concipere ac parere meruit, quem constat nullum
habuisse pecatum? — hac ergo uirgine excepta, si omnes illos
sanctos et sanctas, cum hic uiuerent, congregare possemus et 5
interrogare, utrum essent sine peccato, quid fuisse responsuros putamus? utrum hoc quod iste dicit, an quod Iohannes apostolus,
rogo uos. quantalibet fuerint in hoc corpore excellentia sanctitatis,
si hoc interrogari potuissent, una uoce clamassent: s i d i x e r i m u s
q u i a p e c c a t u m n o n h a b e m u s, n o s i p s o s d e c i- 10
p i m u s e t u e r i t a s i n *n o b i s* n o n e s t. an id humilius
responderent fortasse quam uerius? sed huic iam placet et recte
placet 'laudem humilitatis in parte non ponere falsitatis'. ita hoc
si uerum dicerent, haberent peccatum; quod humiliter quia faterentur, ueritas in eis esset; si autem hoc mentirentur, nihilominus 15
haberent peccatum, quia ueritas in eis non esset.

XXXVII. 43. *Dicent forsitan*, inquit: *numquid omnium potuit
scriptura commemorare peccata?* et uerum eis dicent quicumque
dicent. nec eum contra hoc aliquid ualidum uideo respondisse,
quamuis uideam tacere noluisse. quid enim dixerit, quaeso, adten- 20
dite. *hoc*, inquit, *recte dici potest de his, quorum neque bonorum neque
malorum scriptura sit memor; de illis uero, quorum iustitiae meminit, et peccatorum* sine dubio *meminisset, si qua* eos peccasse *sensisset.*
dicat ergo non pertinuisse ad iustitiam tantam illorum fidem, qui
magna multitudine praecedentes et sequentes cum laudibus domini 25
asellum etiam inter frementes quare hoc facerent inimicos clamabant:
o s a n n a, f i l i D a u i d, b e n e d i c t u s q u i u e n i t i n
n o m i n e d o m i n i! audeat ergo iste dicere, si potest, neminem

9 I Ioh. 1, 8   13. 17. 21 Pelagius   27 Matth. 21, 9 etc.

1 aberi *L* habere *DRm1BCEm2b*   2 quod *DRBCb*   culatū *Em1*   4 ha∗c *R*
5 possemus (e *ex* i) *Lm2*   6 quid *ex* quod *Dm2R*   8 fuerint (*in mg.m2* l
fuerit) *V*   9 nonne una uoce clamassent *edit. Louaniensium*   10 nosmet *R*
ipso *Cm1*   decipimus (i *alt. ex* e) *V* seducimus *R'*   11 id] illud *bd*   12 huic
ex adhuc *D*   13 ita—humiliter *in mg.D*   itaque *C* (q. *s.l.m1), bd*   15 nihil-
hominus *VE*   17 numquit *P*   18 ei *d*   21 potest dici *bd*   23 peccare *DBC*
pecasse (sse *s. ras.) R*   24 quos (i *s.* os) *V* qui (*in mg.* al quos) *b* quos *LDPRBCE*
25 c̄sequentes (c̄ *s.l.*) *D, PRVLCEbd*   26 fecerent *Rm1*   clamabant] *add.*
dicentes *Dm2 RVCEbd*   27 os anna *V*   filio *d*   28 dicere iste *bd*

fuisse in tanta illa multitudine, qui ullum *haberet* omnino peccatum. quod si absurdissimum est dicere, cur nulla peccata eorum scriptura commemorauit, quae tantum *bonum* fidei eorum commemorare curauit?

5   44. Sed hoc etiam ipse forsitan uidit et ideo subiecit atque ait: *sed esto, aliis temporibus turbae numerositate omnium dissimulauerit peccata contexere; in ipso statim mundi primordio, ubi non nisi quattuor homines* erant, quid, inquit, *dicimus, cur non omnium uoluerit delicta memorare? utrumne ingentis multitudinis causa, quae nondum* 10 *erat, an quia illorum tantum qui commiserant meminit, illius uero qui nulla commiserat meminisse non potuit?* adhuc adiungit nerba, *quibus* ista sententia uberius et planius astruatur: *certe,* inquit, *primo in tempore Adam et Eua, ex quibus Cain et Abel nati sunt, quattuor tantum homines fuisse referuntur. peccauit Eua — scriptura hoc prodidit —,* 15 *Adam quoque deliquit — eadem scriptura non taeuit —, sed et Cain peccasse ipsa aeque scriptura testata est, quorum non modo peccata, uerum etiam peccatorum indicat qualitatem. quodsi et Abel peccasset, hoc sine dubio scriptura dixisset; sed non dixit: ergo nec ille peccauit, quin etiam iustum ostendit. credamus igitur quod legimus* 20 *et quod non legimus nefas credamus astruere.*

XXXVIII. 45. Haec dicens parum adtenditquod paulo ante ipse dixerat 'iam exorta multitudine generis humani turbae numerositate potuisse scripturam dissimulare omnium peccata contexere'. hoc enim si satis adtendisset, uideret etiam in uno homine turbam et 25 multitudinem leuium peccatorum uel non potuisse ucl, si etiam potuit, non debuisse conscribi. ea quippe scripta sunt, *quibus* et modus adhibendus fuit et paucis exemplis ad multa necessaria lector instruendus. nam cum ipsos tune homines licet adhuc paucos, quot

---

6. 12. 22 Pelagius   14. 15 cf. Gen. c. 3   cf. Gen. c. 4

1 illum *Dm1*   omnino *om. Lm1*   2. 8 quur *codd.*   3 que tantum *ex* quetam *E*   eorum] ipsorum *bd*   5 forsitan ipse *bd*   6 turbe *s.l.m2L* 8 quatuor *Vbd*   qui *L*   omnium *ex* hominum *Lm2*   9 commemorare *b* 10 commisserant *LDm1R*   meminis *L*   11 nullam *V*   commisserat *Rm1V* commiserant *B*   ad haec *b*   12 asstruatur *P*   16 ipsa *om. B*   testa *B* 18 et hoc *Dm2PRVCEbd*   19 legimus (l *ex* c) *R*   20 asstruere *LP*   21 ipse *om. B* 22 numerositate (o *ex* u, ta *in ras.*) *V*   25 multidinem *L*   peccatorum leuium *Bbd*   26 debuisset *Bm1*   28 paucis *B*   quot] quod *Lm1Dm1Pm1BC*

uel qui fuerint, id est Adam et Eua, quot filios et filias procreauerint
et quae illis nomina inposuerint, scriptura commemorare noluerit
— unde nonnulli parum considerantes quam multa scriptura
tacite praetereat ipsum Cain cum matre concubuisse putauerunt,
unde prolem quae commemorata est procrearet, putantes illis filiis ₅
Adam sorores non fuisse, quia eas scriptura tunc tacuit, postea recapitulando inferens quod praetermiserat Adam filios et filias pro-
creasse nec tempus quo nati sunt nec numerum nec uocabula ostendens —ita nec commemorandum fuit, si Abel, quamuis merito iustus
appellatus est, paulo inmoderatius aliquando risit uel animi remis- ₁₀
sione iocatus est uel uidit aliquid ad concupiscendum uel aliquanto
inmoderatius poma decerpsit uel plusculo *cibo* crudior fuit uel cum
oraret cogitauit aliquid unde eius in aliud auocaretur intentio. et
quotiens illi ista ac similia multa subrepserint! an forte peccata non
sunt, de q*uibus* generaliter cauendis atque cohibendis admone- ₁₅
mur praecepto apostolico, ubi dicit: n o n   e r g o   r e g n e t
p e c c a t u m   i n   u e s t r o   m o r t a l i   c o r p o r e   a d
o b o e d i e n d u m   d e s i d e r i i s   e i u s ?   his   quippe   ne
oboediamus ad ea, quae non licent uel minus decent, cotidiana
et perpetua conflictatione certandum est. nam utique ex ₂₀
hoc uitio mittitur uel dimittitur oculus, quo non oportet; quod
uitium si conualuerit et praeualuerit, etiam adulterium perpe-
tratur in corpore, quod in corde tanto fit citius quanto est cogitatio
celerior et nullum inpedimentum morarum. hoc peccatum, id est
hunc uitiosae affectionis adpetitum, qui magna ex parte frenarunt, ₂₅
ut non oboedirent desideriis eius nec exhiberent ei *membra* sua arma
iniquitatis, etiam iusti appellari meruerunt et hoc adiutorio gratiae

　　5 cf. Gen. 4, 17　　　7 cf. Gen. 5, 4　　　9 cf. Matth. 23, 35. Hebr. 11, 4
16 Rom. 6, 12　　26 cf. Rom. 6, 12. 13

　　1 quot (t *in ras.*) V　quod *Dm1Pm1B*　procreauerant *b*　　2 scriptura (*in
mg. m2* scripturas) V .　uoluerit (n *s.* u *init.m1*)*E* uoluerit *b*　　5 commorata *B*
putantis *Dm1*　　6 adam sore res (*s. pr.* a *adscr.* c, *s. alt.* a add. h)*E*　quia
(a *s.l.*)*R*　ea *LPVE*　tunc] dum *R*　7 quot *Cm1*　8 quo∗*L* quo *s. eras.* co *R*
conati (*om.* quo) *B*　11 aliquanto (t *in ras.*) V, t *ex* d *R*　12 immoderaɳtius *E*
13 aliud] aliquid V　14 quoties *Dm1*　19 licet *Lm1*　dicent *Rm1Vm1Em1*
co∗tidiana *D*　20 perpetuę *B*　21 mittatur *B*　oculis *Dm1B*　quo *ex* quae *Dm1*
quę *B*　23 quanta *E*　24 morare *B*　25 hunc] hoc V　quiạ V　frena∗∗runt *R*
26 desideris *E*

dei. nerum quia saepe in leuissimis et aliquando incautis obrepit
peccatum, et insti fuerunt et sine peccato non fuerunt. postremo
si in Abel iusto caritas dei, qua una uere iustus est quicumque iustus
est, adhuc erat quo posset et deberet augeri, quicquid minus erat
5 ex uitio erat. et cui non minus sit, donec ad illam eius fortitudinem
ueniatur, ubi tota hominis absorbeatur infirmitas?

XXXIX. 46. Magna plane sententia conclusit hunc locum
cum ait: *credamus igitur quod legimus et quod non legimus nefas
credamus astruere, quod de cunctis etiam dixisse sufficiat.* contra
10 ego dico nec omne quod legimus credere nos *debere* propter illud,
quod ait apostolus: o m n i a   l e g i t e, q u a e   b o *n* a   s u n t
t e n e t e, et astruere aliquid etiam quod non legimus nefas non
esse. possumus enim aliquid bona fide testes astruere quod experti
sumus, etiam si forte non legimus. hic fortasse respondet: 'ego
15 cum hoc dicerem, de scripturis sanctis agebam'. o utinam, non dico
abud quam in illis litteris legit, uerum contra id quod legit nihil
uellet astruere! fideliter et oboedienter audiret quod scriptum est:
p e r   u n u m   h o m i n e m   p e c c a t u m   i n t r a u i t   i n
m u n d u m   e t   p e r   p e c c a t u m   m o r s   e t   i t a   i n   o m n e s
20 h o m i n e s   p e r t r a n s i i t,   i n   q u o   o m n e s   p e c c a u e-
r u n t, et non infirmaret tanti medici gratiam, dum fateri non uult
naturam humanam esse uitiatam! o utinam sicut Christianus legeret
praeter Iesum Christum nullum esse nomen sub caelo, in quo oportet
salnos fieri nos, et non possibilitatem naturae humanae ita defenderet,
25 ut homo per *liberum arbitrium* etiam sine isto nomine saluus esse
posse credatur!

XL. 47. Sed putat fortasse ideo necessarium esse Christi nomen,
ut per eius euangelium discamus quemadmodum niuere debeamus,

4 cf. De spir. et litt. 36, 65 pag. 225, 19—21 et De perfectione iustitiae 6, 15
(CS*EL* XLII 12. 13)   8 Pelagius   11 I Thess. 5, 21   18 Rom. 5. 12
23 cf. Act. 4, 12

1 aliquanto (*in mg. m2* aliquando) *V*   2 *pr.* peccati *B*   4 quod *Dm1*
quidquid *LPm1*   5 cui∗∗*R*   7 magnę *L* magna (a *fin. s.* e) *D*   plenę *L*
pleno *BC*   8 credamus (a *ex* i) *VE*   legemus *Rm1*   9 asstruere *P*   sufficiet
VEm1   10 e∗go *V*   11 apostolus ait *bd*   quae (ae *in ras.*) *V* quod *E*
12 asstruere *LPV*   13 asstruere *LVPE*   16 illius *LB* illi∗s *D*   17 ualet
DBCR (*in mg. m2* uellet)   asstruere *L*   auderet *C*   quod scriptum est *om.C*
23 esse *om. B*   oportet—humanae *in mg. D*   oporteat *b*   24 ista *L*   25 saluos
(u *s.* o) *V* saluum *C*

non etiam ut eius adiuuemur gratia, quo *bene* uiuamus. uel hinc
saltim confiteatur esse miserabiles tenebras in animo humano, qui
scit quemadmodum debeat leonem domare et nescit quemadmodum uiuere. an et hoc ut sciat sufficit ei *liberum arbitrium*
lexque naturalis? haec est sapientia uerbi, qua euacuatur 5
crux Christi. sed qui dixit: p e r d a m s a p i e n t i a m s a-
p i e n t i u m, quia ista crux non potest euacuari. profecto ista sapientia per stultitiam praedicationis, qua credentes sanantur,
euertitur. si enim possibilitas naturalis per *liberum arbitrium* et ad
cognoscendum quomodo ninere debeat et ad *bene* uiuendum sufficit 10
sibi, e r g o C h r i s t u s g r a t i s m o r t u u s e s t; e r g o
e u a c u a t u m e s t s c a n d a l u m c r u c i s. cur non etiam
ego hic exclamem, immo exclamabo et istis increpitabo dolore
christiano: e u a c u a t i e s t i s a C h r i s t o, qui in natura iustificamini, a g r a t i a e x c i d i s t i s! ignorantes enim dei iustitiam 15
et uestram uolentes constituere iustitiae dei non estis subiecti. sicut
enim finis legis, ita etiam naturae humanae uitiosae saluator
Christus est ad iustitiam omni credenti.

　　XLI. 48. Quid autem *sibi* opposuit 'ab eis dici contra quos loquitur: o m n e s e n i m p e c c a u e r u n t'? *manifestum est quod* 20
de his dicebat apostolus qui tunc erant, hoc est de Iudaeis et gentibus.
sed plane illud, quod commemoraui: p e r u n u m h o m i n e m
p e c c a t u m i n t r a u i t i n m u n d u m e t p e r p e c c a t u m
m o r s e t i t a i n o m n e s h o m i n e s p e r t r a n s i i t. i n
q u o o m n e s p e c c a u e r u n t, et antiquos et recentiores et 25
nos et posteros nostros sententia ista conplectitur. ponit etiam
illud testimonium, unde probet cum dicuntur 'omnes' non semper
omnes omnino nullo praetermisso intellegi oportere. *s i c u t p e r*

5 cf. I Cor. 1, 17　　　6 I Cor. 1, 19　　　7 cf. I Cor. 1, 21　　　11 Gal. 2, 21
Gal. 5, 11　　　14. 15 cf. Gal. 5, 4　　　15 cf. Rom. 10, 3　　　17 cf. Rom. 10. 4
20 Rom. 3, 23　　　Pelagius　　　22 Rom. 5, 12　　　28 Rom. 5, 18　　　Pelagius

　1 ut eius *om.C*　　　qua *b*　　　hic *B*　　　2 salutim *Lm1* salutē *Vm1* saltem
DPE　　　5 lexquae *DVE*　　　naturalis (i *m2 ex* e) *C*　　　qua (a *s.l.*) *Lm2* quae
(e *s.l.*) *C*　　　uacuatur *C*　　　6 sed (*in mg. m2* habeo) *V*　　　sapientum *bd*　　　7 istam
sapientiam *Cbd*　　　9 euertit *Cd*　　　12 quur codd.　　　13 e*go *C*　　　immodo (*s. pr.* m
add.m3 mo) *E*　　　increpitabo *in mg.Vm3*　　　16 nestra *Rm1*　　　19 quod *BCd*　　　loquimur *B*　　　21 erat *Cm1*　　　judeis *C*　　　22 illud *om.C*　　　cōmoraui *B* memoraui *E*　　　23 *pr.*
pecca＊＊tum *L*　　　24 homines pertransit in quo *in mg.C*　　　27 illut *V*　　　homines *B*

unius inquit, *delictum in omnes homines in con-*
demnationem sic et per unius iustitiam in
omnes homines in iustificationem uitae, *cum*
per *Christi*, inquit, *iustitiam non omnes, sed eos tantum, qui illi*
5 *oboedire uoluerunt et baptismi eius ablutione purgati sunt, sancti-*
ficatos esse non dubium sit. non plane isto testimonio probat quod
uult. nam sicut dictum est: s i c u t p e r u n i u s d e l i c t u m
i n o m n e s h o m i n e s i n c o n d e m n a t i o n e m, ut nullus
praetermitteretur, sic et in eo, quod dictum est: p e r u n i u s
10 i u s t i t i a m i n o m n e s h o m i n e s i n i u s t i f i c a t i o-
n e m u i t a e, nullus praetermissus est, non quia omnes in eum
credunt et baptismo eius abluuntur, sed quia nemo iustificatur nisi
in eum credat et baptismo eius abluatur. itaque 'omnes' dictum
est, ne aliquo modo alio praeter ipsum quisquam saluus fieri posse
15 credatur. sicut uno litterarum magistro in ciuitate constituto
rectissime dicimus: 'omnes iste hic litteras docet', non quia omnes
ciues litteras discunt, sed quia nemo discit, nisi quem ille docuerit,
sic nemo iustificatur, nisi quem Christus iustificauerit.

XLII. 49. *Sed esto*, inquit, *consentiam quia omnes peccatores*
20 *fuisse testatur. dicit enim quid fuerint, non quod aliud esse non potuerint.*
quamobrem et si omnes homines, inquit, *peccatores possent probari,*
definitioni tamen nostrae nequaquam id obesset, qui non tam quid
homines sint quam quid possint esse defendimus. hic recte facit aliquando consentire, quoniam non iustificabitur in conspectu dei omnis
25 uiuens, non tamen ibi .esse quaestionem, sed in ipsa non .peccandi
possibilitate contendit, in qua nec nos aduersus eum certare opus
est. nam neque illud nimis curo, utrum fuerint hic aliqui uel sint
uel esse possint, qui perfectam, cui nihil addendum esset, habuerint

---

7. 9 Rom. 5, 18   12 cf. Rom. 4, 5   19 Pelagius   24 cf. Ps. 142, 2

1 in omnes—*lin.* 3 homines *om.* B   3 in *om.* L   7 *pr.* sic *LDm1P*   10 iustitiam
(ius *s.l.m2*) *V*   11 non quia] neque *C*   12 iustifi**catur *L*   14 alio (o *s.l.m2*) *V*
saluos *Vm1*   15 sicut] *add.* enim *Cbd*   18 quem *om. Rm1*   iustificauerit
Christus *bd*   19 esto (e *ex* i)*V*   20 *pr.* quod *RC*   21 peccatores inquit *bd* possent
(e *s.* u *m2*) *V*   22 quid *s. l. Vm2* quod *in mg. CE*   23 quod *C*   possent
Dm1bd   hoc *Vatic. 500. 501*   24 consentire (i *ex* a *m2*)*C*   quia *bd*   non
om. Lm1   26 contemnit *C*   nec nos *in ras. Vm2*   aduersus nos *D*   eum
in ras. Vm2   eum certare] cum certare *Dm1Pm1* concertare *Pm2Em1*   28 adtendum *Rm1*   abuerint *L*

uel habeant uel habituri sint caritatem dei — ipsa est enim nerissima,
plenissima perfectissimaque iustitia —, quoniam id, quod uoluntate
hominis adiuta per dei gratiam fieri posse confiteor et defendo,
quando uel ubi uel in quo fiat nimium certare non debeo. neque
de ipsa possibilitate contendo, cum sanata et adiuta hominis uolun- 5
tate possibilitas ipsa simul cum effectu in sanctis proueniat, dum
caritas dei, quantum plenissime natura nostra sana atque purgata
capere potest, diffunditur in cordibus nostris per spiritum sanctum,
qui datus est *nobis*. melius itaque dei causa agitur — quam se
iste agendo dicit defensare naturam —, cum et creator et saluator 10
agnoscitur quam cum defensa uelut sana uiribusque integris creatura
opitulatio saluatoris inanitur.

XLIII. 50. V*erum* est autem quod ait, 'quod deus tam *bonus*
quam iustus talem hominem fecerit, qui peccati malo carere sufficeret, sed si uoluisset'. quis enim eum nescit sanum et inculpabilem 15
factum et *libero arbitrio* atque ad iuste uiuendum potestate *libera*
constitutum? sed nunc de illo agitur, quem semiuiuum latrones in
uia reliquerunt, qui grauibus saucius confossusque uulneribus non
ita potest ad iustitiae culmen ascendere, sicut potuit inde descendere,
qui etiam si iam in *stabulo* est adhuc curatur. non igitur deus 20
inpossibilia iubet, sed iubendo admonet et facere quod possis et
petere quod non possis. iam nunc uideamus unde possit, unde non
possit. iste dicit: *uoluntate non est, quod natura potest*. ego dico:
'uoluntate quidem non est homo iustus, si natura potest, sed medicina
poterit quod uitio non potest'.   .   25

XLIV. 51. Quid ergo iam opus. est in pluribus inmorari?
ueniamus interius ad causam, quam in hac dumtaxat quaestione
uel solam uel paene solam cum istis habemus. sicut enim ipse dicit,

---

7 cf. Rom. 5, 5   13 Pelagius   17 cf. Luc. 10, 30. 34   23 Pelagius

1 sint (i *ex* u) *E*   enim *om. D Rm1 BC*   2 quod *om. C*   3 adiuta] ad
uitā *E*   4 fiot V   5 possibilitate∗*C*   sanatam *C*   et ad hominis uoluntatē *C*
6 affectu *LD*   proueniet *V*   9 agitur (i *ex* a) *D*   10 iste (*in mg. m2*
l ipse) *R* ipse *VE*   14 qui] cui *C m2 ex* quae, *b*   peccato *L* peccato (i *s.*
ọ *m1) D*   16 ad *om. V*   18 qui *m2 ex* qua∗*C*   grauius *Dm1, b in mg.*   con-
fessusque *B*   20 igitur *m2 ex* agitur *C*   21 possibilia *B*   22 nunc (unc
in ras.) V   unde n̄ possit *add. V m2* et unde n̄ possit *in mʒ. Em2*   24 quidem]
quid est *B*   28 uel solam *s.l. V m2, in mg. Em2*   *alt.* solam *om. V m1*   habeạmus *V E*

'ad quod nunc agit non pertinere ut quaeratur, utrum fuerint
uel sint aliqui homines in hac uita sine peccato, sed
utrum esso potuerint sine possint', ita ego etiamsi fuisse uel esse
consentiam nullo modo tamen potuisse uel posse confirmo nisi iusti-
5 ficatos gratia dei per Iesum Christum dominum nostrum et hunc
crucifixum. ea quippe fides iustos sanauit antiquos, quae sanat et
nos, id est mediatoris dei et hominum hominis Christi Iesu, fides
sanguinis eius, fides crucis eius, fides mortis et resurrectionis eius;
h a b e n t e s ergo e u n d e m s p i r i t u m f i d e i e t n o s
10 c r e d i m u s, p r o p t e r q u o d e t l o q u i m u r.

    52. Iste nero obiecta *sibi* quaestione, in qua renera intolera-
bilis uidetur cordibus christianis, quid respondeat adtendamus. ait
enim: *sed hoc est quod multos mouet, inquies, quod non per dei gratiam*
hominem sine peccato esse posse defendis. prorsus hoc est quod monet,
15 hoc est quod obicimus. rem ipsam dicit; hoc omnino aegerrime
sustinemus, hinc a Christianis talia disputari ea quam in alios et in
ipsos habemus dilectione non ferimus. audiamus igitur quomodo
se ab obiectione quaestionis huius expediat: *o ignorantiae caecitas,*
inquit, *o inperitae mentis ignauia, quae id sine dei gratia defensari*
20 *existimat, quod deo tantum audiat debere reputari*! si nesciremus quae
sequantur, his tantummodo auditis falsa nos de illis iactante fama et
quibusdam fratribus idoneis testibus asseuerantibus credidisse puta-
remus. quid enim dici breuius potuit et nerins quam possibilitatem
non peccandi, quantacumque est uel erit in homine, non nisi deo
25 *debere* reputari? hoc et nos dicimus, iungamus dexteras.

    XLV. 53. An audienda sunt cetera? audienda plane et corri-
genda utique uel cauenda. *nam cum dicitur*, inquit, *ipsum posse*
arbitrii humani omnino non esse, sed naturae, sed auctoris naturae, dei

---

    1. 13 Pelagius   5 cf. Rom. 7, 25   7 cf. I Tim. 2, 5   9 II Cor. 4, 13
18. 27 Pelagius

    1 agit] ait *BE*   fierint *Vm1Em1*   2 hominis *B*   3 etiam *C*   4 iusti-
ficatus *LDm1PVm1BEm1*   iustificati *b*   7 Iesu Christi *bd*   10 loquimur
(m *s. ras.* t *m2*) *L*   11 isti *Vm1*   nero *s.l. Rm2*   abiecta *VC*   intolerabiles *Dm1*
12 christianis (i *fin. ex* u) *LPVE*   quod *Dm1* quid (d *s.l.m2*) *C*   14 pororsus *V*
15 dicis (s *in ras. ex* t) *V*   16 a *om.C*   in alio sed *P*   17 dilectione (e *fin.*
ex i *m2*) *D*   18 ab *om.E*   obiectionẽ (*uirg. add. m2*) *L*   20 existimat (a *ex* e) *D*
audiet *V* audeat *Rm2B*   21 audi*tis *E*   iactante (n *s.l.*) *D*, i *s.l.P*   26 corri-
pienda (*in mg. m2* corrigenda) *VE*   28 sed naturae *om.bd*

scilicet, ecqui fieri potest *ut absque dei gratia intellegatur, quod ad deum proprie pertinere censetur?* iam coepit apparere quid dicat; sed ne forte fallamur, latins id explanat et clarius. *sed ut hoc manifestius,* inquit, *fiat, paulo latius disputandum est. dicimus enim cuiuscumque rei possibilitatem non tam in arbitrii humani potestate quam in naturae* 5 *necessitate consiste*re. exemplis etiam uel similitudinibus quid dicat inlustrat. *ut puta,* inquit, *loqui possum. quod loqui possum meum non est; quod loquor meum est, id est propriae uoluntatis; et quia quod loquor meum est, utrumque facere possum, id est et loqui et non loqui. quia uero quod loqui possum meum non est, id est arbitrii mei atque* 10 *uoluntatis, necesse est me semper loqui posse; et si uoluero non posse loqui, non possum tamen non posse loqui, nisi forte membrum illud adimam, quo loquendi inpleri officium* potest. multa quidem dici possent, quibus, si uelit, homo adimat *sibi* possibilitatem loquendi non adempto illo mem*b*ro quo loquimur. uelut si aliquid fiat unde 15 uox ipsa tollatur, loqui nemo poterit manentibus mem*b*ris; non enim uox hominis mem*b*rum est; uexato sane aliquo interiore membro fieri potest, non adempto. sed ne u*erb*o premere uidear mihique contentiose dicatur: 'etiam uexare adimere est', possumus quidem id efficere et ore aliquibus uinculis sic clauso atque obserato, ut id 20 aperire minime ualeamus neque ut aperiatur in nostra sit potestate, cum in potestate fuerit ut clauderetur manente integritate et sani-tate membrorum.

XLVI. 54. Sed quid ad nos? uideamus quid deinde contexat. *uoluntatis enim arbitrio,* inquit, *ac deliberatione priuatur quicquid* 25 *naturali necessitate constringitur.* et hic nonnulla quaestio est. per enim ab*s*urdum est, ut ideo dicamus non pertinere ad uoluntatem nostram quod beat*i* esse uolumus, quia id omnino nolle non possumus

---

3. 7. 25 Pelagius

1 coqui] e qui *L* et qui *DPRVBCm1Eb* et quid *Cm2*   2 recensetur *B* quid (d *s.l.m2) L* quod *R*   3 id] hic *L*   4 cuiusque *bd*   5 tam *ex* tantum *E* 6 ex*emplis *E*   7 inlustratur (l *s.* n *m1) C*   putat *V*   quod loqui possum *om. Lm1   ante* meum eras. meu *R*   9 *pr.* et *om. V*   10 non *om. C*   12 posse *V* possum *ex* posset *E*   non posse loqui *exp. V*   14 sibi] si *V*   17 *fin.* men-bri *Cm1*   18 mihiquae *D*   20 ideficere (i *init. s.l.) D*   si *R*   obsecrato *B* 21 apperire *E*   22 sanitatem *L* sanitate (i *ex* o *et* ta *s. ras. m2) C*   24 exinde *DRBCEm2* inde *b*   25 quidquid *Lm1PV*, c *ex* t *V*, d *s.* c *C*   26 per ENĪm3 *tamquam rarum not. V*   28 non *in mg.* R*m2* nā *B*

nescio qua et *bona* constrictione naturae nec dicere audemus ideo
deum non uoluntatem, sed necessitatem habere iustitiae, quia non
potest nelle peccare.

XLVII. 55. Adtendite etiam quae sequuntur. *hoc,* inquit, *et*
5 *de auditu, odoratu uel uisu sentiri possibile est, quod audire, odorari,*
uidere potestatis nostrae sit, posse uero audire uel odorari uel uidere
potestatis nostrae non sit, sed in naturali necessitate consistat. aut ego
non intellego quid dicat aut ipse. quomodo enim in potestate
nostra non est uidendi possibilitas, si in potestate nostra est non
10 uidendi necessitas, quia in potestate est caecitas, qua id ipsum uidere
posse nobis, si uolumus, adimamus? quomodo autem in nostra potestate est uidere, si uelimus, cum etiam salua integritate naturae
corporis oculorumque nostrorum nec uolentes uidere possimus siue
per noctem luminibus quae forinsecus adhibentur ademptis siue
15 nos quisquam in *tenebroso* loco aliquo includat? item si quod audire
possumus uel non possumus in nostra potestate non est, sed in
naturae constrictione, quod uero audimus uel non audimus, hoc est
propriae uoluntatis, cur non adtendit, quanta audiamus inuiti,
quae penetrant in sensum nostrum etiam auribus opturatis,
20 sicuti est de proximo serrae stridor uel grunnitus suis?
quamquam opturatio aurium ostendit non in potestate
nostra esse apertis auribus non audire, facit etiam fortasse
talis opturatio, quae ipsum sensum nostrum adimat, ut in
nostra potestate sit etiam audire non posse. de odoratu autem quod
25 dicit, nisi parum quod dicit adtendit, 'non esse in nostra potestate
posse odorari uel non posse, sed in nostra potestate esse', hoc est

---

4 Pelagius   25 Pelagius

1 audeamus *R*   2 dnm *V*   4 secuntur *LE*   5 de*V   oratu *Vm1*
adoratu *Em1*   sentire *b*   odorare (i s. e) *V* adorare *Em1*   6 uel uidero *B*
nostrae] n̄ *B*   odorari*E odorare *b*   7 nostrae *om. LDm1PVBE*   necessitate
naturali *VE*   8 quod *C*   9 sic *DPRVBE* sic *C*   *ante* est *exp.* non *C*   11 in
potestate nostra *Cbd*   12 n̄ est uidore (n̄ *s.l.m3*) *E*   naturam *DPRBCm1Em1*
natura *Vm1*   14 ademtis *Lm1P*   15 loco (c *s. cras.* qu *m2*) *R*   alico *V*
includat *V* inclaudat *E*   16 uel non possumus *exp. V*   19 obturatis *RCbd*
obduratis (bd *ex* pt) *V*   20 serre *RE*   grunitus *Dm1*   21 obturatio *RBbd*
obduratio (bd *ex* pt) *V*   23 obturatio *Bbd* obduratio (bd *ex* pt) *V*   24 oderatu *L*
quod] quid *V* (d *s.l.m2*), *DPRE*   25 nisi parum quod dicit adtendit (nisi *in* nne
corr. m. rec.) *C* nonne parum attendit *Taurinensis I.V.5, bd*   26 odorare *b*
posse—uel non odorari *in mg.Dm1*   sed] so *D* sic *B*

in *libera* uoluntate, 'odorari uel non odorari', cum inter odores
graues et molestos quando constituti fuerimus, si quis nos illic manibus ligatis constituat, seruata prorsus integritate ac salute membrorum uelimus non odorari nec omnino possimus, quia cum spiritum
ducere cogimur, simul et odorem quem nolumus trahimus.   5
  XLVIII. 56. Sieut ergo istae similitudines falsae sunt, ita et
illud propter quod eas uoluit adhibere. sequitur enim et dicit: *simili ergo modo de non peccandi possibilitate intellegendum est, quod
non peccare nostrum sit, posse uero non peccare non nostrum.* si de
integra et sana hominis natura loqueretur — quam modo non habemus; 10
s p e e n i m s a l u i f a c t i s u m u s ; s p e s a u t e m q u a e
u i d e t u r n o n e s t s p e s. s i a u t e m q u o d n o n n i d e-
m u s s p e r a m u s, p e r p a t i e n t i a m e x p e c t a m u s —,
nec sic recte diceret, quod non peccare nostrum tantummodo
sit, quamuis peccare nostrum esset; nam et tune esset adiutorium 15
dei et tamquam lumen sanis oculis, quo adiuti uideant, se praebere
uolentibus. quia uero de hac uita disputat, ubi c o r p u s q u o d
c o r r u m p i t u r a d g r a u a t a n i m a m e t d e p r i m i t t e r r e n a in-
h a b i t a t*i*o s e n s u m m u l t a c o g i t a n t e m, miror quo corde
etiam sine adiutorio medicinae saluatoris nostri nostrum putet esse 20
non peccare, posse uero non peccare naturae esse contendat, quam
sic apparet esse uitiatam, ut hoc maioris uitii sit non uidere.
  XLIX. 57. *Quia non* peccare, inquit, *nostrum est, possumus*
peccare et non peccare. quid, si alius dicat: 'quia nolle infelicitatem
nostrum est, possumus eam et 'uelle et nolle'? et tamen eam uelle 25
omnino non possumus. quis enim ullo modo uelle esse possit
infelix, etiamsi aliud uult ubi eum et nolentem infelicitas consequatur? deinde quia dei multo magis est non peccare, num
audebimus eum dicere et peccare posse et non peccare? absit a nobis
ut deum posse peccare dicamus! non enim, ut stulti putant, ideo 30

---

7 Pelagius   11 Rom. 8, 24. 25   17 Sap. 9, 15   23 Pelagius

  1 odorare *b* (*bis*)   2 illic *ex* illa *Vm2Em1*   3 salutē *B*   4 odorare *LDm1*
PV BEm1   6 iste *L*   11 qui (e *s.* i) uidetur *Vm2*   13 et expectamus *L*
14 nostrum *om. D*   15 tunc (n *in ras.*) *R* ibi *cod. Taurinensis I.V.5*, *b*
16 quo*V* quod *Em3*   quod diuti *Cm1*   praeberet *Vd*   17 disputet *VEm1*
18 agrauat *Lm1*   19 corda *Dm1B*   20 medicina *Dm1B*   putat *B*   24 quia] qui *B*
25 et nolle et nelle *bd*   26 possit esse *Vp.c.*   27 aliut *Vm1* aliquid *codd.Vatic.*
501. 655   29 a *s.l. D*   30 peccare posse *bd*

non crit omnipotens, quia nec mori potest et n e g a r e s e
i p s u m n o n p o t e s t. quid est ergo quod loquitur et quibus
locutionum regulis conatur persuadere, quod non uult considerare?
adhuc addit et dicit: *quia uero posse non* peccare *nostrum non est,*
5 *et, si uoluerimus non posse non* peccare, *non* possumus *non posse non*
peccare. intorte hoc dixit et ideo *subobscure.* sed ita posset dici
planius: quia posse non peccare nostrum non est, seu uelimus seu
nolimus, possumus non peccare. non enim ait: seu uelimus
seu nolimus, non peccamus; sine *dubio* enim peccamus, si uolumus;
10 sed tamen uelimus nolimus *habere* nos asserit non peccandi possibilitatem, quam naturae insitam dicit. sed de homine sanis *pedibus*
tolerabiliter dici potest: uelit nolit *habet* ambulandi possibilitatem;
confractis nero, et si uelit, non habet. uitiata est natura de qua
loquitur — q u i d *s u p e r b i t t e r r a e t c i n i s?* —, uitiata est,
15 medicum implorat: s a l u u m m e f a c, d o m i n e, clamat;
s a n a a n i m a m m e a m clamat. quid intercludit has noces,
ut defendendo quasi praesentem possibilitatem futuram inpediat
sanitatem?

L. 58. Et uidete quid adiungat, unde illud confirmare existi-
20 mat: *quia nulla,* inquit, *adimere uoluntas potest, quod inseparabiliter
insitum probatur esse naturae.* unde ergo illa uox: u t n o n q u a e
u u l t i s f a c i a t i s? unde etiam illa: n o n e n i m q u o d
u o l o f a c i o b o n u m, s e d q u o d o d i m a l u m, h o c
a g o? ubi est possibilitas, quae inseparabiliter insita probatur
25 esse naturae? ecce homines non ea quae uolunt faciunt. et de
non peccando utique agebat, non de uolando, quia homines non
alites erant. ecce homo quod uult *bonum* non agit, sed quod non
uult malum, hoc agit; nelle illi adiacet, perficere autem *bonum* non

---

1 II Tim. 2, 13　4 Pelagius　14 Eceli. 10, 9　15 Ps. 11, 2　16 Ps. 40, 5
20 Pelagius　21 Gal. 5, 17　22 Rom. 7, 19. 15　28 cf. Rom. 7, 18

---

1 neg ari *RVCm1*　3 loquutionum *LP*　4 nostrum—*lin. 5* peccare
in mg. Lm2Vm2　5 non *ante pr.* posse *om.C*　6 intorte (te *s. ras.*) *R, in mg.Vm3*
sed—*lin. 8* peccare *om.C*　dicere *DRB*　7 non *all. om.V*　est *in ras.R*
8 nolimus (i *ex* u) *V* nolumus *B*　9 nolimus (i *ex* u) *L*　10 uolimus *B*　12 tollera-
biliter *VEm1*　19 confirmari *VCp.c.,d*　22 *post* uultis *add.* illa *DRBCbd*　unde—
nature *in mg.E*　23 quod (d *add.m2*) *V*　24 quam *L*　insita *om.LDm1PVm1BE*
25 uolunt *m1 ex* uult *D*　27 alit̄ *B*　28 hoc *s. exp.* non *Lm2*

18*

adiacet. ubi est possibilitas, quae inseparabiliter insita probatur
esse naturae?' quemlibet enim in se transfiguret, si de se ipso ista
non dicit apostolus, hominem certe in se transfigurat. ab isto autem
ipsa humana natura inseparabilem nihil peccandi possibilitatem
habere defenditur. sed his *nerbis* id agitur etiam a nesciente qui 5
loquitur, non autem nesciente illo qui haec loquenda incautis
etiam deum timentibus suggeret, ut euacuetur Christi gratia humana *sibi* ad iustitiam suam quasi sufficiente natura.

LI. 59. Vt autem declinetur inuidia, qua Christiani pro salute
sua clamant et dicunt: 'quare sine adiutorio gratiae dei dicis hominem 10
posse non peccare?' *ipsa,* inquit, *non peccandi possibilitas non tam
in arbitrii potestate quam in naturae necessitate est. quicquid in naturae
necessitate positum est, ad naturae pertinere non dubitatur auctorem,
utique deum. quomodo ergo,* inquit, *absque dei gratia dici existimatur,
quod ad deum proprie pertinere monstratur?* expressa est sententia 15
quae latebat, non est quemadmodum possit abscondi. ideo dei
gratiae tribuit non peccandi possibilitatem, quia eius naturae
deus auctor est, cui possibilitatem non peccandi inseparabiliter insitam dicit. cum uult ergo, faciat; quia non uult, non
facit. ubi enim est inseparabilis possibilitas, ei accidere non 20
potest uoluntatis. infirmitas uel potius uoluntatis adiacentia
et perfectionis indigentia. si ergo ita est, unde nenit:
u e l l e   a d i a c e t ,   p e r f i c e r e   a u t e m   b o n u m   n o n
a d i a c e t? si enim iste qui hunc librum scripsit de illa hominis
natura loqueretur, quae primo inculpata et salua condita est, ut- 25
cumque acceptaretur hoc dictum; quamquam inseparabilem *habere*
possibilitatem, id est, ut ita dicam, inamissibilem, non debuit illa

---

2 cf. II. Cor. 11, 13—15   11 Pelagius   23 Rom. 7, 18

1 insita *om.LDm1PVBE*   2 si**L* si (i *ex* e) *V*   se *s.l.Dm2* set *E*
3 non *s.l.D*   hominē (nē *s.l.m1*) *D*   transfiguret *Rm1*   autem *m2 s. eras.*
enim *D* enim *B*   4 ipsa] ista *VEm1*   5 de his *V*   a nesciente (*in mg.* al an
sciente) *b*   nescientem *L* non sciente (*in mg. m2* nesciente) *V*   6 nesciente**L*
7 suggerit *Dm2RVm2CEm2d* suggereret *P*   x͞pi (*s. l. m1* crux *om.* gratia) *C*
8 sufficiente (nte *s. ras.*) *Lm2Dm1*   12 quidquid *VPm1Em1*   13 auctore *Dm1*
14 utique] itaque *B*   17 gratia et tribuit *L*   18 auctor ē *m2 ex* auctorem *L*
inseparibiliter *V*   19 uul *B*   facit *Vd*   21 potutius *V*   25 prima *B*   salua] sana
Taurin. d   ut quicumque *B*   26 acceptaretur *in mg.Vm3*   inseparabili-
tatem *b*   abere *L*   27 ut. ita] uitiata *B*   inammisibilem *V*

natura dici, quae uitiari posset, et medicum quaerere, qui caeci oculos
sanaret et uidendi possibilitatem restitueret, quae fuerat amissa
per caecitatem, quoniam caecus puto quod uelit uidere, sed non
potest; si autem uult et non potest, inest uoluntas, sed amissa est
5 possibilitas.

LIL 60. Adhuc uidete quas moles conetur, qua suam sententiam ducat, inrumpere, si ualeret. obicit enim *sibi* quaestionem
dicens: *sed caro nobis secundum apostolum contraria est, inquies.*
deinde respondet: *qui fieri potest, ut cuicumque baptizato sit caro*
10 *contraria, cum secundum eundem apostolum in carne non esse intel-
tellegatur? ita enim ait: u o s   a u t e m   i n   c a r n e   n o n   e s t i s.*
bene, quod baptizatis dicit carnem contrariam esse non posse;
quod utrum uerum sit post uidebimus. nunc uero quia non potuit
penitus se obliuisci esse Christianum, sed id licet tenuiter recordatus
15 est, recessit a defensione naturae. ubi est ergo inseparabilitas possibilitatis? an forte nondum baptizati in natura hominum non sunt?
hic prorsus, hic posset uigilare et, si aduertat, potest. *qui fieri potest,*
inquit, *ut cuicumque baptizato sit caro contraria?* ergo non baptizatis
potest caro esse contraria. exponat quemadmodum, cum sit etiam
20 in ipsis illa ab eo multum defensa natura. certe uel in eis
concedit esse uitiatam, si iam in baptizatis ille saucius sanus
de stabulo egressus est, aut sanus in stabulo est, quo eum
curandum misericors Samaritanus aduexit. porro si uel istis
concedit carnem esse contrariam, dicat quid contigerit, cum
25 sit utrumque, hoc est et caro et spiritus, creatura unius eiusdemque
creatoris procul dubio bona, quia boni, nisi quia hoc est uitium, quod
propria inflictum est uoluntate; et hoc ut in natura sanetur, eo ipso
opus est saluatore, quo instituta est natura creatore. hoc saluatore
eaque illius medicina, qua uerbum caro factum est, ut habitaret
30 in nobis, si opus esse fateamur paruis et magnis, id est a uagitibus

---

8. 24 cf. Gal. 5, 17   Pelagius   11 Rom. 8, 9   17 Pelagius   21 cf. Luc.
10, 30—35   29 cf. Ioh. 1, 14

1 *ante* oculos *eras.* oculos *L*   4 ammissa *V*   6 qua] quam *V*   9 qui]
quomodo *V* (*in mg. m2* qui), *RCm2Em1b*   11 in carne *s.l. D*   13 uerum
bis E   15 possibilitatis *in mg.Lm2*, ti *s.l.V.*   17 euigilare *d*   qui] quomodo
in textu V, *Rm2*   26 nis *B*   est] *add.* ut *B*   28 hoc] *add.* est *V Rm2*
29 quia *B*   habitet *b*   30 set *E*

infantum usque canos senum, tota quae inter nos est huius
quaestionis controuersia dissoluta est.

LIII. 61. Nunc iam uideamus, utrum et baptizatis legatur
caro esso contraria. ubi quaero, *quibus* dicebat apostolus: c a r o
c o n c u p i s c i t   a d u e r s u s   s p i r i t u m   e t   s p i r i t u s 5
a d u e r s u s   c a r n e m;   h a e c   e n i m   i n u i c e m   a d u e r-
s a n t u r,   u t   n o n   e a   q u a e   u u l t i s   f a c i a t i s. ad
Galatas, ut opinor, id scripsit, *quibus* dicit: q u i   e r g o   t r i b u i t
n o b i s s p i r i t u m   e t   u i r t u t e s   o p e r a t u r   i n   n o b i s,
e x   o p e r i b u s   l e g i s   a n   e x   a u d i t u   f i d e i? unde 10
apparet eum Christianis loqui et *quibus* deus tribuerat spiritum, ergo
etiam baptizatis. ecce et baptizatis caro inuenitur esse contraria
et non adesse *possibilitas* illa, quam inseparabiliter insitam dicit esse
naturae. ubi est quod ait: *qui fieri potest ut cuicumque baptizato
sit caro contraria?* quomodolibet intellegat carnem, quia reuera 15
non natura eius, quae bona est, sed uitia carnalia carnis hoc loco
nomine nuncupantur, ecce tamen etiam baptizatis caro contraria
est. et quomodo contraria? ut non quod uolunt faciant. ecce adest
uoluntas in homine; ubi est *possibilitas* illa naturae? fateamur
gratiam necessariam, clamemus: m i s e r   e g o   h o m o! · q u i s 20
m e   l i b e r a b i t   d e   c o r p o r e   m o r t i s   h u i u s? et
respondeatur *nobis*: g r a t i a   d e i   p e r   I e s u m   C h r i s t u m
d o m i n u m   n o s t r u m.

62. Quando enim istis rectissime dicitur: 'quare sine adiutorio
gratiae dei dicitis hominem posse esse sine peccato'? non tune de 25
illa gratia quaestio est, qua est homo conditus, sed de ista, qua fit
saluus per Iesum Christum dominum nostrum. fideles enim orantes
dicunt: n e   n o s   i n f e r a s   i n   t e m p t a t i o n e m,   s e d

4 Gal. 5, 17   8 Gal. 3, 5   14 Pelagius   20 Rom. 7, 24. 25
28 Matth. 6, 13

1 usque ad *Dm2RCm2bd*   2 contrauersia *B*   desoluta *Vm1E*   5 sp*s *V*
6 enim *om. B*   7 ea *s. l. Dm1, om. B*   *ante* faciatis *exp.* illa *V*   8 galathas *Vm2*
13 adesse (ad *s.l.*) *D*   inseparabiter *R*   14 qui] quomodo *in textu V   Rm2Em1*
baptizato* (to *ex* tus) *VE*   15 contraria (ria *s. l. m1*) *D*   17 noncupantur
Vm1Em1   babtizatis *P*   18 ut] aut *B*   uolunt *m2. ex* uult *D*   faciunt *Cm1*
19 illa (a *ex* e) *D*   21 liberauit *VCm1E*   22 respondea*tur *V* respondetur *b*
25 gratia *b*   dei *s.l. Dm1*   posse *om. Vm1*   26 *alt.* qua (a *m2 ex* ę) *R*   28 temtationem *P*

libera nos a malo. si adest *possibilitas* ut quid orant?
aut a quo malo se liberari orant nisi maxime de corpore mortis huius, unde non liberat nisi gratia dei per Iesum
Christum dominum nostrum? non utique de substantia
5 corporis, quae bona est, sed de uitiis carnalibus, unde non liberatur
homo sine gratia saluatoris nec quando per mortem corporis discedit
a corpore. et hoc ut diceret apostolus, quid supra dixerat? uideo
aliam legem in membris meis repugnantem
logi mentis meae et captiuum me ducentem
10 in lege peccati, quae est in membris meis. ecce
quod uitium naturae humanae inoboedientia uoluntatis inflixit.
orare sinatur, ut sanetur. quid tantum de naturae *possibilitate*
praesumitur? uulnerata, sauciata, uexata, perdita est: uera confessione, non falsa defensione opus habet. gratia ergo dei, non qua
15 instituatur, sed qua restituatur, quaeratur; quae ab isto sola cla-
matur non esse necessaria, cum tacetur. qui si omnino nihil de
gratia dei diceret nec eam quaestionem soluendam *sibi* proponeret,
ut a se de hac re inuidiam remoueret, posset putari hoc quidem
sentire, quod ueritas habet, sed non dixisse, quia non *ubique* omnia
20 dicenda sunt. proposuit de gratia quaestionem, id respondit quod
habebat in corde; definita quaestio est, non quam uolebamus,
sed ubi quid sentiret dubitabamus.

   LIV. 63. Deinde multis *nerbis* apostoli conatur ostendere,
unde non est controuersia, 'quod caro ab illo ita saepe nominetur,
25 ut uelit intellegi non substantiam, sed opera carnis'. quid hoc ad
rem? nifia carnis contraria sunt uoluntati hominis; non natura
accusatur, sed nitiis medicus quaeritur. quid est quod interrogat:
quis fecit homini spiritum? et respondet *sibi: sine dubio deus.* et
item interrogat: *carnem quis creauit?* itemque respondet: *idem,*
30 credo, *deus.* interrogat tertio: *bonus est qui utrumque creauit deus?*

   2 Rom. 7, 24. 25   7 Rom. 7, 23   24. 28 Pelagius

   1 molo *E*   2 mortis *om. B*   5 de uitiis *ex* diuitiis *R*   carnilibus *Dm1*
6 discendit (*pr.* i *ex* e) *V*   7 dixerit *B*   8 meis *s. l. Vm2E*   10 legi *B*
13 uulnerata (ta *s.l.*) *D*   confessione (ne *s.l.*) *D*   16 tace•tur *E*   nichil *B*
(*semper*)   18 a se *eras. V*   hoc (c *s.l.*) *R*   20 respondet *b*   21 uolebamus
(*in mg. m2* uolebā) *V*   23 apostili *V*   25 intellegi•*V* intelligi *B*   27 quis
(s *s. eras.* d) *D*   28 hominis *Cm2*   29 iterū (*s.l.m2* ļ item) *V*   respondit
(e *s.* i *m1*) *V*   idem *om. V , s. l. E* item *C*

respondet: *nulli dubium est.* adhuc interrogat: *et utrumque quod
bonus auctor creauit, bonum est?* et ad hoc respondet: *confitendum
est.* deinde concludit: *si igitur et spiritus bonus et caro bona
ut a bono auctore condita, qui fieri potest, ut duo bona possint
sibi esse contraria?* omitto dicere quia tota huius ratiocinatio tur- 5
baretur, si quis ab eo quaereret: 'aestus et frigus quis fecit?' responderet
enim sine dubio: 'deus'. non ego multa interrogo, ipse concludat,
utrum aut ista possint dici non bona aut non appareant inter se esse
contraria. hic forte dicit: *qualitates sunt istae substantiarum, non
substantiae.* ita est, uerum est, sed qualitates naturales et ad dei 10
creaturam sine dubio pertinentes; *substantiae* quippe non per se
ipsas, sed per suas qualitates, sicut aqua et ignis, dicuntur *sibi*
esse contrariae. quid, si ita sunt caro et spiritus? quod quidem non
affirmamus, sed ut ratiocinationem eius non necessaria inlatione conclusam ostenderemus, hoc diximus. possunt enim et contraria non 15
inuicem aduersari, sed ex alterutro temperari et bonam ualitudinem
reddere, sicut in corpore siccitas et humiditas, frigus, calor, quorum
omnium temperatione bona corporalis ualitudo consistit. sed quod
contraria est caro spiritui, ut non ea quae uolumus faciamus, uitium
est, non natura. gratia medicinalis quaeratur et controuersia finiatur. 20
   64. Duo quippe ista bona a bono deo condita quomodo contra
huius ratiocinationem in non baptizatis hominibus possunt sibi esse
contraria? an et hoc eum dixisse paenitebit, quod affectu aliquo
fidei christianae locutus est? cum enim dixit: *qui fieri potest, ut
cuicumque iam baptizato sit caro contraria,* significauit non baptizatis 25
carnem posse esse contrariam. nam cur addidit *iam baptizato,* cum
posset etiam hoc non addito dicere: 'qui fieri potest, ut cuicumque
sit caro contraria' atque ad hoc *probandum* subicere illam ratiocinationem suam, quia utrumque *bonum* est a bono conditum et ideo

---

1—5. 9 Pelagius   24 Pelagius

   1. 2 respondit (e *s.* i) *VB*   3 bonus] *add.* est *DRBCbd*   4 ut] et *VEm1*   qui]
quomodo *in textu V, Rm2Em1 (ita VRE semper)*   5 ratiocinio *Dm1B* ratio-
tinatio *V (passim)*   6 aestūs *V* aestum *Rbd*   qui *LDm1PVBE*   responderet
(*alt.* re *s. l.*) *D*   8 *pr.* non *om.* b   apareant *Dm1*   13 contraria∗*V* contraria *R*
quid (i *ex* o) *V*   ista *B*   15 poss̄∗*V* pos∗sunt *R* possę (unt *s.* ę *m3*) *E*   haec
s. exp. et *Em3*   16 alterutrum *VEm1*   ualetudinem *Pm1Em1*   17 humiditas (h *s. l. m1*)*P*   et calor *PRCEm2d, D* (et *s. l.*)   18 ualetudo *Pm1VEm2*
22 ratiotiationem *B*   24 loquutus *LDm1P*

non potest inter se esse contrarium? si ergo non baptizati, quibus
certe fatetur carnem esse contrariam, suis illum interrogationibus
urgeant et dicant: 'quis fecit homini spiritum?' iste respondebit:
'deus'. itemque illi: 'carnem quis creauit?' respondet iste: 'idem, credo,
5 deus'. illi tertio: 'bonus est qui utrumque creauit deus?' et iste: 'nulli
dubium est'. atque illi unum quod restat inquirunt: 'et utrumque
quod bonus auctor creauit bonum est?' iste fatebitur. tunc illi eum
suo gladio iugulabunt inferentes conclusionem eius et dicentes: 'si
igitur spiritus bonus et caro bona ut a bono auctore condita, qui
10 fieri potest, ut duo bona sibi possint esse contraria?' hic forte ille
respondebit: 'date ueniam, quia non dehui dicere cuicumque baptizato carnem non posse esse contrariam, ut hoc modo nobis non
baptizatis contrariam confiterer, sed sine ulla exceptione dicere
dehui carnem nulli esse contrariam'. ecce quo se ipse conpingit, ecce
15 quae loquitur, qui non uult clamare cum apostolo: q u i s m e l i-
b e r a b i t d e c o r p o r e m o r t i s h u i u s? g r a t i a d e i
p e r I e s u m C h r i s t u m d o m i n u m n o s t r u m. sed
cur, inquit, clamem iam baptizatus in Christo? illi hoc clament, qui
nondum tale beneficium perceperunt, quorum in se uoces figurabat
20 apostolus; si tamen uel hoc dicunt. sed naturae ista defensio nec illis
hac uoce exclamare permittit. neque enim in baptizatis natura est
et in non baptizatis natura non est. aut si uel in illis uitiata esse
conceditur, ut non sine causa clament: i n f e l i x h o m o! q u i s
m e l i b e r a b i t d e c o r p o r e m o r t i s h u i u s? eisque
25 subueniatur in eo quod sequitur: g r a t i a d e i p e r I e s u m
C h r i s t u m d o m i n u m n o s t r u m, concedatur iam tandem
aliquando humanam medico Christo indigere naturam.

LV. 65. Quaero autem, ubi natura istam perdiderit libertatem,
quam sibi dari exoptat, cum dicit: q u i s m e l i b e r a b i t?

3 cf. pag. 279, 28   15. 23. 29 Rom. 7, 24. 25   17 Pelagius

1 intra R baptizatiṣ V E quibus s.l. Vm2E   3 hominis codd., sed cf. p. 279, 28
ita V   4 illic B quis s. l. Vm2   5 bonus] d̄s bonus V, E exp. d̄s deus eras. V
6 inquirant Lm2Vm2Cm2bd   8 iugulabant (u s. all. a m1) D   9 bonus
spiritus B et (e in ras.) V bono V (o fin. ex a), Em3   10 possent R illi
PRm1Em1   14 se s.l.Vm1   15 quae] qui (ꞯ s. i) Vm2Em1 liberauit Vm1
libabit B 18 illi (i fin. in ras.) V hoc (c in ras.) V clamen Lm1
19 figurabant VE 20 illos D (o s. i), PRVBCEbd   22 aut D at RVm1CE uita B
24 liberauit Vm1b   28 quaeuero R quae••ro E istam Dm2Rm1CE ista cet.,
cf. 282, 8   29 quis—dicit in mg. Dm1 liberabit de corpore mortis huius b

non enim et ille *substantiam* carnis accusat, cum dicit liberari se
cupere d e   c o r p o r e   m o r t i s   h u i n s, cum etiam corporis
sicut animae natura deo *bono* auctori tribuenda sit, sed utique de
uitiis corporis dicit. nam de corpore mors corporis separat; sed
contracta ex illo uitia cohaerent, *quibus* iusta poena debetur, quam 5
etiam in inferno ille diues inuenit. hinc se non poterat utique
liberare qui dicit: q u i s   m e   l i b e r a b i t   d e   c o r p o r e
m o r t i s   h u i u s? ubicumque autem istam perdiderit libertatem,
certe inseparabilis est *possibilitas* illa naturae, *habet* posse per naturale subsidium, *habet* uelle per *liberum arbitrium*; cur quaerit 10
baptismatis sacramentum? an propter commissa praeterita, ut ea
tantum ignoscantur, quae fieri infecta non possunt? dimitte
hominem, clamet quod clamabat. non enim tantum desiderat,
ut per indulgentiam sit de praeteritis inpunitus, sed etiam ut sit de
cetero ad non peccandum fortis et ualidus. condelectatur enim legi 15
dei secundum interiorem hominem, uidet autem aliam legem in
membris suis repugnantem legi mentis suae; uidet esse, non recolit
fuisse; praesentibus urgetur, non praeterita reminiscitur. nec tantum
repugnantem uidet, uerum etiam captiuantem se in lege peccati,
quae est in *membris* eius, non quae fuit. hinc est quod clamat: in- 20
f e l i x   h o m o!   q u i s   m e   l i b e r a b i t   d e   c o r p o r e
m o r t i s   h u i u s? sinatur orare, sinatur adiutorium medici poten-
tissimi flagitare. quid contradicitur? quid obstrepitur? quid miser
misericordiam Christi petere prohibetur et hoc a Christianis? nam
et illi cum Christo ambulabant, qui caecum lumen clamando petere 25
prohibebant; sed etiam inter tumultum contradicentium audit ille
clamantem. unde huic responsum est: g r a t i a   d e i   p e r
I e s u m   C h r i s t u m   d o m i n u m   n o s t r u m.

6 cf. Luc. 16, 22—26   7 Rom. 7, 24   15 cf. Rom. 7, 22. 23   20 Rom. 7, 24
25 cf. Marc. 10, 46—52   27 Rom. 7, 25

1 substantia *B*   se cupere] secū****Pm2   3 bona *DRBCE*   auctori*R
4 nā*ex non *V*   mors (s *in ras.*)*V*   7 quiş dicit *B*   liberauit *E*   9 inseparabilis (i *med. s. 2 eras. litt.*)*R*   natura *Vm1*   12 dimitte (i *pr. ex* e) *V*
17 legi (i *ex* e) *V* legem *E*   18 urguetur *D*   19 se] sed *V*   20 eius]
suis *B*   infelix (x *in ras. m2*)*R*   21 liberauit *Dm1VCm1E*   22 sinatur (i *ex* a) *R*
ante orare *m2* a *ins.* *P*   23 flagitari *b*   quod obstrepitur *V*   miser *om.B*
24 a *om.Vm1*   christianis (i *fin. ex* u)*V*   25 illo *B*   caecos *LDm1 PV BEb*
26 contradicentū *Dm1BE*   28 nostrum *om. Rm1*

66. *Porro* si ab istis uel hoc impetramus, ut nondum baptizati implorent auxilium gratiae saluatoris, non est hoc quidem parum aduersus illam falsam defensionem tamquam *sibi* sufficientis naturae et potestatis *liberi arbitrii*; neque enim *sibi* sufficit qui dicit:
5 i n f e l i x h o m o! q u i s m e l i b e r a b i t? aut plenam libertatem habere dicendus est, qui se adhuc postulat liberari.

LVI. Verum tamen etiam illud uideamus, utrum illi qui baptizati sunt faciant *bona* quae uolunt nulla carnis concupiscentia repugnante. sed quid hinc dicamus, ipse commemorat, ubi conclu-
10 dens hunc locum: *ut diximus*, inquit, *illud quo continetur: c a r o c o n c u p i s c i t a d u e r s u s s p i r i t u m, non de carnis sub-stantia, sed de operibus sentire necesse est.* hoc et nos dicimus non de carnis substantia, sed de operibus dictum, quae ueniunt de carnali concupiscentia, de peccato scilicet, de quo praecipit ut non regnet
15 in nostro mortali corpore ad oboediendum desideriis eius.

LVII. 67. Sed adtendat etiam ipse iam baptizatis fuisse dictum: c a r o c o n c u p i s c i t a d u e r s u s s p i r i t u m e t s p i-ritus a d u e r s u s c a r n e m, u t n o n e a q u a e u u l t i s f a c i a t i s. et ne ab ipsa pugna desides faceret et per hanc sen-
20 tentiam laxamentum peccandi dedisse uideretur, adiungit: q u o d-si spiritu d u c i m i n i, n o n a d h u c e s t i s s u b l e g e. sub lege est enim, qui timore supplicii quod'lex minatur, non amore iustitiae se sentit abstinere ab opere peccati, nondum *liber* nec alienus a uoluntate peccandi. in ipsa enim uoluntate reus est, qua mallet,
25 si fieri posset, non esse quod timeat ,ut *libere* faciat quod occulte desiderat. ergo s i s p i r i t u, inquit, d u c i m i n i, n o n a d h u c e s t i s s u b l e g e, utique lege, quae timorem incutit, non tribuit caritatem, quae caritas dei diffusa est in cordibus nostris non per

---

5 Rom. 7, 24   10 Pelagius   Gal. 5, 17   14 cf. Rom. 6, 12   17 Gal. 5, 17
20. 26 Gal. 5, 18   28 cf. Rom. 5, 5

1 inperamus *D*   4 potestis *B*   libiri *B* liberari *E*   5 infelix] *add.*ego *b*
8 ficiant *V*   9 qui *V m1*   10 quod *L D m1 B*   11 aduersus (sus *s. l. m2*) *V*
13 carnali] carnis (*in mg.* al carnali) *b*   14 praecipit (*pr.* i *ex* e) *D m2 V* precepit
R C E b d   16 Sed] Nec *b*   attendit *b*   19 ab ipsa] absa *B*   21 estis adhuc *V*
24 peccanti *Rm1*   quam *L*   27 utique legem *B*   28 non—sanctum *Rm1*
in textu, n per legē litterẹ sed per legē sps sci *in mg.* Rm2 non per legē (*in mg.*
m2 per legis) litterẹ sed per legō spm scm *V*

legis litteram, sed per spiritum sanctum qui datus est nobis. haec
est lex libertatis, non seruitutis, quia caritatis utique, non timoris,
de qua et Iacobus apostolus ait: q u i a u t e m p e r s p e x e r i t
i n l e g e m p e r f e c t a m l i b e r t a t i s. unde et ille non
quidem iam lege dei terrebatur ut seruus, sed condelectabatur 5
ei secundum interiorem hominem; uidet tamen adhuc aliam legem
in membris suis repugnantem legi mentis suae. ita et hic: s i s p i -
r i t u, inquit, d u c i m i n i, n o n a d h u c e s t i s s u b l e g e.
in quantum quisque spiritu ducitur, non est sub lege, quia
in quantum condelectatur legi dei, non est sub legis timore, quia 10
timor tormentum habet, non delectationem.

LVIII. 68. Proinde si recte sentimus, sicut pro membris sanatis
gratias agere ita pro sanandis orare debemus, ut absolutissima cui
nihil addi possit sanitate, perfecta dei suauitate, plena libertate
perfruamur. non enim abnuimus humanam naturam posse esse 15
sine peccato aut ullo modo negare debemus perfici posse, quam
proficere non negamus, sed gratia dei per Iesum Christum dominum nostrum; eo adiuuante fieri dicimus, ut iusta et beata sit,
a quo creata est ut sit. facile itaque refellitur, quod a quibusdam
sibi dicit opponi: 'diabolus nobis aduersatur'. prorsus huic obiectioni 20
eadem uerba respondemus, quae ipse respondit: *resistamus illi, et
fugiet. r e s i s t i t e, inquit beatus apostolus, d i a b o l o, e t f u g i e t
a u o b i s. unde animaduertendum quid possit his nocere quos
fugit uel quam uirtutem habere intellegendus sit, qui solis prae-
ualere non resistentibus potest.* haec et mea uerba sunt; uerius enim 25
dici non potest. sed hoc interest inter nos et istos, quod nos etiam
cum diabolo resistitur poscendum dei adiutorium non solum non
negamus, uerum etiam praedicamus, isti autem tantam uoluntati
tribuunt potestatem, ut pietati auferant orationem. nam utique

3 Iac. 1, 25　　　5 cf. Rom. 7, 22. 23　　　7 Gal. 5, 18　　　11 cf. I Ioh. 4, 18
17 cf. Rom. 7, 25　　　20. 21 Pelagius　　　21 Iac. 4, 7

1 per legē sps sci (*in mg. m1* per spm scm) E　　　qui dat. est nob. *in mg.* V E
2 quia—timoris *in mg.* V m2 E m1　　　7 ita—lege *in mg.* V m2 E m1　　　spu*L
10 legi (i *ex* e m2) R　　　13 absolutissima (b *s.l. m1*) LD asolutissima B　　　15 abnu-
amus V m1 E　　　18 eo] ergo (r *s. g* m2) L　　　aiuuante L　　　20 opponi*V　abiectioni R
21 et eadem V bd, et *exp.* E　　respondemus (i *s. alt.* e m1) V　　　23 animaduertendum]
add. est DRBCbd, est *s. l.* E　　　24 solis (i *ex* u) D solus RB　　　25 haec et uerba
mea sunt nerins enim dici non potest (*in mg.* m2 hoc n̄ habet in . . .) V　uerba
mea V E　　　27 diabulo Dm1　　　resistimus b　　　28 tantam trib. pot. uol. bd

ut diabolo resistamus et fugiat a nobis, ideo precantes dicimus: n e
n o s   i n f e r a s   i n   t e m p t a t i o n e m; ideo et
admoniti sumus tamquam ab imperatore milites exhortante
et dicente: u i g i l a t e   e t   o r a t e,   n e   i n t r e t i s   i n t e m p-
5 t a t i o n e m.

LIX. 69. Quod nero contra eos disputat, qui dicunt: 'et quis
nolit sine peccato esse, si hoc in hominis esset positum potestate?'
recte quidem disputat 'hoc ipso eos confiteri non esse inpossibile,
quia hoc uel multi uel omnes uolunt'; sed hoc unde sit possibile con-
10 fiteatur, et pax est. ipsa est enim gratia dei per Iesum Christum
dominum nostrum, qua omnino iste nos orantes adiuuari, ut non
peccemus, nusquam dicere uoluit.   quod si forte latenter sentit,
ignoscat aliter suspicantibus. ipse enim hoc facit, qui cum tantam
de hac re patiatur inuidiam, sentire id uult et confiteri uel profiteri
15 non uult. quid erat magnum ut hoc diceret, cum praesertim
sibi hoc tamquam ex persona aduersariorum oppositum tractare
et aperire susceperit? cur illic solam naturam defendere uoluit
et quia ita homo creatus est, ut non peccare posset, si peccare
noluisset, asseruit ac per hoc quod ita creatus est eam possibili-
20 tatem ad gratiam dei pertinere definiuit, qua possibilitate, si
noluerit peccare, non peccat, et noluit aliquid dicere de eo, quod
ipsa natura gratia dei per Iesum Christum dominum nostrum uel
sanatur, quia uitiata est, uel quia sibi non sufficit adiuuatur?

LX. 70. Vtrum enim in hoc saeculo fuerit uel sit uel possit esse
25 aliquis ita inste uiuens, ut nullum habeat omnino peccatum, potest
esse aliqua quaestio inter ueros piosque Christianos; posse tamen
esse certe post hanc uitam quisquis ambigit desipit. sed ego nec de
ista uita uolo contendere. quamquam enim mihi non uideatur aliter
intellegendum quod scriptum est: n o n   i u s t i f i c a b i t u r   i n
30 c o n s p e c t u   t u o   o m n i s   u i u e n s   et si qua similia, tamen
utinam possit ostendi uel haec testimonia melius aliter intellegi posse
uel perfectam plenamque iustitiam, cui prorsus nihil addendum

---

1 Matth. 6, 13   4 Marc. 14, 38   8 Pelagius   29 Ps. 142, 2

1 diabulo *Dm1*   2 etiam moniti (*in mg.* m2 et admoniti) *V* et iam mon. *E*
3 exortante *RBE*   4 orate (e *in ras.*) *V*   temtationem *P*   7 noluit *R*
8 ipsū *Vm2*   11 ut non peccemus *s.l.Vm2Em2*   14 re *om.Rm1*   18 homo
ita *bd*   21 noluit] noluerit *b*   aliquid *ex* aquit *Rm1*   26 posset *E*   28 uideatur
(a *ex* n) *V*   30 tamen utinam] ut (utinam *d*) tamen *bd*   32 adtendum (d *s.* t *m1*) *R*

sit, et heri fuisse in aliquo, dum in isto corpore uiueret, et hodie esse
et cras futuram, dum tamen longe plures sint, qui cum sibi usque
ad ultimum uitae huius diem necessarium esse non dubitent, ut
ueraciter dicant: d i m i t t e n o b i s d e b i t a n o s t r a, s i c u t
et n o s d i m i t t i m u s d e b i t o r i b u s n o s t r i s, spem 5
suam tamen in Christo atque in eius promissionibus neram, certam,
firmam esse confidant! nullo tamen modo nisi adiuuante gratia
saluatoris Christi crucifixi et dono spiritus eius uel quoslibet ad
plenissimam perfectionem uel quemquam ad qualemcumque prouectum uerae piacque iustitiae peruenire qui negauerit, nescio utrum 10
recte possit in qualiumcumque Christianorum numero deputari.

LXI. 71. Ac per hoc et ea testimonia, quae non quidem de
scripturis canonicis, sed de quibusdam catholicorum tractatorum
opusculis posuit uolens occurrere his qui eum solum dicerent ista
defendere, ita sunt media, ut neque contra nostram sententiam sint 15
neque contra ipsius. in quibus nonnihil etiam de libris meis interponere uoluit me quoque aliquem deputans, qui cum illis comme-
morari dignus uiderer. unde ingratus esse non debeo et familiariore
affectu nolo ut erret, qui hunc mihi detulit honorem. prima enim
quae posuit, quia nomen eius qui ea dixit non ibi legi, siue quia ille 20
non scripsit sine quia codex quem misistis id aliqua forte mendo-
sitate non habuit pertractare quid opus est? maxime quoniam me
in huiusmodi quorumlibet hominum scriptis liberum — quia solis
canonicis debeo sine ulla recusatione consensum — nonnihil
mouet quod de illius scriptis, cuius nomen non ibi inueni, ille 25
posuit: o p o r t u i t m a g i s t r u m d o c t o r e m q u e u i r -
t u t i s h o m i n i s i m i l l i m u m f i e r i, u t u i n c e n d o
p e c c a t u m d o c e a t h o m i n e m u i n c e r e p o s s e p e c -
c a t u m. quomodo enim dictum sit, auctor huius sententiae uiderit

---

4 Matth. 6, 12   26 Pelagius   oportuit—peccatum] cf. F. Lactantii Diu.
instit. IV 24 (CSEL XIX 373, 17 ed. S. Brandt)

1 eri V uel heri b   dum] cū V   odie L   7 adiuuande (t s. d̲ m1) R
9 quemquam (e ex a) VEm2   10 negauerint Dm2RCEbd negauerint V
11 possint Dm2RCEbd possint V   qualicumque R   12 et] ut LDm1PVBEm1
13 tractatoriam (ū s. i̲ m1) E   14 iis d   16 etiam nonnihil bd   19 nolim
DRVCEd et qui V   20 fin. quia (i s.l.) VE   illa (in mg. al. ille) b   21 misistis E
23 quia (ia in ras.) V, ex quem E qu⁎ā Rm2   24 nonnihil V nihil d   26 posui
(in mg. m2 posuit) V   oportet Lact.   uirtutum b   28 uincere] uinei ab eo Lact.
29 ductum V

qualiter possit exponere, dum tamen nos minime dubitemus peccatum Christum non in se habuisse quod uinceret, qui natus est in
similitudinem carnis peccati, non in carne peccati. aliud eiusdem
ita posuit: *et iterum: u t d e s i d e r i i s c a r n i s e d o-*
5 *m i t i s d o c e r e t n o n n e c e s s i t a t i s' e s s e*
p e c c a r e, s e d p r o p o s i t i a c u o l u n t a t i s. ego
desideria carnis, si non inlicitarum concupiscentiarum hic dicuntur, accipio, sicuti est fames, sitis, refectio lassitudinis et si quid
huiusmodi est. per haec enim quidam, quamuis ea sint incul-
10 pabilia, in culpas decidunt; quod ab illo saluatore afuit, etiamsi
haec in eo fuisse propter similitudinem carnis peccati euangelio
teste uideamus.

LXII. 72. Beatus uero Hilarius, cuius haec uerba posuit:
n o n e n i m n i s i s p i r i t u p e r f e c t i e t i n m o r t a-
15 *l i t a t e m u t a t i, q u o d s o l i s m u n d i s c o r d e d i s-*
p o s i t u m e s t, h o c q u o d i n d e o e s t i n m o r t a l e
c e r n e m u s, quod dixit contra id quod dicimus uel quid istum
adiuuet nescio, nisi quia posse esse hominem mundo corde testatus
est. quod quis negat? sed gratia dei per Iesum Christum dominum
20 nostrum, non sola arbitrii libertate. item quod eum dixisse commemorat: *q u a s I o b l i t t e r a s l e g e r a t u t a b s-*
t i n e r e t s e a b o m n i r e m a l i g n a? q u i a d e u m
s o l a m e n t e u i t i i s n o n a m m i x t a u e n e r a t u r,
d e u m a u t e m c o l e r e p r o p r i u m i u s t i t i a e o f f i-
25 *c i u m e s t,* quid fecisset Iob dicit, non quid in hoc saeculo

2 cf. II. Cor. 5, 21   cf. Rom. 8, 3   4 Pelagius   ut desid.—uoluntatis]
cf. F. Lactanti Diu. inst. IV 25 (CSEL XIX 377, 5)   14 Pelagius ex Hilarii
Comm. in Matth. IV 7 (IX 933 M)   21 Pelagius ex Hilarii Tract. in Iob
(frg. 2, cf. X 723 M)   cf. Iob 1, 1

2 in se non *bd*   3 similitudine *Dbd* similitudinem *C*   non—peccati *om.*
VEm1   6 sed propriae uoluntatis (*in mg.* proposibi ac uoluptatis) *b*   7 si non]
siue *b*   hinc *R* (n *s. l.*), *V*   8 re•fectio *R*   lassitudines *Dm2RCm1Em3*
9 hoc *b*   quidam *s. l. Vm2E*   10 abfuit *R* abfuit *E* (b *s. l.*), *Cd*   11 hoc *b*
12 testante *B*   13 ilarius *B*   uerba haec (hic *b, in mg.* haec) *bd*   14 s̄p̄m̄ *V*
15 immutati *Hil.*   17 quiddixit *Dm2PRVBCEb,d* (dixerit)   *ante* contra *exp.*
que *E*   21 quasi *Rm1V*   quasi oblitteras *B*   legeret (a *s.* e) *Vm2*   ut *om.Vm1*
23 admixta *Dm2Vm1C* amixta *Dm1B*   uenerabatur *Cm2bd Hil.*   24 inst.
propr. *bd Hil.*   25 quid (o *s.* i *m2*) *V*   fecisse•*V*   dixit *bd*   non quid]
numquid *DRVBCE*

perfecisset aut sine gratia saluatoris, quem etiam prophetauit, uel
fecisset uel perfecisset. abstinet enim se ab omni re mala etiam
qui habet peccatum quod in se regnare non sinit, cui subrepit
inprobanda cogitatio, quam peruenire ad finem operis non
permittit. sed aliud est non habere peccatum, aliud non oboedire 5
desideriis eius; aliud est inplere quod praeceptum est: n o n
c o n c u p i s c e s et aliud est per quendam abstinentiae
conatum saltem id agere quod item scriptum est: p o s t
c o n c u p i s c e n t i a s   t u a s   n o n   e a s, nihil horum
tamen scire se recte posse sine gratia saluatoris. facere est 10
ergo iustitiam in uero dei cultu cum interno concupiscentiae malo
interna conflictatione pugnare, perficere autem omnino aduersarium
non habere. nam qui pugnat et adhuc periclitatur, et aliquando
percutitur, etiamsi non sternitur; qui autem non habet aduersarium,
plena pace laetatur. et ipse esse sine peccato uerissime dicitur, in 15
quo nullum habitat peccatum, non qui per abstinentiam mali
operis dicit: i a m n o n e g o o p e r o r i l l u d, s e d i d q u o d
i n m e h a b i t a t p e c c a t u m.

73. Nam et ipse Iob de peccatis suis non tacet et utique huic
amico nostro merito placet humilitatem nullo modo in falsitatis 20
parte ponendam; unde id quod Iob confitetur, quia uerax dei
cultor est, procul dubio ueraciter confitetur. et ipse Hilarius, cum
locum psalmi exponeret, ubi scriptum est: 's p r e u i s t i o m n e s
d i s c e d e n t e s a i u s t i f i c a t i o n i b u s t u i s', ait: s i
e n i m p e c c a t o r e s d e u s s p e r n e r e t, o m n e s u t i q u e 25
s p e r n e r e t, q u i a s i n e p e c c a t o n e m o e s t. s e d
s p e r n i t d i s c e d e n t e s a s e, q u o s a p o s t a t a s u o c a t.
uidetis quemadmodum non dixerit, quia sine peccato nemo

---

3. 5 cf. Rom. 6, 12   6 Ex. 20, 17   8 Eccli. 18, 30   17 Rom. 7, 20
20 cf. pag. 261, 12   21 cf. Iob 1, 1   23 Ps. 118, 118   24 si—uocat] cf. Hilarii
Tract. in ps. CXVIII 15, 10 (CSEL XXII 493, 4)   27 cf. Iob 34, 18

1 aut] ut VE   2 abstinet*V   3 abet Rm1   6 p̄cetum Dm1   8 saltim
DRBCEp.c.   9 orum Rm1B   10 se] si Rm1B | 12 conflictione B   purgare B
14 ettam ex etiam V   si om. V   15 esse om.b   16 non] n̄**D nam BEm1
non (ū s. o) quid (d s. l.) R   quid E   20 uestro bd   21 ueras V (u s. a m2),
x s. s E   22 cultor ē m2 ex cultorem L   illarius R hylarius B   24 disce*
dentes V   iudiciis (in mg. iustificationibus) b   25 deus peccatores bd   26 est]
sit Hil.   27 apostata Vm1   uocat (scil. deus)] uocant bd Hil.

fuerit, tamquam de praeteritis loquens, sed quod sine peccato nemo
sit. unde quidem, ut dixi, non contendo; quisquis enim non cedit
Iohanni apostolo, qui nec ipse ait: s i d i x e r i m u s q u i a p e c-
c a t u m 'non habuimus', sed n o n h a b e m u s, episcopo Hi-
5 lario quomodo cessurus est? pro gratia Christi clamo, sine qua nemo
iustificatur, tamquam sufficiente naturae libero arbitrio. immo
ipse pro ea clamat; ei cedatur dicenti: s i n e m e n i h i l p o t e-
s t i s f a c e r e.

　　　LXIII. 74. Sanctus autem Ambrosius reuera in eo loco, quem
10 iste commemorat, illis resistit qui dicunt hominem non esse posse
sine peccato in hac uita. ut enim ea diceret, accepit occasionem de
Zacharia et Elisabeth, quod in euangelio commemorati sunt am-
bulasse in omnibus iustificationibus legis sine querella. numquid
tamen negat gratia dei fiori per Iesum Christum dominum nostrum?
15 ex qua fide etiam ante eius passionem iustos uixisse non dubium
est, qui praestat spiritum sanctum, per quem diffunditur caritas in
cordibus nostris, qua una iusti sunt quicumque sunt insti. quem
spiritum memoratus episcopus etiam precibus impetrandum am-
monet — ita illi uoluntas diuinitus non adiuta non sufficit —,
20 ubi in ymno suo dicit:

　　　u o t i s q u e p r a e s t a t s e d u l i s
　　　s a n c t u m m e r e r i s p i r i t u m.

　　　75. Commemorabo et ego de hoc ipso opere sancti Ambrosii
aliquid, ex quo iste commemorauit quod commemorandum putauit:
25 'u i s u m e s t', i n q u i t, 'm i h i'. p o t e s t n o n s o l i u i s u m
e s s e, q u o d u i s u m s i b i e s s e d e c l a r a t. n o n e n i m
u o l u n t a t e t a n t u m h u m a n a u i s u m e s t, s e d

---

3 I Ioh. 1, 8　　7 Ioh. 15, 5　　9 cf. Ambros. Exp. enang. sec. Luc. I 17
(CSEL XXXII p. IV 21, 10—13)　12 cf. Luc. 1, 6　　21 cf. Ambros. Hymn.
III 7—8 (XVI 1473 M)　25 Luc. 1, 3　　uisum—gratia est] cf. Ambros. Exp.
enarg. sec. Luc. I 10 (CSEL XXXII p. IV 17, 7—16　et August. De dono perseu.
19, 49 (XLV 1024 M)

3 qui] quia (a *s. l. m2*) *P*　　4 habemus (ui *s. e m1*) *E* habuimus (u *in ras.*,
i *s.l.*) *C*　　elario (i *s. e*) *E* helario *B*　　6 libere *LB*　　10 non *om. Vm1 B*　　11 hac
om. Rm1　de zacharia (e *in ras,. z s. eras. litt.*) *R*　　12 helisabeth *VEb*　　13 quaere*la *D* quaerella *V* querela *B* querela *Rm2CEm2*　　16 sanctum] *add.* qui datus
est nobis *s.l.Dm2RCE, exp.Vm2*　　17 iusti sunt *bd*　　18 admonet*Dm2Rbd*
20 hymno *PVE*　　22 mereri (ri *s.l.m2*) *R*　　24 commemorabit *DmlB*
putauit *C*　　25 non soli] noli *V*　　27 humana (a *fin. ex* ū) *V*

sicut placuit ei, 'qui in me', inquit, 'loquitur
Christus', qui ut id quod bonum est nobis quoque bonum uidori possit operatur; quem enim
miseratur et uocat. et ideo qui Christum sequitur potest interrogatus cur esse uoluerit 5
Christianus respondere: uisum est mihi. quod
cum dicit, non negat deo uisum; 'a deo' enim
'praeparatur uoluntas hominum'. ut
enim deus honorificetur a sancto, dei gratia
est. ecce quid iste sapiat, si uerbis Ambrosii delectatur, quod a 10
deo praeparatur uoluntas hominum, et nulla uel non magna quaestio
est, quis uel quando perficiatur, dum tamen sine Christi gratia
id ipsum fieri posse minime dubitetur. deinde quantum erat, ut
adtenderet iste unum uersum de Ambrosii uerbis quae posuit!
cum enim ille dixisset: nam cum ecclesia ex gentibus, 15
hoc est ex peccatoribus, congregata sit, quomodo ex maculatis inmaculata potest esse,
nisi primo per Christi gratiam abluta delicto
sit, deinde quod per qualitatem non peccandi
abstineat a delictis? ille addidit, quod iste apparet 20
cur addere noluerit. ait namque ille: nec ab initio
inmaculata — humanae enim hoc inpossibile
naturae —, sed per dei gratiam et qualitatem
sui, quia iam non peccat, fit ut inmaculata
uideatur. haec uerba iste cur non addiderit quis non intellegat? 25
hoc agitur utique nunc in hoc saeculo, ut ad istam, quam omnes
sancti cupiunt, inmaculatissimam puritatem ecclesia sancta perueniat, quae in futuro saeculo neque aliquo malorum hominum sibi
permixto neque aliqua in se lege peccati resistente legi mentis ducat

1 II Cor. 13, 3   7 cf. Pron. 8, 35   15 nam cum — inmaculata
uideatur] cf. Ambr. Exp. eu. sec. Luc. I 17 (CSE*L* XXXII p. IV 21, 17—22, 1)
29 cf. Rom. 7, 23

2 x̄p̄s̄ (*in mg. m2* ⊦ s̄p̄s̄) R s̄p̄s̄ V spu (*in mg. m2* s̄p̄s̄) E   3 qui enim
miseretur (*in mg.* quē eni miseratur) b   6 quod (*in my. m2* ⊦ qui) R quo Vm1
qui Em1   7 dicitur R   d̄m̄ uisum B   10 si *om.* VEm1   12 gratia
Christi bd   13 id (*in mg. m2* ⊦ hand) R id *ex* ait V, *ex* hait E   18 Christi]
dei Ambros.   gratiam] *add.* quod d Ambros.   a delicto Ambros.   21 ab *om.* V
22 immaculatę L   26 nunc] non C   28 maiorum Em1   29 permixto* (o *in*
ras.) V, o *ex* um E   resistentem E

mundissimam uitam in aeternitate diuina. tamen adtendat iste
quid secundum scripturas Ambrosius episcopus dixerit: n e c   a b
i n i t i o   i n m a c u l a t a;   h u m a n a e   e n i m   h o c   i n p o s-
s i b i l e   n a t u r a e. utique enim 'ab initio' dicit, quo ex Adam
5 nascimur. nam et ipse Adam inmaculatus procul dubio factus est;
sed in eis, qui sunt natura filii irae ducentes ex illo quod uitiatum
est in illo, ab initio esse inmaculatos humanae naturae inpossibile
definiuit.

    LXIV. 76. 'Item Iohannes Constantinopolitanus episcopus',
10 cuius posuit sententiam, 'dicit peccatum non esse substantiam, sed
actum malignum'. quis hoc negat? 'et quia non est naturale, ideo
contra illud legem datam, et quod de arbitrii libertate descendit'.
etiam hoc quis negat? sed non id agitur de humana natura quae
in hac uita est; sed agitur de gratia dei, qua sanatur per medicum
15 Christum, quo non indigeret, si sana esset, quae ab isto tamquam
sana uel tamquam sibi sufficiente uoluntatis arbitrio posse non
peccare defenditur.

    77. Quis item Christianus ignorat, quod beatissimum Xystum
Romanae ecclesiae episcopum et domini martyrem dixisse com-
20 memorat, 'quia libertatem arbitrii sui permisit hominibus deus, ut
pure et sine peccato uiuentes similes fiant deo'? sed ad ipsum
arbitrium pertinet uocantem audire et credere et ab eo in quem
credit non peccandi adiutorium postulare. nam utique cum dicit
'similes fiant deo', per caritatem dei futuri sunt similes deo, quae
25 diffusa est in cordibus nostris non naturae possibilitate nec libero
arbitrio quod est in nobis, sed per spiritum sanctum qui datus est
nobis. et quod dicit idem martyr: t e m p l u m   s a n c t u m   e s t
d e o   m e n s   p u r a   e t   a l t a r e   o p t i m u m   e s t   e i   c o r

   2 cf. Exp. euang. sec. Luc. I 17   6 cf. Eph. 2, 3   9 Pelagius ex Ioh. Constant.
quodam tract., cf. Hieron. Epist. 133, 3 (XXII 1551 M)   20 Pelagius ex Xysti
episcopi tract. (cf. etiam August. Retract.)   24 cf. Rom. 5, 5   27 Xysti episc. tract.

    2 dixerit] scripserit b   3 post inposs. add. s. l. ē V m2   7 in s. l. Rm1
9 episcopus om. V, s.l. E   11 maligna V m1 E m1   12 arbitrii (i fin. m2 ex o) R
13 non id] nunc d   de—agitur om. V E m1   14 in hac uita] uitiata d   sed agitur]
agitur et d   16 sibi s.l. V m2   possit L D m1 P E m1 posse (e in ras.) V possi B
18 V in mg. m2 adnotat: Hoc in libro retractationū corrigit, q̄n̄m̄ hēc n̄ xistus
martyr xysti (sic pro x̄p̄i) sed quidā philosophus dixit Vide LXVIII cap]   xistum
L D R B C sixtum b   22 quam V   23 adiutoriū (ū s. o) R   26 sc̄m s.l. V m2
27 martyrem P   sanctum om. R C   ē s.l. D

m u n d u m et s i n e p e c c a t o, quis nescit ad istam perfectionem perducendum cor mundum, dum interior homo renouatur de die in diem, non tamen sine gratia dei per Iesum Christum
dominum nostrum? item quod ait ipse: u i r c a s t u s et s i n e
p e c c a t o p o t e s t a t e m a c c e p i t a d e o e s s e f i l i u s 5
d e i, utique ammonuit, ne cum quisque factus fuerit ita castus et
sine peccato — quod ubi et quando in eo perficiatur nonnulla quaestio
est, sed inter pios bene quaeritur, inter quos tamen constat
fieri posse et sine mediatore dei et hominum homine Christo Iesu
fieri non posse —, tamen, ut dicere coeperam, prudenter Xystus am- 10
monuit, ne cum fuerit quisque talis factus et per hoc recte inter
dei filios deputatus, putetur ipsius fuisse potestatis, quam per
gratiam accepit a deo, cum eam non haberet in natura iam uitiata
atque deprauata, sieut in euangelio legitur: q u o t q u o t a u t e m
r e c e p e r u n t e u m, d e d i t e i s p o t e s t a t e m f i l i o s 15
d e i f i e r i; quod utique non erant per naturam nec omnino
essent, nisi eum recipiendo accepissent per eius gratiam huiusmodi
potestatem. haec est potestas, quam sibi uindicat fortitudo caritatis,
quae non est in *nobis* nisi per spiritum sanctum qui datus est nobis.

LXV. 78. Quid etiam presbyter uenerabilis Hieronymus dixit 20
in his, quae illum.dixisse commemorat, cum exponeret quod scriptum
est: b e a t i m u n d o c o r d e, q u o n i a m i p s i d e u m
u i d e b u n t? q u o s n o n a r g u i t c o n s c i e n t i a u l l a
p e c c a t i ·et adiecit: m u n d u s m u n d o c o r d e c o n-
s p i c i t u r, t e m p l u m d e i n o n p o t e s t e s s e p o l l u t u m. 25
hoc utique agitur in *nobis* conando, laborando, orando, impetrando,
ut ad illam perfectionem, in qua possimus deum mundo corde
conspicere, eius gratia perducamur per Iesum Christum dominum
nostrum. item quod ait a memorato dictum esse presbytero:

2 cf. II Cor. 4, 16　4 Xysti episc. tract.　9 cf. I Tim. 2, 5　14 Ioh. 1, 12
22 Matth. 5, 8　　　24 cf. Hieronymi Comment. in enang. Matthaei I 5, 8
(XXVI 34 M)

2 dum *om.LPVB*　8 bone *b*　　constet *LDm1PB*　10 xistus *LDBC*
sixtus *b*　　12 filios dei *bd*　　deputans *B*　　13 ea *R*　　iam *om. LDm1B*
15 recoeperunt *C*　　18 uidicat *Lm1* uēdicat *b*　　26 Quid etiam] Quod nero *bd*
presbiter *LDB* praesbiter *PCE* prbt *R*　　hieronimus co*dd.*　　21 bisque *LB*
22 mundi corde *P*　　25 pullutum *B* polutum *Em1*　　27 conspicere mundo
corde *b*　　28 eus *Rm1*　　iesum *s.l.Vm2Em1*　　29 praesbitero *LVE* presbitero *DC* praesbytero *P*

liberi arbitrii nos condidit deus, nec ad uirtutem nec ad uitia necessitate trahimur;
alioquin ubi necessitas, nec corona est, quis
non agnoscat, quis non toto corde suscipiat, quis aliter conditam
5 humanam neget esse naturam? sed in recto faciendo ideo nullum
est uinculum necessitatis, quia libertas est caritatis.

LXVI. 79. Redi ergo ad apostolicam sententiam: caritas
dei diffusa est in cordibus nostris per spiritum sanctum qui datus est nobis. a quo, nisi
10 ab illo qui ascendit in altum, captiuauit captiuitatem, dedit dona hominibus? quod autem ex
uitiis naturae, non ex conditione naturae sit quaedam peccandi
necessitas, audiat homo, atque ut eadem necessitas non sit discat
deo dicere: de necessitatibus meis educ me, quia et
15 in huiusmodi oratione certamen est aduersus temptatorem de ipsa
contra nos necessitate pugnantem. ac per hoc opitulante gratia
per dominum nostrum Iesum Christum et mala necessitas
remouebitur et libertas plena tribuetur.

LXVII. 80. Veniamus ad nos. *item*, inquit, *Augustinus episcopus*
20 *in libris De libero arbitrio: quaecumque ista causa est*
uoluntatis, si non potest ei resisti, sine peccato
ei ceditur; si autem potest, non ei cedatur, et
non peccabitur. an forte fallit incautum?
ergo caueat, ne fallatur. an tanta fallacia
25 *est, ut caueri omnino non possit? nulla ergo*
peccata sunt. quis enim peccat in eo quod
caueri nullo modo potest? peccatur autem;
caueri igitur potest. agnosco, uerba mea sunt; sed
etiam ipse dignetur agnoscere superius cuncta quae dicta

1 Hieron. Contra Ionin. II 3 (XXIII 299 M) · 7 Rom. 5, 5   10 Eph. 4, 8
14 Ps. 24, 17   17 cf. Rom. 7, 25   19 Pelagius   20 cf. August. De lib. arb.
III 18, 50 (XXXII 1295 M)   26 cf. August. Retract. I 8, 5 pag. 41 7. 43, 13
ed. Knoell

5 recto *Dm1B*   6 qua *Rm1*   caritas *Vb* critas *Em1*   11 dedit do•na
(dit *s.l.*) *R* 13 edem *Vm1Em1* 15 et aduersus *E* temtatorem *P* 16 necessite *B*
opilante *Em1*   17 per I. Chr. d. n. *bd*   19 et ad nos *b*   agustinus *PRm1VBE*
22 non *om. B* ·23 peccatur *Vm1E*   25 possit] *add.* si ita est *bd et Aug. de lib. arb.*
ergo *om. Aug. de lib. arb.*   27 peccatur—potest *om.Vm1*   peccator *Rm1B*

sunt. de gratia quippe dei agitur, quae nobis per mediatorem
medicina opitulatur, non de inpossibilitate iustitiae. potest
ergo ei causae, quaecumque illa est, resisti, potest plane.
nam in hoc adiutorium postulamus dicentes: n e n o s i n f e r a s
i n t e m p t a t i o n e m; quod adiutorium non posceremus, si re- 5
sisti nullo modo posse crederemus. potest peccatum caueri, sed
opitulante illo, qui non potest falli. nam et hoc ipsum ad cauendum
peccatum pertinet, si ueraciter dicimus: d i m i t t e n o b i s
d e b i t a n o s t r a, s i c u t e t n o s d i m i t t i m u s d e-
b i t o r i b u s n o s t r i s. duobus enim modis etiam in corpore 10
cauetur morbi malum: et ut non accidat et ut, si acciderit, cito
sanctur. ut non accidat, caueamus dicendo: n e n o s i n f e r a s i n
t e m p t a t i o n e m; ut cito sanctur, caueamus dicendo: d i-
m i t t e n o b i s d e b i t a n o s t r a. siue ergo immineat siue
insit, caueri igitur potest.   15

81. Sed ut non tantum illi, uerum etiam his, qui eosdem libros
meos, quos iste legit, De libero arbitrio non legerunt atque illis
non lectis hunc forsitan legunt, de hac re sententia mea satis
appareat, ex ipsis libris commemorare me oportet, quod iste si
sentiret atque in suis litteris poneret nulla inter nos de hac re contro- 20
uersia remaneret. continuo quippe post nerba mea, quae iste commemorauit, quod occurrere poterat ipse subicci et, quantum potui,
pertractaui dicens: e t t a m e n e t i a m p e r i g n o r a n t i a m
f a c t a q u a e d a m i n p r o b a n t u r e t c o r r i g e n d a
i u d i c a n t u r, s i c u t i n d i u i n i s a u c t o r i t a t i b u s 25
l e g i m u s. atque hinc adhibitis exemplis etiam de infirmitate
locutus sum dicens: s u n t e t i a m n e c e s s i t a t e f a c t a
i n p r o b a n d a, u b i u u l t h o m o r e c t e f a c e r e e t
n o n p o t e s t. nam unde sunt illae uoces: 'non

---

4 Matth. 6, 13   8 Matth. 6, 12   15. 23. 27 cf. Retract. I 8, 5 pag. 43, 15.
44, 2 ed. Kn.   23 cf. August. De lib. arb. III 18, 51 (XXXII 1295 M)   27 ibid.
III 18, 51   29 Rom. 7, 15

1 agit E   2 possibilitate V   5 temtationem P   ante non add.s.l.m2
si R, quod Veras., E exp.   si s.l.Vm2Em1,eras.R   6 cauere b   12 ne--
dicendo om. B   13 temtationem P   15 igitur om. d   17 libro L   18 ac E
21 commemora**uit R   22 *occurre R occurre B   24 inprobrantur V
inprabantur (o s. a ml) E   25 auctoribus C   26 adhibetis Pm1   27 loquutus
LDm1P   28 recto (e fin. ex a) P   29 ille LBC

enim quod uolo facio bonum, sed quod odi
malum, hoc ago'? atque aliis in hac sententia commemoratis
testimoniis diuinorum eloquiorum: sed haec, inquam, omnia
hominum sunt uoces ex illa mortis dam-
5 natione uenientium. nam si non est ista poena
hominis, sed natura, nulla ista peccata sunt.
deinde paulo post: relinquitur ergo, inquam, ut haec
poena iusta de damnatione hominis ueniat.
nec mirandum est quod uel ignorando non
10 habet arbitrium liberum uoluntatis ad eli-
gendum quid recte faciat uel resistente carnali consuetudine, quae uiolentia mortalis
successionis quodam modo naturaliter inoleuit, uideat quid recte faciendum sit et
15 uelit nec possit inplere. illa est enim peccati poena iustissima, ut amittat quisque quo
bene uti noluit, cum sine ulla posset difficultate, si uellet. id est autem, ut qui sciens
recte non facit, amittat scire quid rectum
20 sit, et qui recte facere cum posset noluit,
amittat posse cum uelit. nam sunt renera
omnia peccanti animae duo ista poenalia,
ignorantia et difficultas. ex ignorantia
dehonestat error, ex difficultate cruciatus
25 affligit. sed approbare falsa pro ueris, ut
erret inuitus, et resistente atque torquente
dolore carnalis uinculi non posse a libidinosis operibus temperare non est natura instituti hominis, sed poena damnati. cum
30 autem de libera uoluntate recte faciendi
loquimur, de illa scilicet, in qua homo factus

3. 7 cf. August. De lib. arb. III 18, 51. 52 et Retract. I 8, 5 pag. 44, 9. 45, 8. 10

1 enim om. Retract. 2 hanc sententiam d 4 hominum (h s. l. m1) D
noces om. Auj. de lib. arb. et Retract. dampnatione B 5 uenientiu
(ni s. l. m1) R 10 lib. arb. bd 11 quod V 12 uiolentiam P 13 quo◦dam V
14 quid (d s. l. m1) D 15 peccata (i s. fin. a) V 16 q 10 ∗R 17 uti (i s. l.) VE
18 ide∗PD 19 faciat VE qd rectum b 20 quid E rectum Rm1b com Rm1
22 peccanti (n s. l., i ex o) R 26 erret (et in ras. m2) R 30 recta Retract.

e s t, . l o q u i m u r. hine iam hominibus de ipsius ignorantiae
difficultatisque in prolem primi hominis traiectis uitiis atque trans-
fusis uelut iustam querellam deponentibus ita responsum est:
q u i b u s b r e u i t e r, inquam, r e s p o n d e t u r, u t q u i e-
s c a n t e t a d u e r s u s d e u m m u r m u r a r e d e s i s t a n t. 5
r e c t e e n i m f o r t a s s e q u e r e r e n t u r, s i e r r o r i s
e t l i b i d i n i s n u l l u s h o m i n u m u i c t o r e x i s t e r e t;
c u m u e r o u b i q u e s i t p r a e s e n s, q u i m u l t i s
m o d i s p e r c r e a t u r a m s i b i d o m i n o s e r u i e n t e m
a u e r s u m u o c e t, d o c e a t c r e d e n t e m, c o n s o l e t u r 10
s p e r a n t e m, d i l i g e n t e m a d h o r t e t u r, c o n a n t e m
a d i u u e t, e x a u d i a t d e p r e c a n t e m, n o n t i b i d e-
p u t a t u r a d c u l p a m q u o d i n u i t u s i g n o r a s, s e d
q u o d n e g l e g i s q u a e r e r e q u o d i g n o r a s; n e q u e
i l l u d q u o d u u l n e r a t a m e m b r a n o n c o l l i g i s, 15
s e d q u o d u o l e n t e m s a n a r e c o n t e m n i s. ita et ex-
hortatus sum, quantum potui, ad recte uiuendum et gratiam dei
non euacuaui, sine qua natura humana iam contenebrata atque
uitiata inluminari non potest et sanari. de qua re cum istis tota
uertitur quaestio, ne gratiam dei, quae est in Christo Iesu domino 20
nostro, peruersa naturae defensione frustremus. de qua natura
item paulo post dixi: e t i a m i p s a m n a t u r a m a l i t e r d i-
c i m u s, c u m p r o p r i e l o q u i m u r n a t u r a m h o-
m i n i s i n q u a p r i m u m i n s u o g e n e r e i n c u l p a-
b i l i s f a c t u s e s t, a l i t e r i s t a m, i n q u a e x i l l i u s 25
d a m n a t i p o e n a e t i g n a r i e t c a r n i s u b d i t i
n a s c i m u r. i u x t a q u e m m o d u m d i c i t a p o-
s t o l u s: 'f u i m u s e n i m e t n o s n a t u r a l i t e r f i l i i
i r a e s i c u t e t c e t e r i'.

4 quibus breuiter—sanare contemnis] cf. Aug. De lib. arb. III 18, 53
(XXXII 1296 M)   22 etiam—ceteri] cf. Aug. De lib. arb. III 18, 54 (XXXII
1296. 1297 M)   28 Eph. 2, 3

2 traiectis (s *in ras.*) V   uieiis (ciis *in ras.*) V E uitiis (*in mg. m2* l
fuimus) R intus *b*   3 querelam *Pm2 Rm2V C* quaerellam *Dm1V*   6 quae-
rerentur *PV* quererentur (*alt. re s.l.m2*) R   7 exsisteret *DP*   11 adhortetur *L*
adortetur *V*   16 et s. l. *Dm1*, *exp.* V   exortatus *LV E*   20 questione
(*om.* ne) *LB*   x̄p̄o (o *ex* u) *V*

LXVIII. 82. Si ergo uolumus 'animos ad recte uiuendum frigidos et pigros christianis exhortationibus excitare et accendere', primitus exhortemur ad fidem, qua Christiani fiant et eius nomini subiciantur, sine quo salui esse non possunt. si autem iam Christiani
5 sunt et recte uiuere neglegunt, uerberentur terroribus et praemiorum laudibus erigantur, ita sane, ut non solum ad bonas actiones, uerum etiam ad pias orationes eos exhortari meminerimus atque hac instruere sanitate doctrinae, ut et illinc gratias agant, cum instituerint bene uiuere, quod aliquid sine difficultate fecerint, et ubi difficultatem
10 aliquam sentiunt, fidelissimis et perseuerantissimis precibus et misericordiae promtis operibus facilitatem a domino impetrare persistant. sic autem proficientes ubi et quando plenissima iustitia perficiantur non nimis curo; ubicumque autem et quandocumque perfecti fuerint, non nisi gratia dei per Iesum Christum dominum
15 nostrum perfici posse confirmo. sane quando liquido cognouerint nullum peccatum se habere, non se dicent non habere peccatum. ne ueritas in eis non sit, sicut in eis neritas non est, qui cum habeant non habere se dicunt?

LXIX. 83. Valde autem 'bona sunt praecepta', si legitime his
20 utamur. eo quippe ipso quo firmissime creditur 'deum iustum et bonum inpossibilia non potuisse praecipere', hinc ammonemur et in facilibus quid agamus et in difficilibus quid petamus. omnia quippe fiunt facilia caritati, cui uni Christi sarcina lenis est aut ea una est sarcina ipsa quae lenis est. secundum hoc dictum est:
25 et praecepta eius grauia non sunt, ut cui grauia sunt, consideret non potuisse diuinitus dici: grauia non sunt, nisi quia potest esse cordis affectus cui grauia non sunt, et petat quo destituitur, ut inpleat quod iubetur. et quod dicitur

---

1 Pelagius   14 cf. Rom. 7, 25   16 cf. I Ioh. 1, 8   19 Pelagius cf. I Tim. 1, 8   23 cf. Matth. 11, 30   25 I Ioh. 5, 3

2 exortationibus *LVE*   3 exortemur *Pm1VE*   finem *Em1*   quam *E* nomine *V*   8 illic *Rm2VCm1Em1*   instituerint (*in mg. m2* l instruerint) *R* 10 perseuerentissimis *D* (a *s. fin.* e), *B*   11 promptis *RC* prūtis *Dm1B*   13 perficiatur *LDm1PVm1BEm1* perficia*tur *R*   non minus (*in mg. m2* l n̄ nimis) *R*   15 sane (a *in* i *mut.*) *D*   aliquido *P*   16 *pr.* se*R*   dicant *Dm2RVm1BCEd*   non *ante* habere *om. D* (*spatio 3 litt. uacuo relicto*), *RVBCEd* 20 utimur *B*   eo] Ego *B*   21 inpossibili* (e *s. fin.* i) *V*   23 aut] et *in ras.V* 26 potuisse*V*   28 quo] quod *V* quod *C*

ad Israhel in Deuteronomio, si pie, si saucte, si spiritaliter intellegatur, hoc idem significat, quia utique, cum hoc testimonium
commemorasset apostolus: p r o p e e s t u e r b u m i n o r e
t u o e t i n c o r d e t u o — quod hic habet 'in manibus tuis';
in corde sunt enim spiritales manus — h o c e s t, inquit, u e r b u m 5
f i d e i q u o d p r a e d i c a m u s. conuersus ergo quisque,
sicut ibi praecipitur, ad dominum deum suum ex toto corde suo et ex
tota anima sua mandatum dei non habebit grane. quomodo est
enim graue, cum sit dilectionis mandatum? aut enim quisque non
diligit, et ideo grane est, aut diligit, et graue esse non potest. diligit 10
autem, si, quod illic ammonetur Israhel, conuersus fuerit ad dominum
deum suum ex toto corde suo et ex tota anima sua. m a n d a t u m,
inquit, n o u u m d o n o b i s, u t u o s i n u i c e m d i l i g a t i s,
et: q u i d i l i g i t p r o x i m u m, l e g e m i n p l e u i t, et:
p l e n i t u d o l e g i s c a r i t a s. secundum hoc et illud dictum 15
est: s i a m b u l a r e n t s e m i t a s b o n a s, i n u e n i s s e n t
u t i q u e s e m i t a s i u s t i t i a e l e u e s. quomodo ergo
dicitur: p r o p t e r n e r b a l a b i o r u m t u o r u m e g o
c u s t o d i u i u i a s d u r a s, nisi quia utrumque uerum est?
durae sunt timori, leues amori. 20

LXX. 84. Caritas ergo inchoata inchoata iustitia est; caritas
prouecta prouecta iustitia est; caritas magna magna iustitia
est; caritas perfecta perfecta iustitia est, sed c a r i t a s d e
c o r d e p u r o e t c o n s c i e n t i a b o n a e t f i d e n o n
f i e t a, quae tunc maxima est in hac uita, quando pro illa ipsa 25
contemnitur uita. sed miror si non habet quo crescat, cum de
mortali excesserit uita. ubicumque autem et quandocumque ita
plena sit, ut ei non sit quod adiciatur, non tamen diffunditur in

3 Dent. 30] 14. Rom. 10, 8   4 quod (= test. Dent.) — tuis] cf. Quaest. de
Dent. LIV (CSEL XXVIII 414)   5 Rom. 10, 8   6 cf. Dent. 30, 2   12 Ioh.
13, 34   14 Rom. 13, 8. 10   16 Pron. 2, 20   18 Ps. 16, 4   23 I Tim.
1, 5   25 cf. Ioh. 15, 13

1 isrl *D R* israel *V B C E*   deutero nomio *B*   si *fin. om. V*   2 signf *V*
3 prope te *Pbd*   5 enim sunt *bd*   7 sicut (si *in ras.*) *R*   suum *om. V E*
8 habeat (*in mg. al.* habebit) *b*   gräu*e *R*   10 potest (test *in ras.*) *V*   11 ammonemur
L Dm1 P   14 implebit *R* (b *in* u *corr.*), *E*   20 *uoce* durae *inc. c. 70 in b*   durae]
nature *R*   timore *Rm1*   21 ergo] autem *R V C E, in mg.* m2 ergo *V*   incoata
(*all. loco*) *s. l. V* m2*E* m2   27 ubicūque (cū *s. l.* m2) *V E*

cordibus nostris uel naturae uel uoluntatis opibus quae sunt in nobis, sed per spiritum sanctum qui datus est nobis, qui et infirmitati nostrae opitulatur et sanitati cooperatur. ipsa est enim gratia dei per Iesum Christum dominum nostrum, cui est cum patre et
5 spiritu sancto aeternitas, bonitas in saecula saeculorum. amen.

1 cf. Rom. 5, 5   3 cf. Rom. 7, 25

1 operibus *b*   2 per *s. l. Rml*   est *om. V*   infirmitati (i *fin. ex* e) *R*
3 opitalantur *V*   5 Explicit *LDPRBCE* EXPLICIT DE NATVRA ET
GRATIA *V*

AVGVSTINI RETRACTATIONVM LIB. II CAP. LXVIII (XLII)
(PAG. 180, 1 ED. KNOELL).

DE NATVRA ET GRATIA LIBER VNVS.

1. Venit etiam tunc in manus meas quidam liber Pelagi ubi hominis naturam contra dei gratiam, qua iustificatur inpius et 5 qua Christiani sumus, quanta potuit argumentatione defendit. librum ergo, quo huic respondi defendens gratiam non contra naturam, sed per quam natura liberatur et regitur, De natura et gratia nuncupaui. in quo uerba quaedam, quae uelut Xysti Romani episcopi et martyris Pelagius posuit, ita defendi, tam- 10 quam re uera eiusdem Xysti essent — id enim putaueram —, sed. postea legi Sexti philosophi esse, non Xysti Christiani.

2. Hic liber sic incipit: *Librum, quem misistis.*

5 Rom. 4, 5   9 De nat. et gr. 64, 77   Hieron. ep. 133, 3. in Hier. c. 22. in Ezech. c. 18

IV.

· DE NATVRA ET ORIGINE ANIMAE LIBRI QVATTVOR.

CODICES

LIBER PRIMVS. AD RENATVM.

I. 1. Sinceritatem tuam erga nos, Renate frater carissime,
et fraternam beniuolentiam ac mutuae dilectionis affectum probatum quidem et antea tenebamus, uerum nunc probatiorem
5 nobis amica diligentia demonstrasti, quod mihi duos libros eius
quidem hominis, quem penitus ignorabam, nec tamen ideo
contemnendi, Vincentii Victoris — sic enim praenotatum ibi
nomen eius inueni — proxime praeterita aestate misisti, quamuis
mihi eo quod absens fuissem in autumni fine sint redditi. quo-
10 modo enim tu carissimus meus posses uel deberes in meam
non perferre notitiam, cum in manus tuas uenissent cuiuslibet
hominis qualescumque litterae licet ad alium scribentis, ubi tamen
nomen commemoraretur et legeretur meum, ita ut contradiceretur
uerbis meis quae in quibusdam opusculis edidissem? hoc itaque
15 fecisti, quod sincerissimus et dilectissimus amicus meus facere
debuisti.

AVRELII AVGVSTINI EPI DE NATVRA ET ORIGINE ANIMAE
AD RENATVM AMICVM LIB ·I· A AVRELII AGVSTINI EPI DE NA-
TVRA ET ORIGINE ANIMAE. AD RENATVM LIBER I AD PETRVM
PRBM EPISTOLA I AD VINCENTIVM VICTORE LIBRI DVO B
EXPLICIT LIBER DE ANIME QVANTITATE AVRELII AGVSTINI
EPISCOPI DE NATVRA ET ORIGINE ANIME AD RENATVM LIB
PRIMVS AD PETRV PRESBITERVM EPISTOLA AD VINCENTIV
VICTOREM LIB II C EIVSDEM INCIPIT AD RENATVM D EXPLI-
CIT EPLA SODA AD OPTATV DE NATVRA ET ORIGINE ANIME
SCI AVG INCIPIT EIVS DE AD RENATVM DE EADEM RE E
Incipit liber sci augustini ad renatum de natura et origine animae F aurelii
augustini epi de natura et origine animę ad renatum liber primus incipit G
Explicit soliloquiorum lib II do gratias finit am. Ad renatu lib de origine
animę incip augustini epi M   3 fraterna M   beneuolentiam E
acfectum M   5 eius quidem] eiusdem M   7 uicentii C uincenti E
8 proxima EG   11 non] uel A   12 qualiscumque M   latere Mml
ad ex ab E   ibi ABCG   tā M   15 fecisti om. G   sincęri simus C

II. 2. Sed hinc angor paululum, quod adhuc tuae sanctitati minus quam nellem cognitus sum, quando quidem putasti me sic accepturum, quasi tu mihi iniuriam feceris notum faciendo quod alius fecit. quantum autem hoc absit ab animo meo, nide, ut ne ab illo quidem me passum iniuriam conquerar. cum 5 enim aliter quaedam quam ego saperet, numquidnam debuit reticere? unde mihi gratum esse debet, quod ita non tacuit, ut id etiam legere possimus. debuisse quis dixerit eum scribere potins ad me quam ad alterum de me; sed quod mihi esset ignotus, non est ansus se mihi ingerere in meorum refutatione dictorum. 10 nec consulendum me putauit, ubi sibi uidetur minime dubitandam, sed plane cognitam et certam tenere sententiam. obtemperauit autem amico suo, a quo se, ut scriberet, dicit esse conpulsum. et si quid inter disputandum, quod in meam contumeliam re- dundaret, expressit, non eum conuiciantis uoluntate crediderim, 15 sed diuersa sentientis necessitate fecisse. ubi enim mihi animus erga me hominis ignotus est et incertus, melius arbitror meliora sentire quam inexplorata culpare. fortassis enim amore mei fecit sciens ad me peruenire posse quod scripsit, dum in eis rebus errare me non uult, in quibus se potius errare non putat. et 20 ideo debeo etiam eius habere gratam beniuolentiam, cuius me necesse est inprobare sententiam. ac per hoc in eis quae non recte sapit adhuc leniter corrigendus mihi uidetur, non aspere detestandus, praesertim quia, sicut audio, nuper catholicus factus est, quod ei gratulandum est. caruit enim Donatistarum 25 uel potius Rogatistarum diuisione et errore, quo antea tenebatur, si tamen catholicam ueritatem sicut oportet intellegat, ut uere de illius conuersione gaudeamus.

2 sim A	3 quęsi A	5 nec b	conquerar] coequaret A coae- quarer BFm1G coequarer C	6 aliter] utiliter ABCF, b in mg.	quaedam om. E ergo C	nūquā ABCFG	7 retinere M	tacui BGM	8 deberes quidem tu (tu om. A) tantum scribere ABFG deberes tu quidem tantum scribere C deberet bd	9 alt. ad om. E	de] ad G sed] add. illo b	11 dubitandum ABCFbd 13 scribere C	15 c̄ui*ciantis M	17 incertis A me incertus M	18 i:exēplorata C enim om. Bm1G	amorem ei BC	19 scientes C	possit B	20 me non] nemo M	21 menes see C	24 odio E	25 gratulandus C	26 rogatistarunt A rogat istarū Fm1	detinebatur E

III. 3. Habet enim eloquium, quo possit explicare quae
sentit. unde cum illo agendum est eique optandum, ut recta
sentiat, ne faciat esse delectabilia quae sunt inutilia et quae
diserta dixerit nora dixisse uideatur; quamuis et in ipso eloquio
5 habeat multa emendanda et a nimia exundantia reprimenda, quod
in illo tibi quoque ut niro grani, sicut tua indicant scripta,
displicuit. sed hoc uel facile corrigitur uel sine detrimento fidei
a leuibus mentibus amatur, toleratur a grauibus; habemus enim
iam quosdam spumeos in sermone, sed in fide sanos. non itaque
10 desperandum est etiam hoc in isto, quamuis sit tolerabile, si
permanserit, posso tamen expurgari et temperari atque ad
integrum et solidum uel perduci uel reuocari modum,
praesertim quia iuuenis esse perhibetur, ut quod minus habet
peritia suppleat diligentia et quod eruditas loquacitatis eructat,
15 aetatis maturitas decoquat. illud molestum est et periculosum uel
perniciosum, si, cum laudatur eloquentia, persuadeatur insipientia
et in pretioso poculo bibatur pestifera potio.

IV. 4. Vt enim iam incipiam demonstrare, quae praecipue
sint in eius disputatione uitanda, 'animam' dicit 'a deo quidem
20 factam nec dei esse partem sine naturam', quod omnino uerum
est. sed cum eam non uult ex nihilo factam fateri et aliam
nullam creaturam unde sit facta commemorat atque ita illi dat
auctorem deum, ut neque ex nullis exstantibus, id est ex
nihilo, neque ex aliqua re, quae non est quod deus
25 est, sed 'de se ipso eam fecisse' credatur, nescit eo se reuolui,
quod declinasse se putat, ut scilicet nihil aliud anima quam
dei natura sit ac sic consequenter et de dei natura fiat aliquid

---

9 cf. Tit. 2, 2   19. 25 Vinc. Victor

2 ei quae C (q. s. quae m1)   obtandum ACEG   4 disserta BGE,D ex corr.
deserta C   in om. ABCFm1G   5 emendanda Fm1   a nimia] anima CG
animi M animis F (alt. i s. l., s s. a m2)   8 amoueatur M   habeamus F
enim om.E   9 spumeo C   10 disperandum C   11 ad om.D   13 quid AC qui BG
qui•F   iuuenis] in uenis C   habet minus E   14 peritiae F (ae s. l. m2)
15 dequoquat CM   est molestum d   16 cum] nero E   persuadetur b
17 in om. A   poculo A (c ex p)   20 natura M   22 data uictorem C   23 ex—neque
in mg.D   extantibus CEM   24 ut neque E   25 se s.l.DFm2, om. EM
nescite os ere uolui C   se eo G   se om.Fm1   resolui E   26 quo B
27 natura om. A   sic] si CM   de om.G   fiet E

ab eodem deo, cui faciendo materia, de qua facit, sit ipse qui
facit, ac per hoc et dei sit natura mutabilis et mutata in
deterius eiusdem ipsius dei ab eodem ipso deo natura damnetur.
quod pro tua fideli intellegentia quam non sit opinandum et
quam sit a corde catholico secludendum longeque fugiendum 5
nides. ita quippe anima uel de flatu facta uel dei flatus factus
est ipsa, ut non de ipso sit, sed ab ipso de nihilo creata sit.
neque enim sicut homo, quando sufflat, non potest de nihilo
flatum facere, sed quem de isto aere ducit, hunc reddit, ita
deo putandum est auras aliquas circumfusas iam fuisse, quarum 10
exiguam quandam particulam spirando traheret et respirando
refunderet, quando in hominis faciem sufflauit eique illo modo
animam fecit. quod et si ita esset, nec sic de ipso, sed de
subiacenti re aliqua flabili posset esse quod flauit. sed absit,
ut negemus omnipotentem de nihilo flatum uitae facere potuisse, 15
quo fieret homo in animam uiuam, atque in eas contrudamur
angustias, ut uel iam fuisse aliquid, quod ipse non esset, unde
flatum faceret, opinemur uel quod mutabile factum uidemus
de se ipso eum fecisse credamus. quod enim de ipso est, necesse
est ut eiusdem naturae sit, cuius ipse est, ac per hoc etiam 20
inmutabile sit; anima nero, quod omnes fatentur, mutabilis est:
non ergo de ipso, quia non est inmutabilis sicut ipse. si autem
de nulla alia re facta est, de nihilo facta est procul dubio, sed
ab ipso.

V. 5. Quod uero 'eam non spiritum, sed corpus esse' con- 25
tendit, quid aliud uult efficere quam nos non ex anima et
corpore, sed ex duobus uel etiam tribus constare corporibus?
cum enim 'spiritu, anima et corpore constare nos' dicit et 'omnia

---

16 cf. Gen. 2, 7　　25. 28 Vine. Victor

1 faciendo] faciem de C　　de qua facit] ad ea quę fecit E　　2 natura sit E
motabilis M　　muta G　　3 ipso—quam om.G　　4 operandum C　　5 a om.C
6 de flatu] dei flatu b　　7 ipso G　　ut] $\overline{au}$ M　　9 de isto aere ducit] aestuare
du$\overline{c}$ M (signo transp. add.)　　11 exiguandam B　exiguā＊dum G　　quandam om.BG
12 refunderet A　　illi E　　13 facit M　　esse M　　se ipso E　　16 quod C
eis BC　　contrudantur E　　18 faceret—factum om. M　　opinemur ex
opinetur E opinetur G　　19 se om.E　　eum om.ABCFGbd　　se ipso A
23 re alia d　　28 $\overline{sps}$ A $\overline{spm}$ M　　nosj $\overline{n}$ M

haec tria corpora esse' asserit, profecto ex tribus corporibus nos
putat esse conpactos. in qua opinione quanta eum sequatur
absurditas, illi potins quam tibi demonstrandum puto. ucrum
iste tolerabilis error est hominis, qui nondum cognouit esse
5 aliquid, quod cum corpus non sit corporis tamen quandam similitudinem gerere possit.

VI. 6. Illud plane quis ferat, quod in secundo libro, cum
quaestioncm difficillimam soluere conaretur de originali peccato,
quatenus ad corpus animamque pertineat, si anima non de pa-
10 rentibus trahitur, sed a deo noua insufflatur, hanc ergo tam
molestam et tam profundam enitens enodare quaestionem:
*merito, inquit, per carnem priscam reparat habitudinem, quam
uisa fuerat paulisper amisisse per carnem, ut per eam incipiat
renasci, per quam meruerat inquinari.* cernis nempe hominem
15 ausum suscipere quod uires eius excedit in tam immane praecipitium decidisse, ut diceret inquinari animam meruisse per
carnem, cum dicere nullo modo possit, unde hoc meritum traxerit ante carnem. si enim a carne incipit meritum habere
peccati, dicat, si potest, unde ante peccatum suum carne
20 meruerit inquinari. nam hoc meritum, quo in carnem peccatricem missa est, ut inquinaretur ex illa, profecto aut ex semet
ipsa habuit aut — quod a nero multo amplius abhorret — ex deo.
ex carne quippe meritum non potuit habere ante carnem, quo
merito inquinanda mitteretur in carnem. si ergo a semet ipsa
25 hoc meritum habuit, quomodo habuit, quae ante carnem nihil
mali fecit? si autem hoc meritum ex deo dicitur habuisse, quis
hoc audiat, quis ferat, quis dici inpune permittat? non enim
hoc loco quaeritur, quid meruerit, ut iudicaretur damnanda post
carnem, sed quid meruerit ante carnem ita damnari, ut inqui-
30 nanda mitteretur in carnem. explicet hoc, si potest, qui est
ansus dicere inquinari animam meruisse per carnem.

12 Vinc. Victor

2 quanta—potius *D m1 in mg.* · 5 cum *om. M*   7 quod] cū *M*   9 quatinus *EFm2*   11 nitens *Ebd*   12 priscam—carnem *om. G*   13 āmisse *M*
14 quē *ABC*   15 susciperat *A*   eius *om. E*   16 animam inquinari *E*   ama *M*
18 enim] aū *E*   20 merucrat *E* meruit *M*   quod *D*   carne peccatrice
ABCEFG   21 exemetipsa *M*   22 a *om. ABCGbd*   aborret *M*   24 mittetur *B*
si✶*M*   26 malefecit *ABCFm1G*   28 quod *G*   29 *pr.* carne *M*   inquinandā *Dm1M*

VII. 7. Item alio loco, cum eandem, qua se ipse inplicuerat, uelut explicandam proponeret quaestionem, tamquam ex persona aduersariorum ait: *cur, inquiunt, deus animam tam iniusta anim-aduersione multauit, ut in corpus eam peccati relegare uoluerit, cum consortio carnis peccatrix esse incipit, quae peccatrix esse* 5 *non potuit?* in huius quaestionis tamquam scopuloso gurgite debuit utique cauere naufragium nec eo se committere, unde se non erueret transeundo, sed forte redeundo, id est paenitendo. nam de praescientia dei se nititur liberare, sed frustra. prae-scientia quippe dei eos quos sanaturus est peccatores praenoscit, 10 non facit. nam si eas animas liberat a peccato, quas innocentes et mundas inplicuit ipse peccato, uulnus sanat quod intulit nobis, non quod inuenit in nobis. auertat autem deus et omnino absit, ut dicamus, quando lauacro regenerationis deus mundat animas paruulorum, tune eum mala sua corrigere, quae illis 15 ipse fecit, cum eas nullum habentes peccatum peccatrici carni, cuius originàli peccato contaminarentur, ammiscuit. quas tamen iste accusans dicit inquinari meruisse per carnem nec potest dicere, unde tantum mali meruerint ante carnem.

VIII. 8. Hanc ergo quaestionem frustra se putans de prae- 20 scientia dei posse dissoluere adhuc sese inuoluit et dicit: *anima si peccatrix esse meruit, quae peccatrix esse non potuit, tamen neque in peccato remansit, quia in Christo praefigurata in peccato esse non debuit, sicut esse non potuit.* quid est quod dicit 'pec-catrix esse non potuit' uel 'in peccato esse non potuit' nisi, 25 credo, si non ueniret in carnem? neque enim potuit originali peccato esse peccatrix aut quoquo modo in originali peccato esse nisi per carnem, si de parente non trahitur. uidemus ergo

---

3 Vinc. Victor   14 cf. *Eph.* 5, 26. Tit. 3, 5   21 Vine. Victor

1 eadem *M*   implicuerit *F*   3 ait] aut *ABCFG*   quur (*saepius*) *ABCM* 4 eam *om. E*   peccatis *M*   religare *codd. praet. D*   5 incepit *D*   6 scopoloso *AFm1* scopolosa *C*   7 *fin.* se *om.D*   8 eruet *ABCFGb*   9 praesentia *M* se nititur] sentitur *BCDEFm1GM*   10 quipe *A*   11 quasi ignocentes *M* 12 ipse] esse *E*   peccati *A* (i *rad. litt.* o), i *in ras. F*   15 corrigere *post* illis *pon.G* 16 habentē *M*   peccatū *F* (ū *ex* orū *m1*)   carniş *C* carni*G*   17 peccatu *Mm1* amiscuit *C* adm. *E*   18 ipse *C*   19 malum *b*   meruerit *M* meruerunt *F* 20 questione *M*   21 se *ABCEFGbd*   23 praefiguratam *C*   peccati *G*   24 *init.* non *om. M*   potuerit *F*   26 carne *M*   potuit] *add.s.l.m2* aliter *F*   27 quomodo *ACFM*

eam per gratiam liberari a peccato, sed non uidemus unde
meruerit haerere peccato. quid est ergo quod dicit: 'si peccatrix
esse meruit, non tamen in peccato remansit'? si enim ab illo
quaeram, cur non in peccato remanserit, rectissime respondebit:
5 'quod eam Christi gratia liberauit'. sicut ergo dicit, unde anima
paruuli fuerit liberata peccatrix, sic etiam dicat, unde meruerit
esse peccatrix.

9. Sed quid dicit, cui hoc quod praelocutus est contigit?
namque, ut istam quaestionem sibi proponeret, ait: *alia substru-*
10 *untur obprobria querulis murmurationibus oblatrantum et excussi*
quasi quodam turbine identidem inter immania saxa conlidimur
— hoc si ego de illo dicerem, forsitan succenseret; nerba sunt eius —;
quibus praemissis proposuit quaestionem, in qua ipsa saxa, quibus conlisus naufragauit, ostenderet. ad hoc enim perductus est
15 et tam horrendis cautibus inlatus, inpulsus, infixus, ut eruere se
nisi emendando quod dixit omnino non possit non ualens ostendere, quo merito anima sit facta peccatrix, quam dicere non
timuit ante omne suum peccatum meruisse fieri peccatricem.
quis tam immane supplicium meretur sine peccato, ut in aliena
20 iniquitate conceptus, antequam exeat de uisceribus matris, iam
non sit sine peccato? de hac autem poena paruulorum animas,
qui regenerantur in Christo, nullis eorum praecedentibus meritis
gratuita liberat gratia; a l i o q u i n g r a t i a i a m n o n e s t
g r a t i a. proinde iste homo ualde intellegens, cui displicet in
25 tanta profunditate etsi non docta, tamen cauta nostra cunctatio,
dicat, si potest, in hanc poenam quo peruenerit anima merito,
de qua poena liberat gratia sine merito; dicat, ut quod dixit

---

9 Vinc. *Victor*   23 Rom. 11, 6

1 sed—peccato *in ras. m2M*   2 meruit *C*   5 liberauerit *d*   8 quid] qui *G*
quod *om. F*   9 namque—alia *om. F*   sibi quaestionem *E*   sibi *om. G*
praeponeret *BEM*   et ait *E*   subtrauntur *A* subtrahuntur (*in mg.*
struntur) *C, EFmlb*   10 quaerulis *AB*   oblatrantium *DFGMbd*   11 idemtidem *ABC* dentidem *D* idē idē *G*   12 dicere *M*   succenseret *C* (*s s. ç ml*)
suscenseret *D* censeret *M*   13 promissis *E*   15 orrendis *D*   18 fiere *C*
19 peccatū *A*   alieno *A*   20 inquitate *C*   iam—animas *om. G*   21 ac *AM*
22 quę *E*   regeneratur *G*   23 gratiam *G*   alioquin—est gratia *E in mg. ml*
24 nihil nalde *E*   25 tā incauta *E*   26 p̄uenerit *M*   27 dixit] dicit *b*

aliqua, si ualuerit, ratione defendat. non enim hoc exigerem,
nisi ipse dixisset, quod anima meruerit esse peccatrix. dicat
meritum eius utrum bonum fuerit anne malum. si bonum, quo
merito bono uenit in malum? si malum, unde aliquod malum
meritum ante omne peccatum? item dico: si bonum, non ergo 5
eam gratis, sed secundum debitum liberat gratia, cuius praecessit
meritum bonum, ac sic gratia iam non erit gratia; si autem
malum, quaero quod sit. an quod uenit in carnem, quo non
uenisset, nisi apud quem non est iniquitas ipse misisset? numquam igitur nisi se in peiora praecipitans hanc suam sententiam 10
molietur astruere, qua dixit, quod anima meruerit esse peccatrix.
et de his quidem paruulis, quorum in baptismo diluitur originale
peccatum, inuenit qualitercumque quod diceret, quoniam praescientia dei praedestinatis in uitam aeternam nihil obesse potuisset
paulisper alieno inhaerere peccato. quod tolerabiliter diceretur, 15
si non iste uerbis suis inplicaretur dicens quod meruerit anima
esse peccatrix. unde se omnino non liberat, nisi hoc eum
dixisse paeniteat.

IX. 10. De illis autem paruulis qui morte praeueniuntur,
priusquam baptizentur in Christo, cum respondere uoluisset, 20
ausus est 'eis promittere non solum paradisum, uerum etiam
regnum caelorum' non inueniens, qua exiret, ne deum animas
innocentes dicere cogeretur aeterna morte damnare, quas nullo
merito praecedente peccati carni inserit peccatrici. sed utcumque   .
sentiens quid mali dixerit sine ulla Christi gratia redimi animas 25
paruulorum in aeternam uitam regnumque caelorum et in eis
posse solui originale peccatum sine Christi baptismo, in quo fit
remissio peccatorum, uidens ergo, in quam se profunditatem
naufragosi gurgitis iecerit: sane, inquit, pro eis oblationes assi-

6 cf. Rom. 4, 4   7 cf. Rom. 11, 6   9 cf. II Par. 19, 7. Rom. 9, 14   21 Vinc.
Victor   24 cf. Rom. 8, 3   27 cf. Marc. 1, 4   29 Vinc. Victor

1 uoluerit Eb   exigeremus Eb   2 meruit EGM   3 an EG   quod D   4 inde A
6 gratis] gratuita gratia b   liberet C   8 uenit bis pon. G   quo] quod M
10 impeiora M   11 moliretur CEGb   dicit b   meruit ABCEFGbd   12 et] quod b
13 inde uenit M   dicere M   14 praedistinatis C (e s. pr. i m1)   15 alienos M
inhaere A   16 quod om. A   18 dixisset M   19 prae|untur M   24 prae-
cedentis C (e s. i m1)   carnis AECG   25 qud (d s. exp. i) F   maledixerit F
animas redimi BG   27 originali A   baptismo Christi d   qua ABCG
28 se om. E   29 naufrago si C

duas et offerenda iugiter sanctorum censeo sacrificia sacerdotum.
ecce aliud, unde numquam exiturus est, nisi eum dixisse paeniteat.
quis enim offerat corpus Christi nisi pro eis, qui membra sunt
Christi? ex quo autem ab illo dictum est: n i s i q u i s r e n a-
5 t u s f u e r i t e x a q u a e t s p i r i t u, n o n p o t e s t in-
t r a r e i n r e g n u m d e i, et alio loco: q u i p e r d i d e r i t
a n i m a m s u a m p r o p t e r m e, i n u e n i e t e a m, nemo
fit membrum Christi nisi aut baptismate in Christo aut morte
pro Christo.

10 11. Vnde et latro ille non ante crucem domini sectator, sed
in cruce confessor, de quo nonnumquam praeiudicium captatur
siue temptatur contra baptismatis sacramentum, a Cypriano
sancto inter martyres computatur, qui suo sanguine baptizantur,
quod plerisque non baptizatis feruente persecutione prouenit.
15 tanto namque pondere appensum est tantumque ualuit apud
eum, qui haec nouit appendere, quod confessus est dominum
crucifixum, quantum si fuisset pro domino crucifixus. tunc enim
fides eius de ligno floruit, quando discipulorum marcuit, nisi,
cuius mortis terrore marcuerat, eius resurrectione reuiresceret.
20 illi enim desperauerunt de moriente, ille sperauit in commoriente;
refugerunt illi auctorem uitae, rogauit ille consortem poenae;
doluerunt illi tamquam hominis mortem, credidit ille regnaturum
esse post mortem; deseruerunt illi sponsorem salutis, honorauit
ille socium crucis. inuenta est in eo mensura martyris, qui
25 tunc in Christum credidit, quando defecerunt qui futuri erant
martyres. et hoc quidem oculis domini clarum fuit, qui non
baptizato tamquam martyrii sanguine abluto tantam felicitatem
statim contulit. sed etiam nostrum quis non consideret, quanta

3 cf. Luc. 22, 19   cf. I Cor. 6, 15. Eph. 5, 30   4 Ioh. 3, 5   6 Matth.
10, 39   10 cf. Luc. 23, 42   12 cf. Cypriani Epist. 73 (CSEL III p. 2 pag. 796)
cf. Retract. I 25 II 44 (CSEL XXXVI 125. 153). De baptismo IV 22, 29 (CSEL
LI 257)   21 cf. Matth. 26, 56   27 cf. Luc. 23, 43

1 offerendas *M*   2 nisi] unde *C*   3 nisi—Christi *E in mg. m1*   his *E*
4 nisi qui *M*   5 fuerat *A*   spiritu sancto *b*   6 in *om. b*   8 menbrum *A*
10 cru crucē *M*   11 p̄iudicio *C*   12 cipriano *G*   13 computantur *CEG*   in suo *E*
14 feruente *D* (er *s. eras. litt.*) praeueniente *M*   persequutione *AC*   19 eius]
cuius *E*   reuiṣeresceret *C* reuiuesceret *D* reuiuisceret *E, b in mg.*   21 consorte *M*
23 sponsorē *A* (e *ex* ū *corr. uid.*), *all.* o *ex* u, re *in ras. E*   28 qui *A*

fide, quanta spe, quanta caritate mortem pro Christo uiuente
suscipere potuit, qui uitam in moriente quaesiuit? huc accedit,
quia non incredibiliter dicitur latronem qui tunc credidit iuxta
dominum crucifixum aqua illa, quae de uulnere lateris eius emicuit,
tamquam sacratissimo baptismo fuisse perfusum, ut omittam quod 5
eum, antequam damnaretur, baptizatum non fuisse, quoniam
nemo nostrum nouit, nemo conuincit. uerum haec ut uolet
quisque accipiat, dum tamen de baptismo non praescribatur
saluatoris praecepto huius latronis exemplo et non baptizatis
paruulis nemo promittat inter damnationem regnumque caelorum 10
quietis uel felicitatis cuiuslibet atque ubilibet quasi medium
locum. hoc enim eis etiam heresis Pelagiana promisit, quia nec
damnationem metuit paruulis, quos nullum putat habere originale
peccatum, nec sperat eis regnum caelorum, si non perueniunt ad
baptismatis sacramentum. iste autem cum confiteatur paruulos 15
originali obstrictos esse peccato, eis etiam regnum caelorum
non baptizatis ausus est polliceri, quod nec illi ansi sunt, qui
eos asserunt sine ullo prorsus esse peccato. ecce qualibus se
laqueis praesumptionis innectat, nisi eum talia scripsisse paeniteat!

X. 12. De fratre autem sanctae Perpetuae Dinocrate nec 20
scriptura ipsa canonica est nec illa sic scripsit uel quicumque
illud scripsit, ut illum puerum, qui septennis mortuus fuit,
sine baptismo diceret fuisse defunctum, pro quo illa imminente
martyrio creditur exaudita, ut a poenis transferretur ad requiem.
nam illius aetatis pueri et mentiri et uerum loqui et confiteri 25
et negare iam possunt. et ideo cum baptizantur, iam et symbolum reddunt et ipsi pro se ad interrogata respondent. quis
igitur scit, utrum puer ille post baptismum persecutionis tempore a patre impio per idololatriam fuerit alienatus a Christo,
propter quod in damnationem mortuus ierit nec inde nisi pro 30
Christo moriturae sororis precibus donatus exierit?

12 cf. Aug. De haeresibus cap. 88 (XLII 48 M)   30 cf. Rom. 5, 16

1 uiuentem C   2 hunc A   3 inquit C (exp. m1)   6 nquoniam C
8 praesciebatur E   12 haeresis ACE   13 quod M   15 con cūfiteamur A
18 est C   pecto A   19 innectant M   eum] enim M   21 sic om. M   22 fuerit A
est E fuerat d   23 qua M   24 transferetur BCFm1M   26 iam et] etiam E
simbulum A simbolum BCGM   28 sit D   29 idolatriam D   30 mortis BCFG,b
in textu   inde nisi pro] indeuis in C

XI. 13. Sed etiamsi hoc isti concedatur, quod salua fide
catholica et ecclesiastica regula nulla ratione conceditur, ut
pro non baptizatis cuiuslibet aetatis hominibus offeratur sacrificium corporis et sanguinis Christi, tamquam per huiusmodi
5 pietatem suorum ad regnum caelorum quo perueniant adiuuentur,
quid responsurus est de tot milibus infantum, qui nascuntur ex
impiis nec in manus piorum aliqua uel diuina uel humana
miseratione perueniunt et de ista uita in illa tenerrima aetate
sine lauacro regenerationis abscedunt? dicat, si potest, unde istae
10 animae sic peccatrices fieri meruerunt, ut a peccato saltem nec
postea liberentur. si enim quaeram, quare damnari mereantur,
si non baptizantur, recte mihi respondetur: 'propter originale
peccatum'; item si quaeram, unde traxerint originale peccatum,
iste respondebit: 'ex carne utique peccatrice'. si ergo quaeram,
15 unde damnari meruerint in peccatricem carnem, quae nihil mali
fecerant ante carnem — hic inueniat quid respondeat —, et sic damnari ad alienorum peccatorum subeunda contagia, ut nec baptisma
regeneret male generatos nec sacrificia expient inquinatos —
ibi enim et de talibus hi paruuli nati sunt sine adhuc usque
20 nascuntur, ut eis nullo tali possit adiutorio subueniri —, hic certe
omnis argumentatio deficit. non enim quaerimus, unde animae
damnari meruerint post carnis consortium peccatricis, sed
quaerimus, unde animae damnari meruerint ad subeundum
carnis consortium peccatricis nullum peccatum habentes ante
25 carnis consortium peccatricis. non est, ut dicatur: 'nihil eis of-
fuit alieni peccati paulisper communicata contagio, quibus in
dei praescientia fuerat parata redemptio'. de his enim nunc
loquimur, quibus ante baptismum de corpore exeuntibus redemptio
nulla succurrit. non est, ut dicatur: 'eas, quas baptisma non
30 abluit, sacrificia pro eis crebra mundabunt, quod praesciens

25 Vine. Victor   29 Vinc. Victor   30 cf. pag. 310. 29 sq.

1 ista C   2 concedatur M   5 pietate A   perueniunt F   6 infantium B
7 manibus BG   9 iste C   10 metuerunt A   saltim AEFml   12 responditur G
14 sensum uerborum si ergo ... deficit, quae usque adhuc sine sensu cdebantur,
recta interpunctione Engelbrecht extricauit   15 peccatricem carne F   qui b
17 subeunde M   19 hii ACE hi*B   20 subueni G   certe] ergo C   21 defecit A
22 sed—peccatricis om. BG   25 peccatrici A peccatricis M (icis s. l.)   ei M
26 cõmunio. Ita M   27 nunc om. A

deus paululum illas uoluit alienis haerere peccatis sine ullo exitio
damnationis aeternae et cum spe felicitatis aeternae'. de his enim
nunc loquimur, quarum natiuitas apud impios et ex impiis nulla
talia poterit inuenire praesidia. quae quidem si adhiberi possent,
procul dubio non baptizatis prodesse non possent, sicut nec illa 5
quae de libro Machabeorum commemorauit sacrificia facta pro
peccatoribus mortuis eis aliquid profuissent, si circumcisi non
fuissent.

14. Inueniat ergo, si potest, iste quid dicat, cum ab illo
quaeritur, quid meruerit anima sine ullo peccato uel originali uel 10
proprio sic ad subeundum alienum peccatum originale damnari,
ut non ab illo ualeat liberari, et uideat quid eligat e duobus,
utrum dicat etiam eas animas morientium paruulorum, quae
hinc sine lauacro regenerationis abscedunt et pro quibus nullum
sacrificium corporis dominici offertur, a nexu peccati originalis 15
absolui, cum apostolus doceat ex uno ire omnes in condemnationem, quibus utique non subuenit gratia, ut per unum eruantur in redemptionem, an dicat animas non habentes ullum
uel proprium uel originale peccatum et omni modo innocentes,
simplices, puras a iusto deo, cum eas ipse non liberandas carni 20
inserit peccatrici, aeterna damnatione puniri.

XII. 15. Ego nihil istorum duorum dicendum esse confirmo
nec illud tertium alibi peccasse animas ante carnem, ut damnari
mererentur in carnem — apostolus quippe apertissime definiuit
nondum in carne natos nihil egisse boni seu mali; unde constat 25
paruulos, ut remissione indigeant peccatorum, non nisi originale
contraxisse peccatum — nec illud quartum eas animas paruulo-

---

1 cf. pag. 310, 13—15   6 Vinc. Victor   cf. II Mach. 12, 43   14 cf. Tit. 3, 5
16 cf. Rom. 5, 16   23 cf. De peccat. mer. I 22, 31 et Fulgentii De uerit.
praed. III 22, 35 (LXV 669 M)   25 cf. Rom. 9, 11

1 sine] ne D nec M   ullu˙E   exitio ex excito F   3 nauitas M   4 potuerit d
inueniri M (ni s. l.)   quae dē A   6 macabeorum A   cūmemorauit A
commemoraui M   facta] pecca**F, om. d   7 profuisse. ut si M   11 proprios
hic M   ad om. E   12 non om. A   illa A   15 offeritur A   16 con-
dēpnatione A   17 quibus] tibus A   19 pr. uel om. M   20 ipse eas E   carne DFM
21 inseret E   22 duorum istorum E   iustorum C   23 peccasset A   24 carne*B
carne GM   25 seu] uel E   constet E   26 pa remissione M   indigeant om. BG
27 traxisse B contradixisse C   peccato A   a uoce nec inc. cap. XII b

rum sine baptismate moriturorum a iusto deo in carnem peccatricem relegari atque damnari, quas praesciuit, si ad aetatem
peruenissent, in qua libero uterentur arbitrio, male fuisse uicturas.
hoc namque nec iste ausus est dicere in tantis angustiis consti-
5 tutus, immo etiam contra istam uanitatem iam satis manifeste
ac breuiter est locutus, ubi ait 'iniustum deum futurum fuisse,
si non perfectis propriae uoluntatis operibus uellet hominem
iudicare non natum'. hoc enim respondit, cum tractaret quaestionem aduersus eos qui dicunt: 'cur deus hominem faciebat,
10 quem utpote praescius sciebat futurum non bonum?' non natum
enim iudicaret, si propterea creare noluisset, quia non bonum
futurum esse praescisset. et utique, sicut et buio uisum est, de
perfectis eius operibus debuisset hominem iudicare, non de prae-
cognitis nec fieri aliquando permissis. nam si peccata, quae si
15 homo uiueret commissurus esset, etiam non commissa damnantur
in mortuo, nullum beneficium conlatum est illi, qui r a p t u s
e s t, n e m a l i t i a m u t a r e t i n t e l l e c t u m e i u s,
quando quidem iudicabitur secundum eam, quae in illo fuerat
futura, malitiam, non secundum eam, quae in illo inuenta est,
20 innocentiam et de nullo mortuo baptizato poterit esse securitas,
quia et post baptismum non qualitercumque peccare, uerum
etiam apostatare homines possunt. quid? si ergo qui baptizatus
hinc raptus est, apostata erat futurus, si uiueret, nullumne illi
beneficium putabimus esse conlatum, quod r a p t u s e s t, n e
25 m a l i t i a m u t a r e t i n t e l l e c t u m e i u s, et propter dei
praescientiam non sicut fidele membrum Christi, sed sicut apo-
statam iudicandum esse censebimus? quanto enim melius, si peccata nondum facta, nondum cogitata, sed praecognita et futura
puniuntur, proicerentur illi duo de paradiso ante peccatum, ne

6 Vinc. Victor   9 Vinc. Victor   16. 24 Sap. 4, 11

1 mortuorum E   2 religari codd. praet. D, qui ligari exhibet   si ad bis
pon. M   3 mali C   4 iuste C   6 loquutus ACF   fuisse futurum E
esse futurum b   9 aduersus] adsus A   quur (saepissime) ABC   10 utpute AFm1
natum] tantum E   11 creature M   uoluisset D   12 pressisset A   alt. et om. E
14 alt. si] sit A   18 meam C   fuerat—illo om. E   19 futurā BDGM   fut. malitia b
meam C   20 innocentia Db   21 pos M   23 est raptus E   24 putabamus
BCFm1 putauimus DM   est] esset BG   26 post praesc. erp. tuam C   27 iudi-
candā A   28 cogitata ex cognita C

in loco tam sancto et beatifico peccaretur! quid quod ipsa
exinanitur omnino praescientia, si quod praescitur non erit?
quomodo enim recte dicitur praesciri futurum, quod non est
futurum? quomodo ergo puniuntur peccata, quae nulla sunt,
id est quae nec uita ista nondum incipiente commissa sunt ante 5
carnem nec morte praeueniente post carnem?

XIII. 16. Hoc itaque medium, ex quo anima missa est in
carnem, quo usque solueretur a carne, quoniam paruuli anima
est nec liberi arbitrii gessit aetatem, non inuenit unde damnaretur non percepto baptismo nisi originale peccatum. ex hoc 10
peccato iuste damnari animam non negamus, quia peccato supplicium lex iusta constituit; sed ad hoc peccatum subeundum
cur damnata sit quaerimus, si non ex illa una trahitur, quae
in generis humani primo patre peccauit. quamobrem si deus
non damnat innocentes nec facit nocentes, quos perspicit inno- 15
centes, et si animas non liberat siue ab originalibus siue a
propriis peccatis nisi in ecclesia Christi baptismus Christi et si
animae ante carnem nullum habuerunt omnino peccatum et si
peccata antequam committantur et multo magis quae numquam
commissa sunt damnari iusta lege non possunt, nihil horum 20
quattuor iste dicat et, si potest, explicet, paruulorum animae,
quae sine baptismo exeuntes in damnationem mittuntur, quo
merito in carnem peccatricem, quae nihil peccauerunt, missae
sunt, ut illic inuenirent peccatum, propter quod merito damna-
rentur. porro si quattuor ista deuitans, quae sana doctrina 25
condemnat, id est si non audens dicere uel sine ullo peccato
exsistentes a deo fieri animas peccatrices aut sine Christi sacramento in eis solui originale peccatum aut eas alicubi peccasse, ante-

28 cf. pag. 314, 23   .

1 beatificato E   peccarentur B peccarentur C (n s.l.)   3 enim—quomodo
om. E   praesci G   9 arbitrii A   gessi A   ętate M   12 sed. ē C
14 humanis M   16 origenalibus G   17 baptismū M per baptismū D (per s.l.m2)
18 abuerunt A   19 et om. A   20 iuxta C   legem D   nihilorum AMm1
21 quatuor AE   iste dicit. Et sqq. b   sic M   22 exuntes A   damnatione M
23 carne F   peccatrice F   peccauerant EM   24 **ut G   inueniret D
et peccatum M   25 in quattuor C   · diuitans M   26 audeas AFG audeat Bb
audias C audans G   illo D   27 existentes BCEFGM   28 ante in exp. in G

quam mitterentur in carnem, aut ea quae numquam habuerunt in eis peccata damnari, si haec nolens dicere, quoniam
non sunt utique dicenda, dixerit paruulos non trahere originale
peccatum nec habere unde damnentur, si non accepto sacramento
5 regenerationis hine exeant, in heresim Pelagianam sine dubitatione
damnabilem damnandus incurret. quod ei ne contingat, quanto
melius tenet de origine animae cunctationem meam, ne audeat
affirmare, quod nec humana ratione conprehendit nec diuina
auctoritate defendit, ne cogatur insipientiam profiteri, dum
10 ueretur ignorantiam confiteri!

    XIV. 17. Hic forte dicat sententiam suam diuina aucto-
ritate defendi, quoniam sanctarum scripturarum testimoniis
probare se existimat 'animas a deo non ex propagine fieri,
sed nouas singulis insufflari'. probet, si potest, et fatebor me
15 didicisse ab illo quod magna intentione quaerebam. sed quaerat,
aliane fortassis inueniat; nam hoc istis testimoniis, quae iam
posuit, non probauit. omnia quippe quae hic adhibuit ad aliquid
certa sunt; ad hoc uero, quod de animae origine quaeritur,
demonstrantur ambigua. certum est enim deum dedisse homi-
20 nibus flatum et spiritum dicente propheta: s i c d i c i t d o-
m i n u s, q u i f e c i t c a e l u m e t f u n d a u i t t e r r a m e t
q u a e s u n t i n e a, q u i d a t f l a t u m p o p u l o s u p e r
e a m e t s p i r i t u m c a l c a n t i b u s e a m. hoc testimonium
iste in eam sententiam uult accipi, quam defendit, ut, quod
25 ait, 'dat flatum populo', non ex propagine facere animas
populo, sed nouas insufflare credatur. audeat ergo dicere non
ipsum nobis dedisse carnem, quia de parentibus origo carnis
adtracta est, et, ubi ait apostolus de frumenti grano: d e u s

13 Vino. Victor   20 Esai. 42, 5   24 Vine. Victor   28 I Cor. 15, 38

    1 aut] at *A* ut *E*   ea *ex* eis *M*   2 nolens *F* (*corr. ex* nobis) nobis *BCG*
nobis non audens *d*   3 dixerint *C*   4 dānarentur *A*   regenerationis sacramento *BG*   6 damnabile *M*   incurrit *Eb*   7 tenet] te *M* teneat *b*
animae origine *ABCEFGbd* originale *A*   9 nec***cogantur *M*   11 auctoritatē *A*
12 defendit *C*   13 exestimat *AC*   14 fateor *E*   15 se *A*   17 probabit *E*
ad aliquid *om. A*   18 carta *D* (e *s.* a) aliena *M*   19 demonstratur *E*   ambiguu *E*
(u *fin. ex* a)   20 sic] hēc *b*   21 caelum] illum *E*   24 nul *A*   ut *s. exp.* et *M*
25 ex *om. Gml*   animas facere *EG*   26 populi *BG*   28 actracta *M*   et ubi
(*s. l. add.* est quod) *DF*

illi dat corpus quomodo uoluerit, neget, si audet, de tritico triticum nasci et berham eius ex semine secundum genus. quod si negare non audet, unde igitur soit quomodo dictum sit 'dat flatum populo', utrum eum trabens de parentibus an insufflans nouum?

18. Vnde etiam seit, utrum 'repetitio sententiae sit: q u i d a t f l a t u m p o p u l o s u p e r e a m e t s p i r i t u m c a l c a n t i b u s e a m', ut de una re utrumque dictum intellegatur et non animam uel spiritum quo natura uiuit humana, sed spiritum sanctum significare uoluerit? si enim flatu non posset significari spiritus sanctus, non dominus post resurrectionem insufflasset discipulis et dixisset: a c c i p i t e s p i r i t u m s a n c- t u m, neque scriptum esset in Actibus apostolorum: f a c t u s e s t s u b i t o d e c a e l o s o n u s, q u a s i f e r r e t u r f l a- t u s u e h e m e n s, e t u i s a e s u n t i l l i s l i n g u a e d i- u i s a e s i e u t i g n i s, q u i e t i n s e d i t s u p e r u n u m- q u e m q u e e o r u m, e t i n p l e t i s u n t o m n e s s p i r i t u s a n c t o. quid si hoc propheta praenuntiauit dicens: q u i d a t f l a t u m p o p u l o s u p e r e a m et tamquam exponens quid dixerit flatum repetiuit atque ait: e t s p i r i t u m c a l c a n- t i b u s e a m? tune enim euidentissime factum est, quando inpleti sunt omnes spiritu sanoto. aut si nondum dicendus est populus centum uiginti homines, qui tune in loco uno aderant, certe quando simul quattuor uel quinque milia crediderunt et baptizati acceperunt spiritum sanctum, quis dubitauerit simul populum accepisse spiritum sanctum et multitudinem quae ambulabat in terra, id est homines calcantes terram? nam ille qui datur ad naturam hominis pertinens, sine ex propagine detur siue nouus insuffletur — quorum nihil affirmandum esse dico, donec alterutrum sine ulla dubitatione clarescat —, non datur calcantibus terram, sed adhuc materno utero inclusis. dedit ergo flatum populo super terram et spiritum calcantibus

---

6 Vinc. Victor Esai. 42, 5   12 Ioh. 20, 22   13 Act. 2, 2—4   18 Esai. 42, 5
25 cf. Act. 4, 31

1 si *ex* se *Cm2*   2 nascit *C*   herba *ABCEG*   exemine *M*   3 sit *M*   8 ut *ex*
un *Cm2*   10 flatū *C* flato *E*   11 possit *E*   dominus *post* resurr. *pon. E*
13 esset] est *G* esse *M*   14 sonus] solus *A*   feretur *C*   16 insedat *M*
22 dicẹndū *B*   25 baptizati sunt *E*   27 *alt.* terra *A* in terram *M*

eam, quando multi simul credentes repleti sunt spiritu
sancto. et ipse dat eum populo suo, etsi non simul omnibus,
suo cuique tempore, donec discedendo de hac uita et succedendo
in hanc uitam uniuersus eiusdem populi numerus compleatur,
5 ut hoc sanctae scripturae loco non aliud sit flatus, aliud spiritus,
sed eiusdem sententiae repetitio. sicut non alius est 'qui habitat
in caelis' et alius 'dominus' nec aliud est 'inridere' et aliud 'subsannare', sed eadem sententia repetita est, ubi legitur: q u i
h a b i t a t   i n   c a e l i s ,   i n r i d e b i t   e o s   e t   d o m i n u s
10 s u b s a n n a b i t   e o s , uel, cum dictum est: d a b o   t i b i
g e n t e s   h e r e d i t a t e m   t u a m   e t   p o s s e s s i o n e m
t u a m   f i n e s   t e r r a e , non   utique   aliud   dixit 'hereditatem', aliud 'possessionem' nec aliud 'gentes', aliud 'fines
terrae', sed eiusdem sententiae repetitio est. et innumerabiles
15 inueniet huiusmodi locutiones diuinorum eloquiorum, si aduertat
quod legit.

19. Quod autem graecus dicit πνοήν, hoc latini uarie interpretati sunt: aliquando 'flatum', aliquando 'spiritum', aliquando
'inspirationem'. nam hoc uerbum habent codices graeci in isto
20 prophetico testimonio, de quo nunc agimus, ubi dictum est:
q u i   d a t   f l a t u m   p o p u l o   s u p e r   e a m , hoc est πνοήν.
ipsum uerbum est et ubi homo animatus est: e t   i n s u f f l a u i t
d e u s   i n   f a c i e m   e i u s   f l a t u m   u i t a e . sed ipsum uerbum
est et in psalmo, ubi canitur: o m n i s   s p i r i t u s   l a u d e t
25 d o m i n u m ; ipsum est et in libro Iob, ubi scriptum est:
a s p i r a t i o   a u t e m   o m n i p o t e n t i s   e s t , q u a e   d o c e t .

8 Ps. 2, 4.   10 Ps. 2, 8   21 Esai. 42, 5   22 Gen. 2, 7   24 Ps. 150, 6
26 Iob 32, 9

1 simul multi E   cred.] add. simul ABCEFGbd   3 ante suo add. sed d
tēporē A tepe M   discendo A disce*dendo E (dis in ras.) discendendo F
ac AM succe*dendo E   5 ut] et M loco scae script. E   6 sententio G repetiui M
est alius Cd   7 aliud est subsannare E   8 sententiae C   10 subsannauit D
dobotibi M (s. t uirg. erasa, bi s. l.)   12 tuam om. F   14 imunerabiles C
15 inuenies M   loquutiones ABC locutionis M   auertat A aduertit b
16 legitur A leget E   17 gregus C grecns FGM   dixit b   PNOEN ABCDF
pnoen GM ΠNEYMA E (in mg. pneuma), b   ho A   interpretati sunt uarie E
19 espirationem D aspiratione M   habet C   greci BF   21 PNOEN ABCDF
ΠNOHN E (in mg. pnoen) pnoen GM   24 et om. M   25 et om. DGM
26 asspiratio D

noluit dicere 'flatus', sed 'aspiratio', cum in graeco sit πνοή.
quod etiam in illis nerbis est prophetae, de quibus nunc disputamus.
et certe hoc loco nescio utrum debeat dubitari spiritum sanctum esse significatum. agebatur enim de sapientia, unde sit in
hominibus: q u i a n o n e x n u m e r o a n n o r u m, s e d s p i- 5
r i t u s, inquit, e s t i n h o m i n i b u s, a s p i r a t i o a u t e m
o m n i p o t e n t i s, q u a e d o c e t, ut intellegeretur ista repeti-
tione non se de spiritu hominis dixisse, quod ait: s p i r i t u s
e s t i n h o m i n i b u s. uolebat enim ostendere, unde habeant
sapientiam, quia non a se ipsis, et repetendo id exposuit diccus: 10
a s p i r a t i o o m n i p o t e n t i s e s t, q u a e d o c e t. item
alio loco in eodem libro: i n t e l l e c t u s, inquit, l a b i o r u m
m e o r u m p u r a i n t e l l e g i t. s p i r i t u s d i u i n u s q u i
f e c i t m e, i n s p i r a t i o a u t e m o m n i p o t e n t i s, q u a e
d o c e t m e. et hic quod ait 'inspiratio' uel 'aspiratio', in 15
graeco est πνοή, qui in illis prophetae uerbis interpretatus est
'flatus'. quamobrem cum temere negetur de anima hominis uel
de spiritu hominis esse dictum: q u i d a t f l a t u m p o p u l o
s u p e r e a m e t s p i r i t u m c a l c a n t i b u s e a m, quamuis
ibi et spiritus sanctus multo credibilius possit intellegi, qua 20
tandem ratione audebit aliquis definire animam uel spiritum,
quo natura nostra uiuit, loco illo uoluisse significare prophetam?
cum profecto si apertissime diceret 'qui dat animam populo
super terram', adhuc quaerendum esset, utrum eam deus ex
origine praecedentis generis det, sicut ex origine praecedentis 25
generis ipse tamen dat corpus non solum homini aut pecori,
sed etiam semini tritici aut alicuius ceterorum quomodo uoluerit,
an nero nouam, sicut homo primus accepit, insufflet.

  5 Iob 32, 8. 9 12 Iob 33, 3. 4 18 Esai. 42, 5

  1 nolumus A flatus ex flatur M greco BCF PNOE ABCF
ΠΝGHN DEb pnoe GM 2 prophetae uerbis E est om. ABCEGbd, quod
post proph. s.l.m1 pon. F 5 omnibus A hominibus B (h s. l.) 7 ompis B s.l.
omnipotentis est quae doc. Fd in ista M repetione A repetitio nenon B
repetitio nec G 8 quae E 9 omnibus (m2 ominibus) A 10 sapientia M
qui C 13 eorum C 14 aspiratio DFd 15 aspiratio bd inspiratio bd
16 PNOB ABCF ΠΝOHN DEb pnoe GM 17 quemobrem G cum temere]
cōtemere A 19 ea DM super eam E ·21 rationē M 22 uoluisset E
23 perfecto C apertissimo A 25 generis] add. ipse ABCF obse G 26 ipse
om. ABCFG hois M 28 iam nouam F

20. Sunt etiam, qui haec uerba prophetica sic intellegant,
ut quod ait: d e d i t f l a t u m p o p u l o s u p e r e a m, id est
super terram, non nisi animam uelint accipi flatum; quod nero
adiunxit: e t s p i r i t u m c a l c a n t i b u s e a m, spiritum sanc-
5 tum significatum arbitrantur, illo scilicet ordine, quo et apostolus
dicit: n o n p r i m u m q u o d s p i r i t a l e e s t, s e d q u o d
a n i m a l e, p o s t e a s p i r i t a l e. nam ex hac prophetica
sententia etiam elegans ille sensus exsculpitur, quod ita dixerit
'calcantibus eam', ut uellet intellegi 'contemnentibus eam'.
10 qui enim accipiunt spiritum sanctum, amore caelestium terrena
contemnunt. hae omnes sententiae non sunt contra fidem, sine
utrumque, id est et flatum et spiritum qui pertinet ad humanam naturam, quisque intellegat sine utrumque dictum accipiat
de spiritu sancto siue flatum ad animam, spiritum uero ad
15 spiritum sanctum referat. sed si anima et spiritus hominis et
hic intellegendus est, sicut non dubitandum est quod eum deus
det, ita quaerendum est adhuc unde det, utrum ex propagine,
sicut ipse quidem dat, sed tamen ex propagine dat corporis
membra, an nero nouum neque propagatum singulis insufflando
20 distribuat; quod non ambigua, sicut iste facit, sed aliqua certissima uolumus diuinorum eloquiorum auctoritate defendi.

21. Eadem ratione etiam quod dicit deus: s p i r i t u s
e n i m a m e e x i e t e t o m n e m f l a t u m e g o f e c i, de
spiritu quidem sancto accipiendum est quod ait: s p i r i t u s a
25 m e e x i e t, de quo et saluator ait: a p a t r e p r o c e d i t,
sed quod dictum est: o m n e m f l a t u m e g o f e c i, de omni
anima dictum negari non potest. sed omne etiam corpus ipse
facit; quod autem ex propagine corpus humanum faciat, nullus

---

2. 4 Esai. 42, 5   6 I Cor. 15, 46   22 Esai. 57, 16   25 Ioh. 15, 26

1 sunt] sicut *A*   intellegant (u *s.* a *mI*) *BC*   2 ut *om. DM*   3 animam
hominis *b*   uoluerit *b* (*in mg.* al. uelint)   5 arbitrentur *d*   7 hac *om. A*
8 sententiā *M*   eligans *BG,C* (i *ex* e)   exculpitur *ABCFGM*   quod *G*   9 uelit *DM*
intellegit *M*   11 hęc *D*   12 et *pr. om. BEG*   quid *ABG,* o. s. i *F*   16 dubi-
tandus *C*   est *om. A*   quo deum *B*   eum] illum *E*   17 itaque *E*   adhoc *G*
18 sicut—propagine *in mg. F*   corporis] arboris *BC*   arporis *G*   19 menbra *A*
20 sicut] sit *G*   22 etiam ratione *E*   quid *C*   sps scs *M*   23 enim *om. b*
exiget *E*   24 *alt.* spm *A*   a me exiet] animę exiget *E*   25 ait*G ita *M*   procedi *A*
26 dictum est n̄ solā animā sed etiā corpus dm̄ facere *C*   feti *G*   28 *alt.* faci tet *G*

ambigit. ac per hoc de anima, cum eam constet ab illo fieri,
unde eam faciat, utrum ex propagine sicut corpus an insufflando
sicut primam fecit, adhuc utique requirendum est.

22. Adiecit etiam tertium testimonium, quia scriptum est:
qui fingit spiritum hominis in ipso. quasi hoc 5
negetur; sed unde eum fingat, hoc quaeritur. nam et corporalem
hominis oculum quis nisi deus fingit? et puto quod non extra,
sed in ipso et tamen, ut certum est, ex propagine. cum ergo
et spiritum hominis in ipso fingat, quaerendum est, utrum noua
insufflatione an tractum ex propagine. 10

23. Nouimus etiam Machabeorum iuuenum matrem fecun-
diorem uirtutibus, quando filii passi sunt, quam fetibus, quando
nati sunt, eos sic fuisse adhortatam, ut diceret: filii, nescio
quomodo paruistis in uentrem meum. neque
enim ego spiritum et animam donaui uobis 15
nec singulis uobis uultus et membra formaui;
sed deus, qui fecit mundum et omnia quae in
eo sunt fecitque hominum genus et omnium
inquirit actum, ipse uobis spiritum et animam
reddet cum magna misericordia. nouimus haec 20
quidem, sed huic quomodo suffragentur ad id quod asserit non
uidemus. quis enim Christianorum neget deum donare hominibus animam et spiritum? sed eodem modo existimo istum
negare non posse deum donare hominibus aurem, linguam, manum, pedem omnesque corporis sensus et omnium formam 25
naturamque membrorum. quomodo enim haec dei dona esse
negaturus est, nisi se obliuiscatur esse Christianum? sed sicut

5 Zach. 12, 1　　13 II Mach. 7, 22. 23

1 ambiigit A　ą de G　6 unde hoc eum fingit hoc quaer. G　et hoç M
7 et] ut E　8 in se ipso b　ut est certum est b　9 et om. M　nouā insufflationē M
10 contractum E　11 macchabeorum D　12 quam] quando E　13 eos om. DM
adortatam A adhortata M　14 apparuistis Eb　neutre meo EF ex corr, b　15 ego
singulis G　spiritum om. G　et animam om. EG　16 uultū E　18 sunt—et
om. DM　omnia F　19 inquiret E　actus E acta m2 ex acto F　et ipse d
et spiritum E　20 reddat G　21 sufragentur A　23 spiritum et animam EG
animam—hominibus om. Cm1　exestimo A　24 lingnam aurem ba　25 om-
nisque Fm1　omnium] hominum E　26 haec enim M　esse om. E

constat ex propagine ab illo haec fieri atque donari, ita quae-
reudum est etiam, spiritus et anima hominis unde ab illo effi-
ciatur, a quo efficiente donatur, utrum ex parentibus an ex
nihilo an — quod iste affirmat, sed omni modo cauendum est —
5 ex aliqua flatus eius exsistente natura, non de nihilo creata,
sed de ipso.

XV. 24. Cum igitur scripturarum testimonia, quae commemorat, nequaquam doceant id quod persuadere conatur —
quod enim ad hanc quaestionem attinet, omnino non expri-
10 munt —, quid est quod dicit: *animam ex flatu dei constanter asserimus, non ex traduce, quia ex deo datur?*
quasi corpus ex alio detur quam ex illo, a quo creatur,
ex quo omnia, per quem omnia, in quo omnia, quamuis non ex eius natura, sed ex eius opificio. *neque ex*
15 *nihilo.* inquit, *quia ex deo proficiscitur.* hoc plane non
adhuc quaerendum monemus utrum ita sit; sed prorsus
nerum non esse quod dicit, id est quod anima nec ex traduce
sit nec ex nihilo, hoc, inquam, uerum non esse sine dubitatione
firmamus. unum est enim e duobus: si ex traduce non est, ex
20 nihilo est, ne ita sit ex deo, ut naturae sit dei, quod omnino
sacrilegum est credere. sed adhuc utrum non sit ex traduce,
certa testimonia flagitamus aut quaerimus, non qualia iste posuit,
quibus hoc quod quaerimus non ostenditur.

25. Qui utinam in tanta profunditate quaestionis, quamdiu
25 quid dicat ignorat, imitaretur Machabeorum matrem! quae cum
sciret de uiro se filios concepisse et a creatore omnium siue
secundum corpus siue secundum animam et spiritum sibi crea-
tos esse, ait tamen: n e s c i o q u o m o d o p a r u i s t i s i n
u e n t r e m m e u m. uellem iste diceret, quid ista nesciebat.
30 haec enim, quae dixi, utique sciebat, quomodo secundum corpus
in eius uterum uenerint, quia de uiro eos se concepisse dubitare

10 Vinc. Victor   13 cf. Rom. 11, 36   14 Vinc. Victor   28 II Mach. 7, 22

1 reddendum M (den s. l.)   2 illi E   5 existente BCEGM   10 ex flatu
dei? Constanter b   11 datum DM   12 ex alio om. E   illo] alio E   14 prim. ex] de b
17 nec] non G   20 natura E   dei ex tra duce certe sacrilegū F   23 quod om. A
25 dicit F   macchabeorum D   quē M   27 corpus s. sec. in mg. F   28 apparuistis Eb   29 neutre meo EFm?b   30 dixit Eb   31 iterum M   uenerit M

non poterat. confitebatur etiam, quia et hoc utique sciebat, quod
deus illis animam et spiritum dederit, quod ipse illis uultus et membra
formauerit.. quid ergo nesciebat? an forte quod nescimus et
nos, utrum animam et spiritum, quem deus· illis sine dubio
dedit, de parentibus traxerit an nouum sicut homini primo 5
insufflauerit? sed sine hoc siue aliud aliquid de naturae humanae
institutione nesciebat, nescire se dicebat, non quod nesciebat temere defendebat. nec tamen iste huic diceret, quod nobis dicere
non erubuit: *homo in honore positus non intel-*
lexit: comparatus est pecoribus insensatis 10
et similis factus est eis. ecce ista mulier dixit de
filiis suis: *nescio quomodo paruistis in uentrem*
meum, nec tamen comparatur pecoribus insensatis. *nescio,*
dixit; et quasi quaererent ab ea cur nesciret adiunxit: *neque*
enim ego spiritum et animam donani uobis. 15
ille ergo qui donauit scit, unde fecerit quod donauit, utrum ex
propagine adtraxerit an nouum insufflauerit, 'quod ego', inquit,
'nescio nec singulis *nobis* uultus et membra
formaui'; ille scit qui formauit, utrum simul cum anima
formauerit an uero iam formatis animam dederit. quo ergo 20
modo, utrum illo an isto, in eius uentrem uenerint filii, nesciebat; et illud tamen sciebat totum quod dedit redditurum esse
qui dedit. sed eligat iste in naturae humanae tam profundo
abditoque secreto quid mulier ista nescierit; tantum non
iudicet mentientem nec pecoribus insensatis comparet nescientem. 25
quicquid erat quod illa nesciebat, profecto ad naturam hominis
pertinebat; quod tamen sine culpa homo nesciebat. quapropter
dico etiam ego de anima mea: nescio, quomodo uenerit in corpus
meum — neque enim ego illam mihi donaui —; scit ille qui
donauit, utrum illam de patre meo traxerit an sicut homini primo 30

9 Vine. Victor. Ps. 48, 13   12. 14. 18 II Mach. 7, 22

1 etiam] enim E   3 quid] quod A   4 nos utrum] n̄ram D (a m2 add.)
7 institutionē M   nescire se dicebat om.G   10 pecoribus] iumtis E   11 illis Bbd
12 apparuistis Eb   uentre meo EFm2b   13 conpatur A   insensatis aut
similis facta est eis (illis b) Eb   15 uouis D   16 utrum—insufflauerit in mg. E
19 cum om.Eb   animam Eb   .   21 an] in M   neutre M   22 esse] add..ei b
24 ista mulier E   25 ment.] nescientem DM   ne M   cōparetur M
26 quidquid AE.   29 ego enim C ·   enim om.E   illa M   :   30 meo] modo b
an] aut BG   primo homini Ebd

nouam creauerit. sciam etiam ego, si ipse docuerit, quan-
documcumque uoluerit; nunc autem nescio nec me pudet ut istum
fateri nescire quod nescio.

XVI. 26. *Disce*, inquit, *ecce apostolus docet.* discam
5 plane, si apostolus docet — non enim nisi deus per
apostolum docet —, sed quid est tandem quod docet apostolus?
ecce, inquit, *cum Atheniensibus loqueretur, hoc constanter exposuit
dicens: cum ipse det omnibus uitam et spiritum.*
quis enim hoc negat? *sed intellege*, inquit, *quod ait apostolus.*
10 *'det', inquit, non 'dedit' ad infinitum et iuge tempus reuocans, non
de praeterito et perfecto pronuntians. et quod sine cessatione dat,
semper dat, sicut semper est ipse qui dat.* uerba eius posui,
sicut in eorum quos misisti secundo libro eius inueni. ubi primum nide quo progressus fuerit, dum nititur affirmare quod
15 nescit. ansus est enim dicere deum non nunc solum atque in
isto tantummodo saeculo, sed per infinitum tempus sine cessatione atque omnino semper animas nascentibus dare. *semper*,
inquit, *dat, sicut semper est ipse qui dat.* quid apostolus
dixerit, quia satis apertum est, me intellegere absit
20 ut negem; quod autem iste dicit, debet etiam ipse intellegere
contra fidem esse christianam atque ulterius cauere ne dicat.
cum enim mortui resurrexerint, iam nemo nascetur; atque ideo
tunc non dabit nascentibus animas, sed eas quas dat in isto
saeculo cum corporibus iudicabit. non ergo semper dat, quamuis
25 semper ipse sit qui nunc dat. nec tamen quoniam beatus apostolus non dixit 'dedit', sed 'det', inde conficitur quod uult iste
conficere non eum ex propagine animas dare. ipse quippe dat,
etiam si de propagine dat, quia et corporis membra et corporis
sensus et corporis formam et corporis omnino substantiam ipse
30 hominibus dat, quamuis ex propagine det. neque enim quia
dominus ait: si faenum agri, quod hodie est et

---

4. 7. 18 Vinc. Victor   8 Act. 17, 25   31 Matth. 6, 30

1 *a uoce* sciam *inc. c. XVI b*   etiam *om. b*   2 uolueris *A*   istud fatear *Eb*
4 *alt.* discat *M*   6 tantunde *E*   aplos *C*   7 loquitur *E*   9 nogat] legat *A*
ait] agit *A*   10 inquit] in quo id *F*   iunge *E*   12 est *m1 ex* ipse *M*
proposui *E* posuit *M*   15 dnm *M*   18 ipse est *E*   quid] quod *A*   21 christianum *A*   22 iam] tam *M*   nascitur *E*   25 ipse semper sit *ABCFGbd*   quoniam]
quod *M*   26 sedet *A*   27 conficire *M*   nec *A*   31 foenum *FM* fenum *praet. A cet.*

cras in clibanum mittitur, deus sic uestit, nec
ait 'uestiuit', sieut primum quando instituit, sed ait 'uestit',
quod et nunc facit, ideo negabimus lilia de origine sui generis
procreari. quid si ergo sic etiam anima et spiritus hominis et
a deo datur, quamdiu datur, et tamen ex propagine sui generis 5
datur? quod ego nec defendo nec refello. sed si defendendum
est uel refellendum, perspicuis, non ambiguis testimoniis id
agendum esse commoneo. nec propterea sum pecoribus insensatis comparandus, quia hoc me nondum scire pronuntio, sed
potius cautis hominibus, quia non andeo docere quod nescio. 10
istum autem non ego uicissim quasi rependens maledictum
pro maledicto pecoribus comparo, sed tamquam filium moneo,
ut quod nescit se nescire fateatur neque id quod nondum didicit docere moliatur, ne comparetur non pecoribus, sed illis
hominibus, quos dicit apostolus u o l e n t e s e s s e l e g i s 15
d o c t o r e s n o n ˙ i n t e l l e g e n t e s neque q u a e l o-
q u u n t u r n e q u e d e q u i b u s a f f i r m a n t.

XVII. 27. Nam unde est, quod ita scripturas, de quibus
loquitur, non curat aduertere, ut cum legerit homines esse ex
deo. non eos etiam secundum corpus, sed 'tantum secundum 20
animam et spiritum ex deo esse' contendat? quod enim ait
apostolus: e x i p s o s u m u s, non uult iste ad corpus, sed
tantum ad animam et spi.itum esse referendum. si ergo ex
deo non sunt corpora, falsum est quod scriptum est: e x q u o
o m n i a, p e r q u e m o m n i a, i n q u o o m n i a. deinde 25
ubi dicit idem apostolus: s i c u t e n i m m u l i e ʳ e x u i r o
i t a e t u i r p e r m u l i e r e m, exponat nobis iste quam propaginem significare uoluerit, animae an corporis an utriusque;
sed non uult 'esse animas ex propagine': restat ergo, ut secuu-

8 cf. Ps. 48, 13   15 I Tim. 1, 7   20. 29 Vine. Victor ˙   22 Act. 17, 28
24 Rom. 11, 36   26 I Cor. 11, 12

1 sic—instituit om. Dm1   3 negauimus E   4 pr. et om. A   6 pr. non G
7 ambicuis A   8 sum om. D   pec. ins. sum bd   9 scire nondum G nondum
me scire M   praenuntio M   10 decorare M   11 iustum F   rephendens E
12 pro maledictum A   pecoribus in mg. E   men eo C   13 pr. quod om. M
16 locuntur CDEFG   18 ista C   20 eos om. M   21 spm esse referendum; Si
ergo ait apls. ex ipso sū; Non uult iste ad corpus quod scriptū ē A   agit C
24 pr. est] esse C   26 idem (s. l.) apls idem B apostolus idem G   idem om. M

dum ipsum atque omnes, qui animarum propaginem destruunt,
corpus tantum masculinum et femininum significarit apostolus
dicens: s i e u t e n i m m u l i e r e x u i r o i t a e t u i r p e r
m u l i e r e m, quia mulier ex uiro facta est, ut etiam uir per
5 mulierem postea nasceretur. si ergo haec apostolus dicens non
etiam animas et spiritus, sed tantum corpora utriusque sexus
uolebat intellegi, cur continuo subiunxit: o m n i a a u t e m e x
d e o. nisi quia et corpora ex deo? ita quippe ait: s i e u t
e n i m m u l i e r e x u i r o i t a e t u i r p e r m u l i e r e m,
10 o m n i a a u t e m e x d e o. eligat ergo iste unde sit dictum.
si de corporibus, profecto et corpora ex deo sunt. quid est
ergo, quod ubicumque iste in scripturis legit 'ex deo', quando
de hominibus agitur, non et corpora, sed tantum animas et
spiritus uult intellegi? si uero quod dictum est: o m n i a
15 a u t e m e x d e o, et de corpore utriusque sexus et de anima
ac spiritu dictum est, ergo secundum omnia est mulier
ex uiro; mulier enim ex uiro, uir per mulierem, omnia
ex deo. quae 'omnia' nisi de quibus loquebatur, id est et
ille uir, ex quo mulier, et illa mulier, quae ex uiro, et ille uir,
20 qui per mulierem? neque enim ille uir per mulierem, ex quo
niro mulier, sed uir, qui natus est postea ex uiro per mulierem,
quemadmodum hodieque nascuntur. ac per hoc si, cum ista
diceret apostolus, de corporibus loquebatur, procul dubio corpora utriusque sexus ex deo. porro si non uult ex deo esse
25 hominum nisi animas et spiritus, profecto etiam secundum animam et spiritum mulier ex niro et nihil iam relinquetur eis
qui contra animarum propaginem disputant. si autem ita diuidit,
ut dicat mulierem ex uiro esse secundum corpus, ex deo autem
secundum animam et spiritum, quomodo erit uerum quod ait
30 apostolus: o m n i a a u t e m e x d e o, si mulieris corpus ita
est ex uiro, ut non sit ex deo? quapropter ut apostolus potius

3. 7. 8. 14. 30 I Cor. 11, 12

1 propagine M   2 significaret *ABCEFG* significauerit *bd*   7 subiuxit *A*
subiuncxit *C*   8 ex deo—et uir *in ras. M*   12 leget *E*   13 *all.* et *om. A*   15 *pr.* et
om. A   17 mulier—uiro *om. E*   omnia autem *d*   18 idem et ille *B* (et *s. l. m1*), *G*
20 uir] *add.* qui *D*   21 mulier] *add.* et illa mulier *A*   est *om. C*   22 si *om. E*
si cum] sicut *C*   24 utriusque sexus sunt *b*   *pr.* ex] a *E*   esse ex deo *bd*
26 ex niro ð *F* (ñ *s. l.*)   requiretur *F*   27 propagationem *D*   29 ait *om. b*

uerum loquatur, quam iste apostolo praeferatur, mulier ex uiro
est siue secundum solum corpus sine secundum totum, quo
constat humana natura — nihil enim horum tamquam certum
affirmamus, sed quid horum uerum sit adhuc quaerimus — et
uir ˙per mulierem, sine ex patre tota hominis natura ducatur, 5
quae per mulierem nascitur, siue sola caro, unde adhuc quaestio
est, omnia tamen ex deo, unde nulla quaestio est, id est
et corpus et anima et spiritus et niri et mulieris. etsi enim
non ex deo nata uel tracta sunt uel manarunt, ita ut eius
naturae sint, tamen ex deo sunt. a quo enim creata, condita, 10
facta sunt, ab illo habent ut sint.

28. *Sed dicendo*, inquit, *apostolus: e t i p s e d e t o m n i b u s
u i t a m e t s p i r i t u m, deinde addendo: f e c i t q u e e x u n o
s a n g u i n e o m n e g e n u s h o m i n u m, animam et spiritum
originaliter retulit ad auctorem, corpus ad traducem.* immo uero 15
qui non uult temere animarum negare propaginem, antequam
liquido clareat utrum ita an non ita sit, habet quod in istis
uerbis apostoli intellegat 'ex uno' eum 'sanguine' dixisse 'ex
uno homine' a parte totum significante locutionis modo. si enim
ipsi licet intellegere a parte totum quod scriptum est: e t f a c- 20
t u s e s t h o m o i n a n i m a m u i u a m, ut illic intellegatur
et spiritus, de quo scriptura ibi tacuit, cur aliis non liceat sic
accipere quod dictum est: e x u n o s a n g u i n e, ut illio et
anima et spiritus possit intellegi, quoniam homo significatus
nomine sanguinis non solo constat ex corpore, uerum etiam ex 25
anima et spiritu? sicut enim qui propaginem defendit animarum
non hinc istum debet opprimere, quia de primo homine scriptum est: i n q u o o m n e s p e c c a u e r u n t — non enim
dictum est: 'in quo omnium caro peccauit', sed 'omnes' dictum
est, id est omnes homines, cum homo non sola sit caro —. 30

12 Vino. Victor Act. 17. 25   13 Act. 17, 26   20 Gen. 2, 7   28 Rom, 5, 12

1 loquatur uerum *BG*   2 *pr.* sine *A*   3 horum—sit *in mg. E*   4 quia *C*
6 nascitu *A*   7 a deo autem omria *E*   *all.* est *om. E*   8 enim *om. G*
9 tractata *E*   12 dat *M*   13 ardendo *M*   14 omne *om. C*   15 rettulit *M*
17 loquido *A*   18 dixisisse *A*   19 homine *cx* anime *C*   aperte *ACG*   loquutionis *ABF*   20 ipsis *ABCFGb*   aperte *CG*   21 uiuentem *F*   22 non aliis *F*
23 et *om. M*   25 solun *C* solum *EFd*   27 non *om. C*   detbet *C*   30 solum *b*
sit caro sola *E*

sicut ergo hinc iste non debet opprimi, quia forte ita dictum
est 'omnes homines', ut secundum solam carnem intellegerentur,
sic iste non hinc debet premere defensores propaginis animarum,
quia dictum est: o m n e   g e n u s   h o m i n u m   e x   u n o   s a n-
5 g u i n e, tamquam propterea sola caro pertineat ad propaginem.
si enim hoc est uerum, quod isti asserunt, ut non sit anima
ex anima, sed caro ex carne sit tantum, ita dictum est   e x
u n o   s a n g u i n e, ut non totus homo significaretur a parte,
sed tantum unius hominis caro; illud uero quod dictum est:
10 i n   q u o   o m n e s   p e c c a u e r u n t, sola omnium hominum
caro intellegenda est, quae inde transfusa est, a toto partem
significante scriptura. si autem illud est uerum, quod totus
homo ex toto homine propagatur, id est corpus, anima et
spiritus, ibi proprie dictum est 'in quo omnes homines peccaue-
15 runt', hic autem tropice 'ex uno sanguine' totum significatur a parte, id est totus homo, qui ex anima constat et
carne, uel potins, ut iste amat loqui, ex anima et spiritu et carne.
nam et ex parte totum et ex toto partem diuina eloquia significare consuerunt. ex parte enim totum significatum est, ubi
20 legitur: a d   t e   o m n i s   c a r o   u e n i e t, quia ex carne intellegitur totus homo; ex toto autem pars, cum dicitur Christus
sepultus, cum sola eius caro sepulta sit. iam illud quod in
hoc apostoli testimonio positum est, quia ipse dat *omnibus*
uitam et spiritum, secundum superiorem disputationem puto
25 quod neminem moueat; ipse enim dat. sed adhuc quaerimus
unde det, utrum ex noua insufflatione an ex propagine. ipse
quippe dare etiam carnis substantiam rectissime dicitur, quam
tamen dare ex propagine non negatur.

XVIII. 29. Nunc uideamus illud de Genesi testimonium,
30 ubi facta mulier de latere uiri adducta est ad eum et dixit:
h o c   n u n c   o s   e x   o s s i b u s   m e i s   e t   c a r o   d e   c a r n e

4 Act. 17, 26   10 Rom. 5, 12   20 Ps. 64, 3   23 cf. Act. 17, 25   31 Gen. 2, 23

1 iste hinc *E*   3 hic *F*   4 est *om. M*   6 uerum est *E*   ista *C*   12 significare
BC,F (nt. *s.* r)   14 ubi *A BFmlG*   homines *om. M*   16 aperte *C*   18 et—enim
totum *in mg. M*   ex tota *A*   diuine loqui a *A*   diuinę loquia *C*   eloquentia *E*
19 consueuerunt *d*   21 totus *in ras. E*   22 *all.* sepultus *D*   in hoc *s. l. E*
24 secundum *bis pos. semel eras.* B   25 moneat *A*   26 probagine *A*   29 genesy *E*
testiniū *A*   31 *os *G, om. M*   ex] de *E*   hossibus *G*

m e a. hoc quippe iste putat, 'quod dicere debuerit Adam:
"anima ex anima mea" uel: "spiritus de spiritu meo", si etiam hoc
de illo tractum esset'. sed illi qui propaginem asserunt animarum, hinc se putant inuictius suam munire sententiam, quia,
cum scriptum sit detraxisse deum costam de latere uiri eam- 5
que aedificasse in mulierem, non est additum, quod in eius
faciem sufflauerit flatum uitae; ideo, inquiunt, quia iam de
uiro fuerat animata. nam si non fuisset, nequaquam nos, inquiunt, sancta scriptura huius rei cognitione fraudasset. ad
illud uero quod ait Adam: h o c n u n c o s e x o s s i b u s 10
m e i s e t c a r o d e c a r n e m e a nec ait: 'spiritus' uel 'anima
de spiritu meo' uel 'de anima mea', sic ab eis responderi potest,
quemadmodum superius demonstratum est, ut a parte totum
intellegatur hoc dictum 'os et caro mea,' sed quae animata fuerint detracta, non mortua. neque enim hoc omnipotentem 15
facere potuisse ideo negandum est, quia nullus hominum potest
aliquid cum anima de humana carne praecidere. nam quod
Adam secutus adiunxit: h a e c u o c a b i t u r m u l i e r , q u i a
d e u i r o s u o s u m p t a e s t, cur non ait potius, unde opinio
confirmaretur istorum: 'quoniam de uiro suo caro eius sumpta est'? 20
hic itaque illi qui contra sentiunt possunt dicere, quia non
scriptum est carnem mulieris, sed mulierem de uiro suo sumptam, totam debere accipi cum anima et spiritu. nam etsi anima
sexu caret, non tamen quando appellantur mulieres excepta
anima eas necesse est intellegi. alioquin non ita se ammone- 25
rentur ornare: n o n i n t o r t i s c r i n i b u s a u t a u r o u e l
m a r g a r i t i s a u t n e s t e p r e t i o s a , s e d q u o d d e c e t,
inquit, m u l i e r e s p r o m i t t e n t e s p i e t a t e m p e r b o -
n a m c o n u e r s a t i o n e m. utique pietas intus est in anima

---

1 putat iste *bd*   ad ama̅ *M*   2 etiam] iam *D,'om. G*   hoc *semel eras. M*
3 tractatum *E*   4 inuictos *M*   5 sit] est *DM*   7 qui *C*   8 anima ita *C*   9 huis *A*
eius *D*   10 hos ex hossibus *G*   12 uel] *add.* anima *Eb*   responderi ab eis *E*
habeis *M*   13 aperte *E*   14 non fuerint *B* non fuerint *G*   19 de uiro *in mg. m1 E*
cur] quae *ABCFG*   21 utique *b*   illi *om. M*   22 est scriptum *b*   uiro sumptam
suo *b*   23 totum deberi *E*   siet *G*   24 appellentur *A* appellatur *M*   27 uestem *C*
29 est intus *E*

uel in spiritu, et tamen mulieres appellatae sunt, etiam ut se
intus ornarent, ubi nullus est sexus.

30. Cum itaque isti sic inter se alternante sermone certauo-
rint, ego inter eos sic iudico, ut, ne incognitis fidant et temere
5 audeant affirmare quod nesciunt, utrosque commoneam. si enim
scriptum esset: 'insufflauit flatum uitae in faciem mulieris et
facta est in animam uiuam', nec sic esset iam consequens, ut
non propagaretur ex parentibus anima, nisi etiam de filio eorum
hoc scriptum similiter legeretur. fieri enim potuit, ut membrum
10 non animatum de corpore extractum indigeret animari, filii nero
anima ex patre per matrem propaginis transfusione traheretur.
cum uero tacitum est, occultatum est, non negatum, sed neque
affirmatum. ac per hoc sicubi forte non tacitum est, clarioribus
documentis est astruendum. unde nec illi, qui defendunt anima-
15 rum propaginem, ex eo, quod non sufflauit deus in faciem mulieris, aliquid adiuuantur nec illi, qui eam negant, ideo quia non
dixit Adam: 'anima de anima mea', debent sibi persuadere quod
nesciunt. sicut enim eadem non soluta, sed manente quaestione
potuit tacere scriptura, quod mulier deo sufflante sicut uir eius
20 acceperit animam, sic eadem non soluta, sed manente quaestione
potuit tacere scriptura, ut Adam non diceret: 'anima de anima
mea'. ac per hoc, si primae mulieris anima ex niro est, a parte
totum significatum est, ubi legitur: h o c n u n c o s e x o s s i-
b u s   m e i s   e t   c a r o   d e   c a r n e   m e a, cum tota ex uiro,
25 non caro sola sit sumpta. si autem non est ex uiro, sed eam
deus insufflauit sicut uiro, a toto pars significata est, ubi legitur:
d e   n i r o   s u o   s u m p t a   e s t, cum caro eius, non tota sit
sumpta.

31. Quapropter, cum his testimoniis, quod ad hanc rem
30 pertinet, utique ambiguis non soluatur haec quaestio, illud
tamen scio sic argumentari homines, qui ex hoc putant animam

23. 27 Gen. 2, 23 ·

1 in *om. E* 3 certauerit *A* 5 aude audeant *M* commoneant *G* 8 filio corum]
filiorum *E* aliorum *F* 9 relegeretur *E* 10 filii—tacitum est *om. A* 13 est *om. E*
14 ducumtis *M* (cu *s.l.*) 16 eum *F* 18 questione—sufflante *in mg. M* 19 sufflāte
in ras. E 20 eade *A* 21 amā de animā *M* 22 aperte *E* 23 *os *G* ex] de *E*
hossibus *G* 24 carne *M* (ne *s. eras.* o) 25 est *om. M* 27 suo *om. M* 29 quę—
pertinent *b* 30 pertinent *E* ambiguiis *A* ab ambiguis *M* hęc questio *in mg. E*

mulieris non esse de anima uiri, quia non est dictum: 'anima
de anima mea', sed: c a r o d e c a r n e m e a, quemadmodum
argumentantur Apollinaristae uel quicumque sunt alii aduersus
animam domini, quam propterea negant, quia scriptum legunt:
u e r b u m c a r o f a c t u m e s t. 'si enim et anima', inquiunt, 5
'ibi esset, debuit dici: uerbum homo factum est'. sed istis propterea dicitur carnis nomine solere scripturam totum hominem
nuncupare — sicuti est: e t u i d e b i t o m n i s c a r o s a l u-
t a r e d e i; non enim caro sine anima uidere aliquid potest —,
quia plurimis aliis sanctarum scripturarum locis non solam 10
carnem, uerum etiam animam humanam, id est rationalem,
inesse homini Christo sine ulla ambiguitate monstratur. unde et
isti, a quibus animarum propago defenditur, possent accipere a
parte totum esse dictum: o s d e o s s i b u s m e i s e t c a r o
d e c a r n e m e a, ut illio intellegeretur et anima, quemad- 15
modum uerbum carnem factum non sine anima accipimus, si,
quemadmodum alia testimonia docent habere humanam animam
Christum, ita et isti aliquibus non ambiguis testimoniis propaginem astruerent animarum. pari uice igitur ammonemus etiam
hos, qui animarum propaginem destruunt, ut nouas a deo suf- 20
flari animas certis documentis asserant et tunc illud, quod dictum est: o s e x o s s i b u s m e i s e t c a r o d e c a r n e m e a,
non tropice a parte totum, ut simul intellegatur et anima, sed
proprie de sola carne dictum esse defendant.

XIX. 32. Quae cum ita sint, uideo librum istum iam esse 25
claudendum. omnia quippe, quae mihi maxime necessaria nide-
bantur, continet, quibus hi qui legerint sciant cauere se debere,
ne huic homini, cuius duos libros mihi misisti, in hoc consentiant,
ut credant 'animas sic ex dei flatu esse, ut non sint ex nihilo'.
hoc enim qui credit, etsi uerbis neget, re ipsa clamat animas 30

_____

3 cf. August. De haeresibus c. 55 (XLII 40 M)   5 Ioh. 1, 14   8 Esai.
40, 5. Luc. 3, 6   14. 22 Gen. 2, 23   29 Vino. Victor

3 apollinariste M   alii E (pr. i ex l)   5 si—factum est om. G   7 scriptura M
8 nuncupare A_significare E   est] ibi d   9 aliquid uidere Ed   10 plurimas alii
scripturarum scarum M   solum ABCEFGbd   13 possunt Eb   15 intelligatur Eb
17 umana manima nā xpm A   19 astruere E   pari uice] parant E   igitur om. b
20 insufflari E   22 hossibus G   25 iam] tā M   27 legunt M   se canore d
28 nec DM   29 flatu dei d   non] nos A   30 credidit b   res M

dei habere substantiam et ipsius genus esse non munere, sed
natura. nam de quo quisque naturae suae originem ducit, de
illo naturae suae genus ducere negari sobrie nullo pacto potest.
iste autem ita sibi est ipse contrarius, ut genus dei esse animas
5 dicat non natura, sed munere et tamen non factas ex nihilo, sed
ex illo dicat originem ducere; ac sic eas, quod prius negauerat,
ad dei naturam reuocare non dubitat.

33. Animarum autem nouarum sine propagine insufflationem
defendi quidem minime prohibemus, sed ab eis qui potuerint
10 aliquid inuenire uel in canonicis libris, quod non sit ambiguum
dissoluendae huic obligatissimae quaestioni, uel in ratiocinationibus
suis, quod non sit contrarium catholicae ueritati, non a talibus
qualis iste apparuit, qui non inueniendo quid diceret et deliberationem suam nolendo suspendere uires suas omuino non
15 metiens, ne taceret, ausus est dicere 'inquinari animam meruisse
per carnem et esse meruisse animam peccatricem', cuius nullum
meritum, seu bonum seu malum, ante carnem potuit inuenire,
et 'paruulis sine baptismo de corpore exeuntibus solui posse
originale peccatum et offerendum pro eis sacrificium corporis
20 Christi', qui Christo non sunt incorporati per eius sacramenta in
eius ecclesia, 'eosque sine lauacro regenerationis de hac uita
migrantes non ad requiem tantum ire, sed ad regnum caelorum
posse etiam peruenire' et alia multum absurda, quae omnia colligere atque in isto libro digerere longum uisum est. absit ergo,
25 ut animarum propago, si falsa est, a talibus refellatur et animarum nouarum insufflatio, si uera est, a talibus defendatur.

34. Quamobrem quicumque uolunt defendere, quod dicuntur
animae nouae nascentibus insufflari, non de parentibus trahi,
aliquid illorum quattuor, quae supra commemoraui, caueant omni

15—23 Vinc. Victor

2 de eo quo *Eb*   originem—suae *in mg. m2 D*   4 ipsi *b*   5 natura *E*
(a *fin. ex* ę)   natura—factas *om. D*   6 si *A E M*   7 dubitet *C* dubitant *M*
9 defendit *A*   hab *G*   11 obligatis mae *C*   rationibus *G*   12 ueritatis *M*
natalibus *C*   15 mentiens *B*   netaret *A*   dice *M*   16 et per carnem
meruisse esse *b*   nullus *B*   17 ante *M*   18 de corpore *bis pon. C*   19 offe*
rendum *M*   sacrificium pro eis *B*   21 uit* (a *s.* *) *D* uitę *G*   22 emigrantes
A B C E F b d   23 multa *d*   27 uoluit *G*   dicunt *A*   28 trachi *A*   29 subra *E*
commemoraui *in mg. E*

modo, hoc est: 'ne dicant a deo fieri animas peccatrices per
alienum originale peccatum; ne dicant paruulos, qui sine bapt*ismo*
exierint, peruenire posse ad uitam aeternam regnumque caelorum
originali peccato per quodlibet aliud resoluto; ne dicant animas
peccasse alicubi ante carnem et hoc merito in carnem pecca- 5
tricem fuisse detrusas; ne dicant peccata, quae in eis inuenta
non sunt, quia praescita sunt, merito fuisse punita, cum ad eam
uitam, ubi ea committerent, permissae non fuerint peruenire'.
nihil ergo istorum quattuor dicentes, quoniam quodlibet eorum
falsum atque impium est, inueniant etiam scripturarum de hac re 10
certissima testimonia et hanc sententiam suam non solum me
non uetante, uerum etiam fauente et gratias agente defendant.
si autem non inueniunt certissimam de hac re auctoritatem
diuinorum eloquiorum et aliquid illorum quattuor per inopiam
dicere conpelluntur, cohibeant se, ne per ipsam inopiam etiam 15
pa*r*uulorum animas non hab*ere* originale peccatum secundum
Pelagianam heresim olim damnabilem nuperrimeque damnatam
dicere conpellantur. melius est enim homini fateri se nescire quod
nescit quam in heresim uel damnatam incurrere uel nouam
condere, dum temere audet defensare quod nescit. alia huius 20
hominis falsa et absurda, in qu*ibus* non tam periculose, uerum
tamen a tramite ueritatis exorbitat, quoniam multa sunt, et ad
ipsum etiam, si dominus uoluerit, aliquid de libris eius nolo
scribere; ibi forsitan omnia uel, si omnia non potuero, plurima
ostendam.   25

XX. 35. Istum autem librum, quem ad te potius, qui curam et
fidei nostrae et existimationis meae ut uerus catholicus et bonus
amicus fideliter benigneque gessisti, quam ad alium quemquam
scribendum putaui, tu legendum dabis uel describendum quibus

---

17 cf. De gesti. Pelagii 14, 30 (CSEL XLII 84, 5)

2 alienu *M*   3 uita *A*   7 non *om. E*   praescia *M*   8 ea] eam *CM*
12 nouetante *M*   17 paelagianam *F*   heresem *ABCFM*   18 enim *om. G*
hominis *ACFmlG*   19 neresi *A*   uel—huins] audet qui nescit alicuius *M*
20 defensare audet *D*   audent *b*   sunt alia *F*   alicuius (*om.* huius) *D*   22 a *om. A*
tramitate *B*   exorbitant *E*   23 dominus] deus *E*   24 ubi *C*   forsitant *A*
27 exestimacionis *AC* exestimationis *F*   28 gesisti *C* iussisti *E*   quem *FG*
quanquā *F*   29 tu] *add.* ibi *D* hunc *M*   scribendum *E*

potueris uel quibus dandum esse iudicaucris. in quo istius iuuenis
praesumptionem ita reprimendam et redarguendam putaui, ut
tamen eum diligam nec damnari, sed emendari nelim atque ita
proficere in domo magna, quae est catholica ecclesia, quo eum
5 misericordia diuina perduxit, ut sit in illa uas in honore sancti-
ficatum, utile domino, ad omne opus bonum semper paratum et
bene uiuendo et sana dicendo. porro autem si ipsum oportet
ut diligam, sicut facio, quanto magis te, frater, cuius erga me
beniuolentiam et cuius catholicam fidem cautam et sobriam optime
10 noui! unde factum est, ut eos libros, qui tibi displicuerunt et
in quibus nomen meum aliter quam uelles positum comperisti,
describendos mihique mittendos uere fraterna planeque sincera
dilectione curares. tantum ergo abest, ut hinc tuae caritati
succenseam, quia fecisti, ut potius, nisi fecisses, integro iure ami-
15 citiae succensere deberem. ago itaque uberes gratias. quemadmodum
autem acceperim factum tuum, hinc manifestius indicaui, quod
hunc ad te librum, mox ut illos legi, sine aliqua dilatione
conscripsi.

4—6 cf. II Tim. 2, 20. 21

1 iudicaberis *AEM*   2 reprinĕdā *A*   3 uelimus *C*   4 ecclesia catholica *d*
5 hore *A* honorē *E*   6 ut ille *M*   7 docendo *b* (*in textu*), *d*   8 digam *A*
11 alter *C*   12 nera *b*   pleneque *M*   13 caritatis *DM*   14 suscenseam *D*
15 successere *A* suscensere *D* succendere *B* (s *s.* d) succendere *G*   16 hic *A*
17 librum ad te *B*   librum *om.G*   illum *M*   dilectione *M*   18 Expl. lib. ad
renatum de natura et origine animas (animae-ę-*BG*) Inc epistola (ep. *om.BG*)
ad petrū presbiterū de eadem re *ABCFG*   Explic epła sci aug. Inc. lib. primus
sci augustini ad uincentiū uictorē de natura et origine animę.   Expł lib sci aug
ad uincentiū uictorē de natura et origine animę. Inc epła eiusdē ad petrū prbm
de eadem re *E* Explc lib ad renatū de origine animae. Inc eiusdē aug ad
hyerouimū *M*, *a* cod. *D subscr. abest*

LIBER SECVNDVS. AD PETRVM PRESBYTERVM.

Domino dilectissimo fratri et compresbytero Petro Augustinus
episcopus in domino salutem.

I. 1. Peruenerunt ad me duo libri Vincentii Victoris, quos ad
tuam sanctitatem scripsit, mittente mihi eos fratre nostro Renato, 5
homine quidem laico, sed pro sua fide et eorum quos diligit
prudenter religioseque sollicito. quibus lectis uidi hominem in
sermone quidem non solum usque ad sufficientiam, uerum etiam
usque ad redundantiam profluentem, sed in rebus, de quibus
loqui uoluit, nondum sicut oportet instructum; quod si ei fuerit 10
domino donante conlatum, poterit esse utilis pluribus. habet
enim non minimum facultatis, qua possit explicare atque ornare
quae sentit, si prius det operam recta sentire. ualde quippe sunt
noxia praua diserta, quia hominibus minus eruditis eo quod
diserta sunt uidentur et uera. quomodo autem eosdem *libros* ipse 15
acceperis nescio; uerum tamen, si uerum est quod audiui, diceris
eis recitatis ita exiluisse laetitia, ut caput iuuenis illius senex
et laici presbyter osculatus didicisse te quod *ignorabas* gratias
egeris. ubi quidem non inprobo humilitatem tuam, immo uero
etiam laudo, quod honorasti doctorem tuum nec hominem, sed 20
ipsam quae *tibi* per illum loqui dignata est ueritatem, si tamen
potueris demonstrare, quid per illum ueritatis acceperis. nellem
itaque rescriptis tuis quid te docuerit me doceres. absit enim,
ut erubescam a presbytero discere, si a laico tu non erubuisti
praedicanda et imitanda humilitate, si uera didicisti. 25

II. 2. Proinde, frater dilectissime, quid ab eo didiceris nosse
cupio, ut, si iam id sciebam, gratuler pro te, si autem nesciebam,
discam per te. itane tu ignorabas duo quaedam esse animam et

2 comprb̄o *ABCEG* compb̄ro *D*　　agustinus *A*　　3 ēps *A, om.DE*　　5 sanctitatem tuam *d*　　7 relioseque *A*　　sollicite *C*　　dilectis *C*　　8 ad sufficientiam
usque *BG*　　10 ei *om. A*　　fierit *Cm1*　　13 recte *E*　　14 et praua *G*　　minus *om. A*
15 sint *b*　　16 est *om. G*　　17 exsiluisse *A,F a.c.*　　18 quo *A*　　et gratias *G*
19 nere *C*　　20 honorastis *C*　　decorem *B a. c. G*　　21 dignatus *BCFmIG*
24 a presbitero erubescam *E*　　tu] ut *A*　　25 nera t̄n *E* (t̄n *in fine u. add.*)
26 Prouide *A*　　27 id *om. A*　　ne•sciebam *G*

spiritum — secundum id quod scriptum est: a b s o l u i s t i a b
s p i r i t u m e o a n i m a m m e a m — et utrumque ad naturam
hominis pertinere, ut totus homo sit spiritus et anima et corpus,
sed aliquando duo ista simul nomine animae nuncupari — quale
5 est illud: e t f a c t u s e s t h o m o i n a n i m a m u i u a m;
ibi quippe et spiritus intellegitur — itemque aliquando utrumquę
nomine spiritus dici — sicuti est: e t i n c l i n a t o c a p i t e
t r a d i d i t s p i r i t u m, ubi et anima necesse est intellegatur —
et utrumque unius esse substantiae? puto quod ista iam sciebas;
10 si autem nesciebas, non te aliquid, quod magno periculo nescitur,
didicisse ˙scias. et si quid hinc subtilins disputandum est, melius
cum ipso agitur, cuius iam nouimus et eloquium: utrum, cum
dicitur anima, ita ut simul intellegatur et spiritus, utrumque
anima sit, spiritus autem aliquid animae sit, an, sicut ei uisum
15 est, a parte totum appelletur hoc nomine, sine etiam utrumque
spiritus sit, pars nero eius sit, quae proprie dicitur anima, an et
hoc a parte totum uocetur, quando ita dicitur spiritus, ut simul
intellegatur et anima; sic enim huic placet. uerum ista, ut dixi,
et subtiliter disseruntur et sine ullo uel certe sine magno periculo
20 nesciuntur.

3. Itemque alios esse corporis, alios autem animae sensus,
miror, si iste te docuit; et tu homo id aetatis et honoris, antequam istum audires, unum atque idem putabas esse, quo album
nigrumque discernitur, quod nobiscum uident etiam passeres, et
25 quo iustum atque iniustum diiudicatur, quod uidebat Tobis
etiam carnis luminibus perditis. hoc si ita est, profecto, quando
audiebas uel legebas: i n l u m i n a o c u l o s m e o s, n e
u m q u a m o b d o r m i a m i n m o r t e m, non nisi carnis
oculos cogitabas. aut si hoc obscurum est, certe, quando illud apostoli
30 recolebas : i n l u m i n a t o s o c u l o s c o r d i s u e s t r i, nos

---

1 Iob 7, 15   5 Gen. 2, 7   7 Ioh. 19, 30   25 cf. Tob. 2, 11   27 Ps. 12, 4
30 Eph. 1, 18

3 spiritus et *om.E*   6 utroque *G*   9 puto] *add.* autem *E*   10 scitur *A*
scitor *F* (u *s.* o *ml*), *BCG*   11 quod *G*   subtius *E*   12 eloquium nere miranda
‾csideratio cum dignioris ingenii merito ē habenda *E*   13 et *om.E*   an utrumque *E*
14 amae *A*   19 certe] *add.* et *b*   22 te *om.C*   23 quod *EG*   algŭ *A*   24 etiam
uident *E*   25 Tobias *bd*   28 morte *Eb*   29 hoc *om. G*   illi *A*

sub fronte et supra huecas cor habere credebas. absit, ut de te hoc sentiam; neque hoc te igitur iste docuit.

4. Aut si forte ante huius doctrinam, quam modo te inuenisse laetaris, animae naturam dei putabas esse portionem, hoc plane cum horrendo periculo falsum esse nesciebas. et si ab isto didicisti, 5 quod anima portio dei non sit, age deo gratias, quantas potes, quod non, antequam hoc didicisti, de corpore existi; exisses enim magnus hereticus et blasphemator horrendus. nullo modo tamen etiam id de te existimauerim, quod homo catholicus neque contemptibilis *presbyter* animae naturam portionem dei sentiebas 10 esse. unde, fateor dilectioni tuae, timeo, ne forte hoc te iste docuerit, quod potius sit contrarium ei fidei quam tenebas.

III. 5. Sicut enim non arbitror te umquam in catholica animam credidisse dei esse portionem uel ullo modo animae et dei eandem esse naturam, ita metuo, ne forte consenseris huic 15 homini, 'quod animam deus non de nihilo fecerit, sed ita ex ipso sit, ut ab ipso emanauerit'; hoc enim etiam uerbum iste posuit inter cetera, quibus in hac quaestione ad immane praecipitium exorbitauit. at uero hoc si te docuit, nolo me doceas; immo etiam nolo ut quod didiceras ipse dediscas. parum est 20 enim non credere neque dicere quod pars dei sit anima — neque enim et filium uel spiritum sanctum partem dei esse dicimus, et tamen dicimus patrem et filium et spiritum sanctum unius eiusdemque esse naturae —, parum est ergo, ut non dicamus animam esse partem dei; sed hoc etiam opus est ut dicamus non eam 25 et deum unius eiusdemque esse naturae. unde ille recte quidem ait 'genus dei esse animas munere, non natura' ac per hoc non omnium, sed fidelium; sed rursus ad id quod declinauerat deuolutus est et deum atque animam eiusdem dixit esse naturae, non quidem his uerbis, sed aperta manifestaque sententia. cum 30

---

16 *Vinc.* Victor   27 *Vinc.* Victor; cf. pag. 333, 4. 5

1 baccas *Fm1*   3 Aut] At *bd*   7 didicisti hoc *BG*   hoc *om.D*   didicitis *A* exisse *C*   9 exestimauerim *ACFm1*   10 contentibilis *A* contemtibilis *B* esse sentiebas *DE*   11 frateor *A*   13 non *om.b*   nunquam *b*   in *om.G* catholicā *BG*   *post* cathol. *s. l. add. m2* fide *F*   14 anima *D*   15 esse eandem *BG* consentieris *E*   18 ad in immane *E*   praecipiū *A*   19 at] aut *A* a *DE* ad *G*   20 didiscas *C*   23 unus *G*   27 naturae *CG*   29 est *om.A*

enim 'animam ita esse' dicit 'ex deo, ut eam nec ex alia natura
nec ex nihilo, sed ex semet ipso creauerit', quid persuadere
conatur nisi id quod aliis uerbis negat, animam scilicet eiusdem
cuius deus est esse naturae? omnis quippe natura uel deus est,
5 qui nullum habet auctorem, uel ex deo est, quia ipsum habet
auctorem. sed quae habet auctorem deum, ex quo est, aliqua
facta non est, aliqna facta est. porro quae facta non est et
tamen ex ipso est, aut genita est ab illo aut procedit ex illo —
quae genita est, filius est unicus, quae procedit, spiritus sanctus — et
10 haec trinitas unius est eiusdemque naturae; nam haec tria unum
sunt et singulum quidque deus et simul omnia unus deus inmutabilis, sempiternus, sine temporis ullo initio sine termino.
at nero illa natura, quae facta est, creatura nuncupatur, creator
autem deus, illa scilicet trinitas. creatura ergo ita esse dicitur
15 ex deo, ut non ex eius natura facta sit; ex illo enim propterea
dicitur, quia ipsum auctorem habet ut sit, non ita, ut ab illo
nata sit uel processerit, sed ab illo creata, condita, facta sit,
partim ex nulla alia, id est omnino ex nihilo, sicut caelum et
terra uel potius uniuersae mundanae molis uniuersa cum mundo
20 concreata materia, partim nero ex alia iam creata atque exsistente
natura, sicut uir ex limo, mulier ex niro, ex parentibus homo,
creatura tamen omnis ex deo, sed creante uel ex nihilo uel ex
aliquo, non autem gignente uel producente de se ipso.

6. Si haec cum catholico loquor magis commonens quam
25 docens — neque enim esse tibi arbitror nona uel audita quidem
et antea, non tamen eredita, sed, ut existimo, sic legis epistulam
meam, ut hic agnoscas etiam fidem tuam, quae nobis in catholica
ecclesia domino donante communis est —, si ergo haec, ut dicere
coeperam, cum catholico loquor, unde, obsecro, credis esse animam,
30 non uniuscuiusque nostrum dico, sed primam primo illi homini
datam? si ex nihilo et factam tamen insufflatamque a deo, id

1 *Vinc.* Victor

1 dicit esse *E*   5 uel deus non est (*in mg. al.* l ex dō ē) *b*   6 est *om.G*
10 est *om.E*   11 et *om.D*   quodque *Em2d*   12 siue] sine *Eb*   13 atque *AF*
aque *BC*   nuncupantur *C*   15 illo] nihilo *F*   20 *pr.* creata *D*   existente
BCEG   23 alio *F*   24 Si] Sed *b*   26 exestimo *A* istexistimo *C*   27 hinc *E*
29 coeperant *A*   30 uniuscus insque *A*   nram *E*

credis quod ego; si autem ex aliqua alia creatura, quae unde
anima fieret tamquam materies subiacebat artifici deo, sicut
puluis, unde fieret Adam, uel costa eius, unde Eua, uel sicut
aquae, unde pisces et uolucres, uel sieut terra, unde animalia
quaeque terrestria, non est catholicum, non est uerum. quodsi ₅
neque ex nihilo neque ex alia quacumque creatura, sed ex semet
ipso deum, hoc est ex natura sua fecisse uel facere animas — quod
ab*si*t! — existimas, hoc quidem ab isto didicisti, sed non *ti*bi
gratulor neque blandior; longe cum illo a fide catholica exorbitasti.
tolerabilius enim — quod quidem falsum est, tamen, ut dixi, ₁₀
tolerabilius — ex aliqua alia creatura, quam quidem iam fecerat
deus, quam ex dei natura animam conditam crederes, ut, quod
est mutabilis, quod peccat, quod fit impia, quod etiam, si impia
perdurauerit in fine, sine fine damnabitur, non ad dei naturam cum
horrenda blasphemia referretur. abice, frater, abice, obsecro, istam ₁₅
non plane fidem, sed exsecrandae impietatis errorem, ne homo grauis
seductus a iuuene et a laico presbyter, cum istam catholicam fidem
esse arbitraris, de numero fidelium — quod a te auertat dominus! —
eximaris. non enim sic tecum agendum est ut cum illo aut ea uenia
tuns iste tam horrendus qua iuuenis illius, licet ab illo ad te transierit, ₂₀
error est dignus. ille ouili catholico sanandus nuper accessit, tu in
catholicis pastoribus deputaris. nolumus ita curetur quae uenit ab
errore ad dominicum gregem, ut prius pestifera contagione disperdat
ouis ulcerosa pastorem.

7. Quodsi dicis: 'hoc me ille non docuit nec *h*uic errori eius ullo ₂₅
modo quamlibet diserti et ornati sermonis inlectus suauitate consensi',
ago ingentes deo gratias. sed quaero, unde illi caput exosculatus, ut dicitur, gratias egeris te didicisse quod usque ad auditam
disputationem illius ignorabas aut, si falsum est hoc te fecisse atque
dixisse, hoc ipsum peto *nob*is intimare digneris, ut inanis rumor ₃₀

---

3 cf. Gen. 2, 7. 22

1 quid *E*   ago *E*   anima unde fieret *b*   unda *Gm1*   4 aqua *D*
uocres *A*   8 exestimas *A*   15 referetur *Ab* referitur *ex* referretur *F*   16 exe-
crande *C*   18 arbitiaris *G*   a te] ante *C*   19 exestimaris *AC* N̄existimeris *F*
(N̄ *s.l.m2, alt. e s.* am1) excludaris *E*   tecum sic *b*   20 qua *om. A* quā *Eb*
21 iste indignus *E*   .   ouilo *G*   22 ueni *A*   24 oues *A*   25 ullomo *A*
26 disserti *BG*   28 te *om. C*   29 ignorabo q̄ *D (in mg.* bā)   atque—digneris
(*in mg. m. rec.* omissio) *om. F*   autq̄ *D*   30 didicisse *A*   ut] nelim *F*

tuis litteris refellatur. si autem uerum est illa humilitate bomini egisse
te gratias, gaudeo quidem, si te illud non docuit, quod superius
)   quam sit detestandum cauendumque monstraui, et non reprehendo,
quod gratus fueris tanta humilitate doctori, si aliquid aliud dispu-
5   tante illo uerum atque utile didicisti; sed hoc quid sit inquiro. an
forte animam non spiritum esse, sed corpus? non quidem magnum
doctrinae christianae arbitror esse detrimentum ista nescire et, si de
corporum generibus subtiliter disputetur, hoc maiore difficultate
quam utilitate perdiscitur. si autem dominus uoluerit, ut ad illum
10   ipsum iuuenem scribam, sicut desidero, ibi seiet fortasse dilectio tua
etiam hoc quam non te docuerit, si tamen id te ab illo didicisse
laetaris. sed ne quid forte aliud sit, quod constat esse utile et ad
fidem necessariam pertinere, peto rescribere non graueris.

    8. Nam illud, quod rectissime et ualde salubriter credit iudicari
15   animas, cum de corporibus exierint, antequam ueniant ad illud
iudicium, quo eas oportet iam redditis corporibus iudicari atque in
ipsa, in qua hic uixerunt, carne torqueri sine gloriari, hoc itane
tandem ipse nesciebas? quis aduersus euangelium tanta obstinatione
mentis obsurduit, ut in illo paupere, qui post mortem ablatus est in
20   sinum Abrahae, et in illo diuite, cuius infernus cruciatus exponitur,
ista non audiat uel audita non credat? sed numquid te docuit, quomodo anima sine corpore de digito pauperis aquae stillam desiderare
potuerit, cum ipse confessus sit alimenta corporea non nisi propter
fulciendas ruinas corruptibilis corporis sui animam quaerere? uerba
25   eius ista sunt: *numquid quia anima,* inquit, *aut cibum quaerit aut
potum, ad ipsam transire credimus pastum?* et paulo post: *unde
intellegitur,* inquit, *et probatur non ad animam pertinere ciborum
sustentacula, sed ad corpus, cui etiam praeter cibum procuratur simili
ratione uestitus, ut illi necessarius uideatur pasturae suggestus, cui*

19 cf. Luc. 16, 19—24   25 Vinc. Victor

    1 nera C   2 illū BG   4 illa tanta C   alio C   6 es A   10 desiderio C
11 quod etiam (*om. sequ.* quam) b   ho A   non] si C   13 necessariū b   ne E
14 aliud BG   15 exierit A exierC   16 iam] etiam DE   corporibus redditis E
17 iniqua C   dixer C   tqueri E   itasi (ne *s.* si *m1*) B itasi G   19 ut *om.* E
ablatus (d *s.* b) D   ablatus est *om.*C   20 inferni E in inferno d   22 pauperis
a✳quę *add. m2 in spat. uac.* F   atque E   23 potuit Fd   24 nā uerba E   25 ita D
qui Fm1   animā C   cybum (*semper* y) A   26 credimus transire D   29 ille C

conpetit et ipsos habere uestitus. hanc ille sententiam suam satis
euidenter expositam nonnulla etiam similitudine inlustrans adiecit
atque ait: *quid autem putamus inquilinum quemquam suae habita-*
tioni prospicere? nonne, si eam senserit aut tecto tremere aut nutare
pariete aut labare fundamine, destinas quaerit, strnes congerit, quibus 5
inminentem possit ruinam sedulo diligenterque fulcire, ne sub periculo
mansionis discrimen uideatur pendere mansoris? ita ergo et animam
recognosce, inquit, *carni suae desiderare cibum, ex qua ipsum concipit*
sine dubio desiderium. haec nempe ille iuuenis sua sensa uerbis lucu-
lentissimis et sufficientissimis explicauit asserens non animae requiri 10
alimenta, sed corpori, cura quidem illius, sed tamquam habitantis
in domo et moribundae carnis inminentes ruinas prouida refectione
fulcientis. et illud ergo explicet tibi, quid anima illa diuitis ruiturum
destinare cupiebat, quae mortale corpus iam utique non habebat et
tamen sitiebat et aquae stillam de digito pauperis requirebat. habet 15
ubi se exerceat iste doctor seuum; quaerat et inueniat, si potuerit,
cui rei anima illa apud inferos humidum alimentum uel tam exiguum
mendicaret, cum ruinoso habitaculo iam careret.

V. 9. Incorporeum sane deum esse quod credit, gratulor eum
hinc saltem a Tertulliani deliramentis esse discretum; ille quippe 20
sicut animam ita etiam deum corporeum esse contendit. a quo iste
in hoc dissentiens mirabiliora persuadere molitur deum incorporeum
non de nihilo facere, sed de se ipso flatum exhalare corporeum. o
doctrinam, cui omnis aetas aures subrigat, quae homines annosos,
quae denique presbyteros mereatur habere discipulos! legat, legat 25

3 Vino. Victor   13 cf. Luc. 16, 24   20 cf. Tertulliani De anima (CSEL
XX 309). August. De haeresibus c. 86 (XLII 46 M). Epist. 190 (CSEL LVII 137)

1 uestitos G   sitis C   4 non nisi E   eū C   auc G   tecta A BGFm1
tacta C   premere A   nutare (n ex m) C   5 parietē G   lauare D   fundamina G
7 mansorio ABG mansuro C mansori bd .   8 carnis C   desirare A   ipsa G
concupit ABFb concepit E concypit C   10 explicabit A   11 illis A illius ex
ipsius G   habitaus BCG habitantis (ti s.l.m1) V   12 refectine A   13 quit A
qui C   15 sciebat C   de om.F   requirebatur E   a uoce habet ìnit. sumii
noui capit. b .   16 inueat A   17 Umidum A   exiguu A   18 ruinoso G
20 salti EFm1   tertuliani C tertusliani Fm1   21 deum om.A   esse—incorporeum om.C   atqùe (e mut. m1 in i, Benedictini add. a quo) F   22 hoc om.BG
23 semetipso BCFGd ipso ED ` efflare E   δ A   24 doctrina EG   hominis Cb
annos BCFGb ammiros E   25 quae—quod om.BCFGb

in contione quod scripsit, notos atque ignotos, doctos atque indoctos
recitaturus inuitet. seniores cum iunioribus conuenite, quod nescie-
batis discite, quod numquam audieratis audite. ecce isto docente
non aliunde quod aliquo modo est nec ex eo quod omnino non est
5 deus flatum creat, sed ex eo quod ipse est, cum sit incorporeus,
corpus sufflat. naturam ergo suam, antequam mutetur in peccati
corpore, ipse mutat in corpus. an dicit, quod ex natura sua non
mutat aliquid, cum flatum facit? non ergo eum de se ipso facit;
non enim aliud est ipse, aliud natura eius. quis hoc insanissimus
10 opinetur? quodsi dicit ita deum de sua natura facere flatum, ut
ipse integer maneat, non inde quaestio est, sed utrum quod non
aliunde nec de nihilo, sed de illo est, non hoc sit quod ille, id est
eiusdem naturae et essentiae. nam et filio genito integer manet;
sed quia eum genuit de se ipso, non aliud genuit quam id quod est
15 ipse. excepto enim quod hominem assumpsit et uerbum caro factum
est, alius est quidem uerbum dei filius, sed non est aliud; hoc est
alia persona est, sed non diuersa natura. et unde hoc, nisi quia non
creatus ex alio uel ex nihilo, sed natus ex ipso est, non ut melior
quam erat esset, sed omnino ut esset et quod est ille, unde natus
20 est, esset, hoc est unius eiusdemque naturae, aequalis, coaeternus,
omni modo similis, pariter inmutabilis, pariter inuisibilis, pariter
incorporeus, pariter deus, hoc omnino quod pater, nisi quod filius
est ipse, non pater? si autem manet quidem ipse integer deus nec
tamen de nullo uel de alio, sed de se ipso diuersum aliquid in deterius
25 creat et de incorporeo deo corpus emanat, absit, ut hoc catholicus
animus bibat! non enim est fluentum fontis diuini, sed figmentum
cordis humani.

    VI. 10. Iam uero quam inepte laboret animam, quam putat
esse corpoream, uindicare a passionibus corporis disputans 'de animae

---

15 cf. Ioh. 1, 14   29 *Vino. Victor*

2 intet *A*   conuenit *CG*   3 numquam *om.G*   hęc testor docentē *E*
6 impeccati *A*   7 anticit *A*   sua natura *d*   8 ipso *om.E*   9 *pr.* est aliud *E*
11 utrū *in mg. E*   13 essentire *C*   14 genuit eum *E*   ipse est *ABCFGbd*
15 adsumsit *D*   16 est *alt. om. BCFGb*   hoc—est *bis pon. C*   17 talia *A*
hoc est *E*   18 est *om. E*   20 est *pr. om. G*   22 in corpore eius *A*   23 *pr.* ipse]
in se *C*   24 se *om. C*   dę deterius *C*   25 hęc *E*   26 bibit *C*   fluentum est *E*
fortis *C*   frigmentum *A*   28 putata ē *E*   29 uindicaret *A* uēdicare *b in mg.*
passionis *A*

infantia, de paralyticis et oppressis animae sensibus, de amputatis
membris corporis absque animae sectione', non tecum, sed cum illo
potius agere debeo; illi quippe insudandum est, ut rationem reddat
dictorum suorum, ne de opere iuuenis uelle fatigare uideamur grauitatem senis. quod autem similitudines morum, qui repperiuntur 5
in filiis, non ex animae semine uenire disputat, consequens est
quidem, ut hoc sentiant quicumque animae propaginem destruunt,
sed nec illi qui hanc astruunt ibi constituunt pondus assertionis suae;
uident enim et filios parentum dissimiles moribus, quod ideo fieri
putant, quia et ipse unus homo plerumque suis moribus alios mores 10
dissimiles habet non utique anima altera accepta, sed uita in melius
uel in deterius commutata. ita dicunt non esse inpossibile, ut anima
non habeat eos mores, quos habet illa ex qua propagata est, quando
quidem ipsa una nunc alios, alias alios habere mores potest. quare
si hoc te credis ab isto didicisse, quod anima non sit ex traduce, 15
utinam id uere didicisses! me tibi docendum libentissime traderem;
sed aliud est discere, aliud uideri sibi didicisse. si ergo te didicisse
arbitraris quod adhuc nescis, non plane didicisti, sed temere credi-
disti quod libenter audisti et subrepsit tibi falsiloquium per suauiloquium. quod non ideo dico, quia falsum esse iam certus sum animas 20
potius insufflari nouas quam de origine parentum trahi — hoc enim
adhuc ab eis qui docere id possunt existimo requirendum —, sed
quia iste de hac re ita disseruit, ut non solum eam, quae adhuc discutienda est, non solueret quaestionem, uerum etiam talia diceret,
quae falsitatis non habeant dubitationem; cum enim uellet probare 25
dubia, ausus est dicere sine dubio reprobanda.

VII. 11. An nero tu reprobare dubitabis, quod, cum de anima
loqueretur: *non uis*, inquit, *animam ex carne peccati contrahere*

28 Vino. Victor; cf. lib. III 7, 9

1 infantie A paraloeticis A paraloeticis (i s. oe) BF para boeticis C
paraliticis DEG　2 menbris C ille A　5 seni A similitudinis BC reperiuntur C
6 disputant E　7 quidā C　hic C　9 quos D　10 suis moribus (in mg. al. l
sibimet dissimilis est) b　11 itaque E　haccepta A uitā F　12 commotata A
commutatā F　ita—quos om. F　animā C　13 ille ABCFGbd　a quo bd
ex quo E　15 ab isto didicisse credis E　animcon (om. non) A　tradicit A
16 uera E　17 aliundē C uidere b dicisse A　18 didici A　20 sim d　22 adhic A
qui docere id possunt ab eis E　existimore querendum A　23 ac A　diseruit A
deseruit G　26 est om. BCGFm1　reprobandā A　28 anima BCG

*ualetudinem, ad quam uicissim sanctificationem uideas transire
per carnem, ut per ipsam reparet statum, per quam perdiderat
meritum?* aut numquid quia baptismo corpus abluitur, non transit
ad animam uel spiritum, quod creditur conferri per baptismum?
5 *merito ergo per carnem priscam reparat habitudinem, quam uisa
fuerat paulisper amisisse per carnem, ut per eam incipiat renasci,
per quam meruerat inquinari.* nide in his uerbis quantum iste
tuus doctor errauerit! dixit 'animam per carnem reparare statum,
per quam perdiderat meritum': habuit ergo anima aliquem sta-
10 tum et aliquod meritum bonum ante carnem, quod uult eam
reparare per carnem, quando caro lauacro regencrationis abluitur;
uixerat itaque alicubi ante carnem in statu et merito bono,
quem statum et quod meritum perdidit, cum uenisset in carnem.
dixit 'eam per carnem reparare habitudinem priscam, quam
15 nisa fuerat paulisper amisisse per carnem': habuit ergo ante
carnem habitudinem antiquam — hoc est enim 'priscam' — et
ista qualis esse potuit nisi beata atque laudabilis habitudo?
quam reparari per sacramentum baptismatis asseuerat, cum
eam nolit ex illa originem trahere per propaginem, quam con-
20 stat in paradiso aliquando fuisse felicem. quomodo igitur alio
loco 'animam se' dicit 'constanter asserere non ex traduce neque
ex nihilo neque per semet ipsam neque ante corpus'? ecce isto
loco uult animas ante corpus alicubi uiuere tam beate, ut eadem
illis per baptismum beatitudo reddatur, et tamquam sui rursus
25 oblitus adiungit et dicit: *ut per eam,* id est per carnem, *incipiat
renasci, per quam meruerat inquinari.* superius meritum signifi-
cauerat bonum perditum fuisse per carnem, nunc autem significat
malum meritum, quo factum est, ut ueniret uel mitteretur in
carnem dicendo: *per quam meruerat inquinari;* si enim meretur
30 inquinari, non est utique meritum bonum. dicat quid peccauit,
antequam per carnem inquinaretur, ut per carnem inquinari

11 cf. Tit. 3, 5   21. 25. 29 Vinc. Victor

1 ualitudinem *BCEFG*   3 per baptismū *E*   ablutū *E*   non *om.E*   4 transferri *E*   8 errauerit doctor *BCFGd* erret. doctor *E*   reparere *D*   10 quod]
sed quid *E*   ea *A, om. E* .   11 caro *om. E*   regerationis *G*   12 uix erat *b*
aliquibus *A*   14 eam] etiam *D*   16 habitudine mariti quam *A*   enim *om. G*
18 seuerat *A*   19 proginem *A* originem *BCFGb*   21 se dicit *om. A*   29 si•*E*
mereretur *CF*   31 ut] et *Gb*

mereretur; dicat, si potest, quod nullo modo potest, quia inuenire
hic quid uerum dicat omnino non potest.

VIII. 12. Item aliquanto post ait: *anima itaque si peccatrix
esse meruit, quae peccatrix esse non potuit, tamen neque in peccato
remansit, quia in Christo praefigurata in peccato esse non debuit,* 5
sicut esse non potuit. rogo te, frater, putasne ista saltem postea
legisti et considerasti et quid in recitante laudaueris uel unde
post recitationem gratias egeris cogitasti? quid est, obsecro te:
anima itaque si peccatrix esse meruit, quae peccatrix esse non potuit?
quid est 'meruit' et 'non potuit', cum mereri hoc non posset, 10
nisi peccatrix fuisset, non autem fuisset, nisi esse potuisset, ut
ante omne malum meritum peccans inde *sibi* meritum faceret,
unde ad alia peccata deserente domino perueniret? an ideo dixit:
quae peccatrix esse non potuit, quia, nisi in carnem ueniret, peccatrix esse non posset? quid ergo meruit, ut eo mitteretur, 15
ubi peccatrix esse posset, quo nisi uenisset alibi peccatrix esse
non posset? dicat, quid meruit. si enim meruit esse peccatrix,
aliquid iam peccauerat, unde mereretur iterum esse peccatrix;
si autem nihil peccauerat, unde meruit esse peccatrix? sed
haec fortassis obscura uideantur aut obscura esse iactentur, 20
cum sint apertissima. neque enim dicere debuit, quod anima
meruerit peccatrix esse per carnem, cuius nec bonum nec malum
meritum repperire poterit ante carnem.

IX. 13. Sed ad manifestiora ueniamus. cum enim magnis
coartaretur angustiis, quomodo animae originalis peccati uinculo 25
teneantur obstrictae, si non ex illa trahunt originem, quae prima
peccauit, sed eas puras ab omni contagione et propagatione
peccati peccatrici carni creator insufflat, ne dicatur illi, quod
sic insufflando eas deus efficit reas, primo de praescientia dei
hanc opinionem munire temptauit, 'quod eis praeparauerit redem- 30

---

3 Vino. Victor; cf. lib. I 8, 8. III 8, 11   9. 14. 30 Vino. Victor

1 nullo] illo *A*   .4 năque *C*   5 potuit *Fm2*   6 potuit] debuit *F*   ista *om. F*
salti *bis pos. semel eras. F, E*   10 potuisset *BCFGbd*   14 carne *EFG*   uenerit *E*
15 possit *E*   eo *om. F*   eo mitteretur] omitteretur *BCG*   16 potuit *E*
19 si autem—peccatrix *om. ABCFGbd*   20 *pr.* obscura] *add.* esse *BCFGbd*
22 meruit esse peccatrix *E*   per] post *E*   24 manifestiora *CGFm1*
25 origenalis *E*   uinclo *E*   27 puras] curas *BC*   propagine *G*   28 illi *om. C*
29 deus eas *E*   presentia *G*   30 redemptionem codd. *praeter A*

tionem'. in cuius redemtionis sacramento parnuli baptizantur,
ut abluatur originale peccatum, quod de carne traxerunt; quasi
facta sua deus emendet, quod eas insontes fecerat inquinari.
sed posteaquam uentum est, ut de illis loqueretur, quibus tali
5 non subuenitur auxilio et antequam baptizentur exspirant: *in
hoc*, inquit, *loco non me quasi auctorem spondeo, sed aliquid de
exemplo conicio. habendam dicimus de infantibus istius modi rationem, qui praedestinati baptismo uitae praesentis, antequam renascantur in Christo, praeueniuntur occiduo. legimus enim*, inquit,
10 *de talibus scriptum: r a p t u s   e s t ,   n e   m a l i t i a   m u t e t
i l l i n s   i n t e l l e c t u m   a u t   n e   f i c t i o   d e c i p i a t   a n i-
m a m   e i u s .   p r o p t e r   h o c   p r o p e r a u i t   d e   m e d i o   i n i-
q u i t a t i s   i l l u m   e d u c e r e ;   p l a c i t a   e n i m   e r a t   d e o
a n i m a   e i u s ,   e t :   c o n s u m m a t u s   i n   b r e u i   r e p l e u i t
15 t e m p o r a   l o n g a .* quis istum dedignetur habere doctorem?
ergone paruuli, quos plerumque uolunt homines baptizari et,
dum curritur, ante moriuntur, si retardarentur in ista paululum
uita, ut baptizati continuo morerentur, malitia mutaret intellectum eorum et fictio deciperet animam eorum et, ne hoc eis
20 contingeret, subuentum est illis, ut ante raperentur quam baptizarentur? in ipso ergo baptismate mutarentur in peius et ficti-
one deciperentur, si post baptisma raperentur. o ammiranda
atque sectanda, immo nero detestanda et exsecranda doctrina!
sed hoc de uestra prudentia, qui affuistis, cum recitaret, iste
25 praesumpsit et de tua maxime, ad quem scripsit et cui
recitatos libros tradidit, ut credituros uos esse confideret de
non baptizatis infantibus esse scriptum, quod de omnium
sanctorum inmaturis aetatibus scriptum est, cum quibus male
actum stulti arbitrantur, si de hac uita celeriter rapti

5 Vinc. Victor   10 Sap. 4, 11. 14 .   14 Sap. 4, 13

1 paruuli—traxerunt om. A   2 abluantur G   cõtraxerunt E   3 fecerent C
5 expirant A   7 coñitio A coniceo E   instantibus BCFG   huiusmodi Ē   8 prae-
distinanti C   10 maliciã utet A   mutaret BCEFG   11 aut] ut D   deciperet d
13 deo erat d   14 animã A   expleuit E   15 longa] multa E   16 baptizare D
17 retradarentur C   paululum in ista E   19 pr. illorum bd   e∗is (g er.) A   20 illis
est BCFGd   raparentur C   quam baptizarentur om. C   22 si—raperentur om. C
reparentur E   23 immo uero—exsecranda om. BCFGbd   24 recitare E   istę (s. ę
add. a) F, e ex a G   25 all. et] ut C   26 libros om. F   credituros uos] creditus suos BG
creditur suos CF   27 n̄ de E   28 inmutaris CG in maturis b   est om. E   29 ac C

fuerint nec ad annos, quos homines pro magno diuino munere
sibi exoptant, peruenire potuerint. quale est autem dicere
'infantes praedestinatos baptismo uitae praesentis, antequam
renascantur in Christo, occiduo praeueniri', uelut aliqua uis for-
tunae seu fati siue cuiuslibet rei non permittat deum quod 5
praedestinauit inplere? et quomodo ipse illos rapit, quia placuerunt illi? an eos et ipse praedestinat baptizari et ipse quod
praedestinauit non sinit fieri?

X. 14. Sed adtende quid adhuc audeat, cui displicet in tanta
huius profunditate quaestionis cautior quam scientior nostra 10
cunctatio: *ausim dicere*, inquit, *istos peruenire posse ad originalium indulgentiam peccatorum, non tamen ut caeleste inducantur
in regnum, siculi latroni confesso quidem sed non baptizato dominus non caelorum regnum tribuit, sed paradisum, cum utique iam
maneret: q u i n o n r e n a t u s f u e r i t e x a q u a e t s p i r i t u* 15
*s a n c t o , n o n i n t r a b i t i n r e g n u m c a e l o r u m , prae-
cipue quia multas esse mansiones apud patrem suum dominus
profitetur, in quibus designantur merita multa et diuersa manso-
rum, ut hic non baptizatus perducatur ad ueniam, baptizatus ad
palmam, quae est parata per gratiam.* cernis hominem paradisum 20
atque mansiones, quae sunt apud patrem, a regno separare caelorum, ut etiam non baptizatis abundent loca sempiternae felicitatis. nec uidet, cum ista dicit, ita se nolle baptizati cuiuspiam
paruuli mansionem a caelorum regno separare, ut ipsam dei
patris domum uel aliquas partes eius inde separare non timeat; 25
neque enim dominus Iesus in uniuersitate creaturae uel in qualibet uniuersitatis parte, sed: i n d o m o p a t r i s m e i, dixit,
m u l t a e m a n s i o n e s s u n t. quomodo ergo erit in dei
patris domo non baptizatus, cum deum patrem *habere* non

3. 11 Vinc. Victor   .13 cf. Luc. 23, 43   15 Ioh. 3, 5   17 cf. Ioh. 14, 2
27 Ioh. 14, 2

3 praedistinatos·C   4 renascuntur F nascantur E   5 seu] siue d   alt. seu G
6 implere *** praedestinauit (*in mg.* quod) E   ipse *om.* C   7 illi] ei b ˙ et *pr.*
om. BCFb   11 *uoce* ausim *inc. c.* X b   13 sicuti A sicut in D sicut *cet.*   quidem
confesso G   confessio B   15 minaretur G   fuerit (*s. l.*) renatus D   17 qua C
multos A   18 designatur A   19 hinc D   20 qua. ĕ. A   carnes (e *in* i *mut.*) C
paradisum *om.* BCGFmlb   21 atque] eque b   24 **a** *om.* BCGFml   ipsa A
26 dn̄s is A BC dn̄s IĪS (*m. 2* IHS) F dn̄s his G   Iesus *om.* b   uniuersitate]
uniuerse (ę) BG   28 multę mansiones AD mans. multae *cet.*

possit nisi renatus? non sit ingratus deo, qui eum dignatus
est a Donatistarum uel Rogatistarum diuisione liberare, ut ipsam domum dei patris quaerat diuidere et aliquam eius partem
extra regnum caelorum ponere, ubi non baptizati ualeant ha-
5 bitare. et quo pacto ipse regnum caelorum se intraturum esse
praesumit, de quo regno in quanta uult parte domum ipsius
regis excludit? sed de latrone illo, qui iuxta dominum crucifixus
sperauit in dominum etiam crucifixum, et de fratre sanctae
Perpetuae Dinocrate argumentatur, quod etiam non baptizatis
10 dari possit indulgentia peccatorum et sedes aliqua beatorum;
quasi quisquam, cui non credere nefas esset, huic indicauerit
quod non fuerint baptizati. de quibus tamen in eo libro, quem
scripsi ad fratrem nostrum Renatum, plenius quid mihi uideretur
exposui. quod tua dilectio poterit nosse, si non spreueris legere;
15 nam ille petenti non poterit denegare.

XI. 15. Aestuat tamen iste atque horrendis suffocatur angustiis;
adtentius enim fortasse quam tu quid mali dicat adtendit praeter
Christi scilicet baptismum solui in paruulis originale peccatum.
denique, ut aliquatenus in hac causa uel sero ad ecclesiae sa-
20 cramenta confugiat: *pro his sane,* inquit, *oblationes assiduas et
offerenda iugiter sanctorum censeo sacrificia sacerdotum.* habeto
istum, si placet, etiam censorem, si parum fuerat habere doctorem, ut sacrificium corporis Christi etiam pro his offeras, qui
Christo non sunt incorporati. rem quippe tam nonam atque a
25 disciplina ecclesiastica et a regula ueritatis alienam cum libris
suis auderet inserere, non ait 'puto', non ait 'existimo', non ait
'arbitror', non ait saltem 'suggero' uel 'dico', sed 'censeo', ut scilicet,
si offenderemur nouitate seu peruersitate sententiae, terreremur

---

7 cf. Luc. 23, 43   12 cf. pag. 310, 19—312, 31   20 *Vinc. Victor;* cf.
pag. 310, 29—311, 1

1 possint *C*   2 ad *C, om.Dm1*   donadistarum *C*   rogatistarunt *A* rogatarū *C*
diuersione *C*   6 praesumet *E*   quanta (*s.* a *add.* ū) *F*   parte *om. F*   7 d̄no *G*
8 crucifixo *G*   sane *A BCGFm1*   9 dinograte *D* diuocrate *b* (*semper* u *pro* n)
argūtatus *ABCC*   11 quia si *CG* qu⋆asi *F*   12 in] id *C*   13 uidetur *A*
17 *uoce* adtentius *inc. c.* XI *b*   Attene uis *A*   malidicat *B* maledicat *CG*
18 originali *C*   19 ut *om. F*   hac] ac *AC*   22 concensorem *C*   partū *G*
dictorem *G*   23 auferas *A*   25 ecclesiasticam *A*   a *om.CE*   26 suis (s *init. ex* t) *E*
andere *A*   audiret *C*   exestimo *A*   27 salutem *A* salti *EFm1*   28 terremur *EG*

auctoritate censurae. uideris tu, frater, quomodo sustinere possis istum docentem; catholici tamen qui sanum sapiunt sacerdotes, quibus et te oportet adiungi, absit ut adquiescant istum audire censentem, quem potius optant resipiscentem ac dolentem et quod ista senserit, immo uero etiam scripserit correctione salu- 5 berrima paenitentem. *sed hoc*, inquit, *exemplo Machabeorum in proelio cadentium astruo faciendum, qui cum furtim de interdictis auferrent atque in ipso certamine cecidissent, a sacerdotibus*, ait, *inuenimus hoc initum fuisse consilium, ut quorum animas ex uetito reatus obstrinxerat, sacrificiorum oblatio repararet.* ita istuc 10 dicit, quasi pro incircumcisis illa oblata legerit sacrificia, sicut haec nostra pro non baptizatis censuit offerenda. circumcisio quippe fuit illius temporis sacramentum, quod praefigurabat nostri temporis baptismum.

XII. 16. Verum tamen iste in sui comparatione qualis po- 15 sterius apparuit tolerabilius adhuc errat. nam uelut paenituerit eum — non quod debuit paenitere, id est quod ausus fuerit asserere non baptizatis relaxari originale peccatum atque indulgentiam dari omnium peccatorum, ut in paradisum, hoc est locum tantae felicitatis, mittantur et beatas mansiones in 20 domo dei patris habere mereantur, sed illud eum potius paenituerit, quod eis minoris beatitudinis extra regnum caelorum concesserit sedes —, adiunxit atque ait: *aut si forte quispiam reluctetur latronis animae uel Dinocratis interim temporarie conlatum paradisum — nam superesse illis adhuc in resurrectione* 25 *praemium regni caelorum quamquam sententia illa principalis obsistat, quia q u i n o n r e n a t u s f u e r i t e x a q u a e t s p i r i t u s a n c t o, n o n i n t r a b i t i n r e g n u m c a e l o r u m—,*

6 Vinc. Victor; cf. II Mach. 12, 39—46   23 Vinc. Victor   27 Ioh. 3, 5

2 ista *b*   4 recensentem *C*   quā *BCGFm1*   ac dolent (*in mg.* al. dolentē) *b*
5 correptione *A* (*s. p add.* c) correctionē *C*, *b in mg.* correptione *BG*, *b in textu*
6 macchabeorum *A*   9 init*um *E*   consilium fuisse *BCFGbd*   10 uetito *om. F*
obstrixerat *A* (s *s. l.*), *G*   ita] ista *BCFG*   istud *Ed*   11 *egerit *D*   12 num *A*
15 posterior *A*   17 quid *E*   debuerit *F*   20 beatis *C*   21 dei *om. BCFGd*
23 adiuncxit *A·*   aut] at *E*   24 uel *om. A*   conlatam *D*   25 nam] iam *b*
in *om. G*   resuccione *A*   26 quēquam *E*   27 qui *om. A*   renatis *A*   28 non *om. A*

tamen teneat etiam meum in hac parte non inuidentis assensum, modo misericordiae praescientiaeque diuinae et effectum amplificet et affectum. haec uerba in secundo libro eius lecta descripsi. numquid in hac causa erroris audaciam, temeritatem, praesum
5 tionem habere quispiam posset ampliorem? ipse sententiam dominicam recordatur, ipse commemorat, ipse suis litteris interponit, ipse dicit: *quamquam sententia illa principalis obsistat, quia qui non renatus fuerit ex aqua et spiritu sancto, non intrabit in regnum caelorum,* et audet
10 tamen suae censurae leuare ceruicem contra sententiam principalem! *teneat,* inquit, *etiam meum non inuidentis assensum,* qui dicit animas non baptizatorum temporarie mereri paradisum — propter has enim latronem atque Dinocratem tamquam praescribendo uel potius praeiudicando commemorat —, in resurrectione
15 autem in meliora transferri et regni caelorum percipere praemium, *quamquam sententia,* inquit, *principalis obsistat.* iam ergo ipse considera, quaeso te, frater, quisquis cuipiam praebet assensum aduersus auctoritatem sententiae principalis, quam sententiam merebitur principis!

20   17. Nouellos hereticos Pelagianos iustissime conciliorum catholicorum et sedis apostolicae damnauit auctoritas, eo quod ausi fuerint non baptizatis paruulis dare quietis et salutis locum etiam praeter regnum caelorum. quod ausi non fuissent, nisi negarent eos habere originale peccatum, quod opus esset absolui
25 per baptismatis sacramentum. iste autem sicut catholicus dicit paruulos originali obstrictos esse peccato et tamen eos ab huiusmodi uinculo sine lauacro regenerationis absoluit et post mortem in paradisum misericors mittit, post resurrectionem nero etiam in regnum caelorum misericordior introducit. talis *sibi* Saul miseri
30 cors nisus est, quando pepercit regi quem deus praecepit occidi;

---

7. 11. 16 Vinc. Victor   8 Ioh. 3, 5   29 cf. I Regn. c. 15

1 euidentis *CFml* inuidens *E*   2 effectu *A*   amperlificet *C*   3 eius libro *bd*   describi *A*   4 praesūptionem co*dd. praet. A*   5 possit *E*   6 ipse commemorat *om. F*   7 sententiae *C*   8 non *om. BG*   11 etiam inquit *E*   assensu *A* 12 animās *A*   temporię *A*   13 dinocraten *AECF*   quāquā *A*   17 te *om. E* 20 nouellus *A*   pelagianus *A*   21 ego *A*   23 fuerint *C*   24 origenale *C* 25 per baptismatis *om. E*   26 origenali *C*   30 hoccidi *A*

sed merito inoboediens misericordia uel misericors inoboedientia
reprobata atque damnata est, ut caueat homo, ne ab illo misericordiam mereatur homo contra eius sententiam, a quo factus est
homo. intonat per os proprii corporis ueritas: s i q u i s n o n
r e n a t u s f u e r i t . e x a q u a e t s p i r i t u, n o n p o t e s t 5
i n t r o i r e i n r e g n u m d e i. atque ut ab hac sententia
exceptos martyres faciat, quibus contigerit ante pro Christi
nomine occidi quam Christi baptismate dilui, dicit alio loco:
q u i p e r d i d e r i t a n i m a m s u a m p r o p t e r m e,
i n u e n i e t e a m. et ne cuiquam, qui non renatus fuerit 10
christianae fidei lauacro, promittatur peccati originalis abolitio,
clamat apostolus: p e r u n i u s d e l i c t u m i n o m n e s
h o m i n e s a d c o n d e m n a t i o n e m. contra quam condemnationem dominus unum esse ostendens salutis auxilium:
q u i c r e d i d e r i t, inquit, e t b a p t i z a t u s f u e r i t, 15
s a l u u s c r i t; q u i a u t e m n o n c r e d i d e r i t, c o n-
d e m n a b i t u r. cuius mysterium credulitatis in paruulis per
eorum responsionem a quibus gestantur inpletur, ne, si factum non
fuerit, eant ex uno omnes in condemnationem. et tamen contra
tam manifestas uoces, quas concinit ueritas, procedit in medium 20
magis uaecors quam misericors uanitas et dicit: *non solum non*
eunt in damnationem paruuli, etsi nullum eos christianae fidei
lauacrum a uinculo peccati originalis absoluat, uerum etiam felicitate
paradisi post mortem interim perfruuntur, post resurrectionem autem
etiam regni caelorum felicitatem possidebunt. haec iste contra catho- 25
licam fundatissimam fidem numquid dicere auderet, si quaestionem
soluendam de animae origine nires suas excedentem suscipere non
auderet?

   XIII. 18. Horrendis est enim coartatus angustiis ab eis qui
dicunt: *cur deus animam tam iniusta animaduersione multauit, ut* 30

---

   4 Ioh. 3, 5   9 Matth. 10, 39   12 Rom. 5, 18   15 Marc. 16, 16
21 Vinc. Victor   30 idem; cf. pag. 308, 3—6

   5 fuerit renatus *d* fuerit *om. BCG* potest *om. D* 6 introibit *D* 7 excepto *A*
pro *om. E*   8 hoccidi *A*   in alio *E*   13 *alt.* damnationem *B* dāpnationem *G*
14 ostendit *E*   16 autem] nero *bd*   crediderit *m2 ex* dederit *F*   17 Vius *A*
18 ne si] nisi *G*   non *om. G*   19 in *om. A*   21 uecors *BEFG*   23 originalis peccati
BCFGbd felicitatem *BCG* 24 autem] nero *bd* 25 felicitatem] beatitudinem *AE*
felicitate *C*   30 dominus *E*   tam] *add.* inimiotam *G*   animaduersionem *C*
animaduersionē *G*

in corpus eam peccati relegare uoluerit, cum consortio carnis peccatrix
esse incipit, quae peccatrix esse non potuit? utique enim dicunt:
'non potuit anima esse peccatrix, nisi eam deus miscuisset carnis
consortio peccatricis.' qua ergo iustitia id fecerit deus, cum iste
5 inuenire non posset — maxime propter aeternam damnationem
morientium paruulorum, quibus non baptizatis expiatum non
fuerit originale peccatum —, cur itaque deus iustus et bonus paruulorum animas, quibus praesciuit non subuenturum christianae
gratiae sacramentum, ab omni noxa propaginis liberas mittendo
10 in corpus quod ex Adam trahitur uinculo peccati originalis ob-
strinxerit atque isto modo reas aeternae damnationis effecerit, cum
inuenire non posset nec uellet dicere etiam ipsas ex illa una originem
trahere peccatricem, maluit per naufragium miserabile exire quam
temerarium cursum uelis depositis et remis suae disputationis inhi-
15 bitis prouida deliberatione frenare. uiluit quippe iuueni senilis nostra
cunctatio, quasi huic molestissimae ac periculosissimae quaestioni
magis fuerit impetus eloquentiae quam consilium prudentiae necessarium. et praeuidit etiam hoc ipse, sed frustra; nam haec *sibi* uelut
ab aduersariis propositurus obiecta: *exhinc alia,* inquit, *substru-*
20 *untur obprobria querulis murmurationibus oblatrantium et excussi*
quasi quodam turbine identidem inter immania saxa conlidimur. his
praedictis quaestionem supra dictam scopulosissimam sibi proposuit,
ubi a fide catholica naufragauit, nisi refecerit paenitendo quod
fregit. illum ego turbinem atque illa saxa deuitans nauem illis com-
25 mittere nolui et de hac re ita scripsi, ut rationem potius cunctationis
mcae quam temeritatem praesumptionis ostenderem. quod opus-

19 *Vinc. Victor*; cf. pag. 309, 9   25 cf. Aug. De libero arbitrio III 59—62
(XXXII 1296 M). De pecc. meritis II 36, 58. Epist. 166 (CSEL XXXXIV
545). Epist. 190 (CSEL *LV*II 137)

1 religare *BCDEFG*   consortia *A*   2 hinc cepit *E*   3 non] nã *A*   deus
eam *E*   misguisset *A* micuisset *Fml*   4 consortia *A*   deus id fecerit *E*
5 possit *E*   9 noxia *E*   propaganis *F*   10 obstrixeri•t*G* obstrincxerit
(n *s. l.*) *F*   11 efficerit *AC*   14 dispositis *GB a. c.*   imbitis *A* indebitis *E*
15 inueni *A*   16 cunctati *A*   cunctatio *C*   uic *A*   hac *C*   quaestione *C*   18 hoc
etiam *ABCF*   nam ex *A*   19 subtruuntur *C* substrahuntur (*s.* ah *ml add.* u) *F*
20 querellis *A* quaerulis *BCG*   oblatrantium *AEF; cf. 309, 10*   21 turpidinem *A*
uictor inter *B* uictor inter *CEG* uictor es inter *F* (es *s. l.*)   22 scopolosissi-
mam *CGml*   23 reficerit *AE*   penitudo *E*   24 ergo *BG*   turpidinem *A*
saxa *om. E*   25 ac *A*

culum meum cum apud te inuenisset, inrisit seque illis cautibus
animosiore impetu quam consultiore commisit. sed quo eum praefi-
dentia ista perduxerit, puto quod nunc uideas; uberius autem ago
deo gratias, si et antea iam uidebas. cum enim nollet cohibere praecipitem cursum propter ancipitem excursum, miserabilem inuenit 5
incursum asserens deum paruulis sine christiana regeneratione de-
functis et modo paradisum et postea regnum conferre caelorum.

XIV. 19. Scripturarum nero testimonia quaecumque posuit,
quibus animas deum non ex illius primae propagine adtrahere, sed
sicut ipsam primam suas quibusque singulis insufflare uelut probare 10
conatus est, ita sunt, quod ad istam quaestionem adtinet, incerta
et ambigua, ut etiam aliter accipi quam ipse uult facillime possint.
quod iam in eo libro, quem scripsi ad amicum nostrum, cuius commemorationem superius feci, satis, quantum existimo, demonstraui.
testimonia quippe ipsa quae adhibuit, ubi legitur deus animas uel 15
dare uel facere uel fingere, unde illas det uel unde faciat sine fingat
non ostendunt: utrum ex propagine illius primae an insufflando
sicut illam primam. iste autem ex eo ipso, quod legitur animas
deus dare siue facere siue fingere, iam putat animarum negatam
esse propaginem, cum deus eadem scriptura teste etiam corpora 20
det siue faciat siue fingat, quae tamen ab illo ex propagine seminis
dari, fieri, fingi nemo ambigit.

20. Item quod scriptum est ex uno sanguine deum fecisse
omne genus hominum uel quod ait Adam: h o c n u n c o s
e x o s s i b u s m e i s e t c a r o d e c a r n e m e a, quia neque 25
ibi dictum est 'ex una anima' neque hic 'anima de anima mea', putat
negari animas filiorum ex parentibus uel illius mulieris ex uiro;
quasi uero, si non 'ex uno sanguine', sed 'ex una anima' diceretur,
aliud quam totus homo intellegeretur nec corporis propagatio
negaretur. sic etiam si dictum esset: 'anima de anima mea,' non 30

14 cf. pag. 317, 11·—325   15 cf. Esai. 42, 5. 57, 16. Zach. 12, 1   23 cf.
Act. 17, 26; cf. pag. 320, 12 sqq.   24 Gen. 2, 23

1 seque] deque *A* sequae *C*   2 prouidentia *E*   4 ante *E*   cohiberem *A*
5 anti cipitē *ABCFG*   9 animas] amicis *G*   12 ipse] ut *E*   14 exestimo *AC*
15 athibuit *Fm1*   16 dat *F*   facit *F*   fingit *Fm2*   18 illam sicut *E*   19 d̄m *E*
21 faciet *ACm1*   propaginis semine codd.   22 ambiget *E*   24 adam ait *Ab*
26 est dictum *E*   putāt *E*   29 aliud *m2 s. exp.* illud *C*   30 ne negaretur *C*

utique negaretur caro, quam de illo exemtam fuisse constabat; a
parte enim totum sicut etiam a toto partem plerumque scriptura
significat. nam certe si non 'ex uno sanguine' sed 'ex uno
homine' illo loco scriptum esset institutum esse genus humanum,
5 unde iste adhibuit testimonium, non praeiudicaret istis qui negant
animarum propaginem, quamuis non sola anima nec sola caro, sed
utrumque sit homo. responderent enim a toto partem, id est ab
homine solam hominis carnem, scripturam significare potuisse. sic
ergo et hi qui defendunt animarum propaginem illud quod dictum
10 est' ex uno sanguine' per sanguinem scilicet hominem, id est
a parte totum, significatum esse contendunt. sicut enim uidetur
illos iuuare quod dictum est 'ex uno sanguine' nec dictum
est 'ex uno homine', sic uidetur et istos iuuare quod dictum est:
per unum hominem peccatum intrauit in
15 mundum et per peccatum mors et ita in
omnes homines pertransiit, in quo omnes
peccauerunt, nec dictum est 'in quo omnium caro
peccauit'. itemque sicut illos uidetur iuuare quod dictum est:
hoc nunc os ex ossibus meis et caro de carne
20 mea, quia pars est dicta, non totum, sic iterum istos, quod
ibi continuo sequitur: haec uocabitur mulier, quoniam de niro suo sumta est. debuit enim dici aiunt
'quoniam de uiro suo caro eius sumta est', si non tota
mulier, id est cum anima, sed sola caro sumeretur ex uiro.
25 porro autem utrisque auditis qui sine studio partium iudicat,
uidet profecto nec contra istos qui propaginem animarum
defendunt proferenda illa testimonia ubi pars nominatur, quia
potuit scriptura significare illio a parte totum — sicut
uerbum caro factum est cum legimus, non utique
30 carnem solam, sed hominem totum intellegimus —, nec contra illos
qui propaginem animarum destruunt ista proferenda, ubi non pars
hominis, sed totum commemoratur, quia potuit ibi scriptura a toto
partem significare, sicut sepultum confitemur Christum, cum caro

14 Rom. 5, 12   19 Gen. 2, 23   21 Gen. 2, 24   29 Ioh. 1, 14

1 negatur *E*   exemta *C* exētam *D* exeptam *G*   aperte *C*   2 ad partem *E*
scribturo *A*   7 ad partem *E*   9 hiị *C* hii *E* ii *d*   11 uidet *C*   18 item *F*
20 qui *A*   22 sumpta codd. *prael. A*   aiunt *om. E*   28 illi caperte *A*
32 cōmerat̅ ✶✶✶✶*C*   33 cum *bis pon. C*   eius caro *bd*

eius sola sepulta sit. ac per hoc propaginem animarum nec temere astruendam nec temere destruendam dicimus, sed ammonemus alia testimonia esse quaerenda, quae non inueniantur ambigua.

XV. 21. Quamobrem quid te iste docuerit et unde gratias egeris, nondum scio. manet quippe illa quaestio, sicut erat, in qua quaeritur de animarum origine, utrum illas deus ex propagine illius unius, quam primo insufflauit homini, an ex flatu suo, sicut primo homini, det, faciat, fingat hominibus, quas eum dare, facere, fingere fides christiana non dubitat. quam quaestionem iste cum soluere conaretur nec nires suas intueretur, destruens animarum propaginem et asserens 'eas puras ab omni contagione peccati' non de nihilo, sed 'de se ipso insufflare creatorem' et naturam dei mutabilitatis obprobrio, quod necesse non fuerat, infamauit et, dum uult reddere rationem, ne deus credatur iniustus, si puras ab omni peccato animas, etiam illas, quas christiana regeneratione non redimit, uinculo peccati originalis innectit, ea dixit quae te nolo docuerit. tantum enim salutis et felicitatis non baptizatis paruulis tribuit, quantum nec Pelagiana heresis potuit. et tamen de tot milibus paruulorum, qui nascuntur ex impiis et inter impios moriuntur, non quibus homines per baptismum, cum uelint, subuenire non possunt, sed de quibus baptizandis nemo potuit uel poterit cogitare nec quisquam pro eis obtulit uel oblaturus est sacrificium, quod iste etiam pro non baptizandis censuit offerendum, quid diceret non inuenit. de quibus si fuerit interrogatus, eorum animae quid meruerint, ut illas deus nec abluendas baptismo nec expiandas Christi corporis et sanguinis sacrificio et in aeternum damnandas carni inseruerit peccatrici, aut omnino haerebit et ei nostra cunctatio uel sero placebit aut simul pro *omnibus* paruulis, qui toto *orbe* terrarum sine christiano baptismate moriuntur, etiam eorum nominibus tacitis, quoniam nesciuntur in ecclesia Christi, non incorporatis corpori Christi offerendum corpus Christi esse censebit.

11 Vino. Victor   22 cf. pag. 310, 19—311, 1

     3 esse testimonia *E*   inueniuntur *A*   7 *ꝓost* unius *ras., in qua* quã prīmus *cogn. A*   **suffla***A   8 primū *A*   facere *bis B*   12 se *om. A*   13 opproprio *A* 14 ratione *A*   iniustas *G*   15 redemit *BCFGb*   16 docueris *A*   17 felicitatis et salutis *E*   baptismatis *A*   tribuit paruulis *BG*   18 hereses *BGFm1* heresis *C* (is *s. l.*)   19 inter impiis *E*   20 uelit *A*   possint *E*   23 pro nobis baptizatis *d* 25 expiendas *A*   26 inserit codd. *nostri* inseruerit *aliquot* codd. *deteriores a nobis collati* inserat *bd*   28 $\overline{xpi}$ *E*   29 tatitis *A*   30 haec clesia *A*   incorporatas *Fm1*

XVI. 22. Ab*sit* a te, frater, ut haec *tibi* placeant, ab*sit*, ut ista .
uel didicisse gaudeas uel docere praesumas; alioquin longe melior
inuenietur ipse quam tu, quia in exordio primi sui *libri* modeste
atque humiliter praelocutus est dicens: *cum tibi parere desidero,*
5 *notam praesumtionis incurri;* et paulo post: *quando quidem,* inquit,
nec mihi ipse sim credulus ea quae dixero posse probari studeamque
semper etiam propriam sententiam non tueri, si inprobabilis detegatur,
et sit mihi cordi proprio damnato iudicio meliora magis et quae sint
ueriora sectari. nam ut est optimi propositi laudandique consilii
10 *facile ad ueriora transduci, ita inprobi obstinatique iudicii est nolle*
citius ad tramitem rationis inflecti. haec quippe ille si ueraciter
dixit atque ut locutus est sentit, magnae profecto spei animum
gerit. item in fine libri secundi: *nec putes,* inquit, *ad inuidiam*
tuum forsitan reuocandum, cum in tua dictorum meorum constituam
15 *potestate iudicium.* ac ne forte cuiusquam curiosi lectoris obtutus inter
inlitas fibras elementorum uestigia remanentia sollicitent et offendant,
contextam paginae seriem pollice seuero discerpe meque huius censionis
experte puni atramenta quae indigna eloquia signauerunt, ne hac oc-
casione et tuum erga me iudicium, quo mihi uehementer indulges, et
20 *meae quae latebant ineptiae rideantur.*

XVII. 23. Isto igitur cum ille suos *libros* et initio praemuniuerit
et termino communiuerit atque tuis humeris inposuerit onus religiosum correctionis et emendationis suae, hoc apud te inueniat quod
petiuit, ut emendes eum iustus in misericordia et arguas eum; oleum
25 autem peccatoris, quo inpinguetur caput eius, ab*sit* a manibus atque

---

4.5 Vinc. Victor   13 Vino. Victor   24 cf. Ps. 140, 5

1 *all.* absit *om. E*   2 didicisse] *add.* te *AE*   3 libri sui *E*   4 desiderem *E*
5 praesumptoris *D*   incurro *Fm2d*   6 credulus sim *E*   7 tueris (*om.* si) *A*
8 iudicio damnato *BCFGd*   sunt *Eb*   9 sicut *E*   utē *m2 s. exp.* aut *C*
11 attramitē *A*   infecti *A*   12 ut *om. G*   sensit *E*   animā *F*   13 item—secundi
om. BCG   14 cum] quā *ABCG* quod *F* (od *s.* ạ), *bd*   15 ac] at *b*   optutus *AF*
inter *om. E*   16 inlicitas *ABCF*   licitas *G*   illatas *E*   17 contextan *A*   pollicere
nero *BCG* pollice nero seuere *E* polliceręuo *F* (t *s.* ŗe)   discerper *E* discerpere *G*
ne (*s. l.*) meque *F* neque *G*   huiusmodi *E*   18 expertē *Bb*   exparte *F* (e *s.* ạ *m2*)
puniat *BCEFm1G*   atramento *b*   indignę loquia *D*   significauerunt *BCFG*
occasionē *C*   20 maęę *F*   21 Isto igitur modo *b*   praemunierit *C*   22 com-
minuerit *G*   tui summeris *A*   religionis *BGb*   24 emendet *A*   25 inpingetur *CFm1*

osculis tuis, id est assentatio indecens adulantis et deceptoria lenitudo
blandientis. quodsi emendare neglegis cum uideas emendandum,
aduersus caritatem facis; si autem tibi emendandus propterea non
uidetur, quia putas eum recte ista sensisse, aduersus ueritatem sapis.
et ideo ille melior, qui emendari est paratior, si non defuerit emen- 5
dator, quam tu, si uel sciens inridenter contemnis errantem uel
nesciens pariter sectaris errorem. omnia itaque in eisdem libris ad
te scriptis et tibi traditis *sobrie* uigilanterque considera, et plura
quam ego inuenies fortasse culpanda. et quaecumque ibi sunt adprobanda atque laudanda, si quid in eis reuera forsitan ignorabas 10
atque isto disserente didicisti, euidenter profitere quid illud sit, ut
de hoc te gratias egisse, non de his quae illic inprobanda tam multa
sunt, omnes nouerint, qui uel recitante illo tecum simul audierunt
uel eosdem postea libros legerunt, ne in eius ornato eloquio tamquam in pretioso poculo te inuitante etsi non bibente uenenum 15
bibant, si tu quid inde biberis et quid non biberis nesciunt et propter
laudem tuam omnia illic bibenda salubriter arbitrantur. quamuis
et audire et legere et quae dicta sunt haurire memoria quid est nisi
bibere? sed praedixit dominus de fidelibus suis, quod e t s i m o r t i-
f e r u m q u i d b i b e r i n t, n o n e i s n o c e b i t. ac per hoc qui 20
cum iudicio legunt et secundum regulam fidei adprobanda adprobant
et inprobant inprobanda, etiamsi commendant memoriae quae inprobanda dicuntur, nulla uenenata sententiarum prauitate laeduntur.
haec me grauitatem et religionem tuam siue mutua siue praeuia
caritate monuisse uel commonuisse minime paenitebit domino mise- 25
rante, quomodolibet accipias, quod tibi praerogandum putaui.
agam uero uberes ei gratias, de cuius misericordia saluberrimum
est fidere, si ab his prauitatibus et erroribus, quos ex *libris* huius

19 Marc. 16, 18

1 oculis *BCEFGbd*   indicens *F*   denitudo *A*   2 plandientis *C*   3 facis]
pacis *ABC*   emendandus tibi *BG*   4 iste *C*   5 emēdare *C*   paratior] patior *A*
6 si *om.F*   7 atte *A*   9 ab probanda *A*   10 siquit *G*   11 ut] et *CE*   12 his] illis *E*
13 sunt *Fm1*   nouerunt *BCGb*   uel] uult *C*   14 ornatu *ABCGFm1*   16 *pr.*
liberes *A*   et *fin.*] ut *E*   17 arbitrentur *G*   19 dominus *om. G*   20 eius *A* eos *E*
quibuscum *A*   quicūque (*om.* cum) *E*   21 abprobanda *A*   22 commendent *E*
23 nulla] *add.* licet *D*   24 legionem *C*   27 ei uberos *DE*   saluberrime *A*
28 ab is *A*   prauitibus *A*

hominis ostendere his litteris potui, alienam atque integram fidem
tuam uel inuenerit epistula ista uel fecerit.

LIBER TERTIVS. AD VINCENTIVM VICTOREM.

I. 1. Quod mihi ad te scribendum putaui, hoc prius cogites,
5 fili dilectissime Victor, uolo, si te contemnerem, nequaquam id me
fuisse facturum. nec ideo tamen humilitate nostra sic abutaris, ut
propterea te existimes adprobatum, quia cernis non fuisse contem-
tum; non enim sequendum, sed corrigendum te diligo. et quoniam
nec corrigi posse despero, nolo mireris me contemnere non posse
10 quem diligo. si enim te, antequam nobis communicares, diligere
debui, ut esses catholicus, quanto magis te iam communicantem
diligere debeo, ne sis nouns hereticus et ut sis talis catholicus, cui
resistere nullus possit hereticus! quantum enim adparet ex donis
ingenii, quae iam tibi largitus est deus, profecto sapiens eris, si te
15 non esse credideris, atque ut sis ab illo qui facit sapientes pie, sub-
pliciter instanterque poposceris et malueris errore non decipi quam
errantium laudibus honorari.

15 Eccli. 1, 1

1 ingrā A   2 tuam *bis* pos. *semel eras.* A   inuenirit C   EXPLICIT
EPISTOLA AD PETRVM PRESBITERVM DE NATVRA ET ORIGINE
ANIMAE. INCIPIT AD VINCENTIV VICTORE DE EADE RE LIB PRI-
MVS AC EXPLICIT EPISTOLA AD PETRVM PRBM INCIPIT AD VIN-
CENTIVM VICTOREM DE EADEM RE LIBER PRIMVS BG EXPLICIT
EPISTOLA AD PETRVM PRESBITERV DE NATVRA ET ORIGINE
ANIMAE F Explic epla sci aug ad petrum Presbm De natura et origine animę.
Incip eiusdē alia epla ad Petrum et abraham de eadem re E,a *codice D sub-
scriptio abest*   3 IN NOMINE DNI NRI IHV XPI . . . . . . INCIPIT AD
VINCENTIVM VICTOREM DE NATVRA ET ORIGINE ANIMAE LIBER
SCI AGVSTINI EPI H INC ∴ AD VICTOREM VINCENTIVM ∴ DE
NATVRA ET ORIGINE ANIMAE. LIBER SCI AVRELII AVG PRI-
MVS ∴∴ *I* INCIPIT LIBER AVRELII AVGINI DE NATVRA ET ORI-
GINE ANIME AD VINCENTIVM VICTOREM T   4 primum E   cogitas C
5 uitor C   si te contēnere C   nequaquam ad me contēnere fuisse C   6 tamen
om. Dm1   7 abprobatum A   10 communicaris BC   11 ut omes catholicos
(*in mg. al.* l esses catholicus) b   te iam] etiam CI   cōminicantem A   12 dile-
gere C   heredicus Hm1   ut sis talis *om.* H   cuius B   cui—hereticus *om.* D

II. 2. Prius me in libris tuis titulus tui nominis pro te sollicitum
reddidit. cum enim quis esset Vincentius Victor ab eis qui te
nouerant et forte aderant requisissem, audiui te fuisse Donatistam
uel potius Rogatistam, nuper autem communicasse catholicae. et
cum gauderem tantum, quantum de his solemus, quos ab illo errore 5
liberatos esse cognoscimus, immo nero etiam multo amplius, quod
ingenium tuum, quo delectabar in litteris tuis, uidebam non reman-
sisse apud aduersarios ueritatis, additum est a referentibus, quod
me inter illa gaudia contristaret, ideo te cognominari uoluisse Vincentium, quod Rogati successorem, qui hoc nomine appellatus est, 10
adhuc tamquam magnum et sanctum uirum animo teneas et ob
hoc illins nomen tuum uolueris esse cognomen. nec defuerunt qui
dicerent etiam hoc a te fuisse iactatum, quod ipse *tibi* nescio qua
uisione apparuerit atque ad hos conficiendos libros, de quibus tecum
agere isto nostro opusculo institui, sic adiuuerit, ut ea tibi scribenda, 15
quantum ad res ipsas rationesque adtinet, ipse dictaret. quod si
uerum est, iam te illa dicere potuisse non miror, quae, si patienter
auscultes ammonitioni meae et eos libros catholica mente consideres
atque pertractes, te dixisse procul dubio paenitebit. ille quippe qui
se, sicut eum prodit apostolus, t r a n s f i g u r a t i n a n g e l u m 20
l u c i s, in eum tibi transfiguratus est, quem tu fuisse uel esse tamquam lucis angelum credis. et eo quidem modo minus ad decipiendos
catholicos ualet, quando se non in lucis angelos, sed in hereticos
transfigurat; sed te ab eo falli iam catholicum nollem. crucietur
ergo te didicisse quae uera sunt: quanto magis laetatus fuerat se tibi 25
persuasisse quae falsa sunt! ut autem non diligas hominem mortuum,
cuius dilectio tibi obesse potest, prodesse illi non potest, hoc brene
intuearis ammoneo, quod utique ille non est sanctus et iustus, si tu

20 II Cor. 11, 14

3 et] uel *BCl*   adherant *A*   requiesē *A*   4 aeclesiae catholicae *l*
5 gauderem *H* (u *add. m1*, de *m2*)   liberatos esse ab illo errore *I*   7 quod *EHd*
delectabas *H*   tuis *in mg. add. E*   non *om. H*   8 quo *d*   ·9 cognominare *CH*
10 rogasti *ABC* roga∗ti *E*   abpellatus *A*   13 a *om. A*   14 atque *om. E*
15 opusculū *A*   si *BCb* si deus *I*   adiuuerit dn̄s *b*   ut *om. D*   ut eos tibi
scribendos *T*   16 attenet *H*   17 sapienter *H*   18 auscultas *Bml*   21 eo *b*
est transfig. *bd*   22 angelum lucis *E*   23 *alt.* in *om. C*   haereticos *A*   24 ab eo]
habeo *AB* ab illo *E*   cruetur *B*   25 deducis se *Hml*   si *E*   sed ibi *Hml*
26 persuasisset *E* persuasisse ∗∗D   moriturum *I*   27 obesse tibi *E*   prodesse—
potest *om. C*   illa *E, om. T*   breuiter *bd*

hereticorum Donatistarum uel Rogatistarum laqueos euasisti; si
autem illum sanctum et iustum arbitraris, tu communicando catholicis interisti. profecto enim te catholicum fiugis, si animo illud es
quod erat ille quem diligis. et nosti quam terribiliter scriptum sit,
5 quod spiritus sanctus disciplinae fugiet fictum.
si autem ueraciter communicans non te catholicum fingis, quid adhuc hereticum mortuum sic diligis, ut eius uelis te iactare adhuc
nomine, cuius iam non teneris errore? nolumus te habere tale cognomentum, tamquam sis heretici mortui monumentum; nolumus talem
10 titulum habere librum tuum, qualem falsum esse diceremus, si in
eius sepulcro legeremus. non enim Vincentium uictorem scimus esse,
sed uictum; et utinam fructuose, sicut te uinci uolumus ueritate!
astute autem putaris et callide, cum libros tuos, quos credi cupis
illo tibi reuelante dictatos, appellas Vincentii Victoris, non tam Vin-
15 centium te quam illum uocari uoluisse Victorem, uelut tibi reuelando
quae scriberes uicisset errorem. ut quid tibi ista, fili? esto potius
uerus, non fictus catholicus, ne te fugiat spiritus sanctus et nihil
tibi possit prodesse Vincentius. in quem se ad te fallendum trans-
figurauit malignissimus spiritus; eius quippe sunt illa qualibet tibi
20 fraude persuasa. quae si ammonitus pia humilitate et catholica pace
correxeris, errores fuisse iudicabuntur studiosissimi iuuenis emendari
potius quam in eis remanere cupientis. si autem pro eis tibi etiam
contentionem — quod absit! — persuaserit peruicacem, iam tamquam
heretica dogmata cum suo necesse erit auctore damnari, cura scilicet
25 pastorali et medicinali, priusquam per incautum uulgus serpant dira
contagia, cum dilectionis non ueritate, sed nomine salubris neglegitur
disciplina.

III. 3. Si quaeris quaenam illa sint, poteris quidem legere mea
scripta ad fratres nostros, Renatum dei seruum et presbyterum

5 Sap. 1, 5   25 cf. Verg. Georg. III 468. 469

1 haereticorum A, om. I   2 iustum esse E   3 si te catholicum (om.
post. si) HT   te om. C   si—fingis om. A   illudes BEH   es om. C   5 fugiat DH
effugiat E effugiet T   6 communicas E   finges Hml   7 haereti-
cum A   te uelis H   8 errore in ras. E   cōnomentum C   9 monimentum T
11 sepulchro ABDH   12 sicut et te E   13 quod E   15 uocare H   16 tibi] sibi b
18 prodesse possit E   possit om. H   te ad se C   21 studiosissime BC
22 pr. eius C   24 haeretica A   cura] correptione H   25 per] pro C   27 di-
sciplina] medicina b   28 sunt illa B illa sunt C illi sunt I   29 praesbiterum Al
presbiterum BC

Petrum, ad quem tu eadem ipsa, de quibus agimus, scribenda existimasti *eius*, ut asseris, *uoluntati petentis obtemperans*. dabunt enim
tibi ut legas procul dubio, si uolueris, et ingerent etiam non petenti.
uerum tamen etiam hic quae maxime in eisdem *libris* tuis et in fide
tua emendari cupiam non tacebo. primum est, quod 'animam non   5
ita uis a deo esse factam, ut eam ex nihilo fecerit, sed ex semet
ipso'. ubi non putas esse consequens, ut naturae sit dei, quia profecto quam sit impium et ipse cognoscis. qua impietate ut careas, ita
oportet ut dicas animae auctorem deum, ut ab illo facta sit, non de
illo. quod enim de illo est, sieut unigenitus filius, eiusdem naturae   10
cuius et ille est. ut autem anima eiusdem naturae non sit cuius est
ille, facta est quidem ab illo, sed non de illo. aut ergo dic unde aut
fatere de nihilo. quid est quod dicis 'eam particulam esse quandam
halitus naturae dei'? numquidnam ipsum halitum naturae dei,
cuius halitus est ista particula, negas eiusdem cuius deus est esse   15
naturae? si negas, ergo de nihilo et istum halitum fecit deus, cuius
halitus animam uis esse particulam. aut si non de nihilo, dic unde
illum fecerit deus. si de se ipso, ergo ipse est — quod absit ! — materies
operis sui. sed dicis: *cum de se ipso halitum uel flatum facit, ipse
integer manet;* quasi non et ignis lucernae integer maneat, cum de   20
illo altera accenditur, et tamen eiusdem, non alterius sit naturae.

    IV. 4. *Sed*, inquis, *cum a nobis uter inflatur, non aliqua portio
nostrae naturae uel qualitatis infunditur, cum hoc ipsum, quod spiritu
hausto uter inpletus extenditur, sine aliqua nostri deminutione
geratur.* his uerbis tuis adhuc addis et inmoraris et inculcas simili-   25
tudinem quasi necessariam, qua intellegamus quomodo deus sine
suae naturae aliquo detrimento et de se ipso animam faciat et facta

---

    2 *Vinc.* Victor   5 *Vinc.* Victor; *cf.* pag. 305, 19 sqq. et 339, 1   13. 19. 22
Vinc. Victor

    1 quibus] *add.* nunc *d*   existimate *C*   2 ut eius *E*   petenti *T* poeni-
tentis *C*   3 legāt *b*   ingerunt *E*   5 emendare *B*   ita non *E*   6 factam esse *E*
7 putes *b*   8 qu*a *B*   11 *alt.* cuius et ille est *T*   est *om.E*   13 facere *C*
14 alitus *CDT; in seqq. uers.* h *omnes codd. semper fere om.*   numquinnam *A*
15 ipsa *E*   17 uis esse animam *H*   animę *E*   non] nā *A*   18 fecerit illum *E*
se *om.E*   19 cum] quod *B*   ipso *in mg. add. E*   20 maneat *b*   et *om.A*   21 illa *Eb*
23 nro *A*   hoc ipso quo spu hausto *ABCDEHlb* hic ipse spiritus quo hausto *d*
24 impletur *b*   diminutione *BCETbd*   25 egeratur *d*   tuis *om.H*   addisset
(*om.* et) *B*   et—quasi *om.H*   27 faciet *A*

de ipso non sit quod ipse. dicis enim: *numquid animae nostrae est portio utris inflatio aut homines fingimus cum utres inflamus aut detrimentum nostri in aliquo patimur, cum flatus nostros in diuersa partimur? sed nullum patimur detrimentum, cum ex nobis ad aliquid*
5 *transmittimus flatum, et manente in nobis plena flatus proprii qualitate et integra quantitate nullum nos meminimus damnum ex ntris inflatione sentire.* ista similitudine, quae satis elegans et congruens tibi uidetur, quantum fallaris adtende. deum quippe dicis incorporeum non de nihilo a se factam, sed de se ipso animam sufflare
10 corpoream, cum flatum nos licet corporeum, subtiliorem tamen emittamus, quam nostra sunt corpora, nec eum de anima nostra, sed de hoc aere per uiscera corporis exhalemus. pulmones quippe anima, cuius nutu mouentur etiam cetera corporis membra, ad hunc aerium spiritum ducendum atque reddendum sicut folles
15 mouet. praeter enim alimenta solida et fluxa, unde est cibus et potus, hoc tertium nobis deus alimentum circumfudit aurarum, quas ita carpimus, ut sine cibo et potu diu esse possimus, sine hoc autem alimento tertio, quod aura nobis, quae undique circumsistit, spirantibus et respirantibus exhibet, nec exiguo temporis spatio
20 possumus uiuere. sicut autem cibus et potus non solum ingerendi, uerum etiam per meatus ad hoc institutos egerendi sunt, ne utroque laedant, uel non intrando uel non excundo, ita hoc tertium flabile alimentum quia in nobis manere non sinitur nec inmorando corrumpitur, sed egeritur mox ut ingeritur, non alios, sed eosdem
25 meatus, id est os aut nares aut utrumque, et qua intraret et qua exiret, accepit.

5. In te ipso tibi proba ipse quod dico. emitte spiritum flando et uide utrum dures, si non receperis; recipe respirando et uide quas patiaris angustias, si non rursus emiseris. hoc igitur facimus,

---

1 Vinc. Victor

1 de se ipsa *E*   2 imflatio *C*   fungimus *C*   imflamus *C*   3 alico *A*
inflatus *B*   4 patimur *BDm1*   ad *om. ABCDm1E*   ad aliquid (*in mg. al.* l
E   aliquē*) b*   5 plenas *C*   qualitatem *B*   6 et *om. A*   7 sentire—*365*, 7 uiuamus
om. E   eligans *BCI*   9 factum *Hm2*   se *om. B*   10 nosscilicet (*pr.* s *s. l.*) *D*
12 exalemus *AHT*   quippe] nāque *BlTb* namquae *C*   13 nutu] natura (ra *m2*
add.) *H*   adhuc *A*   14 aerium *BHlT* aereum *C*   15 solidet *C*   17 dine *ē C*
19 exibet *B*   tempori *Hml*   20 possimus *HTd*   21 ad hoc *om. B*   instituto
segerendi *B*   constitutos *H*   24 egeretur *Hml*   alias *A*   25 os *A*   29 facinus *A*

quando utrem, sicut dicis, inflamus, quod facimus ut uiuamus; nisi
quod tune paulo plus ducimus, ut paulo plus emittamus, ut spiritum
flabilem, id est uentum in utrem inplendum et extendendum non
quiete spirandi et respirandi, sed anhelandi impetu coartemus. quomodo ergo dicis: *nullum patimur detrimentum, cum ex nobis ad* 5
aliquid transmittimus flatum, et manente in nobis plena flatus proprii
qualitate et integra quantitate nullum nos meminimus damnum ex
utris inflatione sentire? apparet te, fili, si aliquando utrem inflasti,
non aduertisse quid egeris. quod enim sufflando amittis, statim
recipiendo non sentis. sed potes hoc facillime discere, si hoc potius 10
nelis quam tua dicta, quia iam dicta sunt, non inflans utrem, sed
inflatus ipse defendere et auditores tuos, quos ueris rebus aedificare
debes, inani strepitu uentosi sermonis inflare. in hac causa non te
ad magistrum mitto nisi ad te ipsum. emitte flatum in utrem et
os claude continuo naresque detine et sic saltem senti uerum esse 15
quod dico. cum enim coeperis angustias intolerabiles perpeti, quid
cupies ore aperto naribusque recipere, si, quando sufflasti, nihil te
existimas amisisse? uide in quo malo sis, nisi hauriendo resumas
quod effundendo reddideras; uide, illa insufflatio qualia damna et
detrimenta fecisset, nisi ea respiratio reparasset. nisi ·enim quod 20
inpenderis ad utrem implendum, ad te itidem alendum aditu patefacto redierit, quid tibi non solum unde illum inflare, sed unde tu
possis uiuere remanebit?

6. Haec debuisti considerare, cum scriberes, et non ista similitudine utrium inflatorum uel inflandorum introducere nobis deum 25
aut ex alia natura, quae iam erat, sicut nos ex isto circumfuso aere
flatum facimus, animas flare aut certe, quod et abhorret ab ista
similitudine et abundat impietate, deum sine ullo quidem sui detri-

5 Vinc. Victor

.*E*   2 quod tunc] quodā *H*   ducimus—plus *om. C*   4 anelandi *C*   anelandū
petu *A*   6 transmittamus *C*   in *om. BC*   plena *om. D*   8 insufflatione *B*
9 quod] quid *B*   insufflando *b*   inflando *d*   emittis *b*   10 potest *C*
ediscere *H*   11 tu addicta *C*   inflas *C*   12 uerbis *T*   13 inanissime *B*
inanissine *C*   inanis sine *H*   strepidu *C*   inac *A*   14 nisi] sed *BCHT*
17 cupiet *A*   te *om. H*   18 exestimas *AC*   amisse *D*   mala *A*   auriendo *CH*
rerum at quod (*in mg. s.* rerum *add. m2* remeat) *H*   19 quo defundendo *A*
20 fecisset] *add. et A*   21 a*l**endum *I*   aditum *B*   22 qui *C*   23 manebit *A*
24 debuisse *A*   26 aeres latū *A*   27 at *B*   aborret *C*   28 *abundat *H*
obtundat *C*

mento, sed tamen de sua natura mutabile aliquid uel proferre uel,
quod est peius, tamquam sui operis materies ipse sit, facere. ut
ergo aliquam de nostro flatu ad hanc rem adhibeamus similitudinem,
id potius est credendum, quod, sicut nos non de natura nostra, sed
5 quia omnipotentes non sumus, de isto aero circumfuso quem trahimus
et reddimus, cum spiramus et respiramus, flatum facimus quando
sufflamus nec uiuentem nec sentientem, quamuis nos uiuamus atque
sentiamus, ita deum non de sua natura, sed quia sic omnipotens
est, ut possit creare quod uult, etiam ex eo quod omnino non est,
10 id est de nihilo, flatum facere posse uiuentem atque sentientem, sed
plane cum sit inmutabilis ipse mutabilem.

V. 7. Quid autem sibi uult, quod huic similitudini addendum
putasti ad exemplum de beato Heliseo, quia flando in eius faciem
mortuum suscitauerit? itane tu flatum Helisei factum fuisse putas
15 animam pueri? non usque adeo te a uero exorbitare crediderim.
si ergo anima illa, quae uiuenti ablata fuerat ut moreretur, eadem
ipsa illi ut reuiuesceret reddita est, quid ad rem pertinet quod dixisti
'nihil Heliseo fuisse deminutum', quasi aliquid ab illo transisse, unde
uiueret, credatur in puerum? quod si propterea dictum est, quia
20 flauit et integer mansit, quid opus erat ut hoc de Heliseo mortuum
resuscitante diceres, quod de quouis flaute et neminem suscitante
dicere nihilominus posses? incaute sane locutus es — cum absit,
ut credas flatum Helisei factum fuisse reuiuescentis animam pueri —,
quod primum dei factum ab istius prophetae facto hoc distare
25 uoluisti, quod ille semel, iste ter flauerit. dixisti quippe Heliseum
in faciem defuncti filii illius Sunamitis ad instar primaeuae originis

---

13 cf. IV Regn. 4, 34. 35   18 Vinc. Victor

.

4 nostra *om. H*   sed *om. b*   5 quae *H*   7 sentitem *A*   8 itaque *BC*
o sed *C*   10 flatum] factum *E*   11 mutabilem facit *BCEIT* mutabile facit *b*
12 sibi uult *om. B*   quod ad hanc similitudinem (quod ad *in mg. add. m1*) *H*
similitudinē *A*   13 helisseo *A*   14 sustauerit *A*   helisei tu flatum *E*   tu *cm. B*
helissei *A*   fuisse factum *E*   factum *om.b*   puta *H*   15 a *om. BCI*
exorbit re *A*   17 reuiuisceret *BEITd*   18 diminutum *DEIbd*   ab illo aliquid *d*
transisset *Eb*   19 uiuere *b*   20 helisseo *A* elisaco *DITd*   21 resuscitando *B*
quo *T*   22 loquutus *A*   23 reuiuescentē *C* reuiuiscentē *Blb* reuiuiscentis *BEd*
uiuiscentem *T*   25 dixisti—faciem *om. H*   26 facie *T*   filii *om. EH*
somamtis *A* sunamittis *B* sonamitis *CD* sonanitis *H* (u *s.* o)   prim•euę *H*

insufflasse: *et cum emortua membra*, inquis, *in uigorem pristinum
redanimata per halitum prophetae diuina uirtus accenderet, nihil
Heliseo fuerit imminutum, per cuius flatum corpus emortuum redi-
uiuam animam recepit et spiritum, nisi quod semel dominus in faciem
hominis insufflauit, et uixit, tertio Heliseus in faciem mortui aspirauit,* 5
et reuixit. sic sonant tua nerba ista, quasi flandi tantum numerus
interfuerit, ut non quod fecit deus etiam propheta fecisse credatur.
et hoc ergo emendandum est. tam multum quippe interfuit inter
illud opus dei et hoc Helisei, ut ille flauerit flatum uitae, quo fieret
homo in animam uiuentem, iste autem flauerit flatum neque sen- 10
tientem neque uiuentem, sed aliquid significandi gratia figu-
rantem. denique ut puer iste reuiuesceret, non eum animando
propheta fecit, sed eum amando ut hoc deus faceret impetrauit.
quod autem illum ter flasse dicis, aut memoria, sicut
fieri solet, aut mendositas codicis te fefellit. quid plura? non sunt 15
tibi ad hoc astruendum aliqua exempla et argumenta quaerenda,
sed potius emendanda et mutanda sententia. noli ergo credere,
noli dicere, noli docere 'quod non de nihilo, sed de sua natura fecerit
animam deus', si uis esse catholicus.

VI. 8. Noli credere nec dicere nec docere 'per infinitum tempus 20
atque ita semper deum animas dare, sicut semper est ipse qui dat',
si uis esse catholicus. erit enim tempus, quando non dabit animas
deus, cum tamen esse ipse non desinat. poterat quidem sic accipi
quod aisti 'semper dat', ut intellegeretur sine cessatione dare quamdiu

---

1. 18 Vinc. Victor   10 cf. Gen. 2, 7   20 Vino. Victor; cf. pag. 325, 10

---

1 in *om.* B   2 sedanimata H   alitum AEH   3 helisseo A   fuit T
4 recepit animam E   reciperet BC (*om.* et), ITb   in faciem] *add.* dns C
5 uixit] dixit E   helisseus A   asspirauerit AE adspirauerit H   6 ista uerba
tua H   uerba tua EI   7 fecisse *om.* I   8 quippe *om.* H   9 opus illud T
helissei A   qd C   10 homo] *add.* et E   neque uiuentem neque sentientem T
11 gratia significandi E   12 pier A   reuiuisceret BEIT   non eum amando T
13 eum *om.* AH   animando H   14 suflasse bd   15 solet fieri H
te codicis T   fellit A   17 mutanda] mundanda E   18 *pr.* noli] *add.* ergo Ad
non *om.* B   19 si uis] suus E   20 noli dicere nec credere BTJb noli credere
noli dicere E ·   noli dicere noli credere noli docere quod n de nihilo per inf. C
21 deum semper E   est *om.* C   22 enim] *add.* non E   deus animas C   amas A
23 ipse esse T   ipse *om.* H   desistat T   24 qd da istis A   amisti C isti E

homines generant et generantur, sicut dictum est de quibusdam:
se m pe r discentes et ad ueritatis scientiam num-
quamperuenientes; non enim sic accipitur quod hic positum
est 'se m pe r' uelut numquam desinant discere, cum procul dubio
5 non discant, quando in hoc corpore destiterint uiuere uel cum
coeperint supplicio gehennalis ignis ardere. sed tu non permisisti
sic accipi uerbum tuum, cum dixisti 'semper dat', quando quidem id
ad infinitum tempus reuocandum putasti. et parum hoc fuit; sed
tamquam quaereretur abs te, ut apertius explicares quomodo dixeris
10 'semper dat', addidisti atque dixisti: *sicut semper est ipse qui dat.* hoc
sana et catholica fides omnino condemnat. absit enim, ut credamus
quod animas deus semper dat, sicut semper est ipse qui dat. sic
enim semper est ipse, ut numquam esse desistat; animas autem non
semper dabit, sed eas finito generationis saeculo non iam nascen-
15 tibus quibus dandae sunt procul dubio dare cessabit.

VII. 9. Noli credere nec dicere nec docere 'animam meritum
aliquod perdidisse per carnem, tamquam boni meriti fuerit ante
carnem', si uis esse catholicus. nondum enim natos apostolus nihil
egisse dicit boni uel mali; unde ergo anima potuit ante carnem
20 habere meritum bonum, ubi nihil egerat boni? an forte audebis
eam dicere ante carnem bene uixisse, quam non potes ostendere
uel fuisse? quomodo ergo dicis: *non uis animam ex carne peccati*
contrahere ualetudinem, ad quam uicissim sanctificationem uideas
transire per carnem, ut per ipsam reparet statum, per quam perdiderat
25 *meritum?* haec dogmata, quibus putatur anima ante carnem
habuisse aliquem statum bonum et meritum bonum, si forte nescis,
exceptis antiquis hereticis etiam recentius in Priscillianistis iam
catholica damnauit ecclesia.

1 cf. Luc. 20, 34   2 II Tim. 3, 7   10. 16 *Vinc, Victor*   18 cf. Rom. 9, 11
22 *Vinc. Victor;* cf. pag. 344, 28

1 de] e *BC* et *I*   2 discernentes *A*   3 haec *A*   5 desierint (*s. l. m1*
l destiterint) *T* cum *om. A*   6 ignis *om. C*   7 dixi *A*   id *om. E*   11 sane *BClb*
12 semper deus *DEH*   det *b*   est *om. C*   13 numquam] *add.* ipse *b*   esse] ipse *E*
distat *A*   15 sint *d*   16 noli dicere *E*   17 merito *A*   18 aptos nisi legisse
dicit *C*   dicit nihil egisse *I*   19 egisset scit *A*   dicit *om. H*   20 forte haut
dubes eā aut dicere (haut *in mg. add., s.* debes *eras.* haud) *E*   21 ante *om. C*
uixisse bene *E*   bene *om. A*   22 dici *E, om. H*   23 ualitudinem *codd. praet.* H
24 *med.* per *om. E*   repararet (*alt.* a *ex* e) *E*   statū per quā diderat (quā *s. l. m1*) *H*
26 aliquem *post* bonum *pon. B*   27 priscilianistis *AD*   iam iam *H*

10. Noli credere nec dicere nec docere 'animam per carnem reparare habitudinem priscam et per illam renasci, per quam meruerat
inquinari', si uis esse catholicus. ut enim omittam in eo quod dixisti:
merito ergo per carnem priscam reparat habitudinem, quam uisa fuerat
paulisper amisisse per carnem, ut per eam incipiat renasci, per quam 5
meruerat inquinari, tam in proximo te ipsum tibi ipsi exstitisse
contrarium, ut homo qui paulo ante dixeras animam per carnem
reparare statum per quam perdiderat meritum — ubi nullo modo
potest nisi bonum meritum intellegi, quod uis utique per carnem
in baptismate reparari —, rursus eam diceres inquinari meruisse per 10
carnem — ubi iam non potest bonum, sed malum meritum intellegi —,
ut ergo id omittam, prorsus uel bonum uel malum meritum credere
habuisse animam ante carnem catholicum non est.

VIII. 11. Noli credere nec dicere nec docere, 'quod anima
meruerit esse peccatrix ante omne peccatum', si uis esse catholicus. 15
ualde enim malum meritum est meruisse fieri peccatricem. et
utique tam malum meritum nullo modo habere potuit ante omne
peccatum, praesertim priusquam ueniret in carnem, quando
meritum nec malum potuit habere nec bonum. quomodo igitur
dicis: *anima itaque si peccatrix esse meruit, quae peccatrix esse* 20
non potuit, neque in peccato remansit, quia in Christo praefigurata
in peccato esse non debuit, sicut esse non potuit? attende quid dicas
et desiste iam dicere. quomodo enim meruit et quomodo non potuit
esse peccatrix? quomodo, quaeso te, peccatrix esse meruit, quae
male non uixit? quomodo, quaeso te, peccatrix facta est, quae 25
peccatrix esse non potuit? aut si 'non potuit' ideo dicis, quia praeter
carnem non potuit, quomodo ergo meruit esse peccatrix, quo merito
in carnem mitteretur, quando quidem ante carnem non potuit esse
peccatrix, unde mali aliquid mereretur?

1. 4 Vinc. Victor; cf. pag. 307, 12. 345, 5   14. 20 Vinc. Victor; cf.
pag. 308, 21. 346, 3

1 noli dicere *BCEITb*   *alt.* nec] noli *BCITb*   4 beatitudinem *BCT*   qua *B*
qui *C*   6 tu *b*   ipse *Hb*   extitisti *BCb*   7 ante paulo *E*   8 reparari *E*
9 meritum bonum *E*   quod—intellegi *in mg. m2 T*   10 diceris *Hm1*   11 sed]
uel *B*   intellegi—meritum *cm. BH*   12 credi *H*   13 abuisse *D*   ante carnem
animam *B*   15 meruit *T*   16 et utique ạdmalum (i *s.* ạ *m2*) *H*   17 potuit
habere *E*   20 meruerit *Ab*   meruit—esse *om. C*   21 potuit] *add.* tamen *d*
peccatore mansit *AD*   24 qmale (*s. l.* uẹ *inter* q *et* m) *H*   25 malũ *C*   27 quẹ *E*
28 ante *bis pon.* B   29 aliquid mali *T*

IX. 12. Noli credere nec dicere nec docere 'infantes antequam
baptizentur morte praeuentos peruenire posse ad originalium indulgentiam peccatorum', si uis esse catholicus. exempla enim, quae
te fallunt, uel de latrone qui dominum est confessus in cruce uel
5 de fratre sanctae Perpetuae Dinocrate nihil tibi ad huius erroris
sententiam suffragantur. latro quippe ille, quamuis potuerit iudicio
diuino inter eos deputari, qui martyrii confessione purgantur, tamen
etiam utrum non fuerit baptizatus ignoras. nam, ut omittam, quod
creditur aqua simul cum sanguine exiliente de latere domini iuxta
10 confixus potuisse perfundi atque huiusmodi sanctissimo baptismate
dilui, quid si in carcere fuerat baptizatus, quod et postea persecutionis tempore nonnulli clanculo impetrare potuerunt? quid si et
antequam teneretur? neque enim propterea illi publicae leges parcere poterant, quantum adtinet ad corporis mortem, quoniam
15 diuinitus remissionem acceperat peccatorum. quid si iam baptizatus
in latrocinii facinus et crimen incurrerat et non expers baptismatis,
sed tamquam paenitens accepit scelerum ueniam quae baptizatus
ammisit? quando quidem pietas tam fidelis et domino in animo
eius et nobis in uerbis eius apparuit. nam si eos, de quibus non
20 scriptum est utrum fuerint baptizati, sine baptismo de hac uita
recessisse contendimus, ipsis calumniamur apostolis, qui praeter
apostolum Paulum quando baptizati fuerint ignoramus. sed si ipsos
baptizatos esse per hoc nobis innotescere potuit, quod beato Petro
dominus ait: qui lotus est, non indiget, ut lauet, quid
25 de aliis, de quibus uel tale nihil legimus dictum, de Barnaba, de
Timotheo, de Tito, de Sila, de Philemone, de ipsis euangelistis
Marco et Luca, de innumerabilibus ceteris, quos absit ut baptizatos

---

1 *Vinc. Victor*; cf. pag. 310—312. 348,11   4 cf. Luc. 23,43   21 cf. Act. 9,18
24 Ioh. 13,10

1 noli dicere noli docere *BCITb*   2 baptizarentur *ABCH*   morte∗*H*
praeuentus *A*   3 catholici *C*   4 quid nomen *A*   dn̄ *C* dn̄o *D*   confessus est *EI*
5 de fratre] defrem *B*   perpetue *B*   dinocrete (a *s.* ę) *H*   6 diuino iudicio *E*
7 confessionem *C*   9 atqua *C*   10 confixos (o *fin. ex* u) *H*   11 delui *B*
12 clanculi *H*   quod *A*   13 partere *C*   14 potuerant *A*   16 incurreret *A*
expars *C*   17 ueniam quam *Hb*   18 ammisit *HT* amisit *BCb* admisit *E*
19 apparu∗∗it *I*   21 ipsi *T*   23 beate *C*   24 lo∗∗tus *DI*   ut] nisi ut *bd*
pedes lauet *bd*   26 de Tito] et ito *A*   silia *A* silea *BCHb* sylea *E*   phylemone *A*
filemone *DE*

esse dubitemus, quamuis non legamus? Dinocrates autem septennis
puer, in quibus annis pueri cum baptizantur iam symbolum reddunt et pro se ipsi ad interrogata respondent, cur non tibi uisus
fuerit baptizatus potuisse ab impio patre ad gentilium sacrilegia
reuocari et ob hoc fuisse in poenis, de quibus sorore orante liberatus 5
est, nescio. neque enim et ipsum uel numquam fuisse Christianum
uel catechumenum defunctum fuisse legisti, quamquam ipsa lectio
non sit in eo canone scripturarum, unde in huiusmodi quaestionibus
testimonia proferenda sunt.

X. 13. Noli credere nec dicere nec docere 'quos dominus prae- 10
destinauit ad baptismum, praedestinationi eius eripi posse et ante
defungi quam in eis fuerit quod omnipotens praedestinauit inpletum', si uis esse catholicus. nescio qua hic enim potestas contra
potestatem dei casibus datur, quibus inruentibus quod ille praedestinauit fieri non sinatur. hic error quanta errantem uoragine 15
inpietatis absorbeat exaggerare non opus est, cum prudentem nirum
et corrigi paratum breuiter ammonuisse sufficiat. tua quippe ista
sunt uerba: *habendam dicimus*, inquis, *de infantibus istius modi*
rationem, qui praedestinati baptismo uitae praesentis, antequam rena-
scantur in Christo, praeueniuntur occiduo. ergone praedestinati bap- 20
tismo uitae praesentis, antequam ad eum peruenint, praeueniuntur
occiduo et praedestinaret deus quod futurum non fuisse praesciuit
aut hoc futurum non fuisse nesciuit, ut eius aut praedestinatio
frustraretur aut praescientia falleretur? uides quanta hinc dici
possent, nisi quod paulo ante dixi tenerem, ut hinc te breuiter 25
ammonerem.

14. Noli credere nec dicere nec docere 'de infantibus, qui priusquam renascantur in Christo, praeueniuntur occiduo, scriptum esse:

10. 18 *Vinc. Victor*; cf. pag. 347, 7   27 *Vinc. Victor*; cf. pag. 347, 9

1 dinocratis *EH*   septenis *AC*   5 in—fuisse *om.H*   7 catichuminum *A*
catcch. *B* cathic. *C* cathec. *D* catic. *El* catec. *Hb*   defunctum *om.T*   legistis *A*
8 eiusmodi *H*   10 noli dicere noli docere *T*   qd̄ *C*   praedistinauit *CH*   11 pre-
destinatione *AE* praedistinationi *CH*   12 omnipotens deus *E* praedistinauit *CH*
13 nescio enim quae *d*   quae hic enim *HITb*   14 praedistinauit *CH*   15 nam hic *D*
(nam *s. l.*)   uoraginē *C*   16 obsorbeat *B*   17 sufficiet *A*   18 habenda *H*   istius
moderationem *ABC*   19 antiquam *C*   20 p̄distinati *C*   21 prentis *A*
22 et] ⁎*E* ut *D* (u *ex* e) aut *IT*   praedestinauit *E*   nesciuit *D* sciuit *T*   23 non
futurum non *B*   non *om.Tb*   fuisset *E*   ut] aut *C*   p̄distinatio *C*   25 ante-
dixisse *B*   27 de *om.C*

'*raptus est, ne malitia mutet illius intellectum
aut ne fictio decipiat animam eius. propter hoc
properauit de medio iniquitatis illum educere;
placita enim erat deo anima eius*, et: *consum-*
5 *matus in breui repleuit tempora longa*', si uis esse
catholicus. hoc enim ad illos omnino non pertinet, sed ad eos potius,
qui baptizati et pie uiuentes diu non permittuntur hic uiuere non
annis, sed sapientiae gratia consummati. iste uero error, quo putatur
hoc de paruulis antequam baptizentur morientibus esse dictum,
10 ipsi sacrosancto lauacro intolerabilem facit iniuriam, si paruulus,
qui baptizatus rapi poterat, propterea prius rapitur, ne malitia
mutet illins intellectum aut ne fictio decipiat animam eius; quasi
in eodem baptismo haec esse malitia credatur et fictio qua in peius
mutetur et decipiatur, si non ante rapiatur. deinde quoniam placita
15 erat deo anima eius, properauit de medio iniquitatis illum educere,
ita ut nec paululum remoraretur, ut quod in eo praedestinarat
inpleret, sed contra suam praedestinationem facere maluit tamquam festinans, ne quod ei placuerat in non baptizato extermina-
retur in baptismo, tamquam moriturus infans ibi pereat, quo cur-
20 rendum est cum illo ne pereat. quis ergo haec uerba scripta in libro
Sapientiae de paruulis sine baptismate mortuis dicta esse crederet,
diceret, scriberet, recitaret, si ea, sicut oportuerat, cogitaret?

XI. 15. Noli credere nec dicere nec docere 'aliquas mansionum
esse extra regnum dei, quas esse dominus dixit in domo patris sui',
25 si uis esse catholicus. non enim ait, sicut hoc testimonium ipse
posuisti: *multae mansiones sunt apud patrem meum* — quod si ita
dixisset, non alibi essent intellegendae quam in domo patris eius —
sed aperte ait: *in domo patris mei mansiones mul-*
tae sunt. quis itaque audeat aliquas partes domus dei

---

1 Sap. 4, 11. 14   4 Sap. 4, 13   23 Vino. Victor; cf. pag. 348, 17
26 Vinc. Victor   28 Ioh. 14, 2   ·

    1 mutaret *H* (r *insert.*), *IT*   intellectum illins *Ib*   2 aut ne] amne *B*
decipiet *C* deciperet *IT*   animam *in mg. E*   5 expleuit *BCHITbd*   7 per-
mittentes *C* uiuere hic *E*   huic *B*   8 sapientia et gratia *E*   consūmatur *A*
consummatis *E*   10 paruulis *C*   14 mutatur *E*   si ante non *H*   16 prǫ-
distinarat *C* praedestinaret *HT* praedestinauit *b*   19 pereat] erat *C*   20 ne cum
illo *C*   quin *E*   21 esse dicta esse *T*   22 scriberet *om.C*   si—cogitaret *om.H*
oportueret *E*   23 mansiones *BCEITbd*   24 esse posse *D*   dei] esse *T*   dominus
om. E   25 agit *C*   ait iħs *EH*   26 ita *cm. A*   27 esse non *C*   28 mei] eius *T*

separare a regno dei, ut, cum reges terrae non tantum in domo
sua nec tantum in patria sua, sed longe lateque etiam trans
mare regnare inueniantur, rex qui fecit caelum et terram nec in
tota domo sua regnare dicatur?

16. Sed forte dicas omnia quidem pertinere ad dei regnum, quia ⁵
reguat in caelis, regnat in terris, in abyssis, in paradiso, in inferno —ubi
enim non regnat, cuius ubique summa potestas est? —, sed aliud
esse regnum caelorum, quo fas non est accedere nisi lauacro regenerationis ablutos propter dominicam ueram fixamque sententiam, aliud
esse autem regnum terrarum uel aliarum creaturae partium, ubi 10
possunt esse aliquae mansiones domus dei quamuis pertinentes ad
regnum dei, non tamen ad regnum caelorum, ubi excellentius et
beatius est regnum dei; ita fieri, ut nec aliquae domus dei partes
atque mansiones a regno dei nefarie separentur et tamen non omnes
in regno caelorum mansoribus praeparentur atque in his quae in 15
regno caelorum non sunt possint feliciter habitare, quibus eas etiam
non baptizatis deus dare uoluerit, ut in regno dei sint, quamuis in
regno caelorum, quia baptizati non sunt, esse non possint.

17. Hoc qui dicunt uidentur quidem sibi aliquid dicere, quia
scripturas neglegenter adtendunt et quomodo regnum dei dicatur, 20
unde oramus dicentes: a d u e n i a t r e g n u m t u u m, non intellegunt. regnum dei dicitur, ubi cum illo fidelis familia eius beate
et sempiterne tota regnabit; nam secundum potestatem quae illi
super omnia est etiam nunc utique regnat. quid ergo est quod
oramus, ut ueniat, nisi ut cum illo regnare mereamur? sub eius 25
autem potestate etiam illi erunt, qui poena aeterni ignis ardebunt.
numquidnam ob hoc etiam ipsos in regno dei futuros dicturi sumus?

---

3 cf. Act. 14, 14   5 cf. Ps. 134, 6   8 cf. Tit. 3, 5. I Cor. 6, 11. Marc. 16, 16
21 Matth. 6, 10

3 inueniantur regnare E   4 dom' C   5 qui D   6 regnat in terris] et
in terra A   8 ē E esse (s. l. est) I   fas est non est B   9 sentiā C   10 est autem B
autem esse ETbd   11 quēuis C   13 beatus CHml   domos C   14 suparentur A
15 mansionibus BCI mansiones Td   iis d   in om. E   16 regnum E   possūt E
qui C   17 dei regno dei A dei regno DH   18 qui C   possunt EI   19 dicere
tibi aliquid BCI   dicere aliquid d   20 dei om. C   21 ueniat d   22 ante
regnum add. quia Ebd   dei om. D   23 et] ac DE   illis C   24 alt. est om. C
25 alt. ut om. EH   26 poenis T   27 numquinnam A numquinam Hml
futuros om. E

aliud est enim regni dei muneribus honorari, aliud regni dei legibus
coerceri. ut autem tibi manifestissime appareat non esse regnum
caelorum distribuendum baptizatis et alias partes regni dei dandas
quibus tibi uisum est non baptizatis, ipsum dominum audi, qui non
5 ait: s i q u i s n o n r e n a t u s f u e r i t e x a q u a e t
s p i r i t u, 'non potest intrare in regnum caelorum', sed: n o n
p o t e s t, inquit, i n t r a r e i n r e g n u m d e i. nam uerba
eius de hac re ista sunt ad Nicodemum: a m e n, a m e n d i c o
t i b i : n i s i q u i s n a t u s f u e r i t d e n u o, n o n p o t e s t
10 u i d e r e r e g n u m d e i. ecce non hic dixit 'regnum caelorum',
sed 'dei'. et cum respondisset Nicodemus atque dixisset:
q u o m o d o p o t e s t h o m o n a s c i, c u m s e n e x s i t ?
n u m q u i d p o t e s t i n u e n t r e m m a t r i s s u a e
i t e r a t o i n t r o i r e e t n a s c i ? eandem dominus sen-
15 tentiam planius apertiusque repetens ait: a m e n, a m e n
d i c o t i b i : n i s i q u i s r e n a t u s f u e r i t e x a q u a
e t s p i r i t u, n o n p o t e s t i n t r o i r e i n r e g n u m d e i.
ecce nec hic dixit 'regnum caelorum', sed 'regnum dei'. quod
enim dixerat: n i s i q u i s n a t u s f u e r i t d e n u o, hoc quid
20 esset exposuit dicens: n i s i q u i s r e n a t u s f u e r i t e x
a q u a e t s p i r i t u ; et quod dixerat: n o n p o t e s t
u i d e r e, hoc exposuit dicendo: n o n p o t e s t i n t r o i r e.
illud tamen, quod dixerat 'regnum dei', non alio nomine
repetiuit. neque nunc opus est quaerere atque disserere,
25 utrum regnum dei regnumque caelorum cum aliqua differentia sit intellegendum an res una sit duobus appellata nominibus;
sufficit, quod non potest introire in regnum dei, qui non fuerit
lauacro regenerationis ablutus. mansiones autem aliquas constitutas
in domo dei separare a regno dei quam sit a ueritate deuium puto,
30 quod iam intellegas. et ideo quod putasti in aliquibus mansionibus,

---

5 Ioh. 3, 5   8 Ioh. 3, 3   12 Ioh. 3, 4   28 cf. Tit. 3, 5

1 regnum *BHIb* regnum colorum *C*   *all.* regnum *BCIb*   2 coherceri *D*
co*erceri *H*   3 regnum *BC*   4 $\overline{dm}$ *E* $\overline{qd}$ *A*   qui non] qui *ex* $\overline{qn}$ *E*   5 agit *C*
8 nichodemum *ABCDEIT* nicodimum *Hml*   amen *all. om. E* .   9 renatus *D*
10 dixit hic *ET*   11 nichodemus *ABCDEI* nicodimus *Hml*   12 cum] quã *A*
sit senex *E*   14 introiret (*om. et*) *C* introisse *H*   19 renàtus *BCDIT*   20 esse *Hml*
23 tamen *s. exp.* autem *I* autem *b*   24 tunc *E*   dissere *C*   29 seperare *H* (a *s. ę*)

quas dominus multas esse dixit in domo patris sui, mansuros quosdam etiam non renatos ex aqua et spiritu, ut fidem catholicam teneas,
ammoneo, si permittis, emendare non differas.

XII. 18. Noli credere nec dicere nec docere 'sacrificium Christianorum pro eis qui non baptizati de corpore exierint offerendum', si 5
uis esse catholicus, quia nec illud quod de Machabeorum libris commemorasti sacrificium Iudaeorum pro eis qui non circumcisi de corpore exierant ostendis oblatum. in qua tua sententia tam noua et
contra ecclesiae totius auctoritatem disciplinamque prolata uerbo
etiam insolentissimo usus es dicens: *pro his sane oblationes assiduas* 10
et offerenda iugiter sanctorum censeo sacrificia sacerdotum, ut te homo
laicus sacerdotibus dei nec discendo subderes nec saltem simul
quaerendo misceres, sed censendo praeponeres. aufer tibi ista, fili;
non sic in uia, quam Christus humilis se ipsum esse docuit, ambulatur; nullus cum hoc tumore per angustam portam eius ingreditur. 15

XIII. 19. Noli credere nec dicere nec docere 'aliquos eorum,
qui sine baptismo Christi ex hac uita migrauerint, interim non ire
in regnum caelorum, sed in paradisum, postea uero in resurrectione
mortuorum etiam ad regni caelorum beatitudinem peruenire', si
uis esse catholicus. hoc enim eis dare nec Pelagiana heresis ausa 20
est, quae opinatur paruulos non trahere originale peccatum. quos
tu quamuis sicut catholicus cum peccato nasci fatearis, nescio qua
tamen peruersioris nouitate opinionis sine baptismate salutari et
ab hoc peccato cum quo nascuntur absolui et in regnum caelorum
asseris introduci neque consideras, in hac causa quam deterius sapias 25
quam Pelagius. ille quippe dominicam sententiam pertimescens,
qua non baptizati in regnum caelorum non permittuntur intrare,
licet eos quos ab omni peccato liberos credit non illo audet paruulos

---

2 cf. Ioh. 3, 5   4. 10 Vinc. Victor; cf. pag. 310, 29. 313. 314. 349. 350
6 II Mach. 12, 39   14 cf. Ioh. 14, 6   15 cf. Matth. 7, 13. Luc. 13, 24

3 pmittis *A*   5 his *AGIT* iis *Bbd*   offerendum *m1 ex* conferendum *A*
7 iudeorum *BC*   8 exierint *BCITb*   ablatum *H* (o *s.* a)   9 eccla *A*
10 insolentissime *C*   ē *E*   11 sanctorum *om.T*   12 subderis *A* subdures *C*
saltim *AEH*   13 cessendo *A*   14 nonstin *A*   si in ua quā *C*   esse *om.H*
15 cō *A*   eius portam *E*   17 x̄p̄i baptismo *B*   uite *A*   emigrauerint *Hbd*
ire in] irē *C*   i•re *H*   18 resurrectionem *H*   21 qui opinantur *E*   23 per-
uersionis *AIm1*   opions *A*   24 regno *E*   25 quam] quanto *Dd* quod *H*
27 qui (a *s.* i) *H*   28 illos *E*   ·

mittere; tu nero sic contemnis quod dictum est: s i q u i s n o n
r e n a t u s f u e r i t e x a q u a et s p i r i t u, n o n p o t e s t
i n t r o i r e i u r e g n u m d e i, ut excepto errore, quo audes a
regno dei paradisum separare, quibusdam quos reos nasci sicut catho-
5 licus credis sine baptismate mortuis et illius reatus absolutionem et
regnum caelorum non dubites insuper polliceri; quasi contra
Pelagium in originali peccato astruendo tunc esse possis catholicus
uerus, si contra dominum fueris in destruenda eius de baptismo
sententia hereticus nouus. nos te, dilectissime, non sic uolumus
10 hereticorum esse uictorem, ut error uincat errorem et, quod est
peius, maior minorem. dicis enim: *aut si forte quisquam reluctetur
latronis animae uel Dinocratis interim temporarie conlatum esse paradisum — nam superesse illis adhuc in resurrectione praemium regni
caelorum quamquam sententia illa principalis obsistat, quia q u i n o n
15 r e n a t u s f u e r i t e x a q u a e t s p i r i t u s a n c t o, n o n
i n t r a b i t i n r e g n u m —, tamen teneat etiam meum in hac parte
non inuidentis assensum, modo misericordiae praescientiaeque diuinae
et effectum amplificet et affectum.* haec uerba tua sunt, ubi te confiteris consentire dicenti quibusdam non baptizatis sic temporarie
20 conlatum esse paradisum, ut supersit illis in resurrectione praemium
regni caelorum, contra sententiam principalem, qua constitutum est
non intraturum in illud regnum, qui non renatus fuerit ex aqua et.
spiritu sancto. quam sententiam principalem timens uiolare Pelagius
nec illos sine baptismo in regnum caelorum credidit intraturos, quos
25 non credidit reos; tu autem et originalis peccati reos paruulos
confiteris et tamen eos sine lauacro regenerationis absoluis et in paradisum mittis et postea etiam in regnum caelorum intrare permittis.

XIV. 20. Haec atque huiusmodi, si et alia forsitan in tuis libris
adtentior et otiosior inuenire potueris, sine ulla dilatione iam cor-

1 Ioh. 3, 5   11 Vinc. Victor; cf. pag. 350, 23   14 Ioh. 31. 5   21 cf. Ioh. 3, 5

1 sic] si *B*   3 quod *H*   4 separari *A*   reo *A*   6 pol licerit *A*   7 origenali *H*
9 delectissime *A*   11 aut] ut *E*   15 sanoto *om. B*   16 regnum] *add.* celorum
DHbd   huius *E*   17 ascensum *D* (s *s.* ç) sensum *E*   praesentięque *CD*
18 *all.* et *om. H*   effectum *H*   19 sic *om. D*   20 cognatum *A*   esse *om. A*
in] cū *A*   21 constitum *A*   23 uolare *C*   24 illo *C*   27 in *om. BCDElTbd,*
sed cf. p. 374, 27   28 atque] et *BCITb* itaque *E*   si] sed *H* si *post* alia
pon. E   29 oratiosior *A*   sine illa dilectioue *H*

rige, si animum catholicum geris, id est si ueraciter praelocutus es
dicens, 'quod tibi ipse credulus non sis ea probari posse quae dixeris
et quod semper studeas etiam propriam sententiam non tueri, si
inprobabilis detegatur, et sit tibi cordi proprio damnato iudicio
meliora magis et quae sunt ueriora sectari'. modo proba, carissime, 5
non te fallaciter ista dixisse, ut de tua indole non solum ingeniosa,
uerum etiam cauta, pia, modesta gaudeat catholica ecclesia, non
de contentiosa pertinacia heretica exardescat insania. nunc est, ut
ostendas quanta post haec bona uerba quae tua commemoraui
sinceritate pectoris dixeris, quod continuo subiecisti: *nam ut est,* 10
inquis, *optimi propositi laudandique consilii facile ad ueriora transduci,*
ita inprobi obstinatique iudicii est nolle citius ad tramitem rationis
inflecti. esto igitur optimi propositi laudandique consilii et facile
ad ueriora transducere; nec sis inprobi obstinatique iudicii, ut nolis
citius ad tramitem rationis inflecti. si enim haec liberaliter elocutus 15
es, si non in labiis ista sonuisti, sed intus et germanitus in corde
sensisti, in tuae correctionis tanto bono etiam moras odisti. parum
quippe tibi fuit dicere inprobi obstinatique esse iudicii nolle ad
tramitem rationis inflecti, nisi adderes 'citius', ut hinc ostenderes
quam sit exsecrandus qui bonum hoc numquam facit, quando quidem 20
qui tardius facit tanta tibi uideatur seueritate culpandus, ut merito
inprobi iudicii obstinatique dicatur. audi ergo te ipsum tuque potissimum et maxime eloquii tui fructibus utere, ut citius te ad rationis
tramitem grauitate mentis inflectas, quam te inde minus erudite
parumque consulte lubrico aetatis auerteras.　　　　　　　　　25

21. Nimis longum est omnia, quae in libris tuis uel potius in
te ipso uolo emendari, pertractare atque discutere et saltem breuem

---

2 *Vino. Victor;* cf. pag. 367, 5—9　　　　10 *Vinc. Victor;* cf. pag. 357, 9—11

1 perloquutus *A*　　2 ipsi *BEITbd*　　ea] et*B*　　aprobare *B* probare *CDIb*
3 propria sententia *A*　　4 si *EH*　　cordis *H* (s *s. l.*)　　iudicio damnato *bd*
5 agis *H*　　6 ut de] unde *E*　　9 uerba bona *E*　　10 peccatoris *A*　　11 transducere *BCI*
transcendere *T*　　12 ita ut *BC*　　inproprio *A*　　iudici *A*　　13 esto—inflecti
in mg. E　　15 tramite *C*　　16 ista solum modo *T*　　17 correptionis *T*　　18 noli *D*
20 execrandus *BH*　　qui—facit] qui bonum quam facit *BC*　　bonum *om. DEH*
hoc *om. IT,b in textu*　　21 qui] quā *BC*　　uidetur *BCIT*　　seueritati *A* tanta
seueritate *B*　　23 eloquii tui] quę loquutus *A* elocutus *BCI* eloqui tui *D*
elocutis *T*　　fructibus *om. A*　　25 aetatis lubrice *E, in mg.* al. l lubrica etate *b*
ętis *A*　　auertas *DIT*　　26 libris in tuis *E*　　tuis libris *BCITd*　　27 emendare *D*　　pertractari *EH*　　salti *EHT*　　brene *D*

tibi de singulis corrigendis reddere rationem. nec ideo tamen te con-
temnas et arbitreris ingenium et eloquium tuum parui esse pen-
dendum. nec sanctarum scripturarum memoriam in te paruam esse
cognoui; sed eruditio minor est, quam tantae indoli laborique con-
5 gruebat. itaque te nec amplius quam oportet tibi tribuendo nane-
scere uolo nec rursus te abiciendo ac desperando frigescere. utinam
tua scripta tecum legere possem et conloquendo potius quam
scribendo qu^a$_e$ sint emendanda monstrarem! facilius hoc negotium
perageretur. nostra inter nos sermocinatione quam litteris; quae
10 si scribenda esset, multis uoluminibus indigeret. uerum ista
capitalia, quae certo etiam numero conprehendere uolui, instanter
ammoneo, ne corrigere differas et ea prorsus a fide et praedicatione
tua facias aliena, ut quanta tibi facultas est disputandi munere dei
utaris utiliter ad aedificationem, non ad destructionem sanae
15 salubrisque doctrinae.

XV. 22. Sunt autem ista, de quibus, ut potui, iam disserui;
sed breuiter ea repetendo percurram. unum est, quod 'animam non
ex nihilo, sed de se ipso deum fecisse' dixisti; alterum 'per infinitum
tempus atque ita semper deum animas dare, sicut semper est ipse
20 qui dat'; tertium 'animam meritum aliquod perdidisse per
carnem, quod habuerit ante carnem'; quartum 'animam per
carnem   reparare   habitudinem   priscam   et   per eandem
carnem renasci, per quam meruerat inquinari'; quintum, 'quod
anima meruerit esse peccatrix ante omne peccatum'; sextum
25 'infantes antequam baptizentur morte praeuentos peruenire posse
ad originalium indulgentiam peccatorum'; septimum 'quos dominus
praedestinauit ad baptismum praedestinationi eius eripi posse et
ante defungi, quam in eis fuerit quod omnipotens praedestinauit

17—378, 11 Vinc. Victor

1 corrigendus A idio C tamen te] totamente B te om. A 2 in$i$t. et]
ut Hd 5 te om. C 6 disperando C frigiscere Hml 7 tecum] cū BC
posset A 8 monstrare H 10 si om. A essent H indigerent H uerum] add.
tamen Abd 11 capitula CEH, b in mg.   13 disputanti C 14 putaris A
$e$dificatione A adestrustionem H (s. e adsc. ml d et s. s add. c)   16 iam ut
potui E 17 eas rependendo A H in mg. num. I. II etc. add.   anima BC
19 deum semper E est om. E 21 quae H 23 renascit C 24 meruit DEH
25 antequam infantes E mort$\bar{e}$ C 26 originariam C 27 praedistinauit C
passim   praedestinatione H praedistinationi C 28 defugi C

inpletum'; octauum 'de infantibus, qui priusquam renascantur in
Christo praeueniuntur occiduo, scriptum esse: *raptus est, ne
malitia mutaret illius intellectum*, et cetera quae
in eam sententiam in Sapientiae libro leguntur'; nonum 'aliquas
mansiones esse extra regnum dei earum quas esse dominus dixit 5
in domo patris sui'; decimum est 'sacrificium Christianorum pro
eis qui non baptizati de corpore exierint offerendum'; undecimum
'aliquos eorum qui sine baptismo Christi ex hac uita emigrauerint
interim non ire in regnum, sed in paradisum, postea uero in resurrectione mortuorum etiam ad regni caelorum beatitudinem per- 10
uenire'.

23. Haec interim undecim multum aperteque peruersa et fidei
catholicae aduersa nunc iam nihil cuncteris extirpare atque abicere
ab animo, a uerbo, ab stilo tuo, si uis, ut te non solum ad altaria
transisse catholica, sed uere catholicum esse gaudeamus. nam haec 15
si pertinaciter singula defendantur, tot hereses facere possunt, quot
opiniones esse numerantur. quocirca considera, quam sit horrendum
ut omnes sint in uno homine, quae damnabiles essent in singulis
singulae. sed si tu pro eis nulla contentione pugnaueris, immo uero
eas fidelibus uerbis et litteris expugnaueris, laudabilior eris censor 20
in te ipsum, quam si quemlibet alium recta ratione reprehenderes,
et mirabilior corum emendator, quam si numquam illa sensisses.
adsit dominus tuae menti et tantam spiritui tuo spiritu suo facilitatem humilitatis, lucem ueritatis, dulcedinem caritatis, pacem pietatis infundat, ut uictor tui animi esse malis in ueris quam cuiuslibet 25
contradicentis in falsis. absit autem ut te arbitreris haec opinando

2 Sap. 4, 11

1 renascuntur *H*   2 xpo] *add.* p̄sentis uitę *T*   raptum *C*   3 malitia eius *E*
intellectum illins *Id*   illius *om. Eb*   4 ea sententia *D* (*ex* eā sententiā *corr. m1*), *H*
nouum *E*   5 dominus esse *BCITbd*   6 est *om. T*   7 undecimum est *T*   8 uitę
migrauerint *A*   9 ire *om. A1*   12 undecimū *E*   13 p:ruers⅃ *BC*   nunc iam]
nondam *H*   conteris *T*   et stirpare *E* exstirpare *H1d*   14 a *om. C*   a stilo *T*
15 uere (*in mg.* al ł aperte) *b*   audeamus *E*   16 defendentur *AT* defenduntur *C*
hereses *A*   quod *ACDE*   17 hoc horrendum *b*   18 dānobiles *C*   19 si *om. H*
imno *C*   20 et *om. H*   litterisque *H*   censeor *C*   21 quā s *C*   cōprehenderes *E*
reprehenderis *b*   23 assit *ADE*   *pr.* spiritu *B*   suo] sancto *A, T* (*in mg.* suo)
felicitatem *E*   24 lucem ueritatis] et mirabilior ueritatis *A*   25 in *om. T*
cuilibet *BCI*   26 opinanda fide *B*

a fide catholica recessisse, quamuis ea fidei sint aduersa catholicae,
si coram deo, cuius in nullius corde oculus fallitur, ueraciter te dixisse
resipiscis 'non te tibi ipsi esse credulum probari ea quae dixeris posse
ac studere te semper etiam propriam sententiam non tueri, si inpro-
5 babilis detegatur, eo quod sit tibi cordi proprio damnato iudicio
meliora magis et quae sint ueriora sectari'. iste quippe animus etiam
in dictis per ignorantiam non catholicis ipsa est correctionis prae-
meditatione ac praeparatione catholicus. sed iste sit modus huius
uoluminis, ubi requiescat paululum lector, ut ad ea quae sequuntur
10 eius intentio ab alio renouetur exordio.

LIBER QVARTVS. AD VINCENTIVM VICTOREM.

I. 1. Accipe nunc iam etiam de me ipso quae tibi dicere cupio,
si possim, hoc est, si ille donauerit, in cuius manu sunt et nos et sermones nostri. reprehendisti enim me bis numero exprimens etiam
15 meum nomen et cum te in principio libri tui inperitiae tuae am-
modum conscium et doctrinae amminiculo destitutum, me uero ubi
nominasti doctissimum ac peritissimum dixeris, tamen quibus in
rebus tibi uisus es nosse quod ego uel nescire me fateor uel, quamuis
nesciam, scire praesumo, libertate qua oportebat non tantum senem
20 iuuenis et episcopum laicus, uerum etiam hominem tuo iudicio doctissimum et peritissimum non dubitasti reprehendere. ego autem
et me doctissimum ac peritissimum nescio, immo uero me non
esse certissimo scio et fieri posse non ambigo, ut aliquid

---

3 cf. pag. 357, 5—9. 376, 2—5

1 sunt C   3 respicis I T d   ipsi om. D   ea] ĕ D   4 aestudere (om. ac) C
5 corde E cordis H   6 magis] agi H   et] at C   aninas C   7 correptionis T
9 secuntur B C E   10 Expl lib̄ prim' de natura et origine animae ad uincentium
uictorē. Inc̄ lib̄ scd̄ A B C I T; a cod. D abest subscr. Expl lib̄ prim' de natura et
origine animę ad uincuncentiũ uictorē scī agus epi. Incipit liber secundus
eiusdem scī ᵣgus ad supra memoratum uincentium uictorem de eadem re H
Explicit liber primus scī augustini de natura et origine animę ad uincentium
uictorem. Incip̄ eiusdem scd̄s lib̄ ad eundem de eadem re E   12 cupio dicere H
14 explimens A exprimis E (s s.l.)   15 admodum B   16 doctrina et amminiculo A B C I b   adminiculo H (d s.l.), T   18 nesciat A   19 libertatē D   quã A
non oportabat T non] nã C   20 doctissimum] dissertissimum E diᵮertissimum H
21 perit.] perfectissimum H   22 et me doctissimum om. A   doctissimum]
deuotissimum C   23 et] add. si C   ambiguo C

inperito et indocto cuipiam scire contingat, quod aliquis
doctus et peritus ignorat, et in hoc te plane laudo, quod
ueritatem, etsi non quam percepisti, certe quam putasti, bomini
praetulisti; ideo quidem temere, quia existimasti te scire quod nescis,
sed ideo libere, quia personam non reueritus elegisti aperire quod 5
sentis. unde te intellegere oportet, quanto esse nobis debeat cura
maior dominicas oues reuocare ab erroribus, si et ouibus turpe est
uitia pastorum, si qua cognouerint, eisdem occultare pastoribus.
o si illa reprehenderes mea, quae iusta reprehensione sunt digna!
neque enim negare debeo sicut in ipsis moribus ita multa esse in tam 10
multis opusculis meis, quae possint recto iudicio et nulla temeritate
culpari. ex quibus si aliqua ipse reprehenderes, illic tibi fortassis
ostenderem, qualem te esse in quibus non perperam reprehenderis
uellem meque tibi iuniori maior et praepositus subdito correctionis
exemplum quanto humilius tanto salubrius exhiberem. sed ea in 15
me reprehendisti, quae non corrigere humilitas, et partim fateri,
partim defendere ueritas cogit.

II. 2. Haec autem sunt: unum, quod de origine animarum,
quae post primum hominem datae sunt uel dantur hominibus, non
sum ausus aliquid definire, quia fateor me nescire; alterum, quod 20
animam scire me dixi spiritum esse, non corpus. sed in hoc altero
duo reprehendisti: unum, quod non eam crederem corpus esse, aliud,
quod eam spiritum crederem. tibi enim uidetur et corpus esse
anima et non esse spiritus. audi igitur purgationem meam contra
reprehensionem tuam et ex hac occasione, qua me tibi purgo, in te 25
ipso disce quae purges. recole uerba libri tui, ubi me primitus
nominasti: *scio, inquis, plerosque et facile peritissimos uiros super*

27 *Vino.* Victor

1 cupiam *CH* quipiam *D*   aliquid *H*   aliquis] *add.* laicus *BCIb*   2 in *om.B*
3 non quam] numquam *CHb*   percipisti *Hm1*   4 scire te *BCId*   5 ueritus *b*
7 reuocare *H* (i *s.* ę)   erribus *B*   torpe *A*   8 cognouerunt *ABCIT*   9 iuxta *C*
sunt reprehensione *E*   10 enim *om.E*   11 recto] iusto *BCITb*   12 ipsi *A*
ipsa *C*, *om.b*   illic] *add.* et *ABCITbd*   13 reprehenderes *b*   14 uellet *A*
me ‖‖ (*in mg.* eque) *E* neque *d*   propositus *BC*   prepositis subditus (u *s.* i,
o *s.* ụṣ) *H*   correptionis *DT*   15 in—et *in mg. add. D*   16 et] sed codd. *praet. A*
20 diffinire *E*   21 dix *A* dixisti *C*   esse spiritum *E*   22 aliud] alterum *bd*
24 animę *BC* animam *AEITbd*   et *om. ABC*   spiritum codd. *praet. D*
25 occansionē *C*   26 disci *A*   recola *T*   27 peritismos *A*   super eo] super et *A*
insuper et *BÇEITbd*

eo consultos tenuisse silentium aut nihil expressius elocutos, cum
definitionem disputationibus suis inchoata expositione subtraherent —
sicuti nuper apud te Augustini doctissimi uiri praedicatique episcopi
conprehensum litteris lectitaui — modestius quidem, ut reor, ac uere-
5 cundius huiusce rei arcana rimantes intra se ipsos tractatus sui deuorasse iudicium neque se posse exhinc aliquid determinare professos.
sed mihi, crede, satis superque uidetur absurdum atque incongruum
rationi, ut homo ipse expers sui sit aut is, qui rerum omnium creditur
adeptus esse notitiam, sibi ipsi habeatur ignotus. quid autem differt
10 homo pecore, si nescit de sua qualitate naturaque disquirere atque
disserere, ut merito in illum conueniat quod scriptum est: h o m o
c u m e s s e t i n h o n o r e, n o n i n t e l l e x i t; a s s i m i l a t u s
e s t i u m e n t i s e t c o n p a r a t u s e s t e i s? nam cum deus
bonus nihil non ratione condiderit ipsumque hominem animal rationale,
15 intellectus capacem, rationis compotem sensuque uiuacem, qui omnia
rationis expertia prudenti ordinatione distribuat, procreauerit, quid
tam inconuenienter dici potest quam ut eum sola sui notione fraudarit?
et cum sapientia mundi, quae sese usque ad ueri cognitionem superuacua quidem inuestigatione protendit, quia scire nequit per quem
20 licet quae sunt uera cognosci, aliqua tamen uicina, immo affinia
ueritati temptauerit super animae natura dispicere, quam indecens
atque pudendum est religiosum quemquam de hoc ipso aut nihil sapere
aut penitus sibi interdixisse ne sapiat!

    3. Ista tua nostrae ignorantiae disertissima et luculentissima
25 castigatio omnia, quae ad naturam hominis pertinent, sic te scire

---

11 Ps. 48, 13

    1 eloquutos *I*   2 definitione *A* difinitionem *E*   incohata *I* incoata *T*
3 sicuti] sicut in uno *D*   nunc̲ nuper *BCEHT*, (nuper *in mg.*) *I*   aput te]
aperte *H*   agustini *AC*   4 co̅ * phensum *H*   modesticis *C*   uericundius *H*
5 archana *BCEIT*   remantes *A*   tractatos *H*   6 ex hanc *A*   7 credere *C*
8 his *ABC*   10 a pecore *Ebd*   11 dissere *I*   13 *alt.* est *om.H*   dn̅s *E*   14 bonis *E*
rationi *I*   animal hominem *C*   hominem *om.E*   15 sensuumque *H*   om̅i *Bb*
16 expertia (*s. l. add.* gen) *E* experientia *b*   prudentiae *ABCDH* prudentique *b*
distributa *E*   qui *A*   17 notitiae *C* noticione *E*   fraudauerit *b*   18 mundi
sapientia *E*   mundique *A*   quesisse *E* quaerere se *H* (*alt.* re *s.l.*)   19 uesti-
gatione *A*   nequẹit *D* (ẹ *mut. in* i)   20 afinia *C*   21 despicere *BCDEIb*
quam—ne *om.C*   inde censat quꝫe *H*   24 Ista tua] Instatua *C* Statuit *H*
dissertissima *ABCE*   loculentissima *BC*

conpellit, ut, si eorum aliquid ignoraueris, non meo, sed tuo iudicio
pecoribus compareris. quamuis enim nos insignitius uidearis adtingere eo quod dixisti: *homo cum esset in honore, non
intellexit,* quia in quo tu non es honore sumus ecclesiae, tamen
etiam tu in eo es honore naturae, ut pecoribus praeferaris, quibus 5
secundum tuum indicium comparandus es, si aliquid eorum quae
ad naturam tuam constat pertinere nesciueris. neque enim eos
aspersisti hac reprehensione tantummodo, qui hoc nesciunt quod
ego nescio, hoc est humanae animae originem — quam quidem
non penitus nescio; scio enim deum flauisse in faciem primi hominis 10
factumque esse hominem in animam uiuam; quod tamen nisi
legissem, per me ipse scire non possem — sed dixisti: *quid autem
differt homo pecore, si nescit de sua qualitate naturaque disquirere
atque disserere?* quod sensisse ita uideris, tamquam de uniuersa
sua qualitate atque natura sic homo disquirere atque disserere 15
debeat, ut nihil eum sui lateat. quod si ita est, iam te pecoribus
comparabo, si mihi non responderis tuorum numerum capillorum.
si autem quantumcumque proficiamus in hac uita, aliqua nos ad
naturam nostram pertinentia nescire concedis, quaero id quantum
quatenusque concedas, ne forte et hoc ibi sit, quod animae nostrae 20
non omni modo soimus originem; quamuis, quod ad salutem pertinet fidei, diuinitus animam datam eamque non eius cuius deus
est esse naturae remotis ambagibus nouerimus. an forte hactenus
putas naturam suam cuique nesciendam, quatenus eam tu nescis,
hactenusque sciendam, quatenus eam tu scire potueris, ut, si paulo 25
amplius te quisque nescierit, eum pecoribus compares, quod scientior
illo esse potuisti, atque ita si quis eam paulo plus te scierit, eadem
iustitia te ille pecoribus comparabit? dic ergo quatenus *nobis*

3. 12 Vinc. Victor　Ps. 48, 13　　10 cf. Gen. 2, 7

2 compararis *A*　　insignius *Eb*　designantius *T*　　3 eo quod dix. *in mg. I*
6 iudicium tuum *BC*　　7 nescieris *E*　　enim *cm. T*　　10 nescio (*s. del.*
ignoro) *I*　　12 legisse *A*　　ipsum *Tb*　　13 homo differt *ECT*　　a pecore *EHbd*
natura quae *A*　　14 quod—disserere *in mg. T*　　15 sua *om. B*　　alt. ac *D*　disserre *H*
19 pertinentiā *A*　　concedas *b*　　20 quatenus usque *CI* quatinusque *E*　＊ibi *H*
21 origine *A*　　23 remotus *C*　actenus *AEHmI*　　24 nescientem *A*　quatinus *BE*
eam *om. Tb*　　nec tu scis *E*　nescis—eam tu *om. A*　　25 actenusque *BCE* hactenus *b*
quatinus *BE*　　tu scire—*383,1* sit nostra *in mg. H*　　26 quis *bd*　　27 te *om. E*

naturam nostram nescire concedas, ut a pecoribus salua sit nostra
distantia, et considera tamen, ne plus a pecoribus distet qui eius
aliquid nescire se scit, quam qui se putat scire quod nescit. natura
certe tota hominis est spiritus, anima et corpus; quisquis ergo a
5 natura humana corpus alienare uult, desipit. medici tamen, qui
appellantur anatomici, per membra, per uenas, per neruos, per ossa,
per medullas, per interiora uitalia etiam uiuos homines quamdiu
inter manus rimantium ninere potuerunt dissiciendo scrutati sunt,
ut naturam corporis nossent, nec tamen nos, quia ista nescimus,
10 pecoribus compararunt. nisi forte dicturus es eos pecoribus comparandos, qui animae naturam, non qui corporis nesciunt. non ergo
ita praeloqui debuisti. neque enim aisti: 'quid differt homo pecore,
si nescit de animae suae qualitate atque natura', sed aisti: *si nescit*
de sua qualitate naturaque disquirere atque disserere. qualitas utique
15 nostra et natura nostra cum corpore computatur, quamuis de his
quibus constamus singillatim singulis disseratur. uerum ego quam
multa possim de hominis natura scientissime disputare, si explicare
uelim, plura uolumina inplebo; multa me tamen ignorare confiteor.

III. 4. Tu autem quo uis pertinere, quod in superiore libro de
20 flatu hominis disputauimus, utrum ad animae naturam, quia ipsa
id agit in homine, an ad corporis, quod ab ea mouetur ut id agat,
an ad huius aeris, cuius reciprocatu id agere declaratur, an potius
ad omnia tria, ad animam scilicet, quae corpus mouet et ad corpus
quod motu flatum recipit atque reddit et ad auram istam undique
25 circumfusam quae intrando alit, releuat exeundo? et tamen hoc
litteratus homo atque facundus utique nesciebas, quando credebas

13 Vinc. Victor; cf. pag. 381, 10   19 cf. pag. 362—365

3 *pr.* se *om.* C   4 certe *om.* A   hominis est tota B   anima et] animae C
quisquis—corpus *om.* A   5 desepit C   6 anathomici C H   urnas H (e *s.* r)
7 etiauiuos A   8 manas A   scrutati] seruati C   9 corpus B C   10 eos *om.* E
12 proloqui E   qui A   a pecore *bd*   13 atque—qualitate *om.* H   sed—disserere
om. A   14 natura*quae H   atque] aut C   15 nostre naturae nostro H   16 quibus
om. B C   singillatim *bis* pos. *semel eras.* I   singulatim C T   ergo B C   ergo I
18 nelim] uhnm C   uolumine A   impleo E   tamen me E   19 quāuis A B C
superiori E   20 disputauimur A   utrum] uerū C   amae A   id ipsa B   ipse A C
21 id agit] ait E   ab ea] habeat A   moueatur E   22 eris A   reciprocatu*H
24 motū flatu E   istam] mundi H   25 releuate C   26 atque *om.* A   fecundus B

et dicebas et scribebas et in conuentu multitudinis conrogatae legebas,
ex natura nostra nos utrem inflare et in natura nostra nos minus
nihil habere, cum hoc unde faciamus facillime posses non diuinas
et humanas paginas perscrutando, sed in te aduertendo nosse cum
uelles. quomodo igitur tibi committam, ut me doceas de origine 5
animarum, quod me nescire confiteor, qui quod tuis naribus atque
ore sine intermissione facis unde facias ignorabas? et praestet
dominus, ut a me commonitus cedas potius quam resistas tam in
promptu positae atque apertissimae ueritati nec de utre inflando
sic interroges pulmones tuos, ut eos aduersus me habere malis 10
inflatos quam eis adquiescere te docentibus et responsum tibi uerum
non loquendo et altercando, sed spirando et respirando reddentibus.
proinde ignorantiam meam de origine animarum te corripientem
atque obiurgantem non moleste ferrem, immo insuper et gratias
magnas agerem, si eam mihi non solum duris percuteres conuiciis, 15
sed ueris etiam excuteres dictis. si enim me posses docere quod
nescio, non solum te uerbis, sed et pugnis caedentem deberem
patientissime sustinere.

IV. 5. Nam fateor dilectioni tuae, quantum adtinet ad istam
quaestionem, unum de duobus ualde cupio nosse, si possim, uel de 20
animarum origine quod ignoro uel utrum pertineat ad nos hoc nosse
cum hic uiuimus. quid si enim ex illis rebus est, de quibus nobis
dicitur: altiora te ne quaesieris et fortiora te ne
scrutatus fueris; sed quae praecepit tibi dominus,
illa cogita semper? uerum hoc nosse cupio aut ab 25
ipso deo sciente quod creat aut etiam ab aliquo docto sciente
quod dicat, non ab homine nesciente quod anhelat. infantiam suam

23 Eccli. 1, 22

1 *pr.* et *om.* BCITb   conuentitudinis C   conrogat ẹlẹgebas me (*om.* ex) A
conrogate BCH   corrogatae I   congregate E   congregatẹ (*ex* conrogatẹ) D, bd
2 ex] et C et de b   nos *om.* BCITb   in] ex T, *om.* Clb   naturam nostrum b
in nos b   4 et] sed H   prẹscrutando D   6 me *om.* Ç   8 cōmonitur A
inpromptu (*ex* inprumptu) H   9 promtu CDE   10 sicut C   aduersum T
malis habere B   11 te *om.* CH   12 spiritando A   14 obuirgantem A
16 sed ueris etiam] scrutatus A   me *om.* C   dicere C   17 cedentem I
debere C   20 ualde unum de duobus C   uel de] ualde Hml   21 hoc nosse
s. l. I   22 enim *om.* I   ex] de I   23 neq. si eris A   nec D   24 dominus
om. A   26 alico C   dicto C doctore I   27 anhelatus AC anhelatur B
anhelatur I

quisque non recolit et putas hominem nisi deo docente posse cognoscere, unde in matris utero ninere coeperit, praesertim si usque adeo
illum adhuc lateat humana natura, ut non solum quid intus habeat
uerum etiam quid ad eam forinsecus accedat ignoret? itane, dilectis-
5 sime, tu me docebis aut quemquam, unde homines nascentes animentur, qui nesciebas adhuc usque unde uiuentes sic alantur, ut
illo alimento paululum subtracto continuo moriantur? tu me
docebis aut quemquam, unde homines animentur, qui nesciebas
adhuc usque unde utres, quando inflantur, inpleantur? utinam
10 quemadmodum nescis unde origo sit animarum, sic ego saltem
scirem utrum mihi in hac uita sciendum esset! si enim ex illis est
altioribus, quae inquirere scrutarique prohibemur, timendum est,
ne hoc non ignorando, sed quaerendo peccemus. neque enim
propterea non esse de illis altioribus putare debemus, quia non ad
15 dei naturam pertinet, sed ad nostram.

    V. 6. Quid quod nonnulla in operibus dei quam deus ipse, in
quantum cognosci potest, difficilius cognoscuntur? nam didicimus
deum esse trinitatem; quot autem animalium genera creauerit,
saltem terrestrium, quae in arcam Noe intrare potuerunt, adhuc
20 usque nescimus, nisi hoc tu iam forte didicisti. in libro etiam
Sapientiae scriptum est: s i e n i m t a n t u m p o t u e r u n t
u a l e r e u t p o s s e n t a e s t i m a r e s a e c u l u m, q u o -
m o d o e i u s d o m i n u m n o n f a c i l i u s i n u e n e r u n t?
an quia hoc intra nos est, ideo non altius nobis est?
25 interior enim est animae nostrae natura quam corpus. quasi
nero corpus ipsum non facilius nosse potuit anima
extrinsecus per oculos ipsius corporis quam intrinsecus per
se ipsam. quid enim est in intestinis corporis, ubi non est
ipsa? et tamen etiam quaeque interna atque uitalia oculis

---

12 cf. Eccli. 3, 22   21 Sap. 13, 9

corporis inquisiuit et quicquid ex eis discere potuit per oculos corporis didicit. et certe ibi erat, etiam quando illa nesciebat. et cum
uiscera intrinsecus nostra non possint sine anima niuere, facilius ea
potuit anima uiuificare quam nosse. an forte ad eius cognitionem
altius illa est corpus eius quam ipsa et ideo si uelit inquirere atque 5
disserere, quando semen hominis conuertatur in sanguinem quando
in solidam carnem, quando ossa durari quando incipiant medullari,
quot sint genera uenarum atque neruorum, quibus discursibus et
anfractibus uniuersum corpus illae inrigent illi alligent, utrum in
neruis deputanda sit cutis utrum in ossibus dentes — distant enim, 10
quod medulla carent — et quid ab utrisque differant ungues, quoniam his duritia similes sunt, praecidi autem et crescere commune
illis est cum capillis, quisnam sit usus uenarum non sanguinis, sed
aeris, quas arterias uocant: haec atque huiusmodi de natura corporis sui si anima nosse desideret, tuncine dicendum est homini: 15
a l t i o r a   t e   n e   q u a e s i e r i s   e t   f o r t i o r a   t e   n e   s c r u-
t a t u s   f u e r i s, si autem de sua origine quod nescit inquirat, non
est altius neque fortius quam ut id possit adprehendere? et absurdum existimas atque incongruum rationi, ut nesciat anima utrum
noua diuinitus insufflata sit an de parentibus tracta, cum hoc iam 20
praeteritum non meminerit et inter illa deputet, quae inreuocabiliter
sieut infantiam et cetera recentis ab utero aetatis oblita est, si
tamen cum sensu eius aliquo factum est quando factum est, nec
putas absurdum atque incongruum, ut corpus sibi subditum nesciat
et quod non est de praeteritis eius, sed de praesentibus prorsus 25
ignoret, utrum uenas moueat ut uiuat in corpore, neruos autem

16 Eeoli. 3, 22

1 quidquid E · discerpere C   2 erat—cum om. A   3 possent H   5 illa om. d
6 sanguine BC   7 incipiat A BCI   8 quod ACD   uenerum C   9 et uniuersum H
pr. ille (a s. e) H   alt. illa H   11 meidulla Cm2   quo non (inter o et non ras.) H
12 duritias C   praedici A   crescere (cere del. assignatur) A   13 est illis E
illis—usus om. H   sede|ris A   14 aeris] aries H   artirias (e s. i) H   haec
autem E   uiusmodi A   15 tunc me A tunc ine DI tecine T tunc•ne E tunc
certe b   tune inedicendum BC tune inaedicendum H   16 quaeseeris C   et om. H
ne te E   18 est om. H   altus C   ne C   ut om. B   19 exestimas A   utrumnauadi
uinitus A utrumnam sdiuinitus B atrūnā sdiuinus C utrum diuinitus nona D
utrum nam diuinitus ITbd   20 praeteritum iam E   21 quē reuocabiliter C
23 alico A   ne AC   24 absordum C

ut membris corporis operetur, et si ita est, cur neruos non moueat,
nisi uelit, pulsus autem uenarum, etiam si nolit, sine intermissione
agat, de qua parte corporis ceteris dominetur quod ἡγεμονικόν uocant, utrum de corde an de cerebro an dispertite de corde motibus,
5 de cerebro sensibus an de cerebro et sensibus et uoluntariis motibus,
de corde autem non uoluntariis uenarum pulsibus, et si de cerebro
illa duo facit, cur sentiat etsi nolit, membra uero non moueat nisi
uelit? cum igitur haec in corpore nisi ipsa non faciat, cur nescit
quod facit uel unde facit? nec ei turpe est ista quod nescit et turpe
10 esse existimas, si nesciat unde uel quomodo facta sit, cum se ipsa
non fecerit? an quia nonnulli sciunt, quomodo haec et unde agat
in corpore, ideo ad illa altiora atque fortiora id pertinere non putas?

VI. 7. At ego hinc tibi maiorem moueo quaestionem, cur paucis-
simi nouerint unde agant, quod omnes agunt. fortasse dicturus es,
15 quia illi didicerunt artem anatomicam uel empiricam, quas medici-
ualis continet disciplina, quam pauci assequuntur, ceteri nero ista
discere noluerunt, cum potuissent, si utique uoluissent. ubi omitto
dicere, cur multi conentur discere ista nec possint, quia tardo, quod
multum mirum est, inpediuntur ingenio ea discere ab aliis. quae
20 aguntur ab eis ipsis et in eis ipsis. sed haec ipsa est maxima quaestio,
cur arte non mihi opus sit, ut esse in caelo sciam solem et lunam et
alia sidera, et arte mihi opus sit, ut sciam quando digitum moueo,
unde incipiam, a corde an a cerebro an ab utroque an neutro, et
doctore non egeam, ut sciam quid sit tam longe altius super me,
25 ab alio autem homine discere exspectem, unde agatur a me quod
agitur in me. nam cum in corde cogitare dicamur et quod cogitamus
nullo alio homine sciente sciamus, ipsum tamen cor ubi cogitamus

1 quur *BIT*   2 nollit *C*   3 egemonicon *codd.b*   4 corde] corpore *B*   dis-
pertit *AB* disperdit *C* dispertitis *ITbd*   cordis *E*   6 cordibus *H*   7 quur
BCHml passim   8 facit *I*   9 quod ista *T*   10 exestimas *A*   11 an—sciunt]
anima nero nulli sciunt *ABCIbd* An uero quia non nulli sciunt *T*   12 ideo]
i eo *T*   illas *A*   adque *A* ac *bd*   13 ad *C*   hintibi *A*   maiorem tibi *I*   quur *T*
14 nouerim *A*   15 ille *A* illa *C*   anatomica *C*   empuricam *ABI* empurica *C*
empericam *E*   16 continent *A*   assecuntur *CDE*   17 compotuissent *H* (u s. ǫ)
18 cul multi *T*   ista discere *I*   dicere *A*   19 multo *A*   20 maxima est *EI*
quaesti *A*   21 curare *H* (t s. fin. r)   mihi non *E*   solem sciam *BCITb*
22 sciant *A*   mouea *B*   23 unde id incipiam *EH*   a alt. om. H   an a eutro *C*
an a neutro *Hbd*   24 doctorem *DH*   25 a s. exp. in *I* in *T*   27 scimus *H*

nescimus in qua parte corporis habeamus, nisi ab alio discamus
qui nescit quod cogitamus. nec ignoro, cum audimus, ut ex toto
corde diligamus deum, non hoc dici de illa particula carnis nostrae,
quae sub costis latet, sed de illa ui, qua cogitationes fiunt; quae
merito appellatur hoc nomine, quia sicut motus non cessat in corde, 5
unde se pulsus diffundit usquequaque uenarum, ita non quiescimus
aliquid cogitando uersare. uerum tamen cum omnis sensus ab anima
insit et corpori, cur etiam in tenebris et oculis clausis sensu corporis,
qui uocatur tactus, membra forinsecus nostra numeremus, ipsius
autem animae interiore praesentia, qua cunctis quae uiuificat atque 10
animat praesto est, nulla intrinsecus nostra uiscera nouerimus, non
medicos empiricos nec anatomicos nec dogmaticos nec methodicos,
sed hominem scire arbitror neminem.

8. Et quisquis fuerit conatus haec discere, non frustra ei
dicitur: altiora te ne quaesieris et fortiora 15
te ne scrutatus fueris. neque enim altiora sunt
quam potest nostra statura contingere, sed quam potest
nostra coniectura conprehendere et fortiora quam potest uis
humani ingenii penetrare; et tamen non est caelum caeli,
non dimensio siderum, non modus maris atque terrarum, non 20
infernus inferior, nos sumus, qui nos conprehendere non ualemus,
nos modulum scientiae nostrae altiores fortioresque superamus, nos
non possumus capere nos et certe non sumus extra nos. nec ideo
comparandi pecoribus, quia id quod sumus non penitus inuenimus;
et comparandos nos pecoribus putas, si quod fuimus obliti sumus, 25
si tamen id aliquando noueramus? neque enim nunc anima mea
trahitur ex parentibus aut insufflatur a deo: utrumlibet horum
fecerit, tune fecit quando me creauit, non etiam nunc de me uel
in me facit; actnm illud atque transactum est nec praesens mihi

2 cf. Marc. 12, 30   15 Eccli. 3, 22

1 alio] illo E   2 ut om.E   4 costis nostris H   ui] in b   quae C   fiunt]
sunt C   5 appellatu A   hoc C   6 sepulsus B repulsos H (u s. o)   8 insinuet E
et pr. om. b   sensus H   9 membra I passim   10 autem] enim C   interiorem C
12 impericos C empericos E   docmaticos C   metodicos A B C I T   14 conatus
fuerit E   17 quē A   continere E   19 penitrare T   20 motus H   21 qui
nostra cōphendere H   23 sumus] possumus codd. praet. T   25 conparandus C
oblita C   26 neque] nāque H   nunc om.H   28 nuc A   29 actum] atque tum E
illuc BI   atque om.E

est nec recens. ne id quidem scio, utrum id scierim oblitusque sim, an uero nec tune quando factum est id sentire ac nosse potuerim.

VII. 9. Ecce modo, modo dum sumus, dum uiuimus, dum nos uiuere soimus, dum meminisse nos et intellegere et nelle certissimi sumus, qui nos naturae nostrae magnos cognitores esse iactamus quid ualeat memoria nostra uel intellegentia uel uoluntas omnino nescimus. amicus quidam meus iam inde ab adulescentia, Simplicius nomine, homo excellentis mirabilisque memoriae, cum interrogatus esset a nobis, quos uersus Vergilius in omnibus libris supra ultimos dixerit, continuo celeriter memoriterque respondit. quaesiuimus etiam superiores ut diceret: dixit. et credidimus eum posse retrorsus recitare Vergilium; de quocumque loco uoluimus, petiuimus ut faceret: fecit. prosa etiam de quacumque oratione Ciceronis, quam memoriae commendauerat, id eum facere uoluimus: quantum uoluimus sursum uersus secutus est. cum ammiraremur, testatus est deum nescisse se hoc posse ante illud experimentum. ita, quantum ad memoriam pertinet, tune se eius animus didicit et, quandocumque disceret, nisi temptando et experiendo non posset; et utique antequam temptaret, idem ipse erat: cur se igitur nesciebat?

10. Saepe nos praesumimus aliquid memoria retenturos et cum id putamus, non scribimus nec nobis postea cum uolumus uenit in mentem nosque paenitet credidisse uenturum nec litteris inligasse, ne fugeret; et subito rursus, cum id non quaeramus, occurrit: numquid nos non eramus, quando id cogitabamus? nec tamen hoc sumus quod fuimus, quando id cogitare non possumus. quid est ergo, quod nescio quomodo subtrahimur negamurque nobis itemque nescio

1 ne] nec *H*   utru *A*   scirem *E*   sum *H*   2 nosse] non posse *H* 3 *all.* modo *om. BDEHTb*   nos] non *A*   4 intellere *A*   5 nostrae *om.A* cognitures *C*   7 escimus *A*   ab oliscentia *C*   simplius *E*   9 uirgilius *BETbd* supra *H* (ra *s. l.*)   11 credimus *ABITb*   12 retrorsum *EHIbd*   uirgilium *BCETbd* uolumus *A*   13 feci *A*   prosam I*Tb* de prosa *Hd* ratione *E*   ciceroni *A* 14 mariae *C*   uolumus *B*   15 sequitus *A* sequutus *E*   ammiremur *E* admiraremur *H* (d *s. l.*)   16 deum *om.A* dominum *E*   hoc nescisse se *E*   nescississe *A* 17 pertinent *A* attinet *Cbd*   animus eius *E*   ei *B*   18 discere *Ibd*   temtando *A* et *om.T*   possent *A*   19 temtaret *A*   nestibat *A*   20 non *C*   recenturos *A* 21 uobis *B*   22 nosque] neque *A*   penitent *A*   nec] ucl *BCEITbd*   non ligasse *T* non illigasse *bd*   inligansse *A*   23 fugetret *A*   *ante* numquid *exp.* nos *C*   24 noueramus *E*   quando *s. exp.* cum I   id *om. EH*   adcogitamus (*om.* id) *A* 26 nescimus *BCEIb* non sumus *T*   subtraimur *I*   itaque *b*

quomodo proferimur ad nos reddimurque nobis, quasi alii simus
et alibi simus, quando quaerimus nec inuenimus quod in memoria
nostra posuimus, neque nos ipsi ad nos ipsos ueluti alibi positos
peruenire possimus et tune perueniamus quando inuenimus? ubi
enim quaerimus nisi apud nos? et quid quaerimus nisi nos, quasi 5
non simus in nobis et aliquo recesserimus a nobis? nonne adtendis
et exhorrescis tantam profunditatem? et quid est hoc aliud quam
nostra natura nec qualis fuit, sed qualis nunc est? et ecce magis
quaeritur quam conprehenditur. saepe mihi propositam quaestionem
putani me intellecturum, si inde cogitarem; cogitaui nec potni, saepe 10
non putaui et tamen potui. uires itaque intellegentiae meae non
sunt mihi utique cognitae et credo quia nec tibi.

11. Sed me contemnis forsitan confitentem et propter hoc quoque pecoribus comparabis. ego autem monere uel, si non dignaris,
certe ammonere non desino, ut agnoscas potins communem infirmi- 15
tatem, in qua uirtus perficitur, ne pro cognitis incognita praesumendo
ad ueritatem peruenire non possis. puto enim esse aliquid, quod et
tu intellegere quaeris nec potes nec tamen quaereres, nisi te posse
sperares. ac per hoc et tu uires intellegentiae tuae nescis, qui
naturae tuae scientiam profiteris nec mecum ignorantiam confiteris. 20
quid dicam de uoluntate, ubi certe liberum a nobis praedicatur
arbitrium? nempe beatissimus apostolus Petrus uolebat pro domino
animam ponere, plane uolebat; neque enim deum id pollicendo fal-
lebat, sed quantas uires haberet uoluntas ipsa nesciebat: proinde
uir tantus, qui Iesum filium dei esse cognouerat, se latebat. scimus 25
nos itaque aliquid uelle seu nolle; sed uoluntas nostra, etiam cum
bona est, quantum ualeat, quantas uires habeat, quibus temptationibus cedat quibusue non cedat, si nos non fallimus, fili dilecte,
nescimus.

15 cf. II Cor. 12, 9   22 cf. Ioh. 13, 37   25 cf. Matth. 16, 16

6 sumus *DH a. c.*   aliquo modo *b*   10 inde cogitaram *B*   nec] n̄ hoc *T*
12 cognita *AC*   nec *ex* nunc *E*   13 contemnes *T*   confidentem *A*   14 mouere]
ammonere *E*   15 amonere *E* admonere *ex* ammore *Hml*   desinam *b*   cognoscas *E*   16 presunendo *A*   17 quo det *A*   18 quaeres *Hml* queris *I*   *pr.* noṇ
(ec *s.* oṇ) *H*   posse] potest *A*   19 sperare *ABC* sperares *H* (es *s.* i *ml*)   20 igno-
rantiẹ *A*   21 a *om. BT*   23 id deum *B*   24 quantes *A*   25 uir tantus]
uirtus *A*   qui filium hominis filium dei *T*   Iesum] in *ABC, om. Ibd*   se∗*H*
simus *C*   26 itaque nos *E*   nos]stras *A*   27 temtationibus *A*   28 quibus
BCITb; quibus—cedat *rep. C*

VIII. 12. Vide igitur quam multa non praeterita, sed praesentia
de natura nostra nec tantum quod ad corpus, uerum etiam quod
ad interiorem hominem pertinet ignoremus nec tamen pecoribus
comparemur; et tu, quia praeteritam originem animae meae non
5 omnino nescio, sed non plene scio — nam scio mihi esse datam a
deo nec tamen esse de deo —, tanto me conuicio dignum putasti!
et quando possum de natura spiritus et animae nostrae commemorare
omnia quae nescimus? ubi potins exclamare debemus ad deum,
quod ille exclamauit in psalmo: m i r i f i c a t a   e s t   s c i e n t i a
10 t u a   e x   m e;   i n u a l u i t,   n o n   p o t e r o   ad   i l l a m.   cur enim
adiecit 'ex me' nisi quia ex se ipso quam inconprehensibilis esset dei
scientia coniciebat, quando quidem se ipsum conprehendere non
ualebat? rapiebatur apostolus in tertium caelum et audiebat ineffabilia uerba, quae non licet bomini loqui, et utrum in corpore
15 hoc illi accidisset an extra corpus nescire se dicit nec a te comparari
pecoribus pertimescit. sciebat se spiritus eius esse in tertio caelo,
esse in paradiso et utrum esset in corpore nesciebat. et utique
tertium caelum et paradisus non erat ipse apostolus Paulus; corpus
uero eius et anima atque spiritus eius ipse erat. ecce sciebat magna,
20 alta atque diuina, quae ipse non erat; et hoc nesciebat, quod ad
naturam ipsius pertinebat. quis in tanta occultarum rerum
scientia tantam sui ipsius ignorantiam non miretur? quis
postremo crederet, nisi qui non fallit hoc diceret: q u i d
o r e m u s,   s i c u t   o p o r t e t,   n e s c i m u s?   ubi   esse
25 nostra maxime debet intentio, ut nos in ea quae ante sunt
extendamus; et me, si in eis quae retro sunt aliquid de
mea origine oblitus sum, pecoribus comparas, cum audias
eundem apostolum dicentem: q u a e   r e t r o   o b l i t u s,   i n
ea quae   ante   sunt   extentus   secundum in-

9 Ps. 138, 6   13 cf. II Cor. 12, 2—4   23 Rom. 8, 26   28 Phil. 3, 13. 14

2 uerunt A   3 pretinet A   4 comparamur E   praeterita in A   5 datam
esse Ebd   6 metunitio dignum A   7 nostrae om. E   8 ad deum in mg. I
9 scientua ex me A   10 ad eam E   11 nisi om. D   se om. H   inphensibilis A
esset] s set A   scientia dei E   12 coniciebat in textu ras. in mg. add. I   cŏcineb : t E
quando quidem—ualebat om. H   14 quue A   15 nescisse E   16 pertimiscit Hm1
in—esse om. B   18 ipsa A   Paulus om. EH   19 ecce] Eae A   20 ipsa B
nouerat C   21 hoc cultarŭ A   22 Tantŭ H   minetur A   25 maxima H maximae I   intentiŭ A   sunt om. E   27 cŏmparas H

tentionem   sequor   ad   palmam   supernae
uocationis dei in Christo Iesu!

IX. 13. An forte etiam hoc _{quia} dixi: quid oremus, sicut
oportet, nescimus, inridendum me arbitraris et inrationalibus
similem animantibus iudicas? et forte tolerabilius. cum enim recto 5
sanoque iudicio futura nostra praeteritis praeferamus et oratio nobis
non propter quod fuimus, sed propter quod erimus sit necessariá,
multo est utique molestius nescire quid oremus quam quemadmodum exorti fuerimus. sed ueniat tibi in mentem, ubi hoc legeris,
uel relegendo recole et noli in me huius conuicii lapidem iacere, 10
ne ad quem non uis perueniat. ille ipse quippe doctor gentium
apostolus dixit: quid enim oremus, sicut oportet,
nescimus, quod non tantum uerbo docuit, sed suo quoque
demonstrauit exemplo. nam contra utilitatem et salutis suae perfectionem nesciens orabat, ut discederet ab eo stimulus carnis, quem 15
sibi datum dixit, ne magnitudine reuelationum suarum extolleretur.
et quia eum dominus diligebat, non fecit quod ignoranter petebat,
sed tamen ubi ait: quid enim oremus, sicut oportet,
nescimus, mox adiunxit: sed ipse spiritus interpellat gemitibus inenarrabilibus. qui autem 20
scrutatur corda, scit quid spiritus sapiat, quia
secundum deum interpellat pro sanctis, id est
'interpellare sanctos facit', ille utique spiritus, quem deus misit
in corda nostra clamantem: abba, pater, et in quo
clamamus: abba, pater; utrumque enim dictum est et ac- 25

---

3. 12 Rom. 8, 26   11 cf. I Tim. 2, 7   15 cf. II Cor. 12, 7—9   18 Rom.
8, 26. 27   23 Gal. 4, 6   24 Rom. 8, 15

3 hoc] *add.* ipso *T*   horemus *A*   4 inderidendum *C* (inde *in ras.*) inrationabilibus *CEI*   5 animantibus similem *H*   sano rectoque *E*   6 iuditia *B*   praeferamus praeteritis *E*   et oratio] eo natio *C*   8 utique *om. A*   quod *C*
horemus *A*   quem *C*   quāadmodum *C*   9 ueniet *A*   mente *C*   10 legendo *C*
noli in] nolum *C*   conuicu quidem (*om.* lapidem) *A*   11 pereniat *C*   12 apostolus *om. I*   dixi *A*   horemus *A*   13 coque *A*   16 dixi *A*   extollerent *C*,
om. B   17 qui alium *A*   eum] illum *BCITbd*   18 oramus *E*   19 adjum sit *A*
interpellat] *add.* pro nobis *H, E in mg., bd*   20 quia *C*   21 *post* quid *exp.* desideret *I*   sapiat spiritus *E*   sapientia *B*   22 pro sanctis interpellat *B*   inter-
pellet *s. exp.* postulat *I*   24 et—pater *om. CDT*   25 clamanus *A*   utrumque
enim dictum et misisse deum spiritum suum in corda nostra clamantem abba
pater et accepisse nos spiritum in quo clamamus abba pater *T*   est *om. ABCITbd*

cepisse nos spiritum c l a m a n t e m: a b b a, p a t e r et
accepisse nos spiritum, i n q u o c l a m a m u s: a b b a,
p a t e r, ut exponeretur quomodo dixit 'clamantem', hoc
est 'clamare facientem', ut ipso faciente clamemus. doceat ergo et
5 hoc me quando uoluerit, si hoc mihi expedire nouit, ut sciam unde
secundum animam originem ducam. sed ille hoc me doceat spiritus,
qui altitudines dei scrutatur, non homo, qui spiritum nescit, unde
uter inflatur. absit tamen, ut ego hinc te pecoribus comparem;
non enim hoc quia non poteras, sed quia non aduerteras nesciebas.
10 　　X. 14. Verum tu fortasse, quamuis altiora sint, quae de animarum origine requiruntur quam est unde ducimus et reddimus
flatum, tamen eadem altiora de scripturis sanctis te didicisse con-
fidis, de quibus per fidem didicimus, quae nulla possent humana
ingenia uestigare. nam longe utique praestantius est nosse resur-
15 recturam carnem ac sine fine uicturam quam quicquid in ea medici
scrutando discere potuerunt, quod nullo sensu anima percipit, cum
praesentia sua uegetet cuncta quae nescit; et longe est melius nosse
animam, quae in Christo renata et renouata fuerit, in aeternum
beatam futuram quam quicquid de illius memoria, intellegentia,
20 uoluntate nescimus. haec autem quae dixi praestantiora atque
meliora nullo modo nosse ualeremus, nisi diuinis crederemus eloquiis. his ergo eloquiis fidere te fortassis existimas, ne de origine
animarum sententiam definitam proferre cuncteris. primum si ita
esset, non ipsi humanae naturae tribuere debuisti, quod seit homo
25 de sua qualitate atque natura disquirere atque disserere, sed dei
muneri; dixisti enim: *quid differt homo pecore, si hoc nescit?* quid
igitur opus est aliquid legere, ut hoc sciamus, si eo ipso quo a pecore

---

6 cf. I Cor. 2, 10　　26 Vino. Victor; cf. pag. 381, 9

1 clamantem—spiritum *om.E*　　　et—pater *om.ABClb*　　　3 dixerit *E*
4 clamamus *C*　　5 me] ne *B*　　7 altitudine *BC* altitudinem *ITbd*　　8 tamen *s.*
exp. enim *I*　　te pecoribus] temporibus *C*　　cūparē *A*　　12 sanctis redidicis se *A*
13 possint *H*　　14 inuestigare *Eb*　*ante* resurr. *exp.* resurrecturam *I*　　15 carnem—
uicturam *om.B*　　hac *C*　　quidquid *AET, item lin. 19*　　16 nullo] in illo *b*　　percipit anima *E*　　18 qua *E*　　fuerit renata et renouata *I*　　renati *C*　　19 beata *E*
20 haecce *A*　　21 eloquiis crederemus *E*　　22 te *om.H* te posse *E*　　fortasse *E*
exestimas *C*　　23 difinitam *E*　　cuncteris *E* (ris *in mg. add.*)　　primus *ABC*
24 ipsa *H*　　humana *H* umanae *B*　　25 qualitate (*in mg.* l uolūtate) *b*　　atque
disserere *om.B*　　26 difret *B* difert *E*　　a pecore *Hbd*

distamus iam hoc scire debemus? sicut enim nihil mihi legis,
ut me uiuere sciam — habet enim natura mea, ut hoc nescire non
possim — ita, si et illud scire naturae est, cur mihi de hac re profers
quibus credam testimonia scripturarum? numquid soli distant
pecore qui eas legunt? nonne ita creati sumus, ut distemus pecoribus 5
et antequam ad aliquas litteras peruenire possimus? quid est, quaeso,
quod tantum naturae nostrae arrogas, ut eo ipso quo distat a pecore
iam norit de origine animarum disquirere atque disserere, et rursus
eam sic facis huins cognitionis expertem, ut hoc scire humanitus
nequeat, nisi diuinis testibus credat?   10

XI. 15. Deinde et in hoc falleris. nam diuina testimonia, quae
ad istam quaestionem soluendam referre uoluisti, non id aperiunt.
aliud est quod illa demonstrant, sine quo uere non possumus pie
uiuere, quod scilicet animarum nostrarum deum habeamus datorem,
creatorem, formatorem. sed quomodo id faciat, utrum nouas eas 15
flando an de parentibus trahendo, non exprimunt nisi de una illa
quam primo bomini dedit. lege diligenter quod scripsi ad fratrem
nostrum dei seruum Renatum; ibi enim quia id ostendi, non fuit
necesse et hic scribere. uelles autem me definire quod ipse definisti,
ut in tales angustias contruderer, in quales ipse contrusus aduersus 20
catholicam fidem tot et tanta locutus es, ut ea si fideliter et humiliter
recolas atque consideres, uideas profecto quantum tibi profuisset,
si scisses nescire quod nescis, et quantum tibi prosit, si uel nunc
scias. nam si intellegentia tibi placet in natura hominis, quoniam
reuera si eam non haberet, nihil, quantum ad animas pertinet, 25
pecoribus distaremus, intellege quid non intellegas, ne totum non
intellegas, et noli despicere hominem, qui ut ueraciter intellegat

18 cf. pag. 317 sqq.

1 nihil *om.E*   legis] legisse opus est *H*   2 me *om.E*   hoc scire possim *sqq. T*
non *om.I*   3 possim] sim *A*   etsi *Cb*   natura *BCHIb*   4 scripturū *A*   5 a pecore *bd*   alt. a pecoribus *Hbd*   7 ipso] isto *C*   quod *ABCITb*   8 dissere *B*   et—sic
om.H   9 uius *A*   cogitationis *BCI,b in mg.*   12 ad ista in *C*   13 ille *C*   possimus *A*   14 habemus *C*   15 id quod facit *C*   16 an de] unde *B*   illa una
BCITbd   huna *A*   17 legi *C*   scripsit *C*   18 seruus *A*   ostendi] optinet *H*
19 difinire *E*   ipsi *BC*   difinisti *E*   20 contruerer *C*   21 tote (*om.* et) *C*
et—quantum tibi *om.A*   loquutus *BI*   eas *Hb*   et] atque *bd*   23 si cisses *E*
scire *C*   si *om.H*   25 si reuera *A*   pertinent *A*   26 a pecoribus *bd*   intellege**A*
ne] nec *CE*   ne—intellegas *om.D*   27 dispicere *CH*   ut] it *C*

quod non intellegit hoc se non intellegere intellegit. unde autem
dictum sit in sacro psalmo: h o m o i'n h o n o r e c u m e s s e t,
n o n i n t e l l e x i t; c o m p a r a t u s e s t p e c o r i b u s i n s e n-
s a t i s e t s i m i l i s f a c t u s e s t eis, lege et intellege, ut hoc
5 obprobrium humiliter potius ipse caueas quam superbe alteri obicias.
de his enim dictum est, qui istam uitam solam deputant uitam
secundum carnem uiuentes et post mortem nihil sperantes ueluti
pecora, non de his, qui neque negant se scire quod sciunt et confitentur se nescire quod nesciunt et tutius intellegunt infirmitatem
10 suam quam de sua uirtute confidunt.

16. Non itaque displiceat praesumptioni tuae iuuenali meus
senilis timor, fili. ego enim, si hoc quod de animarum origine
quaerimus nec deo nec aliquo spiritali homine docente scire potuero,
paratior sum defendere quam recte etiam hoc deus sicut alia multa
15 nos scire noluerit quam temere dicere, quod aut ita sit obscurum,
ut hoc non solum ad aliorum intellegentiam perducere nequeam,
sed nec ipse intellegam, aut certe etiam hereticos adiuuet, qui
propterea persuadere conantur ab omni noxa puras esse animas
paruulorum, ne scilicet eadem noxa in auctorem deum recurrat et
20 redeat, quod insontes animas, quibus nec lauacrum regenerationis
subuenturum esse praesciuit, dando carni peccatrici esse conpulerit
peccatrices nulla baptismatis gratia subuentura, qua liberentur a
damnatione perpetua, quando quidem innumerabiles animae infantum, antequam baptizentur, de corporibus exeunt. absit enim,
25 ut hoc uolens diluere dieam quae ipse dixisti, ʻquod anima per
carnem meruerit inquinari et esse peccatrix nullum habens ante
peccatum, quo recte id meruisse dicaturʻ, et ʻquod etiam sine
baptismo originalia peccata soluanturʻ et ʻquod regnum quoque
caelorum non baptizatis in fine tribuaturʻ. haec atque huiusmodi

---

2 Ps. 48, 13   7 cf. Rom. 8, 13   18 cf. pag. 356, 11   20 cf. Tit. 3, 5
25 Vino. Victor

    1 intelligat E   2 palmo C   3 iumentis (s. l. ? pecoribus) I   insentatis A
4 eis] illis BCITd   6 de his] deis B   quia C   solam uitam EH   9 tutius]
tocius A totius C potius BHITbd   hanc infirmitatem suam b   10 confidant E
11 itaque] enim I   praesentioni A   iuuenili BITbd   12 de hoc B   15 noluerunt C   19 nec C   20 insonantes H (exp. m1)   lauachrum C   21 praestiuit A
carnis A   22 peccatores B   libenter C   23 infantium EI   25 deluere B
27 quod BCb   dicamur A   28 soluentur A   29 finem BCI

uenena fidei nisi dicere timerem, fortasse de hac re definire aliquid
non timerem. quanto melius igitur non separatim de anima disputo
et affirmo quod nescio, sed quod apertissime apostolum uideo
docuisse simpliciter teneo ex uno homine omnes homines ire in
condemnationem qui nascuntur ex Adam, nisi ita renascantur in 5
Christo, sicut instituit ut renascantur, antequam corpore moriantur,
quos praedestinauit ad aeternam uitam misericordissimus gratiae
largitor, qui est et illis quos praedestinauit ad aeternam mortem
iustissimus supplicii retributor non solum propter illa quae uolentes
adiciunt, uerum etiam, si infantes nihil adiciant, propter originale 10
peccatum. haec est in hac quaestione definitio mea, ut occulta
opera dei habeant suum secretum salua fide mea.

XII. 17. Nunc iam, quantum dominus donare dignatur, etiam
ad illud debeo respondere, ubi de anima loquens meum nomen
iterasti atque dixisti: *non enim, sicut Augustinus peritissimus* 15
episcopus profitetur, incorpoream et eandem spiritum esse permit-
timus. prius itaque utrum anima incorporea, sicut ego dixi, an
corporea, sicut tu, existimanda sit disputemus; deinde utrum etiam
ipsa secundum scripturas nostras dicatur spiritus, quamuis etiam
proprie spiritus nuncupetur non uniuersa, sed aliquid eius. ac 20
primum scire uellem corpus quid esse definias. si enim non est corpus
nisi quod membris carnalibus constat, nec terra erit corpus nec
caelum nec lapis nec aqua nec sidera nec si quid huiusmodi est; si
autem corpus est quicquid maioribus et minoribus suis partibus
maiora et minora spatia locorum obtinentibus constat, corpora 25
sunt etiam ista quae commemoraui: corpus est aer, corpus est lux ista
uisibilis et omnia, sicut dicit apostolus, c o r p o r a c a e l e s t i a
e t c o r p o r a t e r r e s t r i a.

4 cf. Rom. 5, 18   5 cf. Ioh. 3, 3   15 Vinc. Victor   27 I Cor. 15, 40

1 timerem dicere *b*   diffinire *E*   4 dixisse *E*   5 condem•nationem *H*
6 sicuti *ABCTbd*   institui *BCI*   in corpore *b*   8 praedistinauit *CH*   mortem]
uitam *B*   9 nolentes *BCI*   10 *alt.* adicent *A* (e *in* i *mut. et a s.* n *add.*)
propter] pręter *b*   11 hac] illa *d*   diffinitio *Eb*   13 dignabitur *I*   14 nomen
meum *b*   15 iterasci *A*   agustinus *AC*   17 an corporea] incorporea *C*   18 sicut tu
om. B   exestimanda *AC*   disputamus *A*   etiam utrum *T*   u•rum *H* (t *s.* •)
19 quamuis—spiritus *om. C*   20 uniuersas *C*   21 uelim *E*   diffinias *b*   23 aque *A*
si *om. A*   huiuscemodi *E*   24 quidquid *ET*   et minoribus *om. Dm1*   25 ma et
minora *A* (mi *s. l.* m1) optimtibus *A*   26 istam *A*   auer *A*   est *alt. om. ABCHIT*
27 inuisibilis *C*   dixit *I*

18. Sed utrum aliquid tale sit anima, scrupulosissime ac subtilissime quaeritur. uerum tamen tu, unde tibi maxime gratulor, deum corpus non esse confirmas; sed me rursus sollicitum facis, ubi dicis: *si anima caret corpore, ut sit, sicut quibusdam placet,* 5 *cassae inanitatis aeria futilisque substantia.* his enim tuis uerbis uideris credere omne quod caret corpore inanis esse substantiae. quod si ita est, quomodo deum audes dicere carere corpore nec times, ne sequatur inanis eum esse substantiae? porro si et corpore caret deus, quod iam confessus es, et eum inanis esse sub-10 stantiae absit ut dicas, non ergo inanis substantiae est quicquid corpore caret. et ideo qui incorpoream dicit esse animam, non est consequens, ut eam uelit uideri inanis futilisque substantiae, quia et deum, qui non est inane aliquid, simul incorporeum confitetur. nide autem quantum intersit inter id quod dico et quod tu me 15 existimas dicere. ego enim nec aeriae substantiae animam dico; alioquin corpus esse confiteor. aer quippe corpus est secundum omnes, qui de corporibus cum loquuntur quid loquantur sciunt. tu autem propter id quod incorpoream dixi animam, non solum cassae inanitatis, sed ob hoc aeriam me putasti eam dixisse sub-20 stantiam, cum et corpus eam non esse dixerim, quod est aer, et quod aere inpletur inane esse non possit. quod nec utres tui te ammonere potuerunt. quid enim aliud in eos nisi aer, quando inflantur, artatur? qui usque adeo inanes non sunt, ut eadem plenitudine etiam pondera sufferant. quodsi forte aliud tibi uidetur 25 esse flatus, aliud aer, cum aer motus ipse sit flatus, quod et flabello agitato doceri potest, certe uasa quaelibet concaua, quae putas in-

4 *Vinc. Victor*

1 tale aliquid *BCEITb*   scrupolosissime *B*   2 tu *om. B*   3 rursum *T* sollititum *E*   4 ut sit *om. E*   5 aerias *BC* aeriae *Id*   futtilisque *AH* utilisque *BC* inutilisque *D* fictilisque *E*   substantiae *Dd; cf. l. 19*   6 inanis—corpore *om. Im1*   7 quod—substantiae *om. A*   9 et] sed *E* et ex es *Dm2*   10 absi *A* absit—substantiae *lin. 15 om. C*   substantiae Substantiae est *B*   quidquid *DETbd*   11 caret corpore *T*   12 uiderinanis *A*   futtilisque *AH* inutilisque *D* fictilisque *E*   14 uidetur *EI*   15 exestimas *A*   aereae *b*   aeri ut substantiae *AB* 16 quippe] enim *b*   17 corpore̜ colloquuntur *E*   qui *E*   20 non eam *H* eå *in mg. add. E*   21 substantiam *exp. ante* quod *E*   aere] est aere *A*   ut Ir••*A* te *om. H*   22 in eos aliud *E*   illud *C*   23 inflatur *E*   Cuiusque *ABC* 24 tibi *om. B*   25 aliud aer commotus ipse sit flatus *in mg. H*   26 a•agitato *H* certa *A*   concaua *post* inania *pos. signo transp. add. E*

ania, ut plena esse cognoscas, ab ea parte, qua inplentur, deprime
in aquam et uide, quod nihil humoris in ea possit intrare repellente
aere, quo plena sunt. cum autem ore sursum uersus conlocantur
siue ex latere, tunc recipiunt liquorem, si quis infunditur.uel ingreditur, exeunte atque euadente aere qua exitus patet. hoc praesenti 5
facilius posset demonstrari facto quam scripto. sed non est hic
diutius inmorandum, cum siue intellegas aeris naturam esse corpoream siue non intellegas, me tamen putare non debes uel aeriam
dixisse animam, sed omnino incorpoream; quod et tu esse confiteris
deum, quem dicere non audes inane esse aliquid, sed negare non 10
potes omnipotentis et inmutabilis esse substantiae. cur ergo
metuimus, ne sit cassae inanitatis anima, si sit incorporea, cum
deum incorporeum esse fateamur nec eum cassae inanitatis esse
dicamus? sic itaque potuit incorporeus incorpoream creare animam,
quemadmodum uiuens uiuentem quamuis inmutabilis mutabilem 15
et omnipotens longe inparem.

XIII. 19. Cur autem animam nolis esse spiritum, sed corpus
eam uelis esse non uideo. si enim propterea spiritus non est, quia
distincte apostolus nominauit spiritum dicens: e t   i n t e g e r
s p i r i t u s   u e s t e r   e t   a n i m a   e t   c o r p u s, eadem causa 20
est, cur ea non sit corpus, quia distincte nominauit et corpus; si
autem affirmas, quod et anima corpus sit quamuis distincte corpore
nominato, permitte, ut etiam spiritus sit quamuis distincte spiritu
nominato. multo magis enim tibi debet uideri anima spiritus esse
quam corpus, quia spiritum et animam unius fateris esse sub- 25
stantiae, unius autem substantiae animam corpusque esse non
dicis. quo igitur pacto corpus est anima, cum eius et corporis sit
diuersa natura, et spiritus non est anima, cum eius et spiritus sit

19 I Thess. 5, 23

2 umoris *AH*   in ea *om.BCITbd*   repleta *E*   3 quod *B*   uerso *H*
5 aerequexitus *A*   qua•*H*   et hoc *E*   6 possit *EIT*   demonstrare *C*   7 siue]
sine *A*   intelligis *E*   corporea *C*   8 debebis *H*   aeream *BHI*   9 et *om.C*
10 que *C*   audies *A*   est *C*   11 potest *BC*   imputabilis *A*   substantiā *B*
substantia *C*   12 inanitatis *s. exp.* iniquitatis *H*   incorporeā *A*   cum—
incorporeum *om. A*   13 deus *Hm1*   fateamur esse *b*   14 incorporeus deus *b*
15 queadmodum *C*   18 uellis *A*   19 distinctae *H*   21 quiad *C*   23 etiam ut *B*
24 multa *A*   enim magis *bd*   animas *AC*   25 fateris unius *I*   substantiae *om.E*
26 autem] enim *E*   corpus qu•e *H*   27 Quod *B*   pac•to *E*   28 spu *BC*

una eademque natura? quid quod ista tua ratione etiam spiritum
corpus esse cogeris dicere? alioquin si spiritus corpus non est et
anima corpus est, non sunt spiritus et anima unius eiusdemque
substantiae; tu autem utrumque, quamuis duo quaedam sentias,
5 unam fateris habere substantiam: ergo et spiritus corpus est, si
anima corpus est; neque enim aliter possunt unius eiusdemque esse
naturae. proinde secundum te illud quod ait apostolus: s p i r i t u s
u e s t e r e t a n i m a e t c o r p u s, tria sunt corpora; sed ex
his duo, anima et spiritus, unius naturae sunt corpora, corpus autem
10 illud, quod etiam caro dicitur, diuersa natura est. et ex his tribus,
ut opinaris, corporibus, quorum unum diuersae, duo uero sunt unius
eiusdemque substantiae, constat totus homo, una quaedam res
atque una substantia. ista cum asseras, non uis tamen, ut duae
res unius eiusdemque substantiae, id est anima et spiritus, habeant
15 unum spiritus nomen, cum duae .res non unius eiusdemque, sed
inparis diuersaeque substantiae, id est anima et corpus, habeant
unum, sicut putas, corporis nomen. ;.

XIV. 20. Sed hoc omitto, ne de nominibus inter nos sit potius
controuersia quam de rebus. quisnam sit homo interior uideamus,
20 utrum anima an spiritus an utrumque. sed, sicut te scripsisse
uideo, interiorem hominem animam dicis. de hac enim loquebaris,
cum diceres: *et gelante substantia, quae conprehendi non poterat,*
efficeret corpus aliud intra corpus naturae suae ui et spiramine con-
globatum exindeque inciperet homo interior apparere, quem uelut in
25 *formam uaginae corporalis inclusum ad similitudinem sui deliniauit*
exterioris hominis habitudo. deinde infers: *flatus ergo dei animam*
fecit, immo flatus ex deo anima factus est, effigiata substantialis et

---

7 I Thess. 5, 23   22. 26 Vinc. Victor

1 quid est quod *H*   2 et anima *om.A*   3 eadem *BC*   4 autem *om.H*   duc
que dā sententias nā *A* dō quaedam sententias unam *C*   6 enim *om. B*   possunt
aliter *E*   8 uester] uero *T*   9 *pr.* corpore *E*   10 diuersa nature *T* diuersae
naturae *d*   14 anima et] animae *C*   15 duares; uniuseiusdemque substantię
id est anima et s̄p̄s̄; sed impare diuersae que substantię *A*   16 imparis et di-
uersę *T*   habeat *H*   17 corporibus *A*   18 mitto *C*   potius sit *E*   19 uideanus *A*
21 hominem *om.B*   22 substantiaę *H*   quae] qua *AH* quā *BCEIT* quod *b*
cophendere *T*   poterant *A*   23 et efficeret *E*   ui *om.BCTb*   et *om.T*   24 in-
peret *F*   ueluti *d*   25 forma *BCEITbd*   declinauit *E* delaniauit *T* delineauit *d*
26 iners *A*   animum *Ad*   27 effigiat asubstantialis *C*   et—corporea *om.Im1*

*secundum naturam suam corporea et sui corporis similis imaginique
conformis.* post haec incipiens loqui de spiritu: *haec,* inquis, *anima,
quae ex flatu dei haberet originem, sine sensu proprio atque intellectu
intimo esse non potuit, quod est spiritus.* sicut ergo uideo, interiorem
hominem uis esse animam, intimum spiritum, tamquam et ipse 5
interior sit animae sicut illa corpori. ita fit, ut quemadmodum
corpus per interiora caua sua recipit aliud corpus, quod est anima,
sicut putas, sic et anima credenda sit habere interiora inania, qua
corpus tertium receperit spiritum, atque ita totus homo constet
ex tribus: exteriore, interiore, intimo. itane nondum respicis, 10
quanta te absurdissima consequantur, cum animam conaris asseuerare corpoream? deinde dic· mihi: quis eorum renouabitur in
agnitione dei secundum imaginem eius qui creauit eum? interior
an intimus? apostolus quidem praeter interiorem et exteriorem
non uideo quod sciat alium interioris interiorem, id est totius 15
hominis intimum. sed elige quem uolueris, qui renouetur secundum
imaginem dei, quomodo hanc recipiet, qui iam sumsit exterioris
imaginem? si enim per membra exterioris cucurrit interior et
gelauit — hoc enim etiam uerbo usus es, tamquam figmentum
fusile fieret ex forma lutea, quae de puluere facta est —, quomodo 20
eadem manente forma, quae inpressa illi est uel expressa de corpore,
potest reformari ad imaginem dei? an duas habebit imagines, a
summo quidem dei, ab imo autem corporis, sicut in nummo dicitur
'caput et nauia'? an forte dicis, quod anima ceperit imaginem
corporis et spiritus capiat imaginem dei, tamquam illa contigua 25
corpori et ille sit deo, ac sic ad imaginem dei homo ille intimus,
non iste interior reformetur? sed frustra hoc diois. nam si et ille

2 Vinc. Victor   12 cf. Col. 3, 10   14 cf. Rom. 7, 22. Eph. 3, 16   24 cf.
Macrobii Saturnal. I 7, 22

    1 corpoream *HT*   corpori simili *H*   2 anime *AB* animae *C*   3 habere *CEH*
intellectum *A*   5 hominem *om.C*   6 ut *om.D*   7 intera *A*   concaua *b*
caua sua] casa sua *B* cauare *H*   · recepit *Ab* cepit *s. l. m1H*   8 inania]
inanima *Cb*   quia *A* quę *E* quo *T*   9 ceperit *D* reciperet *E* (ere *s. l.*)   constet—
intimo *om.H*   10 respices *H* (i *s. alt.* e)   11quan**tate *H*   canáris *C*   13 agnitionem *ETbd*   eum] illum *bd*   exterior an interior *sqq. T*   14 an intimus]
animus *ABCl*   praeter] prius *B* praeterit *C*   et *om.C*   15 quõ *E*   hoc est *H*
16 elie *A*   uis *H*   17 recipiat *H*   18 interiore (*om.* et) *A* interius *I* (or *s.* us *m1*)
19 gerauit *Dm1*   usus‖es *H*   21 quae *H*   22 absummo *C*   24 nabia *H* naiua *b*
coeperit *ABCHm1b*   25 et] *add.* si *H*   capiet *T*   tam *H*   26 a deo *E*
27 interiore|formetur *A*   et si homo ille intimus *b*

intimus ita est per animae omnia membra diffusus ut illa per corporis, iam etiam ipse per animam cepit imaginem corporis, sicut
illa eum forma formauit. ac per hoc non habet ubi capiat imaginem
dei manente in se ista imagine corporis, nisi quemadmodum num-
5 mus, ut dixi, aliter ex inferiore, aliter ex parte superiore formetur.
ad ista te absurda quando de anima cogitas carnalis cogitatio corporum uelis nolisue conpellit. sed deus, ut etiam ipse rectissime
confiteris, non est corpus; quomodo igitur capiat eius imaginem
corpus? obsecro te, frater, ut non conformeris huic saeculo, sed
10 reformeris in nouitate mentis tuae nec sapias secundum carnem,
quoniam mors est.

    XV. 21. *Sed*, inquis, *si anima caret corpore, quid est quod apud
inferos diues ille cognoscit? certe*, inquis, *nouerat iam Lazarum, non
nouerat Abraham. unde illi tanto ante tempore defuncti Abrahae*
15 *prouenit agnitio?* haec dicens si agnitionem hominis prouenire non
putas sine corporis forma, ut noueris te ipsum, credo quod assidue
speculum adtendis, ne, si fueris oblitus faciem tuam, non te possis
agnoscere. rogo te, quem magis hominem nouit homo quam se
ipsum et cuius minus potest faciem uidere quam suam? quis autem
20 potest cognoscere deum, quem tu quoque incorporeum esse non
dubitas, si praeter corporis formam, sicut putas, non potest cognitio
prouenire, id est si corpora possunt sola cognosci? quis autem
Christianus de tam magnis difficillimisque rebus disputans animum
in uerba diuina tam neglegenter intendat, ut dicat: 'si incorporea
25 est anima, necesse est careat forma'? oblitus es te formam legisse

   9 cf. Rom. 12, 2   10 cf. Rom. 8, 6   12 Vinc. Victor   13 cf.
Luc. 16, 19—31   25 cf. Rom. 6, 17

    2 animaš *C*   coepit *B* coepit *H*   3 eius *E* cum *H*   4 dei] det *A*   imaginem *C*
numū *T*   5 *alt.* alter *C*   7 noli | suae *C* nolis *E*   compellis *B*   8 capit *AH*
9 corpus *om.C*   ut *τ* non (*sic*) *C*   conformaris *T*   huic—reformeris *in mg. m2H*
10 sapies *C*   carnem (*in mg.* al. **l** hominem) *b*   12 aput *C*   13 inquit *C*   iam
om.ABCHITb   eleazarum *ADm1*   non *om.E*   14 babraham I habraš *T*   ille *C*
ante *om.E*   habrahe *I*   15 peruenit *B*   nominis *H*   non putas prouenire *CITb*
peruenire *B*   16 putes *B*   17 attendas *E*   oblitus *bis pon. A*   possi *A* possit *B*
posçis *H* (s *s.* ç)   18 quā *C*   hominum *BITd*   19 cuius faciem potest uidere
minus *b*   potest minus *EH*   faciem potest *BCIT*   potes *A*   uire *C*
21 corpus *C*   22 peruenire *C*   sola possint *E*   quis] quāuis *C*   23 magis *Hm1*
difficilimisqui *A*   24 neglegent *C*   25 es] est *H*   te *om.H*   legis se *H*

doctrinae? ergo corporea est forma doctrinae. oblitus es scriptum
esse de Christo Iesu, antequam hominem fuisset indutus, quod in
forma dei erat? quomodo ergo dicis: *si incorporea est anima, necesse
est careat forma,* cum audias formam dei, quem non esse corporeum
confiteris et ita loqueris, tamquam forma nisi in corporibus esse 5
non possit?

22. Dicis etiam 'cessare illic nomina, ubi non distinguitur
forma, et nihil illic agere appellationem nominum, ubi nulla est
designatio personarum', hinc uolens probare Abrahae animam fuisse
corpoream, quia dici potuit: p a t e r   A b r a h a m. iam diximus 10
etiam ubi corpus nullum est esse formam. si autem appellationem
nominum nihil putas agere, ubi non sunt corpora, numera ista
nomina, quaeso te: f r u c t u s   a u t e m   s p i r i t u s   e s t
c a r i t a s,   g a u d i u m,   p a x,   l o n g a n i m i t a s,   b e n i-
g n i t a s,   b o n i t a s,   f i d e s,   m a n s u e t u d o,   c o n t i n e n- 15
t i a et dic mihi utrum res ipsas non agnoscas, quarum ista sunt
nomina, uel sic agnoscas, ut aliqua liniamenta corporum uideas.
ecce, ut alia taceam, dic mihi quam figuram, quae membra, quem
colorem caritas habeat, quae certe, si ipse inanis non es, inane aliquid
tibi uideri non potest. *cuius auxilium inploratum est,* inquis, *cor-* 20
poreus utique uisus est atque formatus. audiant te homines et dei
nemo inploret auxilium, quia nemo eum potest uidere corporeum.

XVI. 23. *Denique,* inquis, *membra illic animae describuntur,*
ut uere sit corpus, et uis 'per oculum totum caput intellegi', quia
dictus est leuasse oculos suos, 'per linguam fauces, per digitum 25

---

2 cf. Phil. 2, 6   3 Vino. Victor   7 Vino. Victor   10 Luc. 16, 24
13 Gal. 5, 22. 23   20 Vinc. Victor   20—25 cf. Luc. 16, 24. 23   23 Vinc. Victor

1 ergo—doctrinae *om.H*   es] est *H*   2 Iesu *om.AH*   homine *CEH*
3 dici *C*   incorpore *A*   4 quā *B*   est *C*   5 ita] ista cum *H*   forma *om.A*
7 caesare *C*   distinguntur *C*   8 illic *om. H*   appellationum *C*   est *om. A*
9 uoles *C*   habrahe *C*   *inter* animam *et* fuisse *eras. uerba:* fuisse anima *A*
10 habraham *C* habraā *T*   14 caritas bonitas (*om. post.* bon.) *E*   pax patientia
longanimitas *I*   loganimitas *A*   bonitas bonignitas *I*   16 quarum—agnoscas
om.H   17 uel] ut *C*   18 quam] con *A*   mēbraque (*om.* quem) *C*   19 colerē *AH*
innanis *A*   est *E*   20 imploratus *H*   corporeius *A*   21 usus *C*   Audiante
(*om.* te) *A*   22 eum *om.A*   23 inquis] dicis *b*   discribuntur *C*   25 es *C*
lauas se *CEmI*   linguas *H*   faucēs *C*   per *om.A*

manum', quia dictum est: m i t t e L a z a r u m, u t i n t i n g u a t
e x t r e m u m d i g i t i s u i i n a q u a m, u t r e f r i g e r e t
l i n g u a m m e a m. tamen, ne per membrorum nomina de deo
tibi corporeo praescribatur, dicis 'per haec incorporeas intellegendas
5 esse uirtutes', quia deum rectissime defendis non esse corporeum.
quid igitur causae est, cur nomina ista membrorum in deo tibi
corpus non faciant, in anima faciant? an uero quando de creatura
haec dicuntur, proprie accipienda sunt, quando autem de creatore,
tropice atque translate? pinnas itaque corporeas daturus es no-
10 bis, quoniam non creator, sed creatura, id est homo dicit: s i
a s s u m s e r o p i n n a s m e a s s i c u t c o l u m b a? porro
autem, si propterea linguam habebat diues ille corpoream, quoniam
dixit: r e f r i g e r e t l i n g u a m m e a m, in nobis quoque adhuc
in carne uiuentibus manus habet ipsa lingua corporeas, quia scrip-
15 tum est: m o r s e t u i t a i n m a n i b u s l i n g u a e. puto
etiam non tibi uideri uel esse in creaturam uel corpus esse peccatum:
cur ergo habet faciem? an non audis in psalmo: n o n e s t p a x
o s s i b u s m e i s a f a c i e p e c c a t o r u m m e o r u m?

24. Quod uero 'illum Abrahae sinum' existimas 'esse corporeum
20 et per ipsum' asseris 'totum corpus eius agnosci', uereor, ne in re
tanta ioculariter atque inridenter, non serio grauiterque agere cre-
daris. neque enim usque adeo desiperes, ut arbitrareris corporeum
unius hominis sinum ferre tot animas, immo, ut secundum te loquar,
'ferre tot corpora bene meritorum, quos illuc angeli sicut Lazarum
25 perferunt'. nisi opinaris fortasse illam unam animam solam ad

1. 13 cf. Luc. 16, 24   10 locus ex Ps. 54, 7 et Ps. 138, 9 contractus uidetur;
cf. infra lect. cod. Trecensis   15 Prou. 18, 21   17 Ps. 37, 4   19 Vino. Victor
24 cf. Luc. 16, 22

1 dictum] digitum C   mitta C   ut om. T   2 aqua AEHITb   ut] et Hd
refrigiret A   3 mea A   4 corporeas intellegendas b   6 menbrorum A
7 cretura I   9 tropiceque (om. atque) B   pennas BDm2EHITbd   dat. es nob.
corporeas E   datur B   est ABCHI   10 quoniam] add. est A   11 assumpsero
BCHITbd sumpsero E   pennas meas diluculo et rurs quis dabit mihi pennas
sicut columbe T   12 autem om. b   habeat BCT   13 refrige••ret H   hoc
adhuc C   14 quia scriptum est om. E   16 esse om. A   in creaturam Engelbrecht
(cf. Ps. 30, 3 esto mihi in deum protectorem) in creatura D   cieatore B in creatore ACEHIT creatura b creaturam d   17 faciam E   19 illam A   sinum om. E
20 per om. E   asserit C   21 serigio C   22 desiparas C desperes E   arbitre••ris A
arbitreris ET   23 sinum unius hominis Tb   sinum om. B   fere E   animus A
24 fere E   quot d   angelis B   25 opineris T

eundem sinum peruenire meruisse. si non iocaris et errare pueriliter
non uis, sinum Abrahae intellege remotam sedem quietis atque
secretam, ubi est Abraham. et ideo Abrahae dictum, non quod
ipsius tantum sit, sed quod ipse pater multarum gentium sit positus,
quibus est ad imitandum fidei principatu propositus, sicut deum 5
Abraham et deum Isaac et deum Iacob se deus uocari uoluit, cum
sit innumerabilium deus.

XVII. 25. Neque haec ita me disserere existimes, tamquam
negem fieri posse, ut anima mortui sicut dormientis in similitudine corporis sui sentiat seu bona seu mala. nam et in somnis 10
quando aliqua dura et molesta perpetimur, nos utique sumus et,
nisi euigilantibus nobis illa praetereant, poenas grauissimas pendi-
mus; sed corpora esse credere, quibus hac atque illac quasi ferimur
et uolitamus in somnis, hominis est, qui parum uigilanter de rebus
talibus cogitauit. de his quippe uisorum imaginibus maxime anima 15
probatur non esse corporea, nisi uelis et illa corpora dicere, quae
praeter nos ipsos tam multa uidemus in somnis: caelum, terram,
mare, solem, lunam, stellas, fluuios, montes, arbores, animalia.
haec qui corpora esse credit, incredibiliter desipit; sunt tamen corporibus omnino simillima. ex hoc genere sunt etiam, quae aliqua 20
significantia diuinitus demonstrantur siue in somno siue in extasi.
quae unde fiant, id est quaenam sit uelut materies eorum, quis
indagare possit aut dicere? procul dubio tamen spiritalis est, non
corporalis. namque huiusmodi species uelut corporum, non tamen
corpora et uigilantium cogitatione formantur et profunditate 25
memoriae continentur et ex eius abditissimis sinibus nescio quo
mirabili et ineffabili modo cum recordamur prodeunt et quasi ante

---

2 cf. Luc. 16, 22   4 cf. Gen. 17, 4. 5   6 cf. Ex. 3, 6   10 cf. II Cor. 5, 10

2 sinon *A*   habrahe *C*   intellegere motam *BH*   3 habrahae *C*   5 est
om. T   mitandum *A* imitandam *H*   principatū *b*   p̅positus *T*   6 et *om. E*
ysaac *E*   et *om. E*   se] sed *C, om. H*   uoluit uocari *I*   8 neque enim *T*
me haec ita *d*   hoc *T*   exestimas *A*   9 animam *H*   dormientes *H*   dorm.]
add. uelut *AEH*   similitudinem *EH*   11 *pr.* et] uel *E*   12 euigilantibus *I*   illam *B*
poenis *C*   13 corporea *T*   hūc atque illuc *C*   ferimus *D*   14 uolutamus *C*
18 stellā *E* et stellas *IT*   19 esse *om. E*   20 omni | nosu millima *A*   genera *B*
aliqua] alia *BIbd*   21 demonstratur *B*   somnio *EHI* somniis *bd*   ectasi *d*
22 fiunt *C*   23 ind•gare *H* (a *s.* •)   potest *BCITbd*   spiritualis *Id*   24 neque *AE*
uiusmodi *A*   25 *pr.* et *om. H*   26 nescio quod quo *B*   27 ineffabilis *C*   recordantur *T*

oculos prolata uersantur. tam multas igitur et tam magnas corporum imagines, si anima corpus esset, capere cogitando uel memoria continendo non posset. secundum tuam quippe definitionem *corporea substantia sua corpus hoc exterius non excedit.* qua igitur magni-
5 tudine, quae nulla illi est, imagines tam magnorum corporum et spatiorum atque regionum capit? quid ergo mirum, si et ipsa sibi in sui corporis similitudine apparet et quando sine corpore apparet? neque enim cum suo corpore sibi apparet in somnis et tamen in ea ipsa similitudine corporis sui quasi per loca ignota et nota discurrit
10 et laeta sentit multa uel tristia. sed puto, quod nec tu audeas dicere figuram illam corporis atque membrorum, quam sibi habere uidetur in somnis, uerum corpus esse. nam isto modo erit uerus mons, quem sibi uidetur ascendere, et corporea domus, quam sibi uidetur intrare, et arbor uera lignumque uerum corpus habens, sub qua
15 sibi uidetur iacere, et aqua uera, quam sibi uidetur haurire, et omnia in quibus quasi corporibus uersatur corpora erunt, si et ipsa corpus est, qu$_{a}$e simili imagine inter cuncta illa uersatur.

XVIII. 26. De conscriptis uisionibus martyrum dicendum tibi est aliquid, quoniam tu etiam inde testimonium adhibendum putasti.
20 nempe sancta Perpetua uisa sibi est in somnis cum quodam Aegyptio in uirum conuersa luctari. quis autem dubitet in illa similitudine corporis animam eius fuisse, non corpus, quod utique in suo femineo sexu manens sopitis sensibus iacebat in stratis, quando anima eius in illa uirilis corporis similitudine luctabatur? quid hic dicis?
25 uerumne erat corpus illa uiri similitudo an non erat corpus, quamuis haberet similitudinem corporis? elige quid uelis. si corpus erat, cur non seruabat uaginae suae formam? neque enim in illius

---

3 *Vinc.* Victor   18 cf. Acta martyrum ed. Th. Ruinart I 10 p. 212. 213

1 corpora *C*   2 *ante* anima *exp.* autem *H*   esse *I*   memorie *C* recon | t̰iṇendo *H* (d *s.* t̰iṇ) retinendo *b*   3 quippe tuam *D*   diffinitionem *CHI* difinitionem *E*   4 est exterius *H*   magnitudini *A*   5 pene nulla *T*   illa *C* corporum *om. H*   6 regnorum *B* regionē *T*   mirum] mistim *C*   7 in *om. BCITb* et—apparet *om. Hml*   8 enim cum] enī in *H*   9 ignota loca *b*   10 tristicia *A* tu nec *b*   aaudeas *C*   11 si *C*   uidetur habere *I*   14 ligneumque *H* lignnmque *T* (*s.l.* l ligni)   habens corpus *b*   quã *H*   15 et *om. H*   aurire *D*   20 neppe *C* nemphe *H*   sibi uisa *D*   uisa *ex* uera *Hml*   in somnis est *E*   codã *B* egypcio *A* ab aegyptio *BCH* egiptio *E*   21 luctarū *A*   22 f•emineo *H*   23 sensus *A*   24 ic *A*   25 uiri] ueri *E*   quauis *E*   26 elie *A* elig•e *C* (i *er.*)   quod *T*

feminae carne uirilia repererat genitalia, unde ita posset sese coartando et, ut tu loqueris, 'gelando' formari. deinde, obsecro te, cum
corpus dormientis adhuc uiueret, quando eius anima luctabatur,
in sua uagina erat utique omnibus membris uiuentis inclusa et
in eius corpore suam formam, de quo fuerat formata, seruabat — 5
nondum quippe artus illos, sicut fit in morte, reliquerat; nondum
membra ex membris formata ex formantibus cogente ui morti?
extraxerat —: unde igitur erat uirile animae corpus, in quo sibi luctari
cum aduersario uidebatur? si autem non erat corpus et tamen erat
aliquid simile corporis, in quo sane uerus labor aut uera laetitia 10
sentiretur, iamne tandem uides quemadmodum fieri possit, ut sit
in anima similitudo quaedam corporis nec ipsa sit corpus?

27. Quid si tale aliquid apud inferos geritur et in eis se non
corporibus, sed corporum similitudinibus animae agnoscunt? cum
enim tristia patimur quamuis in somnis, etsi membrorum cor- 15
poreorum sit illa similitudo, non membra corporea, non est tamen
poenae similitudo, sed poena; sic etiam ubi laeta sentiuntur. sed
quoniam sancta Perpetua nondum erat mortua, non uis hinc tibi
fortasse praescribi, cum ualde ad rem pertineat, cuius esse naturae
existimes illas similitudines corporum quas habemus in somnis, 20
et tota ista causa finita sit, si eas et similes corporibus et non esse
corpora confiteris. uerum tamen Dinocrates frater eius mortuus
erat; hunc uidit cum illo uulnere quod uiuus habuit et unde est
perductus ad mortem. ubi est quod tantis conatibus laborasti,
cum ageres de praecisione membrorum, ne simul concidi anima pu- 25
taretur? ecce uulnus erat in anima Dinocratis, quod eam ui sua,
quando erat in eius corpore, exclusit e corpore. quomodo ergo
secundum tuam opinionem, 'quando membra corporis praeciduntur,

28 Vinc. Victor

1 repererat *BIT* repererẹrat *C* reppererant *E*   ista *E*   sese] esse *BCI* se *E*
2 tu *om. A*   4 uiuentibus *E*   5 de qua *ET*   6 illos sicut *bis pon. BC*   8 uirilae I *m1*
9 et] ea *BC*   10 labora ut *A*   11 posset *E*   12 quaedam similitudo *E*   ne *A*
ipse *C*   13 non corporibus sed corporibus sed corporum similitudinibus *A*
14 agnoscant *C*   15 tristitia (*alt.* t *ex a m1*) *C,B* tristitiam *Hb*   corporeū *B*   17 sed
om. C   etia *A*   19 perscribi *C*   ē *B*   20 exestimes *AC* existimas *H*   21 causa
ista *BCITb*   22 dnocrates *C*   23 *ante* quod *er. uid.* quod uiuus *H*   uiuus]
uulnus *C*   perductus est *T*   esset *E*   24 conatibus *om. C*   25 praecisionē *A*
precisione *B* (*pr.* i *ex* e) pretione *C* praeci*sione *H*   anima concidi *E*   26 donocratis *C*   quod—sua] quando ea uisu. aut *C*   27 e *om. A* a *T*

ab ictu se subtrahit et in alias partes densendo se colligit, ne aliqua pars eius uulnere corporis amputetur', etiamsi dormienti atque nescienti membrorum aliquid praecidatur? tantam quippe illi tribuis uigilantiam, ut etiam uisis occupata somniorum, si piaga
5 inruerit ignoranti, qua caro feriatur, se illa prouidenter perniciterque subducat, ne possit feriri atque uexari siue concidi, nec adtendis, homo prudens, quod, si se anima inde subduceret, nec illa percussio sentiretur. sed inueni quod potueris quid inde respondeas, quomodo anima partes suas abripiat et recondat introrsus, ne, ubi praeciditur
10 seu percutitur corporis membrum, amputetur et ipsa atque uexetur, Dinocratem aspice et dic, cur eius anima non se subtraxerit ab eo corporis loco, qui mortifero uulnere uastabatur, ne in illa fieret quod in eius facie etiam post mortem ipsius corporis appareret. an forte iam tibi placet, ut istas potius similitudines corporum quam corpora
15 esse credamus, ut quomodo apparet quasi uulnus, quod non est uulnus, ita quod non est corpus quasi corpus appareat? nam si anima uulnerari potest ab eis qui uulnerant corpus, nihilne metuendum est, ne possit occidi ab eis qui corpus occidunt? quod dominus apertissime fieri non posse testatur. et tamen anima Dinocratis mori
20 non potuit, unde corpus eius est mortuum, et quasi uulnerata uisa est, sicut corpus fuerat uulneratum, quoniam corpus non erat, sed habebat in similitudine corporis etiam similitudinem uulneris. porro autem in non uero corpore uera miseria fuit animae, quae significabatur adumbrato corporis uulnere, de qua sororis sanctae
25 orationibus meruit liberari.

28. Iam illud quale est dicere, quod 'anima formam de corpore accipiat et cum incremento corporis protendatur et crescat', et non

17 cf. Matth. 10, 28   26 Vinc. Victor

1 ab ictu] obictus C abiectis eis E   densando ABHTbd desecando E   collegit C   neque E   2 atque se nescienti H   3 praecidatur m1 ex praedicatur B   tamquam A tantum C   4 tribuisti BCITbd tribuens E   somnioniorum A   8 set A   9 praecidatur E   11 denocraten C dinocraten ABCHT   quareius C   se non H   12 uulnero B   uestabatur BC   13 in om. A   faci•e H   appereret C   14 iam] etiam BCITbd   corpore ē credamus C   16 uulnus ita] uuln' sit a C   17 nihil B n̄nihil H (n̄ s. l. m1)   18 occidunt corpus BCITbd   19 ne B   donocratis C   20 eius corpus E   uulnera E   21 est] sunt E   22 in similitudinē E   23 in non] innū T   corporis B   24 uulnere corporis T   26 diceres C (s s. l.)   anima•C   27 all. et] ut C

adtendere quam monstrosa euadat anima iuuenis siue senis, si eius
brachium praecidatur infanti.·. *contrahit enim se,* ut dicis, *animae*
manus, ne ipsa etiam cum manu corporis amputetur, et in alias se
partes corporis densendo concludit. ac per hoc illud animae brachium
quam breue corporis fuit, unde acceperat formam, tam breue serua- 5
bitur ubicumque seruetur, quia perdidit formam, cuius incremento
posset pariter crescere. exit ergo anima iuuenis aut senis, qui
manum cum esset paruus amisit, habens quidem duas manus,
quia una refugiens non est amputata cum corpore, sed alteram iuuenalem uel senilem, alteram uero sicut primum fuerat infantilem. tales 10
animas, crede mihi, non forma corporis facit, sed erroris deformitas
fingit. non mihi uideris ab isto errore posse erui, nisi deo adiuuante
diligenter consideraueris uisa somniantium et inde cognoueris esse
quasdam quae non sint corpora, sed similitudines corporum.
quamuis enim et ea quae similia corporibus cogitamus ex eo genere 15
sint, tamen, quod ad mortuos adtinet, aptior coniectura de dormientibus ducitur. neque enim frustra eos qui mortui sunt appellat sancta
scriptura dormientes, nisi quia est quodammodo consanguineus
leti sopor.

   XIX. 29. Proinde si anima corpus esset et corporea esset figura, 20
in qua se uidet in somnis, eo quod de corpore eius fuisset expressa,
nullus hominum membro corporis amputato sicut eo caret, ita sine
illo se uideret in somnis, sed potius semper integrum, eo quod
animae ipsius nihil fuerit amputatum. cum uero aliquando se
integros uideant, aliquando autem, sicut sunt, ex quacumque parte 25
truncatos, quid aliud ista res docet nisi animam sicut aliarum
rerum quas sentit in somnis ita et corporis modo sic, modo sic non

   2 Vinc. Victor   18 cf. I Thess. 4, 12   cf. Verg. Aen. 6, 278

   1 attendat *BCI* attenditur *T* attendis *b*   quāmors tro sẹuadat *A*   mon-
struose *E*   monstrosẹauadat *H*   siue] aut *H*   2 brahium *A*   4 corporis
partes *H*   densando *Tbd* distendendo *E*   concluditur *B*   brahium *A*
5 breuis *E*   ceperat *ABCTbd* coeperat *I*   formam *om. T*   6 eius cuius *E*
7 possit *E* potest *H*   exiit *ABCIT*   qui manum] cumanima *A* cū manum
(manu *C*) *BCI*   8 abens *A*   tuas *A*   9 amputatū *B*   iuuenilem *codd. praeter D*
10 uero *om. T*   12 fingi *A*   13 omniantium *A*   14 quẹdam *T*   sed *om. AH*
15 ea quae] etaq; *A* eaq; *C*   18 consanguineus *B (in mg.* ḷ consimilis)   20 corpora *C*   21 esset *E, om. I*   23 se *om. I*   uidere *A* uidet *E*   24 *a uoce* cum
inc. c. XIX b   26 troncatus *C*   27 sensit *AEbd*   corparis *H* (ris *s. l. m1*)

ueritatem, sed similitudinem gerere? gaudium uero eius siue tristitia,
delectatio uel offensio, sine sit in corporibus sine in corporum
similitudinibus, nera est. tu ipse nonne dixisti uereque dixisti
'alimenta et uestimenta non esse animae, sed corpori necessaria'?
5 cur ergo aquae stillam desiderauit apud inferos diues? cur 'Samuhel
sanctus post mortem', ut ipse quoque commemorasti, 'solito in-
dumento uestitus apparuit'? numquid ille ruinas animae sicut carnis
per umoris alimentum reficere cupiebat? numquid iste de corpore
uestitus exierat? sed in illo nera erat molestia, qua cruciabatur
10 anima, non tamen uerum corpus, cui quaereret alimenta, et iste sic
potuit apparere uestitus, ut non corpus esset, sed similitudinem corporis haberet et anima et habitus. neque enim se anima sieut in
membra corporis ita et in uestimenta porrigit et coartat, ut etiam
inde formetur.

15   30. Post mortem nero quam uim cognitionis corruptibilibus
exoneratae corporibus animae accipiant etiam non bonae, ut uel
pariter malas uel etiam bonas ualeant interioribus sensibus intueri
et agnoscere siue in ipsis non corporibus, sed similitudinibus corporum sine in bonis aut malis affectionibus mentis, in quibus nulla
20 sunt quasi liniamenta membrorum, quis ualeat indagare? unde est
et illud, quod patrem Abraham diues ille, cum in tormentis esset,
agnouit, cui figura corporis eius non erat nota, cuius corporis
similitudinem quamuis incorpoream potuit anima retinere. quis
autem recte dicat se aliquem hominem cognouisse, nisi in quantum
25 potuit eius uitam uoluntatemque cognoscere, quae utique moles non
habet uel colores? sic enim et nos ipsos certius quam ceteros
nouimus, quia nobis conscientia nostra nota est et uoluntas. quam

    4 Vinc. Victor; cf. pag. 341, 25   5 cf. Luc. 16, 24   · Vine. Victor
cf. I Regn. 28, 14   21 cf. Luc. 16, 23. 24
    1 sine] sicut H   2 dilectatio C   in fin. om. H   3 duxisti B   nereque
dixisti om. E   4 corpore necassaria C   5 aqua | ē illā A   sā uel A samuel CEHT
6 ipso A   indumento] uestimento b   7 uestus C   aparuit A B   nunquid A
si animae C   8 humoris BCEHIT   deficere BI   9 cruciebatur CE   10 in anima b
sicut potuit apparuit b   13 et om. A   porriit A   14 formetur (in mg. al. l
informetur) b   16 exonore C exhoneratae BDIT   accipiam B   17 bonas] malas A
interiopus A   18 cognoscere b   19 siuo bis pon. C   in malis Ib   21 et om. BD
habraham C   diuies B   22 non erit bis pon. C   23 incorporea BCITbd
corpoream H   25 uoluntatem A   molets A   26 uel] nec C   coleres Dml
et] ut A   certius quam om. Iml   27 nolimus A   scientia A contientia C

plane uidemus et in ea tamen aliquam corporis similitudinem non
uidemus, hanc in alio quamuis praesente non cernimus, etiam cuius
absentis faciem nouimus, recolimus, cogitamus. nostram uero
faciem eo modo nosse, recolere, cogitare non possumus et tamen nos
ipsos nobis magis quam illum cognitum uerissime dicimus. ita 5
clarum est, ubi sit potior hominis ueriorque notitia.

XX. 31. Cum ergo aliud sit in anima, quo corpora uera sentimus
— quod facimus quinque sensibus corporis —, aliud, quo praeter
ipsos similia corporibus non corpora cernimus — ubi et nos ipsos
non aliter quam similes corporibus contuemur —, aliud, quo nec 10
corpora nec similitudines corporum, sicut fidem, spem, caritatem,
sine ullis coloribus et tumoribus eorumque similibus certius sane
firmiusque conspicimus, ubi magis esse et quodammodo familiarius habitare debemus, ubi renouari in agnitione dei secundum
imaginem eius qui creauit nos? nonne in hoc quod tertio loco posui? 15
ibi enim certe neque ullum sexum neque ullam sexus similitudinem
gerimus.

32. Nam illa masculinae uel femininae animae forma membris
uirilibus muliebribusque distincta, si non corporis similitudo, sed
corpus est, uelis nolis est masculus, nelis nolis est femina, quae- 20
cumque aut masculus apparet aut femina. sed tamen si secundum
tuam opinionem et corpus est anima et uiuum corpus est et habet
mammas protumidas et propendulas et non habet barbam et habet
uuluam et genitalia, quae habent feminae corporis membra, et
non est femina, egone non dicam uera constantius: 'et habet oculum 25
et habet lingnam et habet digitum et habet cetera similia corporis
membra et haec tota est corporis similitudo, non corpus', cum hoc

14 cf. Col. 3, 10

1 plene *A* plena *C*   similitudinem corporis *H*   3 nouimus—uero *in mg. m2l*
cogimus *A*   4 faciet *A, deest in I fol. reciso*   5 illud *b*   7 in *om. A*   qua
corpora *H*   8 sentibus *A*   quod *EH* quę *T*   10 non aliter] manaliter *A*
11 similitudinem *H*   12 similitudinibus *bd*   14 renouamur *H*   ac|nitione *A*
agnitionem *ETd*   15 tertio ibi loco *H*   loqo *A*   16 enin *A* nim *Hm1*   ̣ulla *A*
similitunē *A*   18 ille *Dm1*   uel *s. eras.* et *Hm2*   feminę *T* (eę *in ras.*)
19 uiribus *B*   mulieribusquę *ABCHm1*   disti•cta *A*   21 si *om. BCITb*   22 suam
ABCI   animę *H*   uiuunt *H*   23 *ante* mammas *eras.* mam̄ *A*   propenduras *A*
fin. et] sed *E*   habet *C* (et *s. exp.* is)   24 feminae *om. D*   25 ergone *BCb*   non
om. E et *post* habet *pon. E*   26 et *fin. om. E*   similia *cm. E*   membra corporis *C*
27 *ante* similitudo *exp.* in membra *H*   similitudinē (*om.* non) *A*

quod ego dico probet apud se quisque, cum corpora imaginatur
absentium — probet certe, cum figuras et suam et alias snorum
recolit somniorum —, a te autem huius monstri, ubi et uerum est et
uiuum est et femineum est corpus et femineus non est sexus, nullum
5 in natura rerum proferatur exemplum?

33. Quod enim de phoenice loqueris, ad rem de qua agitur
omnino non pertinet. resurrectionem quippe illa significat corporum,
non sexum destruit animarum, si tamen, ut creditur, de sua morte
renascitur. sed arbitror, quod tuum sermonem parum putaueris
10 fore plausibilem, si non multa de phoenice more adulescentium
declamares. numquid enim sunt in eius corpore genitalia masculina,
et non est masculus, uel feminina, et non est femina? tu autem
adtende, quid dicas, quid adstruere, quid persuadere coneris.
'animam' dicis 'per cuneta membra diffusam gelando riguisse et a
15 uertice usque ad ima uestigia, a medullis intimis usque ad superficiem cutis totam totius accepisse corporis formam; ac per hoc accepit in feminae corpore quicquid habent femineorum uiscerum
feminae et uerum est hoc corpus et haec uera sunt membra et tamen
non est femina'. cur, obsecro te, in uero et uiuo corpore omnia sunt
20 membra feminea, et non est femina, in uero et niuo corpore membra
sunt omnia masculina, et non est masculus? quis ista credere, dicere,
docere praesumat? an quia non generant animae? ergo nec muli
et mulae sunt masculi et feminae. an quia nec concumbere poterunt
sine carneis corporibus animae? sed hoc aufertur et his qui ca-
25 strantur et tamen, cum eis adimatur et motus et opus, non adimitur
sexus figura quantulacumque masculinorum manente membrorum.

14 Vinc. Victor

1 quod] enim T   prebet B   2 prebet B   figuram et suas H   alia A
3 ubi] ut H   4 uium C   all. est om.E   corpus est b   femineū ABC   5 exemple C
6 phoenicę B foenice CH fenice DE   qua de agitur A   de om.C   7 non
pertinet omnino E   resurrectione ABC   ille E   8 ditur A   9 putares in mg.m2 l
10 forte BCEHI (in mg. m2), om. T   si C (i s. e)   phoenicē A phoenicę BI
foeniche C (f ex p) fęnice D foenice EH   ore A   adolescentium HI   11 enim]
ergo E   masculinę (om. et) A   12 femina B (ne s. ņ)   feminina—est om.E
et—femina in mg. m1 H, om. b   14 riguisset (om. et) A   15 uertigia A   mel-
dullis I   superfaciem A   17 faemine A femineo Ebd feminaeo C   quidquid AE
19 et ex ut C   in uiuo E   omnia—corpore in mg.T   20 in nero om.T
in uiuo E   21 omnia om.BCITb   23 qui A   comcubere C   poterant BC
25 et opus et motus bd   adimatur BCI

nemo umquam masculum negauit eunuchum: quid quod apud te
animae etiam eunuchorum testes integros habent et, si cuiquam
genitalia prorsus tota tollantur, tota in eius anima secundum
opinionem tuam et omnino integra permanebunt? *nouit enim se
subtrahere*, sicut diois, *cum ea pars carnis coeperit exsecari, ut* 5
ea forma, quae inde sumpta est, quando illud unde sumpta est
amputatur, non pereat, sed quamuis infusa gelauerit, motu tamen
celerrimo rapiatur et interius recondatur, ut salua seruetur, et tamen
non sit masculus apud inferos masculinorum genitalium secum
afferens totum, qui cum illa in corpore non haberet, masculus fuit 10
propter eorum solum locum. falsa sunt haec, fili; si non uis ut sit
in anima sexus, non sit et corpus.

XXI. 34. Non omnis similitudo corporis corpus est. dormi, et
uidebis; sed cum euigilaueris, uigilanter discerne quod uideris. in
somnis enim tibi uelut corporeus apparebis; neque id corpus tuum, 15
sed anima tua, nec uerum corpus sed similitudo corporis erit. iacebit
enim corpus tuum, ambulabit ipsa; silebit lingua corporis tui,
loquetur illa; clausi erunt oculi tui, uidebit illa; et utique uiuentia
iacebunt tui corporis membra, non mortua. ac per hoc nondum
extracta est uelut de uagina sua gelata illa forma, sieut putas, 20
animae tuae et in ea tamen tota atque integra cernitur similitudo
carnis tuae. ex hoc genere similitudinum corporalium, quae non
corpora sicut corpora apparent, sunt omnia quae sanctos libros
legens in propheticis etiam uisionibus non intellegis, quibus significantur ea quae geruntur in temporibus, uel praesenti uel praeterito 25
uel futuro. falleris autem in eis, non quia sunt ipsa fallacia, sed
quia non ea sicut accipienda sunt accipis. ubi enim uisae sunt animae

4 Vinc. Victor   27 cf. Apoc. 6, 9

1 negaui *BC*   nega | uite unichū *A*   quicquod *E* quid est quod *H*   2 ani-
mae∗∗*E*   enucorum *C*   4 tuam opinionem *E*   opionē *A*   5 carnis pars *B*
execari *T*   6 unde *I*   quando—sumpta est *om. T*   8 inter eius *A*   ut *ex* in *C*
salua seruetur] saluetur *A* salua reseruetur *I* salua saluetur *E*   9 masculus non
sit *E*   10 afferrens *C* auferens *b*   quę *E*   ille *E*   12 in *om. E*   animas *C*   15 enim
om. A   16 cor | corpus *A*   17 ∗∗ipsa ambulabit (et *eras*) *I*   sil∗uit *E*
ante lingua *exp.* ipsa *C*   19 iacebant *H*   corporis tui *E*   21 tota tamen *E*
22 similitudinē *C*   23 corpora sunt sed | sicut *H*   24 prophetis *C*   25 eaque *A*
tempobus *A*   prasenti *A*

martyrum, in eadem reuelatione nisus est et agnus quasi occisus
habens cornua septem; ibi equi aliaque animalia, sieut oportuit,
figurata; ibi postremo et stellae ceciderunt et caelum plicitum est
ut liber; nec tamen tunc concidit mundus. ista itaque omnia si
5 sapienter accipimus, quamuis dicamus nisa ueracia, non tamen
uera dicimus corpora.

35. Prolixioris autem sermonis est de isto genere similitudinum
corporalium diligentissima disputatio, utrum et angeli, seu boni seu
mali, sic appareant, quando specie hominum uel quorumlibet cor-
10 porum apparent, an habeant aliqua uera corpora et in ipsorum
potius ueritate uideantur, an uero in somnis uel in extasi in istis
cernantur non corporibus, sed similitudinibus corporum, uigilan-
tibus autem nera cernenda et, si opus est, etiam tangenda ingerant
corpora. sed ista in hoc libro requirenda et pertractanda esse non
15 arbitror. nunc de anima incorporea satis dictum sit. quam si corpoream mauis credere, prius tibi definiendum est quid sit corpus,
ne forte, cum de re ipsa inter nos constet, incassum de nomine labo-
remus. quanta te tamen absurda secuta sint tale corpus in anima
cogitantem, qualia sunt quae ab omnibus eruditis corpora nuncu-
20 pantur, id est quae per distantiam longitudinis, latitudinis, altitudinis locorum occupant spatia, minora minoribus suis partibus et
maiora maioribus, puto quod iam prudenter aduertas.

XXII. 36. Restat ostendere quemadmodum, quamuis et
proprie dicatur spiritus non uniuersa anima, sed aliquid ipsius —
25 sicut apostolus dicit: et integer spiritus uester et
anima et corpus, uel illud multo expressius in libro Iob:
absoluisti animam meam ab spiritu meo —,
tamen et uniuersa anima appelletur hoc nomine, quamuis multo
magis haec quaestio nominum uideatur esse, non rerum. cum enim

---

1 cf. Apoc. 5, 6   2 cf. Apoc. c. 6. 9   23 cf. Eug. Exc. 185 (CSEL IX
625, 7—629, 19)   25 I Thess. 5, 23   27 Iob 7, 15

1 ut C   2 habes C   3 plicatum BITC (m2 ex placitū), b plectū E   4 cecidit T   6 dimus A   7 est s. l. ante autem H   8 ut C   10 in om. E   11 ex-
stasi A   12 cernatur E   13 cernanda C   14 quęrenda E   15 sit] est E ę sit C
16 magis uis H   diffiniendū E   17 conste et I   18 sequuta A   19 nuncupatur A
noncupantur C   20 quae om. Im1   21 sapienciā inora A   minoris E   24 non
om. Cm1   25 dicit s. exp. ait T   27 soluisti Eugippii MV   a spiritu b
28 appellatur Eug.   quā ēe uis BCI   29 hoc BI   uidetur H

constet esse aliquid in anima, quod proprie spiritus nominetur, quo
excepto proprie nominatur et anima, iam de rebus ipsis nulla
contentio est, praesertim quia illud etiam ego dico proprie uocari
spiritum quod et tu diois, id est quo ratiocinamur et intellegimus,
quando ita distincte ista dicuntur, quemadmodum apostolus ait: 5
et integer spiritus uester et anima et corpus.
hunc autem spiritum etiam mentem uidetur appellare, cum dicit:
mente seruio legi dei, carne autem legi pec-
cati. nam ipsa sententia est: et caro concupiscit aduersus spiritum, spiritus autem aduersus 10
carnem, ut quod ibi dixit mentem, hoc intellegatur hic spiritum
dicere, non, sicut tu existimas, 'uniuersam mentem uocari, quae constat ex anima et spiritu', quod ubi legeris nescio. mentem quippe
nostram nisi rationale et intellectuale nostrum dicere non solemus.
ac per hoc quod ait idem apostolus: renouamini spiritu 15
mentis uestrae, quid aliud dixit quam 'renouamini mente
uestra'? sic enim spiritus mentis nihil est aliud quam mens, quomodo corpus carnis nihil aliud potest esse quam caro. nam et hoc
scriptum est: in expoliatione corporis carnis,
ubi carnem corpus carnis appellat. dicit sane et alio modo spiritum 20
hominis, quem prorsus a mente discernit: si enim orauero
lingua, inquit, spiritus meus orat, mens autem
mea infructuosa est. uerum nunc non de isto spiritu
loquimur, qui est a mente distinctus — habet iste suam eandemque
difficilem quaestionem; multis enim modis atque in diuersis signi- 25
ficationibus scripturae diuinae spiritum nominant —, sed de quo
nunc agimus, quo ratiocinamur, intellegimus, sapimus, constat inter
nos sic eum etiam proprie spiritum nuncupari, ut non sit uniuersa

6 I Thess. 5, 23   8 Rom. 7, 25   9 Gal. 5, 17   12 Vino Victor
15 Eph. 4, 23   19 Col, 2, 11   21 I Cor. 14, 14

1 aliquid esse *D*   in anima aliquid *E*   spiritus *om. Eug. MV*   spiritus—
excepto *om.Im1*   n̄ nominetur *E* nominatur *Eug. MV*   2 scepto *A*   nominetur *T*   4 quo] qui *C*   5 distigte *A* distinctae *B*   ait] dicit *E*   8 carne autem
lege *BCm2DH*   10 spiritus autem] et spiritus *BCITd*   11 dicit *ATbd*   mente
Eug.   12 tu *om.BCITb*   exestimas *A* exaestimas *C*   15 idem] quidem *Eug.*
renouamini autem *BCITbd*   sp̄m *D*   16 dicit *bd*   quam] nisi *BCIbd*   20 carnis
om. Eug.   23 est] erit *E*   non *om.CIb*   27 constanter *C*   28 nuncupari *s. exp.*
nominari *Im1*

anima, sed aliquid eius. ·tamen animam etiam spiritum esse si propterea negas, quia eius intellegentia distincte dicitur spiritus, poteris
negare uniuersum semen Iacob appellari Israhel, quoniam excepto
Iuda etiam distincte appellatus est Israhel in tribubus decem,
5 quae in Samaria tune fuerunt. sed quid opus est hic diutius inmorari?

　　XXIII. 37. Iam nunc unde facilius ostendamus adtende eam
quae anima est etiam spiritum dici. cum aūdis uel legis domino moriente quod scriptum est: e t i n c l i n a t o c a p i t e t r a d i d i t
10 s p i r i t u m, ita uis intellegi, tamquam a parte significauerit
totum, non quod ea quae anima est possit et spiritus nuncupari.
at ego ut possim expeditius probare quod dico, te ipsum testem
citius et commodius adhibebo. sic enim spiritum definisti, ut pecora
appareant non spiritum habere, sed animam; inrationalia quippe
15 ideo dicuntur, quod uim non habeant intellegentiae atque rationis.
unde cum hominem ipsum ammoneres suam nosse naturam, ita
locutus es: *nam cum deus bonus nihil non ratione condiderit ipsumque hominem animal rationale, intellectus capacem, rationis compotem sensuque uiuacem, qui omnia rationis expertia prudenti ordina-*
20 *tione distribuat, procreauerit.* his tuis uerbis satis asseruisti, quod
omnino uerissimum est, hominem esse compotem rationis atque
intellegentiae capacem, quod utique non sunt animalia rationis expertia. unde et testimonio diuino eos, qui non intellegunt, pecoribus comparasti non utique habentibus intellectum. quod et alio
25 loco scriptum est: n o l i t e e s s e s i c u t e q u u s e t m u l u s,
q u i b u s n o n e s t i n t e l l e c t u s. quae cum ita sint, adtende

---

　　4 cf. III Regn. 12, 20　　9 Ioh. 19, 30　　17 Vinc.'Victor; cf. pag. 381, 13
23 cf. Ps. 48, 13　　25 Ps. 31, 9

　　1 esse] dici *D*　　4 tribus *Hm1*　　5 samariā *A*　　s. tn̄c *add. m2* tum *C*,
om. Eug.　　hic *om.C*　　7 iam nunc adtendere (*om. post.* adtende) *T*　　inde *A*
ostendam *E*　　8 cum] quam *Eug.*　　9 quid *E Eug. AV*　　11 ea q;*Cm1*　　noncupari *T*
12 prob. exped. *Eug.*　　testes *A*　　13 adhibeo *Eug. AMV*　　14 spiritum non habere *E*
sed animam habere *BCITb*　　inrationabilia *Cm2EH* inrationa**lia *I*　　15 habent *E*
16 admonere uoluisses *Eug.*　　ista *E*　　17 loquutus *A*　　nam *om.D*　　cū *in ras. D*
bonum *Eug.*　　rationale *BC*　　18 homine *A, om. T*　　rationalem *B*　　19 sensūque *H*
(*s.* ū *add.* u)　　que *A*　　prudentior dinatio *A*　　ordonatione *Cm1*　　20 distru-
buat *C* distributa *E*　　21 compotem esse *E*　　23 et *om. Eug.*　　diuino *om.Cm1*
24 et *om.B*　　25 aequus *C*　　26 sunt *Cm1*

etiam quibus uerbis spiritum definieris atque descripseris, cum
illum ab anima distinguere niteris. *haec anima*, inquis, *quae ex
flatu dei habet originem, sine sensu proprio atque intellectu intimo
esse non potuit, quod est spiritus.* et paulo post: *et quamuis anima,*
inquis, *animet corpus, tamen quod sentit, quod sapit, quod uiget, spiritus* 5
sit necesse est. item paulo post: *aliud erit*, inquis, *anima et aliud*
spiritus, sapientia et sensus animae. his uerbis satis indicas quid
esse spiritum hominis sentias, id est rationale nostrum, quo sentit
atque intellegit anima, non sicut sentitur corporis sensibus, sed
sicut est ille intimus sensus, ex quo est appellata sententia. hinc 10
autem pecoribus sine dubitatione praeponimur, eo quod sunt illa
rationis experta. non habent itaque spiritum pecora, id est intellectum et rationis ac sapientiae sensum, sed animam tantum. nam
et de illis dictum est: p r o d u c a n t   a q u a e   r e p e n t i a
a n i m a r u m   u i u e n t i u m, et: p r o d u c a t   t e r r a   a n i- 15
m a m   u i u e n t e m. ut ergo plenissime ac planissime noueris eam
quae anima est more diuinorum eloquiorum etiam spiritum dici,
appellatur pecoris spiritus. et utique non habent pecora illum
spiritum, quem tua dilectio discernens ab anima definiuit. unde
manifestum est, quod generali uocabulo anima pecoris recte potuit 20
sic uocari, sicut legitur in libro Ecclesiaste: q u i s   s c i t,   s p i r i-
t u s f i l i o r u m   h o m i n i s   s i   a s c e n d a t   i p s e   s u r s u m
e t   s p i r i t u s   p e c o r i s   s i   d e s c e n d a t   i p s e   d e o r s u m
i n   t e r r a m? itemque in diluuii uastitate scriptum est: e t   m o r-
t u a   e s t   o m n i s   c a r o,   q u a e   m o u e b a t u r   s u p e r 25
t e r r a m,   u o l a t i l i u m,   ˙p e c o r u m   e t   i u m e n t o r u m
e t   f e r a r u m;   e t   o m n i s   s e r p e n s   q u i   m o u e t u r
s u p e r   t e r r a m   e t   o m n i s   h o m o   e t   o m n i a   q u a e-

---

2 Vino. Victor   14 Gen. 1, 20. 24   21 Eccle. 3, 21   24 Gen. 7, 21. 22

1 difinieris *EHm1*   discribseris *A*   2 distringere *Cm1*   renitereris *B*
nitereris *ACEITbd*   ex] in *B*   5 anime-(ɛe-ę) et *ABC* animę *E*   6 aliut *bis A*
et *om. E Eug. AV*   7 sapientiae *HIT*   et *om. H* est *Eug.*   sensu *A*   8 idē *A*
senti *A*   9 intellegit *A* (t *fin. ex* s)   10 essentia *E*   11 sint *C*   12 utique *Cm1*
aq; *H* (a *s.* q *m1*)   16 *alt.* plenissime *B*   neris *A*   17 more] i ore *b*   18 spiritum
illum *E*   19 diffiniuit *E*   21 ecclesiasten *BCTH* (n *s.l. add. uid.*) ecclesiastes *Eb*
ecclesiasten (s *s.* ṇ) *I*   qui *D*   cit *A*   si spiritus (*om. post.* si) *E Eug.*   22 hominum *E*   23 pecorum *T*   24 in terra *ABCHIb Eug.*   ita scriptum est *BCITbd*
25 q̄ (*iuxta uirg. add.* uę) *H*   26 pocorum *A*   et *om. E*   27 mouebatur *BH*

c u m q u e h a b e n t s p i r i t u m u i t a e, ubi remotis omnibus
dubitationis ambagibus generale animae nomen esse intellegimus
spiritum. cuius quidem nominis significatio tam late patet, ut
etiam deus uocetur spiritus; et iste flatus aerius, quamuis sit
5 corporeus, appellatur in psalmo spiritus tempestatis. quapropter
eam quae anima est etiam spiritum nuncupari puto (secundum
illud: a u f e r e s s p i r i t u m e o r u m, e t d e f i c i e n t,
et iterum: e x i e t s p i r i t u s e o r u m, e t r e u e r t e t u r i n
t e r r a m s u a m, hoc est corpus in puluerem suum. ergo nomen
10 animae spiritus est ab eo, quod spiritalis est; animae nomen est
ab eo, quod corpus animet, hoc est uiuificet. aestimo) quod ammonitus his, quae commemoraui, diuinarum testimoniis paginarum,
ubi et anima pecoris, cui non est intellectus, appellata legitur
spiritus, non negabis ulterius. quocirca si et illa quae de anima
15 incorporea disputata sunt capis et sapis, non est unde tibi displiceam,
quod eam me scire dixi non corpus esse, sed spiritum, quia et corpus
non esse monstratur et generali nomine spiritus nuncupatur.

XXIV. 38. Quamobrem si hos ad te libros inpensa dilectione
conscriptos repensa dilectione sumis et legis, si in principio primi
20 tui libri audis et te ipsum et studes, sicut dixisti, 'tuam sententiam
non tueri, si inprobabilis detegatur', illa praecipue undecim cane,
de quibus te in libro superiore commonui: ne 'animam sic dicas ex
deo, ut eam non de nulla nec de alia, sed de sua natura creauerit';
aut 'quod per infinitum tempus atque ita semper animas det, sicut
25 semper est ipse qui dat'; aut 'animam meritum aliquod perdidisse
per carnem, quod habuerit ante carnem'; aut 'animam per carnem
reparare habitudinem priscam perque ipsam carnem renasci, per

---

4 cf. Ioh. 4, 24   5 cf. Ps. 10, 7. 106, 25. 148, 8   7 Ps. 103, 29
8 Ps. 145, 4   13 cf. Ps. 31, 9   20 cf. 357, 7   22—418, 14 cf. 377, 17—378, 11

1 remotus A   2 dubitationibus ACa.c.   ambagimus Cm1   nomen
animae bd   4 erins A aereus BCDEId   quāuisit A   5 qua | proter qūq;
anima δ A   6 eam] et in BCIm1 etiam Im2bd   secundum—l. 11 aestimo
add. Eug., om. codd. bd   7 auferens Eug. V   12 his] eis E   13 legatur Eug.
14 nominega | bis A   15 sunt] δ D   displiceat Eug.   16 corpus non E   set A
18 hos] nos ABCI   impensandi lectione E   19 conscriptos—dilectione om. D
dilectioni II   legisse (om. si) H   tui libri primi B   20 audissetet H   all. et om. E
21 undecin A   22 superiori I T   ammonui B   23 sed d sunatura A   25 ε. o ipse A
perdisse Cm1   27 et per ipsam H   carnem—quam om. Hm1

quam meruerat inquinari'; aut 'quod anima ante omne peccatum
meruerit esse peccatrix'; aut 'infantes sine regenerationis baptismate
mortuos ad indulgentiam peruenire originalium peccatorum'; aut
'eos, quos dominus praedestinauit ad baptismum, posse ante defungi
nec in eis quod omnipotens praedestinauit inpleri'; aut 'de his, qui 5
priusquam baptizentur exspirant, dictum esse quod scriptum est:
r a p t u s　e s t ,　n e　m a l i t i a　m u t a r e t　i l l i u s　i n t e l-
l e c t u m' atque ad hunc sensum cetera pertinentia; aut 'earum
aliquas mansiones extra regnum dei esse, quas multas in domo
patris sui dominus dixit esse'; aut 'sacrificium corporis et sanguinis 10
Christi pro his qui non baptizati de corpore exierint offerendum';
aut 'aliquos eorum qui sine Christi baptismate moriuntur in paradisum interim recipi ac postmodum et regni caelorum beatitudinem
consequi'. haec praecipue caue, fili, nec cognominari Vincentius
delecteris, si uis esse uictor erroris, nec te, quando aliquid nescis, 15
existimes scire, sed, ut scias, disce nescire. neque enim aliquid in
occultis dei operibus ignorando, sed temere incognita pro cognitis
astruendo et falsa pro ueris proferendo ac defendendo peccatur.
ignorantiam uero meam, utrum animae hominum nouae fiant an
de parentibus — quas tamen a creatore deo non de ipsius sub- 20
stantia fieri dubitare fas non est — aut non debere reprehendi aut
ab eo debere, a quo potest docente et auferri, et habere in se animas
corporum similitudines incorporeas, ipsas autem non esse corpora
et salua distinctione animae et spiritus etiam uniuersaliter animam
spiritum nuncupari puto quod persuaserim caritati tuae; si autem 25

---

7 Sap. 4, 11　　9 cf. Ioh. 14, 2

1 omne *om. E*　　2 meruit *EH*　`　regeneratione baptismatis *BCEITbd*
3 uenire *E*　　originalium—praedestinauit *om. B*　　peccatū *Cm1*　　4 eos *om.*
HITbd　　ad baptismum praedestinationi eius eripi posse et ante defungi quam
(*pro* quam *praeb.* nec *IT*) *sqq. ITbd*　　5 quod *om. A*　　6 baptizantur *Cm1*
baptizarentur *E*　　expirant *BCH*　　est *om. H*　　7 raptus est *om. A*　　est *om. H*
malitiā mutare *C*　　10 dixit *post* multas *pon. b*　　12 baptismate x̅p̅i̅ *BCITb*
13 ạ ac (*exp. m2*) *C*　　postmo dū *A*　　beatitudine *D*　　14 ne *C*　　cognominạṛi
(e *s.* ạṛi) uincentiụṃ *H*　　16 exestimes *A* existimas *H*　　18 ad *Cm1*　　20 de paren-
tibus] *add.* trahuntur *T*　　quae *H*　　deo] do *A*　　22 debeạ (o *s.* ạ) *D*　　*pr.* et
om. ITb　　23 corporeas *E*　　ipsa *H*　　25 quod] quietos (*s. l.* ł qui) *I*　　persaserim
A suaserim *H*

persuadere non potui, utrum tamen ea dixerim quae persuadere
debuerim qui legent potins iudicabunt.

39. Si qua sane alia, quae plurima in tuis libris emendanda mihi
uidentur, scire fortasse desideras, uenire tibi non sit onerosum,
5 non tamquam discipulo ad magistrum, sed primaeuo ad grandaeuum,
forti ad infirmum. etsi enim eos non edere debuisti, maiore tamen
et ueriore gloria quisque correctus sua confessione reprehenditur
quam cuiuslibet errantis ore laudatur. quamuis in eorundem reci-
tatione librorum auditores et laudatores tuos non omnes ista quae
10 sana doctrina inprobat uel ante sensisse uel ad ea tibi consensisse
crediderim, sed acie mentis ipso tuae recitationis impetu cursuque
perstricta haec parum aduertere potuisse aut certe etiam illos qui
aduertere potuerunt non in te rerum liquidissimam ueritatem,
sed uerborum afluentiam et ingenii facultatem indolemque laudasse.
15 plerumque enim praedicatur et amatur eloquium in spe iuuenis, etsi
nondum habeat maturitatem fidemque doctoris. quapropter ut et
tu recte sapias et alios non tantummodo delectare possit, uerum
etiam aedificare quod loqueris, curam te oportet gerere de sermonibus
tuis remotis plausibus alienis.

1 tamen *eras.E*   que per suā dere *A*   2 debuerint *Td*   3 alia quae]
aliqua *B* aliq: *C* (*s.* ua *m2*) aliaque *E* aliaquę *H* (*alt.* a *s. l. m1*)   emendenda *A*
4 scit fortas sedesideras *A*   desideras fortasse *H*   onerosius *A* honerosum *BC*
onorosum *D*   6 non eos *ABCHITbd*   7 reprenditur *A*   8 a *uoce* quamuis
inc. c. XXV*b*   erundē *A*   recitationem *C*   9 librorum] correctus *B*
librorum correctus *C* (correctus *s.l.m2*)   laudatures *A*   10 uolante *A*
consensisse *A*   11 crederim *Cm1* crediderint *HT*   12 praestricta *C*   13 in te
rerum] iterum *HT*   14 affluentiam *BCH*   15 *post* enim *ins.* laudatur *bd*
eloqui⋆um *C* (b *eras.*)   16 quaproter *A*   17 recta *I*   tantumodo *E*   possis
HTb 18 quae *HT,om.A*   curante *A*   19 EXPLICIT LIBER AD VICTOREM
DE NATVRA ET ORIGINE ANIMAE INCIPIT SERMO ARIANORVM *A*
EXPLICIT LIBER SECVNDVS AD VICTOREM DE NATVRE (NATVRA *C*)
ET ORIGINE ANIMAE *BC*   EXPLIC̄ LIBER ·II· AD VICTOREM DE
NATVRA ET ORIGINE ANIME S̄CI ĀG ĒPĪ ECCLESIE CATHOLICE,
INCĪP PROLOḠ EORV̄ QVE OBICIVNT ARRIANI *H*   EXP̄L AD VIN-
CENTIV̄ VICTORĒ DE NATVRA ET ORIGINE ANIME AVRELII AV-
GVSTINI LIB̄ SECVND̄ *I* FINIT AD VICTORĒ LIB̄ SCDS ĀVG DE NA-
TVRA ET ORIGINE ANIMAE *D*   Explicit lib̄ sci aug ad uincentiū uictorē
de natura et origine animę; incīp eplā ei'dē ad petrū prb̄m de eadem re *E*;
in codice T subscriptione omissa Retractatio sequitur

27*

AVGVSTINI RETRACTATIONVM LIB. II CAP. LXXXII (LVI)
(PAG. 195, 5 ED. KNOELL.)
DE ANIMA ET EIVS ORIGINE LIBRI IIII.

1. Eodem tempore quidam Vincentius Victor in Mauritania
Caesariensi inuenit apud Hispanum quendam presbyterum Petrum 5
nonnullum opusculum meum, ubi quodam loco de origine animae
hominum singulorum, utrum ex illa primi hominis ac deinde ex
parentibus propagentur an sicut illi uni sine ulla propagatione
singulae singulis dentur, me nescire confessus sum, uerum tamen
scire animam non corpus esse, sed spiritum, et contra ista mea 10
ad eundem Petrum scripsit ille duos libros, quos mihi de Caesarea
Renatus monachus misit. quibus ego leotis responsione mea
quattuor reddidi, unum ad Renatum monachum, alterum ad
presbyterum Petrum et duos ad eundem Victorem. sed ad Petrum
quamuis habeat libri prolixitatem, tamen epistula est, quam nolni 15
a tribus ceteris separare. in his autem omnibus, in quibus multa
necessaria disseruntur, defendi de origine animarum, quae singulis
hominibus dantur, cunctationem meam et multos errores atque
prauitates praesumptionis eius ostendi. quem tamen iuuenem non
praepropere detestandum, sed adhuc docendum quanta potui 20
lenitate tractaui et ab eo scripta correctionis eius accepi.

2. Huius operis liber ad Renatum sic incipit: *Sinceritatem
tuam nos*, ad Petrum autem sic: *Domino dilectissimo fratri et
conpresbytero Petro;* duorum nero nouissimorum ad Vincentium
Victorem primus sic incipit: *Quod mihi ad te scribendum putaui.* 25

---

6 Retract. I 1, 8. II 71, 1   23 patri *Knoell cum CD¹, sed cf. p. 336,2 et ceterorum codicum Retractationum lectionem*

V.
CONTRA DVAS EPISTVLAS PELAGIANORVM LIBRI QVATTVOR.

CODICES:

I. Codices libros quattuor continentes:

O = codex Oxoniensis (**Laud.** Misc.) 134 saec. X in.
B = codex Abrincensis 88 saec. XII.
C = codex Mediolanensis Ambr. H 99 sup. saec. XI—XII.
D = codex Gratianopolitanus 197 saec. XII.
E = codex Vaticanus Latinus 500 saec. XV.
F = codex Vaticanus Latinus 501 saec. XV.
V = codex Vindobonensis 873 (Theol. 733) saec. IX.

II. Codices librum I continentes:

G = codex Coloniensis LXXX (Darmst. 2081) saec. IX.
L = codex Oxoniensis (Laud. Misc.) 133 saec. IX.
H = fragmentum codicis Aurelianensis 192 (169) saec. VIII.

b = editio Amerbachiana.
d = editio Benedictinorum a S. Mauro 1690.

LIBER PRIMVS.

I. 1. Noueram te quidem fama celeberrima praedicante et frequentissimis atque ueracissimis nuntiis quanta esses dei gratia plenus acceperam, beatissime atque uenerande papa Bonifaci.
5 sed posteaquam te etiam praesentia corporali frater meus uidit Alypius acceptusque a te benignissime ac sincerissime mutua miscuit dictante dilectione conloquia tecumque conuiuens et paruo licet tempore magno tibi iunctus affectu se simul et me refudit animo tuo teque mihi reportauit in suo, tanto maior in me tuae sanctitatis
10 est facta notitia quanto certior amicitia. neque enim dedignaris, qui non alta sapis, quamuis altius praesideas, esse amicus humilium et amorem rependere inpensum. quid est enim aliud amicitia, quae non aliunde quam ex amore nomen accepit et nusquam nisi in Christo fidelis est, in quo solo esse etiam sempiterna ac felix
15 potest? unde accepta per eum fratrem, per quem te familiarius didici, maiore fiducia ansus sum aliquid ad tuam beatitudinem scribere de his rebus, quae hoc tempore episcopalem curam, si qua in nobis est, ad uigilantiam pro grege dominico stimulo recentiore sollicitant.

11 cf. Rom. 12, 16

1 Incipit s̄c̄i augustini ad bonifacium papam *O* aurelii au̅g̅ ad pāpā urbis rome bonefaciū lib. I contra eplas iuliani epi pelagianorum incipit *B* Incipiunt beati au̅g̅ contra eplm pelagianorum libri quattuor ad bonifatium epsm urbis rome (*litt. mai.*) *C* Explicit retractatio. Incipit liber primus beati augustini epi contra duas eplas Pelagianorum ad bonefacium papam *D* Incipit epl s̄c̄i aureli augus aduersus epistl iuliani pelagiani ad bonifacium papa urbis *G* Incipit eiusdem. epi. au̅g̅ aduersus epistulam. iuliani pelagiani. ad bonifacium pāpā urbis (*litt. mai.*) *L* Incipit lib̅ aureli agustini ad pāpā bonifacium (*litt. mai.*) *V; de codd. EF cf. Praef.* 2 celeberrimum *F* 4 atque] ac bene *GL* bonefati *O a. c.* bonefaci *BDGL* bonifati *C* 5 et iam (*saepius*) *EF* corporali•*G* corporaliter *L* corporari *V* alipius *CCCLV* 6 mutua] tua *GL* 7 conuiuans *G p. c.* 8 magno] *add.* tamen *D* est iunctus *GL* effectu *C* affectus est mule *Om1* 9 sanct. tuae *L* 10 est] et *G a. c. L* quanto *L* (a *in ras.*) 11 esse *O in ras. m2* humilius *G a. c. L* 12 amare *C* amore *L* est *O s.l. m2* 13 more *Om1* 14 solo] solet *B* ac *Os.l.m2* 15 *post* unde *add.* et *EFbd* te] et *GL* 16 maiore *Ga c.* 18 ad uigilantiam] uigilantia *B* rege *Lm1* recentiori *GL* sollicitunt *Om1*

2. Noui quippe heretici, inimici gratiae dei, quae datur pusillis et magnis per Iesum Christum dominum nostrum, etsi iam cauendi euidentius apertiore inprobatione monstrantur, non tamen quiescunt scriptis suis minus cautorum uel minus eruditorum corda temptare. quibus utique respondendum esset, ne se uel suos in illo nefando 5 errore firmarent, etiam si non metueremus, ne quemquam catholicorum uerisimili sermone deciperent. cum uero non desinant fremere ad dominici gregis canlas atque ad diripiendas tanto pretio redemptas ones aditus undecumque rimari communisque sit omnibus nobis qui fungimur episcopatus officio — quamuis ipse in ea prae- 10 mineas celsiore fastigio — specula pastoralis, facio quod possum pro mei particula muneris, quantum mihi dominus adiuuantibus orationibus tuis donare dignatur, ut pestilentibus et insidiantibus eorum scriptis medentia et munientia scripta praetendam, quibus rabies qua furiunt aut etiam ipsa sanetur aut a laedendis aliis 15 repellatur.

3. Haec autem quae duabus epistulis eorum respondeo, uni scilicet, quam dicitur Romam misisse Iulianus — credo, ut per illam quos posset suos aut inueniret aut faceret —, alteri autem, quam decem et octo uelut episcopi participes eius erroris non ad quoslibet, sed 20 ad loci ipsius episcopum sua calliditate temptandum et ad suas partes, si posset fieri, traducendum ansi sunt Thessalonicam scribere, haec ergo, quae istis, ut dixi, duabus epistulis illorum ista disputatione respondeo, ad tuam potissimum dirigere sanctitatem non tam discenda quam examinanda et, ubi forsitan aliquid displicuerit, 25

2 cf. Rom. 7, 25   8 cf. Verg. Aen. IX 60. Ambrosii Exp. euang. Lucae VII 49 (CSEL XXXII p. IV 301, 26)

1 quippe] add. quod E   2 etsi iam ex et suam O   3 eidentius Om1   inprobitate B   4 erud.—temptare C in ras. m2   5 esset resp. DEFbd   in om. EF   6 nequaquam GL   quiquam Om1   7 ueris simile GL   8 adominici Om1C   grecis C   atque] neque GL   aq: diripiendas Om1   adiripiendas C   9 ante ones eras. o B   communis sit causa F   nobis omnibus GL   10 eo GL   praemineas bd   11 celsiore Ga.c.   fastio Om1   spec. past. facio C s.l.m2   pastorali OEFGL   13 operationibus Va.c.   14 muniet iactantia L (iact in ras. m2), Va.c.   pretendant GL   15 feriunt Om1EF   a s.l.B, om.F   a laed.] alendis GL   16 repellantur B propellatur GL   19 alteri O   decim L   20 parteceps Om1   21 ad om.GL   ipsius] illius D   22 tessalonicam O thesalonicam V thessalonicae DGL   23 quae istis om.GL   isti C   illorum] eorum B   i*sta O   24 tua L   potentissimum D   diligere C   25 dicenda Lm1

emendanda constitui. indicauit enim mihi frater meus, quod eas
illi dare ipse dignatus es, quae in tuas manus nisi uigilantissima
diligentia fratrum nostrorum filiorum tuorum uenire non possent.
ago autem gratias sincerissimae in nos beniuolentiae tuae, quod
5 eas me latere noluisti litteras inimicorum gratiae dei, in quibus
repperisti meum nomen calumniose atque euidenter expressum. sed
spero de domino deo nostro, quod non sine mercede, quae in caelis
est, illi me lacerant dente maledico, quibus me pro paruulis, ne
fallaci laudatori Pelagio perditi relinquantur, sed ueraci saluatori
10 Christo liberandi offerantur, oppono.

II. 4. Iam itaque Iuliani respondeamus epistulae. *dicunt*, inquit,
illi Manichei, quibus modo non communicamus, id est toti isti, cum
quibus dissentimus, quia primi hominis peccato, id est Adae, liberum
arbitrium perierit et nemo iam potestatem habeat bene uiuendi, sed
15 *omnes in peccatum carnis suae necessitate cogantur.* Manicheos
appellat catholicos more illins Iouiniani, qui paucos ante annos
hereticus nouus uirginitatem sanctae Mariae destruebat et uirginitati
sacrae nuptias fidelium coaequabat. nec ob aliud hoc obiciebat
catholicis, nisi quia eos nideri uolebat accusatores uel damnatores
20 esse nuptiarum.

5. Liberum autem arbitrium defendendo praecipitant, ut
de illo potius ad faciendam iustitiam quam de domini adiutorio
confidatur atque ut in se quisque, non in domino glorietur.
quis autem nostrum dicat, quod primi hominis peccato perierit
25 liberum arbitrium de genere humano? libertas quidem periit per
peccatum, sed illa, quae in paradiso fuit, habendi plenam cum

---

7 cf. Matth. 5, 12   11 Iulianus   16 cf. Aug. De haeres. c. 82 (XLII 46 M)
23 cf. I Cor. 1,31   24—426, 28 quis—dei fieri] cf. Aug. Op. imp. I 94 (XLV 1110 M)

1 constituit *L*   2 ipse *om.D*   3 possint *CEFbd*   4 beneuolentiae *EF*
5 uoluisti *L* (u *init. s. l.*), *G a. c.*   6 nomen meum *DEFbd*   7 de *s. l. m2O*
8 lacerent *L* ne *om.GL*   9 fallacia *L* facili *C* pelaio *O* pelagione *GL*   10 $\overline{\text{xpi}}$ *Om1*
11 ita *GL* illi inquit *V*   12 manichaei *O* conmunicamus *O*   13 de⋆sentimus *O*
adae *O* (ae *s.l.m2*)   14 arbitrium *s.l.m1G, om.L*   periit *GL in ras.*   habet *Om1*
15 necessitate⋆*O*   16 iouiani *Vm1*   ante paucos annos *EFbd*   17 haereticus *O*
distruebat *L*   uirginitati⋆*O* uirginitate *Va.c.*   18 nuptiae *L*   hoc ub aliud *B*
hoc *om.O*   19 qui *La.c.*   eos *om.D*   nolebat *Oa.c.*   20 esse *om.D*   22 *all.* de
om.OmlGL   25 humano genere *DEFbd*   generi *Oml*   periit *s. l. m2 post*
pecc. *O*   26 plenam *O* (e *s. ras. m2*)

inmortalitate iustitiam. propter quod natura humana diuina indiget gratia dicente domino: s i u o s f i l i u s l i b e r a u e r i t, t u n c u e r e l i b e r i e r i t i s, utique liberi ad bene iusteque uiuendum. nam liberum arbitrium usque adeo in peccatore non periit, ut per ipsum peccent maxime omnes, qui cum delectatione 5 peccant et amore peccati et hoc eis placet quod eos libet. unde et apostolus: c u m e s s e t i s, inquit, s e r u i p e c c a t i, l i b e r i f u i s t i s i u s t i t i a e. ecce ostenduntur etiam peccato minime potuisse nisi alia libertate seruire. liberi ergo a iustitia non sunt nisi arbitrio uoluntatis; liberi autem a peccato non 10 fiunt nisi gratia saluatoris. propter quod ammirabilis doctor etiam uerba ipsa discreuit: c u m e n i m s e r u i e s s e t i s, inquit, p e c c a t i, l i b e r i f u i s t i s i u s t i t i a e. q u e m e r g o t u n c f r u c t u m h a b u i s t i s i n h i s, i n q u i b u s n u n c e r u b e s c i t i s? n a m f i n i s i l l o r u m m o r s e s t. n u n c 15 a u t e m l i b e r a t i a p e c c a t o, s e r u i a u t e m f a c t i d e o h a b e t i s f r u c t u m u e s t r u m i n s a n c t i f i- c a t i o n e m, f i n e m n e r o u i t a m a e t e'r n a m. liberos dixit iustitiae, non 'liberatos', a peccato autem non liberos, ne sibi hoc tribuerent, sed uigilantissime maluit dicere 'liberatos' 20 referens hoc ad illam domini sententiam: s i u o s f i l i u s l i b e r a u e r i t, t u n e u e r e l i b e r i e r i t i s. cum itaque non uiuant bene filii hominum nisi effecti filii dei, quid est quod iste libero arbitrio uult bene uiuendi tribuere potestatem, cum haec potestas non detur nisi gratia dei per Iesum Christum 25 dominum nostrum dicente euangelio: q u o t q u o t a u t e m r e c e p e r u n t e u m, d e d i t e i s p o t e s t a t e m f i l i o s d e i f i e r i?

2 Ioh. 8, 36   7. 12 Rom. 6, 20—22   21 Ioh. 8, 36   25 cf. Rom. 7, 25 26 Ioh. 1, 12

1 natura∗L   diuinā V   2 domino in euangelio GL   3 tune om. EF   4 usque O (us s.l.m2)   5 ipsum] illud CDbd   6 amare C   et om. DEFGL   eos] eis B 9 aliqua C aliena Gm2   ergo om. OB   10 liberati D   11 amirabilis CDa.c. et admirabilis GL   12 ista GL   disseruit (in mg. m1 1 discreuit) O   12 inquit om. Om1   13 fuisti Cm1   iustitiaē L   14 fruct. hab. tune DEFbd   tunc om. V 17 dei V   sanctificatione BDVGp.c.L   18 nam liberos OB   21 refer∗ens O filios C   22 liberauit B   tunc om. D   estis V   23 filii hom.] homines b affecti B (e s. a)   24 uiuendo GL   potestatem O   26 quodquod V   27 eis om. B

III. 6. Sed ne forte dicant ad hoc esse adiutos, ut haberent
potestatem fieri filii dei — ut autem hanc accipere mererentur, prius
eum libero arbitrio nulla adiuti gratia receperunt; haec est
quippe intentio, qua gratiam destruere moliuntur, ut eam dari
5 secundum merita nostra contendant —, ne forte ergo hanc cuan-
gelicam sententiam sic diuidant, ut meritum ponant in eo quod
dictum est: q u o t q u o t a u t e m r e c e p e r u n t e u m ac
deinde non gratis datam, sed buio merito redditam gratiam in eo
quod sequitur: d e d i t e i s p o t e s t a t e m f i l i o s d e i
10 f i e r i, numquid, si quaeratur ab eis quid sit 'receperunt
eum', dicturi sunt aliud nisi 'crediderunt in eum'? ut igitur et
hoc sciant ad gratiam pertinere, legant quod ait apostolus: i n
n u l l o e x p a u e s c a t i s a b a d u e r s a r i i s, q u a e q u i -
d e m e s t i l l i s c a u s a p e r d i t i o n i s, u e s t r a e
15 a u t e m s a l u t i s, e t h o c a d e o, q u i a u o b i s
d o n a t u m e s t p r o C h r i s t o n o n t a n t u m u t
c r e d a t i s i n e u m, s e d u t e t i a m p a t i a m i n i p r o
e o — nempe utrumque dixit esse donatum —, item quod ait: p a x
f r a t r i b u s e t c a r i t a s c u m f i d e a d e o p a t r e e t
20 d o m i n o I e s u C h r i s t o. legant etiam illud, quod ipse
dominus ait: n e m o p o t e s t u e n i r e a d m e, n i s i
p a t e r, q u i m i s i t m e, t r a x e r i t e u m. ubi ne quisquam
putet aliud dictum esse 'uenire ad me' quam 'credere in me',
paulo post, cum de suo corpore et sanguine loqueretur et scan-
25 dalizati essent plurimi in sermone eius, ait: u e r b a, q u a e
e g o l o c u t u s s u m u o b i s, s p i r i t u s e t u i t a s u n t.
s e d s u n t q u i d a m e x u o b i s, q u i n o n c r e d u n t.
deinde subiunxit euangelista: s c i e b a t e n i m a b i n i t i o
I e s u s, q u i e s s e n t c r e d e n t e s e t q u i s t r a d i -

---

7. 9 Ioh. 1, 12   12 Phil. 1, 28. 29   18 Eph. 6, 23   21 Ioh. 6, 44
25. 28 Ioh. 6, 64—66

1 adhuc *Om1*   2 filii dei fieri *B*   hanc autem *C*   recipere *V*   3 eum
om.Cm1   4 mo✱liuntur (l *eras.*) *V*   5 euangelica *C*   6 quo *Om1*   7 quod quod *V*
8 datum *V*   10 nunquid *Om1D*   11 et *ex* ei *B*, *om.O*   13 expauiscatis *V*
15 adeo *EF*   16 donatum] datum *GL*   18 aut *Va.c.*   19 patre nostro *O*
20 domino nostro *GL*   legat *GL*   illud] aliud *GL*, *om.Dbd*   dom. ait ipse *D*
24 cum] quam *V*   27 e**x**] in *GL*   non *s.l.m2V*   28 Iesus ab initio *DEFbd*
29 esset tradit. *GL*   trad.] crediturus *C*

turus esset eum. et dicebat: propterea dixi
nobis, quia nemo potest uenire ad me, nisi
fuerit ei datum a patre meo. sententiam scilicet
iterauit qua dixerat: nemo potest uenire ad me,
nisi pater, qui misit me, traxerit eum. et hoc 5
propter credentes et non credentes se dixisse manifestauit expo-
neus quod dixerat: nisi pater, qui misit me,
traxerit eum, id ipsum aliis nerbis repetendo in eo,
quod ait: nisi fuerit ei datum a patre meo.
ille quippe trahitur ad Christum, cui datur ut credat in Christum. 10
datur ergo potestas, ut filii dei fiant qui credunt in eum, cum
hoc ipsum datur, ut credant in eum. quae potestas nisi detur a
deo, nulla esse potest ex libero arbitrio, quia nec liberum in bono
erit, quod liberator non liberauerit, sed in malo liberum habet
arbitrium, cui delectationem malitiae uel occultus uel manifestus 15
deceptor inseruit uel sibi ipse persuasit.

7. Non itaque, sicut dicunt nos quidam dicere et iste audet
insuper scribere, 'omnes in peccatum' uelut inuiti 'carnis suae
necessitate coguntur', sed si iam in ea aetate sunt, ut propriae
mentis utantur arbitrio, et in peccato sua uoluntate retinentur 20
et a peccato in peccatum sua uoluntate praecipitantur. neque
enim agit in eis etiam qui suadet et decipit, nisi ut peccatum
uoluntate committant uel ignorantia ueritatis uel delectatione
iniquitatis uel utroque malo et caecitatis et infirmitatis. sed haec
uoluntas, quae libera est in malis, quia delectatur malis, ideo 25

---

4 Ioh. 6, 44   11 cf. Ioh. 1, 12   datur ergo—praecipitantur] cf. Aug. Op.
imp. I 94 (XLV 1110 M)   18 Iulianus, cf. p. 425, 15   24 sed haec uoluntas—non
potest nelle] cf. Aug. Op. imp. I 94 (XLV 1110 M). ibid. III 118 p. 1297

1 eum esset V   3 sententiam—dixerat in mg. Dm1   4 intrauit L   quia GL
quā D   nomo Om1   5 me misit V   6 et non cred. om.GL   8 traxit C
9 fueri Om1   ei ex et Vm2   10 ille] ipse GL   in xpo GL   11 in om. Op.
imp.   cum s.l.m2O   12 datur fin. O   14 quod] si C   liberu Om1
liberauit B   liberum V (u ex corr. m2)   16 inseruit uit B (r s.l.) inseruit
DGLb, (r s.l.) C inseuit in ras.V   18 insuper] et super C   et omnes B   uel GL
iniuti Ba.c.   carni sue B   19 ea***B   propria Ga.c.L   20 suo D   retenentur
V(te in ras.)   21 a om.C   precipitentur GL   22 ait Om1C   etiam in eis C
suadit V sua det O   nisi om.GL   23 dilectione GL   24 iniquitatis om.D
25 quia—malis om.GL

libera in bonis non est, quia liberata non est. nec potest homo
boni aliquid nelle, nisi adiuuetur ab eo, qui malum non potest
nelle, hoc est gratia dei per Iesum Christum dominum nostrum;
o m n e enim q u o d n o n e s t e x f i d e, p e c c a t u m e s t.
5 ac per hoc bona uoluntas, quae se abstrahit a peccato, fidelis est,
quia i n s t u s e x f i d e u i u i t, ad fidem autem pertinet credere
in Christum et nemo potest credere in eum, hoc est uenire ad
eum, nisi fuerit illi datum. nemo igitur potest habere nolun-
tatem instam, nisi nullis praecedentibus meritis acceperit ueram,
10 hoc est gratuitam desuper gratiam.

　　IV. 8. Hoc isti nolunt elati et superbi nec purgando defeu-
sores, sed extollendo praecipitatores liberi arbitrii, qui non ob
aliud nobis haec dicentibus indignantur, nisi quia gloriari in
domino dedignantur. timuit tamen Pelagius episcopale iudicium
15 Palaestinum et, cum ei fuisset obiectum, quod diceret 'gratiam
dei secundum merita nostra dari', negauit se dicere et eos, qui
hoc dicerent, anathemando damnauit. nec tamen defendere
aliud inuenitur in libris, quos postmodum scripsit, fraudem se
putans hominibus iudicantibus fecisse mentiendo aut nescio
20 quomodo suum sensum nerbis ambiguis obtegendo.

　　V. 9. Sed iam uideamus quod sequitur. *dicunt etiam,* inquit,
*istas, quae modo aguntur, nuptias a deo institutas non fuisse; quod
in libro Augustini legitur, contra quem ego modo quattuor libellis
respondi. cuius Augustini dicta inimici nostri in ueritatis odium*

　　1 nec potest—potest nelle] Aug. Op. imp. I 97 p. 1114　　3 cf. Rom. 7, 25
4 Rom. 14, 23　　6 Rom. 1, 17. cf. Hab. 2, 4　　7 cf. Ioh. 6, 66　　13 cf. I Cor.
1, 31　　14 cf. De gestis Pel. 14, 30 (CSEL XLII 84, 5)　　21 Iulianus　　23 De
nuptiis et conc. II 2 (CSEL XLII 254, 14)

　　1 nec] non *Op. imp.*　　2 uellenis *Om1*　　ab eo] εdõ *G* a deo *L*　　5 ab•es-
trahit *O* abtrahit *L*　　a *s. ras. m2 O*　　est *om. V*　　6 qui *Om1*　　ad *C* (d *s. l. m2*)
7 x̄p̄o *GL*　　est] *add.* enim *CEFV*　　9 nullus *C*　　ueram *om. GL*　　11 colunt *V a.c.*
etlati *O a.c.*　　defensiores *C* (*exp. m2*)　　12 liberi sunt *EF*　　quod *Om1*　　13 dicen-
tibus] *add.* nobis *GL*　　14 d̄n̄m *G* d̄m̄n *L*　　pylagius *C*　　episcopalem *L*　　iudiū
Cm1　　15 palestinum *ODVGL*　　16 se] *add.* hoc *GL*　　et *ex* aut *B*　　17 anathe-
matizando *BCm2DEFGbd*　　aliud tamen def. *EFbd*　　19 putans *s. l. m2 O* putant *B*
iudicantibus *s. l. m2 O, om. B*　　aut] an *EF*　　nesciendo aut quomodo *D*　　20 sensum
s. l. m2 O　　21 etiam *C*　　q̄d̄ *O* (d̄ *add. s. l. m2*)　　inquit *bis D*　　23 quatuor *DEFbd*
libris *O a.c.*　　24 respondeo *GL*

susceperunt. his eius calumniosissimis uerbis breuiter uideo respondendum, quia repetit ea postea, ubi uult ipse insinuare quasi contra nostra ista quid dicant. ubi cum illo, quantum res postulare uidebitur, domino adiuuante certandum est. nunc ergo respondeo nuptias a deo esse institutas et tunc, quando 5 dictum est: p r o p t e r e a   r e l i n q u e t   h o m o   p a t r e m   s u u m   e t   m a t r e m   s u a m   e t   a d h a e r e b i t   u x o r i   s u a e   e t   e r u n t   d u o   i n   c a r n e   u n a, et nunc, propter quod scriptum est: a d o m i n o   i u n g i t u r   m u l i e r   u i r o. neque enim aliud fit etiam nunc quam illud, ut adhaereat 10 homo uxori suae et sint duo in carne una. de ipsis quippe nuptiis, quae nunc fiunt, consultus est dominus a Iudaeis, utrum liceret quacumque causa dimittere uxorem, et isto commemorato testimonio legis adiunxit: q u o d   e r g o   d e u s   c o n i u n x i t,   h o m o   n o n   s e p a r e t. hoc testimonium legis 15 adhibuit etiam apostolus Paulus, cum uiros moneret, ut ab eis diligerentur uxores. absit ergo, ut in libro meo contra haec testimonia diuina iste aliquid legerit; sed uel non intellegendo uel magis calumniando in alium sensum conatur detorquere quod legit. librum autem meum, contra quem se quattuor 20 libellis respondisse commemorat, post damnationem Pelagii Caelestiique conscripsi. quod ideo dicendum putaui, quoniam iste dicit 'ab inimicis suis in odium ueritatis dicta mea fuisse suscepta', ne ideo quisquam existimet propter hunc librum meum inimicos gratiae Christi nouos hereticos fuisse damnatos. 25 iu eo autem libro defensio est potius quam reprehensio nuptiarum.

6 Gen. 2, 24   9 Prou. 19, 14   12 cf. Matth. 19, 3   14 Matth. 19, 6
16 cf. Eph. 5, 25   23 Iulianus

1 susciperunt O   eius] enim D   calumpnionissimis B   2 repeti tea Om1
ea. Postea GL   3 nostra s.l.m2O   isti BEFd   dicat D   ibi BCEFd   5 a deo
nuptias (om. esse) EFbd   constitutas GL   9 scriptum ex dictum B   ad no•
(uirg. add. m2) O   uiro mulier DEFbd   11 uxoris V   ipsis om. GL   quoque D
12 nunc] add. quoque Db   consepultus tus D   13 quecumque Om1   14 te-
stimio C   dns D   15 separat Om1   17 in s.l.m2O   lib•ro O   18 iste om. GL
19 in calumniando D   conatus est B   20 quatuor D   21 commerat Om1
pelagi Gm1 p•elagi L (a eras.)   22 celestiique D celestique L   conscribsi (ri
s.l.m2) O   24 hunc L (n in ras.)   25 inimici GL   26 in eo] Ideo GL   pos† libro
add. s.l.m2 meo G

10. *Dicunt etiam,* inquit, *motum genitalium et commixtionem coniugum a diabolo fuisse repertam et propterea eos qui nascuntur innocentes reos esse et a diabolo fieri, non a deo, quia de hac diabolica commixtione nascuntur. hoc autem sine aliqua ambiguitate* 5 *Manicheum est.* immo sicut dicimus a deo nuptias institutas propter ordinatam generationem filiorum, ita dicimus filiorum gignendorum seminationem sine motu genitalium et sine commixtione coniugum nec in paradiso, si filii gignerentur, esse potuisse. sed utrum talis eorum motus atque commixtio fuisset, 10 si nemo peccasset, qualis nunc est cum pudenda libidine, hinc est quaestio, de qua diligentius postea, si deus uoluerit, disputabimus.

VI. 11. Quid tamen isti uelint, quid intendant, quo rem perducere moliantur, adiuncta istius uerba declarant, ubi ait 15 nos dicere: *propterea eos qui innocentes nascuntur reos esse et a diabolo fieri, non a deo, quia de hac diabolica commixtione nascuntur.* cum itaque nos nec diabolicam dicamus coniugum commixtionem, maxime fidelium, quae fit causa generandorum qui postea regenerandi sunt filiorum, nec homines ullos a diabolo 20 fieri, sed a deo, in quantum homines sunt, et tamen etiam de coniugibus fidelibus reos nasci, tamquam ex oliua oleastrum, propter originale peccatum et propter hoc esse sub diabolo, nisi renascantur in Christo, quoniam diabolus culpae auctor est, non naturae, contra illi paruulos dicentes nullum trahere 25 originale peccatum et ideo non esse sub diabolo, quid efficere laborant, nisi ut illa dei gratia euacuetur in paruulis, qua e r u i t

---

1 Iulianus   15 Iulianus   21 cf. Rom. 11, 24   26 Col. 1, 13

1 inquit *om. Bm1*   motum] totum *GL*   genetalium *V*   2 proptea a *Om1*
3 innocenter *B*   4 commistione *V*   5 manifestum *Oa.c.*   sic *Gm1L*   dño *L*
constitutas *GL*   6 filiorum] *add.* gignendorum *B*   ita *om. C*   7 seminatione *GL*
genetalium *V* commixtionem *V*   8 si *s.l. C, om. GL*   generentur *GL*   9 potuisse
bis D   talis *bis D*   11 disputamus *Om1* disputauimus *L*   13 intendunt *V*
rem per d.] semper ducere *GL*   14 aut *Va.c.*   15 proptea *C*   innocenter *OB*
noscuntur *C*   16 adeo *C*   ac *C*   noscuntur *Cm1*   17 coniug●um *L*   18 qui]
quae *Gm1L*   19 regenerandae *Gm1L*   hominem *L*   diaboli *L*   20 adeo *CD*
21 oleatrum *B*   24 e contra *EF*   25 s̅ *Om1*   26 laborent *Cm1*   gratiae *V*
paruolis *OV*   quaeruit (a *s.l.*) *V*   quae *ODG*

n o s, sicut dicit apostolus, d e p o t e s t a t e t e n e b r a r u m
e t t r a n s t u l i t i n r e g n u m f i l i i c a r i t a t i s s u a e,
quando quidem paruulos negant esse in potestate tenebrarum
etiam ante domini liberatoris auxilium ita in eis landantes opus creatoris, ut misericordaim destruant redemptoris? quam nos quoniam 5
et in maioribus et in paruulis confitemur, 'hoc' dicit 'sine aliqua
ambiguitate esse Manicheum', cum sit antiquissimum catholicum,
unde nouum istorum dogma euertatur hereticum.

VII. 12. *Dicunt*, inquit, *sanctos in uetere testamento non caruisse*
peccatis, id est nec per emendationem a criminibus fuisse liberos, 10
sed in reatu a morte fuisse deprehensos. immo dicimus uel ante
legem uel tempore ueteris testamenti a peccatis fuisse liberatos non
uirtute propria, quia m a l e d i c t u s o m n i s q u i s p e m
s u a m p o n i t i n h o m i n e — et in hoc sine dubio maledicto sunt,
quos etiam psalmus diuinus notat: q u i c o n f i d u n t i n u i r- 15
t u t e s u a —, nec uetere testamento, quod in seruitutem generat,
quamuis certae dispensationis gratia diuinitus datum sit, nec ipsa
lege sancta et iusta et bona, ubi scriptum est: n o n c o n c u p i-
s c e s, quoniam non est data, quae posset uiuificare, sed praeuaricationis gratia posita est, donec ueniret semen cui promissum est, 20
sed liberatos esse per sanguinem ipsius redemptoris, qui est unus
mediator dei et hominum homo Christus Iesus. isti autem inimici
gratiae dei, quae data est pusillis et magnis per Iesum Christum
dominum nostrum, ideo dicunt antiquos homines dei perfectae fuisse

---

6 Iulianus, cf. p. 431, 4   9 Iulianus   13 Hier. 17, 5   15 Ps. 48, 7
16 cf. Gal. 4, 24   18 cf. Rom. 7, 12   Ex. 20, 17. Rom. 7, 7   19 cf. Gal. 3,
21. 19   21 cf. I Tim. 2, 5   23 cf. Rom. 7, 25

1 nos] eos *GL*   2 regno *DG a. c.*   *post* filii *eras.* suae *O*   claritatis *GL*
suae *s.l.m2O*   4 etiam *om.Om1*   d̄i *Om1*   5 reitemptoris *Om1* redemtoris *V*
nos *om.GL*   quoniam *om. B*   quoniam et] etiam *s.l.m2O* etiam et *EF*
6 minoribus *B a.c.*   hec *B*   dici *Om1GL*   *sine* *O*   7 esse] *add.* sensum *OB*
8 docma *O* digma *La.c.*   dogme uertatur *V*   euertitur *Lb*   hereticorum *B*
ereticum *Gm1*   9 ueteri *OCm2GLb*   10 emundationem *GL*   suis se *B*   liberatos *L,b in mg.*   11 reprehensos *GL*   uel *om.L*   12 nouirtute *Om1*   13 homo
(*in ras. L*) omnis *GL*   14 hominem *L*   maledicti *C* (*i fin. ex* e),*Lb*   15 *pr.* quod *D*
16 ueteri *OGm2* ue*teri *L* ue*tere *V*   in *om.EF*   seruitute *CV*   genera*t *L*
17 certe *Om1VGL*   grada *V*   18 lege* *O*   et *pr. om.OB*   concupiscis *V*
19 praeuaricationi *Om1*   22 homo *s.l.m2O*

iustitiae, ne Christi incarnatione, passione, resurrectione, cuius fide
salui facti sunt, credantur eguisse.

   ·   VIII. **13.** *Apostolum etiam Paulum,* inquit, *uel omnes
apostolos dicunt semper inmoderata libidine fuisse pollutos.*
5 quis hoc uel profanus audeat dicere? sed nimirum iste
propterea sic calumniatur, quia contendunt id, quod dixit
apostolus: s c i o   q u i a   n o n   h a b i t a t   i n   m e,   h o c   e s t
i n   c a r n e   m e a,   b o n u m;   n e l l e   e n i m   a d i a c e t
m i h i,   p e r f i c e r e   a u t e m   b o n u m   n o n   i n u e n i o,
10 et cetera talia non eum dixisse de se ipso, sed nescio cuius
alterius, qui illa pateretur, induxisse personam. propter quod locus
ipse' in eius epistula diligenter considerandus est et scrutandus, ne
in eius aliqua obscuritate delitiscat error istorum. quamuis ergo
latius hinc apostolus disputet magno diuturnoque conflictu gratiam
15 defendens aduersus eos, qui gloriabantur in lege, tamen ad rem
pertinentia pauca contingimus. unde ait: q u i a   n o n   i u s t i f i -
c a b i t u r   e x   l e g e   o m n i s   c a r o   c o r a m   i p s o;   p e r
l e g e m   e n i m   c o g n i t i o   p e c c a t i.   n u n c   a u t e m   s i n e
l e g e   i u s t i t i a   d e i   m a n i f e s t a t a   e s t,   t e s t i f i c a t a
20 p e r   l e g e m   e t   p r o p h e t a s,   i u s t i t i a   a u t e m   d e i
p e r   f i d e m   I e s u   C h r i s t i   i n   o m n e s   q u i   c r e d u n t.
n o n   e n i m   e s t   d i s t i n c t i o;   o m n e s   e n i m   p e c c a u e -
r u n t   e t   e g e n t   g l o r i a m   d e i   i u s t i f i c a t i   g r a t i s
p e r   g r a t i a m   i p s i u s,   p e r   r e d e m p t i o n e m,   q u a e
25 e s t   i n   C h r i s t o   I e s u.   et iterum: u b i   e s t   g l o r i a t i o?
e x c l u s a   e s t.   p e r   q u a m   l e g e m?   f a c t o r u m?   n o n,

---

1 cf. Eph 2, 8   3 Iulianus   6 cf. De gratia Christi (CSEL XLII 39, 43 p.
156 sq.)   7 Rom. 7, 18   15 cf. Rom. 2, 23   16 Rom. 3, 20—24   25 Rom. 3, 2 7. 28

   2 erguisse *Om1*∗eguisse *G*   3 inquit *om.EF*   uel *ex* uelo *Om2*   4 apostolus *V*   fuisse libidine *GL*   5 istae *Om1C* isti *DGp.c.b*   6 sic propterea *GL*
si *Om1*   calumpniantur *B* calumniantur *DGLb*   qui *Om1*   id] de hoc *Db*
10 eum] cum *V*   se ipso *ex* somso *Om2*   11 parteretur *V*   12 epistola∗*G*
epistulā *L*   13 eis *b*   delitescat *BDGm2bd*   ipsorum *GL*   quauis *B*   14 hinc
latius *V*   hic *GL*   et magno *Gbd*   conflicto *Gm1L*   15 eos *om.O*   17 ex lege
·*O*   *om.GL*   ipso] illo *Dbd*   19 lego *C*   20 per—*436, 8* peccatum *om.O*   22 est
enim *EFbd*   distinctio] iustitia *GL*   23 gloria∗*B* gloria *CDEFVbd*   24 redemtionem *V*   25 gloriatio tua *BD*   26 fatorum *C*

s e d   p e r   l e g e m   f i d e i.   a r b i t r a m u r   e n i m   i n s t i-
f i c a r i h o m i n e m   p e r f i d e m   s i n e   o p e r i b u s   l e g i s.
et iterum: n o n   e n i m   p e r l e g e m   p r o m i s s i o A b r a h a e
a u t   s e m i n i   e i u s,   u t   h e r e s   e s s e t   m u n d i,   s e d   p e r
i u s t i t i a m f i d e i.   s i   e n i m   q u i   p e r l e g e m   h e r e d e s 5
s u n t,   e x i n a n i t a   e s t   f i d e s   e t   e u a c u a t a   e s t   p r o-
m i s s i o.   l e x   e n i m   i r a m   o p e r a t u r;   u b i   e n i m   n o n
e s t l e x,   n e c   p r a e u a r i c a t i o.   et alio loco: l e x   a u t e m
s u b i n t r a u i t,   u t   a b u n d a r e t   d e l i c t u m;   u b i   a u-
t e m   a b u n d a u i t   d e l i c t u m,   s u p e r a b u n d a u i t 10
g r a t i a.   item alio loco: p e c c a t u m   e n i m   n o b i s   n o n
d o m i n a b i t u r; n o n   e n i m   e s t i s   s u b   l e g e,   s e d   s u b
g r a t i a.   itemque alio loco: a n   i g n o r a t i s,   f r a t r e s —
s c i e n t i b u s   e n i m   l e g e m   l o q u o r—,   q u i a   l e x   d o m i-
n a t u r   h o m i n i   i n   q u a n t u m   t e m p u s   u i u i t?   m u- 15
l i e r   e n i m   s u b   u i r o   u i u o   m a r i t o   i u n c t a   e s t   l e g i;
s i   a u t e m   m o r t u u s   f u e r i t   u i r   e i u s,   e u a c u a t a
e s t   a   l e g e   u i r i.   et paulo post: i t a q u e,   f r a t r e s   m e i,
e t   u o s   m o r t u i   e s t i s   l e g i   p e r   c o r p u s   C h r i s t i,   u t
s i t i s   a l t e r i u s,   q u i   e x   m o r t u i s   r e s u r r e x i t,   u t 20
f r u c t i f i c e m u s   d e o.   c u m   e n i m   e s s e m u s   i n
c a r n e,   p a s s i o n e s   p e c c a t o r u m,   q u a e   p e r   l e g e m
s u n t,   o p e r a b a n t u r   i n   m e m b r i s   n o s t r i s,   u t
f r u c t u m   f e r r e n t   m o r t i;   n u n c   n e r o   e u a c u a t i
s u m u s   a   l e g e   m o r t i s,   i n   q u a   d e t i n e b a m u r,   i t a 25
u t   s e r u i a m u s   i n   n o u i t a t e   s p i r i t u s   e t   n o n   i n
u e t u s t a t e   l i t t e r a e.   his atque huiusmodi contestationibus
doctor ille gentium satis euidenter ostendit legem non potuisse
auferre, sed potins auxisse peccatum, quod auferat gratia, quoniam

---

3 Rom. 4, 13—15   8 Rom. 5, 20   11 Rom. 6, 14   13 Rom. 7, 1. 2
18 Rom. 7, 4—6   28 cf. I Tim. 2, 7

.O   1 arbitramus L   hom. iustif. B   2 hominum V   post per exp. legem per D
4 seminini D   eius] add. facta est Db   5 enim] add. eis EF   6 alt. est om. Db
7 ira C • irā L   enim] autem B   8 in alio D   autem] enim D   11 loco om. C
13 loco om. EF   14 dominabitur GL   15 in om. GL   16 niro] add. est V   uiuo V
(u alt. s. eras. r)   uincta Lm1   17 si—uiri in mg. L   •euacuata L   20 resur-
rex**it B   23 ut] et C   24 ferent V   25 mortui C peccati GL   detenebamur L
27 huiuscemodi C   29 auferre om. GL   quoniam] quia GL

lex inhere nouit, cui succumbit infirmitas, gratia iuuare, qua infunditur caritas. ne quis enim propter haec testimonia uituperet legem
et malam esse contendat, uidit apostolus male intellegentibus quid
posset occurrere et eandem sibi ipse proposuit quaestionem: q u i d
5 e r g o d i c e m u s? inquit. l e x p e c c a t u m e s t? a b s i t.
s e d p e c c a t u m n o n c o g n o u i n i s i p e r l e g e m. hoc
iam superius dixerat: p e r l e g e m c o g n i t i o p e c c a t i; non
ergo ablatio, sed cognitio.

14. Hinc autem iam incipit, propter quod ista consideranda
10 suscepimus, introducere personam suam et tamquam de se ipso
loqui. ubi nolunt Pelagiani ipsum apostolum intellegi, sed quod
in se ahum transfigurauerit, id est hominem sub lege adhuc positum,
nondum per gratiam liberatum. ubi quidem iam debent concedere,
quod i n l e g e n e m o i u s t i f i c a t u r, sicut alibi idem
15 apostolus dicit, sed ad cognitionem peccati et ad ipsius legis praeuaricationem ualere legem, ut cognito auctoque peccato per fidem
gratia requiratur. non autem timent ista de apostolo intellegi,
quae posset et de praeteritis suis dicere, sed ea quae sequuntur
timent. hic enim: c o n c u p i s c e n t i a m, inquit, n e s c i e b a m,
20 n i s i l e x d i c e r e t: n o n c o n c u p i s c e s. o c c a s i o n e
a u t e m a c c e p t a p e c c a t u m p e r m a n d a t u m o p e r a-
t u m e s t i n m e o m n e m c o n c u p i s c e n t i a m; s i n e
l e g e e n i m p e c c a t u m m o r t u u m e s t. e g o a u t e m
u i u e b a m a l i q u a n d o s i n e l e g e; a d u e n i e n t e a u-
25 t e m m a n d a t o p e c c a t u m r e u i x i t, e g o a u t e m
m o r t u u s s u m. e t i n u e n t u m e s t m i h i m a n d a-
t u m, q u o d e r a t i n u i t a m, h o c e s s e i n m o r t e m.

1 cf. Rom. 5, 5   4 Rom. 7, 7   7 Rom. 3, 20   14 Gal. 3, 11   19 Rom.
7, 7—13

.O   1 quia *L*   2 hanc *L*   3 malum *EFGa.c.L*   contendant *Ga.c.L*   uidit] *add.*
enim *EF*   quis *V*   4 pro possunt *V* (s *pr. s.l.*)   5 dicimus *BV*   lex inquit *GL*
es *V*   6 cognouit *C*   7 *post* legem *add.* enim *Dbd*   8 ergo] enim *V*   abolitio *Gb*
abolicio *L* oblatio *C*   9 autem *om. D*   coepit *GL*   12 aliud *V*   id est *om. D*
13 gratia *L*   concede *Ga.c.L*   14 idem] ipse *B*   15 legis *om. EF*   17 *post*
timent *eras.* de *in mg. m2 add. V*   19 timeant *GL*   hinc *GL*   20 occasione *V*
occa*sione *G*   occasionem—acceptam *L*   23 enim] autem *D*   est mortuum *D*
24 aueniente *C*   25 *ante* mandato *exp.* peccato *B*   27 in] ad *GL*   uita *CDEFV*
morte *CEF*

p e c c a t u m e n i m o c c a s i o n e a c c e p t a p e r m a n d a-
t u m f e f e l l i t m e e t p e r i l l u d o c c i d i t. i t a q u e
l e x q u i d e m s a n c t a e t m a n d a t u m s a n c t u m e t
i u s t u m e t b o n u m. q u o d e r g o b o n u m e s t, m i h i
f a c t u m e s t m o r s? a b s i t! s e d p e c c a t u m, u t a p- 5
p a r e a t p e c c a t u m, p e r b o n u m m i h i o p e r a t u m
e s t m o r t e m, u t f i a t s u p e r m o d u m p e c c a t o r
a u t p e c c a t u m p e r m a n d a t u m. haec omnia, sicut dixi,
potest nideri apostolus de sua uita commemorasse praeterita, ut
illud, quod ait: e g o a u t e m u i u e b a m a l i q u a n d o s i n e 10
l e g e, aetatem suam primam ab infantia ante rationales annos uoluerit intellegi, quod autem adiunxit: a d u e n i e n t e a u t e m
m a n d a t o p e c c a t u m r e u i x i t, e g o a u t e m m o r-
t u u s s u m, iam se praecepti capacem, sed non efficacem et ideo
praeuaricatorem legis ostenderet.   15

IX. 15. Nec moueat quod ad Philippenses scripsit, secundum
iustitiam, quae in lege est, quod fuerit sine querella. potuit enim
esse intus in affectionibus prauis praeuaricator legis et tamen con-
spicna opera legis inplere uel timore hominum uel ipsius dei, sed
poenae formidine, non dilectione et delectatione iustitiae. aliud 20
est enim uoluntate benefaciendi benefacere, aliud autem ad male-
faciendum sic uoluntate inclinari, ut etiam faceret, si hoc posset
inpune permitti. nam sic profecto in ipsa intus uoluntate peccat,
qui non uoluntate, sed timore non peccat. in quibus interioribus
suis talem se fuisse sciens apostolus ante gratiam dei, quae data 25
est per Iesum Christum dominum nostrum, alibi hoc apertissime
confitetur. scribens quippe ad Ephesios: e t u o s, inquit, c u m
e s s e t i s m o r t u i d e l i c t i s e t p e c c a t i s u e s t r i s,

---

10. 12 Rom. 7, 9. 10   16 cf. Phil. 3, 6   25 cf. Rom. 7, 25   27 Eph. 2, 1—5

1 accepta occasione *DEFbd*   2 illum *L*   7 supra *Cbd*   peccator aut]
peccans *DGL*   8 au *V*   per mandatum *om.GL*   uoce per *inc. O*   sicut•*B*
9 suauitate *L*   uita sua *B*   ut] dum *GL*   11 primum *GL*   uolens *B* noluerit *C*
12 *fin.* autem *om.GL*   14 ut iam *B*   capace *V*   16 philipenses *OBDL*
17 que *Om1*   *post* quae *eras.* d *B*   qui fuerim *Cbd* quod fuerim *EF*   18 pranis
om. OB paruis *EF*   20 dilectatione *Cm1*   et delectatione *om.EF*   21 enim
est *D*   22 uoluntati *V* uolunte *Cm1*   haec *GL*   23 si *O*   25 data est] est,
quod post Christum *pon. CDGL, post* nostrum *EFVbd*   26 alibi] alio loco *GL*
27 quippe *om.BGL*   cum] dum *D*   28 uestris *ex* nostris *B*

in quibus aliquando ambulastis secundum
saeculum mundi huius, secundum principem
potestatis acris, spiritus eius, qui nunc operatur in filiis diffidentiae, in quibus et nos
5 omnes aliquando conuersati sumus in desideriis carnis nostrae facientes uoluntatem carnis et affectionum, et eramus
naturaliter filii irae sicut et ceteri; deus
autem, qui diues est in misericordia,
10 propter multam dilectionem, qua dilexit
nos, et cum essemus mortui peccatis conuiuificauit nos Christo, cuius gratia sumus
salui facti. rursus ad Titum: fuimus enim et
nos, inquit, stulti aliquando et increduli, er-
15 rantes, seruientes desideriis et uoluptatibus
uariis, in malitia et inuidia agentes, abomi-
nabiles, inuicem odio habentes. talis Saulus fuit,
quando secundum iustitiam, quae in lege est, sine querella fuisse
se dicit. nam quia non post hanc abominabilem uitam, ut esset
20 sine querella, in lege profecerat moresque mutauerat, euidenter in his
quae sequuntur ostendit, quando quidem mutatum se non dicit
ab his malis nisi per gratiam saluatoris; adiungens enim hoc ipsum
etiam hic sicut ad Ephesios ait: cum autem benignitas
et humanitas inluxit saluatoris dei nostri,
25 non ex operibus iustitiae, quae nos fecimus,

13 Tit. 3, 3   18 cf. Phil. 3, 6   23 Tit. 3, 4—7

3 spiritus eius] $\overline{spm}$ D   4 filis $Om1$ filios GL 6 a uocibus nis nostrae inc.
fragm. Aurel. fol. 32 = H   nostrae—carnis om. V   7 affectionem BL
8 natura V   9 diues V (e s. eras. i m2)   11 nos] add. misertus est nostri GL
essetis $Gm1La.c.$ conuiuificabit $Om1$ 12 in $\overline{xpo}$ GL cuius ex quuius $Hm1$
13 rursum B   enim om. GL 14 inquit om. DGL aliquando stulti GL
15 seruientes om. H et seruientes LG in uoluptatibus O (in s. l. m2), B
16 malitię L   in inuidia GL gentes B   abhominabiles $OBLa.c.$ 18 iustitia V
querella (sic semper O), GH 19 non om. $Om1B$ potest $OHm1L$ abhomi-
nationebilem B   20 proficerat L mutaberat $Om1$ 21 secuntur OCD
se (s. l) mutatum B   22 enim om. B   23 hic om. H   sic D   Ephesios]
titum $OBDGLH,b$ (in mg.), quod fort. per ipsius Augustini errorem explicandum
cum ex quum H   24 humilitas O bonitas GL inluxit s. l. $Om2$ domini
nostri GL nostri dei bd

s e d s e c u n d u m s u a m m i s e r i c o r d i a m s a l n o s
n o s f e c i t p e r l a u a c r u m r e g e n e r a t i o n i s e t r e-
n o u a t i o n i s s p i r i t u s s a n c t i, q u e m d i t i s s i m e
e f f u d i t s u p e r n o s p e r I e s u m C h r i s t u m s a l u a-
t o r e m n o s t r u m, u t i u s t i f i c a t i i p s i u s g r a t i a ₅
h e r e d e s e f f i c i a m u r s e c u n d u m s p e m u i t a e
a e t e r n a e.

16. Quod autem ait in hoc epistulae loco ad Romanos: p e c-
c a t u m, u t a p p a r e a t p e c c a t u m, p e r b o n u m m i h i
o p e r a t u m e s t m o r t e m, congruit superioribus ubi dixit: 10
s e d p e c c a t u m n o n c o g n o u i n i s i p e r l e g e m;
n a m c o n c u p i s c e n t i a m n e s c i e b a m, n i s i l e x
d i c e r e t: n o n c o n c u p i s c e s, et superius: p e r l e g e m
c o g n i t i o p e c c a t i; hoc enim et hic dixit: u t a p p a r e a t
p e c c a t u m, ut illud, quod dixerat: s i n e l e g e e n i m p e c- 15
c a t u m m o r t u u m e s t, non intellegamus nisi, tamquam non
sit, 'latet, non apparet, penitus ignoratur', tamquam in nescio quibus
ignorantiae tenebris sit sepultum. et quod ait: e g o a u t e m
u i u e b a m a l i q u a n d o s i n e l e g e, quid ait nisi 'uiuere
mihi uidebar'? et quod adiunxit: a d u e n i e n t e a u t e m 20
m a n d a t o p e c c a t u m r e u i x i t, quid est aliud quam
'eminuit et apparuit'? nec tamen ait 'uixit', sed 'reuixit'. uixerat
enim aliquando in paradiso, quando contra datum praeceptum
satis apparebat admissum; cum autem a nascentibus trahitur,
tamquam mortuum sit, latet, donec repugnans iustitiae malum 25
eius prohibitione sentiatur, cum aliud iubetur atque adprobatur,
aliud delectat atque dominatur; tunc peccatum quodammodo in

---

8 Rom. 7, 13   11 Rom. 7, 7   13 Rom. 3, 20   15 Rom. 7, 8   18. 20 Rom. 7, 9

3 quae *EF*   5 gratia ipsius *ODEFGLbd*   6 eredes *Om1*   10 conguit *D* (u *s.* g)
dixit om.*F*   14 cognitia *Ga.c.La.c.*   hic *ex* mihi *Om2*   15 ut—peccatum *om.V*
16 mortuū ∗ (s *eras.*) *O*   17 in. *om.Om1*   18 quod om.*D*   19 quid] quod *L*   nisi]
quin *F*   mihi uiuere *D*   uiuere *O* (e *fin. m2 add.*) uiuere∗*L*   20 uidebatur
(*in mg.* uidebar) *EF*   autem om.*GL*   21 reuixit peccatum *GL*   aliud om.*B*
ut quam *GL*   22 emicuit *CEF*   ait 'om.*GL*   24 amissum *EF*   quum *Hm1*
a *s.l.Om2,om.GL*   25 sit latet om.*Om1*   iustitia *G*   26 prohibitione∗*DG* prohibitionem *L*   probatur *GL*   27 quodadmodo *L*

notitia nati hominis reuiuescit, quod in notitia primum facti hominis aliquando iam uixerat.

X. 17. Sed quod sequitur non ita expeditum est, quomodo de Paulo possit intellegi. s o i m u s   e n i m, inquit, q u i a   l e x   s p i r i-
5 t a l i s   e s t; e g o   a u t e m   c a r n a l i s   s u m. non ait 'fui', sed 'sum'. numquid ergo apostolus, cum haec scriberet, carnalis fuit? an secundum corpus hoc dicit? adhuc enim erat in corpore mortis huius nondum facto, quod alibi dicit: s e m i n a t u r   c o r p u s a n i m a l e, s u r g i t   c o r p u s   s p i r i t a l e. tunc enim ex toto se,
10 id est ex utraque parte, qua constat, spiritalis homo erit, quando spiritale etiam corpus erit. neque enim absurdum est, ut sit in illa uita etiam caro spiritalis, si potuit esse in hac uita in his, qui adhuc carnalia sapiunt, etiam spiritus ipse carnalis. sic ergo ideo dixit: e g o   a u t e m   c a r n a l i s   s u m, quia nondum spiritale corpus
15 habebat apostolus, sicut posset dicere: 'ego autem mortalis sum'; quod utique non nisi secundum corpus intellegeretur dixisse, quod nondum fuerat inmortalitate uestitum. item quod adiunxit: u e n u n-
d a t u s   s u b   p e c c a t o, ne quisquam eum nondum redemptum Christi sanguine existimet, etiam hoc secundum illud potest intellegi,
20 quod ait: e t   n o s   p r i m i t i a s   h a b e n t e s   s p i r i t u s   e t i p s i   i n   n o b i s m e t   i p s i s   i n g e m e s c i m u s   a d o p t i o-
n e m   e x p e c t a n t e s,   r e d e m p t i o n e m   c o r p o r i s n o s t r i. si enim secundum hoc se dicit uenundatum sub peccato, quod adhuc non est redemptum a corruptione corpus eius, uel uenun-
25 datum aliquando in prima transgressione praecepti, ut haberet corpus corruptibile quod adgrauat animam, quid prohibet hic apostolum intellegi de se ipso dicere, quod ita dicit, ut etiam in ipso

4 Rom. 7, 14   7 cf. Rom. 7, 24   8 I Cor. 15, 44   13 cf. Rom. 8, 5
14. 17 Rom. 7, 14   20 Rom. 8, 23   26 cf. Sap. 9, 15

1 notitiam *bis GL*   primi *GLb*   3 *uace* de *fin. fragm. Aurel.*   4 posset *GL*
quoniam *GL*   5 non—sum *om.V*   fuit *C*   6 nunquid *O*   7 hoc dicit *om.EF*
9 surget *CDGbd*   se *om.OB*   10 utro *La.c.*   11 etiam spiritale *V*   etiam
om.D   in *om.Om1*   12 si *om.Om1*   esse *exp. D*   13 ipse] ee *D*   14 *post* autem
exp. sum sum *D*   15 posse discere *C*   18 eum] enim *C, in mg.* al eum *EF*
19 hoc *om. EF*   20 et *om. Om1*   spiritus habentes *D*   21 metipsis *s. l. L*
adobtionem *Om1*   23 n̄r̄ī *s. ras. Om2*   enim] autem *V*   dicit se *B*   24 redem-
tum *O*   26 proibet *O*   27 apostolus *V*   intellegi *om GL*   dic*it *B*

possit intellegi, etiamsi in sua persona non se solum, sed omnes accipi
uelit, qui se nouerunt spiritali dilectione cum carnis affectione sine
consensione confligere?

18. An forte metuimus ea quae sequuntur: q u o d e n i m
o p e r o r, i g n o r o; n o n e n i m q u o d u o l o, h o c a g o, s e d   5
q u o d o d i, i l l u d f a c i o, ne forte ex his uerbis quispiam consentire carnis concupiscentiae ad opera mala sanctum apostolum
suspicetur? sed considerandum est quod adiungit: s i a u t e m
q u o d n o l o h o c f a c i o, c o n s e n t i o l e g i q u o n i a m b o n a.
magis enim se dicit legi consentire quam carnis concupiscentiae — 10
hanc enim peccati nomine appellat —; facere ergo se dixit et operari
non affectu consentiendi et inplendi, sed ipso motu concupiscendi.
'hinc ergo', inquit, 'c o n s e n t i o l e g i q u o n i a m b o n a e s t:
consentio, quia nolo quod non uult'. deinde dicit: n u n c
a u t e m i a m n o n e g o o p e r o r i l l u d, s e d i d q u o d 15
h a b i t a t i n m e p e c c a t u m. quid est 'nunc autem' nisi
'iam nunc sub gratia, quae liberauit delectationem uoluntatis a consensione cupiditatis'? non enim melius intellegitur: n o n e g o
o p e r o r, nisi quia non consentit exhibere membra sua arma iniquitatis peccato. nam si et concupiscit et consentit et agit, quomodo 20
non ipse illud operatur, etiamsi se operari doleat et ninei grauiter
ingemescat?

19. Iam illud quod sequitur nonne unde loquatur apertissime
ostendit? s c i o e n i m q u i a n o n h a b i t a t i n m e, h o c e s t
i n c a r n e m e a, b o n u m. si enim non exponeret adiungendo: 25
h o c e s t i n c a r n e m e a, aliter fortasse acciperetur quod dixit:
i n m e. ac per hoc uersat hoc idem repetens et inculans: u e l l e

4 Rom. 7, 15   8 Rom. 7, 16   14 Rom. 7, 17   19 cf. Rom. 6, 13
24. 27 Rom. 7, 18

1 possint *GLp.c.* posset *b* possunt *La.c.*   etiamsi *L* (si *s.l.*)   2 uellit (*sic
semper*) *V*   delectatione *CEFbd*   3 confligeret *V*   4 secuntur *D*   6 odii *G*   quisquam *GL*   7 sc̄m suspicetur apostolum *D* suspicetur apostolum *bd*   8 est
om. EF   9 quoniam] quia *OBV*   bona est *BDEFbd*   10 enim *om.C*
12 affecto *V* affectum *L*   mutu *Om1*   16 in me habitat *OBCGL*   17 uoluptatis *G*
consensionem *L*   19 non *om.Om1*   consentit et agit *B*   20 si et] etsi *Db*
ait *C*   21 se *om.C* sese *EF*   opera**ri *O*   uincit *C*   23 quo *C*   opertissime
Ga.c.La.c.   24 habitet *Om1*   25 exponerem *a.c.GetL*   27 ac] hac *CV*

enim adiacet mihi, perficere autem bonum non.
hoc est enim perficere bonum, ut nec concupiscat homo; inperfectum est autem bonum, quando concupiscit, etiam si concupiscentiae non consentit ad malum. non enim quod uolo
5 facio bonum, inquit, sed quod nolo malum, hoc ago.
si autem quod nolo ego hoc facio, iam non ego
operor illud, sed quod habitat in me peccatum.
id repetiuit inculcans et tamquam tardissimos de somno excitans:
inuenio ergo legem, inquit, mihi nolenti facere
10 bonum, quoniam mihi malum adiacet. illa ergo
bonum est uolenti facere, adiacet autem malum ex concupiscentia,
cui non consentit qui dicit: iam non ego operor illud.
    20. Apertius autem quod sequitur utrumque declarat: con-
delector enim legi dei secundum interiorem
15 hominem, uideo autem aliam legem in membris
meis repugnantem legi mentis meae et captiuantem me in lege peccati, quae est in membris
meis. sed quod dixit 'captiuantem me', potest mouere, si nulla
consensio est. unde propter ista tria, duo scilicet, de quibus iam
20 disputauimus, quod ait: ego autem carnalis sum, et: uenundatus sub peccato, et hoc tertium: captiuantem me in lege peccati, quae est in membris meis,
potest nideri apostolus cum describere, qui sub lege adhuc uiuit,
nondum sub gratia. sed sicut illa duo exposuimus propter carnem
25 adhuc corruptibilem dicta, sic et hoc potest intellegi, ut 'captiuantem me' dixerit 'carne', non mente, 'motione', non consensi-

---

4 Rom. 7, 19. 20   9 Rom. 7, 21   13 Rom. 7, 22. 23   20 Rom. 7, 14
25 Rom. 7, 23

    1 bonum *om.V* non] *add.* inuenio *GL*   2 ne *OGL* n̄ *B*   4 amalum *C* (l *ex* r)
6 nolo ego *ex* lolo *Om1*   7 hoc operor illud *EF.*   hatet *Om1*   8 repetiit *B*
tardissimus *V*   de] a *B*   excitant *La.c.*   9 uolentem mihi *Ga.c.L*   10 illo *Ga.c.L*
11 est *om.O*   uolentis *L*   16 captiuantinantem *C*   17 in *om.CEF*   peccatis *V*
menbris *O*   18 dixi *Ga.c.L*   me *om.OB*   mouere *b*   19 est consensio *B*
conṣessio *D* (sen *s.l.m1*)   tria ista *DEFbd*   *post* ista *exp.* ista *D*   duo•*G* duos *L*
et *post* scilicet *exp.* *B*   de] et *C*   22 in *om.OBC*   legi *O*   quod *GL*   23 scribere *Om1*   24 sicut *om.Om1*   duo *s. ras. Om2*   25 corruptiuilem *Om1*   si *La.c.*
in hoc *CEF*   ut] quod *s.l.Om1G, om.L*   captiuante *Om1*   26 me *om.VCEFGL*
carnem *VGL*   mentis *OGL*   motione *in mg.* *B* motione•*G* motionem *L*

one et ideo 'captiuantem me', quia et in ipsa carne non est
aliena natura, sed nostra. sicut ergo exposuit ipse quid dixerit:
s c i o e n i m q u i a n o n h a b i t a t in me, h o c e s t i n c a r n e
m e a, b o n u m, sic etiam ex illius expositione hunc locum debemus
accipere, tamquam dixerit: c a p t i u a n t e m m e — hoc est 'carnem 5
meam' — lege peccati. q u a e e s t i n m e m b r i s m e i s.

21. Deinde subiungit propter quod dieta sunt omnia: m i s e r
e g o h o m o! q u i s m e l i b e r a b i t d e c o r p o r e m o r t i s
h u i u s? g r a t i a d e i p e r I e s u m C h r i s t u m d o m i-
n u m n o s t r u m, atque inde concludit: i g i t u r i p s e e g o 10
m e n t e s e r u i o l e g i d e i, c a r n e a u t e m l e g i p e c c a t i,
carne scilicet legi peccati concupiscendo, mente autem legi dei
eidem concupiscentiae non consentiendo. n u l l a e r g o c o n-
d e m n a t i o e s t n u n c h i s, q u i s u n t i n C h r i s t o I e s u.
non enim damnatur, nisi qui concupiscentiae carnis consentit ad 15
malum. l e x e n i m s p i r i t u s u i t a e i n C h r i s t o I e s u
l i b e r a u i t t e a l e g e p e c c a t i e t m o r t i s, ne scilicet consensionem tuam concupiscentia sibi uindicet carnis. et ea quae sequuntur eundem sensum magis magisque demonstrant; sed adhibendus est modus.   20

22. Visum autem aliquando etiam mihi fuerat 'hominem sub
lege' isto apostoli sermone describi. sed uim mihi postea ista nerba
fecerunt, quod ait: n u n c a u t e m i a m n o n e g o o p e r o r i l l u d.

3 Rom. 7, 18   5 Rom. 7, 23   7. 10 Rom. 7, 24. 25   13 Rom. 8, 1
16 Rom. 8, 2   21 cf. Exp. quar. propos. ex epist. ad Rom. (XXXV 2071 M).
Expos. epist. ad Gal. (XXXV 2139 M) et Quaest. Simpliciani lib. I quaest. I 7. 9
(XL 105. 106 M). De gratia Christi 39, 43 (CSEL XLII 157). Retract. I c. 23
et II c. 1 (CSEL XXXVI 113. 131). Contra Iul. Pel. VI 23, 70 (XLIV 865 M)
23 Rom. 7, 17

1 captiuante B   2 alia GL   qui Om1C quod s.l.Gm1, om.L   4 sic et iam OB
sicuṭ iam D sic iam CEFVbd si*iam G (c s. l.) sciam L   inpositione Ga.c.
inpositionem L   6 meam om.V   in lege Dbd   7 subiunxit O   dicta sunt]
dixerat GL omnia om.G   8 ergo C liberauit Om1EVGa.c.L de] a EF   11 alt.
legi (i ex e) O lege a.c.GL   12 legi (i ex e) O lege a.c.GL   non concupiscendo G
non conc. L   mte s. exp. addente D   lege L   13 idem Om1 eidem G (ei in
ras.) et idem L   sentiendo Om1   condamnatio C   15 dominatur GL   17 li-
uerauit Om1 liberabit BF   te s. ras. Om2 me GL   18 concupiscentiam V
uindice*t O   secuntur BCDL   19 adibendus (i s.l.) O   21 autem om. Om1
22 uim m2 s. exp. in O   fecerunt postea ista uerba DEFbd

ad hoc enim pertinet quod ait et postea: n u l l a e r g o c o n d e-
m n a t i o e s t n u n c h i s, q u i s u n t i n C h r i s t o I e s u, et
quia non uideo quomodo diceret homo sub lege: c o n d e l e c t o r
l e g i d e i s e c u n d u m i n t e r i o r e m h o m i n e m, cum ipsa
5 delectatio boni,qua etiam non consentit ad malum non timore poenae,
sed amore iustitiae — hoc est enim condelectari — non nisi gratiae
deputanda sit.

    XI. 23. Nam et illud ubi ait: q u i s m e l i b e r a b i t d e c o r-
p o r e m o r t i s h u i u s? quis neget apostolum, cum haec diceret,
10 adhuc fuisse in corpore mortis huius? a quo utique impii non
liberantur, quibus eadem corpora ad tormenta aeterna redduntur.
liberari ergo est a corpore mortis huius omni sanato languore concupiscentiae carnis non ad poenam corpus recipere, sed ad gloriam.
huie loco et illud satis consonat: e t i a m e t n o s i p s i p r i m i-
15 t i a s h a b e n t e s s p i r i t u s e t i p s i i n n o b i s m e t i p s i s
i n g e m e s c i m u s a d o p t i o n e m e x p e c t a n t e s, r e-
d e m p t i o n e m c o r p o r i s n o s t r i. nimirum enim gemitu
isto ingemescimus, in quo dicimus: m i s e r e g o h o m o! q u i s
m e l i b e r a b i t d e c o r p o r e m o r t i s h u i u s? illud etiam
20 ubi ait: q u o d e n i m o p e r o r, i g n o r o, quid est aliud quam
'nolo', 'non adprobo', 'non consentio', 'non facio'? alioquin contrarium
est his, quae superius dixit: p e r l e g e m c o g n i t i o p e c c a t i,
et: p e c c a t u m n o n c o g n o u i n i s i p e r l e g e m, et: p e c-
c a t u m, u t a p p a r e a t p e c c a t u m, p e r b o n u m m i h i
25 o p e r a t u m e s t m o r t e m. quomodo enim peccatum per legem
cognouit, quod ignorat? quomodo apparet peccatum, quod ignora-

---

1 Rom. 8, 1   3 Rom. 7, 22   8 Rom. 7, 24   12 cf. Prosperi Aquit.
sent. ex Aug. del. 313 (LI 475 M) 14 Rom. 8, 23 18 Rom. 7, 24 20 Rom. 7, 15
22 Rom. 3, 20   23 Rom. 7, 7. 13

    1 quod] illud quod *Dbd*   et om.*GL*   2 nunc om.*Om1*   qui sunt sunt
in $\overline{\text{xpo}}$ *D*   5 dilectio *Om1*   quae *OL*   consentis *Om1* consensit *Gm1*
6 gratia *L*   8 illud om.*DEFd*   liberauit*OCVGa.c.L*   9 qui *La.c.*   necet *Om1*
negat *D* haec *s.l.L*   10 a quo—huius *in mg. B*   11 reddantur *Om1*   12 ergo om.
Prosper   omnis anatu *Om1*   14 alt. et om.*Dm2EFGbd*   16. 18 ingemiscimus *B*
adoptiones *L*   redemtionem *G*   17 gemitu*L*   19 liberauit *Om1CVGm1L*
20 ubi] in quo *GL*   ait] dicit *V*   quod *O* (o *s.l.m2*)   21 non consentio non
adprobo*OB*   non facio om.*EF*   22 dixi*O*   legem] add. enim *Db*   25 quomo
Dm1   26 appareat *GL*

tur? sic ergo dictum est 'ignoro' 'non facio', quia nulla consensione
id ego ipse committo, quomodo dicturus est dominus impiis:
n o n n o u i u o s, quem procul dubio latere nihil potest, et sicut
dictum est: e u m q u i n o n n o u e r a t p e c c a t u m, quod est
'non fecerat'; neque enim non nouerat quod arguebat.   5

24. His atque huiusmodi in ista scripturae apostolicae circumstantia diligenter consideratis recte intellegitur apostolus non quidem
se solum in sua persona, uerum alios etiam sub gratia constitutos
significasse, sed secum nondum in illa constitutos pace perfecta, in
qua absorbebitur mors in uictoriam. de qua post dicit: s i a u t e m 10
C h r i s t u s i n u o b i s, c o r p u s q u i d e m m o r t u u m e s t
p r o p t e r p e c c a t u m, s p i r i t u s a u t e m u i t a e s t p r o p-
t e r i u s t i t i a m. s i e r g o s p i r i t u s e i u s, q u i s u s c i-
t a u i t I e s u m e x m o r t u i s, h a b i t a t i n u o b i s, q u i s u s-
c i t a u i t C h r i s t u m I e s u m a m o r t u i s u i u i f i c a b i t 15
e t m o r t a l i a c o r p o r a u e s t r a p e r h a b i t a n t e m
s p i r i t u m e i u s i n u o b i s. uiuificatis igitur mortalibus corporibus nostris non solum ad peccandum consensio nulla erit, sed
nec ipsa cui non consentiatur carnis concupiscentia remanebit. quam
spiritui resistentem non habere in carne mortali ille tantum homo 20
potuit, qui non per ipsam ad homines uenit. et ideo *apostolos*, quia
homines erant et corpus, quod corrumpitur et adgrauat animam, in
huius uitae mortalitate portabant, absit ut dicamus, sicut iste
calumniatur, *semper inmoderata libidine fuisse pollutos*, sed dicimus a consensione prauarum libidinum liberos, de concupiscentia 25

---

3 Matth. 7, 23   4 II Cor. 5, 21   10 cf. I Cor. 15, 54   Rom. 8, 10. 11
21. 24 Iulianus; cf. 433, 4   22 cf. Sap. 9, 15

1 si enim *GL*   dictum *in mg.Gm1*   consessione *Dm1*   2 est] sit *GL*
deus *BCEFV*   5 fecerat *ex* nouerat *Om2*   6 istam *GL*   circonstantia *B*
circumstantiam *GL*   7 considerat *L*   apostolos *Ga.c.L*   8 in *om.O*   9 secum]
ṣeçuṇḍum *G* secundum *L*   nundum *B*   10 absorbitur *V*   in] a *L*   ṿictoria *OBGL*
post] apostolus *GL*   11 nobis *GL*   12 uitā *C*   13 si∗ *O*   15 iħm x̄pm *OB*
Iesum *om.GL*   a] ex *GL, om.b*   uiuificauit *Om1VGm1L*   uiuificabit uos *F*
16 et *om.GL*   per *ex* propter *O*   inhabitantem *DGbd*   19 non *om.Db*   quam *O*
(ua *s.l.m2*)   20 mortali∗ *G* mortalia *L*   tantummodo *Vbd*   21 apostolus *OV*
22 *all.* et *om. OCL*   23 hius *L*   mortalitatem *L*   istae *Om1*   24 calumniator
Ga.c.L   didicimus *Ga.c.L*   25 consensione∗ *L*   prabarum *Om1*

tamen carnis, quam moderando frenabant, tanta humilitate et
pietate gemuisse, ut optarent eam non habere potins quam domare.
XII. 25. Proinde iste quod addidit dicere nos 'Christum et a
peccatis liberum non fuisse; sed carnis necessitate mentitum et aliis
5 maculatum fuisse delictis', uiderit a quibus audierit uel in quorum
litteris legerit; quod quidem fortasse non intellexit et in sensus
calumniosos malitia fallente conuertit.

XIII. 26. *Dicunt etiam,* inquit, *baptisma non dare omnem indul-
gentium peccatorum nec auferre crimina, sed rarare, ut omnium pec-*
10 *catorum radices in mala carne teneantur.* quis hoc aduersus Pelagianos nisi infidelis adfirmet? dicimus ergo baptisma dare omnium
indulgentiam peccatorum et auferre crimina, non rarare
nec *ut omnium peccatorum radices in mala carne teneantur
quasi rasorum in capite capillorum, unde crescant iterum, resecanda*
15 *peccata.* nam et istam similitudinem comperi suae illos adhibere
calumniae, tamquam hoc nos sentiamus atque dicamus.

27. Sed de ista concupiscentia carnis falli eos credo uel fallere,
cum qua necesse est ut etiam baptizatus — et hoc si diligentissime
proficit et spiritu dei agitur — pia mente confligat. sed haec etiamsi
20 uocatur peccatum, non utique quia peccatum est, sed quia peccato
facta est, sic uocatur, sicut scriptura manus cuiusque dicitur, quod
manus eam fecerit. peccata autem sunt, quae secundum carnis concupiscentiam uel ignorantiam inlicite fiunt, dicuntur, cogitantur; quae
transacta etiam reos tenent, si non remittantur. et ista ipsa carnis
25 concupiscentia in baptismo sic dimittitur, ut, quamuis tracta sit a
nascentibus, nihil noceat renascentibus. ex quibus tamen, si filios

---

3. 8 Iulianus   13 Iulianus   19 cf. Rom. 8, 14

1 frenebant *O*   et *om. O*   2 potius *om. GL*   quomodomare *L*   •domare *G*
3 nos dicere *EFVbd*   4 sed] de *B*   alias *Ga.c.L*   5 dilectis *Om1*   7 calumniosus *V*
fellente *Om1*   8 baptisma•*O* (a *fin. ex* u *m2*)   omnem *om. GL*   indulgentia *L*
9 omnium peccatorum *GL*   aufferre *O* offerre *C*   rare *Ga.c.L* radere *BDEFbd*
11 ergo] enim *V*   indulgentiam omnium *G* indulgentia omnium *L*   12 non—ut
om. EF   rare *Ga.c.L* radere *BDEFbd*   15 comperi•*O*   16 calumnia *L*   18 et]
ex *G*   21 factū *Om1*   22 peccata autem *sqq. praebentur fol. 134^b et sqq. V;
cf. Praef.* carnis *bis pon. D*   23 innorantiam *B* ignorantia *L*   cogitanturque *L*
24 reos tenent etiam *B*   25 ut post nascentibus *praeb. B*   quamquam *D*
trac••ta *O*   sit *om. V*   a *om. Om1*   a nascentibus *bis pon. D*   26 nihil noceat
renascentibus *om. GL*   filios si *OB*

carnaliter gignunt, rursus trahitur rursusque est nocitura nascentibus, nisi eadem forma renascentibus remittatur et insit nihil ob-
futura uitae futurae, quoniam reatus eius generatione tractus regeneratione dimissus est, et ideo iam non sit peccatum, sed hoc uocetur,
siue quod peccato facta sit siue quod peccandi delectatione mouea- 5
tur, etsi ei uincente delectatione iustitiae non consentiatur. nec
propter ipsam, cuius iam reatus lauacro regenerationis absumptus
est, dicunt in oratione baptizati: d i m i t t e n o b i s d e b i t a
n o s t r a, s i c u t e t n o s d i m i t t i m u s d e b i t o r i b u s
n o s t r i s, sed propter peccata, quae fiunt, siue in eius consensioni- 10
bus, cum ab eo quodlibet uincitur quod placet, siue cum per ignorantiam malum quasi bonum placet. fiunt autem siue operando sine
loquendo siue, quod facillimum atque celerrimum est, cogitando.
a quibus omnibus quis etiam fidelium gloriabitur castum se habere
cor aut quis gloriabitur mundum se esse a peccato? illud sane, quod 15
in oratione sequitur, propter ipsam dicitur: n e n o s i n f e r a s i n
t e m p t a t i o n e m, s e d l i b e r a n o s a m a l o. unusquisque enim, sicut scriptum est, t e m p t a t u r a c o n c u p i s c e n-
t i a s u a a b s t r a c t u s e t i n l e c t u s; d e i n c o n c u p i s c e n-
t i a c u m c o n c e p e r i t, p a r i t p e c c a t u m.   20

   XIV. 28. Hi omnes concupiscentiae partus et ipsius concupiscentiae reatus antiquus baptismatis ablutione dimissi sunt; et quidquid nunc parit ista concupiscentia, si non sint illi partus, qui non

---

7 cf. Tit. 3, 5   8 Matth. 6, 12   14 cf. Prou. 20, 9   16 Matth. 6, 13
17 Iac. 1, 14. 15

   1 ginnunt B gignunt**G   trahi̯tur G (a s. i̯)   ruriusque La.c.   est
om. Om1 et D sit s. exp. est G   nocet D   2 nisi—renascentibus om.C   eādem B
offutura CD   3 futurae om. Om1   trac**tus O   4 dimissus O (mis s. ras. m2)
non sit s. l. Om1   hoc om.D   5 peccato O (o ex a m2)   peccandi O (i s. ras. m2)
moueatur—delectatione om. F   7 adsumptus O assumtus BEFL absumtus G
9 post sic̄ eras. sic̄ D   10 siue in] siu̯e (2—3 litt. eras.)G   11 quo̯dlibet (i s. o̯d) D,
om.V   cum] quod LG   per om.V   12 operando siue loquendo] per uoluntatem
malam GL   13 celeberrimum OGL, cf. p. 266, 24   14 post omnibus exp. quod
ait G omnibus quod ait L   etiam fidelium om.GL   castum—gloriabitur om.V
15 illud] id GL   sine Om1   17 temptatione V   19 qua abstractus E   abstr.—
conc. ʼin mg.L   deinde CGbd   20 paret V   21 hii Om1D   22 antiqus Om1
anticus C antiqui D antiqui* (n s.l.)G antiquus qui b   ab**lutione G absolutione L   dimissi*L   quicquid (c ex d)O   23 parit nunc EFbd   nunc om.D
sint om.V

solum peccata, uerum etiam crimina nuncupantur, pacto illo coti-
dianae orationis, ubi dicimus: d i m i t t e s i c u t d i m i t t i m u s,
et elemosynarum sinceritate mundantur. neque enim quisque sic
desipit, ut dicat ad baptizatos dominicum illud non pertinere
5 praeceptum: d i m i t t i t e e t d i m i t t e t u r u o b i s; d a t e
e t d a b i t u r u o b i s. nullus autem in ecclesia recte posset ordinari
minister, si dixisset apostolus: 'si quis sine peccato', ubi ait: s i q u i s
s i n e c r i m i n e e s t, aut si dixisset: 'nullum peccatum habentes',
ubi ait: n u l l u m c r i m e n h a b e n t e s. multi quippe baptizati
10 fideles sunt sine crimine; sine peccato autem in hac uita neminem
dixerim, quantalibet Pelagiani, quia haec dicimus, aduersus nos
inflentur et disrumpantur insania, non quia peccati aliquid remanet,
quod in baptismate non remittatur, sed quia nobis in huius uitae
infirmitate manentibus cotidie fieri non quiescunt, quae fideliter
15 orantibus et misericorditer operantibus cotidie remittantur. haec
est fidei catholicae sanitas, quam sanctus ubique seminat spiritus,
non prauitatis hereticae uanitas et praesumptio spiritus.

XV. 29. Iam de cetero itaque uideamus, quemadmodum, posteaquam nobis calumniose putauit obicienda quae credimus et fin-
20 genda quae non credimus, suam ipse uel Pelagianorum fidem pro-
fiteatur. *contra haec,* inquit, *nos cotidie disputamus et ideo nolumus*
praeuaricatoribus adhibere consensum, quia nos dicimus liberum
arbitrium in omnibus esse naturaliter nec Adae peccato perire potuisse,

2 Matth. 6, 12   5 Luc. 6, 37. 38   7 Tit. 1, 6   9 I Tim. 3, 10
21 Iulianus

1 solum—uerum] pecca | uerum G peccauerunt L   crimina om. C   peccato
Ga.c.L   cotidianę O (ę s.l.m2)   2 orationis G (s in ras.)   dimitte nobis D
dim. nobis deb. nostra EFGbd   sicut et Lb   sicut et nos dimittimus D
3 elimosinarum OGL elemosinarum B helemosinarum CD   quisquam bd   si V
4 decipit B   6 possit OCE   7 sine peccato est BG   ait om. V   9 ait V (i ex u)
11 dixerit V   aduersum BCDEFbd   nos om. L   12 inflantur GL   dirumpantur
BDGa.c.L dirrumpantur C   non om. GL   aliquid peccati EFb   remaneat GL
13 *post* in *uocabulum eras.* V   dimittatur L   a nobis BEFd   in nobis Db
hus Gm1   14 infirmate infirmitate Ga.c.La.c.   cotidie G cottidie V
15 et misericorditer operantibus om. GL   misericorditer om. D   cotidie G
cottidie V   16 fides La.c.   17 haeretice V   18 itaque de cetero DEFGbd
quemammodum G   19 putant F   credimus—quae om. GL   20 si iam ex suam B
21 haec] nec B   inquit] quidem V, om. B   uolumus B   23 naturaturaliter D
adde D

quod omnium scripturarum auctoritate firmatur. haec si quemadmodum oportet non contra dei gratiam diceretis, non consensum
praeuaricatoribus adhiberetis, sed uestrum sensum corrigeretis.
hinc autem quantum potuimus et quantum sufficere uisum est
superius disputauimus.   5

30. *Dicimus,* inquit, *has, quae nunc aguntur in orbe terrarum,
a deo nuptias institutas nec reos esse coniuges, sed fornicatores et
adulteros condemnandos.* hoc uerum est et catholicum; sed quod
uos hine uultis efficere, ut de commixtione masculi et feminae nihil
peccati nascentes trabant, quod lauacro regenerationis expietur,   10
hoc falsum est et hereticum.

31. *Motum,* inquit, *genitalium, id est ipsam uirilitatem, sine qua
non potest esse commixtio, a deo dicimus institutam.* ad hoc respondemus motum genitalium et, ut nerbo eius utar, uirilitatem,
sine qua non potest esse commixtio, deus sic instituit, ut nihil haberet   15
pudendum. non enim fas fuit ut eius erubesceret creatura de sui
opere creatoris; sed inoboedientia membrorum supplicio insto
primis hominibus inoboedientibus reddita est, de qua erubuerunt,
quando foliis ficulneis pudenda texerunt, quae prius pudenda non
fuerunt.   20

XVI. 32. Neque enim sibi tunicas, ut totum corpus tegerent
post peccatum, sed succinctoria consuerunt, quae nonnulli inter-
pretes nostri minus diligenter 'tegmina' interpretati sunt. quod
quidem uerum est; sed generale nomen est tegmen, quo indumentum
et operimentum omne possit intellegi. et ideo debuit ambiguitas   25
euitari, ut quemadmodum graecus περιζώματα posuit, quibus non

---

6 Iulianus   10 cf. Tit. 3, 5   12 Iulianus   19. 22 cf. Gen. 3, 7

1 scripturarum omnium *DEFbd*   quidem admodum *O* quemammo-
dum *CG*   2 *all.* non] nec *GLb*   concessam *C*   4 in quantum *EF*   6 dicamus *GL*
agantur *Ga.c.L*   7 ado *V*   constitutas *VGL*   reos *O* (o *ex* u)   coniungis *Om1*
8 uerum est catholicum *OV* uerum et cath. est *DEFbd*   9 efficer *V*   ut *post*
feminae *pon. GL,* om.*b*   11 est] h*oc *G* haec *L*   13 ipsa commixtio *V*   a—institutam *om.DGL*   14 motum genitalium *om.DGL*   genialium *O*   uirilitate *GL*
17 operi * *Om1*   menbrorum *B*   18 erubuerint *Ga.c.L*   21 tonicas *G* (u *s.* o),*L*
22 succintoria *C* subcinctoria *DG*   23 diligentes *DGbd*   24 quod *Om2 BDL*
25 et operimentum *om.D*   posset *GL*   26 * euitari *O*   quemammodum *G*
perizomata *OBEFV* περιζώματα *C* periziomata *Ga.c.L* perizamata *D* (per *in*
ras., o. *s* ą)   in quibus *GL*

teguntur nisi pudendae corporis partes, sic et latinus aut ipsum
graecum poneret, quia et ipso iam consuetudo utitur pro latino, uel
sicut quidam 'succinctoria' uel sicut alii melius 'campestria' nomina-
runt. ex illo quippe hoc nomen est, quod pudenda iuuenes
5 tegebant antiquo more romano, quando nudi exercebantur
in campo; unde campestrati appellantur hodieque qui eadem
membra cingendo cooperiunt. quamquam si ea, quibus peccatum
est, tegenda fuerant post peccatum, ne tunicis quidem indui
debuerunt, sed manum et os tegere, quia sumendo et uescendo
10 peccauerunt. quid sibi ergo uult, quod accepto prohibito cibo, cum
fuisset praecepti facta transgressio, in illa membra aspectus intenditur? quae ibi nouitas ignota sentitur et se conpellit aduerti?
quod apertione significatur oculorum. neque enim eis, uel quando
ille nomina pecoribus et uolucribus inponebat uel quando illa pul-
15 chrum lignum uidit et bonum, oculi non patebant, sed aperti, hoc
est intenti ad intuendum, facti sunt; sicut scriptum est de Agar
ancilla Sarrae, quod aperuit oculos suos et uidit puteum, quos clausos
utique non habebat. ut ergo nuditatis suae, quam cotidie profecto
intuebantur nec confundebantur, eos subito sic puderet, ut membra
20 illa iam ferre nuda non possent, sed statim operire curarent, nonne
et ille in motu aperto et illa in occulto contra suae uoluntatis arbitrium inoboedientia illa membra senserunt, quibus utique nutu
uoluntario sicut ceteris dominari debuerunt? quod merito passi

---

3 cf. De ciu. dei XIV c. 17   13 cf. Gen. 3, 7   14 cf. Gen. 2, 20
cf. Gen. 3, 6. 7   16 cf. Gen. 21, 19

1 pudende *O* (e *fin. ex* a),*GL*   ∗sic *L* (c *s.l.*)   aut] ut*OEF* id *B*   2 *ante*
ipso *exp.* in *D*   3 subcincinctoria *D* subcinctoria *G*   sic *E*   aliis *D*   nomi-
narent *GL*   5 regebant *BL*   antico *V* antiquo∗*O*   6 campestria *CBGL*
appellatur *G* appellabatur *L*   odie quae *O* odieque *V*   qui] quae *B*   qui eadem]
quidŏ *O*   7 gingendo *G* gignendo *L*   8 fuerunt *GL*   non *F*   tonicis *G* (u *s.* ǫ)
tonicis *L*   9 debuerant *GL*   quāe assumendo *EF*   et *om.Cm1*   10 peccarunt
OBV   prohibit∗o *G* prohibitio *L*   11 illā *V*   asspectus *O*   12 *ante* ibi *exp.* si *D*
innota *Bm1*   compellet *Ga.c.L*   aduertit *V*   13 significetur *GL*   oculorum]
populorum *V*   14 illę *B* eis *V*   quando *O* (o *s. eras. litt.*)   illi *D* (i *fin. ex* e)
pulchru *O* pulcrum *V*   15 aperi *L*   16 abar *s.l.Cm2*   17 sarae *B* sāre *D*   suos
om.O   quod *V*   18 habeba∗t *O*   quam *O* (a *s. ras.m2*)   19 ut] et *GL*   20 ferte
nuda *V* nuda ferre *EFbd*   *ante* nuda *eras.* nuda *O*   sed] et *OB*   21 illa *bis*
praeb. *D*   22 illa *om.O*   itaque *EF*

sunt, quia et ipsi oboedientes suo domino non fuerunt. erubuerunt ergo ita se creatori suo non exhibuisse seruitium, ut in eis membris, ex quibus essent filii procreandi, mererentur amittere dominatum.

33. Hoc pudoris genus, haec erubescendi necessitas certe cum omni homine nascitur et ipsis quodammodo naturae legibus in- 5 peratur, ut in hac re uerecundentur etiam ipsa pudica coniugia nec quisquam tam male turpiterque proficiat, ut, quia cognouit deum esse conditorem naturae auctoremque nuptiarum, ideo etiam miscendus uxori, si quis eum uideat, non de his motibus erubescat quaeratque secretum, ubi non solum alienorum, uerum etiam snorum 10 omnium possit uitare conspectum. itaque sua culpa sibi accidens malum natura humana permittatur agnoscere, ne cogatur aut, quod est inpudentissimum, de his suis motibus non erubescere aut, quod est ingratissimum, de sui creatoris operibus erubescere. quo tamen malo propter bonum generationis filiorum bene utuntur 15 pudica coniugia; solius autem carnalis uoluptatis caufa libidini consentire peccatum est, quamuis coniugatis secundum ueniam concedatur.

XVII. 34. Sed constituite, Pelagiani, seruata honestate ac fecunditate nuptiarum, si nemo peccasset, qualem uelitis in para- 20 diso uitam illorum hominum cogitare et unum de his quattuor rebus eligite. procul dubio enim aut quotienscumque libuisset, totiens concubuissent; aut frenarent libidinem, quando concubitus neces- sarius non fuisset; aut tunc ad nutum uoluntatis libido con- surgeret, quando esse concubitum necessarium casta prudentia 25 praesensisset; aut nulla ibi omnino existente libidine ut cetera

17 cf. I Cor. 7, 6

1 et *s. l.* B, *om.*D   2 creatori] sareatori V   3 ammittere V accipere D*b* 5 ipsi C ˙ quodam (uo *in ras.*, dam *s.l.m2)O* quodã⋆G quodadmodum L   modo (o *fin. ex* u)G natorae V legalibus B imperantur OB 6 hoc *b*   re *om·*DGL uerecundentur (e *fin. ex* i)O   ne V   7 mala *Om1* proficiat *om.GL*   aut qui agnouitGL 8 esse *om.D*   9 uxoris C eum] enim B   moribus B   11 *ante* conspectum *eras.* cons D   sibi *s.l Om1, om.D*   accedens V   *post* accidens *eras.* sibi O 12 permittitur EF   13 suis *om.OB* aut—erubescere *in mg.B*   14 suis C*m1* quo⋆G quod L   16 solius (i *s.l.*)G solus L   uoluntatis B*m1* 19 seruata *om.Dm1* ac *om.V*   20 ueletis G uelletis L   22 elegite V, *a.c* GL   quotiescumque OEF*d* libuissent G*m2*L   toties OEF*d*; totiens concubuissent *om.GL* 23 frenassent D*m1* 24 notum *Om1* uoluptatis DGL   consurget G*a.c.*L   25 esse] et D   pudentia *b* 26 precessisset D praesens esset G*a.c.*L   ibi *om.D*   ⋆ut O

membra quaeque ad opera sua sic ad opus proprium etiam
genitalia iussis uolentium sine ulla difficultate seruissent. horum
quattuor quod uultis eligite. sed puto, quod duo priora
respuetis, ubi libidini aut seruitur aut repugnatur. namque illud
5 primum tam praeclara honestas, hoc autem secundum tam magna
felicitas non uult. absit enim, ut tantae illius beatitudinis decus aut
praecedentem semper sequendo libidinem ageret turpissimam seruitutem aut ei resistendo non haberet plenissimam pacem. absit,
inquam, ut carnis concupiscentiam non oportune ad generandum,
10 sed inordinata commotione surgentem aut illi menti placeret consentiendo satiare aut illi quieti necesse esset dissentiendo cohibere.

35. Duarum uero reliquarum quamlibet elegeritis, non est aduersus uos ulla contentione laborandum. etsi enim quartam nolueritis eligere, ubi est omnium oboedientium membrorum sine ulla
15 libidine summa tranquillitas, quoniam iam uos ei fecit uestrarum
disputationum inpetus inimicos, illud nobis saltem placebit, quod
tertio loco posuimus, ut illa carnalis concupiscentia, cuius motus
ad postremam, quae uos multum delectat, peruenit uoluptatem,
numquam in paradiso, nisi cum ad gignendum esset necessaria, ad
20 nutum uoluntatis exsurgeret. hanc si placet nobis in paradiso collo-
care et per talem concupiscentiam carnis, quae nec praeueniret nec
tardaret nec excederet imperium uoluntatis, uobis uidetur in illa felicitate filios potuisse generari non repugnamus. ad hoc enim, quod
agimus, sufficit nobis, quia nunc talis in hominibus non est,
25 qualem in illius felicitatis loco esse potuisse conceditis. qualis quippe

---

2 iussi _L_   seruirent _D_   3 eligere _GL_   duo _ex_ puto _Om2_   4 resputetis _D_
ubi] quibus _GLb_   seruitus _Ga.c.L_   5 prim _V_   7 precedente _C_   agere _C_
turpessimam _V_   8 non] nec _GL_   10 commixtione _D_   iurgantem _V_ surgente _GL_
mente _GL_   placere _CEFd_   11 satiaret _GL_   ne＊cesse _O_   non consentiendo _GL_
12 reliquiarum _Ga.c.L_   eligeritis _OCV_ eligatis _GL_   ē ＊＊ _O_   13 ＊uos _O_ nos _B_
eo _Cm1_   quartum _V_ quanti _GL_   nolueritis—est] nulla (_cetera desunt_) _GL_
uolueritis _EFb_   14 oboedientia _b_   15 iam—fecit _om. GL_   uestrarumque _L_
(quo _s._ que) _G_   16 inpetus] magis _GL_   illi ut nobis _GL_   salti _ODGL_
17 cuius motus] cui _GL_   18 ad eam postremam _Db_ ad postremam (u _s._ a) _G_
uoluntatem _OGL_   19 cum _om. D_   20 uoluntatis nutum _DEFbd_   exurgere _V_
exurgeret _BCD_   21 per] non _GL_   22 excederet] exerceret _CE_ exiret _F_
uidentur _V_   felicitati _in mg. B_   23 generare _Db_ ＊＊generati (re eras.) _L_
quod _ex_ non _B_   24 uobis (al nobis) _F_   qui _L_   25 quale _V_   felicitatem _Ga.c.L_
concedetis _V_ conceditis (t _in ras._) _L_

nunc sit, profecto omnium sensus mortalium etsi cum uerecundia
confitetur, quia et castos etiam nolentes eamque temperantia
castigantes inquietudine inordinata inportunaque sollicitat et
plerumque sese uolentibus subtrahit, nolentibus ingerit, ut nihil
aliud inoboedientia sua quam illius priscae inoboedientiae poenam 5
se esse testetur. unde merito de illa et tunc primi homines, quando
pudenda texerunt, et nunc qui se utcumque hominem esse considerat,
omnis pudens inpudensque confunditur, absit ut de opere dei, sed
de poena primi ueterisque peccati. uerum uos non pro religiosa ratione, sed pro animosa contentione nec pro humano pudore, sed pro 10
uestro furore, ne uel ipsa concupiscentia carnis uitiata credatur et
ex ea trahi originale peccatum, talem prorsus, qualis nunc est, in
paradisum conamini disputando reuocare eamque illio esse potuisse
contendere, quam uel semper sequeretur inhonesta consensio uel aliquando coherceret miseranda dissensio. nos autem non multum 15
curamus quid uos de illa sentire delectet. quidquid tamen hominum
per illam nascitur, si non renascatur, sine dubitatione damnatur
et necesse est esse sub diabolo, si non inde liberetur a Christo.

XVIII. 36. *Homines*, inquit, *dei opus esse defendimus nec ex
illius potentia uel in malum uel in bonum inuitum aliquem cogi, sed* 20
*propria uoluntate aut bonum facere aut malum, in bono uero opere a
dei gratia semper adiuuari, in malum uero diaboli suggestionibus incitari.* ad haec respondemus homines esse opus dei, in quantum homines sunt, sed sub diabolo esse, in quantum peccatores sunt, nisi
eruantur inde per eum, qui non ob aliud factus est inter deum et 25

---

19 Iulianus   25 cf. I Tim. 2, 5

1 sit] est *GL*   ueracundia *O*   2 confi*tetur *O*   eamqu*e *G*   eamquae *L*   per
temperantiam *D* temperantiam *GL*   3 inportunaqu*e *GL*   sollicitat*G* sollicitate *L*
4 uolentibus (n *s.* u *init.*) *G*   subtrahit nolentibus *om. GL*   5 inoboedientiam
suam *OG*   6 et] ex *GL*   hominis *V*   7 se] iam *GL*   utcumque (ut *in ras.*,
cumque *s.l. m2*) *O*   se esse *GL*   8 opera *Ga.c.L*   sede *V*·   9 pena *in mg. B*   nos *B*
10 *pr.* pro *om. V*   12 extraher *Om1*   tale* *G*   in paradyso *DGL*   13 conabimini
DEFVGLb conabimi *C*   potuisse esse *V*   14 inhonestas *D*   15 coerceret
ODEFGbd corerceret *C*   disscensio *C*   16 delectat *F*   quisquis *F*   18 libere*tur *O*
liberentur *V*   19 omines *B* hominē *Db*   inquidi *V*   21 uere *V*   a dei] de *V*
a dō *G* a deo *L*   22 semper gratia *GL*   iuuari *GL*   in malo *V* in mala*G*
sugestionibus *O* subgestionibus *C* suggessionibus *V*   23 repondemus *B*   quantum *B*   24 peccatore *D*   nisi seruantur *GL*

homines mediator, nisi quia ex hominibus non potuit esse peccator,
nec ex dei potentia uel in malum uel in bonum inuitum aliquem cogi,
sed deo descrente pro meritis ire in malum et deo adiuuante sine
meritis conuerti ad bonum. non enim est homo bonus, si nolit, sed
5 gratia dei etiam ad hoc adiuuatur ut uelit, quoniam non inaniter
scriptum est: d e u s e s t e n i m q u i o p e r a t u r i n n o b i s
e t n e l l e e t o p e r a r i p r o b o n a u o l u n t a t e et: p r a e-
p a r a t u r u o l u n t a s a d o m i n o.

XIX. 37. Vos autem in bono opere sic putatis adiuuari homi-
10 nem gratia dei, ut in excitanda eius ad ipsum bonum opus uoluntate
nihil eam credatis operari. quod satis ipsa tua uerba declarant. cur
enim non dixisti hominem dei gratia in bonum opus excitari, sicut
dixisti: *in malum diaboli suggestionibus incitari*, sed aisti: *in bono
opere a dei gratia semper adiuuari*? tamquam sua uoluntate, nulla
15 dei gratia bonum opus adgressus in ipso iam opere diuinitus adiuuetur, pro meritis uidelicet uoluntatis bonae, ut reddatur debita
gratia, non donetur indebita ac sic gratia iam non sit gratia, sed
sit illud, quod Pelagius in iudicio Palestino ficto corde damnauit,
'gratiam dei secundum merita nostra dari'. dic mihi, obsecro, quid
20 boni Paulus adhuc Saulus uolebat ac non potius magna mala, quando
spirans caedem pergebat ad uastandos horrenda mentis caecitate
ac furore Christianos? quibus meritis bonae uoluntatis deus illum
ab his malis ad bona mirabili et repentina uocatione conuertit? quid
ego dicam, quibus meritis, cum ipse clamet: n o n e x o p e r i b u s
25 i u s t i t i a e q u a e n o s f e c i m u s, s e d s e c u n d u m s u a m
m i s e r i c o r d i a m s a l u o s n o s f e c i t? quid illud, quod iam
commemoraui dixisse dominum: n e m o p o t e s t u e n i r e a d

6 Phil. 2, 13   7 Prou. 8, 35   13 Iulianus   17 cf. Rom. 11, 6   19 cf.
De gestis Pelagii (CSEL XLII 84, 5. 15)   20 cf. Act. 9, 1. 3. 15   24 Tit. 3, 5
27 Ioh. 6, 66

5 gratia*GL   etiam om.GL   6 enim est D (ē s.l.),GL   nobis Bm1EFL
10 uoluntatem Ga.c.L   11 eum F   credatis (a in ras., i ex e)O   ipse Om1   quur
(u alt. s. l. m2)O   cum GL   12 hominem—dixisti om. GL   iu dei gratia OB
siicut V   13 suggessionibus V   aisti (ais add. m2)O   adisti C dixisti Db   14 a*O
gratiam Ga.c.L   suam uoluntatem Ga.c.L   15 adgressus] aduersus L   adiuuet
La.c.   17 si L   18 palestiño codd.   19 damnari a.c.GL   michi BC   obsegro V
quod B   20 ac ex at O   annon (om. ac) C   21 inspirans GL   caecitatem V
22 ac] et GL   23 et] ac B   24*ego O ergo BVLa.c.   quibus] cui L   25 fecimus
nos D   misericordiam suam GL   26 illum L   quod om. C   27 commemoraui***O.

me — quod intellegitur 'credere in me' —, n i s i e i d a t u m f u e r i t
a p a t r e m e o? utrum iam nolenti credere pro meritis bonae
uoluntatis hoc datur an potius, ut credat, ipsa uoluntas, sicut Sauli,
desuper excitatur, etiam si tam sit auersus a fide, ut credentes
etiam persequatur? ut quid enim nobis dominus praecipit, ut orc- 5
mus pro eis qui nos persequuntur? numquid hoc oramus, ut eis pro
bona eorum uoluntate gratia dei retribuatur ac non potius ut mala
in bonum uoluntatis ipsa mutetur? sicut credimus tunc a sanctis,
quos persequebatur, non inaniter oratum esse pro Saulo, ut ad
fidem, quam uastabat, uoluntas eius conuerteretur. et illius 10
quidem conuersio desuper facta manifesto etiam miraculo apparuit;
quam multi inimici Christi cotidie subito dei occulta gratia trahuntur ad Christum! quòd uerbum si non ex euangelio posuissem, quanta
de me propter hoc iste dixisset, cum etiam nunc obluctetur non
mihi, sed illi qui clamat: n e m o p o t e s t u e n i r e a d m e, n i s i 15
p a t e r, q u i m i s i t m e, t r a x e r i t e u m! non enim ait
'duxerit', ut illic aliquo modo intellegamus praecedere uoluntatem.
quis trahitur, si iam uolebat? et tamen nemo uenit, nisi uelit. trahitur
ergo miris modis, ut uelit, ab illo, qui nouit intus in ipsis hominum
cordibus operari, non ut homines, quod fieri non potest, nolentes 20
credant, sed ut uolentes ex nolentibus fiant.

XX. 38. Hoc uerum esse non coniectura suspicamur humana,
sed euidentissima diuinarum scripturarum auctoritate dinoscimus.
legitur in Paralipomenon libris: e t q u i d e m i n I u d a f a c t a

---

5 cf. Matth. 5, 44   9 cf. Act. 9, 3 sqq·   15 Ioh. 6, 44   24 II Paral. 30, 12

---

2 bone *Om1*   3 datur] dicatur *O*   credat *ex* reddat *O*   sicuti *L*   4 aduersus *B* a∗uersus *D*   5 praecipit (*pr.* i *ex* e) *O* praecepit *BDFGbd*   6 persecuntur *BC*   hoc *om. D*   ḥoramus *D*   7 tribuatur *GL*   ac] aut *G* ut *L*   8 ipsa]
eorum *b*   utetur *Om1*   sicut credimus *sqq. exhibentur foll. 55ᵃ sqq. V*   9 non
om. GL . oratū∗ (t *s. ras.*) *O* . pro saulo ut (u *et* ut *s.l.*) *O*   ad *om. O*   10 ipsius *GL*
11 facta∗ *O* facto *D*   aperuit *B*   12 Christi *om. GL*   cottidie *OG* quotidie *EF*
subit gratia dei trauntur *V*   13 posuis∗∗∗sem *O*   14 nunc obluctetur] nisi ci
oboediretur *GL*   15 clamabat *V*   ad me *s.l L*   16 me misit *V*   17 ut illio *m2 ex*
uillic *O*   illuc *F*   18 uenit (1 *s.* ṇ *m2*) *O*   19 ergo] enim *D*   ut ue'it] uelis *C*
illo∗∗ *O* . intus *om. GL*   20 hominis *V*   potes *C*   21 ut *om. V*   22 suscipiatur *O*
susspicamur *C* suspicamus *V*   huma *Om1*   23 euidentissimā *V*   24 paralypomenon *B*
paralippomenon *GL*   et quidem] aequidem *C* equidem *EF*   in] ni *B*   uda *V*

est manus dei, ut daret illis cor unum, ut facerent
praeceptum regis et principum in uerbo do-
mini. item per Hiezechielem prophetam dominus dicit: dabo
eis cor aliud et spiritum nouum dabo eis et
5 euellam cor corum lapideum de carne corum et
dabo eis cor carneum, ut in praeceptis meis
ambulent et iustificationes meas obseruent
et faciant eas. quid est autem, quod Hester illa regina orat et
dicit: da sermonem concinnum in os meum
10 et uerba mea clarifica in conspectu leonis et
conuerte cor eius in odium inpugnantis nos?
ut quid ista in oratione dicit deo, si non operatur deus in cordibus
hominum uoluntatem? sed forte hoc mulier insipienter orauit.
uideamus ergo, utrum inaniter praemissus fuerit orantis affectus
15 et consecutus non fuerit exaudientis effectus. ecce ingreditur ad
regem — ne multa dicamus — et quia non ordine suo ingrediebatur
magna necessitate conpulsa, intuitus est eam, sicut scriptum est,
uelut taurus in inpetu indignationis suae. et timuit regina et
conuersus est color eius per dissolutionem et inclinauit se
20 super caput delicatae suae, quae praecedebat eam. et conuertit
deus et transtulit indignationem eius in lenitatem. iam
sequentia commemorare quid opus est, ubi deum conpleuisse
quod illa rogauerat diuina scriptura testatur operando in corde
regis quid aliud quam uoluntatem, qua iussit et factum est
25 quod ab eo regina poposcerat? quam deus iam, ut fieret, exaudierat, qui cor regis, antequam mulieris sermonem poscentis audisset,
occultissima et efficacissima potestate conuertit et transtulit ab

---

3 Ezech. 36, 26. 27   9 Esth. 14, 13   15 cf. Esth. 15, 9—11

1 dñi *O*   2 legis *B*   3 ezechielem *CVEFG* ezechihelem *BL* iezechielem *D*
4 alium *GL*   5 lapideum—eorum *om. V*   8 autem *om. D*   ester *G* esther *EFbd*
9 concinnatum *OB*   hos *C*   10 gratifica *OB*   11 hodium *C*   12 deo *om. GL*
15 cũsecutus *B*   et exaudientis *C*   effectus *ex* affectus *Om1*   16 non *om. O*
17 *alt.* est *om. Om1*   18 ueluti aurus *Om1*   in *om. OBCEFV*   19 conuersũ•*G*
color] cor *GL*   20 praedebat *Om1*   eum *Lm1*   22 sequentiã *O*   commemorare
Ga c. quod *B* compleuisse (nisse *add. m2*) *O*   23 testantur *EF*   25 poscebat *GL*
iam *s. l. L*   iam exaudierat *L*   26 sermonem mulieris *V*   27 et *om. GL*
potestate•*O*

indignatione ad lenitatem, hoc est a uoluntate laedendi ad uoluntatem fauendi, secundum illud apostoli: d e u s o p e r a t u r i n
u o b i s e t u e l l e. numquid homines dei qui haec scripserunt,
immo ipse spiritus dei, quo auctore per eos ista conscripta sunt,
oppugnauit hominis liberum arbitrium? absit, sed omnipotentis 5
in omnibus et iudicium iustissimum et auxilium misericordissimum
commendauit. sufficit enim scire bomini, quod non est iniquitas
apud deum. iam quomodo ista dispenset faciens alia secundum
meritum nasa irae, alia secundum gratiam uasa misericordiae, q u i s
c o g n o u i t s e n s u m d o m i n i? a u t q u i s c o n s i l i a - 10
r i u s e i u s f u i t? si ergo ad honorem gratiae pertinemus, non
simus ingrati tribuendo nobis quod accepimus. quid enim habemus,
quod non accepimus?

XXI. 39. *Dicimus,* inquit, *sanctos ueteris testamenti perfecta*
hinc iustitia ad aeternam transisse uitam, id est studio uirtutis ab 15
omnibus recessisse peccatis, quia et illi, quos legimus aliquid pec
casse, postea tamen eos emendasse cognouimus. quantaelibet fuisse
uirtutis antiquos praedicet iustos, non eos salnos fecit nisi fides
mediatoris, qui in remissionem peccatorum sanguinem fudit. ipsorum enim uox est: c r e d i d i, p r o p t e r q u o d l o c u t u s 20
s u m. unde ait et apostolus Paulus: h a b e n t e s a u t e m e u nd e m s p i r i t u m f i d e i, s e c u n d u m q u o d s c r i p t u m
e s t: c r e d i d i, p r o p t e r q u o d l o c u t u s s u m, e t n o s
c r e d i m u s, p r o p t e r q u o d e t l o q u i m u r. quid est 'eundem spiritum', nisi quem iusti quoque illi habuerunt, qui ista 25

2 Phil. 2, 13   7 cf. Rom. 9, 14   8 cf. Rom. 9, 22. 23   9 Rom. 11, 34
12 cf. I Cor. 4, 7   14 Iulianus   19 cf. Col. 1, 14   20 Ps. 115, 1
21 II Cor. 4, 13

1 indignatione•*GLp.c.*   a *om O* de *D*   uol.] lenitatem *L*   2 fouendi *GL*
deus est enim qui operatur *GLb*   3 nunquid *D*   4 dei spiritus *D*   ita *O,om.F*
5 lib. hom. arb. *EFGLbd*   7 commodauit *V*   8 d̄n̄m *CEF*   alios—alios *Dbd*
alio—alia *Ga.c.L*   9 gratiam] misericordiam *GL*   12 accipimus *V*   quid—
accepimus *om. DGL*   14 inquit] enim *B*   ueteri *V*   perfectam—iustitiam
Ga.c.L   16 aliquid (ali *s.l.m2*) *O*   17 nouimus *GL*   quantalibet—uirtute *EFb*
fuisse *om.GL*   18 po*st* uirtutis *exp.* ab omib; recessisse uirtutis *D*   praedices
CEFVGLbd   20 et locutus sum *CE*   21 *post.* sum *add.* et nos *E*   ait et
om.GL   23 credid *Om1* quod locutus sum *om.B*   et locutus *C*   nos *s. exp.* nunc
Om1   24 et *om.O*   quimur *Om1*   25 quem iusti *om.V*   quem] quod *GL*   illi *om.GL*

dixerunt? dicit etiam apostolus Petrus: q u i d u u l t i s i u g u m
i n p o n e r e g e n t i b u s, q u o d n e q u e n o s p o t u i m u s
p o r t a r e n e q u e p a t r e s n o s t r i? s e d p e r g r a t i a m
d o m i n i I e s u C h r i s t i c r e d i m u s s a l u i f i e r i q u e m-
5 a d m o d u m e t i l l i. hoc uos non uultis, inimici buie gratiae,
ut eadem gratia Iesu Christi salui facti credantur antiqui, sed dis-
tribuitis tempora secundum Pelagium, in cuius libris hoc legitur,
et ante legem dicitis saluos factos esse natura, deinde per legem,
postremo per Christum, quasi hominibus duorum superiorum
10 temporum, ante legem scilicet et in lege, sanguis Christi non fuerit
necessarius, euacuantes quod dictum est: u n u s e n i m d e u s,
u n u s e t m e d i a t o r d e i e t h o m i n u m h o m o
C h r i s t u s I e s u s.

XXII. 40. *Gratiam Christi*, inquit, *omnibus necessariam, et*
15 *maioribus et paruulis, confitemur et eos qui dicunt de duobus bapti-*
zatis natum non debere baptizari, anathemamus. nouimus, quomodo
non secundum Paulum apostolum, sed secundum hereticum
Pelagium ista dicatis: paruulis uidelicet baptismum necessarium
non propter remissionem peccatorum, sed tantummodo propter
20 regnum caelorum. datis enim eis extra regnum dei locum salutis
et uitae aeternae, etiamsi non fuerint baptizati, nec adtenditis quod
scriptum est: q u i c r e d i d e r i t e t b a p t i z a t u s f u e r i t,
s a l u u s e r i t, q u i a u t e m n o n c r e d i d e r i t, c o n d e-
m n a b i t u r. propter quod in ecclesia saluatoris per alios paruuli
25 credunt, sicut ex aliis ea quae illis in baptismo remittuntur peccata

1 Act. 15, 10. 11   6 cf. De pece. originali 26, 30 (CSEL XLII 190, 4 sqq.)
11 I Tim. 2, 5   14 Iulianus   19—21 cf. Aug. De haeresibus c. 88 (XLII 48 M)
22 Marc. 16, 16

1 ingum *om.GL*   2 impunere *EF*   gentibus] hominibus *EF*   portare
potuimus *DEFbd*   3 nostri *om.OB* distributis *Ga.c.L*   uestri *EF*   4 dn̄i n̄ri *BDb*   saluos *O* nos
saluos *GL* nos salui *b*   quemammodum *CGm1*   5 huic *om.* D*b*   gratiae
Christi *b*   6 distribuistis *OB* distributis *Ga.c.L*   7 legitur *ex* agitur *Om1*
8 legem] *add.* hoc *GL*   saluos *om.EF*   per naturam D*b*   12 unus *bis pon.C*
14 xp̄i gratiam *L*   gratia *V*   inquiunt *Dbd*   necessarium *Gm1L*   16 ana-
thematizauimus *B* anathematizamus *DEFGbd*   noui *B*   17 palum *V*   pelagium
hereticum *DEFbd*   19 tantumodo *C*   22 est] sit *GL*   qui baptizatus fuerit
credens saluus erit *EF*   23 saluus erit *om. B*   24 paruuli∗*O*   25 ut sicut
alii *EF*

traxerunt. nec illud cogitatis, eos uitam habere non posse, qui fuerint expertes corporis et sanguinis Christi, dicente ipso: n i s i m a n- d u c a u e r i t i s c a r n e m m e a m e t b i b e r i t i s s a n- g u i n e m m e u m, n o n h a b e b i t i s u i t a m i n u o b i s. aut si euangelicis uocibus cogimini confiteri nec uitam salutemque posse 5 habere paruulos de corpore exeuntes, nisi fuerint baptizati, quaerite, cur conpellantur non baptizati secundae mortis subire supplicium iudicante illo qui neminem damnat inmeritum, et inuenietis, quod non uultis, originale peccatum.

XXIII. 41. *Eos etiam, qui dicunt,* inquit, *baptisma non omnia* 10 *peccata delere, condemnamus, quia scimus plenam purgationem per ipsa mysteria conferri.* hoc dicimus et nos; sed paruulos quoque per ipsa mysteria primae natiuitatis et obnoxiae successionis uinculis solui non dicitis uos. propter quod de ecclesia Christi,. quae hoc anti- quitus tenet, oportet ut sicut alii heretici segregemini et uos. 15

XXIV. 42. Iam uero quod ita concludit epistulam, ut dicat: *nemo ergo uos seducat nec se negent impii ista sentire, sed, si uerum dicunt, aut audientia detur aut certe isti ipsi episcopi, qui nunc dis- sident, damnent quae supra dixi cum Manicheis ista tenere, sicut nos ista damnamus quae de nobis iactant, et fit plena concordia. quod si* 20 *nolunt, scitote eos esse Manicheos et ab eorum uos abstinete consortiis,* contemnendum est potins quam refellendum. quis enim nostrum dubitat anathema dicere Manicheis, qui dicunt a bono deo nec homines nec nuptias institutas nec legem datam, quae per Moysen Hebreo populo ministrata est? sed et Pelagianis non inmerito 25 anathema dicimus, qui tam sunt inimici gratiae dei, quae uenit per Iesum Christum dominum nostrum, ut eam dicant non gratis, sed secundum merita nostra dari ac sic gratia iam non sit gratia, tan-

---

2 Ioh. 6, 54   10 Iulianus   17 Iulianas   27 cf. Rom. 7, 25   28 cf. Rom. 11, 6

1 illud] hoc *GL*   2 expartes *CGLa.c.* expertis *V*   5 posse *om.GL*   7 quur *G* baptizatis *Ga.c.L*   8 quieminem *Cm1*   10 Etiam eos *b*   nominia *Om1*   12 sed *om.D*   13 prima *Lm1*   et] ex *O,om.L*   14 de] ab *O in mg.*   15 alii] ceteri *GLb* 16 non iam *GL*   epistola *GL*   dicas *V*   17 ergo nemo *DGL*   negant *GL*   ita *GL* 18 *pr.* aut] ut *C*   19 manichaeis *O* (ae *semper fere*)   se ista tenere *DGL*   nos** *G* 20 fit] sit *B*   21 esse *om.D*   consortiis] concordiis *V,b in mg.*   23 a bono] ab nno *O* a buno *B*   24 constitutas *GL*   q: *Om1*   25 haebreo *O*   et *om.O*   pela- ginis *B*   26 qui* *O*   sunt *om.GL*   27 n̄ *ex* nunc *O*   28 sic] si *BCEFGL*   sit] est *OB*

tumque constituunt in libero arbitrio, quo in profundum demersus
est homo, ut eo bene utendo dicant hominem mereri gratiam, cum
bene illo uti nemo possit nisi per gratiam, quae non secundum debitum redditur, sed deo gratis miserante donatur, paruulos autem
5 ita contendunt esse iam saluos, ut a saluatore audeant negare sal-
uandos. et haec exsecrabilia dogmata tenentes et seminantes adhuc
insuper flagitant audientiam, cum damnati debeant agere paenitentiam.

1 libero (o *ex* um) *V*   quod *GL*   dimersus *D*   2 mereri] deserere *ex*
deseri *Gm1* deseri *L*   3 nemo bene illo uti *DEFbd*   per *om.Ga.c.L*   5 a salu.]
saluatori *DVGLb* saluari *C*   eos audeant *B*   6 et] ut *GL*   execrabilia *BDL*
et seminantes *om.V*   7 aud✷entiam *O* audientiam (*pr.* i *s.l.m1*) *G* audent iam *L*
agere] cogitare *B*   penitentiam amen *O*   8 Finit liber primus (*litt. mai.*) V
Sci augustini ad bonafatiū papam urbis romę liber primus explicit. incipit liber
secundus *O* Explicit liber primus.   Incipit liber secundus (*add. m2*) *B,CD*   Dini
aurelii augustini hipponensis ēpi contra duas epistolas pelagianorū ad bonifaciū
liber primus explicit. liber secundus incipit *EF* Explicit liber augustini ad bonifatium papam urbis contra epistł iuliani pelagiani et eius erroris factores ac
defensores *G* EXPL EPISTULA SCI AUG ADUERSUS EPISTOLAM.
IULIANI PELAGIANI AD BONIFACIUM PAPAM URBIS *L*

LIBER SECVNDVS.

I. 1. Iam nunc aliam, non Iuliani tantum, sed eɪ communem cum pluribus Pelagianis episcopis, quam Thessalonicam miserunt, consideremus epistulam eique domino adiuuante respondeamus, ut possumus. quod opus nostrum ne longius fiat, quam causae ipsius 5 necessitas postulat, quid opus est ea quoque refellere, quae dogmatis eorum insidiosa uenena non continent, sed tantum in auxilium suum uel pro catholica fide contra Manicheorum, sicut loquuntur, profanitatem consensionem orientalium episcoporum uidentur exposcere nihil aliud nitentes, nisi ut horribili beresi obiecta, cuius se aduer- 10 sarios esse confingunt, lateant inimici gratiae in laude naturae? quis enim eis hinc commouit aliquando quaestionem? aut cui catholicorum propterea displicent, quia damnant eos, quos praedixit apostolus recessuros a fide, cauteriatam habentes conscientiam, prohibentes nubere, abstinentes a cibis, quos inmundos putant, 15 nec putantes a deo cuncta esse condita? quis eos aliquando negare conpulit, quod omnis creatura dei bona sit et nulla substantia sit, quam non summus fecerit deus, nisi ipse deus qui non est ab aliquo factus? non ista in eis, quae constat esse catholica, reprehenduntur atque damnantur. inpietatem quippe Manicheorum nimium stultam 20 et noxiam non solum fides catholica detestatur, uerum etiam heretici omnes, qui non sunt Manichei. unde et isti Pelagiani hoc bene faciunt Manicheis anathema dicere et eorum erroribus contradicere. sed faciunt duo mala, quibus et ipsi anathemandi sunt: unum, quod catholicos Manicheorum nomine criminantur, alterum, quod 25

13—17 cf. I Tim. 4, 1—4

2 ei] et Vb   3 pluri (bus eras.) B plurimis EFbd   pelaginis B   thesolonicam O thesalonice B   5 possimus B   ne] non BD   longum Vb   6 docmatis O   7 insidiose Om1 insiosa Cm1   8 pro om. Om1   locuntur OCD   9 concessionem OB   10 ut om. C   11 confingunt Om1   12 commouet D   13 dannant B   15 abstinentis C   16 putantes] putant D   19 constant D constant EF   20 nimiam b   22 pelagini B   23 manichaei Om1   et eorum (et e s. ras. m2) O   24 anathematizandi BDEFbd

etiam ipsi heresim noui erroris inducunt. neque enim quia Manicheorum morbo non laborant, propterea fidei sanae sunt. non unum
est pestilentiae genus quemadmodum in corporibus ita et in mentibus. sicut ergo medicus corporis non continuo pronuntiasset a mortis
5 periculo liberum, quem negasset hydropicum, si alio letali morbo
perspexisset aegrotum, ita istis non ideo neritas gratulatur, quia
Manichei non sunt, si alio genere peruersitatis insaniunt. quapropter aliud est quod anathemamus cum eis, aliud quod in eis.
detestamur enim cum eis, quod recte displicet etiam ipsis, ita tamen,
10 ut detestemur in eis, unde recte displicent ipsi.

II. 2. Manichei dicunt deum bonum non omnium naturarum
esse creatorem, Pelagiani dicunt deum non esse omnium aetatum in
hominibus mundatorem, saluatorem, liberatorem. catholica utrosque redarguit et contra Manicheos defendens dei creaturam, ne
15 ab illo instituta negetur ulla natura, et contra Pelagianos, ut in
omnibus aetatibus perdita requiratur humana natura. Manichei
carnis concupiscentiam non tamquam accidens uitium, sed tamquam naturam ab aeternitate malam uituperant, Pelagiani eam
tamquam nullum uitium, sed naturale sit bonum insuper laudant.
20 catholica utrosque redarguit Manicheis dicens: 'non natura, sed
uitium est', Pelagianis dicens: 'non a patre, sed ex mundo est', ut eam
uelut malam ualitudinem sanari utrique permittant, desinendo illi
tamquam insanabilem credere, isti tamquam laudabilem praedicare.
Manichei negant homini bono ex libero arbitrio fuisse initium mali,
25 Pelagiani dicunt etiam hominem malum sufficienter habere liberum
arbitrium ad faciendum praeceptum bonum. catholica utrosque
redarguit et illis dicens: f e c i t d e u s h o m i n e m r e c t u m,
et istis dicens: s i u o s f i l i u s l i b e r a u e r i t, u e r e

11 cf. De natura boni 41 (CSEL XXV 874, 23. 24)   21 cf. I Ioh. 2, 16
27 Eccle. 7, 30   28 Ioh. 8, 36

1 noui] nobis O   inducant V   3 pestilentiae est DEFbd   4 praenunti-
asset EF 5 liberatum OB   ydropicum V   si—aegrotum om. V   6 prospexisset B
7 quapropter O   8 anathematizamus BDEFbd   in eis] add. detestamur OB
9 enim om. Oml   10 detestamur Cml   11 esse naturarum B   12 pel. nero dicunt F
13 emundatorem OB   liberatorem om. Oml   15 instituta O inst. ex in-
structa Bml   18 natura V   20 cattholica O (sic saepius)   21 a om. Oml
ex om. Oml   22 ualetudinem BEF   23 insanauilem Oml   24 bono] add. non OB
28 isti C   liberauit B

·l i b e r i   e r i t i s.   Manichei   dicunt   animam   particulam
dei naturae malae commixtione habere peccatum, Pelagiani
dicunt animam iustam non quidem particulam, sed creaturam dei
etiam in ista corruptibili uita non habere peccatum. catholica
utrosque redarguit Manicheis dicens: a u t   f a c i t e   a r b o r e m 5
b o n a m   e t   f r u c t u m   e i u s   b o n u m   a u t   f a c i t e   a r b o-
r e m   m a l a m   e t   f r u c t u m   e i u s   m a l u m — quod non diceretur
homini, qui naturam facere non potest, nisi quia peccatum non
natura, sed uitium est —, Pelagianis dicens: s i   d i x e r i m u s   q u i a
p e c c a t u m   n o n   h a b e m u s,   n o s   i p s o s   s e d u c i m u s 10
e t   u e r i t a s i n n o b i s n o n e s t. his morbis inter se contrariis
Manichei Pelagianique confligunt dissimili uoluntate, simili uanitate,
separati opinione diuersa, sed propinqui mente peruersa.

    3. Iam uero gratiam Christi simul oppugnant, baptismum eius
simul euacuant, carnem eius simul exhonorant, sed etiam haec modis 15
causisque diuersis. nam Manichei meritis naturae bonae, Pelagiani
autem meritis uoluntatis bonae perhibent diuinitus subueniri. illi
dicunt: 'debet hoc deus laboribus membrorum suorum', isti dicunt:
'debet hoc deus uirtutibus seruorum suorum'. utrisque ergo
merces non inputatur secundum gratiam, sed secundum debitum. 20
Manichei 'lauacrum regenerationis, id est aquam ipsam dicunt esse
superfluam nec prodesse aliquid profano corde contendunt', Pelagiani
autem, 'quod in sacro baptismate ad expianda peccata dicitur nihil
opitulari infantibus nullum peccatum habentibus adserunt'. ac per
hoc in paruulis baptizandis, quantum ad remissionem adtinet pecca- 25
torum, Manichei uisibile destruunt elementum, Pelagiani autem
etiam inuisibile sacramentum. Manichei carnem Christi exhonorant
partum uirginis blasphemando, Pelagiani autem carnem redimen-

---

5 Matth. 12, 33   9 I Ioh. 1, 8   20 cf. Rom. 4, 4

    1 estis *B*   2 natura *V*   male *Om1* mala *D*   comixtionę *V* cōmixione *O*
3 istam *D*   4 peccata *D*   6 bonam—arborem *om.V*   7 malam *om.C*   fructus
eius malos *EF*   8 quia (a *s.l.m1*) *O*   9 pelagianis (s *m1s.l.*) *O*   10 nosmet *O*
11 contrariis inter se *EF*   12 dissimili ore simili uoluntate separati *D,b in mg.*
13 mente*V*   16 *post* meritis *eras.* uoluntatis *O*   18 *pr.* diceint *Cm1*   19 deus
om.DVb   20 *ante* debitum *exp.* meritum *B*   22 prophano *OD*   23 dicitur]
datur *EF*   25 babtizantis (d *s.* t *m1*) *O*   26 helementum *C*   *post* autem
eras. uerum *B*   27 inuisibile*O*   manichei autem *CD*   28 uirginis *om. CEF*
blaphemando *B*

dorum carni redemptoris aequando. propterea quippe natus
est Christus non utique in carne peccati, sed in similitudine
carnis peccati, quia ceterorum hominum nascitur caro peccati.
Manichei ergo omnem carnem penitus detestantes auferunt carni
5 Christi perspicuam ueritatem, Pelagiani nero nullam carnem
peccati nasci asserentes auferunt carni Christi propriam dignitatem.
    4. Desinant itaque Pelagiani catholicis obiectare quod non sunt,
sed ipsi potins festinent emendare quod sunt; nec ideo se uelint
amabiles, quia odioso Manicheorum aduersantur errori, sed merito
10 se agnoscant odibiles, quia suum non auersantur errorem. possunt
enim duo errores inter se esse contrarii, sed ambo sunt detestandi,
quia sunt ambo contrarii ueritati. nam si propterea sunt diligendi
Pelagiani, quia oderunt Manicheos, diligendi sunt et Manichei, quia
oderunt Pelagianos. sed absit, ut catholica mater propter alterorum
15 odium alteros eligat amare, cum monente atque adiuuante domino
debeat utrosque uitare et cupiat utrosque sanare.
    III. 5. Quin etiam romanos clericos arguunt scribentes 'eos
iussionis terrore perculsos non erubuisse praeuaricationis crimen admittere, ut contra priorem sententiam suam, qua gestis catholico
20 dogmati affuerant, postea pronuntiarent malam hominum esse
naturam'. immo uero Pelagiani spe falsa putauerant nouum et exse-
crabile dogma Pelagianum uel Caelestianum persuaderi quorundam
Romanorum catholicis mentibus posse, quando illa ingenia
quamuis nefando errore peruersa, non tamen contemptibilia, cum
25 studiose corrigenda potius quam facile damnanda uiderentur, aliquanto lenius, quam seuerior postulabat ecclesiae disciplina, tractata
sunt: tot enim et tantis inter apostolicam sedem et afros episcopos

---

2 cf. Rom. 8, 3   17 Iulianus

    1 redemtoris V   2 est x̅p̅s̅ in similitudine carnis peccati non utique in
carne peccati B   sed om.B; sed—peccati om.OEF   similitudinem D   3 qua O
4 ergo] autem B   penitus carnem D   6 adseuerantes CDEFVbd   8 sed
ipsi—quod sunt om.Vb   festinant Oml   post festinent sequitur in fol. 73ᵇ D
pag. 471, 19 positum sqq.   uel int amuiles Oml   post uelint add. haberi d
10 aduersantur B   possunt inter se duo errores (eras. inter se) esse O
11 contrii Oml   12 contrii Oml   ueritati exp.O   13 peleginni O   et om.EF
15 com B   19 cattolico O   20 mala C   21 putauerunt O   22 celestianum OB
24 peruasa B   contemtibilia V   25 studio se b   damna (in mg.m2 damnanda)O   aliquando OV   26 tra•ctata O

currentibus et recurrentibus scriptis ecclesiasticis, etiam gestis de
hac causa apud illam sedem Caelestio praesente et respondente
confectis quaenam tandem epistula uenerandae memoriae papae
Zosimi, quae interlocutio repperitur, ubi praeceperit credi oportere
sine ullo uitio peccati originalis hominem nasci? nusquam prorsus 5
hoc dixit, nusquam omnino conscripsit. sed cum hoc Caelestius in
suo libello posuisset, inter illa dumtaxat, de quibus se adhuc dubitare
et instrui uelle confessus est, in homine acerrimi ingenii, qui profecto,
si corrigeretur, plurimis profuisset, uoluntas emendationis, non falsitas dogmatis adprobata est. propterea libellus eius catholicus dictus 10
est, quia et hoc catholicae mentis est, si qua forte aliter sapit, quam
ueritas exigit, non ea certissima definire, sed detecta ac demonstrata
respuere. non enim hereticis, sed catholicis apostolus loquebatur,
ubi ait: q u o t q u o t e r g o p e r f e c t i h o c s a p i a m u s; e t
s i q u i d a l i t e r s a p i t i s, i d q u o q u e d e u s u o b i s r e u e- 15
l a b i t. hoc in illo factum esse putabatur, quando se litteris beatae
memoriae papae Innocentii,. quibus de hac re dubitatio tota sublata
est, consentire respondit. et hoc ut plenius et manifestius in illo fieret,
expectabatur uenturis ex Africa litteris, in qua prouincia eius
calliditas aliquanto euidentius innotuerat. quae Romam litterae 20
posteaquam uenerunt id continentes non sufficere hominibus tar-
dioribus et sollicitioribus, quod se generaliter Innocentii episcopi
litteris consentire fatebatur, sed aperte eum debere anathemare
quae in suo libello praua posuerat, ne, si id non fecisset, multi parum
intellegentes magis in libello eius illa fidei uenena a sede apostolica 25
crederent adprobata, propter quod ab illa dictum erat eum libellum

14 Phil. 3, 15

1 et recurrentibus om.OB	2 celestio O	et om.O	3 quaenam (ae s.l.m2)O
4 reperitur codd. prael. BV	5 uoce hominem inc. D	nūquā C; nusquam—dixit
om.EF	6 conscripxit B	celestius OB	7 ante libello eras. libello V	10 et
propterea DEFVbd	libellos V	dictus est om.D	11 hoc om.CEF	12 exigit
dicens EF	certissima (a s. ras.)O certissime EFbd	difinire V	13 respuerat B
15 si quod aliter B	quit V	uobis deus CD	reuelauit OF	16 in om.O	18 in
illo om.Oml	19 futuris (al uenturis) F	affrica BD	20 aliquanto calliditas d
aliquando OD	romae b	postea litterae (quā exp.) D	21 deuenerunt D
22 solliticioribus B sollicioiibus C	episcopi (i fin. ex a)O	23 lit*teris O
ante debere exp. uidere B	anathematizare BDEFbd	25 eius om.O	uenenata B
26 probata D	propter hoc quod F propterea quod bd	illo D

esse catholicum, quam emendata, propter illud quod se papae Innocentii litteris consentire ipse responderat: tune ergo cum eius
praesentia posceretur, ut certis ac dilucidis responsionibus uel
astutia hominis uel correctio dilucesceret et nulli ambigua re-
5 maneret, se subtraxit et negauit examini. nec differendum iam fuerat,
sicut factum est, quod aliis prodesset, si nimium peruersorum
pertinaciae dementiaeque non posset. sed si — quod absit! — ita
tune fuisset de Caelestio uel Pelagio in romana ecclesia iudicatum,
ut illa eorum dogmata, quae in ipsis et cum ipsis papa Innocentius
10 damnauerat, adprobanda et tenenda pronuntiarentur, ex hoc potius
esset praeuaricationis nota romanis clericis inurenda. nunc uero
cum primitus beatissimi papae Innocentii litterae episcoporum litteris respondentis afrorum pariter hunc errorem, quem conantur
isti persuadere, damnauerint, successor quoque eius sanctus papa
15 Zosimus hoc tenendum esse, quod isti de paruulis sentiunt, numquam dixerit, numquam scripserit, insuper etiam Caelestium se
purgare molientem ad consentiendum supra dictis sedis apostolicae
litteris crebra interlocutione constrinxerit, profecto quidquid
interea lenius actum est cum Caelestio seruata dumtaxat antiquis-
20 simae et robustissimae fidei firmitate correctionis fuit clementissima
suasio, non adprobatio exitiosissima prauitatis. et quod ab eodem
sacerdote postea Caelestius et Pelagius repetita auctoritate damnati sunt, paululum intermissae iam necessario proferendae ratio
seueritatis fuit, non praeuaricatio prius cognitae uel noua cognitio
25 ueritatis.

IV. 6. Sed quid opus est nos de hac re loquendo diutius inmorari, cum extent hinc atque inde gesta et scripta directa, ubi possint
cuncta illa quemadmodum acta sint uel cognosci uel recognosci? inter-

1 se] saepe F   innocencie B   2 responderat ipse D   3 delucidis V
4 nulla F   5 se ＊O   exanimi O (ex s. l.; in mg. ! amini)   6 posset C
prodesset O (sset s.l.m²)   7 prodesse non posset F   si quod] sic̄ V   8 nunc D
9 ut om. D   illa om. O   innocencius V   10 potuisset D   11 inuranda Om1
inuri D   12 post primitus eras. iis B   13 respondentes Om2D respondendis B
14 damnauerunt EF   succes Cm1   15 zozimus B   16 celestium (semper fere
e pro ae) O   17 supradictae O   18 constrixerit V constrinserit B   quicquid BC
19 dumtauxat B   20 robustistisime B   correctio B   clementissimae Om2
21 suasio—prauitatis om. OB   exitiosissimae EF   22 repetit V   23 intermisisse O
24 seu ueritatis b   27 existent V   28 illa om. OBC   quemammodum C

rogationibus enim sancti praecessoris tui et Caelestii responsionibus, quibus se beati papae Innocentii litteris consentire professus
est, quis non uideat quemadmodum sit Caelestius conligatus et uinculo saluberrimo obstrictus, ne ulterius defendere auderet in baptismate paruulorum non dimitti originale peccatum? uenerabilis quippe 5
Innocentii episcopi de hac re ista sunt uerba ad Carthaginiense
concilium: l i b e r u m   e n i m, inquit, a r b i t r i u m   o l i m   i l l e
p e r p e s s u s, dum suis i n c o n s u l t i u s u t i t u r   b o n i s,
e a d e n s   i n   p r a e u a r i c a t i o n i s   p r o f u n d a   d e m e r s u s
n i h i l   q u e m a d m o d u m   e x i n d e   s u r g e r e p o s s e t   i n- 10
u e n i t   s u a q u e   i n   a e t e r n u m   l i b e r t a t e   d e c e p t u s
h u i u s   r u i n a e   l a t u i s s e t   o p p r e s s u, n i s i   e u m   p o s t
C h r i s t i   p r o   s u a   g r a t i a   r e l e u a s s e t   a d u e n t u s,
q u i   p e r   n o u a e   r e g e n e r a t i o n i s   p u r i f i c a t i o n e m
o m n e   p r a e t e r i t u m u i t i u m s u i b a p t i s m a t i s   l a u a- 15
c r o   p u r g a u i t. quid ista sedis apostolicae sententia clarius
atque manifestius? huie se Caelestius consentire professus est,
quando, cum illi a sancto praecessore tuo dictum esset: i l l a
o m n i a d a m n a s q u a e   i a c t a t a   s u n t   d e   n o m i n e t u o?
ipse respondit: *damno secundum sententiam beatae memoriae praeces-* 20
soris tui Innocentii. inter cetera autem, quae de nomine eius iactata
fuerant, diaconus Caelestio Paulinus obiecerat, quod diceret 'peccatum Adae ipsi soli obfuisse et non generi humano et quod infantes
nuper nati in eo statu essent, in quo Adam fuit ante peccatum'.
proinde si obiecta Paulini secundum sententiam beati papae In- 25
nocentii ueraci corde atque ore·damnaret, quid ei remaneret deinceps
unde contenderet nullum esse ex praeterita primi hominis transgressione in paruulis uitium, quod per nouae regenerationis puri-

---

7 cf. Aug. epist. 181, 7 (CSE*L* XXXXIV 709, 14)   20. 22 Caelestius

     1 praedecessoris V (de *m. rec. add.*), Fb   3 quemammodum (*passim*) OC
6 episcopi *om.* V   ac *Om*1   cartaginense D   7 consilium O   enim *om.* b   8 per-
pensus D   inconsultę D   9 dimersus BEF   12 iacuisset *a*   *post* latuisset
ras. 2 litt. V   oppressus DEF   13 releuasset] liberasset O BEF V bd   15 prae-
teriti O (ti *ex* tū), CEF   batismatis B   17 celsius *Om*1   18 praedecessore B
19 qua V   21 innocenti *Om*1   22 *ante* fuerant *exp.* sunt D   diacono O   obi-
cerat O   23 ipsi soli O (*utrumque* i *fin. ex* ū)   24 in eo●●●●statu essent O (nt *s.l.* m2)
essent statu EFbd   adam *pon. post* peccatum EF   25 beati O (i *ex* e)
innocenti *Om*1   26 ora *Om*1   27 conderet O

ficationem sacro baptismate purgaretur? sed illud se respondisse
fallaciter nouissimo exitu ostendit, cum se subtraxit examini, ne
secundum africana rescripta ipsa omnino de hac quaestione uerba
commemorare et anathematizare, quae in libello suo posuit, cogeretur.

5 7. Quid illud quod idem papa de hac ipsa causa etiam Numidiae
rescripsit episcopis, quia de utroque concilio, et de Carthaginiensi
scilicet et de Mileuitano, scripta susceperat, nonne apertissime de
paruulis loquitur? haec enim eius uerba sunt: i l l u d u e r o, q u o d
e o s   u e s t r a   f r a t e r n i t a s   a s s e r i t   p r a e d i c a r e,
10 p a r u u l o s a e t e r n a e u i t a e p r a e m i i s e t i a m s i n e
b a p t i s m a t i s g r a t i a p o s s e d o n a r i, p e r f a t u u m
e s t. n i s i e n i m m a n d u c a u e r i n t c a r n e m f i l i i h o m i-
n i s e t b i b e r i n t s a n g u i n e m e i u s, n o n h a b e b u n t
u i t a m i n s e m e t i p s i s. q u i a u t e m h a n c e i s s i n e r e-
15 g e n e r a t i o n e d e f e n d u n t, u i d e n t u r m i h i i p s u m
b a p t i s m u m u e l l e c a s s a r e, c u m p r a e d i c a n t h o s
h a b e r e, q u o d i n e o s c r e d i m u s n o n n i s i b a p t i s m a t e
c o n f e r e n d u m. quid ad haec dicit ingratus, cui sedes apostolica
iam sua professione quasi correcto benignissima lenitate pepercerat?
20 quid ad haec dicit? utrum post huius uitae finem paruuli, etiamsi
dum uiuunt non baptizentur in Christo, in uita aeterna erunt an
non erunt? si dixerit: 'erunt', quomodo ergo quae de nomine eius
iactata sunt secundum sententiam beatae memoriae Innocentii se
damnasse respondit? ecce beatae memoriae papa Innocentius sine
25 baptismo Christi et sine participatione corporis et sanguinis Christi
uitam non habere paruulos dicit. si dixerit: 'non erunt', quomodo
ergo non accipientes aeternam uitam utique consequenter aeterna
morte damnantur, si nullum trahunt originale peccatum?

8 cf. Aug. epist. 182, 5 (CSEL XXXXIV 720, 6)   12 cf. Ioh. 6, 54

2 ostenditur O 3 affricare scripta Oml affricana BD 4 *anathem*** are O
(h $s. l. m^2$) anathemare V suo $om. D$ 6 carthaginensi O cartaginensi D
7 de $bis pon.$ B meliuitano D susciperat Oml 8 sunt eius uerba D
11 perfactum Oml 15 uidententur D 16 cessare $BmlCEF$ 17 credunt
$Aug. in epist.$ non nisi] non sibi $Aug. in epist. cod.$ N 18 sedis V 19 perper-
cerat C 21 uiunt Oml baptizantur B 23 innocenti Oml ($passim$)   ante
innocentii $exp.$ papa D 24 papa ($s.l.m^2$) innocentius O (us $s.l.m1$) innocentius
papa $EFbd$ 28 ant O (trah $eum.$)

8. Quid ad haec dicunt isti, qui suas calumniosas impietates audent etiam scribere, audent etiam orientalibus episcopis mittere? tenetur Caelestius litteris uenerabilis Innocentii praebuisse consensum; leguntur ipsae memorati antistitis litterae scribentis non baptizatos uitam paruulos habere non posse. quis autem negabit ₅ id esse consequens, ut mortem habeant qui non habent uitam? unde ergo in infantibus ista miserabilis poena, si nulla originalis est culpa? quomodo igitur ab istis fidei desertoribus et obpugnatoribus gratiae romani clerici praeuaricationis arguuntur sub episcopo Zosimo, quasi aliud senserint in damnatione posteriore Caelestii et ₁₀ Pelagii, quam quod sub Innocentio in priore senserunt? quia utique cum litteris uenerabilis Innocentii de paruulis, nisi baptizarentur in Christo, in aeterna morte mansuris catholicae fidei clareret antiquitas, profecto ecclesiae romanae praeuaricator potins esset, quicumque ab illa sententia deuiasset. quod deo propitio quoniam ₁₅ factum non est, sed ipsa constanter repetita Caelestii et Pelagii damnatione seruata est, se intellegant esse isti unde alios criminantur et aliquando a fidei praeuaricatione sanentur. malam quippe hominum esse naturam non dicit catholica fides; in quantum a creatore homo primitus institutus est, neque'nunc quod in illa deus ₂₀ creat, cum homines ex hominibus facit, hoc est malum eius, sed quod ex illo uitio primi hominis trahit.

V. 9. Iam nunc illa uidenda sunt, quae in epistula ₄ua nobis obicientes breuiter posuerunt, quibus haec est nostra responsio: peccato Adae arbitrium liberum de hominum natura perisse non ₂₅ dicimus, sed ad peccandum ualere in hominibus subditis diabolo; ad bene autem pieque uiuendum non ualere, nisi ipsa uoluntas hominis

---

1 quod $\overset{..}{B}$ calumnias $Om1$ 2 audent etiam om. Vb scribere audent etiam om. OB ori＊entalibus O originalibus C 3 inuscentii B 4 ipse $Om1$ antestitis $Om1V$ antistis B 5 negauit $Om1BV$ 6 morte C 7 in s.l. $Om1$, om. D est originalis D 10 posteriore om. EF 11 quam quod] quando O quod om. B 13 aeterna＊O aeternā V mansuris O (i ex o $m1$) incensuris B claret D 15 quoniam] quia D 16 reppetit ac V 17 intellegantes se＊＊isti O intellegant $\overline{ee}$ isti se B intellegant esse isti EF se int. esse V int. se isti esse d 18 malum $Om1$ 19 quamtum B homo a creatore $CDEFbd$ a creatotore B 20 in om. $Om1$ illo F 21 hoc] add. non EF 22 ex om. O 23 illa om. D 24 subicientes O breuiter om. F proposuerunt F est om. D 25 liberum arbitrium O perilsse EF 26 in hominibus—non ualere om. EF 27 non om. B post uoluntas eras. $\overline{di}O$ homini B

dei gratia fuerit liberata et ad omne bonum actionis, sermonis,
cogitationis adiuta. neminem nisi dominum deum dicimus nascentium conditorem nec a diabolo, sed ab ipso nuptias institutas, omnes
tamen sub peccato nasci propter propaginis uitium et ideo esse
5 sub diabolo, donec renascantur in Christo. nec sub nomine gratiae
fatum asserimus, quia nullis hominum meritis dei gratiam dicimus
antecedi. si autem quibusdam omnipotentis dei uoluntatem placet
fati nomine nuncupare, profanas quidem uerborum nouitates eui-
tamus, sed de uerbis contendere non amamus.

10   10. Vnde autem hoc eis uisum fuerit nobis obicere, quod fatum
asseramus sub nomine gratiae, cum aliquanto adtentius cogitarem,
prius eorum uerba quae consequuntur inspexi. sic enim hoc nobis
obiciendum putarunt: *sub nomine*, inquiunt, *gratiae ita fatum asserunt, ut dicant, quia nisi deus inuito et reluctanti homini inspira-*
15 *uerit boni et ipsius inperfecti cupiditatem, nec a malo declinare nec*
bonum possit arripere. deinde aliquanto post, ubi ipsi quae defeu-
dant commemorant, quid de hac re ab eis diceretur adtendi: *baptisma,*
inquiunt, *omnibus necessarium esse aetatibus confitemur, gratiam*
quoque adiuuare uniuscuiusque bonum propositum, non tamen
20 *reluctanti studium uirtutis inmittere, quia personarum acceptio non*
est apud deum. ex his eorum uerbis intellexi ob hoc illos uel putare
uel putari nelle fatum nos asserere sub nomine gratiae, quia gratiam
dei non secundum merita nostra dicimus dari, sed secundum ipsius
misericordissimam uoluntatem, qui dixit: m i s e r e b o r , c u i
25 m i s e r t u s e r o , e t m i s e r i c o r d i a m p r a e s t a b o , c u i
m i s e r i c o r s f u e r o . ubi consequenter adiunctum est: i g i t u r
n o n u o l e n t i s n e q u e c u r r e n t i s , s e d m i s e r e n t i s
e s t d e i . posset etiam hinc quispiam similiter stultus fati as-
sertorem apostolum putare uel dicere. uerum hic se isti satis aperiunt.

8 cf. I Tim. 6, 20   13. 17 Iulianus   20 cf. Col. 3, 25   24 Rom. 9, 15
26 Rom. 9, 16   .

3 ab] adeo *EF*   4 nascit *B*   5 renascuntur *CEF*   6 fa•tū *OB*   adseramus *V*
7 place••t *V*   8 prophanas *BC*   uitamus *D*   10 fa•tum *OB*   11 asserimus *D*
cum] quacum *Vb*   12 consecuntur *DV*   13 homine *B*   fa•tum *O*   14 nisi
quia *O*   quia *om. B*   et] etiam *EF*   16 posset *V*   17 re *om. C*   20 reluc-
tanti•*O*   21 putare uel *om. B*   22 nelle] uel *BC*   qui *O*   23 dari dicimus *D*
dicimus dari *om. O*   24 *post* uoluntatem *sequitur in D pag. 477, 13* maneret
29 nelle *B*   istis *B, om. EF*

cum enim propterea nobis calumniantur.dicentes nos fatum gratiae
nomine asserere, quia non secundum merita nostra dari dicimus
dei gratiam, procul dubio confitentur, quod ipsi eam secundum
nostra merita dari dicunt; ita caecitas eorum occultare ac dissimulare
non potuit hoc se sapere atque sentire, quod sibi obiectum Pelagius 5
in episcopali iudicio Palestino subdolo timore damnauit. obiectum
quippe illi est ex uerbis quidem discipuli sui Caelestii, quod etiam
ipse diceret 'gratiam dei secundum merita nostra dari'. quod ille
detestans uel quasi detestans, ore dumtaxat, anathematizare non
distulit; sed sicut eius libri posteriores indicant et istorum sectatorum 10
eius nudat assertio, ficto corde seruauit, donec postea, quod tunc
metu texerat negantis astutia, etiam in litteras proferret audacia.
et adhuc non formidant, non saltem uerecundantur episcopi Pelagiani
litteras suas catholicis orientalibus episcopis mittere, quibus nos
assertores fati esse criminantur, quia non dicimus gratiam dei 15
secundum merita nostra dari, quod Pelagius episcopos orientales
metuens et dicere non ansus et damnare conpulsus est.

VI. 11. Itane uero, filii superbiae, inimici gratiae dei, o noui
heretici Pelagiani, quisquis dicit gratia dei omnia hominis bona
merita praeueniri nec gratiam dei meritis dari, ne non sit gratia, si 20
non gratis datur, sed debita merentibus redditur, fatum uobis uidetur
asserere? nonne etiam uos ipsi qualibet intentione necessarium
baptismum omnibus aetatibus dicitis? nonne in hac ipsa epistula
uestra istam de baptismo sententiam et de gratia iuxta posuistis?
cur non uos baptismus, qui datur infantibus, ipsa uicinitate com- 25
monuit, quid sentire de gratia debeatis? haec enim uerba sunt uestra:
baptisma omnibus necessarium esse aetatibus confitemur, gratiam quoque

8 cf. De gestis Pelagii 14, 80 (CSEL XLII 84, 5)   20 cf. Rom. 11, 6
27 Iulianus, cf. p. 469, 17

3 gratiam dei O   6 palaestino EF   8 ipse om.Om1EF ipsi Cm1
9 detestans uel om.EF   uel quasi detestans B in mg., om.C   oreO (o s. ras. m2)
anathemathezare V   10 eiusO (e add.m2)   11 nudat**O (as eras.)nudata b
12 negantes V   litteris C   proferretO (ret s.l.m2)   13 reformidant EFVbd
non] nec bd   saltim O   15 fati V   gram B   17 alt. et] estOB   19 quis-
quisO (s fin. s.l.)   ·20 nec om.OB   meritisO (m s. ras., in mg. m1 1 in meritis)
gratia om.Om1 · 21 nobis B   22 nonneO (ne s.l.m1)   24 istam om.D   iustaO
25 nos baptismum V   baptismū quodD   cōminuitOm1   27 baptismū D

adiuuare uniuscuiusque bonum propositum, non tamen reluctanti
studium uirtutis inmittere, quia personarum acceptio non est apud
deum. in his omnibus uerbis uestris de gratia quod dixistis interim
taceo. de baptismate reddite rationem, cur illud dicatis omnibus
5 esse aetatibus necessarium, quare sit necessarium paruulis dicite;
profecto quia eis boni aliquid confert et idem aliquid nec parnum
nec mediocre, sed magnum est. nam etsi eos negatis adtrahere quod
in baptismo remittatur originale peccatum, tamen illo regenerationis lauacro adoptari ex filiis hominum in dei filios non negatis, immo
10 etiam praedicatis. dicite ergo nobis, quicumque baptizati in Christo
paruuli de corpore exierunt, hoc tam sublime donum quibus praecedentibus meritis acceperunt? si dixeritis hoc eos parentum pietate
meruisse, respondebitur uobis: cur aliquando piorum filiis hoc
negatur bonum et filiis tribuitur impiorum? nonnumquam enim de
15 religiosis orta proles in tenera aetate atque ab utero recentissima
praeuenitur morte, antequam lauacro regenerationis abluatur, et
infans natus ex inimicis Christi misericordia Christianorum baptizatur in Christo; plangit baptizata mater non baptizatum proprium et ab inpudica expositum baptizandum casta fetum colligit
20 alienum. hic certe merita parentum uacant, uacant uobis fatentibus
ipsorum etiam paruulorum. soimus enim uos non hoc de anima
humana credere, quod ante corpus terrenum alicubi uixerit et aliquid operata sit uel boni uel mali, unde istam in carne differentiam
mereretur. quae igitur causa huie paruulo baptismum procurauit,
25 illi negauit? an ipsi fatum habent, quia meritum non habent? aut
in his est a domino acceptio personarum? nam utrumque dixistis,
prius fatum, acceptionem postea personarum, ut, quoniam utrum-

2 cf. Col. 3, 25　　8 cf. Tit. 3, 5　　21 cf. Plato Tim. p. 91 A sqq. Diels
Doxogr. p. 199. 568, 19. 588, 21. 651, 2. August. De ciu. dei XII 27

4 quur *O*　dicitis *D*　5 esse *om. D*　6 boni eis *D*　confer *Om1*　7 medio-
eres ed *O*　etsi] si *Vb*　9 filios dei *Vb*　10 dicite *ex* dicete *Om1*　x̄p̄m *B*
12 eos hoc *D*　13 uobis *bis pon. D*　aliquanto *O* (n *ex* m)　negatur hoc *EFVbd*
14 negaretur *O*　tribuetur *O*　nūnunquam *B*　enim *om. D*　15 tenera•*B*
recentissima *O* (recenti *in ras.*) recentissimo *Vb*　19 aoee positum *inc. fol. 73ᵇ D*
faetum *O* (e *ex* c *m2*)　20 hi *B*　21 uos *ex* nosse *B*　22 quo dante *b*　corpus
humanum uel terrenum *EF*　24 ausa *V*　25 ille *Cm1*　non habent meritum *D*
aut] ut *O* (*m2 mut. in* et) An *D*　26 acceptio a domino *EFVbd*　utrimque *D*

que refutandum est, remaneat quod uultis aduersus gratiam introducere meritum. respondete igitur de meritis paruulorum, cur alii
baptizati, alii non baptizati de corporibus exeant nec parentum
meritis uel polleant uel careant tam excellenti bono, ut fiant filii
dei ex hominum filiis nullis parentum, nullis meritis suis. nempe 5
reticetis et uos ipsos potius in eo, quod nobis obicitis, inuenitis.
nam si, ubi non est meritum, consequenter esse dicitis fatum et ob
hoc in gratia dei meritum hominis uultis intellegi, ne fatum cogamini
confiteri, ecce uos potins asseritis fatum in baptismate paruulorum,
quorum nullum esse fatemini meritum. si autem in baptizandis par- 10
uulis et nullum meritum omnino praecedere et tamen fatum non esse
conceditis, cur nos, quando dicimus gratiam dei propterea gratis dari,
ne gratia non sit, non tamquam debitam meritis praecedentibus
reddi, fati assertores esse iactatis non intellegentes in iustificandis
impiis sicut propterea merita non sunt, quia dei gratia est, ita 15
propterea non esse fatum, quia dei gratia est, ita propterea non esse
acceptionem personarum, quia dei gratia est?

12. Fatum quippe qui adfirmant, de siderum positione ad tempus,
quo concipitur quisque uel nascitur, quas constellationes uocant,
non solum actus et euenta, uerum etiam ipsas nostras uoluntates 20
pendere contendunt; dei uero gratia non solum omnia sidera et omnes
caelos, uerum etiam omnes angelos supergreditur. deinde fati assertores et bona et mala hominum fato tribuunt; deus autem in malis
hominum merita eorum debita retributione persequitur, bona nero
per indebitam gratiam misericordi uoluntate largitur, utrumque 25
faciens non per stellarum temporale consortium, sed per suae
seueritatis et bonitatis aeternum altumque consilium. neutrum

12 cf. Rom. 11, 6   17 cf. Col. 3, 25

1 reputandum O (t s. ras. m1; in mg. m2 l repudiandu l rephutandū)   est
om.C   2 maritum F   aliis Cm3D   3 alii non baptiziti om.EF   5 filiis
hominum D   parentum nullis B   meritis suis] propriis meritis OB   nempe
reticetis om.OB   7 dicis D   fatum om.EF   11 tamen om.D   13 sit] add. et bd
14 iactitatis B   in om. Vb   15 ita propterea] Item D   17 personarum
acceptionem D   quia—473, 16 personarum om.D   18 fa*tum B   sider*um
positione*O   20 non—uerum in mg. Om2   auctus B   uolunta*tes O   22 super-
graditur O super*greditur V   fati*B   es***sertores O   23 tribuunt om.Om1
24 hominibus OB   debita O (d in ras. m2, bi in mg., ta prox. u.)   bonā C
26 temporale*O   27 et bonitatis s.l.Om1

ergo pertinere uidemus ad fatum. hic si respondetis hanc ipsam dei
beniuolentiam, qua non merita sequitur, sed bona indebita gratuita
bonitate largitur, fatum potius esse dicendum, cum hanc apostolus
gratiam uocet dicens: gratia saluifacti estis per fidem
5 et hoc non ex uobis, sed dei donum est, non ex
operibus, ne forte quis extollatur, nonne adtenditis,
nonne perspicitis non a nobis diuinae gratiae nomine fatum asseri,
sed a nobis potius diuinam gratiam fati nomine nuncupari?

     VII. 13. Itemque acceptio personarum ibi recte dicitur, ubi
10 ille qui iudicat relinquens causae meritum, de qua iudicat, alteri contra
alterum suffragatur, quia inuenit aliquid in persona, quod honore
uel miseratione sit dignum. si autem quispiam duos habeat debitores
et alteri uelit dimittere debitum, alterum exigere, cui uult donat,
sed neminem fraudat nec acceptio personarum dicenda est, quando
15 iniquitas nulla est; alioquin eis, qui .parum intellegunt, potest
acceptio personarum uideri, ubi uineae dominus operariis, qui una
hora illic opus fecerunt, tantum dedit quantum illis, qui pertulerunt
pondus diei et aestus, aequales faciens in mercede, quorum tam
magna distantia fuerat in labore. sed quid respondit de hac uelut
20 acceptione personarum aduersus patrem familias murmurantibus?
amice, inquit, non facio tibi iniuriam. nonne ex
denario conuenisti mecum? tolle quod tuum
est et uade. uolo autem et buie nouissimo dare
sicut et tibi. annon licet mihi quod uolo facere?
25 an oculus tuus nequam est, quia ego bonus sum?
nempe hic tota iustitia est: 'hoc uolo. tibi', inquit, 'reddidi, huic donaui
neque, ut buie donarem, tibi aliquid abstuli aut quod debebam uel
minui uel negaui. annon licet mihi facere quod uolo?
an oculus tuus nequam est, quia ego bonus sum?`

     4 Eph. 2, 8. 9   16 cf. Matth. 20, 9—12   21 Matth. 20, 13—15
28 Matth. 20, 15

     1 si om.CVb   dei om.F   2 qu•ı V   indebitı] non debita F   5 alt. non om.EF
9 item quae b   10 indicat B   relinquens—iudicat om.EF   11 honore ex onere O
12 habea•tO   13 uellet b   16 persorū C   uideri] uidere est D   18 aequales
(a init. m² add.)O   in exp. D   19 fuer•at••O   sed] si B   quid om.Om1
ueluti CDEFbd   20 patremfamilia V   murmorantibus Om1   27 neque—negaui
sequuntur post uolo lin. 28 D   darem D   autem D   debebam (alt. b s.l.) B
28 Anno C

sicut ergo hic nulla est acceptio personarum, quia sic alius gratis
honoratur, ut alius debito non fraudetur, sic etiam cum secundum
propositum dei uocatur alius, alius non uocatur, uocatio datur gratuitum bonum, cuius boni est uocatio ipsa principium, non nocato
redditur malum, quia omnes rei sunt ex eo, quod per unum hominem 5
peccatum intrauit in mundum. et in illa quidem operariorum similitudine, ubi unum denarium acceperunt qui una hora et qui duo-
decies tantum laborauerunt, qui utique secundum rationes humanas,
sed uanas pro quantitate laboris sui duodecim denarios accipere debuerunt, utrique in bono coaequati, non alii liberati, alii damnati 10
sunt, quia et illi, qui plus laborauerunt et quod sic uocati sunt, ut
uenirent, et quod sic pasti, ut non deficerent, ab ipso patre familias
habuerunt. ubi autem dicitur: e r g o c u i u u l t m i s e r e t u r
e t q u e m u u l t o b d u r a t, qui facit aliud uas in honorem, aliud
in contumeliam, bonum quidem inmerito et gratis datur, quia ex 15
eadem massa est cui datur, malum uero merito et debitum redditur,
quia in massa perditionis malum malo non   male redditur, et
ei cui redditur malum est, quia supplicium eius est, ei uero, a quo
redditur, bonum est, quia recte factum eius est. nec ulla est acceptio
personarum in duobus debitoribus aequaliter reis, si alteri dimittitur, 20
alter exigitur, quod pariter ab utroque debetur.

14. Sed ut id quod dicimus alicuius exempli manifestatione
clarescat, constituamus aliquos ab aliqua meretrice geminos editos
atque, ut ab aliis colligerentur, expositos: horum sine baptismo exspirauit unus, alius baptizatus. quod hic fatum fortunamue fuisse 25
dicamus, quae omnino nulla sunt? quam personarum acceptionem,

2 cf. Rom. 8, 28   5 cf. Rom. 5, 12   13 Rom. 9, 18. 21

1 sic *Om1* gratis *om. OB*   3 alius uocatur *B* *alt.* alius *om. Om1* uocatu *Om1*
c•ratui tum *Om1*   4 uocato•*O*   5 qui *O* omnes—ex] reus est ex *D* ex *om. OB*
6 *alt.* in *s.l. O, om. D*   7 qui•*O* hor *V* quia *B* duo deciens *CV*   10 utique *OBD*
coequati *Om1*   12 quod *om. V* pasti] laborauerunt *D* deficeret *Om1*
patremfamilias *V*   14 indurat *D*   16 est *add. m2O* non datur *Bbd*   17 creditur *V*
et] sed *OB* et—redditur *s.l. m2O, om. C*   18 redditur] creditur *V* eius *om. V*
19 est *eras. O* rectum *OD* *alt.* est *om. OB*   20 reis] eis *O* est *B* dimittuntur *Om1*
21 alteri *D* exagitur *Om1* ab *om. O*   22 ut•*O*   23 aliqua] alia *V* meretrice•*O*
24 expirauit *BCD*   25 alius] *add.* est *B* quid *O* fa•tum (e *exp. m. rec.*) *V*
fortumue *Om1* dicamus fuisse *B*

cum apud deum nulla esset, etiam si in istis ulla esse potuisset,
qui utique nihil habebant, unde alter alteri praeferretur,
meritaque nulla propria, sine bona, quibus mereretur alius
baptizari, siue mala, quibus alius . sine baptismate mori?
5 an aliqua parentum fuerunt, ubi fornicator pater, meretrix
mater? sed qualiacumque illa fuerint, non utique istis tam diuersa
condicione morientibus ulla diuersa, sed utrique communia. si ergo
nec fatum, quia nullae stellae ista decernunt, nec fortuna, quia non
fortuiti casus haec agunt, nec personarum nec meritorum diuersitas
10 hoc fecerunt, quid restat, quantum ad baptizatum adtinet, nisi
gratia dei, quae uasis factis in honorem gratis datur, quantum autem
ad non baptizatum, ira dei, quae nasis factis in contumeliam pro
ipsius massae meritis redditur? sed in illo, qui baptizatus est, gratiam
dei uos confiteri cogimus et meritum eius nullum praecessisse con-
15 uincimus; de illo autem sine baptismate mortuo, cur ei defuerit
sacramentum, quod et uos fatemini omnibus aetatibus necessarium,
et quid isto modo in eo fuerit uindicatum, uos uideritis, qui non
uultis esse originale delictum.

15. Nobis in duobus istis geminis unam procul dubio habentibus
20 causam difficultatem quaestionis, cur alius sic, alius nero sic mortuus
est, uelut non soluendo solnit apostolus. qui cum et ipse de duobus
geminis tale aliquid proposuisset, propter quod non ex operibus,
quia nondum operati fuerant aliquid boni uel mali, sed ex uocante
dictum est: m a i o r s e r u i e t m i n o r i, et: I a c o b d i l e x i,
25 E s a u a u t e m o d i o h a b u i, et huius profunditatis horrorem
usque ad hoc perduxisset, ut diceret: e r g o c u i u s u u l t m i s e-
r e t u r e t q u e m u u l t o b d u r a t, sensit continuo quid moueret
et sibi uerba contradicentis, quae apostolica auctoritate coherceret,

---

11 cf. Rom. 9, 21   22 cf. Rom. 9, 11. 12   24 Rom. 9, 13   26 Rom. 9, 18

opposuit. ait enim: dioisitaquemihi: quidadhucconqueritur? nam uoluntati eius quis resistit? responditque ista dicenti: o homo, tu quis es, qui respondeas deo? numquid dicit figmentum ei qui
se finxit: quare sic me fecisti? an non habet 5
potestatem figulus luti ex eadem consparsione facere aliud quidem uas in honorem
aliud in contumeliam? deinde secutus tam magnum
abditumque secretum, quantum aperiendum esse hominibus
iudicauit, aperuit dicens: si autem uolens deus 10
ostendere iram et demonstrare potentiam
suam adtulit in multa patientia uasa irae, quae
perfecta sunt in perditionem, et ut notas
faceret diuitias gloriae suae in uasa misericordiae, quae praeparauit in gloriam. hoc 15
est gratiae dei non solum adiutorium, uerum etiam documentum,
adiutorium scilicet in uasis misericordiae, in uasis autem irae
documentum; in eis enim ostendit iram et demonstrat
potentiam suam, quia tam potens est bonitas eius, ut bene
utatur etiam malis, et in eis notas facit diuitias gloriae suae 20
in uasa misericordiae, quoniam quod ab irae uasis exigit iustitia
punientis, hoc uasis misericordiae dimittit gratia liberantis.
nec beneficium, quod quibusdam gratis tribuitur, appareret, nisi
deus aliis ex eadem massa pariter reis iusto supplicio condemnatis
quid utrisque deberetur ostenderet. quis enim te discernit? 25
ait idem apostolus homini tamquam de semet ipso et de suo proprio
bono glorianti. quis enim te discernit? utique ah irae uasis,
a massa perditionis, quae per unum omnes misit in damnationem.
quis te discernit? et tamquam respondisset: 'discernit me
fides mea, propositum meum, meritum meum': quid enim 30

---

1 Rom. 9, 19   3 Rom. 9, 20. 21   10 Rom. 9, 22. 23   25—30 I Cor. 4, 7

---

1 conqueritur *C*   2 qui *C*   3 qui] quis *B*   6 consparsione] massa
Cm2V bd   10 indicauit *B*   autem *om. B*   11 monstrate *F*   13 et *om. B*
14 facere *Om1*   suae *om. B*   15 hic *EF*   18 his *C* (h *in ras.*)   enim]
autem *EF*   iram ostendit *O*   ostendit] est *EF*   demonstra *B*   19 patientiam *b*
21 uasis *O,B* (is *s.l.*)   23 apparet *O*   24 deus *om. CDEF*   supplicio] iudicio *D*
damna∗tis *O*   26 de *pr.*] a *O*   27 bono *om. OF*   30 meritum meum *om. F*

babes, inquit, quod non accepisti? si autem et accepisti, quid gloriaris quasi non acceperis? hoc
est, quasi de tuo sit, unde discerneris. ergo ille discernit, qui unde
discernaris inpertit, poenam debitam remouendo, indebitam gratiam
5 largiendo; ille discernit, qui, cum tenebrae essent super abyssum,
dixit: fiat lux, et facta est lux; et diuisit, hoc est discreuit, inter lucem et tenebras. non enim cum solae
essent tenebrae, quid discerneret inuenit, sed lucem faciendo disere-
uit, ut iustificatis impiis dicatur: fuistis enim aliquando
10 tenebrae, nunc autem lux in domino, ac sic qui gloriatur non in se ipso, sed in domino glorietur. ille discernit, qui de nondum natis neque qui aliquid egerint boni aut mali, ut secundum
electionem propositum eius maneret, non ex operibus, sed ex se ipso
uocante dixit: maior seruiet minori atque id ipsum
15 commendans postea per prophetam: Iacob, inquit, dilexi,
Esau autem odio habui. electionem quippe dixit, ubi deus
non ab alio factum quod eligat inuenit, sed quod inueniat ipse facit,
sicut de reliquiis Israbel scriptum est: reliquiae per electionem gratiae factae sunt. si autem gratia, iam
20 non ex operibus; alioquin gratia iam non est
gratia. propter quod profecto desipitis, quia dicente ueritate:
non ex operibus, sed ex uocante dictum est, uos
dicitis 'ex futuris operibus quae deus illum facturum esse praescie-
bat, Iacob fuisse dilectum', atque ita contradicitis apostolo dicenti:
25 non ex operibus, quasi non posset dicere: 'non ex praesentibus,
sed futuris operibus'. sed ait: non ex operibus, ut gratiam
commendaret; si autem gratia, iam non ex operibus;

---

5 cf. Gen. 1, 2   6 Gen. 1, 3. 4   9 Eph. 5, 8   10 cf. II Cor. 10, 17
11 cf. Rom. 9, 11. 12   14 Rom. 9, 13. Gen. 25, 23   15 Mal. 2, 3   18 Rom. 11, 5. 6
22 Rom. 9, 12   27 Rom. 11, 6

1 inquit *om. EF*   et *om. O*   3 ille] *add.* qui *O*   4 remouendo] relaxando
in ras. D   indebitam *om. D*   6 discernit *B*   7 solae *O* (o *m1 ex* a)   8 decreuit *V*
9 enim *om. OD*   11 ipso *om. D*   illic *B*   nūdum *B*   12 qui neque *DEF*
qui] ue *V, om. OC*   egerant *DEFd*   aut] et *D* aut̄ *Cm1*   13 se *s.l. OB, om. D*
14 ex uocante qui dixit *D*   id *om. D*   15 commendans propheta postea
Iacob *sqq. D*   dilexi＊*B*   16 electione *Vb*   19 saluę factę *OC* (saluę *s.l.m2), DEF*
21 desipitis profecto *B*   qui *codd. praeter O*   22 dictum est *om. D*   23 operibus
futuris *OB*   praeciebat *B*   25 non *fin. om. EF*   26 ex futuris *D*   27 autem]
enim *OBCD*   iam *om. O*

a l i o q u i n g r a t i a i a m ·n o n e s t g r a t i a. praecedit namque
non debita, sed gratuita gratia, ut per illam fiant bona opera, ne,
si praecesserint bona opera, tamquam operibus reddatur gratia ac
sic gratia iam non sit gratia.

16. Sed ut uobis auferretur omnis uestrae caliginis latebra, pro- 5
pterea geminos tales proposui, qui neque parentum meritis iuuarentur
et ambo in infantiae primordio, unus baptizatus, alter sine baptismate, morerentur, ne diceretis deum, sicut de Iacob et Esau contra
apostolum dicitis, opera eorum futura praescisse. quomodo enim
praesciuit ea futura, quae illis in infantia morituris, quia praescientia 10
eius falli non potest, praesciuit potius non futura? aut quid prodest
eis, qui rapiuntur ex hac uita, ne malitia mutet intellectum eorum
aut ne fictio decipiat animam eorum, si peccatum etiam, quod non
est factum, dictum, cogitatum, tamquam commissum fuerit, sic
punitur? quodsi absurdissimum, insulsissimum, dementissimum 15
est quoslibet homines ex his peccatis, quorum nec reatum ex parentibus trahere, sieut dicitis, nec ea non solum committere, sed nec
saltem cogitare potuerunt, esse damnandos, redit ad uos frater ille
geminus baptizati non baptizatus et tacitus quaerit a uobis, unde
fuerit a fraterna felicitate discretus, cur illa infelicitate punitus, 20
ut illo in dei filios adoptato ipse non acciperet omnibus aetatibus
necessarium, sicut fatemini, sacramentum, si quemadmodum nulla
est fortuna uel fatum uel apud deum acceptio personarum, ita nullum
est gratiae sine meritis donum, nullum originale peccatum. buio
prorsus infanti linguam uestram uocemque summittitis, buic non 25
loquenti quid loquamini non habetis.

VIII. 17. Iam nunc uideamus, ut possumus, hoc ipsum, quod
uolunt praecedere in homine, ut adiutorio gratiae dignus habeatur et

12 cf. Sap. 4, 11   21 cf. Eph. 1, 5   23 cf. Col. 3, 25

1 iam *om.*O praecedit—gratuita *om.*V*b* 2 gratia] *add.* utique V*b* ne] nam*EF*
ne si] nisi*C*   3 ac sic gratia *om.*O   4 *pr.* gratiam *B*   5 nobis*C*   auferetur *C*
auferreretur *D*   7 in *om.*CDEFb*d*   et alter *D*   8 moreretur Cm3*D*   9 dicis*Om1*
11 aut *om.*Om1   12 malitiamet Om1   13 decipia●t O   etiam] eorum *D*
17 sicut *om.*B   sed *om.*B   18 saltim O   redit ad uos] sed ita uos O sed B
si frater O (si *s.l.* m3)   20 punitur C   21 filio OV*b*   24 donum sine meritis B
sine *om.*V   orientale Cm1   25 submittitis DEF   non *om.*DB   26 quod B
habe●●tis B habebitis D   28 et] ut alicui D   et cui merito—retribuatur *om.*V

cui merito eius non tamquam indebita tribuatur, sed debita
gratia retribuatur ac sic gratia iam non sit gratia, uideamus
tamen quid illud sit. *sub nomine*, inquiunt, *gratiae ita fatum
asserunt, ut dicant, quia, nisi inuito et reluctanti homini inspirauerit*
5 *boni et ipsius inperfecti cupiditatem, nec a malo declinare nec bonum*
possit arripere. iam de fato et gratia quam inania loquantur ostendimus. nunc illud est, quod debemus aduertere, utrum inuito et
reluctanti homini deus inspiret boni cupiditatem, ut iam non sit
reluctans, non sit inuitus, sed consentiens bono et nolens bonum.
10 isti enim uolunt in homine ab ipso homine incipere cupiditatem
boni, ut huius coepti meritum etiam perficiendi gratia consequatur.
si tamen hoc saltem uolunt; Pelagius enim 'facilius' dicit inpleri quod
bonum est, si adiuuet gratia. quo additamento, id est addendo 'facilius', utique significat hoc se sapere, quod, etiamsi gratiae de-
15 fuerit adiutorium, potest quamuis difficilius inpleri bonum per
liberum arbitrium. sed isti quid in hac re sentiant, non de illo auctore
huius heresis praescribamus — permittamus eos cum suo libero arbitrio esse liberos et ab ipso Pelagio — atque ista uerba eorum, quae
in hac cui respondemus epistula posuerunt, potius adtendamus.

20   18. Hoc enim nobis obiciendum putarunt, quod 'inuito et reluctanti homini deum dicamus inspirare' non quanticumque boni,
sed 'et ipsius inperfecti cupiditatem'. fortassis ergo ipsi eo modo
saltem seruant locum gratiae, ut sine illa putent hominem posse
habere boni, sed inperfecti cupiditatem, perfecti autem non 'facilius'
25 per illam posse, sed nisi per illam omnino non posse. nerum et sic
gratiam dei dicunt secundum merita nostra dari, quod in oriente
Pelagius ecclesiasticis gestis damnari timendo damnauit. si enim

---

2 cf. Rom. 11, 6   3 Iulianus, cf p. 469, 13   12 cf. De gratia Christi 29, 30
(CSEL XLII 149, 6)   20 Iulianus   26 cf. De gestis Pelagii 14, 30 (CSEL
XLII 84, 15)

1 **eius O (e *ex* t, i *s. l.*)   tribuatur sed debiti *om.* OD   2 sit] est OB
3 fa*tum OD   5 bonum et ipsam inperfecti cupid. OBV; *cf.* 469, 15 *et infra*
lin. 22   6 fa*to O · inani O   ostendimus] *add.* usq: in finem huius libri
et inuenies O   8 sit *s.l.m2*O   10 in] ut O   *post* ipso *eras.* ipso O   11 ut] et O
12 saltim O   dicit O (*s. l. m1* facilius)   13 quo*O   14 se *om.* D   16 istis Dbd
qui Vb   sentiunt Vb   auctore illo OB   17 haeresis OD   suos C   18 ipso] isto OB
atque] ad quem V   20 enim *om.* D   reluctati C   21 non *om.* D   22 et *s.l.* B
ipsis V   23 saltem *om.* OB   25 *pr.* illa C   27 geritis Om1

sine dei gratia per nos incipit cupiditas boni, ipsum coeptum erit
meritum, cui tamquam ex debito gratiae ueniat adiutorium, ac sic
gratia dei non gratis donabitur, sed secundum meritum nostrum
dabitur. dominus autem, ut responderet futuro Pelagio, non ait:
'sine me difficile potestis aliquid facere', sed ait: s i n e m e n i h i l 5
p o t e s t i s f a c e r e. et ut responderet futuris etiam istis in
eadem ipsa euangelica sententia, non ait: s i n e m e n i h i l p o-
t e s t i s 'perficere', sed f a c e r e. nam si 'perficere' dixisset, possent
isti dicere non ad incipiendum bonum, quod a nobis est, sed ad
perficiendum esse dei adiutorium necessarium. uerum audiant et 10
apostolum. dominus enim cum ait: s i n e m e n i h i l p o t e s t i s
f a c e r e, hoc uno nerbo initium finemque conprehendit; apostolus
uero tamquam sententiae dominicae expositor apertius utrumque
distinxit dicens: q u o n i a m q u i i n n o b i s o p u s b o n u m
c o e p i t, p e r f i c i e t u s q u e i n d i e m C h r i s t i I e s u. sed 15
in scripturis sanctis apud eundem apostolum isto unde loquimur
amplius inuenimus. loquimur enim nunc de boni cupiditate,
quam si uolunt a nobis incipere, a domino perfici, uideant quid
respondeant dicenti apostolo: n o n q u i a i d o n e i s u m u s
c o g i t a r e a l i q u i d q u a s i e x n o b i s m e t i p s i s, s e d 20
s u f f i c i e n t i a n o s t r a e x d e o e s t. 'cogitare' ait
'aliquid', utique bonum; minus est autem cogitare quam cupere.
cogitamus quippe omne quod cupimus nec tamen cupimus omne
quod cogitamus, quoniam nonnumquam et quod non cupimus cogitamus. cum igitur minus sit cogitare quam cupere — potest enim 25
homo cogitare bonum, quod nondum cupit, et proficiendo postea
cupere, quod antea non cupiendo cogitauit —, quomodo ad id quod
minus est, id est ad cogitandum aliquid boni, non sumus idonei tamquam ex nobismet ipsis, sed sufficientia nostra ex deo est et ad id
quod est amplius, id est ad cupiendum aliquid boni, sine diuino ad- 30
iutorio idonei sumus ex libero arbitrio? neque enim et hic apostolus

5. 11 Ioh. 15, 5   14 Phil. 1, 6   19 II Cor. 3, 5

2 tamquam] iam D   5 facere aliquid B   6 potestis om.O   7 senten-
tentia D   8 pr. perf. s. ras. D   possent om.OB   9 dicerent OB   a nobis om.Om1
ad om. B   10 uerum] unde D   13 apertius] penitus D   16 istud BC   loquamur D
18 quams•i•O (ex soli)   uoluntario his incipere Vb   20 aliquid] add. a nobis DEF
22 cupire O   23 nec—quod om.Om1   24 non s.l.O   26 nundum B   27 cupiendo non cogitauit E   30 quot Om1   amplius est D

ait: n o n q u i a i d o n e i s u m u s c o g i t a r e 'quod perfectum
est', tamquam ex nobismet ipsis, sed c o g i t a r e ait a l i q u i d,
cui contrarium est nihil. unde est illud domini: s i n e m e n i h i l
p o t e s t i s f a c e r e.

5   IX. 19. Sed nimirum quod scriptum est: h o m i n i s e s t
p r a e p a r a r e cor et a d o m i n o r e s p o n s i o l i n g u a e
non bene intellegendo falluntur, ut existiment cor praeparare, hoc
est bonum inchoare, sine adiutorio gratiae dei ad hominem pertinere.
absit, ut sic intellegant filii promissionis, tamquam cum audierint
10 dominum dicentem: s i n e m e n i h i l p o t e s t i s f a c e r e, quasi
conuincant eum dicentes: 'ecce sine te possumus cor praeparare', aut
cum audierint a Paulo apostolo: n o n q u i a i d o n e i s u m u s
c o g i t a r e a l i q u i d q u a s i e x n o b i s m e t i p s i s, s e d
s u f f i c i e n t i a n o s t r a e x d e o e s t, tamquam et ipsum con-
15 uincant dicentes: 'ecce idonei sumus ex nobismet ipsis praeparare
cor ac per hoc et boni aliquid cogitare'. quis enim potest sine bona
cogitatione ad bonum cor praeparare? absit, ut sic intellegant nisi
superbi sui arbitrii defensores et fidei catholicae desertores. ideo
quippe scriptum est: h o m i n i s e s t p r a e p a r a r e c o r e t a
20 d o m i n o r e s p o n s i o l i n g u a e, quia homo praeparat cor,
non tamen sine adiutorio dei, qui sic tangit cor, ut homo praeparet
cor. in responsione autem linguae, id est in eo quod praeparato cordi
lingua diuina respondet, nihil operis habet homo, sed totum est a
domino deo.

25   20. Nam sieut dictum est: h o m i n i s e s t p r a e p a r a r e
c o r e t a d o m i n o r e s p o n s i o l i n g u a e, ita etiam dictum
est: a p e r i o s e t a d i n p l e b o i l l u d. quamuis enim nisi

---

3 Ioh. 15, 5   5. 19. 25 Prou. 16, 1   9 cf. Rom. 9, 8   10 Ioh. 15, 5
12 II Cor. 3, 5   27 Ps. 80, 11

1 perfectum] faetum O (i s. a m2)   2 ait m2 ex an O   aliquid] add. a nobis D
3 cui om.O   pr. est om.O   5 ed B   6 parare D   cor om.Om1   dno gressus eius
diriguntur nam concupisci sqq. (= 483, 8) D   8 incoare O   9 ut ** O
sic m2 ex sit O, om. EF   audierit Om1   10 dm Om1   queasi O quiasi V b
11 possum EF   aut O (a add. m2)   12 audierint apostolum paulum O   paullo B
sumus bis pon. C   15 ex] a O   metipsis om.O   16 et om.F   cogitare in ras.B
quis] uis B   sine om.V b   17 absit om.Om1   18 et om.Om1   19 alt. est O (s add. m2)
et—cor in mg. m2O   21 ut—cor in mg.B   praeparet cor] pparetur O   23 respondit V   27 apri Om1   post os eras. tuum O   ante implebo eras. ego O (ad s. im m2)

adiuuante illo, sine quo nihil possumus facere, os non possumus
aperire, tamen nos aperimus illins adiumento et opere nostro, inplet
autem illud dominus sine opere nostro. nam quid est praeparare
cor et os aperire nisi uoluntatem parare? et tamen in eisdem litteris
legitur: p r a e p a r a t u r u o l u n t a s a d o m i n o, et: l a b i a 5
m e a a p e r i e s e t o s m e u m a d n u n t i a b i t l a u d e m
t u a m. ecce deus admonet, ut praeparemus uoluntatem in eo, quod
legimus: h o m i n i s e s t p r a e p a r a r e c o r, et tamen, ut hoc
faciat homo, adiuuat deus, quia p r a e p a r a t u r u o l u n t a s
a d o m i n o. et 'aperi os' ita dicit iubendo, ut nemo possit, nisi 10
ipse id faciat adiuuando, cui dicitur: l a b i a m e a a p e r i e s. an
numquid isti usque adeo desipiunt, ut aliud os, aliud labia esse
contendant et mirabili uanitate hominem dicant os aperire, labia
hominis deum? quamquam deus illos et ab hac absurditate con-
pescit, ubi ad Moysen famulum suum dicit: e g o a p e r i a m o s 15
t u u m e t i n s t r u a m t e q u a e d e b e a s l o q u i. in sententia
ergo illa, ubi dicitur: a p e r i o s e t a d i n p l e b o i l l u d, quasi
unum eorum uidetur ad hominem pertinere, alterum ad deum, in
hac autem, ubi dicitur: e g o a p e r i a m o s t u u m e t i n s t r u-
a m te, utrumque ad deum. quare hoc, nisi quia in uno istorum 20
cooperatur homini facienti, alterum solus facit?

　21. Quapropter multa deus facit in homine bona, quae non
facit homo, nulla uero facit homo, quae non deus facit ut faciat
homo. proinde cupiditas boni non homini a domino esset, si
bonum non esset; si autem bonum est, non nisi ab illo 25
nobis est, qui summe atque incommutabiliter bonus est. quid
est enim boni cupiditas nisi caritas, de qua Iohannes apostolus
sine ambiguitate loquitur dicens: c a r i t a s e x d e o e s t? nec

　5 Prou. 8, 35　　Ps. 50, 17　　11 Ps.50,17　　15. 19 Ex. 4, 12　　22 multa—ut
faciat homo] cf. Prosperi Aquitani sent. ex Aug. delib. 314 (LI 475 M)　28 I Ioh. 4, 7

　2 nos] os O　　aumento Om1　　et] ex F　　inplet—nostro om. OBEF
4 parere C praeparare F　　6 aperie∗s O　　adnuntiauit Om1V　　7 dns V
10 aperit b　　dicit om. b　　inuendo Om1　　11 an] at OB, om. bd　　12 istorum
aliqui ita desipiunt bd　　13 contendunt Om1　　16 te om. C　　17 adimpleuo Om1
18 corum om. Vb　　pr. ad om. Om1　　dnm B　　20 utrumque om. Om1　　dnm Vb
undistorum Om1　　22 qu∗apropter B　　23 quae n ds add. m2O　　facit deus EFbd
27 iohannis V

initium eius ex nobis et perfectio eius ex deo, sed, si caritas ex deo
est, tota nobis ex deo est. auertat enim deus hanc amentiam, ut in
donis eius nos priores faciamus, posteriorem ipsum, quoniam
m i s e r i c o r d i a e i u s p r a e u e n i e t m e et ipse est, cui fide-
5 liter ueraciterque cantatur: q u o n i a m p r a e u e n i s t i e u m
in b e n e d i c t i o n i b u s d u l c e d i n i s. et quid hic aptius
intellegitur quam ipsa de qua loquimur cupiditas boni? tune enim
bonum concupisci incipit, quando dulcescere coeperit; quando
autem timore poenae, non amore iustitiae fit bonum, nondum bene
10 fit bonum nec fit in corde, quod fieri uidetur in opere, quando mallet
homo non facere, si posset inpune. ergo benedictio dulcedinis est
gratia dei, qua fit in nobis, ut nos delectet et cupiamus, hoc est
amemus, quod praecipit nobis. in qua si nos non praeuenit deus,
non solum non perficitur, sed nec inchoatur ex nobis. si enim sine
15 illo nihil possumus facere, profecto nec incipere nec perficere, quia,
ut incipiamus, dictum est: m i s e r i c o r d i a e i u s p r a e u e-
n i e t m e, et ut perficiamus, dictum est: m i s e r i c o r d i a
e i u s s u b s e q u e t u r m e.

X. 22. Quid est ergo, quod in consequentibus, ubi ea, quae ipsi
20 sentiunt, commemorant, dicunt se confiteri 'gratiam quoque adiuuare
uniuscuiusque bonum propositum, non tamen reluctanti studium
uirtutis inmittere'? hoc quippe ita dicunt, uelut homo a se ipso sine
adiutorio dei habeat propositum bonum studiumque uirtutis, quo
merito praecedente dignus sit adiuuari dei gratia subsequente. putant
25 enim fortasse ita dixisse apostolum: s c i m u s q u i a d i l i g e n t i-
b u s d e u m o m n i a c o o p e r a n t u r i n b o n u m h i s, q u i
s e c u n d u m p r o p o s i t u m u o c a t i s u n t, ut propositum
hominis uellet intellegi, quod propositum tamquam bonum meritum

---

4. 16 Ps. 58, 11   5 Ps. 20, 4   17 Ps. 22, 6   20 Iulianus cf. 469, 18
25 Rom. 8, 28

2 *pr.* est *om.* EFbd   hac *Om1*   3 posteriores *O*   6 benedictione *CEFbd*
dulcidinis *Om1*   8 *a uoce* concupisci *incip.* D   9 nundum *B*   10 quod *om.C*
11 faceret *Cm1*   benedictionis *D*   est] et *O*   12 quae *Om2*   13 precepit *OB*
non nos *CD*   nos *om.B*   14 ex] in *C*   16 incipiamus] cupiamus *D*
17 et *om.bd*   18 subsequatur *Om1* subsequitur *V*   19 ergo *om.E*   21 delu-
ctanti *Cm1*   22 inmittere] *add.* quo merito *EF*   23 uirtutum *O*   24 gratia•*O*
25 apostolo *V*   26 cooperatur *CEFd*   27 uocati sunt] *add.* sancti *EF*

sequatur misericordia uocantis dei, ignorantes ideo dictum esse:
qui secundum propositum uocati sunt, ut dei, non
hominis propositum intellegatur, quo eos, quos praesciuit
et praedestinauit conformes imaginis filii
sui, elegit ante mundi constitutionem. non enim omnes uocati 5
secundum propositum sunt uocati, quoniam multi uocati, pauci
electi. ipsi ergo secundum propositum uocati, qui electi ante constitutionem mundi. de hoc proposito dei dictum est et illud, quod iam
commemoraui de geminis Esau et Iacob: ut secundum electionem propositum dei maneret, non ex operi- 10
bus, sed ex uocante dictum est ei quia maior
seruiet minori. hoc propositum dei et illo commemoratur
loco, ubi ad Timotheum scribens ait: conlabora euangelio
secundum uirtutem dei salnos nos facientis
et uocantis uocatione sua sancta non seeun- 15
dum opera nostra, sed secundum suum propositum et gratiam, quae data est nobis in Christo
Iesu ante saecula aeterna, manifestata autem
nunc per aduentum saluatoris nostri Iesu
Christi. hoc ergo est propositum dei, unde dicitur: omnia 20
cooperantur in bonum his, qui secundum propositum uocati sunt. hominis autem propositum bonum
adiuuat quidem subsequens gratia, sed nec ipsum esset nisi praecederet gratia. studium quoque hominis, quod dicitur bonum,
quamuis, cum esse coeperit, adiuuetur gratia, non tamen incipit 25
sine gratia, sed ab illo inspiratur, de quo dicit apostolus: gratias
autem deo, qui dedit idem studium pro uobis in
corde Titi. si studium, quisque ut pro aliis habeat, deus dat,
ut pro se ipso habeat, quis alius est daturus?

2. 3 Rom. 8, 28. 29   5 cf. Eph. 1, 4   6 cf. Matth. 20, 16   9 Rom. 9,
11—13   13 II Tim. 1, 8—10   20 Rom. 8, 28   26 II Cor. 8, 16

1 misericordiam O misericordiā V   dei om.O   2 uocati sunt] add. sancti F
3 eo C   quos om.D   4 ut conformes C   imagines Om1 imagini B   5 eligit
Om1CV   8 et om.Om1   11 ei om.Vbd   quia om.Vb   12 commemora•tur O
13 thimotheum O   14 facientes V   15 post uocantis eras. uocantis B   19 nunc
om.D   xpi ihu BV   20 est ergo DEFbd   21 cooperatur CEFbd   22 homines Om1
23 nec om.Om1   27 idem om.Om1   28 tyti B   post si eras. istum O
pro om.Om1   deus—habeat om.Om1   29 ipso se BEFd

23. Quae cum ita sint, nihil in scripturis sanctis homini a
domino uideo iuberi propter probandum liberum arbitrium, quod
non inueniatur uel dari ab eius bonitate uel posci propter adiutorium
gratiae demonstrandum nec omnino incipit homo ex malo in bonum
5 per initium fidei commutari, nisi hoc in illo agat indebita et gratuita
misericordia dei. de qua suam cogitationem recolens quidam, sicut
legimus in Psalmis: n u m q u i d　o b l i u i s c e t u r, inquit,
m i s e r e r i　d e u s　a u t　c o n t i n e b i t　i n　i r a　s u a　m i s e-
r a t i o n e s　s u a s? et dixi: n u n c　c o e p i,　h a e c　i n m u t a t i o
10 d e x t e r a e　e x c e l s i. cum ergo dixisset: n u n c　c o e p i, non
dixit　h a e c　i n m u t a t i o　'arbitrii mei', sed　d e x t e r a e　e x-
c e l s i. sic itaque dei gratia cogitetur, ut ab initio bonae muta-
tionis suae usque in finem consummationis qui gloriatur in domino
glorietur, quia, sicut nemo potest bonum perficere sine domino, sic
15 nemo incipere sine domino. sed hic sit huius uoluminis terminus,
ut legentis reficiatur intentio et ad sequentia reparetur.

7 Ps. 76, 10. 11　　13 cf. II Cor. 10, 17　　14 cf. Ioh. 15, 5

1 i∗ta *O*　　3 ueniatur *D*　　4 ex malo homo *V*　　5 indebitę *C*　　et om.*C*
8 contenebit *V*　　misericordias *D*　　9 coepit *V* (t *s. l.*)　　mutatio *BDVbd*
10 cum—excelsi *in mg. B*　　11 dixit] ait *CDEFbd*　　mutatio *DEFbd*　　arbitrii *O*(i *fin.*
s.l.m1)　　dextera *Om1*　　12 imitationis *B*　　13 consumationis *V*　　14 potes *Om1*
perficere] inchoare *D*　　d̄o *O*　　15 incipere] perficere *D*　　16 l∗∗gentis *O* (e *s.l.m*?)
legentes *Cm1*　　preparetur *Om1*　　Amen *O*　　Expl liber II. Incipit liber III
OCD Explicit l scds Inc̄ III *B* finit liber II (*litt. mai.*) *V*

LIBER TERTIVS.

I. 1. Adhuc ea sequuntur quae calumniose nobis obiciunt, nondum ea quae ipsi sentiunt pertexere incipiunt. sed ne prolixitas
uoluminum offenderet, haec ipsa quae obiciunt in duos libros
partiti sumus; quorum superiore finito, qui totius huius operis liber 5
secundus est, hinc ordimur alterum et eum tertium primo secundo-
que coniungimus.

II. 2. 'Legem ueteris testamenti nos' aiunt 'dicere non ob hoc
datam fuisse, ut iustificaret oboedientes, sed ut grauioris fieret
causa peccati'. prorsus non intellegunt quid de lege dicamus, quia 10
id quod dicit apostolus, quem non intellegunt, dicimus. quis enim
dicat non iustificari eos qui sunt legi oboedientes, quando, nisi
iustificarentur, non possent esse oboedientes? sed dicimus lege fieri,
ut deus quid fieri uelit audiatur, gratia uero fieri, ut
legi oboediatur; non enim auditores legis, ait apostolus, 15
iusti sunt apud deum, sed factores legis iustificabuntur. lex ergo auditores iustitiae facit, gratia factores.
quod enim inpossibile erat legis, ait idem apostolus,
in quo infirmabatur per carnem, misit deus
filium suum in similitudine carnis peccati et 20
de peccato damnauit peccatum in carne, ut
iustitia legis inpleretur in nobis, qui non secundum carnem ambulamus, sed secundum spiri-
tum. ecce quod dicimus, orent, ut aliquando intellegant, non litigent, ut numquam intellegant. inpossibile enim est legem inplere 25

---

8 Iulianus   15 Rom. 2, 13   18 Rom. 8, 3. 4

2 ea] *add.* quae *V*   3 que *Om1,om.b*   protexere *B*   ˙6 secundoqu∗e *O*
8 legem *B* (I *in mg.*)   dire *Om1* dixisse *D*   9 datū *V*   oboedientem *V*
grauior *Vb*   10 dicimus *C*   11 dixit *B*   12 obo∗ dientes *V* (e *eras.*)   nisi] si
non *D* si *b* (*in mg.* al nisi)   13 obo∗dientes *V*   14 gratia—oboediatur *om.OB*
15 obo∗diatur *V*   18 inpossiuile *Om1*   logi *Cm2DVb*   eidem *Cm1*
19 infirmamur *D*   per] in *D*   20 similitudinem *ODb*   24 o∗rent *O*   litigent
V (i *pr. in ras.*)   25 inpossiuile *Om1*   est enim *CDEFbd*   impleri *BD*

per carnem, hoc est per carnalem praesumptionem, qua superbi
ignorantes dei iustitiam, id est quae ex deo est homini ut sit iustus,
et suam uolentes constituere, tamquam per eorum non adiutum diuinitus arbitrium lex possit inpleri, iustitiae dei non sunt subiecti. ideo
5 iustitia legis in eis inpletur, qui non secundum carnem ambulant,
id est secundum hominem ignorantem dei iustitiam et suam uolentem constituere, sed ambulant secundum spiritum. quis autem ambulat secundum spiritum, nisi quisquis agitur dei spiritu? q u o t-
q u o t e n i m s p i r i t u d e i a g u n t u r, h i f i l i i s u n t d e i.
10 ergo l i t t e r a o c c i d i t, s p i r i t u s a u t e m u i u i f i c a t.
nec littera malum est, quia occidit, sed malos praeuaricatione conuincit. l e x enim s a n c t a e t m a n d a t u m s a n c t u m
e t i n s t u m e t b o n u m. q u o d e r g o b o n u m e s t, inquit,
m i h i f a c t u m e s t m o r s? a b s i t. s e d p e c c a t u m, u t
15 a p p a r e a t p e c c a t u m, p e r b o n u m m i h i o p e r a t u m
e s t m o r t e m, u t f i a t s u p r a m o d u m p e c c a t o r a u t
p e c c a t u m p e r m a n d a t u m. ecce quod est 'littera occidit'. a c u l e u s enim m o r t i s e s t p e c c a t u m, u i r t u s
a u t e m p e c c a t i l e x; auget quippe prohibendo peccati
20 desideria et inde occidit, nisi subueniendo uiuificet gratia.

3. Ecce quod dicimus, ecce unde nobis obiciunt, quod sic
'legem' dicamus 'datam ut grauioris sit causa peccati', non au-
dientes apostolum dicentem: l e x e n i m i r a m o p e r a t u r;
u b i e n i m n o n e s t l e x, n e c p r a e u a r i c a t i o, et: l e x p r a e-
25 u a r i c a t i o n i s g r a t i a p r o p o s i t a e s t, d o n e c u e n i-
r e t s e m e n c u i p r o m i s s u m e s t, et: s i d a t a e s s e t l e x
q u a e p o s s e t u i u i f i c a r e, o m n i n o e x l e g e e s s e t
i u s t i t i a. s e d c o n c l u s i t s c r i p t u r a o m n i a s u b

2 cf. Rom. 10, 3   5 cf. Rom. 8, 4   8 Rom. 8, 14   10 II Cor. 3, 6
12 Rom. 7, 12. 13   18 I Cor. 15, 56   22 Iulianus   23 Rom. 4, 15   24 Gal. 3,
19. 21. 22

1 hoc est—praesumptionem *om.V*   quia *CEF* qu*a *V*   2 innorantes *B*
4 posset *b*   sint *V*   6 uolentes *V*   7 ambulabant *O*   quis—spiritum *in mg.*
m2 add. OV   8 agitur] ambulat *OB*   quodquod *V*   9 dei spiritu *DEFbd*   hii *V*
11 praeuaricationes *C*   16 super *CEFV*   peccator aut] peccans *Db*   17 quod]
quid *DEFbd*   19 perhibendo *C*   20 uiuificaret *O* adiuuet *V,b in mg.*   21 sic]
si *V*   22 dicamus *bis pos. D*   grauior *V*   grauioresset *O* (t *add.m2*)   25 posita
CDEFbd   27 possit *V*   omnino] nere *D*

peccato, ut promissio ex fide Iesu Christi daretur credentibus. hinc est quod uetus testamentum ex monte
Sina, ubi lex data est, in seruitutem generat, quod est Agar. n o s
autem, inquit, non sumus ancillae filii, sed liberae.
non sunt itaque filii liberae, qui legem acceperunt litterae, qua 5
possent non solum peccatores, uerum etiam praeuaricatores insuper
demonstrari, sed qui spiritum gratiae, quo lex ipsa sancta et insta
et bona possit inpleri. ecce quod dicimus, intendant et non contendant, inluminentur et non calumnientur.

    III. 4. *Baptisma quoque*, inquiunt, *non uere homines nouos facere* 10
asserunt, id est non plenam dare remissionem peccatorum, sed ex
parte filios dei fieri, ex parte autem saeculi filios, id est diaboli, re-
manere contendunt. mentiuntur, insidiantur, tergiuersantur; non
hoc dicimus. omnes enim homines, qui sunt filii diaboli, etiam
filios saeculi, non autem omnes filios saeculi etiam filios diaboli 15
dicimus. absit enim ut filios diaboli dicamus fuisse sanctos patres
Abraham, Isaac et Iacob et alios huiusmodi, quando per nuptias
generabant, et eos fideles, qui usque nunc et deinceps adhuc generant. nec tamen possumus contradicere domino dicenti: f i l i i
s a e c u l i h u i u s n u b u n t e t t r a d u n t a d n u p t i a s. 20
quidam ergo filii saeculi huius sunt et tamen filii diaboli non sunt;
quamuis enim diabolus auctor sit et princeps omnium peccatorum,
non tamen filios diaboli faciunt quaecumque peccata. peccant enim
et filii dei, quoniam, si dixerint se non habere peccatum, se ipsos
seducunt et ueritas in eis non est, sed ea condicione peccant, qua 25
sunt adhuc filii huius saeculi; qua nero gratia sunt filii dei, non utique
peccant, quia omnis qui natus est ex deo non peccat. filios autem
diaboli infidelitas facit, quod peccatum proprie uocatur, quasi solum

    2 cf. Gal. 4, 24   3 Gal. 4, 31   10 Iulianus   12 cf. Rom. 9, 8. Luc. 20, 34.
I Ioh. 3, 10   19 Luc. 20, 34   24 cf. I Ioh. 1, 8   27 cf. I Ioh. 3, 9

    3 data esset *D*   seruitute *Vm1*   generans *Vb*   5 liberae filii *EFbd*
acciperunt *V*   6 possint *V*   7 quod *C*   10 no*uos *O*   12 filios saeculi *DEFbd*
13 contendant *Om1*   14 omnes—dicimus om. *D*   16 dicamus diaboli *D*   camus (*om.*
di) *C*   17 ysaac *BC*   alios] filios *C*   18 et *pr. om. O*   19 domino contradicere *EFbd*
dicente *O*   20 huius saeculi *B*   traduntur *O*   22 diab. sit autor sit et *B*   sit
auctor *EFbd*   omnium et princeps *D*   peccatorum omnium *B*   26 filii
adhuc *DEFbd* ·   *post* filii *eras.* d̄i n̄ utique peccant *B*   28 p̄priecatur *Om1*
proprium *b*

sit, si non exprimatur quale peccatum sit, sicut apostolus cum dicitur,
si non exprimatur quis apostolus, non intellegitur nisi Paulus, quia
pluribus est epistulis notior et plus omnibus illis laborauit. unde
quod ait dominus de spiritu sancto: i p s e   a r g u e t   m u n d u m
5 d e   p e c c a t o, infidelitatem intellegi uoluit. hoc enim cum exponeret ait: d e   p e c c a t o   q u i d e m,   q u i a   n o n   c r e d i d e-
r u n t i n m e, et ubi ait: s i n o n u e n i s s e m e t l o c u t u s e i s
f u i s s e m,   p e c c a t u m   n o n   h a b e r e n t. non enim peccatum antea non habebant, sed ipsam uoluit intellegi diffidentiam,
10 qua nec praesenti et loquenti crediderunt pertinentes ad eum, de
quo dicit apostolus: s e c u n d u m   p r i n c i p e m   p o t e s t a t i s
a e r i s,   q u i   n u n c   o p e r a t u r   i n   f i l i i s   d i f f i d e n t i a e.
ergo in quibus non est fides, filii sunt diaboli, quia non habent in
interiore homine cur eis dimittatur quidquid hominis infirmitate
15 uel ignoratione uel omnino aliqua mala uoluntate committitur; illi
autem filii dei, qui utique si dixerint se non habere peccatum,
se ipsos decipiunt et neritas in eis non est, profecto, quod sequitur:
'cum confitentur peccata sua' — quod filii diaboli non faciunt uel
non secundum fidem quae filiorum dei propria est faciunt —, 'fidelis
20 est et iustus qui dimittat eis peccata et mundet eos ab omni iniquitate'. ut autem plenius intellegatur quod dicimus, audiatur ipse Iesus,
qui filiis dei utique loquebatur dicens: s i   a u t e m   u o s   c u m
s i t i s m a l i,   n o s t i s   b o n a   d a t a   d a r e   f i l i i s   u e s t r i s,
q u a n t o   m a g i s   p a t e r   n e s t e r,   q u i   i n   c a e l i s   e s t,
25 d a h i t   b o n a   p e t e n t i b u s s e! si enim filii dei non essent, non
eis diceret: p a t e r u e s t e r,   q u i i n c a e l i s e s t. et tamen eos
malos esse dicit et nosse bona dare filiis suis. numquid inde mali,

---

2 I Cor. 15, 10   3—6 Ioh. 16, 8. 9   7 Ioh. 15, 22   11 Eph. 2, 2   16 cf.
I Ioh. 1, 8   18 cf. I Ioh. 1, 9   22 Matth. 7, 11

1 si *s.l.*V   quale—exprimatur *om.Om1*   2 si *add. Om3*   6 quia] quod
BCDVbd   crediderunt *O* (ider *s.l.m3*)   7 fuissem eis *D*   ei *V*   9 *ante* antea
eras. antea *B*   antea *s.l.Om3, om.D*   habebant *O* (bant *in mg. m3*)   differentiam *O* diferentiā *D*   10 et *ex* nec *B*   12 oparatur *C*   14 quicquid nomine
infirmitatis uel ignorantiae *EF*   nominis *C*   uel infirmitate *DVbd*   15 uel
ignorantiae *in mg. B*   ignorantiae *BDEFbd*   committur *Om1*   17 eis *ex*
nobis *O*   profecto credendo *B*   18 quo *D*   faciunt] sint *D*   uel] quę *D*
20 demittat *V*   22 filius *V*   25 se *om.B*   fili *Om1*   esset *Om1*   26 noster *B*
27 nosse (e *s.l.*) esse *D*

unde filii dei? absit, sed inde mali, unde adhuc filii saeculi, iam
tamen filii dei facti pignore spiritus sancti.

5. Baptismus igitur abluit quidem peccata omnia, prorsus
omnia factorum, dictorum, cogitatorum, sine originalia siue addita
siue quae ignoranter siue quae scienter admissa sunt; sed non 5
aufert infirmitatem, cui regeneratus resistit, quando bonum agonem luctatur, consentit autem, quando sicut homo in aliquo delicto
praeoccupatur, propter illud gaudens in actione gratiarum, propter
hoc autem gemens in allegatione orationum, ibi dicens: q u i d
r e t r i b u a m d o m i n o p r o o m n i b u s q u a e r e t r i b u i t 10
m i h i? hic dicens: d i m i t t e n o b i s d e b i t a n o s t r a; propter
illud dicens: d i l i g a m t e, d o m i n e, u i r t u s m e a, propter
hoc dicens: m i s e r e r e m e i, d o m i n e, q u o n i a m i n f i r-
m u s s u m; propter illud dicens: o c u l i m e i s e m p e r a d d o-
m i n u m, q u o n i a m i p s e e u e l l e t d e l a q u e o p e d e s 15
m e o s, propter hoc dicens: t u r b a t u s e s t p r a e i r a o c u l u s
m e u s, et innumerabilia, quibus diuinae litterae plenae sunt, quae
alternis uocibus uel exultando de dei bonis uel maerendo de nostris
malis a filiis dei dicuntur ex fide, quamdiu adhuc filii sunt etiam
saeculi huius pro uitae huius infirmitate, quos tamen deus a filiis 20
diaboli non solum lauacro regenerationis, sed ipsius etiam quae per
dilectionem operatur fidei probitate discernit, quia iustus ex fide
uiuit. haec autem infirmitas, cum qua usque ad corporis mortem
defectu et profectu alternante contendimus magnique interest quid
uincat in nobis, regeneratione alia consumetur, de qua dominus dicit: 25
i n r e g e n e r a t i o n e, c u m s e d e r i t f i l i u s h o m i n i s
i n s e d e m a i e s t a t i s s u a e, s e d e b i t i s e t u o s s u p e r

---

6 cf. II Tim. 4, 7   7 cf. Gal. 6, 1   9 Ps. 115, 3   11 Matth. 6, 12
12 Ps. 17, 2   13 Ps. 6, 3   14 Ps. 24, 15   16 Ps. 30, 10   21 cf. Tit. 3, 5. Gal. 5, 6
22 cf. Rom. 1, 17   26 Math. 19, 28

1 *all.* filiis *C*   2 spū *O*   3 baptismū *D*   peccato *Om1*   4 dittorum *B*   cogitatorum *O (pr.* t *s.l.m1)*   adita *C*   5 admissa *O* (d *s.l.m1)* āmissa *C*   8 gau-
dent *V*   in actio *C*   9 alligatione morationum *O*   quid] qui *C*   12 illud]
hoc *EF*   diligan *C*   13 mei] michi *D*   quia *EFd*   15 uellet *C*   17 plena *Om1*
18 uicibus *Dd,b (in mg.* al uocibus)   19 quandiu *O*   filiis *C*   20 huius *om.b*
23 autem] *add.* est *D* est autem *b*   qua usque—mortem *om.V*   24 magisque *V*
quid *O* (d *s.l.m1)*   25 uindicant *Om1* nunc uincat *F*   nobis] *add.* donec *DVb*
quid in *F*   consumentur *C* consumatur *D*   27 et uos *s.l.Om2, om.D*

s e d e s d u o d e c i m et cetera. regenerationem quippe hoc loco
nullo ambigente nouissimam resurrectionem uocat, quam Paulus
quoque apostolus et adoptionem et redemptionem nuncupat dicens
s e d e t i a m n o s i p s i p r i m i t i a s h a b e n t e s s p i r i t u s
5 e t i p s i i n n o b i s m e t i p s i s i n g e m e s c i m u s a d o p t i-
o n e m e x p e c t a n t e s, r e d e m p t i o n e m c o r p o r i s
n o s t r i. numquid non per lauacrum sanctum regenerati,
adoptati, redempti sumus? et tamen restat regeneratio, adoptio,
redemptio, quam in fine uenturam nunc patienter expectare debe-
10 mus, ut tunc filii saeculi huius ex nulla parte iam simus. quisquis
igitur baptismati derogat, quod modo per illud percipimus, corrum-
pit fidem; quisquis autem iam nunc ei tribuit, quod quidem per
ipsum, sed tamen postea percepturi sumus, amputat spem. nam
si a me quispiam quaesierit, utrum per baptismum salui facti
15 fuerimus, negare non potero dicente apostolo: s a l u o s n o s f e c i t
p e r l a u a c r u m r e g e n e r a t i o n i s e t r e n o u a t i o n i s
s p i r i t u s s a n c t i. sed si quaesierit, utrum per idem lauacrum
omni prorsus modo iam nos fecerit saluos, respondebo: non ita est.
item quippe idem dicit apostolus: s p e e n i m s a l u i f a c t i
20 s u m u s. s p e s a u t e m q u a e u i d e t u r n o n e s t s p e s;
q u o d e n i m u i d e t q u i s, q u i d e t s p e r a t? s i a u t e m q u o d
n o n u i d e m u s s p e r a m u s, p e r p a t i e n t i a m e x p e c-
t a m u s. salus ergo hominis in baptismate facta est, quia dimissum
est quod peccati a parentibus traxit uel quidquid etiam proprie ante
25 baptismum ipse peccauit; salus uero eius tanta post erit, ut peccare
omnino non possit.

---

4 Rom. 8, 23   15 Tit. 3, 5   19 Rom. 8, 24. 25

1 sedem *Om1*   et cetera *om.b*   2 ambigente nullo *CDEFbd*   3 et *pr. om.B*
redemtionem *V*   noncupat *B*   4 sed] ed *C*   spiritus habentes *EFbd*   5 ingemi-
soimus *BDEFbd*   7 nunquid *O*   8 adoptiui *O*   et redempti *DEFbd* redemti *B*
9 fine *Vm2*   uenturum *Om1*   10 huius saeculi *EFVbd*   11 baptismatis *V*
quomodo *V*   *post* illud *eras.* per illud *O*   12 eis *CV*   non per ipsum *F*(non
add. m2)   13 accepturi *D*   14 quisquam *DEFbd*   facto *C*   15 sal*uos *O*
17 spu *Om1*   19 idem quippe item *Dbd*   21 quis, quid] quicquid *B*   et *om.OBD*
23 dissum *C*   24 peccatum *b*   ap|parentibus *V*   a *s. exp.* ex *Cm2*   25 eius]
hominis *Db, om.EF*   post orit] esse non poterit *O* esse poterit *Db*   ut omnino
peccari *V*

IV. 6. Quibus ita se habentibus ex his etiam illa quae deinceps
nobis obiciunt refelluntur. quis enim catholicus dicit, quod nos dicere
iactitant, 'spiritum sanctum adiutorem uirtutis in testamento uetere
non fuisse', nisi cum uetus testamentum sic intellegimus, quemadmodum dixit apostolus: a monte Sina in seruitutem gene- 5
rans? sed quia in eo praefigurabatur nouum, qui hoc intellegebant
tune homines dei secundum distributionem temporum ueteris quidem
testamenti dispensatores et gestatores, sed noui demonstrantur
heredes. an uero illum ad testamentum nouum negabimus pertinere,
qui dicit: cor mundum crea in me, deus, et spiritum 10
rectum innoua in uisceribus meis? aut illum qui dicit:
posuit super petram pedes meos et direxit gressus meos et in misit in os meum canticum nouum,
hymnum deo nostro? uel illum ante testamentum uetus,
quod est a monte Sina, patrem fidelium, de quo dicit apostolus: 15
fratres, secundum hominem dico, tamen homi-
nis confirmatum testamentum nemo inritum
facit aut superordinat. Abrahae dictae sunt
promissiones et semini eius. non dicit: 'et seminibus' tamquam in multis, sed tamquam in uno: 'et 20
semini tuo', quod est Christus. hoc autem dico,
inquit, testamentum confirmatum a deo quae post
quadringentos et triginta annos facta est lex
non infirmat ad euacuandam promissionem.
si enim ex lege hereditas, iam non ex promis- 25
sione; Abrahae autem per promissionem donauit deus?
7. Hic certe si quaeramus, utrum hoc testamentum, quod dicit
confirmatum a deo non infirmari a lege quae post quadringentos

3 Iulianus   5 Gal. 4, 24   10 Ps. 50, 12   12 Ps. 39, 3. 4   16 Gal. 3,
15—18

1 sese D   2 repellantur O repelluntur B   dicat DEFbd   quod nos] quos V
3 iactant CDEF   testamento uetere O (i m1) ueteri testamento DEFbd   4 talen-
tum Om1   5 apostolus dixit EFbd   a monte Sina om. EF   6 hęc D   7 ueteri D
9 nouum] uetus V   negauimus V   10 qui ex quod O   spm r i i u B   12 su V
supra b   12 dire*xit O   gressos V   14 ante s.l. Om1   15 syna V   19 et all.]
in B ex EF   21 cristus C   22 quod s.l. Om2EF, om. CV   23 quadrigentos V
et om. EFV   factum b   est om. CEFV   26 repromissionem DEF   28 hoc om. D
honestamentum C   29 quadrigentos V

et triginta annos facta est, utrum nouum an netus intellegendum sit,
quis respondere dubitet'nouum',sed in propheticis latebris occultatum,
donec ueniret tempus quo reuelaretur in Christo? nam si dixerimus
'uetus', quid erit illud . a monte Sina in seruitutem gene-
5 rans? ibi enim facta est lex post quadringentos et triginta anuos,
qua lege hoc testamentum promissionis Abrahae infirmari non posse
confirmat et hoc quod factum est ad Abraham uult potius ad nos
pertinere, quos uult esse filios liberae, non ancillae, heredes ex promissione, non lege, cum dicit: s i e n i m e x l e g e h e r e d i t a s,
10 i a m n o n e x p r o m i s s i o n e; A b r a h a e a u t e m p e r p r o-
m i s s i o n e m d o n a u i t d e u s, ut quod facta est lex post quadringentos et triginta annos ad hoc subintrauerit, ut abundaret delictum, cum per peccatum praeuaricationis conuincitur hominis
superbia de sua iustitia praesumentis, et ubi abundauit delictum,
15 superabundaret gratia per fidem iam humilis hominis in lege defi-
cientis et ad dei misericordiam fugientis. ideo cum dixisset: s i
e n i m ex l e g e h e r e d i t a s, i a m n o n e x p r o m i s s i o n e;
A b r a h a e a u t e m p e r p r o m i s s i o n e m d o n a u i t d e u s
— tamquam ei diceretur: ut quid ergo postea lex facta est? —, sub-
20 iunxit atque ait: q u i d e r g o l e x? cui mox interrogationi reddidit: p r a e u a r i c a t i o n i s g r a t i a p r o p o s i t a e s t,
d o n e c u e n i r e t s e m e n c u i p r o m i s s u m e s t. hoc identidem ita dicit: s i e n i m q u i ex l e g e h e r e d e s s u n t, e x i-
n a n i t a e s t f i d e s e t e u a c u a t a e s t p r o m i s s i o. lex
25 e n i m i r a m o p e r a t u r; u b i e n i m n o n e s t l e x, n e c

4 Gal. 4, 24   9 Gal. 3, 18   12 cf. Rom. 5, 20   16 Gal. 3, 18   20 Gal. 3, 19
23 Rom. 4, 14· 15

    1 trigintas C (exp. m3)   utrum om. V   2 dubitet] poterit O non poterit B
3 diximus Om1   4 syna V   5 quadrigentos V   6 habrahe B   non posse
confirmat om. OB   7 pr. ad] ab OEFbd   8 ex Op. c.   10 repromissionem DEF
11 que B   lex est DEFVbd   quadrigentos V   12 et om. CEFV   habundaret OBCV
13 per om. C   homines C   14 iustia O   et om. EF   15 superhabundaret B
superabundauit CDEFbd   per fidem iam hic monstratur humilitas hominis B
humilitas OCm1   hominum Om1   lege∗O   16 confugientis B   18 abrahę
autem∗∗promissionem s·l·Om2   repromissionem BD   19 postea facta est lex Db
lex postea facta est OB   postea m2 ex posita O   subiuxit B subinxit D
20 interrogationi ∗O   21 p̄posita B posita DEF   22 est] sunt C   idemptidem B
23 ergo exinanita OB   24 pr. est] sunt C   alt. est om. D   lex—494,5 promissio
om EF   25 lex non est B

p r a e u a r i c a t i o. quod ait in illo testimonio: s i e n i m e x
l e g e h e r e d i t a s, i a m n o n e x p r o m i s s i o n e; A b r a-
h a e a u t e m p e r p r o m i s s i o n e m d o n a u i t d e u s, hoc
in isto ait: s i e n i m q u i p e r l e g e m h e r e d e s s u n t, e x-
i n a n i t a e s t f i d e s et e u a c u a t a est p r o m i s s i o, satis ₅
ostendens ad fidem nostram pertinere — quae noui est utique
testamenti —, quod per promissionem donauit deus Abrahae. et
quod ait in illo testimonio: q u i d e r g o l e x? atque respondit:
p r a e u a r i c a t i o n i s g r a t i a p r o p o s i t a e s t, hoc in isto
similiter subdidit: l e x e n i m i r a m o p e r a t u r; u b i e n i m ₁₀
n o n e s t l e x, n e c p r a e u a r i c a t i o.

8. Sine igitur Abraham siue ante illum insti siue post eum
usque ad ipsum Moysen, per quem datum est testamentum a monte
Sina in seruitutem generans, siue ceteri prophetae post eum et sancti
homines dei usque ad Iohannem Baptistam, filii sunt promissionis ₁₅
et gratiae secundum Isaac filium liberae non ex lege, sed ex promissione heredes dei, coheredes autem Christi. absit enim, ut Noe
iustum et prioris temporis iustos et quicumque ab illo usque ad
Abraham iusti esse potuerunt uel conspicui uel occulti negemus
ad supernam Hierusalem, quae mater est nostra, pertinere, quamuis ₂₀
anteriores tempore inueniantur esse quam Sarra, quae ipsius liberae
matris prophetiam figuramque gestabat. quanto euidentius ergo post
Abraham, cui sic declarata est ipsa promissio, ut pater multarum
gentium diceretur, quicumque deo placuerunt filii promissionis habendi sunt! non enim ex Abraham et deinceps iustorum generatio ₂₅
uerior, sed prophetia manifestior repperitur.

9. Ad testamentum autem uetus, quod est a m o n t e S i n a in
s e r u i t u t e m g e n e r a n s, quod est Agar, illi pertinent, qui cum acce-

---

1. 8 Gal. 3, 18. 19   4. 10 Rom. 4, 14. 15   13 cf. Gal. 4, 24   17 cf. Rom.
8, 17   20 cf. Gal. 4, 26   23 cf. Gen. 17, 4   24 cf. Rom. 9, 8   27 cf. Gal. 4, 24

3 promissione V repromissionem OmlD   4 lege V   5 est alt. om. DEFVbd
6 ostendit Vb   utique est EFbd   est om. D   7 per om. D   deus donauit CV
9 posita DEF   10 subdidit similiter DEFbd   15 iohanne V   fili Oml   16 filium
O (ium in ras. m2)   17 dei] sunt OB   19 non potuerunt C   20 hyerusalem V
brhn O   nostra est CDEFbd   quamuis enim EF   21 anterioris OV anteriore b
inueniuntur EF   libera∗e O liberare C   22 gestat OB   24 diceret C
26 reperitur ODEF

perint legem sanctam et instam et bonam, putant sibi ad
uitam litteram posse sufficere et ideo qua fiant factores legis
diuinam misericordiam non requirunt, sed ignorantes dei
iustitiam et suam iustitiam uolentes constituere iustitiae dei
5 non sunt subiecti. ex hoc genere fuit illa multitudo, quae aduersus
deum in heremo murmurauit et idolum fecit, et illa, quae iam in ipsa
terra promissionis fornicata est post deos alienos. sed haec in ipso
quoque ueteri testamento ualde reproba est multitudo. illi etiam,
quicumque ibi erant, sola quae ibi deus pollicetur terrena promissa
10 sectantes et quid pro nono testamento ea ipsa significent ignorantes
eorum adipiscendorum amore et amittendorum timore dei praecepta
seruabant, immo non seruabant, sed sibi seruare uidebantur; neque
enim fides in eis per dilectionem operabatur, sed terrena cupiditas
metusque carnalis. sic autem praecepta qui facit procul dubio in-
15 uitus facit ac per hoc in animo non facit; mauult enim omnino non
facere, si secundum ea quae cupit et metuit permittatur inpune.
ac per hoc in ipsa uoluntate intus est reus, ubi ipse qui praecipit in-
spicit deus. tales erant filii terrenae Hierusalem, de qua dicit
apostolus: s e r u i t e n i m c u m f i l i i s s u i s, pertinens ad testa-
20 mentum uetus a m o n t e S i n a i n s e r u i t u t e m g e n e r a n s,
q u o d e s t A g a r. ex ipso genere fuerunt, qui dominum crucifixerunt et in eadem infidelitate manserunt. inde sunt etiam adhuc
eorum filii in ingenti multitudine Iudaeorum quamuis iam nono
testamento, sicut prophetatum est, per Christi sanguinem patefacto
25 atque firmato et a flumine, ubi baptizatus magisteriumque professus
est, usque ad terminos terrae euangelio diffamato. qui Iudaei seenudum prophetias quas legunt per omnes sunt terras ubique dispersi,

---

1 cf. Rom· 7, 12   2 cf. Iac· 4, 11   3 cf. Rom· 10, 3   5 cf. Num· 16, 41
7 cf· I Par· 5, 25   13 cf· Gal. 5, 6   19 Gal· 4, 25· 24   25 cf. Matth. 3, 16· 17

2 litterę O   qua fiant] quasi sint D (sint *s·l·*)   3 querunt D   4 uolentes
iustitiam O   iustitiam *om·* DEF   6 eremo EF haeremo V   7 quoque in
ipso D   8 uetere CDEFbd   reprobata C reprobata Dbd   10 quod Om1   significat V significant Om1   12 conseruabant EF   immo non seruabant *om·* Om1
13 enim *om·* V   eis] *add.* quę D   14 carnales V   autem] enim D   15 magis
uult EFd   16 facte Om1   17 praecepit V   18 hyerusalem V ihrlm D   19 suis
om· EF   20 syna V   22 infelicitate O infidelitate *ex* infirmitate B   adhuc
etiam filii corum CDEFbd   23 in *om·* DEF   iudeorum V   25 et a *ex* ea Om2·
baptizatos C   26 iudei V   27 prophetas quos OB

·ut ex eorum quoque codicibus christianae non desit testimonium
·ueritati.

10. Et netus igitur testamentum deus condidit, quia deo placuit
usque ad plenitudinem temporis promissis terrenis tamquam in
praemio constitutis promissa uelare caelestia et populo terrenis bonis 5
inhianti et propterea durum cor habenti quamuis spiritalem, tamen
in tabulis lapideis legem dare. exceptis quippe librorum ueterum sacramentis, quae sola significandi ratione praecepta sunt — quamquam
·et in eis, quoniam spiritaliter intellegenda sunt, recte lex
dicitur spiritalis — cetera certe, quae ad pietatem bonos- 10
·que mores pertinentia non ad aliquam significationem ulla inter-
pretatione referenda, sed prorsus ut sunt dieta facienda sunt, profecto illam dei legem non solum illi tune populo, uerum etiam nunc
nobis ad instituendam recte uitam necessariam nemo dubitauerit.
·si enim Christus nobis abstulit illud grauissimum multarum obser- 15
·uationum ingum, ne carnaliter circumcidamur, ne pecorum uictimas immolemus, ne sabbato septeno dierum uolumine redeunte ab
·operibus etiam necessariis quiescamus et cetera huiusmodi, sed ea
·spiritaliter intellecta teneamus remotisque umbris significantibus
in rerum ipsarum quae significantur luce uigilemus, numquid prop- 20
terea dicturi sumus non ad nos pertinere quod scriptum est, ut ali-
·enum quodcumque perditum quis inuenerit reddat ei qui perdidit
·et alia multa similia, quibus pie recteque uiuere discitur, maxime‑
que ipsum Decalogum, qui duabus illis lapideis tabulis continetur,
·excepta sabbati obseruatione carnali, quae spiritalem sanctificati- 25
·onem quietemque significat? quis enim dicat non debere obseruare
Christianos, ut uni deo religionis obsequio seruiatur, ut idolum non
·colatur, ut nomen domini non accipiatur in nanum, ut parentes
.honorentur, ne adulteria, homicidia, furta, falsa testimonia perpe-

7 cf. Ex. 24, 12   22 cf. Leu· 6, 3. 4   24 cf. Ex· 20, 2—17   25 cf. Ex. 20, 11

1 ex *om.CEF*   quoque *om.*V   3 cordidit *O* (con *s·l·*, i *pr· ex* e)   **4 *ante***
terr. *eras.* terrenis *B*   in *om·*V   impraemio *C*   5 ualere *EF*   6 inhianti *ex*
hinianti *O*   9 ante quon. *eras.* quam *B*   quoniam *om· Db*   10 quae *om. D*
11 pertinenentia *B*   14 rectam uitam *EF*   necessaria *C*   15 nobis x̄p̄s *V*
x̄p̄s *suo loco eras· post* nobis *s· l· add·O*   16 ngum *Om1*   *pr·* nec *B*   17 septimo *D*
18 ea∗*O*   20 nunquid *O*   22 quisquis *Dbd*   iuenerit *Om1*   23 uiuere *om· D*
·dicitur *DEF*   maximūque *B*   25 sanctif·] significationem *DEF*   29 non
homicidia *EF*

trentur, ne uxor, ne omnino res ulla concupiscatur aliena? quis est
tam impius, qui dicat ideo se ista legis non custodire praecepta, quia est
ipse Christianus nec sub lege, sed sub gratia constitutus?

11. Verum haec plane magna distantia est, quod faciunt ista
5 sub lege positi, quos littera occidit, terrenam felicitatem uel cupiditate adipiscendi uel timore amittendi et ideo non uere faciunt,
quoniam carnalis cupiditas qua peccatur mutatur potius uel augetur
cupiditate alia, non sanatur. hi ad uetus pertinent testamentum,
quod in seruitutem generat, quia facit eos carnalis timor et cupiditas
10 seruos, non euangelica fides et spes et caritas liberos. sub gratia uero
positi, quos uiuificat spiritus, ex fide ista faciunt, quae per dilectionem operatur, in spe honorum non carnalium, sed spiritalium, non
terrenorum, sed caelestium, non temporalium, sed aeternorum praecipue credentes in mediatorem, per quem sibi non dubitant et spiri-
15 tum gratiae subministrari, ut bene ista faciant, et ignosci posse cum
peccant. hi pertinent ad testamentum nouum, filii promissionis, regenerati deo patre et libera matre. huius generis fuerunt antiqui
omnes iusti et ipse Moyses testamenti minister ueteris, heres noui,
quia ex fide qua nos uiuimus una eademque uixerunt incarnationem
20 passionem resurrectionemque Christi credentes futuram, quam
nos credimus factam, usque ad ipsum Iohannem Baptistam tamquam praeteritae dispensationis limitem quendam, qui mediatorem
ipsum non aliqua umbra futuri uel allegorica significatione uel ulla
prophetica praenuntiatione uenturum esse significans, sed digito
25 demonstrans ait: e c c e a g n u s d e i, e c c e q u i t o l l i t p e c-
c a t u m m u n d i, tamquam dicens: 'quem multi insti uidere con-
cupiuerunt, in quem uenturum ab ipsius humani generis initio

3 cf. Rom. 6, 14   5. 11 cf. II Cor. 3, 6   9 cf. Gal. 4, 24   11 cf. Gal. 5, 6
16 cf. Rom. 9, 8   23 cf. Col. 2, 17   25 Ioh. 1, 29

f. B   1 alt. ne om. Om1   est om. D   2 legis—507, 16 sufficit tibi in B desunt
3 constitutus] custodire O   4 haec om. D   plane O (a s. e m1)   faciunt om. C
5 ante felic. eras. uid. futuram O   cupiditatem OV   6 a●mittendi O   7 quia D
peccatur]peccatum CDbd   commutatur EFd; mutatur—uel om. Db   8 pertinentes V
9 se uirtutem Om1   generant Cm1   carnales V   11 ex] et Vb   fidē istā V
per dilectione V   16 pro●●●sionis V (mis eras.)   et regenerationis a deo D et
regenerati a deo b   17 patre om. O   18 heres nouus V   20 passionemque Cm1
resurrectionemque C (que s. l. m2)   21 baptismum EF   tamquam] quā C
quasi EFd   23 adlegorica V   uel nulla EF   24 pronuntiatione O   25 peccata O
26 cupierunt CEF   concupierunt Dbd   27 ab V (b s. eras. d)

crediderunt, de quo Abrahae dictae sunt promissiones, de quo scripsit Moyses, de quo lex et prophetae sunt testes, e c c e a g n u s d e i,
e c c e q u i t o l l i t p e c c a t u m m u n d i'. ab hoc Iohanne et deinceps coeperunt de Christo fieri praeterita uel praesentia, quae ab illis
omnibus anterioris temporis iustis credebantur, sperabantur, desi- 5
derabantur futura. eadem igitur fides est et in illis, qui nondum nomine, sed re ipsa fuerunt antea Christiani, et in istis, qui non solum
sunt, uerum etiam uocantur, et in utrisque eadem gratia
per spiritum sanctum. unde dicit apostolus: h a b e n t e s
a u t e m e u n d e m s p i r i t u m f i d e i s e c u n d u m q u o d 10
s c r i p t u m e s t: c r e d i d i, p r o p t e r q u o d l o c u t u s
sum, et nos c r e d i m u s, p r o p t e r q u o d e t l o q u i m u r.

12. Aliter itaque dicitur iam obtinente loquendi consuetudine
uetus testamentum lex et prophetae omnes, qui usque ad Iohannem
prophetauerunt — quod distinctius netus instrumentum quam netus 15
testamentum uocatur—,aliter autem sicut apostolica appellat auctoritas sine hoc nomen exprimens siue significans. exprimit enim, ubi
dicit: u s q u e i n h o d i e r n u m d i e m, q u a m d i u l e g i t u r
M o y s e s, i d i p s u m u e l a m e n i n l e c t i o n e u e t e r i s
t e s t a m e n t i m a n e t, q u o d n o n r e u e l a t u r, q u i a i n 20
C h r i s t o e u a c u a t u r. sic enim utique netus testamentum ad
Moysi rettulit ministerium. item dicit: u t s e r u i a m u s i n n o u i-
t a t e s p i r i t u s e t n o n i n u e t u s t a t e l i t t e r a e, id ipsum significans testamentum nomine 'litterae'. item alio loco:
q u i e t i d o n e o s n o s f e c i t, inquit, m i n i s t r o s n o u i 25
t e s t a m e n t i n o n l i t t e r a e, s e d s p i r i t u s; l i t t e r a
e n i m o c c i d i t, s p i r i t u s a u t e m u i u i f i c a t. et hic per
commemorationem noui illud utique uetus intellegi uoluit. multo

2 Ioh. 1, 29   9 II Cor. 4, 13   18 II Cor. 3, 14. 15   22 Rom. 7, 6
25 II Cor. 3, 6

!ef. B   1 Abrahae—quo *om. Om1*   promissionis *V*   2 agnus dei ecce *om.D*
3 peccata*O*   4 ceperunt*Om1*   5 et desiderabantur (*om.* sperabantur) *V*   6 est
om.OCD   illis *O* (is *s. ras. m2*)   7 ante*O*   8 etiam] *add.* et*F*   eadem—dicit
add. Om3   11 et locutus sum *CF*   13 dine—prophetae *in mg. Om2*   15 prophetauerunt *O* (uerunt *add. m2*)   16 appellat⁎⁎ *V* (ur *eras.*)   appellat auctoritas *m1*
ex appellata neritas *O*   18 dicitur *CEF*   usque *om. O*   hodiernam *C*
19 uelamtū *C*   22 retulit *codd. praet. OC*   23 in] et *C*   24 item] *add.* dicit *D*
25 idoneus *V*   inquit *om.DEFbd*   26 littera *Ob*   spū *O*   27 enim *om.O*

autem euidentius, quamuis non dixerit aut netus aut nouum, duo
ipsa testamenta distinxit per duos filios Abrahae, unum de ancilla,
alium de libera, quod iam superius commemorauimus. quid enim
expressius quam ut diceret: dicite mihi sub lege uolentes
5 esse: legem non audistis? scriptum est enim
quod Abraham duos filios habuit, unum de
ancilla et unum de libera. sed ille quidem qui
de ancilla secundum carnem natus est, qui
autem de libera, per repromissionem. quae sunt
10 in allegoria; haec enim sunt duo testamenta,
unum quidem a monte Sina in seruitutem generans, quod est Agar — Sina enim mons est in
Arabia, quae coniuncta est huic quae nunc
est Hierusalem; seruit enim cum filiis suis —,
15 quae autem sursum est Hierusalem, libera
est, quae est mater nostra. quid clarius, quid certius,
quid ab omni obscuritate atque ambiguitate remotius? et paulo
post: nos autem fratres, inquit, secundum Isaac
promissionis filii sumus. item paulo post: nos
20 autem, fratres, non sumus ancillae filii, sed
liberae; qua libertate Christus nos libera-
uit. eligamus igitur utrum antiquos iustos ancillae filios dicamus
an liberae. absit autem ut ancillae; ergo si liberae, ad nouum
pertinent testamentum in spiritu sancto, quem uiuificantem litterae
25 occidenti opponit apostolus. nam quo pacto ad gratiam noui testamenti non pertinent hi, de quorum dictis et libris istos eiusdem gratiae
dementissimos et ingratissimos inimicos refellendo conuincimus?

13. Sed dicet aliquis: 'quomodo uetus appellatur, quod post
quadringentos et triginta annos factum est per Moysen, et nouum

4 Gal. 4, 21—26   18 Gal. 4, 28   19 Gal. 4, 31   28 cf. Gal. 3, 17

1. B   2 destinxit V   duos om. O   3 aliud O; alium—lin. 7 ancilla om. EF   5 lege•O
6 quod O (d s.l.m2) quoniam DEFbd   ab abraham O   abuit V   9 repro-
missiones O(s /in. s. eras. m)   11 a montě V in monte Dbd   12 quae EF   13 qui
coniunctus est EF   14 hyerusalem V ierusalem D   16 quid clarius om. V
17 remotius] add. promissionis filiis Dbd   18 isac D   19 item] Et EF   21 libera••••-
uit O (bera eras.)   22 dicam C   23 an] non O   si s.l.Om1 filii Db   24 quąem V
26 pertinet Om1   de om.O   dic•tis O   27 refellendos EF   29 quadrigentos V   pr. et om.CV

dicitur, quod ante tot annos factum est ad Abraham?' qui ex hoc
non litigiose, sed studiose mouetur, intellegat primum, quia si ex
anteriore tempore dicitur uetus, ex posteriore autem nouum, reue-
lationes eorum considerantur in his nominibus, non institutiones.
per Moysen quippe reuelatum est testamentum netus, per quem 5
lex data est sancta et iusta et bona, per quam fieret non abolitio,
sed cognitio peccati, qua conuincerentur superbi suam iustitiam
uolentes constituere, quasi diuino adiutorio non egentes, et rei facti
litterae confugerent ad spiritum gratiae non sua iustitia iustificandi,
sed dei, hoc est quae illis esset ex deo. nam, sicut idem apostolus 10
loquitur, p e r l e g e m c o g n i t i o p e c c a t i. n u n c
a u t e m s i n e l e g e i u s t i t i a d e i m a n i f e s t a t a e s t,
t e s t i f i c a t a p e r l e g e m e t p r o p h e t a s. lex quippe eo ipso,
quod in ea nemo iustificatur, testimonium perhibet iustitiae dei;
q u o d enim in l e g e n e m o i u s t i f i c a t u r a p u d d e u m, 15
m a n i f e s t u m e s t, q u i a i u s t u s e x f i d e u i u i t. sic ergo
cum lex non iustificat inpium de praeuaricatione conuictum,
mittit ad iustificantem deum atque ita iustitiae dei perhibet testimonium; prophetae uero testimonium perhibent iustitiae dei prae-
nuntiando Christum, q u i f a c t u s e s t n o b i s s a p i e n t i a a a 20
d e o e t i u s t i t i a e t s a n c t i f i c a t i o e t r e d e m p t i o,
u t, q u e m a d m o d u m s c r i p t u m e s t, q u i g l o r i a t u r,
i n d o m i n o g l o r i e t u r. erat autem occulta ista lex ab initio,
cum homines iniquos natura ipsa conuinceret aliis facientes, quod
sibi fieri noluissent. reuelatio autem noui testamenti in Christo facta 25
est, cum est manifestatus in carne; in quo apparuit iustitia dei, id est
quae hominibus ex deo est. sic enim ait: n u n c a u t e m s i n e
l e g e i u s t i t i a d e i m a n i f e s t a t a e s t. ecce qua causa illud
dicitur uetus testamentum, quia priore, hoc autem nouum, quia
posteriore tempore reuelatum est. deinde quia testamentum uetus 30

    6 cf. Rom. 7, 12   7 cf. Rom. 7, 7. 10, 3   11 Rom. 3, 20. 21   15 Gal. 3, 11
20 I Cor. 1, 30. 31   27 Rom. 3, 21

!ef. B   2 quia om. V   si om. Db cum d   4 cōmunibus C omnibus EF   6 data
est lex EFbd   quem OCEF   7 quia D   9 gratiae spiritum DEFbd   10 in illis O
essent D   sicut] si cum V   11 legem] add. enim O   14 quo codd. praeter V
testimonium—iustificatur om. V   perhibe⋆t O   18 perhibent C   tentimonium C
25 uoluissent Om1   27 sic] hic E hinc Fd   29 testamentum uetus O   priore⋆O
30 uelatum Om1

pertinet ad hominem ueterem, a quo necesse est hominem incipere,
nouum autem ad hominem nouum, quo debet homo ex uetustate
transire, ideo in illo sunt promissa terrena, in isto promissa caelestia,
quia et hoc ad misericordiam dei pertinuit, ne quisquam uel ipsam
5 terrenam qualemcumque felicitatem nisi a domino creatore uniuersitatis putet cuiquam posse conferri. sed si propter illam colatur
deus, seruilis est cultus pertinens ad filios ancillae, si autem
propter ipsum deum, ut in aeterna uita sit deus omnia in omnibus,
liberalis est seruitus pertinens ad filios liberae, quae est mater nostra
10 aeterna in caelis. quae prius tamquam sterilis apparebat, quando
perspicuos filios non habebat, nunc autem uidemus, quod de illa
prophetatum est: l a e t a r e, s t e r i l i s, q u a e n o n p a r i s,
e r u m p e e t e x c l a m a, q u a e n o n p a r t u r i s, q u i a
m u l t i f i l i i d e s e r t a e magis quam eius quae habet
15 u i r u m, id est 'magis quam illius Hierusalem, quae legis quodammodo uinculo maritata est et seruit cum filiis suis'. tempore
igitur ueteris testamenti spiritum sanctum in eis, qui etiam
tune secundum Isaac promissionis filii erant, non solum adiutorem,
quod isti suo dogmati sufficere existimant, uerum etiam largitorem
20 dicimus fuisse uirtutis, quod isti negant libero eam potius arbitrio
tribuentes contradicentibus illis patribus, qui sciebant ad
dominum ueraci pietate clamare: d i l i g a m t e, d o m i n e,
u i r t u s m e a!

    V. 14. Aiunt etiam, 'quod omnes apostoli uel prophetae non
25 pleno sancti definiantur a nobis, sed in conparatione peiorum minus
malos eos fuisse dicamus et hanc esse iustitiam, cui deus testimonium perhibet, ut quomodo dicit propheta iustificatam Sodomam
conparatione Iudaeorum, sic etiam nos criminosorum conparatione

8 cf. I Cor. 15, 28   9. 16 cf. Gal 4, 26   12 Esai. 54, 1   18 cf. Gal. 4, 28
22 Ps. 17, 2   24 Iulianus   27 cf. Ezech. 16, 46 sqq.

cf. B   1 ad 's.l.Om2   ueterem—hominem *in mg. Om2*   2 quod ibet O   4 dei
misericordiam DEFbd   5 felicitate C   si C   creatore•O   6 sed ipsi C ˙ 8 dnm O
10 apparebit V   12 latere C   paris—non *in mg.* D   13 erumpe—parturis om O
clama Db ˙   15 quam om.O   illa •(a *in ras.*) V   illa OCEF   hyerusalem V
iesus EF   18 ysaae C isahac D   19 aestimant O   20 fuisse dicimus O   eam
bis pon. ᴜ   22 deum CEFbd   nera CEFV   24 aiunt O (aiu *add.m2*)   25 planę D
plenae V   non definiantur E   *ante* a *eras.* qu V   26 eos malos Db   27 ut om.C
iustificata C   28 iudeorum V   nos V (s *s. eras.* str)

dicamus sanctos aliquam exercuisse uirtutem'. absit, ut ista dicamus, sed aut non ualent intellegere aut nolunt aduertere aut calumniandi studio dissimulant se scire quod dicimus. audiant ergo uel
ipsi uel potius hi quos idiotas et ineruditos decipere moliuntur. nostra
fides, hoc est catholica fides, iustos ab iniustis non operum, sed ipsa 5
fidei lege discernit, quia iustus ex fide uiuit. per quam discretionem
fit, ut homo ducens uitam sine homicidio, sine furto, sine falso testimonio, sine appetitu rei ullius alienae, parentibus honorem debitum
reddens, castus usque ad continentiam ab omni omnino concubitu,
etiam coniugali, elemosynarum largissimus, iniuriarum patientissi- 10
mus, qui non solum non auferat aliena, sed nec sua reposcat
ablata   uel   etiam   uenditis   omnibus   suis   erogatisque in
pauperes nihil suum propriumque possideat, cum suis tamen istis
uelut laudabilibus moribus, si non in deum fidem reetam et catholicam teneat, de hac uita damnandus abscedat. alius autem — habens 15
quidem opera bona ex fide recta, quae per dilectionem operatur, non
tamen ita ut ille bene moratus incontinentiam suam sustentat honestate nuptiarum, coniugii carnale debitum et reddit et repetit nec
sola propagationis causa, uerum etiam uoluptatis quamuis cum sola
uxore concumbit, quod coniugatis secundum ueniam concedit aposto- 20
lus, iniurias non tam patienter accipit, sed ulciscendi cupiditate
fertur iratus, quamuis, ut possit dicere: s i c u t e t n o s d i m i t -
t i m u s d e b i t o r i b u s n o s t r i s, rogatus ignoscat, possidet
rem familiarem, faciens inde quidem elemosynas, non tamen quam
ille tam largus, non aufert aliena, sed quamuis ecclesiastico iudicio, 25
non forensi tamen repetit sua — nempe iste qui moribus illo uidetur

6 cf. Rom. 1, 17. Hab. 2, 4. Gal. 3, 11   7 cf. Matth. 19, 18—21   16 cf.
Gal. 5, 6   18. 20 cf. I Cor. 7, 3. 6   22 Matth. 6, 12

J. B   1 aliquos sc̄s *b*   exercuisse *O* (c *s. eras. litt.*)   2 auertere *V*   3 nescire
F (n *s.l.*)   4 hidiotas *C*   7 docens *V*   8 appetitur ei *V*   9 redden*s *O*   concu-
pitu *Om1*   10 elemosinarum *O* helemosinarum *CD*   largissimos *V*   iniuriarum
pat. om. *V*   11 repos*cat *O* (at *add. m2*)   13 paures *O*   proprium *Db*   14 si—
catholicam *in mg. O*   15 abscedet *O*   habens *om. D*   16 quidem *om. C*   que *Om1*
per *s.l. Om2*.   17 ista *D*   bene moratus] mortuus *O* moratus *CD* morigeratus *EF*
honestate*V*   18 coniugi *CEFV*   carnalis *bd*   reppetit *O*   19 propaginis *D*
uoluntatis *V*   21 tamen non *b*   accepit *V*   24 elymosinas *O* helemosinas *C*
elemosinas *D*   tam largas quam ille *Db*   qua *O*   25 largas *DEFbd*   non] qui
non *EF*   auferri *V* aufret *C* auferat *Db*

inferior propter reetam fidem quae illi est in deum, ex qua uiuit et
secundum quam in omnibus delictis suis se accusat, in omnibus bonis
operibus deum laudat sibi tribuens ignominiam, illi gloriam atque
ab ipso sumens et indulgentiam peccatorum et dilectionem recte
5 factorum, de hac uita liberandus et in consortium cum Christo
regnaturorum recipiendus emigrat. quare nisi propter fidem? quae
licet sine operibus neminem saluat — ipsa est enim non reproba
fides, quae per dilectionem operatur —, tamen per ipsam etiam peccata soluuntur, quia iustus ex fide uiuit, sine ipsa nero etiam quae
10 uidentur bona opera in peccata uertuntur; o m n e enim q u o d
n o n e s t e x f i d e, p e c c a t u m e s t. et fit propter hanc maximam differentiam, ut, cum dubitante nullo perseuerans uirginalis
integritas coniugali castitate sit potior, tamen mulier etiam bis
nupta catholica professae uirgini hereticae praeferatur nec ita prae-
15 feratur, ut ista melior sit in dei regno, sed ut illa ibi non sit omnino.
nam et ille, quem uelut melioribus descripsimus moribus, si adsit
ei fides recta, superat illum alterum, sed ambo illic crunt; si autem
fides ei desit, sic ab illo superatur, ut ipse ibi non sit.

　　15. Cum itaque iusti omnes et antiquiores et apostoli ex fide
20 uixerint recta, quae est in Christo Iesu domino nostro, moresque tam
sanctos cum fide habuerint, ut licet non tam perfectae uirtutis in hac
uita esse potuerint, quam post hanc uitam futura est, tamen quidquid peccati ex humana infirmitate subreperet, pietate ipsius fidei
continuo deleretur — unde fieri potest, ut in conparatione iniquorum,
25 quos damnaturus est deus, iustos eos fuisse dicendum sit, cum per
piam fidem tam in contrarium ab illis impiis sint remoti, ut clamet
apostolus: q u a e p a r s f i d e l i c u m i n f i d e l i? —, sed uidelicet
noui heretici Pelagiani religiosi amatores et laudatores uidentur
sibi esse sanctorum, si non audeant dicere inperfectae illos fuisse uir-
30 tutis, cum hoc confiteatur uas electionis, qui considerans ubi adhuc

　　　8 cf. Gal. 5, 6　　9 cf. Rom. 1, 17　　10 Rom. 14, 23　　27 II Cor. 6, 15
30 cf. Act. 9, 15

cf. B　　1 est om.O　　2 excusat F　　bonis om.O　　3 laudat deum D　　tribuens
ex retribuens O　　4 directionem EF　　5 consortio V　　7 saluit V　　enim est EFbd
10 peccatum D　　11 et om.V　　12 differentia V　　13 coniugatur C　　15 omnino
non sit Db　　16 si om.D　　17 sed] si b　　19 iti V　　et antiquiores bis pon. D
ppli C　　20 uixerint O (i fin. ex u)　　22 post quam add. quae EFd　　post hanc
uitam quae Db　　ante tamen eras. cū O　　23 subreperet ex subriperet O subrepserit Db
fidei om.F　　24 deletur O　　27 infidele O　　28 pelagiani noui heretici EFd　　religionis Db

esset et quia corpus, quod corrumpitur, adgrauat animam: n o n
q u i a i a m a c c e p e r i m, ait, a u t i a m p e r f e c t u s s i m,
f r a t r e s, e g o m e i p s u m n o n a r b i t r o r a d p r e h e n-
d i s s e. et paulo post tamen, qui se negauerat esse perfectum:
q u o t q u o t e r g o p e r f e c t i, inquit, h o c s a p i a m u s, ut ₅
ostenderet secundum istius uitae modum esse quandam perfectionem
eique perfectioni hoc quoque deputari, si se quisque nouerit nondum
esse perfectum. quid enim excellentius in ueteri populo sacerdotibus
sanctis? et tamen eis praecepit deus sacrificium pro suis primitus
offerre peccatis. et quid sanctius in nono populo apostolis? et tamen ₁₀
praecepit eis dominus in oratione dicere: d i m i t t e n o b i s d e-
b i t a n o s t r a. omnium igitur piorum sub hoc onere corruptibilis
carnis et in istius uitae infirmitate gementium spes una est, quod
a d u o c a t u m h a b e m u s a p u d p a t r e m I e s u m
C h r i s t u m i u s t u m; e t i p s e e s t e x o r a t i o p e c c a- ₁₅
t o r u m n o s t r o r u m.

VI. 16. Istum aduocatum non habent illi, qui sunt a iustis
— etiamsi sola ista esset differentia — in contrarium longeque discreti. quem iustum aduocatum absit ut dicamus, sicut ipsi calumniantur, 'carnis necessitate mentitum', sed dicimus eum in simili- ₂₀
tudine carnis peccati de peccato damnasse peccatum. quod fortasse
isti non intellegentes et calumniandi cupiditate caecati quam
diuersis modis peccati nomen in scripturis sanctis poni soleat ignorantes peccatum Christi adfirmare nos iactant. dicimus itaque Christum
et nullum habuisse peccatum nec in anima nec in carne et suscipiendo ₂₅
carnem in similitudine carnis peccati de peccato damnasse peccatum.
quod subobscure ab apostolo dictum duobus modis soluitur: sine

---

·   1 cf. Sap. 9, 15   Phil. 3, 12. 13   5 Phil. 3, 15   9 cf. Leu. 9, 7. 16, 6
11 Matth. 6, 12   14 I Ioh. 2, 1. 2   20 Iulianus   cf. Rom. 8, 3

f. B   · 1 quia] quod *O*   3 ipsum *om O*   5 quodquot *V*   8 quid enim perfectius quidue
excellentius *EFd*   uetere *V*   9 et—apostolis *cm. EF*   p̄cipit *OmID*   primitus pro
suis *EFbd*   10 et] uel *O*   s*anctius *O* (c *m2s.l.*)   11 p̄cipit *OmIC*   12 priorum *OV*
*onere *V* onere *ex* honore *Cm1*   corruptiuilis *O*   14 ad patrem *CEFd*   16 nostrum *b*
17 istum] iustum *EFd*   sint *V*   19 aduocatum—mentitum *om. V*   ipsi] isti *CD*
20 mentitum *O* (t *fin.s.l.*)   similitudinem *EFV*   22 isti] ipsi *V*   calumpni *E*
cupiditate*O*   23 ignorantes hoc dicunt: Quomodo enim perfectae est iustitiae
qui esurit et sitit iustitiam? Si magnus (magna *F*) est cum ab illo (*pag. 506, 24*)
celeris om. EF 25 animam *V* 26 similitudinē *OV* 27 subobscuro *O* subobscurᵃre *C*

quia rerum similitudines solent earum rerum nominibus nuncupari,
quarum similes sunt, ut ipsam similitudinem carnis peccati uoluisse
intellegatur apostolus appellare peccatum, sine quia sacrificia pro
peccatis peccata appellabantur in lege, quae omnia figurae fuerunt
5 carnis Christi, quod est uerum et unicum sacrificium pro peccatis
non solum his, quae uniuersa in baptismate diluuntur, uerum etiam
his, quae post ex huius uitae infirmitate subrepunt. propter quae
cotidie uniuersa in oratione ad deum clamat ecclesia: d i m i t t e
n o b i s   d e b i t a   n o s t r a, et dimittuntur nobis per singulare
10 sacrificium pro peccatis, quod apostolus secundum legem loquens
non dubitauit appellare peccatum. unde est etiam illud eius multo
euidentius nec aliquo biuio cuiusquam ambiguitatis incertum: o b-
s e c r a m u s   p r o   C h r i s t o   r e c o n c i l i a r i   d e o. ·e u m
q u i   n o n   n o u e r a t   p e c c a t u m   p r o   n o b i s   p e c c a t u m
15 f e c i t, u t   n o s   s i m u s   i u s t i t i a   d e i   i n   i p s o. nam quod
superius commemoraui: d e   p e c c a t o   d a m n a u i t   p e c-
c a t u m, quia non dictum est 'de peccato suo', potest quispiam
sic intellegere, ut dicat eum de peccato Iudaeorum damnasse peccatum, quia de peccato eorum, qui eum crucifixerunt,
20 factum est, ut sanguinem suum in remissionem funderet peccatorum;
hoc nero, ubi dicitur deus ipsum Christum, qui non nouerat peccatum, fecisse peccatum, non mihi conuenientius uidetur intellegi
quam Christum factum sacrificium pro peccatis et ob hoc appellatum
esse peccatum.

25   VII. 17. Quis autem ferat eos obicere nobis, 'quod post resurrectionem tales processus futuros esse dicamus, ut ibi incipiant homines quae hic noluerint dei mandata complere', quoniam dicimus
ibi omnino nullum futurum esse peccatum nec cum aliqua peccati
cupiditate conflictum, tamquam ipsi audeant hoc negare? sapien-
30 tiam quoque et cognitionem dei tune perfici in nobis et in
domino tantam exultationem, ut ea sit plena et nera securitas,

   3 cf. August. in Hept. IV 31 (CSEL XXVIII 339, 30)   8 Matth. 6, 12
12 II Cor. 5, 20. 21   16 Rom. 8, 3   25 Iulianus

EF   2 quarum similitudines *O*   4 figurę *bis pon. D*   8 cottidie *O* in oratione *om. V*
12 alice *V*   biuio] dubio *O*   16 commemorauit *OC*   18 iudeorum *V*   19 quia
bis pon. D   21 nero] nerbo *Db*   pece. fecisse peccatum non mihi *O*   25 nobis *om. C*
26 futurus *V*   27 uoluerint *V*   cōple••re *O*   28 peccati *V* (*i s. eras.* a)   29 copidi-
tate *V*   30 cognitionen *O*   perficit *V* (*om.* in)   31 tantum *V*   securitas] felicitas *O*

quis negabit, nisi tam sit auersus a uero, ut ob hoc ad eam peruenire non possit? uerum.haec non erunt in praeceptis, sed in eorum quae hic obseruanda sunt praemio praeceptorum. quorum quidem praeceptorum contemptus illuc non perducit ad praemium, sed hic studium praecepta seruandi gratia dei tribuit. quae si quid etiam in eis 5 praeceptis minus seruatur, ignoscit, propter quod orando dicimus et: f i a t u o l u n t a s t u a, et: d i m i t t e n o b i s d e b i t a n o s t r a. hic ergo praeceptum est, ut non peccemus, ibi praemium non posse peccare; hic praeceptum est, ut desideriis peccati non oboediamus, ibi praemium, ut desideria peccati non habeamus; 10 hic praeceptum est: i n t e l l e g i t e e r g o q u i i n s i p i e n t e s e s t i s i n p o p u l o e t s t u l t i a l i q u a n d o s a p i t e, ibi praemium·est plena sapientia et perfecta cognitio — u i d e m u s enim n u n c p e r s p e c u l u m i n a e n i g m a t e, ait apostolus, t u n c a u t e m f a c i e a d f a c i e m. n u n c s c i o e x p a r t e, t u n e 15 a u t e m c o g n o s c a m s i c u t e t c o g n i t u s s u m —; hic praeceptum est: e x u l t a t e d e o a d i u t o r i n o s t r o, et: e x u l- t a t e, i u s t i, i n d o m i n o, ibi praemium est exultare perfecto et ineffabili gaudio; postremo in praecepto positum est: b e a t i q u i e s u r i u n t e t s i t i u n t i u s t i t i a m, in praemio autem: 20 q u o n i a m i p s i s a t u r a b u n t u r. unde, quaeso, saturabuntur, nisi quod esuriunt et sitiunt? quis igitur ita non solum a diuino, sed a sensu quoque abhorret humano, qui dicat in homine tantam esse posse iustitiam, cum ab illo esuritur et sititur, quanta erit, cum ex illa saturabitur? quando autem esurimus sitimusque iustitiam, 25 si fides Christi uigilat in nobis, quid nos nisi Christum esurire ac sitire credendum est? q u i f a c t u s e s t n o b i s s a p i e n t i a a d e o e t i.u s t i t i a e t s a n c t i f i c a t i o e t r e d e m p t i o, u t, q u e m a d m o d u m s c r i p t u m e s t, q u i g l o r i a t u r,

7 Matth. 6, 10. 12   9 cf. Rom. 6, 12   11 Ps. 93, 8   13 I Cor. 13, 12
17 Ps. 80, 2   Ps. 32, 1   19 Matth. 5, 6   27 I Cor. 1, 30. 31

EF   1 negauit OV   auersus sit bd   a*uersus O   pertinere O   4 illuc O
(c ex d) illud CD illo bd   5 quid] quidem O   9 non] esse non O   peccatis V
11 hic hic O   12 praemium est om. V   14 enigmate O   tune] nunc C   15 facie*V
nunc] add. autem O   ex parte] ex purgate C   18 praemium] praeceptum V
perfecto ex profecto O   23 as*enso V (c eras.)   homine*O hominem V   tantū Om1
24 a uoce cum inc. EF   25 ex s.l. O   esurimus autem b   autem om. D
esurimus et D   et sitimus EF   26 si om O   27 est om.V   a nobis C

in d o m i n o g l o r i é t u r. et quia modo in eum non uidentes credimus, ideo sitimus esurimusque iustitiam. quamdiu enim s u m u s
in c o r p o r e, p e r e g r i n a m u r a d o m i n o; p e r f i d e m
e n i m a m b u l a m u s, n o n p e r s p e c i e m. quem cum
5 uiderimus peruenientes utique ad speciem, exultabimus gaudio
inenarrabili et tune iustitia saturabimur, quia nunc ei desiderio pio
dicimus: s a t u r a b o r, c u m m a n i f e s t a b i t u r g l o r i a t u a.

18. Quam uero est non dico inpudens, sed insana superbia nondum esse aequales angelis dei et putare se iam posse habere iustitiam
10 aequalem angelis dei nec intueri tam magnum et sanctum
uirum, qui utique ipsam iustitiae perfectionem esuriebat atque
sitiebat, quando magnitudine reuelationum nolebat extolli; nec
tamen, ut non extolleretur, arbitrio suo uoluntatique commissus
est, sed accepit stimulum carnis, angelum satanae, qui eum colaphi-
15 zaret. propter quod ter dominum rogauit, ut discederet ab eo, et
dixit ei dominus: s u f f i c i t t i b i g r a t i a m e a; n a m u i r t u s
in i n f i r m i t a t e p e r f i c i t u r. quae uirtus, nisi ad quam
pertinet non extolli? et quis dubitat hoc ad iustitiam pertinere?
huius igitur iustitiae perfectione sunt praediti angeli dei, qui semper
20 uident faciem patris ac per hoc totius trinitatis, quia per filium
uident in spiritu sancto. nihil est autem ista reuelatione sublimius;
nec tamen angelorum quisquam illa contemplatione laetantium
necessarium habet angelum satanae, a quo colaphizetur, ne illum
tanta magnitudo reuelationis extollat. hanc perfectionem uirtutis
25 utique nondum habebat apostolus Paulus, nondum aequalis angelis
dei, sed inerat illi extollendi se infirmitas, quae per angelum etiam
satanae fuerat conprimenda, ne reuelationum magnitudine extolleretur. quamquam itaque ipsum satanam elatio prima deiecerit,

2 II Cor. 5, 6. 7   5 cf. I Petr. 1, 8   7 Ps. 16, 15   12 cf. II Cor. 12, 7. 8
16 II Cor. 12, 9   19 cf. Matth. 18, 10

'ef. B   2 sit. et esurimus D   quandiu O   4 inuenerimus D,b (in mg. al uiderimus)
5 exultauimus Om1V   6 ei] ex V (x in ras. m2)   pio desiderio EFd   ex desiderio b   7 cum] dū O   manifestatur C   10 sanctum] s̄pal̄ē D,b (in mg. al s̄cm)
12 noluit b   13 non om. EF   commissum est CEF   14 accipit O   colafizet O
15 dominum ter DEFbd   ut] et C   descederet V   16 dixitque (om. et) EFd
dominus om. D   uoce gratia inc. B   17 nisi om. D   19 perfectione bis pon. D
praedicti O   20 fidẹlium B   21 ni⋆hil O   23 a om. V   24 multitudo D   perfectionem ex profectionem O   25 alt. non D   equalis erat equalis dei B
27 reualationum B   28 satanna O (na s.l. m2) satanan V

tamen summus ille medicus, qui bene uti nouit etiam malis, de angelo
satanae adhibuit contra elationis uitium salubre quamuis molestum
medicamentum, sicut fieri consueuit antidotum etiam de serpenti-
bus contra nenena serpentum. quid est ergo: s u f f i c i t t i b i
g r a t i a m e a, nisi ne deficiendo succumbas sub colapho angeli 5
satanae? et quid est: u i r t u s i n i n f i r m i t a t e p e r f i c i t u r,
nisi quia in isto loco infirmitatis hactenus perfectio potest esse uirtutis, ut ipsa infirmitate praesente elatio reprimatur? quae utique
infirmitas futura inmortalitate sanabitur. quomodo est enim dicenda
sanitas plena, ubi etiam de angeli satanae colapho adhuc est neces- 10
saria medicina?

　　19. Ex hoc factum est uirtutem, quae nunc est in homine iusto,
perfectam hactenus nominari, ut ad eius perfectionem pertineat
etiam ipsius inperfectionis et in ueritate cognitio et in humilitate
confessio. tunc enim est secundum hanc infirmitatem pro suo mo- 15
dulo perfecta ista parua iustitia, quando etiam quid sibi desit intellegit. ideoque apostolus et inperfectum et perfectum se dicit:
inperfectum scilicet cogitando, quantum illi ad iustitiam desit, cuius
plenitudinem adhuc esurit ac sitit, perfectum autem, quod et suam
inperfectionem confiteri non erubescit et ut perueniat bene procedit, 20
sicut possumus dicere perfectum esse uiatorem, cuius bene promouetur accessio, quamuis non perficiatur intentio, nisi fuerit facta
peruentio. propterea cum dixisset: s e c u n d u m i u s t i t i a m,
q u a e i n l e g e e s t, q u i f u e r i m s i n e q u e r e l l a, mox addidit: q u a e m i h i l u c r a f u e r u n t, h a e c p r o p t e r 25
C h r i s t u m d a m n a e s s e d u x i. u e r u m t a m e n e t a r-
b i t r o r o m n i a d a m n u m e s s e p r o p t e r e m i n e n t e m
s c i e n t i a m C h r i s t i I e s u d o m i n i n o s t r i, p r o p t e r
q u e m o m n i a n o n s o l u m d e t r i m e n t a c r e d i d i,

---

4. 6 II Cor. 12, 9　　17 cf. Phil. 3, 12. 15　　23 Phil. 3, 6—9

　　1 summis C　　2 salubrae V　　3 anthidotum BCD　　4 serpentium b
5. 10 calafo B　　7 actenus OC eatenus EF　　perfectio ex perfici O　　non potest
esse O　　8 in ipsa inf. b　　9 enim est V ·.　　10 est necessaria—factum est s.l.Om2
12 hoc] quo D　　13 perfecta V　　actenus O eatenus EF　　15 hanc O (n s. eras·
litt.)　　17 et perfectum om.OB　　19 exurit B　　ac] et O　　et ex est O　　21 promouetur]
promeretur OB　　24 querella C　　25 quem V　　haec] add mihi OB　　29 detrimentum V detrim̄ C

uerum etiam stercora existimaui esse, ut Christum lucrifaciam et inueniar in illo non habens
meam iustitiam quae ex lege est, sed eam quae
est per fidem Christi, quae est ex deo iustitia·
5 in fide. ecce apostolus secundum iustitiam, quae ex lege est, sine
querella se fuisse non utique mendaciter dicit et tamen haec quae
illi lucra fuerunt abicit propter Christum et damna, detrimenta et
stercora existimat non solum haec, sed et cetera omnia, quae supra
commemorauit, propter non qualemlibet, sed eminentem,
10 sicut ipse dicit, scientiam Christi Iesu domini
nostri, quam procul dubio adhuc in fide habebat, nondum in
specie. tunc erit enim eminens Christi scientia, quando fuerit ita·
reuelatus, ut quod creditur uideatur. unde alio loco ita dicit:
mortui enim estis et uita uestra abscondita·
15 est cum Christo in deo. cum Christus apparuerit, uita uestra, tunc et uos apparebitis cum illo·
in gloria. hinc et ipse dominus: qui diligit me, inquit,
diligetur a patre meo, et ego diligam eum et
manifestabo me ipsum illi. hinc Iohannes euangelista:
20 dilectissimi, inquit, filii dei sumus, et nondum
apparuit quod erimus. scimus quia, cum apparuerit, similes ei erimus, quoniam uidebimus
eum sicuti est. tunc erit eminens Christi scientia; nunc enim
est quidem abscondita in fide, sed nondum eminens apparet in
25 specie.

    20. Abicit ergo illa beatus Paulus praeterita iustitiae suae tam-
quam detrimenta et stercora, ut Christum lucrifaciat et inueniatur·

14 Col. 3, 3. 4   17 Ioh. 14, 21   20 I Ioh. 3, 2   27 cf. Phil. 3, 8. 9

    1 etiam] tamen *V*   esse existimaui *D* existimauit etiam *C*   3 sed ea *V*
4 ex fide *V*   7 damna *om· D*   et *s. l. B, om. OCEFbd*   8 hoc *OBEFV*
super *V*   9 commemoraui *O*   eminentem *Op.c.*   10 sicut ipse dicit *om·V*
12 enim erit *Ebd*   enim *om.OF* · emines *Oml* emimeminens *B*   13 uideatur];
reuelatur *F*   14 et] ut *V*   15 cum enim x̅p̅s̅ *EF*   16 cum illo apparebitis *V*
cum illo *om.O*   17 ipse *s.l.m2V*   18 diligitur *DV*   19 manifestabo ei *D* manifestabo ei *EF*   21 scimus] *add.* autem *d*   22 erimus ei *B*   23 eum *om.C*
scientiam *V*   nunc] non *C*   24 nondum enim *C*   25 speci∗e*O*   26 Abicit]
absit *F*   beatus illę *D*   ille *OBEF*   tam *B*   27 stercora reputaret *F*
lucrifaciant *D*

in illo non habens suam iustitiam, quae ex lege est. quare suam, si
ex lege est? neque enim lex illa dei non est. quis hoc nisi Marcion
et Manicheus et aliae similes pestes dixerunt? cum ergo lex illa dei
sit, iustitiam suam dicit esse, quae ex lege est; quam iustitiam suam
noluit habere, sed proiecit ut stercora. cur ita, nisi quia hoc est, 5
quod etiam superius demonstrauimus, eos esse sub lege, qui ignorantes dei iustitiam et suam uolentes constituere iustitiae dei
non sunt subiecti? putant enim se arbitrii sui uiribus inplere legem
iubentem et ista inplicati superbia ad gratiam non conuertuntur
iuuantem. sic eos littera occidit aut aperte etiam sibi reos non 10
faciendo quod praecipit aut putando se facere quod spiritali quae
ex deo est non faciunt caritate. ita remanent aut aperte iniqui
aut fallaciter iusti, in aperta iniquitate euidenter elisi, in fallaci iustitia insipienter elati. ac per hoc miro quidem modo, sed tamen uero
iustitiam legis non inplet iustitia quae in lege est uel ex lege, sed quae 15
in spiritu gratiae. iustitia quippe legis inpletur in eis, sicut scriptum
est, qui non secundum carnem ambulant, sed secundum spiritum.
secundum iustitiam uero quae in lege est se fuisse sine querella in
carne, non in spiritu dicit apostolus et iustitiam quae ex lege est
suam dicit fuisse, non dei. intellegendum est igitur iustitiam legis 20
non inpleri secundum iustitiam, quae in lege est uel ex lege, id est
secundum iustitiam hominis, sed secundum iustitiam quae est in
spiritu gratiae; ergo secundum iustitiam dei, hoc est quae homini
ex deo est. quod planius et breuius ita dici potest: iustitiam legis
non inpleri, cum lex iubet et homo quasi suis uiribus facit, sed cum 25
spiritus adiuuat et hominis non libera, sed dei gratia liberata
uoluntas facit. legis itaque iustitia est iubere quod deo placet, netare

6 cf. Rom. 6, 14. 10, 3   10 cf. II Cor. 3, 6   17 cf. Rom. 8, 4   18 cf.
Phil. 3, 6. 9

1 quare—lege est *om.OBD,b* (*in mg. add.*)   sua *V*   2 neque—est *om.V*
marchion *B*   3 pestes *s. exp.* potestates *D*   dixerit *O* dixerint *BDV* dixerant
EFbd   illa] *add.* ut dixi *Db*   6 etiam] iam *B*   8 se *om O*   9 ista] ita *D*   istam
placati superbiam *Om1*   10 aut] ut *O*   sibi rei sunt *EF*   13 in aperta *ex* aperte *O*
et elisi *D* elisi *V* (*e s. eras.* in)   14 qui | quidem *D* quodam *Vb*   nero] iusto *OB*
15 *ante* legis *add.* nero *OB*   · iplent *D*   iustitiam non quae *D*   16 legis *om.F*
17 ambulant *m2 ex* amuiant *O*   20 legis—iustitiam *s.l.Om2*   21 id—hominis
om.O   id est] sed *B*   22 hominis—iustitiam *om.B*   sed secundum—in *in mg.D*
est in *Oa.c.*   23 dei *om·EF*   hominis *C, om.OB*   24 legis] *add.* dei *B*   26 non
ante hominis *pon OV,om. BEFd*   27 uitare *b*

quod displicet; in lege autem iustitia est seruire litterae et extra
eam nullum dei adiutorium ad recte uiuendum requirere. cum enim
dixisseť: n o n h a b e n s m e a m i u s t i t i a m q u a e e x l e g e
e s t, s e d e a m q u a e e s t p e r f i d e m C h r i s t i; addidit:
5 q u a e e s t e x d e o. ipsa est ergo iustitia dei, quam superbi ignorantes suam uolunt constituere. non enim propterea iustitia
dei dicitur, quoniam deus ea iustus est, sed quia bomini ex deo est.

21. Secundum hanc autem iustitiam dei, hoc est quae ex deo
nobis est, nunc fides operatur per dilectionem. id autem operatur,
10 quomodo perueniat homo ad eum, in quem modo non nidens credit.
quem cum uiderit, tunc quod erat in fide per speculum in aenigmate,
iam erit in specie facie ad faciem, tunc perficietur et ipsa dilectio.
nimis quippe insipienter dicitur tantum amari deum, antequam
uideatur, quantum amabitur, cum uidebitur. porro si in hac uita
15 pio nemine dubitante quanto amplius diligimus deum, tanto sumus
utique iustiores, quis dubitet piam ueramque iustitiam, cum fuerit
dilectio dei perfecta, tune perfici? tune ergo lex, ita ut nihil omnino
desit, inplebitur, cuius l e g i s secundum apostolum p l e n i t u d o
d i l e c t i o e s t. ac per hoc cum dixisset: n o n h a b e n s m e a m
20 i u s t i t i a m q u a e e x l e g e e s t, s e d e a m q u a e e s t p e r
f i d e m C h r i s t i, q u a e e s t e x d e o i u s t i t i a i n f i d e,
deinde subiunxit: a d c o g n o s c e n d u m e u m e t u i r t u t e m
r e s u r r e c t i o n i s eius e t c o m m u n i c a t i o n e m p a s-
s i o n u m e i u s. haec omnia nondum plena et perfecta in apostolo
25 erant, sed tamquam in uia positus ad eorum plenitudinem perfec-
tionemque currebat. nam quomodo iam perfecte cognouerat Christum, qui dicit alio loco: n u n c s c i o e x p a r t e, t u n c a u t e m
c o g n o s c a m s i c u t e t c o g n i t u s s u m? et quomodo iam

3 Phil. 3, 9   5 cf. Rom. 10, 3   9 cf. Gal. 5, 6   11 cf. I Cor. 13, 12
18 Rom. 13, 10   19 Phil. 3, 9. 10   27 I Cor. 13, 12

1 displicit V displicet et OB   2 ei EF   3 meam] eam CEF   iustitia est EF
4 est post quae om. OB   5 ex deo est D   ego Om1   quam—dicitur om. D
7 nec dicitur quoniam D   ea om. b   9 autem] ē Db   11 in fide om. OB
enigmate̦ V   12 in specie] inspectio D   et om. D   13 deus B   16 nerãm
piamque EF   17 nichil Om1B   19 dilectio•O (nis eras.)   meam] eam CEF
20 iustitia O   est ex lege CV   post quae alt. eras. et O   22 deinde] de̦ D
subiuncxit C subiungit OB   agnoscendum EFV ignoscendum C noscendum
OB, cf. 92, 14   24 nundum B semper   26 perfecte iam DV perfecte iam non C

perfecte ҫognouerat uirtutem resurrectionis eius, cui restabat eam
plenius tempore resurrectionis carnis experiendo cognoscere? et
quomodo iam perfecte cognouerat communicationem passionum
eius nondum pro illo passionem mortis expertus? denique addit
et dicit: si quo modo occurram in resurrectionem 5
mortuorum, ac deinde ait: non quia iam acceperim
aut iam perfectus sim. quid ergo se confitetur nondum
accepisse et in quo nondum esse perfectum nisi in ea iustitia,
quae ex deo est, quam concupiscens noluit suam habere, quae
ex lege est? hinc enim loquebatur et ista fuit causa, ut haec 10
diceret resistens inimicis gratiae dei, pro qua largienda crucifixus
est Christus; ex quorum genere etiam isti sunt.

22. Nam ex quo loco suscepit haec dicere, sic exorsus est:
uidete canes, uidete malos operarios, uidete
concisionem. nos enim sumus circumcisio qui 15
spiritu deo seruimus — uel, sicut nonnulli codices habent,
qui spiritui deo uel spiritui dei seruimus — et
gloriamur in Christo Iesu et non in carne fidentes.
hinc manifestum est aduersus Iudaeos eum agere, qui carnaliter
obseruantes legem et suam iustitiam uolentes constituere occide- 20
bantur littera, non uiuificabantur spiritu et in se gloriabantur, cum
apostoli et omnes promissionis filii gloriarentur in Christo. deinde
subiecit: quamquam ego habeam fiduciam in carne.
si quis alius in carne putat se habere fiduciam,
magis ego. et enumerans omnia quae secundum carnem habent 25
gloriam ad illud terminauit, ubi ait: secundum iustitiam,
quae in lege est, qui fuerim sine querella. et cum

---

5 Phil. 3, 11. 12   14 Phil. 3, 2   20 cf. Rom. 10, 3   cf. II Cor. 3, 6
22 cf. I Cor. 1, 31   23 Phil. 3, 4   26 Phil. 3, 6

1 eius resurrectionis *DEFbd*   réstat *OBV*   2 carnis *om. D*   3 perfecte *om. B*
passionem *Om1*   4 non *D*   addidit *D*   5 resurrectione *OBCEFV, sed. cf. 92, 17*
7 aut] ut *F*   quod *Om2*   quid ergo se] qui de ore *V*   8 nisi in] nisi ex *b*
10 ista] haec *b*   11 inimici *C*   dei] christi *b*   largiendo *C*   12 ex quo
genere *OB*   14 uidete canes *om. V; sed cf. 514, 16*   15 circumcisionem *EF*
17 *pr.* spiritu *B*   19 hic *O*   manifes**tum *O*   aduersus] apud *EF*   21 uiuificantur *O* uificabantur *D*   gloriebantur *V*   22 promissiones *V*   glorientur *O*
24 alius *om. OB*   fiduciam habere *DEFbd*   26 illum *D* (d s· m̨)   terminat *V*
iustiam *O*

haec sibi omnino damna et detrimenta et stercora fuisse dixisset,
ut Christum lucrifaceret, adiecit unde agitur: e t i n n e n i a r i n
i l l o n o n h a b e n s m e a m i u s t i t i a m, q u a e e x l e g e
e s t, s e d e a m q u a e e s t p e r f i d e m C h r i s t i, q u a e e s t
5 e x d e o. huius ergo iustitiae perfectionem, quae non erit nisi in illa
eminenti scientia Christi, propter quam sibi dixit omnia damnum
esse, nondum se accepisse confessus est et propterea nondum esse perfectum. s e q u o r a u t e m, inquit, s i c o n p r e h e n d a m, i n
q u o e t a d p r e h e n s u s s u m a C h r i s t o I e s u. tale est a d-
10 p r e h e n d a m, i n q u o e t a d p r e h e n s u s s u m, quale est
c o g n o s c a m, s i c u t e t c o g n i t u s s u m. f r a t r e s, inquit,
e g o m e i p s u m n o n a r b i t r o r a d p r e h e n d i s s e. u n u m
a u t e m q u a e r e t r o s u n t o b l i t u s, i n e a q u a e a n t e
s u n t e x t e n t u s s e c u n d u m i n t e n t i o n e m s e q u o r
15 a d p a l m a m s u p e r n a e u o c a t i o n i s d e i i n C h r i s t o
I e s u. ordo uerborum est 'unum autem sequor'. de quo uno bene
intellegitur et dominus admonuisse Martham, ubi ait: M a r t h a,
M a r t h a, s o l l i c i t a e s e t t u r b a r i s c i r c a p l u r i m a.
p o r r o u n u m e s t n e c e s s a r i u m. hoc iste uolens adprehen-
20 dere tamquam in uia constitutus sequi se dixit ad palmam
supernae uocationis dei in Christo Iesu. quis autem cunctetur,
cum hoc quod sequi se adseuerat adprehenderit, tunc eum
habiturum iustitiam aequalem iustitiae sanctorum angelorum,
quorum neminem utique, ne magnitudine reuelationum extollatur,
25 satanae angelus colaphizat? deinde admonens eos qui possent
illins iustitiae plenitudine iam se putare perfectos: q u o t q u o t
e r g o, inquit, p e r f e c t i, h o c s a p i a m u s — tamquam

---

1 cf. Phil. 3, 7. 8   2 Phil. 3, 9   8 Phil. 3, 12   11 I Cor. 13, 12
Phil. 3, 13. 14   17 Luc. 10, 41. 42   24 cf. II Cor. 12, 7   26 Phil. 3, 15

1 hoc *OB*   2 unde agitur *om.Db*   igitur *V*   et] ut *B*   3 iustitiam meam
DEFbd   7 accepisse se *b*   8 se. Quor *V*   apprehendam *bd*   9 a] an *B*
10 apprehesus *D*   est *om.EF*   11 et cognoscam *O*   12 arbitor *O*   conp̄hendisse *V*
13 sunt *om.OB*   14 secundum extensionem *EF*   18 sollita *O*   circa] erga *BD*
20 constituas *V*   21 *post* uoc. eras· in *O*   Christo] dn̄o *O*   22 adprehenderet *V*
habiturum eum *DEFbd*   24 quorum *om.O*   25 colaficauit *O*   colafizabit *B*
possint *V*   26 plenitudineᵱ *O*   se putare *ex* sepulturae *O*   quodquot *V*   27 inquit
om.EF   tamquam si *EF*

diceret: 'si secundum hominis mortalis capacitatem pro huius uitae modulo perfecti sumus, ad ipsam perfectionem hoc quoque pertinere intellegamus, ut angelica illa quae in Christi manifestatione nobis erit iustitia nondum nos perfectos esse sapiamus' — et si quid aliter sapitis, inquit, hoc quoque uo- 5 bis deus reuelabit. quomodo nisi ambulantibus et proficientibus in uia rectae fidei, donec ista peregrinatio finiatur et ad speciem ueniatur? unde consequenter adiunxit: uerum tamen, in quod peruenimus, in eo ambulemus. deinde concludit, ut caueantur illi, de quibus hic locus sermonis eius sumpsit 10 exordium: coimitatores mei, inquit, estote, fratres, et intendite eos qui sic ambulant, sicut habetis formam nostram. multi enim ambulant, de quibus saepe dicebam uobis, nunc etiam flens dico, inimicos crucis Christi, quorum finis est inter- 15 itus et cetera. illi ipsi sunt, de quibus incipiens dixerat: uidete canes, uidete malos operarios et sequentia. omnes itaque sunt inimici crucis Christi, qui uolentes constituere suam iustitiam, quae ex lege est, id est littera tantum iubente, non spiritu inplente, iustitiae dei non sunt subiecti. si enim qui per 20 legem heredes sunt, exinanita est fides. si per legem iustitia, ergo Christus gratis mortuus est, ergo euacuatum est scandalum crucis. ac per hoc illi inimici sunt crucis eius, qui per legem dicunt esse iustitiam, ad quam iubere pertinet, non iuuare. gratia 25 uero dei per Iesum Christum dominum nostrum in spiritu sanoto adiuuat infirmitatem nostram.

---

5 Phil. 3, 15　8 Phil. 3, 16　11 Phil. 3, 17—19　16 Phil. 3, 2　20 Rom. 4, 14　21 Gal. 2, 21　23 Gal. 5, 11　· 25 cf. Rom. 7, 25 ·

1 hominis (s s.l.) morientis O (entis s.l.)　3 xpo V　5 aliud EF　deus uobis B　6 reuelauit O　et proficientibus om. O　9 in quod] inquid quod V (quid in ras.; s.l. m2 add. in id) inquit in id quod b in id quod d　10 eius] huius O sumsit V sumxit B　11 coimitatores (συνμιμηται) D comi*tatores O (in mg. m1 ł imitatores) comitatores B imitatores Vbd　inquit mei OBV　12 et om. EF　sicut et habetis V　14 uobis dicebam OBCV　15 crucis om. F 18 qui om. O　19 quae est ex lege OBV　id est] idem b　iubente V　22 mortuus est gratis D　23 est all. om. O　25 pertine*t O　iuhare Om1　26 nostrum om. BCEFVd　in om. OB　sancto] add. qui D

23. Quamobrem qui secundum iustitiam, quae in lege est, sine fide gratiae Christi uiuit, sicut se apostolus sine querella uixisse commemorat, nullam ueram putandus est habere iustitiam, non quia lex uera et sancta non est, sed quia oboedire nelle litterae iubenti
5 sine uiuificante spiritu dei ueluti ex uiribus liberi arbitrii iustitia nera non est. iustitia nero, secundum quam iustus ex fide uiuit, quoniam per spiritum gratiae bomini ex deo est, uera iustitia est. quae licet non inmerito in aliquibus iustis pro huius uitae capacitate perfecta dicitur, parua tamen est ad illam magnam, quam capit aequali-
10 tas angelorum. quam qui nondum habebat, et propter illam quae iam inerat perfectum et propter istam quae adhuc deerat inperfectum se esse dicebat. sed plane minor ista iustitia facit meritum, maior illa fit praemium. unde qui istam non sequitur, illam non adsequitur. quocirca post resurrectionem hominis futuram negare
15 iustitiae plenitudinem et putare tantam futuram esse iustitiam in corpore uitae illius, quanta esse potest in corpore mortis huius, dementiae singularis est. non autem illio incipere homines quae hic noluerint dei mandata conplere uerissimum est. erit enim perfectissimae plenitudo iustitiae non tamen hominum mandata sec-
20 tantium et ad eam plenitudinem proficiendo nitentium, sed in ictu oculi, sieut ipsa futura est resurrectio mortuorum, quoniam illa perfecta magnitudo iustitiae eis qui hic mandata fecerunt praemium dabitur, non et ipsa facienda mandabitur. sed ita dixerim 'mandata fecerunt', ut ipsa mandata meminerimus pertinere ad orationem,
25 in qua cotidie ueraciter dicunt sancti filii promissionis et: f i a t u o l u n t a s t u a, et: d i m i t t e n o b i s d e b i t a n o s t r a.

---

1 cf. Phil. 3, 6   6 iustitia—non assequitur] cf. Prosperi Aquit. sent. ex Aug. delib. 315 (LI 475 M)   cf. Rom. 1, 17   11 cf. Phil. 3, 12. 15 16 cf. Rom. 7, 24   20 cf. I Cor. 15, 52   25 Matth. 6, 10. 12

2 $\overline{\text{gra}}$ C   iussisse B   3 iustitiam habere B   5 ueluto O   6 est] sit OB uero om. Prosper   quam iustus] quā uis C   7 pr. est om.OB   9 est om.Om1 10 quaeminerat O   12 se om.C   minor**O (ib; eras·)   iustia O   13 illam non adsequitur] om.O minus habet B   14 quocirca*V   futurum C   15 putare tantam ex putaret anima O   16 esse potest F (s.l· l est)   et in corp. B   18 noluerunt O   enim om.D   perfectissima OB   21 quoniam—eis om.D   22 haec O 23 et s. ras. Om2   sed ista dixerit V   24 ut] add. et V   ad pon. ante ips ι OBCEF   25 cottidie O   et om.Bb

33*

VIII. 24. Cum igitur Pelagiani his atque huiusmodi ueritatis
testimoniis et uocibus urgentur, ne negent originale peccatum, ne
gratiam dei, qua iustificamur, non gratis, sed secundum merita
nostra dari dicant, ne in homine mortali quamlibet sanoto et bene
agente tantam dicant esse iustitiam, ut ei non sit necessaria etiam 5
post regenerationis lauacrum, donec istam uitam finiat, remissio peccatorum, ergo cum urgentur, ne ista tria dicant et per haec homines qui
eis credunt a gratia saluatoris alienent et elatos in superbiam in iudicium diaboli praecipites ire persuadeant, inmittunt aliarum nebulas
quaestionum, in quibus eorum apud homines simpliciores siue tar- 10
diores siue sanctis litteris minus eruditos inpietas delitiscat. hae
sunt nebulae 'de laude creaturae, laude nuptiarum, laude legis, laude
liberi arbitrii, laude sanctorum', quasi quisquam nostrum ista uituperet ac non potius omnia in honorem creatoris et saluatoris debitis
laudibus praedicet. sed neque creatura ita uult laudari, ut nolit sanari, 15
et nuptiae quanto magis laudandae sunt, tanto minus eis inputanda
est pudenda carnis concupiscentia, quae non est a patre, sed ex
mundo est. quam profecto inuenerunt in hominibus nuptiae, non
fecerunt, quia et illa in plurimis sine ipsis est et ipsae, si nemo peccasset, sine illa esse potuerunt. et lex sancta et iusta et bona nec 20
ipsa est gratia et nihil ex ea recte fit sine gratia, quia non est data,
quae posset uiuificare, sed praeuaricationis causa posita est, ut con-
uictos concluderet sub peccato et promissio ex fide Iesu Christi
daretur credentibus. et liberum arbitrium captiuatum non nisi ad
peccatum nalet, ad iustitiam uero nisi diuinitus liberatum ad- 25
iutumque non ualet. ac per hoc et sancti omnes, siue ab illo antiquo
Abel usque ad Iohannem Baptistam siue ab ipsis apostolis usque

---

3 cf. Rom. 3, 24   12 Pelagiani   17 cf. I Ioh. 2, 16   20 cf. Rom. 7, 12
21 cf. Gal. 3, 21. 19. 22

2 urgeantur *OBC* urgueantur *V*   ne—gratis *s.l. Om1*   5 sint *O*   6 regene-
rationis] resurrectionis *CEF*   7 ergo cum urgentur] quia ergo *OBCEFV, cf.*
lin. 1. 2   ne *s.l.O*   8 sauatoris *Om1*   heleuatos *C*   9 aliarum] *add.* rerum *D*
11 delitiscant *V* delitescat *BCDEFbd*   hae∗*O* haec *C*   13 liberii *O*   quasi *O*
(si *s.l. m2*)   ita *C*   istuperet *Dm1*   15 ut] et *Om1*   nolit] gaudet∗∗*D*   17 conpi-
scentia *D*   18 in *om.V*   19 ipsae si] ipsa ē *V* ipsi *D*   20 illa] ulla *V*   et bona—
gratia *om. EF*   21 ∗nil∗∗∗*O* nil *B*   22 possit *V*   conuiṇctos *D*   23 con-
clauderet *C*   et] lex *O*   ex *om.OB*   fidei *B*

ad hoc tempus et deinceps usque ad terminum saeculi in domino
laudandi sunt, non in se ipsis, quia et illorum anteriorum uox est:
in domino laudabitur anima mea et istorum po-
steriorum uox est: gratia dei sum quod sum et ad omnes per-
5 tinet: ut qui gloriatur, in domino glorietur et confessio communis est omnium: si dixerimus quia peccatum non habemus, nos ipsos seducimus et
ueritas in nobis non est.

IX. 25. Sed quoniam in his quinque rebus quas proposui, in
10 quibus quaerunt latebras et de quibus conectunt calumnias, diuinis
documentis produntur atque uincuntur, excogitauerunt Manicheorum destabili nomine inperitos quos potuerint deterrere, ne aduersus eorum peruersissima dogmata aures accommodent ueritati, quia
scilicet Manichei quinque istorum tria priora blasphemando condem-
15 nant dicentes neque humanam creaturam neque nuptias neque legem
a summo et uero deo esse instituta. non autem accipiunt, quod
neritas dicit, a libero arbitrio exordium sumpsisse peccatum et ex
illo esse omne uel angeli uel hominis malum, quia mali naturam
semper malam et deo coaeternam nimis a deo exorbitantes credere
20 maluerunt. sanctos quoque patriarchas et prophetas quantis possunt
exsecrationibus insectantur. ecce unde se putant heretici noui
Manicheorum nomine subiecto uim subterfugere ueritatis, sed non
subterfugiunt. insequitur quippe illa et simul Manicheos Pelagianos-
que subuertit. homo enim, dum nascitur, quia bonum aliquid est,
25 in quantum homo est, Manicheum redarguit laudatque creatorem,
in quantum nero trahit originale peccatum, Pelagium redarguit
et habet necessarium saluatorem. nam et quod sauanda dicitur
ista natura, utrumque repercutit, quia nec medicina opus haberet,
si sana esset — quod est contra Pelagium — nec sanari posset om-

3 Ps. 33, 3   4 I Cor. 15, 10   5 I Cor. 1, 31   6 I Ioh. 1, 8   15 cf. August.
De haeresibus c. 46 (XLII 34 sqq. M)

1 hoc *om.B*   terminum *s. ras. Om2*   4 sum] *add.* id *Od*   7 nosmet *O*
9 prosni *V*   10 connectant *F*   11 conuincuntur *OBEFVbd*   et cogitauerunt *C*
manichaeorum *O*   12 ut (*add.m2*) inperitos *O* imperatos *Bml*   quos *om.O*   potuerunt *BEF*   ne *om.O*   14 tria *spat. uacuo rel. om.O*   blasphemanda *CEF*
16 a•*O*   summo *O* (o *s.l. m2*)   institutam *OBEFd*   17 a libero] a leuero *B*
ex arb. *B*   peccatum] *add.* existimantes *B*   et *om.OB*   22 subiecto *Oml*
obiecto *BCEFVbd*   non *om.O*   26 trait *V*   27 alt. et *om.O*   quo *CEF*   29 possit *V*

nino, si aeternum atque inmutabile malum esset, quod est contra
Manicheum. item quod nuptiis, quas laudamus a domino constitutas.
concupiscentiam carnis inputandam esse non dicimus, et contra
Pelagianos est, qui eam in laudibus ponunt, et contra Manicheos,
qui eam malae alienae naturae tribuunt, cum sit nostrae naturae 5
accidens malum non dei disiunctione separandum, sed dei miseratione sanandum. item quod dicimus legem sanctam et instam et
bonam non iustificandis impiis, sed conuincendis superbis praeuaricationis gratia positam, et contra Manicheos est, quia secundum
apostolum laudatur, et contra Pelagianos, quia secundum aposto- 10
lum nemo ex lege iustificatur et ideo uiuificandis eis quos littera
occidit, id est quos lex bona praecipiens praeuaricatione reos facit,
spiritus gratiae gratis opitulatur. item quod arbitrium in malo
liberum dicimus ad agendum bonum gratia dei esse liberandum,
contra Pelagianos est, quod autem dicimus ab illo exortum, quod 15
antea non erat malum, contra Manicheos est. item quod sanctos
patriarchas et prophetas debitis in deo laudibus honoramus, aduersum est Manicheis, quod nero et ipsis quamuis iustis et deo placen-
tibus propitiationem domini fuisse dicimus necessariam, aduersum
est Pelagianis. utrosque igitur catholica fides sicut et ceteros here- 20
ticos aduersarios inuenit, utrosque diuinorum testimoniorum
auctoritate et luce ueritatis conuincit.

X. 26. Addunt sane ad latebrarum suarum nebulas Pelagiani de
origine animae non necessariam quaestionem ad hoc, ut res manifestas
aliarum rerum obscuritate turbando moliantur latendi locum. aiunt 25

---

7 cf. Rom. 7, 12   8 cf. Gal. 3, 19   11 cf. Gal. 3, 11   cf. II Cor. 3, 6
25 cf. Operis imperf. II 173 (XLV 1218 M): dicunt autem nos animarum
traducem confiteri; quod in cuius libris legerint nescio

1 aeternā C   3 imputandum B   4 in—eam om. B   5 alienae om. D aliae b
tribuunt—naturae s.l. O   6 disiunctionem V distinctione D,b (in mg. ał disiunctione) 7 et pr. om. CD   et iustam om. V   9 gratiae C   10 quia O (ia in
ras. m2) B (a ex m)   10 apsm O (m add. m2)   11 iustificatus est EF   uiuific.]
iustificandis Db   quos om. O   12 quod Om2   praeuaricationis D   13 gratia Om1
arbitrio V   arbitrium sui Db   malo✶✶V malum CDFb. cf. p. 428, 13   14 dicimus]
accipimus B   15 quod—est in mg. B   exorsum B   17 aduersus D   18 manicheos D
quod—pelaianis add Om3   19 dicimus] dñi B   20 plagianos in ras. D   sicut
om. B   22 auctoritatis O auctoritas B   et om. OBEF   ueritas luce V ueritatis
lucis C   ueritatis om. OB   23 ad om. Om1   nebula sum V   25 alarū C

enim 'nos animarum traducem cum peccati traduce contueri.'
quod ubi et quando in eorum, qui defendunt aduersus istos catholicam fidem, uel sermonibus audierint uel litteris legerint nescio,
quia etsi inuenio a catholicis de hac re aliquid scriptum, nondum
5 contra istos fuerat ueritatis suscepta defensio neque id agebatur,
ut.eis responderetur. sed hoc dico tam manifestum esse secundum
scripturas sanctas originale peccatum atque hoc dimitti lauacro
regenerationis in paruulis tanta fidei catholicae antiquitate atque
auctoritate firmatum, tam clara ecclesiae celebritate notissimum,
10 ut quidquid de animae origine cuiuslibet inquisitione uel adfir-
matione disseritur, si contra hoc sit, uerum esse non possit. quapropter quisquis uel de anima uel de quacumque re obscura id ad-
struit, unde hoc quod uerissimum, fundatissimum, notissimum est
destruat, sine sit ille filius siue inimicus ecclesiae, aut corrigendus
15 est aut cauendus. sed hic sit huius uoluminis finis, ut aliud habeant
quae sequuntur exordium.

1 nos *om.D*   quam peccati traducem (traduce *C*) *CEF*   contineri *D* confiteri *Opus imperf.*   2 et] uel *OBV*   *post* aduersus *2 litt. eras. V*   4 inuenio*V
5 nequid *O* necquid *B*   6 tamen *CEF*   esse *ex* sese *Om2*   9 actoritate *B*
clare *OBD*   10 quid *V*   12 anime *C*   ad**str*uit *O* astruit *BCD*   13 et fundatissimum *B*, *om.EF*   notissimum *om.OBEF*   15 huiusmodi *B*   ·finis *om. V*
16 quae *om.C* quod *EF*   secuntur *O*   sequetur *EF*   exordium amen *O*   Explicit
liber III beati aurelii augustini incipit eiusdem liber IIII feliciter *O* Explic̄ liber
t̄cius incip̄ liber quartus *D*   Expl̄ l III ic̄ IIII *BC*   Aureli ad papam Bonifaci
Incipit liber IIII (*litt. mai.*) *V*

LIBER QVARTVS.

I. 1. Post haec quae tractauimus quibusque respondimus
eadem repetunt quorum redarguimus epistulam, sed diuerso modo.
nam prius ea proposuerunt nobis obicientes, quae uelut perperam
sentiamus, postea uero quid ipsi sentiant exponentes eadem a 5
contrario reddiderunt addentes duo quaedam quae non dixerant,
id est 'baptismum se dicere omnibus aetatibus necessarium' et 'per
Adam mortem ad nos transisse, non crimina'. quae suo loco et ipsa
tractanda sunt. proinde quia superiore libro, quem modo explicaui-
mus, quinque rerum eos obtendere obstacula diximus. in 10
quibus eorum dogmata inimica gratiae dei et catholicae
fidei delitiscant, laude scilicet creaturae, laude nuptiarum, laude
legis, laude liberi arbitrii, laude sanctorum, commodius esse arbitror
omnia quae defendunt, quorum contraria nobis obiciunt, generatim
distinguere et quae illorum ad quid istorum quinque pertineant 15
demonstrare, ut dilucidior et breuior ipsa distinctione possit esse
nostra responsio.

II. 2. Laudem creaturae, quod ad genus humanum adtinet, unde
nunc quaestio est, his sententiis exsequuntur, 'quod nascentium conditor deus sit filiique hominum opus sint dei et peccatum omne non 20
de natura, sed de uoluntate descendat'. huie laudi creaturae adplicant, 'quod omnibus aetatibus dicunt esse baptismum necessarium,
ut scilicet illa creatura in dei filios adoptetur, non quod aliquid
ex parentibus trahat, quod sit lauacro regenerationis expiandum'.

7. 19. 22 Iulianus

3 re∗petunt O   sed] sub EF   4 p̄posuerunt C   obicientes nobis B
quod EF   5 a om.Om1   6 dixerunt F   7 se dicere in spat. uacuo add. Om3
8 trasisse Om1   crimina O (a s. ras. m2)   9 deinde V   quae modo EF
quemadmodum O   10 tendere Om1   11 dogmata m2 ex donata O   12 delitescant
BDm2EF   post scilicet eras. et O   laudạ (e s. ạ) Om2 bis, item lin. 13
13 commodis V   esse ex sese O, om.V   14 generatiṣ D gradatim F   15 at O
(t ex d, in mg. l ad)   quid s.l.Om2   16 dilucidior ex dulcior D   probabilior D,b
(in mg. al breuior)   distinc | tinctione C   18 ante creaturae uid. eras. in O
creaturae O (ae in ras. m2)   19 nunc om.D   hi∗s O   exsecuntur CD   21 discendat CV   24 lau. regen. sit D

buic laudi adiungunt et 'quod dominum Christum nulla dicunt.
macula peccati fuisse respersum, quantum adtinet ad eius infantiam, quia eius carnem ab omni peccati contagione purissimam non
excellentia propria et gratia singulari, sed communione naturae'
5 quae omnibus inest infantibus adseuerant. eo pertinet etiam, quod
'de animae origine' inserunt quaestionem 'sic animae Christi coaequare molientes omnes animas paruulorum, quas uolunt esse similiter
nulla peccati macula aspersas'. propter hoc etiam dicunt 'ex Adam
nihil mali transisse per ceteros nisi mortem'. *quae non semper est*
10 *malum*, inquiunt, *cum et martyribus sit causa praemiorum et uel*
bonam uel malam mortem dici faciat non resolutio corporum, quae
excitabuntur in omni genere hominum, sed meritorum diuersitas,.
quae de humana libertate contingit. haec scribunt in hac epistula
de laude creaturae.

15   Nuptias nero secundum scripturas laudant, 'quia dominus in
euangelio loquitur: q u i f e c i t a b i n i t i o, m a s c u l u m e t
f e m i n a m f e c i t e o s. e t d i x i t: c r e s c i t e e t m u l-
t i p l i c a m i n i e t r e p l e t e t e r r a m', quamuis hoc non
in eo loco euangelii, sed tamen in lege sit scriptum. addunt etiam:.
20 'q u o d e r g o d e u s c o n i u n x i t, h o m o n o n s e p a r e t',
quae uerba euangelica agnoscimus.

In laude legis dicunt 'ueterem legem secundum apostolum
instam et sanctam et bonam custodientibus mandata sua ac per
fidem inste uiuentibus sicut prophetis et patriarchis omnibusque
25 sanctis uitam potuisse conferre perpetuam'.

In laude liberi arbitrii dicunt 'liberum arbitrium non perisse,.
cum loquatur dominus per prophetam: s i u o l u e r i t i s e t a u-

1. 6. 8. 13 Iulianus   15. 22. 26. sqq. Iulianus   16 Matth. 19, 4
17 Gen. 1, 28   20 Matth. 19, 6   22 cf. Rom. 7, 12   27 Esai. 1, 19. 20

1 et *om.*B   x̄p̄m̄ d̄n̄m̄ *DFbd* d̄ō̄m̄ n̄r̄m̄ hiesū x̄p̄m̄ E   3 omnis V   peccati
*om.*B   4 singulari*D   cōmunicatione C cōnicatione EF   6 sic] etsi O et sic EF'
coaequari V   7 animas omnes B   animas omnium (*om.* omnes)O   8 adam *ex*
eadem B   10 et] in O   causa*O   et ut bonam uel malam EF   11 bonanā V
mortem *om.* EFd   dicit O   qua B   12 excitabantur O   13 scribuntur EF'
ac B   16 ab initiū V   17 et pr. *om.*O   18 non *s.l.*Om3 D   19 in eo *om.*OmT
in eoḍem D   22 in laudem V   āpos O (*sic per omnes casus*)   23 ac per hoc
per fidem OB   27 si—edetis *om.*D

d i e r i t i s m e, q u a e b o n a s u n t t e r r a e e d e t i s; s i
n o l u e r i t i s e t n o n a u d i e r i t i s me, g l a d i u s u o s
c o m e d e t, ac per hoc et gratiam uniuscuiusque bonum propositum adiuuare, non tamen reluctanti studium uirtutis inmittere,
quia personarum acceptio non est apud deum'.   5

Laude sanctorum sese contegunt dicentes 'baptisma perfecte
homines innouare, si quidem apostolus testis sit, qui per lauacrum
aquae ecclesiam de gentibus sanctam fieri inmaculatamque testatur;
sanctum quoque spiritum mentes bonas in antiquis adiuuisse temporibus dicente propheta ad deum: s p i r i t u s t u u s b o n u s 10
d e d u c e t m e i n u i a m r e e t a m; omnes quoque prophetas et
apostolos uel sanctos tam noui quam ueteris testamenti, quibus
deus testimonium perhibet, non in comparatione sceleratorum, sed
regula uirtutum iustos fuisse; in futuro autem tempore mercedem
esse tam honorum operum quam malorum; ceterum neminem 15
posse quae hic contempserit illic mandata perficere, quia dixerit
apostolus: o p o r t e t n o s m a n i f e s t a r i a n t e t r i b u n a l
C h r i s t i, u t r e p o r t e t u n u s q u i s q u e p r o p r i a c o r-
p o r i s, s e c u n d u m q u o d g e s s i t, s i u e b o n u m s i n e
m a l u m'.   20

In his omnibus quicquid dicunt de laude creaturae atque nuptiarum ad hoc referre conantur, ut non sit originale peccatum, quicquid de laude legis et liberi arbitrii, ad hoc, ut gratia non adiuuet
nisi meritum ac sic gratia iam non sit gratia. quicquid de laude sanctorum, ad hoc, ut uita mortalis in sanctis uideatur non habere pec- 25
catum nec sit eis necessarium pro dimittendis debitis suis
precari deum.

III. 3. Ista nefaria dogmata et damnabilia in hac tripertita dini-
sione quisquis mente catholica exhorret, illius quinquepertitae late-

---

3 cf. pag. 469, 18   5 cf. Rom. 2, 11   6—20 Iulianus   7 cf. Eph. 5, 26. 27
10 Ps. 142, 10   17 II Cor. 5, 10   24 cf. Rom. 11, 6

1 editis V   2 me *om.* Obd   3 commedet V   hāc V   gratia V
4 reluctandi DEFbd   5 quia n̄ e pers. acc. O (n̄ e *s.l.m1*)   dn̄m OB   6 per-
fect∗e O   9 adiuuasse *s.l.* D, CEF   10 dn̄m B   11 deducit V   uitam C
ante rectam *exp.* bonam B   et apostolos prophetas DEF   13 dn̄s D   cōpa-
rationem O   15 operum *om.* V   16 contempsi Om1   17 apōs O   22 quidquid O
23 libri C   gratiam B   24 iam *om.* B   iam—gratia *s.l.* Om2   25 non uideatur
habere B   26 ei C   28 nefanda EF   et damnabilia dogmata Vb   ha∗c O
tripartita EFbd   29 exorret O   quinque peritae V

bras insidiasque deuitet atque ita inter utrumque sit cautus, ut sic
declinet Manicheum, ne se inclinet in Pelagium, rursusque se ita
seiungat a Pelagianis, ne coniungat Manicheis, aut si in alterutris
iam tenetur, ne sic se a quibuslibet alteris eruat, ut in alteros inruat.
5 uidentur quippe inter se esse contrarii, quoniam quinque illa Manichei
uituperando se manifestant, Pelagiani laudando se occultant. quapropter utrosque damnat atque deuitat quisquis secundum regulam
catholicae fidei sic in hominibus nascentibus de bona creatura carnis et
animae glorificat creatorem — quod non uult Manicheus —, ut tamen
10 propter uitium, quod in eos per peccatum primi hominis pertransiit,
fateatur et paruulis necessarium saluatorem — quod non uult Pelagius —; sic discernit malum pudendae concupiscentiae a bonitate nuptiarum, ut neque Manicheis similis unde nascimur culpet neque Pelagianis similis unde confundimur laudet; sic legem per Moysen sanctam et
15 instam et bonam a deo sancto et iusto et bono datam esse defendit —
quod contra apostolum negat Manicheus —, ut eam dicat et peccatum
ostendere, non tamen tollere et iustitiam iubere, non tamen dare —
quod rursus contra apostolum negat Pelagius—; sic asserit liberum arbitrium, ut non ex natura nescio qua semper mala, quae nulla est,
20 sed ex ipso arbitrio coepisse dicat et angeli et hominis malum — quod
euertit heresim Manicheam—, nec ideo tamen posse captiuam uoluntatem nisi dei gratia respirare in salubrem libertatem — quod
euertit heresim Pelagianam —; sic laudat in deo sanctos homines
dei non solum ex manifestato in carne Christo et deinceps, uerum
25 etiam superiorum temporum — quos audent blasphemare Manichei —,
ut tamen de ipsis plus credat ipsis confitentibus quam
Pelagianis mentientibus. sanctorum enim uox est: s i d i x e r i m u s
q u i a p e c c a t u m n o n h a b e m u s, n o s i p s o s s e d u c i-
m u s e t n e r i t a s i n n o b i s n o n e s t.

14 cf. Rom. 7, 12   27 I Ioh. 1, 8

1 debitet *Om1*   2 im pelagium *C*   ita se *bd*   3 coniungatur *EF*   sese iungat *b*
in *om.B*   4 nec *V*   a] ad *V*   quibuslicet *O*   in alteris *F*   alteri|s eruat *V*
alteri seruat *Oa.c.* alteri seruet *b*   6 manifesta *Om1*   pelaiani—occultant *s.l.Om3*
8 omibus *B*   10 pertransit *O*   11 et *om.B*   12 et sic *CEF*   discernat *B*
pud. conc. malum *OBCV*   13 neque—culpet *om.EF*   unde—similis *om.V*
pelagio *F* pelagianus *E*   14 sic per moysen legem *EF*   scm̄ *s.l.Om2*   15 et a
deo *BCEFV*   et all. om.V   esset *C*   defendat *B*   16 dicat] add. apostolus *EF*
et *om.C*   18 asserat *B*   20 et pr. *om.OB*   homines *V* · 23 laudet *B*   scō *C*
24 x̄p̄i *EF*   uerum] utrum *B*   25 addent *V*

IV. 4. His ita se habentibus quid prodest nouellis hereticis, inimicis crucis Christi et diuinae obpugnatoribus gratiae, quod a Manicheorum errore sani uidentur et alia sua pestilentia moriuntur? quid eis prodest, quod in laude creaturae dicunt 'deum bonum nascentium conditorem, per quem facta sunt omnia, eiusque opus esse 5 filios hominum', quos Manichei dicunt opus esse principis tenebrarum, cum inter utrosque uel apud utrosque dei creatura quae est in infantibus pereat? utrique enim nolunt eam Christi carne et sanguine liberari: illi, quia ipsam carnem et sanguinem Christi, tamquam haec omnino in homine uel ex homine non susceperit, destruunt, 10 isti autem, quia nullum malum inesse infantibus asserunt, unde per sacramentum carnis huius et sanguinis liberentur. iacet inter illos in paruulis humana creatura institutione bona, propagatione uitiata, bonis suis confitens optimum conditorem, malis suis quaerens misericordissimum redemptorem, Manicheos habens honorum 15 suorum uituperatores, Pelagianos habens malorum suorum negatores, utrosque persecutores. et quamuis per infantiam loqui non ualeat, specie tamen tacita et infirmitate abdita impiam uanitatem utrorumque conpellat et illis dicens: 'ab eo qui bona creat credite me creari' et istis dicens: 'ab eo qui me creauit sinite me sanari'. 20 Manicheus dicit: 'nihil est huius infantis nisi anima bona liberanda, cetera non ad deum bonum, sed ad principem tenebrarum pertinentia respuenda', Pelagianus dicit: 'immo huius infantis nihil est liberandum, quia totum ostendimus saluum'. ambo mentiuntur, sed iam mitior est carnis solius accusator, quia in uniuersum conuincitur 25 saeuire laudator. sed nec Manicheus humanae animae subuenit blasphemando auctorem totius hominis deum nec Pelagianus humanae infantiae diuinam medicinam subuenire permittit negando originale peccatum. deus ergo miseretur per catholicam fidem, quae utramque redarguendo perniciem infanti subuenit ad salutem, Manicheis 30

---

1 cf. Phil. 3, 18   4 Iulianus

2 cruci *O*   3 sua *om. B*   4 quod] quia *D*   6 filio *Om1*   principes *V*
10 susciperit *O*   11 quia *O* (a *s.l.m2*)   13 creaturae *O*   14 conditore *C*   16 pelaigi-
anos *O*   18 speciae *V*   tamen tam̄ *B*   tacite *Vm1*   uanitatem *in ras. B*
19 utrūq. *O*   abeo *O*   21 ni⋆hil *O*   huius est *O*   animo *O*   22 ad *alt. om. F*
pertinent *Db*   24 sed micior est iam *D*   25 accusatur *EF*   quia] quam qui *Dbd*
26 laudatur *V*   neque *Db*   28 medicinam] gratiam *bd*   negare *V*   29 utraque *OB*
utranque *V*   30 infantis *O* infantibus *D*

dicens: 'audite apostolum clamantem: n e s c i t i s q u i a c o r p u s
n e s t r u m t e m p l u m e s t i n n o b i s s p i r i t u s s a n c t i?
et deum bonum creatorem credite et corporum, quia non potest
esse templum spiritus sancti opus principis tenebrarum', Pelagianis
5 dicens: 'in iniquitatibus conceptus est et in peccatis eum mater
eius in utero aluit, quem conspicitis paruulum. quid eum tamquam
ab omni noxa liberum defendendo non permittitis per indulgentiam
liberari? n e m o m u n d u s a s o r d e n e c i n f a n s c u i u s
e s t d i e i u n i u s u i t a s u p e r t e r r a m. sinite miserum
10 remissionem accipere peccatorum per eum qui solus nec paruus
nec magnus potuit habere peccatum'.

    5. Quid eis igitur prodest, quod dicunt 'omne peccatum non de
natura, sed de uoluntate descendere' et Manicheis malam naturam
dicentibus causam esse peccati huius sententiae ueritate resistere,
15 quando nolentes admittere originale peccatum, cum et ipsum sine
dubio de primi hominis uoluntate descendat, faciunt reos paruulos
de corpore exire? quid eis prodest 'baptismum omnibus aetatibus
necessarium confiteri', quod Manichei dicunt omni aetati superfluum, cum isti dicant esse in paruulis falsum, quantum ad remis-
20 sionem adtinet peccatorum? quid eis prodest quod 'carnem Christi',
quam Manichei nullam uel simulatam fuisse contendunt, aduersus
eos isti non solum 'neram, sed et ipsam et animam nulla peccati macula
respersam fuisse' defendunt, cum sic eius infantiae ceteri ab eis
coaequentur infantes non inpari puritate, ut et illa non uideatur
25 seruare istorum comparatione propriam sanctitatem et isti ex illa
nullam consequantur salutem?

    6. In eo sane quod dicunt 'per Adam mortem ad nos transisse,
non crimina' non habent aduersarios Manicheos, quia nec ipsi

    1 I Cor. 6, 19   5 cf. Ps. 50, 7   8 Iob 14, 4. 5   12 Iulianus
17. 20. 27 Iulianus

    2 in uobis est *OC*   in uobis *om.B*   3 et—sancti *in mg.O*   crea | dite *D*
(dite *in ras.*)   et corporum credite *EF*   et *om.Dbd*   5 in ininiquitatibus *O*
eum *post* utero *praeb.D*   6 abluit *C*   quid eum] quidem *C*   7 omni *O* (ni *s.l.m2*)
omni∗*D*   nox∗a *V*   9 uita] *add.* sit *D*   10 peccatorem *Om1*   nec parnum nec
magnum *EF*   12 igitur eis *B*   13 in manichaeis *O*   malū *C*   14 sistere *V*
15 amittere *B*   18 in omni aetate *CDEFbd*   aetati *O* (i *ex* e *m1*)   19 dicunt *V*
20 peccatorum attinet *O*   atinet *B* (a *ex* u)   21 aduersus—defendunt *in mg.O*
22 et *alt. om.* BDEFbd   23 eius sic *Db*   si *O*   25 reseruare *CEF*   compa-
rationē *C*   ista *O*

astruunt originale peccatum ex homine primo prius puro et recto
corpore ac spiritu et postea per arbitrium liberum deprauato deinceps in omnes cum morte transisse et transire peccatum, sed carnem
dicunt ab initio malum corpus de malo corpore et a malo spiritu
et cum malo spiritu creatam, animam nero bonam, partem scilicet 5
dei, pro meritis inquinationis suae per cibos et potum, in quibus
antea conligata est, uenire in hominem atque ita per concubitum
etiam carnis uinculo conligari. ac per hoc Manichei consentiunt Pelagianis non crimen primi hominis transisse in genus humanum neque per
carnem, quam numquam fuisse dicunt bonam, neque per animam, 10
quam perhibent cum meritis inquinamentorum suorum, quibus
polluta est ante carnem, uenire in hominis carnem. sed Pelagiani
quomodo dicunt 'solam mortem ad nos transisse per Adam?' si enim
propterea morimur, quia ille mortuus est — ille autem mortuus est,
quia peccauit —, poenam dicunt transire sine culpa et innocentes 15
paruulos iniusto supplicio puniri trahendo mortem sine meritis
mortis. quod de uno solo mediatore dei et hominum homine Christo
Iesu catholica fides nouit, qui pro nobis mortem, hoc est peccati poenam, sine peccato subire dignatus est. sicut enim solus ideo factus
est hominis filius, ut nos per illum dei filii fieremus, ita solus pro nobis 20
suscepit sine malis meritis poenam, ut nos per illum sine bonis meritis
consequeremur gratiam, quia, sicut nobis non debebatur aliquid boni
ita nec illi aliquid mali. commendans ergo dilectionem suam in eos quibus erat daturus indebitam uitam pati pro eis uoluit indebitam mortem. hanc singularem mediatoris praerogatiuam Pelagiani euacuare 25

13 Pelagiani   17 cf. I Tim. 2, 5   de uno solo—indebitam mortem] cf.
Prosperi Aquitani sent. 316(LI 475 M)

1 recto et puro F   puero (sic) V   2 a Om1   deprauato ex depbato O
3 omne O   transisse cum morte D   et trans. pecc. om. D   4 malam (a fin.
ex u) B malam (om. corpus) Dbd   dae O   a s.l. B   malo om. EF   6 cibos]
liberos V   7 atque ita] add. et B   per hominis concubitum B   8 etiam
om. BEFd   colligati E   hoc] add. carnis D   9 hominis B (ho ex nu)   neque—
fuisse in mg. Om3   11 suorum om. Om1   14 pr. ille B   15 sine culpa] in culpā O
16 suplicio O iudicio Db   17 mortis om. V   quod—solus lin. 19 in mg. Om2
de uno] denuo C   18 quod Prosper   mortem om. F   id est Prosper   peccati O
(i s. ras. m2)   19 enim] add. potenter B   20 fieremur V   pro nobis om. V
Prosper   21 sicut Prosper   bonis] ullis OB, om. Prosper   22 gratiam sus-
ciperemus BF   consequeremur om. OCEV Prosper   23 ergo] autem V
25 Pelagiani*O

conantur, ut hoc iam non sit in domino singulare, si Adam ita
propter culpam mortem passus est debitam, ut parnuli ex illo nullam
trahentes culpam mortem patiantur indebitam. quamuis enim bonis
conferatur per mortem plurimum boni, unde nonnulli congruenter
5 etiam de bono mortis disputauerunt, tamen et hinc quae praedicanda est nisi misericordia dei, quod in bonos usus conuertitur
poena peccati?

7. Sed haec ideo dicunt isti, dum uolunt ex uerbis apostoli in
suum sensum homines detorquere. ubi enim ait apostolus: p e r
10 u n u m h o m i n e m p e c c a t u m i n t r a u i t i n m u n d u m
e t p e r p e c c a t u m m o r s e t i t a i n o m n e s h o m i n e s
p e r t r a n s i i t, ibi uolunt intellegi non peccatum pertransisse, sed mortem. quid est ergo quod sequitur: i n q u o o m n e s
p e c c a u e r u n t? aut enim in illo uno homine peccasse omnes
15 dicit apostolus, de quo dixerat: p e r u n u m h o m i n e m p e c -
c a t u m i n t r a u i t i n m u n d u m, aut in illo peccato aut certe
in morte. non enim mouere debet, quia non dixit 'in qua', sed i n
q u o o m n e s p e c c a u e r u n t; mors quippe in graeca lingua
generis masculini est. quodlibet ergo eligant. aut enim 'in illo ho-
20 mine peccauerunt omnes' ideo dictum est, quoniam quando ille peccauit, in illo erant omnes; aut in illo peccato peccauerunt omnes,
quia generaliter omnium factum est, quod nascentes tracturi erant
omnes; aut restat, ut dicant, quod in illa morte peccauerint omnes.
sed hoc quemadmodum possit intellegi non plane uideo. in peccato
25 enim moriuntur homines, non in morte peccant; nam peccato
praecedente mors sequitur, non morte praecedente peccatum.
a c u l e u s quippe m o r t i s e s t p e c c a t u m, id est aculeus,

---

9. 13 Rom. 5, 12   27 I Cor. 15, 56

1 non tam *O* non iam *B*   ita *om.EF*   3 trehentes*O*   4 per mortem
conferatur *V*   5 p̄dicandie̅ *O* (a *s.* i̟)   6 bono *CEF*   8 hoc *Dbd*   uolunt]
dicunt *D*   9 detorqueri *D*   10 introiuit*O*   11 in *s.l.Om2*   homines *om.V*
homines] *add.* mors *OB*   12 pertransit *b*   intellegi *om.V*   peccatum transisse
ins. F   13 quid *O* (d *s. l. m2*)   14 dicit omnes *EFbd*   15 hominum *Om1*
16 Imundum *C*   certe] cerne *O*   17 mouere—non *om.B*   20 et ideo *Dbd*
ideo—omnes *om.EF*   ille *om.D*   21 *alt.* in *om.O*   peccati*Om1*   22 tracturi
erant] traxerant *V*   23 dicat*O*   peccaue̅r *B* peccaue̅r̅r̅ *C*   24 possit intellegi
ins. F   25 homines] omnes *Dbd*   nam peccati *B*   26 p̄cidente *utroque loco Om1*

cuius punctione fit mors, non aculeus, quo pungit mors, sieut
uenenum, si bibitur, appellatur poculum mortis, quod eo poculo
facta sit mors, non quod morte sit poculum factum aut a morte sit
datum. quodsi propterea non potest illis uerbis apostoli peccatum
intellegi, in quo omnes peccauerunt, quia in graeco, unde translata 5
est epistula, peccatum feminino genere positum est, restat, ut in illo
primo homine peccasse omnes intellegantur, quia in illo fuerunt omnes
quando ille peccauit, unde peccatum nascendo trahitur, quod nisi
renascendo non soluitur. nam sic et sanctus Hilarius intellexit quod
scriptum est: in. quo omnes peccauerunt; ait enim: 10
in quo, id est Adam, omnes peccauerunt. deinde
addidit: manifestum in Adam omnes peccasse
quasi in massa; ipse enim per peccatum corruptus, omnes quos genuit nati sunt sub
peccato. haec scribens Hilarius sine ambiguitate commonuit, 15
quomodo intellegendum esset 'in quo omnes peccauerunt'.

8. Propter quid autem idem apostolus dicit nos per Christum
reconciliari deo, nisi propter quod facti fuimus inimici? et hoc quid
est nisi peccatum? unde et propheta dicit: peccata uestra
separant inter uos et deum. propter hanc igitur separa- 20
tionem mediator est missus, ut tolleret peccatum mundi, per quod
separabamur inimici, et reconciliati ex inimicis efficeremur filii.
hinc utique apostolus loquebatur, hinc factum est, ut interponeret
quod ait per unum hominem intrasse peccatum. haec enim sunt
superiora uerba eius: commendat autem, inquit, suam 25
caritatem deus in nobis, quoniam, cum adhuc
peccatores essemus, Christus pro nobis mortuus
est; multo magis iustificati nunc in sanguine

9 cf. Ambrosiaster in ep. ad Rom. 5, 12 (XVII 92 M) et H. Zimmer, Pelagius in Irland pag. 119   17 cf. Rom. 5, 10   19 Esai. 59, 2   21 cf. Ioh. 1, 29
25 Rom. 5, 8—11

1 mors fit O   quod C   pongit B   2 cum uenenum bibitur B
si] cum s.l. Om1   3 a s.l. Om1   4 apostolis C   8 peccatum om. Om1   9 sic
e*t O et sic Dbd   hylarius C   10 ait] aut V   11 in adam Dbd   12 manifestum
est EF Ambrosiaster   in s.l. Om1   13 quasi] quia O   corruptus*O corruptus ē B
16 esset om. O, in ras. D   17 idem om. D   18 quod s.l. Om2   sumus C   et—
unde om. Om1   19 peccata O (a fin. ins. m2)   20 igitur] ergo bd   22 post inimicis
eras. et O   25 eius uerba superiora B   autem] enim O   deus suam caritatem OB   27 essemus peccatores D   28 nunc om. V

ipsius salui erimus ab ira per ipsum. si enim, cum inimici essemus, reconciliati sumus deo per mortem filii eius, multo magis reconciliati salui erimus in uita ipsius, non solum autem,
5 sed et gloriantes in deo per dominum nostrum Iesum Christum, per quem et nunc reconciliati-ouem accepimus. deinde subiungit: propter hoc sicut per unum hominem peccatum in hunc mundum intrauit et per peccatum mors et ita in omnes
10 homines pertransiit, in quo omnes pec-cauerunt. quid tergiuersantur Pelagiani? si omnibus neces-saria est reconciliatio per Christum, per omnes transiit peccatum, quo inimici fuimus, ut reconciliari opus haberemus. haec reconciliatio est in lauacro regenerationis et Christi carne et sanguine, sine
15 quo nec paruuli possunt habere uitam in semet ipsis. sicut enim fuit unus ad mortem propter peccatum, sic est unus ad uitam propter iustitiam, quia, sicut in Adam omnes moriuntur, sic in Christo omnes uiuificabuntur et: sicut per unius delictum in omnes homines ad condem-
20 nationem ita et per unius iustificationem in omnes homines ad iustificationem uitae. quis ad-uersus haec apostolica uerba tanta duritia nefandae inpietatis obsurduit, ut his auditis mortem sine peccato in nos per Adam trans-isse contendat, nisi obpugnatores gratiae dei, inimici crucis Christi,
25 quorum finis est interitus, si in hac obstinatione dura-uerint? uerum haec dixisse sufficiat propter eorum illam uersutiam serpentinam, qua uolunt mentes corrumpere simplices et auertere a catholicae fidei castitate ueluti laude creaturae.

V. 9. Porro autem de laude nuptiarum quid eis prodest, quod
30 aduersus Manicheos, qui nuptias non deo uero et bono adsignant,

---

7 Rom. 5, 12   17 I Cor. 15, 22   18 Rom. 5, 18   24 cf. Phil. 3, 18
25 Phil. 3, 19

1 ipsius] eius *EF*   5 gloriamur *OB*   per iesum christum dom. nostrum *DEFbd*   8 hunc *om.F*   10 homines *om.V*   11 ergo uersantur *B* ergo aduer-santur *O*   13 opus reconciliari *DEFbd*   15 uitam habere *D*   semet**ipsis *O*   16 est] et *CDEF*   17 sic] ita et *Dbd*   18 et] ut *O*   20 iustitiam *O*   25 est *om.Oml*   hoc *O*   obscuratione *C*   27 quia *V*   uolunt—simplices] conantur decipere supplices *B*   28 crea*turae *O*   29 propdest *O*   30 nuptias *om.D*

sed principi tenebrarum, isti uerbis uerae pietatis obsistunt dicentes
'quia dominus in euangelio loquitur: q u i f e c i t a b i n i t i o,
m a s c u l u m e t f e m i n a m f e c i t e o s. e t d i x i t: c r e s c i t e
e t m u l t i p l i c a m i n i e t r e p l e t e t e r r a m. q u o d e r g o
d e u s c o n i u n x i t, h o m o n o n s e p a r e t'? quid eis hoc prodest 5
per uerum seducere ad falsum? hoc enim dicunt, ut ab omni noxa
liberi nasci credantur infantes ac sic non eis opus sit deo reconciliari
per Christum non habentibus ullum originale peccatum, propter
quod reconciliatio necessaria est omnibus per unum, qui sine peccato uenit in mundum, sicut omnium factae inimicitiae sunt per 10
unum, per quem peccatum intrauit in mundum. quod catholice
creditur pro saluanda natura hominum salua laude nuptiarum, quia
nuptiarum laus est insta copulatio sexuum, non iniqua defensio
uitiorum. ac per hoc cum isti laudando nuptias a Manicheis homines
ad se ipsos uolunt traducere, mutare illis morbum cupiunt, non 15
sanare.

10. Rursus in laude legis quid eis prodest, quod contra Manicheos uerum dicunt, quando ex hoc ad illud uolunt ducere, quod falsum
contra catholicos sentiunt? dicunt enim: *legem etiam ueterem se-*
cundum apostolum iustam et sanctam et bonam fatemur, quae custo- 20
dientibus mandata sua ac per fidem iuste uiuentibus sicut prophetis
et patriarchis omnibusque sanctis uitam potuit conferre perpetuam.
quibus uerbis callidissime positis legem contra gratiam laudant.
neque enim lex illa quamuis sancta et iusta et bona omnibus illis
hominibus dei, sed fides, quae in Christo est, uitam potuit conferre 25
perpetuam. haec enim fides per dilectionem operatur, non secundum

2 Iulianus, cf. p. 521, 15   Matth. 19, 4   3 Gen. 1, 28   4 Matth. 19, 6
7 cf. Rom. 5, 10   19 Iulianus   20 cf. Rom. 7, 12   25 cf. Gal. 3, 26
26 cf. Gal. 5, 6

1 istis *OB*   obstituunt *OB*   3 et masculum *V*   dicit *EFbd*   5 d̄n̄s *O*
6 falsum] fallaces decipulas *B*   hoc—dicunt *om. B*   enim] ē *O*   ab *om. O*
7 nasci credantur] nascantur *V*   sic] si *B*   deo *om. b*   10 īmundum *C*   omnium]
enim *b*   inimicitiae factae *Db*   11 catholicae *V*   12 hominis *F*   salua laude]
saluandẹ *O* saluande *B*   13 insta *O* (s *s. ras.*)   copolatio *V*   sexuum *sqq. inc.*
fol. 144ᵃ V, cf. Praef.   iniqua *in ras. B*   14 ac] at *BEFbd* hac *C*   a *s.l.Om2*
17 quo contra *O*   18 uer•um *O*   nolunt dicere *V*   20 bonam et sanctam *O*
22 et *om. CEF*   24 iusta et sancta *OBbd*

litteram quae occidit, sed secundum spiritum qui uiuificat; ad
quam dei gratiam lex de praeuaricatione terrendo tamquam paedagogus perducit, ut sic conferatur homini, quod conferre ipsa non
potuit. istis namque nerbis eorum, quibus dicunt 'legem prophetis
5 et patriarchis omnibusque sanctis mandata eius seruantibus uitam
potuisse conferre perpetuam', respondet apostolus: s i p e r l e g e m
i u s t i t i a, e r g o C h r i s t u s g r a t i s m o r t u u s e s t. s i e x
l e g e h e r e d i t a s, i a m n o n e x p r o m i s s i o n e. s i b i q u i
p e r l e g e m h e r e d e s s u n t, e x i n a n i t a e s t f i d e s e t
10 e u a c u a t a e s t p r o m i s s i o. q u i a a u t e m i n l e g e n e m o
i u s t i f i c a t u r a p u d d e u m, m a n i f e s t u m e s t, q u i a
i u s t u s e x f i d e u i u i t; l e x a u t e m n o n e s t e x f i d e,
s e d q u i f e c e r i t e a u i u e t i n i l l i s. quod ex lege testimonium
commemoratum ab apostolo aut propter uitam temporalem intelle-
15 gitur, propter cuius amittendae timorem faciebant homines legis
opera, non ex fide, quia transgressores legis eadem lege a populo
iubebantur occidi, aut, si altius intellegendum est propter uitam
aeternam scriptum esse: q u i f e c e r i t e a, u i u e t i n i l l i s,
ideo sic expressum est legis imperium, ut infirmitas hominis in se
20 ipsa deficiens ad facienda quae lex imperat de gratia dei potins ex
fide quaereret adiutorium, cuius misericordia etiam fides ipsa
donatur. ita quippe habetur fides, s i c u t u n i c u i q u e
d e u s p a r t i t u s e s t m e n s u r a m f i d e i. si enim non a se
ipsis habent, sed accipiunt homines spiritum uirtutis et caritatis
25 et continentiae — unde dicit idem ipse doctor gentium: n o n e n i m
a c c e p i m u s s p i r i t u m t i m o r i s, s e d u i r t u t i s e t
c a r i t a t i s e t c o n t i n e n t i a e —, profecto accipitur etiam spi-

---

1 cf. II Cor. 3, 6　　2 cf. Gal. 3, 24　　4 Iulianus　　6 Gal. 2, 21　　7 Gal.
3, 18　　8 Rom. 4, 14　　10 Gal. 3, 11. 12　　18 Leu. 18, 5　　22 Rom. 12, 3
25 II Tim. 1, 17

2 gratiam *Ba.c.*　pedagogus *V*　3 conferri *O* ferre *B*　4 uerbis] uersutiis *O*
6 perpetuū *C*　respondit *V*　7 iustia *V* iustitiam *D*　ergo *om. D*　8 lege *O*
(ge *s.l.m3*)　ex] e *O om. F*　9 et *om. Om1*　10 **promissio *D*　11 aput *V*
13 ea *om. Om1*　uiuit *V*　quod—*p. 532, 2* fidei *om. EF*　14 cūmemoratum *B*
aut *om. bd*　15 amitiende *O*　amittendā beatā spem iustitiam faciebant *B*
legis opera *om. B*　16 opera—legis *bis pon. V*　quia] quae *Db*　17 iubebat *D*
19 si *O*　20 lex *om. D*　di● *V* (s *eras.*)　21 querere *O*　misericordiae *O*　22 post
quippe *tres litt. eras. V*　23 est *om. O*　24 homines *om. Om1*

ritus fidei, de quo dicit: h a b e n t e s a u t e m e u n d e m s p i-
r i t u m f i d e i. uerum ergo dicit lex: q u i f e c e r i t e a, u i u e t
i n e i s. sed ut faciat ea et uiuat in eis, non lex quae hoc imperat,
sed fides est necessaria, quae hoc impetrat. quae tamen fides, ut
haec accipere mereatur, ipsa gratis datur.   5

    11. Nusquam autem isti inimici gratiae ad candem gratiam
uehementius obpugnandam occultiores moliuntur insidias, quam .
ubi legem laudant, quae sine dubitatione laudanda ert. legem quippe
diuersis locutionum modis et uarietate uerbòrum in omnibus disputationibus ruis uolunt intellegi gratiam, ut scilicet a domino 10
deo adiutorium cognitionis habeamus, quo ea quae facienda sunt
nouerimus, non inspirationem dilectionis, ut cognita sancto amore
faciamus, quae proprie gratia est. nam scientia legis sine caritate
inflat, non aedificat secundum eundem apostolum apertissime
dicentem: s c i e n t i a i n f l a t, c a r i t a s u e r o a e d i f i c a t. 15
quae sententia similis est ei, qua dictum est: l i t t e r a o c c i d i t,
s p i r i t u s a u t e m u i u i f i c a t. quale est enim s c i e n t i a
i n f l a t, tale est l i t t e r a o c c i d i t et quale est c a r i t a s
a e d i f i c a t, tale est s p i r i t u s ˙u i u i f i c a t, quia
c a r i t a s d e i d i f f u s a e r t i n c o r d i b u s n o s t r i s 20
p e r s p i r i t u m s a n c t u m, q u i d a t u s e s t n o b i s.
cognitio itaque legis facit superbum praeuaricatorem, per
donum autem caritatis delectat legis esre factorem. non ergo
legem euacuamus per fidem, s e d l e g e m s t a t u i m u s, quae
terrendo ducit ad fidem. ideo quippe lex iram operatur, ut territo 25
atque conuerso ad iuttitiam legis inplendam dei misericordia gratiam
largiatur per Iesum Christum dominum nostrum, qui ert dei sapientia,
de quas criptum ert: l e g e m e t m i s e r i c o r d i a m i n l i n g u a

    1 II Cor. 4, 13   2 Leu. 18, 5   8 cf. De gratia Christi 7, 8—9, 10. 41, 45
(CSEL XLII 131—133. 158)   15 I Cor. 8, 1   16 II Cor. 3, 6   19 Rom. 5, 5
24 Rom. 3, 31   25 cf. Rom. 4, 15   27 cf. I Cor. 1, 30   28 Prou. 3, 16

    1 dicit a̅p̅s̅ O   2 eam V   3 eis] illis Dbd   sed—eis s. l. Om3; sed—
imperat om.CE   et] ut V   non fuit lex quae hoc imperat sed fides; quae tamen
fides at haec faciat sqq. F   hoc om.V   4 impeɪat Om1   5 ipsa om.V   6 autem
om.F   8 quippe Dm1   9 loquutionum O   12 inspiratione OBV   13 propria V
14 apl̅m s. exp. s̅p̅m D   16 sentencia in ras. B   17 autem om.d   inflat
scientia D   18 littera—aedificat] caritas aedificat et quale e̅ caritas ędificat O
19 qua Om1   24 euacuamus legem D   set B (s add. m2)   25 fidem] uitam O
26 inplendo V implendum B   misericordia∗O misericordiam Db   gratia Db

p o r t a t, legem, qua terreat, misericordiam, qua subueniat, legem
per seruum, misericordiam per se ipsum, legem tamquam in baculo,
quem misit Heliseus ad filium uiduae suscitandum et non resurrexit — si enim d a t a e s s e t lex, q u a e p o s s e t u i u i f i-
5 c a r e, o m n i n o ex lege e s s e t i u s t i t i a —, misericordiam
nero tamquam in ipso Heliseo, qui figuram Christi gerens mortuo
uiuificando magni sacramenti uelut noui testamenti significatione
coniunctus est.

VI. 12. Item quod aduersus Manicheos landant liberum arbi-
10 trium adhibentes propheticum testimonium: s i u o l u e r i t i s e t
a u d i e r i t i s me, q u a e b o n a s u n t t e r r a e e d e t i s; s i
a u t e m n o l u e r i t i s e t n o n a u d i e r i t i s m e, g l a d i u s
u o s c o n s u m e t, quid eis hoc prodest? quando quidem non tam
contra Manicheos defendunt quam contra catholicos extollunt
15 liberum arbitrium. sic enim uolunt intellegi quod dictum est: s i
u o l u e r i t i s e t a u d i e r i t i s m e, tamquam in ipsa praecedente
uoluntate sit consequentis meritum gratiae ac sic gratia iam non
sit gratia, quae non est gratuita, cum redditur debita. si autem sic
intellegerent quod dictum est: s i u o l u e r i t i s, ut etiam ipsam
20 bonam uoluntatem illum praeparare confiterentur, de quo scriptum
est: p r a e p a r a t u r u o l u n t a s a d o m i n o, tamquam catholici uterentur hoc testimonio et non solum heresim ueterem Manicheorum uincerent, sed nouam Pelagianorum non conderent.

13. Quid eis prodest, quod in laude ipsius liberi arbitrii 'gratiam'
25 dicunt 'adiuuare uniuscuiusque bonum propositum'? hoc sine scrupulo acciperetur catholice dictum, si non in bono proposito meritum
ponerent, cui merito iam merces secundum debitum, non secundum

---

2 cf. IV Regn. 4, 29—35   4 Gal. 3, 21   10 Esai. 1, 19. 20, cf. 521, 26
17 cf. Rom. 11, 6   21 Prou 8, 35   24 Iulianus

3 heliscus O   surrexit D   4 data est lex B   possit uiuicare V   5 ex lege
om. Bm1   est Om1 esse V   iustia O   6 helyseo O   7 magni*sacramenti* O
9 manichaeos O   11 terre Om1   ante edetis ras. 4 litt. in O   comedetis Db
12 nol. autem D   non om. V   13 uos consumet in ras. Om3   tam C   15 liberum—
uolunt s.l. Om3; liberum arbitrium in mg. B   17 sit s.l. Om3   sic] si B   gratia*
iam V   19 ipsam s.l. Om3   20 bonam bis pon. D   21 uo*luntas eius O
22 heresim] add. ut V   manichaeorum O   23 pelaianorum O   non conderent]
contererent Db   25 crospulo B   27 ponerent om. OB   debitum] meritum CD

gratiam redderetur, sed intellegerent et confiterentur etiam ipsum bonum propositum, quod consequens adiuuat gratia, non esse potuisse in homine, si non praecederet gratia. quomodo enim est hominis bonum propositum sine miserante prius domino, cum ipsa sit bona uoluntas, quae praeparatur a domino? quod autem cum 5 dixissent 'gratiam quoque adiuuare uniuscuiusque bonum propositum', mox addiderunt 'non tamen reluctanti studium uirtutis inmittere', posset bene intellegi, si non ab istis, quorum sensus notus est, diceretur. reluctanti enim prius auditus diuinae uocationis ipsa dei gratia procuratur ac deinde in illo iam non reluctante studium 10 uirtutis accenditur. uerum tamen in omnibus quae quisque agit secundum deum, misericordia eius praeuenit eum, quod isti nolunt, quia non esse catholici, sed Pelagiani uolunt. multum enim delectat impietatem superbam, ut etiam id quod cogitur confiteri a domino datum non sibi donatum uideatur esse, sed redditum, ut scilicet 15 filii perditionis, non promissionis ipsi credantur se bonos fecisse et deus iam bonis a se ipsis effectis pro isto eorum opere debitum praemium reddidisse.

14. Ita namque illis tumor ipse aures cordis obstruxit, ut non audiant: q u i d e n i m h a b e s q u o d n o n a c c e p i s t i? non 20 audiant: s i n e m e n i h i l p o t e s t i s f a c e r e, non audiant: c a r i t a s e x d e o e s t, non audiant: d e u s p a r t i t u s e s t m e n s u r a m f i d e i, non audiant: s p i r i t u s u b i u u l t s p i r a t et: q u i s p i r i t u d e i a g u n t u r, h i f i l i i s u n t d e i, non audiant: n e m o p o t e s t u e n i r e a d m e, n i s i f u- 25 c r i t e i d a t u m a p a t r e m e o, non audiant quod Hesdras scribit: b e n e d i c t u s e s t d o m i n u s p a t r u m n o s t r o r u m,

---

5 cf. Prou. 8, 35   6 cf. pag. 522, 3   12 cf. Ps. 58, 11   20 I Cor. 4, 7
21 Ioh. 15, 5   22 I Ioh. 4, 7   Rom. 12, 3   23 Ioh. 3, 8   24 Rom. 8, 14
25 Ioh. 6, 66   27 I Esd. 8, 25

2 adiuuet F   3 in s.l. Om2   5 dõ V   6 propositum bonum DEFbd
7 reluctanti*O   8 bene s.l. Om3   9 aditus s.l. D, b   10 deinde] de in B
in om. O   studium] sps Db   11 ueruntamen D   quae] se C   12 dnm EF
praeueniet O   eum s.l. Om3   14 id] hic CD hoc EF   15 sed in ras. B
rediditum D   16 credant O   17 iam om. O   20 enim om. D   22 caritas—
audiant om. OB   partitur et mensuram V   24 qui *O   hi om. O hii D
25 potes V   post nisi eras. pater O   26 hesdra BV hestra C esdra EF esdras Dd
scripsit O   27 nrm O

qui haec dedit in cor regis, clarificare domum
suam, quae est in Hierusalem, non audiant quod per
Hieremiam dominus dicit: et timorem meum dabo
in cor eorum, ut a me non recedant, et uisitabo
5 eos, ut bonos eos faciam, maximeque illud per Ezechiel
prophetam, ubi prorsus deus ostendit nullis se hominum bonis
meritis prouocari, ut eos bonos faciat, id est oboedientes mandatis
suis, sed potins haec eis se retribuere bona pro malis propter se
ipsum hoc faciendo, non propter illos. ait enim: haec dicit
10 dominus: ego facio non propter uos, domus Israhel, sed propter nomen meum sanctum, quod
profanastis in gentibus, quo intrastis illuc. et
sanctificabo nomen meum magnum, quod pro-
fanatum est in gentibus et profanastis in medio
15 eorum, et scient gentes quia ego sum dominus,
dicit Adonai dominus, cum sanctificatus fuero
in uobis ante oculos eorum. et accipiam uos de
gentibus et congregabo uos ex omnibus terris
et inducam uos in terram uestram. et aspergam
20 super uos aquam mundam et mundabimini ab
omnibus inmunditiis uestris, et mundabo
uos et dabo nobis cor nouum et spiritum nouum dabo in nobis; et auferetur cor lapideum
de carne uestra, et dabo nobis cor carneum. et
25 spiritum meum dabo in uobis et faciam, ut in
iustificationibus meis ambuletis et indicia
mea obseruetis et faciatis. et post aliquanta per eundem
ipsum prophetam: non propter uòs, inquit, ego facio,
dicit dominus deus, notum crit nobis. confun-

---

3 Hier. 32, 40. 41   9 Ezech. 36, 22—27   28 Ezech. 36, 32—38

1 qui∗V   hoc bd   in domum F   3 hieremian OBD   dicit dominus
DEFbd   5 maxime B   ezechielum O hiezechielē C iezechielem D   6 deus om.V
se in ras. B   8 eis om.F   se om.D   9 ipsum om.V   alt. hoc C   dicit om.V
10 dominus deus CDEFbd   non propter uos om.OCDEFVb   12 quod O quę B
illac B   15 scientgentes O (tgen s.l.m2)   quia] q̅m̅ O   16 adonai O (i s. ras. m3)
adqnay BD   19 aspargam V   20 mundamini V   21 inquinamentis Db   et mundabo uos om.OB   23 dano Om1   in uos B   auferam B,D in ras.   25 dabo s.
ras. m3 O   26 inditia B   29 deus om.O   notum—deus om.V   erit] sit b
cūfundimini B confundamini C

dimini et erubescite de uiis uestris, domus
Israhel. haec dicit dominus deus: in die quo mundabo uos ex omnibus iniquitatibus uestris, et
constituam ciuitates et aedificabuntur deserta et terra exterminata operabitur, pro eo 5
quod exterminata est ante oculos omnis prae-
tereuntis, et dicent: terra illa exterminata
facta est sicut hortus uoluptatis, et ciuitates
desertae et exterminatae et effossae munitae
sed erunt, et scient gentes quaecumque relictae 10
fuerint in circuitu uestro, quia ego dominus
aedificaui destructas, plantaui extermi-
natas; ego locutus sum et feci. haec dicit
dominus: adhuc hoc inquirar domui Israhel
ut faciam eis, multiplicabo eos sicut oues 15
homines, sicut oues sanctas, sicut oues
Hierusalem in diebus festis eius; sic erunt
ciuitates illae desolatae plenae onium
hominum, et scient quia ego dominus.

15. Quid remansit pelli morticinae, unde possit inflari et de- 20
dignetur, quando gloriatur, in domino gloriari? quid ei remansit,
quando quidquid dixerit se fecisse, ut eo praecedente hominis merito
ab homine exorto deus subsequenter faciat quo dignus est homo,
respondebitur, reclamabitur, contradicetur: ego facio, sed
propter nomen meum sanctum, non propter uos 25
ego facio, dicit dominus deus? nihil sic euertit Pelagianos
dicentes 'gratiam dei secundum merita nostra dari' — quod quidem

---

21 cf. I Cor. 1, 31   24 Ezech. 36, 22   27 cf. De gestis Pelagii 14, 30
(CSEL XLII 84, 5. 15)

1 domus—uestris om. EF   2 mundabo O (b ex u) mudauero b   3 ex] ab bd
et om. ODb   4 ciuitate* O (s add. s. *)   5 praeparabitur b   operabitur—
exterminata om. V   6 extermina**ta O   8 facta om. OB   ortus OBCDV
9 pr. et om. OB   10 rel. fuerint ex reliquerunt O   11 ego om. V   14 hoc s.l. Om3
inquiram DEFbd   15 et multiplicabo C   sicut] sc O   16 alt. oues om. O   17 h̄rm O
ihrlm D   in om. EF   eius om. V   18 desolutae O   planae Om1 planę C
ouibus V   19 ego] add. sum O   20 non dignetur D   22 dixerit s. l. Om3
hois B   23 homine O (e ex i)   facit EF   quod OBCEFV   24 respondetur Db
reclamauitur Om1 reclamatur Db   contradicitur DVb   26 ego om. V   27 dei om. V

ipse Pelagius etsi non se corrigendo, tamen orientales iudices timendo damnauit —, nihil sic euertit hanc praesumptionem dicentium:
'nos facimus, ut mereamur cum quibus faciat dominus'. respondet
nobis non Pelagius, sed ipse dominus: e g o f a c i o e t n o n p r o p-
5 t e r u o s, s e d p r o p t e r n o m e n m e u m s a n c t u m. quid
enim potestis facere boni de corde non bono? ut autem habeatis
cor bonum: d a b o, inquit, u o b i s c o r n o u u m e t s p i r i t u m
n o u u m d a b o u o b i s. numquid potestis dicere: prius ambu-
lauimus in iustificationibus eius et iudicium eius obseruauimus et
10 fecimus ut digui essemus, quibus gratiam suam daret? quid enim
boni faceretis homines mali et quomodo ista bona faceretis, nisi boni
essetis? ut autem sint homines boni, quis facit nisi ille qui dixit:
e t u i s i t a b o e o s, u t c o s b o n o s f a c i a m. et qui dixit: e t
s p i r i t u m m e u m d a b o i n n o b i s e t f a c i a m u t i n
15 i u s t i f i c a t i o n i b u s m e i s a m b u l e t i s e t i u d i c i a
m e a o b s e r u e t i s e t f a c i a t i s? itane nondum euigilatis?
nondum auditis: faciam ut ambuletis, faciam ut obseruetis,
postremo: faciam ut faciatis? quid adhuc uos inflatis? nos
quidem ambulamus, nerum est, nos obseruamus, nos facimus;
20 sed ille facit, ut ambulemus, ut obseruemus, ut faciamus.
haec est gratia dei bonos faciens nos, haec est misericordia
eius praeueniens nos. quid merentur deserta et exterminata
et effossa? quae tamen aedificabuntur et operabuntur et
munientur. numquid haec pro meritis desertionis, exterminationis,
25 effossionis suae? absit. ista enim merita mala sunt, haec munera bona.
redduntur itaque malis bona; gratuita ergo, non debita et ideo gratia.

4 Ezech. 36, 22   7 Ezech. 36, 26   13 Ezech. 32, 40   Ezech. 36, 27
21 cf. Ps. 58, 11   26 cf. Rom. 3, 24

1 se om.Dd   2 hanc] hominum EFd,b (in mg. al hanc)   3 faciamusO
fac . . . mus ut nos faciamus D   deus Fbd   quam quod respondet F   respondit V
4 et nonO   alt. non s.l.Om2   6 habetis Om1   8 nouum] meum Db   do V
numquit V nunquid O   9 obseruabimus V   10 facimus F   essemus] add. ut d
11 faceretis ex feceritis bis B   12 homines sint Dbd   pr. qui C   13 pr. et om.b
et qui—faciam om.V   et] eis OB, om. EFbd   14 pr. in om. b   16 mea om. D
ita**ne O   euilatis V   17 necdum V n̄ dum ex dudum B non Db   audistis O
18 **ut O   20 illae B   ut alt. om O   21 alt. est om.b   23 effossa] offensa V
et operabuntur om.OB   operibuntur V   24 haec in ras. B   exterminationis
s.l.Vm1   25 effusionis O effosionis B   ista] i*a* V (nam fuit)   26 itaque om.V
gratuita] erat uita D

e g o, inquit dominus, e g o d o m i n u s. nonne te ista uox conprimit,
o humana superbia, quae dicis: 'ego facio, ut merear a domino
aedificari atque plantari'? nonne audis: n o n p r o p t e r u o s e g o
f a c i o; e g o d o m i n u s a e d i f i c a u i d e s t r u c t a s, p l a n-
t a u i e x t e r m i n a t a s; e g o d o m i n u s l o c u t u s s u m 5
etfeci, non tamen p r o p t e r u o s, s e d p r o p t e r n o m e n
m e u m s a n c t u m? quis multiplicat sicut oues homines, sicut
oues sanctas, sicut ones Hierusalem? quis facit, ut ciuitates illac
desolatae plenae sint ouium hominum, nisi ille qui sequitur et dicit:
e t s c i e n t q u i a e g o d o m i n u s? sed quibus ouibus hominibus 10
inplet, sicuti est pollicitus, ciuitates, utrum quas inuenit an quas
facit? psalmum interrogemus. ecce respondet, audiamus: u e n i t e,
a d o r e m u s e t p r o c i d a m u s e i, e t p l o r e m u s a n t e
d o m i n u m q u i f e c i t n o s, q u i a i p s e e s t d e u s n o s t e r
e t n o s p o p u l u s p a s c u a e e i u s e t o n e s m a n u s e i u s. 15
ipse igitur facit oues, quibus desolatas inpleat ciuitates. quid mirum?
quando quidem illi unicae oui dicitur, hoc est ecclesiae, cuius membra
sunt omnes ones homines: quoniam ego sum dominus qui facio te.
quid mihi obtendis liberum arbitrium, quod ad faciendam iustitiam
liberum non erit, nisi ouis fueris? qui facit igitur oues homines, ipse 20
ad oboedientiam pietatis humanas liberat uoluntates.

16. Sed quare istos homines ones facit et istos non facit, apud
quem non est acceptio personarum? ipsa est quaestio, quam beatus
apostolus curiosius quam capacius proponentibus ait: o h o m o,
t u q u i s e s q u i r e s p o n d e a s d e o? n u m q u i d d i c i t 25
f i g m e n t u m e i q u i s e f i n x i t: q u a r e s i e m e f e c i s t i?
ipsa est quaestio, quae ad illam pertinet altitudinem, quam perspicere uolens idem apostolus quodam modo expauit et exclamauit:

3 Ezech. 36, 32   4 Ezech. 36, 36   10 Ezech. 36, 38   12 Ps. 94, 6. 7
22 cf. Rom. 2, 11   24 Rom. 9, 20

1 *pr.* ego] ergo *CEF*   none *V*   te *om. OB*   2 o] te *V, om. O*   humanā
superbiā *OV*   dicit *O*   3 nūne *B*   ego *om. O, bis D*   8 hrlm *O* ihrlm *D*
ille desolate *V*   10 ego] *add.* sū *O*   11 *post* inplet *eras.* et dicit *O*   sic̄ *B*
12 psalmus *V*   respondit *V*   13 ei *om. OV*   14 dm̄ *EF*   est dn̄s d̄s noster *O*
16 fecit *O*   19 ostendis *D*   20 ouis fueris] liberatum fuerit *EF*   fuerit *OBCV*
21 oboedientiae *V*   obedienti∗ampietate *O*   uoluntate *V*   22 oues hom.
facit *EF*   24 coriosius *Oml*   25 quis] qui *OBC, om. V*   qui] ut *Dbd*   26 eius *C*
me fecisti sic *D*   27 ḥaltitudinem *B*

o altitudo diuitiarum sapientiae et scientiae
dei! quam inscrutabilia sunt iudicia eius et
inuestigabiles uiae eius! quis enim cognouit
sensum domini? aut quis consiliarius eius fuit?
5 aut quis prior dedit illi et retribuetur ei? quoniam ex ipso et per ipsum et in ipso sunt omnia;
ipsi gloria in saecula saeculorum. non itaque istam
scrutari audeant inscrutabilem quaestionem, qui meritum ante gratiam et ideo iam contra gratiam defendentes priores uolunt daro
10 deo, ut retribuatur eis — priores utique dare quodlibet ex libero arbitrio, ut sit gratia retribuenda pro praemio —, et sapienter intellegant
uel fideliter credant etiam quod se putant priores dedisse, ab illo,
ex quo sunt omnia, per quem sunt omnia, in quo sunt omnia,
percepisse. cur autem iste accipiat, ille non accipiat, cum ambo
15 non mereantur accipere et quisquis eorum acceperit, indebite
accipiat, uires suas metiantur. et fortiora se non scrutentur.
sufficiat eis scire quod non sit iniquitas apud deum. cum enim
nulla merita inuenisset apostolus, quibus Iacob geminum apud
deum praecederet fratrem: quid ergo dicemus? inquit,
20 numquid est apud deum iniquitas? absit. Moysi enim dicit: miserebor cui misertus ero et misericordiam praestabo cui misericors fuero.
igitur non uolentis neque currentis, sed mise-
rentis est dei. grata sit ergo nobis eius gratuita miseratio, etiam-
25 si haec profunda insoluta sit quaestio. quae tamen hactenus soluitur, quatenus eam solnit idem apostolus dicens: si autem uolens deus ostendere iram et demonstrare poten-
tiam suam adtulit in multa patientia uasa irae,

1 Rom. 11, 33—36   13 cf. Rom. 11, 36   16 cf. Eccli. 3, 22   19 Rom.
9, 14—16   26 Rom. 9, 22. 23

2 sunt *om.Om1*   3 inuestigabiles *O* (b *ex* u) inuestibiles *D*   4 aut—fuit *bis D*
5 illi]∗∗*O*   8 inscrutauilem *Om1*   questione *C*   9 iam] *add.* non *V*   priore *V*
10 dare] qui daret *V*   11 et sapientes *C* sed sapiente *EF*   13 *pr.* omnia—sunt
in mg. Om3   in—omnia *s. l. Om3*   14 ille—accipiat *bis D*   accipia∗t *O*
15 acciperit *O* acceperat *b*   indebiti *Om3*   16 metiuntur *Om1* me∗tiantur *B*
19 dicimus *V*   20 nunquid *O*   iniquitas est apud deum *BCV*   est *s. l. Om1*
moyses *OBCEFV*   21 dixit *B*   22 p̄tabo *Om1*   24 misericordia *Om1*   25 actenus *O*
eatenus *EFd*   26 quatinus *B*   deus uolens *EFbd*   27 demonstraret *C*
28 suam *om. Om1*

q u a e p e r f e c t a s u n t i n p e r d i t i o n e m, e t u t n o t a s
f a c e r e t d i u i t i a s g l o r i a e s u a e i n u a s a m i s e r i-
c o r d i a e, q u a e p r a e p a r a u i t i n g l o r i a m. ira
quippe non redditur nisi debita, ne sit iniquitas apud deum;
misericordia uero etiam cum praebetur indebita, · non est iniquitas 5
apud deum. et hinc intellegunt uasa misericordiae, quam gratuita
illis misericordia praebeatur, quod irae uasis, cum quibus eis est
perditionis causa et massa communis, ira debita et iusta rependitur.
et iam haec satis sint aduersus eos, qui per arbitrii libertatem
destruere uolunt gratiae largitatem.   10

VII. 17. Quod uero laude sanctorum nolunt nos affectu illius
publicani esurire et sitire iustitiam, sed uanitate illius pharisaei
tamquam saturatos plenosque ruotare, quid eis prodest quod aduersus Manicheos, qui baptisma destruunt, isti dicunt 'baptismo perfecte homines innouari' atque ad hoc apostoli adhibent testimonium, 15
qui per lauacrum aquae ecclesiam de gentibus sanctam fieri inma-
culatamque testatur, cum superbo sensu atque peruerso contra orationes ipsius ecclesiae suas exerant disputationes? hoc enim propterea
dicunt, ut credatur ecclesia post sanctum baptismum, in quo fit
omnium remissio peccatorum, ulterius non habere peccatum, cum 20
aduersus eos illa a solis ortu usque ad occasum omnibus suis membris
clamet ad deum: d i m i t t e n o b i s d e b i t a n o s t r a. quid
quod etiam de se ipsis in hac causa si interrogentur, quid respondeant non inueniunt? si enim dixerint se non habere peccatum, respondet eis Iohannes, quod se ipsos decipiant et neritas in eis 25
non sit; si autem confitentur peccata sua, cum se uelint

5 cf. Rom. 9, 14   6 cf. Rom. 9, 22. 23   12 cf. Luc. 18, 10—14   14 Iulianus   16 cf. Eph. 5, 26   22 Matth. 6, 12   25 cf. I Ioh. 1, 8   26 cf. I Cor. 6, 15

1 peditionem *Om1*   2 fıcere *Om1*   5 misericordia—deum *in mg. m1V*
uero *om.B*   6 quam] cum *Vb*   7 ira *Om1*   est eis *DEFbd*   8 cumunis *V* com-
mu∗∗∗nis*O*   9 et iam haec] haec iam *Dbd*   10 largitorē *Db*   11 laudes *O*
in laude *EF*   affectu *O* (a *s. l. m2*)   12 puplicani *O*   scitire *V*   uanitatem *CEF*
pharisei *V* farisei *B*   13 aduersus *O* (s *fin. s. ras. m2*)   17 contra orationes]
contra tines *O* (r *et alt.* t *s.l.m2, in mg.* . . . . ntratines *initio desecto*)   18 sua
rexerant *V* cxerant *O* (ex *s. l. m2*) erexerant *B* exeçrant *C* exserant *DEFbd*
21 a *s. l. Om2*   ortu∗*O*   menbris *B*   22 dn̄m *EF*   quid quod] qui quidem *EF*
23 intergentur*Om1*   24 non habere se*O*   respondeạt *D*   25 ei *B*   iohannis *V*
decipiunt*OB*   26 sit] est *D*   sia *B*   confiteantur *D*

esse Christi corporis membra, quomodo erit illud corpus, id
est ecclesia, in isto adhuc tempore perfecte, sicut isti sapiunt, sine
macula et ruga, cuius membra non mendaciter confitentur
se habere peccata? quapropter et in baptismate dimittuntur cuncta'
5 peccata et per ipsum lauacrum aquae in nerbo exhibetur Christo
ecclesia sine macula et ruga, quia, nisi esset baptizata, infructuose
diceret: d i m i t t e n o b i s d e b i t a n o s t r a, donec perducatur
ad gloriam, ubi ei perfectius nulla insit macula et ruga.

18. 'Et spiritum sanctum' fatendum est 'etiam antiquis tem-
10 poribus' non solum 'mentes bonas adiuuisse', quod et isti uolunt,
uerum etiam bonas eas fecisse, quod nolunt. 'omnes quoque prophetas
et apostolos uel sanctos et euangelicos et antiquos, quibus deus testimonium perhibet, non in conparatione sceleratorum, sed regula
uirtutum iustos fuisse' non dubium est. quod aduersum est Maniche-
15 is, qui patriarchas prophetasque blasphemant; sed quod aduersum est et Pelagianis interrogati omnes de se ipsis, cum in hoc corpore degerent, una uoce concordissima responderent: s i d i x e r i-
m u s q u i a p e c c a t u m n o n h a b e m u s, n o s i p s o s s e-
d u c i m u s e t u e r i t a s i n n o b i s n o n e s t. 'in futuro autem
20 tempore' negandum non est 'mercedem esse tam honorum operum
quam malorum et nemini praecipi, quae hic contempserit, illio
mandata perficere', sed plenae iustitiae saturitatem, ubi peccatum
esse non possit, quae hic a sanctis esuritur et sititur, hic sperari in
praecepto, ibi percipi in praemio, elemosynis et orationibus impe-
25 trantibus, ut quod hic minus inpletum fuerit mandatorum fiat
inpunitum per indulgentiam peccatorum.

---

2. 6 cf. Eph. 5, 27   7 Matth. 6, 12   9. 11 Iulianus   17 I Ioh. 1, 8
19 Iulianus

1 *post* esse *eras.* cū*O*   x̄p̄i*O* (i *s. ras. m2*)   2 eccles | ia*O* (ia *add. m2*)
perfecta D*b*   sicut isti] sīc utistis *V*   3 confitentur *om.V* confitentur se
habere*Om2* (r—ha *in ras.*, bere *s.l.*)   4 se dicunt habere *V*   quapropter—peccata
in mg. O   5 exibetur *V*   6 esse *V*   7 perducantur *C* perducat *V*   8 ei] et *V*
9 sanctum spiritum *OBCV*   10 adiuuasse *CVb*   nolunt *C*   12 antiquos uiros *B*
deus *om.O*   15 quod *om.O*   aduersus *V*   16 pelagianis*O* (nis *add. m2*)   17 dege-
runt*O*   20 non *om.V*   esset amborum*Om1*   21 hic*O* (c *m2 ex* s, *in mg.* ꝉ his)
22 plane *BCDVb* plene *EF*   iustitiae] istam D*b*   23 spirari*Om1*   24 recipi *CEF*
elemosinis*OBCDV*   25 faciat *B*

19. Quae cum ita sint, desinant Pelagiani quinque istarum rerum insidiosissimis laudibus, id est 'laude creaturae, laude nuptiarum, laude legis, laude liberi arbitrii, laude sanctorum', quasi a Manicheorum tendiculis fingere se homines uelle eruere, ut possint eos suis retibus implicare, id est ut uegent originale peccatum et 5 paruulis inuideant Christi medici auxilium et ut dicant gratiam dei secundum merita nostra dari ac sic gratia iam non sit gratia et ut dicant sanctos in hac uita non habuisse peccatum ac sic euacuetur oratio quam sanctis tradidit qui non habebat peccatum et per quem sanctis orantibus dimittitur omne peccatum. ad haec tria mala homi- 10 nes incautos et ineruditos quinque illorum honorum fraudulenta laude seducunt. de quibus omnibus satis me existimo respondisse eorum crudelissimae et impiissimae et superbissimae uanitati.

VIII. 20. Sed quoniam dicunt 'inimicos suos dicta nostra in neritatis odium suscepisse et toto penitus occidente non minus stultum 15 quam impium dogma esse susceptum et simplicibus episcopis sine congregatione synodi in locis suis sedentibus ad hoc confirmandum subscriptionem queruntur extortam', cum potins eorum profanas uocum nouitates ecclesia Christi et occidentalis et orientalis horruerit, ad curam nostram existimo pertinere non solum scripturas 20 sanctas canonicas aduersus eos testes adhibere, quod iam satis fecimus, uerum etiam de sanctorum litteris, qui eas ante nos fama celeberrima et ingenti gloria tractauerunt, aliqua documenta proferre, non quo canonicis libris a nobis ullius disputatoris aequetur auctoritas, tamquam omnino non sit quod melius seu nerins ab aliquo catho- 25 lico quam ab alio itidem catholico sentiatur, sed ut admoneantur qui putant istos aliquid dicere, quemadmodum de his rebus ante

---

7 cf. Rom. 11, 6   14 Iulianus   18 cf. I Tim, 6, 20

2 inuidiosissimis *b*   creature *B* (u *ex* o)   4 a *om.CDV*   5 orriginale *B* 6 et *om.V*   7 ac *ex* hanc *O*   et sic gratia non iam est gratia *F*   8 hanc *V* non *om.O*   ac—oratio] nec sit necessaria oratio *B*   euacuatur *V*   9 habent *O* quā *D*   10 orationibus *OB*   11 inheruditos *C*   fraudulenta *V* (u *alt. s. eras.* e)   15 per totum pen. occidentem *B*   16 episcoporum *B*   sine *om.B* 17 sintodii *O* sinodi *BC*   18 subscriptione *V* susscriptionem *C*   exortam *O* extortā *D* (tortā *in ras.*)   21 facimus *Om1*   23 attractauerunt *O*   aliquando cumenta *V*   25 aut tamquam *F*   quid *OB*   aliquo] alio *OBC*   26 ut *om.V* ammoneatur *O*

noua istorum uaniloquia catholici antistites eloquia diuina secuti
sint, et sciant a nobis reetam et antiquitus fundatam catholicam
fidem aduersus recentem Pelagianorum hereticorum praesumptionem perniciemque defendi.

5 · 21. Beatissimum, corona etiam martyrii gloriosissimum Cypri-
anum nec africanis atque occidentalibus tantum, uerum et orientalibus ecclesiis fama praedicante et scripta eius longe lateque diffun-
dente notissimum etiam ipse heresiarcha istorum Pelagius cum debito certe honore commemorat, ubi Testimoniorum librum scribens
10 eum se asserit imitari 'hoc se' dicens 'facere ad Romanum, quod
ille fecerit ad Quirinum'. uideamus ergo quid de originali peccato,
quod per unum hominem intrauit in mundum, senserit Cyprianus.
in epistula De opere et elemosynis ita loquitur: c u m d o m i n u s
a d u e n i e n s s a n a s s e t i l l a q u a e A d a m p o r t a u e r a t
15 u u l n e r a e t u e n e n a s e r p e n t i s a n t i q u a c u r a s s e t,
l e g e m d e d i t s a n o e t p r a e c e p i t, n e u l t r a i a m p e c-
c a r e t, n e q u i d p e c c a n t i g r a u i u s e u e n i r e t. c o a r-
t a t i e r a m u s e t i n a n g u s t u m i n n o c e n t i a e p r a e-
s c r i p t i o n e c o n c l u s i. n e c h a b e r e t q u i d f r a g i l i-
20 t a t i s h u m a n a e i n f i r m i t a s a t q u e i n b e c i l l i t a s
f a c e r e t, n i s i i t e r u m p i e t a s d i u i n a s u b u e n i e n s
i u s t i t i a e e t m i s e r i c o r d i a e o p e r i b u s o s t e n s i s
u i a m q u a n d a m t u e n d a e s a l u t i s a p e r i r e t, u t
s o r d e s p o s t m o d u m q u a s c u m q u e c o n t r a h i m u s
25 e l e m o s y n i s a b l u a m u s. hoc testimonio duas istorum falsita-

---

10 ex Pelagii Testimoniorum libro   12 cf. Rom. 5, 12   13 cum dominus—
abluamus] cf. Cypriani De opere et elemosynis 1 (CSEL III p. I 373, 13—374, 2)
16 cf. Ioh. 5, 14   25 cf. Luc. 11, 41

1 nona *ex* nana *B*   antestites*OV*   2 sunt *OB*   a*V*   a nobis] ab his *O*
et *om.F*   3 recentes *C* recedentem *EFd*   hereticorum *om.EF*   4 pernitiemqui*Om1*
5 martirii *V*   ciprianum*OB*   6 affricanis *D*   tantis *V* tantum *ex* statum *O*
7 p̄dicant*Om1* diffundentem*O*   8 heresiarches *Dbd* haeresiarcha *EF*   9 onore *V*
lib*rum*O*   10 eum ergo*O*   *pr.* se *om. CV*   ducens*O*   11 fecit*O* fecerat *BEFd*
quirnum*Om1*   12 ciprianus *B*   13 elymosinis*O* de elemosinis *B* helemosinis *CD*   loquor *C*   14 sanas sed *V* sanusset*Om1*   17 peccati*OV*   18 in *om.O*
praesumptione *EF*   19 fragilitatis] flagitatis *V*   24 posmodum *D*   25 elemosinis*OBCV* helemosinis *D*   abluamur *V*

tes testis iste redarguit: unam, qua dicunt nihil uitiorum ex Adam
trahere genus humanum, quod sit curandum sanandumque per Christum, alteram, qua dicunt nullum post baptismum sanctos habere
peccatum. rursus in eadem epistula: p o n a t, inquit, u n u s-
q u i s q u e a n t e o c u l o s s u o s d i a b o l u m c u m s u i s 5
s e r n i s, i d e s t c u m p o p u l o p e r d i t i o n i s a c
m o r t i s, i n m e d i u m p r o s i l i r e p l e b e m C h r i s t i
p r a e s e n t e a c i n d i c a n t e i p s o c o n p a r a t i o n i s
e x a m i n e p r o u o c a r e d i c e n t e m: e g o p r o i s t i s
q u o s m e c u m u i d e s n e c a l a p a s a c c e p i n e c 10
f l a g e l l a s u s t i n u i n e c c r u c e m p e r t u l i n e c
s a n g u i n e m f u d i n e c f a m i l i a m m e a m p r e t i o p a s-
s i o n i s e t c r u o r i s r e d e m i, s e d n e c r e g n u m i l l i c a e-
l e s t e p r o m i t t o n e c a d p a r a d i s u m r e s t i t u t a i n-
m o r t a l i t a t e d e n u o r e u o c o. respondeant Pelagiani, 15
quando fuerimus in inmortalitate paradisi et quomodo inde fuerimus expulsi, ut eo Christi gratia reuocemur. et cum inuenire ne-
quiuerint quid hic pro sua peruersitate respondeant, adtendant
quemadmodum intellexerit Cyprianus quod ait apostolus: i n q u o
o m n e s p e c c a u e r u n t et Pelagiani heretici noui de Manicheis 20
ueteribus hereticis nulli catholico audeant inrogare calumniam,
ne tam sceleratam etiam martyri antiquo Cypriano facere connin-
cantur iniuriam.

22. Hoc enim et in epistula, cuius De mortalitate titulus
inscribitur, ita dicit: r e g n u m d e i, f r a t r e s d i l e c t i s s i m i, 25
e s s e c o e p i t i n p r o x i m o, p r a e m i u m u i t a e e t g a u-
d i u m s a l u t i s a e t e r n a e e t p e r p e t u a l a e t i t i a e t

4—15 ponat—reuoco] cf. Cypriani De opere et elemosynis 22 (CSEL III p.
I 390, 3—11) 19 Rom. 5, 12 25 regnum—ueniunt] cf. Cypriani De mortalitate 2
(ibid. 298, 7—9)

1 testis iste *om.B* redarguit] obpugnauit *B* una *C* 3 qui*O* sanctos
om.O 4 rursum*OEFd* pona∗t *V* 5 scruis suis *B* 7 prosiler*Om1* pleue *Om1*
plebe *B* 8 ac] et *Cypr.* captionis exsemine *O* (s *alt. s. l. m2*) 9 ergo *B*
proproistis *B* 10 accipi*Om1* 11 flagellas *C* 13 crucioris *C* illi regnum *B*
illis *OCD* 14 paradiso *V* 15 respondeat *C* 16 in *om.C* parady*O* 17 ex eo *Vb*
prouocemur *C* 19 intellexit *O* ciprianus *B* 20 manichaeis *O* 21 interrogare
Om1Dm1 22 tam̄*O* cipriano *OB* 24 et *om.B* titulus *s.l.Om2* 25 dei *om.O*
km̄i *B* 26 pįęciū *D* (m *s. ç*)

possessio paradisi nuper amissa mundo transeunte iam ueniunt. hoc rursus in eadem: amplectamur, inquit, diem qui adsignat singulos domicilio
suo, qui nos istino ereptos et laqueis saeculari-
5 bus exsolutos paradiso restituat et regno. item
in epistula De patientia: dei sententia cogitetur, inquit,
quam in origine statim mundi et generis humani
Adam praecepti inmemor et datae legis trans-
gressor accepit. tunc sciemus quam patientes
10 esse in isto saeculo debeamus, qui sic nascimur,
ut pressuris istic et conflictationibus labore-
mus. 'quia audisti', inquit, 'uocem mulieris tuae
et manducasti ex illa arbore, de qua sola prae-
ceperam tibi ne manducares, maledicta terra
15 erit in omnibus operibus tuis. in tristitia et gemitu edes ex ea omnibus diebus uitae tuae;
spinas et tribulos eiciet tibi et edes pabulum
agri. in sudore uultus tui edes panem tuum,
donec reuertaris in terram de qua sumptus
20 es, quoniam terra es et in terram ibis'. huius
sententiae uinculo conligati omnes et con-
stricti sumus, donec morte expuncta de isto
saeculo recedamus. itemque in eadem: nam cum in
illa, inquit, prima transgressione praecepti
25 firmitas corporis cum inmortalitate dis-
cesserit et cum morte infirmitas uenerit nec
possit firmitas recipi, nisi cum recepta et
inmortalitas fuerit, oportet in hac fragili-

---

2 amplectamur—regno] cf. De mort. 26 (p. I 313, 13)   6 dei sententia—
recedamus] cf. Cypr. De bono patientiae 11 (p. I 404, 25)   12 Gen. 3, 17—19
23 nam cum—sustineri] cf. Cypr. De bono pat. 17 (p. I 409, 16)

1 a*missa O   2 rursum OB   ampletamur B   4 post istino eras.
erep B   erectos D   5 exolutos D   restituit Cypr.   7 mundi statim Db
9 scimus V   que Om1   10 in isto saec. om. D   isto] illo V (in ras.), b   11 prae-
suri si istic V   istis Db   12 audisti*O   13 de] ex Db   p̄ciperam Om1 praeceram V
14 manducares m3 s. exp. comederes O   17 et fin. om. O   pubulum Om1
19 suptus Om1B   23 in alt. om. O   28 huic fragilitati atque infirmitati D

t a t e   a t q u e   i n f i r m i t a t e   c o r p o r i s   l u c t a r i
s e m p e r   e t   c o n g r e d i.   q u a e   l u c t a t i o   e t   c o n-
g r e s s i o   n o n   n i s i   p a t i e n t i a e   p o t e s t   u i r i b u s
s u s t i n e r i.

23. In epistula autem quam scripsit ad episcopum Fidum cum ₅
sexaginta sex coepiscopis suis, a quo fuerat consultus propter circumcisionis legem, utrum ante octauum diem baptizari liceret infantem, haec causa sic agitur, tamquam prouisione diuina tam
longe futuros hereticos Pelagianos iam catholica confutaret ecclesia.
neque enim qui consuluerat inde dubitabat, utrum nascentes tra- ₁₀
herent originale peccatum, quod renascendo diluerent — absit enim
ut hinc aliquando fides christiana dubitauerit! —, sed ille dubitabat,
utrum regenerationis lauacrum, quo non dubitabat soluendum
originale peccatum, ante diem tradi deberet octauum. ad quam con-
sultationem respondens beatissimus Cyprianus: q u a n t u m ₁₅
u e r o, inquit, a d c a u s a m i n f a n t u m p e r t i n e t, q u o s
d i x i s t i i n t r a s e c u n d u m u e l t e r t i u m d i e m q u a m
n a t i s u n t c o n s t i t u t o s b a p t i z a r i n o n o p o r t e r e
e t c o n s i d e r a n d a m e s s e l e g e m c i r c u m c i s i o n i s
a n t i q u a e, u t i n t r a o c t a u u m d i e m e u m q u i n a t u s ₂₀
e s t b a p t i z a n d u m e t s a n c t i f i c a n d u m n o n p u-
t a r e s, l o n g e a l i u d c o n c i l i o n o s t r o o m n i u i s u m
e s t. i n h o c e n i m q u o d p u t a b a s e s s e f a c i e n d u m,
n e m o c o n s e n s i t, s e d u n i u e r s i p o t i u s i u d i c a u i-
m u s n u l l i h o m i n u m n a t o m i s e r i c o r d i s d e i g r a- ₂₅
t i a m d e n e g a n d a m. n a m c u m d o m i n u s i n e u a n g e-
l i o s u o d i c a t: 'f i l i u s h o m i n i s n o n u e n i t a n i m a s

---

15 quantum—perdenda est] cf. Cypr. epist. 64, 2 (p. II 718, 1)   19 cf.
Gen. 17, 12   27 Luc. 9, 56

1 corporea *Cypr.*   **luctari *O* reluctari *D*   5 cum *ex* cuius *Om2*   6 *post* sex
eras. et *V*   episcopis *B*   7 liceret *B* (l *ex* d)   *ante* inf. eras. baptizari *B*   8 causa]
add. inquit *B*   promisione *O*   9 catholica * *D*   confutare *V* (a *ex* u?)
ecclesiae *V*   10 consulerat *b*   inde *O* (de *s.l.m2*)   12 dubitaueri*t *O*   dubitabat *B*
(ba *s.l.*)   15 ciprianus *B*   16 infancium *B* infantium *Cypr.*   quod *OBV*
17 quo *Dbd* qua *F*   18 sint *V Cypr.*   19 considerandum *O*   21 non *exp. O*
22 consilio *EF* in concilio *Vbd Cypr.*   omnino *D* omnibus *Vbd*, *om. Cypr.*
23 in] ad *V*   qd̄*V quod tu *Cypr.*   24 contensit *Bm1*   25 hominum *om. D*
misericordiam dei et gratiam *Cypr.*

perdere, sed saluare‘, quantum in nobis est, si
fieri potest, nulla anima perdenda est. et paulo
post: nec aliquis, inquit, nostrum id debet horrere,
quod dominus dignatus est facere. nam etsi ad-
5 huc infans a partu nouus est, non ita est tamen,
ut quisquam illum in gratia danda atque in pace
facienda horrere debeat osculari, quando in
osculo infantis unusquisque nostrum pro sua
religione ipsas adhuc recentes dei manus de-
10 beat cogitare, quas in homine modo formato et
recens nato quodammodo exosculamur, quando
id quod deus fecit amplectimur. item paulo post: ceterum si homines, inquit, in pedire aliquid ad con-
secutionem gratiae posset, magis adultos et
15 prouectos et maiores natu possent in pedire peccata grauiora. porro autem si etiam grauissimis
delictoribus et in deum multo ante peccantibus,
cum postea crediderint, remissa peccatorum
datur et a baptismo atque gratia nemo prohibe-
20 tur, quanto magis prohiberi non debet infans,
qui recens natus nihil peccauit, nisi quod seeun-
dum Adam carnaliter natus contagium mortis
antiquae prima natiuitate contraxit, qui ad remissam peccatorum accipiendam hoc ipso fa-
25 cilius accedit, quod illi remittuntur non propria, sed aliena peccata!

24. Quid ad ista dicturi sunt gratiae dei non solum desertores,

3 nec aliquis—amplectimur] cf. Cypr. epist. 64, 4 (p. II 719, 17)
12 ceterum—aliena peccata] cf. Cypr. epist. 64, 5 (p. II 720, 14). August.
Contra Iulianum Pel. I 3, 6. III 17, 31 (XLIV 644. 718 M)   16 cf. Hieronymi
adu. Pelagianos III 18 (XXIII 616 M)

1 si om.O   2 nulla nima Bm1   3 ne V   aliquid OBm1   4 deus Cypr. facere
ex eficere B   5 apertu C   sit nouus B   nouus ex nobis Om2   est om.O   ante non
ita exp. non ideo D   6 illud O   in pace om.OB   9 religione O   10 et recens nato
om.OB   11 recentes C recenter EF   quodā modū O   13 inpe∗dire V   consequuti-
ouem Bm1   16 etiam om.C. Iul.   17 multum Cypr.   18 postea credentibus remissio
peccat. datur F   crediderit V   remissio Hieron.   19 a om.O in Db   23 quid D
remissa OV remissionem F Hieron.   24 percipiendam V accipienda Om2

sed etiam persecutores? quid ad ista dicturi sunt? quo pacto nobis
paradisi possessio redditur? quomodo paradiso restituimur, si nunquam ibi fuimus? aut quomodo ibi fuimus, nisi quia in Adam
fuimus? et quomodo ad sententiam quae in transgressorem dicta
est pertinemus, si noxam de transgressore non trahimus? postremo 5
baptizandos etiam ante diem censet octauum, ne per contagium
mortis antiquae prima natiuitate contractum pereant animae paruulorum. quomodo pereunt, si ex hominibus etiam fidelibus qui
nascuntur non tenentur a diabolo, donec renascantur in Christo et
eruti de potestate tenebrarum in regnum illius transferantur? et 10
quis dicit nascentium, nisi renascantur, animas perituras? nempe
ille, qui sic laudat creatorem atque creaturam, opificem atque opus,
ut humani sensus horrorem quo dedignantur homines recentes ab
utero paruulos osculari, creatoris ipsius interposita ueneratione
conpescat et corrigat dicens in illius aetatis osculo recentes dei manus 15
esse cogitandas. numquid ergo confitens originale peccatum aut
naturam damnauit aut nuptias? numquid, quoniam nascenti ex
Adam reo adhibuit regenerationis purgationem, ideo deum negauit nascentium conditorem? numquid, quia metuens animas cuiuslibet aetatis perire etiam ante octauum diem liberandas esse sacra- 20
mento baptismi cum collegarum concilio iudicauit, ideo nuptias
accusauit, quando quidem in infante, siue de coniugio siue de adulterio, tamen quia homo natus est, recentes dei manus dignas etiam
osculo pacis ostendit? si ergo potuit sanctus episcopus et martyr
gloriosissimus Cyprianus peccatum originale in infantibus medicina 25
Christi censere sanandum salua laude creaturae, salua laude nuptiarum, cur nouicia pestilentia, cum istum non audeat dicere

10 cf. Col. 1, 13

1 paradisi nobis B   3 nisi—fuimus om. EF   4 transgressore OB   dicta]
data OB   5 si om. EF   transgressorem V   si postremo V postremo si b   6 cen-
semus O (t s. mus)   VIII ā O (ā add. m2)   7 nortis C   nauitate V   contractu Om2
animas Om1   9 a s. l. Om2   11 nascenti sum Om2   animę periturę Om2
neppe V   12 lauda*t O   13 sensū C   dignantur Om1   14 paruulo D   creator F
ipsius] suis E   15 oculo Om1   manus dei V   magnus C (g exp.)   16 nunquid O
originali Om1   17 nūquid s. l. Om2   quia V   ex adam nascenti B   18 generationis C   19 nunquid O   n̄ quid B   cuilibet Om1   20 diem octauum DEFbd
21 collegio V concilio b (in mg. al collegio)   22 accusauit O (accus m2 s. ras.)
infantem V infancię B   de alt. om. O   a*dulterio V   24 oculo Om1   25 ciprianus B   26 x̄p̄i in ras. B   laude pr. om. D   27 isto Om1   audeāt b

Manicheum, catholicis qui ista defendunt, ut obtegat proprium, putat
obiciendum crimen alienum? ecce praedicatissimus tractator diuinorum eloquiorum, antequam terras nostras uel tenuissimus odor
Manicheae pestilentiae tetigisset, sine ulla uituperatione diuini
5 operis atque nuptiarum confitetur originale peccatum non dicens
Christum ulla peccati macula aspersum nec tamen ei conparans
carnem peccati in nascentibus ceteris, quibus per similitudinem carnis peccati mundationis praestat auxilium, nec originis
animarum obscura quaestione terretur, quominus eos qui Christi
10 gratia liberantur in paradisum remeare fateatur. numquid ex Adam
dicit in homines mortis condicionem sine peccati contagione transisse? non enim propter corporis mortem uitandam, sed propter peccatum, quod per unum intrauit in mundum, dicit per baptismum
paruulis quamlibet ab utero recentissimis subueniri.

15   IX. 25. Iam nero gratiam dei quemadmodum aduersus istos
praedicet Cyprianus, ubi de oratione dominica disputat, euidenter
apparet. ait enim: dicimus: 'sanctificetur nomen
tuum', non quod optemus deo, ut sanctificetur
orationibus nostris, sed quod petamus a deo,
20 ut nomen eius sanctificetur in nobis. ceterum
a quo deus sanctificatur, qui ipse sanctificat?
sed quia ipse dixit: 'sancti estote, quoniam et
ego sanctus sum', id petimus et rogamus, ut qui
in baptismo sanctificati sumus in eo quod esse
25 coepimus perscueremus. et alio loco in eadem epistula:
addimus quoque, inquit, et dicimus: 'fiat uoluntas

---

6 cf. pag. 521, 1. 525, 22   12 cf. Rom. 5, 12   17 dicimus—perseueremus]
cf. Cypr. De orat. domin. 12 (p. I 274, 22). August. De dono perseuerantiae 2, 4
(XLV 996 M)   22 Leu. 19, 2   26 addimus—tutus est] cf. Cypr. De orat.
domin. 14 (p. I 276, 21)   Matth. 6, 10

1 obtega*t O obtegant C   puta*o biciendum V (b eras.)   2 praedican-
tissimus E   4 manichae Om1V   6 nulla O adspersum V   ei] et O   7 carne*V
8 praestet EFbd   10 in om.OB   remanere OEF   fateantur D   11 homine O
12 enim om.D   alt. propter] per V   14 ab utero quamlibet b   quantumlibet F
16 euidentes B   18 post ut exp. nomen eius O   19 orationibus—sanctificetur
add. Om2, om. EF   a deo] ab eo BEFbd De dono pers. a domino Cypr.
21 qui] quia O   22 et om.V   23 rogamus] oramus b   25 in alio O   epistulae V
26 inquit om.EF   et dicimus om.V

tua in caelo et in terra', non ut deus faciat quod
uult, sed ut nos facere possimus quod deus uult.
nam deo quis obsistit, quominus quod uelit
faciat? sed quia nobis a diabolo obsistitur, quominus per omnia noster animus atque actus deo 5
obsequatur, oramus et petimus, ut fiat in nobis
uoluntas dei. quae ut fiat in nobis, opus est dei
uoluntate, id est ope eius et protectione, quia
nemo suis uiribus fortis est, sed dei indulgentia et misericordia tutus est. item alio: fieri autem 10
petimus, inquit, uoluntatem dei in caelo et in
terra, quod utrumque ad consummationem
nostrae incolumitatis pertinet et salutis. nam
cum corpus e terra et spiritum possideamus e
caelo, ipsi terra et caelum sumus et in utroque, 15
id est in corpore et spiritu, ut dei uoluntas fiat
oramus. est enim inter carnem et spiritum con-
luctatio et discordantibus aduersum se inuicem
cotidiana congressio, ut non quae uolumus ipsa
faciamus, dum spiritus caelestia et diuina 20
quaerit, caro terrena et saecularia concupiscit.
et ideo petimus inter duo ista ope et auxilio dei
concordiam fieri, ut, dum et in spiritu et in carne
uoluntas dei geritur, quae per eum renata est
anima seruetur. quod aperte atque manifeste 25
apostolus Paulus sua uoce declarat: 'caro', inquit,
'concupiscit aduersus spiritum et spiritus

---

10 fieri—ipsa faciatis] cf. Cypriani De orat. domin. 16 (p. I 278, 8)
17 cf. August. Opus imperf. I 72 (XLV 1097 M)   26 Gal. 5, 17

1 sicut in caelo Db   3 quis] quid O (d s.l.m2)   4 quia] qua V   6 in—fiat om. V
7 uoluntas—nobis in mg. O   est ex et Om2   8 uoluntate∗D   9 sed] se V   10 alio
loco B   12 ad O (d s.l.m2)   conmationem V consumationem O   13 incolum-
nitatis V incolomitatis O   ante pertinet eras. et V   et om. C   14 cum om O
15 caelum et terra sumus EF   16 id] hoc EF   in corpore] et corpore Cypr.
ut om. V   18 aduersus OEFbd   19 concressio Om1   20 spu V   22 duo∗D duos V
auxiliũ Om1   23 et pr. om. OB   25 animas eruetur V   seruetur] reparetur EF
26 palus V   declarans D   27 et spiritus] sps autem EF

a d u e r s u s c a r n e m; haec enim i n u i c e m a d u e r s a n-
t u r, ut non q u a e u u l t i s, i p s a f a c i a t i s'. et paulo post:
p o t e s t et s i c i n t e l l e g i, inquit, f r a t r e s d i l e c t i s-
s i m i, ut, q u o n i a m m a n d a t et d o c e t d o m i n u s
5 e t i a m i n i m i c o s d i l i g e r e et p r o h i s q u o q u e q u i
n o s p e r s e q u u n t u r o r a r e, p e t a m u s et p r o i l l i s
q u i a d h u c t e r r a s u n t et n e c d u m c a e l e s t e s e s s e
c o e p e r u n t, u t et c i r c a i l l o s u o l u n t a s d e i f i a t,
q u a m C h r i s t u s h o m i n e m c o n s e r u a n d o e t r e d i n-
10 t e g r a n d o p e r f e c i t. itemque alio: h u n c a u t e m p a n e m,
inquit, d a r i n o b i s c o t i d i e p o s t u l a m u s, n e q u i i n
C h r i s t o s u m u s et e u c h a r i s t i a m c o t i d i e ad c i b u m
s a l u t i s a c c i p i m u s, i n t e r c e d e n t e a l i q u o g r a-
n i o r e d e l i c t o d u m a b s t e n t i et n o n c o m m u n i c a n-
15 t e s a c a e l e s t i p a n e p r o h i b e m u r, a C h r i s t i c o r-
p o r e s e p a r e m u r. et aliquanto post in eadem: q u a n d o
a u t e m r o g a m u s, inquit, n e i n t e m p t a t i o n e m u e n i-
a m u s, a m m o n e m u r i n f i r m i t a t i s et i n b e c i l l i-
t a t i s n o s t r a e, d u m s i c r o g a m u s, n e q u i s s e i n s o-
20 l e n t e r e x t o l l a t, n e q u i s s i b i s u p e r b e a t q u e a d r o-
g a n t e r a l i q u i d a d s u m a t, n e q u i s a u t c o n f e s s i-
o n i s a u t p a s s i o n i s g l o r i a m s u a m d u c a t, c u m
d o m i n u s i p s e h u m i l i t a t e m d o c e n s d i x e r i t: 'u i-
g i l a t e et o r a t e, n e u e n i a t i s i n t e m p t a t i o n e m;
25 s p i r i t u s q u i d e m p r o m p t u s e s t, c a r o a u t e m i n-
f i r m a', ut, d u m p r a e c e d i t h u m i l i s et s u m m i s s a

3 potest—perfecit] cf. Cypriani De orat. dom. 17 (p. I 279, 11)   5 cf.
Matth. 5, 44   10 hunc—separemur] cf. Cypriani De orat. dom. 18 (p. I 280, 10)
16 quando—praestetur] cf. Cypriani De orat. dom. 26 (p. I 286, 21—287, 4) et
August. De dono perseuerantiae 6, 12 (XLV 1000 M)   17 cf. Matth. 6, 13
23 Matth. 26, 41

     1 aduersantur sibi *Cypr. Op. imp.*   2 ea quae uultis (*om.* ipsa)*OB*   3 potest *O*
(test *add.* m2)   et *om.O*   fratres *om. D*   4 mandat∗*O*   docet] monet *Cypr.*
6 persequntur *Om1* persecuntur *CV*   petamus] precemur *Db*   7 et *om. OB*
necdumque *B*   8 coperunt *Om1*   9 qua *Om2*   conseruandū*V*   reintegrando *BFb*
10 perficit *O*   alio loco *B*   12 eucaristiam *B* eucharistiam eius *Cypr.*   14 dum
abstinemus et abstenti cōnicantes *EF*   abstenti] absentes *Db*   15 pr. a∗*V,om.O*
17 tēptatione *C*   22 aut passionis *om.B*   25 quide proptus *V*   prōtus *OB*
26 sumissa *O*

c o n f e s s i o e t d a t u r t o t u m d e o, q u i d q u i d s u p p l i-
c i t e r c u m t i m o r e e t h o n o r e d e i p e t i t u r i p s i u s
p i e t a t e p r a e s t e t u r. item Ad Quirinum, in quo opere se
Pelagius uult eius imitatorem nideri, ait in libro tertio: i n n u l l o
g l o r i a n d u m, q u a n d o n o s t r u m n i h i l s i t. cui propo- 5
sito testimonia diuina subiungens inter cetera posuit apostolicum
illud, quo istorum maxime ora claudenda sunt: ᵗ ᑫu i d e n i m
h a b e s, q u o d n o n a c c e p i s t i? s i a u t e m a c c e p i s t i,
q u i d g l o r i a r i s, q u a s i n o n a c c e p e r i sᶜ? item in epistula
De patientia: e s t e n i m n o b i s, inquit, c u m d e o u i r t u s 10
i s t a c o m m u n i s; i n d e p a t i e n t i a i n c i p i t, i n d e
c l a r i t a s e i u s e t d i g n i t a s c a p u t s u m i t, o r i g o e t
m a g n i t u d o p a t i e n t i a e d e o a u c t o r e p r o c e d i t.

26. Numquid iste sanctus tam memorabilis ecclesiarum in uerbo
ueritatis instructor liberum arbitrium negat esse in hominibus, quia 15
totum deo tribuit quod recte uiuimus? numquid legem dei culpat,
quia non ex ipsa iustificari hominem significat, quando quidem quod
illa iuhet, a domino deo precibus impetrandum esse declarat? numquid sub nomine gratiae fatum asserit, quamuis dicat 'in nullo
gloriandum, quando nostrum nihil sit'? numquid sicut isti spiritum 20
sanctum adiutorem ita credit esse uirtutis, tamquam ipsa uirtus,
quae hoc adiuuatur, oriatur ex nobis, quando nostrum nihil esse
asserens propter hoc apostolum dixisse commemorat: q u i d
e n i m h a b e s, q u o d n o n a c c e p i s t i? uirtutemque excellen-
tissimam, hoc est patientiam, non a nobis dicit incipere ac deinde 25
adiuuari spiritu dei, sed ab ipso caput, ab ipso originem sumere?

---

3 cf. pag. 543, 10   4. 7 cf. Cypriani Test. III 4 (p. I 116, 20. 23) et Aug.
De dono perseuerantiae 14, 36. 17, 43. 19, 48 (XLV 1015. 1020. 1023 M)
7 I Cor. 4, 7   10 est enim—procedit] cf. Cypr. De bono pat. 3 (p. I 398, 23)
23 I Cor. 4, 7

1 deo totum datur B   sumpliciter V suppliter Om1   2 et honore om.
Op. imp.   dei s.l.Om2   ipsius ipsius C   4 imitationem Bm1   ait in ras. V
libro om.O   ad uocem tertio in mg. add. ⅃ int ceteris litt. desectis O   6 testimonio V   7 quo*O   habes   enim B   8 habis V habe*sO   10 uobis EF
11 Inde s. (= scilicet) a deo patientia incipit EF   13 actore D   precedit D
14 ist*eO   tam memorabilis] tamen morabilis V commemorabilis EF   15 struc-
tor D   nega*t O   hominibus] omnibus D   16 deo totum EFbd   17 ipso Vb
21 ista D   credidit B   22 hoc] ad hoc OBV ab hoc bd   ut (s.l.m2) oriatur O
esse] ē OB   24 habis V   25 ad nobis V

postremo nec propositum bonum nec studium uirtutis nec mentes
bonas sine dei gratia incipere esse in hominibus confitetur, cum dicit
'in nullo gloriandum, quando nostrum nihil sit'. quid tam in libero
arbitrio constitutum, quam quod lex dicit non adorandum idolum,
5 non moechandum, non homicidium perpetrandum? ista autem sunt
atque huiusmodi crimina, quae si quisque commiserit a corporis
Christi communione remouetur. et tamen si beatissimus Cyprianus
his non committendis existimaret nostram sufficere uoluntatem,
non sic intellegeret quod in oratione dominica dicimus: p a n e m
10 n o s t r u m c o t i d i a n u m d a n o b i s h o d i e, ut hoc nos petere
adseueraret, ne intercedente aliquo grauiore delicto, dum abstenti
et non communicantes a caelesti pane prohibemur, a Christi corpore
separemur. respondeant certe heretici noui, quid honorum meritorum praecedat in hominibus inimicis nomini christiano.
15 non solum enim non habent bonum, sed habent etiam pes-
simum meritum. et tamen etiam sic Cyprianus intellegit, quod in
oratione dicimus: f i a t u o l u n t a s t u a i n c a e l o e t i n t e r r a,
ut et pro ipsis, qui propter hoc terra intelleguntur, oremus. oramus
ergo non solum pro nolentibus, uerum etiam pro repugnantibus et
20 obpugnantibus. quid ergo petimus, nisi ut fiant ex nolentibus
uolentes, ex repugnantibus consentientes, ex obpugnantibus amantes?
a quo nisi ab illo, de quo scriptum est: p r a e p a r a t u r
u o l u n t a s a d o m i n o? discant esse catholici qui dedignantur,
si quid mali non faciunt et si quid boni faciunt, non in se ipsis,
25 sed in domino gloriari.

    X. 27. lllud iam tertium uideamus, quod non minus in istis
omne Christi membrum et totum eius corpus exhorret, quia conten-

    4 cf. Ex. 20, 1 sqq.   9 Matth. 6, 11   17 Matth. 6, 10   22 Prou. 8, 35
25 cf. I Cor. 1, 31

    2 gratia dei *EFbd*   inciperere *D*   esse] et *eras.O* et esse *Db*   in omibus *D*
5 homitidium *B*   6 quisquam *bd*   a *om.O*   corpore *V* corporis *O* (s *in ras. m2*)
7 remouebitur *EF*   ciprianus *B*   8 estimaret *D*   10 cottidianum *V* ˙   11 asse-
ueraret *Op. c.*   ne *om.Om1* non *b*   interdicente *C*   greuiore *V*   abstenti]
absenti *V* absentes *Db* abstinenti *C*   12 *alt.* a *om.O*   14 praecedet *O*   15 habet *Om1*
16 si *CE*   17 oratione dominica *O*   sicut in caelo *B*   18 qui propter hoc quia
carnaliter uiuunt terra intelleguntur *B*   19 et obpugnantibus *om.V*   20 obiur-
gantibus *D*   fiat *Om1*   21 repugnantibus *O* (ti *in ras. m2*)   consentientes ex
oppugn. *in marg. m2V*   23 d̄o *D*   discant] *add.* ergo *bd*   qui∗*O*   24 non *om OB*
et] ∗ in se *O* non in se *B*   et si—faciunt *s.l.m2V*   27 exoret *Om1*

dunt esse in hac uita uel fuisse iustos nullum habentes omnino peccatum. qua praesumptione apertissime orationi dominicae contradicunt, in qua omnia membra Christi: d i m i t t e n o b i s d e b i t a
n o s t r a ueraci corde et cotidianis uocibus clamant. uideamus
ergo quid etiam ex hoc Cyprianus in domino gloriosissimus senserit, 5
quid ad instruendas ecclesias non utique Manicheorum, sed catholicorum non solum dixerit, uerum etiam litteris memoriaeque man-
dauerit. in epistula De opere et elemosynis: a g n o s c a m u s i t a-
q u e, f r a t r e s, inquit, c a r i s s i m i, d i u i n a e i n d u l g e n-
t i a e s a l u b r e m u n u s e t e m u n d a n d i s p u r g a n d i s- 10
q u e p e c c a t i s n o s t r i s, q u i s i n e a l i q u o c o n s c i e n-
t i a e u u l n e r e e s s e n o n p o s s u m u s, m e d e l l i s s p i r i-
t a l i b u s u u l n e r a n o s t r a c u r e m u s. n e c q u i s q u a m
s i c s i b i d e p u r o a t q u e i n m a c u l a t o p e c t o r e b l a n-
d i a t u r, u t i n n o c e n t i a s u a f r e t u s m e d i c i n a m 15
n o n p u t e t a d h i b e n d a m e s s e u u l n e r i b u s, c u m
s c r i p t u m s i t: 'q u i s g l o r i a b i t u r c a s t u m s e h a b e r e
c o r a u t q u i s g l o r i a b i t u r m u n d u m s e e s s e a p e c-
c a t i s?' e t i t e r u m i n e p i s t u l a s u a I o h a n n e s p o n a t
e t d i c a t: 's i d i x e r i m u s q u i a p e c c a t u m n o n h a b e- 20
m u s, n o s i p s o s d e c i p i m u s e t u e r i t a s i n n o b i s n o n
e s t'. s i a u t e m n e m o e s s e s i n e p e c c a t o p o t e s t e t
q u i s q u e s e i n c u l p a t u m d i x e r i t a u t s u p e r b u s
a u t s t u l t u s e s t, q u a m n e c e s s a r i a, q u a m b e n i g n a
e s t d i u i n a c l e m e n t i a, q u a e c u m s e i a t n o n d e e s s e 25
s a n a t i s q u a e d a m p o s t m o d u m u u l n e r a, d e d i t

---

1 cf. Goncil. Africae uniu. (XLV 1729 M)　　3 cf. I Cor. 12, 27　　Matth. 6, 12
8 agnoscamus—salutaria] cf. Cypr. De opere et eleem. 3 (p. I 375, 1)　　13 nec
quisquam—salutaria] cf. Contra Iulianum Pel. II 8, 25 (XLIV 691 M)
17 Prou. 20, 9　　20 I Ioh. 1, 8

　　2 qua O (a in ras. m2)　　3 demitte V　　4 ueraciter Cm1　　cottidianis O
5 in hoc b　　in domino om. V　　7 post dixerit exp. uerit D　　manducauerit Dm1
8 elemosinis O elemosinis B helemosinis CD　　agnoscimus D　　9 inquit fratres EF
K K s. ras. Om2 kmī B dilectissimi Dbd Cypr.　　indulgentia Om1　　10 et] ut Db
11 quis ine Om1　　14 sibi sic D　　atque] add. de Db　　15 innocentia * O (e eras.)
sua om. O　　17 gloriatur V gloriauitur Om1　　19 sua om. BDV　　sua] add. inquit
C. Iul.　　iohannis V　　22 nemo sine pecc. esse b　　23 quisquis Dbd C. Iul.　　incul-
patum esse F C. Iul.　　24 aut stult O (us desecto)　　pr. quam—quae om. CDVb
25 nondum sanatis esse EF

c u r a n d i s d e n u o s a n a n d i s q u e u u l n e r i b u s r e m e-
d i a s a l u t a r i a! rursus in eadem: e t q u o n i a m c o t i d i e,
inquit, d e e s s e n o n p o t e s t q u o d p e c c e t u r i n c o n-
s p e c t u d e i, s a c r i f i c i a c o t i d i a n a n o n d e e r a n t,
5 q u i b u s p o s s e n t p e c c a t a t e r g i. item in epistula
De mortalitate: c u m a u a r i t i a, inquit, n o b i s, c u m i n p u-
d i c i t i a, c u m i r a, c u m a m b i t i o n e c o n g r e s s i o e s t,
c u m c a r n a l i b u s u i t i i s, c u m i n l e c e b r i s s a e c u-
l a r i b u s a s s i d u a e t m o l e s t a l u c t a t i o e s t; o b-
10 s e s s a m e n s h o m i n i s e t u n d i q u e d i a b o l i i n f e s t a-
t i o n e u a l l a t a u i x o c c u r r i t s i n g u l i s, u i x r e s i-
s t i t. s i a u a r i t i a p r o s t r a t a e s t, e x s u r g i t l i b i d o;
s i l i b i d o c o n p r e s s a e s t, s u c c e d i t a m b i t i o; s i
a m b i t i o c o n t e m p t a e s t, i r a e x a s p e r a t, i n f l a t
15 s u p e r b i a, u i n o l e n t i a i n u i t a t, i n u i d i a c o n c o r-
d i a m r u m p i t, a m i c i t i a m z e l u s a b s c i d i t; c o g e r i s
m a l e d i c e r e, q u o d d i u i n a l e x p r o h i b e t, c o u p e l-
l e r i s i u r a r e, q u o d n o n l i c e t. t o t p e r s e c u t i o n e s
c o t i d i e a n i m u s p a t i t u r, t o t p e r i c u l i s p e c t u s
20 u r g e t u r: e t d e l e c t a t h i c i n t e r d i a b o l i g l a d i o s
d i u s t a r e, c u m m a g i s c o n c u p i s c e n d u m s i t e t
o p t a n d u m a d C h r i s t u m s u b u e n i e n t e u e l o c i u s
m o r t e p r o p e r a r e? item in ipsa: b e a t u s, inquit, a p o s t o-
l u s P a u l u s i n e p i s t u l a s u a p o n i t e t d i c i t: 'm i h i
25 u i u e r e C h r i s t u s e s t e t m o r i l u c r u m', l u c r u m m a-

---

2 et quoniam—tergi] cf. Cypr. De opere et eleem. 18 (p. I 387, 23)
6 cum—properare] cf. Cypr. De mortalitate 4 (p. I 299, 12). Aug. C. Iulianum
Pel. II 8, 25 (XLIV 690 M)   23 beatus—fieri] cf. Cypriani De mortalitate 7
(p. I 301, 1)   24 Phil. 1, 21

1 sanandisque *ex* saluandisque *O*   2 rursum *OB*   et *om.C*   3 peccatur *B*
4 deerunt *ODb*   5 possint *D* (i *ex* e)   tergeri *OBV*   8. uitiis cum *om. V*
9 molest∗a *O* molestia *C*   est *om. Cypr.*   *post* obsessa eras. est *V*   11 singulis
uix resistit *om.OB*   12 exsugit *V* surgit *D*   13 si libido *om.V*   15 uinulentia *O*
Imutat *s. exp.* inuitat *Dm2*   inuida *V*   16 amicitia *O*   abscindit *CDEFbd*
C. *Iul.*   18 tot—patitur *in mg. V*   persecutionis *Oml*   19 animus cotidie
CDEFbd   pectus] et peccatis *B*   20 erigitur *O* (*all.* i *ex* e *m2*) surgetur *C*
gladios] laqueos *Vb*   21 sit et obtandum *s.l.m2V*   23 in *in* ras.*Om2*   inquit
beatus *O*   25 lucrum *fin.* om.*OBV*

ximum conputans iam saecularibus laqueis
non teneri, iam nullis peccatis et uitiis carnis
obnoxium fieri. item De oratione dominica exponens quod
petimus dicentes: sanctificetur nomen tuum, ait inter
cetera: opus est enim nobis cotidiana sanctifi- 5
catione, ut qui cotidie delinquimus, delicta
nostra sanctificatione adsidua repurgemus.
rursus in eadem, cum exponeret quod dicimus: dimitte nobis
debita nostra: quam necessarie autem, inquit,
quam prouidenter et salubriter ammonemur, 10
quod peccatores sumus, qui pro peccatis rogare
conpellimur, ut, dum indulgentia de deo petitur,
conscientiae suae animus recordetur! ne quis
sibi quasi innocens placeat et se extollendo
plus pereat, instruitur et docetur peccare se 15
cotidie, dum cotidie pro peccatis iubetur orare.
sic denique et Iohannes in epistula sua monet
dicens: 'si dixerimus quia peccatum non habemus, nos ipsos decipimus et neritas in nobis non
est; si autem confessi fuerimus peccata nostra, 20
fidelis et iustus est qui nobis peccata dimittat'.
merito et ad Quirinum de hac re absolutissimam sententiam suam
proposuit, cui testimonia diuina subiungeret 'neminem sine sorde
et sine peccato esse'. ubi etiam illa testimonia posuit, quibus confirmatur originale peccatum; quae conantur isti in nescio quos alios 25
nonos sensus prauosque conuertere, siue quod ait sanctus Iob

---

4 Matth. 6, 9   5 cf. Cypriani De orat. dom. 12 (p. I 275, 4)   8 Matth. 6, 12
9 quam necessarie—dimittat] cf. Cypr. De orat. dom. 22 (p. I 283, 15)
18 I Ioh. 1, 8. 9   22 cf. Cypr. Test. III 54 (p. I 156, 5)

1 computans maximum *D*   maximum putans *V*   putans maximum *b*   sacculi
Cypr.   3 expones *V*   5 enim est *O*   est om. *EF*   cottidiana *O*   sanctificatio *Cypr.*   6 quia *D*   cottidie *O*   delinquemus *Om1*   7 sanctificatio
neadsidua *V*   repugnemus *V* purgemus *O* repurgemus *ex* repurgnemus *D*
9 necessario *Cypr.*   autem om. *EF*   10 quam—salubriter om. *V*   et] ac *EF*
11 sumus *s.l.Om2* simus *CDEF*   13 et ne quis *Db*   14 quasi om. *V*   innocen *Om1*
ignocens *B*   15 sese *O*   16 dum cotidie om. *V*   ibetur *Om1*   18 habe*mus *V*
21 est] *add.* dominus *Cypr.*   22 absolotissimam *V*   suam om. *V*   23 sorde]
corde *EF*   24 peccata *Om1*   25 nescio quo *EF*   26 prabosue *Om1*

neminem esse sine sorde n e c c u i u s s i t u i t a d i e i u n i u s
s u p e r t e r r a m, sine quod in psalmo legitur: i n f a c i n o r e
c o n c e p t u s s u m e t i n p e c c a t i s m e m a t e r m e a i n
u t e r o a l u i t. quibus testimoniis propter eos etiam qui iam in
5 aetate maiore sunt sancti, quia nec ipsi sunt sine sorde atque peccato,
adiunxit etiam illud beatissimi Iohannis, quod multis et aliis locis
saepe commemorat: s i d i x e r i m u s q u i a p e c c a t u m n o n
h a b e m u s et cetera eiusdem sententiae, quae ab omnibus
catholicis non tacentur aduersus istos, qui se ipsos decipiunt
10 et in eis ueritas non est.

   28. Dicant, si audent, Pelagiani hunc hominem dei Manicheorum errore peruersum, quia ita laudat sanctos, ut tamen fateatur
neminem in hac uita ad tantam perfectionem peruenire iustitiae,
ut nullum habeat omnino peccatum, sententiam suam testimo-
15 niorum canonicorum perspicua ueritate et diuina auctoritate con-
firmans. numquid enim negat 'in baptismo uniuersa peccata dimitti',
quia fatetur manere fragilitatem atque infirmitatem, unde nos dicit
peccare post baptismum et usque in huius uitae finem cum carnalibus uitiis indesinentem habere conflictum? aut ideo non meminerat,
20 quid 'de inmaculata ecclesia' dixisset apostolus, quia praecepit neminem sic sibi de puro atque inmaculato pectore debere blandiri, ut
innocentia sua fretus medicinam non putet adhibendam esse uulneribus? puto quod concedant noui heretici huic homini catholico
scire 'spiritum sanctum mentes bonas etiam antiquis temporibus
25 adiuuisse', immo etiam quod ipsi nolunt nec mentes bonas eos nisi
per spiritum sanctum habere potuisse. puto quod 'omnes prophetas
et apostolos uel quoslibet sanctos, qui domino quocumque tempore
placuerunt, non in conparatione sceleratorum', sieut nos isti dicere
calumniantur, 'sed regula uirtutum'. sicut se dicere gloriantur, 'iustos
30 fuisse' nouerat Cyprianus, qui tamen dicit: n e m o e s s e s i n e

---

1 Iob 14, 4. 5   2 Ps. 50, 7   7 I Ioh. 1, 8   20 cf. Eph. 5, 27 et pag. 540, 16
24 cf. pag. 522, 9. 541, 9   26 cf. pag. 522, 11. 541, 11   30 cf. pag. 554, 22

1 unius diei V   3 mater mea me BC   me om. OVb   mea s. l. Om2   4 aluit
me O (me s. l. m2) me aluit Om1D   5 mosoro V maiores Om1 maiori EFbd
7 quia om. C   8 omnibus] hominibus OB   9 aduersum OBV   14 ut] et C
18 peccare s. l. m2O   19 indesinenter Db   nomemirera∗t V (re s. l.)   20 ecclaO
(a add. m2)   ha postolus V   praecipit V   23 uhic V hinc O   25 nonnisi b
27 uel quoslibet sanctos om. V   quolibet Om1   28 im C

p e c c a t o   p o t e s t   e t   q u i s q u e   s e   i n c u l p a t u m
d i x e r i t,   a u t   s u p e r b u s   a u t   s t u l t u s   e s t.   nec
propter aliud intellegit scriptum: q u i s   g l o r i a b i t u r
c a s t u m   s e   h a b e r e c o r   aut   q u i s   g l o r i a b i t u r   m u n-
d u m   s e   e s s e   a   p e c c a t i s? puto quod non ab istis docendus 5
fuerat Cyprianus, quod optime sciebat, 'in futuro tempore mercedem esse bonorum operum, malorum autem supplicium; ceterum
neminem posse, quae hic contempserit, illic mandata perficere' et
tamen etiam ipsum apostolum Paulum, mandatorum diuinorum
non utique contemptorem, non ob aliud intellegit asseritque dixisse: 10
m i h i u i u e r e C h r i s t u s e s t e t m o r i l u c r u m, nisi quia
lucrum maximum conputabat iam post hanc uitam saecularibus
laqueis non teneri, iam nullis peccatis et uitiis carnis obnoxium fieri.
sensit ergo beatissimus Cyprianus atque in diuinarum scripturarum
ueritate perspexit etiam ipsorum apostolorum quamuis bonam, 15
sanctam iustamque uitam nonnullos nexus saecularium laqueorum fuisse perpessam, nonnullis peccatis et uitiis carnis obnoxiam
et ideo eos mortem desiderasse, ut his malis carerent et ut ad illam,
quae ista non pateretur nec iam in mandato facienda, sed in praemio
percipienda esset, perfectam iustitiam peruenirent. neque enim cum 20
uenerit quod oramus dicentes: a d u e n i a t r e g n u m   t u u m,
non erit in illo, dei regno ulla iustitia, cum dicat apostolus: n o n
e s t e n i m r e g n u m d e i e s c a e t p o t u s, s e d i u s t i t i a
e t p a x e t g a u d i u m i n s p i r i t u s a n c t o. nempe ista tria
inter cetera praecepta diuina praecipiuntur. hic nobis praecipitur 25
iustitia cum dicitur: f a c i t e i u s t i t i a m, praecipitur pax cum
dicitur: p a c e m   h a b e t e   i n t e r   u o s, praecipitur gaudium

---

3 Prou. 20, 9   6 cf. pag. 541, 19   11 Phil. 1, 21, cf. pag. 555, 24   21 Matth.
6, 10   22 Rom. 14, 17   26 Esai. 56, 1   27 Marc. 9, 49

1 quisque V (que *ex* quis) quisquis BC (*cf. 554, 23*)   3 intellegi C intellegitur EF   4 glabīτ C   6 quod] quomodo O   scieba∗t V   8 illio *om.* DV b   9 paulum *s.l.* Om3   10 asseritque V (a *ex* e)   11 nisi quia lucrum *s.l.* Om3   12 hunc Om1
14 atque] ad V   15 istorum O   sanctam et bonam EF   16 nonullus V
nonnūllo∗ ex saecularium O   sexus C   17 fuisse *om.* D   18 *all.* et] ergo OCV, *om.* B
19 istis (s *fin. s.l.*) n̄ para∗tur O   mandata OB   praemia B   20 est O esse V
per perfectam O   enim *om.* O   cum uenerit] conuenerit O   21 ueniat d   22 erit
post iustitia·pon. O   in illo dī regno nulla erit B   illos D   dei *om.* EF   23 est *om.* D
24 ista tria *om.* EF   25 diuina] *add.* quae EF   26 facite iustitiam *s.l.* Om3
praecipitur—uos *s.l.* Om3   27 habetote V (te *s.l.* m1) habere C

cum dicitur: g a u d e t e i n d o m i n o s e m p e r. negent ergo
Pelagiani haec futura in regno dei, ubi sine fine uiuemus, aut usque
adeo, si uidetur, insaniant, ut iustitiam, pacem, gaudium, qualia
hic sunt iustis, talia et illio futura esse contendant. quodsi et erunt
5 et non talia erunt, profecto eorum hic in praecepto curanda est actio,
illic in praemio speranda perfectio, ubi saecularibus ullis laqueis
non retenti nullisque peccatis et uitiis carnis obnoxii — propter
quod apostolus, sicut hoc testimonium accepit Cyprianus, mori lucrum sibi esse dicebat — perfecte diligamus deum, cuius erit facie
10 ad faciem contemplatio, perfecte diligamus et proximum, cum mani-
festatis cogitationibus cordis nulla ullum de ullo mali ullius possit
sollicitare suspicio.

XI. 29. Sed iam gloriosissimo martyri Cypriano ad istos cumu-
latins redarguendos beatissimum addamus Ambrosium, quoniam
15 et ipsum Pelagius ita laudauit, ut ne ab inimicis quidem in eius
libris quod reprehenderetur diceret inueniri. quoniam ergo Pelagiani
dicunt non esse originale peccatum, cum quo nascantur infantes, et
catholicis, qui eis pro antiquissima et firmissima ecclesiae fide resi-
stunt, heresis Manicheae crimen obiciunt, respondeat eis de hac re homo
20 dei catholicus et ab ipso Pelagio in ueritate fidei laudatus Ambrosius.
qui cum Esaiam prophetam exponeret ait: i d c i r c o C h r i s t u s
i n m a c u l a t u s, q u i a n e c i p s a q u i d e m n a s c e n d i
s o l i t a c o n d i c i o n e m a c u l a t u s e s t. et alio loco in
eodem opere loquens de apostolo Petro: i p s e s e, inquit, o b t u l i t,

---

1 Phil. 4, 4   8 cf. Phil. 1, 21   9 cf. I Cor. 13, 12   15 cf. Aug. De gratia
Christi 43, 47 (CSEL XLII 159, 25)   21. 24 Ambrosii Expositio in Esaiam
non exstat

1 gaude C   2 uiuamus Bm1 uiuimus V   auctusque a do C   3 uidentur B
ut] et in mg. B   et gaudium O gaudiumque EF   4 sunt hic DEFbd   illic]
hic V   contendant O (a ex u)   etsi Db   5 alia O   corum—illic om. Om1
6 premia V   ulli Om1   7 non] add. erunt Db   obnoxii erimus EF   8 hoc
om. D   accipit OBV   9 diligemus D   faciem ad fac. V   10 ma*nifestatis
cogitatis cogitationibus V   11 nulla nullum EF   ullo malo illius EF   13 Sed—
potuerunt 570, 8 om. EF   . etiam D et iam bd,cm.O   martyr Om1 martyre C
cipriano B   cumlatius Om1   17 est O   nascuntur OB   18 qui*O   et firmissima
om. OBbd   fide *D   19 manichae V   respondea*t O   20 Ambrosius om. D
21 ysaiam BD esaym C   icciro BD   22 immolatus O   et quia C   ne BCV
23 solita om. V   est om. C   in alio loco O   24 eo deopere V   se om. O

quod ante putabat esse peccatum, lauari sibi
non solum pedes, sed et caput poscens, quod ilico
intellexisset lauacro pedum, qui in primo lapsi
sunt homine, sordem obnoxiae successionis
aboleri. item in eodem opere: seruatum est igitur, 5
inquit, ut ex uiro et muliere, id est per illam corporum commixtionem, nemo uideatur expers
esse delicti; qui autem expers delicti, expers
etiam huiusmodi conceptionis. item contra Nouatia-
nos scribens: omnes homines, inquit, sub peccato na- 10
scimur. quorum ipse ortus in uitio est, sicut habes
lectum dicente Dauid: 'ecce in iniquitatibus
conceptus sum et in delictis peperit me mater
mea'. item in Apologia prophetae Dauid: antequam nasca-
mur, inquit, maculamur contagio et ante usuram 15
lucis originis ipsius excipimus iniuriam, in
iniquitate concipimur. item de domino loquens: dignum etenim fuit, inquit, ut qui non erat habiturus
corporeae peccatum prolapsionis nullum sentiret generationis naturale contagium. merito 20
ergo Dauid flebiliter in se deplorauit ipsa in-
quinamenta naturae et quod prius inciperet in
homine macula quam uita. item De arca Noe: per unum,
inquit, dominum Iesum salus uentura nationi-

---

1 cf. Ioh. 13, 9   5 Ambros. Exp. in Esai. cf. Aug. Contra Iul. Pelag. I 4, 11
(XLIV 647 M)   10 cf. Ambrosii De paen. I 3, 13 (XVI 490 M). Aug. De
pecc. orig. 41, 47 (CSEL XLII 205, 13). Aug. Contra Iul. Pel. II 3, 5 (XLIV
675 M). Aug. Op. imperf. I 52. 59 (XLV 1075. 1080, cf. 1052. 1070. 1071)
12 Ps. 50, 7   14 cf. Ambrosii Apol. proph. Dauid 11, 56. 57 (CSEL XXXII
p. II 337, 12. 338, 22). Aug. Op. imperf. IV 121 (XLV 1416 M). Aug. C. Iul.
Pel. I 3, 10 (XLIV 646 M)   23 per unum—teneant] cf. Ambros. De Noe 3, 7b
(CSEL XXXII p. I 417, 16). Aug. C. Iul. Pelag. II 2, 4 (XLIV 674 M)

1 laua*ri D   4 homines sorde V   5 reseruatum O   8 pr. dilecti Om1
expers est D del. est Bbd   est post alt. expers add. bd C. Iul.   10 nascimur O
(ur s.l. m2)   12 ecce] add. enim Dbd   in om. V   13 in om. V   peccatis D
14 nascim C Op. imp. et Ambr.   15 contagione * V   usuram] mensuram OBCD
16 accipimus Bd   in om. B   18 inquit fuit B   19 corporae V corpore Db
22 et om. Ambr.   non prius OC   23 unum] add. igitur CDbd   24 dnm s.l. Om2

bus declaratur, qui solus potuit iustus esse,
cum generatio omnis erraret, nisi natus ex uirgine, qui generationis obnoxiae priuilegio minime teneretur. 'ecce', inquit, 'in iniquitatibus
5 conceptus sum et in delictis peperit me mater
mea', dicit is qui iustus prae ceteris putabatur.
quem igitur iam iustum dixerim nisi horum
liberum uinculorum, quem naturae communis
. uincula non teneant? ecce uir sanctus, Pelagii quoque testi-
10 monio in fide catholica probatissimus, Pelagianos negantes originale
peccatum tanta manifestatione redarguit nec tamen cum Manicheis
uel deum nascentium conditorem negat uel nuptias, quas deus instituit et benedixit, accusat.

30. Pelagiani dicunt ab homine incipere meritum per liberum
15 arbitrium, cui deus subsequens gratiae retribuat adiumentum. etiam
hic eos refellat uenerandus Ambrosius dicens in Expositione Esaiae
prophetae: quia humana cura sine diuina ope inbe-
cilla est ad medendum, deum auxiliatorem re-
quirit. item in libro qui inscribitur De fuga saeculi: frequens
20 nobis, inquit, de effugiendo saeculo isto sermo
atque utinam quam facilis sermo tam cantus
et sollicitus affectus! sed quod peius est, fre-
quenter inrepit terrenarum inlecebra cupiditatum et uanitatum offusio mentem occupat,

---

4 Ps. 50, 7   9 cf. p. 559, 15   17 Ambr. Expos. Esai.   19 frequens—in
corde eius] cf. Ambrosii De fuga saeculi 1, 1 (CSEL XXXII p. II 163, 1). frequens—deicimur] cf. Aug. De dono perseuer. 8, 20 (XLV 1004 M)· Aug. Contra
Iul. Pel. II 8, 23 (XLIV 689 M)

1 potuit] ponit C non potuit Aug. Contra Iul.   2 erraret] add. non ob
aliud Bd   nisi] add. quia B   esset natus b   3 qui om. B C. Iul.   obnixiae B
minimi Om1   4 tenetur O   in om. C   5 in om. V   6 his CV   7 horum]
solum O B   9 uincla CV   tenebant B   10 in s.l. Om2   probatissimus V
pelagianus Om IV pelaginos D   12 negat conditorem O   14 per lib. arb. s.l. Om2
16 expositiones C   isaiae OV esaye B esayę C ysaię D   17 cura] natura V b
19 scribitur V   20 efugiendo O fugiendo V Aug. De dono pers.   sermo] add.
est Bd et Aug. C. Iul.   sermo•ē ex sermone Om2   22 affectus V (a ex e m1)
effectus B   piụṣ B (in mg. peius)   24 effusio BD

ut quod studeas uitare hoc cogites animoque
uoluas. quod cauere difficile est homini, exuere
autem inpossibile. denique uoti magis eam esse
rem quam effectus testatur propheta dicendo:
'declina cor meum in testimonia tua et non in 5
auaritiam'. non enim in potestate nostra cor nostrum et nostrae cogitationes, quae inprouiso
offusae mentem animumque confundunt atque
alio trahunt quam tu proposueris, ad sacou-
laria reuocant, mundana inserunt, uoluptaria 10
ingerunt, inlecebrosa intexunt ipsoque in tempore, quo eleuare mentem paramus, insertis in-
anibus cogitationibus ad terrena plerumque
deicimur. quis autem tam beatus, qui in corde suo
semper ascendat? sed hoc sine auxilio diuino 15
qui fieri potest? nullo profecto modo. denique
supra eadem scriptura dicit: 'beatus uir cuius
est auxilium eius abs te, domine, ascensus in corde
eius'. quid apertius et sufficientius dici potest? sed ne Pelagiani
forte respondeant eo ipso quod diuinum auxilium poscitur praecedere 20
hominis meritum, id ipsum meritum esse dicentes, quia orando fit
dignus, cui gratia diuina subueniat, adtendant quid idem iste uir
sanctus dicat in Expositione Esaiae: et orare deum, inquit,
gratia spiritalis est. nemo enim dicit dominum
Iesum nisi in spiritu sancto. unde et exponens euange- 25

5 Ps. 118, 36   6 cf. Aug. De dono perseu. 13, 33. 19, 48 (*XLV* 1013. 1023)
14 quis—corde eius] cf. Aug. De dono perseu. 13, 33 (*XLV* 1013 M). Aug. Contra
Iul. Pelag. II 8, 24 (*XLIV* 690 M)   17 Ps. 83, 6   23 Ambr. Exp. Esai.;
cf. Aug. De dono perseu. 23, 64 (*XLV* 1032 M)   24 cf. I Cor. 12, 3

2 cabere *Om1*   exsuere *CV*   3 impossibile est *BCV*   4 dicente d̄o *O*
6 enim] *add.* est *D*   in *om.C*   in pot. nostra est *b et Ambrosius* in pot. n. sunt *B*
8 efusae *O, om. CDV*   mente *C*   9 praeposueras *V*   10 uoluntaria *OC*   11 *post*
intexunt *exp.* Ideo *D*   12 paramus] puram uis *V*   inserti *V*   inanimabus *O*
manibus *B*   13 *ante* ad *exp.* uestris *D*   terena *V*   16 profectu *O*   18 axilium *V*
eius *om.OBV*   19 quis *B (in mg.* quid)   et] est *V*   20 quo *Bbd*   poscit *D*
possit *b*   21 operando *O*   22 iste *om.CDbd*   23 isaię *OV* ysaię *BD* esaye *C*
inquit deum *V*   24 sp̄ualis (*in mg.* spūalis) *D*   *post* enim *exp.* dicat *D*   dn̄m *O*
(m *s.l.m2*)   25 iħm *in ras. O*   biesum x̄p̄m *D*

lium secundum Lucam: u i d e s u t i q u e, inquit, q u i a u b i q u e
d o m i n i u i r t u s s t u d i i s c o o p e r a t u r h u m a n i s, u t
n e m o p o s s i t a e d i f i c a r e s i n e d o m i n o, n e m o c u-
s t o d i r e s i n e d o m i n o, n e m o q u i c q u a m i n c i p e r e
5 s i n e d o m i n o. numquid quoniam ista dicit uir tantus Ambrosius
et gratiam dei, sicut filio promissionis congruit, grata pietate commendat, ideo destruit liberum arbitrium? aut eam uult intellegi
gratiam, quam diuersis locutionibus Pelagiani nolunt nisi legem
uideri, ut uideĺicet non ad faciendum quod cognouerimus, sed ad
10 cognoscendum quid faciamus nos deus adiuuare credatur? si hoc
istum hominem dei sapere existimant, quid de ipsa lege dixerit audiant. in libro De fuga saeculi: l e x, inquit, o s o m n i u m p o t u i t
o b s t r u e r e, n o n p o t u i t m e n t e m c o n u e r t e r e. item
alio loco in eodem libro: l e x, inquit, f a c t u m d a m n a t, n o n
15 a u f e r t m a l i t i a m. uideant fidelem et catholicum uirum apostolo consentire dicenti: s c i m u s a u t e m q u o n i a m q u a e-
c u m q u e l e x d i c i t h i s q u i i n l e g e s u n t l o q u i t u r,
u t o m n e o s o b s t r u a t u r e t r e u s f i a t o m n i s m u n-
d u s d e o, q u i a n o n i u s t i f i c a b i t u r e x l e g e o m n i s
20 c a r o c o r a m i l l o. ex hoc enim apostolico sensu illa sumpsit et
scripsit Ambrosius.

31. Iam nero quoniam Pelagiani dicunt iustos in hac uita uel
esse uel fuisse, qui sine ullo peccato uixerint, in tantum ut uita futura,
quae in praemio speranda est, prouectior et perfectior esse non
25 possit, etiam hinc eis respondeat eosque refutet Ambrosius. nam
exponens Esaiam prophetam propter id quod ibi scriptum est:

1 uides—sine domino] cf. Ambros. Expos. euang. sec. Lueam II 84
(CSEL XXXII p. IV 88, 18)   8 cf. De gratia Christi cc. 7—9 (CSEL XLII
130—133)   12 lex os—conuertere] cf. Ambros. De fuga saec. 3, 15 (CSEL
XXXII p. II 175, 23)   14 ibid. 7, 39 (p. II 194, 18)   16 Rom. 3, 19. 20

1 uidens C   ubique] utique O, om. B   3 nemo—domino in mg. D   custodire—nemo om. B   5 ista] haec Dbd   Ambrosius om. D   6 filio om. O   7 eam
s.l. Om 2   9 agnouerimus V   ad cognoscendum] agnoscendum D   10 deus nos C
11 istum] iustum C   dixerit 12 omnium os O   13 non] et non Ambrosius
15 apostolo in mg. B   16 quia Dbd   17 dicit] loquitur V bd   18 hos C   et eras. B
19 iustificauitur Om1   20 hoc] eo bd   sensum—Ambrosius in mg. repetitis
uocab. ex hoc enim apost. V   22 uita] add. ideo b   23 uixerunt b   25 hio
Om1Dbd   refutat O   26 isaiam V esaym BC ysaiam D   ibi om. CDbd

filios genui et exaltaui, ipsi autem me spreue-
runt, suscepit de generationibus quae ex deo sunt disputare atque
in ipsa disputatione commemorauit testimonium Iohannis, ubi ait:
qui natus est ex deo, non peccat. et eandem quaestionem
difficillimam tractans: cum hoc in mundo, inquit, nullus 5
sit qui inmunis sit a peccato, cum ipse Iohannes
dicat: 'si dicimus quia non peccauimus, mendacem facimus illum', si autem ex deo nati non peccant et de his intellegimus qui in hocmundo sunt
innumeros, necesse est aestimemus, qui per la- 10
uacri regenerationem dei gratiam consecuti
sunt. sed tamen cum dicat propheta: 'omnia a te
expectant, ut des illis cibum in tempore: dante
te his colligent sibi, aperiente te manum tuam
uniuersa inplebuntur bonitate, auertente au- 15
tem te faciem tuam turbabuntur. auferes spiritum eorum, et deficient et in puluerem suum
conuertentur. emittes spiritum tuum et creabuntur et innouabis faciem terrae', possunt non
de quocumque tempore uideri dicta, sed de fu- 20
turo, quo erit noua terra et nouum caelum. turbabuntur ergo, ut principium sumant, atque
'aperiente te manum tuam inplebuntur uniuersa bonitate', quae non facile huius saeculi est.
nam de hoc saeculo scriptura quid dicit? 'non 25
est qui faciat bonitatem, non est usque ad unum'.
si igitur diuersae generationes sunt et hic in-
troitus in hanc uitam receptor est delictorum
in tantum ut spernatur etiam ipse qui genuit,

---

1 Esai. 1, 2   4 I Ioh. 3, 9   5 Ambr. Exp. Esai.   7 I Ioh. 1, 10   12 Ps.
103, 27—30   23 Ps. 103, 28   25 Ps. 13, 1

5 difiti cillimam V   in hoc CV   6 iohannis V   8 fecimus C   9 hoc
om. Db   mundo V (u s. eras. ι)   10 innumero Om1   12 a om. OB ad C   13 spectant O
14 iis bd   te om. C   15 autem—tuam] facię |||| (ras. quattuor litt.) V   16 tuam
om. OCD   aufers O   17 ipsorum V   18 emitte codd. praet. D   19 renouauis Om1
21 terra noua O   22 atque] quę OB   23 inpleantur O (n alt. s.l.m2), BD
25 saeculo om. D   26 bonitatem] bonum OB   28 hanc om. O

alia autem generatio peccata non recipit, uideamus, ne qua sit post huius uitae curriculum
nostra regeneratio, de qua dictum est: 'in regeneratione, cum sederit filius hominis in throno
5 gloriae suae'. sicut enim regeneratio lauacri
dicitur, per quam detersa peccatorum conlu-
uione renouamur, ita regeneratio dici uidetur,
per quam ab omni corporeae concretionis puri-
ficati labe mundo animae sensu in uitam regene-
10 ramur aeternam, eo quod purior quaedam qualitas sit regenerationis quam lauacri istius, ut
non solum in actus eius, sed ne in ipsas quidem
cogitationes nostras aliqua cadat suspicio
peccatorum. item alio loco in eodem opere: uidemus, in-
15 quit, inpossibile esse ut perfecte quis inmaculatus esse possit in corpore constitutus, cum
etiam Paulus inperfectum se dicat. sic enim habet: 'non quod iam acceperim aut iam perfectus
sim'. et tamen post paululum ait: 'quicumque
20 ergo perfecti sumus', nisi forte quia est perfectio alia in hoc mundo, alia post illud perfectum de quo dicit ad Corinthios: 'cum uenerit
quod perfectum est', et alibi: 'donec occurramus
omnes in unitatem fidei et agnitionem filii
25 dei, in uirum perfectum, in mensuram aetatis
plenitudinis Christi'. ut ergo perfectos secum

1 uideamus—regeneramur aeternam] cf. Contra Iul. Pel. 8, 22 (*XLIV*
688 M)   3 Matth. 19, 28   14 Ambr. Expos. Esai.   18 Phil. 3, 12   19 Phil.
3, 15   22 I Cor. 13, 10   23 Eph. 4, 13

1 recepit *V*   uideamus ergo *O*   2 sit post] super *B*   3 generatio *in mg. Dm1*
4 trono *Om1V*   5 tuae *O* (s *s.* t)   generatio *D*   6 deterra *O* deterca *B*   7 generatio *D*   8 ab *ex* ob *Om2*   concretionis *O* (*alt.* c *m2 in ras.*) concreationis *B*
9 mundo *O* (*s.* o *m2* ae)   sensim in *O* (i *alt. add. m2*)   uitam aet. regen. *B*
10 prior *C*   quedam *Om1*   12 eius *eras. O*   13 cognitiones *O*   suscipio *V*
17 habes *D*   19 pos *V*   paulolum *O*   20 ergo] enim *V*   quia—post *in mg. D*
21 post uitam (hanc uitam *Db*) illud perfectum *CDVb*   22 dixit *BCD*   chorinthios *B*   24 utinitatem *V*   25 in nirum perf. *s.l.Om2*   im *O*   26 perfecto *Om1*

multos ait apostolus in hoc mundo sitos, qui,
si ad perfectionem neram respicias, perfecti
esse non poterant, quia ipse dixit: 'uidemus nunc
per speculum in aenigmate, tune autem facie
ad faciem; nunc cognosco ex parte, tunc autem 5
cognoscam sicut et cognitus sum', ita et in macu-
lati sunt in hoc mundo et inmaculati crunt in regno dei, cum utique, si minutius excutias, inmaculatus esse nemo possit, quia nemo sine peccato. item in ipso: uides, inquit, quia dum hanc uiuimus 10
uitam, nos mundare debemus et quaerere deum
et incipere ab emundatione animae nostrae et
quasi fundamenta constituere uirtutis, ut
perfectionem purificationis post hanc mereamur adipisci. itemque in ipso: grauatus autem, 15
inquit, et ingemescens quis non loquatur:
'infelix ego homo! quis me liberabit de corpore
mortis buius?' ita eodem magistro omnes
uarietates interpretationis absoluimus. nam
si omnis infelix qui se corporis inplicatum 20
molestiis recognoscit, utique omne corpus
infelix; neque enim felicem illum dixerim,
qui confusus quibusdam mentis suae tenebris condicionem suam nescit. illud quoque non absurdum ad intellectum accessit. 25
si enim homo, qui se cognoscit, infelix est, in-

---

3 I Cor. 13, 12　　10. 15 Ambr. Expos. Esai.　　17 Rom. 7, 24

1 positos *O*　　quisi *O* (i *fin. s. l. m2*)　　4 in] et in *D*　　faciem
ad fac. *V*　　5 cognoscam *O*　　8 discuias *Om1* discutias *Vbd*　　10 itemque *D*
in ipso] ipse *O*　　uidemus *Dbd*　　quia *om. Db*　　dum hanc uiuimus uitam nos
mundare debemus] dum hic uiuimus uitam nostram mundare debemus *Obd*
dum in hac uiuimus uita (quod *add.* D*b*) nos m. deb. *d*　　11 mundare *O* (u *in
ras. m2*)　　quaerre *V*　　14 perfectione *Om1*　　purgationis *OBd*　　hanc (*scil.*
purificationem)] *add.* uitam *ODbd*　　16 inquit *post* ingemescens *D*　ingemiscens *BD*
17 liberauit *O*　　18 hius *V*　　iste odem *Om1*　　magist*ro *O* (o *s. l. m2*)　　19 uarietates *Om1*　　uarietates interpr. absolu. *om. V*　　interpertationis *O*　　20 omnes *V*
22 dixerim illum *b*　　illum *om. D*　　23 confusis *OBCV*　　24 conditionem codd.
praet. B　　nescit *om. Om1* necet *D*　　25 absordum *Om1*

felices profecto omnes, quia unusquisque suam
infirmitatem aut per sapientiam recognoscit
aut per insipientiam nescit. item in libro De bono
mortis: operetur igitur, inquit, mors in nobis, ut
5 operetur et uita, bona uita post mortem, hoc est
bona uita post uictoriam, bona uita absoluto
certamine, ut iam lex carnis legi mentis repugnare non nouerit, ut iam nobis nulla sit cum corpore mortis contentio. rursus in eodem: ergo, inquit,
10 quia iusti hanc remunerationem habent, ut uideant faciem dei et lumen illud quod in luminat
omnem hominem, abhinc induamus huiusmodi
studium, ut adpropinquet anima nostra deo,
adpropinquet oratio, adhaereat illi nostrum
15 desiderium, non separemur ab eo. et hic quidem
positi meditando, legendo, quaerendo copule-
mur deo, cognoscamus eum, ut possumus. ex
parte enim hic cognoscimus, quia hic in perfecta, illic perfecta omnia, hic paruuli, illic ro-
20 busti. 'uidemus', inquit, 'nunc per speculum in
aenigmate, tunc autem facie ad faciem'. tunc reuelata facie gloriam dei speculari licebit, quem
nunc animae corporis huius concretis uisceribus inuolutae et quibusdam carnis huius ma-
25 culis et conluuionibus obumbratae sincere
uidere non possunt. 'quis enim', inquit, 'uidebit
uultum meum et uiuet?' et recte; nam si solis ra-

4 operetur—mortis contentio] cf. Ambrosii De bono mortis 3, 9 (CSEL
XXXII p. I 710, 6)　　7 cf. Rom. 7, 23　　9 ergo—gloriari] cf. Ambros. De bono
mortis 11, 49 (p. I 745, 18)　　11 cf. Ioh. 1, 9　　20 I Cor. 13, 12　　26 Ex. 33, 20

2 se cognoscit V econoscit Om1 regnoscit D　　3 nescis Om1　　libro] nono O
(no s.l.)　　4 nobis O (no s.l.m2)　　5 uita alt. om. C　　6 post uictoria CV
absoluta V　　8 post nulla ras. 4 litt. V　　9 rursus ergo O　　10 hanc (nc in
ras. m2) O　　11 et] add. ut Db　　illud om. D　　13 anima—adpropinquet om. D
dm̄ V　　14 adpropinquet oratio om. b　　desiderium nostrum b　　15 desiderum O
16 legendo] loquendo O　　quaerendo] add. colendo O　　18 enim om. O　　20 s*pecu-
lum O (c s.l.m2)　　21 faciem ad fac. V　　22 faciae V　　domini Dbd Ambros.
quam bd Ambr.　　25 c̄luuionibus B (in mg. colluuionibus) singerere Om1　　27 et
ante recte eras. O

dios oculi nostri ferre non possunt et, si quis
diutius e regione solis intenderit, caecari
solere perhibetur, si creatura creaturam sine
fraude atque offensione sui non potest intueri,
quomodo potest sine periculo sui uibrantem 5
cernere uultum creatoris aeterni corporis
huius opertus exuuiis? quis enim iustificatur
in conspectu dei, cum unius quoque diei infans
mundus a peccato esse non possit et nemo possit de sui cordis integritate et castimonia 10
gloriari?

XII. 32. Nimis longum erit, si omnia nelim commemorare, quae
sanctus Ambrosius aduersus hanc heresim Pelagianorum tanto post
exorturam non eis quidem respondens, sed praedicans catholicam
fidem atque in ea homines aedificans dixit et scripsit. sed nec illa 15
omnia commemorare potni uel dehui, quae gloriosissimus in domino Cyprianus posuit in epistulis suis, quibus demonstretur, quam
sit haec, quam tenemus, fides nera nereque christiana atque catholica, sicut per scripturas sanctas antiquitus tradita sic a patribus
nostris et usque ad hoc tempus, quo isti eam conuellere temptauerunt, 20
retenta atque seruata et deinceps propitio deo retinenda atque seruanda. nam sic Cypriano et a Cypriano traditam haec atque huiusmodi ex eius litteris testimonia prolata testantur, sic autem usque
ad tempora nostra seruatam ea, quae de his rebus, antequam isti
ebullire coepissent, Ambrosius conscripsit, ostendunt et quod 25
eorum profanas nouitates catholicae aures, quae ubique sunt, hor-
ruerunt; sic porro deinceps esse seruandam satis salubriter istorum

---

7 cf. Ps. 142, 2   8 cf. Iob 14, 5   9 cf. Prou. 20, 9   26 cf. I Tim. 6, 20

1 qui *OB*   2 intenderet *O*   5 periculi *O*   bibrantem *Om1*   7 operatus *V*
exsuuiis *V* exubiis *O*   iustificabitur *DVm1*   8 unusquisque *V*   diei quoque *O*
9 mundus *s.l.Om2*   a peccato *om.Db*   posset *V*   12 uel**im *V*   commerare *V*
13 pelagionorum *V*   16 glorissimus *V*   17 demonstratur *Db*   quam sit]
·quo modo sit *b*   18 teneamus *V*   uera*V*   atque] neque *O*   19 per *om.C*
traditas *OC*   21 retenenda *V*   22 ciprino *B*   Cypriano et *om.O*   a *s.l.Om2*
tradita *Dbd*   23 eis *B*   autem *eras. O,om.B*   24 seruatum *V* seruata*O*
seruata *Dbd*   25 euullire *Om1*   et ostendunt (*om. post.* et) *O*   27 deceps *C*
seruanda *Dbd*   satis] salutis *in ras. Om2* salutis uiam *B*

partim damnatio, partim correctio declarauit. quodlibet enim muttire audeant aduersus sanam fidem Cypriani et Ambrosii, non eos puto in tam magnum prorupturos furorem, ut memoratos et memorabiles homines dei audeant dicere Manicheos.

5　33. Quid est ergo, quod rabiosa mentis caecitate nunc iactant 'toto penitus occidente non minus stultum quam inpium dogma susceptum', quando quidem domino miserante suamque ecclesiam misericorditer gubernante sic uigilauit catholica fides, ut non minus stultum quam inpium dogma quemadmodum Manicheorum ita

10 etiam non susciperetur istorum? ecce sancti et docti niri fama totius ecclesiae contestante catholici et creaturam dei et nuptias ab illo institutas et legem ab eo per sanctum Moysen datam et liberum arbitrium naturae hominis insitum et sanctos patriarchas et prophetas debitis et congruis praedicationibus landant, quae omnia

15 quinque Manichei partim negando, partim etiam detestando condemuant. unde apparet istos doctores catholicos longe a Manicheorum sensibus alienos. et tamen asserunt originale peccatum, asserunt gratiam dei super liberum arbitrium omne antecedere meritum, ut uere gratuitum diuinum praebeat adiutorium, asserunt sanctos

20 ita inste in hac carne uixisse, ut eis esset necessarium, quo dimittantur cotidiana peccata, orationis auxilium, perfectamque iustitiam, quae non possit habere peccatum, in alia uita futuram eis, qui iuste hic uixerint, praemium.

34. Quid est ergo quod dicunt: *simplicibus episcopis sine con-*

25 *gregatione synodi in locis suis sedentibus extorta subscriptio est?* numquid beatissimis et in fide catholica excellentissimis uiris Cypriano et Ambrosio ante istos aduersus istos extorta conscriptio est,

---

6. 24 Iulianus

1 qudlibet *B*　　mutire *BD* mittire *C*　　2 audeat *Om1B*　　3 prorupturos *ex* prorecturos *B*　4 dicere *V* (i *ex* u)　6 impium *V* (*pr.* m *s. eras.* p)　8 gubernantes hic *V*　　cattholica *O*　9 manichaeorum *O*　10 susceperetur *C*　11 constante *D*　12 et *B bis*　ab eo *om. B*　13 institutum *OC*　patriarcas *D*　14 et] ac *bd* 15 quinque] inique *D* (e *s.l.*),*b*　manichaei *O*　16 longe a] legem *O*　19 praebeat] predicent *D*　adiutorum *O*　20 uixisse] iussisse *B*　quod *O*　dimittuntur *CDb* 21 cottidiana *OV*　auxilio *O*　24 est *om. O*　de simplicibus episcopis *b*　congregatione] contradictione *O*　25 sinodi *B*　suis] ħ *D*　exorta *OC*　suscriptio *V* nū *O*　26 et *s.l. Om1*　27 exorta *C*　c̄scriptio *B* subscriptio *d,b* (*in mg.* a1 conscriptio)

qui eorum inpia dogmata tanta manifestatione subuertunt, ut quae
contra eos manifestiora dicamus uix nos inuenire possimus? aut
nero congregatione synodi opus erat, ut aperta pernicies damnaretur? quasi nulla heresis aliquando nisi synodi congregatione damnata sit, cum potins rarissime inueniantur, propter quas dam- 5
nandas necessitas talis extiterit, multoque sint atque incompara-
biliter plures, quae ubi extiterunt illio inprobari damnarique meruerunt atque inde per ceteras terras deuitandae innotescere potuerunt. uerum istorum superbia, quae tantum se extollit aduersus deum,
ut non in illo uelit, sed potins in libero arbitrio gloriari, hanc etiam 10
gloriam captare intellegitur, ut propter illos orientis et occidentis
synodus congregetur. orbem quippe catholicum quoniam domino
eis resistente peruertere nequeunt, saltem commouere conantur,
cum potius uigilantia et diligentia pastorali post factum de illis con-
petens sufficiensque indicium, ubicumque isti lupi apparuerint, con- 15
terendi sunt, siue ut sanentur atque mutentur siue ut ab aliorum
salute atque integritate uitentur, adiuuante pastore pastorum, qui
ouem perditam et in paruulis quaerit, qui oues sanctas et iustas
gratis facit, qui eas quamuis sanctificatas et iustificatas; tamen in
ista fragilitate atque infirmitate pro cotidianis peccatis, sine quibus 20
hic non uiuitur, etiam cum bene uiuitur, cotidianam remissionem
et ut petant prouidenter instruit et petentes clementer exaudit.

10 cf. I Cor. 1, 31   18 cf. Luc. 15, 4. 6   cf. Ezech. 36, 38

     1 queorum V   quę O (a s. ę add. m1) qua CDb   horum B   impiorum OB
tanta om. D   2 contra eos] iis B   manistiora Om1 manifestaciora B   3 sinodi OB
4 sinodi B   5 rarissimae bd   inueniatur O   6 sint] se O   7 merierunt C
8 terras om. V   diuitandae V   9 uerbo uerum inc. EF   superbiam V   quae]
add. et O   extollat E   10 uel*it O   potius om. V   12 sinodus OB   catholicam Om1
13 saltim ex salutem O   cōmemorare D   14 de om. b   15 conterrendi V
16 sint CVbd   17 nitentur B uetentur D   adiubante Om1   19 gratas Vb   quasi B
· sanctificasset (om. et) O   20 cottidianis O   21 cottidianam V   22 amen add. OB
subscriptio abest a cod. V   Explicit liber quartus Augustini ad Bonifatium papam
deo gratias amen O   Explicit līb IV bi aūg epi ad papā bonifatiū contra eplas
iuliani epi pelagianorum B   Explicit.   Incipit cpla sci aūg ad ualentiū monachum C   Explicit liber quartus D   In collatione cod. EF subscr. non est addita

CONTRA DVAS EPISTVLAS PELAGIANORVM LIBRI QVATTVOR.

5   1. Secuntur libri quattuor, quos contra duas epistulas Pelagianorum ad episcopum Romanae ecclesiae Bonifatium scripsi, quia, cum in manus eius uenissent, ipse mihi eas miserat inueniens in illis calumniose interpositum nomen meum.

    2. Hoc opus sic incipit: *Noueram te quidem fama celeberrima*
10 *praedicante.*

I. INDEX SCRIPTORVM.

A) LOCI SCRIPTURAE SACRAE.

Loci a Vulgata discrepantes stellula notati; stellula sacri libri numeris praefixa
lectionem omnibus locis iuxta positis discordare significat; locis non ad uerbum
allatis cf. additum.

B) LOCI ALIORUM SCRIPTORUM.

II. INDEX NOMINVM ET RERVM

VOLVMINVM XLII ET LX.

Aaron, a quo iste ordo sacerdotum exorsus est I 91, 10.

abba pater, quarum duarum uocum una est ex circumcisione, altera ex praeputio I 213, 14; *cf.* I 392, 24. 25. 393, 1. 2. 213, 11.

Abel: in quo uno similiter homines iustificantur I 19, 3. caput omnium iustorum poni debebat I 238, 25. iustum omnino numquam peccasse II 75, 26, *cf.* 76, 3. I 263, 16. 265, 13. 17. 266, 9. 267, 3. 516, 27.

Abimelech Sarram in noctis usum adduxisse refertur II 280, 9—19; *cf.* 283, 24. 284, 16.

Abraham: in eo dicimur benedici I 12, 24. cur in eius lumbis Leni potuerit decimari I 111, 15. cur eius filii decimari potuerint I 111, 21. pater multarum gentium positus I 404, 4. II 277, 6. ei declarata promissio I 494, 23. Sarram sororem suam dixit II 280, 8. Christum praenoscens II 45, 16. Christi mortalitatem praenoscens II 192, 5. 16. Abrahae et Sarrae marcentia membra deus uegetauit II 287, 24. quemadmodum dines ille Abraham cognouerit I 409, 21. Abraham, Isaac et Iacob filios diaboli non fuisse I 488, 17. de uenturo Christo dictae ei promissiones I 498, 1; *cf.* I 192, 17. 193, 23. 200, 17. 20. 260, 21. 263, 17. 341, 20. 488, 17. 494, 12. 19. 25. 499, 2. 500, 1. II 191, 27. 192, 19. 21. 23. 194, 5. 221, 12. 275,

13. 278, 13. 280, 17. 18. 21. 284, 19.

acceptio personarum ubi recte dicatur I 473, 9—478, 26.

actio II 128, 2. 129, 3 sqq.

aculeus mortis quid significet I 146, 18. 21.

Adam: Adam forma futuri quid intellegatur I 135, 1. Adam nullius parentis praecedente peccato non est creatus in carne peccati I 68, 22. Adam et Abel constitui debuerunt I 18, 28. imitator diaboli I 17, 15. ab eo tantum originale peccatum traduximus I 16, 17. ex uno suo delicto reos genuit I 15, 6. tabificauit in se omnes uenturos I 11, 20. Adae uetustas I 116, 25. eius peccatum etiam non peccantibus nocuit I 141, 12. de paradiso dimissus I 124, 23. Adam primus, Adam secundus II 289, 6. in eo omnes peccauerunt I 19, 10. 141, 15. ex olea in oleastrum conuersus II 248, 20. animalibus nomina inponit II 217, 22. carnalis generatio nisi per Adam I 19, 15. peccauit non oboediens deo I 20, 25. Adam et Eua quot filios et filias creauerint scriptura non memorauit I 266, 1.

adoptio plena filiorum in redemptione fiet etiam corporis nostri I 81, 15; *cf.* 40, 9. 82, 12 *cet.*

adulescentuli figuram noui populi praemiserunt I 126, 5.

Aegyptus: populus Israbel inde liberatus I 194, 5. 195, 17.

sione et sua redemptione opus habeat I 127, 8. incommutabilis luminis participatione anima rationalis quodammodo accenditur I 163, 5. interior est animae nostrae natura quam corpus I 385, 25. anima facilius potuit uiscera uiuificare quam nosso I 386, 4. anima, quod omnes fatentur, mutabilis est, de nihilo facta est a deo I 306, 21. 23. si anima non est ex traduce sed sola caro, ipsa tantum habet traducem peccati et ipsa sola poenam meretur *sqq.* I 144, 9. anima in Christo renata et renouata I 393, 18. anima carnalis fit spiritalis II 249, 16. animae prius in caelesti habitatione peccantes num gradatim atque paulatim ad suorum meritorum corpora ueniant ac pro ante gesta uita corporeis pestibus adfligantur I 29, 18. animae martyrum I 412, 27. anima pecoris appellata legitur spiritus I 417, 13. quomodo deus, etiamsi animas non de traduce creat, non sit tamen auctor reatus magna quaestio est I 127, 20. animæ mortem in peccato fieri I 3, 19. omnis sensus ab anima inest et corpori I 388, 7. anima infantis non solum indocta, uerum etiam indocilis I 67, 25. *cf. etiam* Vincentius Victor *in Indice scriptorum pag. 594.*

animal rationale legitimum aliquid et sentit et facit I 203, 3.

Anna filia Fannel I 263, 21.

Anna Samuhelis mater: I 263, 20.

apertio oculorum: I 108, 22. 449, 13. II 218, 17.

apices: II 102, 13.

Apollinaristae: I 332, 3.

apostatae anima post baptisma sacramentum fidei non amittit II 223, 23.

apostolatus: I 92, 24. II 87, 6. 91, 19. 92, 5. 10. 13. 185, 15.

apostolicus-a-um: sedes I 351, 21. II 179, 14. doctrina II 72, 27. 90, 10. 130, 15. testimonium I 10, 8. 200, 13. II 23, 9. uerba I 134, 4. II 237, 4. 255, 15. sermo I 145, 25 *etc.*

apostolus (*passim*): ap. cum dicatur si non exprimatur quis apostolus non intellegitur nisi Paulus I 489 1.

area Noe: I 40, 6. 83, 22. 385, 19.

Arriani: catholicos Sabellianos criminantur II 292, 12. trinitatis ausi sunt non personas discernere II 292, 21.

artem anatomicam uel empiricam discere I 387, 15.

Assyrius ille rex: II 145, 2.

astrologi certa temporum dinumeratione solis lunaeue defectus praedicant II 186, 12.

auctoritas scripturarum diuinarum II 24, 4. 64, 17. 24. 254, 4.

audientia (= iudicium): I 458, 18. 459, 7.

Augustinus: I 128, 13. 336, 2. 381, 3. 396, 15. 429, 23. II 3, 3. 102, 8. 105, 18. 174, 14. 209, 3. 254, 7. 15.

Aurelius papa: II 51, 3. 168, 6. 18. 22. 169, 1. 6. 174, 4. 176, 28.

Azarias: 263, 18.

Baptismus, baptisma: baptismus semel datur I 112, 3, *cf.* II 250, 5. sacramentum baptismi sacr. regeneratio-

Decalogus I 176, 26. non littera occidens I 178, 12. in monte Sina datus I 181, 8. duabus illis tabulis lapideis continetur I 496, 24; cf. I 176, 29.
decem et octo uelut episcopi I 424, 20.
decimas dare 76, 15. accipere 111, 18. praebere 112, 2.
decimatio talis res erat, quae in unoquoque homine saepe erat facienda I 112, 1.
Definitiones quae dicuntur Caelestii II 3, 5. 7. 13.
Demetrias sacra Christi uirgo, ad quam Pelagius epistulam scripsit II 155, 2. 157, 21. ad eandem librum scripsit II 142, 21.
denarius: sicut in illo euangelico denario per similitudinem dicitur I 195, 10.
depositum: nam nonnulli codices non habent 'depositum', sed quod est planins 'commendatum' II 91, 6.
deus bonus et summus et uerus II 67, 14. 18. deus nascentium conditor.-- renascentium liberator II 259, 19; cf. 260, 1. 312, 16. deus hominum copulator II 261, 12. deus maris creator feminae conuenientia generationibus membra formauit II 264, 12. deus auctor fecunditatis II 275, 25. exasperatus deus II 281, 3. deus per hominem dixit II 264, 6. deus de humanis seminibus hominem operatur II 282, 21. deus est auctor naturae II 286, 13. 293, 12. deus solus inmutabilis et potentissimae bonitatis II 304, 11. deus puniens I 5, 21. omnipotentia creatoris poterat mox editos filios grandes protinus facere I 69, 16. deus qui lux est hominis interioris I 75, 15. deus summum atque incommutabile bonum et auctor qualiumcumque

honorum omnium I 100, 13. delectatio dilectioque dei summi atque incommutabilis boni I 157, 14. dominum deum bonum etiam sanctis suis alicuius operis iusti aliquando non tribuere certam scientiam I 103, 13. deum non iniustum esse I 234, 11. deus naturae summus creator et artifex I 235, 12. summa substantia et solus nerus rationalis creaturae cibus I 248, 8. deus per apostolum docet I 325, 5. deo esse possibilitatem qua uoluntas sic adiuuetur humana, ut etiam illa iustitia perficiatur, secundum quam postea in aeternum in dei contemplatione uiuet I 228, 9. deus pater I 349, 3. 350, 21. deus est trinitas I 385, 18. deus animarum nostrarum dator creator formator I 394, 14. deus omnipotentis et inmutabilis substantiae I 398, 11. deus uocatur spiritus I 417, 4. deus Israhel I 4, 23. summe atque incommutabiliter bonus I 482, 26. in cordibus hominum uoluntatem operatur I 455, 12. 24. summus medicus I 508, 1. nulla substantia est quam non fecerit deus I 460, 17. conditor naturae auctorque nuptiarum I 450, 7. deus artifex I 340, 2.
diabolus *passim:* princeps mundi dictus II 265, 22. I 122, 4. mors ab eo uenit I 10, 24. peccatum opus diaboli II 212, 10. sub diabolo omnes cum peccato generati II 278, 10. spiritus inmundus II 238, 21. princeps auctorque peccati II 239, 10, cf. I 488, 22. reos paruulos tenet II 239, 15. auctor uitii II 273, 24. princeps tenebrarum II 235, 13. culpae auctor, non naturae I 431, 23. II 263, 10. 269, 11. potestatem

Eua ex Adam uxor eius I 106, 8. Eua peccauit I 265, 14. Adam et Eua quot filios procreauerint scriptura non commemorat I 266, 1. Eua ex costa Adae facta I 340, 3. II 263, 13. Adam ei nomen inponit II 263, 17. 21. appellatur uita II 263, 17.

euangelista I 427, 28. II 162, 7. 225, 8. euangelistas Marcum et Lucam baptizatos esse non legimus I 369, 26.

euangelium I 35, 19. 38, 26. 39, 4. 57, 7. 92, 3. 24. 341, 18. 495, 26. II 217, 15. 264, 5. nonum testamentum quattuor euangeliorum auctoritate praefulget I 126, 10. euangelium non mentitur II 224, 21.

Eulogius episcopus, cui libellus contra Pelagium datus est II 60, 19.

Eutropius coepiscopus cum Paulo coepiscopo ab Augustino petunt, ut Definitionibus quae Caelestii dicuntur respondeat II 3, 3.

exaltatio serpentis I 115, 3.

exaltatus serpens est mors Christi I 62, 4.

examen, c/. ecclesiasticus.

exclusor: unde et exclusores dicuntur quidam artifices argentarii I 169, 23.

excommunicatio: atque ita uelut phreneticus, ut requiesceret, tamquam leniter fotus a uinculis tamen excommunicationis nondum est creditus esse soluendus II 171, 15.

exorcismus: quid in illo agit exorcismus meus, si in familia diaboli non tenetur I 63, 28.

exorcizo: exorcizatur in eis et exsufflatur potestas contraria II 203, 12. 235, 20. 306, 3. 308, 11.

exsufflantur baptizandi infantuli II 287, 1.

atum: nec fatum, quia nullae stellae

ista decernunt I 475, 8. quod fatum Augustinus sub nomine gratiae asserat I 469, 6—479, 6.

fidelis, quod a credendo utique nomen est I 37, 8. secundum fidem qua credimus fideles sumus deo, seenudum illam nero qua fit quod promittitur etiam deus ipse fidelis est I 211, 3; c/. 248, 22.

fides: uera fides quae sit I 214, 13— 215, 5. ex fide et per fidem quid differant I 205, 13. fides ipsa num in nostra constituta sit potestate I 209, 21. 210, 27. fides duplici sensu definitur I 211, 2. catholica fides iustos ab iniustis non operum sed fidei lege discernit I 502, 5. in quibus non est fides, filii sunt diaboli I 489, 13. fides mediatoris saluos iustos faciebat antiquos II 277, 8. fides sana et catholica ueracissima et fundatissima II 286, 21; c/. I 118, 11. 207, 19. 28. 212, 26. II 187, 6 cet.

Fidus episcopus, ad quem Cyprianus consultus epistulam dedit I 546, 5.

Pinces (Phinees) in principibus sacerdotum fuit ad offerenda ueteris testamenti sacrificia pertinentium I 91, 10. commemoratur I 263, 17.

Pirmus conpresbyter per quem Augustinus Valerii Comitis epistulas accepit II 209, 8.

forense iudicium (opp. ecclesiasticum) I 502, 26.

fortuna: nec fortuna, quia non fortuiti casus ista agunt I 475, 8.

Gallus: coepiscopi nostri Galli Heros et Lazarus II 52, 16. 95, 7.

generatio: carnalis opp. spiritalis I 19, 15. 118, 12. 130, 20. opp. regeneratio I 63, 20. 141, 23. 143, 25.

II 227, 15. 293, 17. *opp.* imitatio II 299, 9. series generationum usque ad Ioseph II 225, 19; *cf.* genero, regenero I 20, 17.

Genesis: de Genesi testimonium I 329, 29.

gentes (*Heiden*) II 151, 7. gentes = peccatores I 290, 15; *cf.* 197, 1. 5. 198, 10. 18. 21. 22. 26. 200, 5. 20. 24. 205, 15.

gentilium sacrilegia I 370, 4.

gesta *passim* I 463, 19. 464, 1. II 51, 2. 4. 52, 3. 72, 17. 76, 9. 77, 4. 17. 79, 5 *cet.* gesta ecclesiastica I 479, 27. II 153, 11. gesta Palaestina II 172, 18. 20. 177, 18. gesta eccl. Cartha-giniensia, de quibus Augustinus descripsit II 168, 6—21. gestorum indicium II 173, 3.

gloriatio laudabilis quae sit et quae uitiosa I 169, 21. 27. per legem fidei exclusa I 175, 10.

Graecus: I 31, 21. 36, 7. 319, 17. 19. 320, 1. 16. 170, 8. 23. 198, 10. 18. 26. 30. 213, 15. II 56, 4. 53, 5. 129, 25. graeca lingua I 527, 18. 528, 5.

gratia: ipsum quippe gratiae nomen et eius nominis intellectus aufertur, si non gratis datur, sed eam qui dignus est accipit II 89, 1. gratia Christi, sine qua nec infantes nec aetate grandes salui fieri possunt, non meritis redditur, sed gratis datur, propter quod gratia nomina-tur I 235, 23. per gratiam solam quod lex iubet potest inpleri, per ipsam iustificatur gratis, id est nul-lis suorum operum praecedentibus

meritis I 168, 18. gratia data est pusillis et magnis I 432, 23. sine gratia nec infantes nec aetate grandes salui fieri possunt I 235, 23. gratia nono testamento per Christi passionem tamquam scissione ueli reuelanda I 181, 20. gratia non solum illud unum soluit quod origi-naliter trahitur, sed etiam cetera quae in unoquoque homine motu propriae uoluntatis adduntur II 301, 3. liberi a peccato non fiunt nisi gratia saluatoris I 426, 11. qua uocamur et iustificamur II 106, 20. gratia dei promissa testamento nono quo definita sit I 204, 14. gra-tia Christi, hoc est inhabitans spiri-tus eius in uobis I 9, 10. gr. salua-toris regnum mortis destruit I 14, 2. laus et praedicatio gratiae nitu-peratio et damnatio est delictorum I 161, 14. nemo sine dei gratia recte uiuit II 53, 24. gratia dei homo adiuuatur ut uelit bonus esse I 453, 5. adiuuat infirmitatem nostram I 514, 25. qua fit in nobis, ut nos delectet et cupiamus quod praecepit nobis I 483, 12. studium quoque bonum non incipit sine gratia sed a deo inspiratur I 484, 24. dei gratia non solum omnia sidera et omnes caelos uerum etiam omnes angelos supergreditur I 472, 21. gratia fieri ut legi oboediatur I 486, 14. auditus diuinae uocationis ipsa dei gratia procuratur I 534, 9. bonos faciens nos I 537, 21; *cf.* I 533, 24—540, 10. 485, 12. gratia non est natura, non est legis scientia, non est littera occidens, sed spiritus uiuificans, non qua homines creati sumus, sed qua in nouam creaturam adoptati II 73, 3. 75, 21.

hebdomades (ebd.): in diebus tamen ebdomadum octauo a mortuis resurrexit I 138, 5. dies enim octauus est in hebdomadum recursibus dies dominicus II 195, 14. 196, 15.

Hebreus populus I 458, 25.

ἡγεμονικόν quid sit definitur I 387, 3.

Helias non marcuit I 5, 10. sine cibo uixit I 5, 15. iuste uixisse refertur I 263, 18. Hellas et Enoch utrum nunc in paradiso sint an alicubi alibi II 186, 3.

Heliseus sine peccato uixisse commemoratur I 263, 18. num flando in eius faciem mortuum suscitauerit I 365, 13. 14. 20. 23. 24. 366, 5. baculum misisse ad filium uiduae suscitandum I 533, 3. 6.

heresiarcha Pelagius nominatur I 543,8.

heresis: Pelagianam tamquam uenenosa uirgulta fruticibus catholicis inserere conatur II 262, 19. Pelagiana paruulis non baptizatis inter damnationem regnumque caelorum quasi medium locum promittit I 312, 12; cf. 317, 5. 334, 17. 523, 23. 533, 23. Manichea I 523, 21. 559, 19.

hereticus: her. dogmata I 361, 24. nouitas II 235, 16. hereticae uirgines II 216, 13. heretici noui medicinam Christi carnaliter natis paruulis necessariam non esse contendunt II 211, 5. heretici noui Pelagiani I 470, 18. 503, 28. futuri heret. Pel. I 546, 9.

Heros et Lazarus cf. Gallus.

Hieremias in utero matris sanctificatus I 29, 13.

Hieronymus plurimos utriusque linguae diuinarum scripturarum tractatores et christianarum disputationum scriptores commemorat I 138, 12. 24. sanctus H. presbyter

II 121, 24; cf. etiam Indicem I.

Hierusalem: I 494, 20. 501, 15. 538, 8.

Hiezechiel: I 263, 19. II 288, 5.

Hilarius, ad quem Augustinus epist. 157 scripsit II 77, 10. 107, 24.

Hilarius episcopus; cf. Indicem I.

Hipponense litus II 100, 14.

Hispania, quo nonnulla opuscula sub Augustini nomine peruenisse feruntur II 72, 13.

homo: animal rationale, intellectus capax, rationis compos sensuque uiuax I 415, 18. homo primus — secundus I 21, 16. non a diabolo fieri, sed a deo I 431, 20. homo interior — exterior I 36, 15. homo intimus I 400, 26. interiorem hominem esse animam, intimum spiritum I 400, 5. interior homo quis sit, utrum anima an spiritus an utrumque I 399, 19. homines dei, immo ipse spiritus dei I 456, 3, cf. 492, 7. homines sancti et fideles cum Christo unus Christus I 61, 13; cf. I 399, 26, 400, 10. 14. 17. 405, 4. 432, 24. 431. 22. II 232, 13. possitne homo sine peccato esse in hac uita I 77, 17. 221, 23. cf. 78, 17. 155, 6. 227, 19. 447, 10.

humanitas Christi reuelata II 191, 24.

Iacob cum Abraham et Isaac memoratur I 260, 21. 263, 17. 488, 17. uniuersum semen Iacob appellari Israbel I 415, 3. apud deum praecedit fratrem I 539, 18; cf. 477, 24. 478, 8. 484, 9.

Iacobus apostolus I 243, 3. 2 44, 11.

Iacobus et Timasius Augustino librum miserunt I 233, 1. II 101, 4. 102, 2. ad Augustinum epistulam dederunt II 102, 8.

Iesus latine saluator est I 118, 21. 134,

sacrae nuptias fidelium coaequabat I 425, 16. II 267, 20, cf. 268, 2. sanctimonialibus etiam aetate prouectioribus nuptias persuasisse I 139, 20. catholicis Manicheos obicit II 292, 10. nouellam heresim condere conatus II 292, 4. 8.

Isaac non sine concubitus calore generatus II 276, 1. omnes spiritaliter ad filios Isaac pertinentes I 192, 17, cf. 260, 21. 263, 17. non fuisse filium diaboli, sed promissionis I 488, 17. 494, 16. 501, 18.

Israhel: I 126, 18. 155, 15. 192, 16. 29. 193, 9. 10. 194, 4. 7. 195, 17. 201, 1. 6. 415, 3. 4. 477, 18. II 45, 13. Israhel filii II 187, 21.

Israhelitae 1 4, ·23. annis omnibus decimas praebere Leuitis I 112, 2. Moysen iis permisisse alia copulare conubia II 223, 12.

Iuda: I 192, 17. 29. 30. 193, 9. 415, 4.

Iudaei: dominus ab iis consultus I 430, 12. per omnes terras ubique dispersi I 495, 26. carnaliter legem obseruantes I 512, 19. de accepta lege se extollebant I 160, 17. 197, 20. sabbatum obseruant I 181, 18. legis auditores I 199, 22. 200, 7. 203, 1. 235, 2. eorum iactantia I 204, 1. non est Iudaeorum tantum deus I 204, 10, cf. I 501, 28. 505, 18.

Iudaeus: I 164, 18. 165, 13. 213, 15.

Iudaicus populus reprobatus II 190, 2.

Iudaismus: legem operum esse in Iudaismo I 173, 19.

Iudas traditor caput poni debuit peccatorum I 19, 7. Iudam Christus non suscitauit I 237, 14.

iudicium ecclesiasticum, ubi Pelagio anathemante omnia damnata sunt II 78, 18. Caelestius uenit ad iud. II 100, 22. 26. libellos Caelestius

allegat iud. eccl. II 149, 30. iudicium Palaestinum: quae Pelagius ibi ficto corde damnauerit I 453, 18.

Iudith iuste uixisse refertur I 263, 21.

iura nuptiarum semel inita manent inter uiuentes II 223, 15.

iustificatio, qua Christus iustificat inpium I 18, 11.

iustitia: iust. dei sine lege quid sit I 167, 19. in testamento uetere uelata in nouo reuelatur I 171, 4. perfecta iustitia quando etiam quid sibi desit intellegit I 508, 16. haec erit in eminenti scientia Christi I 513, 5. iustitia ex lege quid sit I 514, 19, cf. 510, 27. iustitia quae uera sit I 515, 6. 215, 13. iust. dei non in praecepto legis sed in adiutorio gratiae Christi constitutam esse I 233 14. iust. legis cur proponatur I 207, 4; cf. 508, 18— 515, 26.

latinus-a-um: codex I 319, 17. II 92, 4. interpres II 95, 13. lingua II 313, 3. scriptores II 159, 27. liber II 56, 3. latine I 118, 22. 170, 11. II 83, 18.

latro (cf. Luc. 23, 43) a Cypriano inter martyres ponitur I 311, 13. 24. 26. fueritne baptizatus I 369, 8.

lauacrum passim aquae I 522, 7. 540, 16. 541, 5. regenerationis I 24, 20. 31, 3. 236, 1. 238, 11. II 81, 18. 167, 6. 202, 21. 212, 3. cet. baptismatis I 466, 15. II 202, 19. christianae fidei I 352, 11. 22. ubi omnes praeteritae maculae rugaeque tolluntur II 81, 23. lau. sanctitate omnia prorsus hominum mala tolluntur II 250, 21. lauacro adoptari in dei filios I 471, 9.

Lazarum dominus suscitauit I 237, 13.

non nisi ad peccatum nalet I 516, 24. 157, 19. in ipso nomine lib. arb. libertatem sonare I 209, 12. per gratiam non euacuatur I 208, 18. lib. arb. deum hominibus non adimere I 216, 20.

litterae ecclesiasticae I 138, 13. saeculares I 233, 7. litt. magister I 55, 6. 269, 15. II 302, 4.

Lucas: ipsos euangelistas Marcum et Lueam baptizatos esse non legimus I 369, 27.

Machabei in proelio cadentes I 350, 6. Mach. iuuenum mater I 322, 11. 323, 25.

mancipiorum aestimatio I 66, 16.

Marcellinus (cuius rogatu Augustinus libros De peccatorum meritis et De spiritu et littera scripsit) I 3, 5. 71, 11. 128, 13. 155, 2. 242, 13. 252, 17. II 78, 25.

Marcion I 510, 2. II 12, 12. 67, 15.

Marcus: cf. Lucas I 369, 27.

Mardocheus I 263, 19.

Maria I 118, 18. 263, 20. 24. 425, 17. II 267, 22. filius Mariae liberat II 202, 29.

Martha I 513, 17.

martyres, quibus contigit ante baptismum pro Christi nomine occidi I 352, 7. uisiones martyrum I 405, 18. mortem martyribus causam praemiorum esse I 521, 10; cf. 412, 27.

mater ecclesia, quae cor et os maternum paruulis praestat, ut sacris mysteriis inbuantur I 37, 5.

Mathusalem qui in arca non fuit ubi potuerit uiuere II 186, 15.

matrimoniales tabulae: ut secundum matrimoniales tabulas non nisi liberorum procreandorum causa concumbant II 215, 24. 201, 16.

medici: non medicos empiricos nec anatomicos nec dogmaticos nec methodicos scire I 388, 12.

medietatem quandam tribuunt paruulis non baptizatis I 54, 11.

Melania II 125, 7.

Melchisedec: a Melchisedec iam fuerant decimati I 111, 20; I 263, 16. testimonium fidelibus protulit II 192, 24.

mens: mentem nostram nisi rationale et intellectuale nostrum dicere non solemus I 414, 13. rationalis I 67, 10.

Micheas I 263, 18.

minister: nullus autem in ecclesia recte posset ordinari minister, si dixisset apostolus: 'si quis sine peccato' I 447, 6. Moyses testamenti minister ueteris I 497, 18.

Misael I 263, 19.

monachus: inlata est heresis a quibusdam ueluti monachis II 116, 2.

monasteria II 121, 26.

motus non cessat in corde, unde se pulsus diffundit usquequaque nenarum I 388, 5.

Moyses: lex scripta per Moysen populo data I 13, 13. 92, 4. ex praecepto domini exaltauit in deserto aeneum serpentem I 62, 1. 115, 3. populus per Moysen deprecatus est dominum I 61, 29. uetus testamentum in quinque Moysi libris excellit I 126, 9. legem ministrandam populo in monte accepit I 176, 27. 182, 9. 458, 24. 494, 13. 523, 14. II 300, 1. celebratio paschae per Moysen fieri praecepta I 182, 6. filii Israhel non poterant intendere uultus Moysi I 183, 19. Moyses testamenti minister ueteris, heres noui I 497, 18. testamentum netus ad Moysi relatum ministerium I 498, 21. de Christo

osculum pacis I 548, 24. osculo recentes dei manus esse cogitandas
I 548, 14. 22.
ouile catholicum I 340, 21.

paedagogus: II 53, 13. 14. 27.
paenitens: I 24, 23. 25, 2. 350, 6. 353
23. 369, 17.
paginae: humanae et diuinae I 384, 4.
testimonia diuin. pag. I 417, 12.
sanctae II 302, 12.
Palaestina, cui terrae dominus praesentiam suae incarnationis exhibuit
II 79, 10; c/. II 51, 5. 116, 27. 151,
14. Palaestini iudices II 173, 13.
synodus II 172, 10. gesta II 172, 18.
176, 27. 177, 18. iudicium I 429, 15.
453, 18. 470, 6. II 142, 29. 171, 27.
173, 13.
palma I 348, 20.
palmitum frutices I 196, 10.
Pammachius II 168, 14.
paradisus: corporalis — spiritalis
I 107, 1. 10; c/. 124, 20. 23. 125, 4.
310, 21. 315, 29. 345, 20. 348, 14. 20.
350, 19. 25. 351, 12. 28. 352, 24 cet.
paralyticus: de paralyticis et oppressis
animae sensibus I 344, 1.
participatio mensae dominicae: I 33,
21. corporis huius et sanguinis
I 26, 10. 467, 25. II 180, 16.
luminis I 157, 18. 163, 6.
pascha: celebratio paschae quae fieri
praecepta est I 182, 7.
passio in latina lingua, maxime usu
loquendi ecclesiastico non ad uitu-
perationem consueuit intellegi II
313, 3.
pastoralis: uigilantia et diligentia
I 570, 14. II 122, 10. specula I 424,
11. cura past. et medicinalis I 361,
24.
patribus sanctis ex Abraham et ante

Abraham etiam plures coniuges
habere concessum erat II 221, 12.
patriarchae: I 518, 17. 521, 24. 530, 22.
531, 5. 541, 15. 569, 13.
Paulinus diaconus I 466, 22. 25. II 168,
12. 16. 23. 25. 169, 1. 5. 10. 171, 8.
Paulinus episcopus II 154, 9.
Paulus prius Saulus I 163, 24. 453, 20.
praedicator Christi I 11, 11. tanti
apostolatus principatum meruisse
I 92, 24. non fuisse perfectum I 92,
20. 93, 6. perfectus uiator, nondum
peruentor I 93, 12. admirabilis
doctor I 426, 11. apostolus gentium
I 192, 3. doctor gentium I 392, 11.
434, 28. 531, 25. minimus apostolorum I 164, 1. 193, 7. uehemens
defensor gratiae I 170, 22. 193, 6.
incunctanter praedicat gratiam I
164, 9. constantissimus gratiae
praedicator I 175, 27. magnus gratiae praedicator II 91, 13. persecutor
II 92, 21. gratiam gratis accepit
indignus II 93, 10. habebat prophetiam et operabatur uirtutes et sani-
tates II 87, 6. 11. apostolatum
gratia donauit indigno II 91, 19.
magnus gratiae praeceptor, confessor, praedicator II 93, 14. monet
uiros, ut diligant uxores I 430, 16.
quomodo de Paulo possit intellegi
I 439, 4. mandatorum diuinorum
non utique contemptor I 558, 9.
beatus Paulus I 509, 26. II 279, 16.
91, 12. sanctus Paulus II 92, 12.
uas electionis I 503, 30. apostolus
passim uelut II 47, 19. 82, 23. 86, 19.
87, 24. 97, 22. 119, 16 cet.
Paulus coepiscopus II 3, 3.

pecora rationalem animam non habere
I 69, 21. non habent spiritum, id est
intellectum et rationis ac sapientiae

appellatur I 36, 24. quae non hominibus et pecoribus, sed hominibus
angelisque communis est II 70, 17.
Rauenna: de Rauenna profectio II
254, 2.
reatus: paruulos de quibuslibet sanctis
iustisque procreatos originalis peccati reatu non absolui I 149, 16. ex
parentibus trahere I 478, 16.
receperunt eum idem ualere ac crediderunt in eum I 427, 10.
reconciliatio est in lauacro regenerationis et Christi carne et sanguine
I 529, 13.
regnum: dei quo sola Christi societas
introducit I 16, 14. mortis auferre
I 13, 24. mortis, quando ita dominatur in hominibus reatus peccati,
ut eos ad uitam aeternam uenire
non sinat I 13, 25.
regula: fidei I 115, 6. 137, 8. 358, 21.
523, 7. ueritatis I 95, 6. 104, 18.
349, 25. uirtutum I 522, 14. 541, 13.
557, 29. ecclesiastica I 27, 12. 313, 2.
locutionum I 275, 3.
Renatus duos libros Vinc. Victoris
Augustino misit I 303, 2. 336, 5.
ad eum Aug. lib. I de unimae origine
scripsit I 349, 13. 394, 18, cf. 361, 29.
renouatio incipit a remissione peccatorum I 79, 23, cf. 115, 16. 202, 23.
214, 22.
rescripta: africana I 467, 3. afric. concilii II 171, 22. 183, 4.
ritus: multiplex sacrificiorum sacrorumque I 189, 16.
Rogati successor I 360, 10.
Rogatista I 360, 4. Rogatistae I 304,
26. 349, 2. 361, 1.
Roma: I 139, 20. 464, 20. II 126, 2.
127, 2. 168, 2. 180, 1. 182, 23. 183, 7.
254, 2. 13.
Romani Caelestium Pelagii discipu-

lum bene nouerant II 172, 8. Romanorum fides II 172, 5. Romanus I
543, 10. romanum imperium II
179, 15. romana ecclesia: I 465,
8. 468, 14. II 171, 28. 175, 13.
179, 15. romani iuuenes II 309,
10. mos romanus I 449, 5.

Rufinus presbyter contendit traducem
peccati non esse II 168, 13. 169, 11.

sabbatizo: a cuius operibus abstinendum, id est sabbatizandum est
I 181, 28.
sabbatum: dies sanctificationis est
I 181, 10. bis in sabbato ieiunare
I 76, 15. Iudaei sabbatum obseruant
I 181, 18. excepta sabbati obseruatione carnali, quae spiritalem sanctificationem quietemque significat
I 496, 25, cf. 496, 17. II 276, 22.
Sabelliani patrem et filium et spiritum
sanctum unum eundemque esse dicunt II 292, 13. 15. 21.
sacerdotale ministerium: Ambrosii
Mediolanensis episcopi sac. ministerio Augustinus lauacrum regenerationis accepit II 251, 13.
sacerdotum principes: Iesus tunc
intus fuit, cum a sacerdotum principibus audiebatur II 161, 7.
sacramentum baptismatis constituendum fuit regenerandis in spem salutis aeternae I 23, 1. baptismi profecto sacram. regenerationis est
I 114, 21. punici Christiani baptismum nihil aliud quam salutem et
sacram. corporis Christi nihil aliud
quam uitam uocant I 33, 17. sacramenti nuptiarum res est, ut mas et
femina conubio copulati quamdiu
uiuunt inseperabiliter perseuerent
II 222, 21. 24. 223, 4. ante Abraham

omnis similitudo corporis corpus est
I 412, 13.

Simplicius homo excellentis memoriae
I 389, 7.

Sina: in monte Sina datus est Decalogus I 181, 9. II 117, 26.

singularitas: natura principiorum amat
singularitatem II 222, 13.

Sodoma-ae I 203, 22. 501, 27. Sodoma-
orum II 193, 23. 287, 25.

Sodomitae II 288, 2.

specula pastoralis I 424, 11.

spiritus: spir. sapientia et sensus
animae I 416, 7. quod sentit quod
sapit quod uiget spiritus est I 416, 5.
spiritus est rationale nostrum, quo
sentit atque intellegit anima I 416,
8. proprie uocatur quo ratiocinamur
et intellegimus I 414, 4. 27. quamuis
proprie non uniuersa anima dicatur,
sed aliquid ipsius, tamen et uniuersa
anima hoc nomine appellatur I 413,
24. spiritus a mente distinctus
I 414, 23. spiritum corpus tertium
esse I 400, 9. generale animae nomen esse I 417, 3. 17. dicens per
apostolum Christi I 214, 7. inmundus
I 29, 12. spiritus sanctus digitus dei
dicitur I 182, 1.

sponsor salutis I 311, 23.

suggestiones diaboli I 452, 22.

Sunamitis: Heliseum in faciem defuncti filii illius Sunamitis insufflasse
I 365, 26.

superbia causa omnium uitiorum I 99,
20. spiritum huius mundi superbiae
spiritum esse I 176, 1; cf. I 150, 22.

susceptio matutina I 193, 11.

syllogismus II 98, 11.

symbolum reddere I 312, 26. 370, 2.
symbolum nouisse II 55, 3.

synagoga I 53, 8.

synodus: II 52, 21. 53, 2. 77, 25. 173,

29. synodus orientis et occidentis
I 570, 11.

Tertullianus sicut animam ita etiam
deum corporalem esse contendit
I 342, 20.

Thessalonica: I 424, 22. 460, 3.

testamentum: inter duo testamenta,
id est uetus et nouum, quae sit differentia I 186, 27. ueteris et noui
testamenti distantia I 196, 11. 197,
2. 202, 20. test. duo in ancilla et
libera allegorica significatione distincta II 66, 22. I 499, 1. ueteris
testamenti nomen modis duobus
dici solet II 64, 23. propter ueteris
hominis dicitur illud uetus, hoc autem nouum propter nouitatem spiritus I 188, 16. ueteris testamenti promissa terrena I 189, 12. uetus testamentum nomine litterae I 498, 24;
cf. I 432, 16. 494, 27. 497, 17. 498,
14. 499, 24. 500, 28.

Timasius et Iacobus Augustino librum
miserunt I 233, 1. II 101, 4. 102, 2. 8.

Timotheum baptizatum esse non legimus I 369, 26.

Titus: I 369, 26.

Tobis etiam carnis luminibus perditis
iustum uidebat I 337, 25.

tradux: de traduce animarum et peccati
cf. quae apud Pelagium et Vincentium
Victorem et Caelestium (pars II 328)
adnotata sunt; cf. etiam I 129, 19.
132, 10. 133, 11. 143, 13. 323, 11.
17. 19. 328, 15. 344, 15. 345, 21.
519, 1 cet.

transfusio: filii nero anima propaginis
transfusione trahitur I 331, 10.

tribus: Israhel in tribubus decem
I 415, 4.

trinitas: unius est eiusdemque naturae;
nam haec tria unum sunt et singu-

III. INDEX
VERBORVM ET ELOCVTIONVM
AD VOLVMINA XLII ET LX.

471, 16; *cf.* I 269, 13. 313. 30. 345, 11. 490, 3. II 202, 1. 22. 212, 3.

ablutio baptismi I 269, 5. 446, 22.

abnuere dei gratiam uideris I 239, 20; *acc. et inf.* I 284, 15. II 278, 26.

aboleo: facile hoc in transactis atque abolitis habui I 139, 16. quam (imaginem dei) non penitus impietas aboleuerat I 202, 26. quae (originalis culpa) non aboleatur nisi renascentibus II 316, 23; *cf.* I 70, 19. 177, 10.

abolitio peccati I 352, 11. 500, 6. iniquitatis I 162, 19.

abominabilis uita I 437, 19.

abrenuntio II 77, 15. 78, 16. 112, 5. 120, 13. 174, 18.

abripio: quomodo anima partes suas abripiat I 407, 9.

abrogare audet gratiae dei (sapientiam) I 244, 6.

abrumpo: in illud abruptum inpellere II 170, 30.

abscedo: deinde in aliud narrator abscedit I 59, 23. de ista uita I 313, 9. 502, 15; *cf.* I 169, 22. 208, 9. 214, 15. 314, 14. II 23, 23.

abscondo: absconditur gratia I 208, 6. quid sentiret abscondens II 155, 9. nunc enim est abscondita in fide I 509, 24; *cf.* I 276, 16. II 200, 6. 266, 5.

absoluo: duos prolixos absolueram libros I 128, 21. ex omni prorsus parte absoluta iustitia I 156, 1. originalis peccati reatu absoluuntur I 149, 17. a peccatis omnibus absoluendus I 217, 14. absoluto Pelagio II 114, 21; *cf.* I 314, 16. 352, 23.

absolutio: sententiam suam quadam uelut absolutione concludens II 131, 18. reatus absolutionem polliceri I 375, 5; *cf.* II 177, 20.

absolutissima sanitas I 284, 13. sententia I 556, 22. iudicatio II 84, 19.

absorbeo: hanc enim absorbebit uictoriosa inmortalitas I 147, 16. quae (anima) etsi nondum omnes motus terrenae libidinis absorbuerit atque consumpserit I 226, 6. cum extrema eius umbra illo meridie absorbebitur I 258, 21. ubi tota hominis absorbeatur infirmitas I 267, 6; *cf.* I 7, 2. 74, 2 *cet.*

absque I 239, 18. 240, 9. 255, 12. 260, 28. 261, 1. 10. 272, 1. 276, 14. 344, 2. II 14, 23. 97, 21. 150, 12. 180, 5. 7.

abstenti et non communicantes I 553, 11.

abstinentia: per abstinentiam mali operis I 288, 16. per quendam abstinentiae conatum I 288, 7.

abstineo: ab eorum uos abstinete consortiis I 458, 21. qui neque ab ipsa uitiata natura suam abstinuit bonitatem II 274, 1.

abstracti a concupiscentia I 75, 7. 8. quae (uoluntas) se abstrahit a peccato I 429, 5.

abstrusa uestigare I 133, 19.

absum: absit I 208, 17. 456, 5. 490, 1. 537, 25. absit ut I 24, 16. 84, 6. 107, 8. 252, 5. II 198, 29. 204, 17 *cet.* quod absit I 211, 22. 340, 8. 465, 7. II 140, 8. *sequente inf.* II 217, 4. *acc. et inf.* II 214, 26. tantum ergo abest ut — ut potius I 335, 13. absens fuissem I 303, 9. absens esse II 317, 15. quantum hoc absit ab animo meo I 304, 4.

absumo I 6, 18. 70, 10. 79, 22. 446, 7. II 14, 18. 41, 13.

absurde: non absurde hoc intellegi I 36, 28. quis tam absurde sentiat? I 178, 17. non absurde dicitur I 225, 18. absurdissime dicitur I 101, 21

absurditas I 66, 12. 113, 10. 307, 3.
482, 14.

absurdus: et alia multum absurda I
333, 23. 334, 21. 401, 6. quanta te
tamen absurda secuta sint I 413, 18.
cuius est absurda proprietas I 158, 3
— neque enim absurdum est ut I
439, 11. quod est absurdius I 133, 2.
quanta te absurdissima consequantur I 400, 11.

abundantia sermonis: laus et praedicatio I 161, 14. labor et industria II
275, 3. facinora et flagitia I 30,
9. 226, 21. astutia et dolus I
184, 22. inlecebra fomesque peccati II 275, 7. obscuritas atque
ambiguitas I 499, 17. maledicta et
conuicia II 268, 3 — fructifera et
fecunda II 140, 14. calcanda et
obterenda I 258, 15. sauciati et
uulnerati II 315, 1. instantissima et
acerrima I 9, 22. grata atque iucunda
I 66, 24, *cf.* I 3, 5. superbi et arrogantes I 164, 2. clauso atque
obserato I 272, 20 — cupimus et
optamus II 99, 13. refecit et
recreauit II 102, 9. gignat et pariat
II 140,15. pariat pulluletque peccata
I 250, 25. absorbuerit et consumpserit I 226, 6. duxit et traxit
I 3, 10. recurrat et redeat I 395, 19.
premit atque urget I 72, 13. sapere
atque sentire I 470, 5. adimit atque
aufert I 148, 11. — fortiter atque
acriter I 164, 3. acerrime ac uehementissime I 156, 24. quomodo uel
qualiter I 239, 16. laboriosius et
operosius I 142, 12. — nempe enim
II 96, 9. nempe ergo II 152, 5.
uerum autem II 113, 19 *cet.*

abundantia gratiae I 161, 6. II 96, 2.
filiorum ac fructuum II 66, 13;
cf. I 253, 11. 16. 256, 9.

abundantius: hoc enim cum abundantius apparuerit I 37, 24.

abundo: ut etiam non baptizatis
abundent loca sempiternae felicitatis
I 348, 22. abundat impietate I 364,
28.

abyssi altitudo I 28, 3; *cf.* I 477, 5.
in abyssis I 372, 6.

ac non = *und nicht vielmehr* I 179, 3;
cf. I 516, 14.

accedo: huic etiam uerborum consequentium lumen accedit I 8, 4. et
ingenii lumen accessurum creditur
aetatis accessu I 66, 23. ille ouili
catholico sanandus nuper accessit
I 340, 21. perfectioni plurimum accessit II 24, 10; *cf.* I 69, 20. 157, 17.
199, 10. II 149, 16. 274, 16. 18. 21.
illud quoque accedit quia I 132, 9.
huc accedit quia I 312, 2.

accendo: in illo iam non reluctante
studium uirtutis accenditur I 534,
11. zelo ardentissimo accensus I 233,
4; *cf.* I 163, 7. 217, 15. 236, 26.
237, 2.

acceptio: in baptismi acceptione I 82,
16. omni acceptione dignus I 248,
23. in acceptione iustitiae I 94, 15.
personarum acceptio I 198, 24. 204,
9. 13 *cet.*

accepto: utcumque acceptaretur hoc
dictum I 276, 26.

accessio: cuius (uiatoris) bene promouetur accessio I 508, 22.

accessus: accessu aetatis I 66, 23.
corporalis acc. II 310, 5.

accidens malum I 450, 11. 518, 6.
uitium I 461, 17; *cf.* II 5, 4. 5. 232, 3.

accipio: accepit occasionem de
Zacharia I 289, 11. hoc breuiter
accipiat I 114, 17. de non accipiendo nomine dei in nanum I

adhuc usque I 313, 19. 385, 6. 9. 19.
II 142, 13. deinceps adhuc I 488, 18.
non adhuc = *nicht mehr* II 227, 15.
adiacentia: infirmitas uel potins uoluntatis adiacentia I 276, 21.
adiaceo: quae adiacent sensibus corporis I 226, 1. adiacet malum ex
concupiscentia I 441, 11. adiacente
fertilitate II 230, 22. ubi uoluntati
adiacet facultas faciendi I 210, 24.
adimo: omnes adimit ambages I 148,
11. adimat sibi possibilitatem loquendi I 272, 14. luminibus ademptis
I 273, 14. cum eis adimatur et motus
et opus I 411, 25. sensum nostrum
I 273, 23.
adinpletio boni operis II 149, 10.
aditus undecumque rimari I 424, 9.
adiumentum: paedagogorum adiu-
menta II 53, 14; *cf.* I 78, 7. 482, 2.
561, 15. II 286, 12.
adiungo: baptizatos infantes fidelium
numero adiungit I 27, 13. adiungit
et dicit I 250, 2. 345, 25. II 132, 20.
266, 17. 278, 7. 294, 6. adiunxit
atque ait I 350, 23. II 243, 6. 246, 7.
adiutor uirtutis I 492, 3; *cf.* I 77, 2.
161, 20. 501, 18. 552, 21.
adiutorium gratiae I 233, 17. 266, 27.
dei I 511, 2. diuinum I 243, 16;
cf. II 126, 15. 25. 127, 3. 24. 129, 5.
23. 131, 8. 23. 24 *cet.*
adminiculum: doctrinae adminiculo
destitutum I 379, 16. nullis adminiculis adiutus I 22, 12.
admisceo: sola mente uitiis non admixta I 287, 23. eas peccatrici carni
admiscuit I 308, 17.
admodum delecteris II 210, 20.
admoneo: de quibus generaliter cauendis admonemur I 266, 15. *inf.* I
170, 13. 213, 26. 245, 18. 249, 16.
263, 12. 270, 21. 330, 25. 415, 16.

II 104, 15. *acc. et inf.* I 289, 18.
hoc breue intuearis admoneo I 360,
28. admoneo emendare non differas
I 374, 3.
admonitio I 360, 18. II 43, 24.
admoueo: nec sugendis uberibus cura
et ope admouentur aliena I 69, 23.
adnecto: exemplum litterarum subter
adnexui II 102, 6.
adoptio I 40, 9. 81, 15. 82, 12. 491,
3. 8.
adopto: ex filiis hominum in dei filios
I 471, 9, *cf.* I 478, 21. 520, 23. in
nouam creaturam II 75, 22.
adorare idolum I 553, 4.
adpetitio: non uariandae adpetitio
uoluptatis II 221, 16.
adpetitus quidam propriae potestatis
I 104, 1. 3.
adpetere secretum II 312, 24.
adplico: laudi creaturae adplicant
quod I 520, 21. quae contrariis
adplicentur II 304, 16. 24; *cf.* II
152, 14.
adprehendo: non est altius quam ut
id possit adprehendere? I 386, 18,
cf. I 513, 19. 22.
adprobatio exitiosissima prauitatis I
465, 21.
adprobo: fructus igitur adprobatur
innocuus II 294, 22. 21. uoluntas
emendationis adprobata est I 464,
10; *cf.* I 131, 27. 438, 26. 443, 21.
465, 10.
adquiesco: absit ut adquiescant istum
audire censentem I 350, 3, *cf.* I 384,
11.
adquiro: quem (hominem) per deum
adquisitum scriptura dinina testatur
II 270, 10.
adscribo: aut deo adscribetur aut
daemoni II 304, 18. 305, 4.

aeternitate malam I 461, 18; c/. I 299, 5. II 192, 4. 6.

aeternus: in aeternum I 228, 12.

aeuum: marcentia aeuo membra II 287, 25.

affectio: cum carnis affectione sine consensione confligere I 440, 2. uitiosae affectionis adpetitus I 266, 25. in bonis aut malis affectionibus mentis I 409, 19. cor neutra affectione praeoccupatum II 145, 20. affectio est quaedam malae qualitatis II 240, 23. in affectionibus prauis I 436, 18.

affectus: carnalis affectus I 66, 17. mentis affectibus I 93, 17. ad libidinosae cupiditatis affectum I 158, 9. intimo affectu iustitiam legis amplecti I 200, 15. terreni affectus I 202, 13. possibilitatis profectus et uoluntatis affectus et actionis effectus II 138, 21. familiariore affectu nolo ut erret I 286, 19. mutuae dilectionis affectum I 303, 3. magno tibi iunctus affectu I 423, 8; c/. I 280, 23. 297, 27. 351, 3. 440, 12. 455, 14. 540, 11. II 70, 22. 161, 17. 224, 8. 246, 11.

affinia ueritati I 381, 20.

afluentia uerborum I 419, 14.

aforis II 284, 9.

agger testimoniorum I 50, 15.

aggero: hanc iste sententiam quantis potuit ingenii uiribus aggerauit I 233, 10.

agitari inuidentiae stimulis I 156, 18; c/. I 397, 26.

agnitio legis II 132, 6.

agnosco: se agnoscant odibiles I 463, 10. agnosco quod II 109, 7.

ago: lenius actum est cum Caelestio I 465, 19. cum quibus male actum stulti arbitrantur I 347, 29. age

tecum mitius II 279, 23. pulsus autem uenarum sine intermissione agat I 387, 3. unde agant I 387, 14. iusta agere I 75, 11. eique congruos mores agunt I 80, 24. quid in illo agit exorcismus? I 63, 28. quid agit illa uox? I 67, 19. dei causam sibi agere uidetur I 261, 28. 270, 9. turpissimam seruitutem I 451, 7. appellationem nominum nihil agere I 402, 12. gestis agebatur II 95, 15. 109, 3; c/. II 47, 25.

agon: bonum agonem luctatur I 490, 6. agon iustitiae pudicitiaeque II 242, 16; c/. I 73, 17. 74, 1. 122, 11.

agonizo: pro propria salute laborare et agonizare II 108, 9. 109, 3.

agricultura dei II 249, 11.

alacrius medicum quaesierunt I 51, 10.

alias adu. I 145, 3. 344, 14.

alicubi alibi II 186, 3.

alieno: puer ille post baptismum a patre impio alienatus a Christo I 312, 29. non alienentur paruuli a gratia remissionis peccatorum I 63, 23, c/. I 516, 8.

alienus: alienos a regno caelorum facere I 25, 20, c/. I 16, 13. 40, 8. 90, 7. longe a Manicheorum sensibus alienos I 569, 17. non sunt aliena ab ecclesia II 53, 2. a peruersitate huius heresis II 117, 1. a fide catholica I 123, 25; c/. I 127, 11. 203, 12. 349, 25. II 56, 5. 13. 61, 3. 64, 20. 67, 23. 170, 15.

aliquando (=tandem aliquando) I 221, 5. 269, 23. 468, 18. II 134, 17.

aliquantus: nisi aliquantum teneretur II 246, 20. post aliquanta I 535, 27. II 271, 10. deserit aliquantum deus I 256, 14; c/. I 71, 8. II 47, 28. 210, 15. 282, 20.

aliquatenus I 349, 19.

aliquis: aliquid adiuuantur I 331, 16.
aliquid eius I 396, 20. 413, 24.
415, 1. uel ex nihilo uel ex aliquo l
339, 23. post aliqua II 168, 18.
aliquis alter I 22, 3. si aliquid I 7, 3.
19, 16. 30, 15. 72, 1. 112, 18. 25.
340, 1. 341, 4. sine aliqua (ulla)
dilatione I 335, 17. 431, 4. 432, 6.
ne aliquid II 34, 6. 51, 10. 107, 4.
aliquotiens II 209, 4.
aliter sentire I 129, 5. II 100, 5. 118,
13. 173, 16. sapere I 304, 6. 464, 11.
aliunde: neque enim aliunde quam de
corporis resurrectione dicebat I 120,
5. aut aliunde facit? II 286, 1.
alius: (= alter) horum (geminorum)
sine baptismo exspirauit unus, alius
baptizatus I 474, 25. 475, 3. 4. 20;
cf. I 29, 1. 2. 3. 4. 474, 1. 499, 3.
II 150, 13. in alios et alios intellectus
I 135, 4. in aliis atque aliis codicibus
II 313, 2; cf. I 194, 14. 15. II 133,
22.
allegatio orationum I 490, 9.
allego: quos (libellos) iudiciis ecclesiasticis allegauit II 149, 30. gestis
ecclesiasticis allegauit (libellum) II
153, 11. 169, 24; cf. II 104, 8.
106, 15.
allegorica significatione I 497, 23.
II 66, 23.
alligo: uniuersum corpus illi (nerui)
alligant I 386, 9; cf. II 203, 17.
altare cordis I 263, 12. altaria catholica I 378, 14.
altercor: non loquendo et altercando
I 384, 12.
alterno: alternante sermone certare I
331, 3. defectu et profectu alternante
I 490, 24.
alternis uocibus I 490, 18. nutrien-
dorum opera alterna pullorum II
215, 8.

alteruter: qui (coniuges) ab alterutro
separati sunt II 223, 16. 18. debitum
ab alterutro carnis exposcunt II 229,
9. ex alterutro temperari I 280, 16.
altius praesidere I 423, 11. si altius
intellegendum est I 531, 17. altis-
sime de se ipso dicit II 32, 24.
qui uocat altius II 44, 6.
amabiles carne II 228, 12; cf. I 463, 9.
amaritudo oleastri II 248, 21.
amator pudendae uoluptatis II 283, 21.
religiosi amatores et laudatores
uidentur sibi esse sanctorum I 503,
28.
ambages dubitationis I 417, 2. obscuritatis II 170, 24; cf. I 148, 12. 382, 23.
ambigo cum acc. et inf. I 26, 25. 77, 20.
130, 10. 145, 19. 221, 26. 237, 11.
II 298, 9. ambigo quod I 322, 1.
ambiguitas uerborum II 126, 22. 158,
17; cf. I 120, 2. 134, 18 cet.
ambiguo (opp. perspicue) loqui II 269,
22.
ambigua generalitas II 157, 18.
ambustio aeterna I 219, 5.
amicitia quae non aliunde quam ex
amore nomen accepit I 423, 12.
amica diligentia I 303, 5.
amat loqui I 329, 17. de nerbis contendere non amamus I 469, 9.
amoueto hunc sensum II 315, 7.
amplectendi (tempus) II 227, 4.
amplexus II 227, 4. 230, 21.
amplifico: modo misericordiae et
effectum amplificet et affectum I
351, 2.
amplius: multo amplius abhorret I
307, 22. quid amplius dicam? I 256,
24. isto unde loquimur amplius
inuenimus I 480, 17. quod est
amplius I 480, 30. II 142, 10.
quanto amplius diligimus deum I
511, 15. amplius notus II 99, 20.

II 113, 5. 18. 22. anathemata defendere II 103, 22; *cf.* II 113, 9.
anathemo (anathematizo) I 429, 17.
457, 16. 460, 24. II 48, 20. 69, 8. 9.
22. 27 *cet.*
anatomici medici I 383, 6. 388, 12.
ars I 387, 15.
anceps: propter ancipitem excursum
I 354, 5.
anfractus: quibus discursibus et anfractibus uniuersum corpus uenae
inrigent I 386, 9.
ango: angeret animum II 97, 7. hine
angor paululum I 304, 1.
angustiae: quaestionis I 29, 26. magnis
coartaretur angustiis I 346, 25. 352,
29; *cf.* I 306, 17. 315, 4. 349, 16.
394, 20.
angusto: ista enim ratio quemlibet
nostrum quaerentem uehementer
angustat I 100, 24.
anhelare I 384, 27.
animaduersio: quae animaduersio apertio dicta est oculorum I 108, 21. cur
deus animam tam iniusta animaduersione multauit I 308, 3 = 352, 30.
animale corpus I 4, 8. 5, 2. 8. 6, 23. 21,
1 *cet.* infirmitas (*opp.* spiritalis firmitas) I 115, 23.
animantes I 34, 28. inrationales I 392,
5. inrationabiles II 70, 16.
animo: quamuis anima animet corpus
I 416, 5. *cf.* I 331, 10. 417, 11. unde
homines nascentes animentur I 385,
5. 8; *cf.* I 319, 22. 330, 8. 14.
animositas II 149, 16.
animosa contentio I 452, 10. animosiore impetu I 354, 2; *cf.* II 262,
12.
animi remissione iocatus est I 266, 10.
me refudit animo tuo I 423, 8. iste
tuus animus animosus II 262, 12.
annon II 269, 24. 310, 9.

annosus: homines annosos I 342, 24.
quo statu sine defectu esset annosus
I 5, 3.
annuntio: si eis non est annuntiatum
sacramentum I 234, 12. ex fide
annuntiantium in fidem oboedientium I 171, 8.
antequam hoc didicisti I 338, 7, *ceteris
locis cum coniunctiuo.*
anteriores tempore I 494, 21, *cf.* I 498,
5. 500, 3. illorum anteriorum uox est
I 517, 2, *cf.* I 225, 12.
antidotum contra uenena I 508, 3.
antiquitas fidei I 468, 13. 519, 8.
II 308, 14.
antiquitus I 135, 12. 458, 14. 543, 2.
568, 19. II 278, 9.
antiqui homines dei I 432, 24. sancti
I 14, 3. iusti I 456, 18. opinio I 132,
17. regula I 137, 8. ueritas I 149, 21.
traditio I 33, 19. II 308, 9. persuasio
II 311, 27. fundamenta II 262,
10 *cet.*
antistes I 468, 4. 543, 1. II 79, 10.
160, 8. 162, 5. 164, 22. 170, 26.
aperio: hic se isti satis aperiunt I 469,
29. hic uero aperiuntur II 42, 21.
aperuit uerecundiam suam II 274,
10; *cf.* II 54, 15. 153, 10. 180, 26.
aperti, hoc est intenti ad intuendum
I 449, 15.
apertio diabolicarum insidiarum II
131, 26. oculorum II 218, 17. I 108,
22. 449, 13.
apex: ut ad singulos apices responsa
reddita stupeamus II 102, 13.
apostata II 26, 8. 41, 8. I 315, 23. 26.
apostatae anima II 223, 23.
apostatare I 315, 22.
apostolatus: omnia haec unum nomen
apostolatus amplectitur II 92, 10;
cf. I 92, 24. II 87, 6. 91, 19.
92, 13. 185, 15.

apostolus *passim, cf. Ind. nom.*

apparere *cum duplici nom.* I 68, 21. 164, 4. 350, 16. 438, 24. 443, 26. 501, 10. 509, 24. *cum nom. et inf.* I 280, 8.

appellatio nominum I 402, 8. 11. superbiae I 257, 8; *cf.* II 68, 4. 224, 12. 264, 8.

appendo: tanto namque pondere appensum est tantumque ualuit apud eum qui haec nouit appendere I 311, 15. 16.

apud Carthaginem I 139, 11. II 77, 1. 125, 10. 167, 21. 181, 17. 184, 23. apud ecclesiae fidem tanta constantia custoditum I 141, 4.

arbustum: in quibusdam arbustis II 234, 4.

arca I 40, 6. 83, 22. 385, 19. II 186, 16.

a dentes exhortationes II 104, 10. ardentiore zelo I 237, 1. zelo ardentissimo I 233, 3. ardentissima cupido I 30, 24.

ardenter: et ipsum deprecemur ardenter I 104, 25. eoque delectamur ardentius I 99, 2.

ardeo: desiderio huius satietatis ardebat I 219, 12.

ardor dilectionis II 130, 19. lasciuiarum II 226, 18. libidinis II 239, 23.

area: sine tribulis areas triturari II 53, 12. areae similitudo II 80, 21. tamquam in area cernitur patens II 190, 3.

argentarii (artifices) I 169, 23.

argumentatio: nemini humanam argumentationem in hac re liberam fecit I 63, 22; *cf.* I 129, 11. 18. 131, 26. 313, 21. II 121, 13. 194, 17.

argumentor: aduersus apostolum argumentetur II 285, 19. contra ora-

tionem dominicam I 84, 12. argumentatur quod I 349, 9.

argumentum I 129, 22. 133, 11. 16.

arguo: cum de peccato argueretur I 109, 8. ne quisquam ob hoc inperitus argueret I 173, 28. inde nos arguit II 314, 6. pestilentiam grauiter arguerunt I 233, 7, *cf.* II 99, 16. 298, 20. arguor *cum inf.* II 118, 3.

arguta argumentatio II 194, 17.

armo: quoniam armari propria uoluntate contempsimus II 98, 9.

arra I 157, 16.

arripere bonum I 469, 16 = 479, 6.

arroganter insanit I 90, 19.

arrogo: quod tantum naturae nostrae arrogas I 394, 7. arrogando salutem II 183, 23; *cf.* II 93, 11.

artem anatomicam uel empiricam quas medicinalis continet disciplina I 387, 15.

arteriae I 386, 14.

articulus temporis I 19, 6. ex hoc articulo conuertit se ad eos I 171, 12.

artifices argentarii I 169, 23. a summo deo habet creatore et artifice suo I 235, 12. 14.

artius inligauit II 24, 1. sub peccato artius concludi II 132, 24.

arto: quid enim aliud in eos nisi aer artatur? I 397, 23.

ascendere ad iustitiae culmen I 270, 19. de lauacro regenerationis II 81, 18.

aspectus I 449, 11.

aspera *subst.* I 123, 19.

aspere: non aspere detestandus I 304, 23.

aspergo sanctitatis I 149, 10.

aspergat crimine II 308, 10. macula aspersus I 521, 8. 549, 6. illo lumine intus mens eius aspergitur I 35, 29. reprehensione I 382, 8.

aspiratio I 320, 1. 15.

aspiro: Heliseus in faciem mortui aspirauit I 366, 5.

assentatio indecens adulantis I 358, 1.

assero (= probo, demonstro, affirmo) I 100, 26. 332, 21. 415, 20. II 305, 15; I 130, 11. 131, 11. 135, 17. 139, 25. II 299, 6. 315, 1 cet. asseror cum inf. I 261, 1. II 48, 7. assero quod I 462, 24. quia I 285, 19.

assertio I 112, 18. 128, 2. 144, 20. 239, 12. 242, 16. 344, 8. 470, 11. II 78, 22. 279, 23.

assertor minimus apostolorum I 193, 7. fati assertor I 469, 28. 470, 15. 472, 14. 22. arbitrii liberi elatus assertor II 147, 2. nouelli dogmatis II 212, 2. 256, 3. assertores atque doctores II 184, 5.

asseuero: cum animam conaris asseuerare corpoream I 400, 11. se dicere asseuerauit II 80, 14.

assiduae oblationes I 310, 29.

asto: ex aduerso nullus astabat II 54, 14.

astrologi cf. Ind. nom.

astruo (= probo, demonstro, contendo): astrue iam hoc si potes II 275, 20. si hoc astrueret I 139, 26. uiderint quemadmodum astruant sententiam suam I 261, 6. quibus uerbis ista sententia uberius et planius astruatur I 265, 12. quod non legimus nefas credamus astruere I 265, 20. clarioribus documentis est astruendum I 331, 14; cf. I 267, 9. 12. 13. 332, 19. II 184, 26. 295, 17 cet.

astute inuidiam declinare II 184, 20.

astutia I 184, 22. 465, 4. 470, 12.

astutior II 175, 11.

asyndeton: duo membra. a) nomina:

dissimili uoluntate, simili uanitate I 462, 12. b) uerba: gratia quippe donatur, debitum redditur II 89, 12. audiat iste tantum uirum docentem, imitetur credentem II 161, 26. iam credat originale peccatum, sinat uenire paruulos II 302, 20. tria membra. a) spem ueram certam firmam I 286, 6. datorem creatorem formatorem I 394, 14. longitudinis latitudinis altitudinis I 413, 20; cf. I 287, 8. 314, 19. 393, 19. 410, 11. 469, 1. 490, 4. 491, 8. 537, 24. b) uerba: credere dicere docere I 411, 21. inlatus inpulsus infixus I 309, 15. dari fieri fingi I 354, 22; cf. I 67, 15. 100, 7. 150, 3. 328, 10. 339, 17. 343, 2. 414, 27. 438, 17. 478, 14. 488, 13. 491, 7. 498, 5. 536, 24. 553, 20. quattuor membra. a) linguam aurem manum pedem I 322, 24. b) crederet diceret scriberet recitaret I 371, 21; cf. I 30, 10. 279, 13. 292, 26. 443, 21. quinque membra. a) uita salute liberatione redemptione inluminatione I 38, 2; cf. I 37, 19. 38, 12. 13. b) uiuificaret saluos faceret liberaret redimeret inluminaret I 37, 18. sex membra. a) fornicationibus homicidiis furtis falsis testimoniis adulteriis re aliena I 177, 6. oculi labia lingua manus pedes inflexiones II 218, 22. b) uocet doceat consoletur adhortetur adiuuet exaudiat I 296, 10. octo membra. a) magni fortes prudentes continentes patientes pii misericordes tolerantes I 90, 13. decem membra. a) caelum terram mare solem lunam stellas fluuios montes arbores animalia I 404, 17; cf. II 9, 16. 15, 26. 27, 6. 35, 1. 43, 5. 46, 21. 132, 14. 310, 10. 16. 318, 22.

at enim ait dominus apostolus I 94, 5.
112, 11; cf. 144, 9. at uero I 338, 19.
339, 13.

atramentum: puni atramenta quae
indigna eloquia signauerunt I 357,
18; cf. II 112, 14.

atrium: in atrio cum seruis ad focum
sedentem II 161, 9.

adtendo: speculum adtendis I 401, 17.
apostolicae sententiae lumen adtende I 8, 16. si imitationem adtendamus I 18, 6. illum exaltatum
I 62, 3. adtendo quia I 26, 15. 115,
10.

adtentius I 349, 17. 469, 11.

auctor: qualiumcumque honorum I
100, 14. peccati I 122, 9. nostrae
iustificationis I 166, 8. uitae I 311,
21. litterarum saecularium I 233, 7.
huins heresis I 479, 16. nefariae
seditionis II 258, 23.

auctoritas diuinorum eloquiorum I
321, 21. 334, 13. scripturae canonicae II 160, 2. censurae I 350, 1.
ecclesiarum orientalium I 47, 24 cet.

audientia: aut breue dictum eorum
audientiam et intentionem facile
subterfugit II 96, 28. insuper flagitant audientiam (= iudicium) I 459,
7, cf. I 458, 18.

audisse, quod docuerit II 4, 3. cf. II
252, 14. qui audiebatur (= ver-
hören) II 71, 16. gestis auditus est
II 114, 12; cf. II 161, 8.

auditor: sapientiae perfectus auditor I
94, 19. 24. legis I 198, 25. 199, 22.
iustitiae I 486, 17, cf. I 94, 23. 142, 2.
419, 9.

auditus diuinae uocationis I 534, 9,
cf. I 273, 5.

auersio: illos pro auersione punire I
103, 6.

auersor: suum non auersantur errorem
I 463, 10.

auersus: auersos deserit (deus) I 75,
19. ille numquam auersus manet
aequalis deo I 110, 24. a fide I 454,
4. a uero I 506, 1; cf. I 64, 4. 75, 13.
108, 19. 203, 7.

auerto: ab auctoritatibus II 307, 21.
a catholicae fidei castitate I 529, 27.

aufero: regnum mortis I 13, 24. auferte
hinc innocentes istos I 23, 18. dubitationem I 25, 26. concupiscentiam
I 75, 8. superbiam I 99, 21. illorum
se oculis auferens I 122, 21. ambages
I 148, 12. ignorantiam I 157, 5. in
superbiam I 163, 3. pietati orationem
I 284, 29. superbiae occasionem I
255, 11. carni Christi perspicuam
ueritatem (dignitatem) I 463, 4. 6.
caliginis latebram I 478, 5. furtim
de interdictis I 350, 8 cet.

auoco: unde eius in aliud auocaretur
intentio I 266, 13.

ausculto: si patienter auscultes ammonitioni meae I 360, 18.

ausus: ab ausibus Iouiniani II 268, 7.

aut (= an) II 68, 5. I 175, 8. 570, 2. —
aut — uel I 133, 1. 2. 449, 1. 2.
uel — aut I 316, 27.

baculus quem misit Heliseus I 533, 2.

balbutiens fatuitas I 67, 8.

baptismus et baptisma sine ulla significationis differentia occurrunt uelut I
457, 18. 25. 467, 16. II 152, 24. 153,
14 cet.

baptista cf. Ind. nom. Iohannes bapt.

baptizo passim I 11, 13. 21, 24. 27,
12. 13. II 77, 13. 14. 78, 15. 16 cet,

barba I 410, 23.

barbari I 170, 23. gentis barbarae II
280, 8.

basilica c/. *Ind. nom.*

beatificus: in loco tam sancto et beatifico I 316, 1.

beatitudo *titulus:* ausus sum aliquid ad tuam beatitudinem scribere I 423, 16. apud beatitudinem tuam epistula ista me purget II 150, 23, c/. II 103, 2. — quod eis minoris beatitudinis extra regnum caelorum concesserit sedes I 350, 22. societate beatitudinis II 61, 3; c/. I 345, 24. 374, 19. II 204, 19. 317, 11 *cet.*

beatae memoriae I 464, 16. 466, 20. 467, 23. 24. II 78, 25. 150, 9. beatissime ac uenerande papa I 423, 4. 465, 12. beatissimo domino II 102, 7. 11; c/. II 168, 2. 172, 3. 252, 2. 307, 22.

bene uiderunt I 65, 2. 6. bene, quod baptizatis dicit I 277, 12. bene faciunt anathema dicere I 460, 22. ut ex illo ei bene sit I 157, 18.

benedicit anima nostra dominum I 219, 19. nuptias benedixit deus II 216, 21. I 561, 13. ipsa semina benedixit uel benedicendo constitut II 204, 2. benedixit Abraham ipsum II 192, 24.

benedictio dulcedinis I 483, 11. nuptiarum II 198, 25. 236, 12. 296, 4; c/. II 58, 7. 204, 2. 265, 5. 18. 273, 19. 298, 22.

benefacio: aliud est enim uoluntate benefaciendi benefacere I 436, 21.

beneficientia I 118, 4. II 16, 9. 15. 250, 13.

beneuolo animo II 105, 24. 213, 19.

benigne: curam fideliter benigneque gessisti I 334, 28. benigne laudauerat II 105, 9. benignissime acceptus I 423, 6.

benignissima lenitate I 467, 19.

benignitas *titulus:* tuae benignitatis epistula II 105, 23. 209, 6.

bestialis motus pudendus hominibus I 21, 3. II 201, 20.

bestialiter: male utitur qui bestialiter utitur II 215, 3.

bibitur iustitia I 163, 5. absit ut hoc catholicus animus bibat I 343, 26.

biuium: nec aliquo biuio cuiusquam ambiguitatis incertum I 505, 12.

blasphemator horrendus I 338, 8.

blasphemia impietatis II 7, 19. cum horrenda blasphemia referretur I 340, 15.

blasphemando partum uirginis I 462, 28. patriarchas prophetasque blasphemant I 541, 15. blasphemando auctorem totius hominis deum I 524, 26; c/. I 517, 14.

bonitas nuptiarum I 523, 12. II 212, 14. 251, 23. 312, 5. naturae II 273, 24. 286, 9. 295, 11.

bonum coniugii I 56, 1. 10. nuptiarum II 225, 25. I 56, 23. bonum est ut memineris I 247, 22. bona fide I 267, 13.

brachium animae I 408, 2. 4.

breuiatio gestorum illorum II 112, 17.

breuio: quod dominus uerbum consummans et breuians I 223, 25.

breues definitiones II 3, 13. expositiones breuissimae I 129, 8. hoc breue intuearis admoneo I 360, 28. libellus cuiusdam breuissimus I 64, 14.

breuitatis studio II 112, 26, c/. II 115, 11.

breuiter: hoc breuiter accipiat I 114, 17. II 280, 20. breuius posset dici I 510, 24. quae breuiter posuerunt I 468, 24.

bucca: supra buccas cor habere credebas I 338, 1.

cadere in ruinam flagitiorum II 231, 6. in culpam II 229, 11.

caecitas cordis I 249, 22; mentis I 453, 21. ignorantiae I 271, 18.

caeco: calumniandi cupiditate caecati I 504, 22.

caedem spirans I 453, 21.

caelestis: uitae in caelestibus (= in caelis) gestae I 31, 15. caelestes homines ex terrenis I 60, 12. habitatio I 29, 18. sacerdos I 74, 5; cf. II 17, 5. 109, 18. 131, 17. 27 cet.

caelitus: medicina caelitus uenit I 99, 21.

calciamenta I 4, 24.

calco: (superbiam) quodammodo calcare et obterere I 258, 15. terram I 318, 27. 31. 32. 321, 9.

caliginis latebra I 478, 5. offundendo caliginem ueritati II 180, 22. tam profunda ignorantiae caligine inuolutus I 68, 8.

calix aquae I 5, 15.

callide interpretans II 175, 17. uerbis callidissime positis I 530, 23.

calliditate temptare I 424, 21; cf. I 464, 20.

calores febrium caloribus frangi I 257, 1. concubitus calor II 276, 2; cf. II 199, 17. 277, 20.

calumnior: non mihi calumnientur I 131, 21.

calumniose I 425, 6. 447, 19. 486, 2.

calumniosae impietates I 468, 1. sensus I 445, 7. loquacitas II 205, 7. calumniosissima uerba I 430, 1. cui non calumniosissimus uideretur? II 167, 16.

camelus I 155, 11 = 159, 19. 222, 8.

campestrati appellantur I 449, 6; cf. II 309, 9.

campestria I 449, 3. II 309, 8.

candore lucis adiutus I 255, 5.

cani senum I 278, 1.

caninum nomen accepit II 237, 14.

cano: ipsum uerbum est et in psalmo ubi canitur I 319, 24.

canon I 370, 8; cf. Ind. nom.

canonica auctoritas I 141, 2. II 65, 16. in canonicis habere I 47, 24. libri I 141, 7. 333, 10. 542, 24. scripturae I 286, 13. 542, 21.

canto: cui fideliter ueraciterque cantatur I 483, 5; cf. I 104, 14. II 259, 24.

capacitas praecepti I 65, 21. uteri I 69, 13. pro huins uitae capacitate I 515, 8; cf. I 514, 1.

capacius: curiosius quam capacius I 538, 24.

capax praecepti I 68, 3. 70, 12. 436, 14. uix capaces papillae I 249, 5. intellegentiae I 415, 22. utriusque radicis est capax II 141, 19 = 142, 9, cf. II 175, 24.

capessere regnum caelorum I 37, 17.

capitalis: capitula capitalia II 84, 1. ista capitalia I 377, 11.

capitulum euangelii I 57, 7; cf. II 56, 8. 57, 10. 17.

captiuator pessimus II 203, 15; cf. II 204, 28. 236, 6.

captiuitas prolis II 234, 20. procreati in captiuitate II 273, 8.

captiuat sub lege peccati II 74, 4. 246, 8; cf. I 441, 18. 25. 442, 1. 516, 24. II 245, 19. 21. 24. 27.

captiua uoluntas I 523, 21. sub diaboli potestate captiui sunt II 236, 4. a deceptore captiuus II 234, 19; cf. II 235, 8. 246, 24.

captare praeiudicium I 311, 11. gloriam I 570, 11.

captus: pro meo captu II 159, 11.

cessare nomina I 402, 7. motus non cessat in corde I 388, 5. cesso *cum inf.* I 118, 11. 158, 26. 175, 4. 367, 15. II 28, 3. 101, 2. 311, 14.

ceterum I 25, 5. 141, 7. 212, 1. 522, 15. ceteri tales II 45, 14. cetera talia I 156, 14. 173, 20. 206, 16. 433, 10. II 54, 2. de cetero (= in posterum) I 254, 21. 282, 15. II 114, 12. 299, 7. iam de cetero itaque uideamus I 447, 18.

chiasmus: a leuibus mentibus amatur, toleratur a grauibus I 305, 8; *cf.* I 358, 21. 383, 25.

chirographa omnium culparum I 120, 14.

Christianismus (*opp.* Iudaismus) I 173, 19.

Christiani et Christianus (*subst.*), christianus (*adi.*) *passim.*

cicatrix currere dicitur II 46, 16.

cingo: eadem membra cingendo co-operiunt I 449, 7.

circumcido II 194, 20. 196, 14. 16. 276, 4. 7 *cet.* circumcidi spiritaliter I 138, 4.

circumcisio carnalis I 137, 17. 138, 2. *cf.* I 205, 17. 22. 23. 206, 16 *et Ind. nom.*

circumdantur pennis (pinnis) II 259, 6. 262, 2.

circumfundo: auras aliquas circum-fusas iam fuisse I 306, 10. aer circumfusus I 364, 26. 365, 5. aura I 383, 25.

circumlocutio II 270, 4.

circumloquor: magis eam circum-loquendo maluerit significare II 269, 16.

circumsisto: aura undique circumsistit I 363, 18.

circumspecte dictum est I 12, 10.

circumspectio: uigilanti circumspec-tione respondit II 81, 12.

circumspecta uerba II 55, 21. uir circumspectus Pelagius I 144, 13.

circumstantia euangelicae lectionis I 58, 5. in ista scripturae apostolicae circumstantia I 444, 6.

cirrati *cf. Ind. nom.*

citius et commodius adhibebo (te testem) I 415, 13.

ciuiliter (*opp.* criminaliter) II 184, 22.

clamitant inuidiosissime II 211, 9. 255, 3.

clamat apostolus I 9, 7. 141, 8. 352, 12. ecclesiae clamat auctoritas I 63, 4. natura in tacitis infantibus clamat I 65, 12. etsi uerbis neget, re ipsa clamat I 332, 30. una uoce clamas-sent I 264, 9. ipse pro ea clamat I 289, 7; *cf.* I 453, 24. 454, 15. 501, 22. 554, 4. II 8, 18. 12, 16. 13, 4. 81, 1. 90, 9. 91, 22. 142, 11. 313, 27. *cum acc. et inf.* II 142, 17. clamor *cum inf.* I 279, 15.

clanculo impetrare potuerunt I 369, 12.

claret cuiuis I 55, 9. antequam liquido clareat I 328, 17, *cf.* II 294, 13. I 159, 26. 468, 13.

claresco: donec alterutrum sine ulla dubitatione clarescat I 318, 30; *cf.* 474, 23. clarescere uirtutibus II 92, 8.

claudicatio peccati II 7, 7; *cf.* II 5, 19. 21. 25. 6, 20. 220, 5. 6.

claudicans uulnere I 254, 18; *cf.* II 5, 20. 24. 220, 4. 315, 16.

clementissima suasio I 465, 20.

clementer ignoscat I 228, 1. exaudit I 570, 22.

coaequo: animae Christi coaequare animas paruulorum I 521, 6. uirgini-tati sacrae nuptias fidelium coae-quabat I 425, 18. utrique in bono coaequati I 474, 10; c/. I 110, 19. 21. 525, 24.

coaeternus patri II 192, 5; c/. I 343, 20. 517, 19.

coalesco I 122, 15.

coaptare sensui uerba II 126, 8. ad hoc ista uerba II 126, 17.

coartat sensum II 192, 7. in angustiis coartati et haerentes I 30, 1, c/. I 346, 25. 352, 29. sese coartando I 406, 1; c/. I 220, 27. 364, 4. 409, 13.

codex c/. Ind. nom.

coeo II 215, 9. 271, 18.

coepiscopus II 52, 16. 93, 21. 209, 7. 253, 8. I 546, 6.

coepisse cum inf. pass. coni. I 75, 1. 117, 4. 138, 12. 156, 27. 169, 10. 241, 8. 498, 4.

cogitata (subst.) I 117, 10. 18. 315, 28. 490, 4.

cogitatu malo I 89, 20.

cognita (subst.) I 532, 12.

cognitor: perfectus iustitiae cognitor I 94, 25. per creaturam cognitoribus creatoris I 173, 9. nos naturae nostrae magnos cognitores esse iactamus I 389, 5.

cognomino: nec cognominari Vincentius delecteris I 418, 14. eumque dicit Iudaeum cognominari I 164, 18.

cognouit uxorem II 269, 18. 19. 270, 6.

cogi in retia II 259, 7. 262, 3. in peccatum I 425, 15. 428, 19; c/. I 452, 20. 453, 2.

cohaesit apostolo I 31, 2.

coherceo: quae (uerba) apostolica auctoritate cohercet I 475, 28. quam coherceret dissensio I 452, 15. peccata II 214, 25. legibus coherceri I 373, 2.

cohercitio II 122, 8.

cohibere se debet humana praesumptio I 128, 4. praecipitem cursum I 354,

4. cohibens iactantiam I 204, 2. uos cohibete ab ausibus II 268, 7. cohibent se I 334, 15; c/. I 70, 24. 119, 7. 266, 15. 451, 11. II 135, 27.

coinquinare se I 79, 8.

coitus institutus II 271, 15.

colaphizare II 135, 16. I 97, 16. 229, 1. 507, 14. 23. 513, 25.

colaphus I 508, 5. 10.

collatio c/. Ind. nom.

collegarum concilium I 548, 21.

colligare maluit eum sensim suis interrogationibus et illius responsionibus II 170, 29.

colligere: breuiter totam causam colligamus II 115, 20. fetum alienum I 471, 19. colligimus non iustificari hominem I 176, 14. se colligit I 407, 1.

colluctor: duabus inter se legibus colluctantibus II 74, 3.

colla subdere I 27, 29.

collyris I 5, 16.

colere idola I 177, 4, c/. I 496, 28.

columna nubis I 97, 21.

commemoratione mei nominis interposita II 77, 8.

commemoror cum inf. I 289, 12.

commendatio legis atque doctrinae II 131, 20.

commendatior: liber tuo quam meo nomine commendatior II 122, 18. commendatum = depositum II 91, 6

commendantur ergo non esse grauia II 22, 3. scribendo etiam memoriae commendatur I 139, 17.

commentum I 23, 21. 139, 25.

comminatio I 125, 17.

comminatus interitum II 280, 12. comminor quod I 106, 9. II 79, 8.

commisceo: bomini commixtam esse naturam malam II 261, 19.

committo: quicquid aliud stilo etiam litterisque committitur II 71, 1. nauem saxis committere nolui I 353, 24. se cautibus I 354, 2. eo se committere I 308, 7. se a peccatis absoluendum I 217, 16.

commixtio duarum naturarum II 260, 22. coniugum I 431, 1. 7. 17. II 225, 18. naturae malae I 462, 2 cet.

commixtrix seminum II 278, 19.

commodius intimabit II 210, 25; cf. I 37, 12. 51, 1. 415, 13. 520, 13.

commodum (opus) I 128, 9.

commoneo cum inf. I 243, 15. cum acc. et inf. I 245, 28. 326, 8.

commorior: ille sperauit in commoriente I 311, 20.

commotio quaestionis II 104, 14. membrorum II 278, 2. inordinata commotio I 451, 10.

commouere orbem catholicum I 570, 13. inuidiam II 312, 11. 313, 16. quaestionem I 460, 12. calumniam II 113, 7. 10.

communicatio et inspiratio gratiae I 12, 18. passionum I 512, 3.

communico: antequam nobis communicares I 359, 10. alieni peccati paulisper communicata contagio I 313, 26; cf. I 360, 4. 361, 2. 425, 12.

communio naturae I 521, 4. corporis Christi I 553, 7. communionis ecclesiasticae esse II 99, 7. 115, 9. 14.

communire libros termino I 357, 22.

commutatio: sine ulla in deterius temporis commutatione I 107, 4; cf. I 121, 3. 163, 22. 195, 18.

commutare in melius, deterius I 3, 8. 344, 12.

comparationis gradus: de tam magnis difficillimisque rebus I 401, 23. tam in promptu positae atque apertissimae ueritati I 384, 9. firmatum—

notissimum I 519, 9. magis felix II 236, 11. rectissime et ualde salubriter I 341, 14. ualde in peruersum suffragari II 121, 22. multo maxime II 241, 8; cf. II 315, 18. I 28, 13. 387, 24.

comparatio: ex hominum comparatione I 89, 13. in comparatione I 92, 22. 163, 10. 183, 18. 242, 26. 350, 15. 501, 25. 503, 24. 522, 13. 541, 13. 557, 28. II 33, 6. 136, 3. 7 cet.

compellare clara quodammodo uoce fidem II 256, 12. uanitatem I 524, 19.

compellere cum inf. I 29, 11. 149, 16. 210, 9. 334, 15. 18. 382, 1. 395, 21. 458, 7. 460, 17. 470, 17. II 55, 17. 158, 8. 180, 26. cum acc. et inf. I 449, 12.

complexus: sine uirili complexu I 57, 3.

compos rationis I 415, 21.

compungimur non facere II ' 37, 21.

computatur inter martyres I 311, 13. lucrum maximum I 558, 12.

conatus: tantis conatibus laborasti I 406, 24. quidam abstinentiae conatus . I 288, 8.

concauus: uasa quaelibet concaua I 397, 26.

concedor cum inf. I 281, 23. concedo quod I 435, 13. concedo ut I 132, 13 = 141, 19. 313, 1. 2.

concelebro: quae (sacramenta) tam priscae traditionis auctoritate concelebrat II 203, 6.

conceptio II 206, 3 = 251, 22. 267, 18.

conceptus eius utriusque sexus commixtionis est expers II 267, 9. nec sequatur conceptus aut partus II 271, 26; cf. II 284, 7.

concerto I 164, 7.

concidi anima putaretur I 406, 25. uexari siue concidi I ' 407, 6.

quocumque conficta II 107, 12. quod nos dicere iste confingit II 311, 2.

confirmatio fidei II 206, 18.

confirmare (*opp.* infirmare) testamentum I 492, 29. 493, 7. sententiam I 557, 15. opinionem I 330, 20. peccatum originale I 556, 24.

confiteri *cum duplici acc.* II 55, 18. quod I 324, 1. 470, 3. quia I 288, 21.

conflictatio I 96, 15. 212, 15. 221, 11. 266, 20. 288, 12.

conflictus: magno diuturnoque conflictu gratiam defendens I 433, 14; *cf.* I 505, 29. 557, 19. II 14, 3. 26, 11. 80, 19. 258, 11.

confligendi perseuerantia II 26, 9.

confossus uulneribus I 270, 18.

confoederatio: et coniugiorum quaedam quasi confoederatio custoditur II 215, 6.

conformatio corporis II 246, 11.

conformis imagini I 400, 2. forma non omni ex parte conformis II 300, 11.

conformatur similitudini mortis I 62, 12. 17. 115, 4. huic saeculo I 401, 9.

confractis pedibus I 275, 13. argumentatio confracta II 194, 18.

confundo: distinctione confusa I 84, 24. obscuritate confudit II 172, 24. confundi (= αἰσχύνεσθαι) I 107, 24. 108, 8. 449, 19. 523, 14. II 281, 11. 290, 7. confundi de II 198, 16. 266. 4. 317, 8, *cf.* II 218, 8. 275, 12. 290, 19. 20. I 452, 8. *cum inf.* II 295, 9. 317, 3.

confusio (= αἰσχύνη) I 108, 11. 184, 20. II 107, 9. 216, 23. 219, 23. 291, 12. 15.

confutare futuros hereticos I 546, 9.

congerit strues I 342, 5. aceruatim multa congerere I 37, 12; *cf.* I 38, 17. II 112, 23.

congesto: aceruatim multa congestans I 55, 14.

conglobatum corpus I 399, 23.

congregatio synodi I 542, 17. 569, 24. 570, 3. 4.

congregabo conuenticula eorum I 51, 16. synodum I 570, 12; *cf.* II 62, 3.

congruenter I 24, 4. 159, 9. 527, 4. II 67, 7.

congruentia I 182, 5. 14.

congruit infirmitati mentis I 70, 2. testimoniis I 134, 26; *cf.* I 189, 17. 254, 16. 438, 10. 563, 6.

congruis suae ante actae uitae corporeis receptaculis I 30, 16. eique congruos mores I 80, 23; *cf.* I 107, 23. 119, 1. 175, 8. 207, 24. 569, 14. II 218, 24.

conicio aliquid de exemplo I 347, 7. suspicione conicitur II 185, 27.

coniecturae mortalium I 26, 1. humanae I 31, 5. aptior coniectura de dormientibus ducitur I 408, 16; *cf.* I 388, 18. 454, 22.

coniuentia II 99, 16.

coniugalis concubitus I 502, 10. II 226, 7. castitas I 503, 13. pudicitia II 83, 10. 216, 9. uinculum II 224, 5.

coniugatio: caelum plicitum I 413, 3. expliuisset I 263, 8. explicauit I 342, 10. 520, 9. explicato I 105, 5. explicaturus II 131, 6. inplicuerat I 308, 1. inplicitus I 30, 23. inplicati I 510, 9. ausim I 348, 11. sapuisse II 106, 11. 268, 1. orirentur II 303, 17. *ex locis biblicis:* exiet I 321, 23. disperiet II 276, 9. transies II 90, 4. pertransies II 44, 8. pertransiuit I 11, 23. *semper* absortus.

coniugatio periphr. act. = fut. act.: posituri sumus II 297, 7. dicturus es I 383, 10. 387, 14; *cf.* I 110, 22. 372, 27. 427, 11. 496, 21 *cet.*

citis consensionibus I 116, 8; cf. II 64, 3. 4. 243, 24. 296, 15.

consensum adhibere I 447, 22. praebere I 468, 3. ex consensu II 224, 3. 226, 19.

consentire ad peccandum I 73, 22. ad inlicita II 237, 25. 240, 6. 316, 16. I 74, 1. 3. 75, 19. 130, 26. 441, 4. 442, 15. 443, 5. in hoc II 27, 18. 243, 4. I 332, 28. inf. I 211, 15. 440, 19. consentio quia I 269, 19.

consepeliri Christo I 38, 4.

consequens est cum inf. I 215, 16.

consequenter I 65, 10. 121, 11. 131, 4. 305, 27. 467, 27. 472, 7. II 71, 9. 86, 20. 262, 24. consequenter (= in sequentibus) I 62, 18. 87, 5. 161, 25. 191, 11. 233, 15. 469, 26. 514, 8. II 24, 13.

consequentia experientiae I 106, 15.

consequor: quanta te absurdissima consequantur I 400, 11. cui est de proximo diligendo alterum consequens I 225, 9. consequentia (= quae sequuntur) I 15, 9. 172, 26. 483, 19.

consideratio I 22, 13.

consistit causa II 187, 6. quo de his rebus ... non inermes usquequaque consisterent I 129, 5.

consolatorios libros II 71, 21.

consoletur sperantem I 296, 10.

consonet ista discretio illis nerbis I 183, 8. huic loco et illud consonat I 443, 14. studia consonantia II 172, 6; cf. II 263, 12.

consors poenae I 311, 21.

consortium: ab eorum uos abstinete consortiis I 458, 21. stellarum temporale consortium I 472, 26. cum Christo I 503, 5. rei II 121, 4. carnis I 308, 5. 313, 22. 24. 25. 353, 1. 4.

conspersa in uiuente carne concupiscentia I 70, 10.

conspicabilis mundus hic II 186, 10.

conspicuus sublimitate II 213, 14; cf. I 494, 19. opera legis I 436, 18.

conspiro: in malum conspirantem societatem II 107, 10.

constanter repetita damnatio I 468, 16; cf. 323, 10. 325, 7. 345, 21. — constantius I 410, 25.

constantissimus gratiae praedicator I 175, 27.

constantia perspicuae ueritatis I 26, 7. tanta constantia custoditum I 141, 4.

constellationes I 472, 19.

constitutio mundi I 484, 5. 7. secundum suam constitutionem II 311, 23.

constituere baptizatos in credentium numero I 131, 3.

constitutus (= ὤν) I 117, 26. 139, 6. 168, 8. 198, 24. 444, 8. 9. 497, 3. II 100, 8. 122, 10. 184, 25 cet. tamquam in uia I 513, 20; cf. I 511, 25.

constrictio naturae I·273, 1. 17.

constringo: haec (lex) decem praeceptis constringitur I 176, 29. naturali necessitate I 272, 26. ad consentiendum I 465, 18.

construxit Euam e costa II 263, 13.

consueuit intellegi II 313, 4. fieri I 508, 3.

consuetudo: quia et ipso iam consuetudo utitur pro latino I 449, 2. loquendi uulgatissima consuetudo II 64, 25. 68, 2.

consulo: super eo consultos I 381, 1. consultatio I 137, 16. 546, 14.

consulte I 376, 25. consultissime praecipi II 7, 4.

consultior: animosiore impetu quam consultiore I 354, 2.

consummatio I 96, 25. 97, 1. 6. 485, 13.

consummati sapientiae gratia I 371, 8. iustitia per gratiam consummatur II 137, 14. cursum consummare I 96, 16; *cf.* I 243, 19. II 37, 9.

consumo: infirmitas consumetur I 490, 25. tergiuersationes esse consumptas II 126, 27. in finem non perficientem, sed consumentem I 21, 11. tota penitus uetustate consumpta I 228, 16; *cf.* II 176, 29. 202, 3.

consumptio I 5, 13.

consuere succinctoria I 448, 22. II 270, 5.

consurgo: ad uirtutes ceteras pro-uectior consurgat I 30, 5. libido consurgit I 450, 24. II 318, 5; *cf.* I 250, 15.

contagio peccati I 144, 22. 313, 26. 346, 27. 521, 3. 549, 11. II 200, 24. uitii II 175, 8. 29.

contagium I 313, 17. 548, 6. II 196, 17. 206, 7:

contaminari originali peccato I 308, 17.

contego: laude sanctorum sese con-tegunt I 522, 6. partes corporis II 309, 10.

contemno *cum inf.* II 98, 9.

contemplatio facie ad faciem I 559, 10; *cf.* I 192, 14. 194, 6. 195, 7 *cet.*

contemplator I 224, 16.

contemplata quod credebat II 17, 23.

contemptibilis I 338, 10. 463, 24.

contemptor I 216, 27. 558, 10.

contemptus dei I 257, 10. praecep-torum I 506, 4.

contendit quod II 142, 14.

contenebrat et infirmat bona I 235, 13; *cf.* I 251, 13. 296, 18.

contentione absumpta II 14, 18; *cf.* I 9, 6. 451, 13. 452, 10. II 26, 10. 47, 6. 104, 25. 114, 20. 184, 11.

contentiose dicatur I 272, 19.

contentiosus I 52, 5. 142, 13. II 17, 6. 114, 6. 218, 3. contentiosissimis assertionibus II 78, 21.

conterendi sunt (lupi) I 570, 15.

contestatio: quanta contestatione de-clarent I 39, 14. contestationes diui-norum eloquiorum I 50, 18; *cf.* 434, 27.

contestante fama totius ecclesiae I 569, 11.

contexo: quid deinde contexat I 272, 24. sermo ille contextus I 59, 22. cetera contexens II 151, 17. 255, 13; *cf.* I 265, 7. 23. II 270, 5. 281, 25.

contigua corpori I 400, 25.

contingit *cum inf.* I 352, 7, *acc. et inf.* II 102, 19. 103, 14.

contio: legat in contione quod scripsit I 343, 1.

contra: nemo contra aderat II 69, 16. contra uenire I 38, 8. II 98, 26 = 113 5. 18. contra dicere I 139, 14. 431, 24. contra disputare atque scribere I 139, 19. contra sentire I 330, 21. II 147, 9. contra uideri I 129, 17; *cf.* I 117, 13. 19. contra autem apo-stolus .. inquit II 129, 16. 162, 23.

contradicere ecclesiae doctrinis II 98, 26 = 113, 18. apostolo II 47, 13; *cf.* II 155, 6. 206, 10.

contradictio I 137, 14. II 107, 9.

contrahere merita I 30, 12. 15. pec-cata I 64, 26. 65, 7. 13. 134, 1. II 250, 5. tenebras I 67, 13. noxam I 130, 18. uitia I 282, 5. ualetudinem I 344, 28. culpam II 64, 4. contrahit se animae manus I 408, 2; *cf.* II 202, 17. 204, 23.

contrarius: in contrarium I 503, 26. 504, 18. a contrario II 145, 19. 300, 8. I 520, 5. e contrario I 178, 6. II 242, 5. 297, 7. ex contrario II 98, 8.

cor: cum in corde cogitare dicamur I
387, 26, *cf.* I 227, 2. nec ignoro, cum
audimus, ut ex toto corde diligamus
deum, non hoc dici de illa particula
carnis nostrae, sed de illa ui, qua
cogitationes fiunt I 388, 3. corda
temptare I 424, 4. cordis adsensus
II 242, 8. consensio cordis (*opp.* corporis) II 243, 24. ficto corde damnauit I 453, 18. 470, 11. ueraci corde
clamant I 554, 4. quo corde cogitauit II 96, 22. corde duplici loquuntur II 251, 1. per corda et ora
gestantium II 235, 21. profano corde
contendunt I 462, 22; *cf.* I 244, 5.
274, 19. 279, 21. 466, 26. 481, 21 *cet.*
catholicorum corda fidelium II 255,
16.

coram illo II 62, 2. deo I 165, 23; *cf.* I
166, 11. 12.

cordatus (= sanae mentis, prudens)
I 31, 21. 32, 2. 66, 15. 16.

corona martyrii I 543, 5. gloriosissimae
coronae Cyprianus II 308, 1.

corono I 217, 18. 218, 26.

corporalis praesentia I 423, 5. salus
II 105, 3. 125, 5. ualetudo I 280,
18. accessus II 310, 5. corporale et
uisibile sacramentum II 194, 5. corporales oculi II 161, 11. I 322, 6;
cf. I 35, 25. 36, 6. 14. 107, 2. 252, 5.
II 46, 5. 246, 14 *cet.*

corporeus I 29, 20. 30, 17. 36, 16.
341, 23. 342, 21. 23. 343, 29.

corpus ecclesiae II 107, 4. corpus unum
I 84, 17. 24. litterae in corpore eum
non inuenerunt II 180, 2.

corpusculum I 113, 23.

correctio I 240, 28. 350, 5. 569, 1.
II 143, 6. 147, 12.

correptio I 98, 7. 99, 13.

corripiens atque admonens II 287, 8;
cf. I 176, 19. II 55, 19.

corrumpere fidem I 491, 11. esca quae
non corrumpitur I 114, 1*
corruptelae inlicitae II 201, 8.

corruptibilis caro II 284, 4; *cf.* I 116,
17. 117, 25 *cet.*

corruptio, qua omnia terrena soluuntur
I 113, 25; *cf.* I 21, 4. 56, 8. 80, 12 *cet.*

crastinus (dies) — hesternus II 192, 3.

creatio interioris oculi I 36, 27; *cf.* I
199, 16.

creator hominis II 141, 23; *cf.* I 25, 10.
70, 16. II 264, 10. 12 *cet.*

creatrix potentia II 283, 10.

creatura *passim.* — creatura panis et
uini II 288, 3. 10.

crebrescente fama II 184, 8. cum ergo
nunc ista praedicatio usquequaque
crebrescat I 192, 7.

credo: corde credere ad iustitiam II
194, 11. credor *cum inf.* I 30, 18. 66,
23. 305, 25. 317, 26. 371, 13. 381,
8. 403, 21. 433, 2. 452, 11. 457,
6. 563, 10. II 13, 3. 67, 12. 68, 16.
72, 15. 127, 7. 136, 17. 171, 15. 179,
8. 187, 19. 263, 21. 271, 18. credo
quod I 128, 7. 133, 10. II 3, 8. 95, 9
cet. quia II 315, 9. 319, 6.

credulitas I 352, 17.

crimen: qui (partus) non solum peccata, uerum etiam crimina nuncupantur I 447, 1. multi quippe
baptizati sunt sine crimine; sine
peccato autem in hac uita neminem
dixerim I 447, 10. peccati crimen I
228, 7; *cf.* II 180, 9. 186, 26. 223, 10.
259, 6.

criminationis querela II 164, 9.

criminor: catholicos Manicheoru mno-
mine criminantur I 460, 25. nos
assertores fati esse criminantur I 470,
15; *cf.* II 292, 13.

41*

damnabilis: heresim olim damnabilem, nuperrime damnatam I 334, 17. nefaria dogmata et damnabilia I 522, 28. damnabilis falsitas II 179, 20. damnabiliora peccata I 67, 21.

damnabiliter praecepta contemnere I 96, 3.

damnatio mitissima I 20, 21.

damnatores nuptiarum operisque diuini II 211, 7. I 425, 19.

damnato proprio iudicio I 376, 4. 379, 5.

damnum: nullum damnum ex utris inflatione sentire I 363, 6 = 364, 7.

datiuus: condelectatio legi II 245, 8.

datorem animarum nostrarum deum habemus I 394, 14.

de: de potestate diaboli redemptor II 268, 10. de Rauenna profectio II 254, 1. ecclesia de gentibus I 522, 8. 540, 16. beneficium de gratia Christi I 8, 20. capitula de Sicilia missa II 77, 9, *cf.* II 3, 9. de me postulari II 175, 18. de illo expectare II 131, 10. spero de I 425, 7. II 157, 17. de digito desiderare I 341, 22. de fornicatione, de legitimo conubio natus I 34, 15. de cetero = in posterum I 254, 21. 23. 282, 15. II 114, 12. 299, 7. de proximo comparare I 224, 17. de proximo serrae stridor I 273, 20 — de *pro ablatiuo aut alio casu:* se ceteris de magisterio praeferebat I 60, 4. de accepta lege se extollerent I 160, 18. de propriis uiribus se extollere I 259, 24. exultare de dei bonis I 490, 18. de malis maerere I 490, 18. de correctione, conuersione gaudere II 143, 6. I 304, 28, *cf.* I 360, 5. 376, 7. II 99, 15. 125, 6. de suis uiribus fidens II 45, 5, *cf.* I 358, 27. de illo potius confidatur I 425, 22, *cf.* I 395, 10. de gestis

gloriari II 177, 18, *cf.* II 107, 14. 215, 23. 266, 4. I 476, 26. de nerbis clarum est II 130, 11, *cf.* II 39, 12. conuincere de mendacio II 95, 11, *cf.* I 499, 27. 500, 17. de his inflatur I 170, 20. de quibus infamare conantur II 150, 11. de neglegentia, de diligentia curarit inserere II 97, 15. 16. de arbitrii libertate currimus II 144, 8. se iactat uelut de opere proprio I 209, 16; *cf.* II 79, 8. 106, 18. 143, 21. 24. 144, 12. 27. 145, 14. 281, 7. 283, 2. I 209, 10. 14. 216, 17.

debeo consensum I 286, 24. *cf.* 462, 18.

debilis fides et eneruis I 121, 7.

debilitare naturam I 246, 17. substantiam corporis I 248, 5.

debitores unius feneratoris II 160, 19. aeterni supplicii II 248, 9; *cf.* I 473, 12.

debitum ab alterutro carnis exposcunt II 229, 8, *cf.* II 311, 24. exigi debita I 218, 25. dimittere debitum I 473, 13. ex debito I 480, 2.

decalogus *cf. Ind. nom.*

deceptor hominis II 141, 23. deceptor Euae 202, 29; *cf.* I 428, 16.

deceptoria lenitudo blandientis I 358, 1.

decerno: nullae stellae ista decernunt I 475, 8.

decerpo: ex istis libellis ista decerpta sunt II 254, 17; *cf.* I 266, 12. II 238, 16. 258, 21.

decido: tamquam in lapides deciderunt I 171, 16. in culpas decidunt I 287, 10.

decimas dare I 76, 15; *cf. Ind. nom.* decimo I 111, 15. 16. 17. 19. 20. 22.

declamo: more adulescentium declamares I 411, 11.

declaror *cum inf.* I 383, 22.

declinatio: nom. idem *pro* iidem *semper fere.* caeli II 186, 9. *gen.* Adae

semper *uelut* I 14, 20. 447, 23. 466,
23. 468, 25. II 76, 18. 23. 78,
13 *cet.* Adam I 138, 23 *apud*
Hieron. Abrahae *semper ut* I 111,
17. 20. 21. 401, 14. II *cet.*
Moysi I 126, 9. 183, 20. 498,
22. Saulis (*nom.* Saul) I 212, 9.
infantum I 22, 10. 278, 1. 313, 6.
395, 23. II 169, 7. oblatrantum
(*subst.*) I 309, 10. 353, 20. serpentum
I 61, 28. 508, 4. *loci biblici:* sanitatium I 75, 23. sanitantium I 104, 9.
dat. Abrahae I 191, 27. 494, 7. 498, 1.
isdem *et* eisdem. *acc.* Edem I 124, 23.
caelos I 472, 22. aera I 121, 4.
Moysen I 482, 15. 494, 13. Tobin II
31, 10. hypocrisin I 184, 22, *sed*
heresim *uelut* I 317, 5. 334, 17. 19.
461, 1. 568, 13. II 76, 12. 84, 26.
99, 23. 115, 2. 117, 2. istuc I 350, 10.
abl. naui II 53, 21. ueteri I 495, 8.
504, 8. II 64, 14. 67, 20. 117, 22.
Apocalypsi et beresi *semper ut* I
79, 6. 139, 6. 460, 10. II 29, 18.
30, 6.

declinet Manicheum I 523, 2. inuidiam
I 276, 9. II 155, 11. 184, 20. quo
uoluerit declinet II 144, 5. 6. 14.
a malo declinare I 469, 15. 479, 5.
II 10, 21. 127, 23. 129, 6 *cet.*

decolor iam natura II 190, 11.

decoquo: ut quod cruditas loquacitatis
eructat aetatis maturitas decoquat
I 305, 15.

decor: qui uoluntate sua praestiterat
decori eius uirtutem I 256, 10.

decretum concilii I 137, 11.

decurto: alicubi extremis non additis
(sententias) decurtaret II 258, 15;
cf. II 281, 20.

dedecus: ad idololatriae dedecus defluxerunt I 170, 21.

dedicatum est testamentum nouum
II 66, 4. continentiam dedicans deo,
idolo I 56, 15. 16. seruum domino
I 98, 2.

dedignantur habere rectorem II 59, 11.
quis istum dedignetur habere doctorem? I 347, 15; *cf.* I 124, 4. 423,
10. 429, 14. 536, 20. 548, 13. 553, 23.

dedisco I 338, 20.

deduco: in alios intellectus possunt
haec uerba deduci I 135, 5. peccatum originale inde deducitur II
294, 20. in eadem uia deducat I 260,
16.

defectio: habebat de lignorum fructibus
refectionem contra defectionem I 5,
19.

defectu et profectu alternante I 490,
24. ab eo defectus II 141, 11. sine
defectu esset annosus I 5, 3. quid
faciat solem lunamue deficere his
defectibus II 186, 11.

defendo *cum acc. et inf.* I 271, 14. 332,
24. 403, 5. 452, 19. 466, 4. defendor
cum inf. I 156, 20. 276, 5. 291, 17.

defensio I 135, 21. 164, 7. 202, 11.
259, 10. II 51, 7. 52, 5 *cet.*

defensitare suam sententiam I 221, 12.

defensabor ab hac inuidia II 91, 21.
opinionem suam defensare II 167, 9;
cf. I 85, 4. 270, 10. 271, 19. 334, 20.

defensor I 129, 4. 170, 22. 193, 6.
329, 3. 429, 11. 481, 18.

defero: de honore parentibus deferendo
I 177, 6; *cf.* II 92, 15. I 286, 19.

deficientes in nobis I 183, 25, *cf.* 493,
15. 531, 20. II 11, 5. 45, 6. ne de-
ficiamus in uia II 159, 8. argumentatio deficit I 313, 21.

defigo: quamuis non possit (oculus) in
fulgentissima luce defigi I 226, 3.

definita est quaestio I 279, 21. definio
cum acc. et inf. I 285, 20. 314, 24.

320, 21. II 288, 11. 293, 4. 294, 19. 312, 15. definior *cum inf.* I 190, 25. II 121, 5. *cum duplici acc.* II 275, 19. 309, 16. definior *cum duplici nom.* I 227, 19. II 313, 16.

definitio I 269, 22. 381, 2. 396, 11. 405, 3. II 107, 6; definitiones Caelestii *cf. Ind. nom.*

definitiua sententia suspenditur II 185, 26; *cf.* I 54, 14.

definitam sententiam proferre I 393, 23.

defluo I 170, 21.

deformis actus II 6, 3. conditio corporum II 268, 20.

deformitas erroris I 408, 11; *cf.* I 218, 1.

defungi II 186, 20. I 16, 12. 238, 27. 312, 23. 354, 6 *cet.*

dego: rationalem animam degere I 69, 9. ubi degit II 172, 20; *cf.* I 541, 17.

dehonestata natura II 198, 29. 204, 16. dehonestat error I 295, 24.

deicio: animum in se deiectum conatur adtrahere I 56, 5. tamquam fulminum ictibus deiecisse II 109, 19. satanam elatio prima deiecerit I 507, 28.

dein II 289, 20.

deinceps I 59, 23. 258, 9. 466, 26. II 14, 21. 165, 29 *cet.*

deitas: a trinitate unius deitatis II 185, 7.

delectabilis: esse delectabilia quae sunt inutilia I 305, 3.

delectabiliter inspicere I 218, 5.

delectatio alieni mali I 66, 17. malitiae I 428, 15. uoluntatis I 440, 17. domini I 205, I. iustitiae I 87, 20. 436, 20.

delecter esse cum lege II 137, 20. delectat defensare quod sentit I 85, 3. familiarius loqui tecum II 210,

15; *cf.* I 222, 25. 258, 20. 418, 15. 452, 16. 532, 23. II 3, 5. multum enim delectat impietatem superbam I 534, 13.

deletur debitum nostrum I 33, 9. lex dei deleta de cordibus I 201, 17. 202, 28.

deliberatio I 272, 25. 333, 13. 353, 15.

delicata *subst. fem.* I 455, 20.

delicatius crederetur in Christum I 120, 25.

deliciae fatuitatis I 31, 21, *cf.* I 66, 15. paradisi I 124, 20.

delictum I 15, 6. 7. 10. 16, 6 *cet.*

delinio: quem ... ad similitudinem sui deliniauit exterioris hominis habitudo I 399, 25.

delinquit in cogitatione II 46, 2.

deliramenta: a Tertulliani deliramentis discretum I 342, 20.

delitisco I 25, 23. 433, 13. 516, 11. 520, 12.

dementissime insaniat I 236, 13.

demersus in profundum I 459, 1, *cf.* I 466, 9. ubi demersi sint I 172, 26.

deminuo: nihil Heliseo fuisse deminutum I 365, 18.

deminutio: sine aliqua nostri deminutione I 362, 24.

demonstratio futurorum II 131, 26.

demonstro *cum duplici acc.* I 135, 19. 303, 5. demonstror *cum duplici nom.* I 317, 19. 404, 21. 488, 7. 492, 8. nescio quid poenale demonstrat I 69, 10.

denegare adiutorium II 116, 9; *cf.* I 28, 17. 118, 3. 149, 26 *cet.*

denique = itaque I 108, 17. 349, 19. II 127, 18.

denotat culpam II 201, 15. flagitia II 289, 23.

dente maledico I 425, 8, *cf.* I 386, 10.

denseo: in alias partes densendo se colligit I 407, 1. 408, 4.

densiores occupationes II 125, 11. densissimae tenebrae I 67, 25.

denuo I 57, 25.

deorsum in atrio II 161, 8.

depelli uenena uenenis I 256, 28.

deponentia sensu passiuo: fabricor experior interpretor largior mentior profiteor testificor transgredior utor.

deponere uela I 353, 14. mendacium I 81, 1. querelam I 296, 3.

depositum = commendatum II 91, 6.

deprauare naturam II 219, 8. 273, 23. 25. I 292, 14. uerba tortuosis interpretationibus II 255, 18. primum hominem I 526, 2.

deprecationem tibi offero II 68, 24.

deprecor *cum acc. et inf.* I 172, 15. iustitiam I 76, 22. dominum I 61, 29. deum I 131, 23. adiutorium I 74, 21. 103, 18.

deprehensus est sic tenere II 177, 15. a morte I 432, 11.

deprime in aquam (uasa) I 398, 1.

depromo: nerbo de christiana eruditione deprompto I 127, 1. ex ipso uetere testamento testimonia I 51, 2.

deputetur fides ad iustitiam I 18, 22. ad culpam I 296, 12. concupiscentia in peccatum II 240, 3. in circumcisionem I 201, 1. infelicitati I 66, 6. inter damna I 92, 22 inter eos I 369, 7, *cf.* I 159, 22. 292, 12. 340, 22. 386, 10. 386, 21 in Christianorum numero I 286, 11. in credentium numero I 130, 12. in stercoribus et detrimentis II 164, 18; *cf.* II 116, 15. deputo *cum duplici acc.* I 60, 16. 260, 10. 286, 17. 395, 6. II 133, 9. deputor *cum duplici nom.* I 27, 11. 199, 27. II 67, 6.

deriuatum nomen ex graeco I 31, 21.

derogare dei gratiae II 106, 8. baptismati I 491, 11. caritati cuiuspiam I 212, 20.

descendunt de arbitrii fonte II 128, 6, *cf.* I 291, 12. peccatum de uoluntate descendere I 520, 21 = 525, 13. 16.

describo: tu legendum (librum) dabis uel describendum I 334, 29. membra illic animae describuntur I 402, 23.

desertio I 537, 24.

desertores fidei I 468, 8. 481, 18. gratiae I 547, 27.

desertum *subst.* I 61, 27. 62, 2. deserta I 537, 22.

deses: ne ab ipsa pugna desides faceret I 283, 19.

desiderantissimus II 104, 22. 105, 17. 22. 106, 2.

desideria peccati I 506, 9. 10. II 11, 21. desiderio pio I 507, 6.

desiderat aliam disputationem I 127, 23. aquae stillam I 341, 22. 409, 5. parere desidero I 357, 4.

designatio personarum I 402, 9.

designantur merita multa I 348, 18.

desistente libidine II 284, 15. ut serui esse desistant I 213, 22.

desolatae illae ciuitates I 538, 9. 16.

desperatio I 262, 16. 20.

desperatissimo morbo II 190, 15.

desperare tanta bona I 218, 1, *cf.* I 262, 19. nec corrigi posse despero I 359, 9.

despicere hominem I 394, 27.

desponsationis fides II 224, 10.

desponsata erat uirgo Maria I 263, 19.

destinas (= *Stützen*) quaerit I 342, 5.

destinare (= *stützen*) cupiebat I 342, 14.

destitutus doctrinae adminiculo I 379, 16. destitutiores remanebunt I 149, 25.

districta sententia II 170, 30.

dimitto: diuina eloquia in lite dimisit
II 28, 26. sustentandum deo dimittit
I 254, 25; c/. II 58, 9. 125, 8.

dinoscor *cum inf.* II 280, 2.

dinumeratio temporum II 186, 12.

directus: in directum currere I 236, 25.

dirigere scripta, litteras II 254, 9.
180, 3. gressus I 99, 15. incessum I
254, 19. itinera I 161, 21.

dirimi coniugem a coniuge II 223, 2.

diripere oues I 424, 8.

dira contagia I 361, 25.

discedere ab ambiguitate II 158, 17.
a fide II 286, 22. a corpore I 279, 6.
de hac uita I 319, 3.

disceptatio I 120, 2. 138, 15.

discepto I 13, 7. 137, 17. 19.

discerpe contextam paginae seriem
pollice seuero I 357, 17.

disciplina christiana I 173, 21. ecclesiastica I 349, 25. medicinalis I 387,
16; c/. I 361, 27. 374, 9. 463, 26.

disco: per quem te familiarius didici
I 423, 15. discant esse catholici I 553,
23. tunc se eius animus didicit I 389,
17. discam per te I 336, 28.

discretio apostolica II 67, 11; c/. I 173,
21. 183, 8. 502, 6.

discretam esse a ceteris peccatis
superbiam I 257, 14. a deliramentis
I 342, 20. a iustis longe discreti I
504, 18.

discrimen: ne sub periculo mansionis
discrimen uideatur pendere mansoris
I 342, 7.

discurro I 405, 9. II 112, 18.

discursibus et anfractibus I 386, 8.

discussio: sine praeiudicio melioris
discussionis II 62, 22.

discutere gratiam I 28, 14. quaestionem
I 133, 14. quae discutienda proposui
II 158, 13.

diserti et ornati sermonis I 340, 26.
diserta *subst.* I 336, 14. 15. disertis-
sima castigatio I 381, 24.

disiunctio I 518, 6.

disiungere se a coniugibus I 148, 19.

dispar prole II 224, 15.

dispendium promissae salutis I 128, 8.

dispensatio iustissima I 14, 7. gratiae
I 37, 16. temporum I 181, 6; c/. I 38,
1. 432, 17. 497, 22. II 280, 22.

dispensatores I 492, 8.

dispensare gratiam liberandis hominibus I 32, 13, c/. I 456, 8.

disperdo: ut prius pestifera contagione
disperdat ouis ulcerosa pastorem I
340, 23.

dispersi ubique Iudaei I 495, 27.

dispertite de corde motibus, de cerebro
sensibus I 387, 4.

dispertita tempora fouendorum II
215, ·7.

dispicere super animae natura I 381, 21

dispositio I 151, 1.

disputatio I 21, 28. 22, 12. 72, 1. 451,
16 *cet.*

disputatorum sententiae I 141, 1.
disputatores molestissimi II 78, 26
c/. I 542, 24.

disputo: si ad singula testimonia similiter disputemus I 37, 12. dum tamen
omnia potius disputet I 245, 13.

disrumpo: quantalibet Pelagiani disrumpantur insania I 447, 12.

dissensio I 452, 15.

dissero: ista subtiliter disseruntur I
337, 19; c/. I 252, 18. 404, 8. II 51, 6.

dissiciendo scrutati sunt I 383, 8.

dissidere I 458, 18.

dissilio: argumentatio confracta dis-
siliet II 194, 18. fracti dissilirent I
171, 15.

dissimulanter: non dissimulanter (*opp.*
apertissime) II 183, 21.

effector: potest perfectus esse iustitiae cognitor, nondum perfectus effector I 95, 1.

effectus II 128, 2. 138, 21. 147, 2. 183, 1. 250, 11. I 108, 7. 125, 17 *cet.*

effero: extulit sese aliquantum uoluntas II 93, 15.

efficacia nostrae uoluntatis I 77, 1.

efficaciter restitisti II 213, 2.

efficax: non efficacem (praecepti) I 436, 14. efficacissima potestate I 455, 27.

efficientiae potentia operationis interuenit II 264, 14.

efficiantur (= fiant) fideles I 149, 13. *cum acc. et inf.* I 306, 26.

effigiata substantialis (anima) I 399, 27.

effossa *subst.* I 537, 23.

effossio: numquid haec pro meritis effossionis suae? I 537, 25.

effrenatus calor II 199, 17.

effulgeo: tarde gratiae dei munus effulsit II 102, 19.

effundit orationem II 68, 20. quod effundendo reddideras I 364, 19.

egerere (*opp.* ingerere)cibum et potum I 363, 21. 24.

egregie christianus I 133, 10.

eicere humorem II 310, 16.

elaboratum opus I 128, 9. II 252, 12. ut uniuerso ipsi operi eius refellendo nostra elaboraret intentio II 254, 19.

elatio: epistula carnalis uentositatis et elationis uolat II 109, 8. elationis uanitas I 100, 10. aduersus ueritatem dei elatio I 50, 16.

elatus assertor II 147, 2. elatos in superbiam I 516, 8; *cf.* I 510, 14.

electio gratiae II 97, 7. secundum electionem I 477, 13. 16.

elegans ille sensus exsculpitur I 321, 8. satis elegans (similitudo) I 363, 7.

elementa mundi huius II 186, 10. sustentandum elementis et alimentis

corporalibus I 254, 23. uisibile elementum I 462, 26; *cf.* I 357, 16.

elemosynarum largitas II 250, 13. elemosynarum sinceritate mundantur I 447, 3.

eleuat digne manus II 68, 19.

elido: in aperta iniquitate euidenter elisi I 510, 13.

elegisti aperire quod sentis I 380, 5. alteros eligat amare I 463, 15.

ellipsis: respondemus quod supra II 4, 26. quis enim tam demens II 7, 11. quam impium II 9, 11. nec mirum II 266, 15. sed quid mirum? II 126, 23. quid manifestius? II 134, 6. tunc ergo plena iustitia, quando plena sanitas; tunc plena sanitas, quando plena caritas II 8, 2. 3. optime omnino atque uerissime II 147, 26. sed quid ad nos? II 263, 15. I 240, 4. 272, 24. quid hoc ad rem? I 279, 25. ut quid tibi ista, fili? I 361, 16. quid plura? I 366, 15. absit autem ut ancillae I 499, 23. et utinam fructuose I 361, 12. Iohannes Baptista de illo I 39, 5. et ipse de se ipso I 39, 6. item alio loco I 39, 12. item ad Galatas I 44, 7. ad Ephesios etiam I 44, 18. mirum de hac re omnino silentium I 245, 27. quia non a se ipsis I 320, 10. et puto quod non extra I 322, 7. et forte tolerabilius I 392, 5. quid ergo? II 87, 4. quid enim? II 89, 20. sed nihil ad rem II 113, 8; *cf.* II 18, 23. 26. 19, 4. 12. 20. 265, 19. 273, 10. I 38, 22. 68, 25. 89, 20. 121, 5. 327, 8. 23 *cet.*

eloquium (= uerbum, sermo, stilus) I 13, 3. 50, 19. 305, 1. 358, 14. 377, 2. 419, 15. II 56, 5. 199, 10. 253, 5. 308, 16 *cet.*

eloquor: in eloquendis operibus II 274, 23. nihil expressius elocutos I 381, 1. liberaliter haec eloqui I 376, 15.

eluceo: in cuius libris Romana elucet fides II 159, 26. 252, 3.

emanat corpus de incorporeo deo I 343, 25. ut ab ipso (deo) emanauerit (anima) I 338, 17.

emendabilis uanitas II 71, 16.

emendationis uoluntas I 464, 9.

emendator: si non defuerit emendator I 358, 5; cf. I 378, 22.

emendasse cognouimus *aut* id *supplendum aut sensu reflexiuo accipiendum* I 456, 17.

emergo: unde nobis hoc negotium repente emerserit nescio I 139, 9.

emicuit (aqua) de uulnere lateris eius I 312, 4.

emigratio ab hac uita I 117, 16.

emigrauerit de hac uita I 25, 8. 73, 8. 503, 6. ex hac uita I 116, 14.

eminentiae perfectio I 191, 4.

emineo: ut emineret expressam I 169, 22. eminenti iustitia I 90, 23. scientia I 509, 12. 23. 24. 513, 6. eminentissima iustitia I 92, 22.

emitte flatum in utrem I 364, 14. germen piae prolis emisit I 57, 5. uocem I 157, 1. semen II 271, 22.

emortua membra I 366, 1. corpus I 366, 3.

empirica ars I 387, 15. empirici medici I 388, 12.

eneruis fides I 121, 7. naturalis possibilitas II 165, 19.

eniteo: uita iustorum splendidius enituit I 252, 7. qui scriptorum inter Latinos flos quidam speciosus enituit II 159, 27. 252, 4.

enitens enodare quaestionem I 307, 11.

enodatius (est) pro catholica ueritate II 111, 11.

enodare quaestionem I 307, 11; cf. I 71, 19.

enumerat illi diuina opera potestatis suae I 88, 7.

eo: in malum I 453, 3. imus in longum I 98, 25. in peccatum I 251, 21. 22. in condemnationem I 314, 16. per generationem isse per omnes originale peccatum II 299, 17.

eo usque progrediuntur II 229, 25. eo usque peruenit II 230, 4. eo quod I 336, 14. 351, 21. 408, 23.

episcopalis synodus II 56, 7. gesta II 51, 11. 126, 24. concilia II 179, 14. examen II 143, 1. cura I 423, 17. disciplina II 122, 8. iudicium I 429, 14 *cet.*

episcopatus officio fungi I 424, 10.

epistolari more II 104, 16.

epulor: post laborem requiescentes epulentur I 217, 2.

erga: tuum erga me iudicium I 357, 19. sinceritatem tuam erga nos I 303, 2; cf. I 304, 17.

erigantur praemiorum laudibus I 297, 6. non erigantur in superbia erroris alieni I 57, 1. ex ipsa laetitia caput erigit I 258, 18.

erogare omnia sua in pauperes I 502, 12.

errata praeterita II 100, 4.

erroris *nomine saepe* schisma *intellegendum* I 304, 26. 360, 5. 524, 3.

erubesco: motus quem in sua erubuit nuditate I 21, 3. nuditatem II 312, 3. libido erubescenda II 279, 7. de his motibus I 450, 9. 13. 14. 448, 16. 18. erubesco *cum inf.* I 324, 9. 336, 24. 463, 18. 508, 20. II 170, 23. 25. 270, 17. 277, 25. *cum acc. et inf.* I 450, 1.

eructo: quod cruditas loquacitatis eructat I 305, 14.

erudite: minus erudite parumque consulte I 376, 24.

eruditio christiana I 127, 1. eruditio minor est I 377, 4.

eruditus in regno caelorum per duo testamenta I 126, 13.

erumpere in errorem ueritati contrarium II 166, 4.

erui ab isto errore I 408, 12. ne sic se a quibuslibet alteris eruat I 523, 4. a Manicheorum tendiculis I 542, 4. de potestate I 548, 10. II 211, 16.

esca: ad aliam escam nos dominus exhortatur I 114, 1. quarundam escarum cerimoniae I 189, 15. utendi ad escam omni ligno acceperant potestatem I 106, 11.

essentia: eiusdem naturae et essentiae I 343, 13.

esurire perfectionem iustitiae I 507, 11.

et = etiam I 303, 4. 321, 25 *cet*. et *initio interrogationis* I 102, 23. 206, 13. 349, 5 *cet*.

etiam atque etiam I 173, 25.

etiamsi *ut simplex si coniungitur cum coni. et indic. uelut* I 6, 16. 7, 18. 16, 7. 17, 2. 108, 6. II 29, 8. 31, 2. 54, 8. *cet. indic.* I 127, 20. 135, 9. II 128, 14. 154, 5. 242, 18 *cet*.

etsi *cum indic.* I 67, 21. 84, 12. 328, 8. 330, 23. II 66, 15 *cet. coni.* I 128, 5. 332, 30. 352, 22. II 64, 3. 247, 5. etsi *add. nom.* II 102, 21. 103, 16. 149, 3. 209, 23. 214, 1. I 3, 14. 319, 2.

euacuare mediatoris praerogatiuam I 526, 25. orationem I 542, 8. corpus peccati I 70, 8. 9. baptismum I 462, 15. crucem Christi I 239, 2. dei gratiam I 431, 26. liberum arbitrium I 208, 16 *cet*.

euadunt huius quaestionis angustias I 29, 26. retia II 262, 5. poenam I 169, 14. II 111, 5. iudicium I 111, 7.

damnationem I 115, 17. laqueos I 361, 1. *cum duplici nomin.* I 408, 1.

euangelicus: sanctos et euangelicos et antiquos I 541, 12. operarii I 103, 9. denarius I 195, 10. scriptura I 132, 23. lectio I 57, 19. similitudo II 297, 6. 15 *cet*.

euangelista I 369, 26. 427, 28. II 38, 16. 162, 7. 225, 8.

euangelium loquitur II 217, 15. dicente euangelio I 426, 26.

euangelizare I 170, 25.

euenta: actus et euenta I 472, 20.

euertere christianae fidei firmamentum II 116, 5. saluberrimas uoces I 246, 19. heresim I 523, 21. 23. praesumptionem I 537, 2. dogma I 432, 8.

euictio II 74, 11.

euidentibus signis II 203, 15. bonum II 215, 15. euidentior apparuit I 164, 4. euidentissimo testimonio II 39, 24. euidentissima auctoritate I 454, 23.

euidenter I 90, 23. 342, 2. II 61, 11. 125, 21 *cet*. euidentius I 15, 9. 177, 15. II 130, 28. 182, 25. 205, 7. euidentissime I 5, 23. 318, 21.

euidentia: quis huic euidentiae contradicit? I 85, 3. 65, 25.

euigile: itane nondum euigilatis? I 537, 16, *cf.* I 404, 12. 412, 14.

euinco: cuius molem cum euicerit I 158, 27, *cf.* I 149, 2.

euitari debuit ambiguitas I 448, 26.

eunuchus I 412, 1. 2.

exaggerare linguae malum I 243, 17. exaggerare non opus est I 370, 16.

exagitare quaestionem I 147, 6.

exaltatio serpentis I 115, 3.

examen ecclesiasticum II 55, 20. episcopale II 143, 2.

examinatio II 52, 13. 76, 11.

examino I 424, 25. II 99, 23.

exarsit aduersus hanc pestilentiam I 233, 6. exardescat insania I 376, 8.

exasperatus deus II 281, 3.

exaudire deprecantem I 296, 12.

excedit omne tempus II 192, 1. uires eius excedit I 307, 15. de uita I 298, 27.

excellentia *titulus* II 209, 10. excellentia potestatis I 77, 8. sanctitatis I 264, 8. tantae excellentiae est II 204, 12.

excellentius: non potuit excellentius intimari I 107, 7.

excello: quorum in populo dei magna excellit auctoritas I 12, 23. uetus enim testamentum in quinque Moysi libris excellit I 126, 10.

excelsi honores II 210, 2.

exceptione distingueret II 60, 21. sine ulla exceptione dicere debui I 281, 13.

excessus: ab illis excessibus concumbendi II 239, 18, *cf.* II 287, 23.

excipio: excepto enim quod hominem assumpsit I 343, 15. ut exceptos martyres faciat I 352, 7. omnes excipit (obstetrix) I 55, 6. 9. litore exceptus II 100, 14. excipere semina II 283, 16. excipitur honestate nuptiarum II 231, 6.

exclamatio I 29, 6.

excludo: eamque exclusam, id est non ut abscederet pulsam, sed ut emineret expressam I 169, 21. excludere a gratia II 190, 17.

exclusores *cf. Ind. nom.*

excolit (arbores) per quemlibet ministrum II 141, 7.

excommunicatio II 171, 15.

excors I 31, 20. II 284, 26.

excursus: cum nollet cohibere praecipitem cursum propter ancipitem excursum I 354, 5.

excusantes cogitationes I 203, 14.

excussi quasi quodam turbine I 309, 10. 353, 20. si eam (ignorantiam) ueris etiam excuteres dictis I 384, 16. minutius excutere II 165, 9. 12. uiperam manu excussit II 87, 12.

exemplum (= *Abschrift*) II 102, 6. 254, 13. exemplum de beato Heliseo I 365, 13.

exire *cum duplici nom.* I 338, 7. de hoc corpore II 15, 6. 13.

exerceo: in uindicta exercenda I 103, 8. in iudicio exercendo II 62, 14. ad dominatum exercendum II 298, 12.

exercitationes iustorum I 124, 1. exercitatio fidei I 252, 16.

exercitata molestiis uita I 252, 6.

exhalare flatum I 342, 23. 363, 12.

exhauritur uiribus (substantia corporis) I 248, 5.

exhibere cordatis delicias fatuitatis I 31, 20. uitae congruum famulatum I 107, 23. praesentiam incarnationis II 79, 11. seruitium I 450, 2. adsensum II 242, 8. exhibere *cum duplici acc.* I 380, 15.

exhilarare me litteris tuis dignatus es II 105, 2. 19.

exhinc I 353, 19. 381, 6.

exhonorant carnem Christi I 462, 15. 27.

exhorrere nefaria dogmata I 522, 29, *cf.* I 553, 27.

exhorrescis tantam profunditatem? I 390, 7.

exhortatio: per euangelicas exhortationes I 220, 11. christianis exhortationibus excitare I 297, 2, *cf.* II 104, 10.

exhortatorii libri II 71, 21.

exhortari ad aliam escam I 114, 1, *cf.* I 297, 3. 7.

exigere seruitutem de famulo I 107,
12. alterum exigere I 473, 13. 474, 21.

exiguitas: pro mearum uirium exiguitate disserui I 56, 23. erga exigui-
tatem meam II 105, 24. nostrae
exiguitatis industria II 114, 19.

eximere de numero fidelium I 340, 19.
carnem de illo exemptam I 355, 1.

exinanitur praescientia I 316, 2.

exinde I 399, 24. 466, 10.

existentia: nomen quo non res, non
existentia exprimitur I 246, 15.
247, 3.

existimationis meae curam gessisti I
334, 27.

existimor cum inf. I 236, 25.

existens = ὤν I 91, 13. 117, 12. 25.
316, 27. 323, 5. 339, 20. 450, 26.

exitu nouissimo ostendit I 467, 2. qua
exitus patet I 398, 5. nec exitum
inueniunt I 22, 22.

exoneratae corruptibilibus corporibus
animae I 409, 16.

exopto pro magno diuino munere I
348, 2. cum acc. et inf. I 281, 29.

exorbitare a tramite ueritatis I 334,
22. II 262, 19. a fide catholica I
340, 9. a deo I 517, 19. a uero I 365,
15. ad immane praecipitium I 338,
19. in quaestione II 184, 21.

exorcismus cf. Ind. nom.

exorcizatur in eis et exsufflatur
potestas contraria II 203, 12; cf. II
235, 20. 306, 3. 308, 11.

exordior: a quo iste ordo exorsus est
I 91, 10.

exordium I 11, 3. 19, 6. 47, 26. 71, 9.
II 72, 1. 312, 15 cet.

exorior: heresim Pelagianorum tanto
post exorturam I 568, 14.

exoro: pro peccatis dominum exorandum I 245, 22.

exortus: in exortu corporali ab utero
matris recentissimo I 36, 6. figuratum
uitae nostrae ueteris occasum et
exortum nouae I 162, 18.

exosculor: unde illi caput exosculatus
gratias egeris I 340, 27.

expauesco: cuius abyssi altitudinem
uelut expauescens I 28, 3, cf. I 538,
28.

expecto: illud est quod expecto ab
illo audire I 245, 3. ab alio homine
discere expectem I 387, 25. de illo
expectare debemus II 131, 10.

expedio: cui oboedire expediret I 107,
13. quomodo se ab obiectione quaestionis huius expediat I 271, 18.
non ita expeditum est I 439, 3;
cf. I 393, 5.

expeditius probare I 415, 12.

experientiae consequentia I 106, 14.

experimentum I 389, 16.

expertae ueritatis II 199, 11. cum acc.
et inf. II 58, 10.

expers: meque huius censionis experte
I 357, 18. corporis et sanguinis I
458, 2. expers sui I 381, 8.

expianda esse peccata I 245, 21.
expiatur in renascente II 297, 16.

explano: latius id explanat et clarius
I 272, 3.

expleo: non explet operationis uicem
II 278, 20. explendae libidinis I 56, 3.
desideria I 262, 21.

explodo: illud iam explosum repudia-
tumque sentiendum est I 29, 17.

exponant filios qui nascuntur inuitis
II 229, 25. ab inpudica expositum
I 471, 19.

exposcere consensionem I 460, 9.

expositiones epistulae Pauli II 94, 19.
183, 17. I 129, 8. expositio iustitiae
II 16, 6.

expositor sententiae dominicae I 480,
13. non expositore, sed tantum lectore opus habet I 6, 6.

expressius: id asseuerauit expressius II
168, 3. nihil expressius elocutos I
381, 1. illud multo expressius in libro
Iob I 413, 26. quid enim expressius
I 499, 4.

expressa de corpore forma I 400, 21.
408, 21. meum nomen euidenter
expressum I 425, 6. si ad originem
latine expressam interpretaretur I
170, 11; cf. II 11, 26. 71, 23 cet.

exprobratio: quasi per exprobrationem
dictum I 242, 21.

expugnatur concupiscentia II 26, 18.
non expugnat quod dicimus I 132, 5.
immo uero eas fidelibus nerbis et
litteris expugnaueris I 378, 20.

expurgo: etiam hoc in isto posse expurgari I 305, 11.

exsaturandae cupidini II 201, 10.

exsculpo: elegans ille sensus exsculpitur
I 321, 8.

exsecrabilia dogmata I 459, 6. 463, 21.
nihil exsecrabilius ac detestabilius
posse dici I 64, 11.

exsecrationibus insectantur sanctos
I 517, 21.

exsecrari cubile II 145, 2. exsecrandae
nuptiae II 298, 7. exsecranda domina
I 78, 11; cf. I 340, 16. 347, 23. 376,
20.

exserere uires I 71, 2. noua tormenta
I 222, 13. 14. suas exserant disputationes I 540, 18. suos exserat
motus II 318, 17. inmoderationem
suam II 16, 15.

exsors regni caelorum II 181, 1.

exspirant antequam baptizentur I 347,
5. 418, 6. 474, 24.

exspoliamur uetustate II 10, 22.

exstirpo: haec undecim nunc iam nihil
cuncteris exstirpare I 378, 13.

exsufflantur infantuli II 287, 1.

exsurgo I 56, 6. 451, 20.

extasis I 413, 11.

extendere manus II 68, 22. utrem I
364, 3.

exteriores tenebrae II 62, 10. lacrimae
II 161, 17. exterior homo II 9, 20.
232, 13. 240, 21. I 399, 26. 400, 10.
14. oculi exteriores II 139, 4.

exterminatio I 537, 24.

extermino: ut semel gentes extermina-
rentur I 155, 14. 222, 11. extermina-
retur in baptismo I 371, 18. exterminata subst. I 537, 22.

extinguit ac fundit conceptos fetus
II 230, 7. extinguere ignes ignibus
I 256, 25. 26. 257, 3.

extollo: de accepta lege se extollere
I 160, 18, cf. 259, 24. in magnitudine
reuelationum I 255, 25. extolli in
superbiam I 103, 23.

extorquere subscriptionem I 542, 18.
569, 25. confessionem II 274, 17.
uoluntatem I 210, 16.

extraneus: a cuius statu et uirtute
esse extraneus definitur II 121, 5.

extrema liniamenta I 202, 14. extrema
umbra I 258, 20. in extremo posuit
II 45, 22. in extremo obiectorum
II 121, 9.

extrinsecus I 35, 25. 182, 19. II 58, 19.
136, 18 cet.

exultatio I 505, 31.

exultare de dei bonis I 490, 18. de
hoc supplicio carnis grauiore supplicio mentis exultant II 310, 25;
cf. I 506, 18. 507, 5.

exundantia: habeat multa a nimia
exundantia reprimenda I 305, 5.

exui ueterem hominem I 81, 2.

42*

exusto eorum opere II 61, 10. aeternis eos ignibus exurendos II 60, 5. 61, 6.

fabricor: Adam ex limo fuerat fabricatus II 263, 13. omnes fabricatur ex semine II 278, 17.

fabulas inprobabiles texuerunt I 31, 6.

facetus (opp. fatuus) I 66, 14.

facie ad faciem contemplatio I 559, 9. eius faciem Carthagine uidi II 100, 17. cur ergo habet (peccatum) faciem? I 403, 17. si fueris oblitus faciem tuam I 401, 17. 19. in hominis faciem inflauit I 306, 12, cf. I 330, 7. 331, 6. 15.

facilitas domandae linguae I 242, 25. donum facilitatis II 21, 20. uia facilitatis II 103, 1. uoluntatis facilitas I 74, 12. facilitas humilitatis I 378, 23.

facio cum inf. et acc. cum inf. I 122, 6. 160, 13. 186, 1. 2. 200, 2. 260, 22. 347, 3. 508, 12. 521, 11. II 13, 17. 23. 43, 5. 186, 11. 205, 8. 215, 8. 229, 13. 262, 2. 315, 16. uim mihi ista uerba fecerunt I 442, 23. ut exceptos martyres faciat I 352, 7. quid de contemptoribus faceret I 216, 27. a salute facit alienos I 16, 13. 25, 20. se caput facit I 163, 4. conuersionem facere I 454, 11. opus fecerunt I 473, 17. recte facit aliquando consentire I 269, 23. transitum fecit = transiit II 176, 8. I 83, 7. 109, 5 non facit bonos fructus II 297, 11.

factor hominis II 197, 12. uasorum irae II 286, 17. factores legis I 198, 25. 30. 199, 9. 10. 17. 21 cet. iustitiae I 486, 17.

factura uel opus dei II 304, 9.

facultas faciendi I 210, 24. disputandi I 377, 13. naturae II 154, 13. ingenii

facultas I 419, 14. facultatis indigentia I 131, 22.

fallacia I 293, 24.

fallaciter iusti I 510, 13. fallaciter se respondisse I 467, 2; cf. II 24, 21. 224, 8. I 376, 6.

fallo: ni fallor I 22, 4. 126, 8.

falsiloquium: subrepsit tibi falsiloquium per suauiloquium I 344, 19.

falsitas dogmatis I 464, 9. duas falsitates redarguit I 543, 25. falsitatis dubitatio I 344, 25. non in falsitate potestas diabolica exorcizatur II 235, 19.

fama celeberrima praedicante I 423, 2.

familia: ubi cum illo fidelis familia eius beate et sempiterne tota regnabit I 372, 22. pater familias I 473, 20. 474, 12. diaboli I 63, 28.

familiares epistolae II 99, 11. familiariore affectu nolo ut erret I 286, 18. familiarissima caritate coniunctus II 209, 9.

familiarius loqui tecum II 210, 15. familiarius te nouit II 252, 13. familiarius aliquem didicisse I 423, 15. familiarius habitare I 410, 13.

famulatus: exhiberet uitae illi congruum famulatum I 107, 23.

famulus: famulum corpus I 107, 21. tribus famulis I 83, 18. Moysen famulum suum I 482, 15. de famulo exegerat I 107, 12. carnem famulam suam I 108, 10; cf. II 239, 27.

fas non est accedere I 372, 8. non enim fas fuit, ut eius erubesceret creatura I 448, 16.

fastigium: praemineas celsiore fastigio I 424, 11.

fatigatio utilis ac salubris I 164, 15.

fatigo: ut fatiget quidem legentis intentionem I 164, 15; cf. I 344, 4.

fatuitas: iniuriarum suarum mira fatuitate patientissimus I 31, 23. balbutientem fatuitatem I 67, 8.

faueo: hoc multum faueo libri huius auctori I 261, 8.

febrium calores I 257, 1.

fecunditas nuptiarum I 450, 20.

fecundatarum benedictio nuptiarum II 198, 25.

fecundior uirtutibus quam fetibus I 322, 11. radicem fructiferam atque fecundam II 140, 14.

felix necessitas II 9, 8.

femineus sexus I 405, 22. corpus I 411, 4. uiscera I 411, 17. membra I 411, 20. femineus usus naturalis II 289, 21.

femininum corpus I 327, 2. anima I 410, 18. genitalia I 411, 12. feminino genere I 528, 6.

fenerator II 160, 19.

ferme II 72, 3.

fero: non ferimus talia disputari I 271, 17, cf. I 505, 25. ulciscendi cupiditate fertur iratus I 502, 22. quibus hac atque illac quasi ferimur I 404, 13. ferri tanta praesumptione praecipitem II 170, 27.

feruente persecutione I 311, 14. assertionibus iam usquequaque feruentibus II 78, 22. per ora dogmata ista feruebant II 100, 21. nefariae quae adhuc feruet seditionis II 258, 23.

feruor concupiscentiae I 56, 1. 2.

feto: ut sine libidine fetaretur I 55, 23.

fetum colligit alienum I 471, 19. ad concipiendos fetus II 199, 4. mater fecundior fetibus I 322, 12.

fibrae: inter inlitas fibras elementorum I 357, 16.

fictus catholicus I 361, 17. ficto corde I 453, 18. 470, 11.

ficulneae esse folia II 270, 3.

ficulnea folia I 448, 19. II 198, 9. 219, 13. 309, 5.

fideles quod a credendo utique nomen est I 37, 8.

fidenter: cunctanter loqui potius quam fidenter I 144, 19. disserere aliquid plenius atque fidentius II 51, 7.

fides gestorum II 114, 5.

fido: de cuius misericordia fidere I 358, 28. de suis uiribus fidens II 45, 5.

figmentum cordis humani I 343, 26. idolorum I 171, 15. tamquam figmentum fusile ex forma lutea I 400, 19.

figulus: ipse dictus est figulus II 259, 22.

figura: cuius uenturi figuram gestabant I 91, 13. 106, 24. 494, 22. figuram noui populi praemiserunt I 126, 5. promissiuae figurae I 176, 24. figuram Christi gerens I 533, 6.

figurate accipienda sunt I 149, 8. figurate scriptum, dictum I 158, 2. 15. figurate promittebatur I 176, 22. figurate fieri praecepta est I 182, 7.

figurantur spiritalia II 66, 15. quam figurabat circumcisio manu facta II 195, 24. figurata praecepta I 166, 16. 181, 9. figuratae locutiones I 159, 8. in litteris lapideis figuratam I 178, 18; cf. 281, 19. 366, 11 cet.

fingo: quod finxeras interisse peccatum II 278, 8. per quas rimas peccatum fingis ingressum II 302, 24, cf. I 542, 4. animas fingere I 354, 16. 19. 21. 22. te catholicum fingis I 361, 3. 6. homines fingimus I 363, 2.

firmamentum fidei II 116, 5. ut per haec firmamenta probaretur I 137, 13.

firmissime creditur I 297, 20. firmius conspicimus I 410, 13.

firmissimum testimonium II 172, 9. firmissima fidei catholicae regula II 256, 2. fides I 247, 24. firmissimum apostolum uolebat efficere I 255, 22.

firmitas spiritalis I 115, 24. fidei firmitas I 465, 20.

firmo: uerum non esse sine dubitatione firmamus I 323, 19, cf. I 137, 15. 448, 1.

fixa sententia I 372, 9. fixa placitaque sententia II 71, 15.

flabello agitato doceri potest I 397, 25.

flabilis res I 306, 14. flabile alimentum I 363, 23. spiritus flabilis I 364, 3.

flagellare I 98, 6.

flagellum dei I 98, 7. 8.

flagro: tanto studio te aduersus hereticos in eloquia diuina flagrare II 253, 5. quorum aduersus eius errorem pro ueritate catholica studia consonantia flagrare cernebat II 172, 7. flagrantissimae caritatis II 154, 21.

flamma concupiscentiae I 187, 15.

flammante studio defenditur I 139, 16.

flatus: cum aer motus ipse sit flatus I 397, 25. flatus aeris appellatur spiritus tempestatis I 417, 4. flatus nostros in diuersa partimur I 363, 3. flatus uitae I 331, 6. 366, 9. dei flatus factus est ipsa I 306, 6.

flare nouas animas I 394, 16.

fletus: cum magnis fletibus reluctari I 35, 14.

floreo: fides eius de ligno floruit I 311, 18.

flore uirtutum II 140, 16. flos quidam speciosus enituit II 159, 27. 252, 4. hunc ibi uigorem sicut florem uirere potuisse II 317, 7.

fluentum fontis diuini I 343, 26.

fluxa alimenta I 363, 15.

foeditas: in adulteriorum foeditatibus regnat II 226, 14.

follis: sicut folles mouet I 363, 14.

fomes peccati II 275, 7.

foras mittere II 287, 2.

forense indicium I 502, 26.

forinsecus I 183, 15. 190, 5. 196, 13. 17. 273, 14. 385, 4. 388, 9. II 141, 7. 145, 23.

foris I 186, 1. II 161, 8.

forma sacramenti I 63, 26. 64, 10. 65, 2.

formatio I 235, 11.

formator animarum nostrarum I 394, 15.

formidare: non formidant mittere I 470, 13.

fornicatio I 34, 15. 177, 6 cet.

fornicator pater I 475, 5, cf. 448, 7.

fornicatur a uero deo ipse animus II 216, 6; cf. I 495, 7.

fortassis I 142, 12. 304, 18. 317, 16. 346, 20; fortasse, forsitan saepius.

forte = fere II 154, 10. ne forte, sed forte, si forte, nisi forte frequentius I 4, 21. 24, 4 cet.

fortior ratiocinatio I 38, 16. fortissima et celerrima ingenia I 236, 24.

fortitudo fidei (iustitiae) I 120, 20. 124, 18.

fouendi pulli II 215, 7. leniter fotus II 171, 14.

fractio panis II 217, 15.

frangens inuidiam II 155, 10. fracti dissilirent I 171, 15. calores febrium quibusdam caloribus medicinalibus frangi I 257, 2.

fraternitas titulus: quod eos uestra fraternitas asserit praedicare I 467, 9.

fraterna beniuolentia II 4, 5. I 303, 3. felicitas I 478, 20. caritas II 114, 27. dilectio I 335, 12.

fraudo: ut alius debito non fraudetur
I 474, 2. ne adpetitus tam honae
concupiscentiae fraudaretur II 317,
18. neminem fraudat I 473, 14.

fraudulenter abuti II 282, 24.

fraudulentus socius II 215, 14. fraudulenta laude I 542, 11.

fremere ad caulas I 424, 8.

frena uirtutis I 108, 4.

freno: temerarium cursum prouida
deliberatione frenare I 353, 15.
regiam audaciam II 280, 12. concupiscentiam aestuantem II 221,
9 cet.

frequentatio libidinis II 222, 17.

frequentia hominum (opp. solitudo
monachorum) II 110, 13.

frequento: quem more piissimo atque
materno uniuersa frequentat ecclesia I 128, 19.

frigescere desperando (opp. tribuendo
uanescere) I 377, 6.

frigidi et pigri Christiani I 297, 2.

frigus pigrum II 238, 12.

fronte sacrilegae impietatis negat II 67,
14. qua fronte conspiciet suos? II
102, 2; cf. II 176, 3.

fructuose I 361, 12.

frustrare potestatem captiuatoris II
236, 6. gratiam dei I 296, 21. praedestinationem I 370, 24.

frutex: uenenosa uirgulta fruticibus
catholicis inserere II 262, 20.

fui cet. pro sum in perf. pass. persaepe;
cf. I 5, 9. 8, 24. 10, 24. 25. 19, 1.
119, 5. 15. II 14, 10. 76, 7. 96, 23.
126, 13 cet. fore I 224, 16. 411, 10.

fulcire ruinas corporis I 341, 24, cf. I
342, 6. 13.

fulgentissima lux I 226, 2. uerba tanta
luce fulgentia II 255, 16.

fulgor pristinus II 190, 12.

fulmen: tamquam fulminum ictibus II
109, 19.

fumus contentionis tantae luci offunditur I 9, 6.

fundamine labare (habitationem) I
342, 5.

fundamentum habent Christum II 60,
8. antiqua fidei catholicae fundamenta II 262, 10. 268, 13.

fundatissima fides I 352, 26. II 286,
22. ueritas II 287, 6.

fundere orationem I 84, 7.

fungor: lectoris officio functus I 53, 8.

furiunt rabie I 424, 15.

furor: absolutionem suam fallendo
furatus est II 177, 20.

furtim de interdictis auferre I 350, 7.

furtiuum triticum II 293, 25. 295, 16.

fusco: quo (taedio) fuscetur hilaritas
II 16, 20.

fusile figmentum I 400, 20.

garrientes talia I 66, 19.

gaudeo: ut uere de illius conuersione
gaudeamus I 304, 28. de uestra
salute II 125, 6. de tua indole I
376, 7. in actione gratiarum I 490, 8.
didicisse gaudeas I 357, 2; cf. 378,
15. gauderem tantum I 360, 5.

gaudium: quod me inter illa gaudia
contristaret I 360, 9.

gehennae filii I 32, 6. 203, 23.

gehennalis ignis I 367, 6.

gelo: gelante substantia I 399, 22;
cf. 400, 19. 406, 2. 411, 14. 412, 7. 20.

geminus: frater ille geminus I 478, 19;
cf. 539, 18. gemini subst. I 474, 23. 478,
6. 484, 9. cf. duo gemini 475, 19. 22.

gemitus: cum lacrimis et magnis
gemitibus supplicant I 258, 14;
cf. II 43, 8. gemitu isto ingemescimus I 443, 17. tanto gemitu II 43, 1.

grauidus: uxor siue conceptura siue iam grauida II 317, 15.

grauis: inter graues odores I 274, 2. uiro grani I 305, 6. 8, cf. I 340, 16. grauissimum ingum I 496, 15. transgredi ad aliud grauissimum esse I 237, 19.

grauitatem senis I 344, 4. grauitate mentis I 376, 24, cf. I 358, 24.

grauiter arguerunt I 233, 7. ingemescat I 440, 21. grauius pereant I 255, 28. grauiter (opp. inridenter) I 403, 21.

grauo: senectute grauaretur I 4, 22. rescribere non graueris I 341, 13; cf. I 31, 16. 32, 10. 70, 4.

gremium: in matris ecclesiae gremio I 249, 6. gremio feminae semen infunditur II 271, 19.

gressus mei I 99, 15.

grex dominicus I 340, 23. 423, 18. 424, 8.

grunnitus suis I 273, 20.

gubernatio: propter arcae tamquam ecclesiae gubernationem I 83, 22. quid uero eius gubernatione praeclarius? II 87, 16.

guberno: ita gubernetur, ut audiat I 30, 10. domino ecclesiam gubernante I 569, 8, cf. II 87, 17. 18. 92, 9. prouidentia gubernat omnia II 43, 16.

gurges: in quam se profunditatem naufragosi gurgitis iecerit I 310, 29. tamquam scopuloso gurgite I 308, 6.

habeo: quoquo modo autem se habere isti uelint II 179, 20. longe aliter se habent quaestiones istae II 185, 23. licet ita sese habeat II 222, 12. 258, 21. 282, 11. quod habet ueritas I 54 17. II 126, 3. ut nihil haberet pudendum I 448, 15. tecum haberem sermonem II 213, 12. latinos codices

sic habere I 14, 16. habet enim eloquium I 305, 1. habent quo confugiant I 25, 22. habet ubi se exerceat I 342, 15. habui in transactis et abolitis I 139, 16. cum diu moleste haberem II 209, 4. habemus enim iam quosdam spumeos in sermone I 305, 8. in opere habere I 213, 4. quibus ita se habentibus I 492, 1. ab isto habent ut sint I 328, 11. pro magno habendum est II 43, 14. ut sibi ipsi habeatur ignotus I 381, 9. quod non habet controuersiam II 245, 21. perfecte se habere II 236, 26.

habilis: nec manus saltem ad scalpendum habiles I 69, 26.

habitaculum I 185, 14. 342, 18.

habitatio: in caelesti habitatione I 29, 18. suae habitationi prospicere I 342, 3.

habitudo: per carnem priscam reparat habitudinem I 307, 12 = 345, 5. 14. 368, 2. 4. 377, 22. 417, 27. quem ad similitudinem sui deliniauit exterioris hominis habitudo I 399, 26; cf. I 5, 7.

habitus I 409, 12.

hac atque illac quasi ferimur I 404, 13.

hactenus—quatenus I 382, 23. 25. uirtutem perfectam hactenus nominari I 508, 13. quae (quaestio) tamen hactenus soluitur I 539, 25; cf. I 508, 7.

haedos sinistrae partis diabolo pascit II 286, 5.

haerere cum datiuo I 12, 20. 53, 13. 149, 14. 309, 2. 314, 1.

haesitatio: sine ulla haesitatione I 133, 20.

halitus naturae dei I 362, 14. 15. 17. cf. I 362, 19. per halitum prophetae I 366, 2.

haurire memoria I 358, 18. spiritum I 362, 24; c/. I 364, 18.

hebdomades I 138, 5. II 195, 14. 196, 15; c/. Ind. nom.

ἡγεμονικόν I 387, 3, c/. Ind. nom.

hereditas Christi I 25, 21.

heremus: per heremum ductus II 66, 12; c/. I 495, 6.

heres ueteris testamenti II 66, 17, heresiarcha istorum Pelagius I 543, 8. heresiarches uester Pelagius II 268, 4. heresis passim I 312, 12. II 76, 12. 116, 18 cet. noui erroris I 461, 1.

hereticus passim: I 338, 8. 361, 1. 7. 9. uirgines II 216, 13. noui heretici I 424, 1. 553, 13. II 211, 5 cet. heretica nouitas II 235, 16. prauitas I 447, 17. sensus II 182, 20.

hesternus: qui (dies) nullo finitur crastino, nullo praeuenitur hesterno II 192, 4.

hic—illic I 558, 8. 559, 4. 567, 18. 19.

hilariter et ex corde faciendo II 15, 24. 18, 17.

hinc est quaestio I 431, 10. quae hinc dicebat I 243, 19, c/. I 11, 21. 190, 26. 283, 9. 528, 23. hinc tibi maiorem moueo quaestionem I 387, 13. hinc superius disputauimus I 448, 4. hinc angor paululum I 304, 1. hinc et nudi erant I 107, 24. hinc enim scriptum est I 211, 9. hinc iam ergo sollicitus coepi legere I 240, 22. hinc iam ita responsum est I 296, 1, c/. I 31, 4. si quid hinc subtilius disputandum est I 337, 11, c/. I 271, 16. 433, 14. 448, 9. ut hinc etiam a fratribus consulamur I 139, 18. ut hinc aliquando fides christiana dubitauerit I 546, 12. hinc ergo consentio I 440, 13. uides quanta hinc dici possent I 370, 24; II 104, 24. 150, 20.

156, 10. 227, 5. 13. 242, 19. hinc atque inde I 465, 27.

hincine non erubesceret? II 219, 4.

hoc idem ita dicitur I 13, 1. hoc autem aliquid quis possit scrutari? I 229, 5.

hodieque I 138, 13. 327, 22. 449, 6. II 219, 21.

hodiernus dies I 498, 18.

homicidium I 177, 6. 496, 29. 502, 7. 553, 5.

homines dei I 432, 24. 456, 3. 492, 7. intimus homo I 400, 26. homo Christus Iesus I 46, 23. II 193, 8.

honestas: ubi est cogitatio qualiscumque honestatis? II 317, 25. honestas nuptiarum I 450, 19. 502, 17.

honestus concubitus II 220, 19. honestius exemplum II 222, 2. desiderium II 283, 8.

honorabiles (nuptiae) in omnibus ad eas pertinentibus bonis II 239, 15.

honorifice dicere II 94, 14.

honorare legem dei II 68, 14. sic alius gratis honoratur I 474, 2. prophetas debitis in deo laudibus honoramus I 518, 17. honorande Valeri II 253, 4.

horrere sentibus uitiorum II 140, 16. horrentur uulnera et morbi I 161, 13. cum eorum profanas uocum nouitates ecclesia Christi horruerit I 542, 19; c/. I 568, 26.

horreum: a suo creatore, ubi horreum eius et fons eius est I 76, 22; c/. II 283, 9.

horribilis heresis I 460, 10. quod est horribilius I 144, 23.

horror profunditatis I 475, 25, c/. I 28, 7. humani sensus horror I 548, 13.

hostias offerre II 38, 23.

huc enim peruenit II 293, 6. 15.

huc usque est ad rem I 59, 21. huc usque ille uerba mea posuit II 257, 14. commemorauit II 281, 14.

humanitas *titulus:* ago humanitati tuae gratias I 239, 12. humanitas Christi (*opp.* diuinitas) II 191, 24.

humanitus: ut hoc scire humanitus nequeat I 394, 9.

humanae coniecturae I 31, 5. 454, 22. in consuetudine sermonis humani II 70, 23. humani sensus I 22, 2.

humiditas I 280, 17.

humidum alimentum I 342, 17.

humilitas *passim:* in humilitate confessio I 508, 14.

humiliter: si fideliter et humiliter recolas I 394, 21. humiliter uolenti I 260, 25. humiliter fateri I 264, 14. praeloqui I 357, 4. humilius respondere I 264, 11; *cf.* I 380, 15.

humilio I 125, 12. .

humilo I 104, 24. 167, 25.

hydropicus I 461, 5.

hymnus I 289, 20.

hypocrisis: hanc astutiam et dolum hypocrisin uult intellegi I 184, 22.

iaceo: in qua (ignorantia) profundissima iacet I 66, 8. iuxta se iacentibus mamnis I 69, 27.

iacio: in quam se profunditatem naufragosi gurgitis iecerit I 310, 29. noli in me huius conuicii lapidem iacere I 392, 10.

iactanter extollere possibilitatem II 165, 19.

iactantia: iactantiae ianuam serpens ille quaesiuit I 257, 25. sine uana inanique iactantia II 37, 15. suam sibi iactantiam obfuisse II 161, 24. iactantiam cohibens Iudaeorum 1 204, 1.

iactito: quod nos dicere iactitant I 492, 3.

iacto: se iactant uelut de opere proprio I 209, 16, *cf.* II 106, 18. quae de nobis iactant I 458, 20, *cf.* I 466, 19. 21. 467, 23. non se iactantium esse quod non sunt I 184, 27, *cf.* 346, 20. 389, 5. 472, 14. 504, 24. 569, 5. II 268, 1. 13. assertores tamen atque doctores iactantur II 184, 8. ut copiosius se libido iactaret II 221, 19.

iactus seminis II 318, 6.

ianua iactantiae I 257, 25. apertissimam ianuam (*opp.* latentem rimam) II 302, 26.

ibi: non tamen ibi esse quaestionem I 241, 21. 245, 2. 269, 25.

ibidemque (= *und eben dabei*) distantia I 182, 6.

ictus: uelut giganteos montes aduersus supereminentiam gratiae caelestis structos tribus diuinorum testimoniorum tamquam fulminum ictibus deiecisse II 109, 19.

idem ipse I 19, 13. 54, 27. 100, 1. 118, 1. 16. 142, 5. 175, 27. 306, 3. 362, 1. 389, 19. 531, 25. II 112, 9. 165, 14. 197, 12. 205, 21. 311, 19. 21. idem aliquid I 471, 6.

identidem (= *andrerseits*) I 28, 24.

ideo iam ipse ambigo II 96, 27.

idiotas et ineruditos decipere moliuntur I 502, 4.

idololatria: per idololatriam a patre impio esse alienatum I 312, 29. etiam magni quidam uiri ad idololatriae dedecus defluxerunt I 170, 21.

idolum I 56, 16. 171, 15. 177, 4. 495, 6. 496, 27. 553, 4.

idoneum est perducere II 301, 17.

ieiunio castigati I 138, 17; *cf.* II 16, 7.

ieiuno: quod bis in sabbato ieiunaret
I 76, 15.

igneus imber II 287, 25.

ignoranter petebat I 392, 17. quae
ignoranter siue quae scienter admissa sunt I 490, 5.

ignoratio I 489, 15; *ceteris locis* ignorantia.

ignoro quod I 25, 5. 72, 21. ignoro =
non facio I 444, 1.

ilico II 317, 15.

illac: hac atque illac quasi ferimur
I 404, 13.

illaesa manu excussit uiperam II 87, 12.

ille ipse II 159, 22.

illic apud Carthaginem I 139, 11.

illinc I 82, 10.

imaginari corpora absentium I 411, 1

imagines uisorum I 404, 15.

imitator diaboli I 17, 15. Cypriani
552, 4. imitatores fidei Abraham I
193, 23.

immane praecipitium I 307, 15. 338, 18.
immania saxa I 309, 11. 353, 21.
immane supplicium I 309, 19. im-
manius peccare I 31, 17.

immolatur domino oratio I 246, 4.
pecorum uictimas immolare I 496,
17.

immorari in facultate ac possibilitate
naturae II 154, 13. in his diutius
immorari I 31, 13, *cf.* I 173, 25.
270, 26. hic diutius immorari I
398, 7. 415, 5. 465, 26.

immunis ab originali peccato I 135, 22.
ab omni delicto I 144, 21; *cf.* II 259,
16. 311, 25.

impeccabilis II 108, 8.

imperiosus: de libidine imperiosa in-
. pudicis II 316, 26.

impetus aquae I 158, 26. eloquentiae
I 353, 17. anhelandi impetus I 364,

4. recitationis I 419, 11. disputationum I 451, 16. indignationis I
455, 18.

impietas heretica II 67, 13. impietatis
uinculum I 23, 13. originalis impietas I 28, 22. calumniosae impietates I 468, 1.

impiissima et superbissima uanitas I
542, 13 — impiissime separare II
257, 7.

imus: ab imo (*opp.* a summo dei)
·autem corporis I 400, 23. ad ima
uestigia I 411, 15.

in *cum abl.:* in ueritate cognitio et in
humilitate confessio I 508, 14. in
temp.: in praesenti, in futuro saeculo
I 8, 12. in huius uitae tempore I 18,
29. in illa aetate I 35, 14. 38, 14.
II 261, 2; *cf.* II 60, 3. 81, 4. 117, 14.
I 53, 24. 265, 12. 290, 26. 28. 325,
15. 23. 478, 7. 522, 9. 14. 541, 19.
558, 6. in *loc.:* in Sodomis II 287,
25. in hoc loco epistulae I 438, 8.
in isto loco I 508, 7; .*cf.* II 130, 28.
155, 5. 160, 4. 165, 14. 317, 11.
I 105, 23. 189, 1. 238, 10. 239,
19. 289, 9. 316, 1. 318, 23.
347, 5. 438, 8. 451, 25. 521, 19.
in *pro abl.:* in castigatione corporis
frenatur concupiscentia II 16, 11.
aegritudo sanatur in eius gratia I
24, 19. cum scandalizati essent
plurimi in eius sermone I 427, 25.
gloriari in domino I 429, 13. in-
fudit in uitio II 280, 5. in profectu
anteibat I 89, 15. in se gloriari I
425, 23. 512, 21. in sua iustitia II
34, 13; *cf.* I 570, 10 — nisi ecclesiam
in solis bonis uellent fortassis intellegi II 80, 23. in hoc intellegi solet
II 63, 16. ipse est in culpa II 56,
11. 59, 20. 25. 84, 12. sit ergo in
exemplo II 235, 2. in bono esse,

in malo I 428, 13. 14. in proximo constitutis II 122, 9; c/. I 11, 27. 490, 8. II 36, 16. 47, 27. — in *cum acc.:* in hoc opus creata II 219, 2. eam aedificasse in mulierem I 330, 6. facta est in animam uiuam I 331, 7. puto etiam non tibi uideri uel esse in creaturam (*ex coni.*, *sed c/. Hier.* *38 [31]*, *33*) uel corpus esse peccatum I 403, 16. omnia cooperatur in bonum II 165, 27. quod in praemium daret II 280, 4. in noctis usum II 280, 10, c/. II 285, 8. esse in salutem I 198, 22. ne in uanum suscipiat II 15, 5, c/. I 177, 5. 496, 28. in iniuriam ueteris testamenti hoc negant II 64, 16. in ueritatis odium susceperunt I 429, 24. 430, 23. si non in uacuum gratiam eius suscepit I 70, 13. qui sunt a iustis in contrarium longeque discreti I 504, 18. tam in contrarium ab illis remoti I 503, 26. qua in senium ueterescerent I 21, 8 — in peruersum suffragari II 121, 22. in peruersum uitare II 292, 23. non in peruersum, sed in directum currere I 236, 24. diuersum aliquid in deterius creat I 343, 24. in deterius mutatio II 248, 23. in deterius commutatio I 107, 3. in peius proficere II 76, 13. in aeternam inmortalitatem plena mutatio II 249, 10. mutatio in aeternam incorruptionem I 6, 18. natura in melius instaurata II 155, 20. in deterius mutata natura II 199, 8. I 306, 2. in deterius commutata natura II 315, 21. in melius commutandi I 3, 8. in deterius mutata qualitas II 311, 18. mutauerit uitam siue in melius siue in deterius II 311, 20. I 344, 11. 12. mutauit in peius II 316, 4, c/. I

347, 21. 371, 13. mutari in perpetuum II 272, 18. in perpetuum continere II 224, 4. in uniuersum conuincitur I 524, 25. uiuente in aeternum II 223, 3. in aeternum manebit II 81, 22. 241, 19. glorificet in aeternum II 103, 3. in posterum inconuertibilis II 72, 24. 69, 5 — in quantum I 409, 24. 431, 20. II 132, 19. 246, 24. 286, 12. 14. 298, 21. in tantum II 4, 19. 150, 15. 246, 23. in tantum ut I 122, 18. in finem usque II 287, 13.

inaequalitas ualetudinis I 248, 4.

inaestimabilis benignitas II 148, 28.

inamissibilis possibilitas I 276, 27.

inanio: opitulatio saluatoris inanitur I 270, 12.

inanis rumor I 340, 30. uelut per inane sublati I 171, 14. si huius inanes gratiae corpore exierint I 27, 17. inanis substantia I 397, 6. 8. 9. 10. 12. 13. strepitus I 364, 13.

inanitas cassa I 397, 5. 19. 398, 12.

inaniter I 453, 5. 454, 9. 455, 14. II 279, 7. 299, 4.

inardescat inhaerere creatori I 157, 17.

inbutus religione I 32, 1. 72, 15. sacris mysteriis inbui I 37, 6. sacramento regenerationis I 115, 1. 134, 21, c/. I 145, 11. nulla fide passionis Christi inbuta I 234, 27.

incapaces praecepti I 249, 5.

incarnatio domini II 65, 15. 68, 3. 79, 11. I 119, 25. 433, 1 *cet.*

incassum de nomine laborare I 413, 17.

incaute loqui I 365, 22. uerba incautius conscripta II 55, 24.

incauta locutio II 52, 14. temeritas I 77, 10. incautum uulgus I 361, 25.

incensum I 263, 11, c/. *Ind. nom.*

incentiuum libidinis II 198, 15. incentiuum prohibitionis I 169, 11.

miraculum I 70, 15. gaudium I
506, 19. illa ineffabilia I 191, 6.
ineffabili modo I 404, 27.

inemendati libri II 126, 1.

inenarrabile gaudium I 507, 6.

inire pacta (*Ehevertrag*) II 224, 6.

inerme est conditionis bonum II 151,
16. inermem usquequaque con-
sistere I 129, 5.

inexpertus II 199, 8.

inexplorata culpare I 304, 18.

inexterminabilis: quod ante dicatur
inexterminabilis factus II 169, 3.

infamiam uereri II 259, 5.

infamo: naturam dei mutabilitatis
obprobrio infamauit I 356, 13. de
quibus eum homines infamare conantur II 150, 11. quam inique nos
negatione gratiae infamare gestierint
II 158, 9. se infamari, quod neget
II 180, 4.

infantia: ab infantia usque ad senectam
II 110, 1. ab ipsa exorsus infantia I
119, 13. animae infantia I 344, 1.
in infantiae primordio I 478, 7.
humana infantia I 524, 28; *cf.* I 384,
27.

infantilis aetas II 239, 1. manus I 408,
10. infantilia membra I 119, 1.

infantuli II 287, 1.

inferi *cf. Ind. nom.*

inferiora nostra (*opp.* superiora illius)
I 110, 11. 20.

infernus cruciatus I 341, 20. infernus
subst. I 282, 6. 372, 6. infernus
inferior I 308, 21.

infero: inferre argumentationem ex
propria persona I 131, 27. incensum
inferre I 263, 12. inferentes conclusionem eius I 281, 8. aliquid
quaestionis II 95, 18. sic infert uerba
II 282, 15. uulnus inferre I 308, 12.

intuli, quia et apostolus dixit II
94, 1. 108, 13.

infestus errori II 210, 8.

inficio: etiam te deus fecit, sed grauis
error infecit (*angesteckt, befleckt*)
II 279, 25. 287, 9. 14.

infidelis (*cf. H. Rönsch, Itala und
Vulgata² pag. 333*) I 4, 2. 113, 2. 4.
II 214, 14 *cet.*

infidelitas I 8, 24. 144, 4. 488, 28.
495, 22. II 28, 12; *cf. Ind. nom.*

infideliter intellegere I 114, 11. calu-
mniari II 212, 5. 256, 7. infideliter
uti II 215, 15.

infixus horrendis cautibus I 309, 15.

infinitiuus subiectum: si malo ei non
est carere possibile II 12, 13; *cf.* II
15, 6. 7. 27, 3. I 124, 6. 125, 25.
239, 3 *cet. obiectum:* habet posse ...
habet uelle I 282, 9. amittat scire ...
amittat posse I 295, 19. 21; *cf.* I 39,
3. II 128, 13. 26. 129, 22. 23. 139,
15. 16. 146, 8. 9 *cet. inf. a praep.
pendens:* de posse et non posse, de
esse et non esse contendimus I 237.
26. ad non esse, non ad non posse
proficiunt I 238, 4. illud pertinet
ad non concupiscere, hoc ad diligere
II 10, 20. inter docere et suadere
II 134, 12. de uelle nec de esse
II 128, 28. *inf. pro gerundio:* cum
uoluntas mala potestatem accipit
inplere I 211, 25; *cf.* I 78, 12. 109,
18. 427, 2. II 120, 24. *inf. fin.*
I 118, 13. 172, 15. 176, 11. II 28, 5.
261, 16. 295, 3. *inf. passiuis additus
cf.* arguo assero censeo clamo com-
memoro commendo concedo conuin-
co credo declaro defendo definio de-
lecto dinosco dubito existimo intellego inuenio iudico lego monstro nego
numero obicio ostendo perhibeo per-
mitto praecipio probo puto refero

repperio significo sino suggero teneo;
cf. etiam appareo.

infinitum tempus I 325, 10. 16. 366,
20 *cet.*

infirmitas passionis I 118, 6. multiplicatis infirmitatibus II 45, 9.

infirmare sententiam I 54, 20. non
infirmat (*opp.* confirmat) quod
dictum est I 220, 21. peccator infirmatus est I 249, 12. testamentum
non infirmari I 492, 29. 493, 6.

inflammare *seguente inf.* I 157, 17.

inflatio utris I 363, 2. 7. 364, 8. quid
est autem aliud elatio quam inflatio
II 135, 18.

inflecti ad tramitem rationis I 357,
11. 376, 13. 15. 24.

inflexiones dorsi ceruicis et laterum
II 218, 23.

infligere dolorem II 284, 12. morsum
I 115, 7. mortem I 125, 19. 150, 15.
uitium I 277, 27. 279, 11.

inflare utrem I 362, 22. 363, 2. 364, 1.
11. auditores inani strepitu uentosi
sermonis inflare I 364, 13. de bonis
inflari I 170, 20. quem falsae doctrinae uentus inflauerat II 171, 7.

informare legentis animum I 106, 6.
eos informabat ad hereditatem salutis aeternae I 118, 7.

infructuose dicere I 541, 6.

infundo: quod deceptis diabolus in-
fudit in uitio II 280, 5. infunditur
semen gremio II 271, 19, *cf.* I 11, 17.

ingemesco *seguente acc. et inf.* I 440,
22. gemitu isto ingemescimus I 443,
18.

ingenero: malae ualetudines parentum
ingenerantur quodam modo in corporibus filiorum II 316, 1.

ingenia fortissima et celerrima I 236,
24. humana ingenia I 32, 10.

ingero: nolentibus se ingerit I 452, 4,
cf. I 304, 10. quem (librum) tibi
non ingererem II 252, 12, *cf.* I 362, 3.
nisi opere nutrientis inmotis labris
papilla uberis ingeratur I 69, 27,
cf. I 363, 20. 24. 413, 13.

ingratus: non sit ingratus deo I 349, 1;
cf. I 51, 23. 100, 27. 161, 10. II 103,
20.

ingressum, hoc est iter nostrum, munda
mundat oratio II 20, 17.

inhabitans spiritus I 9, 10. 146, 14.

inhabitatio terrena I 274, 18.

inhaerere peccato I 310, 15. creatori
I 157, 17, *cf.* I 133, 17.

inhibeo: temerarium cursum uelis
depositis et remis suae disputationis
inhibitis prouida deliberatione frenare I 353, 14.

inhio: populo terrenis bonis inhianti
I 496, 6. *cum acc.* I 219, 11.

inhonesta et nefaria desideria I 262,
21. consensio I 452, 14.

iniquitatibus suis addidit II 45, 21.

iniquum est, ut II 204, 20.

initio: qui defectus non aliam naturam
malam initiat II 141, 12.

iniuriosus: conuicia paruulorum etiam
in parentes non solum iniuriosa non
sunt I 66, 24.

iniustum uidetur ut I 28, 18; *cf.* II
218, 20. I 132, 11. 144, 11.

inlatio: ut ratiocinationem eius non
necessaria inlatione conclusam ostenderemus I 280, 14.

inlecebra carnis I 30, 24. delectationis
I 87, 18.

inlecebrosus stimulus II 240, 1.

inlicite I 445, 23. II 289, 24. 290, 15.

inlicitae corruptelae II 201, 8. corruptiones I 56, 8. 108, 5. desiderium
II 245, 23. inclinatio I 74, 17. concupiscentiae I 25, 6. 166, 1. 287, 7.

consensiones I 116, 8. delectatio I 226, 20. inlicita *subst.* II 316, 16. I 71, 3. 74, 1. 3. 75, 19. 225, 24. 226, 7.

inligare artius quaestiones II 24, 1. litteris inligare I 389, 22.

inlino: inlitae fibrae elementorum (= *Buchstaben*) I 357, 16.

inluminatio spiritalis (*opp.* corporalis) I 36, 13; *cf.* I 36, 26. 235, 13. II 131, 28.

inluminentur et non calumnientur I 488, 9; *cf.* I 25, 11. 35, 4. 7. 11. 18. 21. 22 *cet.*

inlustratio perspicuae ueritatis II 102, 20. 103, 15. inlustratio aduentus eius II 155, 28.

inlustris dominus II 209, 2. 17. inlustris persona II 253, 2. uir II 213, 13.

inlustrius declarata II 39, 12.

inlustrat exemplis etiam uel similitudinibus quid dicat I 272, 7, *cf.* I 342, 2.

inmaculatus *passim:* inmaculatissima puritas I 290, 27.

inmaturae aetates I 347, 28.

inmeritus: qui neminem damnat inmeritum I 458, 8, *cf.* II 101, 20.

inminens ruina I 342, 6. 12. inminens quaedam iracundia dei I 83, 19.

inmittunt aliarum nebulas quaestionum I 516, 9. reluctanti studium uirtutis inmittere I 469, 20 = 471, 2. 483, 22. 522, 4. 534, 7.

inmoderationem suam exserere II 16, 15.

inmoderatius ridere I 266, 10. aliquanto inmoderatius poma decerpsit I 266, 12.

inmoderato affectu laudant II 70, 21. inmoderata libidine fuisse pollutos I 433, 4 = 444, 24.

inmortalitas beatissima II 244, 15. tota inmortalitate uestita (caro) II 247, 14, *cf.* I 439, 17.

inmortaliter: regenerandos inmortaliter filios mortaliter generant I 116, 26.

inmota labra I 69, 26.

inmunditia I 112, 26. 250, 6. II 204, 21.

inmunda committit II 296, 13. inmundiora flagitia II 289, 23.

inmutabilis bonitas II 304, 12. substantia I 398, 11.

innata concupiscentia I 70, 10.

innecto: qualibus se laqueis praesumptionis innectat I 312, 19. animas uinculo peccati originalis innectit I 356, 16; *cf.* I 73, 19.

innocentiae ueritas II 55, 13.

innocuus fructus II 294, 23.

innotesco: per ceteras terras euitandae (hereses) innotescere potuerunt I 570, 8.

innouatio hominis II 277, 3.

innouo: baptisma perfecte homines innouare I 522, 7 = 540, 15. innouati parentes I 115, 13; *cf.* I 51, 19. 81, 18. 19

inoboediens *passim* I 107, 19. 108, 9. 10. 18 *cet.*

inoboedienter inordinateque mouetur II 318, 13. I 56, 5.

inoboedientia *passim* I 48, 6. 108, 6. 11. 20. II 318, 18 *cet.*

inolesco: inoleuerat usus II 273, 21. uiolentia quodam modo naturaliter inoleuit I 295, 13, *cf.* I 258, 6. inolita concupiscentia I 169, 10.

inordinate moueri II 318, 13. 20.

inordinati motus II 221, 8. inordinata commotio I 451, 10. inquietudo · I 452, 3.

inpedior *cum inf.* I 387, 19.

inpulsus horrendis cautibus I 309, 15.

43*

inpendo: operam creandis filiis inpendunt II 201, 10. nocturnas aliquas
horas lectioni II 252, 15. mortem
pro fratribus I 116, 22.

inpensius loqui pro paruulis I 149, 18.

inperfectionis cognitio I 508, 14.

inperitia I 60, 3. 379, 15.

inpetratio gratiae I 208, 20.

inpingo: actibus militaribus occupato
aliquid opusculorum legendum in-
pingere II 213, 18.

inpinguetur caput eius (oleo) I 357, 25.

inplico: grauiori corpori inplicitus I 30,
23. se malis poenalibus inplicant
I 216, 24. quaestione se ipse inplicuerat I 308, 1. ista inplicati superbia I 510, 9. ut possint eos suis
retibus inplicare I 542, 5.

inportuna inquietudo I 452, 3.

inpositio: per orationem manus inpositionis sanctificari I 113, 18.

inpossibilitas I 223, 18. 228, 21. 244,
21. 294, 2.

inprimo: quod ibi per imaginem dei
inpressum est I 202, 20, cf. I 400, 21.

inprobabiles fabulae I 31, 7. si inprobabilis detegatur I 357, 7 = 376, 4.
379, 4. 417, 21.

inprobatio: cauendi euidentius apertiore inprobatione monstrantur I
424, 3, cf. II 203, 8.

inprobe uidentur inruere baptismo I
24, 15. non tam inprobe asseritur II
64, 1; cf. II 68, 2.

inprobo: quae sana doctrina inprobat
I 419, 10. inprobare assertionem
I 242, 15. sententiam I 304, 22.
humilitatem I 336, 19.

inprobum obstinatumque iudicium I
357, 10 = 376, 12. 14. 18. 22.

inpudentissimus pudor II 147, 10.

inpudenter ab inpudentibus laudatur
II 212, 15.

inpunitus de praeteritis I 282, 14.
fiat inpunitum per indulgentiam
peccatorum I 541, 26.

inputo: ut in peccatum non inputetur
II 240, 18. 241, 16. 248, 5. 7; cf. II
13, 1.

inquietudine sollicitat I 452, 3.

inquilinum quemquam suae habitationi prospicere I 342, 3.

inquinamentum: animam perhibent
cum meritis inquinamentorum suorum uenire in hominis carnem I 526,
11.

inquinatio: animam bonam pro meritis
inquinationis suae per cibos et
potum uenire in hominem I 526, 6.

inquinari animam meruisse I 307, 14.
16. 20. 31. 333, 15. 345, 7. 26. 29.
368, 3. 6. 10 cet.

inquirere actum I 322, 19. si autem
de sua origine inquirat I 386, 17.
etiam quaeque interna oculis corporis inquisiuit I 386, 1.

inquisitio I 98, 26. 519, 10.

inquit sine subiecto e. gr. I 8, 17. 25.
15, 1. 18, 25. 91, 5.

inrationabiles animantes II 70, 16.
motus inrationabiles I 119, 6.

inrationales animantes I 392, 4. inrationalia pecora I 415, 14.

inreligiosus: quid nobis esset ingratius,
quid inreligiosius? II 275, 11.

inreprehensibilis I 79, 9. 10.

inreprehensibiliter currere II 20, 15.

inreuocabiliter obliuisci I 386, 21.

inridenter contemnis errantem I 358, 6.
ioculariter atque inridenter, non
serio grauiterque agere I 403, 21.

inridere = subsannare I 319, 7.

inrigant uenae totum corpus I 386, 9.

inritus iactus seminis II 318, 6.

inrogare catholico calumniam I 544, 21.

inrumpere moles I 277, 7.

inruo: baptismo inprobe uidentur inruere I 24, 16. si plaga inruerit ignoranti I 407, 5. ut in alteros inruat I 523, 4.

insanabilis I 461, 23.

insania heretica I 376, 8. 447, 12.

insanire arroganter I 90, 19. quis usque adeo dementissime insaniat? I 236, 14. alio genere peruersitatis insaniunt I 461, 7. turpius et procacius insanire II 241, 12.

insanus: quis hoc insanissimus opinetur? I 343, 9.

insatiabiliter legere II 206, 19.

inscribitur titulus I 544, 25.

inscrutabilis iudicii modus II 62, 23. quaestio I 539, 8.

insectari aliquem lapidibus I 32, 2. sanctos exsecrationibus insectantur I 517, 21.

inseminatum est uitium persuasione II 312, 20. insita et quodam modo inseminata in paruulis latet (ratio) I 36, 26.

insensati lapides I 77, 3.

inseparabilis coniunctio II 236, 24. inseparabilis nihil peccandi possibilitas I 276, 4. 20. 26. 282, 9.

inseparabilitas possibilitatis I 277, 15.

inseparabiliter perseuerare II 222, 25. inseparabiliter insitus I 275, 20. 24. 276, 1. 18.

insequitur (ueritas) Manicheos I 517, 23.

inserit suo corpori paruulos I 11, 13. cui disputationi si se inseruerit quaestio I 72, 2. epistulas insertas continent gesta II 99, 12. libelli minoris superius inserti II 168, 21. insertum stultiloquium II 173, 30; cf. I 129, 17. 310, 24. 314, 21. 349, 26. 356, 26.

insero: cui delectationem malitiae deceptor inseuit I 428, 16. heresim Pelagianam tamquam uenenosa uirgulta fruticibus catholicis inserere II 262, 20. oliuae inseritur oleaster I 200, 19. ecclesiae Christi insitum tenent I 33, 20. insita uis I 141, 15.

insertio I 200, 11.

inseruire cupidini II 201, 11.

insidiantia scripta I 424, 13.

insidiosa uenena I 460, 7. insidiosissimae laudes I 542, 2.

insignitius nos adtingere I 382, 2.

insinuo: tale aliquid nobis insinuatum est (mitʒeteilt) de patriarcha Dauid I 125, 7. quae Pelagius insinuat (= docet) eos dicere I 131, 15. hunc Christum apertissime insinuans I 160, 21. sicut iste insinuauit II 258, 19. sic insinuantur haec duo II 290, 11. ut quaestio discutienda insinuaretur I 133, 14; cf. I 430, 2. dei adiutorium multipliciter insinuandum putauit II 131, 24. ueraciter insinuando qualem te nouerit II 209, 10. oratione insinuans omnes regulas sancti desiderii II 16, 10. cum carnalem Christi natiuitatem insinuaret II 251, 15. — haec peruersitas insinuare se nititur cordibus II 295, 4.

insipienter atque infeliciter repugnare uideri I 145, 12. insipienter elati I 510, 14. insipienter dicitur I 511, 13. insipienter orauit I 455, 13.

insipientia: nec propterea deo det insipientiam, quia non plene capit eius sapientiam I 160, 7. ne cogatur insipientiam profiteri, dum ueretur ignorantiam confiteri I 317, 9.

insolentissimum uerbum I 374, 10.

insoluta quaestio I 539, 25.

gerrima regula ueritatis I 104, 18.
integro iure amicitiae I 335, 14. integra fides I 359, 1.

integre liberum arbitrium confitemur II 158, 10.

integritas in fide II 307, 24. integritas uirginalis (= *Jungfrauschaft*) I 503, 13. ab aliorum salute atque integritate uitentur (lupi) I 570, 17.

intellectuale I 414, 14, *cf. Ind. nom.*

intellectus intimus I 416, 3.

intellegentia inuisibilium creatoris I 172, 8. spiritalis intellegentia I 158, 4. fidelis int. I 306, 4. intellegentia animae distincte dicitur spiritus I 415, 2. pecora non habere uim intellegentiae I 415, 15. 22.

intellegibile bonum I 190, 2.

intellegor *cum inf.* I 15, 27. 54, 27. 95, 9. 284, 24. 414, 11. 444, 7. 505, 3. II 57, 2. 133, 16. 247, 3. intellego quod II 130, 7, quia I 7, 10.

intemperantia (= *Maßlosigkeit der Begierde*) II 228, 20.

intendo: animum ad ea intende II 213, 20. animum in uerba I 401, 24. nisi pertinacia pugnaces neruos aduersus constantiam perspicuae ueritatis intendat I 26, 8. non poterant intendere uultus Moysi I 183, 19. intendi ad fidem I 216, 14. in illa membra aspectus intenditur I 449, 11.

intente quantum possumus diligenterque uideamus I 58, 6.

intentio cordis I 88, 15. ut sit eius intentio in uoluptate II 215, 3; *cf.* I 9, 22. 93, 8. 145, 20. 164, 15. 218, 16. 508, 22. II 105, 15. 212, 11. 215, 19. 254, 19 *cet.*

intenta conflictatio I 221, 11.

intercedente aliquo grauiore delicto I 553, 11.

intercessio mediatoris I 203, 9.

intercludo: quid intercludit has uoces? I 275, 16. quibus et ipsi regnum caelorum intercludunt I 112, 21; *cf.* I 55, 18.

interclusio destructa I 70, 21.

interdico: qui paruulo interdicat communem humani generis redemptionem II 181, 14, *cf.* I 381, 23. cum de interdictis auferrent I 350, 7.

interisti communicando catholicis I 361, 3.

interficere inimicitias I 116, 6.

interim = *indessen, jedoch* I 62, 23.

interimo: originale malum tot praeiudiciis interemptum est II 289, 1.

interior familiaris II 210, 13. interiora sua I 436, 24.

interlocutio I 464, 4. 465, 18. II 118, 6.

interloquentibus episcopis constat esse damnata II 78, 19.

intermissio I 21, 9. 384, 7. 387 2. intermissis paululum quae in manibus erant I 233, 2. paululum intermissa seueritas I 465, 23.

internum malum I 288, 11. conflictatio I 288, 12. interna potestas II 145, 23. interna *subst.* I 385, 29.

interpellare sanctos facit I 392, 23.

interponere etiam de libris meis nonnihil uoluit I 286, 16. suis litteris interponit I 351, 6. creatoris ipsius interposita ueneratione I 548, 14. commemoratione mei nominis interposita II 77, 8, *cf.* II 121, 13.

interpretatio I 496, 11. II 172, 26.

interpretor *pass.* I 170, 11. 320, 16. II 56, 3.

interrogatio: quid quo pertineat et quid unde dicatur, etiam in uno homine distinguendum est I 83, 15. quae illorum ad quid istorum pertineant I 520, 15.

interrogata *subst.* I 59, 26. 147, 7. 312, 27. 370, 3.

interrumpere sententias II 258, 15.

intersum: quasi flandi tantum numerus interfuerit I 366, 7.

interualla (= *Absätze*) II 112, 23.

interueniente repudio sine crimine conceditur cum aliis alia conubia (lege huius saeculi) copulare II 223, 10. efficientiae potentia operationis interuenit II 264, 15.

intestina (*subst.*) corporis I 385, 28.

intimo: liber tuae reuerentiae cur ad te potissimum missus sit ipse suo principio commodius intimabit II 210, 25. causas breuiter intimabo II 212, 21. conari eos quidem ... tuis litteris intimasti I 10, 11. 64, 16. non potuit excellentius intimari I 107, 7, *cf.* I 132, 1. hoc ipsum peto nobis intimare digneris I 340, 30. si haec uerba baptizandis fideliter intimantur II 55, 7.

intimum totius hominis I 400, 16. ex intimo cordis ignoscat II 17, 4. intimus sensus, ex quo est appellata sententia I 416, 10. intimus intellectus I 416, 3. intimus homo I 400, 26.

intolerabilis uidetur cordibus christianis I 271, 11. angustias intolerabiles perpeti I 364, 16. intolerabilem facit iniuriam I 371, 10. intolerabilia peccata II 193, 20.

intonat per os proprii corporis ueritas I 352, 4.

intorte hoc dixit I 275, 6.

intra se ipsos tractatus sui deuorasse indicium I 381, 5. intra corpus naturae suae I 399, 23.

interius: ueniamus interius ad causam I 270, 27. interius recondi I 412, 8.

altius et interius infundere doctrinam II 136, 16.

intrinsecus I 11, 10. 80, 24. 182, 20. 183, 16 *cet.*

introducere personam suam quasi cum altero disputantem II 13, 16. introducere personam suam I 435, 10. *acc. et inf.* I 364, 25.

introductio: uelut ex suae personae introductione nos instruit II 242, 20.

introrsus: quomodo anima partes suas recondat introrsus I 407, 9.

intueor: intueamur dominicae conuersationis exemplum II 126, 19, *cf.* II 157, 10. hoc tantum intuentes II 53, 6.

intuitus: cuius intuitu nouerimus quemadmodum uiuere debeamus I 166, 9.

intus: in ipsa intus uoluntate peccat I 436, 23. sed intus et germanitus in corde sensisti I 376, 16. intus in ipsis hominum cordibus operari I 454, 19; *cf.* II 161, 7. 13. 310, 12.

inuro: ex hoc potius esset praeuaricationis nota romanis clericis inurenda I 465, 11.

inutiliter: ut non eos laudet inutiliter defendatque crudeliter II 319, 1.

inualidus II 127, 25.

inuenio *cum duplici acc.* I 303, 8. 358, 9. 359, 2. 424, 19. *cum inf.* II 244, 13. inuenior *cum inf.* II 30, 1. 66, 10. 102, 16. 108, 23. I 372, 3. 429, 18. 485, 3. 494, 21. *cum duplici nom.* I 356, 3. 357, 3.

inuerecundus deus II 280, 3.

inuestigatio superflua I 381, 19.

inuicem: possunt et contraria non inuicem aduersari I 280, 16. inuicem non fraudant II 215, 13. 228, 19. inuicem licite coniugati II 298, 23.

iura nuptiarum semel inita manent inter uiuentes II 223, 15.

iussionis terror I 463, 18. iussio generalis II 10, 16. 18.

iussum *subst.:* iussis uolentium I 451, 2.

iustificatio I 11, 10. 15, 20. 22. 27. 54, 8. 91, 21. II 165, 26. 277, 8 *cet.*

iustificatoris gratia I 199, 23; *cf.* I 207, 7. II 147, 17.

iustifico *passim* I 12, 18. 22. 15, 5. 16, 1. 18. 18, 11. 14 *cet.*

iustum est ut I 28, 21. 24. 113, 1. II 204, 18 (*anacoluthia*).

iuuat quia II 133, 15.

iuuenalis: praesumptio tua iuuenalis I 395, 11. alteram iuuenalem (manum) I 408, 9.

iuxta *praep.:* iuxta quem modum I 296, 27; *cf.* I 312, 3.

iuxta confixus I 369, 9. iuxta ponere I 470, 24.

Karthagini *locat.* I 136, 2.

labes originis II 204, 22. aetatum I 106, 21. 25. peccati I 143, 4. terrenorum affectuum I 202, 13.

labia: si non in labiis ista sonuisti I 376, 16; *cf.* I 482, 12. 13.

labare fundamine I 342, 5.

labi lingua II 71, 5; *cf.* I 21, 9. 30, 16.

labores deliciis contrarii I 124, 24.

laboriosius et operosius excitari I 142, 12.

laborare et agonizare pro salute II 108, 9 = 109, 3. inuidia laborare II 101, 6. tantis disputationibus II 312, 8. in huius uitae temptatione laborare I 227, 25, *cf.* II 21, 5. pro qua iste multum laborat I 240, 1. tantis conatibus laborasti I 406, 24; *cf.* I 22, 21. incassum de nomine

laborare I 413, 17. Manicheorum morbo non laborant I 461, 2. *cum inf.* I 100, 18. 343, 28. 431, 26.

labris papillam ingerere I 69, 26.

lacerare dente maledico I 425, 8.

lactescentia quaedam primordia I 122, 14.

laicus I 336, 6. 18. 24. 340, 17. 374, 12. 379, 20.

languesco: substantia corporis languescit I 248, 4.

languoris foeditas I 161, 16. languores uetustatis I 218, 15. concupiscentiae carnis I 443, 12; *cf.* I 37, 19. II 240, 23. 315, 23.

lapideae tabulae I 176, 28. 181, 17. 182, 18 *cet.*

lapidem conuicii iacere in aliquem I 392, 10. lapides insensati I 77, 3, *cf.* I 183, 18.

lapsus linguae II 47, 27. in talibus lapsibus I 262, 19.

laquei praesumptionis I 312, 19. Rogatistarum I 361, 1. saeculares I 558, 13. 16. 559, 6. diaboli II 179, 17. peccati II 279, 23.

largior *pass.* I 121, 2.

largitas conditoris II 197, 8. elemosynarum II 250, 13. spiritus I 214, 17. gratiae I 540, 10.

largiter adicere I 228, 1.

largitor gratiae I 396, 8. uirtutis I 501, 19.

largissimus elemosynarum I 502, 10; *cf.* I 502, 25.

lasciuiarum ardor II 226, 18.

lasciuiendi uoluptas II 201, 10.

lassitudine debilitari I 248, 5. refectio lassitudinis I 287, 8.

latebra caliginis I 478, 5. latebrarum nebulae I 518, 23. propheticae latebrae I 493, 2. abditissimae II 186, 23. latebrae insidiaeque I 522,

libuit II 185, 10. sicut libitum est
I 108, 4.

libri sancti I 412, 23.

liber: me in huiusmodi quorumlibet
hominum scriptis liberum (*selb-
ständig, unbeeinflußt*) I 286, 23. in
errore liberior II 167, 20 = 173, 15.
175, 11. liberi iustitiae I 426, 18.
liber in bono I 428, 13, *cf.* I 428,
14. 25. 429, 1. liberi ad bene uiuendum I 426, 3.

liberalis seruitus I 501, 9.

liberaliter eloqui I 376, 15. (*opp.* seruiliter) I 180, 24, *cf.* I 213, 23.

liberatio a corpore mortis huius II
247, 1, *cf.* I 38, 2. 90, 10. 199, 14.

liberatoris auxilium I 432, 4; *cf.* I 428,
14. 461, 13. II 8, 22. 9, 1. 45, 6.
259, 12. 15. 21.

liberare a I 21, 15. 30, 22. 32, 21 *cet.*
de I 42, 27. 181, 3. 309, 21. 370, 5.
407, 24. ex I 14, 15. II 100, 2.

libidinosa cupiditas I 158, 8. crudelitas
II 230, 5. uoluptas II 282, 27. 283,
14.

licentia defendendi II 112, 19; *cf.* II
221, 22.

licet *cum ind.* I 503, 7. 515, 7. *sine
uerbo* I 143, 21. 210, 16. 234, 22.
250, 2. 265, 28. 303, 12. 363, 10.
374, 28. 423, 7. II 61, 1. 106, 12.
114, 9. 241, 15. 247, 8. 315, 25.

licite posse defendi II 113, 27. licite
coniugati II 298, 23.

licitus concubitus II 198, 11. 200, 12.
220, 19. 239, 22. 312, 23, *cf.* I 56, 2.
usus liciti I 70, 23.

ligatis manibus et pedibus II 62, 10;
cf. I 274, 3.

lilia de origine sui generis procreari
I 326, 3.

limes quidam praeteritae dispensationis
I 497, 22.

lingua: sicut uocatur lingua locutio
quam facit lingua II 238, 9. linguae
signa I 67, 6.

liniamenta extrema I 202, 14. corporum I 402, 17. membrorum I 409,
20.

lippientes II 139, 2.

liquide dici I 19, 17; *cf.* I 141, 11.

liquido claret II 294, 13. I 328, 17.
demonstrare II 99, 15. perspicere
I 156, 23. cognoscere I 297, 15.

liquidae confessiones II 97, 2. aliquid
hac manifestatione liquidius I 7, 3.
liquidissima ueritas I 419, 13.

liquorem recipere I 398, 4.

lis: in lite dimisit II 28, 26.

litigiose moueri I 500, 2.

litigo: ut scripturae sanctae se litigare
uideantur II 38, 13; *cf.* I 486, 24.

litterae ecclesiasticae I 138, 13. II 65,
18. saeculares I 233, 7. litterarum
magister I 55, 6. II 302, 4.

litteratus homo I 383, 26.

locatiuus: Karthagini I 136, 2. Romae
I 139, 20. 170, 25.

locus salutis I 457, 20. resipiscendi II
171, 17. nullus tergiuersandi locus I
147, 6. medius locus I 312, 12. locus
tantae felicitatis I 350, 20. loci
(= sedis) ipsius episcopus I 424, 21.
ignota loca I 405, 9. non hic locus
est ut II 150, 18.

locutiones figuratae I 159, 8. locutionum regulae I 275, 3; *cf.* II 97,
16. 133, 22.

longe: longe infra formam dei II 225,
14. qui ab illis terris longe absunt
II 122, 6. tam longe positi II 122,
11. non longe post II 209, 7. longe
a catholico sensu alienum est II 170,
15, *cf.* I 569, 16. longe aliter se
habent II 185, 23. longe ab illa
sunt II 159, 14. longe contraria

II 296, 14. longe praestantius, melius I 393, 14. 17. longe distantior I 61, 9, *cf.* I 68, 19. 110, 2. 139, 3. 357, 2. 393, 14. 17. longe inpar I 398, 16. longe fugiendum I 306, 5. tam longe altius super me I 387, 24. longe discreti I 504, 18. tam longe futuros hereticos I 546, 9. longe supra I 225, 2. quam longe sit a perfectione I 225, 15. longe a fide exorbitare I 340, 9. tantum longe est (= tantum abest) ut — ut I 92, 18.

longinquus: tanto inde fit longinquior II 31, 17.

longitudinis distantia I 413, 20.

longus peccandi usus II 155, 22. longa uolumina I 129, 13, *cf.* I 221, 17. 460, 5. longum saeculum I 147, 24. in longum ire I 98, 25.

loquacitas istorum calumniosa II 205, 8. cruditas loquacitatis I 305, 14.

loquacius forte quam sat est I 222, 23.

loqui ueritatem 81, 1. ut secundum te loquar I 403, 23. ueritas loquitur II 137, 28. loquitur dominus per prophetam I 521, 27. *cum dat.* II 210, 21. I 26, 19. 88, 2. 183, 20. 242, 9. 278, 11. 325, 7. 464, 13. 489, 22.

lorico: ea (fide) quodam modo loricarum II 26, 12.

lubrico aetatis te auerteras I 376, 25.

lucernae ignis I 362, 20; *cf.* II 33, 4.

lucrifacio: quas mariti lucrifecerant Christo I 148, 25, *cf.* I 509, 27. 513, 2.

luctator fortior II 29, 11.

luctari bonum agonem I 490, 7.

luculentissima uerba I 342, 9. castigatio I 381, 24.

lumbi Abrahae I 111, 14. 15. 17. 20. 21.

lumen indeficiens II 192, 10. ingenii I 66, 22. uerborum consequentium lumen accedit I 8, 4. apostolicae sententiae lumen I 8, 16. lumina forinsecus adhibita I 273, 14. carnis lumina I 337, 26; *cf.* I 25, 9. 31, 18. 35, 22.

luminaria caeli I 36, 14.

luminosa caritas I 158, 8. luminosissima caritas II 154, 21.

luere poenas I 144, 25.

lupi I 570, 15.

lusus uerborum: quid in eo pelago uult mergi Pelagius, unde per petram liberatus est Petrus II 162, 3. libidinosa crudelitas et libido crudelis II 230, 5. te deus fecit, sed grauis error infecit II 279, 25. eum error non infecerit, sed plane interfecerit II 287, 14. sicut sapit apostolus, non sicut desipit Pelagius II 305, 1. nec propterea deo det insipientiam, quia non plene capit eius sapientiam I 160, 7. quaerat doctiores, sed caueat, ne inueniat praesumptores I 221, 3. uoce non sana sanos esse pronuntiant I 249, 9. orare sinatur, ut sanetur I 279, 12. et quod cruditas loquacitatis eructat, aetatis maturitas decoquat I 305, 14. si cum laudatur eloquentia, persuadeatur insipientia I 305, 16. ˙tunc enim fides· eius de ligno floruit, quando discipulorum marcuit I 311, 18. ne cogatur insipientiam profiteri, dum ueretur ignorantiam confiteri I 317, 9. non enim est flumentum fontis diuini, sed figmentum cordis humani I 343, 26. subrepsit tibi falsiloquium per suauiloquium I 344, 19. procedit in medium magis uaecors quam misericors uanitas I 352, 20. cum ille suos libros et initio praemuniuerit et termino communiuerit I 3 57, 21. nomus te habere tale cognomentum, mquam sis heretici mortui monumentum I 361, 8. qui naturae tuae scientiam profiteris nec mecum ignorantiam confiteris I 390, 19; cf. I 259, 9. 308, 7. 344, 25. 452, 1. 2. 353, 17. 361, 11.. 375, 10. 384, 55. 417, 18. 418, 14. 436, 14. 452, 10. 455, 14. 456, 1. 459, 6. 462, 12. 462, 26. 463, 9. 12. 472, 25. 488, 8. 523, 1. 524, 15 cet. cum hac figura coniungi potest annominatio quaedam: rei mirabilis mirabile exemplum II 316, 9. omnes omnino pertinentes I 54, 5. dicenda dixisti et docenda docuisti II 91, 15. iactatis, iactate, iactate II 268, 1. uitium uitio, natura naturae II 305, 7. manifestatione manifestius I 12, 17. a· peruersis peruerse I 161, 4. hac felicitate felicius I 190, 11. his inpletis inpleri I 224, 4; cf. I 255, 15. 256, 25. 27. 28. 257, 2. 318, 2. II 20, 18. 212, 15. 257, 11 cet.

lutea forma I 400, 20.

lux: uerba tanta luce fulgentia II 255, 16. in luce catholicorum II 307, 14. lux hominis interioris I 75, 15. lux noua I 193, 12. ueritatis I 249, 13. 378, 24. 518, 22. sapientiae I 249, 23. iustitiae I 251, 13.

luxuriosi et ebriosi II 290, 2.

machinor: quod est inimicus in perniciem machinatus II 184, 13.

macula et ruga II 80, 18. 25. 81, 10. 11. 14. 82, 1. I 541, 3. 6. 8. macula peccati I 521, 2. 8. 525, 22. 549, 6.

maculari delictis I 445, 5.

maerere de malis I 490, 18.

maerore confectus uulneris sui I 247, 9.

magis magisque minuatur II 248, 4.

magister litterarum I 55, 6. 269, 15. II 302, 4.

magisterium professus est I 495, 25, cf. I 60, 4. praeter eius magisterium nemo discit I 55, 11.

magnus: quid erat magnum, ut hoc diceret I 285, 15; cf. I 120, 27. II 43, 14.

maiestas II 62, 3.

maiores: a maioribus traditae fidei defensores I 129, 4; cf. I 138, 9. 139, 2. maiores tempore priores I 195, 6. maiores autem qui etiam intellegere ualuerunt I 195, 3.

male uult nemini II 25, 9. male credentes I 54, 10. male ualens I 258, 7. male generati I 313, 18. male cupiuntur — metuuntur I 72, 23. 24. in male factis I 255, 26. male delectat I 227, 2.

maledictum semen II 272, 14. 273, 7.

maledictio II 58, 6.

maledictum legis II 137, 15. rependens maledictum pro maledicto I 326, 11. 12; cf. II 307, 13. 308, 15. I 432, 14.

maledico dente lacerare I 425, 8.

maligne reprehendere II 86, 16.

malignitas diaboli II 203, 24.

maligna diaboli persuasio I 106, 16. actus malignus I 291, 11. retia maligna II 262, 5. malignissimus spiritus I 361, 19.

malitia diaboli II 285, 9. delectatio malitiae I 428, 15. naturalis II 272, 13. 273, 7; cf. I 445, 7.

mammae protumidae et propendulae I 410, 23, cf. I 66, 9. 69, 27.

mancipiorum aestimatio I 66, 16.

mancipo: quae (pudicitia) uerae fidei mancipatur II 216, 10, cf. II 298, 11. humanam suo iuri mancipare naturam II 236, 1.

mando: non et ipsa (iustitia) facienda
mandabitur I 515, 23. litteris
memoriaeque mandauit I 554, 7.
manduco I 26, 12. 19. 27, 3. 33, 2.
134, 14. 248, 1.
maneo: cum eos iam maneat certa
damnatio I 262, 23. cum iam maneret (= *galt*) I 348, 15.
manifestatio Christi I 514, 4. exempli
I 474, 22; *cf.* I 7, 3. 12, 17. 41, 4.
561, 11. 570, 1.
manifestare gratiam II 92, 2. ex
manifestato in carne Christo I 523,
24. se manifestant I 523, 6. *acc.*
et inf. I 428, 6.
manifestus deceptor I 428, 15. sensus
manifestus I 148, 12. manifestae
uoces I 352, 20. manifestum miraculum I 454, 11. ad manifestiora
ueniamus I 346, 24. prophetia manifestior I 494, 26, *cf.* 570, 2. res
manifestissima I 254, 6. dogma II
158, 25.
mano: quae (litterae) a praecessore
manauerunt II 171, 10, *cf.* I 328, 9.
mansio I 342, 7. 348, 17. 21. 24. 350,
20 *cet.*
mansor I 342, 7. 348, 18. 372, 15.
mansuefactio bestiarum I 243, 2.
manus habet ipsa lingua I 403, 14.
manus inpositio I 113, 18. animae
manus I 408, 3. dei manus I 548,
15. 23. manus uocatur scriptura
quam facit manus II 238, 10. I 445,
21. 22. spiritales manus I 298, 5.
marceo: (fides) discipulorum marcuit
I 311, 18, *cf.* I 311, 19. marcentia
membra II 287, 25, *cf.* I 5, 10.
marito: quae legis quodam modo
uinculo maritata est I 501, 16.
martyrum gloria I 124, 6. animae
I 413, 1. uisiones martyrum I 405,
18.

martyrii sanguine ablutus I 311, 27.
martyrii confessione purgantur I
369, 7. corona martyrii I 543, 5.
masculinae uel femininae animae forma
I 410, 18. genitalia I 412, 9.
masculi in masculos turpitudinem
operantes II 289, 20.
massa: ex massa Adae I 132, 12. 144,
11. massa perditionis II 194, 2.
195, 8. I 474, 17. 476, 28. 540, 8.
uniuersa massa I 236, 7. 238, 18.
mater ecclesia I 37, 5. catholica II
262, 6. I 463, 14. Machabeorum
iuuenum mater I 322, 11. 323, 25.
peccatorum II 240, 6.
materia peccati I 249, 11. uniuersa
cum mundo concreata materia I 339,
20.
materies I 340, 2. 362, 18. 365, 2.
404, 22.
maternum os I 37, 6. corpus I 69, 23.
caro I 111, 2. mos I 128, 19. uterus
I 135, 16.
matrimoniales tabulae II 201, 16.
215, 24; *cf. Ind. nom.*
maturitas aetatis I 305, 15. doctoris
I 419, 16.
maxime: eoque uel maxime I 158, 11.
qui in hoc maxime constitutus est
I 170, 12; *cf.* I 128, 18. 173, 2. 178,
23. 286, 22. 496, 23. 535, 5. II 129,
25. 159, 15. 270, 11. multo maxime
II 241, 8.
meatus ad hoc instituti I 363, 21. 25.
medela spiritus I 118, 2. 554, 12.
medentia et munientia scripta I 424, 14.
mediator *passim* I 55, 17. 105, 9.
II 165, 24. 187, 11 *cet.*
medicamentum I 508, 3. II 54, 1.
medicina: gratiae II 132, 17. 244, 13.
Christi II 211, 5. 261, 2. sacramentorum I 134, 23. paenitentiae

I 74, 4. saluatoris nostri I 274, 20. uulneri medicinam parere I 57, 4 *cet.*

medicinalis aduentus I 32, 23. disciplina I 387, 15. medicinali sententiae lenitate II 171, 18. calores medicinales I 257, 2; *cf.* I 246, 19. 253, 10. 280, 20. 361, 25.

medici: anatomici I 383, 5. empirici anatomici dogmatici methodici I 388, 12.

medietas: tenuit quandam et in carnis natiuitate medietatem I 110, 13; *cf.* I 54, 11. II 193, 6.

mediocritas ingenii II 155, 12.

mediocriter eruditus II 65, 18.

meditaris fallere II 259, 10.

medius: de ecclesiarum medio II 315, 8. in medio quodam I 101, 23. sine media morte I 5, 4; *cf.* I 54, 8. 216, 14. 286, 15. 312, 11. 316, 7. 371, 15.

medulla I 383, 7. 386, 11. a medullis intimis usque ad superficiem cutis I 411, 15.

medullo: quando ossa incipiant medullari I 386, 7.

melior: in meliora transferri I 351, 15.

memini = memoro II 77, 4 *et fortasse etiam* I 264, 22. 23. 265, 10. 11.

memor *cum acc.* I 51, 18.

memorabilis: memorati et memorabiles homines dei I 569, 3.

memoratus episcopus II 164, 27. 209, 11. I 289, 18. supra memoratus I 84, 10; *cf.* I 135, 24. 292, 29. 468, 4. II 170, 26. 253, 11.

memoria sanctarum scripturarum I 377, 3. uenerandae memoriae papae I 464, 3. beatae (beatissimae) memoriae I 464, 17. 466, 20. 467, 23. II 180, 1. 267, 7. sanctae mem. II 171, 10.

memoriter respondit I 389, 10.

mendaciter I 89, 8. 98, 10. 509, 6. 541, 3. II 104, 17. 175, 17. 178, 6. 276, 13.

mendico: cui rei anima illa apud inferos humidum alimentum mendicat I 342, 18.

mendositas codicis I 366, 15, *cf.* I 286, 21.

mendosus codex II 64, 5.

mens, *cf. Ind. nom.*

mensa sancta I 26, 3. dominica I 33, 21. 27.

menstruus cruor I 149, 5.

mensura martyris I 311, 24. Iouiniani II 268, 2.

mentitus carnis necessitate I 445, 4. 504, 20.

mereor (merebar, merebor, *sed* merui, merueram, meruero) *cum inf.* I 30, 19. 203, 8. 307, 14. 20. II 122, 17. 143, 26 *cet.* nulla tuae sublimitatis rescripta meruerim II 209, 5.

meretrix I 474, 23. 475, 5. II 222, 18. 230, 13. 289, 14. 310, 24.

meridies I 258, 20. 21.

meritum (*uox media = Verdienst, Schuld*). merito = propter I 7, 25. 8, 1. 146, 3 *cet.* meritis inquinationis, inquinamentorum I 526, 6. 11.

messis obnoxia II 293, 26. 295, 17.

methodicus *cf.* medicus.

metiri cursum fine humanae gloriae II 16, 6.

metuo *cum inf.* II 134, 5. 230, 1. *cum acc. et inf.* I 548, 19.

migrare ex hac uita II 182, 2. I 374, 17.

militares actus II 213, 16.

militiae tuae curae II 253, 2.

ministros ordinare I 447, 7. II 39, 6. Moyses testamenti minister ueteris I 497, 18. noui testamenti ministri apostoli II 66, 5; *cf.* II 141, 8.

ministerium sacerdotale II 251, 13.
min. corporis II 243, 25. uocis
corporalis I 35, 25, c/. I 498, 22.

ministratio mortis I 178, 7. 17. 184, 10.
16; c/. I 178, 8. 184, 12.

ministrare scripturas II 65, 16. 68, 4.
117, 27. uetus testamentum II 67, 7.
gratiam II 102, 9. incrementum II
136, 19; c/. I 176, 27. 458, 25.

minutissimi pulli I 69, 21.

minus = non II 107, 18.

minutius excutere II 165, 9. 12.

mirabilis uocatio I 453, 23. mirabilior
emendator I 378, 22. mirabiliora
persuadere I 342, 22.

miraculum ineffabile I 70, 15. uisibilia
miracula I 122, 13. manifestum mir.
I 454, 11.

miror si I 97, 10. 298, 26. 337, 22.
miror quia II 239, 3. quod I 117, 8.
295, 9. II 29, 4. acc. et in/. I 112, 13.
124, 14. 360, 17.

mirum si I 5, 1. 7, 3. 66, 5. 89, 20. 101,
23. 405, 6. acc. et in/. I 117, 18. 20.
quod II 175, 30.

miscere conloquia I 423, 6. semina II
272, 5. cum dat. I 127, 16. 353, 3.
374, 13. 450, 9. II 284, 19.

miserabilis ignorantia I 119, 2. naufragium I 353, 13. incursus I 354, 5.
tenebrae I 268, 2. poena I 468, 7.
miserabilius lugere I 66, 21.

miseratio I 145, 1. 218, 24. 221, 13.
473, 12 cet.

misereri cum dat. II 68, 24.

misericordia passim I 23, 3. 73, 12.
13. 14. 78, 24 cet.

misericordissima gratia I 37, 16.
auxilium I 456, 6; c/. I 55, 19. 396,
7. 469, 24. 524, 15.

misericorditer dignari I 110, 5. operari
I 447, 15. gubernare I 569, 8.

mitigare II 79, 20.

mitis: concupiscentiae mitiores I 30,
20. damnatio mitissima I 20, 21.
mitius puniri I 203, 16. ut mitius
loquar I 221, 8.

mitto cum in/. I 236, 11. mittitur
oculus quo non oportet I 266, 21.

moderamine temperare I 128, 1.

modeste atque humiliter praeloqui I
357, 3. modestius arcana rimari I
381, 4.

modestia dignitatis II 222, 5.

modo = nunc, hoc tempore I 274, 10.
338, 3. 354, 7. 376, 5. 389, 3. 425, 12.
429, 22. 23. 507, 1. 511, 10. 520, 9.
modo-modo I 408, 27.

modo coniunctio cum coni. I 351, 2 =
375, 17.

modulus scientiae nostrae I 388, 22.
pro suo modulo I 508, 15. pro huius
uitae modulo I 514, 2.

modus maris atque terrarum I 388, 20.
ad integrum et solidum modum
reuocare I 305, 12. modus uoluminis I 71, 9. 379, 8.

moles: perfecta moles membrorum I
68, 28. moles testimonii II 255, 8.
obicis oppositi I 158, 27. moles
inrumpere I 277, 6; c/. I 339, 19.
409, 25.

moleste habere II 209, 4. molestius
nescire I 392, 8.

molestia longitudinis II 252, 8.

molestum medicamentum I 508, 2.
multum molesti sunt I 156, 8.
disputatores molestissimi II 78, 26.
molestissima quaestio I 353, 16.

molimen: non magno molimine refellendi I 21, 26. tanto molimine ostendere I 195, 15.

moliuntur insidias I 532, 7. aliud de
anima opus moliri I 145, 4. latendi
locum I 518, 25.

numerositas turbae I 265, 6. 22. coniugum II 221, 18.

nummus I 400, 23. 401, 4.

numquid I 24, 22. 134, 7. 9. 11. 14 *cet.* an numquid I 482, 12. numquidnam I 304, 6. 362, 14. 372, 27. II 64, 21.

nunc alios, alias alios habere mores I 344, 14. nunc usque etiam sunt I 93, 24. nunc usque obseruat I 178, 13. nunc est ut ostendas I 376, 8.

nuncupo II 159, 4. I 413, 19. 414, 28 *cet.*

nuptialis uestis II 62, 9. 15. concubitus II 200, 12. 201, 15. 226, 1. ius II 200, 28. nuptialia bona II 231, 12. 25. 236, 8. 251, 6. uoluntas ista, non uoluptas illa nuptialis est I 56, 4.

nurus II 193, 22.

nutare pariete I 342, 4.

nutrio: hominem spiritali intellegentia nutrire I 158, 5; *cf.* I 69, 26. II 215, 8.

nutus uoluntarius I 449, 22. uoluntatis I 451, 20. II 199, 1. 219, 1 *cet.*

o *cum acc.* I 342, 23. II 68, 15. 93, 13. 162, 10. *cum uoc.* 1 30, 1. 167, 1. 247, 1. 22. 271, 18. 19. 347, 22. 470, 18. 538, 2. II 91, 12. 274, 16. o utinam I 267, 15. 22. o si I 380, 9. II 313, 12.

obaudire dicto I 251, 15.

obdurescere quodam modo longo usu II 155, 23.

oberrare inter arbores I 108, 23.

obiecta Pelagio II 76, 15. Paulini I 466, 25; *cf.* I 353, 19.

obiectio aduersantis II 180, 20. obiectio quaestionis I 271, 18; *cf.* II 169, 2. I 239, 24. 284, 20.

obiectare I 463, 7.

obicio: sibi obicere quaestionem I 271, 11. 277, 7. catholicis Manicheos obicere II 292, 10. 17, *cf.* I 559, 19. obicior *cum inf.* II 80, 15.

obiex obpositus I 158, 27.

obiurgare ignorantiam I 384, 14; *cf.* I 242, 22.

oblationes assiduae I 310, 29. 374, 10. sacrificiorum oblatio I 350, 10.

oblatrantum murmurationes I 309, 10 = 353, 20.

oblectari laudibus II 318, 25. oblectanda cogitatio II 47, 27.

obligatio antiqui debiti II 195, 9.

obligari peccato II 240, 7. I 130, 23, *cf.* II 316, 8. obligatissima quaestio I 333, 11.

oblinere flagitiis II 288, 2.

obliuionem non subiacere peccato II 97, 24. 120, 20.

obliuisci deum I 67, 14. oblitus faciem tuam I 401, 17.

obluctari alicui I 454, 14.

obnoxium tenere re I 116, 27. 117, 16. II 167, 9. obnoxia successio I 458, 13. obnoxius peccato II 98, 13. messis obnoxia II 293, 26; *cf.* II 180, 12.

obnubilo: quorum mentem non obnubilat sententiae peruicacia I 67, 17.

oboedienter II 318, 12. I 96, 5. 175, 25. 267, 17.

oboedientia *passim* I 57, 4. 86, 14. 88, 14 *cet.*

oboedire *passim* I 74, 14. 16. 85, 9. 86, 12. 13. 14 *cet.*

oboritur dubitatio I 25, 26.

obprimere uanitates II 114, 20. obpressi animae sensus I 344, 1, *cf.* I 328, 27. 329, 1.

obprobrium mutabilitatis I 356, 13.

obpugnator gratiae I 468, 8. 524, 2. 529, 24.

obpugnare assertionem I 239, 13. liberum arbitrium I 456, 5. gratiam Christi I 462, 14. 532, 7. fidem II 235, 5. ecclesiam II 287, 7.

obrepit error hominibus II 171, 4. 175, 14. 185, 16. obrepere ad fallendum iudicium II 179, 24; cf. I 257, 21. 267, 1.

obscenitas peccantium II 226, 17.

obscuratio I 249, 21.

obscuritatis latebrae II 163, 9. ambages II 170, 23. rerum naturae obscuritas I 142, 14; cf. II 172, 24. I 433, 13. 499, 17. 518, 25.

obscurare et deprauare uerba tenebrosis interpretationibus II 255, 18.

obsecro te I 144, 12. 346, 8. 401, 9. 406, 2. 411, 19. obsecrantem per miserationem dei I 221, 12.

obsequium religionis I 496, 27.

obsequentibus genitalibus II 283, 6. manibus II 283, 7.

obserare os I 272, 20.

obseruantia pudicitiae coniugalis II 212, 22; cf. 215, 24.

obseruatio sacramenti II 223, 4. legis obseruationes I 176, 20. sabbati I 177, 2. 496, 25; cf. I 189, 15. 496, 15.

obseruare sabbatum I 181, 19. carnaliter legem I 512, 20.

obsolescere meruerunt I 203, 7.

obstacula circumlocutionis II 270, 5. obst. obtendere I 520, 10.

obstetrix I 55, 5.

obstinatio mentis I 341, 18; cf. I 529, 25. II 147, 11. 262, 11.

obstinatum iudicium I 357, 10 = 376, 12. 14. 18. 22.

obstrepere I 282, 23.

obstringere peccati uinculo I 57, 16. 346, 26. 353, 10, cf. I 105, 26. 137, 15. 312, 16. reatu I 127, 9. 137, 22, cf. I 350, 10. 351, 26. II 168, 4.

234, 10. uinculo saluberrimo I 466, 4.

obstruere ora I 54, 14. 229, 4. aures cordis I 534, 19.

obsurdescere I 341, 19. 529, 23.

obtegere sensum suum uerbis ambiguis I 429, 20. proprium crimen I 549, 1; cf. II 42, 20. 126, 22.

obtendere nebulas de uerbo II 96, 17. honestum nomen uelandae turpitudini II 229, 24. tegmen ad fallendum II 260, 13. obstacula I 520, 10; cf. I 538, 19.

obtinere causam II 313, 19. pro magno obtinetur I 109, 14. *absolute*: obtinente loquendi consuetudine I 498, 13.

obtunsi et contentiosi I 142, 13. obtunsi cordis I 30, 24. obtunsiora ingenia I 32, 11; cf. I 256, 23.

obturatio aurium I 273, 21. 23.

obturatae aures I 273, 19.

obtutus mentis I 75, 15. lectoris obtutus I 357, 15.

obumbratio momenti I 163, 23.

obumbrare sese tumore superbiae I 172, 15.

obuiam I 121, 4.

occasio: accepit occasionem de Zacharia I 289, 11.

occasus uitae ueteris I 162, 18.

occidentis synodus I 570, 11; cf. I 542, 15 = 569, 6.

occidentalis ecclesia I 542, 19. 543, 6.

occiduo praeueniri I 347, 9 = 348, 4. 370, 20. 22. 28. 378, 2.

occisio ouis I 182, 7, cf. I 182, 10.

occultationem significabat templi uelum II 189, 23.

occupationes densiores II 125, 10.

occurro: facit eam occurrere in illam gloriosam II 36, 13.

perfrui I 104, 8. 284, 15. 352, 24.

perfundere laetitia I 240, 11. aqua tamquam sacratissimo baptismo I 312, 5. 369, 10. os confusione II 107, 9.

pergebat ad uastandos Christianos I 453, 21. perge ad librum II 210, 23. ad mortem I 119, 20.

perhibere testimonium I 50, 28. 83, 17. 500, 14 *cet.* perhiberi *cum duplici nom.* II 116, 22. perhibeor *cum inf.* II 3, 10. 118, 16. 121, 3. 22. 182, 12.

periclitatur pudor II 274, 24.

perimere heresim II 99, 25; *cf.* I 116, 8. 253, 1.

peritiae gratia II 168, 10.

περιζώματα I 448, 26. II 309, 7.

perlator II 125, 9.

perlongum est disputare II 62, 20.

permansio sine peccatis II 82, 5.

permisceo: neque aliquo malorum hominum sibi permixto I 290, 29.

permittor *cum inf.* I 108, 7. 113, 3. 315, 14. 334, 8. 371, 7. 374, 27. 450, 12. 495, 16. II 230, 18. 235, 17.

permixtio hominum II 35, 25. 80, 20.

perniciosissime fallitur I 262, 11. nec perniciose erratur I 156, 21.

perniciter I 407, 5.

perperam sentire I 520, 4. II 149, 17. non perperam reprehenderis I 380, 13.

perpeti angustias I 364, 16. concubitum II 284, 11. mutationes aetatum I 119, 13. nexus laqueorum I 558, 17; *cf.* II 135, 27. 218, 20. I 125, 6.

perpetratio peccati II 290, 5.

perpetrare falsa testimonia I 496, 29. adulterium in corpore I 266, 22. inlicita II 241, 5.

perpetuus: in perpetuum continere II 224, 4. mutari II 272, 18.

perquiro: qui peccatis suis patrocinium de naturae humanae infirmitate perquirunt I 237, 1.

perscrutari uerba sermonis apostolici I 145, 26. diuinas et humanas paginas I 384, 4. quaestionem I 168, 13.

persecutio feruens I 311, 14. persecutionis tempore I 312, 28. 369, 11.

persecutor I 524, 17. 548, 1.

persentire II 59, 18.

persequens, id est consectans I 206, 24.

perseuerantissimae preces I 297, 10. — perseueranter proficit II 245, 11,

persisto: impetrare persistant I 297, 12; *cf.* I 172, 9. II 167, 10.

persona: inlustris persona II 253, 2. ex persona corporis sui II 36, 19. ex persona generali I 34, 13. per unitatem personae I 61, 6. introducit personam suam II 13, 16. a persona sua remouere I 133, 15. opus indicare personarum II 298, 8; *cf.* I 88, 7. 131, 27. 132, 16. 285, 16. 308, 2. 380, 5. 433, 11. 435, 10. II 156, 27. 157, 1 *cet.*

perspicacissimus intellectus I 130, 25.

perspicio: quos perspicit innocentes I 316, 15; *cf.* I 461, 6. II 67, 2. 112, 27. 185, 17.

perspicuitas I 7, 4.

perstringo: mihi aures perstrictae sunt I 139, 11; *cf.* I 419, 12. II 154, 16.

persuadere sanctimonialibus nuptias I 139, 21. ualeat aliquid ad se ipsam persuadendam euidentia I 65, 25. quibus circumcisio persuadebatur I 176, 18. peccatum homini persuasit I 62, 7. qualibet tibi fraude persuasa I 361, 20. tibi etiam contentionem persuaserit I 361, 23; *cf.* II 79, 4. 134, 21. 25.

plane: magna plane sententia I 267, 7. sed plane illud I 268, 22. plane glorianda II 274, 22. non plane didicisti I 344, 18, *cf.* I 410, 1. 497, 4. II 48, 15. 53, 3. 94, 25. 141, 19 *cet.*

plangit baptizata mater non baptizatum proprium I 471, 18.

plantare I 106, 13. 107, 10. 538, 3. II 136, 17. 239, 7.

Platonici II 195, 3.

plausibilis sermo I 411, 10.

plausus: remotis plausibus alienis I 419, 19.

plebium praepositi I 83, 22.

plecto: impia uero facta pia seueritate plectenda sunt II 122, 10.

plenius notus II 106, 23. plenissime ac planissime nouisse I 416, 16. quantum plenissime I 270, 7. plenissime sanus I 255, 4; *cf.* II 51, 6. I 349, 13.

plenitudo *passim* I 76, 12. 93, 7. 105, 17 *cet.*

plenus *cum gen.* I 538, 9, *ceteris locis cum abl.*

plico: caelum plicitum est ut liber I 413, 3.

plorans filius II 217, 11.

pluralitas: facilius autem pluralitatem uideamus in subditis II 222, 13.

plus delectat defensare I 85, 3. desperatione plus pereunt I 262, 2. plus a pecoribus distat I 383, 2. plus credat I 523, 26. plurimum distat I 182, 14. plurimum suffragatur I 222, 26. plurimum commendat II 72, 26. gratias ago plurimum II 105, 18.

plusculo cibo crudior I 266, 12.

πνοή I 319, 17. 21. 320, 1. 16.

poculum mortis I 146, 22. 528, 2. 3.

poena: a poenis (= ab inferno) transferri ad requiem I 312, 24.

poenalis uitiositas II 8, 17. timor II 23, 23. tenebrae I 34, 27. mala I 216, 24; *cf.* I 69, 10. 235, 16. 250, 2. 295, 22.

poenaliter aeternus I 14, 1.

pollice seuero discerpe I 357, 17.

polliceri opus II 177, 10.

pollicitatio praemiorum II 134, 3.

polluo: apostolos inmoderata libidine fuisse pollutos I 433, 4 = 444, 24. polluta anima I 526, 12.

polysyndeton: et tamen surgit et mouetur et mouet et plerumque in somnis ad ipsius operis similitudinem et suae motionis peruenit finem II 296, 16. et confitetur et profitetur et dicit et obicit II 314, 11. nam et sanctae scripturae et docent et exhortantur et potest esse in docendo et exhortando etiam hominis operatio. II 134, 15. temperanter et iuste et pie I 207, 21. perueniat et faciat et uiuat I 207, 7. et praedestinauit et uocauit et iustificauit et glorificauit I 236, 12. et mentiri et uerum loqui et confiteri et negare I 312, 25; *cf.* I 268, 25. 325, 28. 384, 1. 396, 22. 410, 22. II 28, 2. 184, 6. 280, 16.

poma decerpere I 266, 12.

pondus assertionis I 344, 8. diei et aestus I 473, 18; *cf.* I 311, 15. pondere et more omnium ecclesiarum II 55, 6.

pono: quod excutiendum posuimus I 210, 27. tamquam in uia I 511, 25.

populares tractatus II 101, 2.

populus dei I 12, 23.

porrigere dexteram conantibus I 258, 16. quo manus porrigat I 247, 16; *cf.* I 409, 13. II 44, 5. 310, 11. 19.

priuilegium institutionis II 265, 6.

priusquam I 5, 17. 6, 16. 107, 18 *cet.*
semper cum coni.

pro meo captu II 159, 11. pro mei
particula muneris I 424, 12, *cf.* I 56,
23. 176, 13. 474, 9. 508, 15. 514, 1.
II 150, 27. pro magno obtinetur
non oboedire I 109, 14. pro magno
habendum II 43, 14.

probabilis inter homines conuersatio
II 164, 8. modus II 165, 9. — postea
probabilius comperimus II 52, 17.

probatio bonae uoluntatis suae I 212,
12: patientiae II 25, 21.

probitas morum I 89, 17. fidei I 490,
22.

probor *cum inf.* I 261, 14. 269, 21.
275, 21. 24. 276, 1. 404, 16. II 280,
7. se probarit indignum II 96, 4.
amicitiam probare II 99, 12. —
dilectionis affectum probatum —
probatiorem I 303, 3. 4. in fide
catholica probatissimus I 561, 10.

procacius insanire II 241, 12.

procedit ex illo I 339, 8. bene procedit I 508, 20. in medium I 352, 20.
in hos oculos carnis II 138, 29;
cf. II 139, 7. 140, 29.

processus futuri I 505, 26.

proclamat sine ulla ambiguitate I 134,
18; *cf.* I 65, 24. II 163, 12.

procliuiores sumus quaerere I 253,
20. — multo procliuius uellent nubere I 140, 1.

procreatio naturae II 197, 4. spiritalem procreationem habentes I
22, 16.

procreo I 68, 21. 143, 18. 149, 16.
II 273, 8 *cet.*

procul dubio I 38, 8. 306, 23. II 135,
13 *cet.*

procuratur uestitus I 341, 28. baptismus I 471, 24. auditus diuinae

uocationis I 534, 10. celeritatem
II 109, 9. sterilitatis uenena II 230,
6; *cf.* II 234, 4.

procurro: ut non ultra meus sermo
procurrat II 4, 10.

produntur documentis I 517, 11. sicut
eum prodit apostolus I 360, 20.

producere exemplum II 316, 10.
affectum II 161, 17. de se ipso I
339, 23.

profanitas Manicheorum I 460, 8.

profanus I 433, 5. profano corde I
462, 22. nouitates II 213, 1. I 55,
16. 469, 8. 542, 18. 568, 26. nihil
dici posse profanius II 279, 26.
284, 22.

profectio II 254, 2.

profectu alternante I 490, 24. iustitiae
I 89, 15. possibilitatis II 138, 20.
147, 1. omnium uirtutum II 94, 12.

profero: quomodo proferimur ad nos
reddimurque nobis I 390, 1. seueri-
tatem I 465, 23. exemplum I 411, 5.
in litteras I 470, 12. quasi ante
oculos prolata uersantur I 405, 1.
codicem II 72, 2. responsio graeco
eloquio prolata II 56, 5. ore proferre
II 71, 1. 96, 22. epistolas II 99, 11.
104, 12. 106, 10.

professio I 467, 19.

professa uirgo heretica I 503, 14.

proficere in renouationem I 81, 19.
in nouitate II 242, 16. in agone
I 123, 14. in domo magna I 335, 4.
non ad non posse proficiunt I 238, 5.
in peius II 76, 13. cui rei mors eius
profecerit II 313, 24; *cf.* I 214, 23.
382, 18. 437, 20. 450, 7. 514, 6.
II 16, 18.

profiteri magisterium I 495, 25. scientiam naturae suae I 390, 20. catholicum profiteri II 291, 25. mala

diabolica II 309, 20. insipientiam I 317, 9. sensum II 170, 24.

profluo: homo in sermone usque ad redundantiam profluens I 336, 9; cf. II 310, 14.

profunditas rerum magnarum II 149, 15. sententia mirae profunditatis I 28, 5. profunditatis horror I 28, 7. 475, 25. naufragosi gurgitis I 310, 28. memoriae I 404, 25. quaestionis I 323, 24. 348, 10,

profundo: ita ea non considerata profuderunt II 71, 4.

profunda ignorantiae caligo I 68, 8. quaestio I 307, 11. 539, 25. secretum I 324, 23. in profundum demersus I 459, 1, cf. I 466, 9. in abdito et profundo iudiciorum dei I 229, 4. profundissima ignorantia I 66, 8. 67, 7. cogitationes II 285, 8. lex II 54, 18.

progredi ulterius II 76, 13. quo progressi fueritis II 268, 6. I 325, 14. eo usque progredi II 229, 25, cf. II 222, 2.

prohibeo (non prohibeo) cum acc. et inf. I 142, 10. 333, 9. 439, 26.

prohibitio ligni II 276, 15; cf. I 66, 7. 106, 16. 107, 15. 169, 11. 438, 26. II 10, 15. 17.

proici de paradiso I 315, 29, cf. I 510, 5. uno proiecto atque damnato II 62, 18.

prolabi in peccata I 262, 20. 26; cf. I 74, 11. 172, 25.

prolixitas uoluminum I 486, 3. operis I 128, 10. libri I 221, 6; cf. II 280, 20.

prolixa disputatio II 251, 6. tempus II 61, 1. sermo I 105, 6. 413, 7. opus I 128, 9. 131, 16. libri I 128, 21. 151, 1. II 114, 16, cf. II 210, 16. — prolixius opus I 128, 11.

promereri dei gratiam II 151, 23. ueniam I 245, 23. fortitudinem I 252, 10. acc. et inf. I 111, 6.

promissio passim I 97, 5. 563, 6 cet.

promissiuae figurae I 176, 24.

promo: uerbis apertissimis prompsit I 224, 1, cf. II 230, 3. de illo ac pro illo nostram sollicitudinem fideliter prompsimus II 114, 28.

promouetur accessio I 508, 21. in nouitatem promouit I 82, 21.

promptare animi sui motus qualibuscumque linguae signis I 67, 6.

promptu: quae in usu atque in promptu essent exempla I 142, 16. tam in promptu positae ueritati I 384, 9. quae ab omnibus ut consideretur in promptu est I 65, 5. promptis operibus I 297, 11. se promptum esse euangelizare I 170, 24.

pronuntio: communionis ecclesiasticae et catholicae pronuntiatus est II 115, 15. alienum a peruersitate huius heresis pronuntiarunt II 117, 2; cf. II 119, 22. 121, 15. 294, 1. 22. 309, 15. catholicus est pronuntiatus II 51, 5. Christum II 66, 4. sicut ergo medicus corporis non continuo pronuntiasset a mortis periculo liberum I 461, 4; cf. I 243, 3. 4. 244, 19. 249, 9. 463, 20. 465, 10.

pronus: aquae impetus uiolentius per prona prouoluitur I 159, 1. magis ad malum pronum est II 8, 14.

propagatio I 15, 12. 17, 14. 18, 8. 346, 27. II 188, 3. 229, 20 cet.

propago passim I 116, 6. II 177, 24 cet.

propagare I 10, 24. 56, 3. 9. 82, 19. 112, 19. II 227, 15. 236, 10 cet.

prope periculum II 274, 15. 18. 21. ab omnibus prope hominibus II 68, 14.

45*

quis *interrog. pro* uter I 27, 8. 314, 12.
405, 26. II 54, 3. quid si ergo sic
etiam anima et spiritus hominis a
deo datur? I 326, 4. quid erat
magnum, ut hoc diceret? I 285, 15,
cf. I 120, 27. nescio qua nebula imitationis obponitur I 13, 7. qua
potestas I 370, 13.

quis *indef.*: si qua *aliis codd. suffragantibus scribendum erat* II 67, 16;
cf. I 423, 17. si qua (*neutrum*) I 227,
16. 264, 23. 285, 30. 380, 8. 419, 3,
464, 11. II 66, 14. 210, 19; *haec
est genuina Augustini* forma. non
cuiuscemodi peccati crimen, sed
ipsius inpietatis incurrent I 228, 6.

quaenam tandem epistula I 464, 3.

quisquam *adi.* I 22, 12. 35, 23. 173, 28.
334, 28. 342, 3. 357, 15. 381, 22.
505, 12. II 17, 2. 47, 11. 175, 8.
188, 11. 213, 13.

quisque: quaeque interna atque uitalia
I 385, 29. maiore tamen et ueriore
gloria quisque correctus sua confessione reprehenditur I 419, 7. ut
cetera membra quaeque ad opera
sua I 451, 1. quibusque fidelibus
coniugatis II 223, 5. in singulis
quibusque uiris II 236, 23. quaeque
stupra II 296, 13. — quisque (= quisquam, quis, aliquis) I 17, 16. 36, 14.
80, 1. 82, 17. 94, 9. 13. 95, 7. 8. 12.
112, 4. 156, 21. 210, 6. II 16, 21.
17, 3. 116, 1. 134, 14. 289, 14.
17 *cet.*

quisquis *cum coni.* I 18, 18. 62, 3.
176, 25. 217, 2. 222, 16. 503, 23.
539, 15. II 61, 7. 63, 2. 71, 13.
103, 6. 111, 1. 145, 17. 188, 5. 235, 14.
quicquid peccati I 503, 23. iustitiae
I 91, 22. bonae uoluntatis I 101,
2 *cet.*

quo *adu.* I 16, 11. 14. 25, 22. 95, 10.
237, 17. 247, 16. 260, 18. 266, 21.
281, 14. 313, 5. II 17, 9. 18, 10.
20, 12. 44, 5. 122, 7. 144, 4. 6. 14.
170, 30 *cet.* ex quo = *seitdem* I 5,
14. 98, 1. 117, 22. 139, 1. 311, 4.
II 248, 20.

quo *coni.*: non quo aequetur = *nicht
als ob* I 542, 24.

quocirca I 7, 24. 102, 13. 114, 22.
378, 17. 417, 14. 515, 14. II 91, 12.
136, 7. 229, 11. 290, 3.

quod *pro acc. et inf. cum coni.* II 3, 8.
4, 3. 51, 11. 68, 8. 70, 12. 75, 19.
81, 7. 87, 4. I 117, 26. 127, 3.
132, 20. 133, 10. 172, 4. 238, 6 *cet.*
cum indic. II 58, 15. 72, 17. 93, 7.
109, 7. 129, 9. I 228, 20. 22. 23.
329, 12. 401, 16. 425, 1. 7 *cet.* quod
sequente acc. et inf. I 365, 4. 8. 435,
15. *antecedente acc. et inf.* I 256, 18.
435, 11.

quominus: nec originis animarum
obscura quaestione terretur, quominus ... fateatur I 549, 9.

quomodo *in interr. obliqua cum indic.*
II 7, 17. 11, 8.

quomodolibet accipias I 358, 26;
cf. I 278, 15. II 121, 17.

quoniam *pro acc. et inf. cum indic.*
I 76, 2. 269, 24. II 77, 20. 79, 25.
80, 2. 5. 98, 14. 108, 5. 7 *cet. cum
coni.* II 76, 18. 21. 22. 110, 3. 118, 21.
pro modo ex quoniam *apto sequitur
acc. et inf.* II 108, 8.

quoquo modo dicta essent II 71, 17.
quoquo modo autem se habere isti
uelint II 179, 20; *cf.* I 308, 27.

quotiens peccatur, totiens repetatur
II 250, 5. quotiens delectaret II
317, 20.

quotienscumque libuisset, totiens concubuissent I 450, 22.

quo usque (= donec) solueretur a carne 1 316, 8.

rabies, qua furiunt I 424, 15.
rabiosa mentis caecitas I 569, 5.
radiis solis offerri II 70, 4.
radix caritatis I 180, 25. peccatorum radices I 445, 10. 13; c/. II 140, 14. 18. 21. 22. 25. 27. 141, 17. 19. 142, 9.
rasi in capite capilli I 445, 14.
rapina actus est II 6, 4; c/. 68, 22.
rapio: hinc raptus (aus dem Leben raffen) I 315, 23. 347, 20. 22. 371, 11. secum in cursu comites rapere I 93, 13.
raptores I 76, 14.
rarare crimina I 445, 9. 12.
ratio: rationes humanae, sed uanae I 474, 8. pro religiosa ratione I 452, 9. proferendae ratio seueritatis I 465, 23; c/. Ind. nom.
ratiocinatio I 38, 16. 280, 5. 14. 22. 28. 333, 11. II 3, 14. 182, 4.
ratiocinor: spiritus, quo ratiocinamur intellegimus sapimus I 414, 27. 4.
rationabile quidem uidetur esse I 261,9. — multo rationabilius dicitur I 17, 15.
rationales anni I 25, 5. 436, 11. anima I 36, 24. 67, 26 cet. mens I 67, 11. creatura I 107, 6. 248, 9. animal I 203, 3. 381, 14. 415, 18. uoluntas II 177, 30. rationale nostrum I 416, 8.
reatus I 13, 26. 25, 8. 34, 9. 10. II 202, 17. 20. 238, 4 cet.
rebelles animi II 299, 4.
recapitulando inferre I 266, 6; c/. II 115, 17. 119, 24.
recedo: aliquo recesserimus a nobis 1 390, 6. a deo recedere I 248, 9. II 58, 6. a defensione naturae 1 277,

15. a fide catholica I 379, 1. a commendatione legis II 131, 20. a dogmate II 158, 25. de hac uita I 369, 21; c/. I 163, 4. II 31, 14. 21. 22. 24.
recens: infantis recentis ab utero I 66, 2. 67, 25. II 268, 9. paruulos a materno utero recentissimos I 135, 16. 36, 6. 137, 22. 549, 14. recenti ortu I 22, 11. recentes ab ortu paruuli II 176, 21. a partu recentissimi II 203, 9. recentissimi a uisceribus matrum II 194, 10. recentissima responsio II 96, 7. paruuli recenti uita editi I 22, 14. recentis ab utero aetatis I 386, 22, c/. I 268, 25. 423, 18. 548, 13. praesumptio I 543, 3. recentes dei manus I 548, 15. 23. — recens adu. I 144, 21. recentius I 367, 27.
recensere gesta II 77, 4.
receptacula corporea I 30, 17.
recipio: salutem (Gesundheit wieder erlangen) II 54, 1. errorem non recipere (nicht zulassen, nicht gutheißen) II 61, 17, c/. II 82, 24. 83, 20. 84, 16. non ad poenam corpus recipere I 443, 13. liquorem I 398, 4. imaginem I 400, 17. mercedem I 254, 2. spiritum I 363, 28, c/. I 364, 10. 17. animam I 366, 4. flatum I 383, 24. in consortium cum Christo I 503, 6; c/. I 400, 7. 9. 418, 13.
reciprocatus iustissimus II 275, 9; c/. I 383, 22.
reciproca poena I 108, 9; c/. II 312, 2.
recitatio librorum I 419, 8; c/. I 346, 8. 419, 11.
recitare promissa terrena et temporalia I 189, 25. retrorsus recitare Vergilium I 389, 12; c/. I 53, 9. II 52, 18. 21.
reclamare I 9, 11. 536, 24.

regeneratio carnis in aeternam uitam
II 202, 9; cf. I 24, 20. 83, 13. II 81,
18 cet.

regenero I 19, 14. 16. 20, 18. 21, 14.
II 289, 8. 291, 1 cet.

regina mens II 237, 26.

regia audacia II 280, 12.

regula uniuersalis ecclesiae II 169, 27.
catholicae fidei I 358, 21. 523, 7.
II 193, 16. 212, 1. 256, 3. christianae
fidei I 115, 6. ueritatis I 95, 6.
104, 18. 349, 25. locutionum I 275, 3.
uirtutum I 522, 14. 541, 13. 557, 29.
iustitiae I 86, 9. 22. 202, 8. sancti
desiderii II 16, 10. ecclesiastica I 27,
12. 313, 2.

relatu fratris id didici II 253, 11.

relaxo: concupiscentiam relaxans adulterio I 56, 17. ad usus licitos et
necessarios ·relaxari I 70, 23. non
baptizatis relaxari originale peccatum I 350, 18; cf. II 221, 10.

relegare: ut in corpus animam peccati
relegare uoluerit I 308, 4. 353, 1.

relegendo recole I 392, 10. relegantur
uerba mea II 308, 21.

releuare I 383, 25. 466, 13.

religionis obsequium I 496, 27. catholica religio II 259, 2; cf. I 358, 24.

religiose sollicitus I 336, 7. quasi religiose dicere II 305, 11. religiosius
dicere II 305, 13.

religiosi amatores I 503, 28. de religiosis orta proles I 471, 15. uoluntas
II 282, 26; cf. II 162, 18. 22. 163, 2.
3. 228, 12. I 452, 9.

relinquere indiscussum II 54, 12. non
solutum II 31, 27.

reliquiae uetustatis I 82, 8. 83, 1. 115,
14. imaginis dei I 204, 12. infirmitatis II 41, 17. 26; cf. I 477, 18.

reluctari sequente acc. et inf. I 350, 24.
375, 11; cf. II 48, 13. 237, 11.

remeare in paradisum I 549, 10.

remissione animi iocatus I 266, 10.
peccatorum I 16, 19. 50, 26. 28 cet.

remoror: ut nec paululum remoraretur
I 371, 16.

remota sedes quietis I 404, 2. quid ab
omni obscuritate remotius I 499, 17.

remouere ambages I 382, 23. 417, 1.
plausus alienos I 419, 19. umbras
I 496, 19. cunctationem II 173, 11.
a corporis Christi communione I
553, 7. a sua persona I 133, 15;
cf. I 210, 9. a se de hac re inuidiam I 279, 18.

remos suae disputationis inhibere
I 353, 14.

renasci in meliorem hominem II 156,
2; cf. I 21, 17. 56, 11. 82, 1 cet.

renouatio incipit a remissione omnium
peccatorum I 79, 23; cf. I 8, 9.
80, 2. 81, 20. II 41, 12. 17 cet.

renouamini mente uestra I 414, 16.
unde renouandus nisi a uetustate
I 58, 1. ut lectoris intentio ab
alio ɩenouetur exordio I 379, 10.
in aliam generationem I 83, 4.

renuntiare diabolo et huic saeculo I
25, 3. 64, 3.

repagula timoris I 187, 14.

reparare naturam I 201, 20. priscam
habitudinem I 307, 12. 345, 5. 14.
368, 1. 4. 377, 22. 417, 27. statum
I 345, 2. 8. 367, 24. 368, 8. damna
I 364, 20. legentis intentionem ad
sequentia I 485, 16.

repellere rabiem a laedendis I 424, 16.
a diuinae stabilitate substantiae I
170, 20. medici misericordiam I 261,
30; cf. I 76, 8. 398, 2.

rependere amorem inpensum I 423, 12.
maledictum pro maledicto I 326, 11.
repensa dilectio I 417, 19; cf. I
540, 8.

sacramentum baptismi II 150, 12.
153, 1. 167, 13. 170, 7. 180, 4.
conubii II 197, 16. 21. 236, 18.
diuinitatis et humanitatis Christi I
234, 13. inseparabilis coniunctionis
II 236, 24. ueterum sacramenta I
166, 15. 175, 6. 195, 18. ecclesiae II
203, 5. 9. mediatoris uenturi II
276, 19. iustificationis II 277, 8.
Christi et ecclesiae II 311, 9; cf. I
37, 10. 64, 6. 67, 11.
sacrata uirginitas nuptiis praeferenda
II 216, 11. signa II 203, 15. sacra-
tissimus baptismus I 312, 5.
sacrificium: peccata uocantur sacrificia pro peccatis II 196, 9; cf. lin.
7. sacrificium laudis actionisque gratiarum I 175, 20.
sacrilegia gentilium I 370, 4.
sacrilega inpietas II 67, 14; cf. I 173,
28. 323, 21.
sacrosanctum lauacrum I 371, 10.
saeculares laquei I 558, 12. 16. 559, 6.
litterae I 233, 7.
saeculi nomine homines significasse,
qui nascendo in hoc saeculum
ueniunt I 26, 25. huic saeculo renuntiare I 25, 3. usque ad terminum
saeculi I 517, 1. in hoc saeculo I 121,
21. lex huius saeculi (opp. lex euangelii) II 223, 10.
saeuire in suos II 230, 2.
saluator II 18, 24. 32, 11. 34, 15. 45, 7.
48, 7. I 14, 3. 16. 118, 16 cet.
salubrius exemplum I 380, 15. dolor
saluberrimus II 147, 10. uoces I
246, 19.
salubriter metuere II 262, 1. intellegere
II 37, 14. arbitrari I 358, 17. decla-
rare I 568, 27. ualde salubriter credere I 341, 14. salubriter firmatus
I 149, 22. salubrius agere II 100,
23.

saluare naturam humanam II 291, 2. 3.
ex carnali generatione in spiritalem
renascendo saluari I 118, 13; cf. II
47, 8. 60, 20. 276, 22 cet.
salus spiritalis II 125, 5. corporalis
II 105, 5; cf. II 54, 2. 87, 13. 99, 13.
268, 12.
salutare sacramentum I 136, 18. 374,
23.
salutatio: dixi eum in salutatione
dominum II 104, 15. omnis eius
salutatio sic se habet I 164, 12.
salua fides I 313, 1. 396, 12. II 185, 25.
186, 8. 193, 16. saluo dogmate II
180, 10. salua distinctione I 418, 24.
integritate naturae I 273, 12. salua
condita est I 276, 25. ut a pecoribus
salua sit nostra distantia I· 383, 1.
saluus peccato II 47, 8. corporali
salute saluus II 105, 4.
sanatio animae a uitio peccati I 208,
21; cf. II 189, 19.
sancte timere I 200, 4. intellegere I
298, 1. uiuere II 174, 23. sanctius
et mirabilius iucunda II 224, 14.
sanctificationis perfectio II 41, 25.
uerbum sanctificationis II 250, 1.
non peccare sanctificationis est I
181, 16. ciborum sanctificatio I 113,
23. praesens II 232, 20; cf. I 113, 16.
catechumeni I 114, 2; cf. I 114, 4.
149, 4.
sanctificare II 41, 24. 232, 14.
sanctimonialis: sanctimonialibus etiam
aetate prouectioribus nuptias Iouinianus persuasit I 139, 21.
sanctimonio dicatae uirgines I 139, 23.
sanctitas titulus II 52, 6. 77, 1. 94, 14.
102, 12. 103, 1. I 304, 1. 336, 5.
423, 9. 424, 24. morum II 156, 12.
lauacri II 250, 21.; cf. II 131, 2.
sanctus sanctorum I 18, 20. sanctus
sanctorum sacerdos I 98, 9. sancto

amore I 532, 12. studia II 258, 23.
sanctae memoriae I 252, 17. fratres
II 3, 3. sanctissimum baptisma I
369, 10.

sanguis: multis sacrificiorum sanguinibus conuincebantur potius l
51, 13. 15.

sanitas fidei I 447, 16. II 43, 4. doctrinae I 297, 8. sanitas plena I 508,
10. II 7, 16. 8, 3. perfecta I 255, 2.
284, 14. animae I 208, 22. 223, 21.
naturae II 194, 17. operabatur sani-
tates (= curationes) II 87, 11; cf. II
36, 13. 92, 8.

sana fides I 461, 2. a Manicheorum
errore sani I 524, 3. sanum sapere
I 350, 2. sana dicere I 335, 7. in
fide sanus I 305, 9. doctrina I 316,
25.

sapere aliena II 99, 3. contraria I 63,
27. sanum I 262, 16. 350, 2. deterius
I 374, 25. spiritalia I 80, 1. spiritaliter I 80, 23. carnaliter (carnalia)
I 178, 13. 439, 13. aduersus ueritatem sapis I 358, 4. hoc si secundum scripturas sapiamus I 236, 17.
si qua aliter sapit I 304, 6. 464, 11.
sicut isti sapiunt I· 541, 2. sicut
sapit apostolus II 305, 1. hoc istum
hominem dei sapere I 563, 11. quae
non recte sapit I 304, 23. ut nondum
nos perfectos esse sapiamus I 514, 4.
hoc sapiamus, quod nondum perfecti
sumus II 17, 17.

sarcina praecepti II 21, 7.

sat: hoc ei sat est I 219, 10. loquacius
forte quam sat est I 222, 23.

satago: quid opus est hinc satagere?
II 314, 4. tamquam de se ipsa
distinctione satagens I 85, 1.

satanas II 135, 16. 136, 5. 228, 19.

satietatis desiderium I 219, 11.

satiari bonis non temporalibus I 217,
18. contemplatione I 219, 9. satiare
concupiscentiam I 45 1, 11.

satis elegans I 363, 7. satis apertum
I 325, 19. euidenter I 342, 1. 434, 28.
satis disputauimus I 71, 15. elucebit
I 159, 25. 162, 16. 209, 28. si satis
adtendisset I 265, 24; cf. I 354, 14.
438, 24. 443, 14. 453, 11. 494, 5.
542, 12 cet.

satisfacere quaestioni I 216, 12. abs.
II 77, 24. 78, 2. 174, 26.

satisfactio II 77, 24. 98, 22. 111, 20.
112, 9. 12. 113, 2. 174, 26.

saturitas iustitiae II 15, 12. I 76, 7.
541, 22.

saturo: tamquam saturatos plenosque
ructare I 540, 13; cf. I 76, 12. 18.
506, 21. 25. II 16, 2. 164, 20.

sauciatus originalis peccati aegritudine
I 23, 15. uitio II 74, 9. non genus
sauciat II 294, 12. homines antiqua peccati persuasione sauciare II
312, 1.

saucius confossusque uulneribus I 270,
18; cf. I 277, 21.

scalpo: nec manus saltem ad scalpendum habiles I 69, 25.

scandalum II 35, 24.

sceleratius immaniusque peccasse I
31, 17.

scelerata iniuria I 544, 22. in conparatione sceleratorum I 522, 13.
541, 13. 557, 28. sceleratiora flagitia
II 289, 23. inpietas sceleratissima
I 240, 6. caedes II 121, 25; cf. I
170, 18. 262, 22.

scelerum ueniam accepit I 369, 17.

schisma: in qualibet heresi uel schismate constitutus I 139, 6.

schola: in scholam pergere II 53, 13.

scienter: siue quae ignoranter siue
quae scienter admissa sunt I 490, 5.
scientissime disputare I 383, 17.
scientiam naturae tuae profiteris I 390,
20. dei scientia I 391, 12. legis I
532, 13. II 52, 20. 23. 53, 9. 11.
54, 3. 11. 24. gloriae I 185, 6. Christi
scientia I 509, 12. 23. 513, 6.
scientior nostra cunctatio I 348, 10.
scientior illo esse potuisti I 382, 26.
scio quod *cum indic.* I 138, 12. 228, 20.
22. II 129, 9. quoniam I 76, 1.
quia I 86, 4. 10. II 27, 22. 129, 18.
scopulosus gurges I 308, 6. quaestio
scopulosissima I 353, 22.
scripta *subst.* I 129, 6. II 171, 25.
diuina I 127, 2. ecclesiastica I
464, 1. mea scripta ad fratres nostros
I 361, 29; *cf.* I 305, 6. 424, 4. 14. 465,
27. 467, 7. 543, 7.
scriptio I 202, 29.
scriptores christianarum disputationum
I 139, 1. inter Latinos II 159, 26.
205, 5. 252, 3.
scripto damnare II 125, 14.
scriptura diuina humanis omnibus
ingeniis praeferenda I 33, 15. sancta
II 10, 3. 28, 25. 61, 20. alia II 8, 25.
canonicae II 117, 26. 160, 3; *cf.* II
47, 3. 64, 24.
scrupulosissime ac subtilissime quaeritur I 397, 1.
scrupulus: sine scrupulo accipere I 533,
25. nihil certe scrupuli tangeret II
97, 6.
scrutari euangelii capitulum I 57, 6.
inscrutabilem quaestionem I 539, 8.
altitudines dei I 393, 7. locus diligenter scrutandus I 433, 12.
secessus: in secessum emittere I 113,
24.
secludere a corde catholico I 306, 5.

secretus: secreta aequitas I 77, 7. sedes
I 404, 3. uiscera II 279, 6. secretum
et secreta *subst.*: abditum secretum
I 476, 9. occulta opera dei habere
suum secretum I 396, 12. quaerit
secretum II 220, 1. I 450, 10; *cf.* II
200, 19. 237, 8. 312, 25.
sectator: istorum sectatorum eius nudat
assertio I 470, 10. latro ille domini
sectator I 311, 10.
sectio dolorem operatur I 255, 15. absque animae sectione I 344, 2.
sectari doctrinam I 347, 23. errorem
I 358, 7. fidem I 200, 21. II 277, 7.
terrena promissa I 495, 10. meliora
I 357, 9. 376, 5. 379, 6; *cf.* I 515, 19.
II 179, 22.
sedes apostolica I 351, 21. 463, 27.
464, 2. 25. 465, 17. 466, 16. 467, 18.
II 170, 24. 171, 9. 13. 179, 15. 25.
beatorum I 349, 10. deliciarum I
124, 23.
seditio = schisma II 258, 23.
seducendo promittere II 218, 17. per
uerum seducere ad falsum I 530, 6.
incautos fraudulenta laude I 542,
12; *cf.* I 488, 25.
sedulo diligenterque fulcire I 342, 6.
segregare hereditati suae II 190, 1.
de ecclesia Christi I 458, 15. ad
dexteram I 218, 27.
seiungo: se ita seiungat a Pelagianis
I 523, 3.
semel uel iterum II 100, 18.
seminatio filiorum II 212, 18. 257, 23.
265, 17. I 431, 7.
seminatrix commixtio II 310, 8.
seminantes dogmata I 459, 6. filios
II 219, 1. 310, 23. peccatum II
303, 7. sanitatem fidei I 447, 16.
semita: auertet semitas nostras I 259,
16.
semiuiuus I 270, 17.

sempiterne tota reguabit I 372, 23.

sempiterna poena II 9, 19. dies II 192, 3.

senecta II 69, 3. 72, 21. 76, 1. 110, 2.

senilis timor I 395, 12. manus I 408, 10. cunctatio I 353, 15.

seniores cum iunioribus conuenite I 343, 2.

senium: in senium ueterescere I 21, 8.

sensa *subst.* I 342, 9.

sensim currit in finem I 21, 10. sensim interrogationibus colligare II 170, 28.

sensus: sicut ille intimus sensus, ex quo est appellata sententia I 416, 10. humanus I 22, 11. in suum sensum detorquere I 527, 9.

sentire scelerata II 261, 25. aliter II 118, 13. recta I 336, 13. contraria I 47, 22. sentire quod I 132, 19. 21. 25.

sentibus horrere uitiorum II 140, 16.

separatim de anima disputare I 396, 2.

separatio (*Ehetrennung*) II 223, 21. propter hanc separationem mediator est missus I 528, 20.

separare se a corpore ecclesiae II 107, 4. societatem ab inuicem II 107, 10. a populo suo II 194, 25. separati et adulterati II 231, 22. a Christi corpore I 553, 13. opinione diuersa I 462, 13.

sepulcrum: si in eius sepulcro legeremus I 361, 11.

sepultum ignorantiae tenebris I 438, 18.

sequor: quanta eum sequatur absur-ditas I 307, 2. 413, 18. secutus tam magnum abditumque secretum I 476, 8. secutus adiunxit II 131, 7. 133, 30. 181, 12. 225, 8. 280, 21. 300, 12. 303, 8. I 13, 9. 132, 6. 330, 18. sequitur et adiungit I 92,

25. 167, 13. II 315, 13. sequitur et dicit II 143, 27. 151, 20. I 61, 23. 62, 24. 82, 5. 92, 6. 274, 7. 538, 9. sequitur et respondet I 60, 7. secutus addidit I 109, 24. sequeretur et diceret II 62, 16. *acc. et inf.* I 397, 8.

series generationum II 225, 19. con-textam paginae seriem pollice seuero discerpe I 357, 17.

serio grauiterque agere I 403, 21.

sermo ueritatis I 35, 25. ut in hoc uolumine tecum haberem sermonem II 213, 13. alternante sermone inter se certare I 331, 3. disertus et ornatus sermo I 340, 26. fidelis sermo et omni acceptione dignus I 248, 23. latinus II 54, 12.

sermocinatio nostra inter nos I 377, 9.

serpentina uersutia I 529, 27.

serpunt dira contagia I 361, 25. doc-trina pestifera serpendo peruenerat II 183, 5.

serrae stridor I 273, 20.

seruilis timor I 213, 12. ingum I 189, 17. opus I 181, 14.

seruiliter I 180, 23. II 137, 19.

seruitium diaboli II 203, 10. creatori suo non exhibere seruitium I 450, 2.

seruitutis uinculum II 259, 16. libera seruitus II 104, 19.

sera uigilantia II 114, 9. pubertas II 186, 15.

sese II 93, 15. 222, 12. 258, 21. I 172, 14. 308, 21. 381, 18. 406, 1. 452, 4. 522, 6.

seu-seu *cum coni.* I 275, 7. 8. seu-siue I 348, 5. II 48, 4. seu-uel II 116, 1.

sexcenta alia possunt occurrere I 155, 16.

sexus: in sexibus II 265, 3. sexuum II 265, 4; *cf.* II 264, 17. 18. 265, 12.

14. 16. 266, 13. 20. 267, 3. 269, 1.
6. 13 *cet.*

si *in interr. indir.*: uide, si inuenies I
257, 8. uidete, si non apostolus
praeuidit II 129, 26. uidete, si non
illud est prophetatum II 162, 12.
si tamen I 156, 22. 173, 17. 176, 9.
205, 22. 336, 21. 341, 11. 479, 12 *cet.*

sic—quemadmodum II 76, 19. 78, 10.
107, 14. 111, 24. 140, 8; *cf.* ita—
quemadmodum II 106, 6. 120, 27.
121, 1.

sicubi forte non tacitum est I 331, 13.

siderum positio I 472, 18. sidera I
387, 22. 388, 20. 472, 21 *cet.*

signaculum iustitiae fidei II 194, 12.
276, 25.

significatio allegorica II 66, 23. legis
II 133, 22. purgationis II 277, 1;
cf. I 106, 23. 182, 8. 189, 19. 414,
25 *cet.*

significare beneuolentiam II 103, 11.
significor *cum inf.* II 195, 19.

signo: atramenta indigna eloquia signauerunt I 357, 18. signari aliquo
uisibili sacramento II 194, 6.

signa linguae I 67, 6.

siluesco: dumeta pullulare, immo iam
siluescere II 120, 4.

similis *cum genet.* I 400, 1. 505, 2.
similia = similitudines I 410, 12.

similitudo operariorum I 474, 6;
cf. I 240, 14. 256, 23. 272, 6. 445, 15.

simplicis fidei pietas II 54, 19. confessio II 100, 4. incauti et simplices
II 130, 3; *cf.* I 314, 20. 516, 10.
529, 27. 542, 16. 569, 24.

simpliciter teneo I 396, 4. simpliciter
dictum I 36, 10. II 150, 24.

simulate anathemare II 101, 24.

simulatorie (*opp.* ueraciter) II 203, 7.

simulo: non erat ad homines simulatum I 91, 23. simulata caro I 525.
21.

sinceritas elemosynarum I 447, 3. pro
fidei sinceritate certamen I 150, 17.
pectoris I 376, 10; *cf.* I 303, 2.

sincera dilectio I 335, 12. caritas II 54,
20. sincerissima beneuolentia I 425,
4. amicus I 303, 15. fratres II 125, 6.
— sincerissime I 423, 6.

singillatim (singulatim): de unoquoque
disputare I 55, 13. in singulis singulatim fiebat I 112, 8; *cf.* I 383, 16.

singularis praerogatiua I 526, 25.
sacrificium I 505, 9. dementia I 515,
17.

singulum quidque I 339, 11. in singulis
singulae I 378, 18.

singularitas principiorum II 222, 13.

sinor *cum inf.* I 10, 3. 282, 22. 363, 23.
370, 15. II 303, 25.

sinus: ex memoriae abditissimis sinibus
I 404, 26.

siue-siue *cum coni.* I 21, 19. 20. 70, 4. 5.
294, 14. 318, 28. 321, 11. 328, 5. 354,
21. 398, 7. 409, 2. 519, 14. II 13, 11.
76, 17. 78, 8. 84, 8. 96, 19. 107, 11.
120, 19. 212, 9. 11. 293, 11. 297, 19.

sobrie uigilanterque considerare I 358,
8; *cf.* I 333, 3.

sobria mens II 216, 12. cautela I 145,
4. fides I 335, 9; *cf.* I 84, 4.

socialis nidificandi sollertia II 215, 6.

societas generandi II 215, 13. beatitudinis II 61, 2. uitii II 204, 26.
in malum conspirans societas II 107,
10. ordinata I 56, 10. Christi saluatoris societas I 71, 14. 133, 22.
145, 10.

sociari *cum dat.* I 21, 17. 40, 10. 133, 26.
II 179, 23.

socius crucis I 311, 24. Caelestii II 179,
10; *cf.* II 3, 12. 215, 14.

spiritus tempestatis I 417, 5. *a mente distinctus* I 414, 23. nequam II 142, 27. 148, 17. 20. 24. inmundus II 204, 20. 238, 22.

spirans caedem I 453, 21. spirare et respirare I 365, 6.

splendidius enituit I 252, 7.

spondeo: non me quasi auctorem spondeo I 347, 6. spopondisti bona te definire coniugia II 288, 21.

sponsor salutis I 311, 23.

sponte conari I 77, 3.

spumei in sermone I 305, 9.

stabilis in fide II 307, 17.

stabilitas substantiae I 170, 20; *cf.* I 5, 20. 21, 5.

statuere dogma II 70, 23. primo loco statuere II 128, 1. *acc. et inf.* II 169, 28.

statura I 388, 17.

status II 76, 22. 78, 11. 121, 5. 168, 1. 20. 24. 169, 6.

sterilis coniux II 223, 8. coniugium II 231, 23.

sterilitas honorum II 62, 6. sterilitatis uenena procurare II 230, 6.

stilla aquae I 341, 22. 342, 15. 409, 5.

stilus: stilo committere II 71, 1. abicere ab animo a nerbo ab stilo I 378, 14.

stimulari libidine II 284, 15.

stimulus inuidentiae I 156, 18. carnis I 228, 23. 392, 15. II 136, 4. stimulo recentiore sollicitant I 423, 18.

stirps antiquae inmunditiae II 239, 7.

sto: quomodo stabit illud apostoli? II 133, 27; *cf.* II 298, 17. hominem stantem subuertere I 257, 24.

stratum: in stratis iacere I 405, 23.

strepitus inanis I 364, 13.

stridor serrae I 273, 20.

strues congerere I 342, 5.

struere montes II 109, 18.

studia consonantia concorditer flagrare cernebat II 172, 6. sancta II 258, 24. partium I 355, 25.

stultiloquium insertum II 69, 12. 71, 11. 13. 173, 30.

stupere responsa II 102, 14. stupentem suscitat uoluntatem II 134, 4.

stuprum II 226, 13 *passim.*

suasio clementissima correctionis I 465, 21. prima peccati suasio I 256, 18; *cf.* I 220, 9. 17.

suasor peccati I 17, 15.

suauiloquium: subrepsit tibi falsiloquium per suauiloquium I 344, 19.

suauia praecepta II 21, 19. mandatum II 137, 16. suauior de te narratio II 209, 13.

suauitas ineffabilis II 136, 16.

sub peccato I 528, 14. sub diabolo I 431, 22. 25. sub *pro ablatiuo*: significasse sub nomine gentium I 198, 10, *sed* nomine *ibid. et lin.* 18. sub nomine gratiae I 469, 5. 11. 13. 22. 479, 3. 552, 19, *sed. cf.* gratiae nomine I 470, 1. sub terrore II 194, 12. sub hac sententia I 88, 7. sub periculo I 342, 6.

subaudire I 7, 15.

subdo: scripturarum auctoritatibus colla subdere I 27, 29. subdere = addere I 263, 8. 494, 10. II 58, 11; *cf.* I 258, 2. 374, 12. II 112, 25. 142, 26. 157, 21. 225, 11. 12. 14. 305, 9. subditus *subst.* I 380, 14. II 59, 9. 222, 14.

subdolo timore damnauit I 470, 6.

subducere se prouidenter perniciterque I 407, 6. 7.

subire contagia I 313, 17. carnis consortium I 313, 23. alienum peccatum I 314, 11. 316, 12. mortis supplicium I 458, 7. mortem I 124, 11. 526, 19.

superfluus I 246, 3. 262, 2. 462, 22.
525, 18:
supergredior: dei gratia omnes angelos
supergreditur I 472, 22.
superindui cupientes I 185, 14.
superior uersus II 39, 12. superiora
subst. I 110, 12. 20. 438, 10.
superius demonstratum est I 330, 13.
341, 2; *cf.* II 7, 25. 29, 6. 12. 38, 6.
108, 1.
supernus medicus I 254, 20. uocatio
I 513, 21; *cf.* I 494, 20.
superuacaneus I 50, 19.
superuacua inuestigatio I 381, 18.
superuenit in eos spiritus sanctus I
182, 16.
superuestiri inmortalitate I 4, 19.
superuiuere diluuio II 186, 17.
supplementa generis humani I 56, 9;
cf. 51, 2.
supplicatione deprecari I 150, 5.
suppliciter instanterque poscere I 359,
15.
supra quam petimus I 217,19. 225, 2.3.
supra quod infirmi erant I 51, 7.
supradictus II 210, 9. 273, 18.
surgens concupiscentia I 451, 10. qui
de caritatis radice non surgit I 180,
25.
sursum cor habere I 105, 2. 223, 2.
263, 12. II 227, 25. sursum uersus
I 389, 15. 398, 3.
suscipere dicta in ueritatis odium I
430, 1. 24. 542, 15. baptismum I 35,
13. gratiam II 15, 4. arma II 98, 8.
consortium II 121, 4. filios II 269,
25. 271, 23. 287, 16. misericordiam
pro damnatione I 164, 6. cum hoc
tractare susceperit I 285, 17. suscepit haec dicere I 512, 13; *cf.* I 222,
22. 542, 16. 564, 2. 569, 7.
suspendere deliberationem I 333, 14.
uoluntatem II 143, 19. 144, 10.

sententiam definitiuam II 185, 26.
expectatione suspensus II 131, 12.
ungue suspensi II 70, 4.
suspiciones mortalium I 26, 1.
suspiciosus II 89, 1.
sustentacula I 5, 16. 341, 28.
sustentare incontinentiam suam honestate nuptiarum I 502, 17.
susurrare II 93, 22. 94, 10. 108, 11.
syllogismum facere II 98, 11.
symbolum nouisse II 55, 3. reddere I
312, 26. 370, 2.
symmetria membrorum: et de lignorum
fructibus refectionem contra defectionem et de ligno uitae stabilitatem
contra uetustatem I 5, 19. morti
quidem corporis meritum peccati,
uitae autem spiritus meritum iustitiae I 7, 23. illi enim desperauerunt
de moriente, ille sperauit in commoriente; refugerunt illi auctorem
uitae, rogauit ille consortem poenae;
doluerunt illi tamquam hominis
mortem, credidit ille regnaturum
esse post mortem; deseruerunt illi
sponsorem salutis, honorauit ille
socium crucis I 311, 20; *cf.* II 317, 3.
synagoga: functus officio in synagoga
ipse recitauit I 53, 8.
synodus africana II 172, 14. episcopalis II 56, 7. orientis et occidentis
I 570, 11. synodi gesta II 172, 11.
synodi congregatio I 542, 17. 569,
25. 570, 3. 4. 12.

tabernaculum: congregari in tabernaculum I 51, 13.
tabes carnalis concupiscentiae I 11, 19.
tabificare in se omnes de sua stirpe
uenturos I 11, 20.
tabulae lapideae I 176, 28. 181, 17.
182, 18. 27. 194, 3 *cet.* tabulae
matrimoniales II 201, 16. 215, 24.

taceo: eum lingua tacente tacere con-
pellerent II 55, 17. nomina tacenda
putauerunt II 103, 18.
tacite praeterire I 266, 4.
tacitis nominibus I 356, 29. II 100,
24. in tacitis infantibus clamat I 65,
12. specie tacita I 524, 18. gratia II
109, 13. tacita significatione II 149,
11.
tactus: sensu qui uocatur tactus I
388, 9.
taediorum aestus I 3, 2; cf. I 66, 5.
II 16, 19.
tale aliquid I 12, 21. 17, 10. 125, 7.
212, 22. 240, 20. 406, 13. 475, 22.
II 100, 11. aliquid tale I 397, 1.
taliter mouere I 29, 3.
tam—quam pro sic—ut II 9, 23. 10,
2. 140, 10. 252, 9.
tamen = autem I 445, 1. 469, 4. 19.
471, 1.
tamquam = ut II 69, 27. 70, 13. 210,
21. I 37, 17. 66, 13. 326, 12. 328,
3 cet. tamquam si I 55, 4. tamquam cum I 481, 9.
tangere cor I 481, 21. animum II
97, 6. antequam terras nostras uel
tenuissimus odor Manicheae pestilentiae tetigisset I 549, 4.
tantillae uires I 3, 11. tantillos I 24, 22.
tanta = tot I 94, 13. tantum longe
est = tantum abest I 92, 18, cf. I
335, 13. in tantum ut I 563, 23.
tantum errat II 243, 19. in tantum
— in quantum II 4, 19. tantus
apostolus II 66, 22. 135, 20. duo-
decies tantum I 474, 8.
tantundem est, ac si diceretur I 199, 21.
tarditas gestorum II 109, 9. intellegendi I 12, 2.
tardius peruenire II 102, 21. 103, 16.
sanare I 104, 15. facere I 376, 21.
tardiuscula mens I 142, 7.

tardare imperium uoluntatis I 451, 22.
tardus ingenio I 30, 9. 387, 18. tar-
diores I 464, 21. 516, 10. tardissimi
I 31, 19. 441, 8.
tecto mansionem tremere I 342, 4.
tegmen est generale nomen I 448, 23.
24. hoc genus tegminis II 309, 11.
dogmatis tegmen II 260, 14.
tego: se ipsum tegendo nudauit II 182,
25.
temerarius cursus I 353, 14. credulitas
II 52, 2.
temere: propaginem animarum nec
temere astruendam nec temere destruendam dicimus I 356, 1. 2; cf. I
418, 17. II 70, 21. 99, 15 cet.
temeritas praesumptionis I 353, 26;
cf. I 77, 10. 351, 4. 380, 11.
temperanter et iuste et pie uiuere I 207,
21.
temperantia castigare I 452, 2.
temperatio: quorum omnium temperatione bona corporalis ualitudo consistit I 280, 18.
temperare a laudibus II 104, 13.
quaestio eo moderamine temperata
I 128, 1. ex alterutro temperari I
280, 16; cf. I 295, 28. 305, 11.
templum I 51, 14. 98, 2. 525, 4. templi
uelum II 189, 23. dei templum II
232, 15.
temporalis (opp. aeterna) uictoria I
147, 21. promissa I 189, 24. bona
I 217, 18. 497, 13. uita I 120, 11.
531, 14. II 181, 25. consortium I
472, 26. mors II 194, 21. commodum
II 227, 20.
temporaliter mori I 120, 10. II 300, 17.
regnare I 18, 2.
temporarie conlatus paradisus I 350,
24. 351, 12. 375, 12. 19.
temptatio I 227, 25. 246, 1. 262, 12.
II 36, 2. 91, 12. 194, 25 cet.

tolerabilis error I 307, 4.
tolerabiliter dici potest I 275, 12. 310,
    15. tolerabilius I 340, 10. 11. 350, 16.
    392, 5.
tollere peccata II 250, 22. tolle
    'facilius' II 149, 7. uelut per inane
    sublati I 171, 14.
tormentum: ad tormenta redduntur I
    443, 11. timor tormentum habet I
    284, 11; cf. I 222, 13. 409, 21.
torrens uoluptatis I 162, 23.
tortuosae interpretationes II 255, 17.
torus inmaculatus II 239, 16.
toti isti, cum quibus dissentimus I 425,
    12. ex toto se I 439, 9. ex toto (opp.
    ex parte) II 17, 20.
tractator diuinorum eloquiorum I 549,
    2. diuinarum scripturarum II 307,
    16; cf. I 138, 25. 286, 13.
tractatus populares II 101, 2. trac-
    tatus sui iudicium I 381, 5.
tractare dominica eloquia I 141, 5.
    dei causa tractatur II 128, 27. de
    peccatis ignorantiae I 245, 10. de
    possibilitate I 237, 18. illa ingenia
    lenius tractata sunt I 463, 26.
traditio: antiquissima ecclesiae tra-
    ditio II 308, 10. sanctarum scrip-
    turarum II 77, 22. 80, 1. 174, 24.
    antiqua et apostolica I 33, 20;
    cf. I 206, 24.
traditor: Iudas eius traditor caput
    debuit poni I 19, 7.
traduco: tantum originale traduximus
    I 16, 17. 21, 26. II 249, 3. ad
    ueriora I 357, 10. 376, 11. 14. ad
    suas partes I 424, 22.
tradux I 129, 19. 143, 13. 144, 9. 10.
    15. 16. II 168, 9. 14, 169, 11.
    170, 15 cet.
trahere odorem I 274, 5. exiguam
    particulam spirando trahere I 306,
    11. originale peccatum I 317, 3.

animas de origine parentum I 344,
    21. aerem trahimus et reddimus I
    365, 5.
traicere peccati uinculum generatione
    in posteros II 237, 22. propaginem
    II 301, 13. uitia I 296, 2; cf. I 130,
    16. 17. 144, 4.
trames ueritatis I 334, 22. II 262, 18.
    ad tramitem rationis inflecti I 357,
    11. 376, 12. 15. 19. 24.
tranquillitas omnium membrorum I
    451, 15. II 199, 16.
tranquilla uoluntas II 270, 13. oboe-
    dientia II 272, 3. 291, 15. tran-
    quillissima caritas II 199, 5. —
    tranquillius (adu.) porrigi II 310, 17.
trans mare regnare I 372, 2.
transcendo: si etiam repagula timoris
    concupiscentiae flamma transcen-
    derit I 187, 15.
transcribo: ex eius libro haec tran-
    scripsi I 144, 14; cf. II 173, 28.
transcriptio iniquitatis et mortis I
    127, 5.
transfero: pietas, quae in aliam uitam
    transfert I 203, 4. montem fides in
    mare transfert I 222, 15. 223, 5.
    sine morte hinc translati sunt I 5, 9.
    indignationem in lenitatem II 145,
    18. I 455, 21. 27. in aliam senten-
    tiam I 134, 7; cf. II 203, 22. 215,
    22. 257, 2. 260, 12. 286, 25. 287, 5.
    302, 1.
transfigurare I 276, 2. 3. 360, 21. 24.
    361, 18. 435, 12.
transfundere uitia I 296, 2. inoboedi-
    entiam propagine II 318, 19; cf. I
    329, 11.
transfusio propaginis I 331, 11.
transgredi pass.: transgressa prohibi-
    tione I 106, 15. lege II 218, 13.
transgressio peccati I 86, 25. prae-
    cepti I 439, 25. 449, 11. Adae II

uterque: ne utroque laedant, uel non intrando uel non exeundo I 363, 21. os aut nares aut utrumque I 363, 25.

uterus uirginis II 190, 20. muliebris II 279, 5; c/. I 135, 16. 137, 22 cet.

utor pass.: de non recte usa sanitate I 258, 7.

utpote praescius I 315, 10.

ut puta c/. puto.

utrum in interr. simplici cum coni. II 77, 5. 82, 1. I 13, 4. 135, 17. 312, 28. 318, 6 cet. — utrumne I 237, 10. II 6, 11. 7, 1. utrumne — an I 265, 9. utrum — anne I 310, 3. utrum necne fateantur II 81, 6. utrum docuit hoc an non neget II 169, 10.

uaco: merita parentum uacant I 471, 20. nec uacat quod I 181, 11; c/. I I 203, 23.

uacuus: gratia in eo uacua non fuit II 93, 7. si non in uacuum gratiam eius suscepit I 70, 13.

uadere ad maiores II 261, 17.

uaecors uanitas I 352, 21.

uagientium baptizatorum multitudo II 55, 12.

uagina corporalis I 399, 25; c/. I 405, 27. 406, 4. 412, 20.

uagitus: a uagitibus infantum I 277, 30.

ualde reproba multitudo I 495, 8. ualde enim malum meritum I 368, 16. ualde noxia I 336, 13. ualde bona praecepta I 297, 19. ualde manifestum est II 14, 25. ualde salubriter I 341, 14. ualde ad rem pertinet I 406, 19.

ualentia mentis ususque rationis I 69, 3.

ualeo: testimonia ad cumulum ualere debebunt I 51, 3. sicut ualemus I 72, 4. tam sint ualentia ad declinandum a malo II 127, 23. male

ualens I 258, 7. cum inf. I 11, 14. 68, 3. 108, 14. 133, 16. II 241, 11 cet.

ualidus ad non peccandum I 282, 15. aliquid ualidum respondere I 264, 19.

uanescere (opp. frigescere) = uanum fieri I 377, 5.

uaniloquia istorum noua I 543, 1; c/. II 190, 25. 254, 3.

uanitas procedit in medium I 352, 21; c/. I 67, 2. 100, 10. 172, 13. II 71, 16. 114, 20. 171, 19. 301, 12 cet.

uanus: rationes humanae, sed uanae I 474, 9. formido II 259, 8. libertas II 259, 13. iactantia II 37, 14. in uanum suscipere gratiam II 15, 5. uana subst. I 140, 4.

uapulando conpescitur inoboedientia I 119, 10.

uarietas locutionis I 205, 14. uerborum I 532, 9.

uario: non uariandae adpetitio uoluptatis II 221, 16. humana ingenia uariari I 32, 10. sacramenta I 118, 15.

uas electionis I 503, 30. suum uas in morbo concupiscentiae possidere II 271, 24. uas alienum, suum II 220, 15. 221, 3. uasa gignentia II 265, 17.

uastitas diluuii I 416, 24.

uastare Christianos I 453, 21. fidem I 454, 10; c/. I 407, 12.

uegetare membra aeuo marcentia II 287, 25; c/. I 259, 3. 393, 17.

uehemens defensor gratiae I 170, 22. 193, 6. conflictatio I 221, 11. aquae inpetus uehementior I 158, 26.

uehementer aduersum I 72, 16. commendans I 85, 2. uehementer laborare I 22, 21. angustare I 100, 24. indulgere I 357, 19; c/. I 99, 1.

156, 24. 164, 4. 532, 7. II 109, 14.
133, 29. 256, 12.

uehiculum: uti tamquam uehiculo I
169, 4.

uel (= auch nur, selbst) I 283, 1. 349,
19. 356, 27. 367, 22. 394, 23. 549, 3.
II 45, 23. 160, 18. 180, 31.

uelamen nominis Christi II 210, 6;
c/. 1 183, 21. 23.

uelamentum: quod occultatur sub
uelamento uelut terrenarum promissionum I 50, 20.

uellus: in uellere pluuia II 189, 27.
190, 2.

uelare turpitudinem II 229, 24. promissa caelestia I 496, 5. gratia
uelata latitabat I 181, 5.

uelum: scissio ueli I 181, 21. II 189,
23. per uelum loquebantur I 183,
20. uelis depositis I 353, 14.

uelut: decem et octo uelut episcopi I
424, 20. uelut corpora I 404, 24.
uelut acceptio personarum I 473, 19.
uelut ex aduerso II 32, 13; c/. I 26,
13. 208, 27. 308, 2. 353, 18. 354, 10.
428, 18. II 28, 24. 130, 5. 131,
18 cet. ueluti monachi II 116, 2.
ueluti soluere II 133, 29; c/. II 266,
18. I 28, 3. 7. 76, 18. 215, 27.
390, 3 cet.

uenae I 383, 6. 386, 8. 13. 26. 387, 2.
6. 388, 6.

uenenata sententiarum prauitas I 358,
23. peccato puncti et uenenati I 147,
23. morsu serpentis I 62, 17.

uenenosa uirgulta II 262, 19.

uenena fidei I 396, 1. 464, 25. sterilitatis II 230, 6. peruersitatis II 101,
11. insidiosa I 460, 7. uenenum
appellatur poculum mortis I 528, 2.

uenerabilis I 292, 20. 466, 5. 468, 3.
12. II 102, 7. 11. 160, 8. 164, 22.
171, 6. 172, 14. 176, 27.   •

uenerandus papa I 423, 4. Ambrosius
I 561, 16. II 165, 20. uenerandae
memoriae I 464, 3.

ueneratio titulus II 114, 16. creatoris
I 548, 14.

uenia (opp. palma) I 348, 19.

uenialis culpa II 229, 19. peccata I
203, 17. II 20, 16. 239, 21.

uenio: contra iudicium ueniunt II 113,
23. ueniens contra fundatissimam
ueritatem II 287, 6. contra auctoritatem I 38, 8. c/; contrauenio.

uentilatione mundare I 143, 1.

uentilare textum libelli II 102, 12.

uentositas carnalis II 109, 8.

uentosi sermonis inanis strepitus I 364,
13.

uentus falsae doctrinae inflat II 171, 7.

uenundatus sub peccato I 33, 13. 126,
17. 439, 23. 24. II 74, 8.

ueraciter I 79, 10. 89, 6. 93, 26. II 20,
19. 25, 11. 17. 28, 5 cet. ueracissime
I 98, 23. 263, 8.

uerax humilisque confessor I 89, 19.
dei cultor I 89, 8. 288, 21. humilitas
II 81, 1. ueraci corde atque ore I
466, 26. 554, 4. pietate I 501, 22.
uisa I 413, 5. intellectus I 24, 6.
saluator I 425, 9. ueracissimi nuntii
I 423, 3. fides II 286, 21. narratio II
161, 10. c/. II 30, 21. 142, 28. 143, 1.
147, 12.

uerberare terroribus I 297, 5.

uerbi gratia II 241, 21. uerbum sanctificationis II 250, 1. in uerbo exhibetur Christo ecclesia I 541, 5.

uere fraterna dilectio I 335, 12. utinam
id uere didicisses I 344, 16. uere
catholicum esse I 378, 15. ut uere
sit . corpus I 402, 24. non uere
homines nouos facere I 488, 10.

uerecundiam suam aperire II 274, 10.

uerecundiae parcere II 101, 14.

cum uerecundia confitetur I 452, 1.
uerecundia naturalis II 237, 10.
I 107, 25.

uerecundius rei arcana rimari I 381, 4.

uerecundari *cum inf.* I 132, 19. 185, 21.
470, 13. II 266, 14. de pedisequo
tali honestas uerecundatur II 226,
16; *cf.* I 450, 6. II 219, 14.

uerecunda uilium feminarum II 280,
22.

ueridice I 73, 2.

ueridica scriptura I 97, 23.

ueritas loquitur II 137, 28. ait II 259,
11. locuta est per apostolum II 191,
2. 203, 20. ueritas habet II 126, 3.
185, 4; *cf.* I 54, 17. 251, 17. 18. 279,
19. 352, 4. 20 *cet.* innocentiae ueritas
II 55, 13. ueritas = *wahre Gestalt,
Wirklichkeit* I 409, 1. 413, 11. 463, 5.

uerso: hoc uersat multis modis et
sermone diuturno I 237, 20. cogitando aliquid uersare I 388, 7, *cf.* I
440, 27. II 133, 22. cum illa consultatio uersaretur I 137, 17. in
litteris ecclesiasticis uersatur I 138,
14; *cf.* I 144, 15. 145, 21. 164, 14.
245, 3.

uersus Vergilii in omnibus libris ultimi
I 389, 9; *cf.* I 290, 14. II 113, 7.
154, 10.

uersutia serpentina I 529, 26.

uersutius exponere II 178, 13.

uertex: a uertice usque ad ima uestigia
I 411, 15.

uerto: de qua re uertitur quaestio I
241, 10. 296, 20, *cf.* I 106, 26. in
alium sensum uertere II 127, 29.
in malum II 128, 23. 140, 2.

uerum *subst.*: ad ueri cognitionem I
381, 18. auersus a uero I 506, 1.
uerum dicit lex I 532, 2. 530, 18. —
uerum est, quod I 329, 12, ut I
329, 6.

uerum autem II 113, 19. uerum tamen
I 24, 7. 25, 7. 37, 1. 51, 1. 58, 4.
II 55, 5. 58, 6 *cet.*

uescendo peccauerunt I 449, 9. .

uesica II 310, 12.

uestigium peccati II 275, 6; *cf.* I 357,
16. 411, 15.

uestigare abstrusa I 133, 19; *cf.* I 229,
6. 393, 14.

uestimenta I 4, 23. 409, 4. 13. II 309, 6.

uestio: corpus nondum inmortalitate
uestitum I 439, 17, *cf.* II 247, 15.
quamuis eos sol suis radiis quodammodo uestiat I 36, 2.

uestis belli-pacis II 26, 17. nuptialis
II 62, 9. 15.

uestitus I 341, 29. 342, 1.

ueterescere in senium I 21, 8; *cf.* I
4, 22. 106, 22.

ueto: ex uetito I 350, 10.

uetustatis reliquiae I 82, 8. 83, 1.
115, 14. uetustas carnis I 116, 7.
10. carnalis I 189, 16. litterae (*opp.*
nouitas spiritus, *cf. Rom. 7, 6*) I 180,
18. languores I 218, 16; *cf.* I 5, 20.

uexari spiritu inmundo I 29, 12. uexato
aliquo interiore membro I 272, 17;
cf. I 249, 14. 407, 10. II 315, 15.

uia: tamquam in uia constitutus I
513, 20; *cf.* I 511, 25.

uiatores perfecti I 241, 7. 508, 21;
cf. I 93, 12. 20.

uicem operationis non explere II 278,
20. 282, 6. uice sua sacrificabat I
92, 5. pari uice I 332, 19.

uicenarius: ad uicenarium peruenire I
126, 11.

uicinitas I 470, 25.

uicinus: ut sensu uicino pecoribus
nascerentur I 31, 18; *cf.* I 381, 20.

uicissim I 142, 16. 326, 11. 345, 1.
367, 23. II 215, 7.

uirus auferre I 62, 1.

uim mihi uerba fecerunt I 442, 22.

uis intellegentiae atque rationis I 415, 15. humani ingenii I 388, 18. seminis II 198, 28; c/. I 390, 11. 19.

uisa ueracia I 413, 5. uisorum suasiones I 220, 9. imagines I 404, 15. somniorum *et* somniantium I 407, 4. 408, 13.

uiscera caritatis II 103, 7. Christi uiscera II 209, 11. matrum I 22, 15. 309, 20; c/. I 363, 12. 386, 3. 388, 11. 411, 17. II 230, 7. 279, 6. 310, 14.

uisibile sacramentum II 194, 6. exemplum II 234, 3. lux I 396, 27. elementum I 462, 26. praemia I 121, 20.

uisibiliter admonere II 161, 12.

uisio II 8, 6. 41, 5. 7. 10. I 219, 9. 360, 14. uisiones martyrum conscriptae I 405, 18. propheticae I 412, 24.

uisitauit Petrum II 161, 16.

uisu sentiri possibile est I 273, 5. adipisci uisum II 217, 4.

uitas proprias agebant I 141, 17.

uitalis uigor I 107, 4. uitalia *subst.* I 383, 7. 385, 29.

uitiare naturam II 141, 12. 193, 19. 273, 10. 25. I 267, 22. 274, 22. 275, 13. 14. creaturam I 524, 14. mores II 190, 10. pedem II 5, 20. 220, 4.

uitiose concupiscere II 214, 23.

uitiositas poenalis II 8, 17.

uitiosa desideria II 202, 5. 16. 17. 241, 5. natura I 68, 2. 19. 268, 17. primordia I 142, 3. 6. affectio I 266, 25· gloriatio I 169, 27; c/. I 254, 28. concupiscentia II 247, 13.

uituperatio diuini operis I 549, 4.

uituperatores honorum I 524, 16.

uiuacitas II 274, 2.

uiuificator I 251, 24.

uiuificare I 6, 24. 8, 13. 37, 18. 106, 25. II 188, 1. 2. 190, 27. 191, 8. 9 *cet.*

uiuo: ut uiuente amicitia error potius moreretur II 103, 18. uiuentia membra I 412, 18. flatum facere posse uiuentem I 365, 10; c/. I 366, 10. 11. ex aquae calice I 5, 16.

uocabulum gratiae II 155, 10.

uocationes hominum I 31, 8. dei I 220, 19. 453, 23. 513, 21. 534, 9; c/. I 474, 3. 4.

uolatilia et terrestria animalia II 217, 22.

uolitare in somnis I 404, 14.

uolo ut I 217, 1. 338, 20. 341, 9. 412, 11. II 17, 4. 145, 1. uolo *cum coni.* I 63, 26. 66, 1. 323, 29. 336, 22. 359, 5. II 134, 17. — uelis nolis I 410, 20. uelit nolit I 275, 12. uelimus nolimus I 275, 10. uelis nolisue I 401, 7.

uolucres I 340, 4. 449, 14. II 70, 12.

uolumen = liber, opus: quattuor uoluminibus explicauit II 254, 18, c/. II 213, 12. huius uoluminis terminus I 485, 15. modus I 71, 8. 379, 9. finis I 519, 15. in illis tam longis uoluminibus I 129, 13. multis uoluminibus indigeret I 377, 10. plura uolumina inplebo I 383, 18. ne prolixitas uoluminum offenderet I 486, 4. — septeno dierum uolumine redeunte I 496, 17.

uoluntarii pulsus uenarum I 387, 6. motus I 387, 5. affectus animorum II 224, 7. gratia II 190, 1. nutus I 449, 23. necessitas II 9, 8. peccata I 20, 19. II 297, 17; c/. I 258, 4.

uoluptarii corporum nexus II 224, 7.

uotum soluere I 98, 1. uotis agere
I 76, 23. malum uotum II 229, 21.
uulgariter I 170, 16.
uulgatissima consuetudo II 64, 25.
uulgatissimum iudicium naturale II
219, 20.
uulgo moriones uocant I 66, 15.
uulgus: quorum nomen ex graeco
deriuatum moriones uulgus appellat
I 31, 22. incautum uulgus I 361, 25.

uulnerabilis caro I 5, 5.
uulua I 410, 24. II 206, 4. 283, 24.
284, 10.

zabulus = diabolus II 60, 27.

zelare carnem II 231, 16.

zelus: hominem zelo ardentissimo
accensum I 233, 3. 236, 26. arden-
tior zelus I 237, 1.

ADDENDA ET CORRIGENDA.

p. 7, 16 scrib.: unā *K* (n *s.eras.* i) — *p. 11, 20 scrib.:* uenturos] uenientes cod. *Mus. Brit. 5. BII* et *bd* — *p. 29, 22 scrib.:* Rom. 9, 11—13 — *p. 33, 18 comma post* Christi *del.* — *p. 49, 15 comma ante* qui *del.* — *p. 51, 18 scrib.:* tamquam mundatorum — *p. 60, 18 scrib.:* Matth. 19, 5. 6 — *p. 74, 6 add.:* cf. *ante* Apoc. 2, 11 etc. — *p. 75, 21* Mal. 3, 7 *scrib.* — *p. 76, 3* Esai. 56, 1 *scrib.* — *p. 84, 2* praeminuerint *scrib.* — *p. 87, 6 scrib.:* 5 Iob 14, 1—5 — *p. 109, 15 add.:* cf. Gal. 5, 24 — *p. 110, 25 add.:* cf. I Ioh. 5, 20 — *p. 114, 15 comma pro puncto pon.* — *p. 116, 19 add.:* cf. Rom. 8, 5 — *p. 118, 14 add.:* cf. Act. 10, 42 — *p. 122, 23* iustitiae *leg.* — *p. 124, 6 comma ante* non *pon.* — *p. 125, 23 add.:* cf. I Cor. 15, 3 — *p. 135, 14 del.:* cf. Cypriani . . I 362 — *p. 148, 19 scrib.:* I Cor. 7, 14 — *p. 160, 1 ante* quia *comma pon.* — *p. 177, 1* uictimis *scrib.* — *p. 182, 17 add.* cf. *ante* Act. 2, 1 — *p. 189, 12 scrib.* 1, 5 *pro* I, 5 — *p. 192, 25* scrib.*:* fuerint] sint *z* sūt *b* fuerant *d* — *p. 203, 9 scrib.:* I Tim. 2, 5. 6 — *p. 250, 1 scrib.:* Rom. 1, 21 — *p. 250, 15. 22* Rom. *scrib. pro* Rem. — *p. 264, 4* peccatum *scrib.* — *302, 3* Parisinus *scrib.* — *p. 316, 26 del.* audans *G* — *p. 355, 19* ossibus *scrib.* — *p. 355, 21* Gen. 2, 23 *scrib.* — *p. 359, 15 adde* cf. — *p. 375, 14 scrib.:* Ioh. 3, 5 — *p. 384, 23 scrib.:* Eccli. 3, 21. 22 — *p. 403, 1. 13 del.* cf. — *p. 430, 26 leg.* in *pro* iu — *p. 432, 5* misericordiam *scrib.* — *p. 447, 13 scrib.:* a nobis *Bd* in nobis *Db* — *p. 454, 8* uoluntas *scrib.* — *p. 489, 2 addendum:* cf.; *4—6 scrib. non* 3—6 — *p. 504, 9 delendum:* et—apostolis *om.Ef* — *p. 535, 3 scrib.:* Hier. 39, 40. 41 *pro* Hier. 32, 40. 41 — *p. 537, 13 scrib.:* Hier. 39, 41 *pro* Ezech. 32, 40 — *p. 576 del.:* Hier. 32, 40. *41 . . .* 535, 3 *et post* Hier. *38 (31), 34 add.:* *39, 40. 41 . . .* 535, 3 *et* *39, 41 . . .* 537, 13 — *ibidem del.:* Ezech. 32, 40 . . . 537, 13 *et* Ezech. 36, 22—36, 36 *stellulis instruantur* — *p. 604* fatum *pro* atum *scrib.*

INDEX LIBRORUM
QUI HOC UOLUMINE CONTINENTUR.

CPSIA information can be obtained
at www.ICGtesting.com
Printed in the USA
BVHW09*1101160818
524721BV00009B/179/P